缙云县志

（1993—2010）

缙云县地方志编纂委员会　编

方志出版社
Publishing House of Local Records

图书在版编目（CIP）数据

缙云县志 ： 1993—2010 / 缙云县地方志编纂委员会编. — 北京 ： 方志出版社，2020.9
ISBN 978-7-5144-4487-2

Ⅰ. ①缙… Ⅱ. ①缙… Ⅲ. ①缙云县—地方志—1993-2010 Ⅳ. ①K295.54

中国版本图书馆 CIP 数据核字（2020）第 269261 号

责任编辑：宁芳
责任校对：刘玉霞
责任印制：梅中英
出 版 者：方志出版社
地　　址：北京市朝阳区潘家园东里 9 号（国家方志馆 4 层）
邮　　编：100021
网　　址：http://www.zgfzcb.cn
发　　行：方志出版社图书营销中心（010-67110500）
印　　刷：杭州良诸印刷有限公司
开　　本：889 毫米 ×1194 毫米　1/16
印　　张：57.75
字　　数：1827 千字
版　　次：2020 年 9 月第 1 版
印　　次：2020 年 9 月第 1 次印刷
定　　价：660.00 元

缙云县地方志编纂委员会

第一届

主　　任：吴筱琳

副主任（2011 年）：

王　峻　　黄力量

副主任（2012—2014 年）：

刘旭标　　赵建铭

成　员（2011 年）：

李祖荣　　胡必初　　胡新贵　　王孟雄　　赵祖跃　　朱　斌
丁益东　　高天河　　褚大学　　胡正新　　郑伟坚　　陈瑞舜
胡锦伟　　施碧清　　应国虎　　谢身言　　杜新南　　麻福秋
钭毅坚　　麻镇南　　杜小丹

成　员（2012—2014 年）：

谢身言　　舒红安　　柯国明　　施加余　　赵祖跃　　李汝东
陶军友　　丁益东　　何子庆　　褚大学　　胡正新　　李祖荣
李瑞华　　施碧清　　沈挺峰　　朱兴枝　　田伟作　　杜新南
胡新贵　　赵伟杰　　钭毅坚　　刘缙饶　　杜小丹

主　　编：麻镇南　刘缙饶

执行主编：徐学献

副 主 编：杜小丹

第二届

主　　任：李一波

副 主 任（2015—2016 年）：

周和平　陈银根

副 主 任（2017—2018 年）：

王正飞　潘巧玲

成　员（2015—2016 年）：

章建升　舒红安　胡伟建　施加余　赵祖跃　李汝东
丁益东　谢身言　田伟作　杜新南　刘缙饶　厉雪松
李洪光　蒋根阳　徐乐新　蒋　政　虞晓雄　厉守钗
朱庆松　胡正新　施碧清　杜小丹

成　员（2017—2018 年）：

章建升　舒红安　樊黎清　施加余　章武森　江　静
陈卫军　朱茂松　谢身言　沈　坚　杜新南　刘缙饶
李　俏　厉雪松　李洪光　叶伟民　张爱明　徐乐新
蒋　政　施　海　虞晓雄　施德金　朱庆松　朱仕华
周建波　叶小妃

主　　编：刘缙饶　李　俏

执行主编：章建明

副 主 编：杜小丹　叶小妃

第三届

主　　任：王正飞
副 主 任：赵建铭　潘巧玲
成　　员：章建升　潘金喜　舒红安　樊黎清　陈志刚　施加余
章武森　江　静　朱茂松　黄　勇　徐乐新　沈　坚
施德金　朱勇海　章　青　曹雄英　卢　飚　陈　东
洪夏俊　厉雪松　李洪光　张爱明　陈岳飞　施　海
黄君贤　施碧清　潜晓勇　樊海洋　虞晓雄　朱庆松
朱仕华　胡涌杰　章燕虹　叶小妃

主　　编：李　俏　章　青　卢　飚
执行主编：章建明　钭秀千
副 主 编：叶小妃

第四届

主　　任：王　益
副 主 任：郑伟坚　邱　琳
成　　员：潘金喜　舒红安　施　勇　樊黎清　赵利坚　尚　雄
黄　勇　章建升　朱勇海　曹雄英　卢　飚　陈　东
洪夏俊　朱仕华　陈岳飞　黄君贤　施碧清　潜晓勇
樊海洋　朱　剑　叶小妃

主　　编：卢　飚
执行主编：钭秀千
副 主 编：叶小妃

《缙云县志（1993—2010）》编辑及工作人员

编　　辑： 陈国生　樊有富　陈振鼎　陈渭清　江剑杨　朱国勇　吕　韵　刘春新　郑章汉　陈喜和　洪忠良　吕淑超

工作人员： 潘锡霞　潘娅君　郑靖娅　柳　蓉　邓景芬　卢永珍　陈　楠　施乐滨　张　玲

英文翻译： 沈雪霞

《缙云县志（1993—2010）》撰稿人员

丁伟阳　丁苏良　丁爱茹　丁智婕　马　丽　王达钦　王寿松
王岩根　王凯洲　王挺全　王琼瑛　邓　盈　厉丽华　卢子南
卢朝升　叶传亮　田启祥　田茂丁　田章泉　吕晓峰　吕爱国
吕海洋　吕鸿炜　吕淑超　朱文风　朱兴枝　朱明东　朱盛强
朱婉珍　朱蕾儒　刘伟富　刘素娟　刘海兵　刘鹏飞　江肖蔚
杜柏苓　李　阳　李金南　李柳青　李培亮　杨　政　杨伟杰
杨将光　杨碧钟　吴菱虹　应江强　应林富　应国松　陈　妃
陈　欢　陈　浩　陈少政　陈田德　陈红丽　陈金方　陈贵麟
陈海雄　陈喜和　林梅远　周斐钦　金缙龙　郑　捷　郑海涛
郑雪贞　项一中　项小六　赵文胜　赵建明　赵施冕　赵葛月
赵福枝　胡　瑕　胡必法　胡定才　钭华英　钭瑞新　施　海
施加余　施跃南　姚建华　夏文中　徐周良　徐胜杰　徐景霞
陶建华　黄连忠　黄晓莎　麻松亘　麻松秋　麻德裕　董志强
舒志松　褚鹏飞　楼志明　樊　静　樊秀炜　上官新友

缙云县在浙江省位置图

制作单位：浙江省测绘大队、缙云县民政局；地图审核号：浙S（2012）224号

缙云县在丽水市位置图

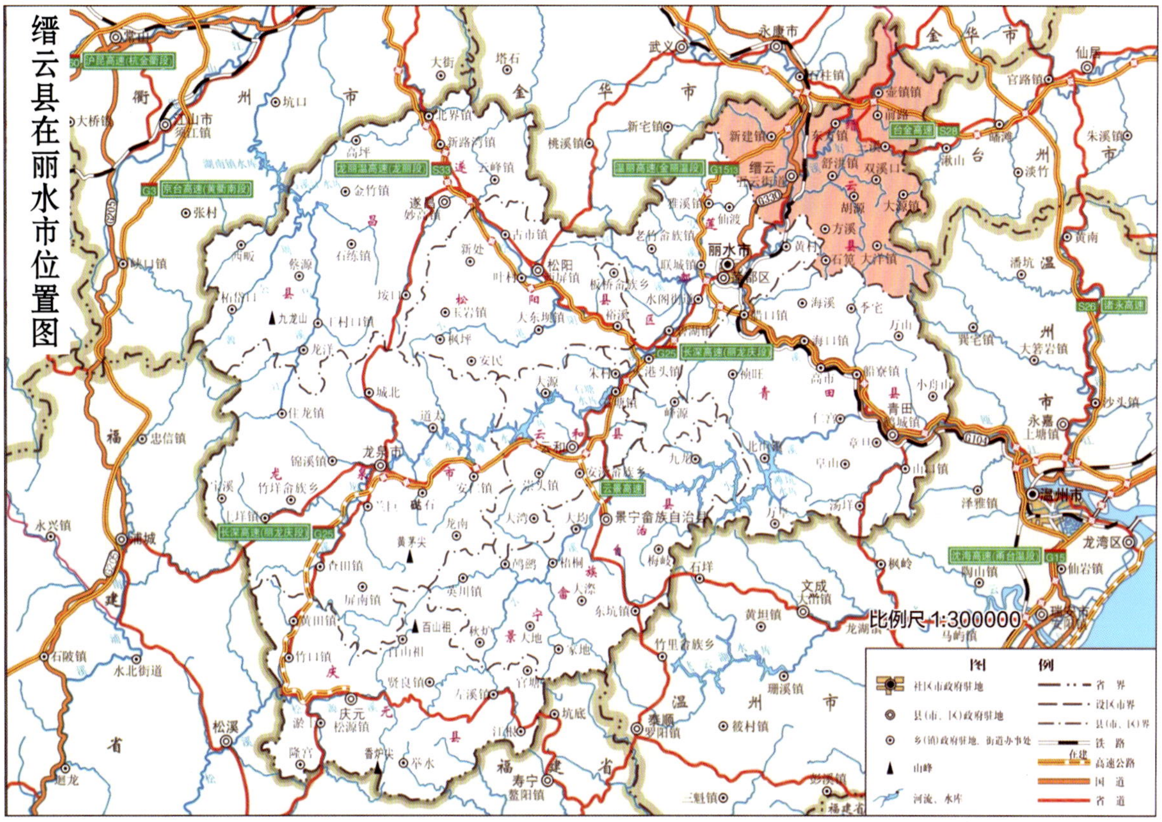

制作单位：浙江省测绘大队、缙云县民政局；地图审核号：浙S（2012）224号

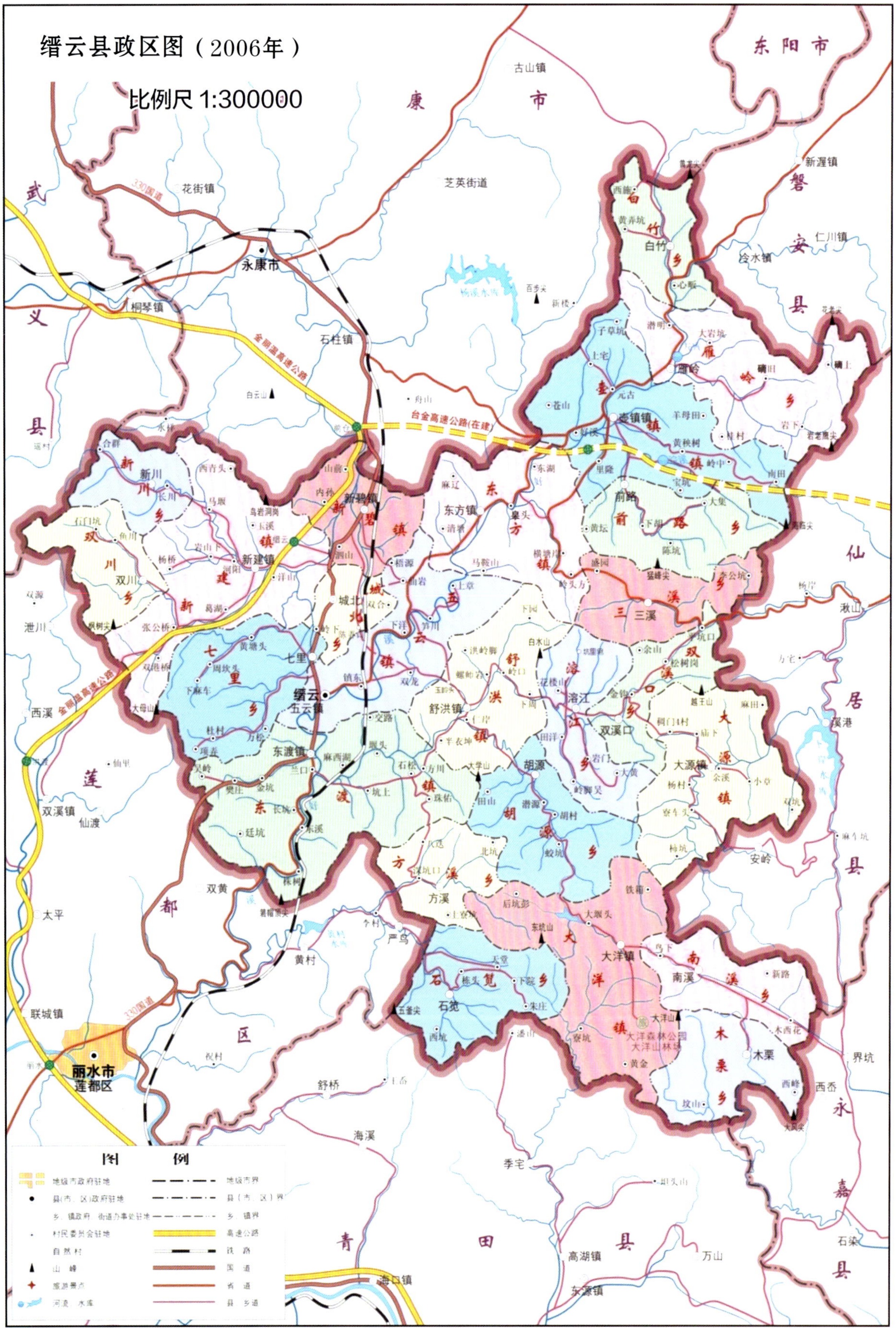

制作单位：浙江省测绘大队、缙云县民政局；地图审核号：浙S（2012）224号

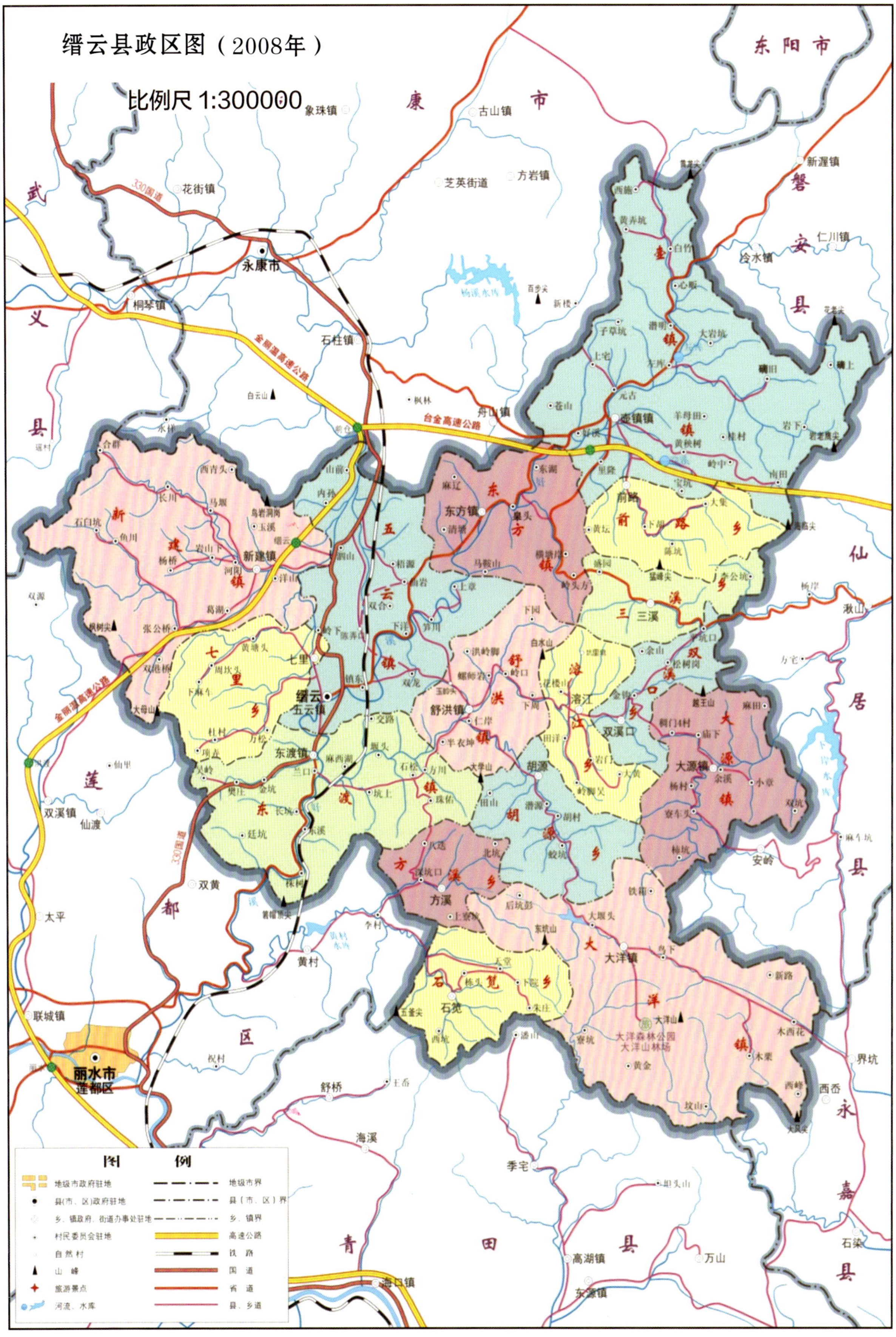

制作单位：浙江省测绘大队、缙云县民政局；地图审核号：浙S（2012）224号

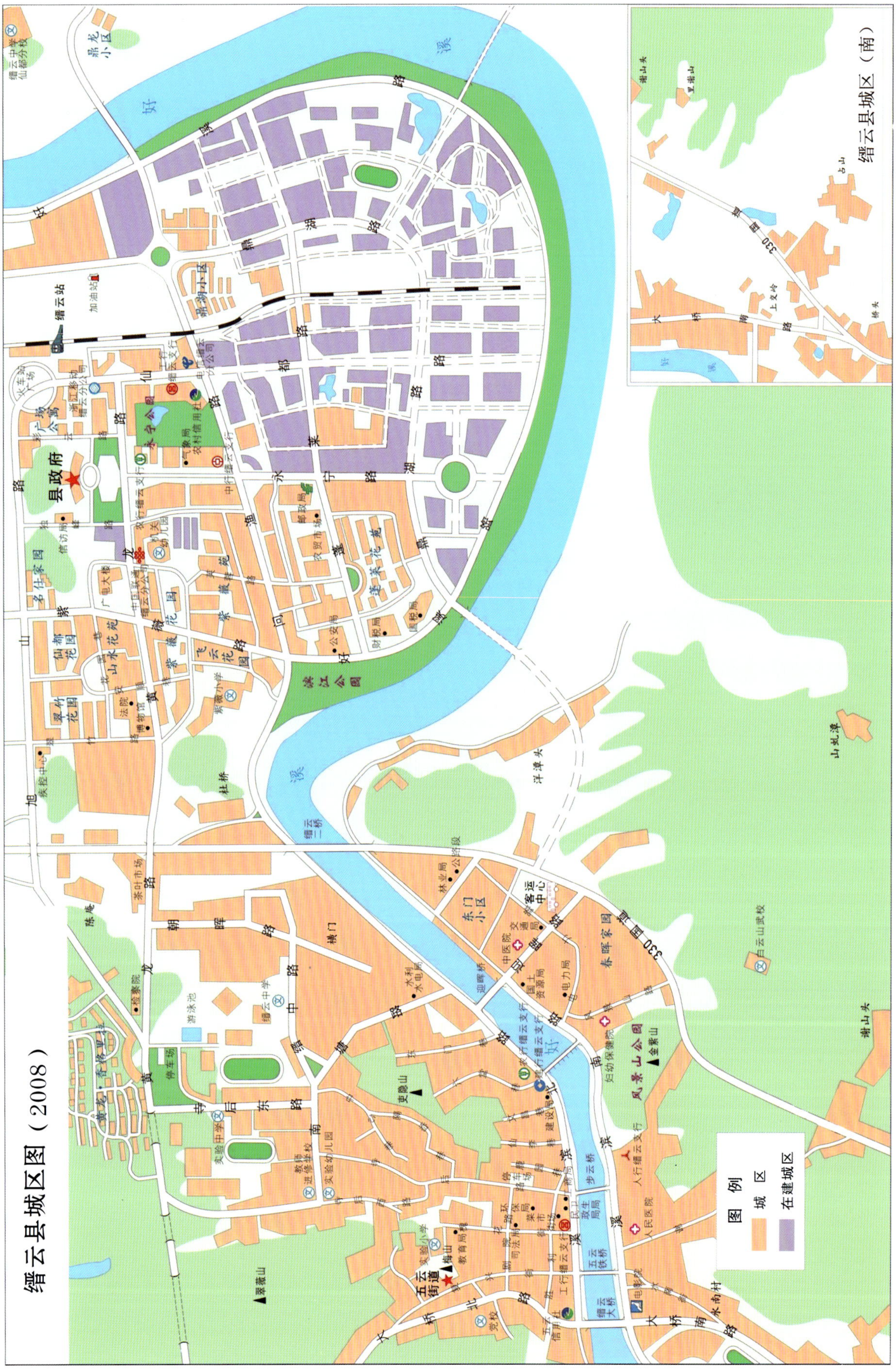

制作单位：浙江省测绘大队、缙云县民政局；地图审核号：浙S（2008）142号

小仙都群仙岩（2008 年摄）

大洋漕头寨背（2009 年摄）

大洋山佛星岩（2009 年摄）

“七姐妹”树——东渡镇隘头村银杏（2006 年摄）

双溪口乡姓潘村“廊桥杏花”（2009 年摄）

栖息在好溪桑潭的白鹭（2010 年摄）

二、经济建设

大洋镇石亭村茭白基地（2010 年摄）

大源镇龙坑村黄茶基地（2010 年摄）

舒洪镇仁岸村杨梅基地（2009 年摄）

东渡镇小仙都大棚葡萄基地（2008 年摄）

浙江缙云工业园区鸟瞰图（2010 年摄）

壶镇工业功能区鸟瞰图（2010 年摄）

五东工业功能区鸟瞰图（2010 年摄）

2006年浙江晨龙股份有限公司研发生产的中国首台套设备——2.5米龙门卧式带锯床

浙江金陵电子光源有限公司环形灯管生产现场（2009年摄）

燕京啤酒（浙江仙都）有限公司产品检测现场（2009年摄）

浙江山蒲照明电器有限公司T5直管生产现场（2009年摄）

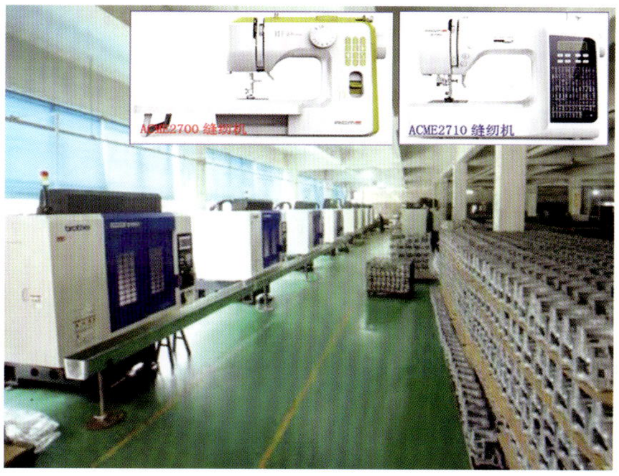

浙江恒强针车集团有限公司生产车间（2004年摄）

1994 年开业的五云蔬菜交易中心

1996 年开业的新建镇笕川村香菇市场

2007 年五云镇胜利街

2009 年农历五月廿八壶镇集市

2010 年税务申报服务现场

台金高速公路壶镇出口（2008 年摄）

缙云县客运中心（2010 年摄）

五云镇步云桥（2008 年摄）

缙云农村客运汽车停靠站（2010 年摄）

金丽温高速公路缙云收费站（2006 年摄）

县城黄龙路（2006 年摄）

缙云县城新区（2006 年摄）

县城问渔路夜景（2007 年摄）

县城黄龙·香格里拉小区（2009 年摄）

缙云县双潭水厂沉淀池（2006 年摄）

五云镇水南观音阁橡胶坝（2002 年摄）

县下山脱贫安置住宅——鼎龙小区（2010 年摄）

缙云县第一座 220 千伏变电所——仙都变电所（2010 年摄）

三、政党 政治

缙云县行政中心（2008 年摄）

缙云县公安指挥技术综合楼（2007 年摄）

缙云县人民检察院（2005 年摄）

缙云县会议中心（2008 年摄）

缙云县人民法院（2002 年摄）

2006 年中国共产党缙云县第十二次代表大会

1995 年缙云县第十二届人民代表大会第三次会议

2005年中国人民政治协商会议第六届缙云县委员会第三次会议

1996年庆祝缙云建县1300周年大会现场

四、社会事业

缙云县职业中等专业学校（2006年摄）

浙江省缙云中学（2003年摄）

缙云县实验中学（2008年摄）

2002年缙云县实验小学第二届文化艺术节开幕式

2006年省市县三级大型科技卫生文化下乡活动开幕式

缙云县人民医院门诊楼（2001年摄）

1999 年行政区划界桩埋设现场

2005 年缙云县科技赶集活动——科普资料分发现场

2010年缙云县应征青年入伍启程现场

2009年12月31日，五云镇年满60周岁以上农业户口老年人代表在县行政中心广场领取第一笔基础养老金

2008年7月25日，浙江金威实业有限公司的救灾物资抵达四川省青川县“5·12”地震救灾物资接收处

2004年浙江省老年健身球操千队万人通讯赛·缙云赛区·县城老年健身操比赛现场

五、历史文化

1998 年公祭黄帝典礼·敬献花篮现场

问渔亭（2007 年摄）

甲申年（2004）浙江缙云公祭黄帝典礼·飞龙升天现场

黄帝祠宇（2007 年摄）

2008 年前路乡水口村“叠牌坊”表演

2005 年新建镇河阳村省级非遗剪纸传承人麻义花（右七）授艺示范

2008 年壶镇镇新范村“老鼠娶亲”表演

2009 年新碧农村管理处下小溪村“开龙眼”仪式

2010年壶镇镇潜明村“炼火”表演

河阳古民居（2010年摄）

独峰书院（2005 年摄）

壶镇镇岩下村（2010 年摄）

壶镇镇工联村九进厅东立面（2010 年摄）

问渔亭摩崖石刻（2005 年摄）

东蒙岩摩崖石刻（2009 年摄）

初阳谷摩崖石刻（2005 年摄）

东汉·双系双唇黑釉瓷盖罐
（1996年七里乡杨岭村出土）

东晋·虎子
（1997年新建镇洋山村出土）

东晋·陶香熏
（2008年五云镇黄龙村出土）

唐·云龙双鹊衔绶月宫镜
（1997年大源镇稠门四村出土）

北宋·鎏金铜龙
（1997年仙都景区金龙洞出土）

北宋·玉简（木质）
（1997年仙都景区金龙洞出土）

北宋·龙泉窑青釉蟮皮瓷碗
（1999年溶江乡洪坑桥村出土）

元·青瓷镇屋神像
（2004年七里乡梅店村出土）

蒲扇制作（壶镇镇和睦村　2010 年摄）

竹器编制（舒洪镇岭口村　2004 年摄）

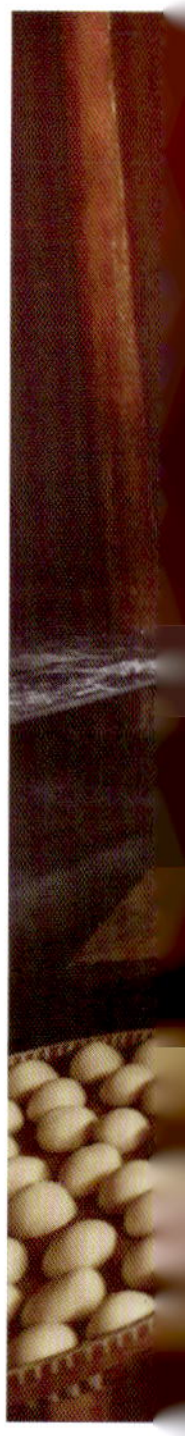

缙云索面晾晒（2009 年摄）

笼格制作（城北乡古塘下村　2007 年摄）

缙云南乡馒头制作（2010 年摄）

缙云烧饼（2010 年摄）

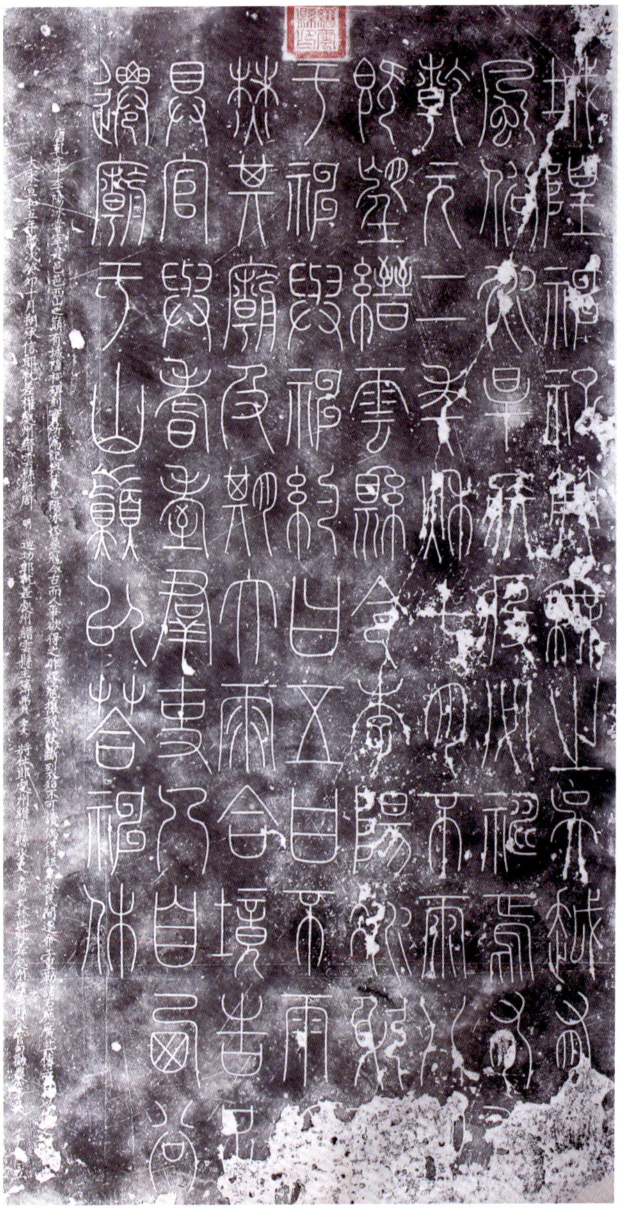

唐李阳冰《城隍庙碑》（1995 年摄）

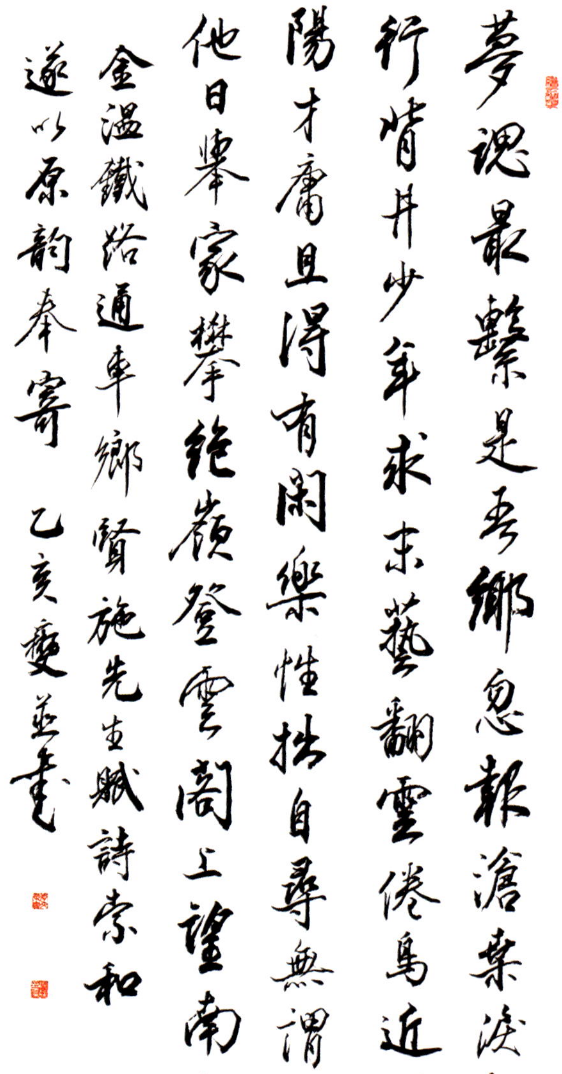

《金温铁路通车乡贤施先生赋诗索和遂以原韵奉寄》
（李文采 1995 年作并书）

国画《静》（李震坚 1991 年作）

《节录杜甫诗句》（郑晓华 2010 年书）

章印《黄帝缙云　人间仙都》（江华东 2010 年作）

2019 年《缙云县志（1993—2010）》初审稿评审会现场

2020 年《缙云县志（1993—2010）》志稿复审会人员合影

2020 年《缙云县志（1993—2010）》志稿终审会人员合影

序

志者，一域之重典；修志，一方之盛事。《缙云县志（1993—2010）》历经十余年寒暑，今付梓问世，诚乃缙云政治、经济、文化建设的一大成果，可喜可贺！

盛世修志。缙云历史悠久，文化厚重，修志遗风绵延不绝，自宋咸淳间开始，明清时曾7次纂修。中华人民共和国成立后，第一部《缙云县志》下限为1992年，至今已30年。根据国务院《地方志工作条例》“地方志书每20年左右编修一次”的规定，本志断限为1993—2010年。这十八年间，在党中央和省委、市委的坚强领导下，缙云历届县委、县政府团结带领全县人民“一任接着一任干”，以改革开放的锐气、求真务实的作风，栉风沐雨，奋发图强，缙云经济突飞猛进，城市建设日新月异，农村面貌焕然一新，交通改善堪称空前，社会事业全面进步，人民生活日益美好。十八年春华秋实，十八年沧桑巨变！幸逢其盛，《缙云县志（1993—2010）》应时而作。

志为信史。本志坚持历史唯物主义和辩证唯物主义观点，把握发展脉络，注重事物规律，全面、客观、系统地记述十八年来缙云大地的发展变化，反映缙云人民热爱生活、艰苦创业、与时俱进的精神风采。既有宏观鸟瞰，又有微观透视，体现时代特征和地方特色，是一部融思想性、科学性和史料性于一体，集历史价值、使用价值和收藏价值于一书的资料性文献。

“治天下者以史为鉴，治郡国者以志为鉴。”修志旨在告慰前人，激励当代，启迪后世，造福桑梓。我们相信，《缙云县志（1993—2010）》的面世，既能让人了解缙云历史，明鉴兴废盛衰，辨别是非得失；又能知晓发展艰辛，珍惜今天的幸福生活，并激发热爱家乡、建设家乡之情怀。

本志编纂以来，承蒙省、市地方志领导和专家的悉心指导，得到了全县各乡镇（街道）、部门和社会各界的协力支持，特别是全体编纂人员默默耕耘、精益求精，圆满完成浩繁艰巨的编纂工作。在此，我们谨代表中共缙云县委、缙云县人民政府向所有为本志付出心血的组织者、参与者和支持者，表示衷心的感谢和崇高的敬意！

抚今追昔，前人已为缙云写下辉煌篇章，成绩属于历史，未来更待我们后人创造。诚望全县人民高举习近平新时代中国特色社会主义思想伟大旗帜，紧密团结在以习近平同志为核心的党中央周围，继承先辈壮志，发扬拼搏精神，不忘初心，牢记使命，砥砺前行，实干争先，携手建设共同富裕现代化美好缙云，在新的赶考路上为缙云书写出无愧前人、造福今人、泽被后人的新篇章。

中共缙云县委书记 王正飞

缙云县人民政府县长 王益

凡　例

一、本志为1996年版《缙云县志》的续志。

二、本志以马克思列宁主义、毛泽东思想、邓小平理论、“三个代表”重要思想、科学发展观、习近平新时代中国特色社会主义思想为指导，坚持辩证唯物主义和历史唯物主义的立场、观点和方法，全面、客观、系统地记述1993—2010年缙云县行政区域内自然、经济、政治、文化和社会的历史与现状。

三、本志上起1993年，下讫2010年。为保证事物发展的连续性和志书的独立完整性，酌情上溯下延。

四、本志以2010年缙云县行政区域为记述范围。

五、本志采用述、记、志、传、图、表、录等体裁，以志为主。大事记采用编年体，辅以纪事本末体。

六、本志采用现代语体文。除总述、无题序外，一般述而不论。

七、本志所记地域、机构、团体、组织、会议、文件等以当时称谓为准。志内各类名称，第一次出现时用全称并括注简称，之后用简称。

八、本志纪年，1949年10月1日中华人民共和国成立前采用历史纪年，括注公元纪年，中华人民共和国成立后采用公元纪年。同一历史纪年在一节中仅在首次出现时括注公元纪年。

九、本志所用数字、标点符号和计量单位按照国家有关标准执行。数字用法、标点符号用法分别采用国家标准《出版物上数字用法》（GB/T15835—2011）、《标点符号用法》（GB/T15834—2011），计量单位采用国家技术监督局1993年12月发布的《量和单位》系列国家标准。少数地方采用亩为计量单位。

十、本志“人物传”遵循“生不立传”原则。“人物传”以卒年排序，“人物简介”以生年排序。

十一、本志“县城”指县政府驻地；特定名称使用约定俗成的简称，中国共产党简称“中共”或“党”，未指明党派的，“党”均指中国共产党；未冠行政区划名称的“省”“地区”“市”“地委”“县”“县委”，分别指浙江省、丽水地区、丽水市、丽水地委、缙云县、缙云县委；货币“元”不注明币种时，则指人民币。

十二、文前彩图与文中配图由缙云县方志办征集，缙云县摄影家协会等单位及个人提供。

目　录

第四篇　土　地

第五篇　水利　电力

第六篇　交　通

第七篇 邮政 电信

第八篇 城乡建设

第九篇 农 业

第十篇 林 业

第十一篇　工　业

第十二篇　商　业

第十三篇　旅　游

第十四篇　财政　税务

第十五篇　金　融

第十六篇　经济管理

第十七篇　中国共产党地方组织

第十八篇　地方人民代表大会

第十九篇　地方人民政府

第二十篇　政治协商会议

第二十一篇　中国共产党地方纪律检查组织

第二十二篇　民主党派　群众团体

第二十三篇　公安　检察　法院　司法行政

第二十四篇　军　事

第二十五篇　教　育

第二十六篇　科学技术

第二十七篇　文　化

第二十八篇　卫　生

第二十九篇　民　政

第三十篇　人事　劳动　社会保障

第三十一篇　宗　教

第三十二篇　习俗及其沿革

第三十三篇　方　言

第三十四篇　乡　镇

第三十五篇　人　物

附　录

CONTENTS

Part 4 Land

Part 5 Water Conservancy and Electric Power

Part 6 Transportation

Part 7 Post and Telecommunication

Part 8 Urban and Rural Construction

Part 9 Agriculture

Part 10 Forestry

Part 11 Industry

Part 12 Commerce

Part 13 Tourism

Part 14 Finance and Taxation

Part 15 Finance

Part 16 Economic Management

Part 17 Local Organization of the CPC

Part 18 Local People's Congresses

Part 19 Local People's Government

Part 20 Political Consultative Conference

Part 21 Local Discipline Inspection Organization of the Communist Party of China

Part 22 The Democratic Party Commerce and Mass Organization

Part 23 Public Security, Prosecution, Court and Judicial Administration

Part 24 Military

Part 25 Education

Part 26 Science and Technology

Part 27 Culture

Part 28 Health

Part 29 Civil Administration

Part 30 Personnel Labour and Social Security

Part 31 Religion

Part 32 Custom and Evolution

Part 33 Dialect

Part 34 Township

Part 35 Figure

Appendices

总　述

缙云县地处浙江省中南部，丽水市东北部。县域位于北纬28° 24′ 39″～28° 57′ 12″，东经119° 51′ 57″～120° 25′ 20″。东邻仙居县，东南靠永嘉县，南界青田县，西临丽水市莲都区，西北连武义县，东北接磐安县，北毗永康市。东西相距54.6千米，南北相距59.9千米，县界周长386.94千米。县域面积1494.24平方千米。2010年年末，全县居民总户数182905户，总人口453404人，人口密度303.4人/平方千米。

孕育在生态绿园中的旅游胜地

大自然赋予缙云得天独厚的自然生态资源。大致以好溪为界，东南面的括苍山脉地势高峻，群峰崛起，海拔千米以上的山峰有343座，主峰大洋山尖海拔1500.6米。西面的仙霞岭余脉海拔千米以上山峰3座。县城北部地层陷落，构成壶镇、新建两块河谷盆地。中部丘陵广阔绵延，为仙霞岭与括苍山的过渡地段。山地、丘陵占全县总面积的80%以上。其中，海拔1000米以上中山区面积7666.7公顷，占全县总面积的5.1%，主要分布在县境东、南、西部边缘地带；海拔800～1000米的低中山区面积18200公顷，占全县总面积的12.2%，主要分布在县境东部。

缙云属亚热带季风气候，四季分明，温暖湿润。1993—2010年，年均气温17.3℃，年均降水量1470.4毫米，年均无霜期262天。县境地势自东南向西北倾斜，温度升降大，呈垂直立体气候特征。

境内分布三大水系。好溪属瓯江水系，境内干流长66.11千米，落差123米，流域面积791.8平方千米，自东北部入境，至东渡镇株树村出境汇入瓯江；新建溪属钱塘江水系，境内干流长28.35千米，落差292米，流域面积292.1平方千米，自西北部入境，于新碧农管处山前村出境汇入永康市华溪江；永安溪属灵江水系，境内干流长19.99千米，落差140米，流域面积153平方千米，自大源镇吾山村入境，从高畈村出境，复入仙居县。人均占有水资源高于全国、全省平均数。水力资源蕴藏量8.2万千瓦，2010年水电装机容量5.5万千瓦，开发利用率67%。

缙云山高林茂，钟灵毓秀。2007年，森林面积112367.93公顷，森林覆盖率75.2%，林木绿化率76.9%。2010年，省级重点生态公益林面积64700公顷，占林业用地总面积的53.7%。古树名木较丰富，2002年有南方红豆杉、罗汉松、樟树等古树3100株。野生动物资源有556属936种，其中国家一级重点保护野生动物4种、二级重点保护野生动物17种。2005年，全县发现矿床（点）、矿化点150处，其中探明具备工业价值的矿种5个、矿产地11处。2010年，全县发现的各类矿产21种，含金属矿5种、非金属矿15种和矿泉水。

1993年以来，缙云县环境保护设施逐步健全，环境污染防治能力不断增强，生态环境质量得到改善。2004年，被国家环境保护总局列为国家级生态示范区；2009年，生态县建设通过省级考核验收；2010年，境域生态环境质量居全国各县（市、区）第 37 位、全省第 14 位。

自然造化，地处生态绿园中的缙云孕育出峰岩奇绝、山水神秀的风景名胜。境内地理环境独特，地貌丰富多样，涵盖了火山岩、花岗岩和丹霞等地貌类型，奇峰异石鬼斧神工。仙都风景区总面积 166.6 平方千米，有“四区”（仙都、大洋、岩门、黄龙 4 个风景区）、“五点”（堰头小仙都、横塘岸狮子岩、昆坑石门、舒洪大岩洞、雅宅唐葛岭 5 个景点）、“三带”（仙都至大洋、仙都至岩门、仙都至黄龙），规模宏大，景观多样。2004 年，县域旅游资源普查显示，全县有优质旅游资源单体 386 个、旅游线路 50 多条。仙都主景区兼有桂林之秀、黄山之奇、华山之险，标志性景观鼎湖峰拔地而起，离地面高度 170.8 米，被誉为“天下第一峰”。

境域独具神韵的自然景观与底蕴深厚的人文景观有机融合，相得益彰。仙都峰岩、九曲练溪、大洋日出等与缙云民间传说、人文史迹、民俗风情融为一体。河阳古民居是江浙一带保存较完整的明清古建筑群之一，松岩百廿间则是丽水市规模最大的清代建筑。

民国 22 年（1933），缙云仙都被列入国家公园序列。仙都风景区，1985 年被省政府认定为省风景名胜区，1994 年被国务院认定为国家重点风景名胜区，2001 年被国家旅游局评为首批国家 AAAA 级旅游景区，2008 年被省文明办评定为省首批文明风景旅游区。2010 年，全县有国家 AAAA 级旅游景区 2 个、省级森林公园 2 个。

“皇都归客过仙都，厌看西湖看鼎湖。”以仙都景区为代表的缙云山水风光吸引了古今众多名人游客，他们为此留下大量摩崖石刻和诗文，至 2010 年，全县发现摩崖石刻 153 处。2001 年 7 月，“仙都摩崖题记”被国务院认定为全国重点文物保护单位。

1993—2010 年，缙云旅游发展加快，赴缙云游客逐年递增，成为浙西南的一方旅游胜地。仙都主景区门票收入，1995 年前每年 2 万～ 3 万元，1999 年、2006 年分别为 229 万元、1070 万元。全县接待游客总人数和旅游总收入，从 2001 年的 24.9 万人次、1.8 亿元增加到 2010 年的 425.81 万人次、20.12 亿元。入境旅游人数，从 2003 年的 900 人次增加到 2010 年的 6222 人次。

根植在和谐家园中的发展洼地

1993 年以来，历届县委、县政府以经济建设为中心，承前启后，深化实施“生态立县，工业强县，旅游兴县”战略，一手抓精神文明，一手抓物质文明，民主和法治建设齐头并进，政治稳定，社会和谐，经济秩序良好。1993—2007 年，召开了中国共产党缙云县第九次到第十二次代表大会、缙云县人大第十二届到第十五届代表大会、政协第四届到第七届缙云县委员会会议，顺利进行县级和乡镇换届选举；有序组织七届村级换届选举。各级领导班子过渡平稳，衔接有序，政令畅通。1994 年，开展“争做文明缙云人，我为缙云添光彩”活动，提高全民文明素质；2003 年开始，“平安缙云”创建积极推进。公安、人民检察院、人民法院的硬件设施改善，政法管理现代化水平提高，社会治安防控能力增强，突发公共事件应急体系建立。县公安局、人民检察院、人民法院、司法局及其所属单位共记集体一等功 1 次、二等功 21 次、三等功 70 次。

交通路网布局不断完备。330 国道、金丽温高速公路、金温铁路纵贯南北，台金高速公路横跨东西。1993—2010 年，新增过境高速公路 2 条，总长度 38.9 千米；全县公路通车里程从 385 千米增加到 1152 千米；2010 年，在全市率先完成乡村康庄工程，全县所有行政村实现“通达村口，路面通畅”的“两通”目标。

县城建设日新月异。集镇区域扩展，市政基础设施建设不断完善。以 1996 年 12 月庆祝缙云建县 1300 周年暨县行政中心奠基为起点，县城新区移山填壑、向东拓展。紧接着 1999 年 8 月缙云中学迁建，县行政中心、博物馆、镇东农贸市场、实验中学等公共建筑相继落成。2001 年以后，全县每年投入资金

1 亿元左右，用于县城市政基础设施建设。至 2010 年，县城新区道路建设基本完成。房地产业快速发展，一批中高档住宅小区先后建成，人居环境大为改善。2006—2010 年，县城城区面积从 8.9 平方千米增至 14.77 平方千米，常住人口从 6.2 万人增至 12.96 万人。2010 年，县城绿地面积 349 万平方米，绿地覆盖率 36.51%；公共绿地 99 万平方米，人均 12.15 平方米。

农村面貌焕然一新。乡（镇）村规划、下山脱贫、新农村建设次第展开。1993—2010 年，全县累计投入新农村建设资金 27.5 亿元。2003 年，“千万农民饮用水解困工程”领先全市；2006 年，“户户通电”工程通过验收；2010 年，形成以 220 千伏为枢纽、110 千伏为骨干、35 千伏为主体的电网格局。农村交通、电力、通信、生态环境全面改善，城乡差距进一步缩小。

现代金融体系逐步建立。至 2010 年，全县有银行业金融机构 11 家、保险公司 16 家、证券公司经营机构 1 家，初步形成门类较全、覆盖全县的区域金融体系。金融机构经营规模不断扩大，各项存款余额，由 1993 年的 5.63 亿元增加到 2010 年的 130.31 亿元。其中，城乡居民储蓄存款由 1993 年的 3.54 亿元增加到 2010 年的 72.38 亿元。

城乡居民生活持续改善，人民安居乐业。2004 年，缙云被丽水市委命名为“丽水市第一批小康县”。城镇居民人均可支配收入，从 2004 年的 11531 元增加到 2010 年的 21275 元，年均增长 10.75%；农村居民人均纯收入从 1993 年的 1061 元增加到 2010 年的 6678 元，年均增长 11.43%；职工年平均工资从 1993 年的 3022 元增加到 2010 年的 48631 元，年均增长 17.75%。住房条件改善，1999—2010 年，全县商品房竣工面积 112.22 万平方米。2010 年，城、乡居民人均住房面积分别为 29.03 平方米和 60.89 平方米，农村居民家庭恩格尔系数从 1993 年的 49.7% 下降到 2010 年的 33.3%；城镇居民家庭恩格尔系数从 2004 年的 34.5% 下降到 2010 年的 27.2%。1993 年以来，全县养老、医疗、失业、工伤、生育等保险体系逐步建立，参保人数逐年递增。2005 年，缙云免征农业税。

市场繁荣，物资丰富。走出商品短缺的计划经济，步入商品充裕的市场经济。全县社会消费品零售额从 1993 年的 2.19 亿元增加到 2010 年的 31.87 亿元，年均增长 17.06%。城乡集市贸易成交额，1993 年 2.16 亿元，2007 年 15.73 亿元，2010 年 12.12 亿元。

1993—2010 年的 18 年，天时地利，政通人和。缙云县交通路网完善，城市化进程提速，新农村建设推进，商业繁荣，各项社会事业协调发展。这 18 年，是缙云经济腾飞质变的 18 年。经济建设中心突出，农业产业结构优化，农业生产效益提高，工业产值持续飙升，工业重县地位逐步显现。

围绕效益农业，调整产业结构。1993 年以来，缙云继续实施 1991 年发起的以“三种两养”为重点，“发动千家万户，发展一村一品”农村经济发展战略，以“一优两高”农业和创建“浙中南绿色生态农产品基地”为目标，推进农业产业化经营。农业生产经营由单一粮油生产向经济作物、畜禽养殖、农旅观光等多元化发展，稻、麦、豆、薯类传统粮食作物播种面积减少，粮油、畜禽养殖、水产、干鲜果、茶叶、蚕桑、食用菌、笋竹等产业初步形成。粮食和经济作物的种植面积比例从 1992 年的 71 ∶ 29 调整到 2010 年的 37 ∶ 63。蚕桑、食用菌、茶叶及其农产品产业优势突出。2003 年，缙云被省政府列入“浙江省蚕桑西进工程重点县”。2007 年，有 509 个村种桑养蚕，蚕农 12915 户，桑园面积 2553 公顷，产茧 272.8 万千克。食用菌栽培量稳步增加，市场交易繁荣，2008 年，全县有香菇经营户 1000 多户、交易额 1 亿多元。茶叶产业加快发展，茶园面积从 1993 年的约 700 公顷增加到 2010 年的 3466.67 公顷。全县农业总产值从 1993 年的 3.06 亿元增加到 2010 年的 10.71 亿元。一批农产品品牌脱颖而出，1994—2010 年，“仙都笋峰”茶叶在省和国家级茶博会上获奖 16 次；1997 年，国务院经济特产办公室授予缙云“中国麻鸭之乡”称号；2005 年，“山啦”牌高山茭白通过省绿色农产品认证，“川野丽人”黄花菜获省农博会金奖；2010 年，“缙云麻鸭”通过中华人民共和国农业部保护品种遗传和资源鉴定，获浙江省首个畜产品“中华人民共和国农产品地理标志”登记证书，被农业部列入《国家遗传资源畜禽品种目录》。

2010 年，全县农村劳动力人口 24.03 万人，其中从事农、林、牧、渔业的 10.42 万人，从事工业的 3.63

万人。

工业强县深入实施，工业经济转型升级。改革开放以来，缙云工业历经“星星之火”的萌芽期、“户户冒烟”的初创期、“燎原之势”的集中发展期。尤其是1992年以后，缙云县进一步确立工业经济的主导地位，不断解放思想，与时俱进，稳农、重工、亲商，优化发展环境，创业创新氛围日益浓厚。全民、集体企业从“扩权放活”、承包经营责任制、劳动用工和分配制度改革起步到产权转让，体制改革不断深化，个体私营经济异军突起，工业经济驶入快车道。

园区经济发展，规模化、集约化程度提高。新碧、壶镇、五东三个区域性工业主平台形成。十多年来，新碧工业园飞跃发展，2002年提升为缙云县新碧工业园区，入园企业13家；2003年被批准为丽水市工业园区，规划范围扩大到24.97平方千米，其中工业用地16.2平方千米，入园企业62家；2006年，被省政府批准为浙江缙云工业园区；2009年，被列入《丽水生态产业集聚区发展规划》；2010年，入园企业144家，投产企业122家，工业产值110.33亿元，上缴税款2.19亿元，出口交货额25.3亿元，其中自营出口2.12亿美元；年销售额在2000万元以上规模企业66家，其中超亿元企业23家、超5亿元企业6家、超10亿元企业2家。

壶镇镇乡镇企业经营机制转换，工业经济活力激增，个体私营经济率先发展。1993年前后，工业总产值一度占全县总产值近一半。2010年，壶镇镇有工业企业1410家，其中规模以上企业140家、超亿元企业24家、超5亿元企业4家，实现工业总产值91亿元；12月，被省政府公布为丽水市唯一的浙江省首批27个小城市培育试点镇。同时，五（五云）东（东渡）工业园区和新建洋山、舒洪螺丝岩、东方岩腰3个工业功能区得到拓展培育，2010年实现工业总产值69.1亿元，出口交货额4.77亿元。

开放和服务并举，引领工业发展。1993年，各乡镇设立工业办公室。2000年，加大实施招商引资优惠政策，面向金华、温州、台州为重点开展招商引资，服务企业。2003年，开展“招商引资年”活动，将招商引资列入部门、乡镇年度综合考核项目，引进企业84家，合同利用外资16.49亿元，实际到位资金5.39亿元。1993—2010年，全县还引进各类侨资、台资8亿元，有台资企业4家、侨资企业5家。

主导行业引领，工业优势显现。2009年，缙云带锯床产业被省政府列入“浙江省块状经济向现代产业集群转型升级示范区试点”名单；五金产业被省政府纳入全省唯一的跨市级行政区域的永（永康）武（武义）缙（缙云）五金产业集群。缙云锯床产量居全国锯床行业首位，天喜集团为亚洲压力锅主要生产基地，燕京啤酒（浙江仙都）有限公司形成浙西南最大啤酒生产基地，山蒲荧光灯管跻身于世界先进行列。2010年，全县机械装备、新材料、智能家电、运动休闲文化四个主导行业，总产值205亿元。

科技创新迸发，产业升级推进。1998—2010年，其中10个年度，缙云县被评为“浙江省党政领导科技进步目标责任制考核优秀县”。1999年，被科技部授予“全国科技进步先进县”。2002—2005年，被省政府列为“省科技星火示范县”。2006年，被科技部列为省第二批“科技富民强县试点”。科技创新能力不断增强，1993—2010年，缙云县各类专利申请量从21件增至263件，授权量从9件增至239件，居全市之首。山蒲照明等4家企业被省科技厅授予“省专利示范企业”称号，其中晨龙锯床被国家知识产权局授予国家知识产权示范（试点）企业。2010年，全县拥有各类科技及经营管理人才2.4万人，建成国家级高新技术企业12家、省级高新技术企业11家。

1993年，缙云县工业企业单位1834家，总产值9.51亿元。全民、集体、私营三种类型企业占比为19.4∶43.6∶37。1995年，个体私营工业产值14.77亿元，占全县工业总产值的85.4%。1996—1998年，缙云工业总产值连续3年居丽水地区第二位。2001年，有7个乡镇工业总产值超亿元。2006年，缙云工业精彩蝶变，总产值突破百亿元，被省政府定位为“浙江五金先进制造业基地重要组成区”，县域经济水平高于全国和丽水市平均水平。

1993年，缙云县地区生产总值6.8亿元，工业增加值2.23亿元，财政总收入4880万元，分别占丽水地区的12.22%、15.13%、14.93%。2010年，全县地区生产总值112.17亿元，财政总收入10.1亿元；

第二产业产值66.78亿元，占三次产业的比例为59.5%。2010年，全县人均地区生产总值3667美元，居全市9个县（市、区）第五位。

进入21世纪，缙云县发展环境优化，内培外引，兼收并蓄，产业基础夯实，引进优质项目和优秀人才，持续提升创新能力和驱动能力，已成为浙西南的投资热土和发展洼地。

滋养在文化乐园中的教育高地

缙云历史久远。新石器时期，缙云境内已有人类繁衍生息。《禹贡》载缙云为“扬州之域”。春秋战国时属越、楚。汉末建安四年（199），缙云地分属乌伤和松阳两县。武周万岁登封元年（696），以括州括苍县东北界及婺州永康县南界设缙云县。

文化积淀深厚。至2010年，缙云已有1300多年的建县历史。“缙云”取名，与中华民族人文始祖轩辕黄帝有着紧密相连的文化渊源。“缙云”一词，最早见于《左传•文公十八年》的“缙云氏有不才子……”，司马迁《史记》、庾阐《扬都赋》、谢灵运《游名山记》、唐《隋书・地理志》和张守节《史记正义》等诸多史籍和文人游记均有“缙云”之记载。

县境大量的物质文化遗存，表明缙云深厚的人文底蕴，也为缙云经济社会发展提供了软实力。1993年，新建镇洋山发现西晋砖室墓，出土文物18件。1995年，仙都玉虚宫遗址出土宋元建筑构件和瓷器。1997年，大源镇稠门村出土唐代云龙双鹊衔绶月宫镜一枚，仙都笋川村出土宋代“金龙玉简”等7件文物。2008年，考古挖掘黄龙景区3座晋代砖室墓和李庄南朝砖室墓，出土文物20多件；发现清代活字印版一组。至2009年，确认全县有不可移动文物登录点1281处，包括古遗址、古墓葬、古建筑、石窟及石刻等。2010年，县博物馆有馆藏文物1517件，全县有全国重点文物保护单位1处、省级文物保护单位6处。

缙云位于丽水市东北隅，受浙中文化影响较大，地方文化在丽水市境内独具特色。

黄帝文化、戏曲文化、石头文化凸显缙云地方文化的鲜明特色。2000年，在中国首届黄帝文化学术研讨会上，中国社会科学院中国先秦史学会、陕西省轩辕黄帝研究会及安徽、山东等地专家学者达成“缙云为我国南方黄帝文化辐射中心”及“北陵（陕西黄帝陵）南祠（缙云黄帝祠）”祭祀格局的共识。

缙云自古崇尚“百乐戏为先”，以婺剧为主要戏种，杂剧、灯戏、木偶戏、锣鼓班和庙会歌舞等代代相传，形成缙云特有的戏剧文化。吹拉弹唱、听曲品戏，是群众文娱生活的传统内容。21世纪开始盛行的广场舞、乡村春晚，又为群众文化注入新的活力。1993年以来，登记注册的婺剧演出团体一直保持在20多个，从业人员1000多人，缙云婺剧演出遍及浙闽苏等地50多个县市。

境域多岩山，开山采石、打制石器及垒石而居，形成了石建筑、石雕、石窟等缙云特色的石头文化。

缙云书画之风源远流长。被誉为李斯后“中华小篆第一人”的唐代著名书法家李阳冰，任缙云县令期间书写的石刻遗存3处。县域书画之风蔚然，书画名家辈出，画家李震坚为现代浙派人物画代表人物之一，书法家李文采被启功誉为“中华临书第一人”，郑晓华为中国首届书法专业博士。

以道教习俗、中药材为代表的民间养生，以河阳古民居、壶镇九进厅、松岩百廿间为代表的明清建筑，以缙云烧饼、缙云索面为代表的农家美食，以庙会、迎案、钢叉舞为代表的乡村民俗，在缙云文化大观园中纷彩斑斓。至2010年，全县13个省级非物质文化遗产项目涵盖了民俗、礼仪、技能、演艺、传说等类型。

2010年，数字电视、宽带网络及程控电话、移动电话覆盖县域全部行政村；有县级文化馆、博物馆、公共图书馆各1家，体育场馆7家，影剧院3家；县级文艺家协会8个，会员500多人；文化站、文化示范户、农家书屋、文艺表演队遍布城乡。

县人自古崇学尚文，世代秉承耕读传家之风，勤教苦读的“霉干菜精神”历久弥新。缙云县学设于县城吏隐山下的孔庙内。唐上元元年（760），县令李阳冰重修孔庙，重绘孔子像。北宋绍圣年间（1094—1098），胡份在胡源乡上宕村建尚友堂万松书舍，开处州府私人创办书院之先河。南宋时建独峰书院、美化书院，著名理学家朱熹曾两次到缙云讲学多日。明嘉靖年间（1522—1566），县城建有五云书院。清乾隆（1736）至同治（1892）时期，县境有书院9家。科举时代，据《丽水市教育志》载，缙云共考中进士211名。清光绪《缙云县志》记载自唐代起立传人物578人。省一级重点中学浙江省缙云中学创办于1906年，至2010年有104年的办学历史。抗日战争期间，上海君毅中学、省立医专、杭州安定中学等8所学校迁居缙云，北京大学、清华大学曾在壶镇湖川村设点招生，为缙云播下了现代教育的种子。

1993年以来，缙云教育快速、健康、稳定发展。学前教育规模扩大，义务教育稳步提高，高中教育领跑全市，职业教育彰显特色。

大投入带来教育大发展。1993—2010年是缙云教育硬件建设大投入的时期，教育经费除省政府财政转移支付部分增长外，县财政预算逐年增长，1993年185.1万元，1999年5123万元，2010年44059万元，其中1999—2010年年均增长21.61%，比同时期县财政经常性收入年均增长率高出2.1个百分点。1996—2010年，城镇农村教育费附加、教育配套费、干部职工筹资、社会捐助、上级补助等多渠道投入教育经费4901.6万元。从1999年缙云中学迁建开始至2010年，全县新（迁）建学校22所，共投入建设资金6.83亿元。20多所学校达到省一类办学标准，50多所学校达到省三类以上办学标准，初步形成教育资源配置相对合理、投入有保障，适应教育现代化需要的办学格局。2000年，省委、省政府指定缙云向国务院领导专题汇报农村教育发展工作。

中下经济办出中上教育。1995年，缙云在丽水地区率先通过省政府“基本普及义务教育和基本扫除青壮年文盲县”评估验收。1997年，被省教育厅确定为浙江省素质教育实验县。1998年以后，缙云中学被省教育厅评为省一级重点普通高中；壶滨初中被省教育厅认定为全市首批四所省级农村示范性初中之一；缙云县中等职业技术学校先后被省教育厅确认为浙江省一级重点职业技术学校和第二批全省37所国家级重点职业学校之一，在丽水市率先通过“高标准、高质量普及九年义务教育”验收。2008年10月，缙云被省政府命名为“浙江省教育强县”。

教育普及程度快速提升。全县3～5周岁幼儿入园率，2007—2010年均达96%以上。2010年，全县在园幼儿15521人，入园率96.79%，高于全省1.79个百分点。小学适龄儿童入学率，1993年99.64%，2010年99.98%。初中阶段入学率，1993年86.43%，1998年后均在95%以上，2004年后均在99%以上；2010年99.92%，高于全省0.04个百分点。初中升高中比例，从1993年的24.8%提高到2005年的97.8%，2005年高于全市10.78个百分点。1997年后，全县普高职高招生比例基本达到1∶1。

升入高校人数稳步提高。1993—2010年，缙云县普通高中和职业高中毕业生升入高校人数共计29954人，升入高校人数与总人口万人比为38。全县高中毕业生升入高校人数，1993年454人；1999年745人；2003年以后，均在2000人以上。2007—2010年，分别达3094人、3089人、2587人、2904人，4年平均万人比为65.04，高于丽水市24.15个百分点。具有较高升学率的缙云教育成为缙云的一张“金名片”，成为丽水市乃至浙西南的教育高地。

回望缙云1993—2010年的沧桑巨变，探寻发展轨迹，为缙云留下了宝贵的历史财富。

发展工业。18年来，缙云经济的发展，主要来自超出全县经济总量半壁江山的第二产业，2010年三次产业构成已达到6∶59.5∶34.5。缙云实现了从农业传统县到工业强县的历史性转变，成为全市工业重县。以民营经济为主体的工业经济是富县、富民的快车道，也是缙云经济社会发展的必然选择。

解放思想。18年来，围绕解放思想主题，县委、县政府先后4次在全县开展较大规模的解放思想大讨论。不仅更新思想观念，与时俱进，而且出台政策，开展一系列活动，推动体制机制创新，促进生产力发展。

开放搞活。欠发达县尤其迫切。1993—2000年，缙云国有工业企业先后实行经营体制和产权制度改革，为发展注入新的活力。与此同时，一系列鼓励扶持民营企业发展的“放开、搞活”政策出台，个体私营企业在这十八年中得到迅猛发展；筑巢引凤，外引内联，外来企业成为缙云经济的重要增长点。

生态立县。18年来，缙云深入开展环境保护，强化绿色经济，生态建设成为立县之基。2000年，缙云将“生态立县”纳入三大发展战略之一，出台《生态示范区建设总体规划》。2002—2010年，累计退耕还林1000公顷，湿地更新7000公顷，封山育林32300公顷。2003年起，实施废弃矿山复绿工程。

悠悠好溪，生生不息。18年仅是历史的瞬间，在新的历史时期，缙云将以建设“富民强县，幸福家园”为总目标，实施“生态富民，工业强县”战略，努力推进集约发展、创新发展、协调发展、特色发展和惠民发展，为建设美丽新缙云谱写新篇章，再创新辉煌！

大事记

1993年

1月 缙云县仙都城市信用合作社成立。2000年4月更名为缙云仙都农村信用合作社，归属缙云县农村信用联社管理。

2月 缙云县物资总公司成立，与县物资局实行“两块牌子，一套班子”管理体制。

同月 县城至壶镇“127”（BP机）人工传呼台开通。

3月18日 全县个体私营工作会议召开。会议表彰1992年度先进个体户和私营企业158个、文明经营户248个、先进贩运户50个。

3月 缙云县青年能人联合会成立。

4月5日 缙云县商业集团总公司成立，与县商业局实行“两块牌子，一套班子”管理体制。

4月8—11日 中国共产党缙云县第九次代表大会召开，选举产生中共缙云县委第九届委员会。县委九届一次全会选举卢淳良为县委书记。

4月23—28日 政协缙云县第四届委员会第一次会议召开，姚根官当选县政协主席。

4月25—30日 缙云县第十二届人大第一次会议召开，王鸣钟当选县人大常委会主任，陶国忠当选县人民政府县长。

4月 新建镇洋山红砖厂取土点发现西晋砖室墓。该墓出土文物18件。

6月2日 中共缙云县纪律检查委员会与缙云县监察局开始合署办公。

6月10日 金温铁路缙云火车站站场工程开工。11月12日工程九号山头实施松动爆破，安装炸药4.3万千克，松动土石25万立方米。

6月24日 特大暴雨，县域受灾人口30多万人，死亡3人，直接经济损失3000多万元。

6月 平黄公路改造工程开工，1996年11月竣工，1998年1月6日通过省交通厅验收。

7月28日 中共缙云县委宣传部、团县委合办的《缙云时报》创刊，该报前身为1992年10月团县委创办的《一代风流》；1994年8月6日改名《缙云报》；3月9日改名《今日缙云》，县新闻发展中心主办；2015年1月复名《缙云报》。

8月 缙云县林业集团总公司成立，与县林业局实行“两块牌子，一套班子”管理体制。

同月 缙云县经济开发办公室成立，与县体改办实行“两块牌子，一套班子”管理体制。县经济技术社会发展研究中心撤销。

9月28日 缙云“浙南商品走廊”一期浙南林产品、三里灯具、浙南汽配、浙南金属4个专业市场开业。

9月29日 中国银行缙云县支行成立。

10月6日 县政府发文取消第一批16项涉农负担的行政事业性收费项目。

10月13日 中共浙江省委书记李泽民调研金温铁路缙云火车站站场建设工程。

10 月 缙云县转换企业经营机制领导小组成立，国有和集体工商企业产权制度改革启动，2006 年 8 月结束。

11 月 县城至壶镇镇、新建镇、舒洪镇、新碧镇通信光缆启用，1 万门程控电话交换机开通。

12 月 7 日 330 国道兰口至黄碧街段拓宽改建“四自工程”开工。该工程全长 21.4 千米，总投资 1.3 亿元，为当时缙云县投资额最大的建设项目。1996 年 9 月 30 日工程竣工。

12 月 11 日 缙云县住房制度改革工作会议召开。城镇职工住房由分配租住开始改由住户购买或提高租金租住。

12 月 28 日 浙江省缙云县四方电子股份有限公司注册成立，为全县首家由国有企业（缙云整流器件厂）职工出资的股份合作制企业。

12 月 模拟移动电话（摩托罗拉“大哥大”手机）“900”号段进入缙云。

是年 五云镇、壶镇镇、新建镇开始进行土地所有权和使用权登记。

1994年

1 月 10 日 仙都风景区被国务院公布为第三批国家重点风景名胜区。

1 月 23 日 中共浙江省委副书记、省长万学远调研金温铁路缙云段建设工程。

2 月 22 日 一辆客车在 330 国道东渡镇株树村路段坠入好溪，死亡 15 人，重伤 2 人，轻伤 32 人。

3 月 缙云县新区建设委员会成立，县城新区开发启动。

同月 村级代购店、代销店撤销。

4 月 5 日 壶镇小学组织师生春游，四年级学生在雁岭乡左库水库库尾水域发生沉船事故，溺亡学生 43 人。10 月 26 日，县人民法院对事故相关责任人作出一审判决。

4 月 19 日 南溪乡木西花村火灾，烧毁房屋 49 间，受灾居民 24 户。

5 月 新建镇、七里乡等地发生砖瓦窑氟气污染桑叶致使蚕中毒事件。县府办发文从次年起的每年 4 月 15 日—5 月 14 日实行“停窑保蚕”。

同月 龙宫洞电站投入试生产，1997 年 9 月通过竣工验收。电站水头 480 米，装机容量 10000 千瓦。

6 月 13 日 县委、县政府在县人民大会堂召开“做文明缙云人，为缙云添光彩”动员大会。

7 月 14 日 一辆天目山牌正三轮运输车载客 11 人，在雁岭乡大岩村路段坠入山沟，死亡 5 人。

8 月 21 日 17 号台风影响县域，直接经济损失 2000 多万元。

9 月 1 日 县城新区第一条道路“仙都大道”动工，长 430 米。

9 月 缙云县国家税务局、缙云县地方税务局成立。

10 月 30 日—11 月 2 日 缙云县首届乡镇农民篮球赛在壶镇镇举行。

10 月 壶镇镇狮子山风景区发现一处宋代古墓，出土文物若干。

是年 壶镇镇湖川村成为丽水地区第一个“亿元村”，工农业总产值 1.08 亿元，税利 850 万元。

1995年

2 月 21 日 14 时 30 分 金温铁路第一辆试运火车驶入缙云站；3 月 5 日 11 时 30 分，第二辆试运火车驶入新碧站，12时30分驶入缙云站，金华至缙云段铁路顺利试通车。

3月6日 仙都黄帝祠宇重建工程奠基。1998年9月，黄帝祠宇一期工程竣工。

3月23—27日 缙云县第十二届人大第三次会议召开，补选吕军民为县人民政府县长。

3月 壶镇镇被建设部列为“全国小城镇建设第一批试点镇”。

6月 缙云县真丝针织厂生产的绨爱思针织绸获中国国际新技术名优产品博览会金奖。

7月7日—9月9日 连续干旱，全县总降水量120毫米，受灾人口30多万人，其中饮水困难人口1.56万人。

8月4—5日 中共缙云县委九届五次全会召开，表决通过《关于县政府办公楼移址的决定》。

9月11日 一辆客车在330国道东渡镇株树村路段坠入好溪，死亡4人。

9月22日 全县全面实行劳动合同制动员大会召开。要求从11月底开始，劳动合同制在国有、集体、股份制、三资企业和事业单位、社会团体实行；从1996年年底开始，劳动合同制在个私、乡村集体企业和个体经济组织实行。

9月28日 丽水地区中级人民法院和缙云县政法机关在壶镇镇壶滨初中运动场举行宣判暨公开处理大会，惩处犯罪分子14人，参加大会群众约4万人。

9月 仙都黄帝祠宇建设工地出土一批新石器时代黑陶残片和宋元时期建筑构件、瓷器。

11月19日 丽水地区、缙云县农村集体资产管理体制综合改革试点工作组进驻东方镇，中共丽水地委书记任组长，成员16人。

12月11日 缙云被省政府公布为“基本普及九年制义务教育县”“基本扫除青壮年文盲县”。

12月 五云镇南塘庵李氏家族墓葬群出土墓志、铜镜、龙眼瓶、青花盖罐等一批文物。

1996年

1月 中共浙江省委批准，蒋剑巍任中共缙云县委书记。

2月10日 两辆汽车在330国道新建镇外堰路段相撞，造成死亡5人，受伤1人。

2月 缙云县首次公开选拔副科级干部，5个单位选拔副科级干部7人。

3月10日 日本“利民工程”援助七里乡中心小学教学楼建设项目签约，日本国驻上海总领事馆总领事到缙参加。

3月19日 浙江电视台、温州电视台在仙都鼎湖峰举行“徒手攀登鼎湖峰电视吉尼斯大奖赛”。

4月1日 缙云县人民武装部收归军队建制，名称为“中国人民解放军浙江省缙云县人民武装部”。

4月19日 中共浙江省委原书记铁瑛到缙云考察经济工作。

4月21日9时20分 金温铁路金缙段第一列客车从缙云火车站发出。

4月 《缙云县志》（1996年版）出版发行。8月2日县政府在县委会议室举行首发仪式。

5月 浙江省区域地质调查大队专家在壶镇镇西山沿采集到恐龙颈椎骨化石7块。

6月 县法院首次采用定点爆破的办法拆除水南村一幢五层违法建筑。

7月31日—8月2日 8号台风影响县域，受灾人口20多万人，直接经济损失1亿多元。

9月19日 全国政协原副主席吴学谦到缙云视察。

9月28日 缙云县党政机构改革方案出台，调整后设置县级党政机构30个，比原有机构减少13个。

11月15日 《仙都风景名胜区总体规划（1996—2020）》通过省政府办公厅组织的评审。

11月 中国农业发展银行丽水地区分行缙云办事组设立。

12 月 13 日 缙云建县 1300 周年庆祝活动举行。中共浙江省委书记李泽民为缙云建县 1300 周年题词“建设缙云，振兴缙云”。

同日 缙云县行政中心建设工程奠基。

是年 开展“严打”斗争。县公安局组织集中搜捕行动 16 次，侦破犯罪团伙 47 个，查处犯罪窝点 16 个，涉案嫌犯 412 人。其中批捕 89 人、劳动教养 64 人、治安拘留 123 人。《浙江日报》《浙江法制报》《人民政权报》均在头版报道缙云“严打”斗争情况。

1997年

1 月 县界勘定重新开始。1999 年 8 月 25 日，金丽线缙（云）武（义）段行政区域走向勘定签订仪式在缙云举行；至年底勘定县域界线总长度 386.94 千米。

1 月 7 日 一辆农用四轮运输车在大源镇稠门岭路段坠入山沟，死亡 3 人。

2 月 10 日 县城第一百货商店火灾，烧毁房屋建筑面积 406 平方米，直接经济损失 45 万元。

4 月 蔡鸿猷、陈觉、李雄华三位烈士遗骸从县人民医院后山迁葬到金山烈士陵园。

5 月 9 日 丽水地区“迎香港回归祖国”十万人签名活动首签仪式在缙云县城举行。

6 月 17 日 全县教育工作会议召开，部署中小学布局调整。是年撤销小学 120 所、初中 4 所。

7 月 31 日 国务院特产经济开发办公室发文，命名缙云县为“中国麻鸭之乡”。

8 月 18—19 日 台风“芸妮”影响县域，直接经济损失 1 多亿元。县城溪滨两岸路面积水 1.2 米。

9 月 16 日 一辆农用四轮运输车在坦五线抱骨岭路段坠入山沟，死亡 4 人。

10 月 14 日 缙云县企业改革指导组进驻第一批改制的县经委直属 7 家国有企业。

12 月 24 日 县城新区黄龙路一期工程动工，2000 年 3 月通行。

12 月 缙云县电力工业局被国家体委公布为“全国群众体育运动先进集体”。

同月 缙云化工一厂宣布破产，为缙云县首家经人民法院裁定破产的国有企业。

是年 大中专毕业生分配制度取消，缙云县首次面向社会公开招考国家机关工作人员。

1998年

1 月 5 日 330 国道缙云至丽水复线通车。

1 月 22—23 日 普降大雪，县域低山地区积雪 24 ～ 26 厘米，高山地区积雪 28 ～ 30 厘米，428 个行政村受损，直接经济损失 3000 多万元。

2 月 缙云县乡镇企业局被农业部、劳动部评为“全国乡镇企业安全生产综合治理工作先进单位”。

3 月 9—13 日 中国共产党缙云县第十次代表大会召开，选举产生中共缙云县委第十届委员会。县委十届一次全会选举蒋剑巍为县委书记。

3 月 21—26 日 政协缙云县第五届委员会第一次会议召开，杨大平当选县政协主席。

3 月 23—28 日 缙云县第十三届人大第一次会议召开，田理富当选县人大常委会主任，吕军民当选县人民政府县长。

5 月 3 日 丽水地区第一所希望小学——石笕手拉手希望小学教学楼建设工程奠基。次年 3 月 15 日工程落成，总投资85万元，省希望小学办公室资助20万元。

5月29日 缙云县人民政府和永嘉县人民政府举行木西（木栗乡木瓜坑村至界坑乡西岙村）公路通车典礼。

6月24日 缙云县石油公司无偿划转到中国石油化工集团有限公司，县人民政府、县商业集团公司与该公司完成机构、资产交接。

8月6日 浙江省历史学会、浙江大学历史系和县旅游局、县广电局、县文联在大洋水库宾馆联合举办黄帝文化研讨会。

8月7日 县委召开乡镇推行政务公开和办事制度公开现场会。

8月11日 中央电视台摄制组在仙都拍摄《仙都风光》。

9月3日 缙云县邮电局邮政、电信业务开始分营。

10月26日 中共浙江省委书记张德江到缙云调研。

10月 缙云县广播电视台成立。

11月24日 全国政协副主席王文元到缙云视察。在缙云中学作“面向新世纪，为振兴中华培育英才”的题词。

11月28日 首届仙都旅游文化节开幕，公祭黄帝典礼举行，缙云县与陕西省黄陵缔结友好县签约。是年始，每年在重阳节（公祭）、清明节（民祭）举行祭祀黄帝典礼。

11月29日 中国电视吉尼斯软梯攀登大奖赛在芙蓉峡举行。

同日 温州雁荡山飞渡队2名艺人在鼎湖峰与步虚山顶之间架设的钢索上进行飞渡表演。

1999年

1月21日 一辆农用运输车在35省道三溪岭路段坠入100多米深的山谷，死亡7人。

1月27日 县科委和县农业局承担的“益菇粉”和垄畦免耕直播早稻高产技术推广两个项目，分别获省政府“科学技术优秀奖”和“星火奖二等奖”。

3月30日 中共浙江省委副书记、省长柴松岳到缙云调研城镇建设。

3月 五云镇城区公交车开通，20辆7座面包车在老城区主街道营运。2001年8月，新老城区3条公交车专线开通，18辆19座面包车替换原7座面包车营运。

同月 缙云仪表厂国有股份转让给浙江寿尔福化学有限公司。

4月1—10日 共青团中央主办的国际青年志愿者环保劳动营在仙都开营，英国、日本、荷兰、澳大利亚、加拿大、韩国等国的青年与国内志愿者30余人参加。

4月14日 中共浙江省委原书记铁瑛考察仙都。2002年12月6日，再次考察仙都。

4月21日夜 杭州至温州603次列车在东渡镇长坑村黄塄背段遭遇山体滑坡，3节车厢脱轨，行车中断29小时。

5月9日 县人民政府《关于鼓励工业经济发展的若干意见》发布。

5月11日 县人民政府《关于对新碧镇、壶镇镇吸引县外法人或自然人独资创办企业实行特殊优惠政策的通知》发布。

5月 缙云县工商（物价）局分设为县物价局和县工商局。缙云县工商局归属上级部门垂直管理。

6月9日 丽水地区首家老年医疗康复中心在新建镇卫生院揭牌。

6月10日 缙云县农村第二轮土地承包工作启动。承包期为1999年9月1日—2029年8月31日。

6月25—26日 缙云县首届残疾人运动会举行，100多人参加。

6月30日 缙云县首次组织无偿献血活动，800多人献血170升。

同日 缙云县中小企业贷款担保有限公司挂牌，由县国有资产管理局投资组建，属全省第二家为中小企业提供贷款担保的专业公司。

6月 缙云中学高中部、初中部分离。8月高中部搬迁到缙中路18号百花山校园。初中部取名“缙云县实验中学”，2004年9月从寺后路38号搬迁到寺后东路98号徐庵山校园。

7月2日 政府采购制度开始实行。

7月7日 缙云县客运中心（县汽车站）由五云镇大桥南路4号移至迎晖路28号。原车站连同水南运动场一部分建成金龙广场。

7月22日 缙云县第一座按无人值班标准设计的东方变电所（35千伏）并网运行。

7月23日 浙江省公安厅追授县公安民警吕干勇一等治安荣誉奖章。

7月30日 缙云县大中专毕业生首届人才交流会举办。

10月22日 溶江乡雅江村火灾，烧毁房屋66间，受灾居民34户。

11月8日 东方镇现代化农业示范区通过省级验收，园区面积67.4公顷。

11月23日 缙云县被科技部公布为“全国科技工作先进县（市）”。

12月5日 《缙云县城中心区建设性详细规划》通过评审。规划中心区范围东起金温铁路，西至翠竹路，南达问渔路道路红线外50.8米，北止于旭山路，总用地面积为0.86平方千米。

12月8日 仙都风景区被中国摄影家协会授予“中国摄影创作基地”。

12月17日 缙云县建设工程交易中心挂牌。

同日 缙云县外贸公司被广东麦科特集团兼并，为浙江首家被省外企业兼并的外经贸企业。

12月30日 缙云县社会福利中心启用，首批19位老年人入住。

12月 木栗乡西峰村发现牛口蹄疫，全乡扑杀、深埋耕牛60头。

2000年

1月1日 居民婚姻登记由乡镇政府办理开始改为县民政部门统一办理。

1月14日 缙云县青年联合会成立暨第一届委员会第一次会议召开。

2月18日 缙云县河阳经省政府核准公布为“省级历史文化保护区”。

2月 “缙云麻鸭饲养推广”项目被省农业厅公布为“农业丰收奖一等奖”。

3月15日 仙都农村管理处成立。

4月7日 县政府与浙江华孚实业有限公司举行缙云棉纺织厂资产整体出让签约仪式。

同日 缙云县“农技110”信息平台开通，为丽水地区第一个。

6月19日 缙云县政府办事（审批）中心挂牌。次年8月，乡镇政府便民服务窗口挂牌。

6月18日 中共中央政治局常委、国务院副总理李岚清考察浙江省教育工作，缙云县被省委、省政府指定参加座谈会，县长武昌作缙云县高中段教育的专题汇报。

7月30日 缙云县人才与劳动力市场开始运行。

8月20日 收购年定购粮食190.1万千克，获全市定购粮食收购进度、任务七连冠。2005年开始，缙云定购粮食逐步转向县（省）外采购。

9月23日 缙云县首届广场文化节——“上游杯”民间艺术大展演在壶镇镇开幕。

10月6—8日　县政府与中国先秦史学会联合举办的中国首届黄帝文化学术研讨会在缙云宾馆召开，达成“缙云为我国南方黄帝文化辐射中心”“北陵南祠”共识。

10月31日　缙云县无线调频广播开播。

12月10—25日　国家体育总局棋类运动管理中心、中国国际象棋协会主办，2000年中国国际象棋锦标赛（个人）在新碧镇举行，参赛棋手93名。

12月13日　县人民政府公布45个部门审批制度改革实施方案，审批、审核、核准项目由原有的共784项减少到448项，其中县级审批项目由原有的340项减少到124项。

12月29—30日　中共浙江省委副书记、省长柴松岳到胡源乡田山村、方溪乡北坑村等地慰问贫困群众。

2001年

1月2日　缙云被省委、省政府公布为浙江省第四批科技进步先进县（市、区）。

1月11日　仙都风景区被国家旅游局公布为首批国家AAAA级旅游景区。

3月　缙云县职业中等专业学校被教育部认定为国家级重点职业技术学校。

4月　三溪乡小水电自供区由县电力局接管，全县统一电网形成。

5月16日　台（州）缙（云）高速公路可行性研究报告评审会在缙云县召开。

5月23—26日　中央电视台《历史永远不会忘记》摄制组到大源镇、三溪乡采访老党员蔡通、应长林。

5月　缙云电视台摄制的《迷窟探秘》获全国第二届电视纪录片“中华荟萃”三等奖。

6月25日　“仙都摩崖题记”被国务院列入第五批全国重点文物保护单位。

7月20日　位于五云镇黄龙路38号的县行政中心启用。县委、县人大常委会、县人民政府、县政协等30个机构近400名工作人员从复兴街154号迁出，33个机构近500名工作人员迁入县行政中心。

8月22日　中共浙江省委书记张德江到大源镇小章村、普化中学等地调研。

9月18日　浙江省林业局批准建立“缙云县大洋山省级森林公园”。

10月1日　丽水市第一条游览索道在仙都鼎湖峰景区苍龙谷与步虚山顶之间开始运行。

10月25日　仙都国际攀岩节举行，中国、俄罗斯、韩国等国家的5名攀岩运动员以无顶绳先锋结组登上鼎湖峰。

12月12—14日　缙云县环形灯管区域性质量问题整改工作接受省检查组检查，并通过验收。

12月28日　缙云县殡仪馆举行开馆（试炉）仪式。是日开始按自愿原则实行遗体火化。

12月31日　中共浙江省委副书记、省长柴松岳到方溪乡调研扶贫开发工作。

2002年

1月3日　浙江省政协主席刘枫考察仙都风景区。

3月22日　缙云县革命烈士纪念馆开馆。

4月1日　零时起，全县642个行政村586个首批推行遗体火化，未通公路的56个行政村暂缓执行。

4月16日　原国务委员王芳到缙云考察。

5月　缙云县民政局被民政部公布为2001年度全国民政工作先进单位。

6月—11月 缙云县行政事业单位开展清产核资工作。

7月27日 县城城区14个居民委员会撤销，北门、镇中、朝晖、水南、风景山、新城6个社区成立。

8月22日 中共浙江省委书记张德江到缙云仙都啤酒发展公司、天喜控股集团调研。

9月18日 缙云博物馆暨李震坚艺术馆竣工验收通过。2006年12月29日开馆。

10月9日 缙云县首个标准游泳池——缙云中学游泳池启用。

10月14日 缙云县黄帝文化研究会成立。

10月 省政府下达缙云县安置滩坑水电站景宁畲族自治县移民指标1000人。至2008年，实际安置移民314户962人。集中安置点为新建镇洪锦、七里乡新都2个村，分散安置点为新建镇东岸、西岸、河阳、笕川、应刘5个村。

11月25日 县城新区二期镇东、西寮规划用地区块房屋开始拆除。

11月 金山烈士陵园被省政府批准为省重点烈士纪念建筑物保护单位。2006年12月更名为缙云县革命烈士陵园。

12月2日 下双龙扶贫小区项目用地征用协议签订，征地范围涉及五云镇周村、船埠头、双龙、下双龙4个村，面积20多公顷，计划安置下山脱贫农户535户。

12月7日 全国人大常委会法工委原主任、中共浙江省委原书记薛驹视察缙云中学。

12月26日 缙云县汇通汽车运输公司、缙云县长红客货运输有限公司招投标承包的78辆出租车投入运营。

12月28日 缙云县首条高速公路——金丽温高速公路金丽段通车。

2003年

1月11—16日 国家体育总局棋类运动管理中心、中国国际象棋协会、中国棋院、浙江省体育竞赛管理中心主办，第十一届“棋童杯”暨2003年“仙都啤酒杯”全国小学生国际象棋比赛在缙云县实验小学举行，参赛选手226名。

1月 开始免征农林特产税。

3月4日 壶镇镇三联大畈土地整理项目开工，投资1200万元，整理土地面积1051公顷。

3月25—28日 中国共产党缙云县第十一次代表大会召开，选举产生中共缙云县委第十一届委员会。县委十一届一次全会选举蔡步雄为县委书记。

3月 丽水市政府批准缙云新碧工业园区为市级工业园区。2006年3月省政府批准缙云新碧工业园区为浙江缙云工业园区。

4月8日 省首批科技特派员3人入驻大源镇、方溪乡、七里乡。2005年11月15日县首批科技特派员9人入驻三溪乡等9个乡镇。

4月13—18日 政协缙云县第六届委员会第一次会议召开，杨大平当选县政协主席。

4月14—19日 缙云县第十四届人大第一次会议召开，蔡步雄当选县人大常委会主任，武昌当选县人民政府县长。

4月中旬 县委、县人民政府“非典”防治领导小组、专家防治小组成立。6月下旬，“非典”疫情警报解除，全县未发现“非典”疑似病例和确诊病例。

6月16日 仙都啤酒发展公司与北京燕京啤酒发展集团合作签约仪式在丽水举行，新组建燕京啤酒(浙江仙都）有限公司。

6月24日 一辆载有30人的客车在东渡镇兰口水面桥被洪水冲击沉没，溺亡4人。

6—8月上旬 全县干旱，涉及面广，饮水困难人口近4万人。

10月 缙籍画家李震坚遗孀向县博物馆捐赠书画104件，后又捐赠李震坚创作室用品。

11月1日 天目山牌正三轮摩托车客运开始取缔。

12月29日 台缙高速公路西段暨苍岭隧道开工。2006年5月隧道贯通，全长7605米。

是年 缙云县被科技部评为2003年度“全国科技进步先进县”。

2004年

1月7—8日 中共浙江省委书记习近平到缙云浙江山蒲照明电器、燕京啤酒（浙江仙都）有限公司等企业调研，看望特等伤残退伍军人代表。

1月8日 全国人大常委会副委员长李铁映视察仙都。

1月 全县扑杀家禽1.08万羽，预防禽流感传染。

2月9日 缙云县蚕桑技术协会被中国科学技术协会命名为“全国百强农村专业技术协会”。

2月18日 缙云县新闻发展中心成立。

2月25日 缙云被丽水市委命名为“丽水市第一批小康县”。

2月27日 燕京啤酒（浙江仙都）有限公司以2760万元拍得丽水碧湖啤酒厂产权。

3月5日 新建法庭、盘溪法庭撤销，缙云县人民法院简易庭和巡回审判庭成立。

3月22日 缙云县行政审批中心从黄龙路38号搬迁到黄龙路48号县广电大楼，设立窗口单位有发展计划、经贸、工商等22个部门。

3月23日 缙云县机关效能监察投诉中心成立，原县行政效能监察中心撤销。次年6月23日，缙云县机关效能建设工作办公室成立，与县机关效能监察投诉中心合署办公。

同日 缙云县招投标中心成立。

4月4日 仙都风景区被联合国教科文组织、中国民俗摄影协会授予“国际民俗摄影创作基地”。

4月 缙云县污水处理厂建设项目开工，2007年10月竣工并启用。2009年9月，县污水处理厂以TOT+DOT项目模式、第二污水处理厂以DOT项目模式招商，委托第三方运行，营运期28年。

5月12日 中国乒乓球超级联赛第二阶段第二轮比赛在缙云中学举行，孔令辉领衔黑龙江三精药业队、马琳领衔广东全球通队参赛。

5月20日 中共浙江省委副书记、省长吕祖善到缙云浙江锯力煌、浙江恒强针车集团有限公司等企业调研。

6月25日 缙云县重点项目稽察办公室成立。

6—8月上旬 连续干旱，为1960年后缙云县降水量最少的年份。

8月4—5日 下双龙首期下山脱贫小区住房落户资格抽签。

8月12—13日 台风“云娜”影响县域，出现特大暴雨，其中大洋山降水329.5毫米。直接经济损失8000多万元。

8月 县双潭水厂建设工程开工。2006年6月投入使用。

9月 民俗节目《缙云钢叉舞》应邀参加文化部主办的第七届中国艺术节开幕式“风从东海来”演出。

10月22日 黄帝祠宇青田石雕《轩辕黄帝巡天图》揭幕。

10月 外来物种加拿大一枝黄花在县城新区好溪两岸被发现（丽水市首例），入侵面积6.7公顷。县农业部门予以集中烧毁。

10月　县人民政府与浙江省学会联合举办的第二届黄帝文化学术研讨会在缙云县召开。

11月5日　缙云县首届在城全民运动会在县行政中心广场开幕。

11月　缙云县新型农村合作医疗保险施行。12月24日，县新型农村合作医疗报结中心成立。

12月17日　缙云县第一个农村青年活动中心和党员管理服务中心在壶镇镇成立。

12月　壶镇镇被省工商局核准为“浙江省工刃具商标品牌基地”。次年1月31日省工商局批准更名为“浙江省机床工具商标品牌基地”。

同月　缙云县被国家环境保护总局列为“国家级生态示范区”。

2005年

3月18日　缙云县食品药品监督管理局挂牌。

4月15日　中华全国新闻工作者协会主办的第十五届中国新闻奖漫画作品复评会在缙云县举行。

5月9日　中共浙江省委副书记、省长吕祖善到缙云调研农村公共卫生和教育工作。

5月26日　缙云县农村信用合作联社开业。

6月16日　缙云县首次防汛抢险演习在东渡镇枫树弄水库举行。

7月19日—9月11日　台风“海棠”“麦莎”“泰利”“卡努”先后影响县域，受灾人口5万多人次，直接经济损失1亿多元。

7月　第二代居民身份证开始换发。

8月25日　缙云华孚纺织有限公司投资1800万美元的特种纤维线建设项目签约，为当时丽水市最大的外资引进项目。

8月30日　“中国缙云新闻网”开通。

10月21日　全国政协原副主席杨汝岱到缙云视察。

11月1日　缙云县职业中等专业学校被教育部等七部门授予“全国职业教育先进单位”称号。

11月16日　国家林业局竹子研究开发中心组织亚非17个国家42名代表到缙云县森帅竹业公司考察。

是年　开始免征农业税。

2006年

2月　缙云县人民医院被省卫生厅公布为二级甲等医院。

3月17日　缙云县畜牧兽医局挂牌。

同月　缙云新碧工业园区被省政府批准为“浙江缙云工业园区”。

5月　缙云县延长山林承包期工作启动，1983年开始的责任山承包期由30～40年延长到2055年12月31日。

7月11日　缙云电网主供电源220千伏仙都输变电工程竣工，为当时全县电力项目中单项投资规模最大、电压等级最高的项目。

8月17日　全县唯一的少数民族村——七里乡型坑村康庄工程举行开工典礼。

8月 浙江广播电视大学缙云工作站、县技工学校、县仙都职业高中3校合并。

同月 国有和集体企业经营机制和产权制度改革结束。历时13年，实行股份制44家、破产16家、转让（拍卖）14家、兼并5家、注销10家、其他形式改制9家。改制后，企业职工不再保留全民或集体所有制职工身份。

9月13日 缙云县公安局工业园区分局成立。

9月27日 景宁畲族自治县32户111名首批滩坑水电站移民入住新建镇笕川村。

10月1日 免费婚检开始实行。

10月24日 “缙云县户户通电工程”通过验收。

10月26日 黄帝祠宇“天下第一祠”揭匾，该匾由爱新觉罗·恒德书。

10月30日 “丽水市丙戌（2006）年中国·仙都公祭轩辕黄帝大典”举行。仙都公祭轩辕黄帝典礼开始由县级改为市级。

同日 陕西省黄陵县人民政府赠送的黄帝柏、四川省盐亭县人民政府赠送的嫘祖柏培植仪式分别在仙都黄陵翠柏苑、仙都嫘祖翠柏苑举行。

11月6日 文化部、故宫博物院一行考察仙都摩崖题记。

11月16日 缙云有线电视“乡乡通工程”竣工。次年11月19日市级验收通过。

11月22日 中国广播电视协会、浙江广播电视集团、缙云县人民政府、《大众电视》社主办，中国电视剧产业论坛暨赵宝刚导演艺术研讨会在仙都假日酒店召开。

11月28日 五云镇官店村档案室通过省、市、县档案局联合验收，为丽水市首个省行政村示范档案室。

11月 括苍山林区被省林业厅批准为省级森林公园。

12月4日 缙云县慈善总会成立。

12月12日 中央军委原副主席迟浩田到缙云考察。

12月19—22日 中国共产党缙云县第十二次代表大会召开，选举产生中共缙云县第十二届委员会。县委十二届一次全会选举毛子荣为县委书记。

12月23日 缙云县省级星火科技示范县建设验收会在杭州举行并通过验收。

12月29日 缙云县博物馆（李震坚艺术馆）开馆。

12月 大洋水库除险加固工程竣工，库容增加。

是年 缙云好溪水利枢纽工程列入省“十一五”水利重点项目和水资源保障百亿工程项目库。大洋镇被国家环境保护总局命名为“国家级生态乡镇”，五云、新建等11个乡镇被省环境保护局命名为“省级生态乡镇”

2007年

1月23日 浙江缙云工业园区被省政府公布为“省山海协作示范区”。

3月19—22日 政协缙云县第七届委员会第一次会议召开，杨大平当选县政协主席。

3月20—23日 缙云县第十五届人大第一次会议召开，赵导亮当选县人大常委会主任，孔海龙当选县人民政府县长。

6月6日 缙云县公安局机关从五云镇寺后路14号搬迁到蓬莱路1号，8月21日启用仪式举行。

6月24日 缙云县首届新农村业余婺剧演唱大赛在仙都假日酒店举行。

7月13日 缙云县人民检察院反渎职侵权局成立。

9月27日 全省纪念浙江壮丁抗暴自救第三总队成立60周年座谈会在缙云县召开。

9月 全县野外文物普查开始。到2009年年底止，登记古遗址、古墓葬、古建筑、古村落等不可移动文物点1281处。

10月 “文明县城创建”通过省委、省政府考核验收。

10月6—9日 台风“罗莎”影响县域，直接经济损失1亿多元。

11月2日 缙云县青少年活动中心、科普活动中心、妇女儿童活动中心挂牌，地点设在五云镇寺后路39号原实验中学。

11月9日 缙云县林权管理中心、森林资源收储中心在县行政审批中心挂牌。

11月19日 缙云县广播电视“村村通”工程通过市级验收。

11月20日 经济学家厉以宁到缙云调研工业经济发展情况。

11月29日 缙云县疾病预防控制中心从五云镇大桥南路二中巷10号迁至五云镇翠竹路89号。

2008年

1月1日 对任职累计12年以上且已离任的村主职干部开始实行生活补助。

1月7—10日 缙云县首届仙都奇石展在县博物馆举行。

1月15日 缙云县旅游集散中心在县客运中心揭牌。

1月29日 42省道及平黄公路仙都段改线工程开工，长度16.47千米；12月竣工。

2月 省政府批准缙云县行政区划由24个乡镇调整为16个乡镇。

同月 新碧镇建制撤销，并入五云镇，设立浙江缙云工业园区新碧农村管理处。

4月18日 国家旅游局《海峡两岸旅游区发展总体规划》编制组在仙都风景区考察调研。

4月28日 缙云县来料加工经纪人协会成立。

4月 缙云县人民政府与中国农科院茶叶研究所签订合作协议，并聘请该所白堃元研究员为缙云茶产业顾问。

5月13日 缙云、永康、武义三地公安局警务协作协议签署。

5月27日 中国邮政储蓄银行缙云县支行成立。

5月31日 缙云县首次举行公开招聘事业单位工作人员考试，160人报考7个部门的下属事业单位18个岗位。

6月21日 舒洪镇仁岸村东魁杨梅获省农业厅首届农业吉尼斯杨梅擂台赛东魁品种冠军。

6月 壶镇镇李庄村树叶山发现恐龙骨骼化石点，挖掘出一具甲龙类（带尾锤）恐龙化石。

7月17日 胡源乡小黄坛村潘勇杰捐献角膜，为缙云县首位角膜捐献志愿者。

8月20日 丽水天平司法鉴定所缙云分所在县司法局挂牌，为缙云县首家司法鉴定机构。

同日 “丽水市首届乡村文化节·新农村戏曲演唱大赛决赛”在县广电会议中心举行。

8月 缙云县博物馆考古挖掘黄龙景区晋代砖室墓3座和壶镇镇李庄村南朝墓1座，共出土文物20多件。

同月 缙云县中心粮库建设工程开工。次年8月，通过竣工验收。10月23日，首批中央储备粮入库。

9月24日—10月11日 新碧中学发生急性出血性结膜炎疫情，确诊患者243例。

10月9日 缙云县兴农资金互助协会成立，为丽水市首家农村资金互助组织。

10月23日 浙江省首届中学生篮球联赛（高中组）在缙云中学开赛。

10月29日 全国政协副主席王志珍到缙云视察。

10月31日 缙云县被省委、省政府授予“浙江省教育强县”（第五批）称号。

10月 浙江广播电视大学缙云工作站更名为浙江广播电视大学缙云分校，连同县技工学校、仙都职高、县社区学院、县成人教育中心牌子，实行“一个校区、五块牌子、一套班子”办学体制。

12月22日 缙云县消防大队（丽水市消防支队综合训练基地）迁建工程奠基。

12月 缙云新农村电气化县创建工作通过验收，为丽水市首个省级新农村电气化县。

是年 壶镇镇被文化部命名为“中国民间文化艺术之乡”。

2009年

3月4日 中共浙江省委副书记夏宝龙到缙云黄龙水果专业合作社、笋峰茶叶有限公司等企业调研。

3月25日 中共浙江省委书记赵洪祝到缙云浙江广鹰机械、山蒲照明电器有限公司等企业调研。

4月20日 浙江寿尔福化学有限公司转移危险废物，38名村民疑似中毒，县政府责令该公司2年内停止化工生产线生产。

4月27日 缙云县机关事务局（县委县政府接待办公室）成立。

5月15日 缙云县台胞台属联谊会青年委员会成立，为浙江省第一个同类组织。

6月1日 浙江稠州商业银行股份有限公司丽水缙云支行开业，为缙云县首家城市商业银行。

6月 缙云县带锯床产业集群被省政府列入浙江省块状经济向现代产业集群转型升级示范区试点名单。

7月23日 县人民政府与丽水市出入境检验检疫局签订缙云办事处筹建协议。次年12月30日，丽水市出入境检验检疫局缙云办事处办公楼建设工程开工。

8月5日 受最高人民法院委托，丽水市中级人民法院对缙云杜某某集资诈骗案进行公开宣判。根据最高人民法院刑事裁定书，认定杜某某非法集资人民币7.09亿元，以集资诈骗罪判处死刑。

8月6—10日 台风“莫拉克”影响县域，受灾人口10.3万人，直接经济损失近1亿元。

8月15日 大源镇遭遇强降水，山洪、泥石流爆发，22个村民房倒塌172间，失踪1人，直接经济损失3000多万元。

8月20日 丽水市民间艺术家协会命名的“杜光庭研究基地”授牌仪式在新建镇西青头村历山骑龙宫举行。

9月2日 县人民政府与国网新源控股有限公司签署浙江缙云抽水蓄能电站项目建设合作意向书。

9月 浙江省发展和改革委员会批复同意《浙江省好溪水利枢纽工程项目建议书》评估咨询意见。

10月21日 缙云高新机械制造有限公司拉削力160吨的立式内拉床正式下线，为当时国内最大的立式内拉床。

10月25日 团省委与县农业局联合在缙云建立的全省首个青年创业就业基地签约。

10月26日 己丑（2009）仙都黄帝文化大讲坛在县行政中心举行。

同日 全国人大常委会原副委员长蒋正华参加己丑年（2009）仙都公祭轩辕黄帝典礼。

11月27日 缙云县客运中心道路客运电子客票系统启用，为浙江省首套智能电子售票系统。

12月15日 浙江泰隆商业银行股份有限公司丽水缙云支行开业。

12月16日 浙江省防控重大动物疫情应急演习在缙云县火车站广场举行，省政府领导，省应急办公室、市应急办公室和省应急指挥部成员单位负责人300多人参加和观摩应急演习。

12月21日 缙云器乐合奏节目《白鹤迎宾》获“浙江省首届艺术团文艺汇演暨2009省民族民间乐

团（队）大赛”特别奖。

12月29日 位于五云镇下双龙村的仙都中学建设项目开工。2011年9月开学。

12月31日 丽水市暨缙云县城乡居民社会养老保险基础养老金首发仪式在县行政中心广场举行，五云镇年满60周岁农业户口20位老年人代表领到第一笔基础养老金。次年1月，全县年满60周岁未交城镇职工养老金的农村居民6万多人，开始领到每月60元的基础养老金。

12月 黄龙景区被国家旅游局评为国家AAAA级旅游景区。

同月 缙云“生态县创建”通过省环境保护局考核验收。

是年 “仙都笋峰茶”地方标准制定，中国茶叶博物馆收藏“仙都笋峰茶”样品。

2010年

2月1日 缙云阁奠基，五云镇后陈山生态公园建设启动。12月10日，缙云阁主体结构封顶。

2月3日 县城新区滨江公园开放。

3月16日 缙云县生活垃圾填埋场（邵弄岙）建设工程开工，2012年10月启用。

3月26日 缙云县河阳古民居保护开发管理委员会挂牌。

3月28日 “壶镇锯床”集体商标获国家工商行政管理总局核准。

4月19日 “仙都笋峰茶”进驻上海世博会比利时——欧盟馆，是浙江省首个被上海世博会正式冠名的茶叶品牌。

5月12日 联合国教科文组织国际农村教育研究与培训中心浙江基地实验学校在东渡镇长坑小学挂牌。

5月15日 全国人大常委会原副委员长成思危到缙云视察。

5月26—28日 县人民政府与省照明电器协会在缙云联合举办“2010中国（浙江）节能光源与灯具技术经贸论坛”，全国业界200多人参加。

6月1日 中共浙江省委副书记、省长吕祖善到缙云调研农村卫生工作，慰问新建小学师生。

6月28日 浙江省民间文艺家协会命名缙云县为“浙江杜光庭文化之乡”。

8月6日 五云镇官店村少儿乐队婺剧滩簧节目《古村戏韵》获第四届全国少儿曲艺大赛一等奖；是月中旬该节目参加第五届中国少年艺术节演出。

8月18—19日 全国工业机械电气系统标准化技术委员会SC2标准工作会议在缙云县召开。

8月20日 邮政储蓄银行舒洪镇昆坑村“银行卡助农取款服务点”揭牌，为缙云县首个银行卡助农取款服务点。

10月11日 缙云第一所残疾儿童学校——缙云县培智学校揭牌，校址在原城北乡政府机关。

10月14日 “仙都影视博物馆”在仙都农管处上章村开馆。

10月21日 缙云县门球中心（寺后西路西侧）正式启用。球场建筑面积3000平方米，为丽水市首个国际标准室内人工草坪门球场。

10月 仙都轩辕文化街“黄帝南巡”雕塑落成，由中央美术学院雕塑艺术创作研究所设计。

同月 县人民政府与中国先秦史学会、中国秦文化研究会联合举办的第三届黄帝文化学术研讨会在缙云县召开，“中国先秦史学会缙云黄帝文化研究基地”授牌。

11月4日 缙云县天然气有限公司成立，由浙江浙能燃气股份有限公司、浙江缙云城市建设开发有限公司合作投资。2011年，五云镇滨江御园小区和浙江三蒲照明电器有限公司分别为首个开通管道天然气的小区与企业。

11月12日 中共缙云县委发文部署行政村规模调整工作。15日，缙云县行政村规模调整工作动员大会召开。到次年2月，全县行政村由642个调整为253个。

11月18日 缙云县首届广场舞比赛在县行政中心广场举行，参加人员1800多人。

11月 燕京啤酒（浙江仙都）有限公司被省经济信息委员会列入浙江省工业循环经济100家示范企业名单。

12月22日 壶镇镇被省政府列入浙江省首批“小城市”培育试点镇名单。

12月30日 好溪水利枢纽工程潜明水库前期项目开工。

12月 缙云麻鸭通过农业部国家畜禽遗传资源委员会鉴定，列入“国家级畜禽遗传资源”名单，被农业部认定为“农产品地理标志保护品种”、授予“农产品地理标志登记证书”。

同月 金温铁路扩能改造工程（高速铁路）缙云段建设项目启动。

是年 缙云县被省政府列入浙中城市群规划。

同年 浙江缙云工业园区被列入丽水生态产业集聚区发展规划。

第一篇 政区

缙云于武周万岁登封元年（696）置县，因境内有缙云山而得名。2010年，县域东西最大距离54.6千米，南北最大距离59.9千米。边界周长386.94千米，辖区总面积1494.24平方千米。县政府驻地五云镇。

第一章　建置

新石器时期，缙云境内已有人类繁衍生息。1964 年，舒洪镇白水山西麓出土的一把双孔石刀，属新石器时期晚期文物。《尚书・禹贡》载缙云地为“扬州之域”。唐武德四年（621），改东阳郡为婺州，于永康县置丽州，分置缙云县。八年，废丽州及缙云县。武周万岁登封元年（696），分括州括苍县东北界及婺州永康县南界置缙云县，属括州。1996 年，缙云县举行建县 1300 周年庆祝活动。

第一节　沿革

春秋战国时期，缙云区域属越、楚地。秦代，缙云区域分属会稽郡、闽中郡。西汉，缙云区域属会稽郡，分属乌伤和回浦两县，东汉初改回浦县为章安县。东汉建安四年（199），分章安县南乡置松阳县，缙云区域分属乌伤和松阳两县。三国吴赤乌八年（245），分乌伤县南境置永康县，今缙云北部属永康县一部分。吴太平二年（257），分会稽郡东部置临海郡，松阳属之，今缙云南部属松阳县一部分。吴宝鼎元年（266），又分会稽郡西部置东阳郡，永康县属之，缙云区域分别属临海郡松阳县和东阳郡永康县。

唐武德四年（621），改东阳郡为婺州，于婺州永康县置丽州，于丽州分置缙云县（今缙云北部）。八年（625），废丽州及缙云县，缙云县域属永康县。武周万岁登封元年（696），分括州括苍县东北界与婺州永康县南界置缙云县，属括州。此后，县域范围基本不变。天宝元年（742），改括州为缙云郡。乾元元年（758），缙云郡又改为括州。大历十四年（779），因避德宗讳（名适，音 kuò），改括州为处州，缙云县属处州。

五代时，缙云县属吴越国，为处州属县。宋时亦属处州。

元至元十三年（1276），元军攻占处州，改处州为处州路，缙云县属处州路。至正十九年（1359），朱元璋军队占领处州，改处州路为安南府，缙云县属安南府。明清时，缙云县属处州府。

民国 3 年（1914），浙江省设钱塘、会稽、金华、瓯海 4 道，缙云属瓯海道。民国 16 年，道制撤销，实行省县两级制，缙云直属浙江省。民国 21 年起，浙江设立行政督察区，缙云县先后隶属第二、第九、第六、第七行政督察区。

1949 年 5 月 9 日，中国人民解放军解放缙云；7 月 1 日，缙云县人民政府成立；9 月，浙江省分为 7 个专区，缙云县属第七专区；10 月，第七专区改为丽水专区，缙云县属丽水专区。

1952 年 1 月，丽水专区撤销，缙云县改属金华专区。

1963 年 5 月，丽水专区恢复，缙云县从金华专区划归丽水专区。

1968 年 11 月，丽水专区改称丽水地区。

2000 年 5 月，丽水地区撤销，设丽水市，缙云县隶属丽水市，至 2010 年未变。

第二节 境域

位置和面积

缙云县地处浙江省中部偏南，位于丽水市东北部。北纬 28° 24′ 39″ ～ 28° 57′ 12″，东经 119° 51′ 57″ ～ 120° 25′ 20″。东邻仙居县、永嘉县，南毗青田县，西界丽水市莲都区、武义县，北接永康市、磐安县。

根据第二次全国土地调查（2009 年 12 月 31 日更新时点），缙云县土地总面积为 1494.24 平方千米。

县域界线

1997—1999 年，陆界勘定缙云行政区域边界线总长度 386.94 千米。其中，缙云仙居边界线 93.19 千米；缙云永嘉边界线 18.9 千米；缙云青田边界线 36.38 千米；缙云莲都边界线 88.34 千米；缙云武义边界线 20.71 千米；缙云永康边界线 98.66 千米；缙云磐安边界线 30.76 千米。沿线共设置界桩点位 13 个，实地埋设界桩 12 块。

缙云仙居界线 丽水台州边界线即缙云仙居边界线，长 93.19 千米。北起于金华、台州、丽水三市交会点（第 33071011S 号界桩），南止于温州、台州、丽水三市交会点（第 33031011S 号界桩）。经过仙居县 5 个乡镇和 1 个林场，还经过缙云县壶镇、括苍山林场、三溪、双溪口、大源、大洋 6 个乡镇和 1 个林场。中间设置点位 2 个、实地埋设界桩 2 块，界桩号分别为第 331011001 号和第 331011002 号。

缙云永嘉界线 丽水温州边界线缙云永嘉段线长 18.9 千米。北起于温州、台州、丽水三市交会点（第 33031011S 号界桩），南止于永嘉、青田、缙云三县交会点（无界桩）。经过永嘉县界坑、西岙 2 个乡和缙云县大洋镇。

缙云青田界线 缙云青田边界线长 36.38 千米。东起于永嘉、青田、缙云三县交会点（无界桩），西止于丽水市莲都、青田、缙云三县（区）交会点（第 3311022122S 号界桩）。经过青田县舒桥、季宅、高湖、东源 4 个乡镇和缙云县大洋、石笕 2 个乡镇。中间设置界桩点位 1 个、实地埋设界桩 1 块，界桩号为第 33112122001 号。

缙云莲都界线 缙云莲都边界线长 88.34 千米。南起于丽水市莲都、青田、缙云三县（区）交会点（第 3311022122S 号界桩），北止于丽水市莲都、缙云、武义三县（区）交点（第 330711004 号界桩）。经过丽水市莲都区 6 个乡镇和缙云县石笕、东渡、七里、新建 4 个乡镇。中间设置界桩点位 3 个，实地埋设界桩 3 块，界桩号分别为第 33110222001 号、第 33110222002 号、第 33110222003 号。

缙云武义界线 丽水金华边界线缙云武义段长 20.71 千米。西南起于丽水市莲都、缙云、武义三县（区）交会点（第 330711004 号界桩），东北止于武义、永康、缙云三县（市）交会点（第 330711005 号界桩）。经过武义县桐琴、泉溪、新宅 3 个乡镇和缙云县新建镇。

图 1-1-1 丽水缙云界线界碑

缙云永康界线 丽水金华边界线缙云永康段长98.66千米。西起于武义、永康、缙云三县(市)交会点(第330711005号界桩)，东止于磐安、永康、缙云三县（市）交会点（第330711006号界桩）。经过永康市棠溪、柏岩、新楼、舟山、前仓、新店、永祥7个乡镇和缙云县新建、新碧、东方、壶镇4个乡镇。

缙云磐安界线 丽水金华边界线缙云磐安段长30.76千米。西北起于磐安、永康、缙云三县（市）交会点（第330711006号界桩），东南止于金华、台州、丽水三市交会点（第33071011S号界桩）。经过磐安县冷水、仁川2个乡镇和缙云县壶镇镇、括苍山林场。

第二章 区划调整

1992年，缙云县撤区扩镇并乡，由县、区、乡三级改为县、乡两级行政管理体制。至年底，全县调整为9个镇、15个乡，642个行政村。后经2008年行政区划调整和2010年行政村规模调整，全县调整为8个镇、8个乡，253个行政村。

第一节 1993年行政区划

1992年5月，撤销城郊、壶镇、新建、盘溪、大洋5个区建制，原46个乡镇调整为24个乡镇。调整后全县辖9个镇、15个乡，分别为五云镇、壶镇镇、新建镇、舒洪镇、新碧镇、大洋镇、东渡镇、东方镇、大源镇和新川乡、双川乡、城北乡、七里乡、白竹乡、雁岭乡、前路乡、三溪乡、溶江乡、双溪口乡、胡源乡、方溪乡、石笕乡、木栗乡、南溪乡，辖行政村642个、居民委员会19个。

2000年3月，从五云镇划出原仙都乡（1984—1991）12个行政村，设仙都农村管理处。

1993年缙云县乡镇及行政村一览表

表1-2-1

乡镇	行政村
五云镇	中心　丹阳　东门　建设　水南　三里街　杜桥　谢山　洋岙　湾潭　詹山　桥头　洋潭头　项山　官店　周村　西寮　双龙　下双龙　船埠头　镇东　洋泉　上名山　下名山　笋川　塘后　梧源　仙岩　上章　沐白　梅宅　田村　板堰　上前湖　下前湖　下洋
壶镇镇	高潮　工联　中兴　新和　农兴　新范　新民　湖川　子草坑　美里　塘下　上宅　下宅　和睦　曹坟　塘川　石龙　宅塘　上田　元古　五丰　新兴　上王　向阳　陶滩　中王　应庄　坑沿　苍山　大山　驸马　牛江　云岭　西山沿　雅化路　高陇　李庄　南顿　胡宅口　好溪　青川　下项　五里牌　石明堂　田畈　下新屋　后宅　赤溪　卢宅　团结　项宅　杨梅园　仁旦　凤凰山　前山　后叶　黄迎祥　后湖　苍岭脚　东山　槐花树　羊母田　羊上　塘里　黄秧树　桂山　后寮　岭中　水碓坑　冷水　南田　宫前　社后　大溪滩　观坛庙　姓汪　芦西　里隆　沈宅　流陶　浣溪　麻狸洞　宝坑

续表 1-2-1

乡镇	行政村
新建镇	新一　新二　新三　新四　新五　新六　刘山　玉溪　宏坦　韩畈　洋山　河阳　茭岭　西青头　马堰　茭下　凝碧　章坑　古溪　石鹿　东岸　皂川　西岸　下杨　松川　山鹿岩　插花岩　长岭下　重力　潘村　岩山下　下田　岙湖　杨桥　木家源　梅溪　宅基　应刘　前朱　马渡　笕川　岩沿　西岩　王路　迎祥　大筠　三马东　川石　溪岩下　西山底　庙后　寺根　钦村　葛湖　王弄　陶墅　马墅　东山杨　张公桥　双港桥　山岭下
舒洪镇	舒洪　下园　新屋　外麻车　洪岭脚　昆坑　蟠龙　螺蛳岩　岭口　江沿　姓王　田寮　分水坑　下周　仁岸　车坑　清井湾　杨坑　季坑　半衣坤
新碧镇	碧街　山前　紫凤　姓姚　大坟山　下东山　内孙　下小溪　坑底　外孙　下庄　后坑　上小溪　后井　碧虞　龙湖　姓尚　泗山　麻岙　碧川一　碧川二　碧川三　大陆　泉塘　早宅
大洋镇	前村　后坑彭　铁箱　环湖　榧树后　漕头　大堰头　后村　石亭　寮坑　杨梅山　黄金　蒙岗
东渡镇	东渡　岭脚　雅村　小洋弄　板举　吴岭　兰口　山头　雅宅　樊庄　金坑　外处　底处　隘头　金湖　长坑　南胡　东溪　上廷坑　廷坑　麻垢　小桃　竹园脚　黄山　株树　上里山　银坑　建山　屋基背　方川　郑坑口　长丰　古路　罗川　石松　方坑　梨仓　珠佑　西坑口　麻店　西源　大仓　兆岸　交路　盖竹　堰头　凤山下　白彦　麻西湖　金谷　麻弄　仓基　麻坪　坑上　阳弄
东方镇	胪一　胪二　胪三　胪四　麻辽　中山　皋头　苏宅　古楼　上山头　靖一　靖二　靖三　靖四　下山头　清塘　西山　址墩　上东方　下东方　马石桥　马鞍山　岱石　郑弄　岩腰　姓徐　东湖　前金　深渡　陇坑　岱石口　周升塘　横塘岸　岭头方
大源镇	大源　麻车　高畈　郑念山　杨麻坑　余溪　岭头　上家堂　杨村　小章　宅坪　郑坑　马加坑　夏弄　有川　黄泥垄　双坑　稠一　稠二　稠三　稠四　金西塘　越陈　麻田　东畈　庙下　雅亭　寮车头　黄山岭　土鱼坑　怀义堂　黄连坑　岭后　黄岭　大峰　沙坑　吾山　柿坑
新川乡	谷川　夏群　合群　马岭　白塘　鲤鱼坑　底长坑　里村　潘余　长川　下仁堂　丰山　葛竹　栗坑
双川乡	丹址　黄坑　石臼坑　陈山头　雪峰　陈宕　鱼川　三公彦　周岭　上里宅　笕头本　胡坑
城北乡	今古塘　雅施　车路　白岩　姓田　双合　下徐　黄龙　上湖　白峰湖　古塘下　陈弄口　岭下　莲塘　生水塘
七里乡	七里　黄明　杜塘　下余　金弄　腰畈　上前　六百田　杨岭　梅下　河宅　梅店　黄店　户九　红色　周弄　邢弄　古石　小坑　柘弄　万松　杜村　项弄　大园　下陈　红门　黄塘头　朱村　小古　柳塘　周坎头　竹余　型坑　下麻车　马宅　黄山脚　上陈
白竹乡	白竹　道门　西施　包坑　上朱　黄弄坑　西丘　旸村　杨桥头　新成　上东岸　潜陈　双溪　心畈　金村　李坑口
雁岭乡	左库　大处　松岩　潜明　龙爪坑　大岩坑　金竹一　金竹二　金竹三　金竹四　下潜　上村　中村　下村　苦竹坑　�旧　碏背　北洪　火烧桥　碏圩坑　下鲁　三里　新宅　麻园　柘标火　杨柳树　岩下　桂村　岩背　大塘　碏上
前路乡	前路　后青　梅树岙　白茅　乌弄　大集　水口　姓叶　南弄　黄坛　西散　下胡　上胡　陈坑　马飞岭
三溪乡	后吴　盛园　李公坑　东俞　西应　井南　东陈　西潘　东雅宅　厚仁　范坑　牛大坑
溶江乡	洪坑桥　新屋畈　溶溪　当坑　西岙　花楼山　三青求　突头　前溪　下岙　陈村　大雅畈　田洋　下官坑　上官坑　郑周　雅江　岩门　岩坑　周川　杨山　岭脚吴　大黄　卢秋　石上　茶园头　池岭　山坑　下寮岭
双溪口乡	双溪口　金钩　骑马坳　西洋　东里　岩前　周扎　蝉山　南源　姓潘　金岭脚　西山头　上周　平坑口　塘孔　平坑　越王山　松树岗　里鱼孔　石上坑　余山
胡源乡	章村　上黄坛　后一　后二　小黄坛　上东山　招序　田山　庄坑　五培坑　茶川　潜源　陈庄　胡村　高鸟畔　上宕　大坑　上坪　柘岙口　榧树根　沿路头　蛟坑

续表 1-2-1

乡镇	行政村
方溪乡	方溪　高寮　坑后　联合　前当　八迭　深坑　北坑　松树湖　师姑田　锄头桠　外师姑　道蓬坑　下寮　胡章　深坑口　吴山　上陆　梅窑　上寮坑
石笕乡	石笕一　石笕二　石笕三　梨树岛　隔竹院　蒙坑　朱岗　天堂　栋头　下院　桃坑　后巷　李家庄　梅寮　官田坑　东坑　朱庄　流坑　西坑
南溪乡	南溪　乌下　东余　新路　黄寮　木西花
木栗乡	木栗　湖西　外前　木瓜坑　八尺　西溪坑　坟山　西峰

第二节　2008年行政区划调整

2008 年 2 月，缙云县调整部分乡镇行政区划。撤销新碧镇、城北乡建制，设新碧农村管理处，其行政区域并入五云镇，同时新建镇的岩沿、西岩、梅溪 3 个行政村划归五云镇，属新碧农村管理处；撤销新川乡、双川乡建制，其行政区域并入新建镇；撤销雁岭乡、白竹乡建制，其行政区域并入壶镇镇；撤销南溪乡、木栗乡建制，其行政区域并入大洋镇。全县从 24 个乡镇调整为 16 个乡镇，即 8 个镇、8 个乡，分别为五云镇（含仙都农村管理处、新碧农村管理处）、壶镇镇、新建镇、舒洪镇、大洋镇、东方镇、东渡镇、大源镇，七里乡、前路乡、三溪乡、双溪口乡、溶江乡、胡源乡、方溪乡、石笕乡。

2006 年，缙云县增加滩坑水电站景宁畲族自治县移民安置行政村 2 个，即新建镇红锦村和七里乡新都村，全县辖行政村 644 个。

2008 年缙云县乡镇辖行政村一览表

表 1-2-2

乡镇	行政村
五云镇	中心　丹阳　东门　建设　水南　三里街　杜桥　谢山　洋岙　湾潭　詹山　桥头　洋潭头　项山　官店　周村　西寮　双龙　下双龙　船埠头　镇东　洋泉　上名山　下名山　今古塘　雅施　车路　白岩　姓田　双合　下徐　黄龙　上湖　白峰湖　古塘下　陈弄口　岭下　莲塘　生水塘
	仙都农管处：笋川　塘后　梧源　仙岩　上章　沐白　梅宅　田村　板堰　上前湖　下前湖　下洋
	新碧农管处：碧街　山前　紫凤　姓姚　大坟山　下东山　内孙　下小溪　坑底　外孙　下庄　后坑　上小溪　后井　碧虞　龙湖　姓尚　泗山　麻岙　碧川一　碧川二　碧川三　大陆　泉塘　旱宅　梅溪　岩沿　西沿
壶镇镇	高潮　工联　中兴　新和　农兴　新范　新民　湖川　子草坑　美里　塘下　上宅　下宅　和睦　曹坟　塘川　石龙　宅塘　上田　元古　五丰　新兴　上王　向阳　陶滩　中王　应庄　坑沿　苍山　大山　驸马　牛江　云岭　西山沿　雅化路　高陇　李庄　南顿　胡宅口　好溪　青川　下项　五里牌　石明堂　田畈　下新屋　后宅　赤溪　卢宅　团结　项宅　杨梅园　仁旦　凤凰山　前山　后叶　黄迎祥　后湖　苍岭脚　东山　槐花树　羊母田　羊上　塘里　黄秧树　桂山　后寮　岭中　水碓坑　冷水　南田　宫前　社后　大溪滩　观坛庙　姓汪　芦西　里隆　沈宅　流陶　浣溪　麻狸洞　宝坑　左库　大处　松岩　潜明　龙爪坑　大岩坑　金竹一　金竹二　金竹三　金竹四　下潜　上村　中村　下村　苦竹坑　碯旧　碯背　北洪　火烧桥　碯圩坑　下鲁　三里　新宅　麻园　柘标火　杨柳树　岩下　桂村　岩背　大塘　碯上　白竹　道门　西施　包坑　上朱　黄弄坑　西丘　旸村　杨桥头　新成　上东岸　潜陈　双溪　心畈　金村　李坑口

续表 1-2-2

乡镇	行政村
新建镇	新一 新二 新三 新四 新五 新六 刘山 玉溪 宏坦 韩畈 洋山 河阳 茭岭 西青头 马堰 茭下 凝碧 章坑 古溪 石鹿 东岸 皂川 西岸 下杨 松川 山鹿岩 插花岩 长岭下 重力 潘村 岩山下 下田 岙湖 杨桥 木家源 宅基 应刘 前朱 马渡 笕川 王路 迎祥 大� 三马东 川石 溪岩下 西山底 庙后 寺根 钦村 葛湖 王弄 陶墅 马墅 东山杨 张公桥 双港桥 山岭下 谷川 夏群 合群 马岭 白塘 鲤鱼坑 底长坑 里村 潘余 长川 下仁堂 丰山 葛竹 栗坑 丹址 黄坑 石臼坑 陈山头 雪峰 陈宕 鱼川 三公彦 周岭 上里宅 笕头本 胡坑 红锦
舒洪镇	舒洪 下园 新屋 外麻车 洪岭脚 昆坑 蟠龙 螺蛳岩 岭口 江沿 姓王 田寮 分水坑 下周 仁岸 车坑 清井湾 杨坑 季坑 半衣坤
大洋镇	前村 后坑彭 铁箱 环湖 榧树后 漕头 大堰头 后村 石亭 寮坑 杨梅山 黄金 南溪 乌下 东余 新路 黄寮 木西花 木栗 湖西 外前 木瓜坑 八尺 西溪坑 坟山 西峰 蒙岗
东渡镇	东渡 岭脚 雅村 小洋弄 板举 吴岭 兰口 山头 雅宅 樊庄 金坑 外处 底处 隘头 金湖 长坑 南胡 东溪 上廷坑 廷坑 麻垢 小桃 竹园脚 黄山 株树 上里山 银坑 建山 屋基背 方川 郑坑口 长丰 古路 罗川 石松 方坑 梨仓 珠佑 西坑口 麻店 西源 大仓 兆岸 交路 盖竹 堰头 凤山下 白彦 麻西湖 金谷 麻弄 仓基 麻坪 坑上 阳弄
东方镇	胪一 胪二 胪三 胪四 麻辽 中山 皋头 苏宅 古楼 上山头 靖一 靖二 靖三 靖四 下山头 清塘 西山 址墩 上东方 下东方 马石桥 马鞍山 岱石 郑弄 岩腰 姓徐 东湖 前金 深渡 陇坑 岱石口 周升塘 横塘岸 岭头方
大源镇	大源 麻车 高畈 郑念山 杨麻坑 余溪 岭头 上家堂 杨村 小章 宅坪 郑坑 马加坑 夏弄 有川 黄泥垄 双坑 稠一 稠二 稠三 稠四 金西塘 越陈 麻田 东畈 庙下 雅亭 寮车头 黄山岭 土鱼坑 怀义堂 黄连坑 岭后 黄岭 大峰 沙坑 吾山 柿坑
七里乡	七里 黄明 杜塘 下余 金弄 腰畈 上前 六百田 杨岭 梅下 河宅 梅店 黄店 户九 红色 周弄 邢弄 古石 小坑 柘弄 万松 杜村 项弄 大园 下陈 红门 黄塘头 朱村 小古 柳塘 周坎头 竹余 型坑 下麻车 马宅 黄山脚 上陈 新都
前路乡	前路 后青 梅树岙 白茅 乌弄 大集 水口 姓叶 南弄 黄坛 西散 下胡 上胡 陈坑 马飞岭
三溪乡	后吴 盛园 李公坑 东俞 西应 井南 东陈 西潘 东雅宅 厚仁 范坑 牛大坑
溶江乡	洪坑桥 新屋畈 溶溪 当坑 西岙 花楼山 三青求 突头 前溪 下岙 陈村 大雅畈 田洋 下官坑 上官坑 郑周 雅江 岩门 岩坑 周川 杨山 岭脚吴 大黄 卢秋 石上 茶园头 池岭 山坑 下寮岭
双溪口乡	双溪口 金钩 骑马坳 西洋 东里 岩前 周扎 蝉山 南源 姓潘 金岭脚 西山头 上周 平坑口 塘孔 平坑 越王山 松树岗 里鱼孔 石上坑 余山
胡源乡	章村 上黄坛 后一 后二 小黄坛 上东山 招序 田山 庄坑 五培坑 茶川 潜源 陈庄 胡村 高鸟畔 上宕 大坑 上坪 柘岙口 榧树根 沿路头 蛟坑
方溪乡	方溪 高寮 坑后 联合 前当 八迭 深坑 北坑 松树湖 师姑田 锄头桠 外师姑 道蓬坑 下寮 胡章 深坑口 吴山 上陆 梅窑 上寮坑
石笕乡	石笕一 石笕二 石笕三 梨树鸟 隔竹院 蒙坑 朱岗 天堂 栋头 下院 桃坑 后巷 李家庄 梅寮 官田坑 东坑 朱庄 流坑 西坑

第三节　2010年行政村规模调整

2010年12月15日，县委、县政府召开大会，部署实施全县行政村规模调整。至2011年2月，缙云县行政村数量由644个调整为253个。其中，600人口以下的行政村由389个减少到16个；601～1000人口的行政村由145个减少到63个；1001～2000人口的行政村由90个增加到107个；2000人口以上的行政村由20个增加到67个；3000人口以上的行政村由5个增加到24个。新增4000人口以上的行政村9个、5000人口以上的行政村2个。96个村维持原状。调整后，人口最多的村是新建镇新建村，有6305人。村域平均面积由2.38平方千米扩大到6.54平方千米，村均人口由626人增加到1597人。

2010年缙云县行政村调整前后乡镇辖行政村及调整后村委会所在地一览表

表1-2-3

乡镇	调整后	调整前	调整后村委会所在地
五云镇	水南村	水南村　谢山村	水南村
	状元村	詹山村　桥头村　湾潭村	桥头村
	洋潭头村	洋潭头村　项山村	洋潭头村
	名山村	上名山村　下名山村　洋泉村	上名山村
	杜桥村	杜桥村　生水塘村	杜桥村
	周村村	周村村　双合村	周村村
	浣花溪村	白峰湖村　岭下村	白峰湖村
	雅施村	雅施村　车路村　今古塘村	雅施村
	五都村	上湖村　陈弄口村　下徐村　姓田村　莲塘村	上湖村
	洋岙村	洋岙村	洋岙村
	黄龙村	黄龙村	黄龙村
	古塘下村	古塘下村	古塘下村
	白岩村	白岩村	白岩村
	双龙村	双龙村	双龙村
	中心村	中心村	中心村
	建设村	建设村	建设村
	丹阳村	丹阳村	丹阳村
	三里街村	三里街村	三里街村
	官店村	官店村	官店村
	镇东村	镇东村	镇东村
	下双龙村	下双龙村	下双龙村
	东门村	东门村	东门村
	船埠头村	船埠头村	船埠头村
	西寮村	西寮村	西寮村

续表 1-2-3

乡镇	调整后		调整前	调整后村委会所在地
五云镇	仙都农村管理处	仙源村	仙岩村　梧源村	仙岩村
		铁城村	上章村　沐白村　梅宅村	沐白村
		鼎湖村	笋川村　板堰村	笋川村
		前湖村	上前湖村　下前湖村	上前湖村
		田村村	田村村	田村村
		下洋村	下洋村	下洋村
		塘后村	塘后村	塘后村
	新碧农村管理处	新康村	姓姚村　山前村	姓姚村
		黄碧街村	碧街村　后井村	碧街村
		三都村	西岩村　岩沿村　梅溪村	西岩村
		新南村	泉塘村　泗山村　麻岙村	泗山村
		福康村	下东山村　坑底村　下庄村　后坑村	下庄村
		新西村	龙湖村　外孙村　内孙村　紫凤村　大坟山村	外孙村
		黄碧村	碧川一村　碧川二村　碧川三村　大陆村　早宅村	碧川村
		姓尚村	姓尚村	姓尚村
		上小溪村	上小溪村	上小溪村
		下小溪村	下小溪村	下小溪村
		黄碧虞村	碧虞村	碧虞村
		宅基村	宅基村　应刘村	宅基村
		马渡村	马渡村	马渡村
壶镇镇	苍源村		苍岭脚村　后叶村　后湖村　项宅村　前山村　仁旦村　五里牌村　凤凰山村　杨梅园村　黄秧树村　羊上村	苍岭脚村
	括苍村		槐花树村　南田村　冷水村　岭中村　桂山村　塘里村	槐花树村
	宫前村		宫前村　浣溪村	宫前村
	吉安村		黄迎祥村　东山村	东山村
	双丰村		里隆村　麻里洞村	里隆村
	和联村		社后村　大溪滩村　观坛庙村　芦西村	观坛庙村
	北山村		上宅村　下宅村　塘下村	下宅村
	上王村		上王村　中王村　向阳村	上王村
	山河村		西山沿村　驸马村　云岭村	云岭村
	联丰村		雅化路村　高陇村　牛江村	雅化路村
	杭川村		宅塘村　新兴村	宅塘村
	陇东村		田畈村　后宅村　卢宅村	田畈村
	明新村		石明堂村　下新屋村	石明堂村
	赤羊村		赤溪村　羊母田村	赤溪村
	桃源村		陶滩村　元古村　上田村　五丰村　水碓坑村　后寮村　流陶村　宝坑村　子草坑村　新成村	元古村
	龙川村		曹坟村　石龙村　塘川村　大处村　龙爪坑村	石龙村
	和睦村		和睦村　美里村	和睦村
	胡宅口村		胡宅口村　青川村　下项村　大山村	胡宅口村
	好溪村		好溪村　李庄村	好溪村

续表 1-2-3

乡镇	调整后	调整前	调整后村委会所在地
壶镇镇	八桥村	火烧桥村　下鲁村　三里村　柘标火村　杨柳树村　北洪村　碕旧村　苦竹坑村	三里村
	龙溪村	碕上村　碕圩坑村	括苍山林场（租用）
	金竹村	金竹一村　金竹二村　金竹三村　金竹四村　大岩坑村	金竹村
	唐市村	上村村　中村村　下村村　碕背村	唐市村
	和美村	桂村村　大塘村　新宅村　麻园村	桂村村
	西施村	西施村　道门村　上朱村	西施村
	旸村村	旸村村　西丘村　包坑村　黄弄坑村	旸村村
	高潮村	高潮村	高潮村
	中兴村	中兴村	中兴村
	新范村	新范村	新范村
	新和村	新和村	新和村
	工联村	工联村	工联村
	农兴村	农兴村	农兴村
	新民村	新民村	新民村
	团结村	团结村	团结村
	南顿村	南顿村	南顿村
	姓汪村	姓汪村	姓汪村
	坑沿村	坑沿村	坑沿村
	左库村	左库村	左库村
	下潜村	下潜村	下潜村
	应庄村	应庄村	应庄村
	湖川村	湖川村	湖川村
	白竹村	白竹村	白竹村
	杨桥头村	杨桥头村	杨桥头村
	潜陈村	潜陈村	潜陈村
	上东岸村	上东岸村	上东岸村
	心畈村	心畈村	心畈村
	双溪村	双溪村	双溪村
	金村村	金村村	金村村
	李坑口村	李坑口村	李坑口村
	松岩村	松岩村	松岩村
	潜明村	潜明村	潜明村
	沈宅村	沈宅村	沈宅村
	苍山村	苍山村	苍山村
	岩背村	岩背村	岩背村
	岩下村	岩下村	岩下村
新建镇	新建村	新建一村　新建二村　新建三村　新建四村　新建五村　新建六村	新建村
	宏坦村	宏坦村　刘山村　玉溪村	宏坦村
	笕川村	前朱村　笕川村	笕川村

续表 1-2-3

乡镇	调整后	调整前	调整后村委会所在地
新建镇	和源村	王路村　迎祥村　大�村　三马东村　川石村	大筠村
	溪南村	寺根村　钦村村　庙后村　西山底村　王弄村　溪岩下村	寺根村
	新湖村	葛湖村　陶墅村　马墅村	葛湖村
	杨公桥村	东山杨村　张公桥村	张公桥村
	溪东村	双港桥村　山岭下村	山岭下村
	新联村	西青头村　马堰村　章坑村　交雅村　古溪村	交雅村
	新合村	西岸村　东岸村　潘村村　下杨村	西岸村
	河阳村	岩山下村　河阳村	河阳村
	七甸村	重力村　皂川村　长岭下村　石鹿村	皂川村
	八甸村	下田村　杨桥村　木家源村　岙湖村　插花岩村 山鹿岩村　松川村	杨桥村
	夏家畈村	夏群村　合群村	夏家畈村
	联新村	丰山村　马岭村　白塘村	丰山村
	八都村	里村村　潘余村　鲤鱼坑村	里村村
	新川村	谷川村　栗坑村　葛竹村	谷川村
	新长川村	长川村　底长坑村　下仁堂村	长川村
	丹址村	笕头本村　丹址村　上里宅村　胡坑村　三公彦村	丹址村
	鱼川村	鱼川村　黄坑村　陈宕村　陈山头村　石臼坑村	鱼川村
	洋山村	洋山村	洋山村
	韩畈村	韩畈村	韩畈村
	凝碧村	凝碧村	凝碧村
	茭岭村	茭岭村	茭岭村
	红锦村	红锦村	红锦村
	周岭村	周岭村	周岭村
	雪峰村	雪峰村	雪峰村
东渡镇	东渡村	东渡村　山头村	东渡村
	雅村村	雅村村　小洋弄村　岭脚村	雅村村
	雅宅村	雅宅村　板举村　金湖村	雅宅村
	桃花岭村	金坑村　樊庄村　外处村　底处村　隘头村	金坑村
	株树村	株树村　小桃村　银坑村　屋基背村　廷坑村　上廷坑村	株树村
	东溪村	东溪村　上里山村　麻垢村	东溪村
	黄山脚村	建山村　竹园脚村　黄山村	黄山村
	兆岸村	兆岸村　麻西湖村　阳弄村	兆岸村
	小仙都村	堰头村　凤山下村　交路村	堰头村
	天马村	坑上村　麻弄村　仓基村	坑上村
	白龙岗村	金谷村　麻坪村　白彦村　盖竹村	金谷村
	方川村	方川村　长丰村　方坑村	方川村
	古郑村	古路村　郑坑口村	古路村
	石松村	石松村　罗川村　西坑口村　西源村	石松村
	仓山村	大仓村　麻店村　珠佑村	麻店村
	长坑村	长坑村	长坑村

续表 1-2-3

乡镇	调整后	调整前	调整后村委会所在地
东渡镇	梨仓村	梨仓村	梨仓村
	兰口村	兰口村	兰口村
	吴岭村	吴岭村	吴岭村
	南湖村	南胡村	南胡村
东方镇	东方村	上东方村　下东方村	上东方村
	横塘岸村	横塘岸村　岭头方村	横塘岸村
	前金村	前金村　郑弄村	前金村
	辽山村	上山头村　麻辽村　中山村	麻辽村
	长兰村	姓徐村　东湖村　岩腰村	姓徐村
	新深渡村	陇坑村　深渡村　岱石口村　皋头村	深渡村
	四方村	古楼村　址墩村　西山村　清塘村	西山村
	胪膛村	胪膛一村　胪膛二村　胪膛三村　胪膛四村　苏宅村	胪膛村
	靖岳村	靖岳一村　靖岳二村　靖岳三村　靖岳四村　马鞍山村　下山头村	靖岳村
	岱石村	岱石村	岱石村
	周升塘村	周升塘村	周升塘村
	马石桥村	马石桥村	马石桥村
舒洪镇	舒洪村	舒洪村　车坑村	舒洪村
	姓王村	姓王村　杨坑村　分水坑村　螺蛳岩村　洪岭脚村	姓王村
	岭口村	岭口村　江沿村　下周村　田寮村	岭口村
	仁岸村	仁岸村　季坑村　清井湾村　半衣坤村	仁岸村
	昆洪村	昆坑村　新屋村　下园村　外麻车村	昆坑村
	蟠龙村	蟠龙村	蟠龙村
大洋镇	南溪村	南溪村　东余村	南溪村
	新西寮村	黄寮村　新路村　木西花村	黄寮村
	仙谷村	榧树后村　铁箱村	榧树后村
	西峰村	木瓜坑村　西峰村	木瓜坑村
	木栗村	木栗村　湖西村	木栗村
	和合村	黄金村　八尺村　西溪坑村　坟山村	黄金村
	前村村	前村村　鸟下村　蒙岗村	前村村
	寮坑村	寮坑村　杨梅山村	寮坑村
	环湖村	大堰头村　环湖村　后坑彭村	大堰头村
	外前村	外前村	外前村
	石亭村	石亭村	石亭村
	漕头村	漕头村	漕头村
	后村村	后村村	后村村
大源镇	稠门村	稠门一村　稠门二村　稠门三村　稠门四村　金西塘村	稠门村
	大源村	大源村　麻车村　余溪村　雅亭村	大源村
	越陈村	越陈村　东畈村　麻田村	越陈村
	高畈村	高畈村　郑念山村　上家堂村	高畈村
	小章村	小章村　有川村	小章村

续表 1-2-3

乡镇	调整后	调整前	调整后村委会所在地
大源镇	永安村	杨村村　杨麻坑村　马加坑村　宅坪村　黄山岭村	杨村村
	龙坑村	黄泥垄村　双坑村　郑坑村	黄泥垄村
	岭后村	岭后村　黄岭村	岭后村
	吾丰村	吾山村　大峰村　柿坑村　沙坑村	柿坑村
	联谊村	怀义堂村　土鱼坑村　黄连坑村	怀义堂村
	庙下村	庙下村	庙下村
	岭头村	岭头村	岭头村
	夏弄村	夏弄村	夏弄村
	寮车头村	寮车头村	寮车头村
七里乡	黄店村	黄店村　红色村	黄店村
	万松村	万松村　小坑村	万松村
	邢弄村	古石村　邢弄村	邢弄村
	杜村村	杜村村　项弄村　柘弄村	杜村村
	大岩脚村	下麻车村　马宅村　黄山脚村	黄山脚村
	大园村	柳塘村　大园村　周坎头村	大园村
	型坑村	型坑村　小古村　红门村	小古村
	天寿村	上前村　腰畈村　户九村	腰畈村
	黄塘头村	下陈村　朱村村　黄塘头村　上陈村	黄塘头村
	七里村	七里村　六百田村　杨岭村　下余村	七里村
	黄村畈村	黄明村　梅店村　梅下村　河宅村	黄明村
	金弄村	金弄村	金弄村
	杜塘村	杜塘村	杜塘村
	周弄村	周弄村	周弄村
	竹余村	竹余村	竹余村
	新都村	新都村	新都村
前路乡	前路村	乌弄村　陈坑村　下胡村　上胡村　西散村　后青村 马飞岭村　黄坛村　梅树岙村　前路村	前路村
	大集村	大集村	大集村
	南弄村	南弄村	南弄村
	姓叶村	姓叶村	姓叶村
	水口村	水口村	水口村
	白茅村	白茅村	白茅村
三溪乡	三溪村	后吴村　井南村　东雅宅村	后吴村
	三溪源村	西应村　盛园村　牛大坑村	西应村
	三溪山村	东俞村　东陈村　西潘村　李公坑村　范坑村	西潘村
	厚仁村	厚仁村	厚仁村
双溪口乡	南源村	南源村　西山头村	南源村
	姓潘村	姓潘村　金岭脚村	姓潘村
	双溪口村	双溪口村　西洋村　骑马坳村	双溪口村
	周扎村	周扎村　岩前村　蝉山村	周扎村
	东里村	东里村　金钩村	东里村

续表 1-2-3

乡镇	调整后	调整前	调整后村委会所在地
双溪口乡	上周村	上周村　松树岗村　石上坑村　里鱼孔村　余山村	上周村
	塘孔村	塘孔村　平坑村　平坑口村	塘孔村
	越王山村	越王山村	越王山村
溶江乡	洪坑桥村	溶溪村　洪坑桥村　下岙村　前溪村　新屋畈村　突头村　三青求村	洪坑桥村
	新西坑村	西岙村　当坑村	西岙村
	岩门村	郑周村　上官坑村　下官坑村　岩门村　周川村	下官坑村
	雅江村	雅江村　卢秋村	雅江村
	大黄村	大黄村　杨山村	大黄村
	田洋村	田洋村　岭脚吴村　岩坑村	田洋村
	山坑村	池岭村　山坑村　茶园头村　下寮岭村	山坑村
	花楼山村	花楼山村	花楼山村
	陈村村	陈村村	陈村村
	大雅畈村	大雅畈村	大雅畈村
	石上村	石上村	石上村
胡源乡	上坪村	上坪村　上宕村	上坪村
	茶源村	茶川村　潜源村	茶川村
	柘岙口	柘岙口村　沿路头村	柘岙口村
	胡村村	胡村村　高鸟畔村　大坑村	胡村村
	章村村	章村村　陈庄村　五培坑村　招序村　上东山村　田山村　庄坑村　小黄坛村　上黄坛村　后一村　后二村	章村村
	榧树根村	榧树根村	榧树根村
	蛟坑村	蛟坑村	蛟坑村
方溪乡	上陆村	上陆村　深坑口村	上陆村
	八迭岭村	胡章村　松树湖村　前当村　八迭村	胡章村
	方溪村	方溪村　吴山村　联合村　上寮坑村　梅窑村　高寮村　后坑村	方溪村
	北坑村	北坑村　下寮村　道蓬坑村　锄头桠村　师姑田村　外西姑村	下寮村
	深坑村	深坑村	深坑村
石笕乡	石笕村	石笕一村　石笕二村　石笕三村　后巷村　桃坑村	石笕村
	三坑村	西坑村　流坑村　东坑村	西坑村
	莲花村	李家庄村　朱庄村　梅寮村　官田坑村　下院村	李家庄村
	五莲村	天堂村　隔竹院村　梨树鸟村　栋头村　朱岗村	栋头村
	蒙坑村	蒙坑村	蒙坑村

第二篇　自然环境

县域地势东南高，西北低。东部处括苍山脉西端，西北部为仙霞岭向东北延伸的余脉，两者之间为括苍山脉和仙霞岭的过渡丘陵、溪谷和盆地地带。属中亚热带季风气候区，具有“一山有四季，山前山后不同天”的山地垂直立体气候特征。境内河流主要有好溪、新建溪、永安溪3条干流，分属瓯江、钱塘江、灵江三大水系。

第一章　地质

境域处于缙云—青田火山喷发带，大部分区域被火山岩所覆盖。地势自东南向西北倾斜，地貌类型中的中山、低山（高丘）和谷地，分别占全县总面积的 17.2%、62.4%、20.4%。

第一节　地层

县境内出露地层有中生界侏罗系、白垩系以及新生界第四系，其中又以上侏罗统及白垩系地层发育最为完好。

上侏罗统

为一套巨厚的火山沉积岩系，属燕山早期构造。出露的有高坞组、西山头组、茶湾组及九里坪组。其中西山头组出露面积最广，厚度最深，构成缙云低山区骨架。

高坞组　主要岩性为青灰、紫灰色块状流纹质砾晶屑熔结凝灰岩，偶夹流纹岩、流纹凝灰岩、安山岩和沉凝灰岩、凝灰质砂岩。主要分布区为西岙—皂坑、上陆—方溪、木栗—南溪一带，厚度 1210 ～ 2350 米，构成缙云中部、南部和西部中山区骨架和地层。

西山头组　岩性复杂，以酸性流纹质或安质玻屑熔结凝灰岩、含角砾玻屑熔结凝灰岩、火山沉积岩为主，局部发育英安岩，偶夹流纹岩。出露于壶镇岩背—南田、大陆岙—白岩、横塘岸及东余一带，厚度均在 1000 米以上，个别地段底部与高坞组接触。

茶湾组　岩性主要为青灰、紫灰色含角砾流纹或英安质玻屑熔结凝灰岩，常以沉积凝灰岩、凝灰质砂岩与下伏上侏罗统高坞组整合接触，局部分布于西山—越陈—麻田一带。

下白垩统

为一套陆相碎屑岩层。县东北部及东部分布馆头组、朝川组。

馆头组　岩性主要为黄绿色、浅灰色、灰黑色粉砂岩、泥岩和页岩。不整合于上侏罗统各地层之上。出露于壶镇盆地、新建盆地、双溪口盆地及靖岳盆地边缘。厚度 240 ～ 500 米。在水口一带，底部夹杂厚达 192 米的紫红色凝灰质砂岩。唐市盆地中上部夹杂厚 2 ～ 3 米的泥灰岩。

朝川组　岩性为紫红色钙质细砂粉砂岩或泥岩、夹砂岩和砂砾岩，局部夹杂流纹质玻屑凝灰岩、熔结凝灰岩、安山岩、玄武岩等。主要分布在壶镇盆地东侧唐市一带，以及双溪口盆地之中。紧随馆头组出露，与下伏馆头组整合接触。厚度 650 ～ 1000 米。分布在舒洪一带的是一巨厚层块状砂砾岩、砾岩夹含砾砂岩，上部为含砾玻屑砾砂岩。

上白垩统

为火山碎屑岩和红色建造地层。在缙云出露的有塘上组、赖家组。

塘上组　分布广泛，全县各个白垩纪盆地中均有出露，为一套紫灰色、黄绿带褐色块状流纹质含砾玻屑凝灰岩、玻屑熔结凝灰岩、流纹岩夹沉积凝灰岩、紫红色凝灰质粉砂岩和砂砾岩。厚 250 ～ 2400 米。本组凝灰岩抗风化能力强，常形成船形单面山和石笋、石柱，仙都风景名胜区即属这类地质。东部的马鞍山火山机体内的塘上组以流纹岩夹凝灰岩和珍珠岩、松脂岩为主，底部偶夹紫红色砂砾岩，厚度巨大，仙岩铺剖面厚度大于 2400 米，至沈宅厚度仅 256.7 米，往北逐渐消失，夹杂多层珍珠岩和沸石矿层。

赖家组　在壶镇盆地和马鞍山东南侧的舒洪盆地有出露，厚度约为 500 ～ 1000 米。为紫红色中厚层状粉砂岩、泥质粉砂岩，夹薄至中厚层状砂砾岩，底部夹不稳定的流纹质玻屑凝灰岩。壶镇盆地的西山沿地区含有丰富的恐龙化石。

第四系

在缙云出露的有山门街组、鄞江桥组。

山门街组　为喜山期构造，仅在壶镇盆地有少量出露。以洪积和冲积为主，碎砾石层间含少量黏土。

鄞江桥组　在壶镇、新建山谷、河谷盆地出露。由于成因不同，分为古红土和近代沉积物两类。红土砾石层分布于壶镇东侧低丘阶地，面积 0.48 平方千米。其次，新建盆地的南侧及大洋山一带的低丘有零星分布，穿插有晚更新统堆积物。近代沉积物分布于县境内各条河流中上游及河谷平缓地带，洪积物覆盖面积约 22 平方千米，冲积物覆盖面积约 19 平方千米。

第二节　构造

缙云处在武夷山—戴云山构造隆起带中段，为新华夏系构造的一部分。这部分构造在境内表现为东西两部：东部为隆起带的轴部，属括苍山脉西端；西部为好溪、新建溪两个断裂带，属寿昌—丽水—景宁断裂带的中段部分。此构造为缙云最主要的构造形式，控制县境内的地层分布、岩浆活动和表层构造，为经向构造。与新华夏系构造伴生的，为纬向构造，大致与新华夏系构造垂直或略有偏转。好溪的几条主要支流沿这个构造的断裂带发育。南北向构造很少，出露几个挤压性断裂，断裂短。

寿昌—丽水—景宁断裂带

缙云处在该断裂带中段。东北部为壶镇—回山新华夏系构造带的南端，自新建—壶镇一线入境，由一系列北北东向压性断裂及北北东向盆地组成，宽达 20 千米。南部连接丽水—景宁断裂带。缙云县最大的河流好溪及西部的新建溪即沿此断裂带发育。属于壶镇—回山构造带的代表性形迹有 6 处。

唐市向斜　位于壶镇东北，轴线呈北东 25° 延展，长约 6 千米，宽 3 千米。南东出露西山头组和馆头组，倾角一般 15° ～ 25° 。向斜核部为朝川组地层。北西被走向断裂所截，馆头组和朝川组均为发生倒转，为一个不对称的倒转向斜。

钦村—大坟山断裂　位于新建东南，走向北东 30° ，长约 15 千米。断裂被北北西向扭裂及北西西向张裂切成数段，南段在西山头组中，宽 10 ～ 50 米。大坟山西南的西山头组层仰冲于馆头组之上，两盘地层受牵引直立断裂面基本向北西倾，倾角 80° 左右。局部地段断向南东，断裂面沿走向和倾向皆呈舒缓波状。

黄碧—大园断裂　位于县境西北，走向由近于南北逐渐向北东偏转，总体走向为北东 20° 左右，被北西西向张裂切成数段，总长约 35 千米，宽 15 ～ 50 米。带内具构造透镜体及与断裂平行的密集劈理为主要特征，并强烈硅化。北西盘朝川组和方岩组受牵引而直立倒转。有些地段尚具大量水平擦痕，表明断裂后期曾有再次扭动活动，基本倾向北西，倾角 80° ，为一高角度的仰冲断裂。

舟山—上坑岭断裂　位于壶镇西面，走向北东 15° 左右，长约 20 千米，被一北西西向张裂切成两段，断面倾向南东，倾角 70° 。其挤压破碎带宽 5 ～ 20 米，具一系列构造透镜体及片理，有些地段还见到糜棱岩化和强烈硅化。断裂经过馆头组和塘上组等，因受断裂牵引，岩层倾角变陡和近于直立。而西山头组地层中的熔结凝灰岩则以出现大量的构造透镜体及片理化为特征。

金竹—新屋断裂　位于壶镇北面，走向北东 25° ～ 30° ，长约 20 千米，断裂倾向南东，倾角 70° 。断裂挤压破碎带宽 10 ～ 15 米，挤压剧烈，具构造透镜体片理化、糜棱岩化，还见到绿泥石化、硅化等动力蚀变现象。断裂具线性特征，地貌上呈“V”形沟谷。

横塘岸—冷水断裂　位于壶镇东面，走向北东 25° ～ 30° ，断面舒缓波状。倾向南东或北西，倾角 60° ～ 80° 。断裂挤压破碎十分显著，受断裂影响硅化，次生石英岩化蚀变带宽达 500 ～ 1000 米，与断裂平行的劈理片理化，构造镜体等沿断裂带频频出现。在壶镇东南面二百田附近，塘上组砂岩、砾岩中片理化相当明显。在唐市附近，馆头组和朝川组岩层遭牵引而成直立倒转，在草鞋耙沟岭一带，次生石英岩化宽 1000 多米。断裂南段延入温州幅中，测区内出露长约 22 千米。

朝川—双庙东西走向构造带

构造带位于县境东北部，由压性断裂、纵张断裂、东西向的向斜构造盆地，以及同一方位展布的岩体组成。断裂断距一般不长，规模小，由西向东陆续出露，一些酸性岩体和次火山岩呈东西向展布。构造带中的褶皱构造以壶镇向斜和后青向斜为代表。

壶镇向斜　位于壶镇盆地中，核部在壶镇稍北。走向东西，长约 8 千米，宽 5 千米。由上白垩统组成，核部为赖家组，南北两翼为塘上组。塘上组不整合于西山头组之上，地层倾角除个别受断裂影响变陡之外，一般在 10° ～ 15° 之间，为一对称舒缓型的向斜构造。

后青向斜　位于壶镇向斜南面，作东西方向延伸。北翼和东端被断裂切割，馆头组大部分缺失。南翼保存良好，馆头组出露较全。核部由朝川组组成，两端翘起，尽管受断裂破坏，仍保留向斜轮廓。

宫前断裂　位于壶镇东面宫前村旁，东西走向延伸。两端分别为北北东向和北西西向断裂所截，出露长约 2.5 千米。断面北倾，西山头组逆冲在馆头组之上。受断裂牵引，西山头组岩层中间的沉积岩倾角直立倒转。

盛园断裂　位于壶镇南面，长约 3 千米，硅化破碎带宽 10 ～ 12 米。断面舒缓波状，具垂直擦痕。北倾角 75° 。构造透镜体，见黄铁矿化。

南溪—方溪断裂　呈北西东 75° 走向。断裂线较深，南溪和方溪沿此断裂发育。

南北向构造

县境内南北向断裂构造不发育。龙爪坑断裂位于壶镇镇北面，长 3 千米，呈南北走向。破碎带宽 20 米，呈长棱状和透镜状，两端岩石硅化。

第三节　火山岩

缙云处在缙云—青田火山喷发带。火山岩组成县境丘陵、山体的主体，占全县总面积的 65%。主要有侏罗纪酸性火山岩（凝灰岩、熔结凝灰岩、流纹岩、流纹斑岩、晶屑凝灰岩）、侏罗纪酸性侵入岩（钾长花岗岩、花岗斑岩）、侏罗纪中性侵入岩（石英闪长岩）、白垩纪凝灰岩、白垩纪中基性喷出岩（主要有安山岩、安山玢岩、云辉煌斑岩）。沉积岩主要为非碳性红色砂岩、砂砾岩以及石灰性紫色砂泥岩，分布在盆地边缘的中丘和高丘区。全新世沉积物主要分布于山谷、河谷盆地，分为低丘古红土和近代洪积、洪冲积、冲积物。

火山活动始于早侏罗世，晚侏罗世尤为激烈。白垩纪有较长间歇，但仍有一定规模的火山活动，产生大量喷出岩、次火山岩、火山构造及火山喷发带。火山喷出岩为县境内火山岩主要构成部分。次火山岩侏罗系酸性次火山岩见于南部中山区一带，面积约 156 平方千米。境内破火山口处于壶镇—回山新华夏系构造带上，一般形成于上侏罗统，受丽水—寿昌断裂带控制。以县境东部马鞍山为中心形成马鞍山火山机体，面积约 50 平方千米，处在壶镇—回山新华夏系构造带的西南部，马鞍山火山口海拔 1006.6 米。

缙云县境内出露的岩石以流纹质火山碎屑岩为主，其间不同程度地分布有角砾集块岩、砂岩、沉凝灰岩、石英闪长岩、石英正长岩、花岗正长斑岩及河湖相沉积岩。大部分为硬质岩，包括坚硬岩和较硬岩。坚硬岩包括燕山晚期侵入岩中的花岗岩、花岗斑岩、石英闪长岩等以及上侏罗统火山喷出岩中的流纹质火山碎屑岩和熔岩；较硬岩包括喷出岩中的沉积凝灰岩和角砾集块岩。较软岩以白垩系朝川组、馆头组的湖相砂岩（沉积岩）为主，主要分布在壶镇、新建、双溪口和靖岳等地的盆地区域。泥钙质砂岩、砂砾岩分布较多，砾岩分布较少。

第四节　地质灾害

缙云县地质灾害类型主要有滑坡、崩塌、泥石流。地质灾害高易发区面积 4.05 平方千米，占总面积的 0.27%；中易发区面积 28.57 平方千米，占总面积的 1.9%；低易发区面积 1276.64 平方千米，占总面积的 84.91%；不易发区面积 194.26 平方千米，占总面积的 12.92%。

地质灾害隐患调查

1999—2010 年，全县共进行地质灾害隐患调查 6 次。其中，1999 年调查统计，地质灾害隐患点 22 处，危及人口 903 人。2003 年调查统计，小型地质灾害隐患点 61 处，危及人口约 2000 人。2004 年调查统计，地质灾害隐患点 58 处，危及人口 2043 人。2008 年调查统计，泥石流地质灾害隐患沟谷 16 条，分布于 6 个乡镇，其中石笕乡 5 条、大洋镇 5 条、东渡镇 3 条，其他 3 个乡镇共 3 条；中易发泥石流沟谷 3 条，低易发泥石流沟谷 13 条；泥石流隐患的潜在危险重大级 3 条、较大级 12 条、一般级 1 条，潜在威胁人口 929 人；泥石流地质灾害隐患危险性大 1 条、危险性中等 4 条、危险性小 11 条。2010 年调查统计，地质灾害隐患点 101 处，分布于 16 个乡镇。其中，滑坡 47 处、崩塌 25 处、泥石流 29 处；隐患点规模均为小型，隐患点基本稳定 16 处、不稳定 66 处、中易发 4 处、低易发 15 处；危害程度重大级 6 处、较大级 51 处、一般级 44 处，危及人口 760 户 3400 多人。

2004 年缙云县地质灾害隐患点情况一览表

表 2-1-1

隐患点	类型	受威胁人口（人）	危害程度（级）
五云镇 42 省道仙都段	滑坡	0	一般
五云镇双龙村丁塘			
五云镇溪滨北路路段	崩塌	40	
五云镇平黄公路路段		0	

续表 2-1-1

隐患点	类型	受威胁人口（人）	危害程度（级）
壶镇镇水碓坑村Ⅰ号	滑坡	100	较大
壶镇镇水碓坑村Ⅱ号	滑坡	100	较大
壶镇镇塘里村Ⅰ号	滑坡	0	一般
壶镇镇塘里村Ⅱ号	滑坡	0	一般
壶镇镇广溪水库	滑坡	0	一般
新建镇双港桥村	滑坡	0	一般
舒洪镇田寮村	滑坡	0	一般
舒洪镇清井湾村西塔坑自然村	崩塌	21	较大
大洋镇石亭村外石亭自然村	滑坡	330	重大
大洋镇石亭村竹园棚自然村	滑坡	180	较大
大洋镇寮坑村	滑坡	12	较大
大洋镇黄金村	泥石流	120	较大
东渡镇屋基背村	滑坡	3	一般
东渡镇樊庄村Ⅰ号	滑坡	0	一般
东渡镇樊庄村Ⅱ号	滑坡	0	一般
东渡镇樊庄村Ⅲ号	滑坡	0	一般
东渡镇南湖村	崩塌	4	一般
东渡镇金温铁路路段	崩塌	0	一般
东渡镇东溪村大桥头	崩塌	0	一般
东渡镇金谷村	崩塌	0	一般
东渡镇丽缙复线路段	崩塌	0	一般
东渡镇老 330 国道路段	崩塌	0	一般
东渡镇凤山下村	泥石流	0	一般
东方镇 42 省道路段	崩塌	0	一般
大源镇郑念山村	滑坡	100	较大
大源镇沙坑村	滑坡	0	一般
大源镇吾山村	滑坡	7	一般
大源镇土鱼坑村	滑坡	0	一般
大源镇越陈村	崩塌	18	较大
新川乡下仁堂村	滑坡	9	较大
双川乡石臼坑水库	滑坡	0	一般
城北乡白岩村	滑坡	4	一般
城北乡 330 国道路段	崩塌	0	一般
七里乡竹余村西北角	滑坡	5	一般
七里乡竹余村东南角	滑坡	14	较大
七里乡 330 国道路段	崩塌	0	一般
白竹乡道门村	滑坡	12	一般
白竹乡白竹村	滑坡	15	一般
雁岭乡碗背村	滑坡	0	一般
前路乡真君畈村	滑坡	0	一般
前路乡陈坑村	滑坡	0	一般

续表 2-1-1

<table>
<tr><th>隐患点</th><th>类型</th><th>受威胁人口（人）</th><th>危害程度（级）</th></tr>
<tr><td>三溪乡牛大坑村</td><td rowspan="2">滑坡</td><td rowspan="2">0</td><td rowspan="6">一般</td></tr>
<tr><td>双溪口乡金钩村</td></tr>
<tr><td>双溪口乡上周村</td><td rowspan="4">崩塌</td><td>4</td></tr>
<tr><td>双溪口乡平坑口村</td><td rowspan="3">0</td></tr>
<tr><td>双溪口乡上周村公路路段</td></tr>
<tr><td>双溪口乡平黄公路路段</td></tr>
<tr><td>胡源乡上坪村</td><td>滑坡</td><td>45</td><td>较大</td></tr>
<tr><td>胡源乡潜源村</td><td>崩塌</td><td>0</td><td>一般</td></tr>
<tr><td>石笕乡东坑村南沟</td><td rowspan="5">泥石流</td><td>300</td><td>较大</td></tr>
<tr><td>石笕乡东坑村北沟</td><td>300</td><td rowspan="2">重大</td></tr>
<tr><td>石笕乡流坑村</td><td>200</td></tr>
<tr><td>南溪乡南溪村</td><td>0</td><td>一般</td></tr>
<tr><td>木粟乡八尺村</td><td>100</td><td>重大</td></tr>
</table>

地质灾害事件

缙云境内山地多，山高坡陡，地表风化残积物厚度大，年降水量分布不均匀；并随着经济发展，各类工程施工频繁，易引发地质灾害。常年均有零星的、规模不大的地质灾害发生。

2000 年以来，规模较大的地质灾害事件有：2000 年 1 月 25 日，前路乡陈坑村发生山体滑坡，滑坡长 50 多米，宽 30 米，深 20 米，体积约 3 万立方米，冲毁村大会堂一角。2001 年 6 月 25 日，石笕乡东坑村因雨引发的泥石流填埋河床长约 700 米，深 2～6 米，体积超 4 万立方米，直接危及居民 25 户 80 多人。2005 年 3 月 30 日，新川乡丰山村黄莲坑自然村面前山岩体崩塌，造成山脚民房被砸，死亡 1 人。

地质灾害防治

1999 年 11 月，缙云县地质灾害防治工作领导小组成立，开展地质灾害调查、治理工作。2004 年 5 月，《缙云县地质灾害防治规划（2003—2020）》制定。2006 年，《缙云县突发地质灾害应急预案》制定。

2003 年 10 月，投入资金 226.5 万元，治理地质灾害隐患点 2 个。2004 年 7 月，石笕乡东坑村泥石流受灾居民 47 户 133 人实行搬迁。2005 年 4 月，对舒洪镇清井湾村长约 50 米、高约 20 米的不稳定状态危岩体采用一次性分级爆破法治理；是年，大源镇土鱼坑村滑坡治理工程于汛期前竣工。

2005—2010 年，通过招投标方式分批实施地质灾害隐患点治理项目，治理隐患点 31 个。2009 年，实施地质灾害易发区内村民建房用地地质灾害危险性评估，评估范围为 14 个乡镇 190 户，面积 1.51 万平方米。

第二章　地貌

缙云境域形状大致呈三角形。东南西三面环山，中北部相对平缓，以低丘盆地为主。大致以好溪为界，仙霞岭余脉和括苍山脉分踞西、东，中部过渡地段为丘陵、低山。

全域地势总体上自东南向西北倾斜，主要地貌类型有中山、低山、高丘、低丘、河谷盆地。全县海拔千米以上山峰346座。县东北属低中山地貌，县东南属中山地貌，有海拔千米以上山峰343座。其中，大洋山处于括苍山脉中南段，主峰（石奶洞背尖）海拔1500.6米，为缙云境内最高峰。大洋山周边分布燕山晚期侵入岩，花岗岩出露面积较大。县西仙霞岭余脉以低山地貌为主，有海拔千米以上山峰3座。

第一节　山脉

括苍山脉在县境呈西南—东北走向，苍岭诸峰位于县东北境，与仙居县连接，属大洋山向北延伸至大盘山脉的过渡山系。仙霞岭山脉起自武夷山，横亘浙西南，余脉延伸至好溪西侧、新建溪上游的缙云西北一带。

括苍山脉

东境，与磐安县接壤的有如公尖（996.7米）、花老尖（1155米），与仙居县接壤的有大树坞（1092米）、岩老鹰尖（950米）、南岗尖（1120米）、海临尖（1196.5米）、平头沿岗（846米）、麦磨心岗（857米）、大青山（975米）、五垄山（860米）等。

自东境向西延伸的有棠溪北的关岛尖（1231.5米）、天帽尖（1032米）、百丈岩（817米）、玉环岭诸山。棠溪与浣溪之间有山青岗（1015米）、百岗尖（1046米）、桂山、括苍山（792.7米）等。浣溪与汉溪之间有乌岩尖（1060米）、鸟尖（1071米）、猛峰尖（932.4米）、牛岗尖（558.1米）、大岩岗（856.3米）、黄岩岗（561.5米）、笋尖山等。汉溪与贞溪之间有越王山（1171.9米）、稠门山、白水山（1065米）等。

南境，以南溪断裂线为界分为两部：北部与仙居县接壤的有仙桶岩尖（1268.4米）、麦磨岩（1374米）、南溪尖（1231米）、四方岩（1117米）等。南部与永嘉县接壤的有葛藤山（1145米）、大风尖（1081.9米）；与青田县接壤的有界牌尖（1101.8米）、五府尖（1045米）。南境内大洋山主峰（石奶洞背尖1500.6米）向四面延伸：东北有乌岩洞背（1472米）；南有大坟山（992米）、仙人头（1205米）；西有石鼓尖（1477米）、合鸟尖（1327米）、大平山（1260米）、大岭头（1143米）、黄鸟岭头（1057米）、东坑山（1232.5米）、大学山（1005.9米）；北有古方山（1216.8米）、石牛山（1014米）。

沿好溪东岸自东北向西南延伸的有磊山（578.3米）、仙都山、赤岩山（422.2米）、大流山（500米）、太平后坑山（641.1米）等。

沿贞溪西岸自东北向西南延伸的有马鞍山（1006米）、天堂山（477.3米）、百岗山（381.9米）、大仓山（983米）等。

仙霞岭余脉

位于好溪之西，新建溪上游，以雪峰山（1100米）为主峰，高山多在边境。

与武义县境接壤的有箬坑尖（902米）；与永康市境接壤的有阳坑尖（634米）、历山（854米）、乌岩洞背（761.5米）、老鹰岩（505米）、鸟尖山（449.7米）等；与丽水市莲都区接壤的有大坟山（837米）、牛岱岭、大尖（841米）、大母山（989.5米）、马桂本尖（795.5米）、湖田山（940米）等。

原新川、双川两乡境内有林坑大尖（850米）、葛竹尖（719米）、插花岩、仙宫山等。

其他山脉

在好溪与新建溪之间的丘陵地带，自东北向西南延伸的有原新碧镇的三百廿尖（612.7 米）、万景山，原城北乡的古丽尖（495 米）、黄龙山，五云镇的吏隐山、九盘山，七里乡的万松山，东渡镇的飞凤山、桃花岭、吴岭等。

北境，原白竹乡内诸山由磐安县大盘山所延伸，西与永康市接壤的有太平山头（761.1 米）、上朱岭头（450 米）、菜头尖（620 米）等；向东倾斜，南下延伸直至壶镇镇有九松山等。

第二节 山地和丘陵

缙云海拔 1000 米以上的中山区面积 76.67 平方千米，主要分布在东、南、西部边缘地带；海拔 800 ～ 1000 米的低中山区面积 182 平方千米，主要分布在东部一带。两者占全县总面积的 17.2%。

海拔 500 ～ 800 米的低山区面积 402 平方千米，海拔 250 ～ 500 米的丘陵面积 536 平方千米，两者占全县总面积的 62.4%。低山、丘陵主要分布在唐市—岱石—兰口线以西，新建溪以东的中部腹地为浙西南山区与金衢盆地的过渡地带。

缙南中山区

地处县境南部一带。范围包括大洋镇、大洋林场，胡源乡的上坪、上宕、高鸟畔、田山、陈庄，以及大源镇的大丰、柿坑等地，面积 231 平方千米。以大洋山为主体，四周有古方山、石牛山、东坑山、葛藤山、四方岩、麦磨岩等山地。多数山地由火山岩构成，岩性坚硬，节理发育，高山、深谷、台地相间。

缙东低中山区

位于县境东部括苍山一带。范围包括三溪乡、括苍山林场全部和大源镇、壶镇镇、双溪口乡的部分地区，面积 192 平方千米。主要山峰有越王山、白水山、孟峰尖、乌岩尖和观岛尖等。山峰与谷底高差较大，山岗、岭背均有大片平坡延伸。区域内有越陈平台、三溪平台、南田平台。

缙西南低山区

位于县境西南。范围包括方溪乡、石笕乡的全部，新建镇的大部，以及东渡镇、七里乡的部分，面积 263.47 平方千米。山体多属仙霞岭余脉的延伸，主要由历山、雪峰山、大母山、界牌山、大仓山等山体组成。除了新建镇部分山体和方溪乡八迭岭切割较深、斜坡陡峭外，其余均较平缓，且山顶浑圆。

缙中丘陵区

位于县境中部。范围包括舒洪镇、溶江乡的全部和大源镇、胡源乡的大部，外围广及五云镇、东渡镇、东方镇、新建镇、壶镇镇、新碧农管处，面积 495 平方千米。以舒洪镇丘陵为中心。

缙东北丘陵区

位于县东北好溪上游。以白竹溪两岸为中心，范围包括原白竹乡全部和原雁岭乡等部分地区，面积 101 平方千米。

第三节 盆地

缙云县海拔250米以下的谷地面积30730公顷，占总面积的20.46%，主要分布在好溪、新建溪和贞溪两岸。其中，平原面积10612公顷，占总面积的7.06%。

壶镇盆地，位于县境东北好溪上游两岸，海拔200～250米。地下水位3～4米。面积8958公顷。盆地东、南、北面较高，西侧较低，与永康盆地相接。

新建溪盆地，位于县境西北，海拔110～170米。南北最长16千米，东西最宽13千米，最窄处7.15千米，面积11650公顷。盆地呈阶梯形，第一级为新建溪河床旁蚀留下的河曲阶地；第二级为分散的河流冲积扇及河漫滩平原；第三级为河流下蚀形成的阶地，堆积较少。

舒洪贞溪盆地，位于马鞍山系与白水山系之间的贞溪河谷，海拔140～200米，分舒洪和方川兆岸两片，耕地面积1200公顷。

溶溪双溪盆地，为越王山系、白水山系之间的溪谷和低丘岗地，海拔240～310米。土层深厚，耕地面积393.33公顷。

除以上盆地外，还有连片水田的地块，俗称为“田畈”。主要田畈有：名山畈，位于五云镇名山村、周村村至镇东村范围，海拔140～160米，面积510公顷，2000年后基本辟为新城区。东渡畈，位于东渡镇东渡村、兰口村一带，海拔130～150米，面积220.27公顷。东方畈，位于东方镇靖岳村、胪膛村、上下东方村范围，海拔180～200米，面积700公顷。前村畈，位于大洋镇前村村、后村村、石亭村一带，属非规则低山丘陵盆地，海拔860～900米。三溪畈，位于三溪乡后吴村至雅宅村沿溪一带，属低山丘陵盆地，海拔410～484米，面积299.73公顷。七里畈，位于七里乡浣花溪中游两侧，海拔165～185米，面积328公顷。

第四节 特殊地貌

缙云境域岩体形态有火山岩地貌（壮年期）、丹霞地貌（青壮年期）及花岗岩地貌（青年期）。至2010年，有国家级地质遗迹5处、省级地质遗迹23处、地质遗迹点40处。主要集中在仙都、岩门、大洋三个区块，总面积54.5平方千米。

按火山岩岩体形态分：柱峰有鼎湖峰、新妇轿岩、婆媳岩3处，锐峰有孔雀浴溪、双峰插云2处，峰林有斗岩三奇、仙女照镜、五老峰、集仙岩4处，屏峰有花岩1处，凹槽有龙耕路、虎迹岩、马鞍山火山通道3处，洞穴有倪翁洞、仙水洞、凌虚洞3处，岩嶂有仙掌岩、小赤壁、芙蓉峡3处。

丹霞地貌岩体

丹霞地貌岩体主要分布在溶江乡，形态有三种：巷（线）谷地貌主要分布在溶江乡岩门村东南、天柱峰、官山尖、岩门东等处。线谷由早期裂隙或断裂经侵蚀作用形成，一般出露在丹霞崖壁延伸的拐点或转折处。此间线谷规模普遍较小，长度在15～60米之间。方山地貌，分布在溶江乡岩门村附近的官山尖、岩门西、岩门东、三叠岩等处。特征为顶平带弧，或呈现断续分布的椭圆、半圆状，周边均为崖壁围限，属典型的方山形态。顶部坡度一般在10°～20°之间，部分坡度小于10°。夷平面地貌，分布在溶江乡岩门一带的大坪头、周山、栖真寺、花岩后、大坪头南、三叠岩西南。通常出露于不同高程的山顶、山脊上，地势平坦，分布面积大小不等。夷平面的大量分布，表明此间丹霞地貌演化仍处于青年期阶段。

岩门峡　距溶江乡洪坑桥村南3.2千米。峡谷宽约30米，长500米，两侧峭壁如削，高百余米。为断裂构造作用与流水侵蚀形成。

天柱峰　俗称“天柱岩”“扁担岩”，位于溶江乡岩门口天柱岙。直径20～30米，高50多米。岩性为砾岩、砂砾岩夹粉砂岩，在自然风化作用下，沿近直立的节理发生剥蚀和崩塌，从而演化成柱状岩。中有空隙，一分为二，顶端长有草木。由于岩石中的粉砂岩较易风化剥蚀，故岩壁多有凹槽。

阳元石　俗称“铁钉岩”，位处溶江乡岩门。峰岩呈圆柱状，直径约35米，高差65米，具有顶平、身陡、麓缓的特点。

大岩洞、老虎口、箬帽山　位于舒洪镇舒洪村贞溪西北岸。该地带崖壁密布层状洞穴、凹槽。属海相沉积，砂岩经长期风化水蚀而形成丹霞洞穴。

花岗岩岩体

形态含堡峰、屏峰、簇峰、柱峰和塔峰等，以圆顶、岩峰如林为特色。

堡峰　大洋镇漕头村北山脊多堡峰巨石，典型如“寨背”景点，由巨型花岗岩圆丘及大小石蛋垒叠而成。顶部较平坦，平面近椭圆，长轴近80米，短轴约50米，四周为弧形陡崖。

屏峰　分布盘溪上游（箬溪、蛟坑）河段沿岸。多矗立沟谷侧，沿垂直节理风化崩塌而成，高逾100米，宽200米左右，峰顶残留有石柱、石蛋。

簇峰　大洋山区及胡源乡榧树根村石牛山一带有较多发育。花岗岩体出露山脊，沿峰顶节理风化侵蚀，形成簇状峰尖。

柱峰　分布盘溪上游沟谷两侧。岩体沿节理剥蚀崩塌而逐渐隔开，形成独立柱峰，高度一般在15～30米。

叠箱岩。位于胡源乡抱骨岭公路隧道南端出口东侧。柱峰状如箱匣叠加，由11层花岗岩构成。高约20米，下部较宽，上部略窄。岩体由两组近直立的节理控制纵向，随着重力崩塌及雨水侵蚀，逐渐与山体分离，呈孤立柱状。石柱又由若干倾角10°～20°节理控制横向，逐渐裂变成箱形方石。

佛升岩。位于胡源乡蛟坑村南高坡。柱基宽约30米，厚10米，高80余米。四面凌空，顶部双峰并立，貌似两尊石佛相向升天。岩体沿节理剥蚀崩塌而呈现柱峰尖锥，属壮年期地面花岗岩球状风化的典型产物。

凌霄石　位于大洋镇漕头寨背平台。形同普陀山磐陀石，高2.3米，长3.7米，宽1.9米。上部有仰天凹坑，长年积水。下部收窄呈锥体，与基石三点支撑。具有典型的球状风化特点。榧树后南山中亦有类似岩体。

堆积洞　分布大洋山区沟谷。花岗岩体因风化崩塌，堆积而成块。大的高10多米，小的3～5米，层叠错落，相互支撑，空间、通道构成稳定。

盘溪峡谷　由盘溪流水切割花岗岩，形成峡谷。谷底宽5～25米，纵深5.4千米，两岸相对高度300～500米。谷坡陡立，峡谷高差较大，雨季山洪频发，河床基岩裸露，除了大、小卵石横陈，少有松散堆积物。大源柿坑峡谷与之类似。

采石遗迹

缙云火山凝灰岩藏量丰富，开采历史悠久。采石场主要集中在好溪壶镇至仙都段沿线。采石场，俗称“岩宕”，为露天、半露天和硐采共存的复合形态，有阶坎式、直穴式、覆钟式和井下大型直穴式等类型。在以硐采为主的采石遗迹中，仙都、壶镇两地共有9个硐群，125个采硐，矿硐空间总体积约86万立方米，有的单体矿硐空间上万立方米。

壶镇镇下项村面前山十多个采石岩窟相互贯通，洞内迂回曲折，洞口常有水珠滴落，形成“水帘洞”。总面积逾2000平方米，单个岩窟最大面积300平方米，洞体最深30多米。

第三章　气候

缙云境域属中亚热带季风气候区，气候特征是，温暖湿润，四季分明，冬有严寒，夏有酷暑，春季回暖迟，秋季降温早。山区由于地形起伏升降较大，山地特有的垂直立体气候明显。

第一节　气候特征

四季气候

缙云春季多连续阴雨和大风、冰雹、雷电等强对流天气。初夏梅雨期雨量集中，易造成洪涝灾害。盛夏除台风和午后雷阵雨外，多为晴热天气，常有伏旱。山间盆地聚热，白天日照强，气温高，夜晚降温较快，昼夜温差明显。秋季雨期短，早晚温差大，秋高气爽。冬日西北季风盛行，寒潮南下时多霜冻和雨雪冰冻天气，过后则回暖。

垂直立体气候

从低丘平原到大洋山顶，温度随海拔的升高而降低。一般每上升100米，气温下降0.6℃。相当于经历中亚热带、北亚热带和暖温带3个温度层次。

中亚热带气候　1993—2010年，以县气象局观测场为代表，海拔185米，全年日平均气温≥10℃的天数为277天，积温5889℃，年平均降水量为1470毫米。

北亚热带气候　2007—2010年，以三溪乡后吴村为代表，海拔420米，全年日平均气温10℃以上的天数有263天，积温5322℃，年平均降水量1606毫米。

暖温带气候　2006—2010年，以大洋镇前村为代表，海拔930米，全年日平均气温10℃以上的天数有250天，积温4692.1℃，年平均降水量2012.2毫米。

山地逆温

缙云境域中北部为金衢盆地东南边缘的延伸部分，东、南、西三面环山，北向开口，以致北方冷空气易进难出。冷空气过后的晴朗早晨，盆地、谷地易形成冷湖，气温低于高海拔地区。

第二节　气象要素

气温

1993—2010年，县域年平均气温17.3℃。其中，1月最低，平均气温5.6℃，极端最低气温-8.7℃，出现在1999年12月23日；7月最高，平均气温28.8℃，极端最高气温41.4℃，出现在2003年7月25日。2010年，平均气温17.3℃，比上年下降0.4℃。

降水

1993—2010年，县域年平均降水量1470.4毫米。2010年降水量1997.9毫米，比上年多624.8毫米。年均最长连续阴雨11.6天，极端最长连续阴雨22天，出现在2008年。多雨季呈双峰分布，4—6月为第一个雨季，8—9月为第二个雨季，主要受台风影响。年平均雨日162.2天。3月雨日最多，为17.4天；10月雨日最少，为8.3天。

1993—2010年缙云县分区域年均降水量、径流量统计一览表

表2-3-1

分区名称	平均值				不同保证率年径流量（亿立方米）		
	年降水量（毫米）	年径流量（毫米）	年降水量（亿立方米）	年径流量（亿立方米）	50%	75%	90%
缙西丘陵区	1607.08	918.31	4.77	2.72	2.64	2.13	1.73
缙中河谷盆地	1508.57	814.67	10.68	5.77	5.58	4.48	3.64
缙东南瓯江流域	1754.57	1135.24	6	3.88	3.74	2.97	—
缙东南灵江流域	1593.7	972.11	2.17	1.32	1.28	1.02	—

日照

1993—2010年，县域年平均日照时数为1614.9小时。2010年日照时数为1499.5小时，比上年减少154.6小时。平均日照时数最多是7月份，为215.1小时。平均日照时数最少是1月份，为91.8小时。年平均蒸发量1564.9毫米，年平均相对湿度77%。

第三节　气象灾害

灾害性天气

冰雹　县域属省内多雹中心带。1993—2010年，年均出现1次，3—8月居多。

霜冻　1993—2010年，县域平均终霜日在3月7日，平均初霜日在11月27日，平均无霜期262天。谚称“清明断雪，谷雨断霜”，迟至4月中旬，仍有霜冻出现。

低温冰冻 县域主要出现在12月至次年3月。1993—2010年，低温冰冻天气年均25.6天，居丽水市首位。多分布在1月份，年均10.6天。

积雪 1993—2010年，年均积雪天数3.6天，出现积雪概率为67%（1995年、2001年、2002年、2007年、2009年未积雪）。

台风 1993—2010年，影响境域的台风年均1～2个，少数年份无台风影响或多于4个台风影响。5—11月都可能受台风影响，其中影响最多的是8月，其次是7月、9月，明显偏少的是5月、6月、10月，最少的是11月。

暴雨 县域6月梅雨暴雨历时长，分布均匀；夏季局部雷暴雨范围小，地域性明显；东部山区台风暴雨大多出现在7—9月，为主要自然灾害之一。

雷电 1993—2010年，县域年均雷电日数45天。雷电活动呈显著的季节变化，一年四季均有可能出现雷暴天气，其中7月、8月为雷电活动的高峰期，3—6月和9月次之，10月—次年2月出现的概率较小。

干旱 分夏旱和秋旱，县域东南山区旱地连晴半月即可成灾。在7—9月台风雨偏少的年份，则易形成高温伏旱，出现概率37%。

灾害事件

1993—2010年，境域气象灾害有风灾、水灾、旱灾、雪灾、雷灾、冰雹，全县因气象灾害致死的有17人，失踪1人。

风灾 1993年7月15日，新川乡里村村遭受龙卷风袭击，造成3人死亡、15人受伤，房屋倒塌10间。

2001年10月14日下午，七里乡黄店村遭受雷雨大风袭击，村口飞凤山上一株近50年树龄重约500公斤的杨梅树被连根拔起，刮出10米多远。

2003年7月8日16时，新建镇笕川村附近突现的龙卷风，有明显旋转性，路径清晰，边界分明，损坏房屋多处。

2004年8月12—13日，14号台风“云娜”过境。山区出现12级以上大风，17米/秒以上大风持续6个小时。县城最大风速30米/秒，达11级。全县农作物受灾面积3520公顷。

2006年6月10日傍晚，雷雨大风。壶镇镇高潮村1处房屋倒塌，压死1人；县广电大楼广场玩具气垫被大风掀翻，摔死女童1人。

水灾 1993年6月24日，特大暴雨引发洪水和山体滑坡。1994年8月21日，17号台风影响县域。1996年7月31日—8月2日，8号台风影响县域。1997年7月9日，县域遭受严重洪涝灾害；8月18—19日，11号台风“芸妮”影响县域，暴雨成灾，县城溪滨北路、溪滨南路积水深1.2米。

2001年6月25日，受2号台风“飞燕”影响，大洋、南溪等东部地区普降暴雨，全县4个乡镇受灾。2002年1月16日，七里、五云、舒洪、双溪口等乡镇遭受雷雨大风和强降雨袭击，局部有冰雹。2003年6月24日，全县普降暴雨，章溪水位猛涨，冲走中巴车一辆，死亡4人；新建镇张公桥村1村民在双川坑张公桥河段被洪水冲走。2004年8月12—13日，受台风“云娜”影响，县域普降暴雨到大暴雨，大洋山区出现特大暴雨。

2005年，台风“海棠”（7月19日）、“麦莎”（8月5日）、“泰利”（9月1日）、“卡努”（9月11日）影响缙云。2007年9月18—19日，13号台风“韦帕”影响缙云；10月6—9日，16号台风“罗莎”影响缙云。2009年8月6—10日，受8号台风“莫拉克”影响，全县15个乡镇10.3万人受灾；8月15日，全县降小到中雨，大源镇遭30年一遇强降水，山洪、泥石流爆发，村庄受损22个，民房倒塌172间，失踪1人，直接经济损失3000多万元。

1993—1998 年壶镇雨量观测站最大洪峰水位和降水量一览表

表 2-3-2

年份	洪峰水位（米 / 日期）	24 小时降水量（毫米 / 日期）
1993	200.75/6.24	51.9/6.24
1994	201.05/8.21	118.4/8.21
1995	200.7/6.3	59.5/6.2
1996	200.08/6.6	45.6/6.5
1997	203.36/8.19	93.6/8.18
1998	201.05/6.19	40.8/6.18

旱灾　1994 年，伏旱连秋旱，旱期 50 天。6 月 28 日—7 月 29 日，降水量仅 5.7 毫米。7 月 7 日—9 月 9 日，日气温高于 35℃的天数 47 天。溪水干涸，全县 95 个村 1.87 万人饮水困难。

1995 年，大旱。7 月 7 日—9 月 9 日，总降水量仅有 120 毫米。受灾人口 39.1 万人，其中饮水困难 1.56 万人。

2003 年，夏秋冬连续干旱。为缙云近 50 年旱情最严重的一年。

2004 年，大旱。极端最高气温 40.2℃。降水量，6 月 50.6 毫米，7 月 20.5 毫米，为缙云 1960 年以来降水量最少年份。至 7 月 30 日，全县干旱 61 天。7 月中旬开始至 8 月上旬，好溪沿线水面断流，东方镇大枫湾溪面趋于干涸。

雪灾　1998 年 1 月 22—23 日，境域普降大雪，低海拔山区积雪 24 ～ 26 厘米，高山地区积雪 28 ～ 30 厘米。全县交通、电力、广播及乡村通信基本瘫痪，油菜、大棚香菇、毛竹受损严重。

2003 年 1 月 6 日夜，普降大雪，金丽温高速公路封闭。

2008 年 1 月 12 日—2 月 14 日，持续低温雨雪冰冻。全县电力、通信设施和林木、农作物受损严重，房屋倒塌 52 间、损坏 1454 间。直接经济损失 17553 万元。

2010 年 12 月 15 日下午到夜间，全县普降暴雪，平均积雪 15 ～ 23 厘米，雪峰山积雪最深处近 40 厘米。受灾人口 164915 人，直接经济损失 6597 万元。

雷灾、冰雹　2000 年 6 月 4 日下午，溶江乡溶溪村 1 村民遭雷击身亡。7 月 23 日 17 时，东渡镇古路村 1 村民在田间遭雷击身亡；双川乡雪峰、周岭一带降雹 20 分钟，积雹 12 ～ 13 厘米，冰雹最大如乒乓球，作物、房屋瓦片损毁严重。

2002 年 4 月 16 日 23∶40 至 17 日 00∶10，受北方冷空气影响，县域南部地区遭受特大冰雹、雷、雨、风袭击。冰雹最大直径 7 厘米左右，最大风力 9 级以上。冰雹路径从东渡镇、方溪乡经胡源乡、溶江乡到大源镇一带，先后经历半个小时。全县 5 个乡镇 60 多个村遭到袭击。有些地方冰雹堆积厚度达十多厘米。风雹所经之处，春花农作物、桑叶、果树、竹木受损严重，百年大树被连根拔起，房屋倒塌严重。被冰雹砸伤 2 人，砸断输电线若干处。

2003 年 7 月 26 日下午，雷雨大风。新建镇双港桥村出现冰雹；仙都农管处仙岩村遭雷击，村民 1 死 2 伤；舒洪镇外麻车村一民房因雷击引发火灾。

2004 年 7 月 25 日下午，强雷暴。大源镇夏弄村某夫妇俩在四层楼房平台遭雷击身亡。8 月 17 日下午，强雷暴，胡源乡胡村村遭冰雹袭击约 20 分钟，最大的冰雹大如乒乓球，1 村民遭雷击致伤。

2006 年 5 月 8—9 日，强雷暴。溶江乡花楼山村被雷暴击毁电视机 80 多台、电脑 2 台、影碟机 4 台、调频广播 4 只、用电保安器 200 多只、电话机几十部；新建镇梅溪村被雷暴击毁电视机 40 多台、电脑 3 台，

1屋顶被雷劈毁一角，房屋起火。

2007年7月24日下午，东渡镇兆岸村雷击引发山林火灾，毁林0.27公顷。9月1日下午，新建镇东山杨村遭雷击，村民1死1伤。

第四节　气象事业

1993年以来，缙云县气象局（简称“县气象局”）实行上级气象主管机构与县政府双重领导的管理体制。1997年5月，缙云县气象科技服务中心成立。2001年3月，县气象局内设机构调整为办公室、业务股、科技服务中心。2003年6月，缙云县防雷监测所成立。2004年12月，县气象局增设雷电防御管理办公室。2008年10月，县气象局办公室与雷电防御管理办公室合署，增设行政审批服务科。2010年，有工作人员17人，其中编制人员10人。

气象观测场所

2001年3月，缙云县地面气象观测场投入使用，位于永宁公园内，占地面积900平方米。2003年12月，观测场自动气象站开始运行。2005年12月，县气象局新办公大楼竣工，占地面积375平方米，建筑面积2220平方米，经天桥与观测场连接。

2004—2010年，在壶镇、大洋、新建、大洋山、溶江、三溪、白竹、雁岭、前路、大源、东方、舒洪、新碧、溶江、胡源、东渡、双溪口、仙都、石笕、七里及张公桥建成21个区域自动气象站。

天气预报

1997年7月，县气象局开通“121”天气预报电话自动答询系统（2005年电话号码改为“96121”）。1999年，开始应用非线性编辑系统制作电视气象节目。2000年1月，单向接收站建立，接收云图、地面分析图等气象资料。2003年6月，手机短信气象服务开通。2005年4月，缙云县紧急异常气象灾害预警手机短信发布平台建立。2007年6月，缙云县气象网站开通。

县气象局从2000年开始，发布未来3～5天中期预报和0～3小时临近预报。2002年开始，发布地质灾害气象风险等级预报。2006年开始，发布雷电灾害气象风险等级预报。

第四章　自然资源

缙云县天然存在并具有利用价值的资源类型主要有矿产资源、土壤资源、水资源和生物资源。

第一节　矿产资源

县境内矿产资源以非金属矿产为主，能源矿产、金属矿产资源稀少。至2010年，全县发现矿产21种，矿床（点）、矿化点150处，探明具有一定资源储量及工业价值的，除矿泉水外，有5个矿种、11处矿产地。已利用矿种有沸石、珍珠岩、萤石、辉绿岩、凝灰岩、花岗岩、砖瓦用泥质粉砂岩、建筑用砂以及矿泉水，其中沸石、珍珠岩、凝灰岩资源储量丰富，品质佳，产地集中且区位条件优越。

凝灰岩

用作建筑石材，主要分布在好溪沿线的下洋、上（下）前湖、仙岩、岩腰、坑沿村一带及新碧镇岩沿村等地，面积106平方千米。2009年，保有基础储量2.47亿立方米。

花岗岩

缙云花岗岩有耐酸碱花岗岩和装饰用材花岗岩。耐酸碱花岗岩分布在胡源乡古方山、石牛山一带，出露地表面积197平方千米，储量40亿立方米；装饰用材花岗岩分布在东渡镇吴岭，东方镇磊山、余山，石笕乡西坑，胡源乡小黄坛，壶镇镇南田、大集、岩下等地，储量6000万立方米。

沸石

主要分布在东方镇老虎头、岱石、保华山、天井山，以斜发沸石和丝光沸石为主。2009年，测算资源量3000亿千克，保有基础储量289.23亿千克。

珍珠岩

主要分布在东方镇天井山、老虎头。2009年，测算资源量300亿千克，保有基础储量5.2亿千克。珍珠岩矿石颗粒在快速加热条件下，膨胀倍数一般6～20倍，最高39.6倍，用于建材，具有良好的隔热、吸音性能。

膨润土

与沸石共生，主要分布在舒洪镇洪岭脚至蟠龙村一带和东方镇靖岳村附近的老虎头、朱大山。测算资源量83亿千克，保有基础储量23.93亿千克。缙云膨润土蒙脱石含量不高，提纯难度大，宜作饲料添加剂。

萤石

又称“氟石”，俗称“绿岩头”。属氟化工基础原料。主要分布在新建镇凝碧至七里乡垄脚、舒洪镇岭口至双溪口乡越王山、大源镇岭后至大峰、东渡镇阳弄至金谷等片区。探明资源量13.13亿千克，矿物量7.31亿千克。

火山球石

南宋杜绾《云林石谱》所载“处州靖岳石”，即指缙云火山球石。火山喷发遗迹主要集中在东方、仙都一带，火山球石一般埋于低山厚土，部分滚落溪畔。山中原石稍显粗糙，经流水长期冲刷形成的水冲石则手感滑润。形态多呈单体球状，也有两球或多球连体。质地坚硬。大的重量超过1000千克，小的可供掌中把玩。球体色泽含蓄，石泡浮凸。由于硅质溶液的充填与凝结，表面往往带有石英、水晶、玉髓、玛瑙纹饰，内核多由白石英、黑玛瑙、蓝玛瑙、紫水晶、黄蜡石混合构成，有“火山舍利子”的美称。

仙都丹玉

产于舒洪镇舒洪村面前山，原石以黄、红、白为主色调，或伴生黑、紫、青、灰多种杂色。玉质纯净通透，不起绵，无裂绺，韧性好，易雕琢。2010 年前后一度出现采挖热，赏石界根据缙云仙都黄帝炼丹升天的神话传说为其命名“仙都丹玉”。经浙江省地质矿产研究所、珠宝玉石首饰鉴定中心检测，属硅质岩玉，主要成分为二氧化硅，隐晶质结构。摩氏硬度 6.5 ～ 7，密度 2.6 ～ 2.7kg/m^3，折射率 1.53 ～ 1.55，与黄龙玉的物理特性基本一致。

第二节　土壤资源

缙云县土壤面积共有 145081 公顷，主要类型有红壤、黄壤、岩性土、潮土和水稻土。耕地土壤主要类型为水稻土，其次为红壤，另有少量的耕地为潮土、岩性土（紫色土）和黄壤。土壤中矿质养分含量丰富，基本上呈酸性反应。

土壤分布与特征

红壤　广泛分布在县境海拔 700 米以下丘陵，面积 89273.33 公顷，占全县土壤总面积的 61.53%。母质为凝灰岩、流纹岩、花岗岩风化体，土色红或红黄，呈强酸性反应。

黄壤　分布在县境海拔 700 米以上的低山和中山区，面积 31166.67 公顷，占全县土壤总面积的 21.48%。母质为酸性岩浆岩风化体，植被为针叶、阔叶混交林带，山顶多为灌丛和草被。表土有机质分解缓慢，常保持较好的枯枝落叶层，方川、麻店一带农民称之为“冷土”。

岩性土　分布在县境盆地边缘及丘陵地带，面积 5760 公顷，占全县土壤总面积的 3.97%。母岩易风化，亦易受侵蚀，土壤幼年化，地带性特征表现微弱，基本保持母岩特征。

潮土　分布在县境溪流两岸，面积 1273.33 公顷，占全县土壤总面积的 0.88%。母质为水流搬运的冲积物或洪积物，不同时期沉积的质地层次明显，中下部受地下水影响，有潴育化现象，土壤呈中性或微酸性。

水稻土　经长期水耕熟化，历周期性水旱交替、氧化还原作用发育而成，从海拔 110 米的河谷平原到海拔 980 米的山垅、冈背，均有分布，面积 17606.67 公顷，占全县土壤总面积的 12.14%。有渗育型、潴育型、潜育型 3 个亚类，其中渗育型占 11.6%，潴育型占 87.7%，潜育型占 0.7%。

耕地土壤养分

耕地土壤质地主要为壤土类（包括黏壤土），其次为砂土，少数属于黏土类。耕地土壤耕作层厚度 12 ～ 40 厘米，平均厚度 20.13 厘米，能满足水稻生长的需要。酸碱度最低值为 3.2，最高值为 8.2，中值为 5.1。土壤阳离子交换量较低，平均 9.52 厘摩尔阳离子 / 千克，土壤保蓄性较弱。土壤有机质含量变化较大，平均为 31.63g/kg，基本上处于中量和较高水平，但仍有不少土壤的有机质含量低于 20g/kg。土壤全氮含量平均 1.83g/kg。土壤有效磷含量以中等和中高水平为主，多数耕地土壤有效磷达到较高水平。土壤速效钾以中等和中下水平为主。

土壤有效态铜较低；土壤有效态锌以中等或丰富为主，但近 30% 的耕地土壤缺锌；土壤有效态铁以中高水平为主；多数土壤有效锰丰富；土壤水溶性硼和有效态钼普遍较低；土壤有效态硅和有效态硫较低；

绝大部分耕地土壤有效态钙丰富；土壤有效态镁较为丰富。

1980—2010年，总体上耕地土壤酸碱度下降，有机质和全氮增加，阳离子交换量轻微上升，有效磷明显增加。

第三节　水资源

县境多年平均地表水资源总量13.19亿立方米，地下水资源总量1.79亿立方米。其中，好溪6.45亿立方米，新建溪2.68亿立方米，永安溪1.49亿立方米，诸边界河流2.57亿立方米。人均水资源量3500余立方米，高于全国、全省平均水平。河流落差大，水力资源理论蕴藏量8.23万千瓦，可开发7.66万千瓦。至2010年，已开发水电装机容量5.5005万千瓦，开发利用率66.83%。

瓯江水系

县境干流为好溪。好溪主要支流为白竹溪、棠溪、浣溪、汉溪、盘溪、贞溪。东南边境诸溪涧源于大洋山西南林区，有南溪、木栗坑、八尺坑、寮坑、石笕坑、方溪等。

好溪　源自磐安县大盘山南侧笔架山马祥岭，过磐安县冷水镇，自壶镇上东岸村入县境，流经双溪村纳白竹溪水，至潜明村纳潜明坑水，至左库村附近纳棠溪水，至社后村浣溪汇入，至青川村附近北山溪注入，在东方镇境有岱石口村汉溪水汇入，流经仙都、五云，迂回湾潭村、东渡村，在兰口村与章溪汇合，往西南经株树村、水郑村流入莲都区境内，汇入瓯江。干流在缙云境内长66.11千米，流域面积791.8平方千米，多年平均径流量（含支流）6.45亿立方米。落差123米，平均坡降1.6‰。较大的支流有：

盘溪，源于大洋山西侧双岩尖。至大洋水库段称“箬溪”，与源自漕头岭以东诸山多条坑涧汇入大洋水库。流经抱骨岭脚村、蛟坑村，纳上坪坑水，为蛟坑。蛟坑纳大坑水，至胡村村，河道平缓盘曲称“盘溪”。过潜源村，纳五培坑水，流经章村村的溪段，名“云溪”。经天生桥、插花墩、石埠头和清井湾村等地，出仁岸村，与贞溪汇合。流长23.74千米，流域面积90.42平方千米，多年平均径流量0.95亿立方米。落差690米，平均坡降29.1‰。

贞溪，源于双溪口乡越王山西麓。石上坑（上周坑）和雅江箬坑在金岭脚汇合后称“双溪”，出双溪口村名“贞溪”。经周扎、岩前、大雅畈、陈村、下岙、前溪、突头、溪下、下周等村，至岭口村纳昆坑水。经螺丝岩、姓王、舒洪等村，在仁岸村北与盘溪汇合。流长21.16千米，流域面积126.58平方千米，多年平均径流量1.02亿立方米，落差280米，平均坡降13.2‰。

章溪，盘溪、贞溪在仁岸村汇流称“章溪”。沿东西向经车坑村、长丰村，在古路村纳方坑水，又称“南港溪”。至盖竹村纳西坑水，经堰头、凤山下、兆岸、雅宅等村，于兰口村东入好溪。流长12.13千米，落差40米，平均坡降0.3‰。

东南边境诸溪　南溪，经鸟下、南溪、黄寮、木西花、毛垟等村，在乌岩头村附近入永嘉县境。流长12.81千米。木栗坑，经牛路坑、湖西、木栗、牛栏鸟等村，过羊皮坑入永嘉县境。流长11.52千米。八尺坑、西溪坑，八尺坑长8.13千米，西溪坑长12.36千米，在大坟山脚汇流，入青田县境。寮坑，自底石亭经西殿、岭脚、九支炉、寮坑等村入青田县境。流长13.92千米。石笕坑，属严溪上游，经石笕入莲都区境。流长9.42千米。方溪，源自东坑山，由后坑彭、漕头村向西汇于龙宫洞。纳北坑水后称“方溪”。流经下寮村、方溪村，汇深坑水，在上陆村入莲都区境。流长6.18千米。

钱塘江水系

县境干流为新建溪。

新建溪，旧称“建洋溪”“南源溪”。发源于武义县白革山董源坑，自夏家畈村入缙云县境。上游新川坑旧称“大八都坑”，汇黄连坑水，经里村、潘余、谷川村纳栗坑水，过长川、下仁堂村至新建。在马堰村上方纳茭岭坑水。经交雅、古溪、东岸、西岸、下杨、潘村等村，在河阳村纳杨桥坑水，在洋山村与双川坑合流，经笕川村在梅溪村纳小�坑水。经马渡、岩沿、应刘、泗山等村，过姓尚、上小溪、下小溪等村，在姓姚村纳黄碧溪水，于新碧山前村汇入永康市永康江。干流在缙云境内长28.35千米，流域面积292.1平方千米，多年平均径流量2.68亿立方米。落差292米，平均坡降10.3‰。较大的支流有：

双川坑，旧称“小八都坑”，发源于雪峰山。上游分两支，一支经石臼坑、陈宕村，在鱼川村纳入黄坑水；一支经周岭、小坑口村纳入胡坑水。两支流在丹址汇合后经笕头村至东山杨村。过张公桥村纳双港桥坑水，经马墅、陶墅、溪岩下、钦村、寺根等村，在洋山村进入新建溪。流长11.42千米。

小筠坑，旧称“筠溪”。上游分两支，一支经型坑、小古、红门村；一支经黄山脚、下麻车、周坎头村。两支流在大园村合流，经上陈、黄塘头、朱村、杜塘、东前等村，在大筠村与三里溪汇合，经梅溪村汇入新建溪。流长13.14千米。

三里溪，又称“千秧溪”，旧称“浣花溪”，发源于大母山，经杜村、狮子圩村，在黄店纳邢弄水。经梅下、河宅、七里、下余、白峰湖、川石等村，在大筠村与小筠坑汇合。流长19.85千米。

黄碧溪，发源于苦里尖山，经下徐、姓田、白岩、早宅、麻村、上小溪、下小溪等村，在姓姚村入新建溪，流长10.08千米。

灵江水系

灵江水系在县境支流有永安溪、龙溪，其中干流为永安溪。

永安溪 发源于仙居县安岭乡天堂尖和水湖岗一带，自南向北，在大源镇吾山村入境，纳柿坑水，流经沙坑、岭后村，过寮车头、杨村、大源村，在麻车村纳稠门坑水，经余溪、岭头村，在高畈村纳小章坑水后复入仙居县境。干流在缙云境内长19.99千米，流域面积153平方千米，多年平均径流量1.49亿立方米，落差140米，平均坡降7‰。较大的支流有：

稠门坑，源出江西山后，流经稠门、庙下、麻车村入永安溪。小章坑，源出麦磨心岗，流经小章村，在高畈村入永安溪。

龙溪 源出白水山，经井南、后吴、东雅宅、厚仁、范坑等村，在平坑口纳塘孔坑水汇入仙居境内永安溪。境内流长12.18千米，流域面积50.52平方千米。

说明：根据2013—2020年缙云县地理国情普查结果公布数据，好溪、新建溪、永安溪干流在缙云境内长度和集雨面积分别为：71.55千米、877.3平方千米，33.8千米、288.72平方千米，19.07千米、100.2平方千米。

地下水

缙云采用降雨入渗补给法计算地下水源，根据地下水分类及含水岩组的分布，参照出露泉水流量、钻孔出水量、不同区域的植被、土壤类别，选择入渗系数经验值。计算结果，浅层地下水资源量1.79亿立方米／年，可开采量为0.46亿立方米，其中可利用资源量约5.7万立方米／年。2000年之后，实际开采量为1万立方米／年。

松散岩类孔隙潜水 主要分布在好溪、新建溪等较大河谷两侧。出露面积67.6平方千米，含水层多为河谷冲积层的砂砾石，厚度一般为2～6米，较松散，孔隙率高，含水性较好，单开出水量

100～1000立方米/日。其中新建盆地西岩、梅溪、下小溪等村在新建河床边缘掘井，井深3～3.5米，用水泵抽水灌溉农田48.67公顷。另外，河谷平原两侧阶地分布有上更新统冲积、洪积层（出露面积24.3平方千米），厚度约为3～10米，较致密，含水性较差，单井出水量小于100立方米/日。含铁质较高，宜作分散的生活用水。

红层孔隙、裂隙水　主要分布在新建、壶镇、舒洪、双溪口等红层盆地，出露面积338.25平方千米。由于岩性复杂，含水性极不均匀，各盆地及盆地内部差异较大，泉水出露稀少，流量均在0.1升/秒以内。

新建盆地西部因雪峰山一带雨量充沛，降水入渗多，地下水较丰富。壶镇盆地中心红层富水性差，单井出水量在10立方米/日以下。盆地两侧台地岩层风化程度较高，土质疏松，单井出水量10～40立方米/日。沈宅村附近出水量36立方米/日。舒洪盆地中部的蟠龙—舒洪一带因地形平缓，井泉出露少，单井出水量10立方米/日左右。双溪口一带因地貌呈集水盆地型，西部地下水较丰富，单井出水量在100立方米/日以上。双溪口村附近单井出水量达156立方米/日，水质良好。雅江村单井出水量119立方米/日，已开挖大口井供生活用水。

火山岩裂隙水　广泛分布在山丘区，出露面积1076.4平方千米。东南大洋山一带为燕山期侵入的花岗岩，面积148平方千米。地下水均属构造裂隙水和风化裂隙水，流量在0.1～1升/秒。其他地区流量小于0.1升/秒，但水质好，为生活用水的主要水源。壶镇镇南田村利用凝灰熔岩中的裂隙水，供600多人饮用。

第四节　生物资源

据2007年森林资源调查统计，缙云县林业用地面积120553公顷，人均林地0.272公顷，高于全国平均水平。森林覆盖率75.2%，林木绿化率76.9%。古树名木、野生动植物种类较多。

植物资源

据2006年林木种质资源清查，境域有种子植物2500多种，分属186科。亚热带山地灌草丛分布于丘陵山地，常见有乌饭、白栎、檵木、映山红、龙蕨草、茅草等。在650种主要树种中，外地引进树种51种。县境野生木本植物中，属国家一级重点保护植物的有南方红豆杉、银杏、伯乐树、香果树4种；属国家二级重点保护植物的有福建柏、白豆杉、长叶榧、金钱松、厚朴、凹叶厚朴、鹅掌楸、七子花、樟树、花榈木、榉树、喜树12种。

缙云林地亚热带针叶林多且分布广，松木和杉木约占全县森林面积的95%以上。属针叶林的黄山松、马尾松、杉木、柳杉4个群系中，黄山松林分布海拔700～800米以上山地，是中山、低中山的主要代表群落；马尾松林分布海拔高度在黄山松林之下，面积最广。常绿阔叶林和针阔混交林少。常绿阔叶林主要有甜槠、木荷、苦槠等；常绿、落叶阔叶混交林在海拔900～1300米的大洋山沟谷山坡尚有分布，主要树种为化香树、光皮桦、青冈树等。此外，还有毛竹、油茶、板栗、水果、厚朴、桑、茶等人工经济林。

据2002年古树名木普查，境域古树名木登记入档3100株，挂牌保护852株。其中，古树群67个，计1267株，占古树名木总数的40.9%；散生古树1833株，占古树名木总数的59.1%。树龄500年以上的国家一级古树32株，树龄300～499年的国家二级古树171株，树龄100～299年的国家三级古树1630株。在67个古树群中，有3群48株属二级古树，其他均为三级古树。涉及76个树种，分属28科54属。树种较多的有壳斗科16种、樟科7种、豆科5种、蔷薇科5种、柏科5种。其中，苦槠、樟树、香枫、马尾松、南方红豆杉分别有533株、492株、417株、377株、215株。

动物资源

据1984年大洋山自然资源考察普查，境内有野生动物936种，分属7纲、41目、173科、556属。其中，国家一级重点保护动物有黑麂、云豹、豹和黄腹角雉4种；国家二级重点保护动物有穿山甲、小灵猫、猕猴、狐狸、苍鹰、水獭、大鲵、猫头（猴面）鹰、鸳鸯等17种。另有毛冠鹿、豪猪、白鹭、五步蛇等19种陆生野生动物被列入省级重点保护名录。全县有野生鱼类17种，主要为鲢鱼、草鱼、青鱼、鲫鱼、鲤鱼、泥鳅、鲇鱼、光唇鱼、黄鳝等。

第五章　环境保护

1993年以来，缙云县全民环境保护意识提高，环境保护基础设施建设和污染防治能力增强，污染物排放总量得到有效控制，重点排污行业污染治理取得突破，生态环境质量改善。2004年，缙云县被国家环保总局认定为国家级生态示范区（2004年12月31日，国家环保总局发文认定丽水市为国家级生态示范区）。

经过“三废”（废水、废气、废渣）污染源防治和综合性生态修复与建设，至2010年，缙云主要污染物COD和SO_2完成“十一五”减排任务。城市集中式饮用水源地水质达标率100%，中心城区空气质量达到二级标准，工业固体废物综合利用率98.84%，辐射安全发案率为零，境域生态环境质量位居全国各县（市、区）第37位、全省第14位。

2007年，县环保局被省环保局评为全省“811”环境污染整治工作先进集体。2010年，缙云县被省政府评为“十一五”污染减排工作优秀集体，被省环保厅等部门认定为“放心放射源县”；县环保局被评为全国污染源普查先进集体和“放心放射源创建工作”突出集体。

第一节　环境管理

1982年10月，县计委内设环境保护办公室。1984年6月，缙云县城乡建设环境保护局成立，原设在县计委的环境保护办公室划转到县城乡建设环境保护局，主要负责县城内水污染企业的环境检测和排污收费；8月，县城乡建设环境保护局环保监测站设立，负责全县环境监测工作。1994年12月，县城乡建设环境保护局增设环境监理站，实行环保办、环保监测站、环境监理站“三块牌子，一套班子”管理体制。1996年9月，缙云县环境保护局（简称“县环保局”）成立，与县建设局合署办公，实行“两块牌子，一套班子”管理体制，内设环境管理股。1999年4月，缙云县生态示范区建设领导小组成立。2001年10月，县环保局与县建设局分立；在县行政服务审批中心设立环保窗口，办理建设项目环保审批和验收。2002年1月，县环保局机关迁至寺后路原县人武部大楼；11月，县环境监理大队更名为县环境监察大队。2005年，县环保局由县直属事业单位转为行政部门。2007年9月，缙云县环保局工业园区分局成立，内设县污染物总量控制办公室。

2010年，县环保局内设办公室、行政审批服务科（综合管理科）、自然生态科（政策法规科），下辖环境监察大队、环境保护监测站、工业园区分局、污染物总量控制办公室。

规划与措施

2001—2010年，相继编制缙云县《生态示范区建设总体规划》《生态县建设规划》《县城环境保护规划》《壶镇环境保护规划》《环境保护“十一五”规划》《生态环境功能区规划》《农村环境保护规划（2008—2020年）》《生态环境功能区规划》《环境保护“十二五”规划》《主要污染物总量控制“十二五”规划》《生态县建设规划》和16个乡镇的《生态乡镇建设规划》。先后出台缙云县《生态示范区建设工作意见》《生态示范区建设规划编制工作方案》《饮用水源保护管理办法》《县城烟尘控制区管理办法》《春蚕氟污染防治管理实施意见》《饮食娱乐服务业环境保护管理办法》《好溪流域环境污染整治方案》《新建溪流域环境污染整治方案》《环境污染事故应急预案》《生态破坏事故应急预案》《辐射事故应急预案》《环境污染和生态破坏突发公共事件操作手册》等文件，为全县环境保护提供政策保障。2008年开始，实行排污权交易与有偿使用制度。

2001—2010年，执行《中华人民共和国环境保护法》建设项目中防治污染的规定，全县审批、改建、扩建的1057个建设项目均实行环境影响评估。

设施建设

2003年8月，缙云县环境监测站通过省环保计量认证评审，获环保计量认证资质。2005年9月，白竹水质自动监测站主体工程开始试运行，次年通过省验收并正式运行。2007年9月，县城菜场大楼和信访大楼2个环境空气自动监测站、县第二污水处理厂建成运行。2001—2010年，缙云县获上级环保项目资金补助1743.58万元。

2006年，白竹水质自动监测站被国家环境保护总局认定为全国环境监察标准化建设二级达标单位。2010年，县环境保护监测站获省环保厅考核优秀集体奖。

环境监测

缙云县环保监测站负责全县环境质量监测。

水体监测　1991—2010年，好溪沿线设9个监测断面，其中壶镇水厂、上东方、仙都、缙云水厂、兰口、好溪电站6个监测断面，水质年均值及五年均值为Ⅱ～Ⅲ类水，达到功能要求；左库水库水质监测结果，1991年均值为Ⅰ类水，2010年均值为Ⅱ类水，主要定标项目为高锰酸盐指数、5日生化需氧量、总磷；五云镇中段水质监测结果，1991年均值为Ⅱ类水，2010年均值为Ⅲ类水，主要定标项目为高锰酸盐指数、5日生化需氧量、石油类、挥发酚、总磷。新建溪设3个监测断面：新建水厂水质监测结果，1991年均值为Ⅰ类水，2010年均值为Ⅱ类水；新碧水厂水质监测结果，1991年均值为Ⅱ类水，2010年均值为Ⅲ类水。

2002—2010年，县饮用水源地水质以县水厂为观测点，除2002年和2003年达标率为50%外，其余年份均为100%。

2010年，县城饮用水取水口水质达标率100%，好溪水质达标率95%，新建溪水质达标率95%，光瑶监测点（位于缙云县新碧农管处山前村附近）水质达标率83.3%。

2002—2010年缙云县各监测点水质变化一览表

表 2-5-1

<table>
<tr><th>年份</th><th>壶镇水厂</th><th>上东方</th><th>仙都</th><th>缙云水厂</th><th>兰口</th><th>好溪电站</th><th>光瑶</th></tr>
<tr><td>2002</td><td rowspan="9">Ⅱ</td><td rowspan="2">Ⅲ</td><td rowspan="2">Ⅲ</td><td rowspan="2">Ⅲ</td><td>Ⅲ</td><td rowspan="2">Ⅱ</td><td>Ⅱ</td></tr>
<tr><td>2003</td><td>Ⅳ</td><td>Ⅲ</td></tr>
<tr><td>2004</td><td>Ⅳ</td><td rowspan="7">Ⅱ</td><td rowspan="7">Ⅱ</td><td rowspan="7">Ⅲ</td><td rowspan="3">Ⅲ</td><td>Ⅳ</td></tr>
<tr><td>2005</td><td>Ⅲ</td><td rowspan="6">Ⅲ</td></tr>
<tr><td>2006</td><td>Ⅱ</td></tr>
<tr><td>2007</td><td rowspan="4">Ⅲ</td><td rowspan="2">Ⅱ</td></tr>
<tr><td>2008</td></tr>
<tr><td>2009</td><td rowspan="2">Ⅲ</td></tr>
<tr><td>2010</td></tr>
</table>

大气监测　1993—2010年，全县环境空气质量总体优良，县城常规监测项目二氧化硫、二氧化氮、可吸入颗粒物等指标低于国家二级标准限值，符合环境空气的功能区划要求。一类环境空气质量功能区为风景名胜区和林场，二类环境空气质量功能区为城镇建成区和城镇周边地区。

全县大气污染主要是煤烟型污染。2010年，用煤量2.32亿千克，SO_2排放量348.57万千克。

1997年，境域划分环境空气质量功能区，监测项目含林格曼黑度、烟尘浓度、二氧化硫、废气排放量。2007年9月，县城设菜场大楼、信访大楼2个自动监测站，重点检测空气中的二氧化硫、氮氧化物和总悬浮颗粒物的浓度及风速、风向、温度参数。

2002—2010年缙云县大气主要污染物平均值一览表

表 2-5-2　　单位：毫克/立方米

年份	二氧化硫	二氧化氮	可吸入颗粒物
2002	0.006	0.018	0.07
2003	0.011	0.033	0.113
2004	0.014	0.045	0.141
2005	0.005	0.028	0.096
2006	0.003	0.033	0.103
2007	0.021	0.034	0.105
2008	0.035	0.026	0.088
2009	0.027	0.029	0.086
2010	0.03	0.035	0.083

酸雨监测　1988年，缙云开始酸雨检测。2002—2010年，全县降水pH为3.9～7.19，酸雨频率为91.38%。

2002—2010 年缙云县酸雨监测情况一览表

表 2-5-3

年份	样品总数（个）	酸雨样品（个）	酸雨样品率（%）	pH		酸雨占总雨量（%）	评价
				平均	范围		
2002	89	69	77.5	5.31	4.29 ～ 6.7	77.5	酸雨
2003	51	37	72.5	5.35	4.38 ～ 6.77	72.5	
2004	94	82	87.2	5.07	4.29 ～ 7.19	87.2	
2005	89	88	98.9	4.86	4.26 ～ 5.78	98.9	较重
2006	107	102	95.3	4.62	4.02 ～ 6.02	95.3	
2007	116	115	99.1	4.55	4.01 ～ 5.64	99.1	
2008	74	68	91.9	4.58	3.9 ～ 6.38	91.9	
2009	106	106	100	4.6	4.04 ～ 4.89	100	
2010	135	135	100	4.75	4.48 ～ 4.97	100	

噪声监测 县城噪声污染源来源于工业生产、建筑施工、交通和社会生活，其中以交通噪声和社会生活噪声为主要污染源。噪声监测结果为，建成区环境噪声达标区面积由 1995 年的 2.11 平方千米增至 2010 年的 11.07 平方千米，占建成区面积的 90%，区域噪声均值 52.4 分贝。

1993 年开始，城区内机动车禁鸣、限速，禁止播放高音喇叭和户外大功率音箱；建筑工地、娱乐场所实行限时或封闭施工、经营；每年中、高考期间实行噪声监管。

2002 年以后，县城设有噪声监测点 100 多个，对主干道及人口密集区域实行噪声检测。历年交通干线两侧噪声平均值小于 70 分贝，区域环境噪声平均值小于 55 分贝，均能满足不同功能区环境噪声标准要求。其中道路交通干线昼间噪声等效声级均值为 71.5 分贝，夜间噪声环境质量好于白昼。

2002—2010 年缙云县交通噪声监测结果一览表

表 2-5-4　　单位：分贝

年份	平均车流量	五壶公路		老 330 国道		新 330 国道		黄龙路		旭山路		溪滨南路		溪滨北路		茶厂路口	
		平均值	最大值	平均值	最大值	平均值	最大值	平均值	最大值	平均值	最大值	平均值	最大值	平均值	最大值	平均值	最大值
2002	555	74.2	74.5	71.4	74.5	77.4	77.8	—	—	—	—	—	—	—	—	—	—
2003	633	75.3	80.7	74.1	76.6	77	77.3	—	—	—	—	—	—	—	—	—	—
2004	586	73	75.9	73.2	74.4	77.7	80.7	—	—	—	—	—	—	—	—	—	—
2005	615	77.9	86.4	74.5	74.6	76.6	77.2	—	—	—	—	—	—	—	—	—	—
2006	519	76.3	76.3	75	76	79.2	79.2	73.3	73.3	64.5	66	—	—	—	—	—	—
2007	752	77.6	77.6	74.2	74.7	77.6	77.6	—	—	63.8	67.9	74.9	74.9	72.9	72.9	—	—
2008	598	69.9	69.9	73	73.5	71.8	71.8	72	72	64.8	65.5	70.1	70.1	73.2	73.2	73.6	73.6
2009	442	68.4	69.3	65.5	67.1	62.3	68.3	—	—	—	—	—	—	—	—	—	—
2010	443	68.4	69.3	65.5	67.1	62.3	68.3	—	—	—	—	—	—	—	—	—	—

第二节 污染治理

污染源治理

1993年之前，缙云工业污染较少，污染治理主要是县城烟尘控制。1994年，新建镇、七里乡等地砖瓦窑生产引起氟气污染，发生桑蚕中毒事件后，从次年开始，每年4月15日零时至5月14日24时实行“停窑保蚕”。

1998年前后，县域污染治理项目增多、范围扩大。县政府先后关停湖川造纸厂、团结造纸厂，对仙都水泥有限公司、仙都啤酒发展公司、县酿造饮料总厂、寿尔福化学有限公司等企业采取限期拆除部分燃煤锅炉，更新消烟、脱硫、除尘设施措施，促使企业污染物排放达标；限时关闭砖瓦窑场；确定五云、新建、壶镇饮用水水源保护区；在好溪流域实施河道疏浚，限量采砂；在新建溪流域整治含磷废水污染和猪、鸭规模养殖污染，禁止在流域直接放养水禽；对危险废物转移实行申请、审批手续，对医院、诊所医疗废物实行统一收集处理。

2004年，处置寿尔福化学有限公司苯硫酚泄漏污染事件，责令关闭废水污染新建溪流域的4家电镀厂。2005年，处置四氯化碳运输车在42省道仙岩路段翻车导致的县城饮用水源污染事件、盐酸运输车在平黄公路平坑口路段翻车导致的永安溪水源污染事件。2007年，普查登记污染源企业2283家。其中，重点工业源企业365家、一般工业源企业1073家、生活源企业539家。县环保局责令灵威萤石矿业有限公司恢复尾矿堆放区生态，处置新瑞薄板有限公司污泥排放污染新建溪事件。2008年起，《浙江缙云工业园区环境整治方案》实施，投资6000万元建成县第二污水处理厂，企业投入1000多万元，建成工业污水治理设施30多套。2009年4月20日，寿尔福化学有限公司转移危险废物引发疑似中毒事件发生后，其污染问题被列入省政府重点督办项目，县政府责令其公司两年内关停化工生产线，实行迁离或转产；4月起，浙江缙云工业园区内不再审批防盗门生产企业；12月，浙江缙云工业园区环境整治通过省环保厅验收。2010年6月起，对全县重金属污染排放严重的电镀行业开展整治。

2005—2010年，全县共查处环境违法案件144起，取缔排污企业76家。

生活垃圾和废水治理

1993—2010年，通过淘汰、治理排污企业，全县工业污染物排放量得到控制，生活废水及其有害物排放量呈上升趋势，成为城镇废水主要污染源，年生活废水排放量约50亿千克。废水中的有毒、有害物质以有机化合物为主。

1993年以前，县城日清扫街道1万平方米左右。2010年，县城日清扫街道扩大到130万平方米左右，设有垃圾中转站2座，配置垃圾运输车35辆及扫地车、洒水车、吸粪车，生活垃圾日产日清。

2003年4月，东渡镇兰口沙田头垃圾无害化填埋场试运行，对垃圾填埋进行无害化渗滤液处理。2006年，《缙云县农村垃圾收集与处理实施方案》制定，提出3年内各乡镇、村生活处理设施基本覆盖通机耕路以上等级道路村庄的实施规划。2008年，全县建成垃圾压缩式中转站1个、地坑式中转站47个、垃圾处理点4个、乡镇垃圾收集与处理设施25个。农村生活垃圾集中率90%，无害化处理率50%。

2007年10月，缙云县城市（兰口）污水处理厂建成并投入使用，一期工程规模日处理2000万千克，主要处理仙都、五云、东渡10.78平方千米范围的污水。

工业污染治理

2000年8月，全省第一个世界银行贷款环保项目——浙江仙都啤酒发展有限公司日处理能力300万千克的废水治污工程通过省级验收。是年开始，按照低污染、低能耗要求，县政府设置招商引资、企业入园的环保准入门槛，对新增产业项目严格履行环保审批和验收手续，不引进高污染、治污成本大、有毒害、易燃易爆、高能耗的企业。2006年，否决蓄电池、小冶炼、小化工、塑料加工等不符合国家产业政策及选址不合理的项目9个。缙云工业园区实施生态化改造，33家废水排放企业建成并使用新的污水处理设施。

烟尘治理

1995年开始，县城南至上交岭、北至石油公司、西至皮革厂、东至横门大樟树，面积1.4平方千米（为当时城区的80%）区域实施烟尘控制。1997年，经过拆除部分燃煤锅炉，改造消烟除尘设施，炉窑烟尘浓度排放达标率76%，烟气林格曼黑度达标率90%，均达到验收标准。

医疗废弃物污染治理

2010年开始，全县医疗废物处理由专业单位统一收集。县级医院的医疗废物由丽水市民康医疗废物处理有限公司收集，乡镇卫生院和个体诊所的医疗废物由缙云县医药公司收集。

第三节　生态建设

2000年，“生态立县”列入缙云“三大发展战略”之一，全县突出“绿色经济”特色，发展生态效益型经济。

废弃矿山复绿

2003年，经省第七地质大队测量评估，全县废弃矿山治理面积计18.92万平方米（沸石与珍珠岩矿山12个，面积7.71万平方米；黏土矿山9个，面积7.24万平方米；采石场3个，面积3.97万平方米）。《上前湖凝灰岩采石场和天井山珍珠岩废弃矿山的治理方案》制定，复绿工程实施。至2009年，共投入资金650余万元，城镇周边、风景名胜区、历史文物保护区和主要公路、铁路两侧可视范围的24个废弃矿山全部得到复绿。

生态示范区建设

2000年1月，《缙云县生态示范区建设工作意见》和《缙云县生态示范区建设规划编制工作方案》发布。2001年12月，《缙云县生态示范区建设总体规划》制定。2004年6月，《生态示范县建设规划》制定。2010年10月，《缙云县生态示范县建设规划》修编。2007年，全县70%以上的畜禽规模养殖场实行种养结合，畜禽粪便综合利用率在95%以上，新增沼气项目21个。

2004年，丽水市（含缙云）被国家环境保护总局命名为第三批“国家级生态示范区”。次年，大洋镇被国家环保总局命名为“国家级生态乡镇”，五云、新建等11个乡镇被省环保厅命名为“省级生态乡镇”，100个行政村被市环保局命名为“市级生态村”。2009年，省级生态县创建工作通过考核验收。2010年，界定生态公益林面积64700公顷，占全县林业用地面积的53.73%。全县国、省道公路边坡复绿面积2.327

万平方米，治理水土流失面积16.5平方千米，治理河道、河沟51.5千米。“三沿五区”（沿铁路、沿公路、沿河道和水源保护区、文物保护区、风景旅游区、住宅区、开发区）坟墓治理率98%，行政村生态墓葬覆盖率96%。

环保教育

1993—2010年，环保教育列入全民普法教育内容，每年“4·22”世界地球日和“6·5”世界环境日，县环保局组织环保摄影、征文比赛，开展公共场所限制使用塑料制品、义务清理塑料制品污染等活动。2000年6月，《青山绿水话环保》15集专题节目在缙云电视台播放。县环保局采取发送《中国环境报》《环保法律法规汇编》，集中培训等形式，进行环境法规宣传教育。教育部门以绿色校园创建、知识竞赛、演讲会、书画展、征文等形式，开展环保教育宣传活动。至2010年，全县创建“绿色学校”39所，其中省级9所、市级10所。

第三篇 人口

1993—2010年，缙云县人口增势趋缓，增长率由1976—1992年的年均增长9.54‰降至2010年的6.23‰。户籍人口增长平稳，2010年全县户籍人口453404人，比1993年增长6.8%。人均寿命提高明显，2010年，户籍人口中80岁以上老年人10745人，比2003年增长43.4%。人口素质提高，接受中、高等教育的人数增加。全县人口向五云、壶镇等集镇集聚，经济欠发达的乡村人口急剧减少。2010年，常住人口中，城镇人口15.38万人，比2000年的8.21万人增加7.17万人，城镇人口占总人口的比例由2000年的22.45%上升至2010年的42.82%。

第一章　人口数量与分布

1993—2010 年，县境户籍人口除 2002 年、2003 年出现小幅度下降外，其余年份均呈上升态势。常住人口呈减少态势，由 1990 年的 39.38 万人降至 2010 年的 35.89 万人。2010 年年末，县境每平方千米平均户籍人口 303.4 人、常住人口 240.2 人。

第一节　人口数量

1993 年年末，缙云县户籍人口 42.45 万人，比上年增长 3.56‰。其中，男性 22.06 万人，占 51.9%；女性 20.39 万人，占 48.1%。性别比（女性为 100）为 108.19。当年出生 4881 人，出生率 11.5‰；死亡 2755 人，死亡率 6.5‰。自然增长人口 2126 人，自然增长率 5‰。

2010 年，全县户籍人口 45.34 万人，比上年增长 7.03‰。其中，男性 23.42 万人，占 51.66%；女性 21.92 万人，占 48.34%。性别比为 106.9。当年出生 5802 人，出生率 12.84‰；死亡 2989 人，死亡率 6.62‰。自然增长人口 2813 人，自然增长率 6.23‰。

1993—2010 年年末缙云县户数、户籍人口与常住人口一览表

表 3-1-1　　单位：户、人

年份	户数	户籍人口				常住人口（万人）
		合计	男	女	其中非农人口	
1993	131945	424546	220603	203943	30791	—
1994	133066	426084	221406	204678	31152	—
1995	135188	427861	222644	205217	31845	—
1996	137012	430410	223594	206816	33155	—
1997	139420	431763	224323	207440	33790	—
1998	143104	432786	224983	207803	34621	—
1999	145962	434780	225822	208958	35628	—
2000	147345	435779	226307	209472	36659	36.23
2001	148335	436023	226387	209636	37710	36.49
2002	149561	435667	226228	209429	38342	34.45
2003	151709	435348	226054	209294	38630	36.41
2004	153742	436899	226741	210158	39300	36.37
2005	157420	438629	227685	210944	40285	36.32
2006	160916	441239	228900	212339	41376	36.25

续表 3-1-1

年份	户数	户籍人口				常住人口（万人）
		合计	男	女	其中非农人口	
2007	165133	443932	230075	213857	42802	36.19
2008	168229	447667	231787	215880	44299	36.11
2009	177403	450240	232875	217365	45462	36.02
2010	182905	453404	234227	219177	46325	35.89

2000—2010 年缙云县出生与死亡人数一览

表 3-1-2　单位：人

年份	出生			死亡		
	合计	男	女	合计	男	女
1993	4881	2530	2351	2755	1567	1188
1994	5238	2748	2490	2768	1549	1219
1995	5340	2789	2551	2814	1599	1215
1996	5768	3007	2761	2799	1608	1191
1997	5198	2645	2553	2691	1526	1165
1998	4700	2444	2256	2790	1557	1233
1999	5180	2630	2550	2771	1581	1190
2000	5670	2889	2781	2809	1629	1180
2001	4447	2317	2130	2797	1627	1170
2002	4490	2281	2209	2778	1621	1157
2003	4298	2261	2037	2647	1509	1138
2004	5640	2845	2795	2832	1663	1169
2005	5440	2791	2649	2875	1640	1235
2006	5048	2640	2408	2575	1465	1110
2007	4743	2438	2305	2775	1636	1139
2008	4779	2463	2316	2718	1573	1145
2009	5132	2630	2502	2713	1579	1134
2010	5802	2976	2826	2989	1723	1266

第二节　人口分布

1993—2010 年，各乡镇人口分布数量差异较大。1993 年，人口最多的新建镇 55259 人，人口在 1 万人以下的有雁岭、白竹、三溪、前路、城北、方溪、石笕、新川、双川、南溪、木栗 11 个乡。2010 年，人口最多的五云镇 92203 人，占全县总人口的 20.34%。人口在 1 万人以下的撤并 7 个，留有三溪、前路、方溪和石笕 4 个乡。

1993、2010 年年末缙云县各乡镇人口状况一览表

表 3-1-3　　单位：户、人

乡镇	1993					2010				
	总户数	年末总人口	非农业人口	出生人数	死亡人数	总户数	年末总人口	非农业人口	出生人数	死亡人数
五云镇	14810	44540	16604	471	251	38608	92203	28696	1070	443
壶镇镇	16831	53837	6048	573	348	33465	80892	8237	991	534
新建镇	16518	55259	2404	318	353	28557	71785	3321	1063	493
新碧镇	5349	18212	299	224	100	—	—	—	—	—
东渡镇	10899	33116	620	396	219	13546	34153	981	327	330
东方镇	7265	24228	616	359	157	10223	24447	807	285	215
舒洪镇	5741	17501	964	195	123	7663	18281	979	243	103
大洋镇	2580	8684	328	92	47	5617	16709	430	308	108
大源镇	7357	22848	478	239	183	8865	21644	701	224	125
溶江乡	6115	16470	261	157	86	6395	16427	401	251	98
双溪口乡	3967	12358	190	115	79	4842	12205	417	150	71
七里乡	5711	18649	246	272	121	8032	19895	388	268	121
胡源乡	4089	15105	509	157	106	5670	15143	408	244	89
雁岭乡	4237	14037	202	132	101	—	—	—	—	—
白竹乡	2259	7686	92	101	65	—	—	—	—	—
三溪乡	2521	8220	136	76	65	3301	8031	190	71	63
前路乡	2676	9232	144	99	66	3573	9142	164	115	58
城北乡	3040	9723	223	111	57	—	—	—	—	—
方溪乡	1396	4713	52	45	30	1806	4646	82	60	45
石笕乡	2323	7727	77	92	63	2742	7801	123	132	74
新川乡	2208	7715	96	75	56	—	—	—	—	—
双川乡	2201	7383	94	97	46	—	—	—	—	—
南溪乡	939	3657	58	52	13	—	—	—	—	—
木栗乡	913	3646	50	33	20	—	—	—	—	—

说明：1993 年数据来自《缙云统计年鉴》；2010 年数据来自公安部门人口年报，五云镇含仙都农管处、新碧农管处辖区

第二章　人口构成

1993 年以来，缙云县人口在民族、性别、年龄、文化、姓氏、职业等方面变化较大。少数民族人口数量增加，文化素质显著提升，男女性别比趋于合理，老龄化趋势明显，从事第一产业人口减少，从事

第二产业及第三产业人口增多。

第一节　民族构成

根据1990年、2000年和2010年3次全国人口普查，缙云县少数民族个数及其常住人口数分别为13个、500人，14个、800人，33个、4100人。20年间，全县少数民族人口增加3600人。20世纪末到21世纪初，迁入缙云的少数民族居民大多来自滇、黔、川等西部地区。

2000年、2010年缙云县各乡镇少数民族人口一览表

表3-2-1　　单位：人

乡镇	2000年	2010年	乡镇	2000年	2010年
五云镇	122	1945	溶江乡	12	17
壶镇镇	82	1152	双溪口乡	16	16
新建镇	216	299	七里乡	179	188
东渡镇	26	111	胡源乡	11	17
东方镇	21	186	三溪乡	4	17
舒洪镇	14	42	前路乡	1	17
大洋镇	22	7	方溪乡	9	11
大源镇	21	30	石笕乡	5	7

第二节　文化程度构成

“六普”（2010年第六次全国人口普查的简称）数据显示，全县6周岁及以上人口中，未上学和受小学教育的人口减少，初中及以上受教育的人口增加。2010年，缙云县每10万人大专及以上文化程度5157人，比1990年增加4481人，增长6.63倍；人均受教育年限为8.74年，比全国平均水平低0.53年，比全省平均水平低0.68年，高于全市平均水平。

2000年、2010年缙云县6周岁及以上常住人口受教育人数占比一览表

表3-2-2

项目	2000年		2010年		2010年与2000年比较	
	数量（人）	比重（%）	数量（人）	比重（%）	数量±（人）	比重±（%）
6周岁及以上人口	336304	100	333626	100	−2678	0
未上过学	33058	9.83	24755	7.42	−8303	−2.41
小学	127242	37.84	109096	32.7	−18146	−5.14
初中	132320	39.35	141803	42.5	9483	3.15

续表 3-2-2

项目	2000 年		2010 年		2010 年与 2000 年比较	
	数量（人）	比重（%）	数量（人）	比重（%）	数量 ±（人）	比重 ±（%）
高中	37007	11	39464	11.83	2457	0.83
大学专科	5060	1.5	11687	3.5	6627	2
大学本科	1604	0.48	6691	2.01	5087	1.53
研究生	13	—	130	0.04	117	0.04

1990 年、2000 年、2010 年缙云县每 10 万人口受各类教育情况一览表

表 3-2-3　　单位：人

	大专及以上	高中（含中专）	初中	小学
1990 年“四普”	676	6379	28853	40318
2000 年“五普”	1843	10216	36527	33125
2010 年“六普”	5157	10995	39509	30396

2010 年全国、省、市、缙云县每 10 万人口受教育情况一览表

表 3-2-4　　单位：人

	受教育程度（每 10 万人）			
	小学	初中	高中	大专及以上
全国	26779	38788	14032	8930
浙江省	28819	36681	13562	9330
丽水市	32715	33092	11607	6700
缙云县	30396	39509	10995	5157

2010 年缙云县各乡镇每 10 万人口受教育情况一览表

表 3-2-5　　单位：人

乡镇	受教育程度（每 10 万人）			
	小学	初中	高中	大专及以上
五云镇	23637	39999	15333	10558
壶镇镇	26651	43358	12738	4191
新建镇	35789	37855	7915	2446
舒洪镇	29926	39492	12628	2731
大洋镇	39011	29857	5463	2325
东渡镇	36766	40915	6619	1429
东方镇	32133	43153	8312	1968
大源镇	39498	34336	5131	1850
七里乡	35009	37649	6729	1481
前路乡	39164	36513	5804	823
三溪乡	37763	35942	5265	683

续表 3-2-5

乡镇	受教育程度（每 10 万人）			
	小学	初中	高中	大专及以上
溶江乡	45144	33482	4447	1033
双溪口乡	41519	34652	5726	1721
胡源乡	49151	32333	2883	615
方溪乡	43060	24262	5464	710
石笕乡	44172	21382	3864	1801

第三节　性别构成

人口统计学上性别比一般认定正常范围为 102 ～ 107 之间。中华人民共和国成立后，缙云县人口性别比总体趋于下降。1953 年为 109.61，1964 年为 107.23，1982 年为 108.07，1990 年为 106.53，2000 年为 106.82，2010 年为 103.45。

2010 年年末缙云县各乡镇常住人口性别比一览表

表 3-2-6　　单位：人

乡镇	男性人数	女性人数	性别比（女性 =100）
五云镇	58471	55973	104.46
壶镇镇	40395	39132	103.23
新建镇	22062	21731	101.52
东渡镇	12713	12261	103.69
东方镇	9108	8469	107.55
舒洪镇	7368	7425	99.23
大洋镇	4617	4242	108.84
大源镇	4764	4806	99.13
溶江乡	3434	3537	97.09
双溪口乡	2999	3044	98.52
七里乡	6219	5938	104.73
胡源乡	3441	3391	101.47
三溪乡	1794	1720	104.3
前路乡	2559	2420	105.74
方溪乡	966	864	111.81
石笕乡	1590	1464	108.61
全县合计	182500	176417	103.45

2000 年、2010 年年末缙云县分年龄段性别比一览表

表 3-2-7

年龄分组（岁）	性别比（女性 =100）		年龄分组（岁）	性别比（女性 =100）	
	2000 年	2010 年		2000 年	2010 年
总计	106.82	103.45	50 ～ 54	109.82	106.49
0	110.13	110.72	55 ～ 59	117.16	104.49
0 ～ 4	107.90	108.95	60 ～ 64	116.79	107.15
5 ～ 9	108.78	108.26	65 ～ 69	111.69	110.66
10 ～ 14	107.66	105.83	70 ～ 74	104.51	111.65
15 ～ 19	115.64	105.05	75 ～ 79	93.51	103.78
20 ～ 24	98.07	104.12	80 ～ 84	81.46	90.65
25 ～ 29	102.13	93.06	85 ～ 89	78.4	81.54
30 ～ 34	104.91	96.86	90 ～ 94	55.4	68.48
35 ～ 39	104.38	102.28	95 ～ 99	65.52	64.47
40 ～ 44	110.06	102.91	100 及以上	66.67	28.57
45 ～ 49	108.63	102.56			

第四节　年龄构成

缙云县常住人口中，0 ～ 14 岁人口，1990 年 106484 人，2010 年 63924 人，占总人口的比例比 1990 年下降 9.23 个百分点。15 ～ 64 岁人口，1990 年 259896 人，2010 年 248414 人，占总人口的比例比 1990 年上升 3.22 个百分点。65 岁及以上人口，1990 年 27444 人，2000 年 46574 人，占总人口的比例比 1990 年上升 6.01 个百分点。

2010 年年末全国、省、市、缙云县分年龄人口占总人口比例一览表

表 3-2-8

年龄分组（岁）	全国	浙江省	丽水市	缙云县
0 ～ 14	16.6%	13.21%	16.93%	17.81%
15 ～ 64	74.53%	77.45%	71.38%	69.21%
65 以上	8.87%	9.34%	11.69%	12.98%

全县人口总抚养比由 2000 年的 45.62% 下降到 2010 年的 44.48%。2010 年，缙云县人口总抚养比高于全国 10.3 个百分点，高于全省 15.38 个百分点。其中少儿抚养比比 2000 年下降 4.66 个百分点，老年抚养比比 2000 年上升 3.51 个百分点。

2010 年年末全国、省、市、缙云县抚养比一览表

表 3-2-9

分组	全国	浙江省	丽水市	缙云县
总抚养比	34.18%	29.11%	40.1%	44.48%
少儿抚养比	22.28%	17.05%	23.72%	25.73%
老年抚养比	11.9%	12.05%	16.38%	18.75%

2002 年，全县有百岁及以上老年人 9 人，其中男性 2 人、女性 7 人；2010 年，全县有百岁及以上老年人 23 人，其中男性 8 人、女性 15 人。年龄最高的，男性为壶镇镇道门村黄延统（103 岁），女性为壶镇镇赤溪村朱金娟（106 岁）。

2002—2010 年缙云县百岁以上老年人一览表

表 3-2-10　　单位：人

年份	男性	女性	小计
2002	2	7	9
2003	3	5	8
2004	4	9	13
2005	3	6	9
2006	3	7	10
2007	6	11	17
2008	6	13	19
2009	6	13	19
2010	8	15	23

第五节　姓氏构成

2010 年，缙云县户籍人口中有姓氏 398 个。其中，樊与凡、詹与占、潘与泮、蓝与兰、卢与芦、赖与懒、萧与肖、傅与付，不论历史上是否属一个姓氏，或是由简体字所形成的姓氏，均按身份证登记视为两个姓氏。复姓简写成单字姓的，也以身份证为准。

全县人口 200 人以上的姓氏共 90 个。

2010 年缙云县人口在 200 人以上的姓氏人口一览表

表 3-2-11　　单位：人

序号	姓氏	男	女	合计	序号	姓氏	男	女	合计
1	陈	20175	18731	38906	3	王	13129	12015	25144
2	李	17226	15938	33164	4	朱	11502	10483	21985

续表 3-2-11

序号	姓氏	男	女	合计	序号	姓氏	男	女	合计
5	胡	11144	10149	21293	46	舒	1026	957	1983
6	周	8255	7656	15911	47	汪	931	916	1847
7	丁	7560	6863	14423	48	姚	911	848	1759
8	吕	6850	6508	13358	49	何	758	865	1623
9	应	6793	6124	12917	50	夏	830	703	1533
10	卢	6510	5623	12133	51	陆	773	744	1517
11	施	6423	5625	12048	52	范	732	710	1442
12	郑	6170	5697	11867	53	邹	758	662	1420
13	赵	6068	5552	11620	54	曹	604	668	1272
14	麻	5776	5381	11157	55	褚	673	567	1240
15	张	5285	4990	10275	56	邱	608	543	1151
16	徐	5147	4847	9994	57	傅	581	469	1050
17	陶	4874	4640	9514	58	柯	543	491	1034
18	刘	4415	4221	8636	59	詹	525	430	955
19	杨	4013	3859	7872	60	尚	501	444	945
20	章	3897	3646	7543	61	上官	431	428	859
21	潘	3735	3273	7008	62	柳	405	358	763
22	田	3431	3205	6636	63	祝	350	319	669
23	樊	3487	3104	6591	64	钦	334	331	665
24	黄	3264	3120	6384	65	厉	333	328	661
25	叶	2951	2944	5895	66	苏	342	305	647
26	马	3131	2730	5861	67	方	294	324	618
27	吴	2877	2879	5756	68	蓝	292	310	602
28	杜	2915	2837	5752	69	郭	278	311	589
29	蔡	2509	2434	4943	70	尹	217	358	575
30	林	2501	2268	4769	71	赖	285	270	555
31	金	2369	2295	4664	72	饶	254	278	532
32	蒋	2241	2039	4280	73	毛	249	275	524
33	楼	2040	1921	3961	74	戴	252	252	504
34	虞	1958	1909	3867	75	邓	226	259	485
35	钭	1950	1876	3826	76	涂	234	210	444
36	江	2037	1756	3793	77	邢	225	202	427
37	潜	1810	1598	3408	78	许	189	186	375
38	沈	1685	1536	3221	79	廖	164	169	333
39	项	1355	1294	2649	80	翁	156	155	311
40	洪	1305	1305	2610	81	高	130	179	309
41	谢	1295	1245	2540	82	贾	140	167	307
42	宋	1193	1085	2278	83	余	122	181	303
43	梅	1125	1030	2155	84	罗	93	165	258
44	孙	1049	994	2043	85	鲍	129	124	253
45	俞	1014	987	2001	86	严	128	118	246

续表 3-2-11

序号	姓氏	男	女	合计	序号	姓氏	男	女	合计
87	程	77	146	223	89	钟	87	122	209
88	冯	105	117	222	90	董	45	156	201

10—199**人的姓氏（共**81**个）** 童162人、秦149人、羊134人、薛127人、桑126人、彭115人、季108人、付106人、占106人、魏100人、倪98人、顾95人、骆93人、凡91人、邵90人、成89人、梁88人、石86人、汤83人、袁82人、曾81人、唐79人、包78人、史74人、任69人、甘69人、芦66人、于61人、管60人、肖60人、姜58人、娄58人、钱55人、韩55人、诸葛53人、泮47人、雷46人、孔43人、练41人、兰37人、武35人、谭34人、龙34人、万33人、龚33人、熊32人、韦32人、崔26人、段26人、申26人、黎26人、孟23人、国22人、嵇21人、聂21人、贺18人、鲁18人、凌16人、向16人、滕16人、覃16人、尤15人、易15人、池15人、温15人、颜15人、白14人、伍13人、富13人、尧12人、屠12人、房12人、郦12人、冉11人、宗11人、艾11人、郎11人、郝11人、侯10人、寇10人、康10人。

9**人以下的姓氏（共**227**个）** 华、岳、时、毕、皇、奇、缪、乐、左、暨、计、辛、安、常、庄、庞、生、盛、符、耿、谷、全、单、奚、娜、宁、官、寿、敖、桂、殷、牛、郁、阙、阮、历、呼、巫、晏、翟、裘、闫、农、匡、卓、吉、岑、席、平、支、文、明、来、柏、沙、玉、纪、苟、莫、裴、车、郜、霍、代、仲、刁、利、卜、司、屈、戈、扬、早、柴、欧、游、焦、牟、留、班、瞿、苗、蒙、蒲、薄、银、阳、三、从、佘、党、刀、别、卞、印、危、卿、古、和、哏、喻、奎、奕、宣、寥、干、慕、斯、旷、景、束、求、祁、米、经、胥、荣、蒿、薛、西、解、路、连、邬、闭、查、乌、乔、也、井、仇、仰、优、传、但、依、储、关、军、况、冼、初、励、原、双、大、夭、姬、字、宓、宝、寂、密、査、寸、小、居、屯、山、岩、巢、巩、帅、库、庹、廉、弥、思、惠、懒、戚、戢、户、无、昌、智、朴、权、根、栾、樟、步、汝、洋、浦、湛、滇、漆、灿、炉、燕、琚、疗、皮、省、眭、磨、穆、窦、简、索、红、线、苍、茶、荆、萧、蒯、蔺、衮、淡、贡、蹇、转、边、迟、鄢、门、闵、闾、阎、阚、院、雍、雒、青、靖。

附记：

（一）族群介绍

詹氏家风 詹氏于五代后周入缙，始居云塘驿，析迁詹山下，族人以缙云为郡望。四世祖詹象先敦睦亲族，崇儒向善，“事继母至孝”，赡养其舅三十年如一日，以孝友闻乡里，遂开一代家风：“治于其家，而不戾于法度；事于其亲，而不犯于义；教于其子，而不失于其方；勤于耕织，而不没于其利；平居遇宾客，虽其后生小子，礼貌不为之衰；救人之急，不避险艰；居闲处独，不见喜愠。”因教子有方，家道乃兴。自迥、适二子登科始，两宋间家族显赫一时，曾出过11位进士，40余人官游四方。

李族官廉 李氏望族人才济济，做官以清廉著称。李棠任两广提督军务秩满回朝时检点行李，见有香草一束，随手投之河中。“不带岭南一物”事迹传诵朝野，明史赞其“以清节显”。李寅在广西任左布政，曾刻石明志：“一介若取，誓不生还。”任上余银13万两，悉数上解。李长任户科给事中忠于职守，含冤入狱仍以诗明志：“镣拖月下归圜土，犹作趋朝佩玉声。”居官20年，薄田不饱妻子，敝庐不避风雨。明清时期，李姓立有牌坊34座，其中不乏彰显操守及廉洁传家。李棠女儿出嫁，《送女》诗脍炙人口。

王氏奇异 王氏为缙云大姓，主要有东门、方溪、宅塘、丹址、筹川、贞溪、后塘、寮车头八支，另有黄龙、龙津、余溪、上前、东渡桥头、金弄、黄坛等分派。2010年人口统计中，县域王姓人口25144人。自宋至清，有功名者150余人，尚不乏雅士奇人。如南宋王珉居宅塘，迷恋花卉虫鱼。子孙徙居月湖（上王），承继先祖遗风，热衷筑花园，莳竹木，凿池蓄鱼，以乐其志，三百年间绵延不绝。北宋末，箬川王了翁住持慈相寺，生而异香馥郁，“戒行高洁，治病有异术”。清初，前村王茂芝舞动百廿斤大刀率众反清，可谓豪气冲天。

卢氏女支 永康卢姓总称“九支卢”，其中一脉为“女支卢”，属后周时工部尚书卢琰（900—985）后人，均以“范阳旧家”（今河北省定兴县境）为郡望。

五代后周显德六年（959），皇帝柴荣传位给儿子柴宗训。次年，赵匡胤发动“陈桥兵变”，取代后周，天下归宋。卢琰念旧情，将年幼二皇子柴宗炯收为义子，致仕退隐永康孝义灵山（2010年属磐安新渥）。柴皇子易名璿，以卢琰女为妻，改姓卢。卢琰有8个儿子，加上义子兼女婿柴宗炯（排行第三，俗称“女支卢”）合为“九支卢”。其中，以女支繁衍最盛，缙云白竹、旸村、大筠卢姓均属此支。女支卢不忘祖先屈辱，村族祠堂禁演赵匡胤戏文。

赵氏风光 南北朝时，县境就有赵姓，已失传。2010年，壶镇溪头、三里、梅下、云塘、后塘、白茅、岩山下村以及东渡镇赵岸（后改为兆岸）赵姓人，均于北宋后入迁。据宗谱记载，后塘赵氏属宋太祖赵匡胤派，梅下、岩山下、赵岸赵氏属太宗赵光义派，白茅属魏王赵弘殷派。

赵宋天下，缙云赵氏可谓风光无限：一是进士最多，有24人。尤其在南宋绍兴后的百年五代中，18人登第，且都列属朝中大员；二是得到朝廷封赠谥号最多，有5人；三是官阶最高，赵顺孙为参知政事。至清代，缙人科举（文科）曾沉寂两百年，唯赵保滋于同治年间中举。民国时，又有赵舒父子一门三将。20世纪90年代初，赵氏世居的湖川村成为丽水地区首个工业产值亿元村。

叶氏好道 叶氏主要聚居宏坦村、蟠龙村、麻园村和姓叶村。其中，宏坦和蟠龙两地叶姓人为唐代松阳高道叶法善及南宋词人叶梦得后裔。麻园叶姓人于明代中期析自丽水碧湖，村虽小，得祖上真传多火居道士。始迁祖叶荣（1466—1523），字廷贵，谱载其“精星历、地理”。明正德二年（1507）大旱，知县命其作法祷雨。其时上云梯、祭法宝、制神符、念咒语，三日后大雨滂沱。于是远近知名，传为神奇。清代、民国，东乡“广济坛”驻麻园，坛主曾整理刊印的正一道科仪，为邻县同道范本。2010年，77岁的叶蔡寿子承父业，是第三十七代传人。

吕氏尚义 吕姓大族在缙云业已繁衍近900年，约有人口14000人，其中壶镇吕姓人以厚德尚义著称。200年前，壶镇吕载扬、建盛一门在好溪流域捐修有三座石拱大桥。贤母桥在壶镇，继义桥在县城，竟爽桥在东渡，总计费银7万两。除继义桥在清咸丰七年（1857）毁于洪水外，贤母、竟爽已加宽为公路桥，可见其坚固性和选址的合理性。清末民国初，吕族多人成为龙华会、同盟会志士。吕逢樵倾家资培植革命力量，投身辛亥革命。

朱氏根深 唐五代沛国朱禄衍四子十八孙，铸有十八尊铁罗汉，朱氏十八派各藏一尊为信物。县境朱姓分属义阳、沛国、紫阳三个郡望，总计两万余人，其中义阳郡朱氏人口占一半，以河阳、金竹为大宗。河阳朱姓前期崇儒，尚耕读家风，曾创立“义阳诗派”。后期重商，富甲一方。当下以民居营建、宗族文化名于世。金竹文脉悠远，宋时有美化书院，明代有岑岭桂芬馆、桂塾，清代有金溪书院。村人自古崇拜关公，案会罗汉阵、钢叉舞远近闻名。

项姓好学 厚仁项族近百户，读书风气极盛。清乾隆至光绪间，有18名儒生考取秀才、明经、贡元。时读书人以蓝布长衫为常服，成为习俗，故誉称“十八蓝衫”。至光绪后期，又有4人得中秀才。民国时期，族中相继有18人毕业于浙江高等师范学堂、省立第十一师范学校、仙都中学。从读书到执掌教鞭，无不随身携带书箱，项族“十八书箱”传为美谈。书箱通常为方形木制，正面钉有铜质箱盖锁扣，内置隔屉，上置书籍、文具，下存米袋、杂物。读书人年少力薄，如赴学路远，常雇村人挑行李送行。

嵇氏脉韧 嵇氏源出嵇山，为大禹后代，谱牒扉页“古越遗风”赫然。唐中宗景龙元年（707），福建建宁嵇璞经商入缙，徙居城南株树。村居筑于溪岸，虽饱受水患颠沛之苦，却香火永续，记载不断，在农耕渔猎中已历1300年41代，除去外迁人口，平均每代男丁6人。2000年族谱修竣，全族老少21人凑足两桌，其中有大中专学子 4 名。

四姓共谱　姓梅人早在南朝元嘉末（453）即入缙隐居丹阳。南宋后期有梅新育子 6 人，其中第三子出继给苏姓人，居苏宅；五子出继给王姓，住县城；六子出继给周姓，居马石桥。数百年间，梅、苏、王、周四姓合修宗谱，共建祠堂，传为佳话。明代乡贤樊献科曾作文载述。

（二）缙云县姓氏入迁简述

据 1999 年版《缙云姓氏志》及现存族谱所载，县内各姓氏均迁自外地，避乱、逃荒、出仕留居及钟情山水为主因。计有南北朝 2 支，唐代 11 支，五代 15 支，北宋 31 支，南宋 66 支，宋元之交及元代 21 支，元末明初及明代 41 支，明末清初及清代 46 支。除有少数畲族从闽地迁入，其他均为汉人。自民国始，民族姓氏格局形成，百年间族群构成总体稳定。

第六节　职业构成

1993—2010 年，缙云县一、二、三产业从业人员结构发生变化，占全社会从业人员总数的比例分别由 70.48% 下降到 43.15%，由 9.49% 上升到 23.09%，由 20.03% 上升到 33.76%。

1993—2010 年缙云县一、二、三产业从业人员情况一览表

表 3-2-12　　单位：万人

年份	全社会从业人员						
	合计	第一产业	占从业人员比例（%）	第二产业	占从业人员比例（%）	第三产业	占从业人员比例（%）
1993	23.91	16.85	70.47	2.27	9.49	4.79	20.04
1994	24.3	16.55	68.1	2.41	9.92	5.34	21.98
1995	24.33	16.33	67.12	2.52	10.36	5.48	22.52
1996	24.57	16.19	65.89	2.59	10.54	5.79	23.57
1997	25.1	16.09	64.1	2.49	9.92	6.52	25.98
1998	25.12	16.06	63.93	2.32	9.24	6.74	26.83
1999	24.49	15.85	64.72	2.34	9.55	6.3	25.73
2000	24.67	15.2	61.61	2.26	9.16	7.21	29.23
2001	24.79	14.82	59.78	2.43	9.8	7.54	30.42
2002	23.71	13.83	58.33	2.84	11.98	7.04	29.69
2003	24.06	13.7	56.94	3.1	12.88	7.26	30.18
2004	24.94	13.7	54.93	3.4	13.63	7.84	31.44
2005	24.9	13.6	54.62	3.34	13.41	7.96	31.97
2006	24.28	12.47	51.36	3.45	14.21	8.36	34.43
2007	24.32	12.48	51.32	3.58	14.72	8.26	33.96
2008	23.44	11.36	48.47	3.76	16.04	8.32	35.49
2009	24.04	11.16	46.42	4.01	16.68	8.87	36.91
2010	24.17	10.43	43.15	5.58	23.09	8.16	33.76

2008 年，在法人单位从业人员中，研究生及以上、大学本科、大专、高中、初中及以下学历的人员分别占从业人员总数的 0.1%、7.4%、12.8%、29%、50.7%。高级、中级、初级技术职称的人员分别占从业人员总数的 1.2%、6.8% 和 9.7%；持有高级技师、技师、高级工、中级工资格证书的人员分别占从业人员总数的 0.4%、0.9%、0.9% 和 3.6%。

2008 年缙云县法人单位从业人员学历、职称、技术等级情况一览表

表 3-2-13　　　　单位：人

		法人单位从业人员	占法人单位从业人员总数的比例（%）
年末从业人员	具有研究生及以上学历人员	98	0.1
	具有大学本科学历人员	5553	7.4
	具有大专学历人员	9559	12.8
	具有高中学历人员	21683	29
	具有初中及以下学历人员	38015	50.7
	合计	74908	100
具有技术职称人员	具有高级技术职称人员	870	1.2
	具有中级技术职称人员	5126	6.8
	具有初级技术职称人员	7283	9.7
	合计	13279	17.7
具有技术等级证书人员	高级技师	301	0.4
	技师	657	0.9
	高级工	642	0.9
	中级工	2660	3.6
	合计	4260	5.7

第三章　流动人口

1993—2010 年，缙云县流动人口增多。2010 年，流动人口总数 24.79 万人，其中外出人口 17.52 万人，外来人口 7.27 万人，外出人口比外来人口多 10.25 万人。

第一节　外出流动人口

1981 年，实行农村联产承包责任制后，缙云县农村劳动力开始快速转移就业。1993 年以后，全县外出人口增多，分布在 20 多个省（自治区、直辖市）。2010 年，17.5 万外出人口中，外出半年以上的 16.7 万人，外出不满半年的 0.8 万人。外出人口中离开本乡镇在县内的 7.28 万人、在县外的 10.24 万人。外出县域人口中，外出时间半年以上的 9.89 万人。出浙江省的 5.06 万人，占外出县域人口总数的 49.41%。

2010 年缙云户籍住地在省外人口一览表

表 3-3-1　　　　单位：人

原因	合计	其中：男	其中：女
务工经商	39008	22947	16061
工作调动	288	160	128
学习培训	2404	1280	1124
随迁家属	4846	2453	2393
投靠亲友	1072	512	560
拆迁搬家	35	24	11
寄挂户口	994	506	488
婚姻嫁娶	930	38	892
其他	1023	584	439
合计	50600	28504	22096

1993 年以后，缙云县出国读书、创业及定居人口逐年增多。2010 年年末，登记在册华侨 3736 人、海外华人 5999 人。2007 年年末，五云镇华侨华人 775 人、侨眷 2532 人、留学人员 143 人，分布在美国、加拿大、澳大利亚、日本、新加坡、巴拉圭、英国等 23 个国家；壶镇镇有华人华侨 131 人、侨眷 156 人。

第二节　外来流动人口

2010 年，县外到缙云县工作和生活的人口 3.02 万人，比 2000 年的 0.78 万人增加 2.24 万人。其中，从浙江省外到缙云县的人口 2.22 万人，省外到缙云县的人口主要集中在五云镇和壶镇镇，分别为 1.17 万人、0.71 万人，占全县省外到缙云人口总数的 84.68%。

2010 年缙云县各乡镇外来人口一览表

表 3-3-2　　　　单位：人

区域	户口登记地				
	合计	乡镇外县内	县外市内	市外省内	省外
缙云县	72733	42498	4225	3816	22194
五云镇	43543	27067	2696	2032	11748
壶镇镇	15142	6596	498	975	7073
新建镇	3324	1863	476	238	747
东渡镇	3612	2440	230	101	841
东方镇	1489	535	58	119	777
舒洪镇	2571	2164	69	88	250
大洋镇	382	196	18	52	116
大源镇	335	174	11	61	89

续表 3-3-2

区域	户口登记地				
	合计	乡镇外县内	县外市内	市外省内	省外
溶江乡	281	192	9	13	67
双溪口乡	310	236	4	24	46
七里乡	1097	715	46	59	277
胡源乡	196	117	7	10	62
三溪乡	81	38	0	16	27
前路乡	153	85	10	16	42
方溪乡	54	24	11	9	10
石笕乡	163	56	82	3	22

数据来源：缙云县统计局《2010 年缙云县人口发展报告》

2010 年，在缙云工作和生活的省外流动人口来自全国 30 个省（自治区、直辖市）。其中贵州、江西、安徽 3 省分列前 3 名，依次为 4998 人、3013 人、2322 人，占来自省外流动人口总数的 46.56%。

2010 年缙云县省外流入人口及占比情况一览表

表 3-3-3

省份	外来人口数量（人）	占比（%）	省份	外来人口数量（人）	占比（%）
贵州省	4998	22.52	河南省	1897	8.55
江西省	3013	13.58	湖北省	1182	5.32
安徽省	2322	10.46	四川省	1141	5.14
云南省	2184	9.84	其　他	3551	16
湖南省	1906	8.59	—	—	—

数据来源：缙云县统计局《2010 年缙云县人口发展报告》

2007 年，因滩坑水库建设，景宁畲族自治县移民共 314 户 962 人迁入缙云县。

2002 年开始，缙云有的山村大龄男青年通过中介机构或个人经纪，从越南、柬埔寨娶进配偶。初到缙云，新娘通常会随夫姓取中文名字。至 2011 年，越南、柬埔寨女性嫁到缙云共 39 人，主要分布在东渡、大洋、七里、舒洪、胡源等乡镇，其中东渡镇吴岭村有 19 人。2013 年上半年，嫁到缙云县的越南女性 30 人、柬埔寨女性 265 人，共 295 人。

第四章　婚姻与家庭

1993—2010 年，缙云县 15 周岁以上未婚人口比例呈下降态势，已婚率上升。家庭户数增加，规模明显缩小，2 人户、3 人户成为主要户型。

第一节 婚姻

1990—2010 年，全县 15 周岁及以上未婚人口所占比例下降，已婚人口比例上升，离婚人口和丧偶人口比例上升。

1990 年、2000 年、2010 年年末缙云县 15 周岁及以上婚姻状况占比一览表

表 3-4-1

婚姻状况	1990 年（占比 %）	2000 年（占比 %）	2010 年（占比 %）
未婚	26.76	20.11	15.81
已婚	66.31	72.23	75.56
离婚	0.76	0.84	1.45
丧偶	6.17	6.82	7.18

数据来源：缙云县统计局《2010 年缙云县人口发展报告》

第二节 家庭

2010 年，全县户籍人口户数 182905 户，户均 2.48 人，与 1993 年相比，户数增加 50960 户，户均人数减少 0.74 人。

1993—2010 年缙云县家庭户规模一览表

表 3-4-2　　单位：户、人

年份	户数	户均人数	年份	户数	户均人数
1993	131945	3.22	2002	149561	2.91
1994	133066	3.2	2003	151709	2.87
1995	135188	3.16	2004	153742	2.84
1996	137012	3.14	2005	157420	2.79
1997	139420	3.1	2006	160916	2.74
1998	143104	3.02	2007	165133	2.69
1999	145962	2.98	2008	168229	2.66
2000	147345	2.81	2009	177403	2.54
2001	148335	2.94	2010	182905	2.48

数据来源：《缙云统计年鉴（2011）》

家庭规模结构每年均有变化。2000 年与 2010 年相比，1 人户、2 人户占总户数的比例分别由 20.18%、23.1% 上升到 25.57%、34.24%，3 人户却从 29.99% 下降到 24.13%。

2000 年、2010 年缙云县家庭规模构成情况一览表

表 3-4-3

户型	2000 年		2010 年	
	数量（户）	占比（%）	数量（户）	占比（%）
1 人户	25967	20.18	36911	25.57
2 人户	29725	23.1	49431	34.24
3 人户	38595	29.99	34827	24.13
4 人户	23958	18.62	16964	11.75
5 人户	7074	5.49	4226	2.92
6 人户	2262	1.76	1311	0.91
7 人户	686	0.53	353	0.24
8 人户	260	0.2	183	0.13
9 人户	97	0.08	70	0.05
10 人及以上户	63	0.05	83	0.06
合计	128687	100	144359	100

数据来源：缙云县统计局《2010 年缙云县人口发展报告》

2010 年，缙云县家庭一代户比例提高，由 2000 年的 37.74% 上升至 54.1%；二代以上家庭户数、比例均下降。

2000 年、2010 年缙云县家庭户型、数量、占比情况一览表

表 3-4-4

户型	2000 年		2010 年	
	数量（户）	占比（%）	数量（户）	占比（%）
合计	128687	100	144359	100
1 代户	48563	37.74	78102	54.1
2 代户	68532	53.25	57625	39.92
3 代户	11319	8.8	8464	5.86
4 代及以上户	273	0.21	168	0.12

数据来源：缙云县统计局《2010 年缙云县人口发展报告》

第五章　计划生育与服务

1992 年，缙云县人口自然增长率 4.31‰。1993 年，继续实行计划生育政策，人口自然增长率 5‰。2002 年，《中华人民共和国人口与计划生育法》开始实施，缙云县计划生育工作严格执行国家的生育政策，

建立和健全依法行政、优质服务的工作机制，人口增长控制在预期目标内。2010年，户籍人口自然增长率6.23‰。

2008年12月，全县首个计划生育基金——“东方镇众发三关怀公益金”举行签约仪式。

第一节　管理机构

2001年，缙云县计划生育委员会更名为缙云县计划生育局；2005年，缙云县计划生育局更名为缙云县人口和计划生育局。2010年，县人口和计划生育局内设办公室、政策法规科、宣传技术科，下设流动人口计划生育管理办公室、县计划生育技术指导站以及乡镇计划生育服务站。

1984年，缙云县设立计划生育技术指导站，为县计划生育委员会的下属事业单位，主要为全县的计划生育提供技术服务。2010年，县计划生育指导站工作人员13人。

1988年9月，缙云县计划生育协会成立。由县人大常委会副主任或政协副主席兼任会长，协会设有专职副会长1人。各乡镇和各行政村均建立计划生育协会。各级计划生育协会发挥带头、宣传、服务、监督、交流作用，推动计划生育基层群众自治，动员、引导会员和群众实现自我教育、自我管理、自我服务、自我监督。

缙云县流动人口计划生育管理办公室，1993年成立，为县计划生育委员会的下属事业单位，人员编制1999年3人，2010年39人。

1996年，全县首个乡镇计划生育服务站在壶镇镇建立，为全镇提供计划生育指导和服务。2010年，全县共有计划生育服务站6个，分别在壶镇镇、新建镇、大洋镇、舒洪镇、新碧农管处、东方镇，工作人员共13人。

第二节　生育政策

婚育政策

20世纪80年代开始，提倡晚婚晚育，按法定结婚年龄推迟3年以上，即男25周岁、女23周岁为晚婚；已婚妇女24周岁以上或晚婚后生育第一个孩子为晚育。

1983年开始，居民结婚登记后，符合规定生育子女的，由夫妇双方向村（居）委会提交生育一孩申请，经乡镇政府批准后发给一孩生育证。再生育一孩的，由本人申请，经乡镇审核，报县计划生育委员会审批。

奖惩政策

农村计划生育家庭奖励扶助　2006年，农村计划生育家庭奖励政策施行，至2010年年末，全县奖励农村计划生育家庭5007户，金额332.08万元。

计划生育特别扶助　2008年，计划生育特别扶助政策施行，至2010年年末，全县特别扶助计划生育家庭100户，金额15.62万元。

计划生育困难户公益金补助　2004年，计划生育困难户公益金补助政策施行，至2010年年末，全县计划生育困难户公益金补助家庭共103户，金额19.15万元。

领取独生子女父母光荣证的农村居民奖励　2002年，独生子女奖励政策施行，对领取独生子女父母光荣证的农村夫妇，一次性奖励300元。至2010年年末，全县共奖励农村居民独生子女父母7063对，金额265.31万元。

农村独生子女中考加分奖励 2007年，农村独生子女中考加10分的奖励政策施行，至2010年年末，全县共奖励农村独生子女中考加分385人。

惩处措施 县政府将计划生育工作纳入乡镇、部门的考核指标。计划生育工作不能完成年度责任指标的乡镇和部门，实行“警示牌”警示；给予严重失职的党政主要领导干部党纪或行政处分。对违反计划生育政策的征收社会抚养费，同时对其中的党员干部和城镇职工还采取组织措施等。

第三节 生育服务

优生优育服务

2001年开始，强化优生优育工作，政府启动出生缺陷干预，实行孕前优生检测。

2009年6月1日开始，《缙云县人民政府关于实施免费婚前医学检查和免费孕前优生检测的意见》施行。是年，全县新婚夫妇婚检率63.23%，已婚育龄妇女孕检率80%，生殖健康和优生知识普及率88%，优生咨询指导率96%，病残儿父母再生育二孩优生指导和服务率均为100%。

2010年，采取设点集中检查等方式，开展女性健康检查进乡村活动，为1000余名育龄妇女进行妇科专项检查。做好“两免”（免费开展婚前医学检查和孕前优生检测）服务，全年为3773人进行婚前医学检查，为3063人进行孕前优生检测。

流动人口生育服务

1993年，《浙江省流动人口计划生育管理实施办法》出台。是年，缙云县计划生育委员会下设流动人口计划生育管理办公室，各乡镇均确定专人负责流动人口计划生育管理工作。在广东惠州、上海设立缙云县计划生育服务站（点），为当地缙云籍育龄妇女提供生育服务。

2001年，缙云县计划生育委员会与缙云县人口流入较多的广东省高州市、福建省仙游市、湖北省钟祥市等地签订流动人口《互动管理协议书》。2002年，组织卫技人员到上海、广东、广西等地，免费为养殖麻鸭的2965名缙云籍育龄妇女进行节育服务。

2009年，《缙云县贯彻落实浙江省流动人口计划生育一盘棋工作方案的实施意见》《缙云县流动人口计划生育一盘棋管理服务机制》出台，缙云县流动人口信息数据库建立，对流动人口信息数据实行集中管理。

2010年，流动人口生育服务纳入信息化管理。县人口和计划生育局与县公安局等部门的流动人口信息定期交换制度建立，各部门信息资源实现共享。是年，录入外出育龄妇女人数18274人，外来育龄妇女人数9963人。全县流动人口信息录入数据库率在90%以上，县、乡镇外出人口信息入数据库率在80%以上。

第四篇 土地

1993年，县域土地总面积150220.24公顷。2010年，县域土地总面积149423.75公顷，人均土地面积0.33公顷，比浙江省高0.14公顷，比丽水市低0.34公顷。

1993—2010年，缙云县贯彻执行《中华人民共和国土地管理法》，严守耕地红线，拓展用地空间，盘活土地存量，开展土地垦造和土地整理，全县共垦造土地4460.3公顷；发挥市场在土地资源配置中的基础性作用，为经济发展提供土地保障，全县批准建设项目用地1596宗，面积1783.37公顷；强化矿产资源的管理、开发和利用，运用市场机制，全县矿山采矿权出让合同金额1356.39万元，开展废弃矿山治理，实施矿山复绿工程。

期间，县土地资源管理部门多次开展全域性土地调查，由于调查（测绘）手段、县域边界勘定、总面积基数的差异，本篇涉及的面积增减数据及占比不能完全平衡。

第一章 土地结构

据1993年土地详查统计，缙云县土地总面积150220.24公顷。其中，农业用地面积130019.83公顷，占全县土地总面积的86.55%；居民点及工矿、交通等非农业用地面积4041.42公顷，占全县土地总面积的2.69%；非农用地中，农村居民点用地面积2720公顷，占全县非农建设用地面积的67.28%。另有未利用地等。

1996—2010年，3类土地类型增减情况为：农业用地增加5655.1公顷，建设用地增加2365.06公顷，未利用地减少8048.66公顷。

1993年、2010年缙云县各类土地面积及占比一览表

表4-1-1　　单位：公顷

土地类型	1993年		2010年	
	面积	占全县土地总面积（%）	面积	占全县土地总面积（%）
耕地	23240.22	15.47	20910.49	13.99
园地	4103.08	2.73	8318.53	5.57
林地	102570.39	68.28	104024.69	69.62
牧草地	106.14	0.07	1133.2	0.76
居民点及工矿用地	3364.4	2.24	5329.76	3.57
交通用地	677.02	0.45	1615.58	1.08
水域	3567.35	2.38	3654.41	2.44
未利用地（其他土地）	12591.64	8.38	4437.09	2.97
合计	150220.24	100	149423.75	100

第一节 农业用地

缙云农业用地由耕地、园地、林地、牧草地和其他农用地构成。

1993年，全县农业用地130019.83公顷，占全县土地总面积的86.55%。2005年，全县农业用地139165.93公顷，占全县土地总面积的93.13%，比1993年增加9146.1公顷。

2010年，全县农业用地134386.91公顷，占全县土地总面积的89.94%，比1993年增加4367.08公顷。其中，耕地面积20910.49公顷，占全县土地总面积的13.99%，人均461平方米（0.69亩）；园地面积8318.53公顷，占全县土地总面积的5.57%；林地面积104024.69公顷，占全县土地总面积的69.62%；草地面积1133.2公顷，占全县土地总面积的3.57%。

2005 年浙江省土地更新调查缙云县农业用地级类面积及占比一览表

表 4-1-2　　单位：公顷

一级类	二级类	三级类	面积	占农业用地总面积（%）
农业用地	耕地	灌溉水田	7186.55	5.16
		望天田	7437.99	5.34
		旱地	3918.95	2.82
		菜地	14.17	0.01
		小计	18557.66	13.33
	园地	果园	6440.81	4.63
		桑园	1739.99	1.25
		茶园	1951.23	1.4
		其他园地	192.67	0.14
		小计	10324.7	7.42
	林地	有林地	100818.87	72.45
		灌木林	1015.47	0.73
		疏林地	1836.24	1.32
		未成林地	1052.95	0.76
		迹地	865.58	0.62
		苗圃	47.01	0.03
		小计	105636.12	75.91
	牧草地	天然草地	42.39	0.03
		小计	42.39	0.03
	其他农用地	畜禽饲养地	14.13	0.01
		农村道路	673.35	0.48
		坑塘水面	618.16	0.45
		养殖水面	296.77	0.21
		农田水利用地	145.68	0.11
		田磡	2856.97	2.05
		小计	4605.06	3.31
合计			139165.93	100

第二节　建设用地

2010 年以前，建设用地划分为居民点及工矿用地、交通运输用地、水利设施用地三类。

1996 年，建设用地 8234.69 公顷，占全县土地总面积的 5.51%。2005 年，建设用地 5663.7 公顷，占全县土地总面积的 3.79%。其中，居民点及工矿用地 4582.39 公顷，占全县建设用地面积的 80.91%；交通运输用地 654.93 公顷，占全县建设用地面积的 11.56%；水利设施用地 426.38 公顷，占全县建设用地面积的 7.53%。

2010 年与 1996 年相比，建设用地增加 2365.06 公顷。

2005 年浙江省土地更新调查缙云县建设用地级类面积及占比一览表

表 4-1-3　　单位：公顷

一级类	二级类	三级类	面积	占建设用地总面积（%）
建设用地	居民点及工矿	建制镇	1026.62	18.13
		农村居民点	2698.94	47.65
		独立工矿	746.26	13.18
		特殊用地	110.57	1.95
		小计	4582.39	80.91
	交通运输用地	铁路用地	59.04	1.04
		公路用地	595.89	10.52
		小计	654.93	11.56
	水利设施用地	水库水面	329.56	5.82
		水利工程用地	96.82	1.71
		小计	426.38	7.53
合计			5663.7	100

第三节　未利用地

缙云县未利用地包括荒草地、沼泽地、裸岩石砾地、河流水面、滩涂和其他未利用土地。

全县未利用地，1993 年 12591.64 公顷，2005 年 4595.8 公顷，2010 年 4437.09 公顷，分别占当年土地总面积的 8.38%、3.1%、2.97%。

2010 年与 1993 年相比，未利用地减少 8154.55 公顷，土地利用率提高明显。

第二章　开发利用

1993—2010 年，缙云县通过土地垦造、复垦、整理，减少耕地损毁，盘活土地存量，新增耕地面积，守住耕地红线，用好用足政策，确保土地总量动态平衡，为各类建设项目提供用地。

第一节　开发

基本农田保护

保护规划　1995 年，按照《丽水地区 2000 年基本农田控制指标调整方案》，以 1989 年年末耕地面积为基数，规划至 2000 年缙云县耕地保有量为 12226.51 公顷，基本农田保护面积为 12076.48 公顷，保护率为 98.77%。

1997 年，以《缙云县国民经济和社会发展“九五”计划和 2010 年远景目标》为依据，编制《缙云县土地利用总体规划（1997—2010 年）》，基本农田控制指标列入土地利用总体规划。

1998 年，再次（第二轮）编制基本农田保护规划。规划以 1996 年土地调查的耕地面积为基数，保护期为 2010 年，展望期为 2030 年。规划至 2010 年，全县耕地保有量 19900 公顷，比 1996 年 20160 公顷减少 260 公顷，其中一般农田 3773.33 公顷。规划重点保护对象为一定时期内人民生活必需的耕地和名、特、优、新农产品基地。

第三次（轮）基本农田保护规划 2006 年开始编制，2010 年 10 月经省政府批准实施。第三次基本农田保护规划以乡镇为单位，按照“大稳定，小调整”的原则，保护范围主要分布在壶镇、新建、大洋、东渡、东方、大源等有集中连片优质耕地的乡镇，以及其他名、特、优、新农产品基地。规划至 2020 年，全县耕地保有量为 17193.33 公顷，基本农田保护面积 16942.56 公顷，比上级下达指标多 229.13 公顷，其中标准农田保护面积 8913.33 公顷。基本农田保护面积比上级下达的指标高 226.67 公顷。依据该规划，全县补充耕地 3546.67 公顷，减少耕地 773.33 公顷，净增加耕地 2773.34 公顷。

2010 年缙云县各乡镇基本农田规划保护指标一览表

表 4-2-1　　单位：公顷

乡镇	调入指标	调出指标	三轮保护指标	备注：二轮保护指标
五云镇	147.97	1564.52	883.8	2300.35
壶镇镇	281.46	605.77	2873.65	3197.96
新建镇	86.81	241.24	2194.49	2348.92
东渡镇	132.42	—	1607.86	1475.44
东方镇	134.87	199.9	1161.47	1226.5
舒洪镇	162.81	—	863.29	700.48
大洋镇	315.65	—	1150.9	835.25
大源镇	192.85	—	1331.19	1138.34
七里乡	18.54	61.98	806.6	850.04
前路乡	128.19	51.89	672.7	596.4
三溪乡	122.6	—	537.82	415.22
双溪口乡	237.24	—	726.37	489.13
溶江乡	204.92	—	737.54	532.62
胡源乡	172.83	—	610.17	437.34
方溪乡	70.45	—	235.95	165.5
石笕乡	123.59	—	548.76	425.17
合计	2533.2	2725.3	16942.56	17134.66

保护措施　县政府将基本农田保护控制指标分解到各乡镇，乡镇与村签订基本农田保护责任书，按指标面积划定建设留用地范围，定量、定向、定位到村。通过实地丈量，确定界线、面积，在工作图纸上标明保护界线和界桩位置，明确基本农田保护区与建设用地的“接边”。1994 年 8 月开始，按照《浙江省基本农田保护条例》规定，对经批准征用基本农田用于非农业建设的，用地单位除按国家规定缴纳有关税费外，加缴每公顷不低于 15 万元的基本农田保护费。1999 年下半年，全县划定基本农田面积 17134

公顷，签订责任书643份，立标志牌58块，设界桩1504个。

占用耕地与开发、复垦挂钩。执行中共中央、国务院《关于进一步加强土地管理切实保护耕地的通知》要求，落实“十分珍惜、合理利用土地和切实保护耕地”的基本国策。按照保持耕地总量动态平衡的目标，执行占用耕地与开发、复垦挂钩的政策，开展土地整理。1998年4月起，根据省委、省政府文件要求，消化闲置土地，全县各类建设用地优先利用已批准但尚未建设的土地以及闲置的厂房、场地；对农村居民建房优先利用空闲地，实行“拆旧建新”。

缴纳耕地开垦费。执行省政府2000年12月出台的《耕地开垦费征收管理办法》，按照“占多少，垦多少”的原则，对因没有条件开垦耕地或开垦的耕地不符合要求的，按占用耕地面积缴纳耕地开垦费，专项用于耕地开发、复垦、土地整理。缙云县确定耕地开垦费标准为每平方米10元，其中占用基本农田的，每平方米加收15元。2008年6月开始，耕地开垦费收取标准为每平方米20元，占用园地的视同占用耕地缴纳耕地开垦费，占用基本农田的每平方米加收15元。

执行基本农田“五个不准”。2004年6月，《缙云县关于切实保护基本农田，坚决制止乱占滥用土地违法行为的通告》发布，实行基本农田“五个不准”：不准占用基本农田进行植树造林、发展林果业和林粮间作，以及超指标建设农田林网；不准以农业结构调整为名，开展在基本农田内挖塘养鱼、建设用于畜禽养殖的建筑物等严重破坏耕地耕作层的生产经营活动；不准违法占用基本农田进行绿色通道和城市绿化隔离带建设；不准以退耕还林为名违反土地利用总体规划，将基本农田纳入退耕范围；除法律规定的国家重点建设项目外，不准非农建设项目占用基本农田。严禁在基本农田保护区内搭建餐饮、娱乐和休闲观光等经营性建筑设施；严禁占用基本农田搭建工棚、厂房等非农建筑。

农用地转用审批

1999年1月1日起，按照1998年12月24日国务院常务会议通过的《基本农田保护条例》，对国家和省重点项目或集体建设项目确需使用基本农田保护区的，报上级并经国务院批准。2000年以后，农用地占用2公顷以下的，由县政府批准，报市和省土地行政主管部门备案；占用2公顷以上、5公顷以下的，报市政府批准，报省土地行政主管部门备案；占用5公顷以上的项目建设用地，报省政府批准。

农用地垦造与复垦

1993—2010年，全县垦造水田233.62公顷、旱地（含园地）3982.83公顷，复垦土地243.85公顷。经省国土资源厅复核认定新增有效耕地面积190.64公顷，并进入省建设用地复垦增减挂钩指标储备库。新造水田每公顷补助从1.2万～1.8万元提高到12万元，新开旱地每公顷补助从0.75万～1.2万元提高到4.5万元。

1993—2010年缙云县水田、旱地垦造及复垦土地情况一览表

表4-2-2　　单位：公顷、万元

年份	垦造水田		垦造旱地（含园地）		复垦土地		合计		省补
	面积	补助金额	面积	补助金额	面积	补助金额	面积	补助金额	
1993	0.94	0.85	393.35	11.8	3.92	3.53	398.21	16.18	—
1994	1.67	1.16	407.2	12.22	0.37	0.14	409.24	13.52	—
1995	5.37	6.44	394.33	27.29	1.66	1.24	401.36	34.97	—
1996	0.04	0.06	384.24	28.82	37.2	55.9	421.48	84.78	—
1997	1.14	1.79	10.16	11.7	23.63	21.21	34.93	34.7	10
1998	4.21	7.32	28.33	22.32	2.25	2.26	34.79	31.9	—

续表 4-2-2

年份	垦造水田		垦造旱地（含园地）		复垦土地		合计		省补
	面积	补助金额	面积	补助金额	面积	补助金额	面积	补助金额	
1999	0.14	0.37	48.53	47.32	—	—	48.67	47.69	—
2000	0.2	0.54	34.47	33.61	2.48	2.23	37.15	36.38	—
2001	1.62	4.5	39.5	40.02	—	—	41.12	44.52	—
2002	0.58	—	53.98	80.97	—	—	54.56	80.97	18
2003	14.94	—	80.99	173.05	—	—	95.93	173.05	28
2004	4.78	—	138.53	317.35	—	—	143.31	317.35	128
2005	0.41	—	160.72	273.51	2.69	72.67	163.82	346.18	115
2006	—	—	233.11	1797	12.9	178.97	246.01	1975.97	—
2007	—	—	841.19	13574.57	100.96	2323.51	942.15	15898.08	—
2008	—	—	90.25	—	31.22	—	121.47	—	—
2009	197.58	—	—	—	—	—	197.58	—	—
2010	—	—	643.95	—	24.57	—	668.52	—	—
合计	233.62	23.03	3982.83	16451.55	243.85	2661.66	4460.3	19136.24	299

土地整理和标准农田建设及其重大项目

1998 年下半年开始，按照省政府《关于鼓励开展农村土地整理有关问题的通知》和省土地管理局《关于切实加强农村土地整理项目管理的通知》要求，全县对田、水、路、林、村进行综合治理。11 月，壶镇镇下宅村圩岙坑 39.27 公顷土地整理项目被省土地管理局列为试点项目；翌年 5 月通过验收，认定新增耕地面积 17.87 公顷。

2000 年 6 月，对新建镇笕川、前朱、马渡、应刘和宅基 5 个村连片的 700 公顷农业用地进行土地整理和标准农田建设项目立项。2001 年 1 月，省国土资源厅复核认定缙云整理和新建标准农田 574.73 公顷，新增耕地 101.79 公顷。

2002 年 3 月，县政府出台《关于进一步开展农村土地整理工作的意见》，对土地整理和标准农田建设按“谁投资、谁受益”原则，实行政府、村集体和业主共同投入，对新增耕地免征 5 年农业税、特产税。11 月，县土地整理中心成立。

2003 年 3 月，县政府出台《关于加强标准农田基本建设若干意见》。全县土地整理项目立项 4 个，规划面积共 159.54 公顷，总投资 3704.71 万元；涉及 4 个乡镇 82 个行政村。是年，验收通过土地整理项目 2 个，完成土地整理面积 1509 公顷，新增耕地 235.06 公顷，建成标准农田 1402.78 公顷，获取土地折抵指标 169.25 公顷。其中，雁岭乡金竹村、左库村连片 498.24 公顷土地整理项目经省国土资源厅复核，认定标准农田 340 公顷，新增耕地 83.33 公顷，获建设用地指标 60 公顷。壶镇镇坑沿村、东方镇马石桥村合计 588.42 公顷的优质园地经沟渠、路和排灌设施治理，被认定为基本农田保护区。

2006 年 4 月，县政府出台《关于加快土地整理和垦造耕地工作若干意见》。乡镇政府为建设用地复垦业主，负责项目规划设计、工程实施、政策处理以及土地承包经营权调整等工作。按省国土资源厅核准的土地折抵指标，每公顷补助 18 万元作为项目包干工作经费。市国土局批准缙云建设用地复垦项目 48 个，规划新增耕地 127.31 公顷，年底完成复垦项目 5 个，新增耕地 12.9 公顷。东方镇东方畈和新建镇笕川至宅基畈等 1061.77 公顷标准农田通过验收。2006—2008 年，每年安排农民建房用地复耕指标 8 公顷。

2007 年，全县土地整理项目立项 27 个，规划面积 7909.23 公顷，计划总投资 8093.78 万元。年底验收通过项目 32 个，面积 8701.79 公顷，新增耕地 966.49 公顷，建成标准农田 3180.25 公顷，获土地折抵指标 695.87 公顷。3 月，全市土地整理工作现场会在缙云县召开。

2008 年，县政府出台《关于进一步加强建设用地复垦工作的若干意见（试行）》。缙云县土地整理和垦造耕地工作领导小组成立。土地整理项目政策处理（除房屋补助）和工作经费，每公顷补助增至 12 万元，县政府承担勘测、规划、设计、房屋补助、工程直接费。编制实施《缙云县土地整理建设用地复垦工作规程》。土地整理项目立项 17 个，面积 6082.81 公顷，总投资 7060.59 万元。年底验收通过项目 12 个，面积 5090.25 公顷，新增耕地 657.74 公顷，建成标准农田 2727.72 公顷，获取折抵指标 473.56 公顷。

1999—2010 年，缙云县土地整理项目共 52 个，面积 18346.67 公顷，经省国土资源厅认定标准农田 8346.67 公顷，新增耕地面积 2113.33 公顷，获建设用地指标 1493.33 公顷，向县外调剂土地整理折抵指标 1046.67 公顷，获指标调剂款 5.4 亿元。2007 年、2008 年，缙云县为义乌市代建标准农田 1026.67 公顷，获代建款 4600 万元。

第二节　利用

用地计划

1999—2007 年，上级下达给缙云县各类建设用地计划指标 933.94 公顷。每年按照上级下达的用地指标，安排全县建设用地计划总指标、非农业建设用地计划指标、国家建设用地计划指标、乡镇村集体建设用地计划指标、农村个人建房用地计划指标、农业建设用地计划指标和房地产用地计划指标。

农用地转用

按照《中华人民共和国土地管理法》，县政府对建设占用土地涉及农用地的，办理农用地转用审批手续，凭年度用地指标和预审通过的建设项目需求预测，编制分批次用地预安排方案，呈报“一书三方案”，即《建设用地项目呈报说明书》《农用地转用方案》《补充耕地方案》《征用土地方案》，报省级以上人民政府批准后实施。1999—2010 年，全县共上报并获批准 129 个批次和单独选址项目 61 个，涉及建设用地 1646.67 公顷。其中农用地 1537.26 公顷（耕地 1087.73 公顷）。用于安排农村个人建房 42 公顷，旧村改造 21.2 公顷。使用年度计划指标 680 公顷（耕地 453.33 公顷），土地整理折抵指标 746.67 公顷（耕地 560 公顷），建设用地增减耕地挂钩指标 26.67 公顷。

1999—2010 年缙云县农用地转用情况一览表

表 4-2-3　　单位：公顷

年份	小计	耕地	园地	林地	其他农用地
1999	61.08	26.41	29.66	2.98	2.03
2000	53.33	36.32	16.35	0.63	0.03
2001	64.8	79.8	13.2	0.77	1.03
2002	69.09	62.86	3.61	2.51	0.11
2003	399.14	293.41	54.77	26.41	24.55
2004	13.38	8.51	2.29	1.62	0.96
2005	64.99	49.92	8.59	1.57	4.91

续表 4-2-3

年份	小计	耕地	园地	林地	其他农用地
2006	120.95	88.94	11.2	8.69	12.12
2007	232.07	147.86	28.06	47.53	8.62
2008	153.3	80.4	31.64	35.1	6.16
2009	176.77	109.06	35.99	16.19	15.53
2010	128.36	104.24	11.13	3.11	9.88
合计	1537.26	1087.73	246.49	147.11	85.93

建设项目用地供给

1993—2010 年，全县批准建设项目用地 1596 宗，共计面积 1783.37 公顷。其中，工业用地 819 宗，面积 578.9 公顷；教育用地 136 宗，面积 103.07 公顷；商品住宅用地 102 宗，面积 88.49 公顷；公路用地 12 宗，面积 475.93 公顷。

1993—2010 年缙云县建设项目用地批准情况一览表

表 4-2-4　　单位：宗、公顷

年份	宗数	面积	其中							
			工业用地		教育用地		商品住宅用地		公路用地	
			宗数	面积	宗数	面积	宗数	面积	宗数	面积
1993	275	188.18	170	19.52	6	1.28	22	10.7	3	71.47
1994	86	81.79	50	7.36	4	0.43	7	3.66	1	18.55
1995	122	19.29	85	11.54	3	1.55	9	1.12	—	—
1996	76	60.59	30	4.11	12	12.6	4	0.72	1	31.33
1997	48	28.61	15	3.65	7	0.68	5	5.18	—	—
1998	65	144.68	17	5.33	8	2.05	5	1.34	2	126.53
1999	48	31.73	5	2.11	12	2.05	3	2.98	—	—
2000	51	22.6	14	3.99	5	0.31	8	4.91	—	—
2001	49	20.91	9	1	7	1.57	4	6.69	—	—
2002	95	81.05	55	52.97	9	8.14	3	5.2	—	—
2003	177	248.58	113	155.15	5	13.45	11	9.69	—	—
2004	101	162.19	57	97.68	5	7.22	7	13.13	—	—
2005	117	119.78	42	44.53	15	9.45	2	1.4	—	—
2006	89	79.27	71	63.73	9	6.77	3	6.98	—	—
2007	55	211.11	32	50.18	11	2.12	1	3.41	2	152.67
2008	27	61.71	5	2.09	8	2	3	3.24	—	—
2009	63	93.46	35	45.41	3	8.62	2	1.25	1	12.05
2010	52	127.84	14	8.55	7	22.78	3	6.89	2	63.33
合计	1596	1783.37	819	578.9	136	103.07	102	88.49	12	475.93

农村村民建房用地

2005 年，县政府出台《缙云县农村村民建房管理暂行规定》，“严格宅基地申请条件，坚决贯彻‘一户一宅’的法律规定”。农村村民新建住宅实行三类区管理。一类区为县城总体规划用地范围，提倡建造公寓式住宅，建筑面积 120 ～ 150 平方米；二类区为各建制镇总体规划范围，提倡建造联立式住宅，占地面积 70 ～ 80 平方米；三类区为一、二类区以外的规划用地，按大、中、小户标准划分安排住宅建设用地（1996 年起，独生子女可按两人计算报批建房面积），小户（3 人以下）不大于 80 平方米，中户（4 ～ 5 人）不大于 110 平方米，大户（6 人以上）不大于 125 平方米。建筑层次不超过三层。农村村民建房用地审批实行“四公开一监督”制度，即用地指标公开、报批程序公开、建房条件公开、审批结果公开，接受群众监督。建房申请经乡镇政府审核后，一、二类区向建设主管部门办理选址意见书和定点，核发建设用地规划许可证；三类区内办理村镇规划选址意见书，经县土地行政主管部门审查后报县政府批准，颁发建设用地批准书。

1994—2010 年，全县审批农村村民建房用地 34898 宗，共计面积 241.87 公顷。

1994—2010 年缙云县农村村民建房用地审批情况一览表

表 4-2-5　　单位：宗、公顷

年份	宗数	面积	其中	
			拆建（宗数）	面积
1994	3302	16.1	273	1.85
1995	5281	24.63	571	2.79
1996	2735	12.93	255	1.52
1997	2879	10.71	366	1.97
1998	3931	17.68	736	4.4
1999	1580	7.68	624	4.23
2000	2058	10.47	643	4.37
2001	1743	9.77	729	4.26
2002	2884	16.59	706	4.8
2003	1317	7.64	450	3.08
2004	933	5.99	574	4.02
2005	562	60.5	385	2.72
2006	727	4.04	476	3.37
2007	794	6.61	403	3.91
2008	1101	8.02	384	2.77
2009	1632	12.28	451	3.06
2010	1439	10.23	526	3.44
合计	34898	241.87	8552	31.17

第三节 土地市场

中华人民共和国成立至20世纪70年代，在计划经济背景下，国有土地使用权由划拨征用取得，禁止市场交易。20世纪80年代，土地市场依附于房地产市场，未有独立的一级土地市场。1992年7月，缙云县首次以招投标形式出让国有土地使用权。1993年，全县土地市场规模快速增长，县城区包括各建制镇同片区块土地单幅地价增长超十倍。1999年开始，除国家机关和军事用地、城市基础设施和公益事业用地、能源交通和水利用地以及法律法规规定的其他用地可行政划拨外，一律采取有偿出让方式出让国有土地。

征地补偿与安置

1996年1月、1999年5月、2000年8月，县政府3次调整征地补偿标准。2009年2月、4月，缙云县先后出台《征收集体土地留地货币补助管理暂行办法》《城市中心区征收（征用）集体所有土地房屋拆迁安置暂行办法》《征收集体土地补偿安置标准暂行规定》，取消原征地留地返还规定，实行征地留地货币补助，用于被征地农民的生活保障。

2004年缙云县建设用地征用区片综合价补偿标准一览表

表4-2-6 单位：万元/公顷

区片	补偿标准		
	Ⅰ	Ⅱ	Ⅲ
耕地、园地（原属耕地）农田水利用地、养殖水面及建设用地	82.5	64.8	62.1
开发园地	74.25	58.725	56.7
林地及未利用地	41.25	32.4	31.05

土地定级评估

1993年3月，定级评估五云镇城区土地135.45公顷。划定五云镇城区土地为4个级别，测算出各级别商业、住宅、工业用地的基准地价，编绘城区土地级别地价图、编写城区土地定级估价报告；11月，通过省土地管理局验收并付诸实施。

1993年缙云县五云镇城区土地定级评估情况一览表

表4-2-7 单位：公顷

土地级别	分布范围	面积	占比（%）
Ⅰ级	东至寺后街，南至溪滨北路，西至大桥北路，北至剧院巷；大桥南路北段，电影院等地段	12.19	9
Ⅱ级	紧靠Ⅰ级地段，主要地段为大桥北路西侧，剧院巷北侧，溪滨北路东段，寺后街东侧，水南小学，县人民医院等地段	26.42	19.5
Ⅲ级	紧靠Ⅱ级地段，环城北路西侧，风景山公园东侧，粮食仓库等地段	38.06	28.1
Ⅳ级	除Ⅰ、Ⅱ、Ⅲ级地段以外的土地定级评估范围	58.78	43.4
合计		135.45	100

土地价格

1994 年 12 月，缙云县土地估价事务所成立，承办县土地估价委员会委托的对企业改制、兼并、破产的土地资产处置和对县域内土地使用权出让、转让、出租、抵押的宗地价格评估工作。至 2001 年年底，累计评估土地近 2000 宗，面积 207 公顷，金额 5.91 亿元。2002 年 1 月，县土地估价事务所与县国土资源局脱钩，更名为缙云县土地估价事务所有限公司。

1993 年开始，五云镇、新建镇、壶镇镇城区的商业、住宅、工业用地实行县级组织的评估基准地价。2003 年 6 月 1 日起，以 2002 年 6 月 1 日为基准评估日期，五云镇、壶镇镇、新建镇城区，按商业、住宅、工业（分熟地和生地）三类用地执行省国土资源厅验收通过的更新评估基准地价，新碧、东渡、舒洪、东方、大源和大洋 6 个镇的城区用地执行省国土资源厅验收通过的定级评估基准地价，此基准地价一直沿用到 2012 年新的基准地价更新前。

商业用地基准地价 1993 年，对五云镇城区商业用地进行地价评估。1999 年 7 月，县政府批复新区仙都路两侧商住用地协议出让价格为 660 元 / 平方米。

1993 年缙云县五云镇城区各级商业用地基准地价一览表

表 4-2-8

土地级别	商业用地基准地价（元 / 平方米）
Ⅰ级	1300
Ⅱ级	770
Ⅲ级	410
Ⅳ级	270

1995 年冬，缙云县对新建镇城区 118.24 公顷土地进行定级和价格评估。

1995 年缙云县新建镇城区各级商业用地面积、比例、价格一览表

表 4-2-9

土地级别	面积（公顷）	比例（%）	商业用地价格（元 / 平方米）
Ⅰ级	3.99	3.37	890
Ⅱ级	24.73	20.92	580
Ⅲ级	89.52	75.71	360

1998 年 11 月，县政府批复同意五云镇、新建镇商业用地基准地价的调整和评估后的壶镇镇商业用地基准地价。

1998 年缙云县五云镇城区商业用地区段、基准地价、分布范围一览表

表 4-2-10

区段	基准地价（元 / 平方米）	分布范围
复兴街南段	2700	与剧院路交叉路口以南
胜利街东段	2500	与复兴街交叉路口以东

续表 4-2-10

区段	基准地价（元 / 平方米）	分布范围
寺后街南段	2000	邮电大楼大门口以南
大桥北路南段	1600	与胜利街交叉路口以南
溪滨北路西段	2400	与六塘巷交叉路口以西
溪滨南路西段	1800	县人民医院门口以西
槐花街	1750	—
大桥南路北段	1800	与水南街交叉路口以北
胜利街西段	1500	与复兴街交叉路口以西
复兴街北段	800	与剧院路交叉路口以北
溪滨北路东段	1000	与六塘巷交叉路口以东
迎晖路	700	—
寺后街北段	460	邮电大楼大门口以北
剧院路	600	—
大桥北路北段	500	与胜利街交叉路口以北
溪滨南路东段	450	县人民医院门口以东
水南街	1110	—
大桥南路南段	750	与水南街交叉路口以南
谢山路	330	—

1998 年缙云县新建镇城区商业用地区段、基准地价、分布范围一览表

表 4-2-11

区段	基准地价（元 / 平方米）	分布范围
新溪路东段	610	邮电所以东
新溪路中段	760	菜市场至邮电所（包括邮电所）
新溪路中段	1336	横街至菜市场（包括菜市场）
新溪路中段	991	横街至环镇路
新溪路西段	580	环镇路以西
新寺路北段	707	新溪大桥至规划过境公路
新寺路南段	360	规划过境公路以南
横街南段	648	新溪路至水堰

1998 年缙云县壶镇镇城区商业用地区段、基准地价、分布范围一览表

表 4-2-12

区段	基准地价（元 / 平方米）	分布范围
溪东北路南段	2113	镇教委办公楼以南
溪东北路北段	850	镇教委办公楼以北
贤母东路西段	1776	桥东至三岔路口
贤母东路中段	2040	三岔路口至樟树脚
贤母东路北段	689	樟树脚至供销社仓库

续表 4-2-12

区段	基准地价（元 / 平方米）	分布范围
溪东南路北段	1617	三岔路口至旧车站南边
溪东南路南段	596	旧车站南边至第二医院
市心路	1828	—
解放下街	2175	—
解放中街西段	1953	双眼井以西
解放中街东段	1125	双眼井以东
括苍北路	532	—
括苍南路	360	—
贤母西路	1217	—
米市路	985	—
溪西大街南段	1211	背后兴桥至新民桥
桥西大街	1191	—

住宅用地基准地价 1993 年，五云镇城区住宅用地基准地价经评估确定，分为 4 级，各级住宅用地每平方米的基准价格为：Ⅰ级 240 元、Ⅱ级 200 元、Ⅲ级 140 元、Ⅳ级 115 元。

1998 年，五云镇、壶镇镇、新建镇的土地再次进行分级评估，确定各级住宅用地基准价格。

1998 年缙云县五云镇、壶镇镇、新建镇城区四级住宅用地基准地价一览表

表 4-2-13

土地级别	住宅用地基准地价（元 / 平方米）		
	五云镇	壶镇镇	新建镇
Ⅰ级	410	360	320
Ⅱ级	340	280	260
Ⅲ级	240	200	200
Ⅳ级	200	—	—

工业用地基准地价 1993 年，五云镇城区工业用地分 4 个级别，每个级别的基准地价均为 110 元 / 平方米。2002 年 6 月 1 日起，按新的基准地价执行。

2002 年缙云县建制镇城区四级基准地价一览表

表 4-2-14

乡镇	级别	基准地价（元 / 平方米）			
		商住用地	住宅用地	工业熟地	工业生地
五云镇	Ⅰ级	2540	880	170	120
	Ⅱ级	1680	720		
	Ⅲ级	1200	535		
	Ⅳ级	680	340		

续表 4-2-14

乡镇	级别	基准地价（元 / 平方米）			
		商住用地	住宅用地	工业熟地	工业生地
壶镇镇	Ⅰ级	1170	410	170	120
	Ⅱ级	760	315		
	Ⅲ级	450	260		
	Ⅳ级	350	205		
新建镇	Ⅰ级	995	370	155	115
	Ⅱ级	650	285		
	Ⅲ级	390	250		
	Ⅳ级	310	190		
新碧镇	Ⅰ级	700	310	145	115
	Ⅱ级	335	205		
	Ⅲ级	250	170		
东渡镇	Ⅰ级	490	270	130	110
	Ⅱ级	280	180		
	Ⅲ级	240	150		
舒洪镇	Ⅰ级	540	270	130	110
	Ⅱ级	290	180		
	Ⅲ级	240	150		
东方镇	Ⅰ级	460	240	120	100
	Ⅱ级	265	170		
	Ⅲ级	235	140		
大源镇	Ⅰ级	430	230	120	100
	Ⅱ级	260	170		
	Ⅲ级	230	140		
大洋镇	Ⅰ级	475	220	12	100
	Ⅱ级	280	170		
	Ⅲ级	230	140		

土地交易

土地使用权出让　1992—2010年，缙云县土地使用权权属历经无偿、无限期、无流动到有偿、有限期、有流动出让的过程；出让方式有协议、招标、拍卖、挂牌。土地交易机制逐步健全，土地资源的市场配置比例明显提高。

1992年7月10日，缙云县首次在新建镇以招标形式出让318.8平方米的国有土地使用权，土地性质为商住综合用地，使用期限70年，价款16.71万元。10月23日，县政府发布《缙云县国有土地使用权出让和转让实施细则》，规定国有土地使用权出让年限、出让方式等。至1995年，全县出让土地4.89公顷，出让金额706.97万元。1996—2010年，全县共出让土地594宗，面积628.75公顷，合同出让金额273416.01万元。其中，协议出让470宗，面积468.52公顷；招标出让3宗，面积0.63公顷；拍卖出让42宗，面积36.54公顷；挂牌出让79宗，面积123.81公顷。

2001年，贯彻国务院《关于加强国有土地资产管理的通知》，完善建设用地供应总量控制、土地使用权公开交易、基准地价定期更新公布等制度，对商业、商业住宅、娱乐、旅游等经营性用地一律实行招标、拍卖、挂牌出让；对工业等地方性扶持产业用地继续实行协议出让。

2002年，《缙云县土地储备实施办法》出台；2003年，县政府国有土地使用权出让工作领导小组成立；调整县城新区划拨土地的供应价格，土地出让价格的集体会审制度建立。全县出让商住用地41.14公顷，收取土地出让金9.948亿元。商住用地出让面积占全县土地供应总量的比例由“九五”期间的3.63%提高到“十五”期间的7.87%。

2007年3月，县政府出台《关于全面实行工业用地招标拍卖挂牌出让实施意见（试行）》。规定自2006年9月6日起，对全县的工业用地须以招标、拍卖和挂牌出让（另有规定的除外）。推行工业用地净地出让制度，执行省规定的工业用地出让最低价标准和规范工业用地公开出让程序。对面积1.33公顷以上工业用地的招标或拍卖、挂牌出让项目，须经县工业用地招标拍卖挂牌出让工作领导小组专题研究审核，并报县政府批准。

1996—2010年缙云县土地使用权出让情况一览表

表4-2-15

年份	数量（宗）	面积（公顷）	金额（万元）	年份	数量（宗）	面积（公顷）	金额（万元）
1996	31	8.34	1544.06	2004	69	103.47	34995.51
1997	17	5.66	1055.62	2005	38	54.28	24275.85
1998	24	6.64	2315.73	2006	40	46.82	21215.18
1999	18	9.54	2335.66	2007	38	55.59	7435.9
2000	23	11.2	4768.32	2008	14	8.16	11580.34
2001	25	10.49	12172.03	2009	39	48.38	14683.83
2002	68	62.59	22741.4	2010	12	23.4	67030.02
2003	138	174.19	45266.56	合计	594	628.75	273416.01

土地使用权转让 包括出售、交换和赠予等。1995年，全县办理划拨土地使用权转让21宗，面积0.41公顷，收缴土地出让金10.35万元。

1996年1月，《缙云县土地管理若干规定》出台，确定划拨土地使用权办理转让补交转让金标准：在1990年5月19日前发生的，办理土地变更登记，免交转让金，用地性质仍为行政划拨，当事人要求办理转让的，按不低于标定地价的10%补交转让金；在1990年5月19日后、1996年1月8日前发生的，按不低于标定地价的10%～20%补交转让金；在1996年1月8日后发生的，按不低于标定地价的20%～30%补交转让金。

1999年5月，《缙云县土地市场管理若干规定》出台，补交土地转让金比例提高，在2000年1月起划拨土地办理转让的，按不低于标定地价40%补交转让金（另有规定的除外）。

1995—2010年，全县办理土地使用权转让共计6465宗，面积254.84公顷（包括划拨土地办理转让3259宗，面积195.88公顷）。其中：五云镇4459宗，面积87.45公顷（含新碧农管处135宗，面积12.33公顷）；壶镇镇1398宗，面积137.28公顷；新建镇327宗，面积13.45公顷；其他乡镇281宗，面积16.66公顷。

1995—2010 年缙云县国有土地使用权转让情况一览表

表 4-2-16

年份	数量（宗）	面积（公顷）	补交出让金（万元）
1995	21	0.41	10.35
1996	88	3.49	107.9
1997	38	5.02	179.87
1998	63	3.64	131.7
1999	386	11.2	356.56
2000	652	20.11	659.93
2001	275	13.73	461.36
2002	299	4.98	197.7
2003	461	12.31	1024.88
2004	387	7.79	989.65
2005	392	5.52	352.28
2006	501	14.32	1190.28
2007	600	13.99	2169.13
2008	644	108.54	1064.4
2009	785	12.74	1344.16
2010	873	17.05	3997.86
合计	6465	254.84	14238.01

第三章　用地管理

1988 年 3 月，缙云县土地管理局成立。2001 年 11 月，缙云县土地管理局和缙云县地质矿产局撤销，成立缙云县国土资源局。

1992 年，乡镇土地管理站成立；1997 年 12 月，乡镇土地管理站改为乡镇土地管理所。1998 年 12 月，全县设五云、壶镇、新建、新碧、东渡、舒洪、东方、双溪口、大源、大洋、雁岭土地管理所 11 个。2001 年，乡镇土地管理所改称乡镇国土资源所。2002 年 9 月，撤销东渡、东方、雁岭、双溪口 4 个乡镇国土资源所，其管辖范围划到五云、壶镇、舒洪 3 个镇国土资源所；保留五云、壶镇、新建、新碧、舒洪、大洋、大源 7 个镇国土资源所。

第一节　规划编制与调控

1993—2010 年，全县历经两轮土地利用总体规划编制。

一轮土地利用总体规划

规划编制 1997 年 12 月，启动编制《缙云县土地利用总体规划（1997—2010 年）（草案）》《缙云县各乡镇土地利用总体规划（1997—2010 年）（草案）》《缙云县土地利用总体规划说明》《缙云县土地利用总体规划专题报告》《缙云县土地利用总体规划图》。1999 年 9 月，省政府批复同意《缙云县土地利用总体规划（1997—2010 年）》及 9 个建制镇的土地利用总体规划方案；12 月，丽水地区行署批复同意 15 个乡的土地利用总体规划方案。

开发目标 《缙云县土地利用总体规划（1997—2010 年）》基础年 1996 年，目标年 1997—2010 年，展望年 2030 年。规划期内开发土地 2470.48 公顷。其中，开垦耕地 235.8 公顷，开发园地 398.89 公顷，复垦林地 1835.79 公顷。土地整理 267.2 公顷，复垦土地 77 公顷。

调控目标 按照《缙云县土地利用总体规划（1997—2010 年）》，以 1996 年土地调查的耕地面积为基数，2010 年全县耕地保有量 1.99 万公顷，比 1996 年的 2.02 万公顷减少 0.03 万公顷。

耕地。2000 年控制面积 20117.7 公顷，规划期内净减 40.4 公顷，减少幅度 0.2%；2010 年控制面积 19898.1 公顷，规划期内净减 260 公顷，减少幅度 1.29%。

园地。2000 年控制面积 6073.49 公顷，2010 年控制面积 6011.41 公顷，规划期内净减 118.74 公顷，减少幅度 1.94%。其中，退园还耕 191.48 公顷，退园还林 60.79 公顷，非农建设占用园地 265.46 公顷，林地、水域和其他未利用地开发成园地 398.89 公顷。

林地。2000 年达到 102637.49 公顷，规划期内净增 284.07 公顷；2010 年达到 103282.74 公顷，规划期内净增 928.32 公顷，占全县土地总面积的比例由 1997 年的 68.49% 上升到 69.11%。

城镇村居民点及工矿用地。2000 年 3966.75 公顷，比 1996 年净增 155.72 公顷。

交通用地。规划期内，缙云县铁路、公路和农村道路建设快速发展。2000 年交通用地 994.73 公顷，比 1996 年净增 127.32 公顷。2010 年 1615.58 公顷，比 1996 年净增 748.17 公顷。

水域。2000 年，水域用地 3583.27 公顷，比 1997 年净增 24 公顷；2010 年水域 2825.44 公顷，比 1997 年净减 733.83 公顷。

牧草地。2010 年，维持原有面积 106.14 公顷，占全县土地总面积的 0.07%。

该轮规划于 2009 年停止实施。

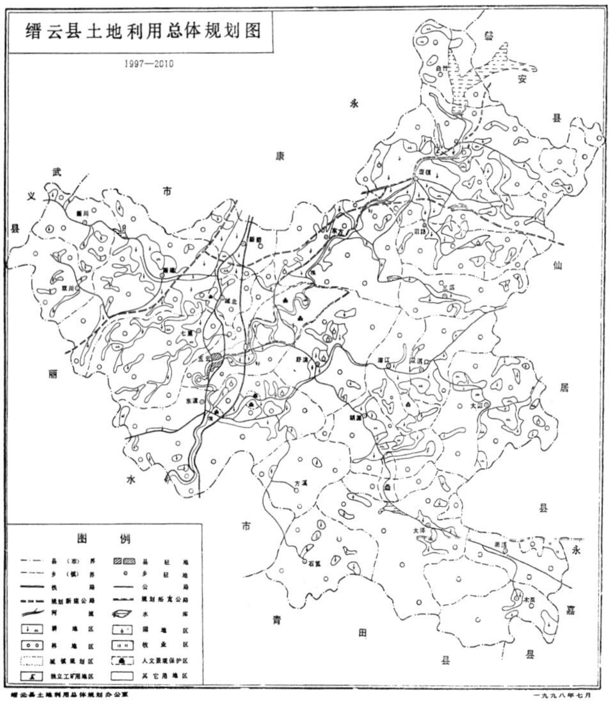

图 4-3-1 缙云县土地利用总体规划图 1997—2010

二轮土地利用总体规划

规划编制 2003 年 3 月，缙云被省国土资源厅列为全省新一轮县级土地利用总体规划试点县。2005 年，《缙云县土地利用总体规划（2006—2020 年）（送审稿）》形成。2007 年 1 月，省国土资源厅组织《缙云县土地利用总体规划修编前期工作成果及大纲》评审并通过该文件。2010 年 10 月，省政府批复同意《缙云县土地利用总体规划（2006—2020 年）》。在县二轮土地利用总体规划编制期间，乡镇土地利用总体规划以及基本农田保护、建设用地等专项规划编制同步进行。

保护目标 根据二轮土地利用总体规划，至 2020 年，全县基本农田保护面积 16713.33 公顷，标准农田面积 8913.33 公顷，耕地保有量 17193.33 公顷；城乡建设用地规模控制在 4760 公顷以内，新增建设用地控制在 1726.67 公顷以内，新增建设占用耕地控制在 800 公顷以内；全县人均城镇、工矿用地控制在 111 平方米以内，万元二、三产业地区生产总值用地量控制在 51.8 平方米以内。各类土地的面积和结构为：农用地 138733.7 公顷，占 92.85%；建设用地 6396.77 公顷，占 4.28%；未利用地 4294.97 公顷，占 2.87%。

《缙云县土地利用总体规划（2006—2020 年）》三类用地规划一览表

表 4-3-1

地类			基期年		近期目标年		规划目标年	
			面积（公顷）	比例（%）	面积（公顷）	比例（%）	面积（公顷）	比例（%）
土地总面积			149425.44	100	149425.44	100	149425.44	100
农业用地		耕地	20522.97	13.73	21142.96	14.15	23294.41	15.59
		园地	8558.89	5.73	8110.8	5.42	7112.58	4.76
		林地	105041.71	70.3	104536.23	69.96	103526.69	69.28
		牧草地	43.44	0.03	39.42	0.03	39.42	0.03
		其他农用地	5013.54	3.35	4988.67	3.34	4760.6	3.19
		合计	139180.55	93.14	138818.08	92.9	138733.7	92.85
建设用地	城乡建设用地	建制镇	2140	1.43	2314.75	1.54	2992.11	2
		村庄	2193.45	1.46	2209.15	1.48	1542.67	1.03
		采矿用地	175	0.12	174.73	0.12	55.36	0.04
		独立建设用地	55.78	0.04	72.7	0.05	168.7	0.11
		小计	4564.23	3.05	4771.33	3.19	4758.84	3.18
	交通水利设施用地	铁路用地	54.47	0.04	54.43	0.04	54.27	0.04
		公路用地	595.29	0.4	663.53	0.44	698.68	0.47
		水库水面	302.83	0.2	302.83	0.2	303.05	0.2
		水工建筑用地	105.41	0.07	115.03	0.08	134.11	0.09
		小计	1058	0.71	1135.82	0.76	1190.11	0.8
	其他用地	风景区设施用地	171.97	0.12	194.77	0.13	288.64	0.19
		特殊用地	54.07	0.04	127.56	0.09	159.18	0.11
		小计	226.04	0.16	322.33	0.22	447.82	0.3
		合计	5848.27	3.92	6229.48	4.17	6396.77	4.28
未利用地		水域	2193.16	1.47	2192.48	1.47	2172.59	1.45
		滩涂沼泽	110.7	0.07	109.89	0.07	108.88	0.07
		自然保留地	2092.76	1.4	2075.51	1.39	2013.5	1.35
		合计	4396.62	2.94	4377.88	2.93	4294.97	2.87

用地调控

1999 年，新《中华人民共和国土地管理法》颁布实施，土地利用先安排农业用地，农业用地中又优先安排耕地。为防止盲目扩大城镇用地规模，对非农建设用地实行严格控制，内部优先安排交通、水利、能源等重大建设项目用地。

耕地 全县控制耕地指标，2000 年 20120 公顷，2010 年 19900 公顷。为弥补非农建设所耗耕地，落实耕地控制指标，采取对待开发土地资源进行开发利用，对已利用和未利用的土地进行整理、整治和复垦的措施。

园地 2000 年 6066.67 公顷，2010 年 6013.33 公顷。新增果园多利用荒山、平缓林地，桑园则向荒滩转移。园地减少面积中，非农建设用地约占一半，其余多属退园还耕、退园还林。

林地 2000 年 102640 公顷，2010 年 103280 公顷。新增部分含荒草地开发造林及退耕还林、退园还林。减少的林地面积中，非农建设用地约占一半，其余多被开发成园地或耕地。

城镇村居民点及工矿用地 1996 年 3813.33 公顷，2000 年 3933.33 公顷，2010 年 4080 公顷。主要用于城镇和风景区基础设施配套建设及房地产开发。

交通用地 2000 年 1146.67 公顷，2010 年 1526.67 公顷。主要用于金丽温、金台高速公路及县道、乡村简易公路的建设和改造。

水域 2000 年 3533.33 公顷，2010 年 3833.33 公顷。因好溪、永安溪流域综合治理及水利工程建设，水域用地增加较大。

1999—2010 年缙云县农用地转用情况一览表

表 4-3-2　　单位：公顷

年份	合计	农用地分类			
		耕地	园地	林地	其他农用地
1999	61.08	26.41	29.66	2.98	2.03
2000	53.34	36.32	16.36	0.63	0.03
2001	64.81	49.8	13.2	0.78	1.03
2002	69.09	62.86	3.61	2.51	0.11
2003	399.13	293.41	54.77	26.41	24.54
2004	13.38	8.51	2.29	1.62	0.96
2005	64.99	49.92	8.59	1.57	4.91
2006	120.95	88.94	11.2	8.69	12.12
2007	232.07	147.86	28.06	47.53	8.62
2008	153.3	80.4	31.64	35.1	6.16
2009	176.76	109.06	35.99	16.19	15.52
2010	128.36	104.24	11.13	3.11	9.88

第二节　地籍管理

明成化《处州府志》记载，缙云“官民田地山塘一千四百八十八顷九十九亩三分三毫”。这是缙云县已发现的最早的土地调查资料。

1996 年 9 月，县土管局地籍管理股改为地籍地产管理股；2001 年 11 月，县国土局下设地籍管理科，负责全县土地调查和地籍管理工作。

1993—2010 年，缙云县地籍管理以土地资源调查为基础，以土地统计为依据，有序开展土地登记工作，发放土地权属证书 53090 本。

土地调查

1993—2010 年，根据上级部署，缙云县开展土地变更调查、可开发的耕地后备资源调查、土地更新调查、第二次全国土地调查。

土地变更调查　1996 年 5 月，按照《缙云县确定土地所有权和使用权的若干规定》和《缙云县土地登记实施细则》，以土地详查图件为底图逐村逐图斑进行复核和调查，全县完成变更图斑和线状地物 5785 个（条），变更面积 7640 公顷，涉及变更调查图幅 60 幅，变更地类 36 个。该次土地更新调查结果，缙云县土地总面积从 1992 年的 150220.24 公顷减少到 1996 年的 149452.26 公顷（1984 年为 150352.47 公顷）。

2001 年开始，国土资源部对土地调查由八级类分（耕地、园地、林地、牧草地、居民点与工矿、交通、水域、未利用地）改为三级类分（农用地、建设用地、未利用地）。

1996—2001 年缙云县土地调查（八级类）结果一览表

表 4-3-3　　单位：公顷

年份	土地总面积	耕地	园地	林地	牧草地	居民点与工矿	交通	水域	未利用地
1996	149452.26	19526.18	6130.15	102969.34	106.14	3811.03	867.41	3556.25	12485.76
1997	149452.26	20160.65	6125.33	102268.93	106.13	3846.64	878.11	3559.27	12507.2
1998	149452.26	20192.4	6141.31	102339.47	106.13	3875.11	893.27	3561	12343.57
1999	149452.26	19773.1	6355.39	102624.2	106.13	3900.47	900.7	3575.87	12216.4
2000	149452.26	19333.43	6392.69	103007.07	106.13	3966.75	994.73	3583.27	12068.19
2001	149452.26	18789.91	6488.66	103537.27	106.13	4017.69	992.73	3595.47	11924.4

2001—2010 年缙云县土地调查（三级类）结果一览表

表 4-3-4　　　　单位：公顷

年份	土地总面积	农用地						建设用地				未利用地		
		合计	耕地	园地	林地	牧草地	其他	合计	居民点与工矿	交通	水利设施	合计	未利用土地	其他土地
2001	149452.26	136841.81	18789.91	6487.48	103537.29	106.14	7920.99	4995.11	4017.69	536.61	440.81	7615.34	5783.64	1831.7
2002	149452.26	136762.86	18640.01	6615.17	103470.54	106.14	7931	5076.05	4098.61	536.61	440.83	7613.35	5782.28	1831.07
2003	149452.26	136636.98	18653.66	6501.4	103447.72	106.14	7928.06	5241.6	4264.16	536.61	440.83	7573.68	5742.17	1831.51
2004	149452.26	136394.15	18655.12	6406.7	103326.63	106.14	7899.56	5487.77	4505.26	541.68	440.83	7570.34	5740.82	1829.52
2005	149425.44	139165.94	18557.66	10324.7	105636.12	424	4223.46	5663.7	4582.4	654.92	426.38	4595.8	2307.22	2288.58
2006	149425.44	139092.38	18929.46	10242.19	105490.68	424	4006.05	5749.04	4670.01	652.95	426.08	4584.02	2295.79	2288.23
2007	149425.44	138233.66	19781.33	9342.31	104546.26	424	4139.76	5896.97	4718.93	752.04	426	5294.81	3007.98	2286.83
2008	149452.27	138069.49	20370.37	8788.76	104396.99	42.4	4470.97	6066.97	4851.26	790.06	425.65	5315.81	3029.42	2286.39
2009	149423.75	134782.67	20381.43	8678.18	104571.82	1151.24	—	10356.4	5114.28	1557.67	3684.45	4284.68	—	4284.68
2010	149423.75	134386.91	20910.49	8318.53	104024.69	1133.2	—	10599.75	5329.76	1615.58	3654.41	4437.09	—	4437.09

可开发耕地后备资源调查　2003 年，全县开展可开发耕地后备资源调查，查清各类可开发耕地面积 6420 公顷。2004 年，专项调查结果，全县可开发耕地后备资源潜力数为 1162.61 公顷，其构成主要为滩涂和一些低丘陵坡上的未利用地。

土地更新调查　2003 年 4 月，丽水市国土资源局确定缙云为土地更新调查试点县；7 月，在东方镇开展试点。2004 年 5 月，全县铺开土地调查更新工作。2005 年 10 月，经省国土资源厅验收合格。土地更新调查结果，缙云县土地总面积从 1996 年的 149452.26 公顷减少到 2005 年的 149425.44 公顷。

缙云土地面积数值减少的主要原因为，数字化土地面积数值比原土地面积数值减少；省民政厅行政勘界外县划入的土地面积比县内划出的土地面积减少。

第二次全国土地调查　2007 年启动，2009 年 12 月 31 日时点更新完成，查清全县土地利用现状和权属状况，更新土地利用现状图形和数据属性，建成数据库管理信息系统。土地更新调查结果，缙云县土地总面积为 149423.76 公顷。

2007 年缙云县第二次全国土地调查结果一览表

表 4-3-5　　　　单位：公顷

一级类	二级类	面积	合计
农用地	茶园	1718.1	139210.24
	灌木林地	964.97	
	果园	5319.97	
	旱地	7553.23	
	坑塘水面	846.98	
	农村道路	2.05	
	其他林地	2775.99	
	其他园地	1766.65	
	设施农用地	35.11	
	水田	16968.14	
	有林地	101259.05	
建设用地	采矿用地	196.63	6064.17
	村庄	3277.66	
	风景名胜及特殊用地	89.78	
	公路用地	389.57	
	建制镇	1679.67	
	水工建筑用地	72.61	
	水库水面	303.94	
	铁路用地	54.31	
未利用地	河流水面	1895.27	4149.35
	裸地	972.19	
	内陆滩涂	116.94	
	其他草地	1121.52	
	天然牧草地	43.43	
总计		149423.76	149423.76

土地登记

农用地所有权登记 2006年3月启动，2008年3月结束。查出全县25个乡镇（农管处）642个村1164宗地，23个单位134宗地；全县有飞地4145宗，其中外县飞入缙云261宗。设置宗地界址点48451个，划清界线48451条。查出共有地5宗、争议地54宗。填写权属记载表6350份。

非农建设用地所有权登记 至1993年12月为止，全县完成原10个乡镇的全部和建城区的57963宗地的申报登记，调查土地46961宗，其中确权33916宗、发证23955本。至2003年12月15日为止，共完成日常土地登记1870宗，抵押登记1045宗。

土地变更登记 1994年56宗，2001年461宗（五云镇208宗、壶镇镇219宗、其他乡镇34宗），占当年土地登记总数的32.22%，2010年945宗，占当年土地登记总数的43.11%。

土地证书发放

1993—2010年，全县办理发放土地登记证53090本。2010年，办理发放土地登记证2192本，其中国有土地证1798本、集体土地证394本。

2008年，完成金丽温高速公路缙云段103.64公顷土地使用权确权登记。

1993—2010年缙云县土地权属发证与抵押登记情况一览表

表4-3-6

年度	登记发证（宗）	抵押（宗）	面积（公顷）	金额（万元）
1993	341	—	—	—
1994	6023	—	—	—
1995	8093	14	—	0.382
1996	10366	216	22.15	1.2
1997	1914	338	41.13	1.8
1998	1353	251	38.73	1.8
1999	1299	320	42.65	2.6
2000	1529	498	27.69	7.4
2001	1554	403	52.61	15.2
2002	2300	758	144.35	41.4
2003	2611	1045	150	65.9
2004	2850	1398	479.64	80.8
2005	2162	1278	413.45	85.8
2006	2036	1183	301.45	106.7
2007	2405	1492	270.27	117.6
2008	1850	601	941	58.7
2009	2212	65	155	17.6
2010	2192	—	—	—

第三节　矿产资源管理

1986年12月，缙云县矿产管理处建立。1996年9月，缙云县矿产管理处更名为缙云县地质矿产局，设矿产资源管理股、矿产资源补偿费稽征股（矿产资源监察大队）和办公室。2000年7月，县地质矿产局机关迁至县行政中心。2001年9月，缙云县地质矿产局和缙云县土地管理局合并为缙云县国土资源局。县国土资源局内设矿产资源管理科，主管境域土地、矿产等自然资源和资产以及地理环境的规划、管理、保护与合理开发利用。

矿产资源规划

2000—2006年，缙云县进行两轮矿产资源规划编制。

首轮矿产资源规划　2000年5月，《缙云县矿产资源规划（2001—2015年）》（附《缙云县矿产资源分布图》《缙云县矿产资源开发利用现状图》《缙云县矿产资源开发利用与保护规划图》）编制启动。2002年9月，省国土资源厅批复同意该规划。

该规划基准年为2000年，近期2001—2005年，中远期2006—2015年。预期目标，到2005年，全县矿山由2000年的141个减至49个；关闭禁采区矿山，压缩限采区矿山，向开采区集聚。矿石年产量由2000年的196030万千克增至215000万千克；利税总额从2000年的2571.6万元增至4626万元。矿山开采逐步实现规模化、集约化和专业化。

二轮矿产资源规划编制　2006年6月，缙云被省国土资源厅列为新一轮县级矿产资源规划编制试点县。7月，《缙云县矿产资源规划（2006—2010年）》（附《缙云县矿产资源分布与开发利用现状图》《缙云县矿产资源勘查、开发利用与保护规划图》）编制启动。2008年9月，省国土资源厅批复同意该规划。

该规划基准年为2005年，适用期限2006—2010年，展望远期2011—2020年。预期目标，到2010年，全县开采矿山总数控制在31个以内，年开采规模251000万千克。其中，沸石矿山2个，年开采规模20000万千克；珍珠岩矿山2个，年开采规模6000万千克；萤石矿山6个，年开采规模15000万千克；砖瓦用泥质粉砂岩矿山8个，年开采规模60000万千克；建筑用凝灰岩矿山13个，年开采规模150000万千克。废弃矿山修复24个，面积18.91公顷。

开采管理

1998年以后，调整县域矿山布局，控制矿山数量，矿山开采由粗放型转向集约型。至2000年，全县关闭各类不合格矿山179家。换发采矿许可证137本，其中建筑用砂31本、黏土32本、凝灰岩40本、膨润土2本。好溪采砂点关闭9处，整改11处。至2005年，禁采区内矿山全面关停，许可开禁区矿山19家，限采区矿山8家。露天矿山年均开采资源量为5700万千克，硐采年均资源量为500万千克。2007年，4家沸石矿山开采企业整合为1家，年开采规模增至12000万千克；4家珍珠岩矿山开采企业整合为2家，露天开采和硐采年开采规模分别为4200万千克和1300万千克。

2009年，创建绿色矿山，对矿产资源利用率、采掘加工设备和设施以及消除地质灾害隐患、复垦、复绿等方面提出要求。年底，境域有持证矿山16家。其中，珍珠岩矿山2家，泥质粉砂岩矿山6家，萤石矿山3家，辉绿岩、花岗岩、建筑用砂、凝灰岩矿山和矿泉水矿山各1家。露天开采矿山12家，地下开采矿山4家。

采矿权出让

2001年年初，缙云县尝试拍卖沸石矿山采矿权。将24家沸石矿山整合成5家，设定开采期1年，年开采总量39300万千克。采矿权拍卖采取定向出让的方式，24个原开采矿户参与竞争，成交价314.4万元。次年7月，出让5个沸石矿山的采矿权，开采期3年，开采总量105000万千克，底价300万元。14人参与竞拍，成交价1340万元。此后，出让矿种从单一的沸石扩展到凝灰岩、膨润土、建筑用砂、石英等。出让方式有招标、拍卖和协议出让等。2003年，出让采矿权30个（其中协议出让11个），共收取出让金1458万元。2004年，出让砖瓦用页岩矿山6个（壶镇镇3个、新建镇2个、舒洪镇1个），开采期6年，开采资源总量216000万千克。经公开拍卖，成交价288万元，成交单价13.3元/万千克。至此，除矿泉水外，全县矿业所有采矿权均有偿出让。

2007—2010年，全县出让矿山采矿权12个，收取合同出让金额1356.39万元。

废弃矿山治理

2003年，根据“生态县创建”要求，《上前湖凝灰岩采石场和天井山珍珠岩废弃矿山的治理方案》制定。计划至2010年，完成城区周边、风景名胜区、高速公路、国道、省道和铁路两侧可视范围、饮用水源以及历史文化保护区域的24个废弃矿山的复绿工程建设。废弃矿山治理面积共18.92公顷。其中，沸石与珍珠岩矿山12个，面积7.71公顷；黏土矿山9个，面积7.24公顷；采石场3个，面积3.97公顷。2004年8月，复绿建设投入216万元；2006年12月通过竣工验收。至2009年，投入资金650余万元，24个废弃矿山治理全部通过验收。

第四节　土地监察

1993年7月，县公安局设土地管理治安股，县人民法院在县土地管理局设行政审判站和行政执行室；10月，土地管理治安股设在县土地管理局。1996年6月，县土地管理局增挂县公安局土地管理治安科牌子。1997年4月，土地管理治安科并入土地监察大队；7月，缙云县土地管理局监察室成立。2005年，五云、壶镇、舒洪、新建、新碧5个土地监察中队成立。

1996—2010年，反映土地使用管理问题共接收来信4131件，接待来访643批1631人次。

违法用地查处

1994—2010年，全县查处土地违法案件5051件，涉案土地面积266.44公顷，收缴罚没款（补交土地出让金）3236.18万元。其中，没收作价处理9.25公顷，拆除处理13.58公顷。

1995年，开展“土地执法活动月”活动，查处土地违法案件2503件，涉案面积51.32公顷。其中国家、集体建设用地及各类水泥预制场、砖瓦窑等临时用地违法案件707件，涉案面积47.95公顷；村民建房及生产性用房违法用地案件1796件，涉案面积3.73公顷。1996年6月，组织186名县土地执法工作组人员，集中整治五云镇违法用地。查处船埠头村非法买卖土地案件26件，涉案面积0.17公顷，收取罚没款37.07万元；查处官店村违法用地4.03公顷，处以10.5万元罚款后，省政府批准以有偿出让方式处理；对水南村1幢五层违法建筑，采取定点爆破方法予以拆除。1997年11月，对未批先用和到期未续办及侵占农保区的壶镇镇团结红砖厂、星星红砖厂和新建镇前朱红砖厂予以强制关闭，并对砖窑、厂房等建筑物进行爆破，恢复种植。1999年3月，对农村居民违章违法建房没收作价标准作出规定。对发生在1979年1月1日至1986年年底前的，按50～100元/平方米标准执行；对发生在1987年1月1日以后的，根据各地的情况，按最低不少于100元/平方米标准执行。

2003年，重点整治五云镇土地市场，查清违法用地案件65件，拆除处理违法用地面积0.26公顷。2006年，对壶镇镇企业办公室出租土地和新碧镇山前村买卖土地2起案件，通过新闻媒体曝光。2010年，立案查处土地违法案件92件，其中移送法院强制执行17件，公开曝光处理2件。

1994—2010年部分年份缙云县违法用地查处情况一览表

表4-3-7

年份	立案数量（件）	面积（公顷）	罚没款、补交出让金（万元）
1994	345	1.05	52.58
1995	2503	51.67	245
1996	274	5.55	68.43
2000	872	2.18	167.43
2002	7	1.07	216
2003	119	18.76	151.25
2004	76	73.66	934
2005	138	80.8	600
2006	116	10.76	87.5
2007	105	7.87	530.91
2008	404	2.48	53.62
2010	92	10.59	128.56

专项治理

砖瓦行业毁田占地专项治理 1994—1996年，重点开展砖瓦用地专项整顿。严禁新建、扩建黏土实心砖生产场所（包括小土窑、小立窑）；对已坍塌和在洪涝灾害中被冲毁或损坏的小土窑、小立窑，不再恢复生产；对毁田、挖堤取土和严重污染环境的砖瓦企业禁止生产，并限期复垦，引导砖瓦企业挖河泥、开发黄土丘陵、挖土造地取泥生产。依法取缔无证无照擅自生产砖瓦的企业，对新办的砖瓦企业生产用地中耕地面积超过1/4或复耕措施不落实的申请户不予审批。此后规定，砖瓦企业不得毁田取土，取土须在每年界定的取土范围进行，对砖瓦企业与村、镇或承包户不符合用地要求，擅自签订的取土协议不予认可，砖瓦生产企业须与土地管理部门签订土地复垦协议，交纳土地开发复垦费及保证金后，方可生产。

非法建造寺观教堂、滥建坟墓专项治理 1996年前后，对未经批准占用耕地的坟墓、寺观教堂一律进行拆除处理。2002年遗体火化制度实行后，迁移处于"四边"（公路边、铁路边、河边、山边）的大型坟墓，提倡集中安葬，建设城镇陵园，开辟农村公益性墓点。禁止在名胜古迹区，文物保护区，旅游区和水库周边、铁路、公路两侧修建坟墓。

土地市场治理整顿 2004年，开展土地市场秩序整顿。查处各类土地违法案件196件。2006年，根据国土资源部和省国土资源厅统一部署，缙云县开展重点查处以租代征土地执法百日行动。立案查处壶镇镇企业办公室出租的杨梅园特产场集体土地14家企业规避审批、非法占用土地案件；12月，对缙云县鸿鹏机械设备有限公司等14家企业违法占用2.93公顷土地作出行政处罚，没收建筑物面积0.11公顷，拆除违法建筑面积0.8公顷，罚款68.39万元。清查城市建设用地未批先用案件6宗，面积9.45公顷。

卫星遥感土地执法检查 2007年，缙云被列为全省27个卫星遥感监测县之一。县域共监测到177个卫片图斑。经过调查核实，实际用地171宗，面积225.37公顷（含耕地133.51公顷）。其中，新增建设用地105宗，面积140.28公顷（含耕地52.33公顷）。105宗建设用地中，合法用地65宗，面积63.75公顷（其中耕地45公顷），占新增建设用地宗数的61.9%和面积的45.44%；违法用地40宗，面积76.53公顷（其中耕地7.33公顷），占新增建设用地宗数的38.1%和面积的54.56%。经立案调查，实际违法用地39宗，面积78.48公顷（其中耕地10.74公顷），没收建筑物45738.55平方米，拆除建筑物11936.1平方米，罚款132.58万元。

第五篇 水利 电力

1993—2010 年,缙云县加大投入,开展小流域治理和水利工程建设,水资源利用水平提高,防汛抗灾能力增强。开展水资源保护,实行水资源污染治理和污水处理,饮用水质量达到国家标准。依托国家电网,至 2010 年建成以 220 千伏为枢纽、以 110 千伏为支撑、以 35 千伏为基础的县域电网,变电总容量从 1993 年的 2.57 万千伏安增加到 2010 年的 102.18 万千伏安。2008 年,缙云成为丽水市首个新农村电气化县。

第一章　水利资源

缙云县地表水资源总量多年平均13.19亿立方米，人均水资源量3500多立方米，高于全国、全省平均值。2006年，《缙云县水利发展“十一”五规划》编制完成。2010年12月30日，缙云县好溪水利枢纽工程——潜明水库前期项目开工建设，水资源利用和保护程度提高，防洪功能增强。

第一节　水资源利用

饮用水

1992年10月，县镇东水厂建成供水，供水管道15.5千米，当年供水17.8亿千克，其中生活用水10.68亿千克；1999年，县镇东水厂扩建后，日供水量0.3亿千克。2006年，县双潭水厂投入使用，日供水量0.5亿千克，取代镇东水厂（2012年拆除）。2007年，县双潭水厂供水管网总长83千米，供水范围从县城扩展到仙都、东渡、新碧；水表户数19258户，用水人口10万人。2008年，全县68个行政村由县双潭、壶镇、新建3家自来水厂供水。其中，县双潭水厂供水行政村42个，壶镇水厂供水行政村19个，新建水厂供水行政村7个。

2003年起，千万农民饮用水解困工程实施。2006年，《缙云县“十一五”农村饮用水安全规划》制定，投资1993万元，安装183个村自来水。2009年，投资2.1亿元，全县308个村实施饮用水工程，受惠人口16.23万人。至2010年，千万农民饮用水解困工程投入资金2.5亿多元，自来水（含以管道引流的天然水）受益人口比例由2001年的81.39%增至2010年的98.14%。

2000年前后，县城部分居民灌取山泉用于饮食。

农田灌溉

1997—2009年，全县新增农田灌溉面积560.53公顷，恢复农田灌溉面积12205.47公顷。

三大提灌区　缙云县农田根据降雨的时空特点划为三大提灌区：缙西丘陵蓄引提灌区，水资源2.72亿立方米，面积296.59平方千米，属钱塘江水系；缙中河谷盆地蓄引提灌区，水资源5.77亿立方米，面积707.85平方千米，占全县水资源总量2/3左右，属瓯江水系；缙东南山丘蓄水提灌区，水资源5.2亿立方米，包括瓯江支流诸溪的胡源、大洋、南溪、木栗、方溪、石笕等地，面积341.96平方千米，灵江水系永安溪上游的大源、三溪，面积135.91平方千米。

自流灌溉　水源较高的农田，以自流灌溉为主。壶镇畈、新建畈、新碧畈、东方畈、名山畈、梨仓畈、双溪畈、东金畈、仙都畈、东渡畈、兆岸畈、方川畈、舒洪畈、溶溪畈、大源畈、城西畈、白竹畈，基本能利用水流落差筑堰坝自流灌溉。

电力灌溉　水源较低的农田，旧时以提桶戽水、水车灌溉为主。20世纪60年代开始使用机灌，90年代电灌站增多。至2006年，全县电灌站236处，装机容量2695千瓦，投入资金4720万元，可灌溉农田1367.73公顷。其中，1997—2009年新建或改建电灌站40座。

蓄水灌溉 县域山区以山塘水库蓄水灌溉为主。缙西丘陵蓄引提灌区以水库蓄水灌溉为主，电灌为辅；缙中河谷盆地蓄引提灌区以蓄水自流灌溉和提水灌溉相结合；缙东南山丘蓄水提灌区以蓄水灌溉为主。

掘井灌溉 全县地下水可利用资源量约5.7万立方米／年，实际开采量约为1万立方米／年。掘井用水为县域利用地下水资源的主要形式。2010年，全县民用水井1300多口，多数已放弃使用；河谷冲积层上机井236口，利用水泵提水灌溉农田，灌溉面积1367公顷；县域泉水出露点较多，利用泉水130处，灌溉农田32.73公顷。

水力发电

2010年，缙云县水力资源理论蕴藏量8.23万千瓦，可开发装机量7.66万千瓦，已开发水电装机量5.5005万千瓦，开发利用率66.83%。水资源利用率低于全国水平。

据1984年水利资源调查，缙云段好溪水系每年平均流入瓯江水量9.52亿立方米，流域水力资源理论蕴藏量6.4万千瓦，至2010年，全流域有电站30座，装机总容量38905千瓦；新建溪水系每年平均流入钱塘江水量2.68亿立方米，水力资源理论蕴藏量1.3万千瓦，可开发装机容量4556千瓦，至2010年，全流域有电站5座，装机总容量1290千瓦；永安溪水系每年平均流入灵江水量1.49亿立方米，流域水力资源理论蕴藏量0.5万千瓦，至2010年，全流域有电站10座，实际装机总容量1.481万千瓦。

水面养殖

缙云水面养殖主要为鱼和麻鸭。养鱼区域有山塘水库、稻田和溪流。养殖鱼类主要有草鱼、鲢鱼、鳙鱼、鲤鱼、青鱼、团头鲂、日本白鲫、尼罗罗非鱼等。1993年以后，河道筑堤坝阻断野生鱼类活动空间，野生鱼类品种和数量减少，人工养殖鱼类增加。2006—2008年，水面养殖总面积2124公顷。其中，山塘1150公顷，水库723公顷，其他水域251公顷。总产量553.7万千克，其中稻田养鱼1617公顷，产量411万千克。水面养鸭主要集中在新建溪流域。

水域观赏

2004年，旅游资源普查结果，全县水域观赏旅游资源单体25个。其中，优良级单体5个，九曲练溪为五级旅游资源，百丈龙潭、碿旧瀑布、百丈岩飞瀑和大龙潭瀑布为三级旅游资源。水域观赏类旅游资源平均品质为2.48分，比全县旅游资源平均品质2.35分高出0.13分。

第二节 水资源保护

1993—2010年，缙云县将水土保持、污水处理和水源污染治理作为水资源保护工作的重点。县境三条水系的地表水质均属良好，其中五项毒物（酚、汞、氰、砷、铬）除汞未检出，其余含量在一级范围内，有机污染的溶解氧、耗氧量、氨性氮，除壶镇、五云的部分河流断面为二级外，大部分为一级。

2006年，依据《浙江省水功能区水环境功能区划分方案》，全县水域14个不同分区地表水各监测断面水质均符合功能区划分要求，水质达标率92.3%。饮用水水源地水质达到GB3838—2002《地表水环境质量标准》Ⅱ类标准要求，水质达标率100%。

水土保持

2000年，全县各类水土流失面积456.69平方千米，约占县域总面积的30%，其中剧烈水土流失面积

1.93 平方千米，占流失总面积的 0.42%；极强度水土流失面积 15.64 平方千米，占流失总面积的 3.42%；强度水土流失面积 34.05 平方千米，占流失总面积的 7.46%；中度水土流失面积 174.5 平方千米，占流失总面积的 38.21%；轻度水土流失面积 230.57 平方千米，占流失总面积的 50.49%。

全县水土流失以水力侵蚀为主，其次为植被破坏、采砂、采矿、取土制砖、工程建设等。

2004 年，全县水土流失面积降至 347.38 平方千米。2008 年，新增水土流失面积 16.5 平方千米。

治理机构 1999 年 4 月，缙云县生态示范区建设领导小组成立。2002 年 3 月，缙云县水土保持委员会成立；5 月，县水土保持监督站成立，对开发土地项目均按事前编制的《水土保持方案》要求施工，对生产建设项目开展水土保持监督检查。是年，水土保持监测网络建成。

植被保护 2002 年开始，对坡度 25° 以上的耕地实行退耕还林，增加植被。至 2010 年，全县退耕还林面积 0.1 万公顷，湿地更新面积 0.7 万公顷，封山育林面积 3.23 万公顷。

在大洋水库、10 座小（一）型水库和 69 座小（二）型水库合计 0.33 万公顷的库区实行林地封山育林，水土保持经费补助 7.5 元 / 公顷·年。

1993—2010 年，通过“千里绿色长廊工程”和生态公益林工程建设，全县建成生态公益林 6.47 万公顷。2010 年，全县森林覆盖率 75.2%。

饮用水水源保护

2005 年，开展取水口、入河排污口调查，摸清全县水资源利用保护现状，确定五云、壶镇、新建饮用水水源保护区范围。其中，五云饮用水水源保护区位于好溪桑潭，上始前湖大桥，下至桑潭堰拦水坝，长 4.6 千米；壶镇饮用水水源保护区上始左库水库大坝，下至上章村，长 25 千米；新建饮用水水源保护区上始龙潭背，下至白马水库大坝，长 15 千米。是年，《缙云县饮用水水源管理制度》出台实施，在三处饮用水水源保护区设置地理界标、警示标志；在饮用水水源保护区禁止新建、改建、扩建与供水设施和保护水源无关的项目建设；禁止投饵式养殖、网箱养殖、游泳、垂钓；禁止使用化肥和高毒、高残留农药；禁止在饮用水水源保护区内设置排污口和储存、堆放可能造成水体污染的固体废弃物和其他污染物。

水体污水治理

20 世纪 80 年代，五云镇城区主要道路地下大多用水泥预制管、街巷用砖石砌暗沟排放污水。1988 年，五云镇城区好溪北溪滨铺设 3 条直径 0.5 米的污水管，将污水引至县城下游排出。1992 年，五云镇城区排污管道总长 6.4 千米，年排放量 14.24 亿千克。管道为雨污合流，直接排入好溪。

1993 年起，五云镇城区禁止污水直排，居民生活污水采用管道集中排放，企业污水经过处理后排放。2006 年以后，县工业园区中 33 家有废水排放的企业使用新的污水处理设施。至 2010 年，全县建成污水处理厂 3 家，处理规模为 4000 万千克 / 日。其中，县城市（兰口）污水处理厂于 2007 年 10 月开始运行，处理规模为 2000 万千克 / 日；县第二（新碧）污水处理厂于 2011 年 5 月开始运行，处理规模为 1000 万千克 / 日；壶镇污水处理厂于 2014 年 3 月开始运行，处理规模为 1000 万千克 / 日。

第三节　水资源管理

县水利局负责全县水利水政管理。2010 年，局内设办公室、规划建设科、水政水资源科（节水办）、渔业渔政科（渔政办）。下属事业单位 13 个：县防汛防旱指挥部办公室、水政监察大队（渔业执法大队）、水利管理总站、水电管理总站、水利水电工程质量监督站、水文站、水产技术推广站、水电勘测设计所、大洋水库工程管理处、五云水利服务站、壶镇水利服务站、新建水利服务站、舒洪水利服务站。下属企业单位 4 个：水电建设工程公司、龙宫洞水力发电厂、岭浣电总站、插花墩电站（盘溪五级电站）。

水资源使用管理

1993 年 2 月之前，继续执行 1989 年 9 月县政府出台的《缙云县水利工程供水水费的计收和使用管理办法》，凡水利工程实行有偿供水。工业、农业和其他取水户都应缴纳水费。至 2010 年，县政府先后发布的水资源保护文件有：《关于贯彻〈水土保持法〉的实施意见》《关于划定水工程和保护范围的规定》《取水许可登记发证暂行办法》《加强河道管理布告》《水资源管理办法》《河道采砂收费管理办法》《水资源费征收管理暂行办法》等。

1993 年 3 月，《缙云县水资源费征收管理暂行办法》开始执行，规定“凡在本县境内直接从地下、江河、湖泊取水的单位和个人”缴纳水资源费；对农业灌溉用水、家庭生活用水、禽畜饮用取水和渔业养殖取水，不征收水资源费。水资源费按取水量征收。地表水水资源费征收标准，工业用消耗水 0.02 元 / 立方米；工业用贯流水 0.01 元 / 立方米；水电发电按上网电价的 5% 征收；自供按出售电价的 3% 征收；生活用水 0.015 元 / 立方米；其他用水 0.02 元 / 立方米。矿泉水征收标准为 0.2 元 / 立方米。

2004 年开始，执行以下水利收费项目和标准：水资源费，水厂 0.08 元 / 立方米，工业用水 0.1 元 / 立方米；河道采砂，按销售额的 5% ～ 10%；占用水面建设项目，按 1 ～ 2 元 / 平方米；占用河道，永久性按 50 ～ 120 元 / 平方米，临时性按 8 ～ 10 元 / 平方米；渔业资源增殖保护费 800 元 / 年；因城建填堵水域、在河道内施工占用水域、在河道滩地开采地下资源及考古发掘、在河道滩地存放物料、修建厂房或设施、大坝管理和保护范围内修建建筑物、水工程管理范围内建房、水库控制运行，永久性按 50 ～ 120 元 / 平方米，临时性按 6 ～ 10 元 / 平方米。

行政许可

2003 年，办理涉河建设项目审批手续 38 个、河道采砂许可证 34 本、取水许可证 16 本。2004 年 7 月，县政府《关于公布第一批行政许可清理结果的决定》发布，取消水利部门行政许可事项 6 项，保留行政许可事项 26 项。保留 26 项行政许可包括：取水，河道采砂，开发建设项目水土保持方案，河道管理范围内建设项目，渔业捕捞，城市建设填堵江、湖、塘，在洪泛区、蓄滞洪区内建设非防洪建设项目洪水影响评估报告，农村集体经济组织修建水库，水利水电基建项目，在江河、湖泊新建、改建或者扩大排污口，围垦河道，开垦荒坡地，国家一、二级及相当于一、二级水野生动物及其他产品经营、利用，水产种苗生产，水利水电建设工程开工，在河道内爆破、钻探、挖筑鱼塘，在河道滩地开采地下资源及进行考古发掘，在河道滩地存放物料、修建厂房或其他设施，具有重要经济价值的渔业资源、苗种的收购和调运许可等 19 项；占用规划保留区土地，水库控制运行计划，大坝管理和保护范围内修建建筑物，堤坝兼做公路，水工程管理范围内建房，水利工程规划同意书，水利工程建设施工图设计文件等审批 7 项。县水利局在行政审批中心设立窗口，办理行政许可。

水政监督

1997 年 6 月，县水利局水政监察大队成立。2003 年，县水利局渔业执法大队成立。2004 年 7 月，县水政监察大队与县渔业执法大队合署办公，对较大溪流实行巡查制度，对涉河涉水工程和河道采砂等实行收取保证金和河道占用费制度。

2003 年，两次开展水政执法专项行动，开展各类巡查 152 次，查处涉河违法案件 32 件，拆除违法搭建的各类建筑物 6 处，责令纠正违法行为 30 多起，清理违法障碍物 12 处，作出水行政处罚 20 起，查处各类违法案件 32 件。

2004 年 7 月，责令台缙高速公路 CS2 合同段项目部限时清除在浣溪河道构筑的施工便道，并处罚款 3.8 万元。全年水政渔政执法巡查 162 次，查处违法案件 27 件，没收非法渔具 80 件，纠正违法行为 80 余起。

2007 年，开展水土保持监督检查 24 次，审批水土保持方案 5 起，收取水土保持设施补偿费 21.65 万元，治理水土流失面积 16.8 平方千米，生态修复面积 15.37 平方千米。全年水政日常巡查 122 次，参加人员 488 人次，责令自行纠正违法行为 30 起，送达《责令停止违法行为通知书》28 份，督查补办审批手续 25 起，送发《整改通知书》45 份，清理废弃石 1 万余立方米，调处水事纠纷 5 起，受理水事案件 36 起，其中办结水事案件 32 起。

第二章　水利工程

1993—2010 年，缙云县水利工程建设投入资金共 51130.63 万元。资金来源以政府补助为主，项目实施村自筹 20% 左右。水利工程大多以乡镇为项目业主，一般采用招投标方式承包施工，县水利管理部门负责技术支持和质量指导与监督。

第一节　防洪设施

2006 年，《缙云县城市下游近期防洪规划》《壶镇镇西溪大畈防洪规划》《缙云县城市防洪工程老城区防洪规划》制定。

防洪堤

1993—2006 年，全县修建防洪堤 67 条，总长 53.77 千米。其中周村村至县城老城区原缙云皮革厂好溪右岸新建防洪堤 5.12 千米，加固防洪堤 1.01 千米，疏浚河道 6.02 千米，建橡胶坝 1 座，总投资 1.16 亿元，防洪能力设计为 20 年一遇。

1993—2006 年缙云县防洪堤修建情况一览表

表 5-2-1　　单位：米

堤名	堤长	修建年份	所在地	堤名	堤长	修建年份	所在地
壶镇南岸堤	2350	1993	壶镇镇	姓徐堤	615	1996	姓徐村
占山堤	210		占山村	东余堤	365		东余村
石龙北岸堤	378	1994	石龙村	水碓坑堤	219		黄金村
西溪坑堤	230	1995	西溪坑村	沙田畈堤	200		下杨村
八尺坑堤	240		八尺村	下余坑堤	320	1997	前村村
芦西堤	220	1996	芦西村	漆树坑堤	643		

续表 5-2-1

堤名	堤长	修建年份	所在地	堤名	堤长	修建年份	所在地
古溪堤	1200	1997	古溪村	郑坑口堤	—	2002	郑坑口村
左库堤	398	1998	左库村	余垄畈堤	660		高畈村
洋泽桥堤	1100		工联村	左库堤	952	2003	左库村
平坑口堤	410		平坑口村	大源堤	774		大源村
下潜堤	317	1999	下潜村	高畈堤	265		高畈村
壶镇北岸堤	2375		壶镇镇	周岭堤	206		周岭村
仰湖洲堤	725		仙都景区	株树堤	249		株树村
姓王堤	300		姓王村	千秧畈堤	600	2004	白竹村
交雅堤	250		交雅村	中村堤	415		中村村
新二村堤	280		新二村	南顿堤	300		南顿村
后角坑堤	270	2000	岭口村	皂坑堤	743		前村村
保安堤	2000		新建镇	鱼川堤	526		鱼川村
横溪堤	1800		洋山村	笕川堤	430		笕川村
小棠溪堤	3500	2001	硇旧村	王路堤	300		王路村
好溪村堤	300		好溪村	白丰湖堤	411		白丰湖村
芦西堤	225		芦西村	下村堤	850	2005	唐市下村
雪峰堤	200		雪峰村	下潜堤	610		下潜村
张公桥堤	210		张公桥村	沈宅右岸堤	220		沈宅村
后坑堤	1115	2002	金一村	大溪滩堤	1076		大溪滩村
城防一期	2015		县属	城防三期	2500		县属
城防二期	1607		县属	古路堤	220		古路村
潜源堤	262		潜源村	大门畈堤	330		丹址村
雪峰堤	250		雪峰村	两岸堤	1280	2006	沈宅村
笕川堤	400		笕川村	雁岭堤	5300		南顿村
岭脚吴堤	350		岭脚吴村	昆坑堤	360		昆坑村
岩坑堤	367		岩坑村	联合堤	5500		井南村
下周堤	200		下周村	合计	53773	—	—
车坑堤	280		车坑村				

小流域治理

1993—2006 年，全县小流域综合治理工程 193 处，投资 3549 万元。其中，好溪流域 120 处，投入资金 2686 万元；新建溪流域 53 处，投入资金 583 万元；永安溪流域 12 处，投入资金 244 万元；其他 6 处，投入资金 36 万元。

1999 年，仙都仰峰洲河段清障 1.2 千米，两岸筑防洪堤 0.73 千米，建磴步桥堰 0.12 千米、桥梁 1 座。2002 年，大洋段西殿坑工程，河道清障和防洪堤建设 0.74 千米，挖淤泥砾石 8000 立方米；棠溪小流域治理第三期工程清理河床 0.06 千米，新开河道 0.594 千米。2003 年 8 月，全县开展万里清水河道活动。棠溪小流域清障 2.01 万立方米，大洋小流域清障 0.2 万立方米；同时，对好溪自壶镇至县城段，新建溪白马水库至新碧段及其他淤积严重的河段进行疏浚。2007 年，好溪、章溪、盘溪、新建溪、永安溪 5 条河道清障 18.1 千米；池塘整治 1.33 公顷。2010 年，河道清障 20.5 千米，池塘整治 2.07 公顷。

1993—2006 年缙云县各乡镇小流域治理工程及其投资一览表

表 5-2-2　　单位：个、万元

所在地	工程数	投资	所在地	工程数	投资	所在地	工程数	投资
五云镇	6	199	大源镇	12	244	胡源乡	11	107
壶镇镇	23	1099	新川乡	3	11	方溪乡	4	25
新建镇	27	343	双川乡	8	114	石笕乡	3	13
舒洪镇	19	176	城北乡	1	32	南溪乡	4	14
新碧镇	11	80	雁岭乡	24	688	木栗乡	4	22
大洋镇	8	141	前路乡	2	53	白竹乡	3	30
东渡镇	7	88	溶江乡	4	22	七里乡	3	3
东方镇	5	31	双溪口乡	1	14	—	—	—

好溪水利枢纽工程

缙云好溪水利枢纽工程位于壶镇镇潜明村，由潜明水库及其至永康引水渠、磐安虬里水库三部分组成，具有控制洪水、饮用、灌溉、发电等综合利用水资源的功能。2006 年，列为省“十一五”水利重点项目和水资源保障百亿工程；2009 年 9 月，县政府在杭州召开评估咨询会，通过《浙江省好溪水利枢纽工程（潜明水库）项目建议书》，并获省发改委批复同意。2010 年 12 月 30 日，好溪水利枢纽工程潜明水库前期项目举行开工典礼。

第二节　蓄水引灌

山塘水库

至 2010 年，全县有水库 528 座。其中，中型水库 1 座、小（一）型水库 12 座、小（二）型水库 69 座、小（三）型水库 446 座。

1997—2008 年，全县病险水库除险加固 519 座（次），续建水库 31 座，新增和恢复蓄水 1712.51 万立方米。1999—2010 年，投入水库除险加固资金 4698 万元（含大洋水库除险加固等投资 2700 多万元）。

中型水库

全县 1 座——大洋水库，位于大洋镇大堰头村西。1970 年 8 月 1 日动工，1973 年 4 月竣工。大坝为黏土斜心墙土石坝，坝顶高程 822 米，坝顶长 170 米，坝顶宽 6 米，坝高 45 米。2000 年 12 月，大坝除险加固工程开工，2002 年 6 月，主体工程建设完成，2006 年，大坝除险加固工程竣工。水库除险加固后，坝顶高程 824.5 米，坝长 180 米，坝顶宽 6 米，坝高 47.5 米，防浪墙高 1.2 米。水面面积 76.67 公顷，灌溉农田面积 680 公顷。下游河道建有梯级电站 7 座。1994 年，在水库西北开凿隧洞，引水至龙宫洞电站发电。

图 5-2-1　县城滨江御园至金温铁路好溪桥北防洪堤（2009 年摄）

小（一）型水库

1993—2010 年，全县共建成小（一）型水库 2 座。其中，高畈水库，位于大源镇高畈村，1997 年动工，2000 年 8 月竣工，水面面积 7.84 公顷，坝高 38 米；沙坑水库，位于大源镇沙坑村，2004 年 3 月开工，2007 年 12 月竣工，坝高 39.8 米。

小（二）型水库

1993—2009 年，全县共建成小（二）型水库 11 座。

1993—2009 年缙云县建成的小（二）型水库情况一览表

表 5-2-3

名称	所在地	坝型	坝高（米）	建成年份
下坑水库	大洋镇漕头村	双曲拱坝	19.5	1993
天生桥水库	胡源乡小黄坛村	混凝土拱坝	15	1999
方溪二级水库	方溪乡联合村		30.6	2000
清塘岭水库	舒洪镇蟠龙村	双曲拱坝	25.3	2002
金岭坑水库	新建镇凝碧村		27.5	
龙溪水库	三溪乡厚仁村	重力坝	17.9	2003
南溪水库	南溪乡南溪村	硬壳坝	33.7	
朱弄水库	舒洪镇舒洪村	心墙坝	23.5	2004
门前坑水库	舒洪镇姓王村	硬壳坝	30.3	
大弄水库	舒洪镇舒洪村	心墙坝	17.7	2007
八尺水库	大洋镇南溪村	拱坝	38.1	2009

小（三）型水库

1991—2010 年，全县共建成小（三）型水库 21 座，水面面积 12.05 公顷，灌溉面积 235.33 公顷。

1991—2010 年缙云县建成的小（三）型水库情况一览表

表 5-2-4

名称	所在地	坝型	坝高（米）	灌溉面积（公顷）	水面（公顷）	建成年份
下塘水库	白竹乡上朱村	心墙坝	10.8	4.67	0.27	1991
大坑水库	新建镇前朱村		14	13.33	0.33	1992
中畈水库	东渡镇南胡村		20	13.33	0.8	1994
双坑水库	雁岭乡大岩坑村		13.5	8.67	0.4	
后弄水库	东渡镇长丰村		8	5.33	0.3	1995
方坑水库	东渡镇方川村	重力坝	15	20	0.67	1996
百刺岙水库	雁岭乡左库村	心墙坝	8	9.33	0.27	
曹坑水库	雁岭乡金四村		11.8	14.67	1	
佛洞水库	三溪乡厚仁村	硬壳坝	20.4	18.67	0.7	
青山水库	雁岭乡柘标火村	心墙坝	11.3	8	0.27	1998
丁坑口水库	雁岭乡大处村		10	4	0.27	
清塘水库	雁岭乡礤旧村		10.3	5.33	0.2	
妗婆岙水库	雁岭乡下潜村		14.2	10	0.27	1999
凉亭坑水库	雁岭乡岩下村	拱坝	22.3	—	0.47	2001
月弯水库	三溪乡西应村	重力坝	6.5	20	0.37	2004
金鸡水库	壶镇镇苍岭脚村	均质坝	4.5	10	1.17	
晨龙水库	壶镇镇良种基地		4.5	18.67	1.15	
青塘水库	壶镇镇五里牌村	心墙坝	5.5	6.67	1	2006
古塘下水库	五云镇古塘下村		8	40	1.33	
兰树桥水库	前路乡白茅村	硬壳坝	20	2.33	0.48	2007
黄大坑水库	大源镇寮车头村	面板坝	15.5	2.33	0.33	

堰坝

2006 年，全县 50 米以上堰坝 61 条，总长 7.12 千米，灌溉面积 2011.66 公顷。其中新建堰坝 11 条，修建堰坝 43 条。

1994—2006 年缙云县新建、修建的 50 米以上堰坝情况一览表

表 5-2-5　　单位：米、公顷

名称	所在地	长度	灌溉面积	建成年份	名称	所在地	长度	灌溉面积	建成年份
泗山上堰	泗山村	130	13.33	1994	关浸堰	新三村	70	40	1995
马蹄弯堰	东渡村	170	6.67		综合堰	西岸村	50	21.33	1996
上堰	姓尚村	120	26.67	1995	新建下堰	新建	70	—	

续表 5-2-5

名称	所在地	长度	灌溉面积	建成年份	名称	所在地	长度	灌溉面积	建成年份
吴淞堰	新六村	60	26.67	1997	寺根堰	寺根村	70	13.33	2002
塘坑堰	溪岩下村	60	33.33		古路堰	古路村	120	18.67	
塔山脚堰	洋山村	70	10		隔溪堰	深渡村	120	13.33	
黄坛堰	马渡村	100	64.67		浣溪堰	社后村	60	13.33	2003
外沿堰	外沿村	120	13.33		盖竹堰	盖竹村	120	8	
唐市堰	唐市村	60	46.67		清宁堰	石龙村	110	151.67	2004
广济堰	板堰村	130	13.33	1998	东溪堰	河阳村	70	6.67	
梅溪新堰	梅溪村	130	26.67		新陈堰	笕川村	100	73.33	
笕头堰	洋山村	90	100		郑坑口堰	郑坑口村	120	12	
官一堰	姓姚村	130	13.33		兆岸堰	兆岸村	130	56.67	
长丰堰	长丰村	110	13.33		上东方堰	上东方村	170	20	
千秋堰	下村村	60	23.33		江沿堰	江沿村	80	13.33	2005
仁岸堰	仁岸村	80	13.33		车坑堰	车坑村	110	20	
桑潭堰	周村村	180	100		桥下堰	梅溪村	60	6.67	2006
上水碓堰		150	33.33	1999	橡胶堰	五云镇	150	—	
洋泉堰	洋泉村	150	6.67		金丝堰	团结村	150	80.67	
铁店堰	岭口村	50	13.33		麻涧堰	舒洪村	120	33.33	
下新屋堰	下新屋村	100	13.33		文项堰	姓王村	80	23.33	
清广堰	湖川村	130	66.67		长澜堰	姓徐村	170	42.67	
寿公堰	陶墅村	60	6.67		金村畈堰	松岩村	110	10	
岩下堰	东岸村	50	33.33		镇畈堰	韩畈村	70	13.33	—
石龙岩堰	葛湖村	70	13.33		西圩堰	笕川村	100	66.67	—
周湖堰	下小溪村	130	13.33		黄桑堰		100	36.67	—
石格畈堰	兰口村	170	13.33		广济堰	石龙村	150	196.67	—
二百堰	上前湖村	160	6.67	2000	新西桥堰	外孙村	120	33.33	—
大筠堰	大筠村	70	6.67	2001	永济堰	皋头村	110	120	—
宅基堰	宅基村	140	22		万工堰	左库村	130	46.67	—
田村堰	田村村	160	26.67	2002	合计	—	7120	2011.66	—

水渠

水渠与堰坝相接，是缙云县引水灌溉的主要工程。古时，缙云有 3 条知名堰坝及其相接的引水水渠。

壶镇广济堰，水渠长约 4000 米，宽 2.3 米，深 1.3 米。建于北宋前，从左库羊斯滩引好溪水，经下施、唐川、上王、中王、坑沿、李庄、胡宅口，复入好溪。水渠分五个放水闸，按灌溉面积分配放水量。

壶镇清宁堰（又称范成堰），水渠长 8 千米，宽 2.3 米，深 1.3 米，灌溉面积 151.67 公顷。建于明代，有清代维修记录，自石龙头引好溪水，经下潜、石龙、塘川、坑沿、李庄，在胡宅口复入好溪。

五云桑潭堰，渠长约 3 千米，宽 1～2 米，深 1～3 米。自桑潭引水经官店、船埠头、西桥、大河、金梅亭大樟树脚复入好溪。该水渠有三条分流：一条经上名山至下名山入好溪，另一条经西桥东北角分流至洋泉入好溪，还有一条经西桥西北角分流至下徐宅入好溪。灌溉农田面积 30 余公顷。桑潭引水渠的取水方法是“车水灌田，内分八甲，依次轮流”。2010 年，因城市建设需要，西桥以下段基本废弃。

20世纪90年代开始，全县对三联片、东方片、白六片、新建片、新碧片等重点产粮区进行排灌渠道配套建设，对其他排灌渠道进行整改修建。1993—2006年，建成水渠580多条，其中500米以上178条，总长225.26千米。

1993—2006年缙云县500米以上灌溉水渠情况一览表

表5-2-6　　单位：米

水渠名称	所在地	渠长	建成年份	水渠名称	所在地	渠长	建成年份
鹅坑水渠	杨柳树村	500	1993	下名山水渠	下名山村	1300	
镇东水渠	镇东村	2486		洋潭头水渠	洋潭头村	1200	
泗山水渠	泗山村	660		下前湖水渠	下前湖村	500	
梨仓水渠	梨仓村	2070		山草岗水渠	槐花树村	500	
金弄溪水渠	金弄村	830	1996	工联水渠	工联村	660	
陈村水渠	陈村村	1200		后畈水渠	宫前村	1260	
陈村新水渠		1200		青宁堰水渠	上王村	507	
后岩山水渠	章村村	1400		宏坦山脚水渠	宏坦村	1000	
上前湖水渠	上前湖村	1000		凝碧水渠	凝碧村	550	
周村水渠	周村村	2000		仁岸水渠	仁岸村	545	
镇东水渠	镇东村	2486		川三水渠	碧川村	700	1998
三里溪头畈渠	三里街村	1090				1120	
上名山水渠	上名山村	700		碧虞水渠	碧虞村	1100	
建设水渠	建设村	550		金谷水渠	金谷村	1000	
坑里水渠	岭中村	1285		沙坑水渠	沙坑村	600	
三石桥水渠	团结村	860		如阳畈水渠	李坑口村	880	
大路垟水渠	冷水村	1600		千秋堰水渠	唐市村	2420	
赤溪水渠	赤溪村	1130		上三百水渠	北洪村	1960	
陶墅水渠	陶墅村	1200		土地垅水渠	唐市村	2010	
新建前畈水渠	新建	800		清塘水渠	大雅畈村	1050	
清井湾水渠	清井湾村	874		上宕水渠	上宕村	3350	
兰口水渠	兰口村	540	1997	上前湖水渠	上前湖村	1000	
兆岸水渠	兆岸村	680		周村水渠	周村村	2000	
长丰水渠	长丰村	1000		洋泉水渠	洋泉村	550	
碧川水渠	碧川村	1300		五里牌水渠	五里牌村	1300	
上东方水渠	上东方村	1235		马妇水渠	姓汪村	1033	
今古塘水渠	今古塘村	2000		后湖水渠	后湖村	1000	
新塘水库水渠	新宅村	1300		下项水渠	下项村	621	1999
桥头畈水渠	松岩村	1300		虎岙水渠	里隆村	850	
大麦牌水渠	周扎村	2200		后畈水渠	新建村	800	
后坑水渠	小黄坛村	650		寺根水渠	寺根村	1000	
岗背水渠	上东山村	950		古溪水渠	古溪村	500	
小黄坛水渠	小黄坛村	616		王弄水渠	王弄村	1400	
南溪水渠	南溪村	827		下小溪水渠	下小溪村	512	
黄寮水渠	黄寮村	505		周湖水渠		512	

续表 5-2-6

水渠名称	所在地	渠长	建成年份	水渠名称	所在地	渠长	建成年份
横岭后水渠	大堰头村	898	1999	三马东水渠	三马东村	1200	2001
古楼岭脚水渠	古楼村	600		笕川水渠	笕川村	1526	
宅余水渠	稠二村	1100		钦村水渠	钦村村	2500	
沙坑水渠	沙坑村	600		新三村水渠	新三村	800	
高畈水渠	高畈村	1900		岩山下水渠	岩山下村	630	
杨岭水渠	杨岭村	710		蟠龙水渠	蟠龙村	2750	
上前水渠	上前村	500		山前水渠	山前村	1200	
曹坑水渠	金竹村	1234		碧街水渠	碧街村	1160	
蝙岗水渠	碻背村	690		寮坑水渠	寮坑村	660	
鹅坑堰水渠	杨柳树村	730		红旗水渠	西山村	620	
唐市水渠	唐市村	601		前山水渠	大源村	1150	
石上坑水渠	上周村	1390		赤宏岙水渠	大峰村	1150	
双溪口水渠	双溪口村	3500		柿坑水渠	柿坑村	950	
东陈水渠	东陈村	860		朱村水渠	朱村村	1500	
船埠头水渠	船埠头村	500	2000	垅头水渠	岩下村	803	
上前湖水渠	上前湖村	1960		板桥水渠	唐市村	700	
社后畈水渠	社后村	500		殿基坪水渠	北洪村	2020	
金付山水渠	石龙村	500		新屋畈水渠	新屋畈村	970	
高塘水库水渠	南田村	1664		东里水渠	东里村	810	
陶墅新水渠	陶墅村	1280		面前畈水渠	南田村	591	2002
溪岩下水渠	溪岩下村	1000		下周水渠	下周村	1500	
		500		山前水渠	山前村	583	
姓王水渠	姓王村	500		碧虞水渠	碧虞村	530	
岭口水渠	岭口村	600		杨梅山水渠	杨梅山村	1200	
官田坑水渠	杨梅山村	1305		土鱼坑水渠	土鱼坑村	830	
东坑口水渠	寮坑村	660		黄泥垄水渠	黄泥垄村	2800	
榧树后水渠	榧树后村	1970		寮车头水渠	寮车头村	780	
淹畈水渠	清塘村	1140		枫树店水渠	上村村	2867	
庙下水渠	庙下村	844		电溪水渠	潜明村	900	
余溪水渠	余溪村	1218		花楼山水渠	花楼山村	2370	
下余水渠	下余村	700		金弄坑水渠	东里村	702	
		900		小黄坛水渠	小黄坛村	600	
梅下水渠	梅下村	550		方溪水渠	方溪村	1059	
周弄水渠	周弄村	1700		黄竹蓬水渠	西峰村	1200	
新屋畈水渠	新屋畈村	820		西青头水渠	西青头村	2876	2003
大麦牌水渠	双溪口村	1400		水笕堰水渠	东渡村	1800	
西峰水渠	西峰村	1370		坑上畈水渠	兆岸村	2850	
胡章水渠	胡章村	800		反坑畈水渠	苏宅村	700	
下洋水渠	下洋村	2570	2001	东岸坑水渠	上山头村	530	
		760		余溪畈水渠	余溪村	1975	
川石水渠	川石村	1630		麻车水渠	麻车村	1850	

续表 5-2-6

水渠名称	所在地	渠长	建成年份	水渠名称	所在地	渠长	建成年份
下来水渠	三里村	750	2003	岩里西水渠	螺蛳岩村	1100	2005
徐珑畈水渠	姓潘村	1000		下周水渠	下周村	720	
方溪水渠	方溪村	700		黄碧村水渠	碧川村	1583	
周村水渠	周村村	1030	2004	姓姚水渠	姓姚村	1250	
三里街水渠	三里街村	1420		雅施水渠	雅施村	2380	
后畈水渠	新三村	600		前路水渠	前路村	500	
铁店堰水渠	岭口村	861		湾档水渠	西应村	558	
川一新水渠	碧川村	2380		下塘水库水渠	陈村村	1100	
上堰半山水渠	东渡村	2400		火西坑水渠	雅江村	6500	
东楼水渠	白茅村	640		章村水渠	章村村	1018	
花楼山新水渠	花楼山村	720		乌下水渠	乌下村	10420	
下双龙水渠	下双龙村	5450	2005	下园水渠	下园村	539	2006
朱庙后水渠	朱庙后村	763		胡村水渠	胡村村	1715	
合计						225257	—

附记：

1957—1979 年缙云县建造的小（一）型水库

碧川水库，在新碧镇碧川村。1958 年动工，1960 年竣工。黏土心墙坝，坝高 18 米，坝顶宽 3 米。集水面积 2.5 平方千米，水面面积 11 公顷，灌溉农田面积 133.33 公顷。渠道 2 条，共长 0.5 千米。原碧川电站，装机容量 24 千瓦，已报废。

白马水库，在新建镇马堰村。1958 年动工，1966 年竣工。黏土心墙坝，坝高 26.9 米。集水面积 43 平方千米，水面面积 20 公顷，灌溉农田面积 1000 公顷。渠道 2 条，共长 14.6 千米。有白马电站。

浣溪水库，在壶镇镇宫前村。1958 年动工，1960 年竣工。黏土心墙坝，坝高 32.8 米，坝顶宽 5 米。集水面积 26 平方千米，水面面积 16.67 公顷，灌溉农田面积 476 公顷。渠道 3 条，共长 26 千米。有浣溪二级电站。

左库水库，在雁岭乡左库村。1965 年 10 月动工，1966 年竣工。混凝土重力坝，坝高 9 米。集水面积 310 平方千米，水面面积 11.6 公顷，灌溉农田面积 593.33 公顷。渠道 6 条，共长 32 千米。有左库电站。

金岭脚水库，在双溪口乡金岭脚村。1965 年动工，1973 年竣工。黏土心墙坝，坝高 31 米，坝顶宽 6 米。集水面积 7 平方千米，水面面积 6.67 公顷，灌溉农田面积 166.67 公顷。渠道 2 条，共长 11.7 千米。有金岭脚电站。

溪南水库，在新建镇东山杨村。因溪南公社而得名。1968 年动工，1976 年竣工。混凝土重力坝，坝高 28 米，坝顶宽 3 米。集水面积 39 平方千米，水面面积 11.2 公顷，灌溉农田面积 133.33 公顷。渠道 4 条，共长 4 千米。有溪南电站。

岭头方水库，在东方镇岭头方村。1969 年动工，1978 年竣工。黏土心墙坝，坝高 32.2 米，坝顶宽 4.5 米。集水面积 4.5 平方千米，水面面积 13.33 公顷，灌溉农田面积 266.67 公顷。有岭头方电站。

插花墩水库，在胡源乡章村村。以库址原有插花娘娘庙而得名。1969 年动工，1974 年竣工。混凝土拱坝，坝高 26.7 米。集水面积 76 平方千米，水面面积 10.67 公顷。在舒洪镇清井湾村建有盘溪五级电站。

古方塘水库，在胡源乡上坪村古方山，海拔1000多米，由古方塘改建。1970年动工，1979年竣工。黏土心墙坝，坝高38米，坝顶宽5米。集水面积1.16平方千米，其中引水面积0.38平方千米。水面面积6.53公顷，灌溉农田面积66.67公顷。渠道2条，共长3.6千米。原有的光明电站，已报废。

更新水库，位于壶镇镇塘下村。1984年，由北山水库改建。坝高31.8米，集雨面积3.2平方千米，水面面积6.67公顷，灌溉农田133.33公顷。

第三章　防灾抗灾

1993—2010年，全县遭受直接经济损失500万元以上的水灾共16次，旱灾4次，另有雪灾4次、风灾5次、雷灾6次、雹灾4次。县政府常年设置防汛防旱指挥部，组织指挥防汛防旱日常事务。全县防灾抗灾指挥体系健全、责任落实，遇到灾害时及时启动各类预案，组织力量投入防灾抗灾，努力减少灾害损失。

第一节　洪旱灾害

缙云县降水量年际变化大，季节分布不均匀，旱涝灾害易发，还易受台风影响。全县多年平均年降水量为1593毫米，4—9月降水较多，最多月降水量414.3毫米。春夏之交的梅雨季降水量充沛，7—8月雨水偏少，往往出现晴燥少雨的伏旱天气。

洪灾

1993—2010年，全县直接经济损失500万元以上的洪灾16次，受灾人口126.85万人次，受灾农作物面积46300.99公顷（次），房屋倒塌8793间，直接经济损失6.483亿元，死亡8人，失踪1人。

1993年6月24日，特大暴雨引发洪水和山体滑坡，全县受灾人口33.6万人，死亡3人，农作物受灾面积7800公顷，房屋倒塌675间，直接经济损失3800万元。

1994年8月21日，17号台风影响县域，受灾人口26.3万人，直接经济损失2300万元。

1996年7月31日—8月2日，8号台风影响县域，受灾人口28万人，农作物受灾面积13313.33公顷，房屋倒塌775间，冲走牲畜162头，直接经济损失1.44亿元。

1997年7月9日，遭受严重洪涝灾害，全县房屋倒塌106间，死亡1人，农作物受灾面积2580公顷，直接经济损失937万元；8月18—19日，台风“芸妮”影响县域，农作物受灾面积5059.33公顷，房屋倒塌1125间，公路损坏55千米，直接经济损失1.12亿元。

2001年6月25日，受台风“飞燕”影响，全县4个乡镇受灾，受灾人口1.6万人，农作物受灾面积310公顷，损失粮食19.75万千克，房屋倒塌12间，毁坏公路路面28千米，直接经济损失755万元。

2002年1月16日，出现冬季强对流天气，遭受雷雨大风和强降雨袭击，全县受灾人口20.1万人，农作物受灾面积723.33公顷，绝收20公顷，房屋损坏2008间，直接经济损失484.93万元。

2003年6月24日，特大暴雨，引发洪灾，冲走中巴车1辆，死亡4人。

2004年8月12—13日，受台风“云娜”影响，农作物受灾面积3520公顷，房屋倒塌6482间，企业停产 346 家，损坏输电线路 54 千米，电信线路 17 千米，公路塌方 10 处，中断 4 条，堤坝损坏 167 处，直接经济损失 8440 万元。

2005 年，缙云连续受“海棠”等 4 次台风影响。全县农作物受灾面积 4975 公顷，粮食减收 297.5 万千克，受灾人口 51541 人次，房屋倒塌 341 间，堤坝损坏 80 处 35.4 千米，护岸损坏 65 处，水设施损坏 168 处，路基（面）毁坏 32.9 千米，输电线路损坏 15.9 千米，通信线路损坏 11.7 千米，直接经济损失 1.333 亿元。

2007 年 9 月 18—19 日，台风“韦帕”影响缙云，受灾人口 1.8 万人，农作物受灾面积 2900 公顷，绝收 33.33 公顷，房屋倒塌 250 间。直接经济损失 1 亿元；10 月 6—9 日，16 号台风“罗莎”影响缙云，全县农作物受灾面积 5120 公顷，房屋倒塌 161 间，公路毁坏 12 千米，输电线路损坏 8 千米，停电企业 8 家，直接经济损失 1.23 亿元。

2009 年 8 月 6—10 日，受台风“莫拉克”影响，全县 10.3 万人受灾，直接经济损失 0.9 亿元；15 日，全县普降小到中雨，大源镇出现短时强降水，引发局部地区山洪，22 个村民房倒塌 172 间，失踪 1 人，直接经济损失 3160 万元。

旱灾

1993—2010 年，全县较严重旱灾 4 次。

1994 年，全县受旱面积 3373.34 公顷。其中，水田 2346.67 公顷、旱地 1026.67 公顷；水田晒白开裂 2006.67 公顷，枯苗 340 公顷；旱地枯苗 330 公顷。全县 5500 人和 4100 头牲畜饮水困难。

1995 年，全县受旱面积 1900 多公顷。其中，水田泥层开裂 533.33 公顷，枯苗 863.33 公顷，无水未插晚稻 203.33 公顷，经济作物受灾面积 373.33 公顷；受灾人口 39.1 万人，饮水困难人口 1.56 万人。

2003 年，全县受旱水田面积 4629 公顷。其中轻旱 1792.8 公顷，重旱 1902.53 公顷，干枯 933.67 公顷。受旱旱地及园地 4212 公顷。其中轻旱 756.67 公顷，重旱 1335.8 公顷，干枯 2096.67 公顷。山塘干涸 32 座，饮水困难人口 3.97 万人。直接经济损失 9400 万元。

2004 年，全县受旱水田 4074 公顷、旱地 2773 公顷，饮水困难人口 0.35 万人，五云镇、壶镇镇一度供水紧张。

第二节　水情监测

2010 年，全县有水文站（点）45 个，其中雨量站 8 个、水情遥测站点 37 个。

雨量观测站建设

县域最早的雨量观测站建于 1933 年 1 月，地处五云镇。20 世纪 50 年代以后，雨量观测站发展到 15 个。1995 年，撤销缙云（五云东门，1933 年建）、吴岭（1974 年建）、樊庄（1974 年建）、木栗（1980 年建）、南溪（1980 年建）、新屋（1975 年建）、铁箱（1980 年建）、越陈（1979 年建）8 个雨量观测站，保留壶镇、后吴、雪峰、岭后、前村、新建、溶溪 7 个雨量观测站，加上县气象局雨量观测站，共计 8 个。

东渡村马蹄湾水文站，1974 年年底建成，1980 年 11 月改属省水文总站。1995 年 1 月，划归县水利局主管，业务受省、市水文机构指导。1996 年因 330 国道复线建设停测。有 21 年降水量、水位、流量资料。

2006 年，对全县各基本雨量观测站进行场地改造和设施更新。

1994—2006 年缙云县各雨量观测站降水量一览表

表 5-3-1　　单位：毫米

年份	缙云	壶镇	新建	雪峰	溶溪	岭后	后吴	前村
1994	1465.2	1356.9	1436.2	2005.8	1557.9	1875.1	1644.8	1990.2
1995	1553.1	1337.4	1595.9	2059	1848.8	1736.8	1853	1827.8
1996	1248.9	1003.9	1227	1549.8	1323.8	1324.6	1393.9	1771.2
1997	1559.2	1415.3	1579.9	2174.9	1578	1796	1749.9	1952.3
1998	1674.9	1618.3	1662.5	2056.3	1703	1792.2	1786.4	1915.7
1999	1509	1249.9	1652.3	2074.1	1257.6	1454.1	1434.6	1764.5
2000	1534.6	1462.2	1565.5	2271.3	1666.2	1752.6	1779.1	1945.9
2001	1449.4	1324	1518.6	1871.6	1497.2	1758.4	1626.6	1933.4
2002	1548.4	1485.7	1569.1	2197	1553.9	1597.2	1697.9	1899.3
2003	993	868.2	1041.2	1238.1	1012.1	1187.3	1121.1	1248.6
2004	1190.6	1067.6	1184	1774.7	1196.8	1453.9	1372.4	1631
2005	1522.8	1471.5	1409.7	2076.3	1726.2	1806.7	1889.8	2106.5
2006	1603.1	1289.6	1513	1823.3	1545.3	1754.6	1700.8	1828

水情遥测

2002 年，安装大洋水库、更新水库、壶镇、缙云 4 个水情自动采集遥测设备。2003 年，安装高畈、左库、浣溪、岭头方、插花墩、溪南、白马、碧川、金岭脚 9 个小（一）型水库的水情遥测设备。2007 年，安装各雨量观测站、重要小（二）型水库和重要小流域 21 个水情遥测设备。2008 年，安装明堂岙、岩塘和枫树弄 3 个水库的水情遥测设备。2009 年，全县有水情遥测站点 37 个。

非工程措施建设

2007 年，全县组建防汛抢险队伍 25 支。

2008 年，投入 150 多万元，建设 18 个乡镇（农管处）防汛视频系统。结合基层防台体系建设，2010 年，建立壶镇、新建、大洋、大源 4 个物资储备分中心，增配县中心站物资储备，县防汛物资中心和 4 个分中心建设均达到配置标准。5 月，缙云县基层防汛防台体系建设，经省市水利部门考核，被评为优秀。

五云镇南塘路口最高水位

该观测点以 85 高程海面图像基准为观测基面，1993—2000 年观测方法为人工观测，2001—2010 年为自记观测。1992 年开始，记录最高水位。其中，1992 年 9 月 23 日 144.6 米；1993 年 6 月 19 日 143.75 米；1994 年 8 月 22 日 143.84 米；1995 年 6 月 3 日 143.35 米；1996 年 6 月 7 日 142.39 米；1997 年 8 月 19 日 146.38 米；1998 年 6 月 19 日 143.1 米；1999 年 5 月 24 日 143.6 米；2000 年 6 月 24 日 144.2 米；2002 年 6 月 30 日 143.58 米；2004 年 8 月 13 日 143.16 米；2005 年 8 月 6 日 143.79 米；2007 年 10 月 8 日 143.55 米。

第三节　抗灾抢险

1993—2010年，层层落实防汛抗旱责任，县政府与乡镇政府签订《防汛保安责任状》，乡镇政府与各水利工程单位签订《工程保安责任书》，与水库巡查人员签订《水库安全巡查工作管理责任书》。2010年，开展乡镇、行政村防汛标准化、规范化建设，建立基层避灾设施和抢险队伍指挥系统。

每年汛期前和台风影响期间，县政府均组织人员进行防汛抗台检查。其中2004年2月，汛前检查各乡镇政府防汛准备情况、小（二）型以上水库和防汛重点对象524处，参加检查人员2280人次。

1995年7月，旱灾发生后，县政府成立缙云县干旱期抗旱应急供水领导小组；水利、城建、环保、公安等部门联合下发《关于县城干旱时期节约用水的通告》《关于加强城区饮用水源保护的通告》，以确保全县正常供水和居民生活用水。

1999年9月，县防汛防旱指挥部编制《缙云县洪水风险图》《缙云县城区防洪预案》，各乡镇政府编制相应的防洪预案。2007年5月30日和7月9日，县防汛指挥部组织水上救生演练和防御超强台风实战演练活动；8月，县政府发布《缙云县防汛防旱抗台应急预案》。

第四章　电力

1991年11月，缙云县电力工业局（简称“县电力局”）成立，原隶属县水电局的电力公司划到县电力局管辖。1999年1月开始，县电力局由省电力公司委托丽水电业局代管。2010年，缙云县电力局内设机关部室9个，辖二级单位21个。

第一节　发电

1993—2010年，缙云县逐步报废装机容量小、技术含量低的小型水电站，发展装机容量大、技术含量高的水电站。水电站所有制形式有国有独资、集体所有和个人股份合伙。1996—2010年，共计发电量148214万千瓦时，占全县发购电总量的16.75%。

1993年，全县有水电站47座，总装机容量17890千瓦，年发电量7135万千瓦时。其中乡办15座，装机容量7255千瓦；村办11座，装机容量2141千瓦；国营和股份制21座，装机容量8494万千瓦。2010年，全县有水电站45座，其中，乡办17座、村办5座、股份制17座、国有6座。总装机容量5.5万千瓦，年发电量1.65亿千瓦时。

龙宫洞电站，1994年5月投入试生产，1997年9月通过验收。该电站位于方溪乡联合村，为大洋水库跨流域引水发电站，落差480米，装机容量1万千瓦。至1996年年末，累计发电3479万千瓦时，平均年发电量为1375.6万千瓦时。

1994—2009年，全县新建水电站15座，装机容量35415千瓦；技术改造水电站13座，装机容量4938千瓦；重建（扩建）水电站5座，装机容量2900千瓦。

1997—2010年缙云县水电站数量权属及装机、发电情况一览表

表5-4-1

年份	电站（座）					装机（台）	装机容量（千瓦）	年发电量（万千瓦时）
	合计	乡办	村办	股份制	国营			
1997	37	16	6	8	7	86	29073	7489.81
1998	39	16	6	10	7	93	32293	9676.23
1999	39	16	6	10	7	94	32693	9346.76
2000	40	16	6	11	7	92	34353	6869.66
2001	41	16	6	13	6	95	36963	7626.87
2002	41	16	6	13	6	99	37683	10418.7
2003	41	15	6	14	6	99	39198	6807.22
2004	42	15	6	15	6	103	41753	6635.98
2005	42	15	6	15	6	103	41753	13119.27
2006	43	15	6	16	6	106	43643	10918.19
2007	43	15	6	16	6	106	43688	10669.42
2008	47	16	6	19	6	107	54263	13615
2009	45	17	5	17	6	103	55013	12260
2010	45	17	5	17	6	103	55013	16500

2010年缙云县各水电站情况一览表

表5-4-2

名称	型式	设计水头（米）	装机容量（千瓦）	投产年份	备注
光明	引水	417	320	1997	—
三洲岭	径流	85	470	1980	1998年技改
普化	引水	226	500	1966	2000年技改
小章	径流	78	83	—	1996年技改
岭头		9.84	600	1988	—
南坑	坝后	20	125	1979	2009年重建
柿坑	引水	201	2520	1998	—
高畈		29.8	1890	2000	—
新川一级	坝后	25	125	1981	—
新川二级	引水	48	250	1982	—
溪南		20.5	200	1976	2001年技改
天井		85	75	1965	—
木栗		160	1200	1981	2009年重建
方溪二级		79.1	1890	2001	—
凉亭坑		128	800	2001	—

续表 5-4-2

名称	型式	设计水头（米）	装机容量（千瓦）	投产年份	备注
龙溪	引水	116	1890	2003	—
南溪		203	2520	2004	—
吾山		101.5	1890	2006	—
沙坑		87.58	5000	2008	—
八尺		173	3200	2009	—
石笕		96	1890	2008	—
新白马	—	20.84	640	1964	2006 年技改
盘溪一级	坝后	38.7	600	1974	—
盘溪二级	引水	220	2400	1974	—
盘溪三级		205	2400	1977	—
盘溪四级		92	1600	1979	—
盘溪五级	混合	29	1040	1971	2000 年技改
盘溪六级	引水	22	890	1986	—
五培坑	径流	69	250	1986	2009 年技改
金岭脚	坝后	25	200	1975	1984 年扩建
上周	径流	54.2	125	1997	—
方川		48	200	1996	2009 年技改
左库	坝后	5.5	445	1983	2002 年技改
长坑（一）	河床	4.4	375	1985	—
长坑（二）	径流	4.4	410	1996	—
城南		10	800	1982	—
好溪（一）		10.5	1280	1986	—
好溪（二）		10.5	960	1997	—
浣溪（一）		220	500	1966	—
浣溪（二）	坝后	30	660	1959	2002 年技改
姓叶	径流	35	125	1976	2009 年技改
岭头方	引水	200	1000	1972	1999 年技改
龙宫洞	混合	480.4	10000	1994	—
下寮	径流	102	325	1975	2001 年技改
天生桥	引水	11.5	500	1998	—

第二节　电网建设

1987 年，缙云电网联入省网。2007 年，完成《缙云电网“十一五”规划及远景（2020）展望》《县域电力设施布局专业规划（2007—2020）》编制。至 2010 年，县域初步形成“以 220 千伏为枢纽、以 110 千伏为骨干、以 35 千伏为主体”的电网格局。

变电所

1993 年，全县有 35 千伏变电所 4 座，主变压器 7 台，变电总容量 2.565 万千伏安。2002 年，有 110 千伏变电所 2 座、35 千伏变电所 7 座。2005 年 2 月，县电业局所辖 35 千伏变电所实现无人值班自动化管理。是年，变电总容量 39.78 万千伏安。

2006 年 7 月 11 日，缙云县首座 220 千伏仙都变电所投产，成为缙云电网的主供电源。2008 年以后，110 千伏东山、黄龙(二期)及 35 千伏万景、大洋、大源等输变电工程相继投入运行，第二座 220 千伏白峰(河阳）输变电工程、110 千伏雁门变电工程开工建设。

2010 年，全县电网变电总容量 102.18 万千伏安。其中，220 千伏变电所 1 座，主变 2 台，容量 30 万千伏安；110 千伏变电所 5 座，主变 9 台，容量 37.45 万千伏安；35 千伏变电所 11 座，主变 19 台，容量 15.07 万千伏安；35 千伏用户变 12 座，主变 43 台，容量 19.66 万千伏安。

2010 年缙云县 35 千伏变电所主变情况一览表

表 5-4-3

名称	型号	数量（台）	额定容量（千伏安）	合计容量（千伏安）	投运年月
城关变电所	SZ9—10000/35	2	10000	20000	2004.10
陶滩变电所	SZ9—10000/35	2	10000	20000	2003.8
双溪变电所	SZ9-M-3150/35、SZ9-5000/35	1 1	3150 5000	8150	2001.1 2007.12
新建变电所	SZ9-6300/35、SZ7-6300/35	2	6300	12600	2006.1
东方变电所	SZ9-6300/35	2	6300	12600	2002.9
新碧变电所	SZ9-10000/35	2	10000	20000	1#2002.3 2#2002.10
舒洪变电所	SZ9-5000/35	2	5000	10000	1#2001.6 2#2005.6
杜桥变电所	SZ9-12500/35	2	12500	25000	1#2006.1 2#2009.5
万景变电所	SZ9-16000/35	1	16000	16000	2008.11
大洋变电所	SZ9-3150/35	1	3150	3150	2008.12
大源变电站	SZ9-3150/35	1	3150	3150	2010.7

2010 年缙云县 110 千伏及以上变电所主变情况一览表

表 5-4-4

名称	型号	数量（台）	额定电压（千伏）	额定容量（千伏安）
仙都变电所	OSSZ10	1	220±8×1.25%/117/37/10.5	150000
	OSFSZ10	1	220±8×1.25%/117/37/10.5	150000
缙云变电所	SFSZ8	1	110±8×1.25%/38.5±2×2.5%/10.5	31500
	SSZ9	1	110±8×1.25%/38.5±2×2.5%/10.5	40000
壶镇变电所	SFSZ8	1	110±8×1.25%/38.5±2×2.5%/10.5	31500
	SFSZ9	1	110±8×1.25%/38.5±2×2.5%/10.5	31500

续表 5-4-4

名称	型号	数量（台）	额定电压（千伏）	额定容量（千伏安）
黄龙变电所	SSZ9	1	110±6×2.5%/38.5±13×2.5%/10.5	40000
	SSZ9	1	110±6×2.5%/38.5±13×2.5%/10.5	50000
里隆变电所	SSZ10	1	110±8×1.25%/37/10.5	50000
	SSZ10	1	110±8×1.25%/37/10.5	50000
东山变电所	SSZ10	1	110±8×2.5%/37/10.5	50000

输电线

1993—2010 年，缙云电网 35 千伏输电线路长度从 156.2 千米增至 305.55 千米；10 千伏输电线路长度从 890.35 千米增至 11197.25 千米。2010 年，全县有 10 千伏输电线路 111 条，长度 1296.02 千米；35 千伏输电线路 37 条，长度 305.78 千米。

城乡电网建设与改造

1992 年，缙云县实现村村通电。1999 年 8 月，一、二期农网建设与改造工程启动，投资 1.2 亿元。2003 年，实施城区电网改造工程。2006 年 12 月，启动新农村电气化建设工程。次年，五云镇成为“新农村 A 类电气化镇”；2008 年，建成电气化乡镇 8 个、电气化村 259 个，全县实现户户通电，缙云成为丽水市首个新农村电气化县，并首先实现供、售电量双超 10 亿千瓦时。县电力局获国家一流县级供电企业、国网公司新农村电气化建设先进单位荣誉称号。至 2010 年，新农村电气化建设工程完成投资 6.39 亿元。

第三节　供电

2010 年，缙云县用电户有 18.84 万户，用电量合计 123779 万千瓦时。其中发电量 17171 万千瓦时，购电量 108886 万千瓦时。

调度自动化

1996 年，县电力公司引进申贝科技调度实时监控系统 YJD-400 型，后升级为 YJD-450 系统。1998 年 2 月，申贝 -YJD952 型交流采样 RTU 在双溪变安装运行；4 月，3 台申贝同型号 RTU3 分别在陶滩、新建、城关 3 个变电所投入使用；10 月，厂站安装自动化设备。次年 10 月，通过电网调度自动化系统实用化验收。1999 年 12 月，县电力公司调度主站实行升级改造，采用双数采、双服务器双网结构，SCADA 系统升级为 YJDNT，可靠性提高。2003 年 9 月，调度模拟屏更新，并与电网系统的实际接线相一致，电网安全、可靠运行程度提高。2004 年，调度主站再次升级改造，增加 WEB 服务器和网络保密器，与其他网络进行物理隔离，实现数据、网络资源共享；7 月，主站 SCADA 系统升级为 YJD-2000 型，实现数据采集和监视控制。

2005 年，县电力调度大楼 UPS 电源系统投入使用，实现调度数据共享。2009 年 3 月，调度二次安防系统升级改造完成。2010 年 8 月，县调度室采用北京清大高科 TH-2100 系统，实现调度员模拟培训、电网安全稳定经济分析、事故重演和分析功能，新建一套功率因数考核系统。年底，接入 SCADA 系统的变电站有 17 座（220 千伏 1 座、110 千伏 5 座、35 千伏 11 座）。

电量

1993 年，全县用电量 1 亿千瓦时，最高用电负荷 2.09 万千瓦时。其中，工业用电量 6938 万千瓦时，城乡居民生活用电 2334 万千瓦时。2010 年，用电量 12.38 亿千瓦时，购电量 10.89 亿千瓦时，最高用电负荷 29.4 万千瓦时。其中，工业用电 10.22 亿千瓦时，比 1996 年增长 9.26 倍；农业水利用电 0.07 亿千瓦时，比 1996 年增长 2.6 倍；城乡居民生活用电 1.36 亿千瓦时，比 1996 年增长 2.6 倍。

1993—2010 年缙云县供用电情况一览表

表 5-4-5　　　　单位：万千瓦时

年份	发电量	购电量	用电量				
			合计	农业水利	工业用电	居民用电	其他用电
1993	6447	—	—	—	—	—	—
1994	6410	—	—	—	—	—	—
1995	8132	—	—	—	—	—	—
1996	6261	13706	14685	192	9960	3751	782
1997	7498	14165	14836	205	10083	3652	896
1998	9676	7264	14460	211	9630	3574	1045
1999	9229	12140	17849	206	12983	3502	1158
2000	6870	14936	19482	220	13822	3896	1544
2001	7627	14022	20346	239	13839	4254	2014
2002	8813	18655	25939	200	18659	4676	2404
2003	6648	25703	31890	250	22910	6114	2616
2004	4776	36394	40647	343	29152	6109	5043
2005	13119	45711	58465	295	46744	7107	4319
2006	10577	64840	74995	262	61496	8061	5176
2007	10339	83532	92908	326	77915	9276	5391
2008	12935	96283	108418	433	91687	10501	5797
2009	11990	98995	109616	559	90140	12081	6836
2010	17171	108886	123779	696	102176	13635	7272

电价

1993—1998 年，缙云县实行农村综合变总表直接计量收费。1998 年开始，网改村采取电价分档办法收费，到户电价分为四档（0.8 元 / 千瓦时、0.74 元 / 千瓦时、0.66 元 / 千瓦时、0.6 元 / 千瓦时）。网改验收合格次月起，比原照明电价降低一档，平均每千瓦时降低 0.06 元。

2001 年，推广居民峰谷分时电价，以利电力企业移峰填谷。基本电价为峰 0.568 元 / 千瓦时，谷 0.288 元 / 千瓦时。11 月，实现生活用电城乡同网同价，平均电价从 0.75 元 / 千瓦时降至 0.53 元 / 千瓦时。2003 年 11 月，农村非工业用电与普通工业用电实现全省同网同价。2005 年 5 月，开始执行居民阶梯电价，引导电能合理消费。2010 年，大工业用电、一般工商业用电电价划分为六个时段：尖峰时段 19∶00—21∶00；高峰时段 8∶00—11∶00，13∶00—19∶00，21∶00—22∶00；低谷时段 11∶00—13∶00，22∶00—次日 8∶00。推广应用用电信息采集和电表远程集抄系统，上门抄表收费方式逐步退出。

1993年、2010年缙云县居民生活用电电价一览表

表5-4-6　　　　单位：元/千瓦时

1993年		2010年					
用户类别	平均电价	电压等级		电度电价	分时电价		
					尖峰电价	高峰电价	低谷电价
城镇居民	0.3	不满1千伏一户一表	月用电量50千瓦时及以下部分	0.538	—	0.568	0.288
			月用电量51～200千瓦时部分	0.568	—	0.598	0.318
农村居民	0.29		月用电量201千瓦时及以上部分	0.638	—	0.668	0.388
		不满1千伏合表		0.558	—	—	—
		1～10千伏及以上合表		0.538	—	—	—
		农村1～10千伏		0.508	—	—	—

2010年缙云县工业用电电价一览表

表5-4-7　　　　单位：元/千瓦时

电压等级		电度电价	尖峰电价	高峰电价	低谷电价
1～10千伏		0.663	1.081	0.899	0.415
20千伏		0.643	1.056	0.876	0.399
35千伏		0.633	1.043	0.864	0.391
110千伏		0.611	1.01	0.835	0.371
220千伏及以上		0.606	1	0.827	0.367
中小化肥用电	1～10千伏	0.274	—	—	—
	20千伏	0.254	—	—	—
	35千伏	0.244	—	—	—
	110千伏及以上	0.222	—	—	—
电解铝生产用电		0.423	—	—	—
氯碱生产用电	1～10千伏	0.566	0.972	0.76	0.334
	20千伏	0.546	0.944	0.738	0.318
	35千伏	0.536	0.93	0.727	0.31
	110千伏及以上	0.514	0.899	0.698	0.29

2010年缙云县商业用电电价一览表

表5-4-8　　　　单位：元/千瓦时

电压等级	电度电价	尖峰电价	高峰电价	低谷电价
不满1千伏	0.904	1.418	1.113	0.59
1～10千伏	0.866	1.368	1.07	0.558
20千伏	0.846	1.342	1.047	0.541
35千伏及以上	0.836	1.329	1.036	0.533

续表 5-4-8

电压等级		电度电价	尖峰电价	高峰电价	低谷电价
其中：中小化肥用电	不满 1 千伏	0.382	—	—	—
	1 ~ 10 千伏	0.344	—	—	—
	20 千伏	0.324	—	—	—
	35 千伏及以上	0.314	—	—	—

第四节　电力管理与服务

农电管理体制改革

2004 年，乡镇农电管理体制改革实施。对全县农电营业设施和管理情况组织调查摸底，进行资产评估后，移交省电力局。重新划分供电区域，将原有的 4 个供电所、13 个供电营业所，合并成立 11 个供电营业所。经省电力局批复后，县农电总站与原乡镇电管员劳动关系解除，县供电营业所通过县人才交流中心重新选用人员。其中，电管员 75 人、专职村电工 150 人、兼职村电工 50 人。

助企、惠农、便民行动

2003 年 6 月，县电力公司开通 24 小时“电力 110”故障抢修服务电话。2008—2010 年，开展“助企春风行动”“电力体检”、顾问式服务、电网反事故演习和“零点”排隐患行动，防止电网大面积停电、避开居民用电高峰时间停电作业，打造“及时雨”阳光服务品牌。推出助企措施 28 条、惠农措施 20 条，解决工业用户用电问题 116 个，帮助企业排除故障 45 次。推出“优化用电建议书”，为工业用户节约电费 1691 万元。帮助企业提高科学用电水平，治理谐波源污染企业 78 家，累计减少企业碳排放 400 多万千克，GDP 单耗下降 0.05%。在“农电下乡”惠农服务活动中，“阳光”电力支农小分队服务到田头，免费为 1000 多户用电户更换进户线。为迎峰度夏保供电，及时检查隐患、排除故障，将停电影响降到最低限度。

2009 年 11 月，县电力公司被省电力公司评为“全省供电服务品牌 20 强”。

停电限电管理

1993—2010 年，缙云工业强劲发展，多数年份会遇上季节性用电紧缺。每年 6 月下旬开始，夏秋高温少雨，县内小水电通常缺水发电，用电全部靠大电网供应，城乡居民降温消暑用电量剧增，全县用电负荷连创历史新高。按照“先生活，后生产”“保证重点，兼顾一般”的原则，县电力部门每年根据用电最高负荷变化情况制定停限电方案，抓好错峰用电和轮流供电工作。在用电高峰期，对一些超负荷较大的公用变压器实行轮休冷却，增加城镇用电密集区公用变压器数量，减小输电半径，提高供电可靠性，对铸钢等高能耗用电户实施停限电；要求工业用电大户避开生活用电高峰时段生产，或者实行“开五停二”（开工五天，停工二天）；路灯减半使用，关闭景观灯、霓虹灯等，让电于民。2006 年以后，110 千伏、220 千伏输变电工程运行和城镇电网结构的不断完善，拉闸限电现象减少。

配网带电作业

2009 年 4 月，县电力公司 10 千伏带电作业班成立，组织作业班员工参加带电作业专业技能培训，实施高压带电作业。2010 年 8 月开始，实现配网工程一、二类带电作业，建成 2 个电动汽车充电桩。

电网抢修

2006年，县电力公司组建抢修队，支援被台风“桑美”损坏的苍南县电网抢修。2008年1月12日—2月14日，持续低温雨雪，导线被冻雨凝结，全县5条35千伏线路断线42处，倒（断）杆（塔）22基；16条10千伏线路断线1487处，倒杆（塔）430基，断杆365基，共230.99千米；低压线路断线1412处，倒杆442基，断杆570基，17个乡镇463个行政村18万人口遭受断电影响。县电力局启动应急预案，调整电网运行方式，落实减灾措施，保证主网安全。县应急指挥中心成立抢修协调、后勤保障等专业小组9个，在大洋、石笕、双溪乡3个乡镇成立片区指挥部3个，组织抢修队伍15支，技工14880人次、民工18200人次投入电网抢修。至2月28日，全县恢复正常供电。

图5-4-1　2008年壶镇镇杨梅园段110千伏输电线路架设现场

第六篇 交通

1993—2010 年，金丽温高速公路、台金高速公路缙云段建成通车，缙云县纳入浙江省 4 小时公路交通圈；从境域通过的金温铁路投入营运，金温铁路新线(高铁)开工建设；全县 644 个行政村通公路的 632 个，县城与乡镇、乡镇与村的公路网络初步形成。汽车数量从 1993 年的 710 辆增加到 2010 年的 20071 辆，公路交通运输客运量为 120.15 万人次。交通运输管理由运输市场放开审批到宏观调控，实行“先审批、后购置”，运输企业实行规模化经营、公司化管理，运输市场经营机制逐步完善。

1994 年，东渡镇长坑村至长坑电站跨好溪桥梁建成后，长坑渡口随之废除，至此，县域已无水路运输。

第一章　道路

1993年以后，缙云境域铁路和高速公路相继开通，陆路交通网络为之一新。公路新建和改造并举，原有的330国道、3条省道公路均进行改造提升，其中330国道缙云段进行了拓宽、改线和复线修建。新建的金丽温高速公路、台金高速公路与改造后的国道、省道及金温铁路组成县域新的陆路交通骨干路网。

1996年，省委、省政府出台山区交通发展扶持政策后，公路建设投入大增，农村公路快速发展。县道、乡道路面硬化尤为突出，至2006年，砂石路面全部改为沥青或水泥混凝土路面；“乡村康庄工程”，2003年开始实施，至2010年，全县投入资金6.8亿元，修建乡村公路408条，通到632个行政村的公路均为硬化路面。

县交通勘察设计室负责农村公路与桥梁工程的勘察设计。1992年12月，县交通建设工程公司成立，为县交通局下属单位，负责公路工程建设。2001年体制改革，县交通建设工程公司与县公路管理段所属的县路桥公司合并为缙云县交通建设工程公司，统一归属县公路管理段管理。

第一节　公路

县域多山地丘陵，东南部山高岭峻，公路路网形态受地形影响明显。境内高速公路、国道、省道及铁路大致呈东北—西南走向，且基本分布于好溪以西区域。五云、新碧、壶镇是县内公路路网的枢纽点，其中金丽温高速公路、330国道、金温铁路三大交通干线均经过新碧。

2010年年末，全县有公路442条，其中，高速公路2条、国道1条、省道3条、县道19条、乡道9条、村道408条。公路总长度1544.5千米。另有在建公路3条。

高速公路

至2010年，经过缙云境内的高速公路有金丽温高速公路和台金高速公路2条。

金丽温高速公路缙云段　属长春—深圳高速公路（G25）。1999年12月动工，2002年12月28日通车。过境路段长度21.54千米。经新碧镇、新建镇。缙云出入口位于新建镇宅基村。公路设计荷载12万千克。

台金高速公路缙云段　属省高速公路（S28）。2003年12月29日，在壶镇镇浣溪村苍岭隧道缙云端口举行开工典礼，2004年1月破土动工，2006年5月苍岭隧道贯通。2008年1月16日，壶镇至永康段通车。12月30日，壶镇至仙居县横溪段通车。过境路段长度17.42千米，经东方镇、壶镇镇。壶镇出入口设收费站一处。公路设计荷载12万千克。

国道

330国道缙云段长28.42千米，起自缙云、莲都接壤处的大庭庙，止于新碧镇下东山村。1986年，升级为二级公路。330国道缙云至丽水复线公路，1996年4月开始修建，1998年1月通车。缙云段起自桃花岭隧道山脊线投影点330（k129+817），止于东渡村南，经东渡镇8个村。按山岭重丘二级加宽公路标准建成沥青混凝土路面。

1993 年 2 月 25 日，省政府批准 330 国道兰口—黄碧街拓宽改造工程为省第一批“四自”（自行贷款、自行建设、自行收费、自行还贷）工程。该工程总投资 1.3 亿元，是当时缙云县投资额最大的建设项目。起自东渡镇兰口村，止于新碧镇下东山村，全长 21.43 千米。五云镇桥头村至七里乡金弄村路段由原经过五云镇上交岭、水南、北门、三里向东移到经过五云镇谢山、杜桥、生水塘。1993 年 12 月 7 日动工，1994 年年底一期工程竣工。1995 年 2 月开始收费通行。1996 年 9 月 30 日，二期工程竣工。

1996 年 8 月，县政府与香港华润交通工业开发有限公司合资成立浙江华通开发有限公司。合资经营项目为缙云境内 330 国道兰口—黄碧街段建设工程，包括 21.4 千米平原微丘二级加宽公路的建设和经营，合同有效期限 25 年。2014 年 2 月，双方终止合资经营协议；7 月 1 日零时起，330 国道缙云收费站停止收费。

省道

S219 省道　原名 42 省道，又称“磐缙公路”。境内起自白竹乡上东岸村，在壶镇与临石公路接合，经胡宅口、仙都等地，终点五云镇，全长 44 千米。1993 年，五云镇至胡宅口段拓宽改造结束，为二级山岭重丘公路，宽 8.5 ～ 12 米，沥青混凝土路面。潜明至上东岸段公路改建，1996 年 7 月完工；年底，由砂石路面改为沥青混凝土路面。五云镇至胡宅口段改造工程，1999 年 10 月开工，12 月竣工，投资 2819 万元。2002 年，上东岸至潜明段路面大修，长 5.3 千米，投资 115 万元；石龙头至壶镇水泥路面改造，长 2 千米，投资 110 万元；潘潭至潜明段大修，长 6 千米，投资 113 万元。2003 年，潜明至左库段路面大修，长 3.25 千米，投资 71 万元。2004 年，左库至石龙头段大修，长 3.8 千米，投资 158 万元。2007 年，潘潭至左库段、胡宅口至五里牌段路面大修，投资 970 万元。42 省道与平黄公路仙都区段改线工程，2008 年 1 月开工，2010 年年末试通车。该工程含 42 省道仙岩至官店段、平黄公路双龙至碧川段、金丽温高速公路连接线外堰至早宅段，总长 16 千米。其中一级公路 9 千米，二级公路 7 千米。2010 年，42 省道与 330 国道连接线工程开工。自官店村北穿金温铁路，过鼎湖大桥、鼎湖隧道至缙云客运中心，长 4.4 千米；是年，壶镇至早宅段公路改建工程开工，全长 17 千米，始于青川，在仙岩铺与 S219 省道、平黄公路相接。

S322 省道　原名 35 省道，又称“临石公路”。从临海经仙居、壶镇，在永康石柱接 330 国道。县境内长 33.92 千米，起自平坑口，过胡宅口、打虎岭入永康市境，其中壶镇至胡宅口段与 S219 省道合线。2002 年 11 月，三溪段水泥路面改造工程竣工。

S333 省道　起点自原 330 国道莲都区大庭庙附近，与 330 合一，终至东渡路段，长 11.03 千米。1999 年，沥青混凝土路面改为水泥混凝土路面。2002 年 10 月，改属 49 省道，2006 年 1 月更名为省道 S333。

县道

至 2010 年，缙云县县道公路共 19 条，合计长度 284 千米。

兰口至石笕（X501）　自兰口经雅宅、兆岸、坑上、麻弄、仓基、石松、珠佑、麻店、前当、八迭、胡章、下陆、蒙坑至石笕村，全长 31.93 千米。其中兰口至舒洪段公路拓宽改建工程，2003 年 2 月开工，2006 年 8 月竣工，投资 4685 万元；2005 年，石松至深坑口段由砂石路面改为沥青混凝土路面。

岩沿至靖居口（X502）　自缙云县岩沿至牛岱岭接莲都，止于松阳县靖居口。境内路段岩沿至牛岱岭长 17.41 千米。其中，2008 年，马墅至张公桥、张公桥至牛岱岭路段砂石路面改为沥青混凝土路面；2009 年，寺干至马墅路段铺筑水泥混凝土路面。

金钩至安岭（X503）　自双溪口乡金钩村至仙居县安岭乡岩孔前，全长 20 千米。其中金钩至大源段长 11 千米，大源至岩孔前段长 9 千米。岭后至岩孔前段路基长 1.4 千米，1997 年 8—12 月，路面由砂石改铺沥青混凝土；2010 年，改为水泥混凝土路面。

新建至东皋（X504）　自新建至夏家畈，在武义县东皋村出境，县境公路长 17.08 千米。分 4 次进行路面改造，1999 年 11 月，马堰至夏加畈段砂石路面改为沥青混凝土路面；2007 年 12 月，新建至河阳段砂石路面改为沥青混凝土路面；2009 年 7 月，河阳至凝碧段 3 千米砂石路面改为沥青混凝土路面；2010 年 6 月，凝碧至马堰段 1.1 千米沥青混凝土路面改为水泥混凝土路面。

深渡至岱石（X505） 自磐缙线深渡村至临石线岱石村。长 2.48 千米，路基宽 6.5 米。2004 年，砂石路面改为水泥混凝土路面。

壶镇至石龙头（X506） 自壶镇至石龙头村接 42 省道。长 2.2 千米，路基宽 6.5 米。1990 年，砂石路面改为水泥混凝土路面。

石松至仁岸（X507） 兰舒公路东段（西段称“兰石线”），长 7.48 千米。2003—2006 年拓宽改造，并对原线位进行移动优化。

坦下至五里牌（X508） 起自永嘉县坦下，经南溪乡木西花至县城五里牌，全长 54.9 千米，其中路基最高海拔 945 米，抱骨岭大拉沟削高 32 米。分 6 次进行路面改造，1997 年 4—11 月，五里牌至玉岭头段砂石路面改为沥青混凝土路面；2004 年，南溪至胡村段砂石路面改为沥青混凝土路面，长 25 千米；2005 年，坦下黄枝口至南溪段砂石路面改为沥青混凝土路面，长 8 千米；2008 年，仁岸至章村段沥青路面大修；2010 年，船埠头大桥加宽工程在建。

白竹至永康尚黄桥（X509） 自白竹乡双溪口至永康市尚黄桥，全长 6.75 千米。其中境内路段，2004 年，砂石路面改为沥青混凝土路面；2007 年，沥青混凝土路面改为水泥混凝土路面。

壶镇至北山（X510） 自壶镇上王至北山接永缙界，长 4.95 千米。1994 年 10 月竣工。2001 年 12 月，砂石路面改为水泥混凝土路面。

仙都至靖岳（X511） 长 6.41 千米，路基宽 6.5 米。1994 年、1998 年，分段进行砂石路面改为水泥混凝土路面。

壶镇至南田（X512） 沿苍岭古道修建，自壶镇至南田村，全长 19.06 千米。2005 年，砂石路面改为水泥混凝土路面。

南溪至木栗（X513） 长 8.84 千米。2000 年，砂石路面改为沥青混凝土路面。2007 年，沥青混凝土路面改为水泥混凝土路面。

壶镇至大集（X514） 自壶镇至前路乡大集，长 14.07 千米。壶镇至双溪口段，2000 年砂石路面改为沥青混凝土路面；2007 年，沥青混凝土路面改为水泥混凝土路面。真君畈至大集段砂石路面，2002 年改为沥青混凝土路面；2004 年，沥青混凝土路面改为水泥混凝土路面。

平坑口至黄碧街（X515） 即平黄公路仙都后井岙附近与 S219 公路仙岩隧道段合线 1000 米，与 X508 公路舒洪至玉岭头合线 2000 米。自平坑口至黄碧街，长 37.02 千米。1993 年 6 月改造工程开工，1996 年 11 月竣工，1998 年 1 月通过省交通厅验收。2008 年 1 月 29 日，为避开仙都风景区，42 省道及平黄公路仙都段改线工程开工，12 月竣工。经双龙村，过周村隧道，在白岩村附近与 219 省道相交，至黄碧街与 330 国道衔接。改线长 16.47 千米。

上交岭至金弄（X516） 属 330 国道五云镇过境路段，长 5.8 千米。1997 年 12 月，开工建设，2004 年 8 月竣工。

杜桥至水南（汽车站）（X517） 属 42 省道城区路段，长 2.01 千米。1988 年年底，拓宽工程结束，砂石路面改为水泥混凝土路面，宽 12 米。

河阳至马堰（X518） 长 4 千米。2006 年，砂石路面改为沥青混凝土路面。

石笕至朱庄（X519） 起于石笕，与青田县潘山相接，境内长 14 千米。2001 年，建成四级公路。2005 年，砂石路面改为沥青混凝土路面。2006 年，部分路段改为水泥混凝土路面。2009 年，李家庄路段沥青混凝土路面大修。2010 年，李家庄至朱庄段改为水泥混凝土路面。

乡道

境域乡村路网成形于20世纪80年代，2003年后，“乡村康庄工程”的实施，全县乡道布局趋向合理，并实现公路等级化、路面硬化。

尚黄桥至西施（Y501）　自永康市上杭桥至白竹乡西施，长1.88千米。2004年，砂石路面改为沥青混凝土路面。2007年，沥青混凝土路面改为水泥混凝土路面。

左库至碗旧（Y502）　长7.32千米。2005年，沥青混凝土路面改为水泥混凝土路面。

双溪口至宫前（Y503）　长1.04千米。1995年，改为水泥混凝土路面。

溶溪至雅江（Y504）　长6.54千米。2004年，改为水泥混凝土路面。

深坑口至方溪（Y505）　长2.04千米。2001年，砂石路面改为沥青混凝土路面。2004年，改为水泥混凝土路面。

三里街至项弄（Y506）　长12.223千米。2000年，泥结碎石路面改为沥青混凝土路面，其中三里街至黄店段改为水泥混凝土路面。2009年，黄店至万松段改为水泥混凝土路面。

六百田至下麻车（Y507）　长10.1千米。2000年，泥结碎石路面改为沥青混凝土路面。2006年，改为水泥混凝土路面。

张公桥至石臼坑（Y508）　长10.83千米。1999年，泥结碎石路面改为沥青混凝土路面。2008年，经过丹址村1000米路段改为水泥混凝土路面。

大陆至梧源（Y509）　长2.1千米。2006年，改建成水泥混凝土路面。

康庄公路

“乡村康庄工程”，2003年启动，按四级公路标准建设，2010年缙云实现“双百”（公路通村率100%、公路路面硬化率100%）目标，筑路408条，长1016.1千米，共投资6.8亿元。其中，五云镇30.7千米，仙都农管处1.6千米，新碧农管处24.6千米，壶镇镇176.5千米，新建镇138.7千米，东渡镇92.3千米，舒洪镇28.3千米，大洋镇98.1千米，东方镇35.9千米，大源镇82.4千米，石笕乡45.9千米，方溪乡36.7千米，七里乡52.9千米，三溪乡21.1千米，双溪口乡33.1千米，胡源乡40.5千米，前路乡37.6千米，溶江乡39.2千米。

第二节　铁路

金温铁路

金温铁路缙云段长28千米。其中有桥梁11座，总长1.29千米；隧道10座，总长7.07千米。缙云段工程挖方171万立方米，填方150万立方米；拆迁房屋建筑面积2.3万平方米。工程总投资18.9亿元。

1992年12月18日，金温铁路开工典礼于五云镇桑潭湾仙都隧道口举行。1993年6月10日，金温铁路缙云火车站站场项目开工；11月12日，缙云火车站建设项目九号山头松动爆破成功，总装炸药4.3万千克，松动土石25万立方米。1995年2月21日14时30分，金温铁路第一列试运火车驶入缙云火车站；3月5日11时30分，试运火车驶入新碧火车站，试乘乘客登上列车，12时30分，驶入缙云火车站，金华至缙云段顺利试通车。1996年4月21日9时20分，金温铁路金缙段首列营运客车从缙云火车站发出。

2002年，金温铁路缙云站被中共浙江省委、省人民政府评为“文明车站”。2006年，中共丽水市委、市人民政府授予金温铁路缙云火车站“文明单位”称号。

金温高速铁路

金温高速铁路建设工程，2010 年 12 月开工，计划建设期为 5 年，属金温铁路扩能工程，电气化 I 级铁路，双线高速，设计时速 200 千米。预算投资 173 亿元，其中中华人民共和国铁道部投资 55%，浙江省投资 45%（省政府负担 60%，沿线地方政府负担 40%）。缙云段长 23.7 千米，途经新碧农管处、新建镇、七里乡、五云镇、东渡镇共 16 个行政村。新客站位于七里村和腰畈村之间，距县城 2.5 千米，站房位于铁路东侧，货场位于铁路西侧。2015 年建成通车后，命名为“金温铁路”，主营客运。原金温铁路改名为“金温货线”，主营货运。

第三节　桥梁　隧道

1993 年以后，随着桥梁、隧道建造技术的进步，境内的高速公路、铁路、国道、省道、县道，乃至乡村道路遇河造桥，逢山掘洞，桥梁、隧道增多。至 2010 年，全县有高速公路桥梁 70 座、隧道 7 座，铁路桥梁 16 座、隧道 15 座，国道桥梁 16 座、隧道 2 座，省道桥梁 21 座、隧道 3 座，县道桥梁 100 座、隧道 9 座。桥梁基础多数为嵌岩柱和钻孔灌注桩，桥墩为三柱或双柱式，桥台为 U 型，桥跨多采用钢筋混凝土空心板梁，桥面浇铸水泥混凝土沥青。

桥梁

金丽温高速公路缙云段桥梁　共 52 座，总长 2680.83 米。其中 100 米以上桥梁 7 座，长 1551.83 米；100 米以下桥梁（不含通道桥）12 座，长 509.55 米；通道桥 33 座，长 619.45 米。设计荷载为汽车—超 20 级、挂车—12 万千克，2002 年 12 月建成。

金丽温高速公路缙云段 100 米以上桥梁一览表

表 6-1-1　　单位：米、个

名称	桩号	长	宽	孔数	跨径
缙云分离式立交桥	K2548+796	114.78	24.5	6	16
新建溪桥	K2549+222	216.99	24.5	10	20
新建分离式立交桥	K2549+689	338.08	24.5	16	20
溪岩下桥	K2552+782	154.3	24.5	7	20
陶墅大桥	K2554+276	231.6	24.5	11	20
马墅桥（分离式）	K2556+140	260	24.5	16	10 ~ 20
钟染 1 号桥	K2559+322	236.08	24.5	9	13 ~ 25

台金高速公路缙云段桥梁　共 18 座，总长 3471.92 米。其中 100 米以上 10 座，长 3070.09 米；100 米以下（不含通道桥）4 座，长 224.21 米；通道桥 4 座，长 177.62 米。台金高速公路缙云段桥梁多数为桩基础双柱式桥墩，U 型或肋式桥台，采用先简支后连续预应力小箱梁或预应力空心板桥跨；桥面为沥青混凝土。设计荷载为：汽车—超 20 级、挂车—12 万千克。

台金高速公路缙云段100米以上桥梁一览表

表6-1-2　　　　单位：米、个

名称	桩号	长	宽	高	孔数	跨径
浣溪1号桥（分离式）	K133+300	425.92	24.5	22	14	30
浣溪2号桥	K133+929	357.75	24.5	13	14	25
浣溪5号桥	K137+463	404	24.5	26	13	30
卧龙桥	K137+905	190	24.5	17	6	30
包公殿桥	K138+198	205	24.5	11	10	20
宫前桥	K138+571	205	24.5	11	10	20
双溪口桥	K139+643	105	24.5	11	5	20
互通1号桥（分离式）	K140+839	560	26	6	27	20
西安亭桥	K141+111	105	20	8	5	20
好溪大桥	K144+862	512.42	26	11	20	25

330国道缙云段桥梁　共16座，总长673.71米。其中最长的县城缙云二桥165.26米，次长的东渡大桥144.04米。

330国道缙云段桥梁一览表

表6-1-3　　　　单位：米

名称	桩号	长	宽	高	跨径	备注
樊庄一桥	K143+587M	17	12	8.7	6	单孔钢筋混凝土梁
樊庄二桥	K143+614M	33.3	12	11	13	
金坑桥	K145+168M	28.89	12	5.7	13	
坑口桥	K145+407M	28.41	12	5.7	13	
百丘桥	K146+102M	28.7	12	7.2	13	
金鸡湾桥	K146+319M	29	12	7.4	13	
大岩下桥	K146+449M	53.05	12	8.7	13	3孔钢筋混凝土板梁
梅凤岭桥	K147+288M	32	12	9.4	13	单孔钢筋混凝土板梁
外新屋桥	K148+136M	30.86	12	9.2	13	
马蹄湾桥	K147+433M	26.8	12	5.8	13	
东渡小桥	K149+37M	20	24	7.4	6	
东渡大桥	K150+095M	144.04	22	8.9	11.8	9孔石拱
缙云二桥	K153+639M	165.26	18	9.8	43	4柱式墩5孔钢筋砼连续板梁
杜桥一桥	K153+957M	7.9	24	5	6	单孔钢筋混凝土板梁
杜桥二桥	K154+261M	7	24	2.2	6	
黄碧小桥	K166+667M	21.5	29.4	8	2.9	双孔钢筋混凝土板梁

省道公路桥梁　共21座，总长488.5米，其中最长的壶镇大桥，又名“贤母桥”，长175.8米；最短的潜明桥，长8米。

缙云县省道公路桥梁一览表

表 6-1-4　　　　单位：米

道路名称	桥梁名称	桩号	长	宽	竣工时间	备注
S219	双溪口桥	K30+213M	35.2	6	1966 年 9 月	2 孔石拱桥
	潜明桥	K33+794M	8	6	1969 年 5 月	钢筋混凝土板桥
	后坑桥	K45+8M	10	20.4	1969 年 10 月	
	胡宅口一桥	K45+557M	11.8	11.5	1994 年 8 月	
	下项桥	K47+269M	9	10.4		石拱桥
	靖岳桥	K57+706M	10.9	9		钢筋混凝土板桥
	仙岩铺桥	K61+69M	18.3	8.4		
S322	厚仁桥	K97+675	14.2	9.4	1958 年 12 月	石拱桥
	井南桥	K101+433	13	6.4	1958 年 2 月	
	西应桥	K102+170	10	6.5	1969 年 9 月	钢筋混凝土板桥
	岭电桥	K107+437	15.4	7	1973 年 8 月	石拱桥
	西弄坑桥	K111+89	9	5.4	1969 年 7 月	
	里弄桥	K118+707	13.5	6	1965 年 12 月	
	姓汪桥	K154+511	45.5	6	1967 年	
	社后桥	K120+983	14.6	6	1958 年 4 月	
	壶镇大桥	K121+887	175.8	6.5	1819 年 5 月	13 孔石拱桥
	胡宅口二桥	K124+652	12.8	13.4	1969 年 10 月	2 孔钢筋混凝土板桥
S333	大瀑布桥	K128+739	14	7.8	1934 年	石拱桥
	蓬坑桥	K133+440	9.5	8	1964 年 5 月	
	长坑桥	K135+557	10	10	1934 年	
	东洋坑桥	K139+324	28	23.4		2 孔钢筋混凝土板桥

县道公路桥梁　共 100 座，总长 3675.16 米。其中，最长的仙都大桥，长 217.3 米，最短的平黄公路突头桥，长 6 米。

缙云县县道公路桥梁一览表

表 6-1-5　　　　单位：米

道路名称	桥梁名称	长	宽	高	竣工时间	备注
X501 兰口—石笕	兰口大桥	204.04	10	14.06	2005 年 4 月	10 孔钢筋混凝土桥
	兆岸大桥	124.04	10	7.59	2005 年 12 月	6 孔钢筋混凝土桥
	兆岸一桥	16	12	3.2		单孔钢筋混凝土桥
	兆岸二桥	16	12	3.5		
	兆岸三桥	22	11.4	2.3	2005 年 2 月	
	坑上桥	18	12	2.2	2005 年 12 月	
	石松桥	23	12	4.3	1959 年	
	深坑口一桥	9.6	7.5	7.8	1974 年	单孔石拱桥

续表 6-1-5

道路名称	桥梁名称	长	宽	高	竣工时间	备注
X501 兰口—石笕	深坑口二桥	36	7	9.2	1977 年 12 月	单孔钢筋混凝土双曲拱
X501 兰口—石笕	上陆桥	10	7.5	5.56	1978 年 12 月	单孔石拱桥
X501 兰口—石笕	蒙坑口桥	13	6.4	7.8	1979 年 2 月	单孔石拱桥
X501 兰口—石笕	石笕桥	14	6.4	3.5	1979 年 2 月	单孔石拱桥
X502 岩沿—牛岱岭	马渡桥	124	7	5.5	1974 年	6 孔石拱桥
X502 岩沿—牛岱岭	峨高桥	7.4	12		1959 年	单孔钢筋混凝土桥
X502 岩沿—牛岱岭	新建大桥	68	14.6	6.2	2004 年	3 孔钢筋混凝土桥
X502 岩沿—牛岱岭	张公桥	38.6	6	4.2	1985 年	2 孔石拱桥
X502 岩沿—牛岱岭	双港一桥	22	6.8	4.9	1985 年 11 月	单孔石拱桥
X502 岩沿—牛岱岭	双港二桥	10.2	7.2	2.5	1985 年 11 月	2 孔钢筋混凝土桥
X502 岩沿—牛岱岭	钟染桥	12	7.6	3.3	1985 年 11 月	2 孔钢筋混凝土桥
X503 金钩—安岭	西洋桥	25.3	7	8	1959 年 10 月	单孔石拱桥
X503 金钩—安岭	寮车头桥	15	7	7	1998 年 12 月	单孔石拱桥
X503 金钩—安岭	岭后一桥	47	7.6	6.3	1998 年 12 月	4 孔钢筋混凝土桥
X503 金钩—安岭	岭后二桥	20	6.2	4.4	1998 年 2 月	4 孔钢筋混凝土桥
X504 新建—东皋	连心桥	41.8	6.3	2.9	1978 年 2 月	2 孔石拱桥
X504 新建—东皋	下仁堂桥	20.2	4.8	1.9	1977 年 6 月	单孔钢筋混凝土拱桥
X504 新建—东皋	洞口桥	23.3	7	1.8	1981 年 5 月	2 孔石拱桥
X504 新建—东皋	坑口桥	13.3	7	1.8	1981 年 5 月	单孔石拱桥
X505 深度—岱石	深渡大桥	161.8	7	5.4	1981 年 12 月	2 孔石拱桥
X505 深度—岱石	黄坑口桥	30	7	3.1	1981 年 12 月	2 孔石拱桥
X505 深度—岱石	岱石桥	30	7	4.2	1981 年 12 月	2 孔石拱桥
X506 壶镇—石龙	石龙头大桥	130	7	8.6	1984 年 12 月	7 孔石拱桥
X507 石松—仁岸	方坑口桥	42	12	5.25	2005 年 12 月	2 孔钢筋混凝土桥
X507 石松—仁岸	仁岸大桥	124.8	12	6.08	2005 年 2 月	6 孔钢筋混凝土桥
X507 石松—仁岸	舒洪二桥	104.08	11	5.05	2005 年 12 月	5 孔钢筋混凝土桥
X507 石松—仁岸	舒洪桥	13	19.3	4.5	2005 年 12 月	单孔钢筋混凝土桥
X508 五里牌—坦下	木西花桥	9.4	7.7	2.7	1988 年 12 月	单孔石拱桥
X508 五里牌—坦下	乌岩桥	23.2	7	5.9	1988 年 12 月	单孔石拱桥
X508 五里牌—坦下	大坝脚桥	21	8.2	5	2001 年 12 月	2 孔钢筋混凝土桥
X508 五里牌—坦下	南溪桥	26	7.1	4.5	2001 年 12 月	2 孔钢筋混凝土桥
X508 五里牌—坦下	黄坛桥	13.5	6.5	3.6	1978 年 12 月	单孔石拱桥
X508 五里牌—坦下	八连坑桥	12.6	8.2	9.3	1972 年 10 月	单孔石拱桥
X508 五里牌—坦下	抱骨岭脚二桥	7.7	7.2	3.6	1996 年 12 月	单孔钢筋混凝土桥
X508 五里牌—坦下	抱骨岭脚一桥	38	5.28	5.2	1959 年 12 月	单孔石拱桥
X508 五里牌—坦下	石基盘坑桥	22.2	6.4	7.1	1959 年 12 月	单孔石拱桥
X508 五里牌—坦下	前坑桥	10	6.8	5.2	1959 年 12 月	单孔石拱桥
X508 五里牌—坦下	蛟坑桥	41.5	6	5.2	1965 年 7 月	3 孔石拱桥
X508 五里牌—坦下	柘岙口桥	9.8	7	5.5	1959 年 12 月	单孔石拱桥
X508 五里牌—坦下	坑口桥	9.6	5.6	6.2	1959 年 12 月	单孔石拱桥
X508 五里牌—坦下	五培坑口桥	12.9	9	6	1959 年 12 月	单孔石拱桥

续表 6-1-5

道路名称	桥梁名称	长	宽	高	竣工时间	备注
X508 五里牌—坦下	章村桥	37	7.6	7.2	民国年间	3 孔石拱桥
	天生桥	26	4.7	3	1970 年 12 月	单孔钢筋混凝土桥
	石埠头桥	41.5	4.8	3.4	1964 年 12 月	5 孔钢筋混凝土桥
	舒洪一桥	111	7	7.2	1904 年	9 孔石拱桥
	双龙桥	12	12	2.2	1996 年 5 月	单孔钢筋混凝土桥
	船埠头桥	122.4	6	8.8	1967 年 6 月	5 孔石拱桥
X509 双溪口—尚黄桥	新桥	20.8	7	5.2	1986 年 10 月	2 孔石拱桥
	八百桥	7.4	6.9	2.8	1987 年 2 月	单孔钢筋混凝土桥
X510 壶镇—北山	湖川桥	18	12	4.2	1982 年 12 月	
	上王桥	9.5	11.2	2.3	1994 年 12 月	
	下宅桥	9.6	7.2	2.3		
X511 仙都—上章	仙都友谊大桥	137.4	6.5	8	1995 年 7 月	5 孔石拱桥
	田村桥	84.5	6.5	4.4	1998 年 12 月	9 孔钢筋混凝土桥
	田村石拱桥	119	5.8	8.8	1981 年 12 月	5 孔石拱桥
	沐白桥	7	8	2.8	1984 年 12 月	单孔石拱桥
X512 壶镇—南田	洋坎头桥	20.5	8.9	2.6		
X513 南溪—木栗	南溪桥	14	6.4	5.1	1979 年 12 月	
	店后彭桥	16	6.6	4.8		
	岩门脚桥	11	7	6.2	1978 年 12 月	
	湖西电站桥	11	7.6	6.2		
	水鬼潭背桥	11	6.6	3.7		
X514 壶镇—大集	狗对坑桥	16.8	7	3.3	1980 年 12 月	2 孔钢筋混凝土桥
	双溪口桥	34.2	4.7	5.4	1980 年 2 月	3 孔石拱桥
	真君畈桥	8.5	7	5.3	1980 年 12 月	单孔石拱桥
	水口桥	9.8	7.3	6	1984 年	
	姓叶平板桥	18.4	7	3.8	1980 年 12 月	5 孔钢筋混凝土桥
	姓叶石拱桥	15.6	7	4.2		单孔石拱桥
X515 平坑口—黄碧街	平坑口一桥	43.8	9	7.8	1984 年 10 月	
	平坑口二桥	10	10	13	1996 年 2 月	石拱桥
	朱坑桥	30.4	10	7.9	1996 年 12 月	单孔石拱桥
	上周村一桥	29	10	3.2	1997 年 2 月	3 孔钢筋混凝土桥
	上周村二桥	7.4	12	2.9	1996 年 12 月	单孔钢筋混凝土桥
	上周村三桥	28.9	12	2.8	1996 年 2 月	3 孔钢筋混凝土桥
	三门殿桥	18.3	12	3.2	1984 年 10 月	
	西洋桥	31.7	12	6.5	1959 年 10 月	
	洪坑桥桥	17.8	9	9.7	1959 年	单孔石拱桥
	哈口湾桥	31	9.4	12.3	1996 年 12 月	
	突头桥	6	8.6	5.9		单孔钢筋混凝土桥
	螺蛳岩桥	9.2	11	2.8	1950 年 10 月	
	磨具厂桥	8	12	2.7	1996 年 2 月	
	舒洪石拱桥	10	12	3.9		2 孔石拱桥

续表 6-1-5

道路名称	桥梁名称	长	宽	高	竣工时间	备注
X515 平坑口—黄碧街	舒洪桥	13.9	11.4	3.8	1996 年 12 月	单孔钢筋混凝土桥
	下前湖一桥	10.2	8	3.9	1996 年 2 月	
	下前湖二桥	8.8	8	3.8		
	仙都大桥	217.3	10	5.7	1996 年 12 月	8 孔钢筋混凝土桥
	碧川桥	18.6	11.2	4	1988 年 2 月	单孔石拱桥
	黄碧街桥	17.8	12.8	3		
X516 上交岭—金弄	缙云大桥	110	10	5.8	1982 年	5 孔钢筋混凝土桥
X517 缙云客运中心—杜桥	迎晖桥	100	8	8	1983 年 12 月	10 孔钢筋混凝土桥
X518 河阳—马堰	河阳桥	45.5	6.5	5.5	2001 年 11 月	5 孔钢筋混凝土桥
	岩山下桥	14.8	7	3.1		2 孔钢筋混凝土桥

隧道

金丽温高速公路缙云段隧道 4 座，总长 2443.56 米。其中，钦村隧道，长 220 米，宽 10.91 米，高 7 米；马墅隧道，长 80 米，宽 10.91 米，高 7 米；双港桥隧道，长 200 米，宽 10.91 米，高 7 米；牛庭岭隧道，左、右洞长分别为 1560 米、1460.56 米，缙云段长分别为 980 米、963.56 米，宽 10.76 米，高 7.16 米。

图 6-1-1 台金高速公路缙云段苍岭隧道（2010 年摄）

台金高速公路缙云段隧道 共 3 座，总长 4332 米。其中，苍岭隧道，左洞全长 7536 米，缙云段长 3496 米，宽 10.76 米，高 7.16 米；右洞全长 7605 米，缙云段长 3765 米，宽 10.76 米，高 7.16 米，时为“华东第一隧”；大庙坑隧道，长 240 米，宽 10.76 米，高 7.16 米；浣溪隧道，长 327 米，宽 10.76 米，高 7.16 米。

金丽温铁路缙云段隧道 共 10 座，总长 7073 米。其中，石笕岭隧道长 3510 米，东溪一号隧道长 234 米，东溪二号隧道长 182 米，雅宅隧道长 114 米，麻西湖隧道长 183 米，凤山一号隧道长 169 米，凤山二号隧道长 249 米，玉岭隧道长 1204 米，官店明隧道长 60 米，仙都隧道长 1168 米。

金丽温高速铁路缙云段隧道 共 5 座，总长 9310 米。其中，坑口西隧道 4210 米，双塘隧道 500 米，梅店隧道 1860 米，洋岙隧道 140 米，盘龙寺隧道 2600 米。

330 国道复线隧道 共 2 座。其中，桃花岭隧道，长 1160 米，宽 11 米，高 6 米；金坑隧道，长 82.7 米，宽 11 米，高 5 米。

省道隧道 共 3 座。其中，仙岩隧道，长 158.6 米，宽 9 米，高 5.5 米；周村隧道，长 1050 米，宽 10 米，高 5 米；早宅隧道，长 910 米，宽 10 米，高 5 米。

县道隧道 共 9 座，分布在 6 条县道公路上，总长 1063.2 米。其中，外峰门隧道，长 66 米，宽 6.5 米，高 5 米；底峰门隧道，长 90 米，宽 7 米，高 5.3 米；岭后隧道，长 57 米，宽 6.5 米，高 5.5 米；谷川隧道，长 64.7 米，宽 6.5 米，高 5 米；蛟坑隧道，长 57 米，宽 6.5 米，高 5.5 米；仙娘岙隧道，长 70 米，宽 6

米，高5米；溶江隧道，长281.5米，宽9米，高5米；下周隧道，长141米，宽9米，高5米；红安隧道，长236米，宽9米，高5米。

乡村道路隧道　2000—2010年，村级道路建设开凿隧道10座，总长2300米。其中，最长的大源镇双坑隧道长900米，最短的壶镇镇上朱隧道长50米。

第四节　古道古桥

古代，缙云境内州郡间交通干道有两条。一条为温州至金华的通道，南北向，经过五云镇；另一条为金华至台州的通道，东西向，经过壶镇镇。县际之间通道有通向磐安、武义、青田、永嘉、仙居的道路。穿境公路建成后，古道失去交通要道功能，部分古道成为民众休闲、探古、健身的旅游线路。至2010年，尚存留古道风貌的有括苍古道、苍岭古道。农村有的古桥尚在发挥作用。

古道

括苍古道　自丽水市莲都区经桃花岭、金坑、东渡至缙云县城，境内长15千米。桃花岭又名“冯公岭”，建于唐末。明《括苍汇纪》载“冯公岭，善士冯大杲所凿”。宋杨亿（974—1020）喻之“蜀之剑阁”。民国23年（1934）金华至丽水公路通车，古道再无远足过客。至2010年，金坑至隘头段古道保存较完整，路面多铺花岗岩块石，宽度2～4米。

苍岭古道　自仙居苍岭坑经南田、冷水、槐花树、苍岭脚至壶镇，境内长15千米。南宋开始，也是壶镇到温州的“担盐大道”，路面以块石铺砌，经多次修整，宽约2米。1958年，临海至石柱公路通车，古道成为乡间行道。1989年，壶镇至南田公路通车后，古道废弃。

古桥

至2010年，县境古桥大体可分为木桥、石板梁桥、石拱桥三类。

木桥　2010年止，境内极少留存。

石板梁桥　五云镇东门石桥，长97.6米，50孔，每孔净跨1.7米。建于清朝。仙都下洋济川桥，清道光年间建，长173米，宽0.7米，高1米，73孔，为双柱双梁石板平桥，是境内现存最长蹬步桥。胪膛永安桥，清光绪五年（1879）建，长153米，宽0.5米。仙都上前湖练溪桥，长150米，宽0.8米，高1.5米，87孔，为低水位石板平桥。仙都上章桥，清乾隆三十四年（1769）建，长136米，宽0.6米，72孔，为低水位石板平桥。仙都板堰桥，明成化元年（1465）建。65孔蹬步石梁桥，长118米，宽0.6米，高1米，为仙都风景名胜区代表性景观桥之一。新建镇马渡太平桥，长134米，19墩20孔，高4.2米，宽1.68米，桥面由5条长5.9米，宽和高各0.35米的条石拼合而成，是境内最长、保存最完整的石梁板桥。

石拱桥　分单孔圆拱桥、多孔圆拱桥、八字形石板拱桥三类。

单孔圆拱桥：有的用溪石拱，有的用凝灰岩拱。其中，壶镇镇岩下村水口桥，建于清末，长9米，宽2.5米，高3米，溪石拱；新建镇八都村长坑桥，单拱，民国7年（1918）建，长28米，净跨15米，宽4.5米，高10米。

多孔圆拱桥：壶镇贤母桥，清嘉庆二十二年（1817），吕载扬兄弟四人遵母蔡太孺人遗愿合建，为13孔石拱桥。1958年、1967年拓宽后，长175.8米，宽8.5米，高7.8米。东渡竞爽桥，清道光七年（1827）由吕载扬长子吕建始独资修建，为9孔石拱桥。1978年、1994年拓宽后，长144米，宽22米，高8.9米。舒洪仁义桥，清光绪三十年（1904）建，为9孔石拱桥。1971年拓宽后，长111米，宽7米，高7.2米。

图 6-1-2　新建镇协济桥（2010 年摄）

河阳公济桥，咸丰三年（1853）建。5 孔石拱桥，长 87 米，宽 4.2 米，高 7.3 米。前路慕义桥，清道光十二年（1832），前路村应仲义兴建，是古代壶镇经前路、马飞岭、后吴抵仙居的古道桥梁。3 孔石拱桥，长 53 米，宽 3.4 米、高 7 米。张公桥村协济桥，原桥于民国 11 年（1922）遭洪水被废；民国 26 年（1937）重建后取其名，桥两边护栏分别刻有“县长阮西震”“协济桥”字样。3 孔石拱桥，长 34 米，宽 2.8 米，高 6 米。

八字形石板拱桥：东方镇靖岳胡塔地桥，南宋淳祐十一年（1251）建，是县内有可考年代最早的单孔八字形石拱桥。壶镇沈宅漳溪桥，4 孔八字形石拱桥，长 33.4 米，宽 2.7 米，高 5.7 米。4 孔跨径不等，西起各孔净跨度分别为 7.1 米、7.3 米、6.4 米、4.1 米。据沈宅《吴兴沈氏宗谱》载：始建于明天顺年间，后屡坏屡修，清嘉庆六年（1801）重建。新建镇新建村永济桥，7 孔“八”字形石板拱桥，长 74.8 米，宽 3.3 米，高 5.7 米。民国 7 年（1918）建。

第二章　道路运输

1993 年以来，机动车数量、种类的增多，铁路运输的开通，为缙云交通运输注入新的活力。全县各类汽车拥有量，从 1993 年的 710 辆增至 2010 年的 83659 辆，年均增长 4000 多辆。县汽车客运运输站场新建，客运线路跨市出省。公路客运运输量从 1993 年的 358 万人次增至 2010 年的 890 万人次，铁路客运运输量从 2003 年的 16.8 万人次增至 2010 年的 26.1 万人次，货运运输量从 1993 年的 81 万千克增至 2010 年的 512 万千克。县城公交车开通，出租车业兴起。

第一节　运输车辆

非机动车

自行车　1992 年，全县有自行车 13 万余辆。20 世纪 90 年代中期起，自行车作为交通工具逐步减少，有的成为少数爱好者的健身工具。2014 年 9 月，缙云安顺运输有限公司开始在县城设点出租自行车。

人力三轮车　1989 年，五云镇城区开始出现后座架棚为载客遮阳挡雨的人力三轮车，俗称“黄包车”。后发展到壶镇镇、新建镇，1996 年，三镇共有人力三轮车 1200 多辆。1997 年下半年开始，五云镇对人力三轮车实行单双号轮换经营，以缓解交通堵塞。

电动自行车　俗称“电瓶车”。20 世纪末，品牌电动自行车在缙云县城出现，多数为踏板式，外观似轻型摩托车。至 2010 年，电动自行车普遍成为城乡居民出行的交通工具。

机动车

1993年，全县汽车总量为710辆，多为专业运输企业及企事业单位所有。2010年，有各类汽车83659辆，增加车辆主要是企业用车和私家车。

大中型客运汽车 1993年55辆，2010年349辆。

小型客车 1993年292辆，为行政单位、事业单位通过社会集团购买力审批购买。2010年21716辆，其中个人小型客车不实行社会集团购买力审批，年均增长1000多辆。

货运汽车 1993年1204辆，其中大型货车912辆，小型货车292辆。2010年3974辆，总吨位3199.4亿千克。

运输拖拉机 1993年2900辆，2010年减到338辆，总动力3570.11千瓦。动力功率在14.71千瓦以上的大、中型拖拉机，俗称“小四轮”，1993年41辆，2010年1455辆，成为农村货物运输的主要车辆。

摩托车 1996年3347辆，2010年59937辆。其中三轮摩托车，1993年近700辆，主要为“天目山”牌；1999年，三轮摩托车实行控制购买，数量降到320辆，其中五云镇155辆、壶镇镇155辆、新建镇5辆、舒洪镇5辆。“天目山”牌三轮摩托车大多用于城乡客运，路程10千米以内车费1.5元/人左右，一辆“天目山”牌三轮摩托车可坐6～8人，遇到集市日或节假日，乘客较多，超载现象严重。2003年11月起，县政府出台禁令，取缔“天目山”牌三轮摩托车客运。

1993—2010年缙云县运输拖拉机数量一览表

表6-2-1 单位：辆

年份	大、中型	小型	合计	年份	大、中型	小型	合计
1993	41	2900	2941	2002	300	1051	1351
1994	41	2900	2941	2003	756	1019	1775
1995	45	2900	2945	2004	862	979	1841
1996	42	3017	3059	2005	947	905	1852
1997	—	3236	3236	2006	1345	638	1983
1998	—	3519	3519	2007	1365	622	1987
1999	—	3325	3325	2008	1377	500	1827
2000	—	2726	2726	2009	1421	387	1808
2001	62	1275	1337	2010	1455	338	1793

火车

1995年2月21日14时30分，金温铁路第一列试运火车驶入缙云火车站；3月5日11时30分，试运火车驶入新碧火车站，12时30分，驶入缙云火车站，金温铁路金华至缙云段顺利试通车。1996年4月21日9时20分，金温铁路金缙段首列营运客车从缙云火车站发出。1998年6月11日金温铁路全线通车。

图6-2-1 1996年4月21日金温铁路客运列车抵达缙云站

第二节 客运 货运

1993—2010年，缙云县公路稽征所与县公路运输管理所合署办公，实行“两块牌子，一套班子”管理体制，负责管理客运班线、出租车、货物运输、客货运站（场）、机动车维修企业、机动车驾培行业等。汽车货运量和周转量从1993年的8.1亿千克、858.9亿千克千米，增至2010年的51.2亿千克、2741.9亿千克千米。

汽车站场

2004年以前，有县汽车站和壶镇、新建、舒洪、大洋、大源、岩沿客运站。2004年以后，全县保留县客运中心和壶镇客运站。

缙云县客运中心 1999年7月，缙云汽车站从县城大桥南路5号迁至迎晖路28号，改名为“缙云县客运中心”，建筑面积9733.6平方米，停车场面积15000平方米。2009年，日均发车839班次。县内线路有五云镇至壶镇、新建、黄碧街、大源、双溪口、雅江、木栗、前村、木西花、三溪、石笕、方川、方溪、小�、铁城、吴岭、大庭、下园；跨县（市区）线路有五云镇至杭州、宁波、温州、金华、义乌、临安、路桥、瑞安、仙居、磐安、永康、上塘、莲都、庆元等；跨省（市）线路有五云镇至上海宝山、川沙，广东惠州、深圳、湛江，广西钦州，江苏常州，江西德兴。2010年，县客运中心发班车26.09万班次，发送旅客184.24万人次。

壶镇客运站 2009年，日均发车56辆、148班次，跨县线路有壶镇至杭州、宁波、金华、义乌、永康、磐安、路桥、丽水等。

火车站场

缙云火车站位于县城新区旭山路1号。1993年6月10日开工，1994年4月18日竣工。站场占地面积20401平方米，站房为四层楼房，建筑面积3200平方米，候车厅近500个座位。站台长500米，宽6米，属三等客、货运站，管辖新碧、长坑两个中间站。2010年，有员工73人。

2001年，缙云火车站开通列车至温州、广州、金华（南）、杭州、上海、阜阳、南昌、镇江、南京、汉口、北京，共接车15423列，日均42列。2002年，接车16227列，日均44列。2009年3月13日，金温铁路提速，缙云增开到贵阳、哈尔滨的列车。2010年，增开至成都的列车。2001—2010年，共发送旅客221.73万人次。

1999年10月，缙云火车站开办货运业务。2002—2010年，缙云火车站年均运输货物33.87万千克。

2001—2010年缙云县铁路运输情况一览表

表6-2-2

年份	旅客运输量（万人次）	货物运输量（万千克）	境内火车铁路里程（千米）	年份	旅客运输量（万人次）	货物运输量（万千克）	境内火车铁路里程（千米）
2001	20.7	—	29.405	2006	21	37	29.405
2002	21	29		2007	27.73	34.17	
2003	16.8	32		2008	24.7	29	
2004	19	41		2009	25.7	31	
2005	19	44		2010	26.1	27.66	

城市公交

1999年3月开始，五云镇开通公共汽车，车型为7座小型客车。2001年8月开始，县城新老城区开通3条公交专线，投入运营公交车18辆，替换原7座小型客车。2003年，主要站点建有候车棚，在溪滨南北路专线站点划出专线车辆停车位标线。运营车辆增至22辆，车身统一使用丽水“绿谷巴士”品牌标志。运行时间为6时至20时30分，间隔10分钟左右一班。2008年开始，70周岁以上老年人实行免费乘坐城市公交车。至2010年，县城修建公共汽车停靠站棚23个。

1路公交，运营线路为大桥西路皮革厂至周村村，设站点21个；2路公交，运营线路为新区火车站至兰口，设站点24个；3路公交，运营线路为新区火车站至金弄，设站点20个。

出租车客运

20世纪80年代初，在水南汽车站附近出现“菲亚特”牌私家车候客出租，车费由驾驶员与乘客议定。之后，有“天目山”牌正三轮摩托车停在溪滨北路铁桥头或洋桥头（缙云一桥）缙云饭店前候客出租。1995年前后，有以“桑塔纳”牌小车为主的私家车停靠县城溪滨北路洋桥头出租。1999年9月，全县办理营运出租车45辆，其中县城30辆、壶镇15辆。2002年12月至2010年，合法营运出租车一直保持78辆。

物流业

传统货物运输模式有托运、联运。21世纪初，物流业兴起并成为货物运输主体。至2010年，全县有物流企业5家。

托运　2000年以前，货物托运业务由缙云汽车站经营，分零担托运和随车行李托运两种。车站设行包房办理托运手续。2002年8月，壶镇民营平安托运部成立，社会“快运”“速递”之类业务快速发展。2007年1月，县汇通汽车运输有限公司依托行包房快件托运部成立，并加入浙江快运小件网络。至2009年，全县有社会托运服务单位31家，其中，县城15家、壶镇9家、新建3家、新碧2家，其他地方2家。

联运　1993年以后，缙云联运业务扩大到上海、福建、山东、广东等省市。

物流企业　21世纪初，县内物流企业主要有万客隆、武业、路网、新海、鸿发。其中，万客隆物流有限公司经营范围覆盖全县所有乡镇；武业运输公司有运输车辆50辆，货物吞吐量150万千克/日。2006年，缙云鲜活农产品“绿色通道”开通，连接全国29个省会城市、71个地级城市。2008年，缙云县路网物流中心成立，位于330国道上交岭南侧，占地面积3公顷，仓储楼3座，建筑面积共计15.6万平方米。

运输企业简介

汇通汽车运输公司　1993年1月，丽水地区汽车运输总公司缙云分公司注册更名为缙云县汽车运输总公司，属国有独资企业，为“全民性质，自主经营，独立核算，自负盈亏”的独立法人企业。1999年7月，缙云县客运中心成立。2001年12月，缙云县汽车运输总公司注册登记为缙云县汇通汽车运输公司，具备道路运输三级企业资质，兼营客、货运，业务包括出租车客运、旅游客运、汽车维修、运输服务和快件托运，辖县客运中心和壶镇客运站。

长红客货运输公司　1996年成立，位于五云镇电力路99号，属民营有限责任公司，主营客运，兼营零担货运。

1993—2010 年缙云县公路运输情况一览表

表 6-2-3

年份	旅客运输量（万人次）	旅客周转量（万人千米）	货物运输量（万千克）	货物周转量（万千克千米）	年份	旅客运输量（万人次）	旅客周转量（万人千米）	货物运输量（万千克）	货物周转量（万千克千米）
1993	358	11892	81	8589	2002	475	23750	209	17780
1994	386	12822	87	9225	2003	479	23985	211	17957
1995	413	14054	91	9649	2004	465	—	273	—
1996	421	17190	100	21430	2005	394.95	13889.8	—	—
1997	430	14621	101	21644	2006	695	19530	189	10173
1998	439	14913	102	23758	2007	783	21790	372	19059
1999	466	15211	105	23980	2008	812	22251	423	21602
2000	395	19750	170	14741	2009	885	25691	459	25216
2001	495	23734	204	17711	2010	890	25836	512	28128

第三章　交通管理

1993—2010 年，缙云县道路运输、公路管理，由县交通局及其下属的县道路运输管理所（简称“县运管所”）、县公路稽征所、县公路管理段等部门根据各自职能行使管理职权。2004 年 7 月，《中华人民共和国道路运输条例》施行，交通管理纳入全面依法行政轨道，公路运输和公路运输管理改称道路运输和道路运输管理。

1997 年 4 月，县交通局内设办公室、工程技术建设股、运政路政管理股。2002 年 10 月，县交通局内设办公室、工程科、计财科、运管科。2010 年，局行政编制 14 名。

第一节　道路运输管理

客运班线管理

1992 年 11 月开始，贯彻省交通厅《关于加快改革开放步伐，加速发展社会主义运输市场经济的若干意见》，全县放开客货运输市场，取消营运车辆“先审批，后购置”的规定，个体私营运输业务增长加快。2000 年，按农村客运“一线一公司”政策，个体私营客运运输企业开始进入农村客运市场，全县形成公私并存的客运格局。私营客运企业除本公司车辆外，还有个体户挂靠其公司。经营者对每条班车线路一般采取“联合经营、收入均分、支出自负”的运行模式。2000 年，县政府对五云镇县客运中心—周村、五云镇县客运中心—黄店等客运线路经营权进行公开拍卖；9 月，全县 239 辆农用客车以 2 辆合 1 辆的方式更新为中巴，统一挂靠、归口到有资质的运输公司。2002年，县交通局出台《关于进一步整顿道路运输秩序的工作意见》，开展打击道路运输无照无证经营和“倒客、甩客、卖客、宰客”及垄断客源等违章违法行为，取缔非法售票点，严禁站外组客。

至2009年，缙云县客运中心跨县、跨市、跨省班线共28条；县境内城乡客运班线30条，城市公交专线3条。

2009年缙云县跨省、市、县客运车辆班线一览表

表6-3-1

类型	营运线路	全程（千米）	车辆数（辆）	座位数（个）	日发车班次
跨省线路4条	缙云—上海	468	3	110	2
	缙云—常州	491	1	29	0.5
	缙云—宝安	1605	1	37	0.25
	缙云—德兴	363	1	31	0.5
	小计	2927	6	207	3.25
跨市线路19条	缙云—杭州	255	4	121	5.5
	壶镇—杭州	240	3	99	3
	缙云—宁波	287	1	39	0.5
	壶镇—宁波	272	1	39	1
	缙云—临安	385	1	39	0.5
	缙云—路桥	191	1	39	0.5
	壶镇—路桥	176	1	26	1
	缙云—仙居	95	1	25	1
	缙云—义乌	110	2	69	3
	壶镇—义乌	110	1	41	1
	缙云—金华	90	2	60	4
	壶镇—金华	84	2	42	4
	缙云—磐安	77	1	20	2
	壶镇—磐安	45	—	—	—
	缙云—永康	35	7	140	28
	壶镇—永康	32	7	139	20
	缙云—温州	162	1	35	2
	缙云—上塘	155	1	20	1
	缙云—柯桥	239	1	39	1
	小计	3040	38	1032	79
跨县线路5条	缙云—丽水	38	12	240	48
	缙云—庆元	248	1	30	0.5
	壶镇—丽水	70	1	30	2
	新建—丽水	52	1	19	2
	双溪口—丽水	66	1	20	2
	小计	474	16	339	54.5
合计		6441	60	1578	136.75

2009年缙云县城乡客运班线一览表

表6-3-2

类型	营运线路	全程（千米）	车辆数（辆）	座位数（个）	日发车班次	日运行车辆班次
县境内班线17条	缙云—壶镇	31	31	589	124	248
	缙云—新建	15	18	342	90	180
	缙云—前村	39	13	247	32.5	65
	缙云—大源	37	12	228	48	96
	缙云—双溪	24	12	228	24	96
	缙云—新碧	14	8	152	40	80
	缙云—项弄	7	1	15	5	10
	缙云—小筠	14	2	34	8	16
	缙云—铁城	17	4	76	20	40
	缙云—大庭	16	3	57	15	30
	缙云—吴岭	14	1	19	5	10
	缙云—石笕	44	6	114	12	24
	缙云—方川	13	6	144	30	60
	缙云—三溪	40	2	38	4	8
	缙云—木栗	57	2	38	3	6
	缙云—雅江	28	2	42	4	8
	缙云—木西花	55	2	38	3	6
	小计	465	125	2401	467.5	983
县境内三级班线13条	壶镇—宫前	4	1	19	5	10
	壶镇—南田	20	2	38	6	12
	壶镇—唐市	10	5	95	25	50
	壶镇—板桥	12	1	19	5	10
	壶镇—潜陈	15	3	57	15	30
	壶镇—北山	4	2	38	10	20
	壶镇—白竹	15	3	57	15	30
	新建—夏加畈	18	4	73	20	40
	新建—石臼坑	19	3	57	15	30
	大源镇内循环	12	2	38	12	24
	山前—仙岩	10	3	57	15	30
	新建—雪峰	26	1	19	3	6
	胪膛—横塘岸	12	2	22	8	16
	小计	177	32	589	154	308
城市专线3条	金弄—火车站	9	8	160	64	128
	大桥西路—周村	8	6	120	48	96
	兰口—火车站	8	8	160	64	128
	小计	25	22	440	176	352
合计		667	179	3430	797.5	1643

经营资格管理

1995年5月，执行交通部《关于加快培育和发展道路运输市场的若干意见》，按照客运市场的准入条件，对全县客运运输、货物运输、汽车维修、搬运装卸和运输服务业重新实行开业审批。2004年7月，《中华人民共和国行政许可法》《中华人民共和国道路运输条例》施行，清理运输行业许可项目，对申请道路旅客运输、出租车客运、普通货物运输、货物运输站场、机动车驾驶员培训机构、机动车维修经营、危险货物运输实行行政许可制度。

运输安全管理

1993年，县运管所安全生产领导小组成立，负责道路运输安全管理。每年年初，县交通局与运输企业签订安全生产责任书，运输企业向县运管部门交安全生产保证金。1999—2010年，在全市道路运输车辆事故“百万公里责任事故率控制在1.5次以内，责任死亡率在0.3人以内，责任重伤率在1.2人以内，经济损失在3万元以内。杜绝发生一次性死亡5人以上的特大恶性事故”考核中，缙云县获7年安全管理优秀级，5年获安全管理良好级。2002—2003年，重点开展道路危险货物运输整治。2004年起，每年5月开展《中华人民共和国道路交通安全法》宣传，连续3年开展道路运输无证营运重点整治。2005—2007年，重点开展客车、出租车营运和驾驶员培训整治。2007年，平黄公路超限超载治理点检测车辆8895辆，查处违章车辆518辆，运输车超载率从2004年6月20日全国统一治超时的12.66%降到2007年的4.94%；年度道路运输行业安全管理工作目标考核，实际死亡人数控制在考核指标之内。

运输车辆营运管理

1997年，开始核发道路运输经营许可证、租赁车辆使用证。规定经营者必须有5年以上从事道路客货运输业资质，拥有20辆以上可供租赁的各类型汽车，有不少于车辆总价值5%的流动资金。2007年，加大违章车辆查处力度，全县共查处违章车辆1781辆。其中，未取得道路运输经营许可证和车辆营运证340辆，擅自改装或使用改装车辆75辆，外省籍车辆未按浙江省规定标准办理驻点经营登记手续车辆503辆。2010年开始，县客运中心配备危险品检测仪，对乘客及其行李实行检测上车；营运客车全部安装行车记录仪，旅游包车、危险品货物运输车均装置GPS卫星定位系统。

客运出租车辆营运管理

1998年10月28日，新建一县城客运班线因受客运出租车冲击发生停运事件。1999年3月，《缙云县客运出租车管理办法》出台，对客运出租车管理作出明确规定。1999年9月19日，对五云、壶镇出租车进行承包经营权招投标，共发标“奥拓”牌出租车车辆18辆。其中，五云镇12辆限定营运区域为东渡桥头—七里金弄—镇东船埠头；壶镇6辆限定营运区域为壶镇镇行政区域内。中标车辆统一挂靠县汇通运输公司；另外还有27辆定向确定汇通运输公司经营。2002年，出租车由“奥拓”牌更新为“捷达”牌；12月26日，由县汇通汽车运输公司、长红客货运输公司投标投资承包客运出租车车辆共78辆。

县物价管理部门对出租车实行价格监管，核定第一批出租车起步价为1.5千米内2元；第二批“捷达”牌出租车，营运区域不限，起步价为2千米内3元，随着物价升高，起步费逐渐提高到4～5元。

2002年，县交通局出台《关于进一步整顿道路运输秩序的工作意见》，对客运出租车辆经营许可管理作出明确规定。整顿出租车拒载乘客、途中甩客、故意绕道、不打表计费、强行拼载及异地经营等违规行为。

危险货物运输管理

2004—2010年，缙云县危险货物运输企业有缙通危险品运输有限公司、民爆器材专营有限公司、顺杰危险品运输有限公司、安达民用爆破器材配送服务有限公司 4 家。按危险货物运输管理规定，从事危险品运输的企业须有 5 辆以上专用营运车辆，并取得车辆等级评定；有相应规模的停车场地，配备安全防护、环境保护设施和消防设施；有罐式或厢式车辆、专用容器，供运输剧毒、易爆、易燃、放射性危险货物。

机动车维修经营管理

2010 年，全县有机动车维修经营户 233 家，其中，个体经营户 209 家，含二类维修经营户 23 家、摩托车修理经营户 58 家、轮胎修理经营户 121 家、专项修理经营户 7 家，从业人员 249 人。

县运管部门对经营车辆维修的企业，除要求工商登记、领取营业执照外，还要求有合格场地、专业人员、设备设施；维修经营过程要有汽车进出厂登记、检验记录及技术档案；建立配件购买、保存、使用制度；有受理程序、服务承诺、维修质量保证期、投诉电话；自有厂房、场地须具备产权证明，租赁厂房、场地有租赁合同。

驾驶员培训机构

1995 年 5 月，全县第一家汽车驾驶员培训机构——缙云星辉汽车驾驶培训学校成立。2010 年，汽车、摩托车驾驶员培训学校有星辉、长红、仙都、龙泰、汇丰（摩托车）5 家，培训用车 100 辆，执教人员 120 名，年培训 6800 人次。2008 年，仙都汽校被省运输管理局评为全省“十佳驾校”。

第二节　公路管理

1993 年，国道、省道和 1972 年前建造的县道的养护管理继续由丽水地区公路管理处缙云公路管理段管理；1997 年 4 月，县乡公路管理所与县交通勘察设计室合并，实行“两块牌子，一套班子”管理体制。1999 年，公路管理体制下放，缙云县公路段成立，将 1972 年后建造的县道、乡道公路移交到县公路段管理。2002 年，实施“两公开、两分开、一加快”公路管理体制改革；11 月，县交通局下属的县乡公路管理所与县公路段合并成立缙云县公路管理段。

公路路政

公路路政由缙云县路政管理大队负责管理。2001 年，《缙云县路政管理大队全程办事代理窗口实施办法》出台，实行路政审批全程办理代理制。

公路标志标线管理　至 2010 年，全县国道公路 100% 里程、省道公路 95% 里程、县道公路 85% 里程的标志标线，按国家标准设置，并做好维护、更新安装。

公路附属设施保护管理　执行《中华人民共和国公路法》，严禁动用、迁移、损坏和涂改公路标志、测桩、界碑、护栏和养护材料、机具。

公路建筑控制区管理　执行 1987 年《中华人民共和国公路管理条例》划定公路用地和留地范围标准，在控制区内严禁新建民用建筑。标准为：国道公路两侧边沟以外各 20 米，省道公路两侧边沟以外各 15 米，县道公路两侧边沟以外各 10 米，乡道公路两侧边沟以外不少于 5 米。

公路养护

1999 年年末，丽水地区公路管理处缙云公路管理段下划，列入县交通局下属单位。2002 年 12 月，县公路段、县乡公路管理所、县路政大队业务合并。次年 5 月，缙云顺达公路养护中心成立，下设养护站，负责公路的日常养护（含小修）、大中修以及其他养护专项工程和施工。

路面养护管理 公路路面养护管理主要是疏通公路边沟、排除积水、清除边沟杂草、修复路面坑洼、清理塌方等。2010年年末，县公路养护中心管养公路1047.58千米，其中国道27.84千米、省道86.75千米。公路养护长度，县道从1993年的184.5千米增加到2010年的271.35千米，乡道从1993年的92.1千米减少到2010年的54.08千米。

绿化养护管理 2005年，330国道缙云段沿线补植苗木10.74千米；张石线、外靖线、河马线、新东线、双尚线等公路种（补）植苗木共14762株，绿化成活率在98%以上，保存率在90%以上。

2006年，按照《临石公路缙云境内绿色通道补植建设规划》，在临石公路缙云境内长20千米，宽5米沿线，补植杜英、马褂木等乔木9170株；在张石线5K+000—10K+83新植苗木2600株；在兰舒线0K+000—10K+30新植苗木5800株；在外靖线补植苗木1500株，石朱线1K+000—13K+000新植苗木4600株。2009年，在平黄线、兰石线补植行道树3070株，村道杜新线新植苗木4100株。2010年，平黄线、49省道、兰石线补植行道树1700株，35省道补植行道树2450株，新增绿化面积（花坛、边坡、荒地）超过3公顷，种植桂花、紫薇、毛鹃、海桐球、红花檵木等。

330国道缙云段收费管理

330国道缙云收费站，位于新碧农管处下东山村，站场占地面积0.67公顷，设6车道6岗亭。1993年12月建造，1995年2月开始对过境车辆收费。1996年12月8日，该收费站转由县政府与香港华润交通工业开发有限公司合资经营。1998年12月移址东渡，收费里程为兰口至黄碧街段21.4千米，收费标准不变。2012年开始对县内车辆免费通行。2014年7月1日零时起，该收费站停止收费。

收费站车辆流量，1995年169万辆，1999年302万辆。金丽温高速公路通车后，330国道车辆流量减少，2004—2010年分别为176万辆、188万辆、185万辆、190万辆、136万辆、141万辆、261万辆。1995—2010年总收入为38326万元。其中，1995年1295万元，以后逐年增加，1998年为收费最高峰（5267万元），2009年571万元，2010年1154万元。

第七篇　邮政　电信

1997年9月，浙江移动通信有限责任公司缙云分公司成立，移动电话业务从县邮电局分离。1998年9月，县邮电局分立为县邮政局和县电信局，实行专业化分营。2000年11月，浙江省电信公司缙云电信分公司成立。2001年1月，中国联合网络通信有限公司缙云分公司成立；3月，浙江电信实业公司缙云电信分公司成立。2003年2月，县电信局注册为中国电信股份有限公司缙云分公司，迁址县城新区仙都路139号。2008年5月，县邮政储蓄从县邮政局分离，是年，县邮政局由五云镇胜利街109号迁到新区蓬莱路219号。

随着邮政、通信事业的发展，原属县邮电局的邮政、电信、邮政储蓄业务分离，机构分立，在县城的经营场所分设，在乡村的邮政、电信、邮政储蓄办公楼仍实行共建综合用房、合署办公、各自经营，其名称沿用邮电支局（所）。其间，新建成邮电综合办公用房的有：1995年10月的溶溪邮电所，1997年5月的舒洪邮电支局，1997年11月的壶镇镇南胡邮电所，1997年12月的胪膛邮电支局，1998年5月的大源邮电所，1999年的壶镇电信支局，1999年12月的前村电信支局，2002年6月的黄碧街支局，2002年11月的新建电信支局。

第一章 邮政

1993—2010年，随着电子通信的兴起与发展，邮政各类业务此消彼长，缙云县邮政局经历了多次机构设置和职能调整，传真、因特网、移动电话等现代通信业务逐步取代传统邮电业务。

第一节 机构

1993年，县邮电局有代办所31处，其中专营邮政9处、电信5处，另有邮票代售点125处。1994年，五云镇塔下畈邮政储蓄联办所和东门邮政储蓄联办所开业。1995年11月，缙云县邮电实业公司成立，隶属县邮电局，设有邮政储蓄社会代办点7处。1998年1月，邮电实业公司改为缙云县邮电发展有限公司；5月，中国电信浙江无线寻呼集团公司丽水分公司缙云营业部成立；9月，缙云县邮电局分设县邮政局和县电信局。

2003年2月，缙云县邮政局经营体制改革，下设储汇、邮递两个分局。2004年6月，缙云县邮政局商函集邮（广告）公司成立，隶属运营部，负责中邮广告、集邮、邮资封片业务。2008年5月，缙云县邮政储蓄业务从县邮政局分立；7月，中国邮政储蓄银行浙江省丽水市缙云县支行成立。2009年3月，县邮政速递物流经营部成立，隶属丽水市邮政速递物流公司。

图7-1-1 2008年启用的缙云县邮政大楼

2009年，县邮政局内设综合办公室、财务部、人力资源部、运营部，下辖邮递和储汇2个分局，速递、集邮商函和信达实业3个公司，壶镇、新建、黄碧街、舒洪、胪膛、前村6个邮政支局，溶溪、大源2个邮政所；设县城东门、塔下畈、槐花街、壶镇南湖、新建5个储蓄所，8个报刊零售亭。

第二节 业务

20世纪90年代，缙云邮政除传统业务外，开始拓展储汇和集邮业务。1997年，县邮政局运输投递设备有载重量2吨的邮车2辆、5吨的邮车1辆。1999年，有邮政汽车6辆、邮政摩托车7辆。1999年，有给据邮件登单机3台、过戳机5台、微机设备29台。其中，邮政内部生产用微机10台、邮政营业窗口微机11台、综合管理微机8台。邮政储蓄网络服务器9台、网络路由器3台、其他计算机网络服务器9台。2010年，有邮政汽车6辆、邮政摩托车9辆、商业信函制作系统1套、ATM自动柜员机8台、POS

机38台、邮资机3台、过戳机2台、微机设备32台、终端机68台。

寄递

函件　1993年，全县函件业务量244.81万件，其中国际及港澳函件9181件。1996年12月，邮资调高，国内信函基本资费由本埠0.1元、外埠0.2元统一调整到0.5元。1999年3月，国内信函基本资费调整到本埠0.6元、外埠0.8元。2006年11月，国内信函基本资费调整到本埠0.8元、外埠1.2元。

1993—1996年，每年函件均在200万件以上，1997年开始递增，至2010年，除2006年、2009年外，其余年份函件均降至200万件以下。1999年，邮政快件业务取消。2004年6月，“中邮专送广告”缙云版开办。2006年9月，仙都风光明信片册出版发行。2010年，邮政函件收入中贺卡业务占1/3以上。

包件　1993年5月，缙云邮政开办特快专递业务，包件业务量4.82万件。1997年7月，开办特快礼仪专递业务。2010年，速递物流实行分业务经营，中国邮政缙云速递物流有限责任公司成立，主营国际国内特快专递业务（EMS）、国际包裹业务、国内物流业务、国内快递包裹业务，相继推出国内“次晨达”“次日递”“国际承诺服务”“限时递”等服务项目，提供代收货款、收件人付费、鲜花礼仪速递、电子商务速递等增值服务。

1998年，全县国内包件25751件、国际包件25件。2010年，全县国内包件12138件，国际及港澳台包件81件；特快专递邮件22416件，其中国内异地邮件22072件、国内同城邮件114件、国际及港澳台邮件230件。

报刊发行

1993年，全县订销报纸期发数26.1万份，订销杂志期发数1.4万份。1998年5月，开通报刊封发微机处理系统。2010年，订销报纸期发数508.5万份，订销杂志期发数31.9万份。

邮政储蓄

1993年5月，黄碧街邮政支局开办邮政储蓄和汇兑业务。1995年9月，县局、东门、塔下畈、壶镇、新建、舒洪、黄碧街7个邮政储蓄点联网，实现城乡通存通兑。

2003年，缙云邮政储蓄机构开办代理养老金发放、代缴电费和代理发放农民种粮直补款业务。2010年，代发惠农补贴款42余万户次，代付2.74亿元，包括粮农直补款、村干部误工补助、公益林补贴、油菜补贴、粮种补贴、种粮大户补贴、新农村医疗补助以及民政部门各类补贴等30余种。是年年末，邮政储蓄存款余额13.84亿元。

集邮

1993年11月，县邮政局“缙云县程控电话开通纪念”纪念封发行，全年集邮业务量21.33万枚。1994年6月，丽水地区集邮联展在缙云县举办。1996年4月，县邮政局“金温铁路缙云通车”纪念封发行。1999年12月，县集邮协会成立。2003年7月，县邮政局与县农村信用社合作，发行缙云县首枚个性化邮票1000套。2004年10月，县邮政局、县集邮协会发行“仙都旅游文化节”纪念封2000枚，在县博物馆举办集邮展，展出60框928个邮票贴片。2010年，集邮业务量1.4万枚，发行集邮年册1000册。

1993—2010 年缙云县邮政业务一览表

表 7-1-1

年份	邮政业务收入（万元）	函件（万件）	包件（万件）	汇票（万张）	订销报纸（万份）	订销杂志（万份）	邮政快件（万件）	集邮业务（万枚）	公众电报（万份）
1993	200.1	244.81	4.82	3.04	26.1	13.97	10.01	21.33	8.17
1994	205.5	220.98	3.65	3.38	21.79	11.48	8.92	13.6	4.99
1995	251.85	225.51	3.02	3.52	22.93	10.23	7.06	18.92	3.24
1996	327.87	244.11	3.99	3.72	33.23	10.95	6.55	25.38	2.13
1997	351.82	150.11	2.82	3.72	22.83	12.92	3.88	73.55	1.4
1998	364	130.69	2.58	3.64	444.27	17.17	0.94	205.44	1.09
1999	410	104.25	2.2	3.35	445.11	19.93	1.26	34.84	0.92
2000	518	107.61	1.99	3.44	447.89	23.64	—	29.7	0.81
2001	937	116.03	2.21	3.31	457.75	23.51	—	30.26	0.56
2002	985	134.1	2.21	2.62	460.39	22.31	—	—	—
2003	1142	148.72	2.19	2.77	414.48	26.03	—	—	—
2004	1289	166.74	2.05	2.54	453.43	25.15	—	—	—
2005	1423	119.47	—	2.26	457.62	25.65	—	—	—
2006	1385	292.6	—	2.7	446.9	16.29	—	—	—
2007	1582	177.84	—	4.9	455.14	21.4	—	—	—
2008	1636.68	188.65	—	5.18	480.86	29.53	—	—	—
2009	3107	375.75	—	6.59	493.81	30.34	—	—	—
2010	2476	—	34635	—	508.5	31.9	—	1.4	—

第二章　电信

经过十多年的发展，到 2010 年，缙云电子通信工具不断升级，电信业务量激增，固定电话、移动电话、数据通信和互联网通信等逐步完成数字化转型。自 1990 年年初至 2010 年，移动通信工具历经传呼机（BP 机）、1G（大哥大）、2G（诺基亚）和 3G（移动多媒体）的先后更替。全县固定电话从 1993 年的 6896 户增至 2010 年的 85100 户，移动电话从 1994 年的 239 户增至 2010 年的 334300 户，国际互联网从 2006 年的 18002 户增至 2010 年的 36036 户。

第一节　电信缙云分公司

1998 年 5 月，中国电信浙江无线寻呼集团公司丽水分公司缙云营业部成立；9 月，缙云县电信局成立。

2000 年 1 月，浙江省电信公司缙云分公司成立。2001 年 3 月，浙江电信实业公司缙云电信分公司成立，隶属县电信局。

电信设施

1993 年 11 月末，五云镇白云山移动通信机房建成，建筑面积 250 平方米，投资 32 万元；12 月，蜂窝移动通信基站开通并联入丽水交换中心。1994 年，壶镇镇建成移动通信基站 20 个。1997 年，缙云县“乡乡通光缆工程”竣工，总投资 9850 万元，架设通信光缆 211.7 千米，新立和更换线杆 7000 根，开设乡镇程控交换点 19 处，程控电话交换机总容量 34544 门，共有通信光缆 628.8 千米。2003 年，全县程控电话交换机总容量近 9 万门，小灵通基站 170 个，固定电话 81450 部，通电话行政村 603 个。2005 年，642 个行政村全部通固定电话。2008 年，仙都、河阳等旅游景区设置公用电话亭。

图 7-2-1 缙云县电信大楼（2008 年摄）

至 2010 年年底，全县 CDMA 基站 72 个，CDMA 信号覆盖 390 个行政村，移动通信用户 28711 户；全县有固定电话活跃用户 81368 户，普及率 21.2 部 / 百人；行政村通电信宽带网络 493 个。

电信网点

2010 年，全县有电信网点 11 个。1993 年 9 月，县城胜利街 92 号程控电信楼建成，建筑面积 2100 平方米，投资 290 万元。2000 年，县城新区电信综合楼兴建，建筑面积 8300 平方米，其中主楼 6100 平方米，地下室 1936 平方米，机房 200 平方米，2003 年 8 月竣工并通过验收，总投资 2690 万元。

业务发展

1993 年 2 月，缙云县城至壶镇支局寻呼发射台开通；6 月，缙云至丽水四次光端三次电端设备开通；10 月，县城至壶镇 32 千米光缆、至新建 15 千米光缆、至黄碧街 14 千米光缆开通，安装 S120 程控电话交换机 TS270 线、LS5120 门、DTM30 只；11 月，县城至壶镇镇、新建镇、舒洪镇、新碧镇 1 万门程控电话交换机开通。是年，新增供电交换机 4 部，容量 40 门，长途对端设备容量 32 路，新建光缆 33.5 千米，程控电话交换机总容量 5684 门。架设农村电话线路杆路 728 千米，明线 767 对千米、联营明线 730 对千米、电缆 108.2 千米。

1994 年，“112”自动受理、自动测试和数字兼容自动寻呼（BP 机）开通。开办“127”自动寻呼业务，实现寻呼机＋“大哥大”手机组合。1995 年，移动通信基站扩容 10 个信道，C3 网开通，电话号码由六位数升七位数；5000 门程控扩容、市话 3200 对电缆扩容完工，“114”查号台县市合并；“127”无线寻呼系统全区联网，“129”无线寻呼系统全省联网，可视电话会议系统、互联网拨号上网、县城因特网、“170”电话费自动查询系统相继开通。

1996 年，磁卡电话资费查询系统和全国通用磁卡电话、“200 卡”业务、“168”声讯台开通；8 月，数字移动电话、新建移动电话直放站开通；农村程控电话快速发展，大源镇 240 门、新川乡 240 门、大洋镇 480 门、白竹乡 240 门、仙都管理区 240 门、三溪乡 240 门程控电话陆续开通。1997 年 9 月，壶镇镇湖川村程控电话入户率 62%，成为缙云县第一个“电话村”；东渡镇开通程控数字环路系统 480 门。是年，全县开通程控电话的行政村有324个。

1998年，全县无线接入网系统开通，偏远山村通电话难得到解决。缙云县人工长途台撤销，由杭州电信局人工长途台转接。2001年，宽带工程安装竣工，农技“110”信息服务网络建成。2003年，中国电信客户服务热线号码由1000号升到10000号，缙云开通“201”智能公用电话。

2004年8月，“村村通电话”工程开工，第一期涉及行政村36个。2006年，24个乡镇482个行政村通宽带，宽带通村率75%；9月，农村党员干部远程教育网点接入宽带；拓展固定电话政务彩铃业务，通过固定彩铃宣传仙都风景旅游。2008年5月，县政府门户网站搭建41个部门和16个乡镇政府信息公开平台，125家单位全部接入电子政务网络；10月，开始承接C网业务。2009年上半年，3G无线宽带、电信宽带ITV网络电视开通；缙云工业园区招商引资网升级，被列为全省信息化试点；县、乡、村三级农技“110”信息服务网络建成；电信收购联通CDMA网络，联通与网通合并，县铁通公司并入县移动公司，实现3G升级。2010年7月，宽带（FTTH）开通；9月，对原有固定电话升级改造，免电话装机工料费，优惠包月通信费；12月，全县有CDMA基站72个，有C网信号行政村390个，通宽带行政村493个，行政村宽带通达率76.8%。

电信资费

1997年12月，缙云县取消1993年起征收的程控电话集资费（个人住宅电话7元／月、行政事业单位10元／月、厂矿企业20元／月）。电话邮电附加费从0.1元／分钟降为0.05元／分钟；国内长话资费省外从800千米内0.3元／分钟、800千米外0.5元／分钟，统一降为0.2元／分钟。

1999年3月，调整部分电信资费，固定电话初装费由每号线1500元调为约800元；区内电路用户模拟中继线初装费下调为每线1300元。国内长途电话附加费由0.2元／分钟调整为省内0.12元／分钟，800千米以上为0.2元／分钟。邮电建设附加费取消。因特网（互联网）收费降低，拨号用户每月累计使用时间1小时至60小时部分4元／小时；第60小时以后部分8元／小时。节假日、休息日全天，非节假日23：00至次日8：00使用费减半；电信营业窗口提供上网服务收费调整为0.3元／分钟。国际电话费用降低，除中东地区以外的亚洲国家及地区12元／分钟，其他国际电话15元／分钟。港澳台地区5元／分钟。电话月租费，甲种用户7.6元／月，乙种用户12元／月；中继线呼出36元／月，呼入70元／月。移动电话月租费从每号62.5元调为50元。4月1日，电报挂号统一使用“07193”（当时民间已很少用电报）。

2000年5月，丽水市内“小灵通”无线电话入网费300元，手续费8元，月租费15元。5月起，甲乙种电话月租费统一为10元／月。2002年5月，取消按交换机容量分级定价的固定本地网包月制月租费；取消本地固定电话附件（听筒、分铃、插扑、扳闸）月租费、附件装机手续费、附件装机工料费、换机手续费；取消国内长途加急电话、紧急电话收费和国内长途半自动电话收费；取消政务、新闻、银行汇款电报收费，统一按普通电报业务标准收费；取消传真机并机登记费、传真机装机调测费、传真机登记费。固定电话用户、有人值守公话、IC卡公话、投币电话，拨叫时均向固定电话用户收取长途电话费。

2010年9月起，免电话装机工料费，优惠包月通信费。

第二节　移动缙云分公司和联通缙云分公司

移动缙云分公司

1993年12月，县邮电局模拟移动电话营业点成立，移动电话业务开始运行。

第一代移动电话为摩托罗拉“大哥大”900号段，先由县邮电局管理人员、少数较大企业老总和部门领导试用，最高时价1台5万多元。

图7-2-2　浙江移动缙云分公司（2009年摄）

机构沿革　1997年9月，浙江邮电移动通信有限责任公司缙云分公司（简称“缙云移动”）成立，为中国移动集团公司下属中国移动（香港）公司的中外合资内地运营子公司。时有基站4个，手机用户2200户。1999年，有基站27个，手机用户10459户；12月，重新注册登记，企业性质转为香港独资、内地运营子公司。2004年下半年，中国铁通集团有限公司丽水分公司缙云营业部成立，主营固定电话、互联网服务业务。2006年，“缙云移动”更名为中国移动通信集团浙江有限公司缙云分公司。2008年5月，铁通公司营业部成为“缙云移动”公司全资子公司。“缙云移动”地址设五云镇仙都大道4号，下设网络部、市场部、综合办。

业务发展　主要经营移动语音、数据、IP电话和多媒体业务。2006年，用户总数逾10万户。拥有“全球通”“神州行”“动感地带”三大品牌。手机号段有139、138、137、136、135、134、159、158、152、151、150、187、188。自办营业厅8家，分别设置在公司综合楼、县城老城区铁桥头、壶镇商贸楼、壶镇安居桥、新碧镇、新建镇、大洋镇、溶江乡。

2010年年底，在全县设有移动2G基站410个、4G基站71个，150个行政村实现驻地网建设全覆盖。

联通缙云分公司

2001年1月，中国联合网络通信有限公司缙云分公司（简称“缙云联通”）成立，设综合部、营销服务部、集团客户部和壶镇、新碧2个营运中心，主营移动通信、固定电话、互联网、电信增值等业务。

机构沿革　1997年9月，移动电话业务从邮电业务中析出，成立浙江移动通信有限责任公司丽水分公司缙云经营部，在溪滨北路101号办公。次年，移动电话经营部与邮电系统正式脱钩，成立浙江国信通信缙云分公司（简称“国信公司”）。2001年1月，国信公司和联通公司合并，组建中国联合网络通信有限公司缙云分公司，公司地址在五云镇溪滨南路58号。

2003年4月，缙云联通壶镇营业部成立。2005年7月，缙云联通公司地址迁到五云镇黄龙路133号。2007年1月，新碧营业部成立。2008年11月，网通公司并入联通公司。

业务发展　2002年4月，开通CDMA。2005年，建成C、G网基站176座，移动通信信号覆盖各乡镇。有“世界风”“如意通”“UP新势力”等品牌系列，推出虚拟网、亲情号码、主叫付费、呼叫提醒、秘书服务、彩铃、彩E、联通无线、移动QQ、IP电话、无线电话、手机彩票、手机信用卡、一网联通、掌中宽带、“10010”客户热线以及联通客户俱乐部等业务。2009年8月，开通WCMA信号。

2010年，在全县设有GSM、3G基站217个（点），自有传输杆路266千米，光缆1012千米，总用户4.5万户。

1993—2010年缙云县电信用户数量一览表

表 7-2-1 单位：户

年份	市话电话	农村电话	手机	BP 机	国际互联网
1993	4180	2716	—	—	—
1994	5379	3407	239	2118	—
1995	7531	6707	825	4697	—
1996	8853	8725	1232	7661	—
1997	9604	10938	2200	11165	—
1998	10921	13627	4536	13873	—
1999	12676	19121	10459	13699	—
2000	15357	27174	33103	15242	—
2001	17843	37705	31447	—	—
2002	18363	46250	73239	—	—
2003	32202	49338	104943	—	—
2004	29200	58700	122500	—	—
2005	29200	66000	152000	—	—
2006	40700	56200	197100	—	18002
2007	38400	55800	297700	—	22314
2008	48000	55900	289700	—	24461
2009	36200	48700	306700	—	26607
2010	73800	11300	334300	—	36036

说明：2001年的手机用户数不含联通公司用户

第八篇　城乡建设

以1994年县城新区仙都大道破土动工为起点，至2010年，是缙云县城向现代化城市转变的快速发展期。县城五云镇由东起东门迎晖门、西至县皮革厂、南自上交岭、北到北门云塘的老城区向东拓展，新城区东延及船埠头，南扩至鼎湖路，北伸到旭山路，城区面积从1.5平方千米扩展到4.6平方千米；城市设施更趋完善，道路拓宽等级提升，多座桥梁建成，南北通行更为便捷，供水排水能力提升，路灯、通信等配套设施逐步完善；城市元素不断完备，公园、广场、道路隔离带、红绿灯、出租车等从无到有；城市建筑体量加大，现代化成分增加，从公寓式到小高层，从村居型到小区化；居民住房从分配到商品化，房产市场开始形成；县城人口规模扩大，1993年不到5万人，2010年超过10万人。

集镇建设拉开框架，环境改观，集镇作为经济、文化、教育、卫生的集聚中心地位愈加突出；乡村面貌变化明显，全县实现康庄公路通达率和路面硬化率100%，中心村趋向城镇化；农村传统民居向现代建筑转变，原“道坛”（四合院）结构形式逐渐改变为单门独户住宅，“空心村”开始出现；农村居民人均住房面积增加，用电、用水、通信等条件改善，乡村环境日趋净化、美化。

1996年9月，县建设局与县环保局合署办公，实行“一个机构，两块牌子”管理体制。2001年10月，县建设局与县环保局分立。

第一章　城乡规划

缙云县域、乡镇、村的建设规划始于20世纪80年代。1993—2010年，为适应经济社会快速发展的需要，县域、乡镇、村庄的建设规划，尤其是县域规划，经过多次修编优化，并在具体实施中修改、变更和完善。

第一节　县域规划

1988年6月，《缙云县综合发展规划》制定，确定缙云县综合发展规划目标是以县城为中心，以建制镇为重点，形成县城、建制镇、乡村集镇、中心村、行政村的多层次体系。县城五云镇规划区范围由原政区加上城东乡除双龙村与周村村以外各村。

2000年11月，《缙云县县域城镇体系规划(1999—2020年)》制定。规划期限为1999—2020年，共21年，近期1999—2010年，远期2011—2020年。规划人口以1998年年底总人口41.55万人、城镇人口13.39万人、城市化水平32.2%为基数，2010年总人口44.6万人、城镇人口20万人、城镇化水平44%，2020年总人口46.4万人、城镇人口26万人、城镇化水平56%。该规划确定城镇规模分为三级，一级城镇人口规模5万～12万人，二级城镇人口规模1万～5万人，三级城镇人口规模约1万人以下。城镇职能等级分为四级，一级五云镇，为中心镇；二级壶镇镇，为副中心镇；三级，新建、新碧、东方、舒洪四镇，为重点镇；四级，大洋、大源、双溶（双溪口、溶江乡）三镇，为一般镇。

2009年，《缙云县县域总体规划（2006—2020年）》修编完成。规划预期2010年全县常住人口45万人，2020年全县常住人口52万人，其中城镇人口2010年24万人。该规划突出工业兴县发展战略，以中心城市为主导，以壶镇、新建、舒洪、大洋、大源为重点，以集镇带动中心村建设。至2020年，各区域规划重点是县城规划区范围为新碧镇、城北乡（2008年撤销，并入五云镇）、五云镇、七里乡、新建镇和东渡镇一部分，总面积19801公顷；县域定位是以山水文化石城为特色，成为浙西南重要新兴工业城市；县城人口，2010年13万人，2020年22万人。壶镇镇规划建设用地面积1299公顷；新建镇规划建设用地面积400公顷，定位是竹制品加工业基地、古村落观光服务基地；舒洪镇规划建设用地面积200公顷，定位是农副产品加工基地、生态型山水旅游城镇；大洋镇规划建设用地面积50公顷，定位是以农副产品加工业为主导，以茶叶、蚕桑为特色农业；大源镇规划建设用地面积70公顷，定位是以夏菇、板栗、药材、高山蔬菜、高山花卉生产为特色农业。

第二节　县城规划

总体规划

《缙云县县城总体规划（1994—2010年）》，1994年4月开始编制，1996年经省政府批准实施。规划期限为，近期1994—2000年，中远期2000—2010年，并对2010年后城市发展作出轮廓安排。该轮规划目标是撤县建市，城市定位为现代化风景旅游城市。用地规模面积为近期440.9公顷，73.4平方米／人；远期667.4公顷，84.7平方米／人。人口规模为近期人口6万人，远期人口8万人，远景人口10万人左右。

《缙云县县城城市总体规划（2001—2020年）》，2002年4月编制完成，2003年9月经丽水市人民政府批准实施。规划期限为，近期2001—2005年，中期2006—2010年，远期2011—2020年，展望期2020年以后。2005年，用地规模面积602.6公顷，人口8万人；2010年，用地规模面积802.4公顷，人口10万人；2020年，用地规模面积1078.4公顷，人口12万人。

《缙云县县城城市总体规划（2006—2010年）》，2008年通过县人大常委会审议。该总体规划与《缙云县土地利用总体规划（2006—2020年）》相衔接。规划期限为，近期2006—2010年，远期2011—2020年。规划分为县域总体规划和中心城区总体规划。规划2020年城乡建设用地面积4760公顷，包括中心城市建设用地面积2602.8公顷。

详细规划

20世纪90年代开始，县政府先后启动编制缙云县《城东新区综合开发总体规划》《行政中心区控制性详细规划》《黄龙路沿线区块控制性详细规划》《新区控制性详细规划》《下山脱贫以北地块修建性详细规划》《名山隔岙修建性详细性规划》《镇东村拆迁安置地块详细规划》等控制性详细规划。1998年8月，作为《缙云县县城总体规划（1994—2010年）》的细化、量化规划，《县城老城区控制性详细规划》得到上级批复实施。1999年12月，《缙云县城中心区建设规划》通过评审。规划县城中心区范围东起金温铁路，西至翠竹路，南达问渔路道路红线外50.8米，北至旭山路，总用地面积0.86平方千米。

2004年12月，《县城七里综合区控制性详细规划》编制完成。规划范围大致为七里乡东部：东至十里亭、生水塘、330国道，西至规划中的新330国道，北至新碧界，南至旭山路、黄龙路。规划总用地面积749.4公顷。以千秧溪为自然生态轴，串联公共中心区、综合片区、居住片区。2008年，《缙云县天然气利用规划》通过评审。

2009年12月，《县城七里综合区控制性详细规划》修编完成，确定七里片区为以交通、物流、体育、医疗、高品质居住为主要功能的生态型综合片区。其中，一类居住用地面积10.38万平方米、二类居住用地面积142.5万平方米、安置用地面积31.46万平方米、住商混合用地面积14.07万平方米。

2010年，新的详细性规划修编启动，涉及县城南区、县城东北区、老城保护等。

第三节　村镇规划

集镇规划

1986年，启动壶镇、五云、舒洪、新建4个建制镇的集镇总体规划编制；1992年，启动编制新设立的东方、新碧、东渡、大洋、大源5个建制镇的总体规划。至1995年，9个建制镇集镇总体规划制定。1997年，壶镇、五云、舒洪、新建、大洋5个建制镇编制第二轮总体规划。2000—2005年，各建制镇开展总体规划修编。2008年，新碧镇纳入县城规划范围。2010年，《壶镇镇总体规划》制定。

2002年，《大源镇中心区控制性详细规划》《新建镇中心街街景规划》《壶镇镇下山脱贫小区规划》制定。2003年，五东、新碧、七里工业园区控制性详细规划和《新建镇中心街拆迁改造和安置小区控制性详细规划》制定。2004年，《壶镇镇中心区块控制性详细规划和主街街景规划》《城西工业园区控制性详细规划》制定。2008年，按是年1月1日起施行的《中华人民共和国城乡规划法》编制8个乡的总体规划。

村庄建设规划

1984年年末，全县所有行政村建设规划制定。2003年，进行村镇规划修编。

2004—2005年，湖川、高潮、河阳等12个示范村，水南、建设、钦村等29个村的村庄建设规划通过会审。2006年，全县规划中心村39个、基层村294个、村改居委会138个，撤并村171个。双龙、左库、下潜等12个村规划制定。村民住宅通用图集绘制完成，供村民建房选用。2007年，编制县域环卫一体化规划和村庄布点规划，编制村庄建设规划12个。2008年，编制村庄规划51个、污水整治村规划17个；确定三溪、前路、白竹等8个乡垃圾中转站的规划选址。2009年，调整污水整治村规划21个，对50个环境整治村、37个旧村改造村、144个规划保留村进行地形图测绘和规划编制。

2010年，环境整治村55个、旧村改造村24个、中心村18个、规划保留村142个的建设规划编制完成。

第二章　县城建设

五云镇地处县域中西部，自缙云建县即为县治所在地。建成区面积，1949年0.3平方千米，1986年1平方千米。1993年，辖区面积7.5平方千米，规划区面积3.24平方千米。

瓯江支流好溪于五云镇城区自东向西穿城而过，溪南有水南村，溪北有中心、建设、丹阳、东门4个村。2002年，设15个居委会、6个社区。城区居民、机关、学校、文化场所、商业等主要集中在胜利街、复兴街、寺后路、溪滨南北路、南塘路及二中巷区域。城区四周山峦环绕，房屋多为土木、砖混结构和具有缙云地方特色的凝灰岩条石建筑。

习惯上将330国道县城以西的城区称为老城区，以东的城区称为新城区（简称“新区”）。

1994年，县城新城区（又称“仙都新区”）建设启动。新城区相对平缓、开阔，为城市开发提供了拓展空间。至2010年年末，五云镇（包括新碧、东渡）建成区面积22.93平方千米，人口12.96万人，城市化水平48.87%。

第一节　新区开发

1994年3月，缙云县五云新区建设委员会成立，五云镇新区建设启动，规划建设用地面积530公顷。1995年8月，县委九届五次全会表决通过《关于县政府办公大楼移址到仙都新区的决定》，县行政中心开始实施东移。1999年，黄龙路一期、仙都大道投入使用，新区路网框架拉开。

1999—2002年，通过对杜桥、镇东、西寮等村进行土地征收、民房拆迁，新区范围得到扩展。2001年7月，县行政中心办公楼启用，行政事业单位和金融、商业等服务机构随之迁建到新区。是年，实施黄龙路二期及其配套工程建设，问渔路、永宁路、紫薇路、翠竹路等新增道路长4420米、面积11.95万平方米，投资约1亿元，新区道路框架基本形成。2002年，卫星定位系统在新区测绘中启用，旭山路东线、火车站广场工程完工，南区块道路网工程启动。

至2010年，新区旭山路、黄龙路、问渔路、蓬莱路、紫薇路、仙都路等主干道，紫薇花园、仙都花园、山水花苑、兴城广场公寓、蓬莱花园、黄龙·香格里拉、名仕家园、翠竹花园、飞云花园、紫薇苑、鼎龙小区等住宅小区，广电大楼、火车站、县博物馆、镇东农贸市场等公共建筑设施，县人民法院、县人民检察院、县公安局、县财政地方税务局、县国家税务局、县电信局、县信访局等办公楼，紫薇小学、机关幼儿园、主要金融机构等用房，滨江公园、朝晖公园、永宁公园、火车站广场、政府广场等公共场所相继建成。其间，每年投入建设资金 1 亿元左右，用于绿化、供排水、道路、垃圾处理等市政基础设施建设。以好溪主体为背景，防洪堤、绿道、桥梁、灯光配套设施逐步提升完善。2009 年，县城人均城市道路面积 17.2 平方米，人均公园绿地面积 12.1 平方米。

其间，县政府投入资金对老城区进行保护性建设。1997—1998 年，对复兴街路面进行平整改造。1999 年 7 月，位于迎晖路的汽车新客站投入使用；8 月，缙云中学从寺后路迁至百花山（缙中路 18 号）。2003 年 5 月—2004 年 6 月，县城大桥南路拓宽改造，并建成金龙广场综合体。2006 年，县实验中学从寺后路迁至徐庵山（寺后东路 98 号）。

第二节　县城道路

县城道路总长度，2000 年约 20 千米，2008 年约 100 千米，2010 年约 120 千米。

新区道路

1993—2000 年，县城新区建成道路 50 多条。主干道路有黄龙路、旭山路、仙都路、问渔路、紫薇路等。2001—2005 年，县城新区建成道路 24 条。新区道路行车道、非机动车车道、人行道、绿化带、隔离带、道路照明、红绿灯等设施比老城更为完备。

2010 年缙云县新区主要道路情况一览表

表 8-2-1

<table>
<tr><th rowspan="2">道路名称</th><th rowspan="2">长（米）</th><th rowspan="2">宽（米）</th><th rowspan="2">起讫</th><th rowspan="2">建设年份</th><th colspan="2">备注</th></tr>
<tr><th>人行道</th><th>花坛隔离带</th></tr>
<tr><td>鼎湖路</td><td>360</td><td>32</td><td>东起船埠头
西至 330 国道</td><td rowspan="2">2004</td><td rowspan="4">双幅</td><td>有</td></tr>
<tr><td>蓬莱路</td><td>1255</td><td>9</td><td>东起鼎湖路
西至好溪路</td><td>无</td></tr>
<tr><td>问渔路</td><td>3300</td><td>14 ~ 24</td><td>东起船埠头
西接溪滨北路</td><td rowspan="2">2001</td><td>有</td></tr>
<tr><td>黄龙路</td><td>2320</td><td>24</td><td>东起仙都路
西至大桥北路</td><td rowspan="2">无</td></tr>
<tr><td>花园路</td><td>760</td><td>7</td><td>南起问渔路
西接翠竹路</td><td>2005</td><td>部分</td></tr>
<tr><td>旭山路</td><td>1145</td><td>25</td><td>东起火车站
西至黄龙路</td><td>2003</td><td rowspan="2">双幅</td><td>有</td></tr>
<tr><td>翠竹路</td><td>365</td><td>9</td><td>东起芙蓉路
北至旭山路</td><td>2001</td><td>无</td></tr>
</table>

续表 8-2-1

道路名称	长（米）	宽（米）	起讫	建设年份	备注	
					人行道	花坛隔离带
紫薇路	1298	24	南起问渔路 北至旭山路	2001—2004	双幅	有
好溪路	580	24	南起鼎湖路 北至问渔路	2004		无
独峰路	230	9	南起问渔路 北至旭山路	2001		
永宁路	305	40 ~ 60	南起问渔路 北至黄龙路	2004	步行街	有
永宁路	443	16	南起鼎湖路 北至问渔路		双幅	无
彩云路	280	9	南起黄龙路 北至旭山路	2001		
芙蓉路	300	8	南起蓬莱路 北至黄龙路	2004		
仙都路	660	25	南起问渔路 北至火车站	2002		有

老城区道路

1993 年，老城区街道以路命名的有 18 条，总长 11328 米；以街命名的有 4 条，总长 1626 米；以巷命名的有 55 条，总长 5526 米。2010 年，水南街、复兴街、胜利街、槐花街、剧院巷 5 条街道为条石路面，其他均为砂石混凝土路面。

2010 年缙云县老城区道路情况一览表（一）

表 8-2-2

名称	长（米）	宽（米）	路面材料	路灯（盏）	人行道	起讫
溪滨北路	1550	12	沥青混凝土	32	有	东起缙云二桥 西至大桥北路
大桥西路	550	6	水泥混凝土	11		东起缙云大桥 西至皮革厂
胜利街	424	6	凝灰岩条石	8	—	东起溪滨北路 西至大桥北路
南塘路	730	16	水泥混凝土	16	有	南起溪滨北路 西至寺后西路
缙中路	730	16		20		东起朝晖路 西至南塘路
大桥北路	1440	14		42		南起缙云大桥 北至三里街
复兴街	512	6	凝灰岩条石	7	—	南起溪滨北路 北至大桥北路

续表 8-2-2

名称	长（米）	宽（米）	路面材料	路灯（盏）	人行道	起讫
槐花街	380	5	凝灰岩条石	6	—	南起溪滨北路 北至实验小学
寺后路	392	6	水泥混凝土	13	—	南起溪滨北路 北至南塘路
寺后西路	300	7			部分有	南起寺后路 北至黄龙路
寺后东路	540	10		18	有	南起南塘路 北至黄龙路
朝晖路	370	15				南起溪滨北路 北至黄龙路
望溪路	450	5		7	—	南起溪滨北路 北至缙中路
溪滨南路	1940	10 ～ 13	沥青混凝土	52	有	东起朝晖大桥 西至大桥南路
大桥南路	1500	30	水泥混凝土	42		南起上交岭 北至缙云大桥
鼎立路	450	9		13		东起大桥南路 西至鼎立公司
水南街	310	4	凝灰岩条石	7	—	南起大桥南路 北至溪滨南路
谢山路	700	4.5	水泥混凝土	14	—	南起 330 国道 北至溪滨南路
风景山路	300	12		16	—	南起 330 国道 北至电力路
电力路	800	12		15	有	东南起县客运中心 北至溪滨南路
迎晖路	420	12		13		南起 330 国道 北至溪滨北路
白云路	550	4.5		10	—	南起车站路 北至溪滨南路

2010 年缙云县老城区道路情况一览表（二）

表 8-2-3

名称	长（米）	宽（米）	路面材料	路灯（盏）	名称	长（米）	宽（米）	路面材料	路灯（盏）
迎晖路南巷	250	5	水泥混凝土	7	寺后路隔呑巷	390	3	水泥混凝土	3
大桥西路剧团巷	300	3		6	溪滨北路鹿园巷	106	2.2		3
大桥北路党校巷	300	3		3	溪滨北路仙李巷	170	2.2	凝灰岩条石	2
大桥北路云堂巷	300	6		3	溪滨北路六塘巷	550	2.5	水泥混凝土	7
大桥北路盘山巷	272	2.2		6	溪滨北路狮子巷	220	2.5		3
大桥南路 292 巷	250	3		3	溪滨北路东门巷	250	4		5

续表 8-2-3

名称	长（米）	宽（米）	路面材料	路灯（盏）	名称	长（米）	宽（米）	路面材料	路灯（盏）
复兴街健康巷	300	3	水泥混凝土	4	溪滨北路朝晖巷	60	3	水泥混凝土	2
复兴街双井巷	170	1.5		3	南塘路迎小巷	230	4		2
剧院路（巷）	235	6	凝灰岩条石	4	南塘路中心巷	630	5		3
寺后中巷	450	3	水泥混凝土	2	南塘路黄塘巷	300	8		3

桥梁　隧道

缙云大桥（一桥） 跨好溪，连接老城区大桥南、北路，5 孔，长 110 米，宽 10 米。1982 年建成。

铁桥 又名“五云大桥”。跨好溪，连接老城区复兴街与水南街。为钢网架结构，长 92 米，宽 6 米。1963 年重修，3 礅 4 孔，桥宽 4 米，为轻轨桁架式预应力钢筋混凝土桥面，两侧护栏仍为铁制。1999 年改建后，高出南北街面，桥两端设台阶，专供步行。

步云桥 跨好溪，连接老城区寺后路与溪滨南路，3 孔石拱，长 87 米，宽 18 米。2008 年建成。

迎晖桥 又名“东门大桥”。跨好溪，连接迎晖路与溪滨北路，10 孔，长 100 米，宽 8 米。共铺设混凝土梁板 50 块，其中 21 块从原缙云大桥拆移而来。如遇洪水淹没桥面，栏杆可拆卸以泄洪。1983 年建成。

缙云二桥 跨好溪，位于杜桥村西面，与溪滨北路立交，连接县城南北新 330 国道。长 165.26 米，宽 18 米，属斜交桥。1996 年建成。

黄龙路立交桥 位于杜桥村北，跨 330 国道，连接新老城区黄龙路，长 115 米，宽 20 米，高 15 米。2000 年建成。

旭山路立交桥 位于杜桥村北，跨 330 国道，连接新老城区旭山路，长 103 米，宽 24 米，高 24.6 米。2004 年建成。

黄龙路隧道 位于黄龙路西端，连接黄龙路与大桥北路。共 3 座，宽 13.5 米，高 5 米，总长 573 米。2001 年建成。

第三节　公共建筑

1993 年以后，城市建设重点转移到县城新区，一批公共建筑相继落成，并在建筑材料、结构、容量、高度、外观、功能、设施等方面都发生了较大变化。

1992 年，老城区溪滨北路县菜场综合大楼建设项目的征地拆迁，开启了缙云县城民房拆迁安置的先例，也是当时丽水地区规模最大的单体建筑。1994 年 6 月，该建筑主体工程竣工。其间，在老城相继建成的公共建筑还有 1999 年的县汽车新客站和缙云中学、2003 年的金龙广场综合体、2006 年的县实验中学。同时，县城新区的县行政事业单位和公共服务机构等办公楼陆续建成，10 多个公园、广场投入使用。

行政事业类

至 2010 年，行政事业单位建筑主要有县行政中心、县广电会议中心、县财政税务局、县国家税务局、县公安局、县人民法院、县人民检察院、县人民武装部、县人民银行、县医院门诊楼、缙云中学、实验中学、缙云中学仙都分校、紫薇小学、机关幼儿园、疾控中心、博物馆等。

公共服务类

至2010年，公共服务建筑主要有缙云火车站、县客运中心、县移动通信公司、县电信局、县邮政局、缙云香溢大酒店、镇东农贸综合市场、县农业银行、县农村信用联社等。

公园　广场

2010年年末，县城共有公园15个、广场3个。

风景山公园　位于老城区溪滨南路金紫山。建于1988年，面积12.6万平方米。山顶有碉堡遗迹，临溪岩壁有李震坚“石城”摩崖，山腰有石桌、石凳。石阶通达山顶，山巅有浴翠亭。有150瓦投光灯46盏。

怡苑　位于老城寺后西路东，原县教师进修学校北。1999年12月建成。面积1104.84平方米。

景谷花园　位于黄龙路南与寺后东路东交接处。2000年建成。因地处景谷花园小区而得名，面积4238.87平方米。

缙云县革命烈士陵园　位于县城大桥南路28号，面积2.2万平方米。以烈士纪念碑为主题，树种以松木、灌木为主。1981年兴建，原名金山烈士陵园，1984年建成缙云县革命烈士纪念馆。2006年12月，更名为缙云县革命烈士陵园。

吏隐山公园　位于寺后路原缙云中学校园东侧。2009年修建，面积1.77万平方米。原为唐代李阳冰隐居所，入口有“吏隐山”3个字，山上有石亭，树木以原生态为主，配植玉兰、桂花、珊瑚树、毛鹃等。2011年，安装35瓦投光灯16套、60瓦庭院灯32套。

朝晖公园　位于缙中路东端、杜桥村西。2009年建成，面积2.5万平方米。由山体和广场构成。石阶盘旋至山顶，山上有石亭、观赏台。广场种有紫薇、乐昌含笑、杜英、黄山栾树、紫玉兰、银杏等。有35瓦投光灯18套、60瓦庭院灯34套。

旭山公园　位于新区旭山路南、广电中心北，因建在旭山路侧而得名。2002年建成。面积2.06万平方米，公园内种植树木以香樟、马尾松为主。

永宁公园　位于新区问渔路北、黄龙路南。面积3.3万平方米。2003年建成。园内有气象观测站，故又名“气象公园”。主要绿化苗木为香樟、垂柳、银杏、广玉兰、日本晚樱、丹桂等40多种。有250瓦投光灯9盏、45瓦草坪灯10盏、60瓦庭院灯42盏。

旭山路变电所公园　位于旭山路北，因旁有变电所而得名。2009年建成，面积2917.14平方米。

滨江公园　位于县公安局、县财政局、县国税局办公楼西，好溪东。面积5.7万平方米，建筑面积2432.7平方米，绿化面积3万平方米。2009年2月开工。2010年3月，正式对外开放；景光工程（一期）完工。有各类泛光投光灯19套、庭院灯116套、实心测光灯60米等，属全县设施最完备的公园。

香格里公园　位于黄龙香格里小区西，建于2010年，面积4500平方米。依山而建，有观赏亭、小水潭。绿化树种有香泡、香樟、桂花、垂丝海棠、火棘、含笑等。

翠竹公园　位于翠竹小区东南（安顺巷与花园路接壤处）。建于2010年，面积4762.27平方米。因位于翠竹路而名。以草坪花木、卵石路径、花岗岩铺装为主，配置建筑小品。绿化树种有红花檵木、红叶石楠、金边黄杨、马尼拉等。

龙倚山公园　位于旭山路以南龙倚山上，为行政中心内部公园。面积19004.6平方米。2002年建成。山顶有建县1300周年纪念亭。

后陈山公园　位于县城二桥南面后陈山。2010年2月1日开工，主体工程于2011年竣工。公园内有塔形建筑缙云阁，建筑面积3011平方米，高10层，39.45米。

新区广场　有县政府广场，2000年建成，位于县行政中心南面，黄龙路北面，广场设施较为齐全；

火车站广场，2002 年建成，位于缙云火车站西侧，占地面积 2.88 万平方米；广电广场，2003 年建成，位于新区广电大楼南面，黄龙路北面。

2010 年缙云县城主要公共建筑情况一览表

表 8-2-4

单位或建筑物名称	地点	建筑面积（平方米）	层数	造价（万元）	竣工时间
县菜场综合大楼	溪滨北路	13940	11	302	1994.6
县医院门诊楼	溪滨南路	11715	8	—	2000.1
农村信用联社综合楼	仙都路	5572	11	—	2000.11
县行政中心	黄龙路	27700	6	9600	2001.7
县人民法院办公楼	黄龙路	8709	7	606	2001.7
县移动通信综合楼	仙都路	2446	5	229.5	2002.1
县广播电视大学	大桥北路	20000	5	—	2002.7
县博物馆	黄龙路	3480	2	381.31	2002.9
县广电会议中心	黄龙路	16700	15	2722.7	2003.7
县电信局综合楼	仙都路	8424	8	1612	2003.8
香溢大酒店	仙都路	10200	10	1395.78	2003.9
县残联综合楼	问渔路	2074	7	162	2004.1
镇东农贸综合市场	蓬莱路	13440	2	1317.14	2004.12
县财税局大楼	好溪路	12600	10	1131.11	2004.12
缙云中学	缙中路	75000	3 ~ 5	—	1999.8
县机关幼儿园	芙蓉路	7253	3	900	2004.8
实验中学	寺后东路	25126	4	4000	2004.9
紫薇小学	翠竹路	14626	4	—	2004.9
农行新区办公楼	黄龙路	5216	5	399.09	2005.1
县人民检察院大楼	黄龙路	5930	5	621.59	2006.1
县国家税务局大楼	好溪路	8385	8	648	2006.1
县邮政局大楼	蓬莱路	3935	5	410.39	2006.2
县疾控中心办公楼	翠竹路	3899	5	378.6	2007.11
县公安局大楼	蓬莱路	11680	12	1344.09	2007.6
县人武部建筑群	旭山路	5671	5	718.95	2008.12
县人民银行综合楼	黄龙路	3783	5	668.14	2009.8

第四节　市容市貌和环境卫生

20 世纪 90 年代以来，县城市容市貌管理机构及职能历经多次调整。1993 年 2 月，县建设局内设缙云县城建监察大队；2001 年 10 月，缙云县城镇管理综合执法大队设立，保留县城建监察大队牌子，由县委宣传部和县建设局双重管理。1998 年，县公安局巡特警大队综合中队组建，负责县城城市市容、交通秩序、卫生监督和治安巡逻。2013 年 10 月，缙云县城建监察大队改名为缙云县综合执法局。

1994 年，五云镇环卫所改名为缙云县环境卫生监督管理所。1996 年，县建设局组建缙云县城建监察大队市容环卫中队。1998 年，县环境卫生监督管理所改名为缙云县环境卫生管理处。2003 年，县环境卫生管理处办公地点由谢山路迁至翠竹路 45 号。2010 年，县环境卫生管理处有工作人员 49 人。2005 年，县建设局下设市政园林管理处，负责县城市政建设和城区绿化。2006 年 6 月 1 日开始，《缙云县城市市容和环境卫生管理办法》《缙云县城市绿化管理实施办法》实施。

2007 年开始，县城主要街道在春节期间悬挂电光源红灯笼，亮灯时间一般为腊月廿五日（小年）至次年正月。

城市绿化

新区开发实施后，环境绿化以“路有景，树成荫”为目标，随着建设进度，适时跟进。绿化树种主要有银杏、香泡、香樟、杜英、乐昌含笑、广玉兰、桂花、红玉兰等乔木，海桐球、龙柏球、水蜡、红花檵木、瓜子黄杨、红叶石楠、毛鹃、龟甲冬青等灌木。

1997 年以前，老城区除溪滨南、北路临溪人行道，寺后路和南塘路人行道有悬铃木外，其他街道只有零星绿树。1997 年后，缙中路、电力路开始种有悬铃木、桂花、银杏、杜英、黄山栾树。

2002 年，“城市绿化”工程实施，新增绿化面积 7 万平方米。2006 年，问渔路栽种银杏 60 株，黄龙•香格里拉、紫薇花园、蓬莱花苑等 19 个居民小区总绿地面积 9.7 万平方米。2009 年，投入绿化资金 1050 万元，绿化朝晖公园（二期）、吏隐山公园及翠竹花园等，新增绿化面积约 3.1 万平方米，县城绿化养护面积 26 万平方米。

2010 年，五云镇建成区绿地覆盖面积 349 公顷，其中风景林地总面积 190 公顷，绿地覆盖率 36.51%。公共绿地面积 99 公顷，人均公共绿地面积 12.15 平方米。

2006 年，县市政管理处绿化养护班组成立，有养护工人 40 多人。2008 年，绿化养护向社会招标，推行绿化管理市场化。

市容管理

1993 年 2 月，城市监察主要整治违反城市规划、随地摆摊、占道经营、违章违法建设、破坏市政设施、非法设置户外广告、乱停乱放、乱砍滥伐绿化树木等行为。1996 年 6 月，开展创建文明县城，整顿市容市貌工作。1998 年，县公安局巡特警大队综合中队参与市容管理，并增加交通秩序和治安巡逻管理职能。

2000 年 7 月开始，对溪滨北路实行“严管第一街”管理。2002 年，县城实施“亮丽工程”，在溪滨南路、溪滨北路、迎晖路、风景山、330 国道县城段一部分、新区主干道、高层建筑等处安装灯箱、泛光照明。2004 年，城市日常管理与城市环境整治相结合，注重人性化执法。2005 年，查处违法建筑面积 5.89 万平方米，拆除违法建筑面积 0.52 万平方米。2008 年，推行“数字城管”，采取“疏堵结合，以疏为主”方法，县城建监察大队实行“定人定岗定路段”管理责任制。2010 年，县城拆除各类违法建筑面积 0.79 万平方米。

城市环境卫生

设施设备　1989 年开始，县城主街道摆放铁制垃圾桶。1993 年，铁制垃圾桶更换为不锈钢垃圾箱。1995 年前后，县城主街道两侧每隔 50 米摆设果壳箱。2009 年，不锈钢垃圾箱更换为塑料垃圾桶。至 2010 年，城区有塑料垃圾桶 190 只、果壳箱 360 只。县城建有垃圾中转站 11 座、标准压缩站 1 座。

2007 年开始，县城主要街道使用机械扫地车清扫。2010 年，县环境卫生管理处有洒水车、扫地车、吸粪车、压缩式垃圾车、吊臂垃圾车、铲车、挖土机、电瓶垃圾车等环卫作业车辆 33 辆。

公厕管理　县城公厕，1996 年 53 座，2010 年 59 座。2008 年，县行政中心西侧 2 座厕所增加残疾人如厕设施。2009 年，杜桥村新建公厕，开始为残疾人配备如厕专用设施。1990 年起，县城多数公厕粪便经化粪池排入城市污水管道，没有纳入污水管道的以吸粪车运至农场或渔场。2002 年，县城取消公厕使用收费制度。

街道保洁　1990 年，县城主要街道实行 12 小时保洁。2000 年 8 月，县行政中心投入使用后，街道清扫范围扩大到新区，实行 18 小时保洁，各支路及小区实行 12 小时保洁。2001 年开始，迎晖路、缙中路、黄龙路等部分道路通过公开招投标方式实行市场化管理，首次道路保洁招投标面积为 10.09 万平方米；2002 年，开展创建市级卫生县城活动，道路保洁招投标面积增至 23.9 万平方米，约占道路保洁总面积的 62%。2005 年，缙云第一个市场化保洁公司——缙云县群英公司注册成立，县城街道保洁实行公司化运作。2009 年，新碧工业区清扫工作由环卫处管理。至 2010 年，城区街道保洁面积 130 万平方米。

垃圾填埋　1994 年，双龙垃圾填埋场投入使用。2002 年，东渡镇兰口沙田头垃圾填埋场建成并投入使用。2010 年 3 月，缙云县生活垃圾填埋场开工建设，位于五云镇双龙村和舒洪镇舒洪村邵弄岙，规划用地约 39.16 公顷，总库容 576 万立方米。一期用地 23.8 公顷，工程概算投资 1.58 亿元，库容 91.6 万立方米，服务人口 39.24 万人，设计日均垃圾处理量 29 万千克。2011 年 5 月一期主体工程竣工，2012 年 10 月正式投入使用。实际日均垃圾处理量为 35 万千克。

第三章　乡村建设

1991 年以来，县建设局内设村镇建设管理处，指导全县村镇规划与建设，核发建设用地规划许可证、建设工程规划许可证、乡村建设许可证。各乡镇设村镇建设管理服务站，实行县建设局与乡镇双重管理。村镇建设管理服务站工作人员，1991—1997 年 22 人、2010 年 28 人。

2001 年开始，对村镇建筑工匠实行培训上岗，当年培训人员 299 人。至 2010 年，全县获“浙江省村镇建筑工匠资质等级证书”的工匠有 62 人。

2003 年，县行政审批中心建设窗口设立，负责五云镇、仙都农管处建设项目的审批管理。2000—2009 年，壶镇、新建、缙云工业园区、舒洪、直属、东方等规划建设管理所（分局）相继成立，负责划定区域范围的规划和建设管理。

2010 年，全县办理集体土地房产登记 1920 宗，办理农民建房乡村建设规划许可证 356 本、建设用地规划许可证 896 本。立案查处违法建设案件 456 件，查处违法建筑面积 59275 平方米，拆除违法建筑面积 7946 平方米。

1993—2010 年，县白蚁防治站签订《白蚁防治合同》516 份，白蚁防治面积 745.82 万平方米，民房白蚁防治 2930 宗。

第一节　乡镇建设

1993—2010 年，各建制镇依据总体规划和相关专项规划，率先实施道路、市政、公共设施等基础设施建设及镇容镇貌改造。

壶镇镇

1994年，入选“省村镇建设试点镇”“全国小城镇建设试点镇”。2006年，被确定为缙云县副中心城市。2007年，列入省首批中心镇。2010年，列入全省27个小城市培育试点镇。

1995年开始，实施老街改造，建成溪东北路、溪东南路、市心路等。城区有石龙桥、安居桥、新兴桥、贤母桥、乐业大桥。其中，乐业大桥于2008年开工建设，宽23米，长180米，2011年1月建成。

公共建筑有公安、工商、地税、国土、法庭、电力、医院、学校等单位办公楼。新建住宅小区有朝阳小区、石牛小区、溪东北路商住楼、南湖花园、兴达公寓等。贤母桥东地块，2001年4月征地拆迁，面积1.26公顷，建筑面积12.5万平方米，拆迁户136户，2003年改造成商业街，建有尚福楼、尚景楼、壶镇商贸中心。2005年建成安居公园。

1983年，镇区安装自来水。2010年年末，自来水入户率97%。镇区有供排水、污水管道63.7千米，路灯358盏，公共厕所290座，垃圾中转站26座。

2010年，壶镇环卫所有环卫人员70人，垃圾搬运车、洒水车等13辆。

2001—2010年壶镇镇主要建设项目情况一览表

表8-3-1　　单位：平方米

项目名称	建筑面积	建设年份	项目名称	建筑面积	建设年份
朝阳小区	35000	2002	壶镇地方税务所	2630	2001
溪东北路商住楼	12300	2003	壶镇国土资源所	3350	2002
安居公园	21000	2005	团结小学	6656	2008
湖川中学	32000	2010	壶滨中学	14000	2006
县第二小学	2000	2009	石牛小区	32525	2009

新建镇

1993年，新寺路兴建，长500米，宽19米。1999年，永济路拓宽，长200米，宽8米。

2002年12月开始，中心街拓宽改造，拆迁居民149户、房屋面积2145.87平方米。2003年10月开始，扩建新建大桥，桥南北汇集以中心街、新溪路、新寺路为中心的商业区。2005年，新筑道路长350米，宽22米，商住用房建筑面积2.8万平方米。2007年，对中心街进行路面硬化、绿化。

1989年，镇自来水厂建成。2010年，镇自来水厂扩容，年供水量5亿千克。2006年，新溪路雨水管道改造工程完成。2010年，镇环卫站有工作人员19人、垃圾清运车2辆、铲车1辆；镇区有垃圾中转站3座、公共厕所7座、路灯160盏。

主要公共建筑　1999年，新建小学建成，占地面积2公顷，建筑面积9678平方米。2000年，新建中学扩建，占地面积5.9公顷，建筑面积2.2万平方米；园丁楼竣工。2001年，新建菜市场投入使用，占地面积0.49公顷，摊位252个。2009年，兴城公寓竣工。2010年，原新建小学改建为镇中心幼儿园，占地面积0.43公顷，建筑面积1715平方米；社区服务中心扩建，占地面积0.39公顷，建筑面积5454平方米；新建电信大楼转让改建为新建镇政府办公楼，占地面积0.65公顷，建筑面积3800平方米；新建客运站，占地面积1.3公顷。

主要桥梁　共有桥梁52座，总长2734.16米。1993—2008年，新造桥梁6座，多为钢筋混凝土板式桥。韩畈桥，建于1993年，长46米，宽12米。迎宾桥，建于1995年，长52.8米。洋山二桥，建于1998年，长 88 米，宽 7 米。河阳桥，建于 2001 年，长 45.5 米，宽 6.5 米。金水桥，建于 2003 年，长 92 米，宽 6 米。新建大桥，建于 2004 年，长 68 米，宽 14.6 米。

新碧镇

2008 年 2 月，新碧镇建制撤销，设新碧农村管理处，属五云镇管辖。2010 年年末，外来人口与本地人口各 2 万多人。

2009 年，垃圾压缩中转站投入运行，占地面积 0.39 公顷，日处理垃圾 6 万千克；污水处理厂（一期）投入运行，处理能力 1 万立方米 / 日，用地 4.86 公顷。

至 2010 年，缙云县实验中学教育集团新碧校区（一期）建成，占地面积 7.95 公顷，建筑面积 3.7 万平方米；330 国道新碧段一期工程改造完成，长 15 千米；新建溪新碧段生态防洪堤、新华西路商业街、碧街商品房住宅小区、拆迁安置小区、进出口商品检验大楼、园区服务中心等项目开始建设；下山脱贫小区建成，安置官山、岭后、天井村农户共 70 户 205 人。

东渡镇

1993 年以后，镇区有 330 国道“四自工程”收费站 1 座，有加油站 2 座；从雅村至兰口沿 330 国道两侧联立式民居建筑建成。

金温铁路贯通境内长度 11.6 千米。2002 年 4 月，位于东渡镇雅村村、东渡村、兰口村的五东城市功能区兴建，规划用地面积 140 公顷。2005 年，新增道路硬化面积 9800 平方米、绿化面积 1800 平方米。

东方镇

2002 年，镇域建成跨好溪桥梁 3 座。2003 年 9 月，镇中心学校新校区投入使用，占地面积 3.6 公顷，建筑面积 5800 平方米。

2004—2007 年，建公厕 21 座；2006—2007 年，拆除露天粪缸 470 座，建成垃圾中转站 4 座，29 个村实行垃圾集中处理，12 个村进行新农村电气化改造，全镇修建混凝土路面 1.5 万平方米，新增绿化带 1500 平方米，安装路灯 550 盏。2008 年，胪膛至中山、麻辽和姓徐至东湖两条康庄工程建设完成。2010 年，东方镇文化活动中心落成，占地面积 0.11 公顷，建筑面积 507 平方米。

舒洪镇

2004 年，扩建舒洪大桥，新建舒洪二桥和仁岸二桥。2010 年，铺设污水管道 9.86 千米；振兴路、中一南路、中一北路建成，长度分别约为 1500 米、500 米、1000 米。

2010 年，全镇有公共建筑面积 75948.5 平方米。其中，舒洪中心卫生院，建筑面积 4657 平方米；镇中心小学，2001 年迁建，建筑面积 2.09 万平方米；镇中心幼儿园，2009 年建成，建筑面积 7003.5 平方米；盘溪中学，位于舒洪村南，占地面积 2.8 公顷，建筑面积 20629 平方米。

2005—2009 年，建成商品房面积 1.37 万平方米。2010 年，全镇有路灯 95 盏、公厕 25 座、垃圾中转站 4 座，环卫管理人员 3 名。

大洋镇

2003 年，大洋高山蔬菜市场投入使用。2005 年，大洋镇初中完成迁建，校园占地面积 3.53 公顷，建筑面积 5218 平方米；镇中心敬老院投入使用，占地面积 0.17 公顷，建筑面积 800 余平方米，床位 40 张。2007 年，大堰头、前村等村的村文化活动室建成。2009 年，镇文化站建成，建筑面积 500 平方米。2010 年，所有行政村通公路。

大源镇

1993年，镇政府所在地大源村地面卫星接收站设立。1997年，大源村建成东西长约200米、宽24米的街道，街道南面土地实行公开拍卖，用于商住房建设，其拍卖单价创下当年全县最高纪录。2003年，大源村完成防洪堤改造，建成环村公路。2010年，全镇所有行政村通公路。

第二节　农村建设

1993—2010年，由政府主导的村庄环境整治工作全面展开，村道硬化、路面洁化、路灯亮化、饮用水净化逐步实施。乡镇政府所在地及经济较发达的村城镇化进程尤为明显。村集体公共建筑主要是通过旧房改造建成，包括将村大会堂、撤销学校的校舍，集体化时期建成的分配站、加工站等用房改建、拆建为文化礼堂、敬老院、村级组织办公用房等。村民住房拆建、新建甚为普遍，大多村民住房条件明显改善，从用材、结构到样式都发生了变化。民房选址向公路两侧集聚，外观从单一的泥墙、青瓦转到水泥墙、砖墙、油漆墙、琉璃瓦等多种风格。

2008年前后，大源镇郑坑村70多户近80%的柯姓村民在仙居县横溪镇上沈村以每公顷52.5万元（每间房土地款3万元）的价格买到地皮自行建房，形成“柯家村”。

农村道路

1993年以后，全县村庄街道路面在原来铺设鹅卵石的基础上开始流行水泥路面硬化。资金来源有村集体自筹、村民捐助和政府补助等。2009年，以政府补助为主，以村自筹为辅，全县实施主干道硬化村50个，共计长度118.6千米。

2003年10月，“乡村康庄工程”启动。至2010年年末，全县累计投资6.07亿元，其中省补助50%，县财政和村自筹各25%。建成乡村康庄公路1061.1千米，桥梁230座，隧道10座。除规划实施下山脱贫的12个村外，其余640个行政村全部通公路。

农村公共设施与环境整治

1993年以后，固定电话开始进入缙云农村。2010年，全县农村固定电话、移动电话全面开通，宽带、有线广播电视网络基本覆盖，其中有线电视入户率75.5%；农村中小学基础设施逐步实现标准化；乡镇卫生院、村卫生室进行改造升级；乡镇文化站、村级文化活动室相继建成。

2003—2010年，政府共投入资金4.5亿元，在全县农村建成道路364.43千米，绿化面积18.23万平方米，架设路灯6701盏，清除露天粪坑24492口，建造公厕533座，设置垃圾箱（池、房）5684个，消除民房“赤膊墙”80多万平方米，整治河道54.62千米。2003年，“千万农民饮用水”工程启动，至2010年，累计投资3.2亿多元，修建拦水坝、蓄水池、过滤池、管网及附属设施，安全饮用水惠及500多个村21.24万人。2003—2007年，县财政每年安排预算资金400万元，实施“十村示范百村整治”项目，重点整治行政村150个，建设示范村12个。

2007年，在有条件的村开始实施农村垃圾集中收集处理。2009年，省、市、县三级财政投入村庄整治资金8319.6万元，重点推进新碧农管处和舒洪镇连片、新建镇连线的“两片一线”整治和全县77个村的村庄整治（单独整治40个，旧村改造27个，整治加旧村改造10个）。整治村实施污水处理项目17个，污水处理率89.9%；配置垃圾箱1272个，建成垃圾收集房73座；拆除露天粪缸2082口，新建公厕81座，卫生厕所综合入户率84.3%；安装路灯987盏；绿化苗木5.75万株。至2010年年末，全县有334个村通过整治工作验收。

2010年，县（新碧）第二污水处理厂投入试运行，舒洪镇微动力污水处理设施通过验收，大洋镇污水处理主体工程及配套管网建成，新建镇、东方镇污水处理项目进入建设前期。是年，全县建有地坑式垃圾中转站69个，壶镇、新碧垃圾压缩式中转站和石笕、大洋、大源垃圾焚烧炉相继建成。城乡垃圾集中收集率90.6%，基本形成“户集、村收、乡镇运、县处理”的垃圾收集处理系统。

2003年，壶镇镇湖川村被省委、省政府授予“全面小康示范村”。2006年，五云镇官店村、新建镇笕川村被省建设厅评为“环境整治示范村”。

农村建房

1993年，根据统计部门统计，全县农村居民住房面积人均27.2平方米；2010年，根据200户农村居民住房调查，人均使用面积60.89平方米。

1995年，村民建房审批依据《中华人民共和国城乡规划法》《浙江省村镇建设管理条例》执行。2005年4月，《缙云县农村村民建房管理暂行规定》制定。村民建房须具有建设用地规划许可证、乡村建设许可证、建设工程规划许可证。2006年9月，《缙云县村民住宅通用设计参考图集》设计完成，作为村民建房审批的选用设计图纸。

2009年，根据丽水市《关于加快农村危旧房改造的实施意见》，制定《缙云县集体土地登记实施细则》《缙云县集体土地登记工作程序》《缙云县集体土地登记实施方案》，全县在新碧农管处上小溪村开展集体土地房屋权属登记试点。为农村困难群众危旧房改造提供救助5630户，面积14821平方米；办理乡村建设许可证85本，建设用地规划许可证1100本，建设工程规划许可证821本。2010年，全县农村危旧房改造13569户，其中，为困难群众危旧房改造提供救助9760户，低保标准15%以内困难群众危旧房改造3050户；办理农民建房乡村建设许可证356本，建设用地规划许可证896本，建设工程规划许可证768本；集体土地房屋登记1920宗。

2009—2010年，全县立案查处违法建设案件890件，违法建筑面积11.88万平方米，其中拆除违法建筑面积1.26万平方米。

村庄选介

官店村 属五云镇，人口1300多人，耕地面积19.6公顷，山林面积13.33公顷。1997年开始，实施新农村建设，建成村民住房2.42万平方米。2003年，有个体私营企业70多家，其中石材加工企业34家，从业人员402人，产值4000多万元。2009年，村内个体私营企业的工业总产值超亿元，村集体收入30万元。2004年，开始省级绿化示范村创建，至2010年，绿化覆盖率28%。拆除露天粪缸80多口，设置垃圾池11个。供水、排污、垃圾处理符合生态村指标。有村文艺会堂、老年活动中心、青年活动中心等文化娱乐场所。拥有省级文化示范村、民主法治村、档案管理示范村、小康示范村及全国敬老模范村等荣誉称号。

图8-3-1　官店村风水塘（1998年摄）

上小溪村 属新碧农管处，人口1100多人，耕地面积14公顷，山林面积82.46公顷。

2000年以后，村级集体经济和村民收入主要依托浙江缙云县工业园区。2006年，开始旧村改造。2007年开始，村集体回收旧房宅基地面积14464平方米，投入2000万元建农民公寓，公寓占地面积2.23万平方米，建筑面积3.5万平方米，其中联立式住房123幢、套房28套。全村道路硬化率、绿化率、路灯安装率、自来水入户率均达100%。2008年，村集体经济收入203万元，村民人均年收入8200元。拥有省现代化建设先进村、省级小康示范村、省级文明示范村、省民主法治示范村等荣誉称号。

湖川村　属壶镇镇，人口2700多人，耕地面积25.13公顷，林地面积41.67公顷。1995年，实现工农业总产值1.08亿元,创税利850万元,是丽水地区第一个亿元村。2010年年末,有公寓楼94套,建筑面积1.43万平方米；排房32套，建筑面积1.84万平方米；商铺1500平方米；在建公寓67套，建筑面积1万平方米。安置房48套，建筑面积2900平方米。村集体有商铺面积1600平方米，有村大会堂、办公场所、休闲广场、灯光球场等。拥有首批省级小康示范村、省级文明示范村、全国模范村委会等荣誉称号。

苍山村　属壶镇镇，人口900多人。2009年7月，实施危旧房改造计划，对山后自然村进行异地安置。第一期工程，拆除危旧房面积7000平方米，腾出地块面积1万多平方米，安置自建房户18户；新开发建设地块占地面积6000平方米，异地安置房屋由村民自筹资金，村双委采取招标方式统一建设。排屋住宅小区占地面积2公顷，63幢楼，安置126户。该村为全县危旧房改造先进村、社会主义新农村建设示范村。

第四章　房地产业　建筑业

1993年年底，县域城镇住房商品化进入新阶段，对沿用40多年的出租公房进行产权转让或提高租金。伴随产业结构调整，农村劳动力转移，进城经商务工人员快速增加，城镇房地产业和建筑业急剧发展。2000年以后，县城商品房年均投放市场面积在10万平方米以上。建筑业蓬勃发展，开始成为国民经济发展的一个支柱产业，2010年对全县生产总值的贡献率为6.7%。

城镇居民人均住房使用面积，1993年为13.5平方米，2010年为29.03平方米。

第一节　城镇住房制度改革

1993年以前，缙云县城镇行政事业单位、国有企业的个人（统称“职工”）住房实行福利分配制度。住房作为社会福利和职工福利无偿分配,职工缴纳低租金使用。由于不能从经济机制上制约不合理的需求，虽然政府为建公房花了大量资金，但城镇职工住房问题并没有得到缓解。供需矛盾日趋突出，成为各单位的工作难题。1989年，根据《国务院关于印发在全国城镇分期分批推进住房制度改革实施方案的通知》，缙云县住房制度改革领导小组成立。1992年12月，省住房制度改革领导小组批准《缙云县城镇住房制度改革实施方案》。1993年12月，县委、县政府发布《关于在全县城镇实施住房制度改革的决定》，缙云县城镇住房制度改革正式启动。

政策措施

1992年12月，《缙云县城镇住房制度改革实施方案》公布。主要内容为：在县城规划区范围内和独立工矿区内的职工、居民居住的国家直管公房和单位自管公房，逐步向商品租金推进，积极推进出售公有住房，扶持集资合作建房，实行新房新制度，推进公积金制度，统一建立住房基金。1993 年 12 月，县政府《关于房改实施方案配套政策》颁布，制定实施与 7 个住房改革相配套的具体政策。1997 年 9 月、2000 年 3 月、2006 年 1 月，《缙云县城镇解困住房建设暂行办法》《缙云县关于第一批经济适用房销售政策有关规定》《缙云县城镇廉租住房管理办法》相继出台，就解决城镇中、低收入家庭基本住房，提供保障性质的政策性商品住房作出规定。其间，还就《缙云县城镇住房制度改革实施方案》6 个方面的改革事项作出具体细则规定。2007 年，《缙云县城市低收入居民住房保障规划（2008—2010）》制定。

管理机构

缙云县住房制度改革领导小组，1989 年成立，2003 年改名为“缙云县住房改革委员会”，下设办公室（简称“县房改办”）。1992 年 10 月，缙云县住房基金管理中心成立，为股级编制自收自支事业单位。县房改办和县住房基金管理中心实行“两块牌子，一套班子”管理体制，并与缙云县房地产管理处合署办公，为自收自支事业单位。2002 年 12 月，县房改办（住房基金管理中心）划归县政府办公室管理，为股级全额财政拨款单位。县房改办负责公有住房出售、集资建房审批、公房租金改革、住房补贴审核发放等。县住房基金管理中心负责城市住房资金、单位住房资金、个人住房公积金、住房发展资金和住房维修资金的归集、使用和管理。

2005 年 7 月，丽水市住房公积金管理中心成立，各县（市、区）的住房公积金管理机构转变为市分支机构。缙云县住房基金管理中心改为“丽水市住房公积金管理中心缙云分中心”，为自收自支副科级事业单位，专门负责住房公积金的归集、提取、使用和管理。县房改办、县住房基金管理中心、市住房公积金管理中心缙云分中心合署办公。

2010 年 12 月，丽水市机构编制委员会办公室印发《关于理顺市住房公积金管理中心各分中心体制的通知》，要求各县（市、区）住房公积金管理中心与房改办（住房基金管理中心）机构分离。2011 年 3 月，县房改办（住房基金管理中心）划归县建设局，为县建设局下属全额拨款股级事业单位。

公房出租和出售

租金调整　1992 年起，按照《缙云县城镇住房制度改革实施方案》，职工、居民租住的公房，在规定标准内，每平方米使用面积的月租金提高到 0.25 元。对住房标准超过规定标准面积 5 平方米以上的，超过部分按调整后的租金金额累进增加。

1993 年以前，县房管处管理公房面积 37347.98 平方米。其中，五云镇 24005.81 平方米，壶镇镇 8720.37 平方米，新建镇 4621.8 平方米。

1993—2005 年部分年份缙云县城镇公有住房出租价格一览表

表 8-4-1　　单位：元 / 平方米

年份	标准租金	成本租金	年份	标准租金	成本租金
1993	0.25	2.57	1999	1.55	4.39
1995	0.55	2.57	2000	1.86	5.2
1996	1	4.39	2002	2.1	5.2
1997	1.3	4.39	2003	2.5	6.2
1998	—	—	2005	2.7	6.7

说明：租房户按标准租金交纳房租

公房出售　1994年，县城镇规划区范围内的公房，包括国家直管公房和单位自管公房，除列入近期旧城改造规划、临街宜改造为营业用房、产权未定、具有历史保护价值、平房和危房以及县政府认为不宜出售的住房外，均开始向职工、居民个人出售。受让对象是凡在县城镇房改范围内有常住户口的职工、居民家庭，符合购房条件的，经所在单位或产权单位同意，均可以户为单位购买公有住房。旧住房优先出售给符合购房条件的现住户；腾空旧住房优先出售给符合分房条件的无房户和住房困难户。

出售公房价格分为标准价、综合价和综合加价价。新建公房的标准价，1992年投入使用的砖混结构单元套房每平方米建筑面积基价定为180元；新建公房的综合价，1992年投入使用的砖混结构单元套房每平方米建筑面积基价为275元；综合加价价适用于旧房超标准面积计价。1992年投入使用的砖混结构单元套房每平方米建筑面积基价为320元；市场价由住房的成本、利润、税金和地段差价四部分组成，价格随行就市。1991年年底前投入使用的住房为旧房，按同类新房基价的九五折作为重置价，再折成新折扣后计价。新、旧住房都按所在地段、朝向、楼层、设施等因素将基价增减后计价。公有住房出售的标准价、综合价和综合加价价，采取逐步调整，每年公布一次。

购买标准价或综合价公房，以每户住房建筑面积计算，标准为：地级干部不超过90平方米，县级干部不超过70平方米，科级干部不超过60平方米，一般职工居民不超过50平方米，或按人均建筑面积12平方米控制。购买公房，可以一次性付款，也可以分期付款。一次性付清房款的，给予房价20%的优惠；申请政策性抵押贷款一次性付清房款的，给予贷款部分10%的优惠。分期付款的，首次付款不得低于房款的30%。对首次付款超过30%的部分，给予25%的优惠；其余房款，可以按月缴付，但缴付数额不得少于分期付款期限内的月平均数，且按规定交付利息。付款年限，旧房不超过5年，新房不超过7年。按标准价购买的公有住房，购房者拥有部分产权（按实际售房基价与综合价的比例确定），可以使用、继承，不能赠予；付清购房款并从办理购房手续之日起五年后可按规定进入市场出售（见附录《缙云县城镇住房制度改革实施方案》）。

1993—1996年，全县合计房改售房321户，面积17384.31平方米。其中，县房地产管理处出售公房：五云镇297户，面积16200.07平方米；壶镇镇24户，面积1184.24平方米。

至2010年，全县有73个单位出售公房1857套，建筑面积11.85万平方米，其中政府直管公房330套，建筑面积1.78万平方米。

1993—2005年缙云县城镇公有住房出售价格一览表

表8-4-2　　　　单位：元/平方米

<table>
<tr><th>年份</th><th>成本价</th><th>最低限价</th><th>一次性付款优惠（%）</th><th>现住房折旧（%）</th></tr>
<tr><td>1993</td><td>275</td><td>—</td><td rowspan="4">20</td><td rowspan="2">5</td></tr>
<tr><td>1995</td><td>540</td><td>160</td></tr>
<tr><td>1997</td><td>570</td><td>180</td><td>4</td></tr>
<tr><td>1998</td><td>598</td><td>200</td><td rowspan="2">3</td></tr>
<tr><td>1999</td><td>620</td><td>210</td><td>15</td></tr>
<tr><td>2000</td><td>620</td><td>250</td><td rowspan="3">0</td><td>2</td></tr>
<tr><td>2003</td><td>650</td><td>260</td><td rowspan="2">0</td></tr>
<tr><td>2005</td><td>700</td><td>280</td></tr>
</table>

住房分配货币化

1998 年 12 月，《缙云县住房分配货币化和住房补贴资金管理实施细则》发布，停止住房分配，正式开始住房分配货币化，对无房职工发放住房补贴。规定住房补贴对象为政府全额拨款的部门和单位职工，自收自支事业单位、企业参照执行，资金自行解决。1999 年 1 月 1 日后参加工作的职工按工资的 5% 发住房公积金补贴，1994 年年底前参加工作的，发给一次性住房补贴和工龄住房补贴。1998 年年底前参加工作的，发给一次性住房补贴。对离休干部给予一次性住房补贴和工龄住房补贴，对无工作单位的离休干部配偶按离休干部本人职级发给一次性住房补贴。一次性住房补贴为 192.5 元 / 平方米，工龄住房补贴标准为每年 3.9 元 / 平方米。享受补贴面积标准：普通干部、职工 67.5 平方米，科级干部和中级职称知识分子 77.5 平方米，处级干部和副高级职称知识分子 87.5 平方米，地厅级干部和正高级职称知识分子 115 平方米。

对于没有购买公房或者购买公房达不到享受补贴标准面积的职工，按照享受补贴面积标准发放住房补贴。2009 年 1—7 月，为全县 253 名离休干部和 205 名离休干部配偶发放住房补贴，补贴金额为 688.75 万元。2009 年 8 月开始，为 2008 年前退休的职工发放住房补贴，至 2010 年，为退休职工 3093 人补发住房补贴 4651.91 万元。

住房基金制度

住房基金管理与使用 住房基金分为政府住房基金、单位住房基金、住房维修基金和个人住房公积金 4 种，实行专户储存，按人民银行规定结算利息。政府住房基金来源于出售直管公房收入、财政拨款的行政事业单位出售公房收入的 50% 上缴部分，县财政用于房改的资金，单位住房基金来源于出售自管公房收入。住房维修基金来源于公有住房出售收入中提取 20%，增值部分用于公房、公用设施维修。

住房公积金缴存 1993 年 12 月，缙云县推出住房公积金制度。1994 年起，全县行政事业单位、国有企业视资金能力陆续开始缴存个人住房公积金。根据《住房公积金管理条例》，职工和单位住房公积金的缴存比例不得低于职工上一年度月平均工资的 5%；有条件的单位，可以适当提高缴存比例的规定，全县各单位缴存的住房公积金比例允许在 5% ～ 12% 之间。至 2010 年，缙云县职工和单位住房公积金的缴存比例一般为职工上一年度月平均工资的 12%。

住房公积金使用 2004 年，《缙云县住房公积金贷款办法》开始执行。个人购买自用普通住房，可向商业银行和住房公积金管理机构申请住房抵押贷款。购房人支付购房款 30% 以上，可用所购住房抵押申请购房款 70% 以内的贷款，贷款最长期限 20 年，按月归还贷款本息。

1994—2010 年缙云县住房公积金缴存使用情况一览表

表 8-4-3 单位：人、万元

年份	实缴人数	缴交比例（%）	本年归集额	本年提取额	年末余额
1994	607	单位 4、个人 3	38.67	0.2	38.47
1995	4199		104.48	2.12	140.83
1996	4394	单位、个人各 5	173.67	17.35	297.15
1997	4686		238.85	27.39	508.61
1998	6667	单位、个人各 6	616.73	98.91	1026.43
1999	7818	单位、个人各 7	943.57	116.46	1853.54
2000	9563	单位、个人各 10	1625.2	323.64	3155.1
2001	9448		2016.04	919.77	4251.37

续表 8-4-3

年份	实缴人数	缴交比例（%）	本年归集额	本年提取额	年末余额
2002	10825	单位、个人各 10	2578.4	1253.25	5576.52
2003	11300		3384.63	1254.4	7706.75
2004	11578		4029.71	1319.08	10417.38
2005	11895		4716.99	1575.42	13558.95
2006	12242	单位、个人各 12	7051.19	2097.09	18513.05
2007	11688		8928.83	2443.5	24998.38
2008	12050		10777.52	3331.37	32444.53
2009	12320		13525.53	5276.51	40693.55
2010	12960		16469.23	8151.06	49011.73

2004—2010 年缙云县住房公积金贷款情况一览表

表 8-4-4　　单位：户、万元

年份	发放贷款户数	发放贷款额	回收贷款额	贷款余额	年末贷款户数
2004	438	4598.6	188.03	4410.57	438
2005	330	3605.3	935.07	7080.8	748
2006	319	5780.6	1418.4	11443	1011
2007	549	13469.2	3073.33	21838.87	1355
2008	284	7708.2	3195.73	26351.34	1459
2009	153	4479.18	4400.65	26429.87	1373
2010	137	4621.2	4302.45	26748.62	1254

单位集资合作建房

1994—1998 年，五云、壶镇、新建三个镇共有 31 个单位集资合作建房 705 套。单位集资合作建房由单位和个人共同投资，个人按投资比例占有产权。规定面积内减免契税，城镇建设配套费减半缴交。

解困房

1997 年 9 月，《缙云县城镇解困住房建设暂行办法》出台。城镇解困住房（简称“解困房”）用于解决城镇中低收入家庭的住房困难。购买解困房的条件为：本县干部、职工和五云镇的非农业常住人口，且在五云、壶镇、新建规划区内无私房，房改时未购买过公房，未参加过集资合作建房，工作 10 年以上或 50 周岁以上；购买解困房人的所在单位公积金归集率必须在 80% 以上，按房改规定租金进行提租，建立住房资金管理制度。

1999 年，在朝晖社区建成解困房 300 套。建筑面积 65 平方米以内的，按销售基准价每平方米 787 元出售；超过 65 平方米的部分，按销售价每平方米 1080. 6 元出售。

1994—1996 年，在寺后西路等处建成微利房 57 套。

1993—1997 年，在县城、壶镇镇、新建镇相继建成“园丁楼”共 216 套，用于解决三地中小学教师的住房困难，其优惠政策与解困房基本相当。

经济适用房

2000年3月，县政府《关于第一批经济适用房销售政策有关规定》出台。经济适用房的购买条件为：本县干部、职工和非农业人口的居民，包括在五云镇的非农业常住户口。符合分户条件，在五云、壶镇、新建规划区内无私房，房改时未购买过公房，未参加过集资合作建房，未购买过解困房、微利房的；工作10年以上或50周岁以上的干部、职工；已购买到优惠价公房，参加过集资合作建房，购买过微利房和原有私房，但房屋面积未达到规定享受面积标准的。

经济适用房土地由政府划拨，限定建设标准、供应对象和销售价格，是具有保障性质的政策性商品住房。以职务高低确定优惠面积标准，一般职工67.5平方米，科级和中级职称77.5平方米，县处级和副教授级87.5平方米。

2002年，第一批经济适用房紫薇花园（东、西区）建成，位于新区黄龙路南侧，芙蓉路西，翠竹路北，共出售500套，总计建筑面积4.2万平方米。销售基准价为每平方米838元，超标准部分销售价格为每平方米1294元。

廉租房

2006年1月，《缙云县城镇廉租住房管理办法》出台。廉租房管理采取住房配租和租金补贴两种方式，解决城镇居民低收入家庭的基本住房需求，每户家庭住房面积标准为26平方米，人均住房面积12平方米。当年，对符合条件的19户对象，5户提供廉租住房，14户发放租金补贴1.2万元。至2010年，共安排廉租房251户，累计发放租金补贴32.2万元。实物配租面向孤老、病残困难家庭及有特殊贡献的老党员、老游击队员、老交通员、烈士家庭。对已承租公有住房的低收入家庭减免租金。

实物配租住房来源是调剂公有住房，政府出资购置，政府出资建设。第一期廉租房安排在大桥南路改造征购时留下的原仪表厂宿舍，计20套，建筑面积分为41.43平方米、34.83平方米、25.74平方米、34.82平方米4种，共970平方米。

2006—2010年缙云县廉租住房情况一览表

表8-4-5

年份	廉租住房数量（户）	其中		
		实物配租数量（户）	租金补贴数量	
			户	补贴金额（万元）
2006	19	5	14	1.2
2007	20	5	15	2.6
2008	51	9	42	6
2009	68	9	59	8.3
2010	95	23	72	14.1

第二节 房地产开发

1993年，住房制度改革以后，城镇居民住房开始实施商品化和有期限的私有化。进城经商、务工、上学人口的不断增加，城镇住房需求随之增加。县政府相继出台与之配套的一系列法规政策。2001年，《缙云县房地产开发经营管理实施细则》发布，房地产市场开始形成，交易日趋活跃。

2006年3月，缙云县房地产业协会成立。

商品房建设

2000—2010年，全县城镇商品房开发总面积230.96万平方米，其中竣工面积110.51万平方米。

2000—2010年缙云县商品房建设情况一览表

表8-4-6

年份	开发面积（万平方米）	竣工面积（万平方米）	总投资（亿元）	年份	开发面积（万平方米）	竣工面积（万平方米）	总投资（亿元）
2000	13.9	6.85	1.4	2006	33.93	11.5	5.8
2001	23.54	4.09	2.35	2007	25.69	10.65	3.4
2002	24.93	13.21	1.86	2008	14.36	12.5	1.67
2003	21.85	10.85	2.45	2009	8.76	4.85	1.67
2004	33.6	15.57	3.5	2010	11.1	1.17	3.38
2005	19.3	12.9	4.7	—	—	—	—

房地产交易

1990年8月，在新建镇、舒洪镇率先开展房屋所有权登记发证。1998年7月，启用新的全国统一房屋权属证书。全县发放房屋权属证书，1987年—1998年6月11594件，1998年7月—2010年12月28718件，总计40312件。

城镇交易房地产，1993—2000年1769宗，面积41.92万平方米。

2002年，在五云镇出现房产交易中介机构。2004年、2008年、2010年，五云镇房产交易中介机构分别为4家、6家、8家。

2002—2010年缙云县房地产交易情况一览表

表8-4-7

年份	预售证（份）	建筑面积（万平方米）	交易数量（宗）	金额（万元）
2002	5	9.57	409	56.89
2003	12	88.12	523	—
2004	3	5.5	365	—
2005	11	4.4	500	—
2006	8	7.26	474	—
2007	6	8.46	540	17121.54
2008	—	3.63	350	10600
2009	—	12.54	781	36300
2010	—	2.29	206	9189

房地产开发企业

全县房地产开发企业，1994年9家；2004年12家，从业人员139人；2008年11家，从业人员115人，其中一级资质企业1家、二级资质企业2家、三级资质企业2家。

浙江飞洋置业有限公司 1984年成立，前身为缙云县房地产综合开发有限公司。1993年以后，主要开发项目有县城小农场、望溪路、朝晖路区域等。

飞云房地产投资集团有限公司 2001年成立，注册资金5000万元。前身为缙云县建设房地产开发有限公司。主营房地产开发和建筑材料、包装材料、化工材料销售，属国家二级房地产资质企业，子公司有飞云投资集团、飞云建设有限公司、飞云房地产经纪有限公司、飞云物业管理有限公司。

浙江兴城房地产开发有限公司 1994年成立，注册资金2000万元。主营商品房开发、建筑装潢材料销售，属国家二级房地产资质企业。子公司有重庆雅仕置业投资有限公司、浙江兴城（株洲）房地产开发有限公司、浙江兴城开发有限公司松阳分公司、丽水市丽都建筑工程有限公司、缙云县兴城物业管理有限公司。

缙云县城乡房地产开发有限公司 1995年成立，注册资金1190万元。2000年改制为股份制企业，属国家三级房地产资质企业。

缙云县恒强置业有限公司 2004年成立，注册资金1000万元。2005年以后，开发项目有新区永宁路都市花园、壶镇兴达公寓等。

浙江金龙房地产开发投资集团缙云房地产开发有限公司 2004年成立。开发项目有金龙•石城步行街、名仕家园等。

浙江欧利华房地产开发有限公司 2004年成立，注册资金3250万元，属国家三级房地产资质企业。开发项目有仙都风景区轩辕街等。

浙江正隆置业有限公司 2004年成立，注册资金2000万元。

第三节 建筑业

建筑业在全县地区生产总值中的比重，1993年8.38%，2002年12%，2010年6.7%。

1993—2010年缙云县建筑企业基本情况一览表

表8-4-8

年份	生产总值（万元）	利润总额（万元）	施工面积（万平方米）	竣工面积（万平方米）	职工数量（人）	机械设备（台）
1993	3372	—	—	—	—	—
1994	1958	—	—	—	—	—
1995	2919	—	—	—	—	—
1996	2920	—	—	—	—	—
1997	6600	—	—	—	—	—
1998	7352	45	15.51	3.22	2600	346
1999	10075	81	18.96	8.11	2300	386

续表 8-4-8

年份	生产总值（万元）	利润总额（万元）	施工面积（万平方米）	竣工面积（万平方米）	职工数量（人）	机械设备（台）
2000	15928	194	25.6	11.31	3700	534
2001	32802	447	43.1	14.7	5200	757
2002	33853	434	38.6	17.8	4100	1940
2003	45250	1400	52.4	20.9	4800	2732
2004	49694	785	50.94	30.16	4300	2658
2005	65765	1925	60.47	25.33	7000	3348
2006	81412	2069	61.86	26.36	7900	2157
2007	101973	3021	94.98	41.97	8500	3508
2008	122998	4021	65.13	35.43	8500	2202
2009	124939	5928	84.01	41.51	9200	2482
2010	151580	4552	108.24	53.84	9600	2127

建筑业管理

1999 年 12 月，缙云县建设工程交易中心成立。2006 年 3 月，缙云县建筑业协会成立。

2001 年，缙云县第五建筑公司获丽水市安全资格免检企业称号。2004 年，浙江仙都建设有限公司和浙江屹立装潢工程有限公司被评为丽水市先进建筑企业。

行业管理　1993 年以来，每年进行建筑企业资质和安全资格认证工作。2002 年、2003 年，建筑企业资质认证、安全资格认证 30 家次。其中，免检 1 家，合格 5 家，基本合格 3 家。2002—2008 年（不含 2007 年），全县发放建设项目施工许可证 419 份；2003—2005 年，办理施工报建项目 179 个。2003 年，审查建设工程承包合同 63 份。2004 年，审查施工、监理合同 57 个。

2005 年、2006 年、2008 年，项目主要管理人员押证 116 个，累计 580 人次。2008 年，有 10 家建筑企业 17 项资质增项，185 人取得建筑业专业管理人员岗位证书，94 人取得建筑施工企业三类人员证书。全县注册一级建造师 9 人、二级建造师 38 人。是年，对外地进缙建筑企业资格审查 14 家，并办理备案登记手续；11 个建筑企业定期为 2000 多名农民工开展培训；在建筑行业推行农民工工资保障金制度。

2004 年，开展施工许可制度单项执法检查，对 22 个未办理施工许可证擅自施工的项目下发限期办理通知书 25 份。2004 年、2005 年、2008 年，查处建筑市场违法案件 20 起。其中，2004 年、2008 年，行政处罚责任单位 17 家、有关责任人 22 人，列入丽水市建设工程黑名单的责任单位 9 家、责任人 16 人，列入丽水市建设工程不良行为记录的责任单位 6 家、责任人 9 人。

招投标管理　1999 年，《缙云县工程招投标办法》实施。2001 年，在全市率先试行实物工程形式的无标底招标，试行量价分离的实物工程量计价形式。2002—2006 年，招投标项目 286 个，工程招投标率 100%，工程造价共 12.83 亿元。

2003 年，依法查处新碧工业园区二区块 A17 地块填方工程违法转包案件和县残疾人联合会综合楼工程投标人串标案件，责任单位和责任人列入丽水市建设工程黑名单，共处罚金 7 万余元。

安全生产管理　2001 年，开展建筑工程文明标准化工地建设，评出年度县标化工地 11 个、市标化工地 3 个。2002—2006 年，全县建筑工程安全检查 348 个次，发出《整改通知书》326 份，其中《停工整改通知书》23 份；2005 年、2006 年，发出《监理违规行为整改通知书》26 份。

2003 年，开展建筑施工钢管扣件专项整治，抽查工程 23 个，下发《整改收缴通知书》23 份，收缴不合格扣件8431个；开展起重机械设备备案管理和专项检查，对未经备案、检测擅自使用物料提升机和塔吊的项目单位发出停止使用通知书12份。依法处理新碧工业园区填方工程、壶镇工业园区道路工程、县城旭山路桥梁工程安全事故（3死2伤）。2004年，《缙云县建设局处置偶发事件工作实施方案》制定。县建设局与18家建筑企业、监理企业签订安全生产责任书，落实安全生产目标管理责任制。通报批评安全事故（1起1人死亡、3起各1人重伤）责任单位和责任人，责任单位列入丽水市建设工程不良行为记录和黑名单，并依法进行经济处罚。2005年，《缙云县建设工程重大质量安全事故应急处置预案》制定，全县开展安全生产专项整治活动和安全生产月活动，县建设局向各施工企业发放安全生产宣传挂图600余张。

工程质量管理 2002—2008年（不含2004年、2007年），受理建筑工程质量监督项目460个，建筑面积233.2万平方米。2002—2004年及2008年，四年组织竣工工程验收178项，工程合格率均为100%。其中，2002年，优良工程43个，个数优良率59.7%；优良建筑面积14.5万平方米，面积优良率65.7%。

2003年，对建设工程实行监理现场监督、房屋建筑工程质量巡检和工程结构质量抽检。

2004—2008年，共组织建筑工程质量大检查12次。对仙都黄帝祠宇二期和双潭水厂建安工程违反《建筑工程质量管理条例》行为作出处罚。2004年，出具危房鉴定330份，建筑材料检测2万余组。2005年开始，按照《房屋建筑和市政基础设施工程施工图设计文件审查管理办法》，审查工程施工图14个；检查工程施工质量47个，建筑面积17万平方米。2006年，审查工程施工图纸35个；查处建筑市场领域违规案件2起，处罚责任单位3家。2004年、2006年，实施节能项目3个，共有节能建筑面积5.7万平方米。

2004年，缙云县行政中心工程被省建设厅等部门评为“钱江杯”优质工程，县法院、县行政中心政府食堂工程被市建设局评为“九龙杯”优质工程。

建筑安装企业

全县建筑安装企业：1994年8家、1997年12家、2004年22家、2005年30家、2006年32家、2010年18家。

缙云县第一建筑工程公司 1956年成立，注册资金808万元。

缙云县兆盛建设有限公司 1978年，缙云县第二建筑工程公司（简称“县二建”）成立；2005年，县二建改制组建为晨龙建设有限公司；2010年，改名为缙云县兆盛建设有限公司。为房屋建筑工程施工总承包三级企业。

缙云县新建建筑工程有限公司 1954年，新建建筑公司成立，2000年改制，并改名为缙云县新建建筑工程有限公司。

缙云县仙都建设有限公司 2002年，由壶镇建筑公司和县第三建筑公司（五云）、第五建筑公司（胡源）改制而成。

浙江飞云建设有限公司 2003年，浙江飞云装潢工程有限公司成立，2005年，改名为浙江飞云建设有限公司。

缙云县鑫达建设工程有限责任公司 1987年，缙云县矿山建设工程公司成立，2001年，改名为缙云县鑫达建设工程有限责任公司。

浙江屹立装潢工程有限公司 1996年，缙云配套装潢工程有限公司成立，2001年，改名为浙江屹立装潢工程有限公司。

浙江一石装潢工程有限公司 1996年，浙南石材装潢工程有限公司成立，2001年，改名为浙江一石装潢工程有限公司。

浙江百合装饰工程有限公司 2001年，中意装潢工程有限公司、冠辉建设装饰工程有限公司成立，2006年，改组为浙江百合装饰工程有限公司。

缙云县壶镇建筑工程公司 为建筑工程施工总承包三级企业。

缙云县群力建筑工程有限公司 为房屋建筑工程施工总承包三级企业。

缙云县新建建筑工程有限公司 为房屋建筑工程施工总承包三级企业。

缙云县壶镇建筑装潢有限公司 为建筑装修装饰四级企业。

缙云县配套装潢工程公司 为建筑装饰装修三级企业。

缙云县超越建筑装潢工程有限公司 为建筑装修装饰三级企业。

缙云县精艺建筑装潢工程有限公司 为建筑装修装饰三级企业。

缙云县园林古建筑工程有限公司 为园林古建筑工程专业承包三级企业。

缙云县通达市政工程有限公司 为市政建筑三级企业。

主营监理企业

缙云县方正工程建设监理有限公司 1999年成立，主营工业与民用建筑、市政公用和人防工程监理。监理资质等级为丙级。

浙江鼎峰工程咨询有限公司 1992年，缙云县工程造价审查中心成立，2001年更名为浙江鼎峰工程咨询有限公司。主营工程招标代理、工程造价、工程咨询及工程监理。

缙云县基建审计事务所 主营工程代理、造价、预决算审计。审计资质等级为丙级。

勘察设计单位

缙云县建筑设计所 原名为缙云县建筑设计室，1997年更名为缙云县建筑设计所。设计资质等级为丙级。

缙云县城乡规划设计院 1992年成立，设计资质等级为丙级。

缙云县测绘大队 1996年成立，测绘资质等级为丁级。

缙云县村镇规划建筑设计室 2006年9月，从县城乡规划设计室分离独立，设计资料等级为丁级。

第四节 住宅小区与物业管理

住宅小区

至2010年年末，五云镇有住宅小区14个，共计建筑面积62.4万平方米。2000年以前，住宅小区均为开放式。2000年以后，新建商品房开始有配套小区。

2010年缙云县五云镇住宅小区情况一览表

表8-4-9

名称	区位	房屋层数（层）	建筑面积(平方米)	幢数（幢）	竣工时间
仙都花园	紫薇路西，旭山路南	6	57269	28	2002.5
紫薇花园东区	紫薇路东，黄龙路南	5～6	75219	13	2002.10
紫薇花园西区	紫薇路西，黄龙路南	5		9	
山水花苑	紫薇路西，黄龙路北	6	37160	7	2003.7
景谷花园	寺后路东，缙云中学西	7	10046	9	2003.11

续表 8-4-9

名称	区位	房屋层数（层）	建筑面积（平方米）	幢数（幢）	竣工时间
飞云花园	紫薇路西，紫薇小学东	6	29050	8	2004.9
同心华庭	永宁步行街西，独峰路东	7	64243	7	2005.6
春晖家园	电力路南，330 国道北	6	48857	7	2005.7
名仕家园	旭山路南，紫薇路东	12	13582	6	2006.9
书香花园	寺后东路，黄龙路南	11	20671	3	2007.8
广场公寓	火车站广场西，旭山路南	11 ~ 16	40550	7	2007.12
黄龙・香格里拉	黄龙路北，六简村西	4 ~ 6	79537	43	2008
蓬莱花苑	蓬莱路南，财政局东	6 ~ 9	66573	21	
翠竹花苑	旭山路南，翠竹路东	6 ~ 16	81202	19	2009.2

物业管理

五云镇小区物业管理，首期一般由房地产开发企业选聘物业服务企业管理；期满后，有的由小区业主委员会续聘或重新选聘物业公司进行管理，有的由小区业主委员会自行管理。

2001 年以后，住宅小区执行县建设部门制定的《业主临时公约》《前期物业服务合同》，大部分住宅小区由物业管理公司管理、县建设局监管。业主（住户）按定额或实际管理成本支付服务费。2004 年，全县有物业管理企业 3 家，从业人员 28 人；2008 年，有物业管理企业 6 家，从业人员 82 人。2010 年，黄龙・香格里拉小区、蓬莱花苑小区分别成立业主委员会。

浙江兴城物业管理公司，2001 年成立，至 2004 年，管理紫微花园、解困房、永宁路 2 # 商住楼 3 个小区物业。浙江飞云物业管理公司，2002 年成立，管理飞云花园物业。丽水怡安物业管理公司，2003 年入驻缙云，管理山水花苑等 3 处物业。缙云仙都物业管理公司，2004 年成立，管理仙都花园物业。

图 8-4-1　县城广场公寓小区（2010 年摄）

第九篇 农 业

1993—2010 年，缙云县农业总产值逐年增长，但在全县国民经济中比重快速下降。2010 年，农业（农林牧渔业）产值 10.71 亿元，是 1993 年的 3.4 倍。农业产值在全县生产总值中的比重从 1993 年的 46.3% 降至 2010 年的 9.5%。

20 世纪 90 年代开始，通过政策引导、行政拉力，全县农业产业转到以市场效益为主导的方向上来，经历了粮油和经济作物共同发展到经济作物占比较高的结构演变，茶叶、蚕桑、食用菌、黄花菜、麻鸭等成为缙云农业的大宗产品，并随之带来传统耕作制度的变化。农业生产单位继续以家庭为主体，同时农业企业、专业合作社开始出现。从中央到县如种粮直补、农业机械购置、新产品引进与推广、农村劳动力素质培训等一系列鼓励农业发展的政策相继实施，新的农产品、新型生产技术、病虫害防治技术得到引进和推广，农业生产的集约化、规模化、专业化程度提高，农业机械作业应用范围扩大，农田水利基础建设不断改善，农村劳动力应对市场经济的能力增强。

第一章 农业基础

1993—2010年，缙云县青壮年农村劳动力转移加快，从事农业生产的劳动力数量下降，平均年龄增大。全县宜林地多，宜耕地少，坡地多，平地少。因基础建设、村民建房、房地产开发等原因，耕地面积减少0.43万公顷。2010年，全县有耕地面积1.88万公顷，其中水田约占耕地总面积的80%。农业生产继续以家庭为单位的个体农业经营为主体。

第一节 劳动力

1993—2010年，随着第二、三产业发展，农村劳动力进城务工、经商等逐年增多，从事农业的劳动力减少。1993年、2000年、2010年，全县农村劳动力总数分别为22.53万人、24.21万人、24.03万人，其中从事农林牧渔业的劳动力分别为16.79万人、15.83万人、10.42万人。

“十五”期间（2001—2005年），政府部门组织农村劳动力培训6.07万人次。2004年，缙云县农村劳动力素质培训领导小组成立，实施“农村劳动力素质培训工程”，当年投入农村劳动力素质培训资金237.7万元，培训农民3.16万人次，通过培训转移农村劳动力近6000人。此后，每年组织农村劳动力素质培训，其中2006—2010年培训约11万人次。培训内容包括粮油、蔬菜、水果、蚕桑、茶叶、食用菌、中药材、竹笋、畜牧、水产等生产、加工技术，并根据各地农业产业状况选择培训项目，如在大洋镇举办茭白生产技术培训，在东方镇举办蚕桑生产技术培训。

1993—2010年部分年份缙云县农业从业人数一览表

表9-1-1　　　　单位：万人

行业	1993	1995	1998	2001	2004	2007	2010
农业从业总人数	16.79	16.28	16.04	14.81	13.68	12.46	10.42
农业（种植业）从业人数	13.99	13.52	13.19	12.13	11.04	9.27	8.53
林业从业人数	0.28	0.3	0.42	0.38	0.34	0.5	0.39
牧业从业人数	2.44	2.37	2.29	2.15	2.09	1.19	1.08
渔业从业人数	0.08	0.09	0.14	0.15	0.21	0.39	0.42

说明：数据来源为《缙云统计年鉴》

第二节　耕地

据 1993 年土地详查，全县农业、林业用地面积 13 万公顷，占全县土地总面积的 86.55%，其中耕地面积 2.32 万公顷。2010 年，耕地面积 2.1 万公顷，人均耕地面积 0.05 公顷（0.75 亩）。基础建设，退耕还林，林、桑、茶、果种植面积的增加，是 18 年来耕地面积减少的主要因素。其间，县政府通过组织土地整理、开发、垦造，增加耕地面积。1993—2010 年，受比较效益的驱使，农村青壮年劳动力基本转移到二、三产业，土地抛荒现象出现，远离村落的偏僻土地大多弃耕。

农村土地承包

缙云县农村土地第一轮承包期为 1984 年 9 月 1 日至 1999 年 8 月 31 日。第二轮土地承包于 1999 年 6 月在新碧镇试点，承包期为 30 年（1999 年 9 月 1 日—2029 年 8 月 31 日）。至 2000 年 5 月，全县 25 个乡镇（含仙都农管处）中有 17 个乡镇通过二轮土地承包验收，农民承包耕地面积 9760 公顷，签订土地承包合同 85856 份，颁发承包经营权证 72232 本，建立土地承包档案 2456 卷，其中县级 30 卷、乡镇级 1213 卷、村级 1213 卷。

2004 年 4—10 月，完善第二轮土地承包工作。全县 101570 户农户与村民委员会签订承包合同，合同签订率 98.97%，颁发承包经营权证 101454 本，发证率 98.86%。全县 642 个行政村有 618 个行政村完成第二轮土地承包，未完成村因涉及建设项目暂缓承包。其间，建立第二轮土地承包档案 579 卷。

2007 年，县、乡（镇）、村三级农村土地承包管理网络系统建立，对农村土地承包经营权证、承包合同、地块变动登记、合同及权证变更等信息进行动态管理。

土地承包经营权流转

农村土地承包经营权流转始于 20 世纪 90 年代初，初期以农户自愿协商转租为主，流转时间较短，大多是口头协议。1994 年，全县土地流转面积 56.93 公顷，涉及农户 554 户。

1999 年，第二轮土地承包后，县政府鼓励发展规模化、专业化、效益型农业，提倡农民在“明确所有权，稳定承包权，搞活使用权”和“依法、自愿、有偿”前提下，通过转包、互换、出租、入股等形式流转土地。对新增集中连片流转土地的业主，按面积和年限予以一次性奖励。随着越来越多的农民从事二、三产业，土地流转面积逐年增加。2009 年，采山涧蔬菜专业合作社租用东渡镇堰头村 197 户农户农田 10 公顷用于芦笋、生姜、葡萄种植，租金以每亩年产 200 千克稻谷、高于当年市场价格的 7% 折算。

2007 年 12 月，根据《浙江省农村土地承包纠纷仲裁暂行办法》，缙云县农村土地承包仲裁工作领导小组成立，下设仲裁委员会，负责农村土地承包仲裁日常工作。2009 年，根据《中华人民共和国农村土地承包经营纠纷调解仲裁法》，县农村土地承包仲裁工作领导小组调整为缙云县农村土地承包经营纠纷调解仲裁委员会，委员会在县农业局设办公室，负责仲裁委员会的日常工作。

2010 年，流转土地逐渐向农民专业合作社等农业生产经营主体集中，全县土地流转面积 2360 公顷，占家庭承包土地面积的 23.3%，涉及农户 24740 户，占家庭承包经营农户总数的 22.7%。

1993—2010 年缙云县农村土地承包、流转情况一览表

表 9-1-2

年份	土地承包				土地流转		
	农户数（万户）	耕地面积（万亩）	签订合同数（份）	颁发经营权证数（份）	农户数（户）	面积（万亩）	签订合同数（份）
1993	11.9	17.5	—	—	—	—	—
1994	11.84	17.22	—	—	554	0.08	—
1995	12.11	16.79	—	—	831	0.15	—
1996	12.19	15.57	—	—	2855	0.46	—
1997	11.81	16.19	—	—	2042	0.35	—
1998	12.24	16.52	—	—	2065	0.34	—
1999	12.58	16.61	85856	72232	1239	0.21	—
2000	12.08	15.57	—	—	2197	0.35	—
2001	12.09	15.66	—	—	2676	0.84	—
2002	12.06	15.94	109664	81244	—	1.61	444
2003	11.99	15.5	—	—	—	1.72	506
2004	12.05	15.31	101570	101454	488	1.72	200
2005	12.34	15.26	104100	102655	866	1.99	272
2006	12.38	15.27	104139	103389	10386	1.32	344
2007	12.46	15.31	106340	105916	17869	2.22	1194
2008	10.44	15.25	107833	106426	18984	2.59	1931
2009	10.81	15.26	110304	108131	23054	3.12	3148
2010	10.86	15.18	109778	107948	24740	3.54	3375

第三节　经营主体

家庭

1993—2010 年，缙云县以家庭为单位的个体农业仍占主要地位。1992 年，农村经济总收入 6.05 亿元，其中家庭经营收入 3.41 亿元。2010 年，农村经济总收入 13.18 亿元，其中家庭经营收入 11.76 亿元。农民年人均纯收入从 1993 年的 697 元增至 2010 年的 5659 元，增长 7 倍多。

农业专业合作社

2010 年，全县有农业专业合作社 231 家，成员 1.35 万人，基地面积 5200 公顷，资产总额 1.22 亿元，全年销售总收入 3.09 亿元，经营盈余 3111 万元。种植业、养殖业、林果业、服务业和其他涉农合作社数量分别占合作社总数的 64%、13%、12%、9% 和 2%。有省示范性合作社 11 家、市示范性合作社 7 家、市规范化合作社 72 家。2003—2010 年，县产业化资金扶持合作社 351 万元。

村集体

1993年，县政府部门出台扶持乡级农村合作基金会政策，至1995年，农村合作基金会为扶持农村经济作出一定贡献。2009年，以村为单位建立经济合作社（简称“村经联社”）562个，占村庄总数的87%。村经联社社长多数由村党支部书记兼任。2011年，所有行政村建立经联社。全县村集体经济年总收入，1992年2217万元，2010年7251万元。村集体资产总额由1992年的7052万元增至2010年的97254万元。

2006年缙云县农业生产经营主体数量及构成一览表

表9-1-3

	农业生产经营户		农业生产经营单位	
	数量（户）	占比（%）	数量（个）	占比（%）
农作物种植业	52755	79.3	47	6.35
林业	7073	10.63	632	85.41
畜牧业	6328	9.52	16	2.16
渔业	264	0.4	—	—
农林牧渔服务业	103	0.15	45	6.08
合计	66523	100	740	100

第四节　农业机械

县农业局设农业机械管理站，乡镇政府配备农业机械管理员，负责管理农业机械的应用推广。2002年，地处五云镇的金梅亭缙云县农机培训基地被征用，县农机管理站与农机化培训学校迁至县林场场部（五云镇官店村）办公。2009年11月，县农机培训学校迁建项目开工，位于五云镇三里街村（大桥北路200号）。

1992年，缙云县农机设备以运输、翻耕、排灌及粮食加工为主，农业机械总动力74907千瓦。2010年，农业机械总动力增至162930千瓦，主要有耕作、排灌、植保、收获、农产品加工、运输等机械。1997年，引进喂入式联合收割机，至2010年全县有喂入式联合收割机41台。2006年，引进插秧机、粮食烘干机。至2010年，全县有翻耕茭白田大马力拖拉机25台。

2004年开始，实行农机专项补贴。补贴范围由原农田作业机具不断扩大到其他机具。至2010年，补贴涵盖冷藏保鲜、畜牧水产、食用菌、废弃物处理等94个品目的农业机械。补贴金额连年提高，2008年136万元，2009年234万元。2010年补贴机具1431台（套）。

2006年，缙云县首家农机合作社成立。至2010年，全县农机合作社5家，社员130多人，大、中型农业机械及配套机具100多台（套），作业面积660多公顷。全县有拖拉机1872台、大中型拖拉机配套农具7套、小型拖拉机配套农具281套、联合收割机41台。机耕面积占耕地总面积的32.46%，机电灌溉面积占耕地总面积的4.48%，喷灌面积和滴灌渗灌面积分别占耕地总面积的15%和0.24%，机播面积占播种面积的0.29%，机收面积占收获面积的7.49%。

2008年，五云镇双龙村创建成为全县首个省级“平安农机”示范村。2009年，壶镇镇创建成为全县首个省级“平安农机”示范镇。2010年，全县有耕地机械1396台（套），应用机械耕地面积1.12万公顷，机械插秧面积94.2公顷，机械收割面积1267公顷。

1993—2010年缙云县主要农机具拥有量一览表

表9-1-4

年份	总动力（千瓦）	耕作机械		收获机械			植保机械动力（千瓦）	排灌机械动力（千瓦）	农产品加工机械动力（千瓦）	运输机械动力（千瓦）	其他农用机械动力（千瓦）
		动力（千瓦）	拖拉机（台）	动力（千瓦）	联合收割机（台）	机动脱粒机（台）					
1993	85398	33246	3662	3880	—	1867	316	8921	15076	22963	996
1994	96421	38835	4287	3851	—	1853	292	9063	15404	27884	1092
1995	101902	41184	4555	3765	—	1813	236	9066	15434	31008	1209
1996	101021	41486	4607	3454	—	1672	199	9253	15541	30061	1027
1997	93024	37942	4230	3241	1	1539	109	9146	15498	26314	774
1998	94119	38056	4271	3561	5	1652	86	9108	14985	26995	1328
1999	97732	36966	4159	3581	9	1645	65	9190	16097	29886	1947
2000	93032	34801	3909	3677	10	1681	66	9216	15436	25619	4217
2001	91781	31370	3556	3744	10	1713	65	9289	15434	28924	2955
2002	92986	29776	3377	3746	10	1714	65	9338	15498	31428	3135
2003	90810	26928	3052	3632	11	1659	47	9412	15381	31961	3449
2004	93393	26548	3009	3714	14	1664	47	9729	15594	33782	3979
2005	97230	25768	2928	4184	27	1668	47	9854	16038	33997	7342
2006	147799	18867	2137	5391	32	2425	171	22814	15303	48354	36899
2007	149701	19052	2154	5496	36	2425	349	22856	15798	49884	36266
2008	155355	16930	1903	5585	39	2426	631	22808	14018	52148	43235
2009	159555	16548	1839	5630	40	2429	882	23020	14069	52963	46443
2010	162930	17029	1872	5686	41	2440	1336	23689	14113	52528	48549

第二章　产业结构

20世纪90年代，随着粮票取消和农产品市场的变化，国家调整农业政策，农业产业开始转到以市场效益为导向上来。全县农业生产以1998年为界分为两个阶段，1998年之前为稳定粮食生产阶段，之后粮食种植土地面积急剧下降，经济作物种植面积快速增长。至2000年，全县初步形成蚕桑、香菇、麻鸭、茶叶、竹制品、高山蔬菜、中药材及粮食八大农业支柱产业。1993年，全县农业总产值3.06亿元。粮食播种面积22118.53公顷，总产量10305.4万千克，其中稻谷产量占粮食总产量的80.11%；主要经济作物有油菜、橘、茶、桑。年末生猪存栏11.48万头，家禽存栏47.99万羽。2000年，农业总产值7.33亿元。粮食播种面积18890.6公顷，总产量9308.5万千克；花卉、药材、蔬菜、瓜类、糖料作物、黄花菜等经济作物种植面积均呈较快增长趋势。粮食作物和经济作物种植面积之比，1992年71∶29，2010年37∶63。

第一节 产业

缙云县农业产业以种植业为主，其次为牧业、林业，渔业较少。1993—2010 年，种植业、牧业产值逐步增长，林业产值的比例下降。2010 年，农、林、牧、渔业及农林牧渔服务业总产值比例为：农业 60.72%，林业 12.94%，牧业 24.48%，渔业 1.27%，农林牧渔服务业 0.59%。

2010 年，全县农业总产值 10.71 亿元。粮食播种面积 10555.53 公顷，总产量 0.608 亿千克；水果业、蔬菜业产值 2.68 亿元，茶业产值 0.7 亿元，食用菌业产值 0.91 亿元；林业产值 1.39 亿元，其中竹木采运业产值 0.38 亿元；牧业产值 2.62 亿元，年末生猪存栏 6.27 万头，家禽存栏 136.13 万羽；渔业产值 1360 万元。

1993—2010 年缙云县农、林、牧、渔及其服务业产值一览表

表 9-2-1　　单位：万元

年份	农业	林业	牧业	渔业	农林牧渔服务业	合计
1993	9831	8183	8280	393	3938	30625
1994	21543	13541	12880	331	—	48295
1995	26648	12521	10257	396	—	49822
1996	34088	12763	10238	467	—	57556
1997	37255	12804	15943	589	—	66591
1998	36940	10762	17138	664	—	65504
1999	41278	12904	15084	631	—	69897
2000	42780	12658	17126	735	—	73299
2001	51173	5975	18936	1012	—	77096
2002	48197	5749	20142	1008	—	76397
2003	48248	6824	18998	1041	—	76490
2004	50665	7286	20440	1088	1487	80966
2005	53952	7628	19972	1145	1400	84097
2006	57102	7875	21863	1163	550	88553
2007	61372	8977	22650	1226	550	94775
2008	58405	10758	24352	1234	571	95320
2009	64920	9213	25024	1222	590	100969
2010	65047	13864	26220	1360	630	107121

第二节 产品

20 世纪 90 年代初，缙云县实施以“三种两养”（种桑养蚕、种草养鹅、种香菇）为核心的农业综合开发，引导发展“一村一品”。在不放松粮食生产的前提下，各乡镇、村从当地实际出发，以市场为导向，“种、养、加工、流通”相结合，在一个村或几个村集中开发一个主要品种，形成规模化、基地化、商品化经营。

1993—1998 年，全县粮食年播种面积保持在 20000 公顷以上，年产量稳定在 1 亿千克左右。黄花菜、水果、桑、茶、药材等各种经济作物在全县各地各有侧重、稳步增长。1998 年，蔬菜、中药材、油料等一年生经济作物种植 4020 公顷，茶、桑、水果种植面积 5360 公顷。全县形成水果、畜牧、蔬菜、林木、食用菌、蚕桑等专业化生产体系。

1998 年 9 月，县政府调整农业产业政策，提出实施优质高效农业发展目标，并以此作为农业经济的首要任务。至 2001 年，全县粮食播种面积减少到 14560 公顷，年产量 0.727 亿千克，比 1998 年分别下降 35.21% 和 27.11%。其中，早稻和小麦播种面积比 1998 年分别下降 59.71% 和 65.4%；一年生经济作物种植面积 8500 公顷，比 1998 年增长 1 倍多；茶叶、桑树和水果种植面积超过 6500 公顷。大洋镇高山茭白、前路乡南弄村水蜜桃、五云镇双龙村黄花梨等一批成片的种植基地形成。

1998 年、2001 年浙江省农业博览会上，缙云县选送的农产品获金奖的有高山夏菇、高山茭白、黄花菜、元胡、“金仙都”石榴等；获银奖的有缙云麻鸭、“上光”板栗、“鼎湖”茶叶、“南隆”水蜜桃、“南方”竹木制品等；获“优质农产品”称号的有“仙都”百合、米仁等。2001 年，“山啦”牌高山茭白获浙江省首批“绿色农产品”称号。

20 世纪 90 年代，传统畜禽养殖开始转向专业化、规模化。至 2001 年，全县有 15 头以上母猪或年出栏 200 头以上肉猪的规模养猪户 54 户，年出栏肉鸡 5000 羽以上的养鸡户 118 户。

1993—2010 年缙云县粮食、肉类、水产品产量一览表

表 9-2-2　　单位：万千克

年份	粮食	肉类	水产品	年份	粮食	肉类	水产品
1993	10305.4	1047.8	82.3	2002	7082.8	1250.1	155.4
1994	9704.8	1092.5	71.2	2003	6033.3	1185.3	114
1995	9739.2	1088.4	72	2004	6985.1	823.7	158.5
1996	10983.4	1110	75	2005	7010.5	1401.4	171.7
1997	10901.6	888	83.5	2006	7119.4	1429.8	184
1998	10662.4	1008	87.9	2007	7184.9	1507.9	166
1999	10450.4	992.8	135.4	2008	5003.2	1548.9	158.1
2000	9308.5	1054	131	2009	6664.9	1488.9	163.6
2001	7765.5	1208.5	143.3	2010	6078.6	1412.8	167.8

第三章　种植业

20 世纪 90 年代初，全县发展“三种两养”，经济作物种类增多，粮食作物种植面积减少。由以种植粮油作物为主逐渐转种茶、桑、水果、蔬菜等经济作物，全县形成特产或具备一定规模的农产品有蚕桑、食用菌、茶叶、桃、黄花菜、茭白等。

至 2010 年，全县种植业特色乡镇 5 个，分别是新建镇（食用菌）、大洋镇（茭白）、大源镇（茶叶）、东方镇（蚕桑）、舒洪镇（食用菌、黄花菜）；特色村 98 个：茶叶特色村 21 个、蔬菜特色村 26 个、水果特色村 23 个、蚕桑特色村 12 个、笋竹特色村 8 个、中药材特色村 5 个、食用菌特色村 3 个。其中，双龙村黄花梨、洋潭头村蔬菜、蟠龙村柑橘、东俞村板栗、东里村提子、杜桥村茶叶最负盛名。

第一节　耕作制度

缙云县水田和旱地的耕作制度，各地略有差异。水田种植一般是小麦（油菜或绿肥）—早稻—晚稻（高山地区单季稻）；旱地多为小麦（或油菜、马铃薯）—玉米（大豆、番薯）。

20 世纪 90 年代开始，农业产业结构调整加快，经济作物种植面积增加，缙云耕作制度由原来两到三熟的模式逐渐被一年两熟、一年一熟替代。同时，推广粮食作物和经济作物相结合的多熟耕作制，主要有油菜—晚稻、元胡—晚稻、席草—晚稻、西瓜—晚稻、蚕豌豆—鲜食玉米—晚稻、马铃薯—辣椒—玉米等。此外，有的乡镇因地制宜，发展各种“稳粮增效”种植模式，如贝母（或元胡）—单季稻、马铃薯（春玉米）—辣椒—甘蓝、夏菜—晚稻、西瓜—晚稻—冬菜以及幼龄果林套种蔬菜、园地（桑、果、茶、竹）套养土鸡等。

传统耕作方法：水稻采用株插法，小麦、大麦采用窄畦点播法或撒播，玉米栽培采用稀点法，番薯采用剪插法，生长期内翻藤 2 ～ 3 次。

20 世纪 90 年代，温室、大棚种植在缙云开始发展，主要应用于食用菌和蔬菜生产。2006 年年末，全县温室面积 3.42 公顷，大棚面积 144.7 公顷。全年温室、大棚蔬菜种植面积 60.79 公顷，食用菌种植面积 108.65 公顷，水果种植面积 8.19 公顷，园艺苗木种植面积 1.66 公顷。

第二节　粮食和油料

1993 年，全县粮油作物种植面积 2.21 万公顷，总产量 9168.3 万千克。此后不到 10 年，粮食播种面积减少 50% 以上。其间，旱地和“山坳田”普遍改种经济作物。1998 年后，大麦在缙云基本无种植。2000 年，小麦、早稻和连作晚稻的种植面积在缙云再次大幅下滑。

粮食规模种植区主要分布在县境盆地、平原地区。2000 年，政府定购粮食 380 万千克（含农业税现粮 204 万千克）。其中，新建镇 153 万千克、壶镇镇 121 万千克、东方镇 39 万千克、新碧镇 33 万千克、东渡镇 17 万千克、城北乡 10 万千克、七里乡 7 万千克。2003 年以后，政府出台粮食保护价、种植补贴及免税等“扶粮”政策和措施，缙云县粮食播种面积稳定在 1 万公顷以上，产量稳定在 6000 万千克以上。

1993 年与 2010 年相比，全县小麦种植面积由 4146 公顷降至 447 公顷，早稻种植面积由 6062 公顷降至 267 公顷，连作晚稻种植面积由 6920 公顷降至 373.33 公顷，玉米、大豆、油菜种植面积有较大增幅。其间，政府引导和鼓励种粮大户发展，2006 年，全县早稻生产大户中，种植 1.33 公顷以上的 130 户，种植 3.33 公顷以上的 7 户，种植 6.67 公顷以上的 2 户；有粮油生产合作社成员 263 户。

2010 年，全县粮油播种面积 1.15 万公顷，总产量 5912.9 万千克。新建镇粮食生产功能区建设完成，面积 608.67 公顷。

1993—2010年缙云县粮油作物播种面积和产量一览表

表9-3-1 单位：公顷、万千克

年份	小麦		早稻		单双中晚稻		玉米		番薯		大豆		油菜	
	面积	产量	面积	产量	面积	产量	面积	产量	面积	产量	面积	产量	面积	产量
1993	4146	101.8	6062	2874.5	9471	5381.3	290	123.2	717	454.5	478	126.4	961	106.6
1994	3740	786.4	5891	3017.7	9262	4878.7	263	112.1	703	469.9	474	130.5	925	116.1
1995	3331	611.4	5925	2779.7	9238	5191.4	301	137.3	749	529	482	144.3	1157	136.1
1996	3377	829.8	5978	3267.6	9638	5522.8	481	188.9	845	571.2	592	160.2	1227	169.5
1997	3369	849	5952	3285	9537	5286.8	534	238.8	833	590.6	676	164.7	1285	165
1998	3334	726.2	5940	2843.8	9614	5621.8	568	257.4	848	587.7	664	172.6	1388	188.1
1999	3031	711.8	5342	2749.2	9597	5526.7	664	310.5	878	583.3	674	162.1	1461	209.5
2000	1914	455.2	—	—	—	—	824	375.2	819	534.4	841	209.5	1470	207.2
2001	1151	279.9	—	—	—	—	797	366	868	559.2	1046	246.1	1735	260.4
2002	693	160	2987	1500	7607	4930	740	370	773	529.8	1026	256.4	1805	269
2003	526	130.1	1059	526.9	6969	4178.8	835	375.5	732	496.3	1096	266.3	1796	278.4
2004	624	165.9	1548	845.2	7337	4503.8	1062	505.1	908	575.2	1356	342.9	1778	290.7
2005	572	143.1	1621	890.6	7298	4485.1	1073	494.3	884	557.4	1404	365.3	1845	288.5
2006	553	148.8	1412	753.7	7524	4651.9	1164	534.9	892	569.8	1416	378.8	1753	285.6
2007	528	162.9	1186	630.2	7491	4723.3	1233	572	941	639.6	1400	372.9	1681	280.9
2008	410	128.9	212	127.5	5253	3499.8	696	276.3	694	412.1	824	201.7	1627	269.1
2009	336	107.4	272	151.3	6366	4223.3	1418	805	908	599.6	1256	320.6	2221	389.4
2010	447	100	267	140	5413	3840	1407	690	773	560	1120	293.8	2117	289.1

1992年、2003年、2010年缙云县粮油作物与经济作物种植面积变化一览表

表9-3-2 单位：公顷

年份	粮食（含豆）	茶桑果	瓜果蔬菜	其他	粮食作物与经济作物比
1992	23220	6226.6	2596.67	650	71 : 29
2003	11522	7441.33	5200	866.67	44 : 56
2010	10555.53	10207	6564.73	984	37 : 63

第三节　茶叶

茶叶是缙云县传统经济作物。1993年，全县茶园面积约700公顷，其中名优茶良种基地面积26.67公顷。缙云茶叶实行梯坎式栽培、连生密植法种植。茶叶品种主要有乌牛早、龙井43、龙井长叶、安吉白茶等。2002—2005年，县农业局推广无性系良种茶及无公害生产技术，控制农药残留。无公害、有机茶园约占全县茶园总面积的80%，其中有机茶认证基地面积188.33公顷。

2006年，全县茶园面积2420公顷，投产1893.33公顷。南溪、三公彦等村改造低产茶园173.33公

顷；缙云县茶叶产业协会成立，会员 142 人（家）；茶叶加工由分散趋向集聚，全县有茶叶加工机械 3389 台，茶叶专业村 15 个，其中加工机械超过 100 台的村有 4 个。茶叶市场主要分布在杜桥、大源、大集、东雅宅等村和壶镇镇，年交易量 68 万千克、交易额 6700 万元。杜桥茶叶专业市场建于 1997 年，设摊位 200 个，有冷库 4 座，可一次性存储茶叶 4 万千克。

2008 年，县政府和中国农业科学院茶叶研究所合作签约，聘请白堃元研究员为缙云县茶叶产业顾问。举办评茶员培训班 10 期，通过考核，颁发职业技能资格证书 500 多本，并邀请中国工程院院士陈宗懋到缙云作“健康的茶产业”讲座。是年，全县建成标准化茶叶加工厂 24 家，大集茶果业有限公司茶厂和石上菊薯茶合作社茶厂被省农业厅列为示范茶厂。

2010 年，全县茶园面积 3466.67 公顷，投产面积 2866.67 公顷，产量 95.6 万千克，产值 1.19 亿元。无性系良种茶园占茶园总面积的 67%。主要茶叶品种有龙井 43、龙井长叶、中茶 108、乌牛早、浙农 117。有绿茶加工机械 6580 台，名茶机械加工率为 97.4%。

仙都笋峰茶

1984 年，县农业局技术员周淑兰在杜桥茶场创制，属绿茶，外形浑直，芽峰挺秀，满披白毫，色泽翠绿。1986—1989 年，连续被评为省一等优质茶或上等茶。2000 年，县政府鼓励引导绿茶加工企业，按照“仙都笋峰”工艺标准加工绿茶，缙云绿茶统一使用“仙都笋峰”品牌。2002 年 6 月，注册“仙都笋峰”商标。2009 年，制定“仙都笋峰茶”地方标准（DB/331122/T20.3），制作 30 套实物标准茶样赠送中国茶叶博物馆。2011 年 3 月，注册“仙都笋峰茶”商标。

1994 年，该茶入编《中国名优茶选集》。2002—2010 年，获中国茶博会、国际茶博会金奖或一等奖共 12 次。2006 年，被省工商局评为省著名商标。2009 年，入选中国茶叶博物馆标准名茶，被列为中国茶叶博物馆馆藏名茶。2011 年，获国家工商行政管理总局地理标志证明商标。

缙云黄茶

2005 年，五云镇上湖村村民徐可新在仙都景区发现一株变异野生茶树，采回其枝条，进行扦插培育。后经中国农业科学院茶叶研究所品系对比试验。2008 年年底，县科技局以“黄茶资源的收集、利用与繁育”研究课题立项，建成黄茶母本园面积 1.33 公顷、示范园面积 13.33 公顷、生产园面积 66.67 公顷。2011 年，缙云黄茶品种的稳定性得到初步证实。该品种后由中国农业科学院茶叶研究所定名为“中黄 2 号”(缙云黄)，民间俗称“缙云黄茶”。

第四节 水果

缙云县种植的水果种类主要有桃、梨、李、柑橘、西瓜、杨梅、葡萄等。至 2010 年，全县水果专业村有五云镇双龙村、壶镇镇沈宅村、雁岭乡左库村、前路乡南弄村、舒洪镇仁岸村、双溪口乡东里村、三溪乡东俞村等。经营水果生产销售的企业有春光果业合作社、日月盛农产品开发有限公司等。

1993 年，五云镇双龙村黄花梨种植面积 180 公顷。1998 年，壶镇镇、前路乡、雁岭乡桃类种植面积 1686.67 公顷，占全县桃类种植面积的 83%。2010 年，全县各类果园面积 6326.67 公顷，有投产果园面积 3793.33 公顷，产量 3.348 亿千克，产值 1.12 亿元，其中杨梅种植面积 1800 公顷。

品种引进

1993—2010年，全县先后引进水果品种140多个。杨梅品种以东魁为主，其次为黑晶、早荠等。桃品种早、中、晚熟三类60多个，以早熟品种为主。早熟以春蜜、超早红、早甜露、仓方早生为主，中熟以红仙桃、大珍宝赤月、新川中岛为主，晚熟油桃以燕红水蜜、湖景蜜露、北京晚蜜桃为主。2000年以后引进的锦绣黄桃，成熟期从5月中旬延至8月下旬。油桃品种早红宝石、极早518、中油4号、中油5号。梨品种以翠冠梨、清香梨为主。2003年，引进日本秋荣黄花梨。李品种引进以玫瑰皇后、皇家宝石等黑李为主，桃形李、红心李等逐步被淘汰。柑橘品种引进以爱媛系列、南柑系列、象山红、永嘉早香柚为主，温州蜜柑逐年减少。葡萄品种引进以欧亚种为主，以欧美杂交种巨峰、红富士为辅，夏黑、维多利亚、美人指、金手指、粉红亚都蜜、巨玫瑰、魏可、红地球、紫地球等品种均有种植。

产业培育

1993年以后，全县推广水果种植规范化建园、测土配方施肥、整枝修剪、人工授粉、疏果套袋、高接换种、葡萄避雨栽培、“双十字V型”架、柑橘优化改造、果园无公害栽培、杀虫灯诱杀害虫、贮藏保鲜等技术，水果品质普遍提高。2000年以后，改造低产劣质果园，双龙村对原有的梨园实施高接换种，用翠冠、黄金梨取代老品种黄花梨；东渡镇麻弄村原柑橘园改种优质水蜜桃；仁岸、南弄、左库、浣溪水果生产基地通过推广无公害栽培技术，提高优质果比例；东渡镇凤山下村、双溪口乡东里村引进大棚技术，大面积引种葡萄；三溪乡东俞村建成千亩省示范板栗基地。

21世纪初，一些地方将产业推介与乡村旅游相结合，在水果花期或采摘期举办节庆活动。主要节庆活动有左库桃花节、姓潘杏花节、仁岸杨梅节。2005年，“缙云—浙大农业科技示范园”建立，坐落于五云镇黄龙风景区，园地面积40多公顷，种植葡萄、早熟梨、甜油桃等水果。示范园结合黄龙风景区开发，发展旅游观光农业。

2010年，全县有南弄果业、春光果业、仁岸杨梅、雁门果业等45家水果专业合作社，入社农户2650户。有南弄、左库、沈宅、古塘下等水蜜桃专业村，仁岸、溪下、桂村、碯旧等杨梅专业村，双龙、浣溪等梨专业村，里隆黑李专业村，下洋油桃专业村，蟠龙柑橘专业村，东里、凤山下等葡萄专业村，东俞板栗专业村。各专业村普遍开始采用分级包装出售水果。

农产品荣誉

春光果业产品 2002年12月，早熟温州蜜柑获省柑橘评比优质奖；2006年8月，燕红水蜜桃、翠冠梨获省精品水果展销会金奖；2007年12月，柑橘获省农业博览会金奖；2009年7月和2010年8月，燕红水蜜桃均获省精品水果展销会金奖。

浣溪果业产品 2003年7月和2005年7月，翠冠梨分别获省早熟梨评比优质奖和省早熟梨评比金奖。

南弄果业产品 2005年8月，新川中岛桃获省精品水果展销会金奖。

日月盛农产品开发有限公司产品 2006年8月，水蜜桃获省精品水果展销会金奖。

仁岸杨梅合作社产品 2008年6月和2010年6月，东魁杨梅分别获省杨梅吉尼斯擂台赛第一名、第二名。

第五节　蔬菜

1993年以后，缙云县蔬菜生产呈专业化、规模化趋势，商品蔬菜面积增加，城镇近郊大棚栽培和高山反季节栽培的蔬菜面积增加。2010年，蔬菜栽培面积6373.33公顷，产量1.514亿千克，产值2.12亿元。其中商品蔬菜面积约4500公顷，产值1.5亿元。茭白为大宗商品蔬菜，90%销往温州和“长三角”地区大中城市；黄瓜、辣椒、毛芋、生姜、四季豆、蚕豆、豌豆、马铃薯、萝卜、甘蓝、茄子等蔬菜，以农户自给为主。

茭白

20世纪80年代初，高山单季茭白在东渡镇吴岭村试种成功后，至90年代形成了缙云农业特色产业。高山茭白在7—8月上市，市场竞争优势明显，经济效益较好。1995年，大洋镇茭白种植形成规模，并扩及前路、壶镇、新建等乡镇。2000年以后，茭白成为缙云县主要高山蔬菜品种，开始形成生产、营销体系。

2005年，农业部门在茭白种植中推广茭、鱼、鸭、萍共育和病虫无害化治理技术，全县茭白种植面积900公顷。2008年开始，缙云茭白种植模式分高山单季茭白一茬、单季茭白一种二茬、双季茭白和大棚茭白4种。前路、壶镇一带采用再生技术种植双季茭白，最高亩产5000千克。以大洋茭白基地为主导产业示范区，缙云县高山茭白高效安全生产共性技术研究与示范中心成立，制定《缙云县高山茭白地方标准》。注册商标有“山啦”“金水山”“仙都”，其中“山啦”牌高山茭白通过省级绿色农产品认证。新建镇茭白精品园引进双季茭栽培模式，被省农业厅认定为首批省级现代农业主导产业示范区和特色农业精品园创建点。2010年，全县茭白种植面积1486.67公顷，产量4790万千克，产值9850万元，占全县蔬菜产值的46%。

黄花菜

黄花菜主产区在舒洪镇、溶江乡。本地早熟品种“蟠龙种”在清光绪年间已有人工栽培。20世纪80年代，全县黄花菜种植面积2666.67公顷，年产干品约200万千克，产量一度位居浙江之首、国内第二，缙云县被誉为“黄花菜之乡”。后因市场萎缩，改为零星种植。

1998年开始，部分农户以小袋包装鲜黄花菜销往温州、宁波、杭州等地蔬菜批发市场，带动缙云黄花菜生产再度兴起。2000年以后，全县种植黄花菜面积回升到400公顷。县农业局因势利导，推广地膜、大棚促早、宽窄行栽培等生产技术，扶持产、供、销一体化企业和发展深加工，其中无公害大棚早熟优质黄花菜基地被省农业厅列为省重点产业扶持项目。在双溪口乡建立黄花菜提纯复壮基地，在舒洪镇螺蛳岩村建立黄花菜交易市场，实施以螺蛳岩村为中心的千亩黄花菜产区规划。溶江乡大雅畈村从湖南省祁东县引进“祁珍花”（俗称“实心”）品种。该品种6月中旬开始采收，8月下旬收获结束，亩产鲜品1000千克以上。因其花蕾深绿，不易开裂，耐运输，渐成鲜食主要品种，并推广到双溪口、大源、舒洪等地。2005年11月，“川野丽人”牌黄花菜获浙江省农业博览会金奖。

第六节　蚕桑

蚕桑生产

20世纪90年代初，县委、县政府把蚕桑产业作为农业综合开发的主要项目，重点发展三联、胪膛、仙都、溪南、东川、章源、舒洪7片蚕桑基地。1993年，全县桑园面积2797公顷（含零星桑树），饲养蚕种51103张，蚕茧产量190.9万千克。1995年，桑园面积增至3349公顷。之后蚕茧市场行情低落，出现蚕农大面积毁桑现象。至2000年，桑园面积降至1866公顷，蚕茧产量137.7万千克。

2001年，桑园面积开始恢复性增长。2003年，缙云被省政府列为浙江省“蚕桑西进”工程重点县。2005年，缙云被评为浙江省2003—2004年度“蚕桑西进”工程实施先进县。2007年，桑园面积增至2553公顷，蚕茧产量272.8万千克。全县有养蚕户12915户，蚕桑业产值6721万元。其中东方、壶镇、大源、胡源、七里、溶江、白竹、新建8个乡镇，蚕茧产量约占全县的80%。东方镇桑园示范区路、沟、渠、机埠等基础设施完备，被确认为省“蚕桑西进”工程规模种植示范基地。

2008年以后，桑园面积呈下降趋势。2009年，县蚕业丝绸有限公司对蚕桑副产品进行综合开发，以提高蚕桑业效益，收购鲜桑芽制作“桑芽茶”，向蚕农推广桑枝条栽培黑木耳、桑园养鸡、桑园套种等技术。2010年，全县有桑园面积2369公顷，饲养蚕种37095张，蚕茧产量148.4万千克，养蚕户9850户，蚕桑业产值7011万元。是年春季桑树遭遇冻害，加上连续几年茧价下滑，许多蚕农放弃养蚕，桑园失管现象多有发生。

蚕茧购销

1992年以后，蚕茧购销市场逐步开放，不再实行由供销系统独家购销政策。1994年，全县蚕茧收烘渠道实行“半开放”，个体户及丝厂、农业部门、供销社等单位参与收烘经营，一度与周边县（市）发生抢购蚕茧事件，在县境路口设置关卡以防蚕茧外运。1996年，蚕茧市场疲软，大部分购销经营单位拒收蚕茧。县政府确定由县供销社承担蚕茧收烘工作，开放茧站9个，收购鲜茧52.57万千克，鲜茧收购量比1995年下降41.4%。

1997年，按《浙江省人民政府关于茧丝绸实行贸工农一体化经营管理的通知》要求，由县供销社出资77%，县国资局出资23%，缙云县蚕业丝绸有限公司注册成立，承担全县蚕桑生产指导工作，经营蚕茧收烘和购销业务。公司设蚕业生产技术总站、收烘技术指导与茧丝经营部、财务部、办公室4个科室，辖城关、新建、壶镇、靖岳、左库、舒洪、溶溪、大源8个基层茧站；4月，浙南丝厂（1992年成立，原名缙云县供销社丝厂，1993年更名为浙南丝厂）以净资产142.9万元入股县蚕业丝绸有限公司。2001年，公司有茧灶35副，收烘场地13058平方米，技术人员40人。2005年，《缙云县蚕桑生产、收烘地方标准》制定。2008年，公司被省政府评为浙江省农业龙头企业。2009年，注册“仙都茧”商标。2010年，注册“仙人绿都”商标。

县蚕业丝绸有限公司收购鲜茧，2000年105.1万千克，2002年133.2万千克（均价13.7元/千克），2007年189万千克，2010年106.6万千克。

2002年，县蚕业丝绸有限公司成立仙都蚕业合作社，从事蚕桑生产和蚕茧购销。合作社成立之初，有社员511户，桑园100多公顷，年产鲜茧29.3万千克。2010年，有社员3350户，桑园面积573公顷，年产鲜茧约100万千克。2005年，该合作社被省供销社评为“省级先进专业合作社示范社”。

第七节 食用菌

20世纪90年代初，县农业局建立食用菌基地，进行香菇、平菇、黑木耳室内袋料栽培试验，培育香菇菌种供应种植户。1992年，食用菌列入缙云县“三种两养”农业综合开发重点项目。1993年，全县种植秋冬香菇2500万袋，种植地以舒洪镇、东渡镇、雁岭乡为主。后扩及24个乡镇，总种植量4980万袋。同期，竹荪种植5000平方米。大洋山区推广夏菇，90多户农户种植263万袋。1999年，全县种植香菇3234.5万袋。2000—2005年，秀珍菇年种植量约20.6万袋，其他珍稀菇年种植量约45万袋，并发展露天袋栽黑木耳、金福菇。2005年，县食用菌生产办公室编写《食用菌生产技术》（中国农业出版社出版），记述缙云食用菌种植业，介绍22个食用菌品种的栽培技术。秋冬季香菇生产主要分布在新建镇、舒洪镇、双溪口乡，种植量3980万袋；夏季香菇生产主要分布在舒洪镇、大洋镇、东渡镇，种植量1100万袋。秀珍菇和杏鲍菇规模化生产300多万袋。其他主要栽培品种有金针菇、平菇、蘑菇和引自福建古田的金福菇、茶薪菇等。2008年，香菇亩均收入1.3万～2万元。

2010年，全县食用菌总种植量5360万袋，其中香菇4740万袋、各类珍稀菇620万袋。鲜菇产量3960万千克。香菇生产多以玉米芯、棉籽壳、麦麸、桑枝条、刨花为原料；杏鲍菇采取工厂化高架大棚生产，通过控制温度、湿度、通风、光照，改变自然出菇仅冬季一茬的规律，每间菇房可常年化产菇十多批次。

白竹、左库、壶镇、舒洪等地都曾兴办香菇专业市场。1995年，舒洪香菇市场年交易量580万千克。1996年，笕川香菇市场开业，占地面积近4公顷，钢棚面积900平方米，店面80多间，摊位168个。有烘干房120间，烘干机370台，冷库4座，日储藏量80万千克。香菇经冷库速冻、包装，销往郑州、哈尔滨、广州等地，出口东南亚地区。2008年，全县有香菇经营户1000多户，鲜菇交易量2500万千克，交易额逾亿元。

第四章 养殖业

缙云县家畜主要为猪，其次是牛、羊；主要家禽为鸡、鸭、鹅。20世纪90年代起，农户散养猪、羊、牛、兔、鸡、鸭、鹅逐渐减少，专业户建养殖场集中饲养的增多。缙云麻鸭为地方特产养殖，养殖地主要在外地，并具有一定规模，形成缙云鸭农群体。1997年7月，缙云县被国务院经济特产办公室授予“中国麻鸭之乡”称号。进入21世纪，缙云人到外地养殖南美白对虾的逐渐增多，并形成养虾群体。

第一节 畜禽养殖

畜类

1992—1994年，全县生猪饲养量分别为22.82万头、23.09万头和23.93万头，呈逐年增长状态。1995年，全县生猪饲养量22.71万头，比上年减少1.22万头，此后逐年减少，至2010年减到13.37万头。

2006年年末，全县生猪存栏5.77万头，出栏7.76万头；牛存栏3611头，出栏1455头；羊存栏1.55万头，出栏1.33万头；兔存栏2.11万只，出栏1.7万只。是年，全县养猪50头以上的养殖户110户，养羊20头以上的养殖户92户。2005年，缙云引进波尔山羊，并推广波尔山羊与本地山羊杂交种养殖。

县域居民有饲养家猪、年关宰杀、供全年食用的传统。20世纪90年代以后，家庭养猪逐步减少，生猪饲养转到专业养猪场，实行规模化养猪。猪场普遍应用现代养殖技术，仔猪与肉猪分栏，投喂以配合饲料。生猪多为杜洛克、长白、大约克等体型大、生长期短、收益高的品种。浙江地方名优土种猪“两头乌”因生长期长、体型小、效益低等原因，在缙云逐步淘汰。2010年，生猪规模化养殖占全县饲养生猪总量的70%。

禽类

1993—2010年，缙云先后制定《肉鸡、肉鸭生产技术规范》《肉鸡、肉鸭产品标准》《家禽规模养殖场建设规范》等地方标准，编写《家禽规范化养殖技术手册》，对禽类饲养场的选址、棚舍、饲养管理、疫病防治、环境污染治理、无公害生产等方面予以监督与指导。

2002年，全县有禽类养殖场178家，主要饲养三黄鸡、麻鸡等肉鸡，饲养量244万羽。2006年以后，推广仙居鸡、广东三黄鸡等品种。2010年，家禽规模化养殖占全县家禽养殖总量的90%。

专业市场

新碧泗山鹅鸭市场始于1988年，年均交易量300多万羽。2007年，选址奎山弄地块，对市场进行提升改造；次年主体工程完成，建成13个钢架大棚及管理用房，成为浙中南一带最大的家禽集散地。县畜牧兽医局派驻检疫人员。

企业选介

浙江均得利禽业有限公司 1994年创办，位于东方镇靖岳村。主营禽苗孵化、禽养殖、饲料和禽制品加工。2004年，公司被省农业厅授予省“农业龙头企业”称号；2007年，生产用房建成，占地面积1万多平方米。2008年，销售收入8493万元、利润122万元，回收订单成品鸡177万多羽，帮助农民增收3000多万元。

浙江五莲农牧有限公司 2001年创办，位于新碧镇碧虞村。主营种禽养殖、禽苗孵化与供应、饲料加工、畜禽屠宰和熟制品加工，并建有动物医院。2005年，生产用房建成，占地面积1.07公顷，建筑面积8000多平方米。2006年，公司被省农业厅授予浙江省“农业龙头企业”称号。2008年，销售收入5000多万元，带动农户1600多户。

1995—2010年部分年份缙云县畜牧业养殖量一览表

表9-4-1

项目	单位	1995	2000	2005	2008	2010
猪饲养量	万头	22.71	20.09	17.59	12.13	13.37
牛年末存栏	头	7995	5701	3537	2645	2217
牛年内出栏		1198	1599	2021	1715	1622
羊年末存栏	万只	1.72	2.02	2.03	1.6	1.49
羊年内出栏		1.42	1.5	1.97	1.74	1.79

续表 9-4-1

项目	单位	1995	2000	2005	2008	2010
家禽年内存栏	万羽	54.09	70.23	129.04	156.72	136.13
家禽年内出栏		53.34	176.44	342.89	431.36	378.8
兔年内存栏	万只	7.2	6.06	1.78	1.07	0.94
兔年内出栏		3.37	2.82	1.35	1.05	1.6
养蜂年末箱数	箱	6984	12446	—	12563	12615
畜禽肉产量	万千克	1088.4	1054	675.9	1548.9	1412.8
禽蛋产量		83.5	121	233.4	298	339.2
蜂蜜产量		31.1	104.8	103.2	65.7	57.1
蜂王浆产量	千克	5043	16412	18949	11792	11055
牛奶产量	万千克	1.4	14.1	15.9	16.8	8.4
兔毛产量	千克	51000	58000	5000	6000	1000

第二节 麻鸭养殖

缙云麻鸭，因全身羽毛呈浅棕灰色似麻雀而得名，俗称“草子鸭”“水鸭”。麻鸭形体狭长，前胸小，臀部大，后躯下垂。在传统养殖情况下，90 日龄始产蛋，140 日龄产蛋率 50%，5—9 个月龄产蛋率保持在 80%，每只麻鸭年产蛋 260 ～ 270 枚，多者 300 枚以上，枚重 60 ～ 66 克。

缙云麻鸭多集中于地形、水域条件较好的西乡一带。因养殖规模受限，20 世纪 80 年代改革开放后，鸭农大多到省外养殖。2010 年 12 月，缙云麻鸭通过农业部保护品种认定和遗传资源鉴定，获颁“中华人民共和国农产品地理标志”登记证书；次年 5 月，缙云麻鸭被国家畜禽遗传资源委员会列入“国家畜禽遗传资源目录”。

图 9-4-1 “农产品地理标志”登记证书

异地养殖

20 世纪 80 年代初，缙云县部分鸭农开始到江西、福建等地养殖，继后聚集广东省及上海郊区定居养殖。因麻鸭品种、饲养技术的双重优势和市场需求，养鸭人数及养殖规模迅速扩大。经过十多年发展，养鸭业又衍生出鸭苗孵化、饲料加工购销、禽蛋（皮蛋、咸蛋）经营和物流运输等副产业。1997 年，缙云鸭农在外地承包水塘 2000 公顷，养鸭 2500 多万羽、鹌鹑 100 万羽。年产蛋 4500 万千克，鲜鱼 3000 万千克，在珠江三角洲形成以缙云鸭农为主体的禽蛋、水产品生产基地。至 1998 年，缙云鸭农足迹遍及全国 26 个省、自治区、直辖市，麻鸭年饲养量最多时达 2800 万羽，提供商品蛋 4. 999 亿千克，年产值 40 亿元。

1999 年 8 月 20 日，《浙江日报》专题报道《缙云四万鸭农异地养鸭脱贫致富》，同时刊登评论员文章，称赞缙云农民“踏出了一条与众不同的脱贫致富奔小康的路子：凭借缙云麻鸭的良种优势和自己的饲养技术，大胆走出山门，利用外地的资源，开拓外地的市场，使养鸭形成规模，成为一个产业。他们的成功实践，不仅拓宽了我省发展效益农业的眼光和思路，而且为经济不发达和次发达地区农民脱贫致富提供了一条可资借鉴的经验。”

2004 年，缙云 3000 多鸭农在广东省惠州市潼湖农场及周边地区，承包水塘养鸭、养鱼，年产值 4.35 亿元。鸭农合资开办“惠州市五・七学校”，供子女就读，有小学、初中 18 个班 800 多名学生。潼湖农场下辖 5 个分场，均设缙云鸭农生产管理委员会以及军民治安联防队。

选育提纯

1999—2003 年，县畜牧兽医局会同省农科院畜牧研究所进行缙云麻鸭原种选育提纯。选育提纯采用父系半同胞家系选育方法，辅以生化遗传标记育种技术。历经 5 年 4 代，最终形成Ⅰ系、Ⅱ系、青壳系 3 个纯系。Ⅰ系鸭以褐色雀斑羽毛为特征；Ⅱ系鸭以灰白色雀斑羽毛为特征；青壳系与Ⅰ系相近，唯公鸭喙呈青色。Ⅰ系见蛋日龄 95 ～ 105 天，150 天达 90% 产蛋率，500 日龄产蛋数 310 枚以上，总蛋重 20 千克以上，平均蛋重 65 克。Ⅱ系见蛋日龄 85 ～ 95 天，140 天达 90% 产蛋率，500 日龄产蛋数 315 枚以上，总蛋重 21 千克以上，平均蛋重 65 克。与国内其他蛋鸭相比，缙云麻鸭的开产期和产蛋高峰期均提前 1 个月左右。选育提纯后的缙云麻鸭，喜水、耐寒、成熟早、产蛋率高、繁殖力和抗病性强等优势更加突出，被广大鸭农普遍接受。

第三节　水产养殖

缙云县水产养殖传统鱼类品种有鲤鱼、草鱼、鲢鱼、鲫鱼，引进的鱼类品种有鳊鱼、尼罗罗非鱼、鳜鱼等。养殖户大多承包山塘、水库饲养。1992 年，全县山塘、水库养鱼 524.67 公顷，产量 62 万千克，最高亩产 714 千克。养鱼专业户 165 户，主要饲养草鱼、鲢鱼、鳙鱼、鲤鱼、青鱼、团头鲂、日本白鲫、尼罗罗非鱼等。2000 年开始，有农民承包溪流河道养殖温州光唇鱼（俗称“直斑鱼”）等野生鱼种。2006 年，稻田养鱼 421.33 公顷，亩产 12.5 千克，产量 3.95 万千克。1993 年、2000 年、2010 年，全县水产品产量分别为 15 万千克、131 万千克、167.8 万千克。

2010 年，溪流自然水面 1503.33 公顷，可养鱼的溪流水域 198.33 公顷，占全县溪流自然水面的 13.19%。人工水面 947.33 公顷，可养殖水面 612.93 公顷。全县有渔业户 1122 户，从业人口 3446 人，其中专业从业人员 1286 人，兼业从业人员 2160 人。

2010 年缙云县渔业经济总产出和增加值一览表

表 9-4-2　　单位：万元

项目	总产出	增加值	项目	总产出	增加值
一、渔业	2270	721	二、涉渔流通和服务业	2009	544
淡水捕捞	56	39	水产流通	1289	202
淡水养殖	1989	614	休闲渔业	720	342
水产苗种	225	68	—	—	—

在外地养鸭的缙云鸭农常采用鸭鱼混养模式，养殖当地市场需求的鱼种。20 世纪 90 年代中后期至

2010年前后，养鸭效益降低，广东省江门市台山、珠海、湛江、阳江和广西壮族自治区钦州、北海、防城港市东兴等地的缙云鸭农大多由养鸭、鱼转到养殖南美白对虾。受高收益吸引，还有其他缙云人到广西、广东养虾，也有在缙人员投资外地养虾业。养虾业的兴旺，衍生出虾塘出租、饲料销售、养殖技术指导、运输、虾病防治等相关产业。2010年，缙云虾农人数一度接近养鸭业鼎盛时期的鸭农人数。在广西，缙云虾农占当地虾农总数的80%～90%，90%左右的虾塘、饲料供应、虾塘调水和虾病防治等资源及养殖技术掌握在缙云虾农手里。虾塘年租金从最初的9000元/公顷，增至75000元/公顷。南美白对虾养殖技术要求高，并受种苗、气候、病害、市场、饲料等因素影响，较多虾农亏损。

第四节 特种养殖

20世纪90年代，特种养殖中的珍禽类、鱼类、蛙虫类等开始在缙云出现，多为家庭小型养殖场形式养殖。品种有鱼、肉鸽、鹌鹑、野鸡、七彩珍珠鸡、孔雀、牛蛙、娃娃鱼、獭兔、梅花鹿等，其中鹌鹑稍成规模，其次是肉鸽。2004年，缙云本地养殖户鹌鹑养殖总量保持在5万羽左右；常住广东省的惠州、东莞一带的3000多缙云人，合计养殖100万羽左右。2006年，缙云引进七彩珍珠鸡、野鸡、孔雀等禽类新品种，但养殖规模较小，还有牛蛙、獭兔、梅花鹿、娃娃鱼、獭狸等养殖，多因效益欠佳而消失。

缙云自1958年引进意大利蜜蜂（简称“意蜂”）后，以家庭为单位的养蜂业稳定发展。至1993年，壶镇、新碧、新建、三溪等地有转场蜂场60家，人均养蜂28群。1993—2010年，常年蜂农人数保持在1000人左右，年产值8000万元左右。2000年以后，缙云蜂农意蜂年均饲养量约为1.5万群，因本地蜜源条件有限，全部为转场放蜂，蜂场通过流动转场，追花酿蜜。2010年，全县转场蜂场80家，蜂农人均养蜂42群，蜂蜜产量57.1万千克，蜂王浆产量11055千克。缙云蜂业以生产蜂蜜为主，以蜂王浆、蜂花粉、蜂胶为辅。蜂蜜产出随花季和南北气候差异而变化，主要有油菜花蜜、柑橘花蜜、洋槐花蜜、葵花蜜、椴树花蜜等。1999年，浙江省缙云县仙都蜂业有限公司注册成立，位于新碧镇下小溪村，是浙江省蜂业协会团体会员单位；公司开发的“阿贤”牌系列蜂产品，有蜂蜜、蜂王浆、蜂胶、蜂花粉等品种20多个，曾获中国浙江国际农业博览会优质奖、浙江农业博览会银奖等荣誉。

第五章 农业经济管理

缙云县农业局为全县农业和农村经济发展管理职能部门。2002年7月，局内设办公室（综合调研科）、科教科、扶贫科、产业发展科、农政科（县农业行政执法大队）、农村经营管理科（县农办）。下属事业单位有农业信息服务中心、农业行政执法大队、农业技术推广中心、农业技术监测站。2007年9月，增设县种子管理站。2009年8月，增设农业信息服务中心、农业技术推广中心。

第一节　植物保护与检疫

缙云县植物保护与检疫职能，1993年归属县农业局粮油站。2002年，县植物保护与检疫站和县农业行政执法大队合署。2008年11月，浙江省农作物病虫监测网缙云区域站建设项目启动，位于七里乡下余村，占地面积0.73公顷，次年投入使用，原设在五云镇金梅亭的病虫观测站被移除。

农作物病虫害

由于耕作制度和农作物种植品种的变化，1993—2010年，缙云县农作物病虫害、鼠害、杂草危害种类及发生规律均发生变化。

水稻常见病虫害主要有：稻曲病、立枯病、白叶枯、细条病、纹枯病、灰飞虱、水稻黑条矮缩病、大螟、黑尾叶蝉、基腐病、稻螟蛉等。大螟在局部成为水稻主要害虫，稻曲病成为常发病害。1998—2000年、2005—2010年，水稻黑条矮缩病危害面积每年400公顷。纹枯病、稻瘟病、稻曲病危害超过原来主要虫害，细菌性病害如白叶枯病发生减轻。2000年以后，钻蛀性害虫上升，稻曲病每年发生。2010年，缙云首次发现南方水稻黑条矮缩病，造成严重灾害，减产37.5万千克。

小麦常见病虫害有：赤霉病、白粉病、纹枯病、蚜虫、灰飞虱。

玉米常见病虫害有：粗缩病、大小叶斑病、玉米螟以及蚜虫，其中粗缩病最严重年份危害面积达173.33公顷。2005年以后，瘤黑粉病成为鲜食玉米的新病害。

大豆常见病虫害有：烟粉虱和大豆病毒病，一般年份危害面积500多公顷。

蔬菜类常见病虫害有：小菜蛾、烟粉虱、菜粉蝶、夜蛾类、豆野螟、瓜绢螟、蚜虫、霜霉病、灰霉病、病毒病、枯萎病等，其中烟粉虱、菜粉蝶和斜纹夜蛾时有发生。2000年以后，蔬菜病害如茄果类霜霉病、灰霉病和瓜果类枯萎病危害加重，锈病、二化螟、长绿飞虱则是茭白的主要病虫害。

茶叶主要病虫害有50多种。其中，吸食茎秆枝叶汁液性害虫有假眼小绿叶蝉、小绿叶蝉、茶黄蓟马、茶蚜、绿盲蝽、黑刺粉虱、长白蚧、茶牡蛎蚧、椰圆蚧、角蜡蚧、龟蜡蚧、龟甲蚧、蛇眼蚧、红蜡蚧、咖啡小爪螨、茶橙瘿螨、茶跗线螨；啃噬叶片类害虫有茶尺蠖、茶毛虫、茶黑茸毒蛾、扁刺蛾、茶蚕、茶蓑蛾、茶小卷叶蛾、茶细蛾、茶谷蛾、茶丽纹象甲、茶籽象甲；钻蛀茎秆性害虫有茶梢蛾、茶枝小蠹蛾；噬咬地下根茎的害虫有大蟋蟀、铜绿金龟甲、大地老虎、小地老虎。

瓜类主要病害有：炭疽病（黑叶病）、霜霉病、果斑病、猝倒病、枯萎病、菌核病等。

桃主要病害有：桃叶萎缩病、细菌性穿孔病、果实炭疽病、褐腐病、疮痂病及枝干流胶病等；主要虫害有：红颈天牛、桃小食心虫、桃蛀螟、桃蚜、桑白蚧、叶蝉和刺蛾等。

梨主要病虫害有：黄斑病、黑星病、梨锈病、梨木虱、黄粉蚜、腐烂病、干腐病、轮纹病、白粉病、梨小食心虫、梨瘤蛾、梨花网蝽、山楂叶螨、梨象甲、金龟子、蝽象等。

柑橘主要病虫害有：炭疽病、黑星病、黄龙病、溃疡病、疮痂病、油胞下陷病、潜叶蛾、花蕾蛆、红蜘蛛等。

稻田杂草有14科15属，主要为：稗草、千金子、鳢肠、异型莎草、碎米莎草、萤蔺、牛毛毡、日照飘拂草、扁秆藨草、红鳞扁莎、荆三棱、野慈姑、矮慈姑、鸭舌草、节节菜、陌上菜、母草、丁香蓼、草龙、眼子菜等。

麦田杂草，主要有看麦娘、猪殃殃等十多种。

油菜田阔叶杂草发生加重。

鼠类有黑线姬鼠、黄毛鼠、小家鼠、褐家鼠、巢鼠、针毛鼠、社鼠等十多种。2009 年，黑线姬鼠害占比从以往的 66.7% 上升到 90% 以上。室内鼠害仍以褐家鼠为主。

病虫害防治

1993 年以来，缙云县农作物病虫害防治以化学防治为主，由农业经营者自主购买杀虫剂、杀菌剂等农药进行防治。物理防治主要应用在蔬菜、水果、茶叶生产上。2000 年，县农业局开始推广覆盖地膜、遮盖防护网（防虫网、防鸟网）、给果实套袋、悬挂黏虫板、使用电子灭虫频振灯和银灰避蚜膜等防治技术。物理防治和化学防治相结合的综合防治技术在水果病虫害防治上应用最广泛。2008 年，又引进黄、绿色黏虫板诱杀假眼小绿叶蝉、黑刺粉虱技术，用于防治蔬菜病虫害。茶叶病虫害的物理防治主要是采用安装灭虫灯、悬挂黏虫黄板等技术。农业防治、物理防治、生物防治和化学防治相结合的综合防治技术，在水果病虫害防治中运用得最广泛。20 世纪 90 年代，缙云曾利用寄生性昆虫赤眼蜂进行生物防治试验，曾进行种植藿香蓟等需水需肥较少的有益良性草，为瓢虫、捕食蛾等昆虫提供繁衍栖息场所。

2007 年起，在全县 15 个产粮乡镇 52 个行政村实行水稻统防统治，至 2010 年年均防治面积 1246.67 公顷。每年春季，县农业局联合乡镇政府、村级组织进行统一灭鼠，共同出资，投放灭鼠毒饵。其中，2010 年防治面积 1.07 万公顷，投放灭鼠毒饵 1.92 万千克。

20 世纪 90 年代初，无作物耕地除草开始使用除草剂，中耕多采用人工除草。

植物检疫

1993—2004 年，缙云陆续对杂交水稻制种田实施检疫。

2004 年 10 月，外来入侵物种加拿大一枝黄花（丽水市首例）在县城新区好溪边被发现，发生面积 6.7 公顷。县农业局植物保护检疫站对其予以挖除、晒干并烧毁。同年，东渡镇株树村、东溪村发现柑橘黄龙病、柑橘溃疡病。2008 年，东渡镇廷坑村发现患黄龙病、溃疡病的柑橘 18 株，挖除 32 株，两年后廷坑村柑橘全部砍除。2005 年起，对出县境水果苗木进行产地检疫，开通鲜活农产品运输绿色通道，设置植物检疫签证点 8 个。

2010 年，在新建镇、壶镇镇设稻水象甲疫情监测与防控点；在五云镇、壶镇镇设梨枯梢病监测点；在五云镇（城北）、舒洪镇设葡萄根瘤蚜监测点；在七里乡、舒洪镇、壶镇镇设扶桑棉粉蚧监测点；在壶镇镇设黄瓜绿斑驳花叶病毒病监测点；在新建镇、东渡镇、七里乡设水稻细菌性条斑病监测点；在五云、新碧设红火蚁和加拿大一枝黄花监测点；在东渡镇、舒洪镇、新建镇设柑橘黄龙病、溃疡病、木虱监测点。

第二节 动物疫病与防控

1996 年，缙云县畜牧兽医联站解散。2006 年以前，全县畜牧兽医工作由县农业局畜牧兽医站负责，各乡镇在农业综合服务站设兽医技术员。2006 年 1 月，缙云县畜牧兽医局成立，为全额拨款副科级事业单位。2010 年，省编委批准缙云县畜牧兽医局为监督管理类参公单位，内设办公室、动物防疫管理科、动物卫生监督科、畜牧产业发展科。2009 年，乡镇兽医站撤销，设立区域畜牧中心所 5 个，为县兽医局派出机构。

自 1993 年开始，缙云县每年春、秋两次集中开展禽畜预防免疫，主要免疫猪瘟、猪丹毒，费用由养殖户自理。2003 年以后，对猪牛口蹄疫、猪蓝耳病、禽流感实行强制免疫，费用由政府负担。2007 年 7 月，动物免疫启用“二维码”牲畜标识；将动物疫病防控和畜产品安全监管纳入乡镇年度考核内容，落实乡镇疫情测报责任人制度。至 2010 年，全县有市级动物防疫示范场 3 家、县级动物防疫示范场 10 家。

1999年冬，木栗乡西峰村牛口蹄疫发生后，扑杀病牛近60头，并对其采取深埋处理。2004年1月，为防控永康市高致病性禽流感疫情蔓延，全县强制免疫家禽150多万羽，扑杀家禽10824羽；4月底，解除防控措施。2005年7月，对南溪乡东余山场近20头不明原因死亡病牛进行深埋处理。2006年1月，全县实行禽流感防控措施21天，发放生石灰、氯毒杀、烧碱等消毒品25万多千克。在近300个家禽养殖场建消毒池，安装紫外线消毒灯。是年，春、秋两季免疫家禽27.85万羽、猪3.47万头、牛0.34万头、羊1.13万只。

2008年，在五云生猪调运中心、七里生猪调运中心、壶镇屠宰场、东方屠宰场设置生猪尿样瘦肉精检测点。畜禽养殖场推广“一灯二池三化”技术，即安装紫外线灯供进场人员消毒，修建车辆消毒池、笼具消毒池，实现消毒白化（场地、通道撒石灰）、免疫强化（按时足量）、管理优化（含自繁自养、标准化饲养、健全养殖档案、合理用药、病死动物无害化处理）。

2010年，全县实施免疫家禽539.65万羽，免疫生猪13.74万头、牛0.45万头、羊1.85万只。规模养殖场免疫率100%，无重大动物疫病发生。启用识读器32台，检疫屠宰生猪71950头。对存栏生猪100头以上的58家养猪场进行排泄物治理。建成沼气池1879立方米、雨污分流沟5285米，粪便储存设施721平方米。建成畜禽生态养殖小区6个。

缙云麻鸭主要传染性疫病有病毒性肝炎和传染性浆膜炎，一般在雏鸭1～2日龄时，采取颈部皮下注射“二联弱毒苗”进行预防。

第三节　农技服务

种子推广

20世纪90年代以来，县境农民逐渐从自行留种转变为购买育种公司生产的种子。2007年，国家种子经营管理体制改革后，种子市场放开经营，对不再分装的种子允许开办个私商店销售。至2010年，除番薯、马铃薯由农民自行选育留种外，其余粮油作物留种种植已基本绝迹。县种子管理站组织种子引进、试验、示范和推广，并建有救灾种子储备制度，常年储备救灾种子24.5万千克。

2010年缙云县种子管理站推广的粮油新品种一览表

表9-5-1

种类	名称	备注
水稻	早稻　金早47、中早39、天禾1号	—
	连作晚稻　钱优1号、Ⅱ优系统多个组合	—
	单季稻　甬优9号、中浙优1号、中浙优8号、两优培九	—
小麦	温10号麦、扬麦158、扬麦12	908（浙麦1号）小麦全省不再推广，但因适合缙云土索面制作，全县仍在种植
玉米	郑单958、单玉26、华珍、浙凤甜2号、金玉甜1号、浙凤糯2号、美玉8号	—
油菜	浙双72、浙油18、浙油50、浙大619	—
马铃薯	东农303、中薯3号、克新4号	—
大豆	台湾75、引豆9701、浙鲜豆3号、衢鲜1号	—

技术推广

20世纪90年代，缙云县农技推广体系改革领导小组成立，调整农业信息服务站、农业技术推广中心、农业技术监测站等机构，农技经费列入地方财政预算。1992年，25个乡镇农业技术综合服务站建立；2008年，乡镇农业技术综合服务站由25个调整为18个。是年，设置乡镇农技推广岗位206个，其中农技78个、农机26个、农经66个、畜牧36个。

在粮油作物领域，推广机械化统一育秧插秧、早稻垄畦免耕直播栽培、水稻节水高效增产、水稻精确定量栽培、机插与机收、测土配方施肥、秸秆还田、油菜和马铃薯免耕直播、鲜食玉米和大豆高产栽培、油菜薹籽两用配套生产、病虫害统防统治等技术。

在果蔬作物领域，推广规范化建园、测土配方施肥、整枝修剪、人工授粉、疏果套袋、高接换种、大棚避雨栽培、“双十字V型”架、柑橘优化改造、果园无公害栽培、杀虫灯诱杀害虫、节水、贮藏保鲜等技术。

至2006年，全县测土配方施肥技术覆盖480个村庄，计1万公顷，采集土样1900个，获参数22960项次；有水稻、水果、蔬菜等县级核心示范基地3个，面积233.33公顷，形成6个乡镇97个村的农业特色优势产区。2010年，全县向上级申报、实施农业技术推广项目31个；249名农技人员与种养大户、营销大户进行结对扶助。赠送农户水果叶面肥及各类农资3万千克、优质种子250千克，发放资料5600份。在前路、大洋、东渡等乡镇组织茭白种植和大棚蔬菜、杨梅、蚕桑等技术培训，计18期7560人次。

1993—2010年，全县累计认证有机食品28个、绿色食品7个、无公害农产品58个；建立有机、绿色及无公害农产品生产基地105个，基地认证面积7526.51公顷；推广农作物秸秆还田面积8400公顷，秸秆综合利用率87.2%；测土配方施肥1.67万公顷；有机商品肥推广使用量比上年提高12%，建成省级生态循环农业示范园区1个，农村清洁能源利用率42.7%。

信息服务

1992年，各乡镇农业技术综合服务站成立，为农民提供信息和技术咨询服务。2000年4月，缙云县“农技110”、农业技术咨询热线电话开通。次年，网络延伸，乡镇设农业技术服务站，农民可上网查询或发布农技信息。设置县、乡（镇）、村三级农民信箱系统、农业专家热线电话“12316”语音系统，并开通各行政村村级网站。缙云“农业信息网”开通，设有政策法规、“三农”动态、乡镇动态、农业科技、农业标准、龙头企业、合作组织、农家乐园、农情热线、名优产品等栏目。2006年，农民信箱用户6123户，启用率95.3%；县农业局与县移动公司合作，搭建病虫防治、瓜果蔬菜栽培等10个农技专家热线咨询平台，所有乡镇建立农技信息联络站。2007年，开始建设“农业科技信息示范村”。2008年，开展电脑、电话、电视“三合一”农技服务网建设，与县电视台合作，定期采编播放《石城农事》节目。2009年，前路、花楼山、前金、大筠、江沿5个村被市科技厅评为市级科技信息应用示范村。2010年，行政村规模调整后，全县253个行政村全部建立农技服务网站。

附录：缙云县第二次农业普查主要数据摘录

第二次农业普查标准时点为2006年12月31日，时期资料为2006年度。共调查了24个乡镇，642个村级组织，88881个住户，其中在农村居住1年以上的家庭户88417个。

一、农业基本状况和生产条件

1. 农业从业人员72429人，其中男性51.26%，女性48.74%。按年龄分，30岁以下5.49%，31～50岁40.38%，51岁以上54.12%。2. 农业技术人员3339人，高、中、初级职称分别为13人、507人和2819人。3. 设施农业，温室面积51.3亩，大棚面积2170.5亩。

二、农村基础设施建设和基本社会服务

1. 交通、道路。93.3%的村和72.91%的自然村通公路。58.72%的村进村公路和43.61%的村村内道路路面为水泥路面，43.15%的村村内主要道路有路灯。2. 电力、通信。50%的乡镇有邮电所。全部行政村和98.15%的自然村通电；97.82%的村和86.72%的自然村通电话。3. 文化教育。16.67%的乡镇有公园。20.56%的村有幼儿园、托儿所，64.8%的村在3公里范围内有小学，58.41%的村在5公里范围内有中学。97.2%的村和89.71%的自然村能接收电视节目，66.67%的村和52.33%的自然村安装有线电视，62.15%的村安装有线广播，55.92%的村能用宽带上网，75.86%的村开通农民信箱，11.21%的村有健身场所，8.88%的村有图书室、文化站，72.43%的村有老年活动室，14.64%的村有业余文化组织。4. 环境卫生。普查9个镇中，3个镇实施集中供水，2个镇生活污水集中处理，4个镇有垃圾处理站。24.45%的村饮用水集中净化处理，31.15%的村垃圾集中处理，3.43%的村有沼气池，30.84%的村有公厕。5. 医疗和社会福利机构。全部乡镇有医院、卫生院，41.67%的乡镇有敬老院。62.62%的村距离医院、卫生院在3公里以内，27.57%的村有卫生室。27.88%的村有行医资格证书的医生。6. 金融商业与市场。91.67%的乡镇有储蓄所。29.13%的村有50平方米以上的商店，39.56%的村有连锁超市放心店。41.67%的乡镇有综合市场，37.5%的乡镇有专业市场，16.67%的乡镇有年交易额1000万元以上的农产品市场。

三、农村居民生活条件

资料范围为全县642个村民委员会所辖地域内居住1年以上的88417户家庭户。

1. 住宅。户均住宅面积136.15平方米。98.39%的住户有己宅，其中，1处住宅的69919户，占79.08%；2处住宅的15701户，占17.76%；3处以上住宅的1377户，占1.56%。其中，楼房82790户，占93.64%；平房5406户，占6.11%；其他221户，占0.25%。住宅结构，砖混32156户，占36.37%；砖木51674户，占58.44%；钢混2969户，占3.36%；其他1618户，占1.83%。2. 饮用水。63783户用管道水，占72.14%。16570户经净化处理，占18.74%；8927户用深井水，占10.1%；33149户用浅井水，占37.49%；19756户用溪水，占22.34%；225户用雨水，占0.25%；9790户用池塘水，占11.07%。3. 炊事能源。主用煤气25995户，占29.4%；主用柴草61277户，占69.3%；其他1145户，占1.29%。4. 取暖制冷设施。有4270户，占4.83%。其中有空调4206户，占4.76%。5. 卫生设施。水冲式厕所18520户，占20.95%；旱厕1132户，占1.28%；简易厕所68765户，占77.77%。6. 耐用消费品，平均每百户有彩电86.31台、固定电话46.37部、手机89.62部、电脑3.13台、摩托车36.59辆、生活用汽车2.92辆。

四、农村劳动力资源与就业

1. 资源总量与结构。总量150341人。其中男性79613人，女性70728人。农村从业人员138140人，占农村劳动力总量的91.88%。其中，从事第一、第二、第三产业的分别为51.75%、32.58%、15.67%。2. 劳动力流动。外出从业55672人。其中男性35845人，占64.39%；女性19827人，占35.61%。30岁及以下44.72%，31～40岁32.98%，41～50岁15.15%，50岁以上占7.15%。在乡外县内从业的35.95%，在县外市内从业的10.47%，在市外省内从业的34.16%，省外从业的19.42%。在第一、第二、第三产业从业的分别为9.97%、48.28%、41.75%。

第十篇　林　业

缙云县属中亚热带季风气候，高山、丘陵广布，林木资源丰富。林区林木茂密，林种多样，乔木林以针叶林为主，树种以松、杉为主，间有枫、樟、板栗等阔叶树种；主要经济林种有油茶、板栗、杨梅等。1997年、2007年两期森林资源调查显示，1993年以来，全县森林面积、林木蓄积量、森林覆盖率均呈增长趋势，森林覆盖率在70%以上。

1993—2010年，县政府把森林资源保护作为生态环境保护的重要抓手，采取绿化造林、公益林建设、森林消防、病虫害防治等措施保护森林资源。依托林业资源发展林业产业。2006年，开始林权制度改革，推进林业资源流转，创新林业发展机制，为提高林业综合效益注入新的活力。

第一章　林业资源

据2007年森林资源调查，全县林业用地面积120553公顷，占全县总面积的80.66%。森林覆盖率75.2%，林木绿化率76.9%。其中，林地（树木郁闭度≥20%的林地）面积105533公顷，疏林地面积160公顷，灌木林地面积9720公顷，未成林地面积3200公顷，苗圃地面积20公顷，无立木林地面积1593.33公顷，宜林地面积306.67公顷，辅助生产林地面积20公顷。

第一节　结构

县域亚热带针叶林分布广泛，常绿阔叶林、针阔混交林分布较少。2007年，乔木林面积9.39万公顷，占全县林地总面积的89%。乔木林中，松木林面积7.36万公顷，杉类林面积0.85万公顷，阔叶林面积0.53万公顷，乔木经济林面积0.65万公顷。1993—2007年，通过组织实施林业建设工程和森林分类经营，调整林种结构，人工林面积增加，各林种用材林面积比例下降。

林种

境域森林分为防护林、特种用途林、用材林、薪炭林、经济林5类林种。据2007年森林资源调查对各类林种面积的统计，全县防护林面积1.71万公顷，特种用途林面积1.15万公顷，用材林面积7.13万公顷，薪炭林面积0.19万公顷，经济林面积1.38万公顷。经济林中有灌木类树种面积0.73万公顷，乔木类树种面积0.62万公顷。其中，油茶面积3427.13公顷，板栗面积2738公顷，桑树面积1484.6公顷，杨梅面积1058.87公顷。

1997年，全县乔木林中，防护林、特种用途林、用材林、薪炭林、经济林面积比为7∶1∶81∶1∶10，2007年调整为16∶11∶67∶0∶6。

1997年、2007年缙云县各类林地面积变化情况一览表

表10-1-1　　单位：公顷

项目	年份		变化	年均净增	年均净增率（%）
	1997	2007			
林业用地	113206.67	120553.34	7346.67	734.67	0.65
有林地	97980	105533.34	7553.33	755.33	0.77
乔木林地	89393.34	93966.67	4573.33	457.33	2
竹林地	8586.67	11566.67	2980	298	3.17
疏林地	260	160	−100	−10	−3.9
灌木林地	13106.67	9720	−3386.67	−338.67	−2.58

续表 10-1-1

项目	年份		变化	年均净增	年均净增率（%）
	1997	2007			
专防灌木林	0	20	20	2	100
灌木经济林	8053.33	7266.67	−786.67	−78.67	−1.06
其他灌木林	5053.33	2433.33	−2620	−262	−5.18
未成林林地	626.67	3200	2573.33	257.33	41.06
苗圃地	2	20	18	1.8	0.92
无立木林地	546.67	1593.44	1046.67	104.67	19.35
采伐迹地	400	786.67	386.67	38.67	9.7
火烧迹地	73.33	260	186.67	18.67	26.63
其他无立木地	6.67	546.67	540	54	680.58
宜林地	73.33	306.67	233.33	23.33	32.39
宜林荒山荒地	46.67	60	13.33	1.33	2.7
其他宜林地	26.67	246.67	220	22	95.11
辅助生产林地	0	20	20	2	100
非林业用地	35560	29573.33	−5986.67	−598.67	1.68

2007 年缙云县经济林树种面积一览表

表 10-1-2　　单位：公顷

树种	面积	树种	面积	树种	面积
板栗	2738	枣	21.87	油茶	3427.13
银杏	0.8	柿	80.53	三年桐	0.33
杨梅	1058.87	青梅	11.8	葡萄	2
枇杷	64.27	厚朴	682.73	椪柑	10.6
李	187.4	杜仲	20.27	胡柚	12
布朗李	0.53	山茱萸	10.2	其他果树	26.8
梨	218.67	桂花	0.4	其他药材	25.2
桃	1348.73	乔木经济类	12.87	其他树种	0.2
樱桃	4.67	茶叶	1794.67	合计	13755.07
橘	508.93	桑	1484.6	—	—

林木蓄积

1997—2007 年，活立木总蓄积从 281.69 万立方米增至 442.65 万立方米，10 年净增 160.96 万立方米。其中，乔木林分蓄积量 439.59 万立方米，占 99.31%；疏林蓄积量 0.09 万立方米，占 0.02%；散生木蓄积量 1.14 万立方米，占 0.26%；“四旁树”（路旁、沟旁、渠旁、宅旁林木）蓄积量 1.83 万立方米，占 0.41%。各类林木蓄积呈现乔木林、“四旁”树增加，疏林、散生木减少的“二增二减”趋势。

壶镇镇、新建镇、大洋镇的林木蓄积量占全县前三位。壶镇镇乔木林分蓄积量 53.83 万立方米、用材林蓄积量 47.72 万立方米；新建镇乔木林分蓄积量 49.6 万立方米，用材林蓄积量 34.16 万立方米；大洋镇乔木林分蓄积量 35.75 万立方米，用材林蓄积量 30.56 万立方米。

1997 年、2007 年缙云县活立木蓄积量变化情况一览表

表 10-1-3　　　　　　　　　　　　　　　　　　　　　　　　　　　单位：万立方米

项目	年份		变化	年均净增量	年均净增率
	1997	2007			
活立木总蓄积	281.69	442.65	160.96	16.1	5.7%
乔木林分蓄积	278.69	439.59	160.9	16.09	5.8%
疏林蓄积	0.13	0.09	−0.04	−0.004	−2.8%
“四旁”树蓄积	1.67	1.83	0.16	0.02	1.0%
散生木蓄积	1.21	1.14	−0.07	−0.007	−0.6%

树种　树龄

全县森林林相单纯，纯林占 95% 以上。以松木、杉木为主要树种的林地占全县森林面积的 95% 以上。针叶树种有黄山松、马尾松、杉木、柳杉 4 个群系，其中马尾松分布最广。常绿阔叶树种主要有甜槠、木荷、苦槠、化香树、光皮桦、青冈树等。人工经济林树种主要有毛竹、油茶、果树、厚朴、桑、茶等。

2007 年，全县用材林面积中，幼龄林、中龄林、近熟林和成熟林面积比重为 17∶26∶35∶22。全县乔木林龄组面积以近熟林、成熟林为主，占乔木林面积的 53.2%，幼龄林、中龄林面积占 46.8%。各龄组面积为：幼龄林 2.06 万公顷，中龄林 2.33 万公顷，近熟林 3.17 万公顷，成熟林 1800 公顷，过熟林 266.67 公顷。

缙云天然分布国家重点保护野生树种共有 9 科 13 属 13 种。其中裸子植物 4 种，被子植物 9 种，属国家一级重点保护的野生树种 2 种，二级重点保护的野生树种 11 种。

缙云县天然分布国家重点保护野生树种情况一览表

表 10-1-4

序号	种名	性状	科名	序号	种名	性状	科名
1	南方红豆杉	常绿乔木	红豆杉科	8	凹叶厚朴	落叶乔木	木兰科
2	伯乐树	落叶乔木	伯乐树科	9	樟树	常绿乔木	樟科
3	白豆杉	常绿灌木	红豆杉科	10	花榈木		豆科
4	榧树	常绿乔木		11	香果树	落叶乔木	茜草科
5	长叶榧	常绿小乔木		12	七子花	落叶小乔木	
6	福建柏	常绿乔木	柏科	13	榉树	落叶乔木	榆科
7	金钱松	落叶乔木	松科	—	—	—	—

20 世纪 80 年代以来，缙云县引种栽培的树种有 9 种，其中重点保护树种有：国家一级重点保护树种水杉和银杏 2 种，国家二级重点保护树种红豆树、福建柏和厚朴 3 种。至 2010 年，引种栽培的树种多数已经成林且能正常开花结果，其中水杉、福建柏等成为缙云县的主要造林树种。

2010年缙云县引种栽培的国家重点保护树种及生长情况一览表

表10-1-5

种名	科名	保护价值	生长情况
水杉	杉科	特产稀有树种，世界著名的“活化石”	良好
银杏	银杏科	我国特产“活化石”，单种属科植物	
台湾杉	杉科	第四纪冰川孑遗植物	较好
福建柏	柏科	东亚特有单种属珍贵用材树种	良好
鹅掌楸	木兰科	用材、优美的庭荫树和行道树	
厚朴		经济树种，干皮、根皮及花果可药用	较好
闽楠	樟科	高级或特种用材树种、观赏	良好
金花茶	山茶科	园艺珍品，茶花育种的重要亲本材料	一般
红豆树	豆科	特种用材树种、观赏、药用	良好

第二节 所有制

2010年，全县山林总面积10.89万公顷，按所有制分，国有山林面积1.02万公顷，集体山林面积9.87万公顷。

国有山林

国有山林面积1.02万公顷，主要由国有林场及其他山林组成。其中，县林场山林面积5264公顷，括苍山林场山林面积2718.8公顷，其他国有单位山林2199.27公顷。其他国有单位山林包括县林业局委托乡村代管国有山林面积1643.87公顷，县苗圃山林（黄龙寺山林）面积13.33公顷，县林业技术推广站管理山林（天寿寺山林）面积73.33公顷，大洋水库水源涵养林440公顷，仙都风景区及公墓、陵园等山林面积26.67公顷，括苍山林场县外山林2.07公顷。

图10-1-1 括苍林场（1993年摄）

县林场坐落于县境南部、括苍山脉中段的大洋山区，创办于1958年。2000年7月，场部从胡源乡抱骨岭脚迁至五云镇官店村42省道东侧。场区面积5220公顷，其中生态公益林面积4113.33公顷，占总面积的78.8%，森林蓄积量28.7万立方米。大洋山石奶洞背尖海拔1500.6米，是县境括苍山脉最高峰。大洋山林区山高林密，溪谷幽深，峰峻石奇，具有观光、游览、科研价值。2001年9月，省林业局批准建立缙云县大洋山省级森林公园。森林公园面积4906.67公顷。

括苍山林场坐落于壶镇镇东部，创办于1966年12月。场区面积2718.8公顷，其中生态公益林面积1933.33公顷，森林蓄积量24.9万立方米。2006年10月，省林业厅批准建立缙云县括苍山省级森林公园。公园范围包括括苍山林场的青口、五羊湾、洪坑岭、独山和大方田林区，总面积1133.33公顷。2007年10月，《缙云县括苍山森林公园总体规划》经省林业厅批准实施。

集体山林

全县集体山林面积9.86万公顷，其中村统一管理山林面积2.93万公顷，责任山林面积5.02万公顷，自留山林面积1.91万公顷。集中承包经营的山林面积4600公顷，主要种植松树、杉木、毛竹、板栗、柑橘、油茶、香榧、杨梅等树种。

第三节 保护

植树造林

2003—2010年，全县人工造林、林地更新面积5086.67公顷。其中宜林地造林面积2486.67公顷，林地更新面积2600公顷。低产低效林改造面积1780公顷，“四旁”植树3520.5万株。幼林抚育面积15066.67公顷（次）；成林抚育面积4.116万公顷；育苗（木本）面积390公顷，产值量3266.41万株。2010年，造林面积1333.33公顷，主要种植金桂、丹桂、四照花、乐冬拟等树种，美化城市景观；完成黄龙城市森林公园（面积27公顷）、后陈山公园（面积46.27公顷）绿化项目建设；对五云、壶镇、新建等镇政府驻地及仙都风景区周边山体进行绿化，针叶林改阔叶林面积266.67公顷。

1993年以来，每年植树节前，县政府均组织县城机关单位工作人员参加植树活动，推动全县绿化工作。

公益林建设

1997年，结合全县森林资源规划调查，开始实行森林经营规划分类，划分商品林和生态公益林两大类。2001年起，生态公益林制度建立。2004年，省级重点生态公益林面积3.03万公顷，集中分布于金丽温高速公路、台缙高速公路、330国道两侧，好溪、新建溪、永安溪源头及仙都风景区范围，林种以马尾松为主。2010年，省级重点生态公益林面积新增3.44万公顷，合计6.47万公顷，占全县林业用地总面积的53.7%。2002—2010年，封山育林面积3.23万公顷，均转为生态公益林。

2001年以后，全县逐步完成公益林界定和增扩工作，县、乡（镇）、村三级建立生态公益林建设和管护组织，采编生态公益林地籍信息，建立信息化管理体系。2007年，建成森林灾害远程视频监控系统。2008年，缙云县生态公益林地籍管理信息体系开始建设。2010年，有县级森林消防中队8支、乡镇森林消防中队14支，生态公益林专职护林员233人，护林员管护责任区面积约330公顷，人均护林劳务费补贴7500元。

森林文化建设

2007—2010年，实施“绿色长廊”建设工程，通过退耕还林和林相改造，在金温铁路、330国道、金丽温高速公路、台缙高速公路、42省道、县道两侧的荒山荒地和宜林地造林2000多公顷。开展省级森林城市创建活动，对中心村、公路、河道滩涂采取“造、补、改、疏、育”综合措施，营建生态景观林。建成省级森林村庄1个、省级绿化示范村5个、市级绿化示范村18个。

第二章　林业经济

缙云县林业初级产品有木材、竹材、油茶籽、油桐籽、板栗、竹笋、棕毛、箬叶等。1993—2010 年，林业为竹木材加工、香菇业发展提供资源，并形成一定规模。林业总产值从 2005 年的 4.25 亿元增至 2010 年的 18.01 亿元。农村居民人均林业年纯收入 1411 元，占农村居民人均年纯收入的 21%，林业增收对农民收入增长的贡献率为 37%。

第一节　林业产品

20 世纪 90 年代以后，缙云传统林业特产油桐籽产量锐减，几近消亡。油茶发展加快，并成为全省 15 个油茶面积超 5 万亩的油茶县之一。县境毛竹资源丰富，新川、双川一带竹林广布，历史上，曾利用毛竹生产土纸。21 世纪初，竹材加工销售初具规模，成为缙云主要林业产业。2004 年，舒洪镇白水山香榧基地被省林业厅授予“省级香榧示范基地”。2010 年，全县有林业专业合作社 14 家，注册资金总额 500 多万元，入社农户 2400 多户。

油茶

2007 年，全县油茶林面积 3426.67 公顷。2009 年，缙云县金马种苗公司采用轻基质油茶容器苗砧嫁接培育技术培育油茶容器嫩苗 10 余万株，当年市场价每株约 3.5 元。2010 年，《缙云县油茶产业发展规划（2011—2020）》编制实施，县财政每年安排专项资金 200 万元，用于发展油茶种植和加工。全县油茶面积 4066.66 公顷，年产值 3000 多万元，年产 50 万千克以上油茶加工企业 2 家，油茶专业合作社 4 家；有油茶采穗圃 2 个、苗圃 2 个，培育油茶良种苗木 250 余万株；有油茶低产林改造示范基地面积 1333.33 公顷；“高山绿谷”牌山茶油在义乌国际森林产品博览会上获金奖。

竹产品

1997—2007 年，全县竹林面积从 8586.67 公顷增至 11566.67 公顷。竹资源利用的主要方式是竹材、竹笋的加工、销售。20 世纪 90 年代，依托新川、双川的毛竹资源，新建一带创办竹木加工企业 30 多家，制作鸟笼、竹席、竹垫、笔筒、拐杖等生活用品和工艺品，年销售额 1000 万元。后因效益欠佳，部分企业转产。2000 年，毛竹年采伐量约 200 万支，竹材加工年销售额 1 亿余元，产值占林业总产值的一半左右。2010 年，全县竹产业总产值 2 亿多元，竹材加工企业 38 家，其中市级以上竹产业龙头企业 4 家，有“森帅”“山川绿野”“顶峰”等竹产品品牌。2010 年，“山川绿野”牌油焖笋在义乌国际森林产品博览会上获金奖。

木珠

20 世纪 90 年代初，缙云县木珠加工从业人员最多时有 1100 人，生产木珠、木珠帘、木珠垫等产品。受本地硬杂木资源限制，90 年代中期，800 多个木珠加工户到龙泉、庆元、景宁、淳安等地生产，不久又发展到江西省、福建省山区。2000 年以后，木珠行业逐步衰落。

2003—2010 年缙云县主要林业产品产量一览表

表 10-2-1

年份	木材采伐（万立方米）	毛竹采伐（万根）	油茶籽（千克）	板栗（千克）
2003	2.78	68.15	2047000	1575000
2004	2.72	100	2211000	1711000
2005	2.56	83.2	2848000	1556000
2006	3.17	100.41	2422000	2392000
2007	3.32	58.31	2918000	2699000
2008	9.45	143.13	3196000	2496000
2009	3.39	76.67	2808000	2727000
2010	3.2	11.8	1783000	2784000

第二节　林权流转

林权制度改革

2007 年，县林权制度改革领导小组成立；10 月，县林业局林权管理中心、森林资源收储中心成立。2008 年 5 月，林权抵押贷款在舒洪镇试点，后在全县逐步推开；6 月，依托县公共资源交易中心与各乡镇的招投标平台，设立县林权交易中心；县政府制定《关于推进林权抵押贷款工作的意见》，取消“两金”（育林基金和更新改造资金）收费，实行林权抵押贷款贴息政策。2009 年 10 月，开始林权信息化建设。2010 年，对全县 10.67 万公顷的林地进行林权勘界勾绘，林权信息录入信息化管理系统。

林权抵押贷款

2008 年，按《丽水市林业三项重点工作责任状》《缙云县人民政府关于推进林权抵押贷款工作的意见》，县农村信用合作联社、农业银行缙云县支行、邮政储蓄银行缙云县支行 3 家金融机构开展林权抵押贷款业务。全年林木、林地流转公开招投标 74 起，涉及森林资源面积 2100 多公顷，森林资源流转价值成交额 1471 万元。2008—2010 年，林权交易中心为林业大户提供林权抵押贷款担保 44 笔 1027 万元。2010 年，全县林权抵押贷款余额 1.58 亿元，受益农户 2684 户，其中单笔最大的林权抵押贷款额为 251 万元。县政府兑现 2008 年、2009 年林权抵押贷款财政补贴 48 万元。

第三章　林业管理

1993 年，县林业局内设局办公室、营林科、资源林政总站、计财科、公安科、山林办、经营科、森防森检站、林业集团总公司，下辖乡镇林业站24个、木材检查站2个和县林场、括苍山林场、县苗圃。1999年，全县设林业中心站10个。2007年，结合乡镇区划调整，设林业中心站8个。2008年6月，县林权交易中心成立。2009年，县木材检查总站（巡查大队）成立。

2010年，县林业局内设办公室（信访室）、林政科（法制科）、营林科（产业科）、森林公安局（森林警察大队）、山林纠纷调处办公室、森林防火办公室、县种苗站（林业技术推广站）、森林病虫害防治检疫站、林权管理中心、森林资源收储中心、木材检查站11个科室；下辖壶镇、五云、新建、大洋、东渡、舒洪、大源、方溪8个林业中心站和县林场、括苍山林场2个国有林场及1个苗圃。

林业中心站负责管理集体林和非公有制林业的森林资源调查、森林采伐监督和采伐作业验收、更新验收、新成林验收、植树造林、林地林权、活立木转让、护林防火和林业技术服务等工作。三个国有林场（圃）负责本辖区内的森林经营、资源保护与利用等工作。

县林业局科技推广站出刊《林业科技》，通过林学会、花卉协会组织指导、培训、示范和信息咨询以推广林业新技术。各乡镇设置林业技术员，分片区负责联系科技示范户、示范村，举办各类林农技术培训班，发放林业科普资料。

第一节　采伐管理

1993年以来，继续执行林木采伐许可证制度。1994年，省政府核定缙云县“九五”期间（1996—2000年）年森林采伐限额11.76万立方米。2000年，省政府批转缙云县“十五”期间（2001—2005年）年森林采伐限额8.3万立方米。2006—2010年，县林业局办理林木采伐许可证4749份，采伐林木43.82万立方米。

1999年，县林业局林木采伐设计队成立，按省林业厅林木采伐技术规程开展设计工作。2008年起，实行林木采伐三级伐中监督制度。县林政部门参与采伐抽查监督，林业中心站对50立方米以上的林木采伐进行伐中现场监督检查，村级护林组织对林木采伐进行全程监督。

第二节　病虫害防治

1992—2010年，缙云林业有害生物发生面积36373.34公顷（次）。其中，患松材线虫病的313.33公顷（次），患马尾松毛虫的23840公顷（次），患思茅松毛虫的666.67公顷（次），患松毒蛾的3333.33公顷（次），患焦艺夜蛾的4326.67公顷（次），患松褐天牛的586.67公顷（次），患板栗瘿蜂的2760公顷（次），患栗绛蚧的166.67公顷（次），患毛竹卵圆蝽的266.67公顷（次），患黄脊竹蝗的13.33公顷（次）。

1994—1996年，县境山林马尾松毛虫大面积发生，年均达6000多公顷，主要区域在五云、城北、七里、新碧、东渡等乡镇。2003年9月，在五云镇的西寮、建设、三里、湾潭等村首次发现松材线虫病疫情，疫情面积45公顷。2005年，偶发性森林虫害焦艺夜蛾大面积发生，危害面积4153.33公顷，主要区域在五云、城北、七里、新建、东渡等乡镇。2008年，偶发性森林虫害思茅松毛虫发生面积600多公顷，主要区域在县林场的抱骨岭脚、古方山、抱骨岭头等林区。2010年，偶发性森林虫害松毒蛾发生面积3000多公顷，主要区域在新建镇的茭岭、马堰、凝碧等村。

2005年，《缙云县林业有害生物监测管理办法》制定，县、乡（镇）、村三级建立有害生物测报网络。设有害生物检疫站1个、检疫点5个，专职检疫员12人，兼职检疫员32人。设立有害生物测报点4个，其中国家级 1 个、省级 1 个、县级 2 个；林业有害生物专职测报员 13 人，兼职测报员 77 人。建有 2 支有害生物防治专业队，队员 24 人。

松材线虫病防治

2003—2010 年，全县采伐清理枯死松树 31776 株 600 余万千克，投入资金 161 万余元。2003 年，发现松材线虫病疫情后，县政府实行以采伐清理枯死松木为主和其他防治方法相结合的除治措施。2004 年开始，在五云镇周边山林悬挂诱捕器 754 件，设置松饵木 5600 余堆。2009 年 6 月 2 日，国家林业局公布缙云县为松材线虫疫区，县政府进一步加大松材线虫病疫发生点拔除力度。至 2010 年，共诱杀松褐天牛（松材线虫病传播媒介）成虫 36983 只。2010 年，从浙江林学院引进“线虫清”药剂，对仙都风景区 3000 株松树进行注射预防。

2008 年，缙云县松材线虫病防治技术应用项目获省林业厅、省林学会“科技兴林奖”三等奖。

药物和生物防治虫害

1992—2010 年，全县累计药物防治山林面积 1.826 万公顷（次），主要采用播散器发射低毒高效化学农药的方式，让药包在林冠上空爆炸扩散，以烟雾灭杀林业虫害。生物防治施放白僵菌 9 万余只，防治松毛虫及松褐天牛面积 3000 公顷（次）；放飞赤眼蜂卡 1 万张，防治松毛虫面积 400 公顷；挂鸟笼 500 只。

第三节　森林消防

1993 年以后，森林消防继续列入政府工作考核内容，县政府与乡镇、乡镇与村每年签订《缙云县森林消防责任状》，并将森林消防工作作为乡镇政府和相关部门年度考核指标，各乡镇、村建有以民兵分队为主的消防抢险队伍。2002 年，县森林消防指挥部成立，协调指挥全县森林消防工作。2003 年开始，每年清明节前夕，县政府发布县长令，禁止野外用火，提倡无烟祭坟、鲜花祭祖；乡镇、村组织人员巡视、检查、处理野外用火情况。2007 年，县森林灾害远程视频监控系统建成，在仙都风景区设监控探头，有效监控景区 5000 公顷生态公益林。2009 年开始，县政府连续两年发布《关于禁止燃放孔明灯的通告》。2010 年，全县有县级森林消防中队 8 支、乡镇消防中队 14 支，消防队员共 747 人，森林消防物资储备可满足 100 多人使用。

1993—2010 年，全县共发生森林火灾 231 起，受灾面积 813.33 公顷。2000 年清明节，新建镇双港桥一村民上坟烧纸引发火灾，受灾面积 16 公顷，2 名扑救人员牺牲。2003 年 8 月，村民烧草木灰引发火灾，舒洪镇半衣坤村马棚山场毁林 42 公顷，江沿村毁林 50 公顷。森林火灾一般为扫墓燃放鞭炮、烧香纸、点蜡烛、焐烧草木灰肥、烧田地磡柴草以及吸烟等野外用火引起。

第十一篇　工　业

1993—2010年，是缙云工业跨越发展、腾飞蝶变的时期，全县工业总产值从1993年的9.51亿元增至2010年的277.92亿元。

20世纪90年代开始，全县国有、集体经济成分的工业企业从经营机制到所有制实施改革，最终向民营经济转变。至20世纪末，县政府招商引资政策逐步完善，工业企业向园区和集镇集聚，2001年，工业产值超亿元的乡镇有7个。2002年以后，"工业强县"战略愈加突出，县委、县政府"举全县之力发展工业"，壮大"块状经济"，块状特色工业布局逐渐形成，壶镇镇、东方镇的缝纫机电及工刃具制造，新碧镇的五金机械制造，五云镇、东渡镇的摩托车配件及电光源制造，成为缙云工业经济的主要增长点。2006年，全县工业总产值110.37亿元，首次突破百亿元，其中壶镇镇和缙云工业园区工业产值之和占全县工业总产值70%以上，机械装备业产值占工业总产值的一半左右，块状经济和主导产业基本形成。

1993年，按所有制性质的不同，缙云经济主管部门有县经济委员会（简称"县经委"）、县第二轻工业局（简称"县二轻局"，与县手工业联合社合署）、县乡镇企业管理局（简称"县乡企局"）。县经委主管全县工业及所属13家国有工业企业，县二轻局管理所属25家县属集体工业企业，县乡企局管理乡（镇）、村集体和私营工业企业，还有县供销总社、县商业局、县粮食局、县林业局、县城建局各自管理所属的工业企业。1996年，县乡企局、县医管局、县手工业联合社并入县经委，实际工作仍按并入前的机构职能各自运行。2001年，县经委、县乡企局、县手工业联合社、县外贸局、县物资集团总公司、县商业集团总公司合并为缙云县经济贸易局，开始集中履行全县工业及物资营销的管理职能。

第一章　产权制度改革

1993年，全县有乡及乡以上工业企业155家。其中，国有工业企业24家，产值14174万元；集体所有制企业131家，产值24303万元；两者之和占全部工业总产值的35%。

1993年10月，县政府成立缙云县转换企业经营机制领导小组及办公室，出台《缙云县关于国有集体企业推行股份合作制的几点意见》《缙云县乡镇集体企业拍卖出让和协议出让若干试行意见》，开始实施国有和集体工商企业经营机制改革。至年底，全县采取责任制、承包、租赁经营、股份合作制等各种形式改革的企业93家，占全县乡及乡以上工业企业总数的60%。

此后，县政府逐步推出国有、集体企业机制体制改革政策，以多种形式、多种方法进行国有、集体企业改制。主要改制政策有：1995年出台的《缙云县国有工业企业资产经营责任制试行办法》，1997年出台的《关于继续推进我县国有企业股份合作制改制工作实施意见》，1998年出台的《关于进一步完善股份合作制企业法人治理结构的意见》，1999年出台的《关于二轻集体企业改制工作实施办法》，2000年出台的《关于加快建立我县改制企业新型劳动关系若干意见》。

2010年，缙云工业企业按登记注册类型划分为国有企业、集体企业、私营企业、股份合作制企业、港澳台商投资企业、有限责任公司6种，其中私营企业产值占全县工业总产值的80%。

第一节　全民所有制企业改革

1993年10月起，缙云整流器件厂等国有工业企业先后实行股份合作制改革，企业保留部分国有股份外，将其余股份按职务、工龄等条件由职工认购。之后，根据各企业情况和阶段性改制要求，县政府或主管部门出台“一企一策”改制方案，国有工业企业以整体转让、破产等方式进行改制，职工以身份置换、提前退休、一次性缴纳养老保险金等形式进行安置。2004年，全民所有制企业改革基本结束。至2010年，缙云国有工业企业产值占全部工业总产值的比例降到2.5%。

国有工业企业

1993年，全县国有工业企业24家，总产值14174万元。其中，县经委直属企业13家，产值12716万元，占国有工业总产值89.71%；县粮食局所属企业4家，产值339万元；县林业局所属企业1家，产值42万元；商业局所属企业2家，产值429万元；县医药局所属企业3家，产值55万元；县电力局所属企业1家，产值549万元。国有工业企业产品涉及纺织、化工、电子元器件、建筑材料、食品、机械、仪表、印刷业、工艺制品、竹木制品等。主要分布在五云镇、壶镇镇、新建镇等地。

2000年，正常生产经营的国有工业企业有县电力公司、自来水公司、龙宫洞水力发电厂3家。

1993年缙云县经委所属部分国有工业企业基本情况一览表

表11-1-1

企业	产值（万元）	年末固定资产（万元）	利润总额（万元）	职工数量（人）
缙云棉纺织厂	5497.4	1634.1	140.9	1618
缙云仪表厂	2225.2	343.4	62.8	466
缙云县电力公司	549	1874.4	289.5	417
缙云整流器件厂	1351.2	279.2	121.3	336
缙云水泥厂	600.2	513.4	180.1	269
缙云摩托车气缸体厂	725.9	294.9	33.1	234
缙云七二六厂	1111.6	430.5	1.5	243
缙云机械厂	358.8	195.6	−16.1	276
缙云化工一厂	—	1242	−124.5	420

县经委直属企业产权制度改革

1987年开始，县经委直属国有工业企业开始实行经营承包责任制。实施中因大多企业效益不佳，普遍出现“负盈不负亏”的现象，未能按照承包合同兑现。1993年10月，《缙云县国有集体企业推行股份合作制几点意见》《缙云县乡镇集体企业拍卖出让和协议出让若干试行意见》出台，按“产权明晰、入股自愿、股权平等、利益共享、风险共担”“谁投资、谁所有、谁得益”原则，全县国有工业企业推行股份合作制改革，向自主经营、自负盈亏、自我发展、自我约束的具备独立法人资格的经济实体转变。1995年《缙云县国有工业企业资产经营责任制试行办法》，1997年9月《关于继续推进我县国有企业股份合作制改制工作的实施意见》先后出台，就国有、集体企业资产评估、产权界定、历史遗留问题处理、非经营性资产剥离、国有资产出售、股权设置和运作、劳动关系等问题作出具体规定，鼓励“职工都持股、企业骨干多持股、董事会成员及经营班子成员持大股”；一次性支付职工身份置换费用，国有、集体企业职工身份从全民所有制中退出，将国有企业组织形式转变为股份合作制。10月14日，县企业改革指导组进驻第一批改制的七二六厂、印刷厂、化工一厂等7家国有企业。

缙云棉纺织厂 1993年为全县规模最大、职工人数最多的国有工业企业。2000年4月7日，缙云棉纺织厂与浙江华孚实业有限公司签订整体出让协议，转让价2180万元。职工安置办法：离休干部的医疗费按人均25000元划交县公医办，其他费用计算到75周岁划交县社保处发放；退休人员医疗费按工龄长短一次性发给个人，10～19年2500元、20～29年3000元、30年以上3500元；职工按照每年工龄600元标准发给个人，解除劳动关系。

缙云印刷厂 1998年7月，修改企业章程，选举产生执行董事并实行控股经营。2000年12月，职工身份置换未成，企业停工停产。2003年12月，县政府收购该企业（县城溪滨南路28号）2237平方米的土地、房屋产权，并支付职工安置费和改制其他相关费用，对企业的设备、存货、债权债务和职工股金一并同集体职工宿舍进行资产重组。至2004年2月，改制事项处理结束。

缙云酿造饮料总厂 1993年12月，缙云酒厂、缙云酿造厂合并为缙云酿造饮料总厂。1998年9月，实行股份合作制，企业名称为丽水绿源酿造有限公司。

缙云仪表厂 1998年1月，实行股份合作制，确定总股本300万元。其中，职工个人持股175.5万元，占总股本58.5%；国有持股124.5万元，占总股本41.5%。选举产生董事会、监事会，聘任公司总经理及中层干部，按公司制开始运作。至7月底，企业亏损104.4万元。9月8日，特别股东会同意董事会集体辞职，因未能选举新的董事会而休会；12日，工厂停产。10月16日，股东大会通过调整股本结构，修改企业章程，重新选举董事会、监事会成员，聘任经营班子后，企业恢复正常生产。1999年3月1日，股东大会表决通过由浙江寿尔福化学有限公司重组兼并缙云仪表厂，调整股本结构，总股本为338.3万元，其中普通股207.2万元(含寿尔福公司163.5万元)、优先股131.1万元；8日，股东大会再次修改公司章程，选举董事会，聘任经营班子后，重新组织生产。至2000年9月，仍未能扭转亏损、清偿到期债务，经企业申请，县法院于9月11日裁定宣告破产还债。2004年12月17日，第三次债权人会议讨论清算破产财产分配方案，后经法院裁定该分配方案合法有效，宣告终结还债程序。

缙云机械厂　缙云摩托车气缸体厂　1994年6月，缙云摩托车气缸体厂改组为浙江省缙云摩托车气缸体有限公司。1995年11月，按县政府《关于合并缙云机械厂与缙云摩托车气缸体厂的决定》，实行两厂合并，企业名称为缙云摩托车气缸体有限公司。1997年6月，缙云摩托车气缸体有限公司进行股份合作制改制，由职工参股，国有资产全部退出。1998年10月，企业再次改制，确定总股本为245.7万元，董事会成员及经营班子成员持股163万元，占总股本66%。此次改制职工身份置换并未彻底，企业仍难以正常生产经营。2003年4月，县长办公会议决定，原缙云机械厂（五云厂区）土地由县政府回购，回购资金用于职工安置费用；其他资产及债权债务整体转让给浙江省缙云县三鼎实业公司。

缙云整流器件厂　1993年12月，缙云整流器件厂改组为浙江省缙云四方电子股份有限公司，属缙云县首家职工持股的股份合作制企业。1998年10月，该公司受让县国资局出让的国有资产价值210.55万元，为县国资局委托代管资金120.72万元（均未出资）；受让厂区土地13579平方米，价值35.3万元。国有资产退出后，再次进行股份合作制改制，由公司234名职工持股70.2万元，组建浙江省缙云四方电子有限公司。至2002年4月，企业生产经营停滞；6月，县政府决定，按1998年改制时评估价格收回厂区土地，进行公开出让，其中出让所得净收益80%返还企业，用于企业搬迁和职工身份置换（至2010年出让未进行）；9月，公司由县外内资受让。2003年年底，职工身份置换、离退休职工社会保险提留费用及相关处置费用处理完毕，企业改制告一段落。2006年6月，公司搬迁至五东工业功能区。

缙云化工一厂　1988年年初，县工业局对其实行委托承包经营责任制，1990年继续实行新一轮承包经营责任制，承包期为3年。1992年企业停产后，县政府根据该厂支农优惠电价用电指标，结合支农优惠电价与社会用电电价差额，折算成补助金，用于支付职工生活补助费。至1997年11月，企业仍无法恢复正常生产，11月20日，企业向缙云县人民法院提出破产申请；12月17日，县法院宣告破产，成为缙云县首家经法院裁定破产的国有企业。同日，破产清算组成立，开展财产清理、评估、拍卖（厂房、土地使用权经公开投标拍卖给东方工具厂）和债权核实、账款催收等工作。1999年8月，县法院裁定缙云化工一厂破产财产分配方案，分配给债权人的比例为9.09%。

缙云沸石化工厂　1992年10月，台胞舒子敏与缙云沸石化工厂共同出资组建浙江寿尔福化学有限公司，资本总额为321.13万元，其中县政府出资49%，台胞舒子敏出资51%。1994年8月，全部资产和债务并入浙江寿尔福化学有限公司，资本总额不变，股本结构调整为：台资51%、国有20%、职工个人29%。1999年9月，国有股权转让给浙江寿尔福化学有限公司，并由公司配股给职工个人。县政府将出让的资本金，连同合资期内国有股权收益和国有土地使用权转让金支付给公司，由公司支付原沸石化工厂职工的身份置换费用、离退休职工社会保险提留费用及相关处置费用。2008年9月，浙江寿尔福化学有限公司合资经营期满，舒子敏将公司股权转让给浙江扬帆控股集团公司，浙江寿尔福化学有限公司变更为内资企业。

缙云七二六厂　1979年9月，由缙云七二六矿、缙云保温材料厂、缙云铁合金厂合并组建而成，是一家集矿产采掘、矿产品加工、冶炼等于一体的综合性企业。主要产品有珍珠岩原矿、沸石原矿、膨胀珍珠岩粉、显像管玻壳研磨材料、催化剂、75#硅铁等。因连年亏损，不能清偿到期债务。1998年7月，企业向缙云县人民法院提出破产申请；9月7日，经缙云县人民法院裁定，宣告破产。2004年6月，企业破产财产全部变现；7月，清算工作终结。

缙云水泥厂　1998年11月，实行资产重组，缙云水泥厂职工、浙江寿尔福化学有限公司各出资200万元，组建浙江省缙云水泥有限公司。2002年10月，所有股份转让给浙江晨龙锯床有限公司。

缙云包装制品厂　1990年4月创办。位于五云镇寺后路38号（原缙云中学校区内），生产塑料编织袋，1994年4月歇业。

第二节　集体所有制企业改制

1993年，全县有乡及乡以上集体企业131家。其中，县第二轻工业局所属15家，县乡镇企业局所属98家，县供销社系统所属4家，其他类型14家。是年，乡及乡以上集体企业工业产值合计24372万元，为同期国有工业产值的1.7倍。集体工业企业以中小型规模为主，行业涉及机械、食品、工具、家具、皮革、服装、针织、灯具、化工等。

20世纪90年代起，全县各类集体所有制企业或改制为私营企业，或破产停工。至2000年，能维持生产经营的集体工业企业5家，年总产值13712万元。

二轻企业

1993年，县二轻局主管的集体企业工业总产值3565万元（按1990年可比价格计算）。企业主要分布于县城及壶镇、新建、舒洪等地。其中，五云镇有：缙云家具厂（产值158.61万元）、缙云工具厂（产值221万元）、缙云铝制品厂（产值684.9万元）、缙云木雕厂（产值223.6万元）、缙云皮革厂（产值401.6万元）、缙云服装厂（产值568万元）、缙云针织厂（产值152.32万元）、缙云灯具厂（产值77.35万元）、缙云化工厂（产值19.38万元）；壶镇镇有：缙云轻工机械厂（产值450.95万元）、缙云表带厂（产值110.5万元）；新建镇有新建农机厂（产值100万元）；舒洪镇有缙云第二机械厂（产值60.17万元）。

1993年，先从缙云县服装厂开始，以“公有民营”方式对外租赁承包，还有5家集体企业以资产抵押实行承包经营。1994年，实行租赁经营的企业6家，拍卖“小穷亏”企业4家。1995年，实行租赁承包责任制的企业6家，经营权与所有权彻底分离；拍卖“小穷亏”企业3家。1997年，以“一厂一策”方式继续实施企业产权制度改革。县皮革厂以职工入股形式组建新企业，县铝制品厂采取“以物抵资”方式组建股份合作制，县木雕厂实行股份合作制改制；拍卖“小穷亏”企业1家，“以物抵资”清债、兼并企业3家。1999年，县手工业联合社制定《缙云县二轻集体企业改制工作实施办法》，与所属7家企业签订租赁经营责任合同，以公开招标方式处置2家企业的固定资产；县木雕厂、县家具厂实行股份合作制改制；县工具厂进行破产还债。

2000年，改制企业8家。至2010年，除县轻工机械厂、县皮革厂、县铝制品厂等改制受阻企业外，二轻系统已无集体所有制工业企业。

乡镇企业

乡镇企业归口县乡镇企业局管理。1993年，规模较大的有：壶镇镇的缝纫机厂、宇雷包装总公司、橡胶厂、铜材总厂、机械设备厂、仪表元件厂、金属制品厂、机制镰刀厂；五云镇的农机厂、服装厂、文化用品厂；仙都乡的膨润土厂；东渡镇的玻璃瓶厂、铸钢厂；石笕乡的编织厂；新建镇的农械厂、百花工艺厂；新碧镇的新华布厂、铸造厂；东方镇的造纸厂、丝织厂；舒洪镇的磨料磨具厂、铝型材厂；溶江乡的制伞厂；胡源乡的花岗岩制品厂；三溪乡的活性炭厂、农机厂。1993年，壶镇镇公开拍卖两家集体企业，开丽水地区产权制度改革之先河。此后，乡镇企业或改制为私营企业，或停产。

供销社企业

1992年，缙云啤酒厂更名为浙江仙都啤酒发展公司。至2003年，县供销社直属企业实行兼并、重组、破产的有：1995年12月，县茶厂由浙江仙都啤酒发展公司兼并；1997年，浙南丝厂划归缙云县蚕业丝绸有限公司；1998年，县微生物厂宣告破产；2003年6月，浙江仙都啤酒发展公司与北京燕京啤酒股份有限公司合资组建燕京啤酒（浙江仙都）有限公司。

附录：校办企业

1992年，县政府出台优惠政策，鼓励学校开展勤工俭学，发展校办企业。是年，全县有校办企业27家，从业教职工66人。校办企业大多利用学校场地办厂，采用学校直接管理任命厂长、或承包经营、或挂靠学校、县（乡镇）教委（教办）等形式。2000年，校办企业13家。2005年，对从事校办企业教职工进行清理整顿，其中继续从事校办企业的教职工30人。2012年，对2006年后从事校办企业的教职工22人再次进行政策处理。壶镇小学金属像质计厂，1996年创利44万元，列全地区校办企业25强，2005年转制为民营企业。至2010年，效益好的校办企业转制为民营企业，其余或关停、或倒闭。浙江山蒲照明电器有限公司、浙江长虹电光源有限公司创始人即从校办企业起步，发展为缙云县重点企业。

第二章　工业门类

20世纪90年代初，缙云工业涉及行业有纺织、化工、电子、建材、灯管、印刷、包装、机械制造、阀门铸造、金属冶炼压延、汽车摩托配件、工具模具装备、食品饲料加工等。1993年开始，随着国有、集体工业企业改制，规模小、效益低的行业被淘汰。至2000年，全县工业初步形成缝纫机、工刃具、灯管、包装印刷、摩托车配件、竹木制品、建材、铁挂锁8个行业。2001年，8个行业工业产值13.33亿元，约占全县工业总产值的40%。

2006年，全县工业总产值110.37亿元，比上年增长25.9%，首次超百亿元。工业行业结构发生变化，机床工模具、摩托车配件、照明电器、门业、厨具、建材、缝纫机、纺织服装8个行业的总产值为88.4亿元，比上年增长31.2%，占全县工业总产值的80%。工业园区发展，产业集聚加快。2010年，县经贸局将缙云工业主导产业划分为机械装备、新材料、智能家电、运动休闲文化四大门类，共有企业1245家，从业人数3.36万人，年产值205.5亿元，占全县工业总产值的73.1%。其中机械装备业产值143.25亿元，占全县工业总产值的69.71%。

第一节　机械装备

缙云县机械装备制造产业主要有带锯床、缝纫设备、汽车摩托车配件、工模具、电动工具、铸件等行业。

2010 年，全产业共有企业 441 家，从业人员 1.24 万人，规模以上企业 53 家。

带锯床

1993 年，壶镇一企业对从台州废旧金属市场购置的一台报废带锯床进行模仿研制。1996 年，卧式、立式带锯床试制成功。初期大多生产中、小型中低端普通锯床，高精度和数控类锯床约占 3.5%，大（重）型锯床占 1% 左右。后来，高精度、大（重）型数控锯床逐步成为优势产品，最大锯切直径 3 米。各厂家在国内外设销售网点、办事处 1200 余个，销售代理 20 余家；同时，产品还出口日本、美国、德国等 20 多个国家和地区。2010 年年末，有生产带锯床整机企业 28 家，员工 2420 人，配套企业 300 多家。

2009 年，缙云带锯床产业集群被省政府列入浙江省块状经济向现代产业集群转型升级示范区试点名单。2010 年，《缙云带锯床和特色机械装备产业集群转型升级实施方案（2009—2012）》制定；11 月，缙云带锯床和特色机械装备技术创新服务平台由省科技厅立项，由县政府控股，以缙云县欣盛科技服务有限公司为牵头单位，锯力煌、晨龙股份、伟业锯床、得力机床、奥林发机床、高新机械 6 家企业投资创办，位于壶镇镇李庄村原壶镇职技校校区，杭州电子科技大学、浙江工业大学和县质检检验所联合共建。平台内设有数控锯床和特色机械装备、新型金属材料成型加工、数字化设计技术、模具与现代制造技术、机电一体化研究所 5 个。

2010 年，《缙云县带锯床联盟标准》制定实施，国家工商行政管理总局核准“壶镇锯床”集体商标，“晨龙”“锯力煌”被认定为中国驰名商标。是年，全县带锯床行业总产值 12.95 亿元，销量约占国内市场份额的 70%。

缝纫机

缙云县缝纫机生产起始于 1980 年，至 21 世纪前后，成为壶镇工业主导产业，主要产品有 JA 系列和多功能家用三线、四线缝纫机。2010 年，全县生产缝纫机整机企业 40 多家，从业人员 5840 人，零部件配套企业 319 家，行业总产值 11.92 亿元。生产总量占全国的 90% 左右，产品大部分出口。规模以上企业 22 家。县重点企业有万维机械、恒强针车、芳华缝制、仙都缝制等。

1996 年，FN 型、GN1 型包缝机和 GC1 型中速平缝机被中国轻工协会、中国消费者基金会审定为中国名牌产品。

汽车摩托车配件

2010 年，全县有汽车、摩托车配件企业 104 家，行业总产值 21.58 亿元，从业人员 5900 人。浙江鼎立、缙云三鼎等企业与广州本田、雅马哈、铃木摩托车厂家建立配套合作关系。摩托车、电动车锁具占全国电动（摩托）车锁销量 40%。云涌摩托、缙云动力等企业的摩托车气缸体销往南美、非洲、东南亚。浙江广鹰公司生产的摩托车铝合金零部件，供应大长江、大阳摩托车、轻骑铃木等摩托车生产企业，生产的散热器、采暖配件产品出口俄罗斯、乌克兰、西班牙等国家。涛涛集团具有年产 20 万辆全地形车、10 万辆摩托车能力，在国内有多家营销点，在美洲、中东地区等地设有销售公司。

工模具

20 世纪 90 年代，壶镇有志和工具厂、东方工具厂、液压机床厂、三联工具机械厂、剪切设备厂等企业生产工模具。2010 年，全县工模具企业 198 家，行业总产值 32.48 亿元，从业人员 5260 人，列入县 50 强企业 7 家。

志和工具厂研制开发的切口铣刀、三面刃铣刀、机用锯条、圆锯片、超薄超硬合金刀等产品，销往 20 多个省市，出口加拿大、意大利、阿根廷等国家，并在加拿大开设销售网点。一胜特公司生产工模具材料、金属削切工具、标准件模具、轧辊等。大华公司生产电动、五金工具，外销产品有角磨、曲线锯、冲击钻、电圆锯、切割机、熔岩器、电木锯等。

阀门铸造

2000年，东渡镇有阀门企业14家，之后，阀门铸造行业在五云、舒洪、新碧等地陆续发展，大多生产阀门铸件原坯，供应给整件生产企业。2010年，全县阀门（铸件）生产企业100多家，行业总产值12.28亿元，从业人员2150人。其中缙云县铸造厂承接翻砂铸造机动车零配件，年产铸件150万千克；东渡铸造厂主营摩托车气缸体铸造，年产铸件325万千克；金晶铸件公司以树脂砂生产阀门铸件及机械配件，年产铸钢件500万千克，产品出口欧美。

重点企业选介

浙江一胜特工模具股份有限公司　位于县城南上交岭330国道东侧，占地面积15万平方米，建筑面积8.85万平方米。前身为壶镇东方工具厂，2007年改名为浙江一胜特工模具股份有限公司。年产工模具材料32000万千克、金属切削工具450万件、木工刀具20万支、标准件模具2万件、轧辊35万千克，居浙江省工业龙头企业第147强。产品除内销外，还销往美国、德国、印度等40多个国家和地区。2010年，销售额12亿元，出口创汇4560万美元。

浙江锯力煌锯床股份有限公司　位于壶镇镇兴业路1号，占地面积15万平方米，建筑面积8万平方米，资产总值2.5亿元。1993年，以三合乡农具厂为基地，由生产农用镰刀转产高速钢刀刃具、锯床。2001年，浙江锯力煌锯床有限公司成立。在全国设有销售服务中心80多个，产品出口19个国家和地区。2010年，生产带锯床10473台，产值3.38亿元，销售收入3.05亿元，出口创汇849万美元。“锯力煌”品牌为中国驰名商标。为国家级高新技术企业。

浙江广鹰机械有限公司　位于浙江缙云工业园区，占地面积4.33万平方米，建筑面积4.8万平方米。前身为缙云轮毂厂，1994年创办。生产采暖散热器和摩托车、汽车等铝压铸部件，有37条U型生产线。高压铸铝散热器等产品出口俄罗斯、西班牙等十几个国家和地区。2010年，产值5.98亿元，销售收入5.38亿元，出口交货值1.12亿元。公司获省精细化管理示范企业、省企业管理创新成果奖。

浙江大华电动工具有限公司　位于浙江缙云工业园区，2002年创办，占地面积1.3万平方米，建筑面积2.5万平方米。主营电动工具。有全自动及半自动电机生产线、装配流水线近百台套。产品有锤钻类、磨砂类和铝梯类等电动工具21个。2010年，产量165万台，销售额1.61亿元，出口创汇2148万美元。

浙江晨龙锯床股份有限公司　位于壶镇镇华强路1号，2000年创办，属浙江晨龙锯床集团有限公司子公司。占地面积10万平方米。有大型龙门铣镗床、数控车床、数控磨床生产线8条。在全国设有销售办事处83个，销售量占国内同类产品近20%。产品除内销外，还外销20多个国家和地区。2010年，产值1.8亿元，销售额1.5亿元。“晨龙”品牌为中国驰名商标，为全国知识产权试点单位、国家级高新技术企业。

浙江万维机械有限公司　位于壶镇镇中山路11号，占地面积5.33万平方米，建筑面积4万平方米。1992年，缙云县缝纫机厂改制为世界缝纫机有限公司，后组建浙江万维机械有限公司。为上海蝴蝶、上海飞人缝纫机生产基地，与上海缝纫机研究所、上海理工大学长期合作。开发生产GN中速包缝机系列、JA家用缝纫机系列。2000年以后，有多功能缝纫机系列13个、品种30多个，年产缝纫机80万台。与欧尚、家乐福、ARGOS等国际连锁超市合作，产品销往60多个国家和地区。通过欧盟BSCI社会责任认证。2010年，产值2.38亿元，销售额2亿元，出口创汇2300万美元。为国家缝纫机协会副理事长单位。

浙江恒强针车集团有限公司　位于壶镇镇贤母西路228号，占地面积10万平方米，建筑面积6.8万平方米，资产总值1.6亿元。前身为白六乡团结缝纫机配件厂。至2010年，成为集缝纫机、特色装备、房地产、金融业于一体的综合性企业。有CAD设计中心、机械加工中心和检测中心，年产缝制设备80多万台。产品销往美国、欧盟、东南亚 60 多个国家和地区。2010 年，产值 2.3 亿元，销售额 2.14 亿元，出口交货值 1.26 亿元，创汇 800 余万美元。

浙江鸿顺实业有限公司　总部位于五云镇官店村，占地面积 2 万平方米，螺丝岩厂区占地面积 6 万平方米。前身为鸿达通信器材厂，1992 年创办。主营角钢塔、桅杆、管塔类通信铁塔。2001 年，新增基站、塔桅、管线代维、管线工程安装业务，拥有三角形自立角钢塔、多种景观塔专利。2008 年，新增综合接入、延伸覆盖系统代理维护业务，业务广及浙江、上海、湖南、新疆等十余个省（市、自治区）。2010 年产值 3.4 亿元，销售额 3.7 亿元。具有通信工程施工总承包二级资质，为国家高新技术企业。

浙江鼎立实业有限公司　位于五云镇鼎立路 28 号，1999 年创办，占地面积 1.33 万平方米，建筑面积 2.57 万平方米。主导产品有点火开关、摩托车套锁、高端铸铝门、指静脉智能门锁。车用套锁与大长江、嘉陵、吉利、珠峰等摩托企业配套，年产摩托车套锁 500 万套。与欧华尊邸（中国）投资有限公司联合，采用德国技术制造“欧华尊邸”铜铝精雕门，年产 5000 樘，产品销往各省市，出口欧美。2010 年，销售额 0.9 亿元。

浙江省缙云县三鼎实业有限公司　位于浙江缙云工业园区，占地面积 3.2 万平方米，建筑面积 2.3 万平方米。1995 年创办。主要从事电动车、摩托车系列锁具、摩托车气缸体生产，有专利产品 7 项。有模具加工中心、中频炉、冷热室压铸机、自动缸体清洗机、数控车床等设备 500 多台（套），检测设备 30 多台，现代化生产流水线 10 条。年产锁具 800 万套，摩托车气缸体 300 万只。2010 年，产值 1.5 亿元。为省高新技术企业。

浙江伟业锯床有限公司　位于壶镇镇南汪路 28 号，占地面积 3.1 万平方米。前身为缙云县宏伟钢厂，从事各类钢材轧制。2000 年，浙江伟业锯床有限公司成立，专业生产、销售各式带锯床。配置激光切割机、焊接机器人、大型龙门铣床等生产设备。在全国设有销售服务中心 70 多个。与比亚迪集团、福耀公司、晋西工业、通裕重工等企业建立合作关系。产品出口 19 个国家和地区。为国家高新技术企业，中国金切机床标准化技术委员会会员单位、中国机床工具工业协会锯床分会理事单位。

浙江得力机床制造有限公司　位于壶镇南湖开发区，占地面积 2.06 万平方米，建筑面积 2.8 万平方米。前身为得力工具厂。从机用锯条翻新转向带锯床生产，自主研制高速薄管数控立式带锯床、M7130 多功能平面磨床、GBR 石墨类圆弧锯切带锯床等。年产带锯床 5000 台，平面磨床 300 余台。产品出口巴西、沙特等 10 多个国家和地区。2010 年，产值 1.02 亿元，销售额 9731 万元。有发明专利 1 项、实用新型专利 12 项。为国家高新技术企业。

浙江金马逊机械有限公司　位于浙江缙云工业园区，2003 年创办，厂房面积 1.4 万平方米。建有金马逊博士后工作站，集研发、制造、销售于一体。研发生产金属管道塑性成型机械装备。产品应用于国内外航空航天、核电、机车、船舶、汽车等领域，还出口欧美、日韩及非洲、中东等 50 多个国家和地区。为国家高新技术企业。

浙江仙都缝制设备有限公司　位于壶镇镇青川路 328 号，2000 年创办。占地面积 2 万多平方米，建筑面积 3.6 万平方米。有全自动铸造生产线、缝纫机装配生产线 8 条、数控加工中心 1 个，注册仙都、新蝶等商标 26 个，各类专利产品 12 个。与美国胜家公司、浙江中捷缝纫科技有限公司等建立长期合作关系；产品销往 60 多个国家和地区。2010 年产值 6369 万元，出口创汇 910 万美元。

第二节　新材料

缙云县新材料制造产业主要有高性能铝合金材料、工模具材料、新型建筑材料等制造行业。

金属材料

2003年以后，浙江缙云工业园区先后引进浙江新瑞薄板有限公司、新海薄板集团有限公司、缙云县新永茂不锈钢有限公司等金属材料生产企业。2010年，全县金属材料企业73家，行业产值77亿元，从业人员5800人。其中，新瑞薄板公司主营冷轧钢板、冷轧薄板，年生产能力15000万千克；新海公司生产优质环保涂层冷轧薄板、高精度超薄板和高速冲材料，年生产能力20000万千克；新永茂公司主营不锈钢冷轧薄板和不锈钢制品，年生产能力10000万千克。

建筑材料

2010年，全县共有各类建筑材料生产企业228家，行业产值72亿元，从业人员2650人。主要产品有热轧钢筋、水泥、水泥制品、砖瓦、石材等。

轧钢　1992年，有轧钢、炼钢企业8家，后经质量整顿减少至4家，其中壶镇镇3家、东方镇1家。生产钢筋混凝土用热轧钢筋，产品销往省内及上海、江苏等地。2010年，行业产值38.13亿元，销售额37.49亿元。

水泥　2010年，生产企业有浙江缙云水泥有限公司和浙江红狮水泥股份有限公司2家，共生产水泥272.1万吨。

红砖　1993年，有红砖生产企业40余家，年产红砖6500万块。2000年以后，小型制砖厂停产，或改产水泥砖。其中，新建镇红砖厂年产红砖1300万块。

石材　20世纪90年代，五云镇官店村有石器厂30余家，从业人员300余人，已形成石雕专业村。2000年以后，年均产值过亿元。其中，缙云县石器工艺厂创办于1983年，主营石亭、牌坊、栏杆、石塔、碑刻、雕像、园林古建构件的设计、制作和安装，《人民日报》《浙江日报》曾对此作专题报道；浙江一石装潢有限公司创办于1988年，主营花岗岩、大理石异型石材装饰制品，包括圆柱、曲板、线条、石雕及其他园林石材制品，在杭州、温州、宁波、深圳等地设有分支机构。

重点企业选介

浙江冠富实业有限公司　位于壶镇镇姓汪村，占地面积2.67万平方米，建筑面积1.6万平方米。2000年创办。从事炼钢、轧钢生产，年产棒材、线材、钢坯42000万千克。利用煤气加热，有除尘设施和高效节能煤气发生炉。2010年，产值8.37亿元，销售额8.19亿元。

浙江宇星实业有限公司　位于壶镇镇姓汪村，占地面积3.27万平方米，建筑面积1.6万平方米。2007年，取得热轧钢筋生产许可证，注册为安康特种钢制造有限公司。有连续式轧钢生产线，年产热轧钢筋100000万千克。2010年，产值10.1亿元，销售额9.6亿元。

新海薄板集团有限公司　总部位于浙江缙云工业园区，占地面积6.67万平方米，建筑面积5万平方米。属2005年招商引资企业。集团下属新海薄板公司主要生产厚度0.15～2mm、宽度180～1360mm优质冷轧薄板和免磷化门面卷板，年生产能力50万吨。产品应用于汽车制造、电动工具、五金家电、防盗门、健身器材行业，销往本省及四川、江苏、上海等地。2010年，产值21.15亿元，销售额20.3亿元，纳税2000万元。

缙云红狮水泥有限公司　位于浙江缙云工业园区，为招商引资企业，隶属红狮控股集团。占地面积95.33万平方米，生产“红狮”牌和“万年桥”牌水泥。2004年投产，高标号水泥生产能力300万吨／年。采用DCS集散自动控制系统，机械化、自动化、智能化程度较高。环保投入占总投资10.85%，其中，有收尘器50多台，粉尘排放达到国家标准；冷却水处理采用循环系统，循环使用率90%以上。水泥散装率68%左右。2007年，获国家免检产品资格。2011年，生产水泥252万吨，销售额7亿元。

浙江广欣金属制品有限公司 位于东方镇工业区，占地面积3万平方米，建筑面积1.58万平方米。2004年创办。有直列式轧钢设备、蓄热式加热炉、快速化学元素检测分析仪器等设备，年产热轧钢能力30万吨。2010年，产值12.79亿元，销售额12.78亿元。

浙江新瑞薄板有限公司 位于浙江缙云工业园区，占地面积4.8万平方米，建筑面积4.7万平方米。2003年创办。从事冷轧钢板、冷轧薄板、搪瓷标牌、焊接管、保护管、汽车配件、摩托车配件制造与销售。年产冷轧硬料薄板50000万千克、冷轧光亮软料薄板150000万千克，应用于防盗门、健身器材、家电家具、电动工具、车业等。2010年，产值15.08亿元，销售额15.95亿元。

新永茂不锈钢有限公司 位于浙江缙云工业园区，2006年创办。占地面积3万平方米。拥有两套冷轧机组及连续酸洗退火线，产品有奥氏体、铁素体及马氏体系列。不锈钢带及不锈钢年产能100000万千克，与宝钢公司、四川西南不锈钢公司、张家港浦项不锈钢公司建立产销关系。2010年，产值7.15亿元，销售额5.45亿元。

浙江精美铝业有限公司 位于浙江缙云工业园区，占地面积4万平方米。2007年创办。生产宽幅、中厚、硬质合金铝板及镁板，其中中厚铝板销往韩国、日本、印度等30多个国家。2010年，销售额2.73亿元，出口创汇600万美元。为中国铝业百强企业，有专利产品9项。

第三节 智能家电

缙云县智能家电产业主要有照明电器、电力电子、小家电等。2010年，全产业共有企业401家，从业人员7500人，总产值26亿元，规模以上企业22家。有中国电器工业协会电力电子分会理事单位4家。小家电重点生产企业有天喜控股集团有限公司、浙江松洋电器有限公司等。

照明电器

20世纪80年代初，缙云照明电器从生产环形荧光灯管起步，主要产品有T9、T6、T5系列环形灯管。1995年之前，有灯管企业82家，大多为家庭作坊式的手工生产模式，月产灯管1万～2万支。2000年7月，国家电光源质量监督检验中心（北京）受国家质量技术监督局委托，抽查缙云县11家企业生产的11批次32W环形荧光灯管，检验结果为全部不合格。2001年3月，缙云灯管被国家质量技术监督局认定为存在区域性质量问题后，县政府对灯管生产企业采取“关停并转”整治措施；12月，省验收组认定缙云县环形灯管区域性质量问题基本解决。

2000年，全县灯管行业总产值2.2亿元，从业人员3000多人。2002年，灯管企业减少到32家。2004年，有的灯管企业开始转向生产LED照明电器。2007年年末，16家灯管企业普遍建成标准厂房，引进全自动化设备。2008年，《缙云灯管行业联盟标准》制定，缙云县灯管产品占全国环形荧光灯管市场份额的八成。2010年5月26—28日，中国（浙江）“节能光源与灯具技术”经贸论坛在缙云县举行，全国各地专家及业界200多人参加；9月，省质监局批准，成立浙江省照明电器标准化技术委员会，委员会秘书处设在浙江山蒲照明电器有限公司。

2010年，全县有灯管生产企业34家，从业人员3000多人，行业产值15亿元，规模以上企业11家，出口企业21家。县重点企业有山蒲照明、长虹电光源、天煌实业、金陵光源等，主要产品有LED灯、荧光灯、节能灯、支架灯等。

电力电子

2010年，全县电力电子企业有四方电子、正邦电力电子、固驰电子、博星电子、浙江硅都电力电子等10余家，其中列入中国电器工业协会电力电子分会理事单位4家。

缙云电力电子主要产品有整流二极管、晶闸管、固态继电器、2Q系列整流管芯、CELL芯片、5-200A三相整流桥、电力半导体、晶管芯片、超快恢复二极管芯片及其模块组合件等，产品出口印度、俄罗斯、美国、南非等国家和地区。2010年，行业产值4亿元左右。

重点企业选介

天喜控股集团有限公司 位于壶镇镇保安路7号，占地面积13.33万平方米，建筑面积16万平方米。有控股子公司5家、生产基地4个。2002年，由天喜炊具总厂成立集团公司。有压力锅、搪瓷产品、厨房电器、纺机罗拉等生产线。年产压盖式不爆压力锅500万个，搪瓷系列不粘锅500万套，炊具用合金铝板3.5万吨，高精度纺机罗拉50万支，各类厨房电器60多万套。产品出口50多个国家和地区，为全市首家自营出口超亿元企业。2010年，国内有销售中心30多个，产值8.8亿元，销售额7.6亿元，出口创汇3000万美元。为国家金属餐饮及烹饪器具标准化技术委员会委员单位。

浙江山蒲照明电器有限公司 位于浙江缙云工业园区，占地面积20万平方米，建筑面积25万平方米，员工1400人。1993年，由浙南电光源有限公司成立浙江山蒲照明电器有限公司。1998年开始，产品进入国际市场。有全自动生产线27条、半自动生产线6条、仪器设备60多台套，为全球最大的环形荧光灯和T5直管荧光光源制造企业。其中直形、环形、2D、2C、PL等荧光灯管及灯用玻璃管属国家免检产品。2010年，生产荧光灯管2.4亿支、灯用玻璃管3万吨，产值8亿元，销售额7.84亿元，出口创汇5787万美元。公司产品检测中心为国家级专业实验室、浙江电光源工程技术研究中心。为国家级高新技术企业、省照明电器行业龙头企业。

浙江金陵光源电器有限公司 位于浙江缙云工业园区，占地面积3.33万平方米，建筑面积3万平方米。1992年创办。产品有荧光灯、电子节能灯、电子镇流器等20多类，规格200余种。年荧光灯生产能力1亿支，出口产品销往美国、荷兰等10多个国家和地区。与复旦大学电光源研究所进行产学研合作。2010年，产值1.25亿元，销售额1.16亿元。企业有专利10项。

浙江长虹电光源有限公司 位于五东工业功能区，占地面积5万平方米，建筑面积6万平方米。前身为缙云长虹灯管厂，1993年改名为浙江长虹电光源有限公司。从事环形荧光灯管、直形特种荧光灯管、无极灯、电子整灯生产经营，60%以上产品出口外销。年生产T5、T6、T9环形灯管能力1000万支、直形特种用管（照明用管）600万支、电子整灯300万支、无极灯12万套。企业与浙江大学、武汉中科院等多所高校建立技术合作关系。2010年，产值8610万元，销售额8496万元。企业有专利14项。

浙江四方电子有限公司 位于五东工业功能区，占地面积3万平方米，建筑面积4万平方米。前身为缙云整流器件厂，2002年改制成立四方电子有限公司。产品有整流二极管、晶闸管、快速晶闸管、电力模块、固态继电器以及各类电力电子组件、硅材料等80多种，应用于机械、冶金、电力、电镀、电源、电化学、电力拖动、国防军工等领域。

浙江省缙云县天煌实业有限公司 位于壶镇镇贤母西路107号，占地面积4.5万平方米，建筑面积2.8万平方米。1994年创办。从事节能荧光灯及灯用镇流器生产，产品20余类，规格100多种。建有省级高新技术研发中心。与华东理工大学化学学院、复旦大学电光源系建立技术合作关系。2010年，产值7401万元，销售额7254万元。

浙江正邦电力电子有限公司 位于五东工业功能区，2004年创办。主要产品有晶闸管芯片、整流二极管芯片、超快恢复二极管芯片及其模块、组合件。产品销往中国台湾地区，并出口到欧美、韩国、东南亚等国家和地区。2008年，承担科技部中小企业创新基金项目。至2010年，公司拥有发明专利2项，实用新型专利7项。连续多年被评为丽水市科技进步企业，通过ISO9001·2008质量管理体系认证。为国家高新技术企业。

浙江硅都电力电子有限公司　1993年创办。2002年，由缙云半导体器件厂更名为浙江硅都电力电子有限公司。2003年9月，由五云镇大桥南路295号迁至缙云工业园区，占地面积0.8万平方米。从事电力电子器件研发、生产、销售和服务，产品出口印度、美国等地。有发明专利4项、实用新型专利2项。曾获省科学技术进步三等奖，市科学技术进步二等奖，中国电器工业协会电力电子分会优秀会员单位称号。为中国电器工业协会电力电子分会理事单位。

第四节　运动休闲文化

缙云县运动休闲文化产品主要有沙滩车、越野摩托车、滑板车、平衡车等，产品大多销往欧美国家。运动和竞赛用车生产企业有涛涛集团有限公司、浙江金棒运动器材有限公司等。

重点企业选介

涛涛集团有限公司　位于浙江缙云工业园区。2002年创办，占地面积18万平方米，属招商引资企业。集团下属有子公司6家，摩托车装配流水线5条，全地形车装配流水线、防盗门装配流水线、锯链生产线、喷漆流水线各4条、园林工具生产线2条。年产全地形车20万辆、摩托车10万辆、防盗门20万樘、锯链250万条、油锯30万台。有国外销售公司9家。全地形车出口量全国第一。2010年，产值10.4亿元，出口创汇5917万美元。公司有各项专利20多项，为省休闲运动车协会副会长单位。

浙江金棒运动器材有限公司　位于壶镇工业功能区，2004年创办。占地面积1万平方米，建筑面积3万平方米。生产销售滑板车、溜冰鞋等健身运动器材，注册商标30个。产品有普通滑板车、特种滑板车、活力板、枫木板、滑光轮等。有实用新型专利31项，外观专利23项。

第五节　来料加工业

缙云县来料加工业始于20世纪70年代末，主要是加工仿古工艺品，之后逐步接纳上海、台州等地出口商的绣花来料加工。县妇联和乡镇政府负责全县来料加工业的扶持服务工作。

20世纪90年代，全县家庭来料加工业快速发展，农户从经纪人处领取材料，各自分散加工完成后，交还经纪人。加工产品有彩灯、毛线鞋、珍珠领带、竹席、竹垫、箱包、披肩等，主要分布在溶江、双溪口、胡源、大源等原盘溪片区乡镇，从业者多为农村妇女。1999年，全县有来料加工经纪人70多人，参与来料加工的人员近1万人，发放加工费600多万元，加工点分布于110个行政村。

2000年，县委、县政府在“工业强县”战略中提出发展“配角经济”，即培育来料加工、进料加工、来样加工和来件装配等形式的加工贸易与劳动密集型工业。2006年，全县来料加工规模扩大，专业化增强。缙云县来料加工工作领导小组和缙云县原野神农来料加工专业技术协会成立。加工形式由分散加工向集中加工、基地化加工发展；加工手段由纯手工加工向部分利用机械加工发展；承接业务方式从来料加工向来样（样品）来单（订单）加工发展。壶镇镇、东方镇等地的服装、布艺、汽车坐垫、饰品等产品的加工业渐成规模。新建镇、舒洪镇等地建立珠绣、钩针、编织等加工基地。全县有来料加工经纪人 218 人，参与来料加工人员 2.5 万人，发放加工费 5032 万元，加工点分布在 452 个行政村。白竹村、姓潘村被评为丽水市来料加工特色基地。来料加工货源来自温州、台州、绍兴及金华的义乌、东阳等地，其中义乌 50%，温州 15%，台州 10%。参与加工人数较多的乡镇有五云、壶镇、新建、东渡、白竹、双溪口、舒洪、溶江、胡源、前路等 16 个乡镇。加工种类中，编织类（钩针编织、机器编织等）、串珠类（挂件、饰品等）各占 30%，流苏类、竹制品类各占 10%，圣诞节礼品、服装、节日装饰灯具、雨伞等占 20%。加工形式以领料分散加工为主，兼有固定场所加工、专业化加工。从业人员多为“留守妇女”“留守老人”，他们同时还兼顾农业生产。

2007 年，县政府《关于扶持来料加工业发展的若干意见》发布，对来料加工实行贷款贴息、经纪人补助、培训等扶持措施。2008 年，缙云县来料加工经纪人协会成立。2009 年，县财政奖励 49 名来料加工经纪人资金 14.75 万元。

2010 年，全县有来料加工经纪人 360 人，参与加工人员 4.4 万人，发放加工费 2.1 亿元，加工点分布在 483 个行政村。

第六节　其他门类

纺织业

1993 年，缙云国有和集体纺织企业有缙云棉纺织厂、缙云服装厂、缙云针织厂、缙云丝厂等。2000 年前后，纺织企业或破产，或改制，或转让。2010 年，缙云纺织企业浙江华孚纺织有限公司、服装企业缙云三禾服饰有限公司，年产棉纱 9000 吨、布 620 万米、服装 328 万件。

化工业

1997 年，生产合成氨的国有缙云化工一厂宣告破产。至 2010 年，缙云化工产品主要有浙江寿尔福化学有限公司生产的“-SH”基团医药中间体苯，晨龙集团生产的解放鞋及公路安全设施等橡胶制品等。

食品　饲料业

2000 年，全县食品、饲料生产企业 80 家，从业人员 320 人，行业产值 7188 万元规模以上 3 家。2010 年，食品、饲料生产企业 393 家，从业人员 1912 人，行业产值 4 亿元，销售收入 3.71 亿元规模以上 9 家。

印刷　包装业

2000 年，全县印刷、包装企业 60 家，出口企业 1 家，从业人员 1167 人，行业产值 18940 万元规模以上 4 家。2010 年，印刷、包装企业 61 家，从业人员 1436 人，行业产值 6.95 亿元，销售收入 6.03 亿元规模以上 14 家。

重点企业选介

燕京啤酒（浙江仙都）有限公司　位于五云镇鼎湖路 1 号。占地面积 11.87 万平方米，建筑面积 7.12 万平方米。前身为缙云啤酒厂。1986 年 5 月，根据浙江省政府副省长沈祖伦在丽水地区调研时提出丽水地区供销社系统要创办一家啤酒厂的要求所建，县供销社为主要投资人。1987 年 10 月动工，1989 年 7 月投产，当年产量 107 万千克。1992 年年底，缙云啤酒厂更名为浙江仙都啤酒发展公司。2003 年 6 月，浙江仙都啤酒发展公司与北京燕京啤酒股份有限公司合资组建燕京啤酒（浙江仙都）有限公司。2010年，总资产3.74亿元，有燕京啤酒系列品种18个，仙都啤酒系列品种13个，年产啤酒17656万千克，销售额2.7亿元，上缴税款7192万元。

浙江寿尔福化学有限公司　位于东渡镇雅村村。1992年创办。占地面积3万平方米，建筑面积1万平方米。属国内唯一以生产苯硫酚系列产品为主的综合性化工企业，主要从事含“-SH”基团医药中间体，如苯硫酚、硫醚、噻吩衍生物和光引发剂等的研究、开发和生产。2010年实现销售7000万元。为浙江省高新技术企业。

晨龙集团有限责任公司　总部位于壶镇镇溪东北路158号。占地面积2.33万平方米，建筑面积4.5万平方米。1995年，由壶镇镇橡胶厂改制为晨龙橡胶集团有限公司。2002年，更名为晨龙集团有限责任公司，是一家集高端机械装备制造、电子通信装备、合金新材料、生态旅游等多个产业于一体的综合性企业集团。2010年，公司注册资金5688万元，有子公司8家，员工635人，资产总值3亿元，产值2.65亿元。为浙江省高新技术企业、浙江省军地融合示范企业、浙江省创新型示范中小企业、浙江省专利示范企业和浙江省科技型中小企业。

千秋集团有限公司　位于浙江缙云工业园区。占地面积10万平方米，集门业、锁业、房地产业、建材业于一体，辖5家子公司。为中国消防协会会员单位。2001年创办。有美国诺信全自动单人值守无尘涂装生产线、意大利智能温控设备、韩国进口自动热胶、1600T大型液压等设备。采用无污水排放技术控制生产污染。通过防火门体系认证、中国环保标志产品认证。年生产防盗门、防火门、非标门、装甲门、实木复合门100万樘。防盗门“千秋”品牌为中国驰名商标。2010年，产值2亿元，销售额1.85亿元。

浙江众发实业有限公司　位于东方镇。占地面积4.13万平方米，建筑面积1.2万平方米。1998年，由东方造纸厂改组为浙江众发实业有限公司。主营瓦楞纸、箱板纸、纸箱及造纸设备、纸箱生产设备，有造纸和包装纸箱两个生产区。年产再生包装纸7000万千克、包装纸箱片5000万千克。为省科技型企业、省劳动保障诚信A级单位。2010年，产值1.5亿元，销售额1.2亿元。

浙江忠恒锁业有限公司　位于浙江缙云工业园区。占地面积4万平方米，建筑面积5.3万平方米。2005年招商引资企业。年产防盗门锁80万把。有新型实用专利33项。国内在成都、沈阳、广州等地设销售办事处，国外销往俄罗斯、意大利等。2010年，产值1.5亿元，销售额1.42亿元。

1993—2010年缙云县工业总产值一览表

表11-2-1　　单位：万元

年份	总产值	其中		年份	总产值	其中	
		规模以上	规模以下及个体			规模以上	规模以下及个体
1993	95108	39244	55864	2002	392982	179882	213100
1994	145323	47010	98313	2003	528118	289418	238700
1995	172944	55987	116957	2004	689064	451239	237825
1996	174861	56348	118513	2005	876304	620706	255598
1997	211363	53189	158174	2006	1103695	822337	281358
1998	214434	77294	137140	2007	1440460	1131423	309037
1999	245995	68100	177895	2008	2019422	1751422	268000
2000	290911	102264	188647	2009	2217869	1925339	292530
2001	338368	123714	214654	2010	2779230	2460018	319212

2006—2010 年缙云县工业产值构成一览表

表 11-2-2　　单位：万元

指标	2006	2007	2008	2009	2010
全部工业总产值	1103695	1440460	2019422	2217869	2779230
国有企业年销售额 500 万元及以上	822337	1131423	1751422	1925339	2460018
民营企业年销售额 500 万元及以上	281358	309037	268000	292530	319212

1993—2010 年缙云县部分工业产品总量一览表

表 11-2-3

年份	供电量（万千瓦小时）	水泥（万吨）	布（万米）	啤酒（千升）	服装（万件）	缝纫机(万件)
1993	10029	4.15	691	14800	23.32	11.58
1994	11120	3.51	898	19900	22.4	8.19
1995	13201	9.87	2079.7	26151	43.42	57.77
1996	14620	6.88	710	30894	35.49	14.75
1997	14712	5.08	831.38	35824	54.65	33.92
1998	14444	5.69	247.6	48670	63.19	22.52
1999	17849	9.46	218.79	57371	80.47	37.38
2000	19610	10.36	215.6	62246	91.25	69.81
2001	20346	12.03	231.8	75457	115.12	84.37
2002	25939	13.62	240	90006	113.54	121.66
2003	31739	19.01	245.6	106661	136.21	185.31
2004	40647	15.92	218.6	119070	162.63	183.19
2005	58465	138.31	209.6	113661	189.14	188.94
2006	7995	159.21	723.4	148326	246.18	240.23
2007	92908	243.86	657	165814	269	225.65
2008	108418	243.93	683	175404	218	276.25
2009	109616	251.92	1109	165414	236	230.78
2010	123779	272.13	620	136354	328	221.7

2001 年缙云县八类工业行业产值一览表

表 11-2-4　　单位：万元

行业	产值	行业	产值
缝纫机	32215	摩托车配件	11058
工刃具	17538	竹木制品	19281
灯管	16244	建材制品	19425
包装印刷	14722	铁挂锁	2787

2010 年缙云县四类工业行业产值一览表

表 11-2-5

行业		产值（万元）	企业（家）	从业人数（人）
机械装备	合计	1432535	828	20232
	其中：带锯床	129488	151	2361
	工模具	324818	192	5013
	缝纫机	119160	314	2054
	铸件	87235	98	5012
	金属材料	771834	73	5792
汽摩配件		215757	97	2508
建材		268231	233	5483
电器、电子		138307	87	5381
总计		2054830	1245	33604

第三章　工业区

20 世纪 90 年代末至 21 世纪初，县委、县政府按照浙江五金先进制造业基地重要组成区的功能定位，把新碧工业园区的整合提升作为全县工业经济发展的重点，同时开发建设五（云）东（渡）、壶镇、新建洋山、舒洪螺丝岩、东方岩腰工业功能区。2001—2005 年，各工业园区基础设施累计投入 2.8 亿元，开发面积 4.64 平方千米。多次出台政策，加大力度，开展全方位招商引资，先后引进 100 多家企业落户浙江缙云工业园区及各工业功能区。2010 年，全县有省级工业园区 1 个，县工业功能区 5 个。其中浙江缙云工业园区实现工业总产值 110 亿元，占全县工业总产值近 4 成。

第一节　浙江缙云工业园区

新碧镇受浙中经济较发达地区的辐射，发展工业条件相对优越。20 世纪 90 年代起，该镇新华布厂、新华大酒店等工商企业相继发展。1998 年 6 月，新碧镇政府制定《关于加快新碧镇经济发展的暂行规定》，实施优惠政策，开展招商引企。

2000 年 6 月开始，新碧镇政府着手筹建新碧工业园区，镇工业园区核心区块定位在新碧镇北部 330 国道沿线西侧。借鉴永康市工业园区建设经验，编制园区规划，首期规划用地 36.9 公顷。采取村集体经济组织将征地款“返借”入园企业、投资建设标准厂房招租等优惠措施，开展招商引企。2002 年 3 月，镇工业园区提升为县级工业园区，缙云县新碧工业园区建设领导小组成立，组长由分管工业副县长担任，下设新碧工业园区管理委员会，管理委员会主任由县经贸局局长兼任。镇政府和县工业、国土、财政等相关部门，联合出台“三免两减半”、对入园企业实行“免扰牌”“绿牌”管理、部门上门服务等一系列“洼地”政策，县政府还建成标准厂房8127平方米出租给外来企业。2002年，园区征用土地144公顷，出让55.8公顷，引进企业62家，园区规模快速壮大，在全市被称为“缙云速度”，吸引了各县（市、区）到缙云参观学习。2003年3月，新碧工业园区升格为市级工业园区。规划面积扩大到2497公顷，其中工业用地1620公顷。2006年3月，新碧工业园区被省政府批准为浙江缙云工业园区，园区管理委员会与新碧镇政府合署办公。《浙江缙云工业园区控制性详细规划》制定，园区规划面积1212公顷，定位为五金机电、高新技术产业基地。到年末为止，园区开发建设面积309公顷，其中工业用地279公顷，入园企业113家，其中县外企业入园86家，实现工业总产值32.35亿元。汽摩配件、五金机械、照明电器、新材料四大主要行业基本形成。

2008年2月，新碧镇建制撤销，并入五云镇，新碧农村管理处设立，与缙云工业园区管理委员会合署办公。

2010年，园区共有固定资产投资9.08亿元，入园企业144家，投产企业122家，工业总产值110亿元。出口交货值25.3亿元，自营出口2.12亿美元。上缴税款2.19亿元。销售额超2000万元以上的规模企业66家，其中超亿元企业23家，超5亿元企业6家，超10亿元企业2家。千秋集团、新永茂不锈钢、忠恒锁业、红狮水泥、新瑞薄板、涛涛集团、精美铝业、新海薄板集团、大华电动工具、金陵光源电器、山蒲照明电器、广鹰机械等企业入围全县工业企业30强。

第二节　壶镇镇工业

壶镇地处三市（丽水、金华、台州）四县（缙云、永康、磐安、仙居）交会之地，自古有“浙南北窗”之称，也是浙中南商贸集散中心之一。改革开放后，壶镇镇的工业经济不仅是缙云工业的“领头羊”，而且成为丽水市工业重镇。18年来，壶镇镇工业快速增长，工业总产值，1993年32565万元，是农业产值的12倍，占全县工业总产值的30%；1994年8.17亿元；2000年12.68亿元，占全县工业总产值的44%；2010年91亿元，是农业产值的64倍，占全县工业总产值的33%。

2010年，全镇有工业企业1410家。其中规模以上企业140家、销售额超亿元企业24家、超5亿元企业4家。

企业改制

1993年5月，壶镇镇政府公开拍卖镇属集体企业，在丽水地区开启乡镇集体企业所有制改革的先河；11月，壶镇镇企业转制工作组成立，对原镇属集体企业进行清仓、结账和评估。至年底，大部分镇属集体企业通过资产拍卖、租赁等方式，转换成股份合作制或个私企业。又经数年，镇属国营、集体企业陆续改制完毕。

工业功能区

2001年，在壶镇镇胡宅口村西面，开发建设壶镇锦绣五金缝纫机电工业园，锯力煌等7家企业率先签订入园协议。锦绣工业园首期占地面积23.33公顷，以生产缝纫机、带锯床及五金机电企业为主。次年，园区“东扩北进”，供地36公顷，用于工业企业发展。2003年，锦绣工业园更名为壶镇工业功能区，供地100公顷，建成主干道路2000米，新入园企业40多家。2009年，镇域企业进入全县工业企业50强的有天喜集团、冠富实业、宇星实业、锯力煌、晨龙锯床、万维机械、建达金属特钢、晨龙集团、恒强针车、天煌实业、芳华缝制、新康药用、金晶铸件、奥林发机床、恒祥缝纫、伟业锯床、前进有色金属、得力机床、仙都缝制等。2010年11月，功能区内的缙云带锯床和特色机械装备技术创新服务平台被省科技厅批准立项；次年5月，创新服务平台开始运行。

主要行业

缝纫机 1970年，白六公社村民卢云进等4人集资380元创办缝纫机厂，后注册成立缙云缝纫机厂。1992年，缙云缝纫机厂职工445人，产值1543万元。1993年前后，随着企业改制，一批管理人员和技术骨干开始自主创业，壶镇形成了一批从事缝纫机整机生产、零配件加工的个体企业。2009年，壶镇缝纫机行业协会成立。至2010年，全镇有缝纫机整机生产企业40多家，产量占全国一半左右。还有为整机生产企业提供零部件的加工企业300多家。进入全县工业企业50强的有万维机械、恒强针车集团、芳华缝制设备、恒祥缝纫设备、三盛缝纫机、仙都缝制设备等。

带锯床 20世纪70年代末开始，壶镇区三合、白六公社有的村民从事回收旧锯条或推销翻新锯条业务。到1993年前后，壶镇镇从事回收旧锯条及废旧切削工具翻新加工的人员5000人以上，并从此演变为生产带锯床，带动锯床行业的发展。1996年，浙江锯力煌锯床股份有限公司第一台“锯力煌”牌带锯床试制成功投入生产后，带锯床生产在壶镇镇启动。随着生产企业的增加，2002年5月，缙云县带锯床协会成立。2010年，国家工商行政管理总局核准“壶镇锯床”集体商标，全镇有带锯床生产整机企业28家，另有为整机生产企业提供配套铸件的企业近300家；进入县工业企业50强的有带锯床企业有：浙江锯力煌锯床股份有限公司、浙江晨龙锯床股份有限公司、浙江伟业锯床有限公司、浙江得力机床制造有限公司。

轧钢 1993年前后，全镇有轧钢企业7家。其生产的地条钢产量较高、增速快、质量低，社会影响大，引起上级有关部门的重视。后经整顿、关停，保留技改后符合国家标准的轧钢企业有浙江宇星实业、冠富实业、山雁金属制品3家。3家企业均进入县工业企业50强。

厨具家电行业 主要企业为天喜控股集团有限公司，见本篇第二章第三节。

第三节 工业功能区

20世纪90年代中期开始，为提供工业发展空间，根据各地工业门类现状、行业特点和工业园区发展政策，县政府因势利导，发展工业功能区。工业功能区的规划建设在主要集镇逐步扩展，并随着各功能区的发展，其名称也相应发生变化，有的称“工业园”，也有的称“工业园区”。

壶镇工业功能区

见本章第二节。

五（五云）东（东渡）工业功能区

20世纪80年代后期，城郊区东渡、兰口、雅村一带建有仪表配件、玻璃塑料制品、水泥板预制场等企业和生产作坊；90年代以后，该区域入驻企业扩展到阀门铸造、精密铸造、电子仪表等行业。

2000年，以东渡、兰口、雅村一带工业企业为基础，五东工业园区开始创办，规划区域在五云镇、东渡镇交接地带，规划用地面积140.33公顷。主要吸纳五云、东渡两镇及县内其他乡镇的企业入园。至2010年，园区内规模较大的企业有：一胜特工模具、长虹电光源、正邦电子、寿尔福化学、四方电子、博星电子、和丰电子、松普照明、宏威车业、泰华服饰、主人包装等。主要产品有工模具、阀门、摩配件、荧光灯管、铸造、包装彩印、电力电子、服装等。园区及周边有工业企业（包括个体工业户）169家，其中规模以上企业38家，总产值26.73亿元，销售额24.85亿元，出口交货值3.38亿元。

新建镇洋山工业功能区

20世纪90年代起，新建一带一批在外鸭农先后返乡创办工业企业。早期有饲料厂、红砖厂、竹木加工厂、食品厂、灯管厂等。之后，厂区逐步扩展到镇东、镇中、镇西、寺根村一带，主要行业扩展到五金机械、建筑材料、环形灯管、药用玻璃、竹木工艺、缫丝服装等。

1996年，经县政府批复同意新建镇建设洋山工业园。该园区规划面积40多公顷，首期工程利用12公顷沙滩地，陆续修建通往园区的公路、桥梁及防洪堤。入园企业有雅仕寝品、正大农牧、佰易文具、圣华药业、固驰电子等，共有建筑面积5.45万平方米。2007年，第二期工程实施，用地8.27公顷，供排水及电力、通信设施相继建成。企业入园有通用设备、交通运输设备、机械设备、电子设备、体育文具等行业。2010年，投产企业12家，总产值2.12亿元，出口交货值0.74亿元。产值超500万元以上规模企业9家，超2000万元以上企业5家。

舒洪镇螺蛳岩工业功能区

1993年以来，以舒洪镇螺蛳岩农场为中心建设工业园，鸿巍新型建筑材料厂、舒洪矿产加工厂、铝型材料厂、红光阀门厂等相继入驻。

1998年前后，在螺蛳岩村征用土地约13公顷。先是鸿达器材公司、金属冶炼厂及镇属集体企业改制而来的缙云磨料磨具厂入园，后相继引进正达模具、鸿顺实业、佰鑫涂料、鼎达阀门、兴兴金刚砂制品、雷力磨料磨具、正新工具、仪表件厂等企业。2010年，年产值超亿元企业3家。

东方镇岩腰工业功能区

20世纪80年代，东方镇主要利用本地资源发展矿产业和竹制品加工业。全镇有沸石、珍珠岩矿17座，散料加工企业8家，出产天然沸石粉、珍珠岩矿砂。2001年，横塘岸村汉溪沿线各村竹珠厂172家，竹凉席、竹沙发垫出口韩国、日本、新加坡等地，2005年后，县域竹制品业开始萎缩。

2002年，岩腰工业园开始筹建，采取村集体土地租赁、征地款返借企业等措施进行招商引资，集聚东方镇企业和引进外来企业。首期入园企业16家。2006年，征用姓徐村上溪滩地块6.9公顷，扩建工业园区，豪龙工贸、松洋电器、汇今机械、九牛机械等企业入驻。

第四节　招商引资

1993年，全县各乡镇成立工业经济发展委员会或领导小组，设置工业办公室，开展招商引资。是年，创办中外合资企业6家，引进利用外资72万美元。

2001年，县委、县政府提出和实施“开放兴县、工业强县、生态立县”发展战略，出台招商引资优惠政策，各有关部门、工业园区、部分乡镇建立招商机构，确定人员负责招商引资。政府组团向金华、温州、台州等地招商，为外来企业开展全程服务。县政府向各部门、乡镇下达招商引资任务，实行奖惩措施。

2003年，引进县外企业84家，合同利用县外内资16.49亿元，实际到位资金5.93亿元；合同利用外资333.2万美元，实际到位273.2万美元，超过1996—2000年招商引资的总和。招商中注重引进产业结构合理、科技含量高、企业规模大和符合环保政策的企业，新海集团、精美铝业、新永茂不锈钢等企业先后落户浙江缙云工业园区，园区工业产值对全县工业的贡献率近40%。2004年，实际到位外资399.42万美元，资金来源地为荷兰、意大利等国家和中国香港、中国台湾地区。2006—2010年，全县累计引进外资1133万美元。外资分布行业有电气机械制造业、纺织业、金属制品业、专用设备制造业、通用设备制造业、木材加工业等，资金来源地为捷克等国家和中国香港、中国台湾地区，出资方式为境外现汇。

第十二篇　商　业

20世纪90年代前期，缙云县扩大开放集市贸易，进一步扩充商业网点，新建一批商贸市场，商贸业出现购销两旺的局面。商业、粮食、物资、供销等系统的国有、集体企业仍是全县城乡商贸服务业的经营主体，承担全县生产、生活资料的收购、供应服务。其间，个体和私营商业开始加快发展。1996年以后，商贸服务业深化改革，计划经济的供销体制进一步向市场经济的供销体制转变，个体私营商业逐步占据市场主体地位。21世纪初，电子商务开始萌芽，具有缙云地方特色的农村电子商务模式开始形成。

第一章　市场

改革开放以来，缙云商业流通由国有、集体经营，网点按计划设置，发展到供销社代销店再到个体经销店，网点逐步扩展到各村；同时一批商业设施相继建成，各类专业市场先后创办。2001 年，全县商品交易市场成交额 13.39 亿元。2010 年，全县集贸市场 30 个，实现成交额 12.12 亿元。

第一节　集市

集市是缙云城镇、乡村定期在露天（一般在道路两侧）设摊买卖货物的市场，又称“行市”。集市日约定俗成，与街市商店贸易形成互补。缙云集市日俗称“市日”或“行日”，县城集市俗称“县行（市）”。

1993—2010 年，全县集贸市场依托城镇建设与经济发展，有专业市场和定期开市的综合市场两类。1996 年年末，集贸市场 38 个，注册为综合市场的 22 个、专业市场的 16 个。2010 年，集贸市场 30 个，注册为综合市场的 13 个、专业市场的 17 个。

缙云集市日采用旧制惯例，定期开市，一般每旬设两个市日。县城农副产品和小商品集贸市场集中在大桥南路一带，其余乡镇一般集中在乡镇政府所在地村公路沿线。

传统以来，县市逢农历初三、初八开市，壶镇市逢初四、初九开市，新建市逢初四、初十开市。由来已久的集市还有小溪市、宅基市、靖岳市、胪膛市、舒洪市和大源市等，多属半日市。除此之外，壶镇农历五月廿八、十月廿八称“大市”，县内外商户云集。2002 年 7 月 19 日，壶镇农历“五月廿八”大市设摊 3120 个，成交额 148 万元；12 月 4 日，壶镇农历“十月廿八”大市设摊 3680 个，成交额 328 万元。另外，还有一种节前“插市”，如县行在年末十二月廿三后为日日行，以重点供应年货。东方镇胪膛村曾在五月廿三设“插市”，是为壶镇五月廿八大市之前奏。

集贸市场由县工商行政管理部门统一管理（详见第十六篇第六章第四节）。

2010 年缙云县集贸市场情况一览表

表 12-1-1

注册名称	摊位数（个）	面积（平方米）	开业时间	类别
壶镇粮食市场	200	1893	1984.1	农副产品
洪坑桥综合市场	100	1500	1984.10	综合市场
壶镇小商品市场	128	3490	1985.10	小商品市场
下小溪综合市场	320	2218	1986.3	综合市场
胡村农贸市场	50	100	1988.7	综合市场
宅基综合市场	310	1000	1990.4	综合市场
白竹农贸市场	65	1400	1991.11	农副产品

续表 12-1-1

注册名称	摊位数（个）	面积（平方米）	开业时间	类别
黄碧街综合市场	178	1700	1993.12	综合市场
雅江综合市场	38	100		
新建西门市场	220	10570	1994.1	
五云蔬菜交易中心	288	3508	2004.4	农副产品
双溪口综合市场	110	2400	1996.11	综合市场
新范综合市场	120	2320		
新建花园市场	220	6670	1997.11	农副产品
筧川香菇交易中心	30	5400	2000.1	
大源茶叶市场	40	660	2000.4	
新建镇菜市场	242	4912	2000.11	
壶镇金属工具市场	80	4000	2002.10	生产资料
川三村综合市场	30	500	2003.3	综合市场
壶镇综合市场	500	2826	2003.7	
壶镇蔬菜市场	300	1893	2003.11	农副产品
壶镇农贸市场	10	1700		综合市场
东雅宅茶叶市场	500	500		农副产品
黄碧街茶叶市场	300	1500	2004.4	
舒洪菜市场	10	600		综合市场
螺蛳岩黄花菜市场	50	740		农副产品
壶镇水果批发市场	50	600	2005.5	
镇东农贸市场	200	3500	2005.11	
左库水果市场	20	2408	2009.5	果品市场
石上农贸市场	20	1800	2010.7	农副产品

第二节 街市

1993—2010 年，缙云城乡沿街开设各类商店的街市贸易发展迅速，五云、壶镇、新建等经济相对发达的城镇形成连片的街市商业区。县城随着城区东扩、旧城改造，沿街店铺逐渐增多。

县城街市

县城老城区许多店屋由沿街民房改造而来，分布密集，经营服装、家电、日用杂货、副食、药品等与生活密切相关的商店较多。大桥南（北）路、溪滨南（北）路、水南街、复兴街、胜利街、电力路等为较繁华的商业街。大桥北路城隍山脚路段为祭祀用品店集中区。水南街宽 3 ～ 4 米，店店紧挨，店屋为两层木房，楼上住宿或堆放货物，楼下设店经营日用小商品和食品，其中不乏有其他商店短缺的传统小商品。复兴街与胜利街交叉路的十字街周边，是老城最繁华地段，街两旁建筑老旧低矮，商铺相连，人流集中，市井气息浓重。胜利街五云蔬菜交易中心，是全县最大的蔬菜市场，蔬菜批发商、菜贩在其周边的溪滨北路、胜利街、槐花街占道经营，形成“马路市场”。县客运中心周边为旅店、宾馆、摩托（电动）车销售店集中区。

2010年，县城新区形成旭山路、黄龙路、问渔路、蓬莱路、紫薇路、仙都路等为主干的道路框架，一批住宅小区建成后，人口聚集，商业随之发展。商店用房多为专门商铺，永宁路（步行街）形成休闲商业区。

城镇街市

壶镇镇自古商业繁荣，街市繁华不逊县城。解放中街、解放下街、市坛为传统闹市区。20世纪90年代开发的主要商业街有：贤母东（西）路、溪东北路、溪东路、溪西大街、安居西路、人民路。新建镇传统街市在镇区老街，20世纪90年代开始，商铺集中到新开发的镇区，老街趋于冷落。主要商业街有新溪路、中心街、新南街、新南西街。舒洪镇商业街区以振兴路和中一南路交叉口的“山头岭背”为中心，沿南北和东向分布，主要商业街有中一南街、中一北街、振兴路。

其他乡镇街市大多设在过境公路两侧，规模较小。

第二章　国内外贸易

1996年，县外贸公司被商务部授予自营进出口经营权资格；县商业局下辖的县百货、食品、石油、饮食服务、烟糖酒、综合、五交化7个公司，组建成缙云县商业集团总公司。1998年，县招商引资局成立，与县外经贸局合署办公。1999年，县外经贸局与县外贸公司政企分离。2001年，县商业局、县经委、县乡镇企业局、县外贸局、县物资局、县二轻局合并成县经贸局。此后，县经贸局负责全县内外贸易、外商投资和对外经济合作，对境域商贸流通实行宏观管理。

第一节　国内贸易

2000年左右，县商业集团总公司所属百货公司、五交化采购供应站、食品公司、旅游服务公司、商业综合公司、食品厂6家企业实行股份合作制改造，公司固定资产评估后，折抵为职工安置费，作为合作股份。2010年，县糖业烟酒公司和县盐业公司合并为缙云县盐业有限公司。生猪屠宰、食盐、烟花爆竹、燃油等行业由政府职能部门监督管理。

2010年，全县有村级连锁便利店（超市）150家。连锁超市运营商有浙江万客隆商贸有限公司、缙云县昌盛商业有限公司、上海联华超市股份有限公司、缙云县黄龙供销超市等。其中浙江万客隆商贸有限公司为县首家物流企业，有连锁店89家，通用仓储2000平方米，经营范围覆盖全县所有乡镇和丽水市莲都区部分乡镇，被商务部列为全国“万村千乡市场工程”试点企业。

1993—2010年缙云县社会消费品零售额一览表

表12-2-1　　单位：万元

年份	数额	其中限额以上数额	年份	数额	其中限额以上数额
1993	21879	—	2002	112536	23583
1994	31755	—	2003	137476	26120
1995	41741	—	2004	154962	30991
1996	49945	—	2005	149091	37653
1997	58483	—	2006	168920	43230
1998	63123	8522	2007	197298	49325
1999	68117	9536	2008	235969	54621
2000	84673	11685	2009	270184	59057
2001	101228	11398	2010	318686	64024

家电（汽车摩托车）下乡

2009年，财政部实施“家电下乡”政策，对农业户口居民购买纳入补贴范围的家电、汽车、摩托车给予13%的财政补贴。全县设立备案登记“家电下乡”销售网点47个，家电“以旧换新”销售企业12家。至2010年，全县共补助家电70276台，补助汽车摩托车18770辆。

商品专卖

能源　1998年以前，汽油和柴油均由缙云县石油公司经营，加油站设在县城大桥北路和壶镇镇胡宅口。1998年6月，县石油公司无偿划转到中国石油化工集团公司。

1995年，销售汽油328.9万千克，柴油556.2万千克；2000年，销售汽油534.7万千克，柴油1561.7万千克；2005年，销售汽油1211万千克，柴油2383.7万千克；2010年，销售汽油1998.2万千克，柴油2605.4万千克。1993年以后，石油液化气作为生活燃料由县城到乡村逐渐扩大使用。至2010年，全县有石油液化气供应站3家。

民用爆破器材　1998年，缙云县民爆器材专营有限公司成立，固定资产183.8万元。其中县物资总公司以房屋作价50万元资产参股缙云县民爆器材专营有限公司。2010年，缙云县民爆器材专营有限公司营业收入480.04万元，利润总额-23.44万元。

食盐　2001年，缙云县盐业有限公司成立，实行政企分开，当年销售碘盐264.6万千克、食糖61万千克。

废弃品　2002年，全县有资源综合利用企业15家，收购废旧金属1108.51万千克、废纸3020.49万千克、废渣废石32000立方米，支付金额36940.4万元，享受减负税款3794万元。

第二节　对外贸易

1995年起，县经贸局每年组团参加国内、国际商品贸易展览会。县财政设立国际市场开拓专项补贴资金，支持企业参加境外展览会，开拓国际市场。其间，参加国内展会的有：广州春（秋）交会、上海华交会、宁波消博会、浙洽会、上海缝纫设备博览会、中国（横店）日用品交易会、丽水市名特优新产品展示（展销）会等；参加国外展会的有：巴拿马博览会、迪拜博览会、克罗地亚博览会、法兰克福灯饰展、马来西亚和美国芝加哥五金博览会、印度机械工业展览会等。

自营出口

1998年以前，工农业产品出口贸易均由缙云县外贸公司经营代理。随着市场经济发展和工业产能提升，县政府出台政策，鼓励企业申报进出口经营权。1998年，天喜集团取得自营出口经营权资格，“天喜”牌压盖不爆压力锅通过自营出口，90%外销欧美、中东和东南亚。

2001年，缙云有自营出口企业和三资企业24家，出口创汇2470万美元。其中自营出口企业交易额1385.22万美元，比上年增长107.86%；三资企业出口创汇1084万美元，比上年增长109.09%。2002年，新增自营出口企业25家，综合性流通进出口公司1家，自营出口交易额3520万美元。其中，世界缝纫机有限公司760万美元，芳华缝纫机设备有限公司704万美元，恒强针车实业有限公司465万美元，寿尔福化学有限公司389万美元，康华工具有限公司380万美元。

2005年，全县自营出口企业增加到82家，进出口业务覆盖110个国家和地区，产品主要有电动工具、全地形车、照明电器、压力锅、工模具、金属制品、缝纫机、带锯床、摩托车、电动车、防盗门、纺织品、服装、竹制品，出口交易额9283万美元。2006年，出口交易额1.31亿美元；2007年，出口交易额1.95亿美元，占全市出口总额的1/4。2008年，出口交易额3.12亿美元。2009年，受金融危机影响，自营出口交易额2.7亿美元，比上年下降13.5%。

2010年，自营出口交易额3.86亿美元，比上年增长42.1%。有出口实绩的企业133家，其中出口交易额超1000万美元的企业9家，获CE、GS等国际认证产品十多个。

境外贸易机构

2006—2010年，全县有23家企业在16个国家和地区设立办事处和贸易公司，投资额4601.93万美元。

2006—2010年，涛涛车业集团在国外投资注册6家贸易公司，投资额2128万美元。其中，2010年成立4家，年销售额8000多万美元，全地形车销量在美国、加拿大占当地市场销售总量的60%。2008年，前进有色金属有限公司在英国、德国设立办事处。2009年，缙云县境外营销机构14家，市场由欧美拓展到中东、拉美和非洲地区。

第三节　电子商务

2000年，电子商务开始在缙云县出现。2002年4月，举办首期电子商务培训班，参加培训人员100多人。2003年开始，县域有人在淘宝网上尝试开设网店销售土特产，之后网商业务在缙云快速发展，并形成缙云电子商务三种运营模式：以缙云北山狼户外用品有限公司为代表的“自主品牌＋生产外包＋网上分销”模式；以缙云县锐弈商贸有限公司为代表的“区域联盟＋内部分销＋抱团网络销售”模式；以天喜控股集团为代表的“传统优势品牌＋线下生产企业＋网上销售团队”模式。

行业培育

2008年，县政府出台扶持政策，鼓励青年网上创业。电大缙云分校、壶镇成技校等教育机构举办多期电子商务技能培训班，参加初创技能培训人员200多人、精英提升培训60多人。县金融机构实施青年网络创业扶持政策，累计向140名青年发放网上创业贷款300余万元。

2010年，全县直接参与网上营销3000多人，从事相关产业近万人。有电子商务企业和网店565家，其中年销售额千万元以上网店6家，全年累计发送农村电子商务货品260万单，销售额1.5亿元，位居全市之首。

北山村电子商务

壶镇镇北山村村民吕振鸿，2006年8—9月，尝试开网店，从事淘宝创业。从第一单卖出充气泵1个，获利2元开始，到年末营业额达上万元，后选择帐篷、睡袋、烧烤架等作为网店主产品。2009年，浙江缙云北山狼户外用品有限公司注册成立，实行加工基地、产品销售两头在外的“自主品牌＋生产外包＋网上分销”模式。至2008年，以浙江缙云北山狼户外用品有限公司为龙头，以家庭及小团队分销店为支点，以户外用品为主打产品的缙云北山村电子商务模式逐渐形成。

第四节　烟草专卖

1989年，卷烟销售业务从县商业局所属糖业烟酒公司中分离，缙云县烟草公司成立，同时挂缙云县烟草专卖局牌子，实行“两块牌子，一套班子”管理体制。1996年3月，缙云县烟草公司更名为浙江省烟草公司缙云县公司，隶属省烟草公司垂直管理。2003年9月，所属企业缙云香溢大酒店开业。2008年8月，全省烟草行业县级烟草企业法人资格取消，浙江省烟草公司缙云县公司更名为丽水市烟草公司缙云分公司（简称“县烟草公司”）。

市场营销

1995年以前，县烟草公司仅向副食店发放烟草专卖零售许可证。1995年开始，在县城开设昆烟专卖店，在各乡镇开设卷烟批发部或经营部；县烟草公司配合杭州卷烟调拨站在缙云进行省产名牌卷烟推广活动的有，连续五年在缙云举办“西湖之夜”“红五一之夜”“大红鹰之夜”等大型魔术杂技（歌舞）晚会。杭、甬卷烟品牌销量在县境逐年上升。

2001年，根据区域特点，县烟草公司实行直供直送、访销分离、访销合一的卷烟销售模式。2004年，换发新版烟草专卖零售许可证1748本，实行“城乡一体，访送分离，统一运行”的一库制卷烟配送模式，实施电话订货和电子结算。2006年，开展公共场所控烟和禁止中小学生吸烟宣传活动。

2010年，全县卷烟零售户约2000家，销售卷烟15631.47箱，销售额36037.15万元。

市场监管

县烟草专卖局成立以来，和工商、公安部门协作，主要通过线人举报、重点监控、交叉联合检查等措施，打击假冒烟、走私烟、非法渠道烟及其地下销售网络，取缔无证经营。

1994年，查处无证销售卷烟24户，违法销售外烟44户。1995年7—8月，查处违法运输卷烟案件15起，查扣卷烟19272条。1996年，在五云镇双龙村取缔特大制造假烟地下工厂；11月，销毁假冒玉溪牌卷烟20000条。1998年7月，销毁假冒上海牌卷烟47100余条。1999年，查处违法销售卷烟经营户68户、非法进购卷烟13250条、假冒卷烟350条、无证运输卷烟8800条。

2000年，查获无证运输卷烟5起共27937条。2001年10月，查处七里村非法卷烟窝点。2003年2月，在兰口溪滩销毁假冒卷烟21000多条。2004年3月，查获假冒卷烟880多条。2005年12月，查获假烟48个品牌705件，价值540多万元；破获一起流窜贩卖假冒烟案件，抓获嫌疑人员25人，涉刑17人，查获卷烟120万条，涉案金额逾2亿元。2006年，查获假冒卷烟2886条。2009年3月，集中销毁假烟4万余条。2010年，查获违法卷烟3356条。

第三章　供销社

2003年10月，缙云县供销合作社联合社（简称“县供销社”）机关工作人员工资、养老统筹、医疗保险等费用改由县财政预算安排。2007年12月，县政府批准县供销社“三定方案”，县供销社列为正科级财政全额拨款事业单位。2009年1月，省人事厅批准县供销社为参公管理事业单位。2010年年底，县供销系统有职工577人，其中在职202人、离退休375人。资产总值33825万元，其中固定资产19651万元，流动资产14174万元。全年经营收入49573万元，上缴税费7349万元，利润321万元。

2003年以来，县供销社先后多次被浙江省供销社评为“全省供销社系统先进单位”，2007年被中华全国供销合作总社授予“全国供销合作社系统先进集体”荣誉称号。

第一节　体制机制改革

1993年2月，缙云县经贸（集团）总公司成立，与县供销社实行“两块牌子，一套班子”管理体制，县供销社由行政型机构转化为经营服务机构。是年，全县基层供销社试行股份合作制改革，县供销社出台实施《关于职工自愿离职的有关规定》，经本人申请、公证处公证、按规定领取一次性离职生活费的供销系统离职职工约70余人。按照省供销社“巩固一块、开拓一块、放活一块”要求，县供销社试行经营、用工、价格、分配放开的“四放活”改革，放开“边、小、微、亏”门店，推行抽资承包“社有个营”责任制。1994年4月止，全县撤销代购代销店300多家，5月，《缙云县供销社企业承包经营试行办法》实施，供销企业转换经营机制，开始实行以法人代表为主的领导班子风险抵押承包经营制，承包经营的领导班子和职工交纳不同数量的风险抵押金，承包经营期为2年。是年，农资专营开始实行，由县农资公司联合基层供销社承担专营任务。1995年12月，浙江仙都啤酒发展公司兼并县茶厂。1997年，缙云县茧丝绸行业实行贸工农一体化经营管理体制改革。1998年起，参照县政府企业改制精神，对县供销社所属的工商企业进行改制。1999年，县政府批转县供销社《关于供销社企业改制实施意见》，10月，按照县供销社《供销社减员分流实施办法》，分流职工107人。

2000年，各基层供销社全部清退20世纪50年代初入社的社员股金，盘溪供销社实行改制，重组农业生产资料、烟花爆竹专营网络。2001年1月，缙云县社有资产管理办公室成立；12月，大源供销社实行改制。2002年3月，大洋供销社实行改制。2003年3月，县政府批准成立缙云县兴合集体资产运营中心。2006年，县社有资产管理办公室改为县社有资产管理委员会；11月，缙云县被确定为全省17个生产、供销、信用合作“三位一体”农村新型合作体系建设试点县之一。

1994—2003年，县供销社系统以破产、解散、歇业、兼并、重组、股份合作制、资产双层承包等形式，对县茶厂、微生物厂、啤酒厂、电子厂、农资公司、土特产公司、副食品公司、工业品公司、运贸公司、房地产公司和部分基层供销社进行改制改革，解除劳动关系的职工600多人，支付安置费2600余万元。

第二节　经营服务网络

20世纪90年代初开始，农副产品市场逐步开放，县供销社承担的农副产品收购、存储、加工和销售业务被个体经营户取代。1993年2月，县供销社增挂缙云经贸集团总公司牌子，从供销行政管理机关转型为企业化管理经济实体。随着基层供销社农村代购代销店全面撤销，经营管理重心向服务“三农”倾斜。农资经营由单纯的购销活动转向综合经营和科技支农。农副产品购销业务，仅保留蚕茧等少数品种。

2000年以后，县供销社转向为农业产业化经营服务，重点培育农村专业合作社、专业协会。2006年，县绿谷农资有限公司成立，统一商品进货配送、区域销售价格及店面标识，形成全县农资连锁经营。2010年，绿谷农资有限公司分布经营网点86家，建有县、市级农资放心店39家。缙云黄龙供销超市有限公司依托浙江供销超市，有直营店3家、连锁加盟店31家和配送点60多个。

农业生产资料经营

1994年，实行农资专营，专营任务由县农资公司联合基层供销社承担。2006年，由缙云县绿谷农资有限公司组织实施“放心农资”工程。2010年，全县有农资经营网点86家，农资商品销售额2418万元，其中销售化肥1462万千克、农药45.8万千克。

生活资料经营

1994年，“全民经商”热潮兴起，随着个体经营户的增加，县供销社系统生活资料经营继续亏损，全年销售额降至667.3万元。1997年，针对供销社系统农村生活资料市场份额继续下降状况，县供销社对基层社生活资料实行经营承包责任制。1999年，供销社系统生活资料销售额升至909万元。2005年，开始“千镇连锁超市、万村放心店”工程建设，发展农村连锁超市和便利店。2007年4月，以金根副食为基础，以浙江供销超市为依托，县供销社与金根副食共同出资组建缙云县黄龙供销超市有限公司。2010年，缙云县黄龙供销超市有限公司有直营店3家、加盟店28家。

农副产品购销

1997年4月，按照省政府《关于茧丝绸实行贸工农一体化经营管理的通知》精神，县茧丝绸行业实行贸工农一体化经营管理模式。2003年，县供销社通过发展各类专业合作社、专业协会、农副产品经纪人和综合服务社等农村合作经济组织推销缙云农副产品。2007年8月，缙云县名特优新农产品展销厅建成，纳入县名特优新农产品100余个，销售额150多万元。2009年、2010年，县供销社分别组织50种、57种缙云知名农产品在浙江万禾名特优农产品专卖中心和浙江新田园农产品股份有限公司连锁门店展示、销售。

烟花爆竹销售

1991年3月，缙云县烟花爆竹安全经营管理办公室成立，负责烟花爆竹安全、经营管理。1998年10月，缙云县兴合日用杂品有限责任公司成立，实行烟花爆竹专营，在基层社开办烟花爆竹代批点。按照“从严控制，兼顾布局”原则，将烟花爆竹零售企业442家整合为226家，实行统一授牌、统一进货、统一配送、统一安全管理、统一售后服务管理模式。2001年，全县烟花爆竹零售企业由226家减至206家。2005年，供销社不再承担烟花爆竹管理业务。2006年，缙云县兴合日用杂品公司与五云、壶镇、新建3个镇的零售企业建立合作关系，形成烟花爆竹经营新网络。

再生资源回收

1997年，国家开放废钢铁市场，废钢铁经营逐步向市场化过渡。2000年4月，县土特产公司解散，县供销社1952年成立的废旧物资回收业务终止经营；2008年10月开始，再生资源回收业务由新成立的缙云县天宝再生资源回收公司经营。

第三节　企业和农业协会

1997年开始，县供销系统所属企业和农业协会有：4月，缙云县蚕业丝绸有限公司成立。2002年5月，缙云县蚕业合作社成立。2003年4月，缙云县兴合集体资产运营中心成立；6月，浙江仙都啤酒发展公司与北京燕京啤酒股份有限公司合资组建燕京啤酒（浙江仙都）有限公司。2006年以后，缙云县绿谷农资有限公司、农民专业合作社联合会成立；县供销社与金根副食合资，组建黄龙供销超市有限公司；红心番薯专业合作社成立。2008年10月，兴农资金互助协会、天宝再生资源回收有限公司成立。2010年4月，缙云县杨梅产业协会成立。

全资企业

2010年年末，县供销社所属全资企业5家。分别是：缙云县兴合集体资产运营中心，地点在县城新区问渔西路江滨巷3号；缙云县农业生产资料公司，地点在五云镇大桥北路77号；缙云县新合农信担保有限公司，地点在县城新区问渔西路499号；缙云大洋商贸有限公司，地点在大洋镇前村村；缙云天宝再生资源回收有限公司，地点在县城新区问渔西路499号。

县供销社参股、控股企业

2010年年末，县供销社有参股、控股企业7家。

燕京啤酒（浙江仙都）有限公司，总股本23135万元，县兴合集体资产运营中心持股2634万元，其中县供销系统持股300万元，占11.39%。蚕业丝绸有限公司，总股本745万元，其中县供销社系统持股570万元，占76.51%。绿谷农资有限公司，总股本200万元，其中县供销社系统持股117.5万元，占58.75%。兴合日用杂品有限公司，总股本200万元，其中县兴合集体资产运营中心持股15万元，占7.5%。黄龙供销超市有限公司，总股本77万元，其中县兴合集体资产运营中心持股27万元，占35.06%。丽水缙云番薯有限公司，总股本246万元，其中县供销社系统持股76万元，占30.9%。

农业协会

县供销社所属农业协会3家：缙云县农民专业合作社联合会、兴农资金互助协会、杨梅产业协会。其中，缙云县农民专业合作社联合会下设4个分会，有团体会员219个。依托重点农业企业或专业协会，还组建有蚕业、食用菌、油茶、吊瓜、葡萄、板栗、花卉等产业协会。兴农资金互助协会利用基层供销社闲置资金，开办资金互助业务，缓解合作社、农业企业在规模生产经营中的资金短缺问题。另外，与县供销社存在协作关系的还有丽水缙云番薯有限公司、笋峰茶业合作社和春光果业香榧基地。

2010年，县供销社参股创办的专业合作社22家，经营收入1.2亿元，利润665.8万元，帮助农民增收8060.8万元，向社员二次返利259.9万元。

第十三篇 旅游

20世纪90年代以来，缙云旅游开发遵循“严格保护、统一管理、合理开发、永续利用”的方针，围绕“奇峰异石、黄帝文化”主题，编制旅游规划，改善景区设施，拓展旅游市场，促进了旅游产业快速健康发展。国内游客到缙云旅游人数从2000年的21.56万人次增至2010年的425.19万人次。

1994年1月，仙都风景区被国务院批准为第三批国家级风景名胜区。2001年1月，仙都风景区被国家旅游局评定为国家AAAA级旅游景区；6月，仙都摩崖题记被国务院公布为第四批全国重点文物保护单位。2004年4月，仙都被联合国教科文组织、国际民俗摄影协会列入摄影创作基地。至2010年，全县被评定为国家AAAA级旅游景区2个、省级森林公园2个、省级历史文化村1个。

第一章　景区景点

仙都风景区总面积166.6平方千米，由“四区”（仙都、大洋、岩门、黄龙景区）、“五点”（堰头小仙都、横塘岸狮子岩、昆坑石门、舒洪大岩洞、雅宅唐葛岭景点）、“三带”（仙都至大洋、仙都至岩门、仙都至黄龙）组成，规模宏大，景观多样。主景区仙都被旅游界确认为兼有“桂林之秀、黄山之奇、华山之险”之特点，标志性景观鼎湖峰被誉为“天下第一石笋”。

第一节　资源分布

2003—2004年，全省旅游资源普查显示，缙云有旅游资源单体386个。其中，五云片176个、壶镇片67个、舒洪片85个、新建片58个。水域风光旅游资源单体25个，其中优良级单体5个：九曲练溪为五级旅游资源，百丈龙潭、碖旧瀑布、百丈岩飞瀑和龙潭瀑布为三级旅游资源。按资源单体等级分，有五级单体5个、四级单体6个、三级单体55个（以上为优良级），二级单体132个、一级单体146个（以上为普通级），等外级单体42个。

2004年省旅游资源普查缙云县优良级景观资源单体情况一览表

表13-1-1

<table>
<tr><th>景观名称</th><th>等级</th><th>类型</th><th>所在地</th></tr>
<tr><td>仙都</td><td rowspan="5">五级</td><td>山丘型旅游地</td><td rowspan="8">仙都农管处</td></tr>
<tr><td>鼎湖峰</td><td>独峰</td></tr>
<tr><td>九曲练溪</td><td>观光游憩河段</td></tr>
<tr><td>凌虚洞火山口</td><td>岩石洞与岩穴</td></tr>
<tr><td>仙都摩崖题记</td><td>摩崖字画</td></tr>
<tr><td>芙蓉峡</td><td rowspan="6">四级</td><td>峡谷段落</td></tr>
<tr><td>黄帝祠宇</td><td>宗教与祭祀活动场所</td></tr>
<tr><td>婆媳岩</td><td>奇特与象形山石</td></tr>
<tr><td>大洋山</td><td>山丘型旅游地</td><td>大洋镇</td></tr>
<tr><td>河阳古民居</td><td>特色社区</td><td>新建镇河阳村</td></tr>
<tr><td>花岩</td><td>丹霞地貌</td><td>溶江乡雅江村</td></tr>
<tr><td>九进厅</td><td rowspan="5">三级</td><td>传统与乡土建筑</td><td>壶镇镇工联村</td></tr>
<tr><td>孔雀浴溪</td><td rowspan="4">奇特与象形山石</td><td rowspan="4">仙都农管处</td></tr>
<tr><td>小芙蓉</td></tr>
<tr><td>仙掌岩</td></tr>
<tr><td>鱼跃龙门</td></tr>
</table>

续表 13-1-1

景观名称	等级	类型	所在地
仙水洞	三级	岩石洞与岩穴	仙都农管处
登仙桥		拱桥	
斗岩三奇		奇特与象形山石	
仰峰洲		景物观赏点	
步虚山		山丘型旅游地	
问渔亭		建筑小品	
倪翁洞		岩石洞与岩穴	
仙女照镜		奇特与象形山石	
独峰书院		书院	
龙耕路		节理景观	
大肚岩		奇特与象形山石	
小蓬莱			
小赤壁		岩壁与岩缝	
青芝洞		堆石洞	
马鞍山冷气洞		断层景观	
新妇轿岩		奇特与象形山石	
仙都马鞍山		山丘型旅游地	
集仙岩		奇特与象形山石	
双峰插云			
轩辕祭典		旅游文化节	
詹山大裂沟		断层景观	五云镇詹山村
九松寺		宗教与祭祀活动场所	壶镇镇石龙村
苍岭古道		交通遗迹	壶镇镇苍岭脚村
大溪滩窑址群		废弃生产地	壶镇镇大溪滩村
狮子岩		岩壁与岩缝	东方镇横塘岸村
磊山火山岩		火山与熔岩	东方镇上东方村
百丈龙潭		悬瀑	壶镇镇硧上村
硧旧瀑布		悬瀑	壶镇镇硧旧村
松岩百廿间		传统与乡土建筑	壶镇镇松岩村
百丈岩飞瀑		悬瀑	壶镇镇岩下村
海临尖		景物观赏点	前路乡
昆坑石门		奇特与象形山石	舒洪镇昆坑村
乌岩			舒洪镇蟠龙村
岩门		峡谷段落	溶江乡岩门村
天柱峰		凸峰	
叠箱岩		奇特与象形山石	胡源乡蛟龙峡谷
献山庙会		庙会与民间集会	胡源乡招序村
大洋林海		林地	大洋镇
大洋水库		水库观光游憩区段	大洋镇大堰头村
盘溪梯级电站		建筑工程与生产地	大洋镇、胡源乡、舒洪镇
大洋山日出		日月星辰观察地	大洋镇

续表 13-1-1

景观名称	等级	类型	所在地
云鹃花海	三级	林间花卉地	大洋镇
廉让之间		传统与乡土建筑	新建镇河阳村
循规映月			
虚竹公祠		祭拜场馆	
河阳马头墙群		建筑小品	
龙潭瀑布		悬瀑	新建镇雪峰村
雪峰日落		日月星辰观察地	
黄龙寺		宗教场所	五云镇黄龙村
猕猴捧桃		奇特与象形山石	

2004 年缙云县水域风光景点情况一览表

表 13-1-2

景点名称	基本类型	所在地	景点名称	基本类型	所在地
仙水泉	冷泉	仙都农管处鼎湖村	百丈龙潭	悬瀑	壶镇镇碲上村
桑潭	观光游憩河段	五云镇周村村	碲旧瀑布		壶镇镇碲旧村
梳水滩		仙都农管处下洋村	独山瀑布	跌水	括苍林场
马迹潭		仙都农管处田村村	漴潭瀑布		三溪乡东雅宅村
方坑飞瀑	悬瀑	东渡镇方坑村	锦池映月	潭池	溶江乡郑周村
水露头瀑布		石笕乡朱庄村	碲背瀑布	悬瀑	壶镇镇唐市村
流坑瀑布		石笕乡流坑村	龙潭飞瀑		胡源乡抱骨岭村
流坑跌水	跌水		湖西瀑布		大洋镇湖西村
石墙潭	观光游憩河段	东方镇马石桥村	龙潭瀑布		新建镇雪峰村
百丈岩飞瀑	悬瀑	壶镇镇岩下村	阳坑瀑布		新建镇石臼坑村
鞠溪	观光游憩河段		天然游泳潭	潭池	新建镇栗坑村
雁岭小龙潭	跌水	壶镇镇下潜村	双喜瀑	悬瀑	

2004 年缙云县八大类旅游资源单体分布情况一览表

表 13-1-3　　单位：个

主类名称	五云片	壶镇片	舒洪片	新建片	合计
地文景观	112	17	35	15	179
水域风光	9	8	4	4	25
生物景观	9	1	7	9	26
天象与气候景观	0	0	2	2	4
遗址遗迹	6	6	2	0	14
建筑与设施	37	28	29	25	119
旅游商品	2	2	3	2	9
人文活动	1	5	3	1	10

第二节 仙都景区

仙都景区为仙都风景区的主景区，也是缙云旅游的核心景区。距县城东北 8 千米，面积 35 平方千米。自然风光以山水神奇、峰岩奇诡取胜，人文景观以摩崖石刻、人文古迹为主。包括鼎湖峰、倪翁洞、小赤壁、婆媳岩、铁城、马鞍山 6 个景区。

鼎湖峰景区

以鼎湖峰为标志性景观，还有黄帝祠宇、步虚山、仙水洞、隐真洞、练溪、双龙洞、金龙洞、天堂洞、忘归洞、伏虎岩、赤岩、凌虚洞等景点。

鼎湖峰 南朝宋谢灵运《游名山志》载："缙云山旁，孤石屹立，高二百丈，顶有湖，生莲花。"又称"玉柱峰""独峰""丹峰""仙都峰"等，因峰顶有湖而取其名。东靠步虚山，西临练溪水，拔地而起，相对高度 170.8 米，峰顶面积 710 平方米，底部面积 2468 平方米。因峰体方直，故晋宋前曾称为"方石"；又因其峰状如春笋，俗称"石笋"。鼎湖峰南侧一石峭立，名童子峰，状亦如笋，俗称"小石笋"，与鼎湖峰并称为"母子笋（峰）"。相传轩辕黄帝置鼎于峰顶炼丹，丹成，跨赤龙升天。

观赏鼎湖峰，远近高低、晨昏阴晴各不相同。或如擎天玉柱，雄奇壮观；或如春笋，纤巧秀丽。丹峰蒙雾，仿佛泼墨长卷；鼎湖留晖，犹如重彩油画。宋王十朋有"皇都归客过仙都，厌看西湖看鼎湖"诗句。谢灵运、徐凝、朱熹、汤显祖等都曾留下遗作，盛赞鼎湖奇景。

黄帝祠宇 位于仙都步虚山脚苍龙峡口，前身为"缙云堂"（详见本篇第二章第一节）。

步虚山 位于鼎湖峰东。海拔 200 多米。志载唐代道士周景复、刘处静在此山北辟谷。山体悬崖峭壁，多奇异洞穴。山腰奇石林立，有"玉笋峰""笔架峰""梦笔生花""龙女牧羊""天狗望月""丹凤朝阳"等景观。沿山新开石径或从林下穿行，或缘山脊而上。宋赵抃诗云："妙峰高处即仙居，多为朝真作步虚。却是清风明月夜，一声倾听属樵渔。"

仙水洞 位于鼎湖峰西侧、步虚山南麓。洞口朝南，临好溪，形如圆镜，唐时称"镜岩"。洞阔两丈许，洞内阴凉湿润。洞顶常年滴水注于小方池中，久旱不竭，水质清冽甘醇，相传黄帝以此水炼丹，故称"仙水"。洞左侧有乳珠岩，俗称"滴水岩"。唐道士周景复居此修炼。洞壁密布宋代摩崖题记。

练溪 位于上章村石壁潭至周村村桑潭一段的好溪水域。又名"炼金溪""九曲练溪"。溪流长 5 千多米，南北迂曲，流水平缓，石桥、堰坝、深潭相互映衬。沿溪有九曲、九堰、九桥、九潭，两岸有芙蓉峡、朱潭山、鼎湖峰、倪翁洞、小赤壁诸景点。素有"九曲练溪，十里画廊"之称。属水域风光。

忘归洞 位于鼎湖峰东与上前湖村西之间。距鼎湖峰半里许。由大、小两洞组成，可容纳数十人，因与龟、蛇两山相对，故又称"望龟洞"。洞内有石禅床，洞口有巨石，坐憩其上，可仰望鼎湖，俯视龙舌洲。宋朱熹在仙都讲学时曾游此洞，留有"解鞍盘礴忘归去，碧涧修筠似故山"诗句。

倪翁洞景区

分布在好山及其周围。好山状如碧螺，石似盆景，精巧而不失壮美。古洞与摩崖，自然与人文相得益彰。有倪翁洞、问渔亭、独峰书院、跃鲤池（老鼠偷油）、响岩、月镜岩、东蒙岩、五老峰、玉甑岩、卫士岩、梳水滩、石龙鳞等景点。

倪翁洞 又名"初旸谷"，位于练溪西岸初旸山。相传古代倪翁隐居于此，因而得名。由三个相连的石洞组成，故又称"旸谷三窍"。内摩崖石刻甚多。

问渔亭 位于倪翁洞洞口。亭建在一巨石上，巨石形似莲瓣，横卧练溪。相传明朝时，濑仙寻访樊献科，在此问道于渔人，故名问渔亭。

独峰书院 位于初旸山南麓，好山月镜岩下。南宋淳熙壬寅年（1182）建，于笋川村伏虎岩旁，朱熹曾讲学于此。嘉定年间（1208—1224），叶嗣昌建礼殿，称独峰书院。咸淳七年（1271）潜说友予以扩建。明洪武初（1368—1369）独峰书院被毁。嘉靖三十二年（1553）樊献科于旧址建仙都草堂。清同治十二年（1873）迁建月镜岩下，复称独峰书院。20 世纪 70 年代重修，门额“晦翁遗迹”为当代书法家沙孟海所书。布局沿中轴线三进二天井，中厅设讲堂，左右厢房为学生斋舍。其形制俭朴，庭院清新，彰显淡雅幽邃之学馆意境。2011 年，被省政府公布为省级文物保护单位。

跃鲤池 位于初旸谷北，原称“老鼠偷油”“青玉塘”。山形似鼠，其“嘴”伸入池塘，形似偷油。塘约 3300 平方米，水清澈，久旱不涸。古有“十八尾鲤鱼跃出池塘”的传说，20 世纪 80 年代改名“跃鲤池”，于池中建钓台，台上有跃鲤亭。

小赤壁景区

分布在下洋村练溪南岸山崖。山如鱼脊，云松雾柳，绿岛红亭，恍若瀛洲仙境。主要有龙耕路、小赤壁、小蓬莱、合掌峰、大肚岩、梯云洞、剖爪石、天鹅孵卵、雨珠洞等景点。

龙耕路 又称“白蛇路”。在仙都农管处下洋村好溪南部山崖横穿的一天然石廊，长约 300 米。相传汉时刘秀行兵于此，得蛟龙“耕”路而过，留下龙耕路。

小赤壁 位于龙耕路中段。石壁如帘幕，岩色带赤，宛若火烧，高约 60 米。石壁多摩崖题记。古人比作仙人张榜，故又称“仙榜岩”。雨后天晴，山腰多云雾，遂有“赤壁留云”景观。其下为昆潭水，涨时波涛拍岸，水清时澄碧如玉。

小蓬莱 位于小赤壁西面练溪。溪中奇石错落有致，烟树成簇，红亭飞檐。溪石似岛，岛间成湖，似岛非岛，似湖非湖，犹如瀛洲。清王诰诗曰：“一峰缥缈翠云齐，海色天峰万壑低。借问蓬莱仙岛石，何年飞入五云溪。”

大肚岩 位于小赤壁东端好溪南边山麓。一巨岩如肚，倘遇天雨，如蓑衣水滴落，故又称“雨蓑岩”。民间传说神仙以“玉甑”为贫民供饭，一饕餮之徒因饱食过度，从玉甑岩向南涉水过好溪时胀死于岸边，化成“大肚岩”。

婆媳岩景区

以周村村为中心，面积约 5 平方千米。有婆媳岩、舅轿岩、龙首峰、松洲和柳洲、鬆城、石佛岙等景点。

婆媳岩 又称“姑妇岩”，在周村村东侧山峰上。婆岩、媳岩两峰对峙矗立，一高一低。高者为“媳妇”，无首；低者为“婆婆”，曲背，惟妙惟肖。相传媳妇因虐待婆婆，遭天雷劈去头颅。

舅轿岩 位于婆媳岩隔好溪北面山巅。有两石相偎，一如负囊行人，一如青衣小轿。相传媳妇兄长探望妹妹，在此看到妹妹被天雷所劈，丧魂落魄，遂化为岩石，故称“舅轿岩”。因两岩如仙人与释子对语，又称“仙释岩”。

铁城景区

自沐白村沿好溪上溯至截脉岭一带。山石突兀，危崖似铁，雄伟隽永。有芙蓉峡、仙都影视博物馆、仰天岙、和尚峰、石壁潭与截脉岭等景点。

芙蓉峡 又名“铁城”，位于仙都上章村好溪西北岸。峡谷状似横置葫芦，入口稍宽，继而曲折，最窄处，非正午时分不见阳光。两侧峭壁，高耸入云。紫石成簇，或如罗裙褶裥，或如舞台帷幕，或如芙蓉竞放，谓之“芙蓉峡”。

仙都影视博物馆 位于铁城景区好溪东南面。21世纪初，东方镇胪膛村田氏总祠整体搬迁于此并扩建，2010年开馆。馆内展示1956年来近200部在仙都景区拍摄的影视作品资料。

马鞍山景区

位于铁城景区南面。山势高峻，形如马鞍，终年云雾缭绕，景观奇特。有朝天峰、天马岩、锣鼓洞、两头洞、新妇轿岩、狐狸洞等诸景点。狐狸洞，洞内两窍，各具奇妙，一可见新妇轿岩耸立高岗，一可见朝天峰挺秀云表。

第三节 仙都周围景观

仙都周围景观包括黄龙、大洋湖、岩门、小仙都、大岩洞、狮子岩6个风景区（点）及其他散落景点、旅游特色区。

黄龙景区

位于五云镇黄龙山。黄龙山地处仙霞岭余脉，距县城北5千米。古时屡作屯兵扎寨之地。建有古刹黄龙寺，寺前有放生塘。有西晋古墓、古寨遗迹以及飞舟、磐石、龙台、龙鳞壁、灵芝岩、蝙蝠洞、八窗洞、一线天、角锥岩、群象石、猕猴献桃等景点。建有现代农业观光园和户外拓展活动区。2009年，被国家旅游局评定为国家AAAA级旅游景区。

大洋湖景区

位于盘溪蛟坑至大洋水库地段。长8千米许，自然落差600多米。俯瞰谷底，水成一线；仰视高空，天与山接。沿途泉鸣谷应，景随步出。有大洋湖、环湖避暑村、蛟坑峡谷等景点。

环湖避暑村 位于大洋水库西面。距县城36千米，海拔852米。水库周边湖光山色，水库内山峦成岛。近处有漕头寨背风光。为避暑胜地。

蛟坑峡谷 位于盘溪上游，即蛟坑山涧。溪道平均坡度为30.5%，布满花岗岩滚石，溪水穿挤其间。沿岸有抱骨岭古道、将军桥、弹子潭、蛟潭、叠箱岩、佛升岩等景点。

岩门景区

位于溶江乡中部。四面环山，有栖真禅寺、岩门锁翠、古洞栖云、花岩织锦、天柱卓锡、石龟听经、笠峰戴雨、锦池映月、磐石安禅等景点。

栖真禅寺 位于岩门村笠峰山，始建于唐咸通二年（861）。寺前有印月池亭，花岩环其左，笠峰峙于右，群峰叠翠，蓊松蔽日，有“浙南名刹”之誉。缙云钭国星诗云：“伽蓝白云里，险道几盘旋？渐出大千界，来乘比岸船。潭虚鱼入定，树古鸟谈玄。忽听林深处，悠悠一磬禅。”

花岩织锦 位于岩门村，花岩西侧石壁分布着大量流水侵蚀的凹槽，深浅和宽度不等，形成花斑状，犹如一朵硕大无比的扁状鸡冠花，又似织锦屏风，故名“花岩”或“花岩织锦”。

小仙都景点

位于东渡镇堰头村东章溪两岸。以林幽溪清、山岩奇耸为特色，颇具仙都风韵。有双峰晓色、仙女梳妆、小月镜岩、群仙岩等景点。还有散落景点八迭岭、白云洞、岩涧、谢公岩等。

大岩洞景点

位于舒洪镇舒洪村西侧贞溪北岸，山体洞窍斜向上贯，洞穴面积近1000平方米。1889年，在洞内建庙，称玉皇庙，1932年改称正觉寺。近处有岩葬群、济雨庵。

狮子岩景点

位于东方镇横塘岸村东南。峰峦叠嶂，奇岩林立，石洞嵌空，古道盘桓。有磊山、天师洞、出气洞、抬轿岩、蝙蝠洞、总兵洞、天梯、天桥等景点。近处有胡公庙。

磊山 又名“石囤山”，裸石黝黑，大小相近，犹如高温烧烤后开裂所成。

其他散落景点

苍岭诸景 壶镇括苍山脉有临海尖、观岛尖、南冈尖、百冈尖、天帽尖，海拔均在千米以上。苍岭古道位于括苍山西侧。马飞岭位于苍岭东南，山形如飞马，故名；北有东楼山，山形秀丽，具高出云表之势；南有鹤林山，古代多木兰，常栖白鹤。东楼山西有百鸟岩，岩体耸立，形如众鸟会集，上有凹纹，如同鸟迹。

雪峰瀑布 位于新建镇雪峰村寺基东南500米处，又名龙潭瀑布，为悬瀑。逢雨季数条涧流汇合纸铺水口，经龙耕漕下泄，形成“三潭两瀑”景观。瀑底凉风袭人，轰鸣声震耳欲聋。

羊皮坑瀑布 距大洋镇木栗村3千米。白练悬垂十数丈，泻流贴壁，下冲成潭。旁有石穴，俗称“汤罐”。相传此间藏有箬帽般大鳖，遇水涨可见。

百丈龙潭 位于壶镇镇�上村。有瀑布三级，一级落差约为5米，二级约为10米，三级约为30米。由突兀巨石形成，飞流折叠。周围岩石由青灰色或褚红色砂砾岩组成，石质坚硬，在流水长期冲蚀下被磨圆发光。四周植被以针叶林为主。21世纪初，由民间开发为旅游景点。

碙旧瀑布 位于棠溪支流壶镇镇碙旧村，又名“白瀑飞泉”，为棠溪八景之一。高20余米，上端最窄处宽0.5米，下端最宽处约4米。瀑布泻下成散落水花状，可覆盖周围十余米范围。晴日形成烟雾，沿山涧弥漫而上，化作七彩虹霓；雨季流量增大，气势颇为可观。两侧山体植被多为阔叶林，谷底部分为灌木林。瀑口有桥，溪水经桥下从岩壁跌落。西侧山上有金鸡洞，可供纳凉。

百丈岩飞瀑 位于壶镇镇岩下村与岩背村之间。有瀑布三级，一级落差约15米，二级落差约25米，三级落差约10米。第二级与第三级之间有一段崖面，坡度约40°，流水经此急流而下形成第三级。岩下南侧有湍流溪涧。为季节性瀑布，水量达每秒2立方米。

桃花岭 位于东渡镇境内括苍古道桃花岭段。串联隘头、底处、外处、樊庄、金坑各村。有丽水市莲都区与缙云县界碑、“愍劫合冢”千人坟、桃花洞拱门、崇景寺、传教士“红毛屋”、半岭庆善寺、金坑冯公庙以及银杏“七姐妹”等景点。

旅游特色区

主要有历史文化村、森林公园等特色园区。

河阳古民居 见第二十七篇第五章第二节。

岩下石头村 位于壶镇镇岩下村，海拔600米。因该村房舍墙壁以块石垒砌，街道以块石铺设，故称岩下石头村。

大洋山森林公园 位于大洋镇境内，括苍山脉西端，距县城东南40多千米。林地面积4906公顷，主峰海拔1500.6米，为县境海拔最高点。全年平均气温16℃。经典旅游线路小黄山山脊线，是春赏猴头杜鹃，夏避高温酷暑，秋观日出云海，冬看雾凇冰凌的理想去处。

括苍山森林公园 位于壶镇镇东端，距缙云县城约50千米。海拔550～1200米，千米以上山峰十余座。

有青口、五洋湾、洪坑岭、独山和大方田林区，总面积1133公顷。园区内峡谷溪瀑多姿，雾凇奇景独具风韵。

晨龙太空农业科技园　位于壶镇镇西原县药物场。从事高科技农业品种培育开发及农业科普教育，可供农业观光、旅游体验。

第四节　摩崖石刻

缙云摩崖石刻时间跨度长、分布广泛、内容丰富、形式多样、笔法精妙，兼具历史与艺术价值，是浙中南一带摩崖石刻艺术的代表之一。至2010年，全县发现历代摩崖石刻153处，约占全市摩崖遗存三分之一。其中，中华人民共和国成立前143处（唐、宋、元、明80%以上）。涉及人物近200人次。最早的为唐代乾元年间（758—760）缙云县令、著名书法家李阳冰篆书“倪翁洞”摩崖石刻。书体囊括楷、行、草、隶、篆。有的运笔清秀流畅，笔画圆熟遒媚，有的书体瘦长挺拔，笔锋劲利刚健，不失原作神韵，可谓古代书法的宝库；文体涵盖诗、文、歌、赋、记。

图13-1-1　倪翁洞摩崖石刻

仙都景区摩崖石刻127处（现代10处），主要分布在鼎湖峰、仙水洞、初旸山、小赤壁、铁城等景点，为全县摩崖石刻密集区。其中，鼎湖峰景点6处，仙水洞景点36处，倪翁洞景点67处，小赤壁景点14处，忘归洞、芙蓉峡景点4处。

黄龙景区摩崖石刻8处，南宫山景点摩崖石刻3处，其他景点摩崖石刻15处。2001年6月，国务院公布仙都摩崖石刻为国家级重点文物保护单位。

2011年，《缙云摩崖石刻》由县博物馆编纂出版，共介绍中华人民共和国成立前缙云县现存摩崖石刻143处，其中，仙都风景区115处，五云镇9处，壶镇镇11处，新建镇、大洋镇各1处，双溪口乡2处、胡源乡4处。

第五节　旅游线路

1993年以来，县域旅游区域由仙都主景区逐步扩展到其他乡村，由仙都风景旅游为主扩展到户外拓展、摄影采风、民情风俗、红色之旅、休闲养生等特色旅游。

仙都一日游

鼎湖峰→芙蓉峡→倪翁洞→赵侯祠→小赤壁，或鼎湖峰→芙蓉峡→竹筏漂流。

缙云两日游

第一天，五云石城→壶镇九进厅→晨龙太空农业科技园→岩下石头村；第二天，五云石城→仙都景区→溶江岩门或大洋景区。

缙云三日游

第一天，仙都景区→黄龙景区→河阳古民居。第二天，小仙都→岩门→柿坑大峡谷或大洋景区。第三天，五云石城→仙都景区→壶镇九进厅→晨龙太空农业科技园→大洋景区。

特色游

寻根问祖游 五云石城→独峰书院→黄帝祠宇。

休闲养生游 仙都景区→括苍山森林公园→大洋山森林公园→黄龙景区。

火山地质科普游 步虚山（凌虚洞、火山喷发口）→东方镇磊山→大洋山。

拓展运动游 黄龙山→溶江岩门→大洋山。

摄影采风游 仙都景区→河阳古民居→岩下石头村→阳弄古村落→大洋山。

农事体验游 仙都景区→晨龙太空农业科技园→舒洪镇绿色农业示范区→东渡镇小仙都省级现代农业园→黄龙农业园。

高山纳凉之旅 大洋景区或雪峰山。

婚纱摄影之旅 鼎湖峰、朱潭山、芙蓉峡。

民俗风情之旅 姓潘杏花村、型坑畲族村。

红色之旅 县城金山革命烈士陵园→汤畈红军标语墙→壶镇镇高潮村赵氏宗祠——中共缙云县第一次党代会旧址→金竹红军烈士墓→壶镇镇新宅革命老区村；方溪乡师姑田处属游击支队修械所旧址→双溪口战斗旧址→溶江乡栖真寺“中共缙云县工作委员会”旧址→溶江乡雅江整编旧址→大源镇稠门江西山后中共处属特委、缙云县委机关旧址→新建镇西青头、雪峰山革命根据地等。

第二章 黄帝文化开发

轩辕黄帝在缙云山铸鼎炼丹、乘龙升天、觞百神等诸多传说，在缙云广为流行。南朝宋谢灵运《名山记》载：“缙云山旁有孤石，屹然干云，高二百丈，三面临水，周围一百六十丈；顶有湖，生莲花。”1998年起，黄帝文化作为缙云风景旅游的主题和灵魂，成为缙云文化研究开发的核心内容。

第一节 黄帝祠宇

黄帝祠宇，位于仙都步虚山麓东侧苍龙峡口，前身为缙云堂。东晋文学家庾阐于咸康六年（340）前后作的《扬都赋》中有“岩栖赤松之馆，岫启缙云之堂”之句。

唐代黄帝祠宇

元《仙都志》载：唐天宝七年（748）“六月八日，有彩云起于李溪源，复绕缙云山独峰之顶。云中仙乐响亮，鸾鹤飞舞，俄闻山呼‘万岁’者九，诸山皆应，自申至亥乃息。刺史苗奉倩上其事于朝。”于是，玄宗“敕封仙都山，周围三百里禁樵采捕猎。建黄帝祠宇，岁度道士七人以奉香火”。唐•乾元年间（758—760），县令李阳冰书写“黄帝祠宇”碑。碑石原在黄帝祠宇，后置县城孔庙，“文化大革命”中被毁。

2003年，黄帝祠宇二期工程施工现场出土柱础、瓦片、炭灰、碎罐等，并探明不同年代的建筑地层结构。在黄帝祠宇废墟南侧出土石制大香炉1只和刻有“天下太平”石墩1个，西侧坑涧边挖掘出木质空心管1条，长20米、内径0.2米。

宋元玉虚宫

北宋天禧四年（1020），朝廷派遣使臣到仙都山祭祀轩辕黄帝，投金龙、玉简（1997年出土，为崇道帝王在大型斋醮科仪时祈福禳灾之物，刻有“上天庇佑”字样）于仙都山金龙洞。

治平二年（1065），黄帝祠宇敕改为“玉虚宫”。宣和三年（1121）二月，玉虚宫遭方腊兵燹，“琼楼金阙涤地尽，松柏半带斤斧痕。”（宋王铚《仙都山黄帝祠宇》）。宋・绍兴五年（1135）六月大旱，朝廷派遣使臣到仙都山祈雨、祭祀黄帝（仙水洞尚存此题记）。此后170多年间，玉虚宫历经道士游大成、陈观定、赵嗣琪三度重建。元《仙都志》载：南宋咸淳年间（1265—1274），玉虚宫占地面积30多亩，主要建筑有金阙寥阳宝殿、黄帝祠宇、飞天法轮藏殿、天一真庆行宫、三元三官圣堂、梓潼帝君行祠、洞天仙官祠、玉虚真官祠、衍教堂、隐真堂、金莲馆、玉虚宫门、祈仙洞天门、仙都山门、仙都蜕轩、竞秀轩、照水亭、回澜亭等，共24座99间。元延祐五年（1318），应名道士赵嗣琪之请，赵孟頫题匾“仙都山门”“风雨堂”；至顺二年（1331），虞集书额“金莲馆”并作《仙都山新作玉虚宫记》。明末清初社会动荡，仙都道教衰微，宫舍圮废。

20世纪末黄帝祠宇

1994年，黄帝祠宇重建项目，报经建设部批准，由清华大学建筑设计院设计、东阳横店集团古典园林建筑公司承建。黄帝祠宇工程，1995年3月6日举行奠基仪式，9月15日破土动工。1997年7月，主体建筑“轩辕殿”落成。1998年9月，黄帝祠宇一期工程竣工。其间，缙云旅台同胞捐资立黄帝像、建仰止亭。中国书法家协会主席沈鹏题匾“人文始祖”，文怀沙题匾“北陵南祠”。1998年重建的黄帝祠宇，以清代所拓“黄帝祠宇”碑制匾为祠额。殿前青铜神鼎重1600千克，上篆铭文“真金作鼎，百神率服”。正门前廊北金钟高2米，环饰黄帝颂词“治五气，制五种，抚万民，度四方”。正门前廊南置大鼓一面。

2003—2005年，丽水市天源旅游开发公司投资建设黄帝祠宇二期工程，在轩辕殿置青田石雕《轩辕黄帝巡天图》。重建的黄帝祠宇为仿唐代风格，占地面积3.6公顷，建筑面积4800平方米。有宫门、轩辕殿、缙云堂、怀祖堂、腾龙阁、游龙轩、廊道等。2006年，设黄帝史迹陈列馆。向海内外征联，制作并悬挂楹联123副，匾额24副。2008年，仙都黄帝祠宇被列为浙江省民族传统节日保护基地。

图13-2-1 2010年落成的“黄帝南巡”雕塑

第二节　黄帝祭典

1998年8月，县委、县政府组团到陕西省黄陵县考察黄帝祭典；11月28日，缙云举行首届仙都旅游文化节暨公祭黄帝典礼。此后，每年清明、重阳在黄帝祠宇分别举行民祭和公祭黄帝活动。2008年8月，县黄帝文化开发办公室成立，负责黄帝祭典和黄帝文化研究、开发。

公祭黄帝

2005年前，主办单位为缙云县人民政府，由县长担任主祭人。参祭人员主要有县班子领导，县属各部门（单位）、乡镇领导，社会各界代表，港澳台同胞和海外华人，还有媒体记者、旅行社负责人和企业家代表。陕西省黄陵县、河南省新郑市、四川省盐亭县曾派员参加。2006年起，公祭典礼主办单位变更为丽水市人民政府，逢3、6、9年份举行大祭，由市政府领导担任主祭人、司仪。2007年，“轩辕氏祭典”项目被省政府列入第二批省非物质文化遗产名录。2009年公祭大典，全国人大常委会原副委员长蒋正华、省人大常委会副主任冯明参与并敬献花篮，省政协副主席徐辉敬上高香，市委书记陈荣高敬献美酒，市委副书记虞红鸣担任司仪，丽水电视台现场直播公祭黄帝大典。

祭祀仪式开始正点为重阳节9时50分。典礼仪式效仿古代“禘祭之礼”。主祭、司仪、陪祭、参祭人员着正装，佩绶带，列队经轩辕大道、飞天广场进入黄帝祠宇祭坛。礼生、乐手、舞者古装打扮。祭祀前，民乐队现场演奏祭典音乐。祭典音乐，含《鼓号乐》《登坛曲》《大典朝贺》《香赞曲》《陈献曲》《呈表曲》。祭祀时，由礼生引导，程序为：吹奏长号，击鼓撞钟，上高香，敬花篮、美酒，进献三牲、果品，恭读祭文，行鞠躬礼，敬献祭舞，司仪宣布“礼成”。礼成之后，每年均举办文化节系列活动。

民祭黄帝

祭祀仪式开始正点为清明节9时50分。由县政协领导担任司仪，根据赞助情况，主祭和陪祭人员一般由非公经济人士担任。主祭和陪祭参祭人员包括邻近村民、表演队和游客。仪式与公祭大同小异。祭典结束，举行钢叉、布龙、舞狮、竹马、旱船等民俗表演。

附录：祭黄帝文

戊寅年（1998）重阳缙云各界公祭黄帝祠文

维公元一千九百九十八年，岁次戊寅，时在孟冬，阳月吉日，缙云县县长吕军民谨代表全县四十三万人民，敬具香花醴酒，恭诚奉祭于黄帝祠宇之前，曰：

巍巍中华民族，辉煌肇创于炎黄；

赫赫公孙轩辕，姓名彪炳于天地！

伏维吾祖：德呈黄土，遂作尊称；氏系缙云，及膺嘉锡。接武伏羲神农，继三皇之伟烈；传芳唐尧虞舜，著五帝之丰功。敦敏精勤，披山通道；播耕教化，治国安民。熠熠光芒，文明发越；悠悠岁月，苗裔绵延。桥山共仰陵园，万国衣冠来拜；鼎湖曾遗弓剑，千年祠宇重瞻。驰驱揽辔，映天马迹之潭；涕泣攀髯，匝地龙须之草。明珰翠羽，仙子有昭灵之宫；金简玉书，玄孙得治水之法。祖德追思，英风不绝；神功缅想，灵爽在兹。

维吾缙邑：

名传帝号，景擅仙都。独秀一峰，片云孤石；回环九曲，匹练层波。留篆苍碑，永忆盛唐之贤令；传经绛帐，曾来南宋之大儒。翰苑题诗客，高吟阆苑之篇；皇都折桂人，喜下仙都之榻。峡号芙蓉，探幽恍登蓬岛；溪流碧玉，问渔如入桃源。彩云仙乐，三唐天宝之年；莹石珠岩，两浙物华之地。

溪山挺奇秀之姿，人民得聪勤之禀。历变沧桑，更新日月。艰辛创业，治山水而垦田林；改革图强，拓新蹊以开富路。铁路横通，作金温之枢轴；长衢直达，连椒缙以伸延。邓论高擎，大旗映日；神州纵目，豪气干云。

荐血诗哀，岿然鲁迅；誓师文壮，伟矣毛公！我缙云人民值此祠宇重新，用敢馨香以告：誓奋宏猷，昭陈始祖；定承雄略，永励后昆。帝鉴临而如在，灵仿佛其来歆。

尚飨！

（杭州　王翼奇）

丙戌年（2006）重阳公祭轩辕黄帝文

维公元二零零六年十月三十日，岁在丙戌，序属三秋，节届重阳。丽水市人民政府、浙江省旅游局暨社会各界代表、台湾同胞、海外侨胞及市内外数万民众，齐聚苍龙峡口，黄帝祠前，谨以钟鼓雅乐、三牲五谷之奠，致祭吾中华始祖轩辕黄帝在天之灵。文曰：

伏维吾祖，公孙其姓，轩辕其名，号曰有熊，氏系缙云。生而卓荦，长而聪颖，成而圣明，归而神灵。逞睿智，奋神武，修德振兵，芟翦豪猾，九夷向风臣服，万岁声振林木；劝农桑，艺五谷，拯艰息疲，休养生息，百姓安居王土，四海共享清平。

云瑞受命，神化宜民。垂衣而治，苦心劳形。立政立言，礼乐始兴。治五气生生之根本，开万世无穷之寿域；奠九州昌盛之国祚，启华夏缅邈之文明。帝德广连，乃圣乃神，乃武乃文，似云山雾海莫测高深；帝脉绵延，亦唐亦宋，亦明亦清，如长江黄河奔流至今。

忆往昔，汉唐盛世，政通人和，万国衣冠来仪；看今朝，人民当家，和谐发展，前程辉煌灿烂；盼未来，民族复兴，祖国统一，子孙笑傲人寰！

吾市丽水，古曰处州。市辖九县，缙云其一。境内独峰巍然，玄宗赐名仙都。好溪蜿蜒其下，信是始祖功德永恒；鼎湖缥缈其上，相传吾皇乘龙飞升。孝以追远，恭维慎终。微职不才，片言难表敬畏之心；亿民同声，恭祈吾祖英灵永存！恪遵祀典，仰答神休。兹因西成，敬陈常荐。

祭奠告成，伏维尚飨！

（丽水　吕立汉）

戊子年（2008）清明民祭轩辕黄帝文

维公元二〇〇八年四月四日，岁在戊子，节届清明。缙云县社会各界、港澳台侨代表，齐聚仙都苍龙峡口黄帝祠前，谨以三牲五谷、钟鼓雅乐、时果醴酒，奉祭我人文始祖轩辕黄帝。辞曰：

阳春三月，莺飞草长，神州大地，溢彩流芳。风和日丽，好雨时降。祭吾始祖，圣德难忘：

荆莽当年，道启洪荒。殚精竭虑，文明始创。制暴戡乱，拓土开疆。诸侯宾从，一统八方。继天立极，伟业辉煌。英明神武，基奠华夏。厚德载物，春风浩荡。千秋一帝，泽被天下。大哉吾祖，树茂根长。

溯古思源，神驰意往。自夏至商，巨鼎煌煌。西周东周，礼乐流芳。战国七雄，春秋五霸。秦汉三国，虎跃龙骧。魏晋及隋，并起豪强。盛哉大唐，雄视万邦。宋元明清，风云激荡。抗争侵凌，金戈铁马。

改革开放，振兴中华。和平崛起，我武维扬。幸哉仙都，独峰百丈；好溪九曲，十里画廊。仙乐彩云，鼎湖烟浪；千秋祠宇，万世馨香。神龙腾空，钟鼓绕梁；丰碑拔地，九州共仰。港澳台侨，士农工商，祭祖寻根，共献心香。祈我始祖，佑我华夏：科学发展，和谐小康；春安夏泰，秋吉冬祥；国步腾龙，日新月强！

祭典告成，伏惟尚飨！

（缙云　项一中）

庚寅年（2010）缙云各界民祭轩辕黄帝文

维公元二〇一〇年四月五日，草熏风暖，节届清明，百花吐香。丽水市政协与缙云县各界人士，在仙都苍龙峡口黄帝祠宇，谨以钟鼓雅乐、三牲五谷和时果鲜花之奠，致祭于我人文初祖轩辕黄帝尊前，文曰：

伏维圣祖，轩辕其名；号曰有熊，氏系缙云。生而神灵，成而聪明；修德振兵，天下归心，播百谷，抚万民，土德之瑞，熊罴貔貅貙虎，踊跃出关化黄龙，战涿鹿而成大统；举四相，治五气，缙云之庆，夷戎越狄姬姜，欢心议政聚圣族，代神农而开华宗。觞神铸鼎，百神四封；龙驭千古，万邦传颂。

喜看今日，圣贤当国：高瞻远瞩，洞察四海风云；审时度势，把握时代航向。以人为本，建设和谐社会；科学发展，实现小康理想。华夏儿女，奋发图强：抗风暴，搁争议，两岸联手同补金瓯缺；求双赢，三通顺，风云变幻更振民族魂。共克时艰，展现感天动地血肉情；经略山河，时传日新月强创新篇。

缙云之墟，祥云积中；启王登处，璿台春风。仙山奇秀，金溪下融。五乡兴腾气已旺，万家安乐势正红。黄帝祠宇，摩霄穹崇。护鼎儿女，万代感通。

大礼告成，伏维尚飨！

（缙云　王达钦）

第三节　黄帝文化研究

仙都旅游风景区确立为黄帝文化主题后，通过多种形式组织开展黄帝文化研究。1998 年 8 月，县政府联合省历史学会、浙大历史系举办黄帝文化研讨会。2002 年 9 月，缙云县黄帝文化研究会成立。至 2010 年，共举办三届黄帝文化学术研讨会。

中国·缙云第一届黄帝文化学术研讨会

2000 年 10 月召开，由中国先秦史学会与县政府共同主办。中国先秦史学会、陕西省黄陵县及十余所高等院校（包括韩国延世大学）的专家学者参与黄帝祭典，研究会就“缙云为我国南方黄帝文化辐射中心”和“北陵（陕西黄帝陵）南祠（缙云黄帝祠）”祭祀格局达成共识。会后结集出版研究成果《轩辕黄帝与缙云仙都》，该书由中国先秦史学会会长李学勤作序。

中国·缙云第二届黄帝文化学术研讨会

2004 年 10 月召开，由省历史学会与县政府共同主办。省社科联、十余所高等院校和中国魏晋南北朝史学会的专家学者到会。会议围绕黄帝文化与地方人文的挖掘利用和旅游事业发展，展开学术讨论交流。会后结集出版研究成果《黄帝文化研究》，该书由李学勤作序。

中国·缙云第三届黄帝文化学术研讨会

2010年10月召开，由中国先秦史学会、中国秦文化研究会与缙云县政府共同举办。中国社科院历史研究所、陕西黄陵县以及20多所高等院校的60余位专家学者到会。其间，举行中国先秦史学会缙云黄帝文化研究基地授牌仪式。会后结集出版研究成果《黄帝文化研究》（西泠印社出版社出版），该书由李学勤作序。

附录：中国首届黄帝文化学术研讨会总结（摘录）

在这秋高气爽的金秋时节，又值51周年国庆长假里，为了弘扬中华民族优秀历史文化，研讨黄帝文化在浙江缙云的历史和现实意义，大家不远千里来到缙云。

参加研讨会的学者都是在先秦史和中国古代文化研究中有很高造诣的专家，他们来自京、沪、津、吉、鲁、陕、青、川、粤、浙十个省市，向会议提供了高质量的学术论文25篇。

我们于6日上午参加了仙都2000年公祭黄帝盛典，7日上午考察了仙都风景区，参观了“人文始祖轩辕黄帝史迹展览馆”。然后，学者们本着“百家争鸣”的原则和认真负责的态度，经过一天热烈有序的学术研讨，交流了潜心钻研的学术见解，对今后在缙云县更进一步发掘黄帝文化资源、促进文化建设、发展旅游业都提供了很好的建议。研讨只有一天时间，但取得了阶段性的成果。

一、学者们认为，历史典籍记载，或目前已发掘的考古资料都证明，距今五千年的黄帝作为一个部族代表人物或文明时代的代表，不仅存在过，而且氏系尽管纷繁，也是可信的。黄帝部族与炎帝、蚩尤经阪泉和涿鹿之战取胜后，将许多氏族、部落联合起来，开拓疆土，发展社会生产。黄帝成为中华民族文明史上第一位具有强大凝聚力的英雄，成为中华民族统一的象征，被尊为中华民族的人文始祖，数千年来被中华儿女所敬仰、祭祀。“始祖大家祭”的观念，已扎根在海内外华夏子孙心中。

二、学者们认为，缙云仙都景区，因有秀美的自然风光和传说的黄帝之遗迹而闻名于世。对于黄帝飞升成仙之说，是神话传说，不属于先秦史中探讨之范围。千百年来，在人民心目中已形成一种固定的观念，尤其是道教产生以后更是如此，我们没有必要为其“飞升”是否真实去花费精力，伴随着时代的进步、社会的发展、人们观念的转变或许更会有新意产生。

三、学者们认为，黄帝文化已有五千年的历史，是涉及诸多内容的广泛文化，是一种兼收并蓄的文化。黄帝文化强大的凝聚力，体现在我国历史上，也体现在现实社会中，它的历史意义和现实意义不是这次研讨会就能全面反映出的。但是学者们还是从各个视角探讨了缙云的黄帝文化，认为在我国北方有关黄帝传说的遗迹有多处，而在南方有关黄帝传说之遗迹，有据可查者，只有浙江缙云一处。以缙云为中心的南方黄帝文化，传说的时间最悠久，覆盖面很广，可以说涉及江南整个区域，内容也较多。缙云氏是与炎帝、黄帝、蚩尤同时代的一个氏族，代表黄帝在南方之官主夏，故又有夏官缙云氏之说，唐朝学者说黄帝“又曰缙云氏”即据此而言。自司马迁编写《史记》以来，缙云遂成为江南人民朝圣问祖之地。唐朝天宝年间，为了祭祀黄帝，将始建于东晋时的缙云堂改名为“黄帝祠宇”，其后形成为“北陵南祠”之格局，自此历朝历代许多文人墨客在“黄帝祠宇”所在地仙都留下不少的刻石墨迹，使黄帝文化更加发扬光大。

四、进一步加强对黄帝文化的全面研究，促进区域旅游开发。与会学者认为，因较长时期对缙云黄帝文化的历史与现实意义认识不足，没有进行系统、深入的研究，使人们只停留在一般的游览和庙会式的祭祀，认识不到它对海内外中华儿女的强大凝聚力，更谈不到深入发掘其丰富的文化内涵。如果要充分利用黄帝文化发展旅游业，则还要相应作更多的探讨。从学术上深入探讨是必要的，但更多地还要结合社会主义建设进程的社会生活实际。要做到这些，领导者的理念应跟上21世纪的时代转变。如每年一次的公祭黄帝，要改变庙会式的祭祀方法，祭祀规格应提高。祭祀只是一种形式，通过这种形式使人们认识到什么？得到什么？旅游者来仙都观光游览应有什么享受？受到什么启示？应当知道黄帝、黄帝文化是什么？要有全面、通俗又有文化内涵的文字说明作介绍，才能起到应有的作用，达到预期之目的。如何继承、发扬这份中华民族优秀文化遗产，是有关领导要重视的大问题。作为缙云县的各级领导要以本县有黄帝文化而自豪，要通过广泛深入的教育，进一步增强全县人民的自豪感。

（摘自中国社会科学院历史研究所研究员，中国先秦史学会副会长孟世凯在2000年10月8日中国首届黄帝文化学术研讨会上的总结讲话）

第三章　旅游开发

1993年，仙都风景区规划与建设开始纳入政府工作要点。1995年，县委、县政府提出“规划设计科学化、投资主体多元化、景区建设精品化、景区管理企业化”的旅游发展思路，按照“谁投资、谁受益”原则，筹措社会资金，加大旅游投入，缙云旅游由自然风光观赏，开始进入开发与保护并重的新阶段。2000年以后，实施“开放兴县，工业强县，生态立县”战略，赋予缙云旅游新的含义和开发力度。风景旅游管理机构多次调整完善，旅游管理体制在探索实践中更加科学合理，旅游发展规划多次修编，旅游发展政策逐步完善，旅游市场不断拓展。2010年，全县接待游客总人数425.81万人次，旅游收入20.53亿元。

第一节　旅游规划

仙都景区规划

1985年7月，省政府批准仙都为浙江省重点风景名胜区，范围为45平方千米；是年，《仙都风景名胜区总体规划》《仙都服务中心》《鼎湖景区详细规划》制定。《仙都风景名胜区总体规划（1996—2020）》，1994年开始修编，1996年8月，在杭州召开设计方案论证会；11月，通过省级评审，规划范围从45平方千米增至166.2平方千米，含仙都、黄龙、岩门、大洋山4个景区和小仙都、唐葛岭、石门、狮子岩、大岩洞5个“飞地”景点。1997年9月始至1998年，相继编制鼎湖峰、仰峰洲、小赤壁、倪翁洞景点与黄龙景区的详细性控制规划。此后，陆续进行景区主干道两侧控制性详规、鼎湖大道初步设计和施工图设计、黄帝祠宇二期工程初步设计和施工图设计等景区局部规划设计。2004年，编制黄龙景区及仙都景区主干道两侧控规、鼎湖大道、黄帝祠宇夜景等项目规划。2006年，《仙都九曲练溪两岸景观带方案设计》《仙都风景区核心景区保护规划》编制完成。2007年，县委、县政府提出创建国家AAAAA级旅游景区和省旅游经济强县目标，启动《仙都风景区AAAAA规划》《朱潭山景点景观改造设计》规划编制。

全域旅游规划

2004年，以创建特色旅游和“浙中南旅游休闲度假基地”为目标，编制《缙云县旅游业发展战略研究》《缙云县旅游发展规划》《缙云县旅游业“十一五”发展规划》等10多个规划文件。2007年，以创建国家

AAAAA 级旅游景区 1 个、国家 AAAA 级旅游景区 2 个、国家 AAA 级旅游景区 3 个为目标，制定《缙云县旅游发展规划（2007—2020)》，提出建设旅游村镇，并以仙都为核心，形成仙都—黄龙、河阳—雪峰、岩门—大洋、壶镇—括苍旅游板块的全域旅游规划。2009 年，《缙云县乡村旅游发展规划》编制完成。同时，着手编制国家A级规划旅游景区6个：《晨龙太空农业园旅游规划》《河阳历史文化区旅游规划》《大洋旅游区概念规划》《大洋云居森林休闲旅游区概念规划》《括苍山森林休闲旅游区概念规划》《岩门景区旅游控制性详细规划》；专项规划 2 个：《仙都景区旅游主干道沿线村庄整治规划》《仙都至县城城市绿道建设规划》等。

第二节　开发政策

1998 年 4 月，县政府《关于加快旅游业发展若干规定》出台，鼓励集体、个人以股份合作制等形式，投资开发旅游项目。2003 年，县政府《仙都风景旅游项目贷款财政贴息资金使用管理暂行办法》出台，对旅游开发、景区基础设施建设、星级宾馆、旅行社、旅游定点企业的建设项目，以及具有地方特色的旅游产品开发实行贴息补贴政策，贴息率为重点项目 3% ～ 5%，非重点项目 1% ～ 3%。

2004 年，县委、县政府提出“大旅游、大产业、大发展”战略，把旅游作为缙云经济增长点和龙头产业。2007 年 9 月，县政府出台《关于促进农家乐休闲旅游业发展的若干意见》，在县农办设立县农家乐休闲旅游工作办公室。2008 年 3 月，县委、县政府出台《关于进一步加快旅游产业发展的若干意见》，提出科学规划、整合资源、优化布局、政府主导四个方面 14 条意见的旅游发展扶持政策。对各种民间资本参与旅游景区（点）开发，固定资产投资在 1000 万元、2000 万元、3000 万元的，按实际投资额的 1.5%、2%、3% 给予一次性补助；投资额在 1 亿元以上的，实行一事一议政策。项目建设期间所有直接留县部分的规费一律减半收取。扶持旅游企业和景区（点）、宾馆（饭店）上等级、上规模，对非政府性资金投资旅游项目，被国家旅游局评定机构或授权组织评定为国家“AAA”“AAAA”“AAAAA”级的旅游景区，分别一次性给予 100 万元、260 万元、500 万元的奖励；被评定升级为国家“AAAA”“AAAAA”级的旅游景区，分别一次性给予 100 万元、260 万元的奖励；被批准为国家级旅游度假区、省级旅游度假区的，分别一次性给予 260 万元、150 万元的奖励；被评定为全国工农业旅游示范点的，一次性给予 100 万元的奖励；被评定为省旅游强镇、省特色旅游村的，分别一次性给予 20 万元和 30 万元的奖励。县财政每年安排旅游发展专项资金 1500 万元，用于规划编制、形象宣传、市场拓展、人才培训、招商引资等方面的政策性奖励或补助。

第三节　景区建设

仙都主景区

1993—2002 年，为开发初始阶段。1995 年 9 月，黄帝祠宇破土动工。1997 年，倪翁洞至铁城 6224 米长道路进行混凝土路面硬化；铁城景区建成游步道，基本完成一期开发项目。1998 年 9 月，黄帝祠宇一期工程竣工；仙都主景区景点入口、停车场、游步道标识建成，增设游客休息设施、公厕、购物场所。吸纳个人投资开发小赤壁、大肚岩、朱潭山、仙水洞、凌虚洞、赵侯祠景点。2000 年 1 月，赵侯祠景点开业。2002 年，步虚山索道、铁城至朱潭山竹排漂流项目开始运营。

2003—2007 年，为仙都主景区加快发展阶段。其间，鼎湖大道商业街竣工，鼎湖峰、铁城景点以及黄帝祠宇室外配套工程完成综合改造，实施黄帝祠宇二期工程引资建设。

2008—2010年，为仙都主景区继续提升阶段。2008年，仙都景区西入口工程开工，占地16.28公顷，建筑面积1.83万平方米，总投资1.37亿元；曲溪路工程开工，投资3204万元，长约1.6千米，宽12米；轩辕文化园投入使用。2010年，仙都影视博物馆开馆，“黄帝南巡”雕塑落成。

黄龙景区

2001年10月，缙云县仙都黄龙景区开发有限公司成立。2004年，《缙云黄龙景区旅游规划》编制完成。2007年，黄龙景区开发项目纳入全县十大重点工程。至2009年4月，进入景区入口主干道拓宽完成，黄龙山游览区、农业观光区和户外拓展基地及游客中心、停车场、餐饮、购物、公厕等配套服务设施建成。2009年12月，被评为国家AAAA级旅游景区。

景区管理

1994年3月，县仙都风景旅游局景容监察大队成立。1997年，《缙云县仙都风景名胜区管理办法》出台。1998年，经济民警小队实施景区巡逻制度，修订完善票房管理、安全、卫生等规章制度，景区管理逐渐规范化。2000年6月，仙都农村管理处发布实施《关于严禁在鼎湖景区内放牧的通知》。

2000年以后，仙都景区加大整治力度，景区内严禁采砂、砍伐、无序设摊和违章建房；实行票据电子化管理；完善景区标识、景点介绍、安全警示、游览须知等设施。按照《文物管理保护条例》，建立景区摩崖题记、石梁桥及其他古建筑遗存共同监管机制。

第四节　市场开发

1993年以来，缙云旅游宣传和促销力度加大，旅游产品有所增加，旅游线路不断优化调整，并随着旅游热升温，以仙都主景区为核心的县内旅游，与县外及周边省市县区域合作关系逐步建立，缙云旅游逐步纳入更大区域旅游体系。

旅游宣传

1993年开始，缙云旅游宣传活动侧重于上海、苏州及杭嘉湖、绍甬台温旅游市场。初以设置广告牌、橱窗专栏，印发仙都宣传折页、旅游手册、招贴画等印刷媒介广告进行宣传。后发展到在浙江卫视天气预报和网络、报刊植入仙都形象广告，发布动态信息等，与上海东方卫视《生活时尚》栏目、央视《朝闻天下》栏目以及浙江卫视、浙江电台《交通之声》、互联网浙江在线等协作录制仙都旅游专题等电子媒介广告进行宣传。2002年，央视录播《艺术彩虹·走进仙都》，仙都旅游网开通。2007年8月，缙云参加中国旅游营销联盟在上海国际会议中心举办的中国旅游精品推广大会，入选“中国最佳生态旅游县”。

促销活动

1996年5月，缙云首次在上海举办仙都风景旅游信息发布会；在华东师大举行“仙都风景名胜区巡回摄影展”。1999年2月，在丽水、温州、金华等地开展仙都旅游促销活动；9月25日，在杭州首次举行仙都旅游促销活动，开设8个展厅，展示仙都山水人文景观和黄帝文化。之后，每年组织旅游企业、农产品企业，抱团参加省级以上各类休闲博览会和旅游交易会，开展仙都旅游促销活动；年底，组织上海、温州等地游客到仙都过春节，在黄帝祠宇举行迎春祈福撞钟活动。2000年5月，向县内居民推出“仙都旅游年票”以吸引游客。

旅游合作

1993—2010 年，仙都景区以黄帝文化为媒介，先后与陕西省黄陵县、河南省郑州市、四川省盐亭县、海南省屯昌县签订旅游合作协议。2000 年，与上海市黄浦区、徐汇区旅游局签订友好合作协议，与长三角各大旅行社联合开发“浙中逍遥游”，开辟南京、无锡等地客源市场。2004 年 3 月，浙江旅游职业学院将缙云县风景旅游区列为实践基地，建立缙云旅游发展科研与人才培养奖励基金，学院多功能学术报告厅冠名“缙云厅”；6 月起，与仙居、武义、龙游、遂昌等五县共同推出“仙山仙水仙境游”“浙西南天然氧吧游”“江南仙境游”“欢天喜地游”“缤纷金丽温”等旅游线路。

节庆活动

1998—2010 年，每年举办仙都旅游文化节。在旅游文化节中，1998 年 10 月，举行电视吉尼斯徒手攀登鼎湖峰挑战赛；2001 年 10 月，举办“王力”杯仙都国际攀岩节，中国、俄罗斯、韩国等 5 名攀岩选手，采用无顶绳先锋结组攀登鼎湖峰，央视体育频道和上海东方卫视作实况直播。

1999—2010 年，各乡镇以当地特色产业、传统民俗、地方特色项目为载体，展示乡村特色，开展旅游文化宣传活动，主要有胡源乡张山寨七七庙会、双溪口乡姓潘村杏花节、前路乡南弄村桃花节、舒洪镇仁岸村杨梅节等。

图 13-3-1 热烈庆祝己丑（2009）年中国·仙都公祭轩辕黄帝大典暨旅游文化节隆重举行

游客量和旅游收入

1995 年之前，仙都景区门票年收入仅 2 万～ 3 万元，全年入缙游客不到 10 万人次。1996 年以后，尤其是 1998 年首届黄帝文化节后，景区游客增长较快。1999 年，景区门票收入 229 万元。2000—2010 年，国内旅游由 21.56 万人次增至 425.19 万人次，旅游总收入由 1.6 亿元增至 20.12 亿元。

2000—2010 年缙云县外来游客和从业人员一览表

表 13-3-1

年份	国内游客		入境游客		从业人员（人）
	人数（万人次）	收入（亿元）	人数（人次）	创汇（万美元）	
2000	21.56	1.6	—	—	—
2001	24.9	1.8	—	—	—
2002	28.14	2.16	—	—	—
2003	69.12	2.63	900	114	—
2004	83.3	3.17	1105	136	—
2005	116.5	4.5	1352	150	—
2006	143.8	6.31	1718	178.5	4418
2007	206.75	8.95	2518	272.9	6185

续表 13-3-1

年份	国内游客		入境游客		从业人员（人）
	人数（万人次）	收入（亿元）	人数（人次）	创汇（万美元）	
2008	236.77	10.88	3901	355.37	6836
2009	317.75	14.56	5327	535.16	6962
2010	425.19	20.12	6222	621.46	7967

第四章　旅游管理与服务

1993 年以来，缙云旅游依法管理和服务力度加大，通过景区环境整治、旅游设施建设、行业管理、从业人员培训、安全管理等，旅游环境明显改善，旅游设施逐步完善，旅游服务水平不断提高。全县农家乐、宾馆和旅行社增多，旅游接待能力增强。

第一节　管理机构与措施

1982 年，缙云县仙都风景区管理处成立。1992 年 7 月以前，仙都风景区管理处先后归口县委宣传部、县城建局、县府办管辖。1992 年 8 月，缙云县仙都风景旅游管理局成立，为县政府下属的科级职能部门，负责全县风景旅游管理。内设办公室、园林规划建设科、经营管理科、景容监察大队。下属事业单位有：仙都景区管理处、黄帝祠宇管理处、仙都文化开发处（仙都黄帝文化研究会）、仙都旅游服务接待中心。下属企业有仙都开发有限公司。1993 年，仙都石门景区管理处成立。1995 年 9 月，黄龙景区管理处成立；11 月，壶镇狮子山风景区管理处成立。

2000 年 3 月，县委、县政府出台《关于对仙都风景旅游管理体制进行改革的决定》，仙都农村管理处成立，并委托缙云仙都风景旅游管理局管理。管理处下辖从五云镇划出的下洋、上前湖、下前湖、笋川、板堰、田村、梅宅、沐白、上章、塘后、梧源、仙岩 12 个行政村。2006 年 8 月，缙云县仙都风景旅游区管理委员会成立，缙云县仙都风景旅游管理局更名为缙云县风景旅游局，与仙都管委会合署办公，实行“两块牌子，一套班子”管理体制。是年，县农家乐休闲旅游工作领导小组及办公室成立，农家乐管理工作从县旅游局划入县农村工作办公室。2007 年，缙云县仙都风景名胜区管理委员会成立，管委会主任高配副处级领导职务。2008 年 7 月，缙云县河阳古民居保护开发管理处成立，挂靠新建镇政府；8 月，缙云县黄帝文化开发办公室成立。2010 年 3 月，河阳古民居保护开发管委会成立。

1994 年开始，县旅游局与各涉旅企业、旅游项目施工单位签订安全生产目标管理责任书，实行旅游安全考核制度。2001 年，缙云县风景旅游局成立安全生产领导小组，《缙云县旅游行业安全生产目标管理考核办法》制定和实施；《缙云县旅游突发公共事件应急预案》制定，开展旅行社安全生产标准化建设。通过安全生产工作例会、安全生产现场会、安全检查和安全培训，加强对旅游企业的安全管理。开展假日节前旅游安全管理大检查，排查安全隐患，实行 24 小时值班，确保监管、协调到位。通过网络、短信、传真形式，在重点时段做好信息预报。建立旅游安全预警机制。

第二节 住宿餐饮

涉旅饭店

至2010年，县域有星级饭店5家，客房361间，床位670张。

仙都宾馆 位于县城大桥北路。1991年开业，为县内首家涉外宾馆。1998年评为一星级旅游饭店。2010年，取消星级资格。

星辉大酒店 位于五云镇新碧农管处。1998年评为二星级旅游饭店。建筑面积1万平方米，床位160多个，会议室5个，餐厅座位500个。

仙都度假村 位于五云镇仙都农管处下洋村南面。占地面积3.5万平方米，建筑面积0.95万平方米。客房80间（套），会议室6个，餐厅座位500个。2001年10月开业，2003年评为三星级旅游饭店。

仙都假日酒店 位于仙都独峰书院西侧。2001年，仙都山庄改造扩建后改名为仙都假日酒店。占地面积0.7万平方米，建筑面积1.2万平方米。客房88间（套），餐厅座位700个。2005年评为三星级旅游饭店，属省旅游协会会员单位。

香溢大酒店 位于县城新区仙都路99号。2004年1月开业，占地约0.8万平方米，建筑面积1.2万平方米。客房98间（套），餐厅座位600多个。2005年评为四星级旅游饭店。

农家乐

1998年11月，仙都景区第一家农家乐——笋川村“会仙楼”开业。2006年10月，县政府编制《缙云县农家乐休闲旅游业发展规划》。是年起，县财政每年安排农家乐发展专项资金100万元。

至2010年，全县农家乐经营户150家，床位2120张，餐位13500个，从业人员2650人。其中，省级农家乐特色村（点）4个、市级特色村（点）10个、县级特色村（点）11个；四星级农家乐1家、三星级农家乐37家、二星级农家乐29家。农家乐年均接待游客十多万人次。

饭店管理

1998—2006年，在星级酒店开展青年文明号、文明示范窗口和巾帼文明示范岗创建活动。2008年，县委、县政府出台政策，对被国家旅游局或授权组织评定为二星级、三星级、四星级、五星级的旅游饭店，分别一次性给予5万元、20万元、80万元、150万元的奖励；被评定升级为三星级、四星级、五星级的旅游饭店，分别一次性给予10万元、30万元、50万元的奖励；星级饭店获得省级以上（含省级）年度“优秀饭店”或“绿色饭店”荣誉称号的，奖励3万元；获市级“优秀饭店”荣誉称号的，奖励1万元；星级饭店引进国际品牌前十名的饭店集团进行管理的，给予一次性奖励10万元。

全县餐饮业增加值，1993年1296万元，2000年5194万元，2010年51184万元。

2003—2010 年缙云县旅游饭店情况一览表

表 13-4-1

年份	饭店数量（家）	房间数量（间）	床位数量（张）	年份	饭店数量（家）	房间数量（间）	床位数量（张）
2003	3	191	359	2007	5	349	652
2004	3	191	359	2008	5	349	652
2005	5	349	652	2009	5	362	672
2006	5	349	652	2010	5	361	670

第三节　旅行社

1997—2005 年，缙云县旅行社有星辉旅行社、交通旅行社、兴发旅行社、仙都旅行社 4 家。2006 年以后，新增旅行社有杉水旅游公司、旅游集散中心、欢乐假期旅行社、致源旅行社、春秋旅行社、浙江飞翔旅行社 6 家。2010 年，全县有旅行社 9 家，服务网点 4 个，旅游车 11 辆。

2008 年 3 月，县委、县政府出台《关于进一步加快旅游产业发展的若干意见》，对县内被评为全国百强、全省五十强和丽水市十佳旅行社，分别给予 10 万元、5 万元和 1 万元奖励。对旅行社年引进县外住宿游客达到 3000 人的奖励 2 万元，每增加 1000 人奖励 0.5 万元。

1993 年以来，执行旅行社登记备案制度，审核旅行社、服务网点备案资料；开展旅行社业务培训，指导旅行社完善内部管理制度，实行《国内旅游合同》示范文本，定期抽查各旅行社《国内旅游合同》履约情况。规范旅行社宣传营销行为，每年检查旅行社广告宣传、委托代理业务、超范围经营、旅行社用车管理、旅行社质量保证金、责任险投保情况、合同签订情况。2010 年，开展旅行社星级评定，评定星辉旅行社为四星级旅行社。

第十四篇 财政 税务

1993—2010 年，缙云县加强财政税收管理与调控，在财税体制改革中不断推进机构、队伍和能力建设，加大税收征管和税务稽查力度，全县财政收入从 4800 万元增至 10 亿多元，财政支出从 6700 万元增至 14 亿多元，促进了经济和科技教育文化等社会事业的发展，为改善民生、城乡基础建设和环境保护提供财力支持和保障。

1994 年 9 月，国家实行分税制财政体制改革，缙云县财政与税务管理机构设国家税务局、地方税务局和财政局，三个局合署办公，实行“三块牌子，一套班子”管理体制。1997 年 9 月，国家与地方税务机构分设,缙云县国家税务局（简称“县国税局”）划入垂直管理序列；缙云县财政局与县地方税务局合署办公（简称“县财税局”）。

2006 年 1 月，县财税局机关由县城槐花街 34 号迁到新区好溪路 9 号。

2010 年，县财税局内设机构有：办公室、人事教育科、纪检监察室、预算科、国库科、综合计划科、会计管理科、行政事业科（社会保障科）、经济建设科、农业科、农业税征收管理科、国有资产企业管理科、监督检查科（监督检查局）、税政管理科（涉外税收管理科）、征收管理科、计划财务科、政策法规科、规费管理科、行政审批服务科、绩效评价科、纳税评估科。派出机构有：稽查局、直属财政所（直属税务分局）、壶镇财政所（壶镇税务分局）。下属事业单位有：县财政支付中心（乡镇核算中心）、县财政（地税）信息中心、县农业综合开发办公室、县财政项目预算审核中心、县市场资产管理中心、县财务总监管理中心、县地方税务局纳税服务中心。县设机构有县政府采购办公室。

第一章　地方财政

1993—2010年，县地方财政通过政府预算筹集财政收入，分配财政支出。财政管理体制上，县地方财政按照中央、省的体制变化而调整，执行“核定收支，收支挂钩，然后根据收支情况确定上交或补助，自求平衡，一定几年不变”的办法。18年间，全县财政总收入66.55亿元，财政总支出79.14亿元。

第一节　财政收入

缙云县财政总收入，1993年4880万元，1998年10698万元，2010年100979万元。

地方财政收入

1993—2010年，地方财政收入合计329379万元，占全县财政总收入的49.5%，其中1993年1820万元，2010年51350万元。

1993—2010年缙云县财政总收入情况一览表

表14-1-1　　单位：万元

年份	地方财政收入							中央“四税”返还	财政总收入
	小计	工商税收入	农业四税	专项收入	行政性收费及罚没收入	国有企业亏损补贴	其他收入		
1993	1820	1647	213	78	—	—	-118	3060	4880
1994	2150	1956	378	90	—	-155	-119	3321	5471
1995	2872	2731	484	171	—	-520	6	4146	7018
1996	3726	3508	594	218	4	-603	5	4576	8302
1997	4458	4323	465	—	280	-624	14	5405	9863
1998	5470	5200	576	274	64	-644	—	5228	10698
1999	7078	5973	879	282	100	-156	—	5583	12661
2000	8763	7642	816	360	101	-156	—	7190	15953
2001	14151	12725	1026	453	103	-156	—	11525	25676
2002	14616	12328	1403	543	458	-154	38	16138	30754
2003	17703	13565	2632	831	756	-156	75	17973	35676
2004	18832	13204	2725	769	2171	-156	119	14941	33773
2005	23368	16977	3334	931	2214	-156	68	22693	46061
2006	28471	22817	2046	1195	2493	-156	76	31583	60054
2007	38384	30529	2755	1610	3579	-156	67	40018	78402

续表 14-1-1

年份	地方财政收入							中央“四税”返还	财政总收入
	小计	工商税收入	农业四税	专项收入	行政性收费及罚没收入	国有企业亏损补贴	其他收入		
2008	42700	33374	2202	1848	5386	−156	46	47383	90083
2009	44467	32218	4382	1933	6055	−156	35	45680.5	90147.5
2010	51350	42505	4865	2616	4250	−2949	63	49629	100979

中央“四税”返还财政收入

1993—2010 年，缙云县上划中央“四税”返还合计 336072.5 万元，占全县财政总收入 50.5%。

1994 年，国家开始实施分税制。地方财政收入除排污费、教育费附加、能源交通重点建设基金和国家预算调节基金外，其他税收省与县实行增收分成。实际收入比例，按基数增长部分，省财政 20%、县财政 80% 的比例分享。1995 年起，省财政对贫困和次贫困县（市）实行“两保两挂”奖补政策。缙云属次贫困县，在确保完成税收任务和当年财政收支平衡的前提下，省财政的补助和奖励与地方财政收入的增长、增收额挂钩。2001 年，所得税收入按中央、地方各 50% 的比例分享。2003 年起，按中央 60%、地方 40% 的比例分享。2008 年以后，县级收入主要包括企业增值税 25% 部分，企业所得税 40% 部分，个人所得税 40% 部分，以及营业税、城市维护建设税、房产税、城镇土地使用税、土地增值税、耕地占用税、契税和各项非税收入。

预算外资金（政府非税）收入

2001 年，预算外资金管理范围扩大，财政部采用“政府非税收入管理”概念。政府非税收入包括行政事业性收费、政府性基金收入、罚没收入、国有资源有偿使用收入、国有资本经营收益、主管部门从所属单位集中的资金、发行彩票募集的资金、以政府名义接受的捐赠资金以及其他财政性资金。

1993—2010 年，县财政的政府非税收入合计 509619.45 万元，其中 2010 年 122360 万元，是 1993 年的 64 多倍。

县财政局预算外资金管理股，1994 年 5 月成立，2002 年更名为综合计划科，负责全县政府非税收入（预算外资金）的管理。

1993—2005 年缙云县预算外财政收入一览表

表 14-1-2　　单位：万元

年份	行政事业性收费	政府性基金收入	乡镇统筹自筹收入	国有主管部门收入	其他收入	预算外收入合计
1993	1746	144	—	—	—	1890
1994	3004	494	—	—	—	3498
1995	5359	770	—	—	—	6129
1996	5365	4737	—	—	—	10102
1997	15486	1578	226	—	—	17290
1998	11464	2683	204	125	380	14856
1999	4189	1256	746	274	640	7105
2000	7902	7693	188	88	1496	17367
2001	8305	1151	1588	51	805	11900

续表 14-1-2

年份	行政事业性收费	政府性基金收入	乡镇统筹自筹收入	国有主管部门收入	其他收入	预算外收入合计
2002	9938	579	971	—	914	12402
2003	9000	957	1388	—	328	11673
2004	10715	1115	—	—	683	12513
2005	11806	629	—	—	13256	25691

2006—2010 年缙云县政府非税收入一览

表 14-1-3　　单位：万元

项　目	2006	2007	2008	2009	2010
行政事业性收费	10827.24	13031	12833	14435	16051
政府性基金	1426.24	16537	6502	24985	65813
国有资本经营	4207.32	1200	1517	963	-2832
国有资源有偿使用	150.65	1033	2483	1010	327
专项收入	—	38498	31161	14407	26810
罚没收入	2112.78	3189	3866	3560	3263
其他收入	3267.22	2602	9112	9928	12928
合计	21991.45	76090	67474	69288	122360

政府性基金收入

1997—2010 年，全县政府性基金收入合计 222608 万元。

由于收支科目调整、分类改革等原因，政府性基金收入分 1997—2006 年、2007—2009 年、2010 年三个阶段。

1997 年，政府性基金设城市教育费附加、排污费、农牧业税附加 3 个征收项目，收入总额 220 万元。

1998 年，地方水利建设基金收入纳入基金管理，城市教育费附加收入纳入一般预算管理，不再列为基金收入。

2001 年，基本养老基金和基本医疗基金收入纳入基金管理。

2004 年，失业保险基金收入纳入基金管理，取消农牧业税附加收入。

2005 年开始，残疾人就业保障金和建设用地土地有偿使用费纳入基金管理。

2006 年，农村教育费附加改为地方教育附加收入，开征工伤、生育保险基金。

2007 年，散装水泥专项资金、新型墙体材料专项基金、国有土地收益基金、农业土地开发资金、国有土地使用权出让收入纳入政府性基金管理。

2008 年开始，彩票公益金纳入政府性基金管理。

2010 年，全县政府性基金收入 8.59 亿元，其中社保基金收入 2.22 亿元。

1997—2006年缙云县政府性基金收入一览表

表14-1-4 单位：万元

项目	1997	1998	1999	2000	2001	2002	2003	2004	2005	2006
一、工业交通部门基金收入	0	0	0	0	0	0	0	0	0	0
散装水泥专项基金收入	—	—	—	—	—	—	—	—	—	—
二、文教部门基金收入	163	0	0	0	0	0	0	0	0	390
城市教育费附加收入	163	—	—	—	—	—	—	—	—	—
地方教育附加收入	—	—	—	—	—	—	—	—	—	390
三、社会保险基金收入	0	0	0	0	445	4046	4696	5888	6913	8658
基本养老基金收入	—	—	—	—	355	2724	3205	3931	4796	6075
失业保险基金收入	—	—	—	—	—	—	—	237	247	233
基本医疗基金收入	—	—	—	—	90	1322	1491	1720	1870	2118
工伤保险基金收入	—	—	—	—	—	—	—	—	—	180
生育保险基金收入	—	—	—	—	—	—	—	—	—	52
四、农业部门基金收入	0	61	58	68	78	89	96	218	298	488
地方水利建设基金收入	—	61	58	68	78	89	96	218	298	488
五、土地有偿使用收入	0	0	0	0	0	0	0	0	34	0
新增建设用地土地有偿使用费收入	—	—	—	—	—	—	—	—	34	—
六、其他部门基金收入	19	0	0	0	0	0	0	0	263	286
残疾人就业保障收入	—	—	—	—	—	—	—	—	263	286
排污费收入	19	—	—	—	—	—	—	—	—	—
七、地方财政税费附加收入	38	72	70	96	61	38	36	0	0	0
农牧业税附加收入	38	33	25	25	44	38	36	—	—	—
其他附加收入	—	39	45	71	17	—	—	—	—	—
八、其他	—	—	100	63	81	44	—	—	—	—
合计	220	133	228	227	665	4217	4828	6106	7508	9822

2007—2009年缙云县政府性基金收入一览表

表14-1-5 单位：万元

项目	2007	2008	2009
一、政府性基金收入	14187	6488	26811
散装水泥专项资金收入	60	38	20
新型墙体材料专项基金收入	156	35	21
地方教育附加收入	979	1132	1185
新增建设用地土地有偿使用费收入	—	—	—
地方水利建设基金收入	952	1249	995
残疾人就业保障金收入	359	380	340
政府住房基金收入	—	—	—
城市公用事业附加收入	—	—	—

续表 14-1-5

项目	2007	2008	2009
国有土地收益基金收入	199	126	972
农业土地开发资金收入	103	54	72
国有土地使用权出让收入	11379	3339	23140
彩票公益金收入	—	135	66
城市基础设施配套费收入	—	—	—
车辆通行费	—	—	—
其他各项政府性基金收入	—	—	—
污水处理费收入	—	—	—
二、社会保险基金收入	14698	18640	21957
基本养老保险基金收入	10943	13390	14995
失业保险基金收入	384	391	490
基本医疗保险基金收入	2349	4248	5449
工伤保险基金收入	228	401	730
生育保险基金收入	138	210	293
其他社会保险基金收入	656	0	0
合计	28885	25128	48768

2010 年缙云县政府性基金收入情况一览表

表 14-1-6　　单位：万元

一、政府性基金收入		二、社会保险基金收入	
项目	金额	项目	金额
地方教育附加收入	1526	企业职工基本养老保险基金	12211
新增建设用地土地有偿使用费收入	—	城乡居民基本养老保险基金	—
地方水利建设基金收入	1599	机关事业单位基本养老保险基金	—
残疾人就业保障金收入	393	职工基本医疗保险基金	7995
政府住房基金收入	465	城乡居民基本医疗保险基金	—
城市公用事业附加收入	—	工伤保险基金	960
国有土地收益基金收入	55894	失业保险基金	683
农业土地开发资金收入	1445	生育保险基金	388
国有土地使用权出让收入	84	—	—
彩票公益金收入	80	—	—
城市基础设施配套费收入	—	—	—
车辆通行费	—	—	—
其他各项政府性基金收入	2150	—	—
污水处理费收入	—	—	—
累计	63636	累计	22237
合计	85873		

第二节　财政支出

一般预算支出

1993—2010年，全县财政总支出80.24亿元，其中1993—2006年35.54亿元。支出排在前三位的是：科教文卫事业费14.89亿元，占总支出的41.9%；行政管理费5.4亿元，占总支出的15.19%；农业水利气象事业费3.09亿元，占总支出的8.7%。

2007年，财政收支科目改革，启用新的财政支出项目。至2010年，财政总支出44.7亿元。支出排在前三位的是：教育事业费12.75亿，占总支出的28.5%；农业水事务事业费5.32亿，占总支出的11.9%；交通运输事业费3.51亿，占总支出的7.9%。其中环境保护投入力度加大，四年共支出1.07亿元，占总支出的3.3%。

1993—2006年缙云县财政支出一览表

表14-1-7　　单位：万元

项目	1993	1994	1995	1996	1997	1998	1999	2000	2001	2002	2003	2004	2005	2006
基本建设支出	—	—	50	60	83	12	60	118	486	1085	1745	505	2330	1075
企业挖潜改造资金	451	50	71	42	222	441	425	425	1942	1693	1975	1809	1232	1788
地质勘探费	—	—	1	—	—	—	—	—	—	30	58	20	14	20
科技三项费用	19	17	16	50	59	163	177	228	323	670	921	1021	1149	1252
农业水利气象事业费	610	403	688	917	1147	1186	1097	1600	2137	3350	3122	3486	4931	6239
工业交通事业费	328	467	503	536	628	748	1121	1991	1748	2809	3227	3474	4088	3947
科教文卫事业费	2842	3739	3731	5020	5471	6289	7118	7655	10175	12416	14144	16538	19822	33976
抚恤和社会福利救济	264	374	422	506	667	689	706	824	1042	1894	1814	2048	2400	2199
行政事业离退休支出	—	—	—	25	—	34	32	42	45	43	50	58	58	58
社会保障补助支出	—	—	—	—	—	42	83	124	169	1127	425	437	449	1553
行政管理费	942	1314	1781	1785	2073	2555	2648	3052	4099	5016	6253	6730	8081	7661
城市维护费	160	153	599	468	948	717	631	741	504	1202	547	654	958	790
国防公检法司支出	251	388	393	562	555	643	833	1132	1561	1936	2454	3941	4907	5097
专项支出	96	117	98	230	—	274	282	332	509	543	907	942	996	1128
其他支出	757	37	366	586	391	694	465	637	1264	494	569	730	796	843
支出合计	6720	7059	8719	10787	12244	14487	15678	18901	26004	34308	38211	42393	52211	67626

2007—2010年缙云县财政支出一览表

表14-1-8　　单位：万元

项目	2007	2008	2009	2010
一般公共服务	15904	17354	17629	20356
国防	149	139	134	156
公共安全	7689	7686	7941	11388
教育	24919	30343	33365	38829

续表 14-1-8

项目	2007	2008	2009	2010
科学技术	2159	2252	2455	2915
文化体育与传媒	1860	2744	2037	2767
社会保障和就业	4759	5507	6227	10091
医疗卫生	4924	5704	8862	9688
环境保护	1131	2744	2736	4086
城乡社区事务	2803	2711	4650	4372
农业水事务	6371	12583	13031	21240
交通运输	1704	300	21242	11853
工商业金融等事务	3854	4193	4304	9444
其他支出	952	462	476	875
支出合计	79178	94722	125089	148060

政府性基金支出

1993 年以来，政府性基金实行收支两条线管理，专款专用，与一般预算资金分别核算，分别平衡，结余结转下年继续使用。1999—2009 年，全县政府性基金支出 15.92 亿元，其中社保基金支出 8.59 亿元，占政府性基金总支出的 53.96%。2010 年开始，政府性基金支出科目与收入科目相对应。全县政府性基金支出 10.45 亿元，其中社保基金支出 1.76 亿元。

1999—2006 年缙云县政府性基金支出一览表

表 14-1-9　　单位：万元

项目	1999	2000	2001	2002	2003	2004	2005	2006
一、工业交通部门基金支出	0	0	26	25	25	1252	2875	2939
养路费支出	—	—	26	25	21	777	2869	2931
公路客货运附加费支出	—	—	—	—	—	471	2	8
墙体材料专项基金支出	—	—	—	—	4	4	4	—
二、商贸部门基金支出	0	0	0	65	4	236	17	298
外贸发展基金支出	—	—	—	65	4	236	17	298
三、文教部门基金支出	0	0	30	0	15	7	16	39
文化事业建设费支出	—	—	30	—	15	7	16	39
城市教育费附加支出	—	—	—	—	—	—	—	—
四、社会保险基金支出	0	0	445	4040	4702	5888	6913	8658
基本养老保险基金支出	—	—	355	2720	3209	3931	4796	6075
失业保险基金支出	—	—	—	—	—	237	247	233
医疗保险基金支出	—	—	90	1320	1493	1720	1870	2118
工伤保险基金支出	—	—	—	—	—	—	—	180
生育保险基金支出	—	—	—	—	—	—	—	52
五、农业部门基金支出类	101	68	79	310	122	377	220	1740
地方水利建设基金支出	101	68	79	310	122	377	220	1740

续表 14-1-9

项目	1999	2000	2001	2002	2003	2004	2005	2006
六、土地有偿使用支出	0	0	0	0	0	0	13	309
耕地开发专项支出	—	—	—	—	—	—	13	30
农业土地开发支出	—	—	—	—	—	—	—	279
七、其他部门基金支出	0	0	0	0	0	9	284	318
残疾人就业保障支出	—	—	—	—	—	9	284	318
排污费支出	—	—	—	—	—	—	—	—
八、地方财政税费附加支出	20	71	0	0	0	0	0	0
农牧业税附加支出	20	—	—	—	—	—	—	—
其他附加支出	—	71	—	—	—	—	—	—
九、其他	50	114	50	50	—	—	—	—
合计	171	253	630	4490	4868	7769	10338	14301

2007—2009 年缙云县政府性基金支出一览表

表 14-1-10　　单位：万元

项目	2007	2008	2009
一、政府性基金支出	—	—	—
养路费支	4168	4573	—
公路客货运附加费支出	20	—	—
新型墙体材料专项基金支出	5	106	25
外贸发展基金支出	622	134	4
文化事业建设费支出	44	4	60
地方教育附加安排的支出	1369	808	—
新增建设用地有偿使用费安排的支出	7	1379	7985
中央水利建设基金支出	—	50	45
地方水利建设基金支出	1686	2902	4171
残疾人就业保障金支出	373	380	340
政府住房基金支出	—	—	—
城市公用事业附加安排的支出	—	—	—
国有土地收益基金支出	—	—	600
农业土地开发资金支出	282	—	481
国有土地使用权出让收入安排的支出	11502	2423	13884
彩票公益金安排的支出	—	232	318
城市基础设施配套费安排的支出	—	—	—
车辆通行费安排的支出	—	—	—
其他各项政府性基金支出	—	—	—
污水处理费相关支出	—	—	—
大中型水库移民后期扶持基金支出	—	10	51
二、社会保险基金支出	—	—	—
基本养老保险基金支出	10943	13390	14995

续表 14-1-10

项目	2007	2008	2009
失业保险基金支出	384	391	490
基本医疗保险基金支出	2349	4248	5449
工伤保险基金支出	228	401	730
生育保险基金支出	138	210	293
其他社会保险基金支出	656	—	—
合计	34776	31641	49921

扶持企业资金支出

1993—2010年，县财政扶持企业资金支出合计91646万元。

1998年，县政府出台《缙云县重点项目贷款贴息资金管理办法》，对县财政预算安排的县重点项目贷款贴息专项资金管理作出具体规定。

1999—2010年，县财政扶持企业的项目主要有：返还企业超基数上缴所得税，外贸企业新增出口额部分贴息，向上级争取的粮食企业危房维修资金和转换经营机制补助以及各项贴息资金，重点工业企业奖励和招商引资资金，工业发展基金；国资营运公司贷款置换资金，中小企业贷款担保资金，国资营运公司注册资本金；预算外间隙调度资金，政策性退税、出口退税；扶贫小额贷款；新农村现代流通服务网络工程、储备应急体系和城乡市场监测体系建设、千镇连锁超市工程、农村商贸服务体系建设以及再生资源回收利用企业补助资金。

2010年，县财政通过贷款置换、担保，帮助250多家次企业解决资金周转困难。从再生资源回收企业上缴税费中按退税后增值税和地方税费财政所得部分的70%补助企业用于技术改造。

种粮补助和农资综合直补

1992年，粮食企业划转到地方管理，县财政负担部分政策性粮食经营管理费用。1999年，缙云县粮食收储有限公司成立，业务管理归属县发展改革局，政策性粮食收储经费由县财政统一负担。2004年，落实省政府对种粮大户直接补贴及良种补贴政策，县财政对种植早稻的农户每亩补贴10元。对订单粮食随行就市进行收购，粮食价外补贴每50千克7元。至2010年，全县粮食类补助资金共支出2993万元。其中，上级财政每年补助资金156万元，其余为县财政支出。

2006年起，国家对农户和种粮大户实施农资综合直补政策，对化肥、柴油等生产资料增加成本给予补贴。2007—2010年，全县农资综合补贴资金支出2408.04万元，惠及全县农户11.4万户。2009年、2010年，对594户种粮大户共补助资金29.7万元。

“家电下乡”补助资金支出

2007年起，全县获中央财政家电、汽车摩托车下乡补助资金共4900万元。其中，2009年2月—2011年6月，“家电下乡”补贴金额1346.9万元，受补贴电器46894台；2009年5月—2011年6月，汽车、摩托车补贴金额1892.93万元，受补贴车辆12742辆。2010年，“家电下乡”补贴金额667.39万元，受补贴电器23382台；“汽车摩托车下乡”补贴金额965.78万元，受补贴车辆6028辆。

第三节　财政管理

1993—2010 年，缙云财政管理机构逐步健全，队伍扩大，范围延伸到村，在体制、机制、模式、手段等方面变化较大。

财政体制

省对县财政体制　1989—1991 年，继续实行省级财政对县级财政定额补助财政体制。1992 年，根据省政府《关于试行“分税制”财政体制的通知》，开始执行“分税包干”财政体制，中央与地方共享收入的税收，留地方财政 70%、上缴省级财政 30%。

1994 年，中央实施“分税制”财税体制改革。浙江省“分税制”实施办法为：以 1993 年为基期年，1994 年后税收返还额在 1993 年基数上递增，递增率按上划中央收入增长率的 1 ∶ 0.3 系数计算，县（市）因此而增加的税收返还额，省集中 20%。地方财政收入除排污费、教育费附加、能源交通重点建设基金和国家预算调节基金外，以 1993 年为基期年，1994 年起省与县实行增收分成，实际收入比例按基数增长部分，省财政得 20%，县财政得 80%。

1995 年开始，省财政对 17 个贫困和次贫困县（市）实行“两保两挂”财政政策（缙云为次贫困县），在确保完成中央“两税”收入任务和当年财政收支平衡的前提下，省补助和奖励与地方财政收入比上年增长部分相挂钩。地方财政收入每增长 1 个百分点，省补助增长 0.5 个百分点；地方财政收入每增加 100 万元，省财政奖励 5 万元；政策三年不变。1998 年，将“两保”中“保中央‘两税’收入”任务改为“保逐年消化累计赤字”。同时，延长政策实施期限，五年不变。

2001 年 12 月，国务院《关于所得税收入分享改革方案》发布，规定 2002 年起实施所得税收入分享改革。企业所得税和个人所得税收入实行中央与地方按比例分享。2002 年所得税收入中央分享 50%，地方分享 50%；2003 年以后所得税收入中央分享 60%，地方分享 40%。以 2001 年为基期年，地方分享的所得税收入，如果小于地方实际所得税收入，差额部分由中央作为基数返还地方；如果大于地方实际所得税收入，差额部分由地方作为基数上缴中央。

2003 年，根据省政府《关于进一步完善地方财政体制的通知》，县（市）原体制上交以及分税制增收上交省部分以 2002 年决算数为基数作为固定上交额。地方财政收入超过 2002 年收入基数的增量部分，省、县（市）实行“二八”分成。上划中央“两税”收入税收返还以及所得税税收返还按原定办法执行。同时，在确保实现当年财政收支平衡、完成政策职责任务的前提下，实行省补助和奖励与地方财政收入增长、增收额挂钩的“两保两挂”办法。县（市）财政收入增长 1%，省补助也相应增长。其中，2003 年增幅为 0.5%，2004 年增幅为 0.4%，2005 年增幅为 0.3%。按地方财政收入比上年（环比）增收额的 10% 实行奖励，奖励分为发展资金和个人奖励，其中 8% 部分用于发展资金，2% 部分用于个人奖励。该财政体制自 2003 年起实行，初定执行期限 3 年，实际执行 5 年。

2008 年，省政府发布《关于完善省对市县财政体制的通知》，县级财政收入包括企业增值税 25% 部分，企业所得税 40% 部分，个人所得税 40% 部分，营业税、城市维护建设税、房产税、城镇土地使用税、土地增值税、耕地占用税、契税等各项非税收入。上划中央增值税、消费税税收返还收入在 2007 年基数上逐年递增，递增率按县当年上划中央增值税、消费税收入增长率 1 ∶ 0.3 系数确定；上划中央企业所得税、个人所得税税收返还收入，以 2007 年决算为基数核定。如 2008 年以后上划中央企业所得税、个人所得税收入达不到 2007 年基数，相应扣减税收返还基数。缙云县历年按体制上缴省的收入，以 2007 年决算数为基数，作为固定上缴。县地方财政收入超过2007年收入基数的增量部分，省与县实行二八分成。县上划中央增值税、消费税应返还收入比2007年返还基数的增加额，省与县实行二八分成。调整“两保两挂”财政政策，建立分类分档激励奖补机制，将“两保两挂”统一调整为“分类分档激励奖补机制”，对欠发达地区实施三档激励补助政策、两档激励奖励政策，缙云县列入二档激励奖励补助。二档激励奖励政策范围，在确保实现当年财政收支平衡、完成各项职责任务的前提下，实行省补助与其地方财政收入增长挂钩，奖励与地方财政收入增收额挂钩的办法。补助办法是县（市）地方财政收入每增长1%，省补助按0.3补助挂钩系数相应增长；奖励办法按地方财政收入当年增长额的10%给予奖励，奖励分为发展资金和考核奖励两部分，其中8%部分用于发展资金，2%部分用于考核奖励。

县对乡镇财政管理体制 1994年，实行超（短）收分成的管理办法。乡镇财政收入以1993年实绩为基数，超收部分乡镇分成40%，短收部分赔补20%。财政支出核定以1993年支出基数为基础，适当考虑增减因素。1995年始，实行“划分税种，核定基数，收支挂钩，超（短）收分成、一定三年”的管理办法。1998年，调整乡镇财政收支范围，共享税部分不列入乡镇体制收入。超（短）收分成办法：收入按财政实际收入数计算。壶镇镇按县政府“小城镇综合改革试点”相关文件执行。五云镇、新建镇、新碧镇、舒洪镇、东渡镇按留县财政部分的65%分成；其他乡镇按留县部分的60%分成。没有完成基数的乡镇按欠收部分比照超收分成比例的50%扣减支出基数。1999年，实行“划分税种、核定基数、收支挂钩、超（短）收分成、平衡奖励”的管理体制。将五云、新建、新碧、舒洪、东渡划分为一类乡镇，按留县部分的65%分成；其余乡镇为二类乡镇，按留县部分的60%分成。同时，建立健全乡镇奖惩制度，设立超收分成奖、收入挂钩补助和消化历年赤字补助。

2002年，对乡镇财政实行“两保两挂”办法，提高乡镇公用经费预算补助标准。乡镇分类由二类改为三类。调整收入范围，将增值税、企业所得税、个人所得税留县部分作为乡镇收入，新增印花税。对工业园区收入、原异地办厂企业税收或一次性、偶然性收入进行单项结算。实行消化历年赤字激励机制，将消化“乡镇财政赤字”目标调整为消化“乡镇财政和乡镇政府赤字”，乡镇消化指标内历年赤字继续按照1∶0.5系数挂钩补助，增加消化指标外历年赤字按1∶1系数挂钩补助。按消化历年赤字补助的10%提取奖励基金。

2005年，乡镇分类调整为四类，一至三类乡镇实行“划分税种、核定基数、超收分成、欠收自补、平衡奖励”办法。当年未完成收入基数，按短收部分比照超收分成比例的50%扣减支出基数；对带有偶然性或一次性的属于乡镇财政收入范围的收入，实行单项结算，按收入实绩留县部分的40%分成；建制镇（不含五云镇）的城市维护建设税留县部分全额用于该镇基础设施建设。四类乡镇实行部门预算办法。2007年起，实行“乡财乡用县管”体制，纳入县财政支付中心集中核算。2008年起，对壶镇镇、缙云工业园区管委会实行“划分收支、核定基数、超收分成”体制；五云镇按照镇范围的房产税征收率达到90%以上时，上年实绩内按留县部分30%总额分成，超收按留县部分50%分成，用于镇预算拼盘。其他乡镇取消乡镇财政体制，财政经费由县财政全额保障。

2001年，各乡镇会计代理服务中心成立。2006年，农村集体财务电算化管理实行县、乡两级联网。2010年，乡镇财会管理软件系统升级，各行政村票据扫描录入电脑，利用电子触摸屏公示村级资金、资产、资源。

预算管理

1994年开始，全县行政、事业单位预算外资金实行“专户储存”管理，资金“即缴即拨”。对行政事业单位长期实行“预算包干，超支不补”政策，1995年以后，改为“分年核定、包死基数”和“增支自负”两种包干形式。对包干范围的政策性增支因素增加预算安排，对困难较多的单位和项目增加经费补助，对公费医疗经费适当增加补助。政策性增支由县财政负担，公用经费维持原水平。事业单位全部收支编入预算。

1996 年，县财政局与县人行联合作出《关于加强行政、事业单位预算外资金银行账户管理的通知》，规定行政、事业单位的一个支出户，须经财政部门审核后方可开设。1997 年，全县行政、事业单位预算外资金收入全部缴入财政专户，实行收支“两条线”管理。

1998 年，实行“核定收支基数、定额或定项补助、超支不补、节余留用、计划管理、综合平衡”的综合财政预算管理制度，对部门（单位）实行“人员经费按实际、公用经费按定额、专项经费视财力”的预算管理办法，并统筹单位预算内外资金，编制综合财政预算。全县预算单位划分为三类七档，一类为没有预算外收入或较少预算外收入的单位，分两档，实行“核定基数，总量控制”办法；二类为有预算外收入的单位，分三档，实行“核定基数、综合定额、总量考核”办法；三类单位分两档，实行定额补助或定项补助。单位预算外资金按“核定基数、以收定支、综合平衡”原则管理，收入全额解缴财政专户，支出纳入综合财政预算管理。鼓励单位提高财务自我平衡能力，允许单位按经常性支出经费自给率列支奖励。1999—2002 年，对经常性支出重新核定，建立支出最低保障制度，增加综合定额自我调节办法，提高公检法部门综合定额上浮幅度，规范专项资金审批制度，取消单位预算外资金收入“核定基数”条款和相应奖励内容。

2003 年，以县发展计划局、林业局为试点单位，将单位预算内外资金、其他收入、历年结余资金全部纳入部门预算统一管理。2007 年，县属行政事业单位全面实行部门预算。2009 年，进行“收入一个笼子、预算一个盘子、支出一个口子”预算管理改革。2010 年，首次编制政府性基金预算。

政府项目投资管理

2003 年 9 月，县财政局经济建设科成立，监督管理财政性投资的交通、环保、城乡建设、风景旅游、信息产业、国债投放等项目资金使用；下达预算内基本建设支出预算，审批政策性基建贷款贴息，参与财政性基本建设投资安排、政府性投资项目的招投标管理和财政性公共资源资料汇总审定。2004 年开始，编制基本建设预算；6 月，政府性资金投资项目审价办公室成立，对政府性投资项目进行预决算管理。

2005—2007 年，《仙都风景旅游项目贷款贴息资金使用管理办法》《项目前期工作经费使用管理暂行办法》《滩坑水电站移民安置点公建项目管理实施细则》制定实施。2007 年，县开发性金融合作领导小组成立，办公室设财政局。2009 年，经济建设科与支付中心、国库科衔接实行基本建设拨付资金代垫机制。除土地开发项目外，其他建设项目全部纳入支付中心基建账户统一支付。

2010 年，财政基建项目管理系统建立，通过合同控制资金拨付进度，实现指标控制计划、计划控制支出、支出控制核算和决算、资金支出相衔接。2010 年 6 月开始，县城市开发公司等 4 家单位 24 个项目成为首批试点项目，当年通过该系统累计拨付建设资金 15132 万元。

2003—2010 年缙云县政府性投资项目资金收支一览表

表 14-1-11　　单位：万元

项目	2003	2004	2005	2006	2007	2008	2009	2010
收入	4205	26904	32189	33988	35086	45237	73103	92646
支出	3645	24242	31905	32698	35475	28962	120424	114877

政府采购监管

1989 年 3 月，缙云县控制社会集团购买力办公室成立，设在县财政局。1993 年以后，继续执行上级有关控制社会集团购买力的规定。1999 年始，全县行政事业单位凡预算资金采购物品均实行政府统一采购。

2000 年，县政府采购中心成立，行政事业单位凡使用预算资金采购物品均纳入政府采购。2003 年，全县机关及事业单位汽车编制共 225 辆。对党政机关购置小汽车一律按市控办规定的小汽车编制执行，各乡镇、县属单位党政机关公务车，一律使用国产轿车，价格不超过 22 万元。2004 年 4 月，县采购中心入驻县政府办事中心；11 月，推行政府采购项目制度，采购资金纳入财政支付中心统一支付。2006 年 6 月，政府采购“管采分离”实行，纳入丽水市招投标平台统一管理。2007 年以后，制定实施《政府采购工作制度》《政府采购中心工作守则》《政府采购中心办事工作运作流程表》《政府采购廉政制度》《政府采购工作规程》等政府采购规定。

1999—2010 年，政府采购集中采购预算金额 90785 万元，中标金额 76450 万元，节约资金 14335 万元。

1999—2010 年缙云县政府采购金额一览表

表 14-1-12　　单位：万元

年份	预算金额	中标金额	节约资金	年份	预算金额	中标金额	节约资金
1999	656	556	100	2005	5550	4825	725
2000	1701	1446	255	2006	8942	7065	1877
2001	2593	2089	504	2007	12127	10037	2090
2002	2526	2127	399	2008	14767	12795	1972
2003	3382	2707	675	2009	15760	13718	2042
2004	4235	3619	616	2010	18546	15456	3090

县财政支付中心

2001 年 6 月，县财政局发出《关于县级行政机关事业单位财务实行集中支付统一核算制度的通知》，对县级行政事业单位财务开始实行统一核算、集中支付；2002 年 1 月，县财政局财政支付中心（会计核算中心）设立，办公室设在县建行胜利街分理处。至 2008 年，全县 74 个单位的财务分四批纳入支付中心管理。

2005 年开始，县财政支付中心实行远程结报集中核算。是年，接收资金 74749.98 万元，支付资金 81175.35 万元，其中基建资金 54867 万元。2006 年，县财政支付中心开通移动办公业务。至 2010 年 12 月 14 日止，纳入集中支付的单位 96 个（含乡镇、农管处 18 个），工资发放单位 15 个，省直单位 2 个。

2010 年 1 月，县、乡镇行政事业单位公务人员工资及津补贴全部统一到县财政支付中心发放；2 月，农村困难群众住房救助、农民异地转移补助、种粮大户等 20 多项惠农项目资金由粮食直补网以“一折通”方式发放给个人。

农业综合开发管理

2002 年 4 月，县农业综合开发办公室从中共缙云县委办公室划转到县财政局。1996—2010 年，全县实施农业综合开发项目 39 个（土地治理项目 23 个面积 15047.52 公顷，产业化经营项目 16 个），总投资 23965 万元，其中省和中央财政资金补助 10342 万元，县财政配套资金 1977 万元。2010 年开始，产业化经营项目扶持对象由农业龙头企业转向农民专业合作社，通过推广“公司 + 合作社 + 基地 + 农户”模式补助，农业龙头企业可申报贷款贴息项目。

2007 年开始，乡镇农业综合开发管理工作经费由县财政安排，每年每亩 30 元。至 2010 年，上级财政对农业综合开发土地治理项目资金投入 90%，项目所在地群众自筹资金投入 10%。

1996—2010年缙云县农业综合开发土地治理项目一览表（一）

表14-1-13 单位：万元

年份	项目所在地	治理内容	省以上财政补助资金	县财政配套资金	村集体自筹资金
1996	大源、大洋、胡源、舒洪、双溪口、溶江	开垦荒地733.7公顷	316	63	192
1997	东方镇	中低改667公顷	100	31	64
	壶镇镇三联片	中低改800.4公顷、开荒266.8公顷	200	69	92
1998	新建镇溪南片	中低改667公顷	150	30	114
1999	新建镇	中低改1334公顷	300	60	213
2000	壶镇镇溪东	中低改1334公顷	300	60	86
	新建镇笕川村、宅基村	中低改400.2公顷	180	36	15
2001	新碧镇、城北乡、七里乡	中低改1334公顷	400	80	23
	舒洪镇	水库2座38万立方米、中低改333.5公顷	300	22	85
2002	东渡镇、舒洪镇	中低改1000.5公顷	360	72	108
2003	雁岭乡	中低改733.7公顷	310	62	86
2004	仙都农管处、双溪口乡	中低改800.4公顷	480	96	187
2005	大洋镇	中低改1000.5公顷	250	50	91
2006	三溪乡	中低改266.8公顷	409	82	325
	东方镇	中低改533.6公顷	234	47	64
2007	新建镇溪西片	中低改333.5公顷	450	90	128
	溶江乡	中低改333.5公顷	350	70	100
2008	胡源乡	中低改333.5公顷	500	150	170
	大源镇	中低改333.5公顷	380	76	114
2009	壶镇镇	中低改400.2公顷	530	106	133
	五云镇	中低改373.52公顷	420	84	105
2010	大源镇	中低改333.5公顷	540	108	135
	新建镇	中低改400.2公顷	480	96	125
合计	—	—	7939	1640	2755

2006—2010年缙云县农业综合开发土地治理项目一览表（二）

表14-1-14

年份	所在地	防洪堤（千米）	拦水坝（座）	水库（座）	渠道（千米）	便道（千米）	排渠（千米）	机耕路（千米）	电灌（座）	新增水面积（公顷）	改善水面积（公顷）	改善涂涝面积（公顷）	新增机耕面积（公顷）
2006	三溪乡	4.2	22	1	16	—	0.5	10	2	100.1	567	333.05	200.1
	东方镇	—	—	—	20.8	—	7.3	11.8	—	133.4	266.08	66.7	166.8
2007	溶江乡	2.7	17	4	6.4	—	—	4	—	33.35	166.8	66.7	100.1
	新建镇	2.4	28	5	14.6	—	—	8.8	1	66.7	166.8	66.7	133.4
2008	大源镇	5.5	16	—	9.2	6.7	—	4.4	—	33.35	100.1	33.35	33.35

续表 14-1-14

年份	所在地	防洪堤（千米）	拦水坝（座）	水库（座）	渠道（千米）	便道（千米）	排渠（千米）	机耕路（千米）	电灌（座）	新增水面积（公顷）	改善水面积（公顷）	改善涂涝面积（公顷）	新增机耕面积（公顷）
2008	胡源乡	3.2	21	—	8.8	7.3	—	7	—	33.35	200.1	66.7	66.7
2009	五云镇	2.5	9	—	9.8	—	—	14	—	133.4	100.1	66.7	100.1
	壶镇镇	8.2	6	—	16.5	—	—	12.9	—	133.4	200.01	66.7	133.4
2010	新建镇	1.1	—	—	14.7	—	—	1.1	1	66.7	200.1	266.8	66.7
	大源镇	4.6	16	1	5.9	20	—	4	—	66.7	66.7	66.7	100.1

1997—2010年缙云县农业综合开发产业化经营项目一览表

表 14-1-15　　单位：万元

年份	项目名称	省以上财政资金	其中		县市配套	其中		自筹资金	银行贷款
			有偿	无偿		有偿	无偿		
1997	县外贸肉联厂建设	170	170	—	30	30	—	700	—
1999	“益菇粉”技改	85	85	—	15	15	—	100	—
	县外贸肉联厂技改	255	255	—	45	45	—	150	—
2000	“益菇粉”加工	85	85	—	15	15	—	50	—
2002	3335公顷优质蚕桑	258	231	27	52	44.2	7.8	1268	150
	种禽养殖	92	82	10	18	15.3	2.7	130	60
2004	优质禽苗基地	180	126	54	20	14	6	155	150
	航天育种基地	180	126	54	20	14	6	2553	350
2006	名特优水果基地	180	135	45	20	15	5	209	—
	航天育种基地	180	135	45	20	15	5	196	200
2007	三万吨饲料厂配套	180	135	45	20	15	5	273	200
	家禽产品加工	180	135	45	20	15	5	245	—
2008	74公顷蚕桑种植	180	135	45	20	15	5	128	30
2009	40公顷太空种植基地	90	—	90	10	—	10	347	—
	新增年产3千吨畜禽	—	—	—	—	—	—	400	500
2010	冷房建设及香菇栽培等	108	—	108	12	—	12	347	—

会计队伍管理

县财政局设会计管理科。1993年以来，开展会计业务培训、会计核算制度实施、会计电算化、会计从业资格和资产评估资格鉴定等工作，指导、监管县资产评估协会、珠算协会、会计师事务所等中介服务机构工作。

1990年开始，每年组织会计人员参加省会计资格考试、全国注册会计师统考。2001年，全县在册会计人员1700人，具有会计职称的700余人，其中，高级会计师1人，会计师170人。2005年，开始执行会计人员持证上岗制度。2010年年末，全县持有会计从业资格证人员3557人。其中，注册会计师21人、高级会计师15人、会计师258人、初级会计专业技术人员596人。

1994年，缙云县会计师事务所成立，为全县首家注册的会计师事务所。1999年，缙云县会计师事务所更名为缙云仙都会计师事务所有限公司。

第二章　国家税务

1997 年 9 月，缙云县国家税务局从县地方税务局、县财政局中分立，隶属于丽水地区国家税务局，承担中央税、中央与地方共享税及国家指定税种的征收管理，主要负责征收的税种有增值税、消费税、企业所得税、车辆购置税和储蓄存款利息所得个人所得税等。

第一节　国税收入

1997 年 9 月，缙云县国家税务局分设后，征收的增值税（剔除省级增值税）、消费税和企业所得税（剔除省级企业所得税）构成财政总收入，其中增值税 25% 部分和企业所得税 40% 部分组成地方财政收入。1998—2010 年，全县累计国税收入 40.22 亿元。

1998—2010 年缙云县国税收入一览表

表 14-2-1　　单位：万元

项目	1998	1999	2000	2001	2002	2003	2004	2005	2006	2007	2008	2009	2010
增值税	6419	7218	8538	10602	12514	15844	16643	21189	30406	38508	46204	53314	60842
营业税	175	210	216	193	94	19	—	—	—	—	—	—	—
消费税	269	413	1121	3620	3726	2368	2656	2676	3221	3823	4030	3691	3075
企业所得税	68	39	60	22	102	336	815	875	1708	2662	3787	3967	6467
外商投资企业所得税	—	148	271	564	635	274	207	322	469	373	—	—	—
个人所得税	—	2	326	555	527	539	677	662	876	993	551	208	40
车辆购置税	—	—	—	—	—	—	—	—	173	172	2215	2626	3080
合计	6931	8030	10532	15556	17598	19380	20998	25724	36853	46531	56787	63806	73504

第二节　税务征管

1994 年税制改革以后，缙云国税以流转税为主，以生产环节为主要纳税环节。纳税方式推行电话申报、简易申报、网上申报等，实行办公无休日服务。2010 年，全县 4687 户正常纳税户全部纳入 CTAIS（中国税收征管信息系统）管理。

征管模式

1999 年 6 月以前，全省实行以县为单位，以城镇为中心的集中征收管理。2001 年开始，实行“税收监控在省局、税款征收和纳税信息处理在市（地）局、税收管理在县（市）局”的管理模式。2003 年以后，依托计算机网络，建立纳税人自行申报纳税制度。集中征收，重点稽查，实现税收征管执法综合信息集约处理。2005 年，综合征管软件 V2.0 在国税系统运行，税收征管数据全省集中处理。纳税人自行申报纳税制度、优质高效的纳税服务体系建立。2006 年开始，县国家税务局建立“实践—立项—提炼—评审—评估—反馈—申报—再实践”的管理机制，在全省率先实现国税、地税、工商三部门联合办证。

2010 年，县国家税务局在门业、带锯床、工具、铸件等行业实行“行业自治式”税收管理。

税务办理

税务登记 1998 年，税务登记从各乡镇税务所改由县国家税务局办税服务厅办理。2003 年，县行政审批中心设置国税办证窗口。税务登记业务归并审批中心窗口办理，变更和注销业务仍在县国家税务局办税服务厅办理。2006 年以后，免除税务登记工本费。

纳税申报 1994 年，实行“自行申报，优化服务，集中征收，重点稽查”工作模式，取消专管员管户制度，实行集中公开办税，全部工业企业和部分个体工商户到税务部门申报纳税。1999 年 3 月，邮寄纳税申报开始试行。2001 年，小规模纳税人电话、网上纳税申报开始试行。2002 年起，网上纳税申报全面推行，并采取“一窗式”服务。

征收办法 基本采用查账征收，其中对会计核算制度不健全的小型企业和个体工商户采用核定征收。一般纳税人增值税按增值额 17% 税率征收，小规模纳税人按销售额 3% 税率征收。实施集中征收后，对边远农贸市场、零星分散和异地缴纳的税收采用委托代征。2003 年以后，税款上缴、入库、退库通过税银库一体化系统处理。

办税服务

1998 年，县国家税务局在五云、壶镇设立办税服务厅。1999 年，县国家税务局办税中心成立，在新建、舒洪、新碧设立办税服务厅。县国家税务局办税中心设税务登记、发票管理、申报征收、税务咨询、资料发售、票证开具、综合管理窗口，实行政务、办事程序、办事结果“三公开”。

2000 年，在县农行二楼设立国税办税厅。办税服务厅设有申报征收、发票管理、税务咨询、税务管理和值班窗口，实行全天服务、双休日值班。2001—2007 年，办税服务厅设立“全程办事服务”受理台，统一受理各种涉税事宜，推行全程办事服务；建立国、地税联席会议制度，及时沟通协调税务征管工作；对重点企业和持“创业绿卡”企业采用上门预约服务；建立纳税自助办税服务台，做到依法、公开、便民、高效；推出“便民联系卡”，实行“纳税服务六项承诺”，办税大厅增设地税门征窗口，安装使用农行内部 POS 机和 14 台“服务满意度”测评仪。

2008—2010 年，县国家税务局设立纳税服务科（办税服务厅），开展“国税服务缙云经济”行动，推行“农民办税方便卡”“农村税收征管服务系统”“一窗统办”“智能排队叫号系统”等服务。成立全省首家“纳税人维权中心”，开通直接上门、电话和信函等维权申请或投诉。在壶镇地税办税大厅安装自助办税系统，为纳税人提供 24 小时自助领购发票、纳税申报、税款缴纳服务。通过 ECP 系统实现与纳税人的互动。

第三节 税收优惠与出口退税

1993 年以来，按照有关政策，县国税局对营业税、企业所得税、个人所得税实行减免。

税收优惠

营业税减免 执行有关营业税减免规定，对安置军队转业干部的企业，符合相关要求的，自领取税务登记证之日起，3年内免征营业税。按照财政部、国家税务总局《关于促进残疾人就业税收优惠政策》，对符合安置残疾人员就业5项要求的企业，享受营业税减免政策。

企业所得税减免 对新办第三产业企业、为农业生产服务的行业、资源综合利用企业、农口企业，年减免税额在10万元以下的受灾企业、劳动就业服务企业、招用下岗失业人员的现有企业、社会福利生产企业、老年服务机构等，按照企业所得税减免条件予以减免。

个人所得税减免 对下岗职工从事个体经营的，经营所得3年内免征个人所得税；对军队转业、退役的干部、战士从事个体经营的，3年内免征个人所得税；对残疾、孤老人员、烈属和因严重自然灾害造成重大损失、转让唯一生活用房等人员免征个人所得税。

出口退税

1994年2月开始，执行国家税务总局《出口货物退（免）税管理办法》。2001年开始，执行浙江省调整出口退税政策，对有进出口经营权的生产性出口企业自营或委托代理出口货物全部采用“免、抵、退”税办法。2005年7月，《浙江省国家税务局出口退税管理员管理办法》实施，出口退税的科学化、精细化管理进一步提高。

1998—2010年，全县国税减免合计144147万元，其中出口退税79478万元。

1998—2010年缙云县国税减免一览表

表14-2-2　　单位：万元

项目	1998	1999	2000	2001	2002	2003	2004	2005	2006	2007	2008	2009	2010
免抵调库	—	—	—	—	2415	2495	2420	2892	4665	5000	7650	11188	8000
出口退税	—	—	—	—	125	4199	7655	4698	6611	8801	10451	13538	23400
减免退税	—	8	—	—	172	291	352	329	394	1012	906	972	1068
先征后退	2	57	70	219	329	391	—	1156	1129	727	729	821	1020
汇算清缴税	—	—	158	54	1134	1030	1653	506	12	83	230	233	697

第三章 地方税务

1993—2010年，缙云县地方税务征收税目、税率随着上级政策的变化而调整。实行税制改革后，县地方税务局（简称“县地税局”）设立办税大厅，实现了从传统的税务专管员分片管户到纳税人自行申报办税的重大转变。县地税局组织各项税费、基金的征收，为缙云县涵养财源，参与宏观调控起到了杠杆作用。

第一节　税目及税率

1993—2010 年，全县征收的税目有增值税、产品税、营业税、企业所得税、个人所得税、车船税、土地增值税、房地产税、印花税、城市维护建设税、固定资产投资方向调节税、屠宰税等。

增值税　产品税

1993 年以前，增值税由县地税局征收。1997 年浙江省税改以后，原征收产品税的工业产品改征增值税，由县国税局征收；农、林、牧、水产品税改征农业税和屠宰税，由县地税局征收。

营业税

1993 年以前，营业税税率分作 3%、5%、10%、15% 四档。起征点为商品零售业务月销售收入额 240 元，其他业务月营业收入额 120 元。对临时经营者，则按每次营业收入额 15 元收取。1994 年以后，按期纳税的起征点为月营业额 400 元，按次纳税的起征点改为每次（日）营业额 50 元。

2003 年，按期纳税的起征点提高到月营业额 2000 元，按次纳税的起征点提高到每次（日）营业额 100 元。2005 年以后，按期纳税的营业税起征点提高到 5000 元。同时，按行业设置税目 9 个，实行差别比例税率。2009 年，医院、诊所和其他医疗机构提供的医疗服务免征营业税。

2010 年缙云县营业税税目、范围、税率一览表

表 14-3-1

税目	范围	税率（%）
交通运输业	陆路运输、水路运输、航空运输、管道运输、装卸搬运	3
建筑业	建筑、安装、修缮、装饰及其他工程作业	3
金融保险业	金融、保险	5
邮电通信业	邮政、电信	3
文化体育业	文化业、体育业	3
娱乐业	歌厅、舞厅、卡拉 OK 歌舞厅、音乐茶座、台球、高尔夫球、保龄球、游艺	5 ~ 20
服务业	代理业、旅店业、饮食业、旅游业、仓储业、租赁业、广告业及其他服务业	5
转让无形资产	转让土地使用权、专利权、非专利技术、商标权、著作权、商誉	5
销售不动产	销售建筑物及其他土地附着物	5

企业所得税

1994 年税制改革以后，不再分国营、集体、私营，实行统一的企业所得税（外资企业和中外合资企业除外）、个体工商户个人所得税。年应纳税所得额在 10 万元以上的按 33% 征收，在 3 万元以下的按 18% 征收，在 3 万～10 万元的按 27% 征收。核定征收企业所得税应税所得率为农林牧渔业 3%、制造业 5%、小水电 15%、批发和零售贸易业 4%、交通运输业 7%、建筑业 8%、饮食业 8%、娱乐业 15%、其他行业 10%。

2001 年，个人独资企业、合伙企业的企业所得税停止征收，改为向投资者个人征收个人所得税。2008 年，

取消外商投资企业和外国企业所得税，统一实行企业所得税。房地产开发企业所得税分月按率预缴，预售收入的利润率按15%执行。

个人所得税

1994年，个人所得税课税对象分为11个大类：工资、薪金所得，个体工商户生产经营所得，承包、承租所得，劳务报酬所得，稿酬所得，特许权使用费所得，利息、股息、红利所得，财产租赁所得，财产转让所得，偶然所得，经国务院财政部门确定的其他所得。个人收入调节税并入个人所得税。适用税率分四项累进制：工资、薪金所得，税率5%～45%；生产经营、承包、承租所得，税率5%～35%；劳务报酬所得，税率20%～40%；特许权使用费、利息、股息、红利所得以及财产租赁、财产转让、偶然所得和其他所得，使用20%比例税率。

住房、营业用房及其他非住宅用房的所得，按照“财产转让所得”项目征收个人所得税。2005年开始，工资薪金所得税税前扣除标准月起征点逐步提高，从1994年的800元提高到2004年的1200元、2006年的1600元、2008年的2000元。

2006年以后，年所得12万元以上纳税人实行自行纳税申报。对个人转让人未提供完整、准确的房屋原值凭证，不能正确计算房屋原值和应纳税额的，对其实行按房产转让收入的1%核定应纳个人所得税额。对个人股东股权转让所得（按股权转让的收入额减除股权原值及合理费用后的余额为应纳税所得额），按20%的税率缴纳个人所得税。

车船税

车辆、船舶所有人或者管理人为车船税的纳税人。2006年以前，车船税称车船使用税，2007年改称车船税。乘人汽车每辆100～200元，载货汽车每吨位40元，摩托车每辆20～80元，非机动车每辆6～10元。军警专用车，免征车船税按照有关规定执行。2008年5月起，由车辆保险机构代收代缴车船税。摩托车车船税仍由稽征所代收代缴。

2010年缙云县车船税类别、标准、税额一览表

表14-3-2　　单位：元/年

类别	标准	税额
载客汽车	大型客车：载客人数大于或等于20人的每年每辆	540
	中型客车：载客人数大于9人且小于20人的每年每辆	480
	小型客车：载客人数小于或等于9人的每年每辆	360
	微型客车：发动机气缸总排气量小于或者等于1升的每年每辆	240
载货汽车	按自重每年每吨（包括三轮汽车、低速货车、专业作业车和轮式专用机械车）	60
摩托车	每年每辆	60

土地使用税

1989年8月，按省税务局《关于城镇土地使用税税额的复函》规定，确定五云、壶镇、新建、舒洪四个镇土地使用税征收的适用范围和税额：县城内的复兴街、胜利街、溪滨北路、大桥南路等主要街道年税额为每平方米0.45元。除上列街道外的其他地段年税额为每平方米0.4元；壶镇镇、新建镇、舒洪镇年税额为每平方米0.25元。

2005年调整土地使用税税额。将全县建制镇的土地等级划分为三级，五云镇和壶镇镇的城镇土地使用年税额每平方米1.5元；新建镇、新碧镇、舒洪镇、东渡镇年税额每平方米1元；东方镇、大源镇、大洋镇年税额每平方米0.6元。内、外资企业统一标准征收城镇土地使用税。

2008年，重新划分建制镇土地等级：五云镇老城区大桥南路朝阳巷至好溪以北，三里加油站以南，新区好溪（缙云二桥至双潭水厂）以北范围内土地为一级，年税额每平方米4.2元；壶镇镇、东渡镇和五云镇一级土地以外范围的土地为二级，年税额每平方米2.8元；新建镇、舒洪镇、大洋镇、东方镇、大源镇范围的土地为三级，年税额每平方米1.4元。执行期两年，2011年1月1日开始恢复原税额标准。

土地增值税

土地增值税纳税对象为转让国有土地使用权、地上建筑物及其附着物并取得收入的单位和个人。计税依据为转让房地产所取得的增值额。土地增值税实行四级超额累进税率，分别为30%、40%、50%、60%。采取预售方式转让房地产的，按预收金额1%～3%预征土地增值税，项目竣工后进行清算，多退少补。对不同时段不同类别的房地产开发项目适用不同的核定征收率。

2008年11月开始，根据财政部、国家税务总局规定，对个人销售住房暂免征收土地增值税。

2001—2010年缙云县房地产开发项目增值税税率一览表

表14-3-3

时间	住宅类（%）	其他开发项目（%）	转让土地使用权（%）
2001年—2003年12月	0.5	0.5	1
2004年1月—2007年9月	1	1	2
2007年10月—2008年11月	1	2	3
2008年12月—2010年6月	0.5	0.5	0.5
2010年7月—2010年12月	2	2.5	5

房产税

1986年10月1日开始，《中华人民共和国房产税暂行条例》实施。房产税的计税依据为房产余值和租金收入，采用比例税率，从价计征。房产税税率以房屋的账面原值一次减去30%后的余值按年税率1.2%计征，出租房屋年税率按房屋租金收入12%计征。

2001年1月开始，对个人按市场价格出租的居民住房，房产税按4%的税率执行；8月开始，根据上级税收文件，“个别建制镇开征房产税有困难的，报经省财政厅批准，可暂缓开征”。

2008年3月开始，对个人出租住房，不区分用途，房产税按4%的税率征收；对企事业单位、社会团体以及其他组织按市场价格向个人出租用于居住的住房，按4%的税率征收房产税。省地方税务局调整房产税减免审批权限，对纳税人缴纳房产税确有困难，需要减税或免税的，报经市、县（市、区）主管地方税务局批准，给予临时性减税或免税照顾。

2009年1月1日开始，《中华人民共和国城市房地产税暂行条例》废止，外商投资企业、外国企业和组织以及外籍个人依照《中华人民共和国房产税暂行条例》规定缴纳房产税。

2010年5—9月，县地税局在全县开展房产税税源清查。

印花税

印花税采用比例和定额两种税率。比例税率按财产租赁合同征收，其中仓储保管合同税率1‰，财产保险合同税率0.3‰（1990年7月1日起改按保费收入1‰），购销合同、建筑安装工程承包合同、技术合同税率0.3‰，加工承揽合同、建筑工程勘察设计合同、货物运输合同、产权转移书据、营业账簿（固定资产原值与自有流动资产总额）税率0.5‰，借款合同税率0.05‰。其他营业账簿、权利许可证照按件贴花5元。

2006年3月1日开始，除印花税税目税率表中的“营业账簿”“权利、许可证照”和其他相关政策已规定实行预征税款的行业外，对其他企业的应税凭据均实行按经营收入预征印花税，按《浙江省地方税务局关于扩大印花税预征范围若干问题的通知》中的“应税合同金额占比”的下限比例执行，工业为80%，商业为50%，其他行业为100%。

城市维护建设税

城市维护建设税以纳税人缴纳的产品税、增值税、营业税、消费税的税额为计税依据。县域城市维护建设税税率为：县城及建制镇5%；县城或建制镇外的1%。

2010年12月1日开始，统一内外资企业的征收标准，对外资企业和外籍个人征收城市维护建设税和教育费附加。

固定资产投资方向调节税

1991年1月开始，固定资产投资方向调节税开征，建筑税停止征收。固定资产投资方向调节税按国家产业政策制定差别税率，具体差别税率为：0%、5%、10%、15%、30%。1999年7月1日开始，固定资产投资方向调节税减半征收。2000年1月1日开始，固定资产投资方向调节税取消征收。

屠宰税

1994年，省政府发布《关于做好屠宰税征收工作的通知》，屠宰税下放到地方管理。纳税义务人为屠宰或收购猪、牛、羊等牲畜的单位和个人。按头（只）定额征收。其中，牛每头14元，猪每头10元，羊每头2元。税务机关委托屠宰场、食品公司及乡财政等单位代征。2000年，屠宰税取消。

2010年1月1日开始，契税和耕地占用税征管职能由县财政局划转县地方税务局征收。

第二节　税收管理

1994年税制改革后，县地方税务局设立办税大厅，将原来的税务专管员分片管户征收改为由纳税人自行申报。

税收计划

地方税收计划分为年度计划、季度计划和月度计划。县地方税务局每年编制年度税收收入计划建议数，并向省地方税务局上报，由省地方税务局审定后下达年度税收收入计划，由县地方税务局分解到各分局组织实施。

税务登记

纳税人自领取营业执照之日起30日内，从县技术监督局取得国标统一代码标识后，向县地方税务局申报办理税务登记。纳税人如发生改变名称、改变生产经营范围，或解散、破产，须及时变更登记或注销。

票据管理

1993年开始，全国统一发票启用，纳税人须在发票联左下角加盖“××企业（个人）发票专用章”。发票样本分为特种、工商业、交通运输业、其他行业四大类39种。1998年开始，发票购领证启用，实施发票购用计算机化。

2000年以后，市地方税收发票由市地方税务局统一定点印制。纳税人领购地税发票，须在发票联上加盖“纳税人发票专用章”，用量控制为一个月。专用发票缴销实行“交旧购新”或“验旧购新”，不动产发票和建筑业发票按先征税后开票流程进行。饮食、旅店、足浴等查账征收企业、个体户取消定额统一发票和手工票，使用计算机版普通发票。2010年，实行开票信息实时或限时上传。

征收手段

税务所负责征收税款，并对收入数据实行手工分类统计，交由县财政局输入计算机统计。税款通过国有银行解入县财政国库。2000年以后，各分局、中心税务所门征开具税票及统计核算普遍使用计算机。2005年，地税、银行（信用社）、国库实现横向联网，建立“一户通”缴税系统，从纳税人的缴税账户中将税款自动扣缴入库。2007年下半年开始，税费、基金扣缴全部实现电子化，沿用多年的税收缴款书被废除，办税大厅改用二联式电子转账专用完税证。

行政审批

2008年10月，县财政地方税务局行政审批服务科设立，办公地点设在县审批服务中心，负责税务登记管理，存量房买卖税费基金减免审批，控制社会集团购买力汽车免控企业的审核等。

重点税源监控

2003年开始，对本县重点税源企业、重点工业企业、主要行业、工业园区（功能区）企业实行税源监控。2009年，带锯床等18个工业小行业由县地方税务局和县国家税务局联合实行重点税源监控。

税务稽查

1993年，缙云县税务局稽查大队成立。1998年，缙云县地方税务局稽查局成立，设税务违法案件举报中心；同年成立税务案件审理委员会，实行稽查选案、检查、审理、执行四分离。2001年以后，税务稽查纳入计算机管理系统，实施重大案件集体审理、处罚集体研究制度，实行以案定人稽查办法。2005年，《浙江省公安经侦和税务稽查部门联络协作工作规定》实施。1997—2010年，查处新发轧钢厂、电力半导体厂偷税案及恩宝工具有限公司拖欠税款案等数起重大案件。

2010 年缙云县纳税 50 强企业一览表

表 14-3-4 单位：万元

序号	企业名称	纳税额	序号	企业名称	纳税额
1	燕京啤酒（浙江仙都）有限公司	1191.92	26	浙江缙云三鼎实业有限公司	95.87
2	浙江鸿顺实业有限公司	926.85	27	浙江世风机械有限公司	93.81
3	浙江山蒲照明电器有限公司	893.7	28	浙江忠恒锁业有限公司	92.57
4	浙江一胜特工模具股份有限公司	668.56	29	浙江飞航金属制品有限公司	82.88
5	浙江寿尔福化学有限公司	347.4	30	浙江伟业锯床有限公司	82.56
6	浙江缙云华孚纺织有限公司	308.64	31	浙江圣鸿实业有限公司	73.9
7	浙江广鹰机械有限公司	267.59	32	浙江鼎立实业有限公司	71.6
8	浙江新康药用玻璃有限公司	259.02	33	浙江家和门业有限公司	69.54
9	浙江新瑞薄板有限公司	236.56	34	新永茂科技有限公司	68.87
10	浙江红狮水泥有限公司	227.76	35	浙江缙云仙都仪表有限公司	68.13
11	涛涛集团有限公司	213.98	36	浙江天天塑胶有限公司	67.64
12	浙江天喜实业集团有限公司	209.45	37	浙江仙都缝制设备有限公司	63.63
13	浙江新海薄板集团有限公司	208.24	38	浙江省缙云县天煌实业有限公司	57.19
14	浙江众发实业有限公司	195.71	39	浙江凯顺工具有限公司	56.82
15	浙江宇星实业有限公司	168.36	40	浙江建达金属特种钢有限公司	52.97
16	浙江万维机械有限公司	157.37	41	浙江金棒运动器材有限公司	52.74
17	浙江锯力煌锯床股份有限公司	142.44	42	浙江安泰机械有限公司	50.43
18	浙江得力机床制造有限公司	128.01	43	浙江广欣金属制品有限公司	48.7
19	浙江正达模具有限公司	119.12	44	浙江蓝宇不锈钢制品有限公司	42.7
20	浙江山雁金属制品有限公司	119.1	45	浙江千秋门业有限公司	42.21
21	浙江金陵光源电器有限公司	116.49	46	浙江大华电动工具有限公司	40.76
22	浙江冠富实业有限公司	112.93	47	浙江芳华缝制设备有限公司	37.85
23	浙江长虹电光源有限公司	108.24	48	晨龙集团有限责任公司	35.39
24	浙江晨龙锯床股份有限公司	106.07	49	浙江恒祥缝纫设备有限公司	26.67
25	浙江恒强针车集团有限公司	102.11	50	浙江博尔机电有限公司	21.16

第三节 税收优惠

企业分离服务业扶持

2007 年起，县政府对企业分离服务业在财政、税收等分时段按规模扶持：2009 年 1 月 1 日以后，分离设立的服务业企业，第一年按其经营活动形成的地方财政贡献部分给予 50% 扶持，第二年、第三年按上年增长部分的 80% 扶持；2007—2008 年年底分离的服务业企业，注册资本在 100 万元以上或总资产在 300 万元以上，自 2009 年起 3 年内，每年按经营活动形成的地方财政贡献主要部分给予 50% 扶持，对地方财政年贡献 500 万元以上的企业，实行一厂一策；企业分离设立的服务业企业，新建、扩建、改建项目实际投资总额在 300 万元以上，按工程决算额给予 2% 的补助，最高限额不超过 30 万元；2009 年起 3 年内，分离服务企业建立物流信息平台实际投资额 50 万元以上的，按投资额的 8% 给予补助，最高补助不超过

20万元；2009年1月1日以后，物流企业被评为国家1A～5A级的，分别奖励10万元、20万元、30万元、40万元、50万元，被认定为国家重点服务业企业奖励50万元，被认定为省级重点服务业企业奖励20万元，在物流企业新落户的1万千克以上运输车辆，第一年补助5000元，第二年、第三年分别补助2000元；2011年前涉及房屋、土地及其他资产过户对地方贡献部分，给予全额补助。

下岗失业人员再就业税收减免

2003—2005年年底，对符合有关规定招用下岗失业人员的新办服务型企业（除广告业、桑拿、按摩、网吧、氧吧外，下同），3年内免征营业税、城市维护建设税、教育费附加和企业所得税。对下岗失业人员从事个体经营，3年内免征营业税、城市维护建设税、教育费附加和个人所得税。

2006年1月，调整下岗失业人员再就业税收政策：对商贸企业、服务型企业、加工型企业和街道社区具有加工性质的小型企业实体，当年新招用持“再就业优惠证”人员，并与其签订1年以上期限劳动合同且依法缴纳社会保险费的，按实际招用人数予以定额依次扣减营业税、城市维护建设税、教育费附加和企业所得税优惠。定额标准为每人每年4800元。持“再就业优惠证”从事个体经营的，按每户每年8000元为限额依次扣减其当年实际应缴纳的营业税、城市维护建设税、教育费附加和个人所得税。此项优惠政策延期执行至2010年年末。

城镇退役士兵自谋职业税收减免

2004年1月1日开始，对符合有关规定为安置自谋职业的城镇退役士兵就业而新办的服务型企业，3年内免征营业税及其附征的城市维护建设税、教育费附加和企业所得税；从事个体经营（除建筑业、娱乐业以及广告业、桑拿、按摩、网吧、氧吧外）的，自领取税务登记证之日起，3年内免征营业税、城市维护建设税、教育费附加和个人所得税。

房产税和城镇土地使用税减免

享受房产税、城镇土地使用税减免对象为：纳税人确有困难，污水、垃圾、污泥收集和处理行业，新办高新技术企业，农民专业合作社，主辅业务分离企业，节能、节电、节水的资源节约型行业，资源综合利用行业，农业龙头企业，现代物流企业等。

第四章　国有资产

2000年，缙云县国有资产管理委员会出台《缙云县国有资产管理暂行办法》，对国有资产的营运、收益和收缴、界定、评估、产权登记和转让等作出规定。

第一节　国有资产分类

国有资产分为国有企业资产和行政、事业单位资产。

国有企业资产

2010年年末，全县12家国有企业资产总额137331.11万元。其中，负债总额53854.88万元，所有者权益83476.23万元，负债率39.22%。营业收入104748.05万元，利润2687.88万元。应交税费1724.81万元，净利润1776.64万元。

缙云县林场　1958年成立，实行事业单位企业化管理，固定资产2409.66万元。

缙云县括苍山林场　1972年成立，实行事业单位企业化管理，固定资产2515.08万元。

缙云县电影公司　1980年由县电影管理站注册为缙云县电影公司。固定资产392.11万元。2010年，电影放映等收入262.55万元，利润额2.48万元，净利润1.95万元。

龙宫洞水力发电厂　1995年建成，固定资产3578.23万元。2010年，发电营业收入1091.58万元，利润额313.05万元，净利润228.48万元。

缙云县机电设备回收有限公司　1997年成立，固定资产2622.96万元。2010年，营业收入33228.07万元，利润额42.09万元，净利润14.17万元。

缙云县粮食收储有限公司　1998年成立，固定资产7114万元。2010年，粮食销售、仓储收入663.75万元，利润额0.09万元，净利润0.09万元。

缙云县中小企业贷款担保有限公司　1999年6月成立，2010年注册资本增至6000万元，固定资产9902万元，运营收入489万元，净利润11.6万元。

缙云县铁路开发有限公司　1996年9月成立，1999年注销。

缙云县民爆器材专营有限公司　1998年成立，固定资产183.8万元。2010年，民爆产品销售收入480.04万元，利润额23.44万元，净利润23.44万元。

缙云县国有资产投资经营有限公司　2000年成立，固定资产73496.4万元。2010年，运营收入237.67万元，利润额9.01万元，净利润6.39万元。

汇通汽车运输有限公司　2001年成立，固定资产4125.16万元。2010年，营运收入2120.86万元，利润额15.85万元，净利润11.02万元。

缙云县供排水有限责任公司　2002年组建，固定资产4953.01万元。2010年，供排水收入991.11万元，利润额208.97万元，净利润208.97万元。

2010年，在缙云县实行垂直管理的国有企业有石油、电网、邮政、通信、食盐、烟草等公司。

行政、事业单位资产

1996年，全县62家行政单位、140家事业单位的资产，经产权登记，颁发国有资产登记证。2001年，《缙云县行政事业单位国有资产处置管理办法》《缙云县资产清查实施方案》制定实施。

2002年，开展行政事业单位资产清查，核定全县225家行政事业单位净资产71774万元。其中共登记单位房产15586平方米，账面原值577万元。是年，县工商局所属市场开发服务中心净资产1026万元，由国资投资经营公司接管。2003年，204家行政事业单位登记资产为78700万元，其中固定资产59100万元。2010年，登记193户行政事业单位国有资产总额181989.72万元，负债总额31467.21万元，资产负债率17.29%；净资产150522.51万元，占资产总额的82.71%。是年，行政事业单位160多宗房地产产权移交县国有资产投资经营公司。

第二节 国有资产管理

监管机构

1996年，县政府设缙云县国有资产管理局（简称“县国资局”）。2000年，缙云县国有资产管理委员会成立，办公室设在县财政局，县财政局设国有资产企业管理科，负责全县国有资产的日常管理。

缙云县国有资产投资经营有限公司 2000年5月，县政府批准成立。在县国资委授权范围内，履行国有资产营运管理职能，属国有资产营运机构。

财务总监管理中心 2002年5月，县政府出台《缙云县国有企业（单位）财务总监委派制试行办法》。2003年9月，县财政局设立财务总监管理中心，委派财务总监4人对县属国有企业（单位）进行财务管理和会计监督，参与监管单位对外投资、债务担保、资产抵押、产权转让、资产重组等重大决策，审核监管单位预算决算、筹资融资、利润分配、亏损弥补等。是年，委派监管单位有浙江缙云城市建设开发有限公司、缙云县土地储备中心等8家。

体制改革

1993年以来，缙云对国有资产先后采取承包或租赁经营、股份合作、资产拍卖、破产等方式转换经营机制，推进国有企业改革，发挥国有资产效益，确保国有资产保值增值。

1994年开始，对全县24家国有工业企业先后进行清产核资，以促进企业体制、机制改革。县财政局与龙宫洞电站、盘溪梯级发电总站签订国有资产保值增值经营责任制合同，对经营者实行风险抵押经营。1999年，组织处置8家破产国有企业资产，同时转让寿尔福化学有限公司20%的国有股权，拍卖长坑电站国有股份50.5万元。

2000年开始，县财政局先后审定县食品厂、工业供销公司、百货公司、五交化采购供应站、新建粮管所、盘溪粮管所、壶镇粮管所、直属粮管所、仙都宾馆、粮食车队、传感器仪表厂、医药公司、兴城房地产开发公司、好溪电站的国有资产出售价格。大洋水库管理处资产从县电力公司划归县水电局。至2002年底，全县国有及国有参股企业改制42家，其中，实行股份合作制24家，解散2家，兼并2家，破产10家，国有股权转让4家。

2001年以后，县烟草公司、盐业公司划归垂直管理，县财政局从中收回资产价值1.65亿元；县财政局组织审核城关粮油公司、新建粮油公司、壶镇粮油公司、东方家具厂、仙都宾馆有限责任公司、饮食旅游服务公司改制后购买剥离资产；组织审核民爆器材专营有限公司、机电设备回收有限公司、汽车运输总公司资产；界定清算县仪表厂、矿业公司破产资产；界定处理县林业局原办公楼在木材公司入账的40%产权和盘溪林业站资产权。将华通公司32%的国有股权1657万元划归国资经营公司持有；收取县医药公司净资产出售款166万元。对五云蔬菜交易中心摊位实施公开拍租。

国有资产运营

2000年以后，县国有资产投资经营公司以投资、出租、置换、拍卖、担保贷款方式盘活国有资产，为政府资产营运机构筹集建设资金。2002年，县国有资产投资经营公司对外担保、投资金额32481万元。2005年，国有资产经营收入497万元，国有资产收益188万元。2005—2010年，县国有资产投资经营公司为企业提供贷款置换服务91次，置换金额9599万元。

第十五篇 金融

20世纪90年代开始，金融业改革和发展步伐加快，工商银行、农业银行、建设银行、中国银行四家国有专业银行在缙云的分支机构完成向商业银行转轨。银行业监管机构、政策性银行相继成立。保险公司机构数量增加。全县金融规模明显扩大，金融服务向多元化发展。银行、农村信用社、保险、证券等多种金融机构并存、功能互补、有序竞争、共同发展，为地方经济社会发展提供金融保障。

第一章　银行业

1993年，缙云县银行业金融机构6家，其中国有商业银行4家、信用合作社2家。2010年，全县银行业金融机构11家。其中，政策性银行1家、商业银行7家、农村信用社1家、其他银行业金融机构2家；银行管理机构2个，分别是中国人民银行缙云县支行和中国银行业监督管理委员会丽水监管分局缙云办事处。

第一节　机构

政策性银行

中国农业发展银行缙云县支行为全县唯一的政策性银行。中国农业发展银行丽水地区分行缙云县办事组，1996年11月成立，1997年1月23日挂牌开业，2000年10月更名为农发行丽水市分行派驻缙云县办事组。2001年2月，农发行丽水市分行派驻缙云县办事组更名为农发行缙云县信贷组。2009年9月，农发行缙云县信贷组更名为中国农业发展银行缙云县支行（简称“县农发行”），办公地点由五云镇复兴街154号原县政府办公楼迁至县城新区蓬莱路219号。

1996—1998年，县农发行办理县政府粮食储备、收购，农业综合开发及其他财政贴息项目的农业贷款业务。1998年年末，贷款余额1366万元。1998—2004年，办理县级储备粮、调控粮贷款业务。2004年年末，贷款余额1534万元。2004—2010年，办理全县粮食收储、农业产业化龙头企业、农产品加工企业、农业小企业贷款等业务。2005年12月，发放全市首笔商业性贷款150万元。2006年8月，发放优质粮食生产基地项目贷款7000万元。2010年年末，贷款余额44768万元，其中政府性项目贷款34500万元。

商业银行

中国工商银行股份有限公司缙云支行　原为中国工商银行缙云县支行，属国有独资银行。2005年10月，随着中国工商银行整体改制为股份制有限公司，更名为中国工商银行股份有限公司缙云县支行（简称“工商银行缙云支行”）。2010年，内设办公室、市场业务部、营业部，下设壶镇、仙都2个二级支行，在东门、水南、新碧设有3个自助银行；12月，行机关由县城胜利街59号迁至仙都路137号。

2010年年末，存款余额15.85亿元，贷款余额11.09亿元。外币贷款余额1874万美元，外币存款余额149万美元，办理国际结算8942万美元。

中国农业银行股份有限公司缙云县支行　原为中国农业银行缙云县支行，属国有独资银行。2008年10月，行机关由县城溪滨北路104号迁至永宁路1号。2009年1月，随着中国农业银行整体改制为股份制有限公司，更名为中国农业银行股份有限公司缙云县支行（简称“农业银行缙云县支行”）。下设营业中心、五云支行、壶镇支行、新建支行、新碧支行5个营业机构。有县城溪滨北路、县城大桥南路、壶镇安居东路3个自助银行。

2005年5月，开通BIBS系统（国际业务前置集中系统）办理国际业务。2010年年末，存款余额24.4亿元，其中单位存款余额9.8亿元，个人存款余额14.6亿元；贷款余额15.5亿元。

中国建设银行股份有限公司缙云支行 原为中国人民建设银行缙云县支行，属国有独资银行。2004年，中国建设银行整体改制为股份制有限公司。2005年3月，更名为中国建设银行股份有限公司缙云县支行（简称“建设银行缙云支行”）；12月28日，行机关由县城溪滨北路102号迁至黄龙路219号。2010年，内设综合管理部、会计结算部、客户部和营业部。下设五云镇胜利街、好溪和壶镇3个支行，设有自助银行1个，自动柜员机13台。在职员工82人。

2010年年末，存款余额17.38亿元，贷款余额13.59亿元，实现利润4843万元。

图15-1-1 中国银行缙云县支行（2006年摄）

中国银行股份有限公司缙云县支行 原为中国银行缙云县支行，属国有独资银行。1993年9月，中国银行缙云县支行成立；2006年6月，中国银行整体改制为股份制有限公司，更名为中国银行股份有限公司缙云县支行（简称“中国银行缙云县支行”），行机关由县城溪滨南路26号迁至问渔西路110号。2010年，内设综合管理部、业务发展部、营业部，下设壶镇支行、胜利支行、新碧支行3家营业网点，在职员工76人。

2010年年末，本外币存款余额18.33亿元。其中，人民币存款余额17.74亿元，含企业存款余额10.92亿元，储蓄存款余额6.82亿元，外币存款余额889万美元。

中国邮政储蓄银行有限责任公司浙江省丽水市缙云县支行 属国有商业银行。1986年，县邮电局恢复邮政储蓄业务。1998年，县邮电局邮政和电信业务分营，邮政储蓄归属邮政局。2008年5月，邮政储蓄从县邮政局中分离，中国邮政储蓄银行有限责任公司浙江省丽水市缙云县支行成立，下设2个自营网点，13家营业所。行机关由县城胜利街109号迁至独峰路39号。2010年年末，存款余额13.84亿元，贷款余额2.29亿元。

浙江稠州商业银行股份有限公司丽水缙云支行 属城市商业银行。2009年6月开业，行机关设县城问渔西路108号。市场定位为“支持中小，服务个私”，还经营西联汇款（属国际汇款公司）、跨行账户（超级网银）业务。2010年年末，存款余额46265万元，贷款余额29213万元。

浙江泰隆商业银行股份有限公司丽水缙云支行 属城市商业银行。2009年12月开业。行机关设县城黄龙路77号。开通同城票据交换、承兑及汇票签发、支票影像系统、假币收缴和本票业务；2010年年末，信用卡客户806户，透支余额2272.6万元，个人网上银行1337户，企业网上银行127户；存款余额31362万元，贷款余额24755万元。

其他银行业金融机构

图15-1-2 缙云县农村信用合作联社（2009年摄）

缙云县农村信用合作联社 属农村合作金融机构。1992年年末，辖有独立核算的农村信用合作社（部）46个、非独立核算的分社12个、储蓄所3个、村信用站157个，专职人员233人。1996年10月，与县农业银行脱离行政隶属关系，归由县人民银行监管。2003年年末，辖独立核算信用社10个、营业部1个，非独立核算信用分社26个、储蓄所1个、服务总站11个、村级信用代办站61个。2004年，各基层农村信用合作社的独立法人资格取消，成立缙云县农村信用合作联社。2005年5月，缙云县农村信用合作联社挂牌开业，为一级独立核算法人机构。2003年，社机关迁至县城仙都路68号。

2010年年末，缙云县农村信用合作联社有一级法人联社1个，直属机构联社营业部1个，非法人信用社8个，信用分社28个，布设ATM自助设备4台；存款余额30.97亿元，贷款余额20.09亿元。

缙云县仙都城市信用合作社 1993年1月成立。主要为集体企业、个体工商户和城镇居民提供存贷款、结算等金融服务。2000年4月，归口县农村信用社联合社管理，更名为缙云县仙都农村信用合作社。

华鑫小额贷款股份有限公司 2009年9月成立。属新型农村金融组织。办公地点设县城问渔西路112号。以信用担保为主，为“三农”经济和小微企业发展提供融资和小额放贷服务。至2010年年末，累计发放贷款728笔71350万元。

五云镇欣禾农村资金互助社 2010年2月成立。属新兴金融业机构。办公地点设新碧农管处新华东路7号。主要办理存贷款及结算业务、买卖金融债券、同业存放等。2010年年末，吸收存款13449万元，发放贷款2739万元。

第二节 存款

全县各金融机构人民币各项存款余额，1993年年末56292万元，1994年年末64719万元，1995年年末87965万元，1996年年末110688万元，1997年年末133623万元，1998年年末163965万元，1999年年末194001万元，2000年年末214080万元，2001年年末249003万元，2002年年末303168万元，2003年年末375413万元。其中，城乡居民储蓄存款，1993年年末35400万元，2010年年末723800万元；企业存款余额，1993年年末6600万元，2010年年末340400万元；机关团体存款余额，1993年年末24万元，1998年年末1600万元，2010年年末70500万元。

1993—2010年年末缙云县各银行人民币存款余额一览表

表15-1-1　　单位：万元

年份	农发行	工行	农行	中行	建行	泰隆	稠州	农信	城信	邮储
1993	—	12034	16500	1362	4685	—	—	16468	1404	2560
1994	20	15219	10811	3869	7980	—	—	20438	2790	3363
1995	68	18107	14098	6633	10727	—	—	24125	1717	6117
1996	49	21907	19215	9703	14836	—	—	28707	2804	7949
1997	70	25005	22913	12586	20091	—	—	33238	6790	9228
1998	228	32804	28218	18961	20976	—	—	39581	10013	11083
1999	53	36734	35397	21211	26950	—	—	49355	10131	12756
2000	81	38511	42086	25395	32125	—	—	59148	—	15049
2001	48	45965	47344	26964	43278	—	—	63907	—	18026
2002	242	56350	61495	31472	52531	—	—	75166	—	23552
2003	373	65479	78039	36728	71615	—	—	97110	—	23553

续表 15-1-1

年份	农发行	工行	农行	中行	建行	泰隆	稠州	农信	城信	邮储
2004	191	59185	86254	38389	77651	—	—	101290	—	27179
2005	474	68150	97022	42275	80371	—	—	120949	—	33623
2006	3924	80846	117534	56273	94164	—	—	141339	—	38248
2007	—	83206	123334	67807	99871	—	—	153619	—	47244
2008	10038	102372	152105	86124	120271	—	—	193498	—	70389
2009	9259	141627	192314	138456	151766	14582	39561	229186	—	108121
2010	23756	158511	242689	177379	173801	31362	46265	309697	—	138390

城乡居民储蓄存款

1993 年年末，全县城乡居民储蓄存款余额 35439 万元。各银行业金融机构人民币储蓄种类有：活期储蓄存款、整存整取、零存整取、定活两便储蓄存款、有奖有息定期储蓄、有奖贴花定期储蓄。开办的外币储蓄种类有：活期储蓄存款、整存整取、定活两便储蓄存款。1995 年以后，各银行业金融机构树立“存款立行”观念，调整网点布局、增加储蓄种类、优化服务环境、落实责任制，先后推出定期（活期）一本通、个人通知存款、教育储蓄存款等业务，开设“自助银行”“电话银行”和“网上银行”，方便储户办理存款业务，存款余额稳定上升。

1993—2010 年年末缙云县城乡居民储蓄存款一览表

表 15-1-2　　单位：万元

年份	储蓄存款	年份	储蓄存款	年份	储蓄存款
1993	35439	1999	135772	2005	271702
1994	49676	2000	145378	2006	322639
1995	66121	2001	162690	2007	356872
1996	80836	2002	190949	2008	469418
1997	95718	2003	224673	2009	608581
1998	116688	2004	235412	2010	723769

1993—2010 年缙云县银行业金融机构人民币存款基准利率一览表

表 15-1-3

调整日期	活期存款（%）	定期存款（%）						
		3 个月	半年	1 年	2 年	3 年	5 年	8 年
1993.5.15	2.16	4.86	7.20	9.18	9.90	10.80	12.06	14.58
1993.7.1	3.15	6.66	9.00	10.98	11.70	12.24	13.86	—
1996.5.1	2.97	4.86	7.20	9.18	9.90	10.80	12.06	—
1996.8.23	1.98	3.33	5.40	7.47	7.92	8.28	9.00	—
1997.10.23	1.71	2.88	4.14	5.67	5.94	6.21	6.66	—
1998.3.25	1.71	2.88	4.14	5.22	5.58	6.21	6.66	—
1998.7.1	1.44	2.79	3.96	4.77	4.86	4.95	5.22	—

续表 15-1-3

调整日期	活期存款（%）	定期存款（%）						
		3 个月	半年	1 年	2 年	3 年	5 年	8 年
1998.12.7	1.44	2.79	3.33	3.78	3.96	4.14	4.50	—
1999.6.10	0.99	1.98	2.16	2.25	2.43	2.70	2.88	—
2002.2.21	0.72	1.71	1.89	1.98	2.25	2.52	2.79	—
2004.10.29	0.72	1.71	2.07	2.25	2.7	3.24	3.60	—
2006.8.19	0.72	1.80	2.25	2.52	3.06	3.69	4.14	—
2007.3.18	0.72	1.98	2.43	2.79	3.33	3.96	4.41	—
2007.5.19	0.72	2.07	2.61	3.06	3.69	4.41	4.95	—
2007.7.21	0.81	2.34	2.88	3.33	3.96	4.68	5.22	—
2007.8.22	0.81	2.61	3.15	3.60	4.23	4.95	5.49	—
2007.9.15	0.81	2.88	3.42	3.87	4.50	5.22	5.76	—
2007.12.21	0.72	3.33	3.78	4.14	4.68	5.40	5.85	—
2008.10.9	0.72	3.15	3.51	3.87	4.41	5.13	5.58	—
2008.10.30	0.72	2.88	3.24	3.60	4.14	4.77	5.13	—
2008.11.27	0.36	1.98	2.25	2.52	3.06	3.60	3.87	—
2008.12.23	0.36	1.71	1.98	2.25	2.79	3.33	3.60	—
2010.10.20	0.36	1.91	2.20	2.50	3.25	3.85	4.20	—
2010.12.26	0.36	2.25	2.50	2.75	3.55	4.15	4.55	—

第三节　贷款

1994 年，国家信贷资金管理实行“总量控制，比例管理，分类指导，市场融通”政策，对贷款实行指标额度管理。1998 年以后，国有商业银行贷款限额控制取消，按照信贷原则和国家政策自主发放贷款。

工业贷款

全县工业贷款余额，1993 年年末 7059 万元，1999 年年末 18537 万元，2009 年年末 237308 万元。2010 年起，不再使用工业贷款、商业贷款、基本建设贷款等统计科目。

商业贷款

全县商业贷款余额，1993年年末7823万元。其中粮食收购贷款1357万元，物资供销企业贷款2656万元。国有商业企业转制后，各银行机构采取抵押或担保贷款方式，以规避信贷风险，粮油收购资金实行相对封闭的信贷供应管理，商业企业不再是信贷资金的主要投向。2009 年年末，商业贷款余额 9027 万元，占各项贷款余额的 1.29%。

个人消费贷款

2001 年开始，开设个人消费信贷，个人消费贷款 15481 万元，占各项贷款余额的 11.56%。其中中国银行缙云县支行拓展汽车贷款业务，建设银行缙云县支行设置个人贷款中心。城乡住房、汽车等居民消费升温。2010 年年末，个人消费贷款余额 162014 万元，占各项贷款余额的 18.26%。

基本建设贷款

全县基本建设贷款余额，1993 年年末 2158 万元，2009 年年末 51400 万元。

涉农贷款

全县涉农贷款余额，1993 年年末 4067 万元，2010 年年末 655215 万元，贷款类别分为农户、农村企业及各类组织、城市企业及各类组织三类。

1993—2010 年年末缙云县金融机构人民币贷款余额一览表

表 15-1-4　　单位：万元

年份	各项贷款	年份	各项贷款	年份	各项贷款
1993	35205	1999	103328	2005	311283
1994	45516	2000	120703	2006	377104
1995	55465	2001	133839	2007	424320
1996	61638	2002	181104	2008	480641
1997	68180	2003	283447	2009	701927
1998	78469	2004	288111	2010	887295

1993—2010 年年末缙云县各银行人民币贷款余额一览表

表 15-1-5　　单位：万元

年份	农发行	工行	农行	中行	建行	泰隆	稠州	农信	城信	邮储
1993	—	10097	10172	1800	3012	—	—	9054	700	—
1994	1814	11360	10428	2662	4851	—	—	11977	1988	—
1995	1752	12679	12003	3742	6678	—	—	13761	4419	—
1996	1493	13277	14004	4565	8233	—	—	16077	3848	—
1997	2057	13965	12721	6156	9294	—	—	18078	4459	—
1998	1366	14789	12037	8354	12025	—	—	22755	5672	—
1999	1500	17912	18683	9274	16404	—	—	32674	6881	—
2000	1267	19081	25889	10599	20473	—	—	43394	—	—
2001	1244	16447	26563	12208	28975	—	—	48402	—	—
2002	1097	30925	36998	15484	40001	—	—	56599	—	—
2003	1233	50285	53213	29137	72309	—	—	77270	—	—
2004	1534	49822	47118	33197	74207	—	—	82233	—	—
2005	1902	50591	60480	39290	66634	—	—	92386	—	—
2006	8752	52820	70380	60210	77359	—	—	107583	—	—
2007	—	59831	79288	84460	81848	—	—	118876	—	—
2008	—	62830	90761	99999	96137	—	—	129213	—	1701
2009	20967	88786	111087	152567	133342	6059	21305	158360	—	9454
2010	44768	110925	146686	171232	135883	24755	29213	200932	—	22902

1993—2010年缙云县金融机构人民币贷款基准利率调整情况一览表

表15-1-6

调整日期	6个月以内（含6个月）贷款基准利率（%）	6个月至1年（含1年）贷款基准利率（%）	1年至3年（含3年）贷款基准利率（%）	3年至5年（含5年）贷款基准利率（%）	5年以上贷款基准利率（%）
1993.7.11	9.00	10.98	12.24	13.86	14.04
1995.1.1	9.00	10.98	12.96	14.58	14.76
1995.7.1	10.08	12.06	13.50	15.12	15.30
1996.5.1	9.72	10.98	13.14	14.94	15.12
1996.8.23	9.18	10.08	10.98	11.70	12.42
1997.10.23	7.65	8.64	9.36	9.90	10.53
1998.3.25	7.02	7.92	9.00	9.72	10.35
1998.7.1	6.57	6.93	7.11	7.65	8.01
1998.12.7	6.12	6.39	6.66	7.20	7.56
1999.6.10	5.58	5.85	5.94	6.03	6.21
2002.2.21	5.04	5.31	5.49	5.58	5.76
2004.10.29	5.22	5.58	5.76	5.85	6.12
2006.4.28	5.40	5.85	6.03	6.12	6.39
2006.8.19	5.58	6.12	6.30	6.48	6.84
2007.3.18	5.67	6.39	6.57	6.75	7.11
2007.5.19	5.85	6.57	6.75	6.93	7.20
2007.7.21	6.03	6.84	7.02	7.20	7.38
2007.8.22	6.21	7.02	7.20	7.38	7.56
2007.9.15	6.48	7.29	7.47	7.65	7.83
2007.12.21	6.57	7.47	7.56	7.74	7.83
2008.9.16	6.21	7.20	7.29	7.56	7.74
2008.10.9	6.12	6.93	7.02	7.29	7.47
2008.10.30	6.03	6.66	6.75	7.02	7.20
2008.11.27	5.04	5.58	5.67	5.94	6.12
2008.12.23	4.86	5.31	5.40	5.76	5.94
2010.10.20	5.10	5.56	5.60	5.96	6.14
2010.12.26	5.35	5.81	5.85	6.22	6.40

第四节　外汇业务

全县外汇存款余额，1993年年末38万美元，2010年年末1273万美元；外币贷款余额，1995年年末20万美元，2010年年末3162万美元。

1993—2010 年年末缙云县外币存贷款余额一览表

表 15-1-7 单位：万美元

年份	存款	贷款	年份	存款	贷款	年份	存款	贷款
1993	38	0	1999	449	0	2005	452	17
1994	110	0	2000	449	0	2006	457	108
1995	135	20	2001	476	0	2007	373	735
1996	143	20	2002	477	0	2008	622	1111
1997	185	20	2003	444	18	2009	573	945
1998	247	0	2004	422	170	2010	1273	3162

第二章 保险业

1993 年，缙云县有保险机构 1 家。至 2010 年年末，全县有保险机构 16 家，其中财产保险公司 9 家，人寿保险公司 7 家。2010 年年末，全县财险、寿险实现保费收入 14063 万元（财险 3602 万元、寿险 10461 万元）；理赔支出 2501 万元（财险 2044 万元、寿险 457 万元）。保险业务随着社会经济的快速发展，承保险种因时而变。

第一节 主要保险机构

1993—2010 年，县域主要保险机构有中国人民财产保险股份有限公司缙云县支公司和中国人寿保险股份有限公司缙云县支公司 2 家。

中国人民财产保险股份有限公司缙云县支公司

1983 年 3 月，中国人民保险公司缙云县支公司成立，办公地点在五云镇迎晖路 27 号。1996 年 12 月，财产、人寿险分离，更名为中保财产保险有限公司缙云县支公司（简称“缙云人保”）。2010 年，缙云人保在壶镇、新建设营业部，在县城、东渡、新碧设营销服务部。

1993 年，缙云人保增办公路（铁路）工程工伤保险、企业人寿保险、农用变压器保险险种。1994 年，增办农村干部种养业平安保险、无线移动电话保险、传呼机保险、机动车附加车上人员责任保险险种。1996 年，增办雇主责任保险、公共娱乐场所综合保险、工业用变压器保险险种。1998 年，增办支票盗抢或丢失保险、个体工商财产盗抢保险、电脑设备保险、锅炉（压力容器）综合保险、电梯安全综合保险、家庭安居财产定额保险险种。1999 年，增办供电责任保险、餐饮场所责任保险、律师职业责任保险、公众责任保险险种。2000 年，增办建设工程设计责任保险、计算机保险、旅行社责任保险、电话盗打话费损失保险、医疗责任保险、注册会计师职业责任保险。2007 年，增办政策性农村住房保险，全县 118840 户农户投保，参保率 96.15%。2008 年，开始办理政策性农业保险。

1993—2010年，保费收入由876万元增至3602万元，理赔支出由353.4万元增至2025万元。18年间，共计保费收入31734.8万元，理赔支出18889.5万元。其中，1997年8月，“芸妮”台风灾害理赔支出200余万元。2009年8月，大源镇特大山洪及泥石流灾害理赔支出34.3万元。

1993—2010年缙云人保保费收入理赔情况一览表

表15-2-1　　单位：万元

年份	保费	理赔	年份	保费	理赔	年份	保费	理赔
1993	876	353.4	1999	1301.1	792.9	2005	1662.8	1093.5
1994	1205	522	2000	1433.3	886.6	2006	1990	1182
1995	1365	598	2001	1549	742.1	2007	2154.8	1787.7
1996	1660.9	736.2	2002	1645.9	797.6	2008	2203.3	1756.1
1997	1498.9	762.5	2003	1689.9	958.5	2009	2717	1753
1998	1613.8	770	2004	1566.1	1372.4	2010	3602	2025

中国人寿保险股份有限公司缙云县支公司

1996年12月，缙云人保分离出人寿保险业务。1997年7月，中保人寿保险有限公司丽水地区分公司缙云县办事处成立，办公地点在溪滨北路35号。1999年5月，更名为中国人寿保险公司丽水分公司缙云县办事处；2001年5月，办公地点迁至溪滨南路68号。2002年4月，中国人寿保险公司缙云县支公司成立。2003年10月，更名为中国人寿保险股份有限公司缙云县支公司（简称“缙云人寿”）。2006年11月，办公地点迁至仙都路68号2-4楼。设综合部、客户服务中心、个险部、团险部、银保部、新建营销服务部、壶镇营销服务部，银行、邮政代理网点33家，有个人代理人300多人。主要向个人及团体提供人寿、意外和健康保险服务，涵盖生存、养老、疾病、医疗、身故、残疾等项目。

1997—2001年，长期险保费收入分别为505.71万元、931.88万元、1186.56万元、1705.15万元、2231.91万元。2002年保费收入3904.52万元（长期险3629.68万元、意外险74.8万元、健康险200.04万元）。2003年保费收入5087.49万元（长期险4618.84万元、意外险293.87万元、健康险174.78万元）。2004—2010年，共收保费61811.63万元；理赔案件24270件，理赔支出3057.88万元。

2004—2010年缙云人寿保险收入理赔情况一览表

表15-2-2　　单位：万元

年份	保费收入	理赔合计		长期险		短期险	
				寿险	健康险	意外险	健康险
		件数	理赔金额	理赔金额	理赔金额	理赔金额	理赔金额
2004	5903.55	4008	243.53	22.56	11	79.21	130.76
2005	5389.1	3861	361.52	48.52	25.2	57.85	229.95
2006	8321.98	3590	445.5	41.65	78.06	105.11	220.68
2007	7630.8	2978	444.78	37.74	87.9	91.29	227.85
2008	11539	2946	522.83	46.3	94	91.47	291.06
2009	11539	3468	531.43	48.66	100.2	68.79	313.78
2010	11488.2	3419	508.29	61.09	99.19	84.74	263.27

第二节 其他保险机构

2002年以后，缙云县保险事业发展加快，保险机构增加，至2010年，全县保险公司及营销服务部增至14家。

泰康人寿保险股份有限公司丽水中心支公司缙云营销服务部 2002年7月成立，办公地点在县城永宁路44号。

中国平安人寿保险股份有限公司丽水中心支公司缙云县营销服务部 2002年8月成立，办公地点在县城电力路93号。2010年，保费收入1269万元。

中国太平洋人寿保险股份有限公司缙云支公司 2002年8月成立，办公地点在县城永宁路17—19号。2010年，保费收入4663.29万元。

中国平安财产保险股份有限公司缙云支公司 2002年9月成立，办公地点在县城溪滨北路104号。2010年，保费收入680万元。

天安保险股份有限公司丽水中心支公司缙云支公司 2002年10月成立，办公地点在县城黄龙路630号。

新华人寿保险股份有限公司丽水中心支公司缙云营销服务部 2004年3月成立，办公地点在县城永宁路75号恒星商场。2010年，理赔金额47.86万元。

中华联合财产保险股份有限公司缙云支公司 2004年8月成立，办公地点在县城溪滨北路228号，壶镇设有营销部。2010年，保费收入800多万元。

安邦财产保险股份有限公司浙江分公司缙云县营销服务部 2006年6月成立，办公地点在县城大桥北路63号。2010年，保费收入605万元。

中国大地财产保险股份有限公司缙云支公司 2007年6月成立，办公地点在县城仙都路48号。至2010年，受理各类理赔案件2300多起，理赔金额1800多万元。

中国太平洋财产保险股份有限公司缙云支公司 2008年2月成立，办公地点在县城永宁路145-1号。2010年，保费收入2133万元。

人寿财产保险股份有限公司丽水中心支公司缙云县营销服务部 2008年9月成立，办公地点在县城仙都路93号。2010年，保费收入780.53万元。

阳光财产保险股份有限公司丽水中心支公司缙云支公司 2009年4月成立，办公地点在县城黄龙路649号。

阳光人寿保险股份有限公司缙云支公司 2009年10月成立，办公地点在县城大桥南路63号。

富德生命人寿保险股份有限公司丽水中心支公司缙云县营销服务部 2010年12月成立，办公地点在五云镇官店村。

第三章 证券 债券

2010年，缙云县有证券经营机构1家。1993—2010年，缙云县发行的债券有国库券、凭证式国债和企业债券等。

第一节　证券

2006 年，浙商证券有限责任公司缙云服务部设立。2009 年 12 月，服务部更名为浙商证券有限责任公司缙云溪滨北路证券营业部（简称“缙云营业部”），经营地点由五云镇迎晖路 26 号迁至溪滨北路 104 号。注册资本 500 万元。2010 年，缙云营业部内设财务部、客服部、营销部、电脑部、合规部。

2010 年，缙云营业部有客户 17204 户，资产存量 87884.64 万元，累计成交量 2086755.29 万元，实现净利润 1136.24 万元。

第二节　债券

1981 年，缙云县开始发行无记名国债（国库券）。1987—1997 年，共发售各种国库债券 2449.19 万元（含特种债券、记账式、凭证式国债）。

1994 年 4 月，缙云首次发行凭证式国债，国债期限 3 年、利率 13.93%。2004 年，面向个人和机构发售电子式储蓄国债一期，共 43 万元。至 2009 年为止，共兑付保值公债 127.76 万元。至 2010 年，全县共发行 1 年期、2 年期、3 年期、5 年期国债 17927.83 万元。

1993—1996 年，缙云发行企业短期融资券，全县 9 家企业共发债 900 万元。其中壶镇溪改工程发债 100 万元。

第四章　金融管理与服务

2003 年，中国银行业监督管理委员会丽水监管分局缙云办事处（简称“县银监办”）成立，承担全县银行业金融机构的监管职责；同时，中国人民银行缙云县支行职能调整为执行货币信贷政策、提供金融服务、维护金融稳定。至此，以县人民银行、县银监办为框架的金融监管体系形成。

第一节　监管机构

中国人民银行缙云县支行

1993 年 6 月，中国人民银行缙云县支行（简称“县人行”）内设办公室、综合计划股、金管稽核股、会计国库股、发行保卫股。1997 年 6 月，县人行内设办公室，金融监管一科、金融监管二科、计划调统科、支付清算科；12 月，县人行内设办公室、金融管理科、农村合作金融管理科、稽核监察科、计划调统科、支付清算科。2000年5月，县人行内设人秘股（办公室）、信贷与统计股（计划调统科）、金融机构监管股（金融监管科）、合作金融机构监管股（农村合作金融管理科）、营业室（支付清算科）、保卫股。2004年6月，县人行内设办公室、信贷调统股、保卫股、营业室。2006年10月，县人行内设办公室、信贷调统股、营业室。

1990年12月，县人行办公地点由五云镇胜利街61号迁至溪滨南路46号。2010年1月，县人行办公地点迁至县城新区黄龙路29号。

中国银行业监督管理委员会丽水监管分局缙云办事处

2003年12月，中国银行业监督管理委员会丽水监管分局缙云办事处成立。2008年8月，县银监办办公地点迁至县城新区永宁路1号。2010年，县银监办在职人员3人。

第二节　金融监管

货币流通管理

大额现金管理　2000年开始，县人行对银行机构负责下达指令性现金计划，不再直接审批大额现金支付计划。各银行机构按银行监管规定，严控不合理的大额现金支付，严禁违规大额支现。2010年，银行机构现金管理的重点转向防范和化解现金结算风险，开展防范和打击利用现金结算从事违法犯罪活动。

反洗钱管理　县人行为反洗钱行政主管部门。2004年，县人行设反洗钱岗位。2005年，县人行在县工商银行和农业银行进行反洗钱现场检查，依法处罚大额现金交易漏报、客户身份资料不全等违规行为。2007年，缙云县反洗钱工作联席会议制度建立，成员单位20家，办公室设在县人行；7月起，对各金融机构实行反洗钱非现场监管报表制度。至2010年年末，全县金融保险机构全部纳入反洗钱监管体系。各机构成立反洗钱工作领导小组，设置反洗钱工作岗位，建立反洗钱内控制度和操作规程，配备专（兼）职联络员、信息报送员。

反假货币管理　20世纪90年代后期起，假货币制作技术不断翻新，反假货币管理力度加强。1999年，全县开展反假货币宣传教育和打击制、贩假货币活动，查处多起假货币案件。

2007年，缙云县反假货币工作联席会议制度建立。2009年，全县设置反假货币工作站22个，聘用反假货币宣传联络员253名，实现反假货币宣传网络全覆盖。2010年，县人行组织“送反假货币知识进千家入万户”活动。2010年下半年开始，依托银行卡助农取款服务点，全县建立农村反假货币工作点253个。

金融风险防范

2003年，缙云县金融稳定协调领导小组成立，指导金融债权维护工作。2007年，《缙云县突发金融公共事件应急处置预案》出台，规范金融稳定再贷款操作流程。2010年，《缙云县银行业金融机构督察员工作制度》实施，对金融机构风险监督作出明确规定。

同业拆借管理

1994年3月，县人行作出“同业短期拆借要通过融资中心，采取同业融通票据、贴现、转贴现的方式”的规定。银行和非银行金融机构可以向融资中心拆出4个月以内的短期资金；政策性银行、证券公司、保险公司在同业拆借市场上，拆入资金的期限不得超过7天。拆借形式主要有信用拆借、质押拆借、代理拆借和中介签证4种。

信贷资金管理

1993—2010 年，缙云县信贷资金管理经历三个时期：1993 年前执行实贷实存；1994—1997 年实行贷款限额控制下的资产负债比例管理；1998—2010 年执行“计划指导、自求平衡、比例管理、间接调控”的信贷资金管理。

1994 年，县人行工作重点转移到金融监管职能。1995 年，县人行加大信贷规模监管力度，信贷规模列入资产负债比例管理考核范围，金融机构贷款规模控制在上级行下达的限额与比例之内。1997 年，县人行“合力扶工”四条政策措施出台，支持“五个一批”重点企业；同时增加扶贫信贷力度。

1998 年起，根据各金融机构资产负债比例管理的不同要求和特点，县人行运用间接调控手段，对不同的金融机构采取区别对待的监控方式，确保各机构在合理的比例内用足用好资金。

利率管理

1993—2010 年，县人行落实总行存贷款利率调整政策，加强利率监管，开展利率检查，做好利率政策传达与效应反馈。2004 年以来，县人行在全县设立民间利率监测点 10 个，对民间借贷利率进行监测；2010 年，将新成立的小额贷款公司等纳入监测系统，完善利率监测数据。

国库管理

1986 年开始，人行缙云支库设立，开设县财政局存款账户，管理财政库款。1993 年以来，按照国库审查核批制度，做好库款的支拨和退库工作。至 2010 年，全县设国库经收处 8 个，集中收付代理银行 2 家，非税收入代理银行 6 家。

第三节　货币投放与回笼

1993—2010 年，缙云县为货币净投放县。其中，1993—2006 年，货币投放额为 77.34 亿元，回笼额为 69.22 亿元，净投放额为 8.12 亿元。

1993—2006 年缙云县货币投放回笼额一览表

表 15-4-1　　单位：万元

年份	投放数额	回笼数额	净投放	年份	投放数额	回笼数额	净投放
1993	6818	5995	823	2000	53470	50864	2606
1994	48020	46617	1403	2001	57000	55000	2000
1995	35228	25485	9743	2002	58000	55000	3000
1996	36962	28362	8600	2003	67515	62751	4764
1997	38564	30984	7580	2004	82800	78500	4300
1998	39068	35580	3488	2005	93400	84400	9000
1999	48359	38359	10000	2006	108200	94300	13900

第四节　信用体系建设

1993年开始，县人行先后启用信贷登记咨询系统、个人信用信息基础数据库、企业征信全国联网查询系统，加强信用体系建设。

2005年开始，执行中国人民银行《个人信用信息基础数据库管理办法》，县人行检查落实各金融机构规范个人信用信息征集和使用情况，开展贷款卡、担保人信用查验。2006年，开展中小企业信用体系建设试点，对借款企业进行资信评级。

2009年，县人行在全国率先建立农户信用信息数据库，开展农村信用体系建设。根据农户的收入来源、房产、贷款和担保情况等指标确定信用等级及其贷款额度，发给《信用证》。在授信额度内，实行“一次办理、三年有效、随用随贷、余额控制、循环使用”办法。至2010年年末，县人行建立由5197家企业组成的信用信息基础数据库；全县行政村信用等级评价覆盖面100%；采集农户信息档案7.6万户，评出信用户4.96万户；金融机构信用授信农户5.1万户，授信额度7.13亿元。其中，授信贷款农户1.03万户，累计发放贷款6.43亿元；开展创建信用社区活动。采集居民信息2416户，评定居民信用户1657户，其中AAA级158户，AA级388户，A级1111户。五云镇新城社区、朝晖社区被评为信用社区。金融机构对以上信用户贷款授信额度5742万元，发放贷款2560万元。

第五节　金融创新服务

2007年，县人行实施“扶持小企业、培育小巨人”工程，确定县重点扶持企业120家。其中，金融系统重点支持技改项目20个、政府性项目5个，合计投入资金8亿元。2009年，开展“金融服务年”活动，有6家银行与5个政府性项目、2个企业技改项目签订信贷服务协议，签约金额4.6亿元，新增贷款1.43亿元。2010年，开展“金融服务推进年”活动，贷款企业71家、金额27802万元。其中2个重点项目贷款金额9000万元。

林权抵押贷款

2008年，县政府搭建林权抵押贷款平台，出台含财政贴息、风险补偿、手续费补贴的林权抵押贷款配套政策，全面推开林权抵押贷款。2010年，缙云县金融服务中心成立，推出“林贷通”惠农贷款模式。新建镇丹址村将244.47公顷集体林权作抵押，向邮政储蓄银行贷款600万元。年末，全县有4家金融机构开设林权抵押贷款业务，共发放林权抵押贷款2610笔，累计金额15927万元，受益农户2684户。

2008—2010 年缙云县林权抵押贷款发放情况一览表

表 15-4-2 单位：万元

年份	发放数量		余额数量		余额数量中					
					小额循环贷款		林权直接抵押贷款		收储中心担保贷款	
	笔数	余额	笔数	余额	笔数	余额	笔数	余额	笔数	余额
2008	688	1869	687	1831	683	1728	—	—	4	103
2009	1317	4380	2002	6195	1984	5998	—	—	18	197
2010	2610	15927	2616	15847	2582	14486	14	756	20	605

银行卡业务

银行卡发行 1990 年 11 月开始，缙云县陆续发行工行牡丹信用卡、灵通卡，建行龙卡系列储蓄卡、理财卡、贷记卡，中国农业银行金穗贷记卡、理财卡、借记卡，农村信用社系统丰收卡等。2002 年 1 月，缙云推出银联标识卡。2003 年起，银联标识卡逐渐取代原来的旧银行卡。至 2010 年，全县 8 家银行机构累计发行银联标识卡 57.39 万张，其中借记卡 55.27 万张、贷记卡 2.12 万张。

2010 年年末缙云县各银行发行银行卡情况一览表

表 15-4-3 单位：张

卡类	工行	农行	中行	建行	邮储	泰隆	稠州	农信
借记卡	12050	117423	52958	74106	217104	3831	1668	73513
贷记卡	192	10305	4930	5608	113	77	0	0
合计	12242	127728	57888	79714	217217	3908	1668	73513

ATM 和 POS 特约商户及业务 1993 年以后，特约商 POS 机具，5 家商业银行由本行自行布放，农信社、泰隆银行、稠州银行委托浙江银联商务公司丽水办事处布放。

至 2010 年年底，相关银行机构在县纳税大厅、部分公立医院布放 POS 机，税款缴纳和医疗费支付均可使用银行卡结算。在 154 个行政村为商户安装 POS 机，向农户发放专用借记卡 3500 张。全县累计布放 POS 机 825 台，发展商户 1111 家。其中，传统银联 POS 机 371 台、银联特约商户 648 家。布放 ATM 自动柜员机 78 台。

2010 年，通过 POS 机刷卡消费交易累计 27.27 万笔 20.34 亿元，占全县社会消费零售总额的 64%。通过 ATM 机自助交易累计 569.35 万笔 77.61 亿元，其中取款 2030 笔 65 万元。

第十六篇　经济管理

1992 年，党的十四大正式宣布“我国经济体制改革的目标是建立社会主义市场经济体制”“要使市场在社会主义国家宏观调控下对资源配置起基础性作用”。1993 年以后，随着市场经济的发展，县政府经济管理职能由直接干预微观经济活动逐步转向宏观调控、组织重大基础设施建设，营造经济发展环境，监督和维护市场经济秩序上来。政府管理县域经济事务，主要履行宏观调控、提供公共产品和服务、市场监管、经济环境管理职能。县发展和改革（计划、物价、粮食）、统计、审计、工商行政、质量技术监督、食品药品监督和安全生产等职能机构按照有关法律法规政策，各负其责，制定或执行缙云经济管理政策，共同维护缙云经济社会秩序。

第一章　计划管理

1991 年 3 月，缙云县计划经济委员会撤销，缙云县计划委员会（简称“县计委”）成立。1996 年 9 月，缙云县标准计量局撤销，缙云县技术监督局成立，与县计委合署办公。

2002 年 9 月，县计委撤销，缙云县发展计划局成立，与县物价局、粮食局合署办公。2005 年 4 月，县发展计划局撤销，县发展和改革局成立（简称“县发改局”）。2006 年 5 月，县经济体制改革委员会的职能划入县发改局。2010 年，县发改局内设办公室、发展规划科、社会发展科、投资科（行政服务科）、农村经济发展科、价格收费管理科、粮食调控管理科、综合体制改革科、公共资源交易管理科、重点项目办公室 10 个科室，下属单位有价格检查监督分局、价格认证中心、粮食收储中心 3 个。

20 世纪 90 年代初，县计委作为县政府计划管理职能部门，继续实行指令性与指导性并存的计划管理体制。1993 年以后，政府指令性计划逐步取消，计划工作重点转向制订配套经济政策、规划经济结构调整；同时改进市场监管、社会管理和公共服务方式。计划编制强调国民经济和社会发展中长期规划的研究、制定，计划管理侧重基础设施建设和重点工程建设项目。

第一节　计划编制与实施

年度计划

1993 年度，缙云县计划项目有地区生产总值、工农业总产值、财政预算收入、全社会固定资产投资、社会消费品零售总额、外贸收购总额、人口自然增长率。1994 年度，计划项目中增加第三产业增加值指标。2001 年度，计划项目中增加农民人均纯收入指标。2006 年度，计划项目中增加地方财政收入、城镇居民人均收入、城镇登记失业率指标。此后，在年度计划中增加万元生产总值综合能耗下降、化学需氧量排放下降、二氧化硫排放下降 3 个节能减排指标，以引导经济社会可持续发展。

五年计划

1991 年，县政府编制《缙云县国民经济和社会发展十年规划和“八五”计划》。1993 年，由于“八五”（1991—1995 年）计划主要经济指标缙云已提前 3 年实现，对“八五”计划作出调整。1995 年，全县地区生产总值 12.7 亿元，“八五”期间年均增长 18.6%。

“九五”计划（1996—2000 年） 预期到 2000 年，缙云县地区生产总值 28 亿元，年均增长 17.32%；财政收入 1.5 亿元，年均增长 16.4%；工农业总产值 50 亿元，年均增长 19.37%。因受亚洲金融危机冲击，经济增速放缓。至“九五”期末，缙云县地区生产总值 21.26 亿元，财政收入 1.6 亿元，工农业总产值 36.42 亿元。

“十五”计划（2001—2005 年） 预期到 2005 年，缙云县地区生产总值 34.1 亿元，年均增长 10%；全社会固定资产投资累计突破 42 亿元；财政收入 2.73 亿元，年均增长 10.5%。至“十五”期末，缙云县地区生产总值 50.42 亿元，年均增长 20.49%；全社会固定资产累计投资 78.4 亿元，年均增长 26.4%；财政收入 4.61 亿元，年均增长 22.66%。

“十一五”规划（2006—2010 年） 预期到 2010 年，缙云县地区生产总值 100 亿元，全社会固定资产投资累计 150 亿元，财政收入 10 亿元，年均增长 16.8% 以上。至“十一五”期末，缙云县地区生产总值 112.17 亿元，全社会固定资产投资累计 143.7 亿元，财政收入 10.1 亿元。

“十二五”规划（2011—2015 年） 2010 年 3 月，县政府启动编制《缙云县国民经济和社会发展第十二个五年规划纲要》。纲要由总体规划和 14 个重点专项规划构成。以建设“富民强县、幸福家园”为总目标，实施“生态富民、工业强县”两大战略，着力调整经济结构、推进城乡统筹、建设生态文明、保障改善民生、深化改革开放，为与全省同步基本实现现代化奠定坚实基础。

第二节 固定资产投资

年度项目安排

2002 **年度项目** 金丽温高速公路缙云段工程、县城好溪河段工程、缝纫五金及机电工业园区、摩配电光源工业园区、缙云县防护林。

2003 **年度项目** 县污水处理厂、双潭水厂、缝纫五金及机电工业园区、兰舒公路、城防三期工程、新碧工业区、摩配电光源工业园区、黄帝祠宇二期、实验中学、紫薇小学、技工学校、机关幼儿园、国税大楼、财政地税综合大楼、检察院侦查办公楼、新区永宁路商品房、南区块道路网和旭山路立交桥配套工程、大桥南路和水南市场改造工程。

2004 **年度项目** 县污水处理厂、双潭水厂、220 千伏输变电工程、台缙高速公路缙云段、城市防洪工程、缝纫五金及机电工业园区、摩配电光源工业园区、仙都景区鼎湖大道。

2005 **年度项目** 220 千伏缙云输变电一期工程及扩容工程、台缙高速公路缙云段、县污水处理厂、双潭水厂、华孚特种纤维纱线、城防工程三期名山段、五东功能区基础设施及企业投入、壶镇功能区道路网工程及企业投入、下双龙下山脱贫工程、新碧工业区基础设施及企业投入、110 千伏新建外沿输变电工程、110 千伏壶镇里弄输变电工程、壶镇溪东（东渡镇、双溪口乡）土地整理、大洋水库除险加固、康庄工程（乡村公路）、永宁路步行街、县疾控中心、鼎湖大道两侧旅游配套设施。

2006 **年度项目** 下双龙下山脱贫工程、220 千伏缙云输变电一期及扩容工程、台缙高速公路缙云段、污水处理厂、双潭水厂、华孚特种纤维纱线、42 省道及平黄公路仙都景区段改线、新碧工业区基础设施及企业投入、五东功能区基础设施及企业投入、壶镇功能区道路网工程及企业投入、壶镇溪东（东渡镇、双溪口乡）土地整理、城防工程三期名山段、康庄工程、浙江广播电视大学缙云分校、教育食宿工程、疾控中心、鼎湖大道两侧旅游配套设施、浙大黄龙农业示范基地基础设施。

2007 **年度项目** 县污水处理工程、台缙高速公路缙云段、220 千伏仙都输变电二期增容工程、鼎龙小区（下双龙下山脱贫工程）、42 省道及平黄公路仙都景区段改线、县垃圾处理工程、华孚特种纤维布、欧蒲电光源有限公司技改、缙云物流中心、220 千伏白峰输变电工程、110 千伏东山输变电工程、110 千伏里隆变增容工程、三校（电大缙云工作站、县技工学校和仙都职业高中）合建、康庄工程（乡村公路）、广播电视村村通、浙江缙云工业园区环城南路东段工程、土地整理项目 20 个、县看守所（拘留所）迁建、消防队迁建、浙大黄龙农业示范基地基础设施。

2008 **年度项目** 台缙高速公路缙云段、华孚特种纤维布、42 省道及平黄公路仙都景区段改线、县生活垃圾填埋场、看守所（拘留所）迁建、仙都中学、丽水长征医院、220 千伏白峰输变电工程、110 千伏东山输变电工程、42 省道与 330 国道接线工程、新碧初中迁建、县第二污水处理厂、壶镇水厂、欧蒲电光源有限公司技改、有线电视村村通、康庄工程、浙江缙云工业园区环城南路东段建设、滨江景观带建设（一期）、35省道壶镇大桥、土地开发、2006—2007年土地开发项目整改工程、县中心粮库、缙云工业园区二区块道路网、仙都景区曲溪路。

2009**年度项目** 42省道及平黄公路仙都景区段改线、县生活垃圾填埋场、县第二污水处理厂、新碧初中迁建、仙都中学、欧蒲电光源有限公司技改、仙都景区西入口、220千伏白峰输变电工程、县中心粮库、35省道壶镇大桥、县看守所（拘留所）迁建、职业中专学生宿舍、滨江景观带（一期）、洋潭头后陈山公园（一期）、42省道与330国道连接线、缙云中学学生宿舍、第二人民医院病房综合楼、农机和新型农民培训学校迁建、消防队迁建、浙江缙云工业园区二区块道路网、仙都景区曲溪路、壶镇水厂、浙江丽水长征医院。

2010**年度项目** 42省道及平黄公路仙都景区段改线、生活垃圾填埋场、35省道壶镇至早宅段改建、好溪水利枢纽工程潜明水库、金丽温铁路扩能改造工程缙云段、第二污水处理厂、仙都中学、新碧初中迁建、仙都景区西入口（一期）、220千伏白峰输变电工程、欧蒲电光源有限公司技改、滨江景观带（一期）、洋潭头后陈山公园（一期）、缙中学生宿舍、壶镇水厂、35省道壶镇大桥、第二人民医院病房综合楼、农机和新型农民培训学校迁建、仙都景区曲溪路、看守所（拘留所）迁建、消防队迁建、浙江丽水长征医院、42省道与330国道连接线、湖川初中迁建、浙江缙云工业园区二区块道路网、机动车辆安全检测线。

固定资产投资完成情况

1993—2010年，全县社会固定资产投资246.03亿元，占同期全市固定资产投资总数的11.2%。

1993—2010年缙云县及全市全社会固定资产投资完成情况一览表

表16-1-1　　单位：亿元

年份	缙云县	丽水市	年份	缙云县	丽水市
1993	1.44	11.1	2002	9.94	101.7
1994	2.03	13.9	2003	15.28	143.4
1995	3.11	20.8	2004	21.17	175.7
1996	2.2	20.8	2005	23.23	198.2
1997	1.87	21.2	2006	23.96	222.17
1998	1.76	21.5	2007	26.35	237.25
1999	4.25	32	2008	26.59	248.85
2000	7.18	49.2	2009	30.13	279.19
2001	8.84	72.8	2010	36.7	320.38

第三节　经济体制改革

1996年9月，缙云县经济体制改革办公室更名为缙云县经济体制改革委员会（经济与社会发展研究中心），下设办公室（简称“县体改办”），与县政府办公室合署。2005年4月，县体改办划入县发改局，由发改部门履行经济体制改革职能。

经济管理体制改革

1993年，缙云县物资总公司成立，与县物资局合署办公，实行“两块牌子，一套班子”管理体制。1996年，缙云县商业局转为经济实体，更名为缙云商业集团总公司。1997年1月，壶镇镇列入省首批41个小城镇综合改革试点镇之一；12月，《壶镇镇综合改革试点方案》制定。1999年8月，县政府批转《关于供销社企业改制实施意见》《二轻集体企业改制工作实施办法》；9月，省电力局与县政府签订趸售县供电企业代管协议。

2001年，《缙云县国有城镇集体企业改革方案》出台，国有城镇集体企业职工不再保留全民或集体所有制职工身份。2006年，浙江缙云工业园区、五东工业功能区、仙都风景区分别与新碧镇、东渡镇、仙都农管处党政班子实行“多块牌子，一套班子”管理体制，党政班子领导交叉任职；年底，缙云县林权管理中心、森林资源收储中心、林权交易中心相继成立，开展林权制度改革。2007年4月，五云镇、壶镇镇列入省级中心镇培育名单；9月，县级各行业协会与行政机关脱钩。2008年1月，壶镇镇被省发改委确定为全国小城镇发展改革试点申报对象。2010年，新建镇、舒洪镇申报市级中心镇，壶镇镇列入省首批27个小城市培育试点镇之一。

产权制度改革

1993年，缙云县转换企业经营机制领导小组及办公室成立，对国有和集体企业采取兼并、出让、关闭、破产等产权制度改革，全县国有和集体企业产权重心开始转向民营；12月，县整流器件厂改组为四方电子股份公司，属全县首家改制的国有企业。1994年，国有沸石化工厂的资产和债务转入寿尔福化学有限公司。1995年11月，县机械厂按股份合作制形式改组，与县摩托车气缸体厂重组为缙云摩托车气缸体有限公司。1996年，宇雷包装集团有限公司注册成立，成为县首家股份制集团公司。1997年5月，对化工一厂实行破产处置；下半年，《缙云县国有破产企业职工分流安置办法》出台。

2000年，缙云县棉纺织厂整体出让与浙江华孚纺织集团。2002年，县物资总公司以破产或解散方式处置所属9家企业，重组县机电设备回收和民爆器材两家专营有限公司。2003年6月，北京燕京啤酒股份有限公司控股浙江仙都啤酒发展公司，组建为燕京啤酒（浙江仙都）有限公司；10月，晨龙橡胶实业有限公司兼并县药物场。至2006年8月，全县国有、集体企业产权制度改革告一段落，其中，实行股份制44家、破产16家、转让（拍卖）14家、兼并5家、注销10家、其他形式改制9家。

第二章　统计管理

县域统计网络由县政府、各业务主管部门、乡镇政府和基层单位组成，由县统计局主持制发专业定期报表，部署各类普查，每年发布国民经济和社会发展统计公报。

第一节 综合普查

人口普查

1990年，第四次全国人口普查普查时点为7月1日零时，普查结果，全县常住人口393824人。2000年，第五次全国人口普查普查时点为11月1日零时，普查结果，全县常住人口362252人。2010年，第六次全国人口普查普查时点为11月1日零时，普查结果，全县常住人口358917人。

三产普查

1993年，全国首次第三产业普查普查结果，1992年年末，全县第三产业单位1765个。其中独立核算单位1224个、单独核算单位541个，年末职工人数18275人；第三产业个体户10706户，其中有经营许可证的9626户，从业人员13978人。

工业普查

1995年，全国第三次工业普查普查结果，1995年年末，全县工业企业3851家，从业人数35729人。工业总产值17.29亿元，其中乡及乡以上工业企业104家、产值5.6亿元。

农业普查

1997年，全国第一次农业普查普查结果，1997年年末，全县农业生产经营户95222户，其中农业户占78.42%、非农业户占21.58%。农村住户家庭收入，来源于农业的占51.41%，来源于非农业的占48.59%。全县642个行政村中，通电的100%、通邮的99.84%、通公路的52.49%、通电话的29.75%、可收看电视的86.76%。

2006年，全国第二次农业普查普查结果，2006年年末，全县农业生产经营户66523户，农业生产经营单位740个，农业技术人员3339人。24个乡镇全部完成农村电网改造，50%乡镇设有邮电所。全县全部行政村和98.2%的自然村通电，97.8%的行政村和86.7%的自然村通电话。

经济普查

2004年，全国第一次经济普查普查结果，2004年年末，全县普查登记法人单位2077家、产业单位2457家、个体经营户12009户。其中：企业法人1029个、事业法人201个、机关法人62个、社团法人86个，分别有就业人员40989人、6584人、2701人和1509人；还有个体经营户从业人员30343人。

2008年，全国第二次经济普查普查结果，2008年年末，全县登记普查法人单位2922家、产业单位3403家、个体经营户17515户。其中：企业法人1665个、事业法人317个、机关法人78个、社团法人102个，分别有就业人员59081人、6508人、3101人和748人；还有个体经营户从业人员45879人。

第二节 统计资料

1993—2010年，县统计局每年编印《缙云统计年鉴》《统计信息月卡》，定期发布《缙云县国民经济和社会发展统计公报》，以反映全县经济和社会发展基本情况。

1993—2000 年，专题性统计资料主要有缙云县《1993 年第一次全国第三产业普查资料》《1995 年全国第三次工业普查资料》《1996 年第一次全国农业普查资料》《2000 年第五次全国人口普查资料》《经济普查年鉴》《改革发展三十年统计资料汇编》。

1993—2010 年缙云县经济和社会发展主要数据一览表（一）

表 16-2-1

年份	年末人口（万人）		从业人员（万人）	地区生产总值（亿元）	人均地区生产总值（元）		固定资产投资（亿元）	财政预算总收入（亿元）	地方财政预算收入（亿元）
	户籍	常住			常住人口	户籍人口			
1993	42.45	—	23.91	6.75	1767	1605	1.44	0.39	0.08
1994	42.61	—	24.3	10.02	2623	2355	2.21	0.55	0.22
1995	42.79	—	24.33	12.7	3351	2974	2.49	0.7	0.29
1996	43.04	—	24.57	15.21	4041	3543	2.2	0.83	0.37
1997	43.18	—	25.1	17.29	4628	4011	1.87	0.99	0.45
1998	43.28	—	25.12	18.07	4881	4180	1.76	1.07	0.55
1999	43.48	—	24.49	19.17	5223	4420	4.25	1.27	0.71
2000	43.58	36.23	24.67	21.26	5840	4884	7.18	1.6	0.88
2001	43.6	36.49	24.79	23.92	6550	5487	8.84	2.57	1.42
2002	43.57	36.45	23.71	28.41	7789	6517	9.94	3.08	1.46
2003	43.53	36.41	24.06	33.41	9170	7671	15.28	3.57	1.77
2004	43.69	36.37	24.94	40.06	11009	9186	21.16	3.38	1.88
2005	43.86	36.32	24.9	50.42	13874	11518	23.23	4.61	2.34
2006	44.12	36.25	24.28	61.77	17023	14041	23.96	6.01	2.85
2007	44.39	36.19	24.84	72.16	19923	16305	26.35	7.84	3.84
2008	44.77	36.11	23.44	85.23	23576	19118	26.59	9.01	4.27
2009	45.02	36.02	24.04	91.06	25250	20283	30.13	9.01	4.45
2010	45.34	35.89	24.17	112.17	31188	24826	36.7	10.1	5.14

1993—2010 年缙云县经济和社会发展主要数据一览表（二）

表 16-2-2

年份	地方财政预算支出（亿元）	农业总产值（亿元）	粮食产量（万千克）	工业产值（亿元）	规上工业产值（亿元）	居民生活用电（万千瓦时）	工业用电（万千瓦时）	总用电量（万千瓦时）	公路通车里程（千米）
1993	0.67	3.06	10305	10.92	3.92	2334	6839	10029	385
1994	0.71	4.83	9705	14.53	4.7	2694	7535	11120	385
1995	0.88	4.98	9739	17.29	5.6	3417	8868	13201	390
1996	1.08	5.76	10983	17.49	5.63	3751	9895	14620	390
1997	1.22	6.66	10902	21.14	5.32	3625	9959	14712	396
1998	1.45	6.55	10662	21.44	7.73	3574	9630	14460	409
1999	1.57	6.99	10450	24.6	6.81	3502	12983	17849	411

续表 16-2-2

年份	地方财政预算支出（亿元）	农业总产值（亿元）	粮食产量（万千克）	工业产值（亿元）	规上工业产值（亿元）	居民生活用电（万千瓦时）	工业用电（万千瓦时）	总用电量（万千瓦时）	公路通车里程（千米）
2000	1.84	7.33	9309	29.09	10.23	3896	13822	19482	411
2001	2.6	7.71	7766	33.84	12.37	4254	13839	20346	411
2002	3.43	7.51	7083	39.3	17.99	4676	18660	25939	428
2003	3.82	7.65	6033	52.81	28.94	6114	22910	31890	428
2004	4.24	8.1	6985	68.91	45.12	6109	29152	40647	428
2005	5.22	8.41	7011	87.63	62.07	7107	46744	58465	428
2006	5.66	8.86	7119	110.37	82.23	8061	61496	74995	789
2007	7.92	9.48	7185	144.05	113.14	9276	77915	92908	902
2008	9.47	9.53	5003	201.94	175.14	10501	91687	108418	1018
2009	12.51	10.1	6665	221.79	192.53	12081	90140	109616	1152
2010	14.81	10.71	6079	277.92	246	13635	102176	123779	1152

1993—2010 年缙云县经济和社会发展主要数据一览表（三）

表 16-2-3

年份	邮电业务总量（亿元）	固定电话（每百人部）	移动电话（每百人部）	社会消费品零售额（亿元）	进出口总额（万美元）	出口额（万美元）	银行各项存款（亿元）	城乡居民储蓄存款（亿元）	银行各项贷款（亿元）
1993	0.07	1.6	—	2.19	—	—	5.63	3.54	3.52
1994	0.11	2.1	—	3.18	—	—	6.47	4.97	4.55
1995	0.17	3.3	0.2	4.17	—	—	8.8	6.61	5.55
1996	0.26	4.1	0.3	4.99	238	238	11.07	8.08	6.16
1997	0.37	4.8	0.5	5.85	841	841	13.25	9.57	6.82
1998	0.52	5.7	1.1	6.31	864	864	16.4	11.67	7.85
1999	0.68	7.3	2.4	6.81	967	967	19.4	13.58	10.33
2000	0.75	9.8	4.8	8.47	1739	1739	21.41	14.54	12.07
2001	0.92	12.7	7.2	10.12	2516	2470	24.9	16.27	13.38
2002	1.09	14.8	16.8	11.25	3588	3520	30.32	19.09	18.11
2003	1.26	18.7	24.01	13.75	6400	6220	37.54	22.47	28.34
2004	1.39	20.1	28.1	15.5	7480	7316	39.61	23.54	28.81
2005	1.54	21.7	34.7	14.91	9501	9342	44.6	27.17	31.13
2006	1.6	16.81	44.4	16.89	13533	13100	53.33	32.26	37.71
2007	1.78	21.22	67.1	19.73	19927	19505	59.17	35.69	42.43
2008	1.92	23.31	64.98	23.6	31627	31266	73.64	46.94	48.06
2009	2.3	18.91	68.32	27.02	27997	27176	102.61	60.86	70.19
2010	2.17	18.8	73.7	31.87	40135	39287	130.31	72.38	88.73

1993—2010 年缙云县经济和社会发展主要数据一览表（四）

表 16-2-4

年份	在校学生（人）		医生人数（人）	每万人拥有医生数（人）	农村居民人均纯收入（元）	城镇居民人均可支配收入（元）	农民家庭恩格尔系数（%）	城镇家庭恩格尔系数（%）	人均住房（平方米）	
	中学	小学							农村居民	城镇居民
1993	23724	32896	324	7.63	1061	—	49.7	—	27.19	—
1994	24305	32435	418	9.81	1635	—	46.02	—	28.13	—
1995	25726	32383	451	10.55	2014	—	45.03	—	25.02	—
1996	24935	32893	568	13.2	2441	—	50.3	—	21.57	—
1997	23475	32252	589	13.64	2462	—	51.1	—	27.1	—
1998	23984	30075	587	13.56	2458	—	49.9	—	34.67	—
1999	26736	27001	563	12.95	2351	—	43.9	—	36.69	—
2000	29856	28595	598	13.72	2595	—	40.8	—	33.37	—
2001	35003	27448	465	10.66	2785	—	36.1	—	55.48	—
2002	32278	27086	585	13.43	2939	—	39.6	—	41.59	—
2003	32218	27786	664	15.25	3153	—	36.5	—	43.59	—
2004	31523	27831	480	10.99	3510	11531	38.9	34.5	43.71	24.06
2005	28928	27929	509	11.6	3757	12900	35.6	27.2	50.92	28.55
2006	29902	28702	520	11.78	4087	14096	35.1	27.5	53.67	28.42
2007	30181	27662	607	13.67	4533	16251	31.2	26.2	54.9	29.01
2008	30738	27356	617	13.78	5228	18241	35.7	29.4	56.69	28.8
2009	31139	26790	686	15.24	5828	19051	34.7	24.6	57.11	28.7
2010	30676	27299	755	16.65	6678	21275	33.3	27.2	60.89	29.03

说明：数据来源为《缙云统计年鉴》

第三章　物价管理

1993—2010 年，市场经济的进一步发展，居民日常生活用品的价格已取决于市场调节，由企业自主定价、挂牌销售。1993 年 1 月 1 日，粮食价格全面放开。县政府主要是对国计民生的商品通过物价调控、收费管理、执法监督以及遏制乱收费、乱涨价行为，维护市场秩序和社会稳定。缙云县物价局（简称“县物价局”）为县政府物价行政管理部门。1997 年 7 月，县物价局与县工商局合署办公。1999 年 5 月，县物价局与县工商局分立，下设物价检查所和价格事务所。2000 年 6 月，缙云县涉案物品价格鉴证中心建立。2001 年 2 月，缙云县价格事务所更名为缙云县价格认证中心；11 月，县物价局并入县发展计划局。

第一节 价格管理

农副产品价格管理

1993年以后，缙云县的大宗农副产品蚕茧、生猪价格，随着国家宏观政策的变化，实行管放结合。1993年，蚕茧收购的价格刚性减弱，由国家定价改为指导价。1995年开始，根据生猪市场供求状况和国家有关规定，对全县猪肉价格实行最高限价管理。2010年，确定和收取生猪定点屠宰服务费。

水、电价格管理

自来水价格管理 1995—2009年，五云镇自来水价格共调整6次。1995年4月21日，居民生活用水调整为0.6元/吨，工业用水调整为0.9元/吨，宾馆、商业、基建及其他用水1元/吨。1996年，居民生活用水调整为0.8元/吨，生产、商业、宾馆、基建及其他用水调整为1元/吨。1999年6月，居民生活用水调整为1.05元/吨，工业、行政事业性单位用水调整为1.3元/吨，经营性企业等其他用水调整为1.4元/吨。2003年，组织自来水价格（含污水处理费）和新建镇生活垃圾处理标准听证会，将听证会意见作为自来水价格调整的重要依据。2004年7月1日，调整县城自来水价格。2009年，居民生活用水调整为2元/吨，非经营性用水或一般工、商企业经营性用水调整为3.2元/吨，工业企业用水和特种行业用水调整为3.7元/吨。2010年，对供排水有限公司供水成本、污水处理运营成本进行定期监审。

电价管理 农村居民生活照明用电价格，1993年8月开始，0.3元/千瓦时。1999年分4档：0.6元/千瓦时、0.68元/千瓦时、0.77元/千瓦时、0.85元/千瓦时。2000年4月，4档调整为：0.6元/千瓦时、0.66元/千瓦时、0.74元/千瓦时、0.8元/千瓦时。2002年开始，实行城乡同网同价。

生产资料价格管理

1993年3月，县政府发布《关于工业生产资料实行计划内外价格并轨的通知》，工业生产资料除农用柴油继续实行国家定价外，其余品种不分计划内外，一律由经营企业自主定价，挂牌销售。

旅游项目价格管理

1993年，县物价局对饮食服务行业实行明码标价管理。2010年，核定仙都景点索道票价和黄龙景区停车场收费价格，对仙都景区橡皮筏漂流票价实行备案管理。

价格监测

1993年以来，县物价监督调控的侧重点是涉农涉企、管理行业、教育收费和节庆市场、药品、医疗服务等价格。2000年1月，缙云县价格举报中心成立。

2008年开始，县物价局对成品粮、猪肉、液化石油气、农村居民服务等88种价格实行定期监测。对已公布取消（暂停、降价）的收费项目，进行后续跟踪检查。2010年，对县电视台的电视基本视听维护费调整价格。

价格检查

1993年以来，县物价局每年开展价格专项检查。专项检查项目和内容为：行政事业性和经营服务性单位，涉农和涉企的收费项目；涉及商品和服务价格，包括石油、药品、农用物资、医疗、学校收费等。每年春季，对农用生产资料和农村用电等涉农价格政策执行情况开展检查；重大节日期间，组织“米袋子”“菜篮子”等群众生活必需品的市场价格检查监管。

价格干预

1999年，《缙云县应对市场价格异常上涨应急预案》《缙云县自然灾害后应急价格监测预警预案》制定，应对因自然灾害等造成商品价格的异常情况。下调非营利性医疗机构的药品价格；对部分重要商品及服务价格实行临时干预；实施出租车营运价格联运机制。2006年，调整公路道路客运票价。

1980年与2010年缙云县部分生活品市场大致价格对比一览表

表16-3-1

品名	单价	1980年	2010年	品名	单价	1980年	2010年
大米	元/千克	0.36	5	菜油	元/千克	1.48	20
面粉		0.44	5	茶油		1.96	70
猪肉		1.8	24	米酒		0.6	6
土鸡蛋	元/枚	0.1	1	米醋		0.18	4
鲫鱼	元/千克	0.8	16	味精		6	24
青菜		0.1	4	柴爿	元/50千克	1	50
红糖		0.9	7	生活用自来水	元/万千克	2	20
白糖		1.56	10	生活用电	元/千瓦时	0.17	0.6～0.8
食盐		0.3	4	—	—	—	—

第二节　收费管理

收费许可

1993年开始，县物价局内设收费年审办公室，对行政事业性收费开始实行年度审验制度。每年对建设、国土、公安等90多家单位进行收费验审。规范教育收费标准，调整水价、电价等，有的在调整出台前，实行听证制度。1994年开始，全县实行行政事业性收费审批机关、批准文号、收费项目，收费标准、范围，发票样张，咨询监督电话和收费负责人姓名“三公开”制度；7月，个体工商户、私营企业收费实行收费卡制度；9月，撤销行政事业单位第二批9项不合理收费；全县收费许可证新办65本、换证50本、变更80多本（次），收费项目验审单位258家、项目131项、收费金额3306万元。1995年，开始对各乡镇和涉农负担的执收单位实行年检、年审制度。1997年4月，《浙江省收费许可证管理办法》颁布，开始实施行政事业性、垄断及重要经营性收费的单位须向物价部门申领收费许可证制度，清理并取消不合理收费项目。2009年，验审收费单位91家、收费总额15228.57万元。

清费减负

1993年、1997年，两次取消涉农收费项目共93项，其中1993年取消首批9项不合理的收费项目及其押金。

2002年，取消不合理收费项目45项，其中涉企15项、涉农11项。2003年，取消临时建筑基础设施配套费、林地保护建设费和育林资源补偿费。2004 年，取消不符合法规的收费文件 5 个、项目 107 项，降低收费标准项目 18 个。2005 年，取消行政审批收费项目 103 项。2006 年，取消涉及 25 个部门的收费项目 64 项，行政事业性收费转为服务性收费项目 6 个。2007 年，验审收费单位 103 家。清理全县 48 所学校的学费、择校费、借读费、课本费、作业本费、住宿费、代管费、保育费，取消有关部门的代办服务收费。2009 年，取消 10 个部门行政事业性收费 27 项；暂停 8 个部门行政事业性收费 35 项；减免行政事业收费 6179 万元，其中涉企 5100 万元；降低 8 个部门服务性收费 27 项。

第四章　审计监督

1994 年，《中华人民共和国审计法》实施后，审计项目和范围逐步扩大，全县以国家审计为主体，单位内部审计为基础，社会审计为补充的审计体系逐步建立。1995 年以前，缙云审计着重开展国有企业、乡镇财政、行政事业、金融机构的审计。国有企业改革中，重点审计企业承包经营和企业扭亏增盈情况；后期转为审计企业资产、负债、损益情况。1996 年，从财政预算执行审计开始，后扩大到财政专项资金审计、领导干部经济责任审计。1998 年 6 月开始，领导干部经济责任审计制度化实行。2002 年开始，审计政府投资项目和部门资金使用绩效。2007 年，全部政府性资金纳入审计范围。2010 年开始，按照国务院《党政主要领导干部和国有企业领导人员经济责任审计规定》，进一步规范党政主要领导干部的经济责任审计。

第一节　国家审计

国家审计是县审计局对行政事业单位和国有企业执行县政府预算收支的情况和会计资料实施检查审核、监督的专门性活动。1996 年、2002 年，县审计局两次对县财政预算收支情况进行同级审计。1998 年，审计政府储备粮食挂账情况。2002 年，审计县基本建设项目资金使用情况。2003 年，审计县国有资产营运机构资金使用及其效益情况。2006 年，审计土地整理和建设用地复垦项目资金使用情况。

行政事业单位和企业审计

1999—2001 年，审计县工业发展资金项目情况。2004 年，审计县供排水有限责任公司经济责任。2005 年，审计社会中介机构。2006 年，审计农村合作医疗基金筹措和使用情况。2007 年，审计社会保障基金、国有土地出让金、教育专项资金、被征地农民社保资金情况。2008 年，审计乡镇财务收支、旅游扶持专项资金使用情况；跟踪审计抗震救灾捐赠资金使用和物资发放情况。2009 年，审计工业园区资产负债损益、滩坑水电站移民资金使用情况。2010 年，审计粮食生产、城乡居民养老保险专项资金的筹措和使用情况。

县领导干部经济责任审计

对县级主要领导的离任审计，由省派审计组承担，县审计局配合做好协助工作。2002 年，对县长进行任期经济责任审计；2009 年，对县委书记、县长进行任期经济责任审计。

交叉审计

根据上级安排，县审计局每年派遣审计组跨市、县（市、区）开展审计，同时接受县外审计组对缙云县相关部门的审计。1998 年以后，缙云审计组到外地开展审计的有：对临海市进行全省粮食挂账同步审计，对龙泉市和云和县土地出让金、松阳县城建资金、景宁畲族自治县水利资金进行同步交叉审计，对云和县公安局局长、莲都区人民法院院长进行经济责任同步交叉审计，对同心集团缙云房地产分公司进行全市同步审计，对丽水天伦房地产开发有限公司、缙云正达模具厂进行同步审计。2010 年 12 月，审计署驻长沙特派员办事处 6 人对缙云中央财政转移支付资金进行审计。

审计成效

1993—2010 年，全县共审计项目 627 个，查处违规金额 23461 万元，上缴财政 3031 万元；移送纪检、监察、司法部门处理案件 4 件，移送主管部门、纪检等部门处理 7 人，建议处分 8 人。

2002 年，政府投资项目审计开始，至 2012 年完成基建审计项目 518 个，送审金额 140879 万元，核减工程款 17512 万元。1993—2011 年，县审计局撰写的《医院药品定价超标准情况审计》《契税征收管理情况审计》入选审计署“计算机审计专家经验库”，《缙云县契税征管计算机辅助审计 AO 应用实例》获审计署应用实例“应用奖”。

第二节　内部审计和社会审计

内部审计是检查本部门或下属单位财务收支情况。1998 年起，全县建有内审机构的部门 7 个。2004 年 3 月，丽水市内审协会缙云分会成立。2010 年，全县财政财务收支金额较大或有下属独立单位 3 个以上的 24 个部门均建立内审机构。

社会审计由中介机构承担。1993 年 7 月，缙云县审计事务所更名为缙云县审计师事务所。1999 年 9 月，缙云县审计师事务所更名为缙云县基建审价事务所。2001 年 5 月，缙云县基建审价事务所与县审计局脱钩，成为社会审计机构。2010 年年末，全县有社会审计机构 6 家，审计人员 92 人。

第五章　粮食管理

缙云县粮食局（简称“县粮食局”）为粮食行政管理部门。1993 年以来，县粮食局通过建设粮食种植基地、储备地方粮食、建立粮食加工体系，调节粮食供给，确保粮食安全。

1992 年 11 月，缙云县粮油总公司成立，与县粮食局合署办公，实行“两块牌子，一套班子”管理体制。1996 年 9 月，县粮食局内设办公室、计划业务股、财务股，下属事业单位有县粮油结算中心。1999 年 3 月，县粮食局内设办公室、财务股、行业发展股、市场监管股；缙云县粮食收储有限公司组建，对其他粮食企业进行改制。2001 年 11 月，县粮食局与县计委、物价局合署，组建县发展计划局。2002 年 9 月，县发展计划局设粮食调控管理科，下属事业单位有县粮食购销办公室。

第一节　政策调控

粮食价格管理

1992年，省政府《关于放开粮食购销和价格的通知》出台，自1993年1月1日起，全面放开粮食购销和价格，正式宣布城镇居民户口取消凭粮票购粮；2月，执行国务院《关于建立粮食收购价格制度的通知》，实行粮食收购价格调控，每50千克早籼稻谷收购保护价21元、中籼稻26元、晚籼稻28元；年底，县域部分地方粮价出现较大涨幅，县国有粮站以早籼米每千克1.4元价格，实行挂牌销售，敞开供应。1994年6月，国务院作出提高定购粮食收购价格和粮食销售价格的决定。提价后，对城镇居民、职工实行粮价补贴。

粮食安全措施

1993年1月7日，缙云县下发“城镇居民粮食证”，对城镇居民实行凭证定量定价供应口粮，每人每月成品粮7.5千克。1994年8月21日，受第17号强台风影响，全县农作物减产面积约2670公顷；9月，县粮食收储公司投放市场杂交稻谷25万千克、早籼谷75万千克，以稳定粮价。1996年8月，县域遭受台风灾害，发放救灾粮45万千克；9月，供应低收入职工和困难户特惠价粮食，每人每月成品粮7.5千克。

2000年1月，大、小麦退出定购和保护价收购范围。2003年，《缙云县粮食应急供应预案操作手册》制定，全县建立粮食应急供应网点20个；完善粮食统计制度，调查掌握全县粮食生产、流通、需求、加工能力等情况，加大军粮产地、价格、质量监管力度；2月23—27日，受“非典”药品抢购风影响，县域出现抢购大米、食用油现象，粮油日销量猛增；4月30日，县政府《缙云县粮食应急供应预案》出台。2008年，实施粮食生产功能区建设，在集中连片标准农田区建设稳产高产“吨粮田”基地；执行农资综合直补和水稻良种补贴，通过以奖代补奖励水稻种植示范方和示范户；6月，县中心粮库建设项目开工。2009年2月，县粮食安全工作协调小组成立。

第二节　收购和仓储

粮食收购

1994年，全县粮食收购实行“保量、保价、保收购”三保政策。县政府定购任务内的粮食，按照国家定价收购，每50千克早籼谷为44元，晚籼谷为53元；对定购任务外出售的粮食，每50千克稻谷补贴3.74元。1995年，全县粮食定购计划450万千克，分指标落实到乡镇、村。1995年，早籼谷收购价每50千克60元（含补贴3.74元）；调整粮肥挂钩政策，每50千克定购粮奖售优惠价尿素8千克。1998年，定购粮每50千克早籼谷61.06元（含补贴3.74元），粮食入库479.1万千克。1999年4月，按省委、省政府“粮食供求分级包干负责制，粮食流通部门政策性和经营性分开”政策，县粮食收储公司负责全县粮食储备管理，与商业性经营分开，不参与粮食经营，粮食储备资金实行收储挂钩、封闭运行。改革国有粮食购销企业体制，国有粮食购销企业人员从385人减至55人。

2001年2月起，全县停止征收粮食附加税和粮食补偿金；3月，放开粮食生产，取消粮食定购任务，实行粮食订单收购，县粮食收储公司与70多个村签订收购订单，订购粮食200万千克，全年实际入库粮食 133 万千克。对用于储备轮换的订单粮食，在市场收购价基础上县政府再予补贴每 50 千克 4 元；5 月起，缙云县取消“城镇居民粮食供应转移证明”，对城镇居民户口迁移及农业户口转为非农业户口，不再办理粮食关系转移手续。2004 年，实行粮食最低收购价政策，以稳定市场价格；免征农业税后，在种粮农户中推行“订单粮食”收购模式，每 50 千克稻谷订单收购价格 77 元，县政府再予补贴 6 元，奖励种粮大户 1 元，合计 84 元，高于最低收购价 13 ～ 14 元。

1993—2010 年，向县内收购粮食从 450 万千克降至 35 万千克。2003 年开始，全县粮食种植面积和收购量出现大幅下滑，粮食收购量从 2002 年 222.3 万千克降至 133 万千克。其间，县政府对种粮大户和专业合作社社员个人交售的稻谷，在收购价外实行不同标准的补贴制度；2004 年起，再次提高补贴标准，每 50 千克另行奖励 1 元，以鼓励缙云农民种粮，尽量多地收购县内生产的粮食。2009 年 2 月，县政府成立粮食安全工作协调小组，以加强粮食生产和应急管理的领导。

2010 年，全县粮食总需求 12870 万千克，其中从外地调入 6490 万千克，缙云粮食自给率为 49.57%。

1993—2010 年缙云县粮食收购情况一览表

表 16-5-1

年份	价格（元 /50 千克）	补贴（元）	奖励（元）	收购量（万千克）	年份	价格（元 /50 千克）	补贴（元）	奖励（元）	收购量（万千克）
1993	28	3.74	—	450	2002	53.5	5	—	222.3
1994	44	3.74	—	473.8	2003	53.5	5	—	133
1995	56.26	3.74	—	471.5	2004	77	6	1	94
1996	64.26	3.74	—	472.4	2005	79	6	1	129
1997	64.26	3.74	—	492	2006	74	6	1	121.6
1998	61.06	3.74	—	479.6	2007	80	6	1	54.2
1999	51	4	—	479.8	2008	98	7	1	34.6
2000	42	4	—	444.2	2009	98.5	20	20	59.8
2001	53.5	4	—	327.1	2010	100	20	20	35.9

粮食储备

1993—1999 年，缙云县每年稻谷储备 250 万千克，菜油 3 万千克，“506”特种储备粮 125 万千克。2001 年，稻谷储备 350 万千克，菜油 5.5 万千克。2003 年，“506”特种储备粮取消。

储备粮按不同品种正常储存年限和安全要求，实行均衡轮换。轮换粮源，2002 年前依靠县内收购，2003 年后省外采购数量逐年增大。2010 年，采取省外采购和县内订单收购相结合，轮换储备稻谷数量为 350.8 万千克，其中，省外采购 314.9 万千克，县内订单收购 35.9 万千克。

2010 年，县粮油储备总量 1094.9 万千克。其中，粮食储备 820 万千克（成品粮 17 万千克、原粮 803 万千克）；应急周转原粮 269.4 万千克，比上年增加 46.2 万千克；储备菜油 5.5 万千克。另外，存储应急成品粮 40 万千克，由 10 家经营户（加工厂 4 家，销售点 6 家）分散储备。

县中心粮库

2008 年 6 月，缙云县中心粮库建设项目开工，坐落于七里乡金弄村，用地 1.33 公顷。一期工程仓房 3 幢，仓容 1200 万千克，建筑面积 5480 平方米。内设保管用房、机械器材室、麻袋库、药剂库、消防池。另有 8 万千克电子地中衡、输送机、补仓机、通风机、环流熏蒸机、除杂机、塑料薄膜热焙机以及粮情电脑测控。

第六章　工商行政管理

1993年1月，缙云县工商行政管理局（简称“县工商局”）内部进行机构改革，局机关内设科室由人事秘书股、市场管理股、企业登记管理股、个体私营管理股、经济合同管理股、经济检查队（市场检验股）、综合管理股、办公室。一般经济合同纠纷案件、个体工商户登记审批及工商企业营业登记委托基层所办理。1996年9月，县工商局与县物价局合署。1999年5月，县工商局由省市工商行政管理机关实行垂直管理。2006年，新建、新碧、盘溪工商所合并为仙都工商所并迁址县城。2010年，县工商局内设办公室、人事教育股、法规股、企业注册股、个体私营经济监管股（挂企业监管股牌子）、市场规范管理股、食品流通监管股7个股室。直属机构有正股级单位3个：注册分局（挂行政审批股牌子）、网络经营监督管理办公室（挂信息化办公室牌子）、消费者权益保护分局（挂“12315”举报申诉指挥中心牌子）。有派出机构4个：经济检查大队（挂经济检查股牌子）、直属工商所、仙都工商所及壶镇工商分局。下属事业单位2个：县消费者权益保护委员会、县个体劳动者协会。

第一节　企业登记管理

国有及集体企业

1993年，县域注册登记内资企业2395家（含营业单位），其中全民所有制企业405家，集体所有制企业1969家，联营及其他经济类型企业21家。2010年，注册登记内资企业451家，其中，国有企业35家，集体企业110家，股份合作企业41家，公司及其他经济类型企业265家，注册资本179000万元。

个体私营企业

1993年，县域注册登记个体工商户11748户，从业人员16629人。1995年，全县注册登记个体工商户16289户，从业人员22649人，合计注册资金12825万元，其中新增加个体工商户2358户；注册登记私营企业748户（新增191户），投资者人数1596人，注册资金25120万元。此后，私营企业注册登记数量呈持续增长态势。至2010年，注册登记个体工商户9019家，私营企业1992家。2007年《中华人民共和国农民专业合作社法》实施后，农民专业合作社数量快速增长，由当年注册登记的22家，分别增加到2008—2010年的142家、222家、298家，其中2010年出资总额11679万元。

1993—2010年缙云县国有及集体内资企业注册登记一览表

表16-6-1　　单位：户

年份	数量	年份	数量	年份	数量
1993	2395	1995	2007	1997	1630
1994	2184	1996	1908	1998	1454

续表 16-6-1

年份	数量	年份	数量	年份	数量
1999	1177	2003	711	2007	568
2000	931	2004	700	2008	470
2001	818	2005	655	2009	455
2002	755	2006	556	2010	451

私营企业注册资金，2000 年，1000 万元以上 4 家，500 万～ 1000 万元 17 家，100 万～ 500 万元 72 家；2010 年，1000 万元以上 98 家，500 万～ 1000 万元 105 家，100 万～ 500 万元 419 家。

1993—2010 年缙云县个体工商户私营企业户数与注册资金一览表

表 16-6-2　　单位：户、万元

年份	个体工商户		私营企业		年份	个体工商户		私营企业	
	户数	注册资金	户数	注册资金		户数	注册资金	户数	注册资金
1993	11748	6760	193	—	2002	9476	12759	957	69699
1994	13931	8866	557	—	2003	10068	16602	1120	94501
1995	16289	12825	748	25120	2004	8419	19171	1364	129217
1996	17193	14685	902	33873	2005	8674	22222	1439	148269
1997	12142	12452	732	36671	2006	7951	20431	1372	270577
1998	12379	14088	771	42956	2007	7150	22412	1458	295884
1999	11127	13453	756	43085	2008	7487	24031	1646	324685
2000	11482	14228	788	47352	2009	8077	29180	1759	358221
2001	11901	13904	814	52542	2010	9019	35049	1992	422028

第二节　经济合同管理

鉴证　调处

1993 年开始，按省工商局《拍卖合同鉴证试行办法》，办理经济合同鉴证。1998—2000 年，全县共鉴证经济合同 1179 份，鉴证金额 19545 万元。1998—2010 年，全县调查处理合同纠纷案件 20 起，涉案金额 366.59 万元。2000 年、2002 年、2003 年，县工商局参与拍卖监管 38 起，监拍成交额 28644.6 万元。1998 年，县工商局协助企业追回被骗货物 22 万元。2000 年，县工商局开展“守合同，重信用”农户评选活动。

备案　登记

2005 年，全县实行 8 类格式条款合同备案制度。2007 年，修改 8 类格式条款合同，实行订单合同备案制度。2010 年，办理拍卖备案 28 起，拍卖金额 2677.05 万元。

1993—2010 年，开展企业动产抵押物登记。1998 年，办理抵押登记 32 宗，抵押价值 5755 万元，主债权金额 2062 万元。2010 年，办理抵押登记 100 宗，主债权金额 43448 万元。

第三节　商标广告管理

品牌培育

1998—2010年，全县被认定市著名商标56件；1999—2010年，全县被认定省著名商标32件；2007—2009年，全县被认定中国驰名商标4件。2005年，开展“品牌建设年”活动。2006年，《缙云县“十一五”商标发展规划》制定，农副产品注册商标116件，被认定省级商标品牌基地2个。2010年，全县建立品牌指导服务站3个，认定品牌示范企业11家。

1993—2010年缙云县注册商标数量一览表

表16-6-3　　单位：件

年份	注册总量	年份	注册总量	年份	注册总量
1993	2	1999	21	2005	74
1994	2	2000	22	2006	81
1995	4	2001	53	2007	133
1996	8	2002	46	2008	193
1997	24	2003	68	2009	388
1998	23	2004	112	2010	713

商标侵权整治

1999年开始，按照《中华人民共和国商标法》，全县开展商标违法和商标印制企业整治，查处东方镇一企业涉嫌“可口可乐”商标侵权案。2000年，开展打击制假侵权商标治理行动，查处商标违法案件64起，收取罚没款39万元，其中查处假冒上海“飞人”“蝴蝶”缝纫机成品1277台、半成品2202台，违法标识及说明书等1550套。2003年，查处商标违法案件69件，其中缝纫机企业虚构厂名、厂址、冒用名优标志案件8起，假冒注册商标案件2起，收取罚没款6.5万元。2004年，开展消费安全百日执法行动，重点打击传销、商标侵权等违法行为，查处商标侵权案件58起。2008年，开展保护奥林匹克知识产权专项行动，立案查处侵犯奥林匹克标志专用权案件3起。2010年，采取集中行动和日常检查相结合，注重建立商标监管长效机制，维护市场经济秩序。

广告监管

2006年，全县开展违法广告整治活动。依法审批、规范广告发布行为，对路牌、横幅、印刷品等户外广告进行日常监督管理。1—6月，广告监测998条次，其他方式检查广告376条次，查处违法广告案件6件，发送《责令改正通知书》5份，发出《监测通报》6期。

2010年，开展保护上海世博会特殊标识专用权专项整治行动。检查各类经营主体76户，各类广告203条，立案查处擅自使用“中国馆”“海宝”、上海世博会会徽等涉嫌侵犯上海世博会专用权案件10起。

第四节　市场管理

全县登记市场，1994年49个，2010年33个。

1994年，检查工商企业和个体工商户1884家，查处无照经营392家，其中督促办照373家，取缔无照经营19家；查处制售假冒伪劣商品案件3起。1995年，按《浙江省商品交易市场管理条例》，换发市场交易证，实行进场经营户持证经营；3—6月，清理全县党政机关名下的经济实体139家，其中注销61家，脱钩35家，解除挂靠43家。1996年，开展"满意在市场，有事找工商"活动，创建文明市场，实行"一赔十"制度，设立消费者保护基金；落实卫生三包，开展市场服务周和文明摊位竞赛活动，评出最佳经营户7家、最差经营户3家。1997年，缙云县市场服务中心成立，对市场实行管与办分离；组织创建星级市场活动；整治五云镇蔬菜交易中心、水南小商品市场和水南菜市场；开通"96315"消费者投诉举报电话；剧院巷缙云剧院拆建为果蔬交易市场。1999年，对城镇市场实施巡查制度；下半年，协助省、地工商局查获县域轧钢企业劣质螺纹钢和热轧再生钢3.93万千克、钢锭2.5万千克；截获福建石狮运往北京的假冒耐克、阿迪达斯等名牌运动服2万余件套，案值近150万元。

2000年，开展"百日执法行动"，重点扫除黄色音像制品，打击非法出版物，查处不符合"一个中国原则"的产品。县工商局出动执法人员996人次，检查市场19个、经营户2518家。查处案件190起，其中，大、要案6起，无照经营167起（家），粮食违法案件6起（涉案粮食65750千克，收取罚没款4.12万元）；查处冒充外国国籍人员违法收购文物案1起。

2001年，继续开展星级文明市场创建，落实五云镇蔬菜交易中心和新建镇菜市场保星创优工作；严格企业法人登记和市场准入制度；对15个专业市场进行规范登记，落实市场举办者的经营管理责任；开展肉类食品市场整治，实施"放心市场"工程；查获天琦锁厂涉嫌假冒"威力"牌铁挂锁2.329万把、包装盒0.8万个，假冒"地球"牌铁挂锁3.39万把、包装盒3.98万个，气缸体厂假冒"YAMAHA"摩托车气缸体247件；取缔剧毒鼠药"毒鼠强"非法加工点1个。

2002年，全县10个专业市场及其1764.64元资产、738.68万元债务由县工商局移交到县国资经营公司，实行"管办"脱钩。此后，按照"政府规划、工商审核、多方兴建"原则，进行市场建设；是年，新建镇长川茶叶市场和壶镇金属工具市场兴建。2003年，壶镇金属工具市场被省工商局认定为二星级市场；开展建材市场整治，抽检五云、壶镇、新建装潢木料商店三合板12个批次。2004年，查处工商违法案件20起，案值154.14万元，其中查扣地条钢3.49万千克；是年，山东、安徽等地劣质奶粉伤害婴儿事件发生后，全县排查奶粉经营单位277家，查扣涉嫌劣质奶粉811袋（听），送检奶粉21批次，立案查处13起。2005年10月，缙云县在全市工商系统率先启用企业开业、年检、变更网上登记审批系统，消费者投诉、经济违法案件举报、行风廉政监督实行网上受理与处理；10月，查处特大涉嫌走私牛皮案，查扣牛皮6万多千克，案值60余万元。2006年9月，缙云县市场电子地图监管网站建立。2007年，开通政府企业信用系统；开展保健品市场整治，检查大型超市、药店、保健品专卖店84家。3月，中央电视台曝光新碧金威实业胡师傅无烟不粘健康紫砂锅虚假宣传和产品质量问题后，县工商局封存金威实业紫砂锅32096口、节能锅989口。2008年，办理企业网络档案和网络标识。2009年，开展网络巡查，建立案源交办机制，组织中小企业电子商务培训；查处以"新加坡富帝4D博彩"为名义的电子商务网络传销案，取缔传销点18个（讲课点9个），解救传销人员160多人。2010年，开展农村小菜场整治，突出豆制品行业监管。查处假冒电熨斗、热水器等小家电案件11起。实施"136助网工程"，举办网商培训会和网商洽谈会；开通缙云县工商局网络经济监管服务信息平台，建立网商俱乐部QQ高级群和网络经营主体信用评价体系，开展网络巡查和建档工作，查处网络违法案件；缙云市场安全生产监管工作领导小组成立，工商所与市场业主签订《市场安全生产责任书》。查处案件510起，收取罚没款257.34万元，其中假冒伪劣商品案件80起（家用缝制行业商标侵权案件14起，工具行业虚假标注案件9起），不正当竞争案件20起（商业贿赂6起）。

1993—2010年缙云县工商违法案件及其罚没处理一览表

表16-6-4　　单位：件、万元

年份	一般案件	大要案	合计罚没款	年份	一般案件	大要案	合计罚没款
1993	101	5	30.98	2002	881	64	127
1994	330	7	30.2	2003	824	60	148.9
1995	354	6	84.35	2004	772	75	166.21
1996	331	24	73.99	2005	766	98	217.42
1997	379	40	128.18	2006	543	96	232.17
1998	748	68	294.75	2007	465	104	265.57
1999	780	52	176	2008	386	107	231.87
2000	839	57	173	2009	481	114	249.31
2001	898	69	160	2010	510	115	257.34

第五节　消费者权益保护

1989年4月，缙云县工商局消费者协会成立（简称“县消协”）。2005年，县消协设分会5个，监督站20个和监督点65个，聘请消费维权监督员545人。2006年，县消协改为缙云县消费者权益保护委员会（简称“县消保会”）；2月，县消保会仙都分会成立。2008年1月，县消保会直属、仙都、壶镇3个办事处设立；4月，县消费维权律师志愿团成立；6月，各乡镇（农管处）、社区、行政村、学校以及服务场所“12315”监督联络站（点）设立。2009年9月，在县移动公司设消保会移动通信消费维权联络站；11月，县农机消费维权监督站成立。

1993—2010年，县消协（县消保会）每年开展“3·15”国际消费者权益日宣传活动。2009年9月，开展进餐馆、进商场、进社区“三进”新消费活动，在农村放映电影加消费专题片，巡回宣传食品安全和消费知识。2010年，开展以生态消费为主题的“放心蔬菜、果品进商场、进超市”和纪念“3·15”国际消费者权益日活动。

1993—2010年，县消协（县消保会）共受理、处理消费者投诉案件6279件，为消费者挽回经济损失569.5万元。

1993—2010年缙云县消费者投诉案件处理及其结果一览表

表16-6-5　　单位：件、万元

年份	投诉量	挽回经济损失	年份	投诉量	挽回经济损失
1993	351	0.9	1995	394	0.8
1994	379	1.1	1996	401	1.2

续表 16-6-5

年份	投诉量	挽回经济损失	年份	投诉量	挽回经济损失
1997	389	26.4	2004	335	39.2
1998	347	19.2	2005	284	76.8
1999	368	13.2	2006	301	58
2000	333	19.6	2007	287	20.9
2001	518	15	2008	360	26.2
2002	318	42.9	2009	309	22.5
2003	439	165	2010	166	20.6

第七章　质量技术监督管理

1990 年 5 月，缙云县标准计量管理所更名为缙云县标准计量管理局。1996 年 9 月，缙云县标准计量管理局撤销，缙云县技术监督局成立，与县计划委员会合署办公。2000 年 3 月，缙云县技术监督局更名为缙云县质量技术监督局（简称“县质监局”）。2001 年 5 月，原县人劳局负责的锅炉、压力容器、压力管道、电梯、防爆电器等特种设备安全检查监督管理职能划到县质监局。2008 年，县质监局内设办公室、质量综合管理科、监督稽查及特种设备科、食品安全监管科；8 月，下设浙江缙云工业园区、壶镇镇 2 个质量技术监督所。

第一节　计量管理

县质监局下设的产品质量监督检验所承担全县产品质量仲裁检验、监督检验、委托检验和计量器具的检定、校准工作。至 2010 年，县产品质量监督检验所有检测设备 35 台件，通过省级计量认证、审查认定的项目参数 60 个。具有热轧带肋钢筋、热轧光圆钢筋、单端荧光灯、双端荧光灯等产品的质量检验能力，可检定和校准压力表、燃油加油机、百分表、千分尺、游标卡尺、血压计（表）、砝码、天平、衡器、浮标式氧气吸入器等计量器具。

20 世纪 70 年代开始，缙云县 10 两（1 市斤）制杆秤逐步替代 16 两（1 市斤）制杆秤，公斤计量与 10 两制同时使用过程中，10 两制杆秤逐步在公共交易中退出，在家庭中仍较多使用。90 年代后期，国际计量标准“克”开始推广，与 10 两制和公斤制同时使用，米制量具逐步替代市尺和角尺量具。

1995 年以后，全县对油品、黄金饰品、出租车等强制实施法定计量，对石油、燃气的加油（气）站机实行强制检定；对缙云制造计量器具生产许可的 10 多家仪表企业进行标准计量监管生产。缙云生产的螺纹钢、圆钢、再生钢筋、环形荧光灯管等 4 个产品通过省级计量认证和审查认可。2000 年，对全县眼镜配镜、销售商店实行标准化监管，在商店和固定摊位强制停止使用杆秤。2002 年 5 月，查处破坏金丽温高速公路计量器具案件，对当事人罚款 46.38 万元。2007 年，全县开始免收或减半收取涉农企业的计量器具检定费。

2000 年以后，县产品质量监督检验所对液化气充装企业、加油站、集贸市场的计量实行重点监管。2006 年，检定汽车衡器 36 台、燃油加油枪 175 把、压力表 450 只、血压计 186 台、氧气吸入器 150 台、天平秤 440 台。2010 年，承担省级监督抽查和委托检验 46 批次，检定各类计量器具 4100 件。

第二节 标准化管理

2001 年开始，县质监局指导有关部门制订缙云茭白等无公害、绿色有机农产品标准。全县实施省级农业标准化项目示范企业有：洪太生姜、顶佳田园、均得利禽业、大洋渔业、五莲农牧、仙都山茶油开发有限公司及珍稀食用菌、山川绿野、振龙淡水鱼养殖、石上菊茶叶专业合作社。2009 年，组织编制《缙云县农业标准化发展规划》。

2004 年 8 月，国家质检总局在仙都度假村举行缙云县锯床质量分析会，研究确定缙云锯床的质量标准。2006 年以后，《缙云单端环形荧光灯管行业联盟标准》通过国家级验收，环形灯管行业全面提升产品质量及出厂检验能力，省级以上新产品标准转化率达 100%；国家质检总局建成缙云县质量管理信息数据库，全县通过产品生产许可证考核企业 5 家，申报名牌产品 17 个。2009 年，红狮水泥等企业建立计量检测体系。2010 年 9 月，省照明电器标准化技术委员会电光源分会在山蒲照明有限公司设立秘书处，开展照明电器领域标准化工作。2012 年，《缙云县带锯床联盟标准》通过县级验收。

第三节 质量管理

至 1994 年 10 月为止，全县登记发证（代码标识）机关企事业单位、社会团体 589 家。2010 年年末，全县登记发证（代码标识）4997 家。其中，机关单位 85 家，事业单位 250 家，社会团体 223 家，公司、个体户、合作社等 4439 家。

1998 年，县质监局取缔胪膛“农夫山泉”纯净水制假点；查处县农资公司下属企业销售假冒农用化学品苄黄隆案件；查处五云镇谢山路食用猪油制假点，没收劣质猪油 1 万千克。1999 年 5 月，查处广东光大集团公司在缙云销售劣质“光大”牌西施电饭煲案件，标值 27.5 万元。

2007 年，以灯管行业为重点，全县确定国家免检企业培育对象 12 家。其中，山蒲照明电器产品取得免检资格，金陵光源电器的环形荧光灯脱粉工艺控制项目、广鹰机械的 UA125 曲轴箱右盖生产效率项目均获省优秀 QC 成果一等奖。2008 年，县质监局开通“12365”投诉举报电话，开展食品、特种设备、健康安全类产品质量安全监管；8 月，在五云、新建、舒洪、东方、东渡 5 个镇设立质量监督站。

2006—2010 年，全县共有省级名牌产品 11 个、市级名牌产品 18 个。省级名牌产品认定时间为：2006 年的“仙都”牌啤酒，2007 年的“东工”牌工刃具、“天喜”牌炊具，2008 年的“锯力煌”牌带锯床、“山蒲”牌单端荧光灯管、“金陵”牌单端荧光灯系列产品、“长虹”牌单端荧光灯系列产品、“均得利”牌家禽系列，2009 年的“五莲星”牌缙云麻鸭系列、“千秋”牌防盗安全门，2010 年的缙云灯管系列。

第四节　特种设备安全监察

2006年，全县登记注册的单位和个人自有产权气瓶（含石油液化气瓶、无缝钢瓶、乙炔气瓶）12.2万只，全部纳入县质监局计算机管理系统。同时，将起重机械、承压类设备安全阀、固定式简易升降机等特种设备的安装、改造和维护列入安全监察内容。

2009年，全县石材行业起重设备整改80多台，从业人员全部持证上岗。2010年，特种设备使用单位558家，作业持证人员1603人。特种设备有锅炉249台、固定式压力容器452台、电梯346台、起重机1317台、压力管道8000米、客运索道1条、场内专用机动车辆90台、气瓶12.55万只。气瓶充装单位6家，气瓶检测单位3家。

第八章　食品药品监督管理

2001年12月，缙云县药品监督管理局（简称“县药监局”）成立。县药监局实行省垂直管理体制，为市药品监督管理局的直属机构。原县卫生局下属的县药品监督检验所划入县药监局。2003年6月，县药品监督检验所撤销，缙云县药品稽查大队成立。2004年12月，缙云县药品监督管理局撤销，缙云县食品药品监督管理局成立。在保留县药品监督管理局工作职能的基础上，县食品药品监督管理局增加食品、保健品、化妆品安全管理的综合监督。2005年3月，缙云县食品安全委员会成立，办公室设在县食品药品监督管理局。

第一节　食品安全监管

食品放心工程

2004年，缙云县药监局开展“百村万店放心店”建设活动，先后在5个农贸市场和500家食品经营户推广食品准入规则。2005年，农村食品“放心店”155家。2006年，农村食品“放心店”399家，商品配送中心3家；在无店村设置导购牌97块，37个无店村开通配送食品流动车。2009年，农村食品“放心店”427家；纳入监管的连锁超市123家，其中村级连锁店99家；食品安全示范店24家，其中一星级17家、二星级4家、三星级3家。

2008—2010年，缙云县开展食品安全、无公害农产品、餐饮单位等评定（级）认证工作。舒洪、东方、大洋、双溪口、三溪5个乡镇被评定为“食品安全示范乡镇”；创建无公害农产品种植基地27个、水产品基地18个、禽畜产品基地6个。认证无公害农产品27个、绿色产品6个、有机产品11个，食品生产加工企业取得QS认证43家，餐饮单位评定C级300余家、B级1家、A级4家。

食品安全专项整治

县食品药品监督管理局自2004年成立以来，注重基础工作，加强食品安全监管力度，开展食品安全整治，规范食品流通秩序。2006年，抽检超市食用油、饮用水、乳制品等食品24个批次、农贸市场食品4154个批次，处理不合格食品24个批次；检查经营户1136户次，其中查处制售假冒伪劣食品案件19起，罚款9万元。2007年，重点整顿农村食品市场。2008年，“三鹿”奶制品污染事件发生后，县食品药品监督管理局应急处置在缙云市场的问题奶制品，检查经营户3344户次，下架问题奶粉29千克；整治“地沟油”，打击违法添加非食用物质和滥用食品添加剂。2010年，整治饮食店等1188户、小菜场6家；对食品经营户按优异、良好、稳定、波动、低下、信用严重丧失6个等级进行监管。2010年，全县15家食品经营单位安装使用电子监管软件。

食品安全“三网”建设

2005年以后，县食品药品监督管理局开展“监管责任网、现代流通网、群众监督网”的食品安全“三网”建设。建立“政府负总责，部门各司其职，企业是第一责任人”的监管责任网，县政府每年召开食品安全工作会议，与乡镇政府签订《食品安全工作责任书》，年终进行食品安全综合评价考核。落实《缙云县农村食品安全监督员考核办法》，每年组织食品安全监督员培训。开展“千镇连锁超市，万村放心店工程”现代流通网建设。2010年年末，全县连锁超市123家（村级99家，行政村覆盖率23%），均由万客隆、联华、金娟、益溪4个配送中心统一配送放心店食品，农村放心食品配送率70%。全县设食品安全监督站16个、监督点65个、群众监督员799人。

第二节　药品医疗器械监管

药品安全监管

2001年，全县换发医疗机构制剂许可证；5月，对全县各药店的处方药与非处方药摆放、标识、列入处方药目录的药品作出具体规定。2003年3月，开展农村药品群众监督网、农村药品供应网和农村医疗机构规范化药房建设。2006年3月，敦促浙江圣华药业有限公司撤回2005年1月1日—5月20日期间不符合注册申报要求的药品。2010年开始，各乡镇卫生院、村卫生室药品由县医药公司统一配送；认定全县医疗机构标准药房374家；聘请药品安全监督员640人，建成县、乡镇、村三级药品监督网络；实施药品流向在线监管，对药品储存、批发企业的疫苗、血液制品、中药注射剂、特殊药品及基本药物实行电子码监管。

药品经营质量管理认证

1999年8月开始，贯彻执行卫生部《药品生产质量管理规范》（简称“GMP”）。2004年，浙江圣华药业有限公司通过GMP认证；5月，贯彻执行卫生部《药品流通质量管理规范》（简称“GSP”）。2005年年底，全县所有药品零售企业通过GSP认证。

药品医疗器械安全信用体系建设

2005年开始，贯彻执行浙江省《药品经营企业信用等级分类管理办法》。2006年开始，贯彻执行实施《医疗器械经营企业信用等级管理办法》，对药品、医疗器械经营企业实行信用等级管理、确定检查频次。

2007 年开始，实施药品生产企业风险评估，对药品批发企业的销售人员和外地到缙销售药械人员进行审核登记，上网公示，遏制“走票过票”“非正规渠道”进药等违法现象。

至 2010 年，全县有药品批发企业和连锁经营企业各 1 家、药品零售企业 50 多家、医疗器械经营企业 10 多家。

药品市场专项整治

2001—2010 年，全县开展药品专项整治 50 多次。重点有：非药品冒充药品、小药店、兴奋剂市场、药品流通票据、狂犬病疫苗市场、邮寄假药、中药饮片质量、人血清白蛋白等专项检查与整治。

第九章　安全生产监督管理

2002年8月以前，安全生产监管职能归属县人劳社保局。2002年8月，安全生产监管职能划归县经贸局。2004 年 4 月，缙云县安全生产监督管理局（简称“县安监局”）成立，属副科级二类局，隶属于县经贸局。

2005 年 11 月，县安监局从县经贸局分立，属县政府组成部门，为正科级行政单位。2005 年，县安监局内设办公室、综合安全监督管理科（危险化学品安全监督管理科）、矿山安全监察科和下属事业单位安全生产监察大队。行政编制 11 人，事业编制 6 人。同年，缙云县安全生产委员会（简称“县安委会”）成立，承担全县安全生产协调职能，办公室设在县安监局。2006 年，全县安全生产开始进入规范化、制度化管理的新阶段。至 2010 年，安全生产监管网络的建立，安全生产标准管理的实施，安全生产责任制的推进，全县形成较完备的安全生产责任体系。

第一节　安全生产管理

安全生产目标管理

2005 年，《缙云县安全生产五年规划（2006—2010）》制定。规划指标为，到 2010 年全县亿元国内生产总值生产安全事故死亡率控制在 0.75 以内，工矿商贸从业人员 10 万人生产安全事故死亡率控制在 7 人以内，道路交通万车死亡率控制在 9 人以内。经过五年的安全生产专项行动整治，2010 年，“三项指标”分别为 0.58、4.25 和 7.05，均低于预期控制目标。

2006 年开始，全面落实安全生产责任。每年年初，县政府与各乡镇、部门签订《安全生产责任书》，各乡镇、部门与所属企事业单位签订《安全生产目标管理责任书》；年中，县安委会组织对各乡镇、部门目标责任制落实情况进行检查、督促；年底，组织安全生产目标管理考核，实施安全生产“一票否决”制度。

2006—2010 年，全县安全生产状况趋于好转，安全事故数量、死亡人数、直接经济损失，2010 年比 2005 年分别下降 68%、23% 和 64%，其中死亡人数控制在市政府下达的事故控制指标内。

安全生产服务

2009 年，全县开展“百千万”安全服务专项行动，检查督促企业安全生产管理制度和硬件建设，印发《企业主体安全责任落实工作手册》1200多册。同时，推行“科技兴安”战略，督促企业淘汰落后工艺，推广新技术、新工艺，全县20多家铸造企业全部淘汰落后且有安全隐患的乙炔发生器。

安全教育培训

1991—2001年，开展“安全生产周”活动。从2002年开始，每年6月，开展“安全生产月”宣传教育月活动，提高全民安全意识。2006—2010年，全县累计悬挂安全生产标语1400多条、张贴安全生产宣传画4200多张、出动安全生产宣传车220多台次、组织参观安全生产图片展览6万多人次、培训职工12000多人、发放安全生产宣传资料24万多份。

第二节　安全生产监察

2008年，县工业园区和壶镇镇安全生产监察中队设立，每个中队事业编制3人。

2006年开始，每年开展安全生产隐患排查和治理工作，检查乡镇和行业主管部门监管责任的落实情况，督促生产经营单位开展安全隐患排查治理活动，建立安全隐患治理数据库和重大安全隐患挂牌整改督办制度，定期向社会公布安全隐患整改单位。深化安全生产专项整治工作，督促重点行业改善安全生产条件。是年6月底，烟花爆竹生产企业全部退出市场，壶镇城区的烟花爆竹零售店从2007年的52家缩减到2010年的14家。全县矿山开采企业从2005年的19家缩减到2010年的9家，查出矿山安全隐患40多处，投入整改资金20多万元。

2007年，开展“安全生产执法年”活动，检查生产经营单位300多家，行政处罚53起。2008年，开展安全生产百日督查专项行动，检查各类生产经营单位500多家，行政处罚107起。2009年，开展安全生产“三项行动”，检查生产经营单位500多家，行政处罚96起。2010年，以打击“三非、三违、三超”行为为重点，检查生产经营单位400家，行政处罚32起。

第十七篇　中国共产党地方组织

1993—2010年，中国共产党缙云县委员会（简称“中共缙云县委”）历经第九届至第十二届。历届县委在上级党委的领导下，不断加强自身建设，组织、宣传、统战、政法、老干部、党校、党史等各方面工作全面提升。1993年，全县有党委41个、党组34个、党总支6个、党支部1088个，共产党员16614人。2010年，全县有党委34个、党组25个、党总支52个、党支部1204个，共产党员25664人。各级党组织和广大党员在全县社会主义现代化建设进程中发挥了战斗堡垒和先锋模范作用。

第一章　组织　机构　会议

1993—2010 年，缙云县先后召开四次党代会，选举产生中共缙云县第九届、第十届、第十一届、第十二届委员会。1993—2003 年，缙云县党的各级代表大会五年召开一次。2004 年，中共中央对地（市）、县（市、区）及乡镇党的代表大会召开时间进行调整，2006 年，浙江省、地（市）、县（市、区）、乡镇四级集中换届。其间，县委书记办公会议共召开 330 次。

1993—2002 年，乡镇党代会每三年一届。2002 年开始，乡镇党代会调整为每五年一届。1993—2010 年，全县各乡镇先后召开 5 次党代会，换届选举产生 5 届乡镇党委。

第一节　中共缙云县代表大会

1993—2010 年，中共缙云县代表大会召开四次，会址均在五云镇。

第九次代表大会

1993 年 4 月 8—11 日，中共缙云县第九次代表大会召开。正式代表 310 名，列席代表 22 名，应邀代表 4 名。会议听取、审议并通过县委书记卢淳良代表第八届委员会所作的《坚持党的基本路线，加快改革开放步伐，为建设社会主义新缙云而努力奋斗》的工作报告和县纪委书记王群芬所作的县纪委工作报告。选举产生中共缙云县第九届委员会委员 28 名、中共缙云县纪律检查委员会委员 15 名。

第十次代表大会

1998 年 3 月 10—13 日，中共缙云县第十次代表大会召开。正式代表 298 名，列席和应邀代表 42 名。会议听取、审议并通过县委书记蒋剑巍所作的《抓住机遇，加快发展，把缙云的改革开放和现代化建设事业全面推向二十一世纪》的工作报告和县纪委书记郭卫平所作的县纪委工作报告。选举产生中共缙云县第十届委员会委员 25 名、候补委员 5 名、中共缙云县纪律检查委员会委员 15 名。

第十一次代表大会

2003 年 3 月 25—28 日，中共缙云县第十一次代表大会召开。正式代表 292 名，列席代表 29 名。会议听取、审议并通过县委书记蔡步雄所作的《谋求跨越式发展，开创缙云小康社会和现代化事业新局面》的工作报告和县纪委书记方世伦所作的县纪委工作报告。选举产生中共缙云县第十一届委员会委员 27 名、候补委员 5 名、中共缙云县纪律检查委员会委员 15 名。

第十二次代表大会

2006 年 12 月 18—22 日，中共缙云县第十二次代表大会召开。正式代表 294 名，实到代表 286 名，列席和应邀代表 32 名。会议听取、审议并通过县委书记毛子荣所作的《谋求争先进位，推进撤县建市，构建“四型缙云”（实力缙云、大气缙云、活力缙云、和谐缙云），为基本实现全面小康社会目标而努力奋斗》的工作报告和县纪委书记王小荣所作的县纪委工作报告。选举产生中共缙云县第十二届委员会委员31名、候补委员6名、中共缙云县纪律检查委员会委员19名。

第二节　县委全体委员（扩大）会议

县委全体委员会议（简称“全体会议”）一般每年至少召开两次，遇有重要情况随时召开。会议由县委常务委员会（简称“县委常委会”）召集并主持，县委委员、候补委员出席。必要时，各乡镇党委、县级部门党委（党组）负责人、县纪委委员等列席，召开全体扩大会议。会议内容主要为传达贯彻上级党组织重要指示和决定，通报、决定和部署全县性工作，讨论、研究需要由全体会议决策的重大事项。1993年4月—2010年12月，第九届至第十二届县委共召开全体（扩大）会议47次。

第九届县委全体（扩大）会议

共召开14次，重点研究其间各年度工作要点、解放思想大讨论、仙都新区开发、县政府办公机关迁移、缙云县国民经济和社会发展“九五”计划和2010年发展规划等，提出统一思想，振奋精神，改进作风，确定加快脱贫致富奔小康目标。

第十届县委全体（扩大）会议

共召开14次，重点研究并通过其间各年度工作要点、《关于2000年县委县政府工作计划的决议》《中共缙云县委关于召开缙云县党代表会议的决议》《关于制定国民经济和社会发展第十个五年计划的建议》等，号召全县上下深入学习“三个代表”重要思想，继续落实县“三讲”教育整顿措施，实施“开放兴县、工业强县、生态立县”三大战略，加快缙云经济跨越式发展。

第十一届县委全体（扩大）会议

共召开6次，重点研究并通过其间各年度工作要点，加强和改进党的建设，国民经济和社会发展第十一个五年计划，“平安缙云”建设，贯彻省委“八八战略”、市委“三市并举”和县委“三大战略”“四型缙云”建设、扶贫开发，鼓励开放型经济发展等。审议通过《中共缙云县委关于兴起学习贯彻“三个代表”重要思想新高潮，进一步加强和改进党的建设的决定》《中共缙云县委关于加快文化建设的决定》。

第十二届县委全体（扩大）会议

共召开13次，重点研究并通过其间各年度工作要点、《中共缙云县委关于制定缙云县国民经济和社会发展第十二个五年规划的建议》《关于召开中国共产党缙云县第十三次代表大会的决定》、市委公开选拔干部人选推荐工作、部署行政村规模调整工作。

第三节　县委常委会会议

县委常委会会议由县委书记召集并主持，书记不能参加会议时，委托副书记召集并主持。县委常委会会议一般每月召开两次，遇有重要情况随时召开。1993—2010 年，共召开县委常委会会议 355 次。

第九届县委常委会会议

1993 年 4 月—1998 年 3 月。重点研究解放思想大讨论、“三种两养”、个私经济发展、新区开发、殡葬改革实施方案等，作出《关于大力促进个体、私营经济发展的决定》《关于在全县城镇实施住房制度改革的决定》《关于县政府办公大楼移址的决定》等重要决策，部署全县开展“解放思想，更新观念，改革创新，加快发展”大讨论活动，提出克服发展中存在的思想障碍，确立发展新观念、新思路。

第十届县委常委会会议

1998 年 3 月—2003 年 3 月。重点讨论研究《关于搞好第二轮土地承包工作，稳定完善家庭承包经营责任制的若干意见》《关于加快文化事业发展若干政策的意见》《关于鼓励工业经济发展的若干意见》《缙云县鼓励开放型经济发展的若干规定》《关于进一步加强扶贫开发工作的实施意见》《关于进一步加快效益农业发展　推进农业产业化经营的若干意见》等，部署全县“学永康，找差距；强工业，快发展”解放思想大讨论和领导干部从政道德集中教育活动。

第十一届县委常委会会议

2003 年 3 月—2006 年 12 月。重点讨论研究《中共缙云县委关于兴起学习贯彻“三个代表”重要思想新高潮，进一步加强和改进党的建设的决定》《关于培育和发展农村专业合作社经济组织的若干意见》《关于实施“十村示范、百村整治”工程的若干意见》《关于全面推进社会主义新农村建设的若干意见》《缙云县构建惩治和预防腐败体系实施方案》《关于全面推进社会主义新农村建设的若干意见》等，作出《关于进一步加强科技创新推进科技进步的决定》《关于完善经济社会发展重大事项决策机制的决定》《关于进一步加强人才工作的决定》《关于进一步加强科技创新推进科技进步的决定》等。

第十二届县委常委会会议

2006 年 12 月—2010 年 12 月。重点讨论研究《中共浙江省委关于贯彻〈中共中央进一步加强人民法院、人民检察院工作的决定〉的实施意见》的有关问题、《关于推进工业经济又好又快发展的若干意见》《关于进一步加快旅游发展的若干意见》《中共缙云县委常委会贯彻落实科学发展观整改落实方案》《关于加强和改进机关党建工作的意见》《缙云县低收入农户奔小康工程实施意见》《关于开展行政村规模调整工作的实施意见》等。

第九届至第十二届中共缙云县委常委会组成人员一览表

表 17-1-1

届别	职务	姓名	籍贯	任职时间
第九届（1993.4—1998.3）	书记	卢淳良	浙江东阳	1993.4—1995.12
		蒋剑巍	江苏宜兴	1996.1—1998.3
	副书记	陶国忠	浙江缙云	1993.4—1995.1
		龚樟德	浙江义乌	1993.4—1996.3
		蒋剑巍	江苏宜兴	1994.12—1996.1
		吕军民	浙江东阳	1995.1—1998.3
		汪　帆	浙江淳安	1996.3—1997.9

续表 17-1-1

届别	职务	姓名	籍贯	任职时间
第九届（1993.4—1998.3）	副书记	武　昌	山东沂源	1997.9—1998.3
	常委	卢淳良　陶国忠　龚樟德　汪　帆　胡五一　王群芬（女）　宋土根　林勇跃　郭树仁　蒋剑巍　吕军民　王平才　翁争鸣　杨大平　郭卫平　廖思红（女）　武　昌　马为民		
第十届（1998.3—2003.3）	书记	蒋剑巍	江苏宜兴	1998.3—2000.9
		蔡步雄	浙江苍南	2000.9—2003.3
	副书记	吕军民	浙江东阳	1998.3—1999.7
		武　昌	山东沂源	1998.3—2003.3
		廖思红（女）	浙江松阳	2000.1—2001.3
		毛子荣	浙江龙泉	2000.1—2003.3
		赵导亮	浙江缙云	2001.1—2003.3
		方世伦	安徽巢湖	2002.12—2003.3
	常委	蒋剑巍　蔡步雄　吕军民　武　昌　郭卫平　翁争鸣　宋土根　王平才　廖思红（女）　马为民　葛学斌　毛子荣　方世伦　包保根　郑　栋　毛毅平　赵导亮　刘小平　周保龙　叶慧萍（女）　何卫宁　连小敏　王小荣		
第十一届（2003.3—2006.12）	书记	蔡步雄	浙江苍南	2003.3—2005.10
	副书记	武　昌	山东沂源	2003.3—2004.2
		毛子荣	浙江龙泉	2003.3—2004.2
		赵导亮	浙江缙云	2003.3—2006.3
		方世伦	安徽巢湖	2003.3—2005.7
		连小敏	浙江青田	2004.6—2005.6
		孔海龙	浙江磐安	2005.6—2006.12
		叶慧萍（女）	浙江松阳	2005.7—2006.12
		王小荣	浙江青田	2005.7—2006.12
	常委	蔡步雄　武　昌　毛子荣　赵导亮　方世伦　郑　栋　周保龙　叶慧萍（女）　何卫宁　连小敏　王小荣　赵飞龙　陈积康　孔海龙　钟建安　李根林		
第十二届（2006.12—）	书记	毛子荣	浙江龙泉	2006.12—2009.6
		孔海龙	浙江磐安	2009.6—
	副书记	孔海龙	浙江磐安	2006.12—2009.6
		叶慧萍（女）	浙江松阳	2006.12—2009.12
		王小荣	浙江青田	2006.12—2008.6
		吴筱琳（女）	浙江东阳	2010.2—
		王　峻	浙江建德	2010.2—
	常委	毛子荣　孔海龙　叶慧萍（女）　王小荣　吴筱琳（女）　王　峻　周保龙　赵飞龙　钟建安　胡先龙　沈　毅　刘旭标　潘建青　陈湘钟　洪起平　萧智君　徐明福　王金炎		

第四节　县委工作机构

1993年年末，中共缙云县委设工作机构8个：办公室、组织部、宣传部、统一战线工作部、政法委员会、老干部局、党史资料征集研究委员会、党校。1996年9月，根据省委《省县（市）级党政机构改革实施意见》文件和地委指示，进行党的机构改革，调整后县委工作机构5个：办公室、组织部（直属机关工作委员会）、宣传部、统一战线工作部、政法委员会。1999年4月，缙云县台湾事务办公室和县委台湾工作办公室实行“两块牌子，一个机构”，不再作为县委统战部内设机构。2000年2月，县台湾事务办公室、县委台湾工作办公室列为正科级机构，与县委统战部合署办公。

2000年6月，县委工作机构14个：办公室、组织部、宣传部、统一战线工作部、政法委员会、老干部局、直属机关工作委员会、台湾事务办公室、台湾工作办公室、民族宗教事务局、县委县政府信访局、保密局、社会治安综合治理委员会办公室、党校。

2001年11月，党政机构改革，调整后县委工作部门5个：办公室（加挂县保密委员会办公室、县保密局2块牌子）、组织部（直属机关工作委员会与其合署办公）、宣传部、统一战线工作部（民族宗教事务局、侨台事务办公室、县委台湾工作办公室与其合署办公）、政法委员会（社会治安综合治理委员会办公室与其合署办公）。县委、县政府信访局为县委办公室管理机构，县委老干部局仍由组织部管理，县机构编制委员会办公室属县委、县政府主管机构编制工作机构，挂靠县人事劳动社会保障局。

2002年9月，县委、县政府综合考核办公室成立，属正科级事业单位，挂靠县委办，参照国家公务员制度管理。2003年9月，县委党史研究室升格为正科级事业单位，挂靠县委办公室。2004年3月，县委新闻发展中心（广播电视台）成立，与县广播电视台合署办公，实行“两个机构，两块牌子，一套班子”管理体制。2005年7月，缙云县广播电视台成立，为县委、县政府直属正科级事业单位；年底，县委设直属单位8个、部门管理机构2个。2009年3月，缙云县机关事务管理局成立，挂中共缙云县委、缙云县人民政府接待办公室牌子，为正科级监督管理类事业单位。

县委工作机构人员编制数：1993年78人、2001年87人、2005年118人、2010年128人。

1993—2010年部分年份缙云县委工作机构人员编制情况一览表

表17-1-2　　单位：人

工作机构	编制人数/领导职数			
	1993	2001	2005	2010
办公室	20/5	24/7	24/8	26/9
组织部	22/4	25/4	25/4	33/4
宣传部	12/4	12/4	14/4	19/4
统战部	10/3	10/3	10/4	10/4
政法委	6/2	6/2	7/4	7/4
县机关工委	3/1	3/1	3/1	3/2
老干部局	5/3	7/2	9/2	10/2
县委党校	/	/	26/3	20/3

第二章 县委重大决策

1993—2010年，历届县委以马克思列宁主义、毛泽东思想、邓小平理论、“三个代表”重要思想和科学发展观为指导，紧紧围绕经济建设中心，解放思想，实事求是，与时俱进，开拓创新，通过集思广益、调查研究、科学判断、民主决策，先后制定、出台一系列重要政策、制度、意见，开展一系列重要活动，有力地推动了缙云经济社会和各项事业的发展进步。

第一节 解放思想大讨论

1994年8月，中共缙云县委第九届三次全体（扩大）会议召开，部署开展解放思想大讨论，更新观念，促进经济建设快速发展；12月，缙云县进一步解放思想大讨论动员大会再次召开，主题为统一思想，振奋精神，改进作风，加快脱贫致富奔小康。

1998年2月，县委《关于在全县开展“解放思想，更新观念，改革创新，加快发展”大讨论活动的通知》发布，提出克服经济社会发展中存在的思想障碍，确立发展新观念、新思路、新举措。

2001年10月29日，全县解放思想大讨论和领导干部从政道德集中教育活动动员大会召开，部署开展为期2个月的解放思想大讨论活动和领导干部从政道德集中教育活动，主题是“学永康，找差距；强工业，快发展”。

2008年3月6日，县委《开展“推进创业创新、建设生态文明、加快率先发展”解放思想大讨论活动实施方案》发布；31日，“树新形象，创新业绩”动员大会召开，总结开展“推进创业创新、建设生态文明、加快率先发展”解放思想大讨论活动情况，部署全县上下开展“树新形象，创新业绩”活动。

第二节 重大经济社会发展决策

1993—2010年，历届县委立足缙云县实际，在制定实施经济社会五年发展规划、发展农村特色经济、脱贫致富奔小康、发展工业经济、发展旅游经济、行政村调整等方面，作出了一系列影响深远的重大决策。

缙云县国民经济和社会发展五年规划 1996年、2001年、2006年，分别以县委全会形式审议、表决通过《关于缙云县国民经济和社会发展“九五”计划和2010年远景目标纲要的报告》《关于缙云县国民经济和社会发展“十五”计划纲要的报告》《关于缙云县国民经济和社会发展第十一个五年规划纲要的报告》。随着三个五年规划的实施，缙云县的经济社会发展取得了长足进步。2001年、2006年、2010年，全县地区生产总值分别为23.92亿元、61.77亿元、112.17亿元，财政总收入分别为2.57亿元、6.01亿元、10.1亿元，农民人均纯收入分别为2700元、4087元、6678元。

以“三种两养”为重点的“一村一品” 1993年4月，县第九次党代会提出此后五年缙云经济社会发展的总思路，明确“继续走发动千村万户、发展‘一村一品’的路子”。1995年8月，县委第九届五次全会提出，紧紧围绕以种桑养蚕、种草养鹅（兔）、种香菇的“三种两养”农业产业，发展个体私营经济，发动千家万户发展副业。1993年，全县桑园面积发展到2797公顷，鲜茧产量190.9万千克，蚕桑收入2000万元。1996年，全县农业总产值5.76亿元，农民人均纯收入2441元，分别比1993年增长88%和130%。壶镇镇湖川火炮、应庄祭祀用香，新建镇笕川香菇，东方镇靖岳蚕桑，五云镇洋潭头蔬菜、杜桥茶叶，新碧镇泗山鹅鸭等一批“一村一品”特色产业专业村形成。

脱贫致富奔小康 1993年12月，县委召开以加速实现脱贫致富奔小康为主题的大会，部署脱贫工作。1995年，缙云摘掉“贫困县”帽子，消除贫困乡镇。1997年2—3月，县委相继颁布《关于加大扶贫力度，动员社会力量进行扶贫攻坚的通知》《关于开展脱贫致富奔小康，建设社会主义新农村活动意见》。1998年3月，县第十次党代会确定之后五年的工作目标，提出“促进经济和社会协调发展，加快农民脱贫致富”工作措施。1999年1月，县委第十届第四次全会提出大力发展质量和效益农业，促进农民增收；5月，县委颁布《关于搞好第二轮土地承包工作，稳定完善家庭承包经营责任制的若干意见》。2003年，实施欠发达乡镇奔小康工程。2004年6月，县委《关于实施下乡脱贫建设工程的若干意见》颁布。2010年，农民人均纯收入6678元，比1993年增长5.29倍。

工业强县 1993年开始，缙云进行国有集体企业产权制度改革，激发市场活力。1994年，县委、县政府提出加快工业园区建设，培植块状经济战略。2001年1月，县委第十届第十次全会作出实施“开放兴县、工业强县、生态立县”三大战略的决定。2006年4月，县委第十一届第九次全会作出《关于完善经济社会发展重大事项决策机制的规定（试行）》。2007年12月，县委颁布《关于推进工业经济又好又快发展的若干意见》。2010年7月，县委第十二届第十三次全会提出，准确把握宏观经济形势出现的新变化，加快推进经济社会发展转型，以高科技加互联网技术引领现代工业发展。2006年，新碧工业园区被批准为省级工业园区，全县实现工业总产值110.4亿元。2009年，机械装备、汽摩配、建材、电器电子等四大制造产业特色显现，工业产值突破200亿元，位居丽水市第一。

发展旅游大产业 1997年12月，县委提出大力发展旅游业的决定。1999年1月，提出抓好仙都旅游风景区建设。2004年，确定“大旅游、大产业、大发展”思路。2006年，作出“建设全县大景区，发展旅游大产业”战略，多渠道、多元化增加风景区建设和旅游投入，改善旅游环境。2003年，全县接待游客69.12万人次，实现旅游收入2.63亿元；2010年，全县接待游客425.19万人次，实现旅游收入20.53亿元，缙云被省政府表彰为“浙江省旅游经济强县（市、区）”。

“三大文化”战略 2003年，首次提出打造“奇峰异石、黄帝文化”。2005年8月，县委第十一届六次全体（扩大）会议通过《关于加快缙云文化建设的决定》。2006年，提出发展“黄帝文化、民间剧团文化、仙都影视文化”的文化发展战略。2007年，确定“黄帝文化、婺剧文化、石头文化”三大文化发展战略。

行政村规模调整 2010年，县委作出实施行政村规模调整的重大决策。调整后，全县644个行政村（含2个移民村）调减为253个。此举对于加强农村基层组织建设、优化农村资源配置、统筹推进新时期社会主义新农村建设影响深远。

第三章　组织工作

1993—2010年，中共缙云县委组织部（简称“县委组织部”）全面贯彻落实上级组织部门和县委关于组织工作的决策部署，与时俱进，开拓创新，在完善工作机制、基层党组织建设、机关党的建设、干部队伍建设、人才培养等方面做了大量工作，为缙云经济社会发展提供组织保障。

第一节　组织机构

1996年9月，根据党政机构改革方案，县委组织部与县直属机关工作委员会合署办公。内设办公室（组织史办公室、调研室）、干部科（县委知识分子办公室）、干部审理科、参照公务员办公室、组织科、县党员电化教育工作中心站，人员编制19人。

2000年7月—2005年12月，县委组织部内设办公室、干部综合科、干部调配科、干部教育科（科技干部科）、干部监督室、组织科、党员电化教育工作中心站、人员编制17人。增设党建工作领导小组办公室、非公有制企业党建联席会议办公室。

2005年，缙云县农村党员干部远程教育工作领导小组成立，办公室设在县委组织部，与县委组织部党员电教中心合署办公。2009年2月，缙云县党员服务中心成立。

2010年，县委组织部内设五办、四科、两室、两中心共13个科室。“五办”为部机关办公室、人才工作办公室、党代表联络办公室、“两新”（新经济组织和新社会组织）工委办公室；“四科”为干部综合科、干部调配科、干部教育科、组织科；“两室”为调研室、干部监督室；“两中心”为县党员服务中心、党员电化教育中心。

1993—2010年中共缙云县委组织部部长一览表

表17-3-1

姓名	籍贯	任职时间	姓名	籍贯	任职时间
汪　帆	浙江淳安	1992.4—1996.7	钟建安	浙江龙游	2005.9—2009.9
廖思红（女）	浙江松阳	1996.7—2001.3	李汉勤	浙江莲都	2009.9—
叶慧萍（女）	浙江松阳	2001.3—2005.9	—	—	—

第二节　基层党组织建设

1993—2010年，全县农村、机关、街道、企事业单位和其他基层单位，根据工作需要和党员人数，分别设立党的基层委员会、总支部委员会、支部委员会。党的基层委员会每届任期3～4年，总支部委员会、支部委员会每届任期2～3年。2008年开始，对任职累计12年以上的离任村主职干部发放生活补助，实行村主职干部基本报酬制度。2009年，《缙云县村党支部书记和村委会主任考核管理办法》实施，为村主职干部1236人发放基本报酬1188.78万元。2003年，壶镇镇党委被省委表彰为“先锋工程”“五好”乡镇党委，湖川村党支部被省委表彰为“先锋工程”“五好”村党组织。

党组织设置

1996年9月，开展党政机构改革，在县经济委员会（乡镇企业管理局、医药管理局）、公安局、农业局、林业局、水利水电局、电力工业局、粮食局、商业集团总公司、物资总公司、供销社、教委、卫生局、交通局、建设局（环境保护局）建立党委。1997 年，在县农村信用联社党委建立。1998 年，县邮电局党委撤销，分别建立县邮政局党委和县电信局党委。2000 年 3 月，县仙都风景旅游局党组改建为党委。

2002 年，五云镇社区工作委员会建立。年末，社区党支部 6 个，居民小区党小组 10 个。2004 年 12 月，县国土资源局党组改建为党委。2005 年，县发展和改革局（粮食局）党委建立。2008 年，乡镇区划调整，新碧镇党委撤销，新碧农管处党委建立；城北乡、新川乡、双川乡、雁岭乡、白竹乡、南溪乡、木栗乡党委撤销。2010 年，县经济贸易局、教育局、建设局、交通局、水利局、农业局、林业局、卫生局、发改局、供销社、农村信用联社党委撤销，分别建立党组。县府办、人民检察院、人民法院、人事劳动社会保障局、民政局、财政局、文化广电新闻出版局（体育局）、广播电视台建立机关党委。

1993 年，全县有基层党委 41 个、党组 34 个、党总支 6 个、党支部 1088 个；2010 年，全县有基层党委 34 个、党组 25 个、党总支 52 个、党支部 1204 个。

1993—2010 年缙云县基层党组织数量一览表

表 17-3-2　　单位：个

年份	党委				党组	党总支	党支部				
	合计	乡镇	企事业	机关			合计	农村	企事业	机关	其他
1993	41	24	5	12	34	6	1088	676	247	151	14
1994	41	24	5	12	34	6	1100	674	228	164	34
1995	41	24	5	12	34	6	1099	674	228	162	35
1996	45	24	6	15	30	4	1094	664	241	151	38
1997	45	24	6	15	30	4	1116	674	242	155	45
1998	45	24	6	15	32	24	1109	653	224	165	67
1999	46	24	6	16	31	35	1125	647	250	145	83
2000	46	24	8	14	29	37	1145	659	290	150	46
2001	42	24	7	11	20	41	1174	667	291	172	44
2002	41	24	5	12	21	42	1172	667	294	174	37
2003	42	24	5	13	12	44	1135	658	283	158	36
2004	43	24	7	12	26	49	1150	670	273	172	35
2005	43	24	6	13	29	43	1142	673	260	173	36
2006	43	24	6	13	29	43	1227	671	323	198	35
2007	41	24	6	11	29	43	1254	687	354	173	40
2008	35	16	6	13	25	52	1251	690	349	175	37
2009	33	16	6	11	25	52	1253	690	349	175	39
2010	34	16	6	12	25	52	1204	664	340	178	22

制度建设

1994—2007 年，中共缙云县委先后出台《1994 年全县农村基层党组织建设考核意见》《缙云县加强党的建设的措施和实施意见》《关于在乡镇开展“创六好”活动的决定》《关于搞好农村民主评议党员工作的实施意见》《关于继续深入开展农村基层组织教育整顿的实施意见》《缙云县发展党员工作责任追究暂行规定》《关于党员亲属入党实行票决制的意见》《关于开展农村基层组织“先锋工程”建设的实施意见》《缙云县农村党员干部现代化远程教育工作方案》《发展党员家访制度》《缙云县农村党支部书记管理办法》，以加强基层党组织建设，更好地发挥党组织战斗堡垒和共产党员先锋模范作用。

1994年，县委与各乡镇党委签订《农村党组织建设责任书》。1999年10月起，发展党员实行公示制度。2000年以后，全县确定60个制度规范化建设重点村，县领导和部门与重点村建立联系帮扶制度。

教育活动

阵地建设　1995年10月，确定县城金山烈士陵园、金竹红军战斗胜利纪念碑、仙都鼎湖峰景区、大洋水库、壶镇镇高潮村中共缙云县第一次代表大会旧址、方溪乡师姑田处属游击队修械厂旧址、大源镇江西山后处属特委机关旧址、东方镇汤畈红军标语墙8处为爱国主义教育基地；开通“缙云党建网”，创办《缙云党建》刊物。2004年12月，壶镇镇农村青年活动中心和党员管理教育服务中心成立。2006年1月，网络学习平台开通，《缙云县科级领导干部学分制试行办法》规定科级领导干部五年内累计学分为300分；6月，缙云电视台开播党建电视“先锋”专栏。2007年9月，纪念浙江壮丁抗暴自救军第三总队成立60周年座谈会在缙云召开，新建镇西青头、雪峰山革命历史纪念馆揭牌（碑）。2009年2月，缙云县党员服务中心启用。

活动开展　1993年以来，组织全县基层党组织开展“奔小康示范村”创建、农村基层组织建设月、“千名乡镇干部进村住户为民服务”、庆祝中国共产党成立80周年党史宣讲、“先锋工程”创建、社区“四个一”共建活动（参加一次活动，提一点建议，办一件实事，解决一个难题）、党员“七一”座谈会、“三老”（老游击队员、老党员、老交通员）人员纪念缙云解放五十周年赴金山烈士陵园祭祀烈士、非公有制企业党建工作等重大活动。2005年4月，《缙云县党员“四有”关爱制度》出台，对相关党员开展“节日有祝贺，困难有补助，生病有人看，去世有人送”关爱活动。2008年开始，将全县2200余名外出党员和69名外来党员纳入管理教育范围。2009年9月，开展“边学边干见成效”主题教育活动。

凝聚力工程建设

1997年，按照省委《关于在全省基层党组织中开展建设“凝聚力工程”活动的意见》，全县党组织开展“凝聚力工程”建设活动，在农村党支部开展“创五好，奔小康”活动，整顿转化后进党支部79个。1998年，乡镇集中教育整顿办公室成立。各乡镇党委共修订议事规则和管理制度412个；收集群众反映强烈的事项108件，解决86件；为群众办实事328件。其中帮助村集体收缴土地承包款167.2万元，投入劳动积累工70.23万个。2005年，争取上级资金补助，全县57个集体经济薄弱村办公场所设施得到改善。2009年，对全县村集体年收入不足3万元的362个行政村，共补助村级组织运转经费707.04万元。2010年，在农村基层组织开展“网格化管理，组团式服务”活动。

党员发展

1993年，全县有党员16614人，其中女党员2080人。2010年，全县有党员25664人，其中女党员5238人。

第三节　干部工作

选拔　录用

县委组织部设干部综合科，负责公务员和事业单位人事管理，负责县属单位中层以上干部的考察、选拔、任用、考核、报批等工作。

1993年以后，干部人事制度改革不断深化，公开选拔、竞争上岗和差额考察制、考察预告制、任前公示制、试用期制、常委会票决制逐步推行。个别单位曾推行全员聘任制和人事代理制。事业单位新进人员实行“凡进必考”。1998年、1999年，股（所）级中层干部实行跨部门交流。1995—2010年，公开选拔副科级领导5次，共录用28人。2000年，从应届普通高校毕业生中选拔公务员充实到乡镇机关。2002年，缙云县面向社会招考国家公务员的公告在《丽水日报》上发布。2003年开始，县委常委会对干部任免实行无记名票决制，开展占职数非领导职务选拔任用工作，新进事业单位人员实行人事代理制度。2005年，干部监督举报电话开通。2006年，《中华人民共和国公务员法》《中共缙云县委全委会成员民主推荐提名和讨论任用干部表决办法》开始实施。2007年，县委组织部与县纪委、县信访局等部门联合监督干部制度出台。

2000—2010年缙云县干部调配情况一览表

表17-3-3　　单位：人

年份	提拔	交流	转任	改任非领导职务	备注（撤降职）	年份	提拔	交流	转任	改任非领导职务
2000	17	34	—	—	3	2006	68	93	7	40
2001	85	152	—	36	1	2007	76	116	—	19
2002	15	12	—	4	—	2008	38	76	2	9
2003	46	40	8	7	—	2009	31	37	5	23
2004	42	54	1	18	3	2010	31	43	5	23
2005	23	63	5	6	1	—	—	—	—	—

说明：2006—2010年，无撤（降）职干部

干部教育

1994—1999年，组织农村党支部书记培训班1期，农村基层领导干部岗位培训班3期。1996年10月，组织企业党组织书记培训班。1998年11月，组织39名青年干部赴浙大参加经济管理培训。

2001—2007年，缙云县《2001—2005年干部教育培训规划》《科级领导干部学分制试行办法》《2006—2010年干部教育培训规划》《关于进一步加强和规范干部教育培训工作的通知》先后出台。

2001—2010年，举办青年干部培训班5期，培训人数313人次；举办妇女干部培训班5期，培训人数271人次。2001年以后，举办科级干部培训班27期，培训人数1300多人次；举办新提拔干部培训班6期，培训人数221人次；组织专题知识讲座或辅导报告会10多场次，参加人数2300多人次；组织280多名党政领导干部分5期参加浙江大学、省委党校举办的“能力与素质提升”培训班。2002年开始，实行新当选村级干部上岗培训制度，累计培训村干部3700多人次。2003年，村干部“学历工程”实施，组织45周岁以下未达到高中或中专学历的村双委主要干部参加中专函授；组织开展学习郑培民先进事迹活动。2004年，培训农村工作指导员40人次。2006年、2007年，共450多名副科以上干部参加在职自学考试。2007年5月，县十五届人大常委会一次会议通过《人大常委会任命国家机关工作人员法律知识考试办法》，对提请县人大常委会任命的县人大常委会、“一府两院”人员，实行任前法律知识考试。2008年，组织乡镇公务员轮训，参加人数共500多人次，组织青年干部参加香港理工大学高级研修班1期。

电化教育

1995年，缙云县电化教育中心成立，运用现代通信技术，对农村党员干部进行远程教育。1998年，县委组织部、纪委、宣传部、广播电视台联合创办的“党建先锋”栏目，每周播出一期。2002年，党员电教网络基本覆盖全县行政村。

2006年开始，缙云县党员远程教育终端逐步建立，开展农村党员干部“仙都模式”“空中大课堂”现代远程教育；全县642个行政村，分三年配备电脑、视频转换器、电视机，其中2006年270个、2007年188个、2008年184个。

1995—2010年，县电化教育中心共引进电教片768套，印制电化教育手册2000套，组织播放10298场次，观看人数120余万人次。2010年，县委组织部选送的电教片《深山铺路石》，获丽水市第四届党员电教片展评一等奖；《红楼讨饭婆》《民警潜伟峰》分别获省电教片三等奖、市一等奖。

援藏援疆工作

1995年5月—1998年5月，县经委副主任赵建渝在西藏自治区比如县工作，为缙云援藏第一人。2002年7月—2003年12月缙云中学教师杜子通，2004年3月—2005年12月新建中学教师卢国亮，2011年2月—2012年6月新建中学教师吴碧仁和丁松有，均在新疆维吾尔自治区和田县第二中学支教。

第四节　人才工作

2000年7月，缙云县人才与劳动力市场开始运行。2004年，《缙云县在外知名人士名录》编发，收录缙云知名人士在国内的993人、在国外的98人。2005年4月，《缙云县优秀人才联系制度》发布。2006年，缙云县人才工作领导小组成立，下设县人才工作办公室，开展人才引进、培训、评审、大学生村干部招录等工作。2008年，缙云县人才信息数据库建立。

人才引进

1993年以后，县人才工作办公室每年组团到上海、宁波等地参加人才交流会，引进缙云紧缺的实用型高层次人才。1999年7月21日，首次在《缙云报》发布大中专毕业生就业需求信息；30日，举办首届大中专毕业生就业洽谈会。2000年8月，从江西、四川、天津三省（市）引进16名大学毕业生，招聘为教师。2001年，建立专业技术人员人才库和未就业大中专毕业生人才库，引进本科毕业生50人、研究生1人。

2005—2010年，企业事业单位引进大学本科学历或中级专业技术职称及以上人员805人。企业共引进高层次人才164人，其中博士或正高级专业技术职称人员2人，硕士或副高级专业技术职称人员45人。18个国外技术、管理人才项目经国家外国专家局批准立项。寿尔福化学有限公司、一胜特模具有限公司等企业采取“技术顾问”“星期天工程师”等柔性引智方式，灵活引进一批博士生、硕士生。浙江缙云工业园区建立人力资源市场，每月农历十六日组织人才交流会。2006年，县人才劳动力市场举办各类人才交流会5场，459家用人单位推出岗位8500个，招聘人才2132人。2008年4月，“缙云人才网”开通。

2010年，《缙云县人才需求目录》发布。年底，全县人才总人数2.4万多人，其中党政人才560人、专业技术人才6877人、规模以上企业经营管理人才1543人、高技能人才271人、农村实用人才5673人、社会工作人才694人。

人才培训

2008—2010 年，举办企业经营管理人员培训班十多期，参加培训人员 2500 多人次。组织各类专业技术人才进行“农村教师领雁工程”、定期带薪脱产、个性化培训。开展中青年专业技术拔尖人才评选。2006—2010 年，缙云向上级推荐的青年专业技术拔尖人才培养对象入围 26 人次，其中省“151 人才工程”第三层次 3 人，市“138 人才工程”第一层次、第二层次 6 人，市科技新秀 10 人，市中青年专业技术拔尖人才 7 人。

专业技术评审

1993 年以后，专业技术评审制度不断完善。开发非公企业人才资源，组织工程、农艺、教育、图书、档案、新闻等 10 个系列的专业技术评审推荐。2001 年，全县评定非公企业中级专业技术职务 67 人、初级专业技术职务 153 人。

2005—2010 年，全县非公企业技术人员通过专业技术评定 1729 人。县技能人才培养基地学校——县职业中专举办电工、机修、钳工等专业培训，学员获高级工以上资格 402 人。农村实用人才结合实施“十百千万”富民强村工程和“双百”科技工程，先后审核评定工艺美术、石雕等行业乡土人才 170 人。2010 年，缙云有专业技术人才 6877 人。

大学生村干部

2007 年，“一村（社区）一名大学生”计划启动，将大学生村干部作为村领导后备人才储备，招考大学生村干部 50 人。2008 年，村级党组织换届选举，进入班子的大学生村干部 19 人。2009—2010 年，举办大学生村干部培训班 2 期。

2010 年，2007 届大学生村干部通过考试、考核，录用为公务员的 15 人，录用为事业单位工作人员的 3 人。

第四章　宣传思想工作

1993—2010 年，缙云县宣传思想工作坚持“以科学的理论武装人，以正确的舆论引导人，以高尚的精神塑造人，以优秀的作品鼓舞人”为主旋律，创新宣传方式，弘扬以爱国主义为核心的传统精神和以改革创新为核心的时代精神，宣传中国特色社会主义，把握正确的舆论导向，为缙云县精神文明建设做出积极贡献。

中共缙云县委宣传部（简称“县委宣传部”）是县委主管意识形态方面工作的综合职能部门。1994 年，缙云县精神文明建设委员会成立，办公室设在县委宣传部；12 月，缙云县社会主义精神文明建设办公室成立（简称“县文明办”），与县委宣传部合署办公。1996 年 3 月，缙云县新闻宣传奖励基金设立。2002 年，县委宣传部内设办公室、理论科、宣传科、党员教育科。2010 年县委宣传部内设办公室、宣传科、理论党教科。

1993—2010年中共缙云县委宣传部部长一览表

表17-4-1

姓名	籍贯	任职时间	姓名	籍贯	任职时间
宋土根	浙江缙云	1992.2—1998.7	周保龙	浙江缙云	2004.6—2010.2
葛学斌	浙江宁海	1998.7—2001.3	陈湘钟	浙江缙云	2010.2—
何卫宁	浙江景宁	2001.3—2004.6	—	—	—

第一节　中心组理论学习

中共缙云县委理论学习中心组（简称“县委中心组”），由县委书记任组长，县委、县人大常委会、县政府、县政协领导班子成员为中心组成员。1993年以来，县委中心组每年集中学习不少于12次。根据学习内容和工作需要，中心组参加学习人员也有扩大到有关部门领导、乡镇领导。

1993—1994年，县委中心组（扩大）成员就党的“一个中心、两个基本点”的基本路线、党的十四大文件、《浙江省社会主义精神文明建设纲要（1993—2000）》组织专题学习。1995—1998年，重点开展“学理论学党章”、党的十五大文件的学习，举办邓小平中国特色社会主义理论专题辅导会，组织多期《邓小平文选》专题研读，中心组成员结合改革开放中经济建设、社会发展，撰写理论文章。1999年，以学习贯彻党的十五届三中、四中全会精神为重点，组织学习党史党建教育知识，把理论学习与回顾总结中华人民共和国成立50周年、缙云解放50周年的历史变化和经验相结合。2000—2001年，结合“三讲”教育，重点学习“三讲”教育必读篇目、《毛泽东邓小平江泽民论思想政治工作》，举办“坚定建设有中国特色社会主义理想信念问题学习会”和“三讲”教育学习会。2002年，组织“区域经济发展和干部从政道德建设”专题学习。2003年，组织学习党的十六大文件，进行反邪教理论和形势教育。2004年，进一步创新完善中心组理论学习系列规章制度及各乡镇、各部门党委（党组）中心组学习情况报告制度。2005年，集中学习“保持共产党员先进性教育活动”有关文献和资料。

2001—2010年，开展“三个代表”重要思想、党的先进性教育、全面建设小康社会、科学发展观等学习活动，指导干部研读《江泽民文选》《胡锦涛总书记“6•25”重要讲话》等，并就反腐倡廉、安全生产、生态文明建设、文化强省建设、维护社会稳定等内容进行专题学习讨论。

2004年以后，先后邀请浙江工商大学、中国人民大学等多名专家、学者，讲授信息技术发展与电子政务、项目管理和风险投资等知识，举办“转型提质、跨越发展——2008缙云论坛”等。2009年，邀请领导、专家、学者以“每月一课”的形式围绕项目、投资、经济管理三个重点作专题报告，学习对象扩大到部门负责人和乡镇领导。

第二节　宣传引导

全国党代会精神宣传

1992年、1997年、2002年、2007年，党中央先后召开党的第十四次至第十七次全国代表大会。每次大会闭幕后，县委宣传部以传达学习、广播电视报纸宣传、发放宣传资料等形式，把大会精神传达到广大党员和干部群众。

中心工作宣传

营造发展经济氛围 1993年以后，重点配合“三种两养”、金温铁路建设、仙都旅游开发、国有和集体企业转制、个体私营经济发展等重大经济建设活动开展宣传。1999年，围绕“三农”工作开展“新闻记者走百村访千户”活动，《缙云报》推出周五专题版，共报道210篇，缙云电视台推出电视专题，共播出145集。1996年，建立每两个月一次的经济工作情况通报制度。2003年，《缙云报》、缙云电视台开设“实施三大发展战略”“接轨大上海、融入长三角”等栏目进行经济建设宣传。

重大主题宣传 1996年，就缙云县首届仙都旅游文化节组织多方位宣传；2001年，《中共缙云县委宣传部关于加强经济工作宣传报道意见》颁布，重点开展“缙云精神”专题宣传。2003年“非典”期间，及时开展“非典”防治宣传。2006年，印发《关于在全县深入开展学习宣传贯彻县委十一届九次全会精神活动的通知》；开展以“八荣八耻”为主题的社会主义荣辱观教育宣传。2008年，重点开展北京奥运会和庆祝改革开放30周年系列宣传。2009年，开展中华人民共和国成立60周年系列宣传。

政策宣传解读

1993—2010年，全县各项改革全面推进，经济社会转型，各类矛盾交织，县委宣传部以此为重点，组织有关部门就土地征收、房屋拆迁、物价、税收、教育、医疗卫生等新政及时给予宣传解读，并向社会发布相关信息；对城市规划编制、道路建设、城镇就业、社会保障、医疗卫生、教育资源分配等民生热点予以积极关注和正面引导。

媒体疏导

1993年以来，《缙云报》、缙云人民广播电台、缙云电视台、缙云政府网等媒体开设专题专栏，就舆论信息、舆论动向、社会舆论热点进行引导，对广播电视节目、广告播出、信息服务加强监管，确保舆论热点、敏感话题播出安全。

第三节　主题教育

1993—2010年，全县宣传工作重在更新观念、创新思维，既坚持党的基本路线教育和形势任务教育，又根据党中央、省委和市委的统一部署，结合缙云实际，确定各个时期宣传教育的主题，开展相应的学教活动。2007年，县委部署开展“走进矛盾，破解难题”主题教育；2010年，全县开展“忠诚于党，感恩于政策；造福于民，服务于发展”主题教育。

解放思想大讨论

1994—2008年，缙云县先后四次开展解放思想大讨论，着重以“统一思想，振奋精神，改进作风，加快脱贫致富奔小康”“解放思想，更新观念，改革创新，加快发展”“学永康，找差距；强工业，快发展”“推进创业创新，建设生态文明，加快率先发展”为主题，开展讨论宣传，推进了全县上下不断深化与牢固树立“与时俱进、创新发展”的理念。

“三讲”教育

2000年3—5月，县级领导班子开展以“讲政治、讲学习、讲正气”为内容的党性党风“三讲”教育，着重于思想发动、理论学习、征求意见、自我解剖、批评与自我批评、整改提高六个方面。

“三个代表”教育

2002—2003年，在全县党员、干部中重点开展“三个代表”重要思想学教活动，确定全面建设小康社会，加快推进社会主义现代化的发展主题；同时，针对干部作风问题，开展以从政道德集中教育为主题的“作风建设年”“调查研究年”活动。

科学发展观教育

2004年，全县开展科学发展观主题教育活动，要求广大领导干部树立科学的发展观、正确的政绩观、牢固的群众观，创建为民、务实、清廉的好班子。下半年，举办科学发展观专题培训班，发放《科学发展观教育读本》。

保持共产党员先进性教育

2005—2006年，全县党政机关、企事业单位以及农村、非公企业基层党组织分三批参加“保持共产党员先进性”教育学习活动。市委、县委督查组到各单位、各乡镇检查督促学习教育情况，重点检查共产党员先锋模范作用和基层组织建设内容，扎实推进缙云经济社会全面协调可持续发展。

社会主义荣辱观教育

2006年4月开始，在全社会开展以“八荣八耻”为核心的社会主义荣辱观教育活动，通过各种宣传形式、宣传手段，营造舆论氛围，引导广大干部群众特别是青少年树立社会主义荣辱观。

第四节　对外宣传

1993—2010年，县委宣传部共接待国内外媒体66家，记者180人次，全县被地（市）以上主流媒体录用新闻稿4460篇（条）。

1992年10月，《一代风流》创刊，由共青团缙云县委创办。1993年7月，改为《缙云时报》，由中共缙云县委宣传部、共青团缙云县委合办。1994年8月6日，更名为《缙云报》；2004年1月1日至3月8日，《缙云报》停刊，3月9日更名为《今日缙云》，由县新闻发展中心主办。1997年，《缙云报》组织“缙云人在北京”系列宣传活动。2000年3—12月，《缙云报》“闯荡市场缙云人”采访团到温州、上海、广东、福建、广西等地采访缙云人。2002年5月，最高人民检察院新闻处、《人民日报》《法制日报》采写全国模范检察干部、县检察院批捕科科长夏美钟。2007年7月，《经济日报》专题报道缙云仙都旅游。

1993年、1995年、2003年，《缙云投资指南》《缙云经济交通旅游图》《中国•缙云画册》分别出版发行。2000年，反映缙云残疾人精神风貌的《残月能自圆》一书编纂出版。2002年《缙云民间职业剧团蓬勃发展》被省内多家媒体转载。

2004年以后，《缙云，最绚丽的云》《梦幻仙都》等宣传光碟先后发行；缙云工业园区、县城新区和仙都景区受到省网络媒体“浙江绿谷行”采访组采访并播放。

1994年，缙云电视台成立。1998年，仙都景区气象预报在浙江卫视播出。2002年，《走进仙都》专题片在中央电视台综艺频道艺术彩虹栏目播出；《缙云民营经济二十年》专题片在丽水市电视台播出。2004年，中央电视台《走遍中国·丽水》摄制组采访录制仙都风光、黄帝文化、河阳古民居专题片。2005年，中央电视台十一频道《少儿节目》《异想天开》栏目组拍摄以仙都风景和河阳古民居为背景的少儿专题片。2006年11月，中国电视剧产业论坛暨赵宝刚导演艺术研讨会在仙都举办。2008年1月，“全国电视台异地采访活动”走进仙都，中央电视台及北京、江苏、上海等12家省（市）级电视台记者到仙都采风。2010年，中央电视台新闻电影制片厂拍摄缙云《南祠圣地》专题片。

第五节　精神文明建设

文明县城创建

1994年6月起，开展“做文明缙云人，为缙云添光彩”活动，1995年12月，“文明缙云人”十条守则发布。1996年，开展创建文明县城竞赛活动，实施精神文明建设“五大工程”。1997年8月起，开展“做文明缙云人，建文明旅游城”活动。1998年，开展新一轮创建文明县城竞赛活动。

2001年，缙云县文明县城创建领导小组成立，与县文明办合署办公，每年开展抓好“十件实事”活动。2003年，开展创建文明乡镇竞赛活动；7月，在县城溪滨北路开展创建文明示范街活动；11月，组织参加评选丽水市“文明楼栋”活动。2004年3月，缙云县被丽水市委、市政府命名为文明县城。2005年，举行“文明礼仪从我做起”签名活动，组织工商、城管、交警、武警、社区单位人员及青年志愿者1000多人上街做文明劝导；开展“百村千户文化示范工程”结对共建活动，推进文化、卫生、平安、科技、法律“五进”社区。

2006年，争创省卫生县城工作通过考核验收。2007年12月，缙云县创建省级文明县城通过考核验收。2008年2月，缙云被省委、省政府命名为“文明县城”。

文明单位创建

1994年年末，全县有县级文明单位146家、省级文明单位3家。1996年，壶镇中学创建警民共建文明学校模式，330国道缙云段建成省文明样板路。1997年，开展“树行业新风，创文明单位”行动；缙云获首批地级文明社区（村镇、服务窗口）示范点6个；评定首批县行业文明窗口示范点单位23个。1998年，撤销县级文明单位称号42个。

2000年，全县有省级文明单位11个，新建镇寺根村被省文明办评为“文明村”；评定第三批县级文明窗口示范点11个。2001年，浙江新康药用玻璃有限公司董事长楼雪球家庭被省文明办评为“浙江省文明家庭”。2004年，开展文明单位与文明村结对共建活动。2007年以后，每年组织申报文明单位业务培训，对原有160家县级文明单位进行复评。2010年开始，实施“一村五户”创建工程，开展生态文明村创建工作，评出县级生态文明村90个、文明户135户。

2010年年末，全县有全国精神文明创建优秀单位1家、省级文明单位13家。

青年文明号创建

1994年开始，推出创建“青年文明号”活动。县工行城关储蓄所，1995年被命名为地、县级“青年文明号”，1997年被命名为省级“青年文明号”。1998年3月，新碧交警中队通过省“青年文明号”考核；11月，仙都公路养护管理站被授予丽水地区“青年文明号”。

2001 年，缙云县布厂织布车间被团中央等 22 家部委评为全国“青年文明号”。2002 年，全县有省级“青年文明号”单位 5 家。2003 年，燕京啤酒（浙江仙都）有限公司被中华全国供销合作总社和共青团中央命名为全国“青年文明号”。

见义勇为勇士表彰和道德模范评选

1993 年以后，县委宣传部开展道德模范评选活动。1997 年 11 月，东渡镇金坑村村民沈云旺被省委、省政府授予“见义勇为勇士维护社会治安先进个人”称号，被中华见义勇为基金会授予第五届浙江省“见义勇为勇士”称号，到北京参加全国见义勇为勇士表彰大会。2000 年 3 月 27 日，新建镇双港桥村杨官汀、杨文松父子为扑救森林火灾壮烈牺牲；10 月，省见义勇为基金会授予杨官汀第七届省“见义勇为勇士”称号，授予杨文松“见义勇为先进分子”称号。2003 年，《浙江消防》第 3 期以《追寻被埋没两年之久的救火勇士》为题对杨官汀父子的事迹作专题报道。2007 年 7 月，东方镇前金村村民陈国夏为救人被精神病患者砍成重伤，被省见义勇为基金会授予“见义勇为勇士”称号；8 月，南溪乡黄寮村村民杨九铅为抢救落水者遇难，2008 年 3 月，被省见义勇为基金会追授为“见义勇为先进分子”称号。

2003 年 5 月，壶镇镇冷水村朱建光、大源镇有川村蔡菊芬、五云镇虞凤林 3 人被省孝子评选活动组委会评为省首届“杰出孝子”。2008 年 6 月，开展县首届道德模范评选活动；8 月，举办“感动百姓好医生”“感动百姓好护士”评选活动。2008—2009 年，举办两届社区邻居节。2010 年，第二届县道德模范评选活动，评出 5 个奖项道德模范共 9 人。

引导社会风气

1996—2001 年，全县先后开展清理不良文化、反封建迷信活动，制止非法建造寺观教堂、滥建坟墓，共治理寺观教堂、小庙小庵 532 处，治理率 92%。2000 年 9 月，县文明办检查机关单位电话文明用语使用情况。2001 年，开展《中华人民共和国公民道德建设实施纲要》宣传活动。12 月 28 日首批两位老人遗体火化后，宣传部门作了专题宣传。2003 年，组织以“改陋习树新风”为主题的有奖征文比赛。2004 年，开展“文明家庭”创建活动。2005 年 12 月，开始实施文明素质工程。2006 年 11 月，开展“十佳美德之家”“十佳美德少年”评选。2007 年，评定首批文化示范村 10 个。

政工人员职称评定

1991 年，开展企业政工专业职务评聘工作，评出政工专业职务人员 37 人。1995 年 6 月，缙云县政工师协会成立，有会员 75 人。2006 年，有高级政工师 1 人。2009 年，组织开展“百名政工师进企业”活动。2010 年年末，全县共有政工专业职称人员 11 人，其中高级政工师 1 人、助理政工师 6 人。

第五章　统一战线工作

1993—2010 年，中共缙云县委统战部（简称“县委统战部”）充分利用“统一战线”这个“法宝”，广泛联系、团结、调动一切积极因素，加强基层组织建设，积极参政议政，做好民族宗教事务，为促进缙云的经济社会发展做了大量工作，开创了新形势下统战工作的新局面。

1994—2006 年，中共缙云县委及县委统战部主要出台《转发县委统战部关于落实民主党派工作有关规定意见的通知》《关于加强基层统战工作的意见》《中共缙云县委关于贯彻〈中共中央关于加强统一战线工作的决定〉的实施意见》《关于培养选拔党外干部工作的实施意见》等文件，为基层统战工作、落实民主党派政策、党外干部培养选拔明确了目标，提出了工作措施。

第一节　统战组织与基层建设

机构设置

县委统战部负责团结、联络各民主党派和无党派代表人士，组织开展上情下达，参政议政工作；同时，协调民族宗教事务，联系工商联组织及港澳台同胞、海外侨胞的代表人士。

1996 年，根据党政机构改革方案，侨务、台湾事务、民族宗教事务由县委统战部协调和管理，对外挂“县侨务办公室”“台湾事务办公室（县委台湾工作办公室）”“民族宗教事务局”牌子。1998 年，县政府台湾事务办公室和县委台湾工作办公室实行“两块牌子，一套班子”，不再作为县委统战部内设机构。2002 年，县侨台事务办公室、县委台湾工作办公室、县民族宗教事务局合署办公，仍归属统战部管辖。2004 年 12 月，缙云县台属联谊会改名为缙云县台胞台属联谊会。

2001 年 11 月，缙云县出国留学人员家属联谊会（丽水市首个）成立。2008 年 10 月，缙云知识界人士联谊会成立。2009 年 5 月，缙云县台联青年委员会成立。2010 年 11 月和 12 月，壶镇侨联和五云侨联先后成立。2010 年年末，全县统战社团除县工商联以外，还有民进缙云县总支、县归侨侨眷联合会、县台胞台属联谊会以及县知识界人士联谊会。

1993—2010 年中共缙云县委统战部部长一览表

表 17-5-1

姓名	籍贯	任职时间	姓名	籍贯	任职时间
沈庆凡	浙江缙云	1984.7—1993.2	李根林	浙江莲都	2005.12—2006.10
胡巧良	浙江缙云	1993.2—2000.7	刘旭标	浙江缙云	2006.10—
张瑞虎	浙江缙云	2000.7—2005.11	—	—	—

基础建设

1993 年以后，县、乡镇、村三级统战网络日趋完备，民族宗教、侨台和统战工作纳入乡镇考核内容。各少数民族，宗教场所及教职人员、信教群众，台胞、台属、港澳同胞，华侨、华人、留学生及其眷属，新的社会阶层人士，党外知识分子，在外知名人士等台账相继建立。县商会、侨联、台联与乡镇商会、基层侨（台）联分会沟通互动。2001 年 4 月，省、市、县三级黄埔军校同学会会长培训班在缙云举办。2000 年 4 月，缙云县第五届台属代表大会召开。

1993—2010 年，召开全县统战工作会议 6 次、乡镇统战委员会议 12 次，举行迎春茶话会 18 次。县委统战部组织开展“为科学发展献策”“百名侨胞助百村”“村企结对心连心”“民族宗教界纠纷集中排查调处”活动。2010 年，村级统战工作网络建立，聘请大学生村干部担任村级统战工作信息员。

统战宣传

1993—2010 年，县委统战部多次组织民主党派、工商联、民族宗教界、侨台同胞、党外知识分子，举办党的方针政策和国内外时事形势报告会，利用赴台考察、接待台胞机会，组织涉台形势报告会 10 次。

1990 年，《中华人民共和国归侨侨眷权益保护法》（简称“《侨法》”）发布实施后，及时组织宣传活动，并列入全民普法考试内容，每年法制宣传日举办《侨法》咨询活动。2008 年 5 月，开展《浙江省华侨捐赠条例》《浙江省华侨权益保障暂行规定》的执行情况调研和侨务法律法规有奖知识竞赛活动。2009 年，举办华侨侨眷风采展。2010 年，开展《侨法》颁布 20 周年纪念活动。

第二节　多党合作和政治协商

1993 年以后，县委统战部每年召开民主党派、无党派人士座谈会，开展调查研究和考察活动。举办党外后备干部培训班 9 次，受训人员 300 多人次；推荐民主党派成员、无党派人士担任特约检察员、监察员、审计员及教育督导员和行风评议员；邀请县民主党派、工商联和无党派代表人士参加政府部门召开的协商会、座谈会、通报会，针对全县经济和社会发展规划草案、重要人事安排、党风廉政建设等，听取意见和建议。协助民进缙云总支按期换届，新发展民进会员 52 人。

人事推荐

县委统战部主动参与民主协商，推荐民主党派和各界知名人士担任县人大代表或县政协委员。1993—2010 年，县第十二届至第十五届人大代表中，非中共人士人数分别为 55 人、33 人、51 人、46 人，各占代表总数的 19.23%、15.6%、23.4%、21.3%；县第四届至第七届政协委员中，非中共人士人数分别为 108 人、115 人、115 人、121 人，各占代表总数的 60%、61.5%、60.5%、60.2%。

推荐党外干部担任领导职务。1993 年，县政府领导班子中有党外县长助理 1 人；政府部门中有党外副局长 11 人。1999 年，副科级以上党外干部 16 人。2003 年，副科级以上党外干部 29 人，其中县人大常委会副主任 1 人、副县长 2 人、县政协副主席 4 人，6 个政府部门和 5 个乡镇配备党外副职；在司法机关首次以党外干部担任县人民检察院副检察长。2010 年，副科以上党外干部 38 人，其中副处级以上 5 人，政府职能部门 11 人；7 个乡镇配备党外领导干部，其中乡镇长 2 人。

第四届至第七届缙云县政协委员及其常委中非中共人员人数一览表

表 17-5-2

届次	时间	委员（人）			常委（人）		
		总数	其中非党	非党占比（%）	总数	其中非党	非党占比（%）
第四届	1993—1998 年	180	108	60	25	16	64
第五届	1998—2003 年	181	115	63.5	26	16	61.5
第六届	2003—2007 年	191	115	60.2	26	18	69.2
第七届	2007—2010 年	201	121	60.2	29	18	62.1

合作协商

1993年以来，县委统战部建立县委、县政府党员领导与党外干部联系交友制度，走访党外代表人士，向他们通报情况，征求意见。2003年，《中共缙云县委统战部关于加强和完善聘请民主党派、工商联成员和无党派代表人士担任特约人员工作的意见》出台。至2010年，邀请县民主党派、工商联和无党派代表人士参加协商会、座谈会、通报会100多次，通报中共中央、国务院重大决策、统战工作重要文件、全县经济和社会发展规划草案、重要人事安排、党风廉政建设、反腐败等工作，听取意见和建议。

2008年10月，缙云县知识界人士联谊会（简称“县知联会”）成立，会员74人，全部为大专以上学历，其中研究生3人；高级专业技术职称人员12人；女性18人。按照两年一次的党外干部培训制度，1993—2010年，共组织党外代表人士和党外后备干部培训班9期，参训人员300多人次。

落实政策

2006年，《缙云县关于给部分黄埔军校同学生活困难补助的通知》出台，4月份开始，县财政给予陈怀珍等11名没有固定经济来源、生活困难的黄埔军校同学每人每月350元生活补助；7月开始，每人每月补助525元。

1993—2010年，全县落实台属政策345件。平反纠正因“台湾关系”造成的冤假错案9起9人，其中撤销判刑3人，恢复公职2人，为中专毕业生安排工作4人。安排因“海外关系”被清理回家的中专生工作1人；帮助受株连家属子女户口“农转非”6户10人；落实被挤占、错处私房65户170间5441平方米；清退、归还“文化大革命”中被查抄物资261户原物1398件，退还变价款或补偿款29200元；补助生活困难人员216人次，计3534元。推荐台属安排担任县政协委员或选举县人大代表20多人次，推荐侨眷担任政协委员5人。帮助归侨落实城镇户口2人，落实“农转非”1人，恢复公职1人。连续6次增加李土上等21名党外人士生活费，增加额度30～100元。

第三节　民族宗教事务

民族事务

1993—2010年，缙云县贯彻落实党的民族政策，推进民族事业发展与和谐社会建设。政协缙云县第四届至第七届均有一定数量的少数民族人士担任县政协委员。第三届县政协设立民族宗教委员会。

2003年，《浙江省少数民族权益保障条例》实施，对全县少数民族中小学生减免杂费。2005年，农村工作指导员进驻畲族村——七里乡型坑村指导帮助开展新农村建设。为型坑村募集资金28万元，实施养牛、下山脱贫、村庄整治和自来水改造工程。2009年，《缙云县少数民族群众参加新型农村合作医疗有关规定》出台，给予少数民族居民优惠的农村合作医疗政策；同时，为少数民族创业设立县民族扶持基金10万元。2010年，《缙云县民族教育券管理办法》颁布，凡缙云县户籍在本地就读的少数民族高中、初中、小学学生，从当年9月开始分别给予800元／人·学年、200元／人·学年、100元／人·学年的补助，全县380名在读少数民族中小学生共补助15740元；全县修改民族成分人员14人；组织调研滩坑电站移民中少数民族群体融入缙云当地的情况；重点关注缙云华孚纺织有限公司维吾尔族员工的劳动、生活状况，协助企业妥善处理民族关系。

宗教事务

1993年，全县共颁发“宗教活动场所登记证”47本，其中，寺庵16本、教堂聚会点31本。

2003年，全县佛教界开展“我为小康做贡献”活动。2005年，组织宣传、学习《中华人民共和国宗教事务管理条例》，注重对宗教活动、宗教场所、教职人员的管理。4月，县佛教协会第六届委员代表大会在九松寺召开，为印度洋海啸灾民募捐5422元，为型坑畲族村募捐2.5万元。

2007年，《缙云县处置民族宗教突发性事件应急预案》出台，采取定期检查和重点督查相结合方式，对各宗教活动场所开展消防、食品和施工安全检查，落实整改措施，帮助解决寺院建设与当地村民之间的矛盾纠纷。是年，中国台湾地区佛教界通过缙云台联向县佛教协会赠送《乾隆大藏经》等佛经数百册。

2009年，缙云县创建“和谐寺观教堂”活动动员会在大洋镇召开。2010年，九松寺入选省级“和谐寺观教堂”；下半年，丽水市民宗局在缙云县开展宗教活动场所财务管理试点工作，探索规范宗教活动场所财务管理方法，监督宗教场所的财物管理。物色会计人员代理宗教场所记账，实行“两防一确保”（防背景不明的外来人员进入、防钱物以捐赠名义外流，确保宗教活动正常有序）措施。

1993—2010年，缙云县第四届至第七届政协均有一定数量的宗教界人士担任县政协委员。

第四节　服务与联谊

服务工作

1993年以来，县委统战部先后开展海峡两岸祭祀轩辕黄帝典礼、百名博士故乡行、前路乡扶贫创业专项资金捐赠仪式等活动，做好丽水九县市旅外知名人士、台商协会会长、台商投资考察团、台湾中草药考察团、台湾中华吕祖谦学术研究协会参访团等重要团组在缙云期间的接待服务工作。

2006年，县委统战部组织发动非公有制经济人士、缙籍旅台乡亲捐款捐物折合人民币25万余元。其中，非公有制经济人士捐助17万余元，台胞和台北缙云同乡会捐助8万元，资助型坑畲族村康庄工程建设。县旅台同乡会青年暑期返乡参访团为新建中学体艺馆捐资新台币7万元。

2010年，全县有台资企业4家、侨资企业5家。18年间，累计引进侨台资8亿元。

联谊工作

1993年以来，县委统战部发挥侨联、台联作用，向缙籍港澳同胞、海外侨胞宣传“和平统一、一国两制”的大政方针，宣传缙云的建设成就和投资环境。1997年，组织开展调查“三胞”亲属、出国留学生、新移民情况以及台资侨资企业等情况。

1993—2010年，每逢春节、清明、中秋节，县委统战部向全县统战对象寄送贺卡、发慰问电、上门慰问，或组织统战对象参观考察，召开座谈会、茶话会。18年间，累计向海外侨台胞寄贺卡1万多份，接待回乡探亲、观光、考察缙籍侨台胞2万多人次，组织统战对象赴海外观光考察5000人次。

商会组建

1993年以来，县工商联引导协助工商界人士，在县内外组建缙籍人士商会，发挥商会在政府与商人、商人与商人、商人与社会之间相互联系的纽带作用。1995年缙云县总商会壶镇镇商会、1998年缙云县总商会新建镇商会成立。2001年2月，上海缙云工商大会暨老乡联谊会成立大会召开；11月，缙云县总商会义乌商会成立。2002年5月，缙云县锯床行业协会成立；8月，缙云县联众企业家联谊会成立。2009

年1月，杭州缙云经济社会发展联谊会成立。2010年12月，浙江缙云工业园区商会成立。

缙云旅台同乡会 1949年前后，缙云籍随军迁徙或旅居台湾及金门、马祖、澎湖诸岛人员计1350人，至1990年连同眷属有4660人。缙云旅台同乡会，1957年成立，至2010年，尚望、王惟英、吕渭祥、赵德先、陶怡、丁治民、胡治清先后担任会长。1993年以来，缙云旅台同乡会设立奖学基金会，举行新春团拜联谊和为长者祝寿活动，收集有关介绍大陆家乡的书籍供会员阅读，编印《缙云旅台同乡通讯录》、缙云旅台同乡会会刊，集资捐助缙云公益建设，接待大陆赴台乡亲，办理缙、台两地相关事宜。

北京缙云人联谊会 1997年11月，“缙云人在北京”采访团在北京大学组织缙云同乡座谈会。2001年11月，在京缙云人同乡联谊活动举行。2006年4月，北京缙云人联谊会成立，此后每年召开联谊大会，县委、县政府主要领导参加。2010年9月，北京缙云人联谊会年会暨首届仙都论坛在京举行，缙籍人士300多人参加。

温州缙云经济促进会 1999年3月，温州缙云经济促进会在温州成立，为缙云县首个异地商会组织，有会员50多人。2007年，温州缙云商会和温州市鹿城区缙云商会成立。

第六章 政法工作

缙云县委政法委员会（简称“县委政法委”）是县委政法管理部门。1993—2010年，县委政法委结合缙云实际，依靠广大人民群众的支持，领导、组织各专门司法机关在预防和打击犯罪、维护社会稳定、保障群众生命财产安全、建设平安缙云等方面攻坚克难，为缙云经济社会发展创造了一个稳定、良好的环境，为广大人民群众安居乐业提供了坚强的保障。

第一节 综治工作

1993年，缙云县社会治安综合治理委员会办公室（简称“县综治办”）成立，与县委政法委合署办公。1995年，县委政法委缙云县见义勇为奖励基金会成立。1999年，缙云县维护社会稳定协调小组办公室成立，负责县委维护稳定工作领导小组的日常工作。

2002年，县委政法委内设机构有执法监督室（社会治安综合治理协调指导室）。2004年，县委建设“平安缙云”领导小组办公室设立在县委政法委，负责县委“平安缙云”建设领导小组的日常工作。2006年3月，县委政法委会同县妇联牵头成立缙云县女法律工作者联谊会。

1993—2010年缙云县委政法委书记一览表

表17-6-1

姓名	籍贯	任职时间	姓名	籍贯	任职时间
龚樟德	浙江义乌	1993.4—1996.3	武　昌	山东沂源	1997.9—2000.1
汪　帆	浙江淳安	1996.3—1997.9	毛子荣	浙江龙泉	2000.1—2001.3

续表 17-6-1

姓名	籍贯	任职时间	姓名	籍贯	任职时间
赵导亮	浙江缙云	2001.3—2006.3	叶慧萍	浙江松阳	2008.7—2010.2
王小荣	浙江青田	2006.3—2008.7	王　峻	浙江建德	2010.2—

1993 年以来，缙云县委政法委组织开展系列专项斗争，严厉打击各类违法犯罪，净化治安环境，保障群众利益。1994 年开始，县委、县政府对乡镇党委、政府和部门实行社会治安综合治理“一票否决”制；5 月，全县开展“社会治安综合治理活动月”活动。2000 年，在全县推广学习“枫桥经验”。2001 年 11 月开始，在老城区开展“网格化”治安防范巡逻。2006 年，缙云县“综治进民企”工作领导小组成立，组建县综治协管员队伍，聘任协管员 50 多人。2010 年，开展“乡镇综治工作中心”规范化建设。

2003 年，缙云县被省委、省政府评为“社会治安综合治理先进集体”。

扫黄　禁赌　禁毒

1993—2010 年，县委政法委组织有关部门开展重大“扫黄”行动 6 次，查处娱乐场所、浴场、出租房、酒店等传播淫秽制品、淫秽表演、卖淫嫖娼案件。1994—2010 年，县委政法委组织有关部门开展重大禁赌行动 9 次，查处各类赌博行为。20 世纪 90 年代中期，缙云发现吸毒和贩毒违法犯罪行为，进入境域毒品种类逐渐增多。1996—2010 年，全县共组织禁毒行动 11 次。

打击黑恶势力

1993 年，敦促五云派出所查处扰乱金温铁路建设的地痞流氓团伙 1 个（20 人）。1995 年，组织协调县政法部门抓获壶镇镇 8 个持械斗殴流氓团伙共 176 人。1996 年，组织集中搜捕行动 16 次，《浙江日报》《浙江法制报》《人民政权报》均以头版报道缙云打击黑恶势力行动。

2001 年，查处犯罪团伙 8 个，侦破案件 102 起，批准逮捕 27 人，劳动教养 2 人。2008 年，查处省公安厅挂牌督办的以樊某为首的涉嫌黑社会性质组织案。2010 年，在“打黑除恶”专项斗争中查处村干部涉嫌职务犯罪案件共 9 起 11 人。

流动人口管理

1995 年，各派出所设立暂住人口管理办公室，共聘请暂住人口专管员 27 人，协管员 136 人，设登记站 89 个。2000 年，全县登记暂住人口 19620 人。2006 年，对暂住人口采取“进屋、见人、看物、查疑”手段，采录暂住人口信息。2010 年年末，全县登记在册暂住人口 88054 人。

乡镇综合治理工作

1993 年 12 月，壶镇镇组建治安巡警队。1994 年，全县开展集中整治农村治安活动。1996 年，各乡镇、社区建有基层调解委员会 675 个，治保、调解组织 672 个。2004 年，开展乡镇综合治理工作中心规范化建设。2005 年 7 月，新建镇综治工作中心成立。2006 年，壶镇镇开展“综治进民企”试点，东渡镇把雅村村作“综治进村居”试点。2010 年，乡镇综治工作中心下设综治、信访、司法、调解、警务等机构，以较大的村、社区综治工作室为重点，带动全县村、社区综治工作室规范化建设。

2000 年 2 月，壶镇法庭被省委政法委授予“人民满意政法单位”荣誉称号。

第二节 执法监督与维稳

执法监督

1993年以来，县委政法委履行执法监督职能，重在监督严肃执法，纠正执法中存在的问题，协助查处县委政法部门领导干部在执法中涉及的违法违纪问题。

1996年，对县公安局开展行风评议活动。1998年，组织政法系统开展纪律作风集中教育整顿。1999年，《错案追究制度》《案件评判制度》《执法检查制度》制定，指导督促县公安局开展制止刑讯逼供、滥用枪支、滥用强制措施的“三项治理”活动。

2000年，对1999年以来的119个保外就医和取保候审案件开展执法检查。2001年，对有关单位下达督查督办案件7起。2003年，开展伤害案件执法检查。2005年，县委政法委聘任执法监督员11人，开展规范化执法整改。2006年，从县公安局、人民检察院、人民法院、司法局挑选专职督查员4人和兼职督查员7人，充实到执法监督队伍中。2008年，《缙云县深入开展排查化解涉法涉诉重信重访工作方案》实施，排查出涉法涉诉案件31件。

维护社会稳定

2002年以后，组织开展侦破命案和打黑除恶、破案追逃等专项行动。2006年，《缙云县预防处置群体性事件实施办法》制定实施；协调处置滩坑电站移民安置、新碧镇山前村和永康市光瑶村修建防洪堤纠纷等多起群体性事件。2007年，开展劳动关系和谐企业创建活动。2008年，集中排查调处矛盾纠纷，为北京奥运会营造良好氛围。2009年，重点关注民办教师、企业退休人员等“特殊群体”的诉求问题；为农民工组建“一小时”法律援助圈。2010年，《缙云县矛盾纠纷排查调处规程》制定，排查各类矛盾纠纷1160起，调处完结1127起。

第三节 平安缙云建设

2004年，浙江省委启动“平安浙江”建设，缙云县建设“平安缙云”领导小组成立，《关于建设“平安缙云”促进社会和谐稳定的决定》颁布，提出平安缙云建设的指导思想和目标、措施。2005年，《今日缙云》开设“平安缙云”专栏。2006年，开展“综治进民企”工作。各派出所配备信息采集员，负责暂住人口管理和出租房屋登记；开展以现行命案和抢劫、盗窃犯罪为主的破案会战。

1997年，开展平安社区创建。1998年，开展“治安安全村”创建。1999年6月，在舒洪镇推广“枫桥经验”试点。2000年，开展“百名民警包百村”活动，建立闹事苗头排查预警机制；组织县公安局选派97名民警兼任各学校法制副校长或法制辅导员。2003年8月，指导成立缙云县警企联谊会；10月，在新碧镇开展“平安乡镇”创建试点工作。

2004年，全县建成平安社区3个，协警专业巡逻队建立，人员35人。2007年，组织开展“无毒社区”创建工作；采录暂住人口信息64200条、出租房屋信息5700条，暂住人口登记率92.7%；铁路沿线4个乡镇实行护路联防。2008年10月，与周边7县（市、区）签订《平安边界协议书》。

2009年，五云、壶镇、新碧、新建、东渡、舒洪镇区的治安视频监控系统开通，播放平安综治宣传电影短片。2010 年，开展“网格化管理，组团式服务”，全县划分网格区域，组建各类服务组 879 个，组员 4200 人，落实帮扶资金 1163 万元，解决群众各类难题 428 个。

2006—2010 年，缙云连续五年被省委、省政府授予“平安县”称号。

第七章　其他工作

县信访局、老干部局、党校、党史研究室、关心下一代工作委员会，均为县委下属单位，其工作都是县委工作的重要组成部分。1993—2010 年，缙云县信访工作进一步完善制度建设，实施信访目标管理，老干部工作重在为老干部做好服务，县委党校重在教育培训，县党史办继续搜集整理编纂缙云党史资料文献和著作，建设一批红色革命遗址和爱国主义教育基地，县关心下一代工作委员会进一步关心、帮助青少年健康成长，他们在全县物质文明和精神文明建设中发挥了应有的作用。

第一节　信访工作

1993 年，县委、县政府办公室内设信访室。1996 年 9 月，县信访室挂县信访局牌子，内设机构有办公室、查办科、督办科、接访室。2001 年 11 月，县信访室撤销，县委、县政府信访局组建。2010 年，县信访局内设机构有综合办公室、督查室、来访接待科、办信科。

信访制度

1994 年 7 月，《缙云县群众逐级上访制度试行办法》颁布；1997 年 6 月起，执行《浙江省人民群众逐级上访和党政机关分级受理制度暂行办法》；1998 年，县信访局《月通报分析制度》《办信工作“三见面”制度》制定；2002 年，县委办《群众越级上访问题应急处置预案制度》《重大信访问题领导包案制度和信访问题跟踪督办制度》颁布；2004 年，县委办《关于进一步加强和改进信访工作的若干意见》颁布；2006 年，县委办《全县各级领导包案处理重点信访案件工作制度》颁布；2007 年，县委办《矛盾纠纷排查调处制度》《信访督查专员制度》《定期选派后备干部到信访部门锻炼制度》颁布。

信访情况

1993 年，全县信访案件总数 1249 件人次，其中，群众来信 778 件次，来访 471 人次；领导阅批来信 142 件，接待来访群众 34 批。1998 年，信访案件总数 5703 件人次，其中，群众来信 2601 件次，来访 3102 人次；集体访 103 批 1979 人次。1999 年 3 月开始，每月 15 日为县党政领导信访接待日，由一名县领导接待来访人员。2003 年，信访案件总数 6109 件人次，其中，群众来信 2521 件次，来访 3588 人次；集体访 132 批 2168 人次。2007 年，信访案件总数 3918 件人次，其中，群众来信 1188 件次，来访 2729 人次，网上投诉 1 件。2009 年，信访案件总数 3210 件人次，其中，群众来信 474 件次，接待来访 2736 人次。2010 年，信访案件总数 3856 件人次，其中，群众来信 1355 件次，来访 2466 人次，网上投诉 35 件。

第二节　老干部工作

1993年以来，中共缙云县委老干部局（简称“县委老干部局”）围绕老干部的组织生活、重要政治活动、医疗保健、易地安置等开展工作，做好服务。建有老干部党支部37个，老干部学习小组若干，办有《老干部工作简报》和《老干部之窗》宣传窗。1996年9月，县委老干部局归口县委组织部管理。1997年3月，县委老干部局聘请46名离退休老干部担任信息员。2001年7月，县委老干部局机关由五云镇复兴街154号迁至黄龙路38号县行政中心。

离休干部管理服务

1993年，全县离休干部340人，其中抗日战争时期参加革命工作的55人，解放战争时期参加革命工作的285人。2010年年末，全县离休干部197人。

1993—2010年，按照上级规定，为离休干部调整落实护理补贴费3次。2005年起，县委老干部局推出“一卡二访三看四联”制度。建立离休干部与局工作人员联系卡；每周二、周四，接待离休干部来信和来访，上门走访偏远乡村离休干部；看望生病住院、生活较困难的离休干部，每三年走访一次易地安置的离休干部；局工作人员结对联系4至5名生活困难或长期生病卧床的离休干部，联系离休干部学习组、县城离休干部和乡镇离休干部。

1993年以来，县委、县政府每年至少1次向离休干部通报情况，重要政策制定前向离休干部代表征求意见，召开离休干部专题理论研讨班每年举办两期，组织离休干部代表参加县委、县政府重要会议和重大活动。县级班子领导每逢元旦、春节及其他重大节日上门走访慰问离休干部。落实离休干部的配偶和遗属政策。

缙云县离退休干部活动中心

1993年10月，缙云县老干部活动室成立；2002年，缙云县老干部活动室更名为缙云县离退休干部活动中心（简称“活动中心”），地址在县城复兴街154号，由县委原办公大楼改建而成，建筑面积3536平方米，取名为“缙霞楼”。活动中心设有活动室、排练厅、会议室、图书阅览室和客房部、餐饮部。

2002年，活动中心设有金秋艺术团、书画研究会等9个活动组，有会员700余人。2003年开始，按照“日日有活动、月月有竞赛、季季有大赛、每年有两次以上大型活动”的要求，各活动组每年按照年度活动计划，安排培训活动，开展各类竞赛，其中棋、球、牌类每日有200左右人次参加活动。每年春节前夕，活动中心组织书画研究会会员到乡村开展送春联活动；清明节组织老干部到革命烈士陵园扫墓；逢重大节庆和全县重大活动，举行文艺演出、游园、服务咨询等活动。每月10日，活动中心组织18级待遇以上离休干部及在城学习组长学习会。

2006年，活动中心被省委老干部局授予“全省先进老干部活动中心”称号；2010年，活动中心被省委老干部局授予“满意家园”称号。

缙云县老年大学

1993年11月成立，校址设在县人民大会堂，设教学班4个；1997年9月租用城隍山原缙云县图书馆阅览室。2001年，学员430人，设花卉、摄影、推拿等教学班11个，书法、诗文、摄影研究会3个。

2002年3月，县老年大学迁至复兴街154号县委原办公楼。2008年，学员700余人，开设歌咏、戏曲、舞蹈等课程15门，分普通班、提高班、理论班和研究会四个类型；有管理人员和聘用教师20余人。每学期举办书画、摄影、花卉等作品展，每年举办文艺演出。2010年，26个班级，开设专业15个，学员1100人次。

至2010年止，老年大学诗词研究会刊印《老圃黄花》20期；学员在各类报刊发表诗作276首，楹联5首，格言43条；摄影作品获奖46幅，其中省级18幅、县级28幅；书画作品获奖73幅，其中国家级16幅、省级29幅、县级28幅；学员编印个人艺术作品集5册。

2002年，县老年大学获省“优胜老年大学”称号；2004年，县老年大学获省“老年大学规范化建设进步奖”；2005年，县老年大学被省委老干部局授予“示范性老年大学”称号。

第三节　党校工作

中共缙云县委党校（简称“县委党校”）位于五云镇大桥北路党校巷，占地0.33公顷，建筑面积2974平方米。有教室4个、会堂1个、学员宿舍33间。1999年5月，县委党校增挂“缙云县行政学院”牌子。2010年，各乡镇及工业园区均建有基层党校。

县委党校校长一般由县委常委、组织部部长兼任。2010年年末，县委党校内设办公室、教务科、教育科、函授站、行政科，有教职工14人。

培训　函授

1994—2010年，县委党校共举办各类培训70多期，参加培训人数7000多人次。1993年开始，县委党校开设专科函授班，至2010年，专科函授班共招收学员1956人，毕业学员1402人。2002年开始，县委党校开设本科函授班，至2010年，本科函授班共招收学员1258人，毕业学员879人。

乡镇党校

1991年，全县46个乡镇党校成立。1993年，乡镇党校共培训学员4万多人次。1995—1996年，乡镇党校组织党员开展“双学”活动。2001年，乡镇党校重点开设宣传和实践“三个代表”重要思想课程。2005年，乡镇党校开展保持共产党员先进性教育活动。2010年，县委《关于推进学习型党组织建设的实施意见》出台，乡镇党校开展“学习型党组织建设”，提高基层组织战斗力的培训。

2009年，壶镇镇党校被省委宣传部评为省基层党校示范点。2010年，三溪乡党校被省委宣传部评为省先进基层党校。

第四节　党史工作

1996年，中共缙云县党史资料征集研究委员会改名为中共缙云县委党史研究室（简称“县委党史研究室”）。2003年9月，县委党史研究室升格为正科级事业单位，挂靠县委办公室。

1993年以后，县委党史征集研究委员会向乡镇、村和有关人员征集党史资料，记录、整理成档案材料132卷264万字。到省、市、县及金华市档案馆摘录、搜集资料100多万字。继续组织20世纪80年代开始的《中国共产党浙江缙云历史》第一卷（1927—1949年）编纂工作。1996年7月，县党史研究室

《革命老根据地“三老”生活极为艰难》一文，在《国家内参》第19期发表，受到省民政厅关注。1999年，编印以缙云革命历史为题材的章回体小说《石城烽火》。

至2010年，共编写党史类书籍11本，计500多万字，其中已出版6本。县委党史研究室组织撰写党史研究文章74篇，分别发表在国家级报刊32篇、省级报刊22篇、市级报刊17篇。其中，获全国一等奖4篇；省二等奖1篇，优秀奖2篇；市一等奖1篇，二等奖3篇，三等奖1篇，优秀奖1篇。

1993—2010年，县委党史研究室人员到机关、乡镇、农村、学校上党课20多次，全县认定革命老区村238个、市级爱国主义教育基地4处、县级爱国主义教育基地7处。省财政厅共拨款20万元，用于维修、保护革命遗址。

第五节　关心下一代工作

1991年7月，缙云县关心下一代工作委员会（简称“县关工委”）成立，内设办公室，属参照公务员管理的副科级事业单位，编制3人，专职副主任1人。县关工委聘请老干部、老教师、老战士、老专家，设立道德教育宣讲团、科技咨询委员会、失足青少年帮教组，重点对生活困难和失足青少年开展关爱活动。

1993年以后，各乡镇、部分企事业单位、行政村和社区均建有关心下一代工作协会（简称“关协”），有会员3000多人。在乡镇、村（社区），关协与老年协会、老年体协实行“三块牌子，一套班子”运行模式。

各级关协开展建党、抗战胜利、改革开放、中华人民共和国成立等纪念日庆祝活动。在北京奥运会、上海世博会期间开展“学党史、颂党恩、跟党走”教育活动。在县实验中学建立青少年思想道德教育基地，邀请上海、广东等地专家作思想教育报告，在缙云中学、新碧中学、盘溪中学组织法治教育。

2000年开始，每年清明节，县关工委牵头组织学生参观革命遗址，或到烈士陵园（墓）举行祭奠革命烈士、聆听革命故事活动和举行升国旗、献花圈、入队、入团宣誓仪式。

1994年以来，县关工委每年举办爱心助学活动，向社会募集和发放助学资金1000多万元，资助贫困生1万多人次。县慈善总会、广东欧普照明、浙江山蒲照明、杭州余杭江南化纤、杭州义工联盟分会、丽水金龙房地产王岳成助学基金、杭州利群阳光、缙云烟草公司等常年参与缙云县关工委助学活动。老干部徐文升、谢景升、马鸿文、李文贤坚持每年参与助学活动，饶官州不办寿庆省钱5000元用于助学。青年朱柳喜将亲友送的1万元生日贺礼用于助学，实验小学教师杨丽佳、官店村党支部书记杨伟杰等长期出资扶助困难学生。2010年，县关工委共资助困难学生444人，发放助学金138.35万元；牵线组织温州奥康鞋业集团有限公司王振成慈善基金会为大洋学校送去100套羽绒服，丽水绿州眼镜有限公司在缙云各中小学免费开展视力检查，传授眼保健知识，杭州义工联盟爱心团体向缙云部分学校学生赠送学习用品。

第十八篇　地方人民代表大会

1993—2010 年，缙云县人民代表大会历经第十二届至第十五届，其中第十二届、第十三届、第十五届人民代表大会任期 5 年，第十四届人民代表大会任期 4 年。每一届人民代表大会第一次会议，均选举产生缙云县人民代表大会常务委员会（简称“县人大常委会”）主任、副主任、委员，缙云县人民政府县长、副县长，缙云县人民法院院长、缙云县人民检察院检察长。县人大及其常委会依法履行宪法和法律赋予的职权，对缙云县的政治、经济、文化、社会发展和法律实施等方面的重大事项及人民群众关心的热点问题作出重要决议或决定。

1993—2010 年，缙云县人民代表大会第十二届至第十五届共召开全体会议 21 次。

第一章　人大代表

根据《中华人民共和国全国人民代表大会和地方各级人民代表大会选举法》（简称“《选举法》”）有关规定，全国、省、设区的市人大代表由下一级人大选举产生；县级以上的地方各级人大闭会期间，可以由本级人大常委会补选上一级人大代表。县、乡（镇）两级人大代表由选民直接选举产生。

第一节　县人大代表的选举

缙云县选举委员会（简称“县选举委员会”）主持县人民代表大会代表的选举工作。1993年以来，县选举委员会设主任1人，副主任和委员若干人。其人员由县委、县人大常委会有关领导以及组织、宣传、统战、民政、司法、工会、共青团、妇联等部门负责人组成。县选举委员会下设办公室，具体负责选举事宜。县人大代表选举采用无记名投票，实行差额选举。在选举过程中，严格按照《选举法》的规定，做好代表名额确定、选区划分、选民登记、推荐和确定代表候选人、组织选民投票等各环节工作，切实尊重和保障选民的选举权和被选举权，确保选出的人大代表具有广泛性和代表性。

自县第十五届人大开始，缙云实行县、乡人大同步换届选举。

第十二届至第十五届缙云县人民代表大会代表选举情况一览表

表18-1-1　　单位：人

届次	选举时间	选民人数	参选人数	参选率（%）	选出县代表人数
第十二届	1993.2—1993.4	291665	265458	90.1	286
第十三届	1997.11—1998.3	323152	294879	91.25	210
第十四届	2003.1—2003.3	344647	321569	93.3	218
第十五届	2006.11—2007.3	355375	336337	94.64	216

第十二届至第十五届缙云县人民代表大会代表构成情况一览表

表18-1-2　　单位：人

届次	代表人数			文化程度			年龄			代表组成			
	合计	其中		大专以上	中专	初中及以下	35岁以下	36～55岁	56岁以上	工农	干部	知识分子	其他
		男	女										
第十二届	286	—	—	—	—	—	—	—	—	185	76	24	1
第十三届	210	187	23	61	59	90	47	147	16	125	64	17	4
第十四届	218	191	27	88	79	51	29	179	10	131	65	22	0
第十五届	216	192	24	108	73	35	26	176	14	128	64	24	0

第二节　省、市人大代表的选举

2000年丽水撤地设市前，设省人大常委会丽水地区工作委员会，省人大代表由县人民代表大会选举产生。撤地设市后，市人大代表由县人民代表大会选举产生，省人大代表由市人民代表大会选举产生。

省人大代表

1992年11月，县第十一届人大四次会议选举万学远、王鸣钟、吕普龙、陶国忠、楼映容5人为缙云县出席浙江省第八届人民代表大会代表。1997年11月，县第十二届人大六次会议选举田理富、吕普龙、胡红月（女）、雷文先4人为缙云县出席浙江省第九届人民代表大会代表。

2002年11月，丽水市第一届人大三次会议选举王彩芳（女）、武昌、樊培仁3人为缙云县出席浙江省第十届人民代表大会代表。2007年11月，丽水市第二届人大三次会议选举施颂勤、樊培仁等3人为缙云县出席浙江省第十一届人民代表大会代表。

市人大代表

2000年12月，县第十三届人大四次会议选举丁敏（女）等51人为缙云县出席丽水市第一届人民代表大会代表。2003年3月，县第十四届人大二次会议增选胡巧良为缙云县出席丽水市第一届人民代表大会代表。

2005年11月，县第十四届人大四次会议选举丁月贞（女）等49人为缙云县出席丽水市第二届人民代表大会代表。2008年3月，县第十五届人大二次会议增选孔祖根为缙云县出席丽水市第二届人民代表大会代表。县第十五届人大常委会第十四次会议补选黄巧彩（女）等2人为缙云县出席丽水市第二届人民代表大会代表。县第十五届人大常委会第二十二次会议补选卢朝升为缙云县出席丽水市第二届人民代表大会代表。

第三节　代表工作

代表工作是县人大及其常委会工作的重要组成部分，是人大工作的基础。做好代表工作，是人大及其常委会依法行使职权、充分发挥职能作用的基础和前提。

代表组织

县人大代表换届选举后，按代表所在乡镇、工作单位及便于闭会期间活动的原则，组建代表小组开展活动。县第十二届人大建立代表小组37个。县第十三届人大建立代表小组31个、中心组3个。县第十四届人大建立代表小组29个、中心组3个。县第十五届人大建立代表小组30个、中心组3个。

代表活动

视察活动　由县人大常委会或代表中心组、代表小组组织。视察类型有会前视察、专题视察、持证视察，内容涉及经济、社会、文化、生态等领域。各代表小组通过视察、调研、听取汇报等形式开展活动，

拓宽代表知情知政渠道，提出意见，推动县政府和人民法院、人民检察院工作。

第十二届至第十五届缙云县人大代表视察情况一览表

表 18-1-3

届次	时间	次数	主要内容
第十二届	1993.4—1998.3	22	农业生产、重点工程建设、国有工业企业转换经营机制问题、仙都风景区建设、公路建设和养护、环境保护、松毛虫防治、病险水库、大洋山林场和大洋镇农业综合开发、土地执法工作等
第十三届	1998.3—2003.4	11	大桥北路改建工程、文明县城建设、减轻农民负担情况、新区建设、县社会福利中心、县城的防洪工程、黄山脚的沙改油公路等
第十四届	2003.4—2007.3	11	仙都生态旅游工作、盘溪饮水应急工程、重点工程建设、食品卫生安全工作、全县宗教事务的管理工作、土地整理等
第十五届	2007.3—2012.2	27	“教育强县”创建、省级文明县城创建、生态公益林建设、新建溪污染整治、县公安局派出所工作、山区农民创业增收、非物质文化遗产保护工作、档案管理服务、地质灾害防治、乡镇文化站建设、基层计划生育管理服务设施建设、乡村旅游工作、医疗保险工作、水利工作等

挂钩联系活动　2009 年 4 月开始，实行县人大代表小组挂钩联系县政府工作部门制度。代表小组定向对县政府工作部门的工作开展调研、视察等，以增进代表对政府部门工作的理解、支持和监督。2010 年 5 月起，在县人大代表小组挂钩联系县政府工作部门的基础上，增加分组监督政府年度重点工作内容。

列席常委会会议　1994 年以来，把邀请县人大代表列席县人大常委会会议作为保障代表知情权、参与权、表达权、监督权的有效形式之一。1994 年 11 月—2001 年 9 月，县人大常委会会议共邀请 34 名县人大代表参加评议。2007 年 7 月—2012 年 1 月，共邀请县人大代表列席县人大常委会会议 89 人次。

第二章　人民代表大会会议

1993—2010 年，县第十二届人大一次会议至县第十五届人大四次会议期间，共举行人民代表大会会议 21 次。每次会议听取和审查县人民政府工作报告，以及计划、财政预算、县人大常委会、县人民法院、县人民检察院工作报告，并作出相应决议。依法选举县人大常委会主任、副主任、委员，县人民政府县长、副县长，县人民法院院长、县人民检察院检察长（须报经丽水市人民检察院，由丽水市人民检察院检察长提请丽水市人民代表大会常务委员会批准）。

21 次会议中人大代表提出议案 1758 件和各方面建议、批评、意见 572 件。

第一节　会议的召开

根据《中华人民共和国地方各级人民代表大会和地方各级人民政府组织法》的规定，地方各级人民代表大会每届任期五年，每年至少召开人民代表大会会议1次。每次会议召开前，先举行预备会议，选举产生本次会议主席团和秘书长，建立会议相关组织，通过会议议程和其他事项。然后召开若干次全体会议和分代表团会议，听取和审议有关工作报告，表决通过有关议案、决议和决定。列席会议的人员，由县人大常委会讨论决定。

第十二届人民代表大会

第一次会议　1993年4月25—30日，在县人民大会堂举行。出席代表286人，列席人员106人。

会议听取和审查代县长陶国忠所作的《政府工作报告》，县计委所作的《关于1992年国民经济和社会发展计划执行情况与1993年国民经济和社会发展计划草案的报告》，县财税局所作的《关于缙云县1992年财政预算执行情况和1993年财政预算草案的报告》，县人大常委会主任王鸣钟所作的《缙云县第十一届人民代表大会常务委员会工作报告》，县人民法院院长徐永杰所作的《缙云县人民法院工作报告》，县人民检察院检察长陈景才所作的《缙云县人民检察院工作报告》，书面审查了《关于调整缙云县国民经济和社会发展十年规划和“八五”计划主要经济指标的报告》。通过决议，批准上述报告。

会议选举王鸣钟为县第十二届人大常委会主任，丁志远、李文贤、李初恒、张一文为副主任；选举陶国忠为县长，胡五一、黄蔚平、张瑞虎、王子全为副县长；选举徐永杰为县人民法院院长；选举陈景才为县人民检察院检察长。

第二次会议　1994年4月8—11日，在县人民大会堂举行。出席代表285人，列席人员100人。

会议听取和审查县长陶国忠所作的《政府工作报告》，县计委所作的《关于1993年国民经济和社会发展计划执行情况与1994年国民经济和社会发展计划草案的报告》，县财税局所作的《关于缙云县1993年财政预算执行情况和1994年财政预算草案的报告》，县人大常委会主任王鸣钟所作的《缙云县人大常委会工作报告》，县人民法院院长徐永杰所作的《缙云县人民法院工作报告》，县人民检察院检察长陈景才所作的《缙云县人民检察院工作报告》。通过决议，批准上述报告。

第三次会议　1995年3月23—27日，在县人民大会堂举行。出席代表280人，列席人员108人。

会议听取和审查代县长吕军民所作的《政府工作报告》，县计委所作的《关于1994年国民经济和社会发展计划执行情况与1995年国民经济和社会发展计划草案的报告》，县财税局所作的《关于缙云县1994年财政预算执行情况和1995年财政预算草案的报告》，县人大常委会主任王鸣钟所作的《缙云县人大常委会工作报告》，县人民法院院长徐永杰所作的《缙云县人民法院工作报告》，县人民检察院检察长陈景才所作的《缙云县人民检察院工作报告》。通过决议，批准上述报告。

会议选举吕军民为县长。

第四次会议　1996年4月14—18日，在县人民大会堂举行。出席代表282人，列席人员129人。

会议听取和审查县长吕军民所作的《政府工作报告》，副县长黄蔚平代表县人民政府所作的《关于缙云县国民经济和社会发展“九五”计划和2010年远景目标纲要的报告》，县计委所作的《关于1995年国民经济和社会发展计划执行情况与1996年国民经济和社会发展计划草案的报告》，县财政局所作的《关于缙云县1995年财政预算执行情况和1996年财政预算草案的报告》，县人大常委会副主任丁志远代表县人大常委会所作的《缙云县人民代表大会常务委员会工作报告》，县人民法院院长徐永杰所作的《缙云县人民法院工作报告》，县人民检察院检察长陈景才所作的《缙云县人民检察院工作报告》。通过决议，批准上述报告。

会议补选田理富为县第十二届人大常委会主任，吕楚金为副主任。

第五次会议 1997年3月25—28日，在县人民大会堂举行。出席代表281人，列席人员136人。

会议听取和审查县长吕军民所作的《政府工作报告》，县计委所作的《关于1996年国民经济和社会发展计划执行情况与1997年国民经济和社会发展计划草案的报告》，县财政局所作的《关于缙云县1996年财政预算执行情况和1997年财政预算草案的报告》，县人大常委会主任田理富所作的《缙云县人民代表大会常务委员会工作报告》，县人民法院院长徐永杰所作的《缙云县人民法院工作报告》，县人民检察院检察长陈景才所作的《缙云县人民检察院工作报告》。通过决议，批准上述报告。

第六次会议 1997年11月25—26日，在县人民大会堂举行。出席代表274人，列席人员47人。

县人大常委会主任田理富作开幕讲话，县人大常委会副主任丁志远作闭幕讲话。

会议选举产生缙云县出席浙江省第九届人民代表大会代表4名。

第十三届人民代表大会

第一次会议 1998年3月22—28日，在县人民大会堂举行。出席代表210人，列席人员162人。

会议听取和审查县长吕军民所作的《政府工作报告》，县计委所作的《关于缙云县1997年国民经济和社会发展计划执行情况与1998年国民经济和社会发展计划草案的报告》，县财政局所作的《关于缙云县1997年财政预算执行情况和1998年财政预算草案的报告》，县人大常委会主任田理富所作的《缙云县人民代表大会常务委员会工作报告》，县人民法院代院长张华军所作的《缙云县人民法院工作报告》，县人民检察院代检察长李明祥所作的《关于缙云县人民检察院工作报告》。通过决议，批准上述报告。

会议选举田理富为县第十三届人大常委会主任，丁志远、李初恒、张一文、吕楚金为副主任；选举吕军民为县长，翁争鸣、胡巧良、华益民、刘小平为副县长；选举张华军为县人民法院院长；选举李明祥为县人民检察院检察长。

第二次会议 1999年3月30日—4月3日，在县人民大会堂举行。出席代表211人，列席人员169人。

会议听取和审查县长吕军民所作的《政府工作报告》，县计委所作的《关于缙云县1998年国民经济和社会发展计划执行情况与1999年国民经济和社会发展计划草案的报告》，县财政局所作的《关于缙云县1998年财政预算执行情况和1999年财政预算草案的报告》，县人大常委会主任田理富所作的《缙云县人民代表大会常务委员会工作报告》，县人民法院院长张华军所作的《缙云县人民法院工作报告》，县人民检察院检察长李明祥所作的《缙云县人民检察院工作报告》。通过决议，批准上述报告。

第三次会议 2000年3月20—24日，在县人民大会堂举行。出席代表209人，列席人员172人。

会议听取和审查代县长武昌所作的《政府工作报告》，县计委所作的《关于缙云县1999年国民经济和社会发展计划执行情况与2000年国民经济和社会发展计划草案的报告》，县财政局所作的《关于缙云县1999年财政预算执行情况和2000年财政预算草案的报告》，县人大常委会主任田理富所作的《缙云县人民代表大会常务委员会工作报告》，县人民法院院长张华军所作的《缙云县人民法院工作报告》，县人民检察院检察长李明祥所作的《缙云县人民检察院工作报告》。通过决议，批准上述报告。

会议选举武昌为县长。

第四次会议 2000年12月3—5日，在县人民大会堂举行。出席代表208人，列席人员60人。

县人大常委会主任田理富在开幕、闭幕时作讲话。会议选举产生缙云县出席丽水市第一届人民代表大会代表51名。

第五次会议 2001年3月20—24日，在县人民大会堂举行。出席代表206人，列席人员199人。

会议听取和审查县长武昌所作的《关于缙云县国民经济和社会发展“十五”计划纲要的报告》，县计委所作的《关于缙云县2000年国民经济和社会发展计划执行情况与2001年国民经济和社会发展计划草案的报告》，县财政局所作的《关于缙云县2000年财政预算执行情况和2001年财政预算草案的报告》，县人大常委会主任田理富所作的《缙云县人民代表大会常务委员会工作报告》，县人民法院院长张华军所作的《缙云县人民法院工作报告》，县人民检察院检察长李明祥所作的《缙云县人民检察院工作报告》。通过决议，批准上述报告。

会议补选何愫军为县第十三届人大常委会副主任。

第六次会议　2002年3月18—22日，在县人民大会堂举行。出席代表204人，列席人员204人。

会议听取和审查县长武昌所作的《政府工作报告》，县发展计划局所作的《关于缙云县2001年国民经济和社会发展计划执行情况与2002年国民经济和社会发展计划草案的报告》，县财政局所作的《关于缙云县2001年财政预算执行情况及2002年财政预算草案的报告》，县人大常委会主任田理富所作的《缙云县人民代表大会常务委员会工作报告》，县人民法院院长张华军所作的《缙云县人民法院工作报告》，县人民检察院检察长李明祥所作的《缙云县人民检察院工作报告》。通过决议，批准上述报告。

第十四届人民代表大会

第一次会议　2003年4月13—19日，在县会议中心举行。出席代表218人，列席人员189人。

会议听取和审查县长武昌所作的《政府工作报告》，县发展计划局所作的《关于缙云县2002年国民经济和社会发展计划执行情况与2003年国民经济和社会发展计划草案的报告》，县财政局所作的《关于缙云县2002年财政预算执行情况及2003年财政预算草案的报告》，县人大常委会主任田理富所作的《缙云县人大常委会工作报告》，县人民法院代院长叶伟华所作的《缙云县人民法院工作报告》，县人民检察院代检察长王小刚所作的《缙云县人民检察院工作报告》。通过决议，批准上述报告。

会议选举蔡步雄为县第十四届人大常委会主任，胡巧良、张一文、吕楚金、谢大松、方向荣、徐山为副主任；选举武昌为县长，连小敏、吕妙翠（女）、刘旭标、陈积康、王军、吕唐镇为副县长；选举叶伟华为县人民法院院长；选举王小刚为县人民检察院检察长。

第二次会议　2004年3月23—27日，在县会议中心举行。出席代表215人，列席人员199人。

会议听取和审查县长武昌所作的《政府工作报告》，县发展计划局所作的《关于缙云县2003年国民经济和社会发展计划执行情况与2004年国民经济和社会发展计划草案的报告》，县财政局所作的《关于缙云县2003年财政预算执行情况及2004年财政预算草案的报告》，县人大常委会副主任胡巧良所作的《缙云县人民代表大会常务委员会工作报告》，县人民法院院长叶伟华所作的《缙云县人民法院工作报告》，县人民检察院检察长王小刚所作的《缙云县人民检察院工作报告》。通过决议，批准上述报告。

会议增选胡巧良为缙云县出席丽水市第一届人民代表大会代表。

第三次会议　2005年3月28—31日，在县会议中心举行。出席代表215人，列席人员193人。

会议听取和审查县长武昌所作的《政府工作报告》，县发展计划局所作的《关于缙云县2004年国民经济和社会发展计划执行情况与2005年国民经济和社会发展计划草案的报告》，县财政局所作的《关于缙云县2004年财政预算执行情况及2005年财政预算草案的报告》，县人大常委会副主任胡巧良所作的《缙云县人民代表大会常务委员会工作报告》，县人民法院院长叶伟华所作的《缙云县人民法院工作报告》，县人民检察院检察长王小刚所作的《缙云县人民检察院工作报告》。通过决议，批准上述报告。

第四次会议　2005年11月28—30日，在县会议中心举行。出席代表215人，列席人员74人。

会议选举产生缙云县出席丽水市第二届人民代表大会代表49名。选举县长。

第五次会议　2006年4月11—14日，在县会议中心举行。出席代表215人，列席人员194人。

会议听取和审查县政府主要负责人所作的《关于缙云县国民经济和社会发展第十一个五年规划纲要的报告》，县人大常委会代主任胡巧良所作的《缙云县人民代表大会常务委员会工作报告》，县人民法院院长叶伟华所作的《缙云县人民法院工作报告》，县人民检察院检察长王小刚所作的《缙云县人民检察院工作报告》，书面审查了《关于缙云县2005年国民经济和社会发展计划执行情况与2006年国民经济和社会发展计划草案的报告》《关于缙云县2005年财政预算执行情况及2006年财政预算草案的报告》。通过决议，批准上述报告。

会议选举赵导亮为县第十四届人大常委会主任。

第十五届人民代表大会

第一次会议 2007年3月19—23日，在县会议中心举行。出席代表216人，列席人员193人。

会议听取和审查县政府主要负责人所作的《政府工作报告》，县人大常委会主任赵导亮所作的《缙云县人民代表大会常务委员会工作报告》，县人民法院院长叶伟华所作的《缙云县人民法院工作报告》，县人民检察院检察长王小刚所作的《缙云县人民检察院工作报告》，书面审查了《关于缙云县2006年国民经济和社会发展计划执行情况与2007年国民经济和社会发展计划草案的报告》《关于缙云县2006年财政预算执行情况及2007年财政预算草案的报告》。通过决议，批准上述报告。

会议选举赵导亮为县第十五届人大常委会主任，胡巧良、谢大松、方向荣、徐山、李潘良、周静知（女）为副主任；选举县长；选举潘建青、王军、吕唐镇、李汉勤、陈庆源、张颖洁（女）为副县长；选举叶伟华为县人民法院院长；选举王小刚为县人民检察院检察长。

第二次会议 2008年3月18—21日，在县会议中心举行。出席代表210人，列席人员186人。

会议听取和审查县政府主要负责人所作的《政府工作报告》，县人大常委会主任赵导亮所作的《缙云县人民代表大会常务委员会工作报告》，县人民法院院长叶伟华所作的《缙云县人民法院工作报告》，县人民检察院检察长王小刚所作的《缙云县人民检察院工作报告》，书面审查了《关于缙云县2007年国民经济和社会发展计划执行情况及2008年国民经济和社会发展计划草案的报告》《关于缙云县2007年财政预算执行情况和2008年财政预算草案的报告》。通过决议，批准上述报告。

会议增选孔祖根为缙云县出席丽水市第二届人民代表大会代表。

第三次会议 2009年3月10—13日，在县会议中心举行。出席代表208人，列席人员191人。

会议听取和审查县政府主要负责人所作的《政府工作报告》，县人大常委会主任赵导亮所作的《缙云县人民代表大会常务委员会工作报告》，县人民法院院长叶伟华所作的《缙云县人民法院工作报告》，县人民检察院检察长王小刚所作的《缙云县人民检察院工作报告》，书面审查了《关于缙云县2008年国民经济和社会发展计划执行情况及2009年国民经济和社会发展计划草案的报告》《关于缙云县2008年财政预算执行情况和2009年财政预算草案的报告》。通过决议，批准上述报告。

第四次会议 2010年4月20—23日，在县会议中心举行。出席代表210人，列席人员199人。

会议听取和审查代县长吴筱琳所作的《政府工作报告》，县人大常委会主任赵导亮所作的《缙云县人民代表大会常务委员会工作报告》，县人民法院主要负责人所作的《缙云县人民法院工作报告》，县人民检察院代检察长吴林雄所作的《缙云县人民检察院工作报告》，书面审查了《关于缙云县2009年国民经济和社会发展计划执行情况及2010年国民经济和社会发展计划草案的报告》《关于缙云县2009年财政预算执行情况及2010年财政预算草案的报告》。通过决议，批准上述报告。

会议选举吴筱琳（女）为县长；选举应建民为县第十五届人大常委会副主任；选举李美顺为县人民法院院长；选举吴林雄为县人民检察院检察长。

第二节　议案办理

第十二届至第十五届县人民代表大会会议期间的议案，主席团决定列入大会议程进行审议的较少，绝大部分改为代表建议交有关部门办理并答复。

第十二届至第十五届缙云县人民代表大会历次会议上代表议案、建议数一览表

表 18-2-1　　　　单位：件

届次		议案转建议数量	其中							意见数量
			农业	工交城建	财贸	教科文卫	政法	社会保障	其他	
第十二	一	138	24	53	17	17	15	—	12	13
	二	73	17	21	13	9	8	—	5	8
	三	115	15	48	23	8	18	—	3	1
	四	115	10	47	25	11	14	—	8	7
	五	72	5	31	10	9	5	—	12	32
第十三	一	75	15	45	2	9	—	—	4	60
	二	62	8	36	7	6	—	—	5	25
	三	58	5	35	4	8	—	—	6	38
	五	58	6	33	5	6	—	—	8	29
	六	65	4	42	8	7	—	—	4	21
第十四	一	137	10	87	11	16	2	—	11	33
	二	77	15	44	4	10	2	—	2	27
	三	73	16	35	7	11	—	—	4	46
	五	48	2	23	4	13	—	—	6	37
第十五	一	114	24	56	—	34	—	—	-	68
	二	60	11	34	—	11	—	—	4	80
	三	110	27	54	—	24	3	—	2	47
	四	176	35	66	18	30	6	18	3	—
	五	132	19	48	17	24	5	5	14	—
合计		1758	268	838	175	263	78	23	113	572

第三节　乡镇人民代表大会

1992 年，全县撤区扩乡并镇简称“撤扩并”。1993 年，召开“撤扩并”后第一次乡镇人民代表大会。乡镇人民政府三年换届一次。自 2007 年县第十五届人民代表大会开始，实行县乡（镇）人大同步换届选举，五年一届。根据有关规定，乡（镇）人大代表由选民直接选举产生。从 1990 年开始，乡（镇）人大设立主席团；1996 年，乡（镇）人大主席团设立主席、副主席。

乡镇人民代表大会的主要职责是审议本级乡镇人民政府的工作报告，选举人大主席团成员、乡镇人民政府负责人，保证宪法法律、行政法规和上级人大及其常委会决议在本乡镇执行，决定本乡镇经济、文化、公共事业的建设计划，保护人民群众的合法权益，维护社会秩序，保障公民的人身权利和其他权利。乡镇人民代表大会每年至少召开一次。

乡镇人大主席，在本级人民代表大会闭会期间，负责联系本级人大代表、组织代表活动、反映代表和群众的建议意见，并负责处理主席团日常工作。

第三章　县人大常委会

缙云县人大常委会是县人民代表大会的常设机关，对县人民代表大会负责并报告工作。在县人民代表大会闭会期间，县人大常委会集体行使宪法和法律赋予的各项职权。县人大常委会主任、副主任组成主任会议，处理县人大常委会的重要日常工作。

第一节　组成人员

县人大常委会由县人民代表大会在代表中选举主任、副主任若干人和委员若干人组成。常委会的组成人员不得担任国家行政机关、审判机关和检察机关的职务。

第十二届至第十五届缙云县人大常委会组成人员一览表

表 18-3-1

届次	职务	姓名
第十二届（1993.4—1998.3）	主任	王鸣钟（1993.4—1996.4）　田理富（1996 年 4 月当选）
	副主任	丁志远　李文贤　李初恒　张一文　吕楚金（1996 年 4 月当选）
	委员	吕志强　吕苏婉（女）　吕楚金（1993.4—1996.4）　李一中　李爱娟（女）　李桂梅（女）　李　辉　汪　帆　陈中元　陈秀芳（女）　林建通　罗煜峰　钭志强　俞章德　王银松（1996 年 4 月当选）　江访良（1996 年 4 月当选）　曹式菊（女，1996 年 4 月当选）
第十三届（1998.3—2003.4）	主任	田理富
	副主任	丁志远　李初恒　张一文　吕楚金　何愫军（2001 年 3 月当选）
	委员	丁志余　卢喜进　吕志强　朱雄标　朱富亮　李　辉　李桂梅（女）　应益林　陈国英（女）　周建波　胡显如　俞章德　徐　山　曹章兴（1998.3—1998.5）　楼映容　楼维升　郑　栋（1999 年 3 月当选）

续表 18-3-1

届次	职务	姓名
第十四届（2003.4—2007.3）	主任	蔡步雄（2003.4—2005.10）　赵导亮（2006 年 4 月当选）
	代理主任	胡巧良（2005.10—2006.4）
	副主任	胡巧良　张一文　吕楚金　谢大松　方向荣　徐　山
	委员	卢连红　吕普龙　朱　斌　朱丽霞（女）　李　辉　李桂梅（女）　邱美明　应益林　沈挺峰　陈庆源　范根森（2003.4—2005.3）　赵飞龙　胡正新（2003.4—2006.6）　施坦然　施颂勤　麻松亘　胡必初（2005 年 11 月当选）
第十五届（2007.3—2012.2）	主任	赵导亮
	副主任	胡巧良（2007.3—2011.10）　谢大松（2007.3—2010.4）　应建民（2010 年 4 月当选）　方向荣　徐山（2007.3—2012.1）　李潘良　周静知（女）
	委员	卢兆田　卢连红（2007.3—2010.4）　卢锦松（2007.3—2010.4）　吕以明　李永清　吴广美　吴桂丹（女，2007.3—2010.4）　邱美明　应益林　陈黛君（女）　陈耀民　范跃进　周爱忠　胡必初　施颂勤　徐明福（2007.3—2008.10）　麻松亘（2007.3—2010.4）　舒红安　王金焱（2010 年 4 月当选）　杨月星（2010 年 4 月当选）　陈美华（女，2010 年 4 月当选）　舒以利（2010 年 4 月当选）　蔡桔英（女，2010 年 4 月当选）

第二节　工作机构

县第八届人大常委会设立办公室。县第九届人大常委会增设法制组、财政经济组和科教文卫组；县第十届人大常委会将上述 3 个组改为法制工作委员会、财政经济工作委员会、教科文卫工作委员会；县第十一届人大常委会增设代表工作委员会；2006 年 5 月，县第十四届人大常委会增设农业资源环境工作委员会；2011 年 12 月，县第十五届人大常委会撤销农业资源环境工作委员会，设立农业与农村工作委员会、城乡建设与环境资源工作委员会。

第三节　人大常委会会议

人大常委会实行民主集中制，集体行使职权。县人大常委会会议每两个月至少召开一次。常委会会议由常委会主任主持，也可以委托副主任主持。主要任务是：决定本次常委会会议议程，听取和审议县人民政府、县人民法院、县人民检察院向常委会所作的专项工作报告；对人事任免事项和其他议案进行审议表决；对常委会代表资格审查委员会、执法检查组向常委会所作的报告进行审议表决；对常委会的决议、决定草案进行表决等。县人大常委会会议除常委会组成人员参加外，“一府两院”（县政府、县法院、县检察院）的负责人依法列席会议，议题相关的县政府副县长、组成部门负责人列席会议，听取审议、接受询问。非人大常委会组成人员的县人大常委会办公室以及各工委的主任、副主任列席会议，还邀请部分县人大代表、乡镇人大主席列席会议。县人大常委会自第十二届至第十五届(到 2012 年 1 月为止,下同),召开常委会会议 150 次。

第四节　讨论决定重大事项

县人大自第十二届至第十五届常委会，共作出决议决定 179 项。其中，第十二届 53 项、第十三届 46 项、第十四届 22 项、第十五届 58 项。这些决议决定有力地推动了全县经济社会的发展。

1993—2010 年，县人大常委会作出的重要决议决定有：1993 年 9 月，《关于公安司法机关切实加强对伤害案件查处工作的决定》；11 月，《关于切实搞好 330 国道兰黄“四自”工程建设的决定》《关于成立木栗乡外前村滥伐林木问题调查委员会的决定》。1994 年 1 月,《关于加强林政管理保护森林资源的决议》《关于进一步加强计划生育工作严格控制人口增长的决议》；3 月，《关于加强粮食工作的决议》；5 月，《关于加强仙都风景名胜区保护和开发工作的决议》。1995 年 8 月，《关于县政府办公大楼移址的决议》；《关于修编〈缙云县城城市总体规划〉的决议》《关于调整全县基本农田保护区指标的决定》。1996 年 4 月，《关于授予吕普龙等五位同志地方荣誉称号的决定》；6 月，《关于做好农村社会养老保险工作的决议》；8 月，《关于加强法院执行工作的决议》。1997 年 5 月，《关于继续深入开展“严打”斗争的决议》。2000 年 11 月，《关于缙云县域城镇体系规划的决议》。2002 年 3 月，《关于开展省级星火科技示范县创建工作的决议》《关于授予田德俭等五位同志地方荣誉称号的决定》；12 月，《关于通过修编后的〈缙云县城城市总体规划〉的决议》。2004 年 6 月，《关于批准〈缙云生态县建设规划〉的决议》；8 月，《关于建设生态县的决定》。2005 年 4 月，《关于同意县人民法院提出的人民陪审员名额的决定》。2007 年 11 月，《关于同意调整缙云县乡镇行政区划的决定》。2009 年 3 月，《关于仙都景区西入口项目贷款还本付息资金列入财政预算的决议》；4 月，《关于新碧初中迁建工程项目代建资金列入财政预算的决议》《关于城市基础设施建设项目贷款还本付息资金列入财政预算的决议》；8 月，《关于 42 省道缙云县壶镇至早宅段改建工程建设资金列入财政预算的决议》《关于县土地开发及复垦项目贷款还本付息资金列入财政预算的决议》；12 月,《关于缙云县壶镇水厂供水工程项目贷款还本付息资金列入财政预算的决议》。2010 年 6 月，《关于 42 省道与 330 国道连接线工程项目委托代建资金列入年度财政预算的决议》《关于同意〈缙云县土地利用总体规划(2006—2020)〉上报审批的决定》。

第五节　审查工作报告

听取和审查“一府两院”工作报告，是人大常委会依法行使监督权的重要形式。1993—2010 年，县人大常委会根据各个不同时期的工作重点，听取和审查了县域规划、重点工程建设、“三农”问题、医疗卫生、教育、社会保险、打击犯罪、生态县创建等方面专项工作报告，促进“一府两院”依法行政和公正司法，推动相关问题的解决。

县人大常委会自第十二届至第十五届，召开常委会会议 150 次，听取和审议专项工作报告 279 个。其中，政府专项工作报告 143 个，法院专项工作报告 16 个，检察院专项工作报告 12 个，执法检查报告 28 个,计划和预算执行、审计工作报告 80 个。按届别分,第十二届 78 个、第十三届 79 个、第十四届 48 个、第十五届 74 个。

第六节　评议与检查

两项评议

行政执法评议和述职评议（简称“两项评议”），是20世纪80年代末开始的地方各级人大及其常委会加强监督工作的一种重要形式。1993年4月—2005年9月，县人大常委会组织开展“两项评议”2次，被评议部门6个、被评议个人6人；开展述职评议7次，被评议个人14人。2006年2月，县人大常委会会议对常委会任命的县政府组成部门负责人、“两院”副职领导共26名干部进行了满意度测评。

1994年11月，县第十二届人大常委会第9次会议对县财政局局长、县工商局局长、县土管局局长进行述职评议。1995年11月，县第十二届人大常委会第17次会议对县城建局、县交通局、县劳动局进行行政执法评议，对县城建局局长、县交通局局长、县劳动局局长进行述职评议。1996年10月，县第十二届人大常委会第25次会议对县农业局、县林业局、县水利局进行行政执法评议，对县农业局局长、县林业局局长、县水利局局长进行述职评议。1997年10月，县第十二届人大常委会第34次会议对县教委主任、县文化局局长、县卫生局局长进行述职评议。

1999年9月，县第十三届人大常委会第11次会议对县水电局局长进行述职评议。2001年9月，县第十三届人大常委会第25次会议对县建设局局长、县交通局局长进行述职评议。2002年7月，县第十三届人大常委会第30次会议对县财政局局长、县教育局局长、县农业局局长进行述职评议。

2004年9月，县第十四届人大常委会第12次会议对卫生局局长进行述职评议。2004年9月，县人大常委会作出决定，要求县人大常委会任命的县政府工作部门负责人和县人民法院副院长、县人民检察院副检察长都要向县人大常委会提交年度书面述职报告。2005年9月，县第十四届人大常委会第20次会议对县建设局局长进行述职评议。

县第十五届人大常委会开始，主任会议专题听取常委会任命的11位局长的履职情况汇报4次。2010年10月、2011年10月县人大常委会组织县人大代表对国土资源所（分局）、水利服务站工作进行评议。

执法检查

县第十二届至第十五届人大常委会，共组织执法检查28次，对29部法律、法规在缙云的执行情况进行检查监督。县人大第十二届至第十五届常委会分别组织执法检查11次、5次、2次、10次，对应监督检查11部、5部、3部、10部法律、法规的执行情况。

按照《中华人民共和国地方各级人民代表大会和地方各级人民政府组织法》和省监督司法工作规定中有关组织特定问题调查委员会的规定，1993年11月，县第十二届人大常委会第三次会议决定成立外前村滥伐林木问题调查委员会，对木栗乡外前村滥伐林木问题进行调查。

第七节　人事任免

任免规定

根据《中华人民共和国全国人民代表大会组织法》等法律的有关规定，2003年4月，县第十四届人大常委会通过的《缙云县人民代表大会常务委员会任免国家机关工作人员办法》规定“县人民代表大会换届后，县长应在两个月内提请县人大常委会任命新一届县人民政府组成人员。法院审判人员、检察院检察人员，县人民代表大会换届后，其职务无变动的，不重新任命”；同时，要求“县人大常委会会议审议任命国家机关工作人员时，被任命人员无特殊情况应当到会与县人大常委会组成人员见面，并作任前表态”。

2007 年 5 月，《缙云县人大常委会任命的国家机关工作人员法律知识考试办法》制定。

任免人员

1993 年 4 月—2012 年 1 月，县人大常委会共任免国家机关工作人员 777 人次。

任免县人大常委会工作人员 78 人次。其中，接受县人大常委会主任、副主任辞职 4 人次，委员辞职 11 人次，决定代理主任 1 人次，任命县人大常委会工作部门主任、副主任 40 人次，免去县人大常委会工作部门主任、副主任职务 22 人次。

决定任免县政府组成人员 283 人次。其中，接受县长辞职 3 人次，决定代理县长 3 人次，决定任命副县长 34 人次，决定任命县政府组成部门主任、局长 174 人次，决定免去副县长职务 6 人次，决定接受副县长辞职 19 人次，决定免去县政府组成部门主任、局长职务 44 人次。

任免县人民法院工作人员 298 人次。其中，接受院长辞职 3 人次，决定代理院长 3 人次，任命副院长 6 人次，任命审判委员会委员 15 人次，任命庭长、副庭长 113 人次，任命审判员 46 人次；免去副院长职务 5 人次，免去审判委员会委员职务 5 人次，免去庭长、副庭长职务 98 人次，免去审判员职务 4 人次。

任免县人民检察院工作人员 69 人次。其中，接受检察长辞职 3 人次，决定代理检察长 3 人次，任命副检察长 8 人次，任命检察委员会委员 11 人次，任命检察员 30 人次；免去副检察长职务 8 人次，免去检察委员会委员职务 6 人次。

此外，县人大常委会任命县法院人民陪审员 41 人次，任命县人民法院执行员 6 人次，免去县人民法院执行员 2 人次。

第十九篇　地方人民政府

1993—2012年，为第十二届至第十五届缙云县人民政府（简称“县政府”）任期，其中第十二届县政府任期自1993年4月—1998年3月，第十三届县政府任期自1998年3月—2003年4月，第十四届县政府任期自2003年4月—2007年3月，第十五届县政府任期自2007年3月—2012年12月。

1993年以来，各届政府贯彻执行党的路线、方针、政策，接受中共缙云县委领导，落实上级党委、政府和县委、县人大及其常委会的决策部署，坚持以经济建设为中心，坚持改革开放，抓住机遇，奋发进取，围绕“开放兴县、工业强县、生态立县”三大战略，制定和实施四个“五年计划（规划）”，不断深化经济改革。按照“法治政府、高效政府、廉洁政府、便民政府、责任政府”目标加强政府自身建设，并抓好外事、侨务、港澳台事务、档案和地方志等工作，依法管理和推进县域经济及社会各项事业全面、协调、可持续发展。

2001年7月20日，县政府机关会同县委、县人大常委会、县政协机关从五云镇复兴街154号迁至黄龙路38号。

第一章　政府机构

1993—2010年，根据中央和省关于地方政府机构改革精神，按照政企职责分开、“精简，统一，高效”的原则，县政府进行了三次较大的机构改革，乡镇行政区划进行多次调整，政府机构设置与时俱进，逐步趋向科学合理，为经济社会发展提供保障。

1994年3月，缙云县人民政府驻杭州办事处成立；2015年10月，缙云县人民政府驻杭州办事处撤销。2005年5月，缙云县驻北京信访联络处成立。

缙云县人民政府办公室（简称“县府办”），是县政府处理日常文秘和行政事务的综合性办事机构，协助县政府领导参与政务、承办事务，承担综合协调、调研服务及法制、外事、人民防空等职能。2010年，县府办内设秘书科、综合科、信息科、督查科（督查室）、法制科、外事科。所属事业单位有机关文印服务中心、医务室等。

第一节　县政府领导成员

1993—2010年，先后有5人任缙云县人民政府县长（其中4人先担任代县长），35人任县政府副县长，其中女性3人。

第十二届至第十五届缙云县人民政府县长、副县长一览表

表19-1-1

届次	职务	姓名	籍贯	任职时间
第十二届（1993.4—1998.3）	县长	陶国忠	浙江缙云	1993.4—1995.1
		吕军民	浙江东阳	1995.1—1995.3（代） 1995.3—1998.3
	副县长	胡五一	浙江绍兴	1993.4—1997.1
		黄蔚平	浙江缙云	1993.4—1997.3
		张瑞虎	浙江缙云	1993.4—1998.1
		王子全	浙江缙云	1993.4—1994.11
		郑伟鹏	浙江缙云	1994.12—1998.1
		杨大平	浙江缙云	1994.8—1997.10
		黄荣海	浙江开化	1994.12—1996.12
		马锦跃	浙江萧山	1996.2—1998.1
		翁争鸣	浙江龙泉	1996.6—1998.3

续表 19-1-1

届次	职务	姓名	籍贯	任职时间
第十三届（1998.3—2003.4）	县长	吕军民	浙江东阳	1998.3—1999.7
		武　昌	山东沂源	1999.12—2000.3（代） 2000.3—2003.4
	副县长	翁争鸣	浙江龙泉	1998.3—2001.3
		胡巧良	浙江缙云	1998.1—2003.1
		华益民	上海	1997.10—2001.5
		刘小平	浙江青田	1997.10—2002.12
		苏长聪	浙江玉环	1997.7—1999.8
		阚江洲	河南江州	1998.12—2001.2
		吕妙翠（女）	浙江缙云	1999.9—2003.3
		仉贻泓	天津	1999.12—2002.2
		孙　正	浙江桐庐	2001.3—2002.12
		刘旭标	浙江缙云	2001.3—2003.4
		施俊跃	浙江永康	2002.5—2003.4
		崔　杰	山东栖霞	2002.5—2004.6
		连小敏	浙江青田	2002.12—2003.4
		陈积康	浙江龙泉	2002.12—2003.4
第十四届（2003.4—2007.3）	县长	武　昌	山东沂源	2003.4—2005.6
		孔海龙	浙江磐安	2005.6—2005.11（代） 2005.11—2007.3
	副县长	连小敏	浙江青田	2003.4—2004.6
		吕妙翠（女）	浙江缙云	2003.4—2007.3
		刘旭标	浙江缙云	2003.4—2006.10
		陈积康	浙江龙泉	2003.4—2006.10
		王　军	浙江青田	2003.1—2009.2
		吕唐镇	浙江缙云	2003.1—2007.3
		钟建安（畲族）	浙江龙游	2003.6—2005.8
		章　垠	浙江湖州	2003.8—2006.9
		潘建青	浙江温州	2005.10—2007.3
		李汉勤	浙江丽水	2006.10—2007.3
		陈庆源	浙江缙云	2006.10—2007.3
		张颖洁（女）	浙江景宁	2006.10—2007.3
第十五届（2007.3—2012.12）	县长	孔海龙	浙江磐安	2007.3—2010.2
		吴筱琳（女）	浙江东阳	2010.2—2010.4（代） 2010.4—
	副县长	潘建青	浙江温州	2007.3—
		王　军	浙江青田	2007.3—2009.2
		吕唐镇	浙江缙云	2007.3—2011.5
		李汉勤	浙江丽水	2007.3—2009.11
		陈庆源	浙江缙云	2007.3—
		张颖洁（女）	浙江景宁	2007.3—

续表 19-1-1

届次	职务	姓名	籍贯	任职时间
第十五届（2007.3—2012.12）	副县长	沈　毅	浙江余杭	2007.5—2009.12
		赵建铭	浙江缙云	2009.2—
		傅昌盛	浙江浦江	2009.8—
		黄力量	浙江缙云	2009.11—
		张应端	湖南常德	2010.6—

第二节　县政府工作部门和机构改革

工作部门

1993 年，县政府工作部门 46 个。

1996 年，县政府工作部门 25 个：县政府办公室（县经济体制改革委员会）、县计划委员会（县技术监督局）、县经济委员会（县乡镇企业管理局、县医药管理局）、县对外贸易经济合作局、县农村工作办公室、县农业局、县林业局、县水利水电局、县教育委员会、县科学技术委员会、县卫生局、县计划生育委员会、县文化局、县建设局（县环境保护局）、县民政局、县人事劳动局、县财政局（县地方税务局）、县交通局、县审计局、县土地管理局、县监察局、县公安局、县司法局、县工商行政管理局（县物价局）、县统计局。

2000 年，县政府工作部门 27 个：县政府办公室（县政府法制办公室、县政府外事办公室）、县经济体制改革委员会办公室、县计划委员会（县物价局）、县经济委员会（县乡镇企业局、县医药管理局）、县对外贸易经济合作局、县科学技术委员会、县民族宗教事务局、县公安局、县监察局、县民政局（县老龄工作委员会）、县教育委员会、县司法局、县财政局（县地方税务局）、县人事劳动局、县土地管理局、县建设局（环境保护局）、县交通局、县农业局、县林业局、县水利水电局、县文化局、县广播电视局、县体育局、县卫生局、县计划生育委员会、县审计局、县统计局。

2005 年，县政府工作部门 27 个：县政府办公室（县政府法制办公室、县政府外事办公室）、县经济体制改革委员会、县发展和改革局（县物价局、县粮食局）、县经济贸易局、县教育局、县科学技术局、县民族宗教事务局、县公安局、县监察局、县民政局（县老龄工作委员会）、县司法局、县财政局（县地方税务局）、县人事劳动社会保障局、县国土资源局、县建设局、县环保局、县交通局、县农业局（县农村工作办公室）、县林业局、县水利局、县文化体育广电新闻出版局、县卫生局、县人口和计划生育局、县审计局、县统计局、县环境保护局、县安全生产监督管理局。

2011 年，县政府工作部门 27 个：县政府办公室（县政府法制办公室、人民防空办公室）、县发展和改革局（粮食局）、县经济和信息化局、县教育局、县科学技术局、县民族宗教事务局、县公安局、县监察局、县民政局、县司法局、县财政局、县人力资源和社会保障局、县国土资源局、县住房和城乡建设局（综合行政执法局）、县交通运输局、县水利局、县农业局、县商务局、县文化广电新闻出版局（体育局）、县卫生局、县人口和计划生育局、县审计局、县环境保护局、县统计局、县林业局、县安全生产监督管理局、县食品药品监督管理局。

机构改革

1993—2011 年，缙云县政府在 1996 年、2001 年、2011 年进行了三次较大规模的机构改革，其间，还对部分机构进行了多次调整。

1996年机构调整　9月，《缙云县人民政府工作机构调整方案》公布。机构调整后，设置县政府工作部门25个，县机关行政编制600名（不含政法编制）。

该方案涉及机构调整的有：县物资局、县商业局转为经济实体，其行政管理职能分别移交政府有关部门承担；县供销社不再列入县政府工作机构序列；县标准计量局撤销，县技术监督局建立，与县计划委员会合署；县乡镇企业管理局、县医药管理局与县经济委员会合署；县人事局与县劳动局合并为县人事劳动局；县二轻局撤销（县手工业联社保留，在县经委挂牌），其行政职能划转县经济委员会；县物价局与县工商行政管理局合署；县经济体制改革办公室（经济与社会发展研究中心）与县政府办公室合署；县政府办公室增挂县政府外事办公室牌子，法制科为县政府办公室的内设机构，对外挂县政府法制局牌子；县财政局和县地方税务局合署，增挂县国有资产管理局牌子；县农业经济委员会撤销，成立县农村工作办公室，同时挂县委农村工作办公室牌子；县城乡建设环境保护局撤销，县建设局和县环境保护局分设，实行合署办公；县粮食局、县广播电视局转为县政府直属事业单位；县矿产资源管理处更名为县地质矿产局，为县政府直属事业单位；县体育运动委员会改称县体育事业发展局，为县政府直属事业单位；县档案局和县档案馆合并，为县政府直属事业单位；县志办公室更名为县地方志办公室，与县档案馆（局）合署；县仙都风景旅游管理局为县直属事业单位。

1999年5月，工商行政管理部门实行垂直管理体制，县工商局直属市工商行政管理局，县物价局从县工商行政管理局中析出并独立分设；7月，县技术监督局从县计划委员会分出，质量技术监督局系统实行垂直管理。2000年3月，县技术监督局改称县质量技术监督局；6月，县人民政府办事中心成立。

2001年机构调整　11月，《缙云县政府工作机构调整方案》公布。机构调整后，县政府设置工作部门21个（县监察局、县民族宗教事务局、县侨台事务办公室列入政府工作部门序列，不计政府机构个数）；县政府直属事业单位2个，县环境保护局（2001年10月成立）和县仙都风景旅游管理局。

该方案涉及机构调整的有：不再保留县计划委员会，县发展计划局组建，县物价局、县粮食局并入，加挂县物价局牌子；不再保留县经济委员会，县经济贸易局组建，县乡镇企业局改为县中小企业局，与县对外贸易经济合作局并入，加挂县中小企业局、县对外经济贸易合作局牌子；县教育委员会、县科学技术委员会、县计划生育委员会分别改为县教育局、县科学技术局、县计划生育局；不再保留县土地管理局和县地质矿产局，组建县国土资源局；不再保留县人事劳动局，组建县人事劳动社会保障局；县水利水电局改为县水利局；保留县财政局，县国有资产管理局不再保留，其职能并入县财政局；县委农村工作办公室与县农业局合署；不再保留县文化局、县体育事业发展局、县广播电视局，组建县文化体育广播电视局；不再保留县经济与社会发展研究中心，县经济体制改革委员会建立，原县体改办改为县经济体制改革委员会的办事机构；保留县政府办公室（挂政府外事办公室、政府法制办公室牌子）、县监察局、县民政局、县公安局、县卫生局、县审计局、县统计局、县建设局、县交通局、县农业局、县林业局。

2002年3月，缙云县药品监督管理局成立；9月，缙云县行政审批中心成立，为县政府正科级派出机构；12月，缙云县新碧工业园区管理委员会成立，为县政府直属正科级事业单位。2003年9月，县政府教育督导室成立；2004年2月，缙云县安全生产监督管理局（挂县安全生产委员会办公室牌子）成立。

2005年4月，县发展计划局改组为县发展和改革局，撤销县经济体制改革委员会办公室，其职能划入县发展和改革局；县文化体育广播电视局改组为县文化广电新闻出版局，设立县体育局，与县文化广电新闻出版局合署办公；组建县安全生产监督管理局；县计划生育局改为县人口和计划生育局；县政府法制办公室与县政府办公室合署办公。12月，缙云县人民防空办公室成立，挂靠县人民政府办公室。至2005年年底，县政府工作部门总数仍为27个。

2006年8月，浙江缙云工业园区管理委员会成立，为县政府正科级派出机构，原缙云县新碧工业园区管理委员会撤销；缙云县仙都风景旅游区管理委员会成立，原缙云县仙都风景旅游管理局改为缙云县风景旅游局，两个机构合署办公。2007年7月，缙云县移民办公室成立，为副科级事业单位；9月，确定缙云县供销合作社联合社机构规格为正科级。2008年7月，缙云县河阳古民居保护开发管理处设立，挂靠缙云县新建镇政府，为正科级事业单位；8月，缙云县黄帝文化开发办公室设立，为县政府直属正科级事业单位。2009年3月，缙云县机关事务管理局成立，挂中共缙云县委、缙云县人民政府接待办公室牌子，为正科级监督管理类事业单位。

2011年机构调整 经市委、市政府批准，2011年9月，缙云县政府新一轮机构改革方案公布。县经济和信息化局组建，挂县对外贸易经济合作局、县中小企业局牌子。组建县商务局。组建县交通运输局。县住房和城乡建设局组建，挂县测绘与地理信息局牌子。县人事劳动社会保障局更名为县人力资源和社会保障局，原挂靠人事劳动社会保障局的机构编制委员会办公室单独设置，列党委机构序列。县食品药品监督管理局由省以下垂直管理机构调整为县政府工作部门。原在县建设局挂牌的县人民防空办公室调整为与县政府办公室合署办公，挂县人民防空局牌子。县综合行政执法局组建，与县住房和城乡建设局合署办公。县政府侨务办公室组建，与县委统战部合署办公，列入县政府工作部门序列，不计入政府机构个数。县政府侨台事务办公室的侨务工作职责划入县政府侨务办公室，原与县政府侨台事务办公室合署办公的县委台湾工作办公室（县政府台湾事务办公室）调整为与县委办公室合署办公，不再保留县政府侨台事务办公室。县卫生局增挂县中医药管理局牌子。县水利局增挂县渔业局牌子。

第三节 乡镇政府机构

1993—2003年，乡镇人民政府每届任期三年。2004年开始，乡镇人民政府每届任期五年。2001年，全县设9镇15乡，核定乡镇机关人员编制为644人。2002年，对乡镇机关职能配置、内设机构和人员编制调整，编制数缩减为557人。2008年，调整为8镇8乡2个农村管理处。

乡镇政府内设机构按人口、面积和经济状况划分为三类。内设机构以二类乡镇为准，一般设5个办公室：党政办公室、经济发展办公室、社会事务办公室（含人口与计划生育办公室和人民武装部）、政法综治办公室（司法所）、财政办公室。一类乡镇根据经济发展和产业特点增设1～2个机构。三类乡镇一般设3个综合性职能机构。按照职能分工，由乡镇副职兼任各内设办公室主任。办公室人数在5人以下的配副主任1人；6～7人的配副主任2人；8人以上的配副主任3人。

乡镇政府设乡镇长1人，副乡镇长2～4人。

第二章 政务运作

20世纪90年代以来，县政府运作机制不断深化完善。21世纪开始，依法行政、行政审批、政务公开、电子政务等政务形式，成为县政府政务创新和政务改革的重点，并得到有序推进。县政府政务管理遵循法定程序，全面落实“法治政府”理念，做到科学决策、倾听民意，依法执政、造福于民。

1993年以后，县府办信息科、督查室继续编发《缙云政务》《政务参阅》《政务督查》，通报全县政务信息，反映经济社会活动中出现的新情况、新问题，为领导提供信息服务，督查督办相关部门工作。

2004年，缙云县政府门户网站开通，发布县政府信息，链接41个部门和16个乡镇政府信息公开平台，并开通“县长信箱”。2008 年 5 月开始，坚持“公开是原则，不公开是例外”的工作方针，按照主动公开和依申请公开两大类进行政务公开。

第一节　政务会议

县政府实行全体会议、常务会议、县长办公会议和专题会议制度，讨论决定重要事项。议题由县长确定，专题会议由主持会议的县政府领导确定。会议的组织工作由县政府办公室负责。

县政府全体会议

县政府全体会议由县长、副县长、县长助理和县政府办公室主任及列入县政府序列的各局局长、各委员会主任组成；根据需要，安排其他有关部门、单位的主要负责人列席会议，必要时安排乡镇长列席会议；也有邀请县委、县人大常委会、县政协领导以及县纪委、人民法院、人民检察院、县委各部门、县人大常委会办事机构、各群众团体、民主党派和工商联负责人参加。一般每半年召开 1 次。

1993—2010 年，县政府全体会议主要内容是传达贯彻上级重要指示和决定，通报工作重要情况，回顾总结政府工作，决定和部署重要工作任务，讨论、研究重大事项。包括五年计划（规划）发展纲要、优化经济结构、民营经济发展、改善环境、城市化进程等国计民生大事。

县政府常务会议

县政府常务会议由县长或县长委托常务副县长召集和主持，一般邀请县人大常委会、县政协、县人武部领导各 1 人及县委办领导 1 人列席，安排县政府办公室主任及副主任列席，必要时安排与议题有关的县政府有关部门领导列席。会议主要研究政府年度工作，研究贯彻落实上级、县委全会精神和县人大会议确定的目标任务，研究提请县人大常委会审议政府工作报告、重要专题报告及提案；研究决定县政府管理的人事任免和奖惩事项等。

1993—2010 年，县政府常务会议共召开 33 次。重要议题有：1996 年 5 月，组织新一届乡镇班子成员业务培训；1999 年 4 月，研究《缙云县城镇房屋拆迁管理办法》《关于鼓励工业经济发展的若干意见》；2000 年 2 月，研究县城中心区块修建性详细规划；2001 年 8 月，研究《缙云县城镇职工基本医疗保险暂行规定》及相关政策；2002 年，研究缙云县生态示范区建设；2005 年 12 月，研究县政府自身建设问题；2007 年 11 月，研究缙云县行政区划调整方案；2010 年 11 月，研究缙云县行政村规模调整工作实施意见。

县长办公会议

县长办公会议由县长或县长委托副县长召集和主持，研究、处理县政府日常工作中的重要事项。会议根据需要不定期召开。由召集人确定有关部门负责人参加。主要内容是：国民经济和社会发展计划、发展战略、财政收支预决算拟订；重大建设项目审批；研究决定需要提交县政府全体会议、县政府常务会议讨论的事项；研究决定各乡镇、县政府各部门报送的重要请示事项；研究安排县政府日常工作中事关全局、需统筹安排的事项以及全县性重要会议准备工作；交流日常工作及安排阶段性工作等。

1993—2010 年，县长办公会议共召开 178 次。重要内容有：1993 年 2 月，县长办公会议研究《缙云县全民城镇集体工商企业改革方案》，研究《关于金温铁路缙云地段建设征地拆迁政策处理的有关规定》；10 月，研究全县企业转换经营机制；11 月，研究《缙云县城镇住房制度改革实施方案》。1994 年 5 月，研究小城镇建设问题；8 月，研究建立工业小区开发、促进经济快速发展系列优惠扶持政策。1995 年 2 月，研究《乡镇财政体制新方案》；11月，研究《330国道丽缙段改造方案》。1996年9月，研究城市建设和新区开发问题。1997年12月，研究《关于加快重点企业发展的奖励决定》。1999年4月，研究缙云县第二轮土地承包工作。2000年9月，研究农村税费改革试点。2002年2月，研究《缙云县殡葬管理实施办法》。2003年12月，研究《缙云县被征地农民基本生活保障试行办法》。2004年3月，研究《台缙高速公路工程建设征地拆迁政策》。2004年11月，研究《缙云县新型农村合作医疗暂行办法》。2005年8月，研究《电大技工学校仙都职高三校合并方案》。2006年12月，审议《缙云县环境保护"十一五"规划》。2008年11月，研究重大政府性投资项目建设和重点项目土地征收工作。

县政府专题会议

县政府专题会议按工作分工，由县长或受县长委托的副县长主持召开，研究、协调和处理县政府工作中的专门事项，并由召集人确定有关部门负责人参加，不定期召开。内容为研究处理属于县长、副县长分管职责范围、需要统筹协调的业务事项；研究处理属于县政府工作安排、需要组织实施的业务事项；研究处理全县性重要活动的协调实施事项；研究处理具体问题的协调实施事项；研究突发性事件的处理意见；研究处理县政府日常工作中的其他具体业务事项。会议研究情况，一般以"会议纪要""抄告单"通报落实。

1993—2010年，县政府专题会议共召开246次。重要内容有：1995年1月，研究县城五云镇市容市貌整顿工作。1997年5月，研究《壶镇镇综合改革试点方案》。1998年3月，研究《县城老城区控制性详细规划》。1999年11月，研究《缙云县城城市防洪规划》。2000年11月，研究县城工业园区建设。2001年2月，研究新区电力线路改造及县政府搬迁问题。2004年4月，研究新碧工业园区建设和全县交通建设资金问题。2007年4月，研究缙云县地质灾害治理项目工程问题。2008年4月，研究缙云县国家农业综合开发产业化经营名特优水果种植项目基地建设问题。

1993—2010年缙云县政府政务会议一览表

表19-2-1　　单位：次

年份	县政府常务会议	县长办公会议	县政府专题会议	年份	县政府常务会议	县长办公会议	县政府专题会议
1993	—	6	—	2002	1	12	27
1994	—	6	—	2003	—	7	—
1995	1	16	16	2004	—	10	63
1996	1	8	—	2005	1	15	—
1997	—	13	33	2006	—	13	—
1998	5	3	23	2007	1	18	5
1999	4	12	34	2008	—	11	2
2000	6	10	29	2009	2	9	—
2001	1	6	14	2010	10	3	—

第二节　依法行政

1994年7月，县政府法制科改为县政府法制局。1995年11月开始，县政府法制局开展规范性文件制定的审核工作，全面进行行政府法制监督。1996 年，《缙云县行政执法监督检查实施意见》制定。1998 年 9 月，缙云县农业行政执法大队成立。1999 年 4 月，县公安局首次举行行政处罚公开听证会，县政府首次公开审理行政复议案；10 月开始，《中华人民共和国行政复议法》实施。至 2000 年 4 月，全县有 900 多名行政执法人员领取行政执法证。

2001 年 3 月，缙云县行政执法投诉中心成立，隶属县政府法制局。2002 年，开展地方性法规政策的清理工作。2004 年 7 月，县政府公布第一批行政许可清理结果的决定。2007 年 1 月，《缙云县矿产资源规划》首次导入听证程序，县政府直属行政机关行政许可项目公布。

2008 年，缙云在全市率先推出行政审批电子监察系统。2010 年 7 月，举行全县行政复议和行政审判第一次联席会议，建立联席会议机制，推进依法行政工作。8 月，县人事劳动保障部门试行“说理性行政处罚决定书”。

第三节　行政审批

1993 年以来，县政府先后推出“办事承诺”制度、“一人一窗一机”办税模式、“一张图”管理、“事不过夜”等审批服务活动。

2000 年 6 月，缙云县政府办事服务中心成立，对公民或企业请求办理的事项采取集中审批，办公地点在复兴街原县二轻局办公楼。2001 年 8 月，各乡镇陆续开设便民服务窗口。2002 年 1 月，县行政审批中心成立，与办事服务中心合署，办公地点在黄龙路 38 号信访楼二楼。2004 年 3 月，县行政审批中心办公地点移至黄龙路 48 号广电大楼 2 ～ 6 层，部门审批窗口增至 22 个。2006—2008 年，县行政审批中心下属工业企业管理咨询服务中心成立，为企业项目审批、工程建设、生产经营提供政策咨询、产权登记、用地审批、建设项目变更服务；县公共资源交易（招投标）中心设置，办理工程建设项目、土地矿产资源、国有集体资产产权、公共资源经营权出让及政府采购等交易项目。

图 19-2-1　县行政审批中心服务窗口

2008 年，县行政审批中心设办事窗口 23 个（包括商务中心、农业银行），审批事项 268 项，工作人员 148 人。2010 年，县行政审批中心受理审批及便民服务事项 76856 件，办结 76773 件。

2010 年，县公共资源交易中心办理各类交易事项 253 件，其中工程投标 94 项，政府集中采购 105 项，国有资产拍卖拍租、国有土地出让挂牌、中介机构服务选择、勘察设计单位选择等 54 宗。各乡镇政府公共资源交易平台和便民窗口实行办公无休日，为农村居民办理有关农技、新型农村合作医疗、文书、计划生育等事项。

2009 年，县行政审批中心被省政府授予浙江省“人民满意的公务员集体”称号。

第四节 应急管理

1997年8月，县府办保卫科成立，下设经警队，保护县委、县政府大院。2001年7月，经警队撤销。2005年，缙云县应急委员会成立，办公室（简称“县应急办”）设在县府办，县长任县应急委员会主任。7月，缙云县应急委员会颁发《缙云县突发公共事件总体应急预案》，编发《应急预案及操作手册》。各乡镇、部门、学校、农村、社区及重点企业均成立相应机构，制定相应的应急预案。组织防火、防地震、危化品道路运输救援、霍乱防控、地质灾害处理、食品安全事故处理、公路塌方抢险、甲型H1N1流感防控、危重孕产妇施救等演练。2009年11月，县应急办配置全市首台雷达生命探测仪。2010年12月，县应急办建成应急视频指挥系统，依托县消防大队组建缙云县综合应急救援大队，各乡镇政府、县属各部门组建应急抢险救援队。

第五节 机关日常事务管理

2008年，缙云县机关事务管理局成立，挂中共缙云县委、县人民政府接待办公室牌子，内设办公室、保卫科、接待科、节能监督管理科等。县机关事务管理局负责县委县政府资产、财务、物业、安保、干部食堂的管理，承担重要会议、重大活动和主要领导外出考察的后勤保障，以及接待服务、车辆管理、县级公共机构节能监管等职责；负责行政中心大楼和附属房产的使用调配、庭院绿化、设备设施维修；负责公务用车调度、维修和交通安全管理；负责办公区域的安全警卫和秩序管理。

第三章 施政要略

1993—2010年，县政府按照“一村一品”“三种两养”“脱贫致富奔小康”、农业产业化经营、“开放兴县、工业强县、生态立县”“四型缙云”“发展旅游大产业”等战略和这个时期各个“五年计划（规划）”的目标要求，完善落实各项制度措施，抢抓机遇，迎难而上，全力推进缙云经济社会又好又快发展，办好各项实事，缙云县经济社会生活发生巨大变化，取得长足进步。

1993年，全县地区生产总值6.75亿元。农业总产值3.06亿元，工业总产值10.92亿元；固定资产投资1.44亿元，财政总收入4880万元，农民年人均纯收入697元，职工月平均工资251.8元。2010年，全县地区生产总值112.17亿元。农业总产值10.71亿元，工业总产值278亿元，固定资产投资36.7亿元，财政总收入10.1亿元，农民年人均纯收入6678元，职工月平均工资4053元。

第一节　经济建设

工业经济

1992年邓小平南方谈话后，县委、县政府组织开展解放思想大讨论，集中精力抓经济，鼓励推进个私经济发展。1993年，县委、县政府出台《关于大力促进个体、私营经济发展的决定》，个体和私营工业成为全县工业经济的重要增长点，全年村及村以下工业产值6.99亿元，比上年增长143.24%，占全县工业总产值的比例由1992年的43.09%增加到1993年的64.39%。1995年，围绕地委“优化环境，扩大总量，脱贫致富奔小康”的发展战略，缙云县委、县政府提出“加强大管理，优化小环境，组织大投入，培养小巨人”的经济发展总体思路。1997年，通过抓大放小，大力发展个体私营经济，工业经济总体上保持“稳中有进”的态势，全年实现工业总产值21.1亿元，比上年增长20.9%。1999年，为应对亚洲金融危机，县政府提出调整产业、产品结构，并取得较大进展。2000年以后，县政府《关于扶持缙云县（壶镇）五金缝纫及机电设备工业园区发展的若干规定》、“工业强县”“关于推进缙云工业经济又好又快发展”“关于外向型经济”等有关鼓励推进工业发展的政策相继出台。2001年，《缙云县鼓励开放型经济发展的若干规定》颁布；以园区建设为平台，以项目推进为抓手，强化实施“工业强县”战略，倡导发展生态工业及其品牌建设，扎实推进节能减排。2002年开始，缙云工业逐步向重镇集聚，缙云县摩配·电光源工业园区全面开工建设；县委、县政府确定5月为“工业经济服务月”。2003年，以“园区建设年”和“招商引资年”为载体，工业经济再次进入快车道。2004年6月，县政府重点项目稽查办公室成立，稽查工业经济技改、招商引资和基础设施建设等重大项目的工作进度。2006年，全县工业总产值突破百亿大关，达到110.4亿元，缙云从一个农业县转变为工业县（是年农业总产值8.86亿元）。1993—2000年，缙云县国有、集体企业的体制改革，为缙云工业注入新的活力。

全县工业总产值由1993年的9.51亿元增加到2010年的278亿元。2010年，全县规模以上企业372家，产值超亿元企业57家，超10亿元企业3家；合同利用县外内资22.06亿元，实际到位7.34亿元；出口产品交货值44.5亿元，比2009年增长26.9%；自营出口达到3.86亿美元，比2009年增长42.1%。

农业经济

1993年以后，缙云县进一步深化农村改革，农业生产由大一统的粮食生产转到以市场为导向上来，继续加大力度，实施“一优两高”和“三种两养”的农业综合开发。县政府实行桑苗补贴、蚕房用地放宽审批等政策，鼓励农民调整种养结构，种桑养蚕、种香菇得到快速发展。1996年，提出并实施“山区资源综合开发和合理利用发展思路，打好扶贫攻坚战”。1997年，县政府在强化农业基础地位的同时，首次提出农业综合开发和传统农业向现代农业转化的发展思路。1999年开始，效益农业列入农业经济的主攻方向。2000年，县政府加大农业基础设施投入力度，实施科教兴农，以实现农业高效；同时，开始实施农业龙头企业扶持政策。2001年，县委、县政府出台《关于进一步加强效益农业发展，推进农业产业化经营的意见》。2002年，强调深化农业结构调整，提出和实施缙云农产品品质化、品牌化、产业化的农业发展路子。2003年，加大转变农业结构调整方向力度，推动农业与二、三产业的有效对接。2005年，继续加大力度，出台扶持农业龙头企业和专业合作组织发展政策。2006年，突出特色农业的布局优化、规模扩大和农产品品牌整合。是年开始，县政府每年专项安排发展茶叶补贴经费50万元，2009年，发展茶叶补贴经费增至100万元。2007年以后，面对新形势，调整新思路，县政府提出和实施适合缙云实际的“经济高效、产品安全、资源节约、环境友好、技术密集、人力资源得到充分发挥的现代农业”发展路子。2008 年，县政府把“发展生态高效现代农业，实施主导产业提升工程”提到议事日程。2009 年，县政府把“以高效生态现代农业为目标，加快农业结构优化升级”作为农业发展新思路。

纵观 18 年来，农业经济发展举措的调整与实施，全县农业产业结构变化显著，单季水稻种植面积从 1993 年的 5891 公顷缩减到 2010 年的 267 公顷。2010 年，全县有茶园面积 3466.67 公顷；水果面积 6326.67 公顷；蔬菜栽培面积 6373.33 公顷。其中，茭白种植面积 1486.67 公顷，黄花菜种植面积 400 公顷；桑园种植面积 2369 公顷；食用菌栽培量 5360 万袋。同时，以麻鸭为主的畜禽养殖业及以南美白对虾为主的水产养殖业得到稳步发展。农林牧渔总产值从 1993 年的 3.06 亿元增加到 2010 年的 10.71 亿元。

旅游经济

1992 年 8 月，缙云县仙都风景旅游管理局成立，风景旅游局纳入县政府机构独立部门。1996 年 11 月，《仙都风景名胜区总体规划（1996—2020 年）》通过省级评审，标志着仙都风景旅游开发进入规范化轨道。1997 年，旅游经济与工业经济、农业经济同时作为缙云经济的重要组成部分，把“首先加快开发仙都风景旅游资源，作为缙云经济培育新的经济增长点”列入县政府工作报告。1999 年，进一步理顺仙都景区管理体制，为仙都开发提供体制机制保障。2002 年，《河阳历史文化保护区规划方案》通过专家论证。2003 年，提出“加快旅游项目招商引资力度，鼓励民间资本参与投资”的旅游开发思路，确定“建设现代风景旅游小城市”的目标。2004 年，县政府提出“大旅游、大产业、大发展”工作思路。2005 年，开始修编《缙云县旅游发展规划》。2006 年，县政府确定“建设全县大景区，发展旅游大产业”战略，提出“十一五”时期要以争创全国旅游经济强县为目标，统筹规划开发仙都、河阳、大洋山等地各类资源，丰富缙云旅游内涵，形成组合型旅游品牌的旅游发展思路。2007 年，开展省旅游强县创建，《缙云县旅游发展规划》《仙都核心景区保护规划》编制列入政府旅游工作重点。2008 年，按照“政府主导基础设施、市场运作产业发展、多方吸引社会资源”的思路，改革旅游投融资体制；县政府每年安排旅游发展资金 1500 万元，用于旅游规划编制、客源拓展、行业管理等政策性奖励。2009 年，继续以创建省级旅游经济强县为抓手，实施仙都景区西入口、轩辕文化街、黄龙景区配套和括苍山森林公园、大洋山地质公园、晨龙太空农业观光园的基础设施项目，编制河阳古民居规划。

2010 年，全县共接待游客 425.81 万人次，实现旅游总收入 20.12 亿元，拥有国家 AAAA 级旅游景区 2 个、旅行社 8 家、星级宾馆（酒店）3 家。缙云被省政府命名为“旅游经济强县（市、区）”。

第二节　社会事业

科技

1993 年以来，县财政科技经费投入逐步增加，由 1995 年的 15.5 万元增加到 2010 年的 1408 万元。全县城乡科普阵地建设加强，国家、省、市、县级科技示范基地建立，科普活动频繁。

1997 年 3 月、1998 年 1 月，中共缙云县委、县人民政府相继出台《关于实施科教兴县战略　加速科技进步若干意见》《关于开展争创全国科技工作先进县活动的若干意见》。1996—2007 年，全县被认定为省级高新技术产品 38 个，被认定为省和国家级高新技术企业 10 家。至 2010 年，被认定为国家级高新技术企业 12 家。2002—2005 年，实施国家星火计划科技项目 4 个。2006 年 1 月，缙云县颁布《创建全国科普示范县实施方案》；4 月，全县科技大会召开，由县长主持会议，县委书记作题为《大力推进科技进步与创新，为我县经济社会跨越式发展提供技术支撑》的报告，县委、县政府出台《关于进一步增强创新能力，加快科技进步的决定》；12 月底，星火科技示范县创建通过省科技厅验收，缙云被授予“省级星火科技示范县”。“缙云县家禽产业提升与发展”项目经科技部、财政部批准立项，列为浙江省第二批科技富民强县试点。2010年1月，“缙云县家禽产业提升与发展”项目通过省科技厅、财政厅验收。18年来，政府引导，企业主导，全社会创新能力提升，创新成果数量增多。1997—2010年，专利产品和科技成果引进不断增加，全县专利申请量从19件增加到263件，授权量从16件增加到239件；技术项目引进261个，成交额2000多万元。专业技术人才从1992年的2091人增加到2010年的7183人。

1998—2005年，缙云县多次获“浙江省市（县）党政领导科技进步目标责任制考核优秀县”“浙江省第四批科技进步先进县”“全国科技进步先进县”“浙江省科技工作先进集体”等荣誉称号。

教育

1993—2010年，历届政府坚持把教育放在优先发展的战略位置，加大教育发展的保障力度，努力办好人民满意的教育。

20世纪90年代，缙云教育的重点是普及义务教育，县政府加大教育投入、调整学校布局、建设师资队伍，多措并举，提高和确保义务教育入学率、巩固率。1995年，通过省政府“两基”评估验收。1996年，召开全县教育工作会议，部署学校布局调整。全县各级各类学校总数从1993年的694所减至2010年的179所，共撤销学校545所。其中，幼儿园160所、小学338所、初中41所、职业高中6所。1999年，全县教育工作会议召开，部署教育强镇（乡）创建工作，建立乡镇教育工作奖励制度。2000年，小学学制从五年转为六年。2004年，缙云县通过省政府“两高普九”验收。2006年开始，开展创建省级教育强县活动，把“改善农村办学环境和教育条件，努力解决家庭困难学生和流动人口子女入学问题”列入县政府工作报告，《缙云县“十一五”教育事业发展规划》制定，提出“小学向重点村、中心村集聚，初中向中心镇集聚，高中向县城集聚”的办学思路。

进入21世纪，缙云教育的重点转到新建设学校和提高办学效益上来。从1997年缙云中学迁建开始，至2010年，全县迁（新）建学校22所，投入建设资金6.83亿元。

2010年，全县在园幼儿15521人，学前三年儿童入园率96.79%，高于全省1.79%。初中阶段入学率，由1993年的86.43%提高到2010年的99.92%，高于全省0.04%。初中升高中比例，由1993年的24.8%提高到2010年的96.77%，普高职高招生比例基本达到1∶1。1993—2010年，缙云县普通高中和职业高中毕业生升入高校人数共计29954人，18年升入高校人数平均万人比为38。

2008年10月，省委、省政府授予缙云“省教育强县”称号。

文化

1993—2010年，缙云县文化馆、博物馆、体育培训中心相继建成；各乡镇、村文化站（室），居民社区的文体设施和中小学校图书馆、体艺室不断完善，覆盖城乡的公共文化服务网络逐步形成。

2000年9月，缙云举办首届广场文化节；10月5—8日，举办“中国首届黄帝文化学术研讨会”。2002年，成立缙云县黄帝文化研究会。2005年，县委、县政府颁布《关于加快文化建设的决定》，提出实施文化建设“五大举措”。2007年，缙云黄帝祭典、缙云剪纸等6个项目被列为浙江省非物质文化遗产名录，缙云县获全国剪纸大赛优秀组织奖。2008年，县政府提出“黄帝文化、婺剧文化、石头文化”三大文化发展战略。2009年起，开展省级文化县创建活动。缙云县被命名为省民间艺术之乡，张山寨七七庙会、缙云婺剧、迎罗汉等7个项目被列为省非物质文化遗产名录。2010年，全县深入开展“送文化”和“种文化”活动；非物质文化保护扎实推进，缙云县非物质文化遗产保护中心在全国第五个文化遗产日举行揭牌仪式。年末，全县有村级文化活动室366个，省级文化示范户21户，全国重点文物保护单位1处、省级重点文物保护单位6处，县级非物质文化遗产传承基地9个。

1993年以来，广播电视、报纸、网络建设积极推进。1998年2月，缙云县广播电视台成立。1999年，县广播电视台实现新闻设备从模拟到数字的转换，电视制作、播出质量明显提高。2005—2007年，全县实施广播电视“村村通”工程，偏远山区1.22万户农民看电视难的问题得以解决，成为全市首个通过广播电视“村村通”验收的县。2008年，“广电低保”工程惠及近4000户农村困难群众。2010年，全县有卫星地面接收站54个，有线电视用户95924户，实施有线电视数字化整体转换。

2005年8月，“缙云新闻网”开通；2006年5月，经省政府新闻办公室批准“缙云新闻网”为“浙江在线”网站缙云支站。其中“网民热线”栏目为政府与网民之间搭建交流平台，至2010年累计接受网民咨询、提问2800条，政府部门答复1600条。2010年，发布缙云新闻信息3747条，转载发布国内外新闻22149条。浏览量678.37万次，日最高页面浏览量10.9万次。

档案、方志事业稳步发展。1996年4月，《缙云县志》出版发行，总字数101.5万字。2011年5月，召开动员大会，启动《缙云县志（1993—2010）》编纂工作。1998年，县政府制定《关于加强全县重点建设项目档案工作的意见》。2007年，档案年检常态化机制开始建立。2008年，档案工作列入乡镇、部门目标管理综合考核；5月，县政府《关于加强新时期档案工作的实施意见》颁布。2008—2010年，按国家档案局《文书档案归档范围和保管期限表》规定，全县有53个县级单位、16个乡镇、5家企业的文书档案通过审核。2010年，缙云县电子文件和数字登记备份中心成立，实现档案数据备份单位10家；10月，数字化档案馆一期工程项目通过立项批复。

1993—2010年，县档案馆接待查档人员11810人次，利用档案38447卷（册、件），复印档案26228页。2004—2010年，县档案馆共向社会开放档案资料78个全宗1985卷11849册。档案为编史修志、领导决策、解决纠纷矛盾、福利工资、社会统筹等提供了重要的依据。

卫生

1993—2010年，是缙云县卫生事业多元化发展的时期。卫生改革不断深化，医疗服务水平提高，公共卫生工作得到加强。1993年，少数乡镇卫生院通过抵押承包。1994年，个体私营诊所发展迅猛，全县增至300多家。2002年9月，县长办公会议研究决定，实行以“动产转让，不动产租赁”为核心的乡镇卫生院运行机制改革。

经过40多年的努力，1993年，缙云县宣布达到消灭血吸虫病的标准。1996年5月，缙云县农村初级卫生保健工作通过省政府验收。1997—1999年，县政府投入资金500多万元，改造乡镇卫生院危旧房40幢。1998年，在溶江乡开展农村合作医疗站试点。2000年，缙云县碘缺乏病控制工作通过市级中期评估。2002年，全县启动世界卫生组织结核病控制项目。2003年4—11月，有效实施预防和控制“非典”传播，全县未发现“非典”确诊病例和疑似病例；5月，放开药品经营，县首家药品超市开业。2005年，县政府发布《缙云县新型农村合作医疗暂行办法》，农村合作医疗保险开始全面实施，全县参保的农村居民28.86万人；农村合作医疗保险人均年参保筹资标准，2010年提高到300元。2006年，实施“农民健康工程”，开展第二轮“脊灰”强化免疫工作。

2010年，全县有医疗、卫生机构330家、医师755人，每千人口医生数1.67人；核定床位1400张，每千人口床位3.09张；全县卫生厕所普及率92.33%，无害化厕所普及率63.51%；孕产妇死亡率13.8/10万，5岁以下儿童死亡率6.7‰，婴儿死亡率5.99‰。

生态建设

1993年以来，“绿色经济”特色在缙云不断强化，生态效益型经济逐步突出。1994年，推行环境保护目标责任制。1995年，实施“六个一”环保工程。1996年，县政府对红砖厂发布“停窑保蚕”公告，确保蚕业生产。1997年12月，缙云县通过全省创建百个烟控区工作验收。2000年，将“生态立县”列为缙云“三大发展战略”之一；2月，县政府强制拆除仙都景区河段10多台采砂机，好溪水质得到有效保护。

年底，全县建成国家级生态乡镇 2 个、省级生态乡镇 13 个、市级生态村 85 个。2002 年 4 月 1 日起，《缙云县殡葬改革工作实施方案》实施，尸体处理方式实现了历史性革命，城乡各地生态公墓逐步建成。2003 年，缙云通过国家级生态示范区验收。

2004—2010 年，全县开展农村卫生环境和沿路、沿江、沿景“三沿”地区综合整治，开展农村违章建设、改路、改水、改厕和垃圾、污水、沿路坟墓整治，农村生态环境得到明显改善。2007 年开始，农村垃圾实施集中收集处理。2010 年，行政村垃圾集中收集处理实施率达 90% 以上。至 2010 年，全县建有地坑式垃圾中转站 69 个，壶镇镇、新建镇建成压缩式垃圾中转站，石笕乡、大洋镇、大源镇建成垃圾焚烧炉。

2008 年，《缙云县生态县建设总体规划》颁布实施。县城污水处理厂建成，推出排污权交易与有偿使用制度。2009 年 12 月，《缙云县农村环境保护规划(2008—2020)》通过评审；省级生态县创建工作通过验收。2010 年，浙江缙云工业园区污水处理厂投入使用，缙云山前和永康光瑶接壤断面水质达标率 83.3%，县城饮用水水质达标率 100%，好溪水质、新建溪水质达标率 95% 以上；城镇环境空气质量达到二级标准，农村达到一级标准；3 月，位于五云镇双龙村邵弄岙的缙云县生活垃圾填埋场开工建设；全县行政村建成生活污水处理设施 296 个。

新农村建设

1997 年 3 月，县委、县政府《关于开展脱贫致富奔小康，建设社会主义新农村活动意见》颁布。2003 年，“千万农民饮用水解困工程”实施；2006 年，《缙云县十一五农村饮用水安全规划》制定；至 2010 年“千万农民饮用水解困工程”共投入资金 2.95 亿元，全县 98% 以上农村居民用安全自来水。2003 年 8 月，以“村村通公路”为目标的“乡村康庄工程”开始实施，至 2010 年年末，全县建成康庄公路总里程 1016.1 千米，投资总额 6.07 亿元，644 个行政村除 11 个行政村规划下山脱贫外，全部实现通公路，公路通达率 100%。2006 年 10 月 5 日，全县最后一户未通电的家庭——东方镇横塘岸村磊特岩自然村麻某某家开始使用电灯照明；10 月 24 日，缙云县“户户通电”工程通过验收。

2005 年，缙云县围绕“生产发展、生活宽裕、乡风文明、村容整洁、管理民主”的社会主义新农村建设目标，实施“十村示范，百村整治”工程；县政府出台实施《缙云县农村村民建房管理暂行规定》，开展“空心村”整治和宅基地整理，盘活农村建设存量土地。2006 年，《县政府工作报告》提出乡镇机构、农村管理体制、财政管理体制的农村综合改革，为社会主义新农村建设提供新的体制、机制和动力保障；《缙云县“十一五”农村饮用水安全规划》制定。2008 年，提出和实施“农村新社区建设”工程，改善农村人居环境。

2010 年，按照“人口集中、产业集聚、要素集约、功能集成”的中心村培育工作目标，全县 18 个中心村纳入建设计划，每个中心村财政预算安排资金 200 万元。至 2010 年，农民异地转移搬迁 1963 户 5670 人，县政府投入资金 5361.6 万元。

信息化建设

紧跟 20 世纪 90 年代的信息化发展步伐，县政府重视信息化建设，利用通信、网络、办公自动化技术，改革传统的政府管理和公共服务方式，信息现代化水平不断提升。90 年代中期，县政府所属行政、事业单位的通信技术从有线电话进入无线通信，电脑、因特网开始运用到政府管理和公共服务中来，电脑打字逐步取代钢板铁笔刻写、机械打字，喷墨印刷、激光印刷、复印技术取代手工油印。1997 年 8 月，县气象局在全省开通首家气象信息电话服务系统。21 世纪以后，办公自动化开始在县政府所属行政、事业单位推开。2000 年 4 月，缙云县“农技 110”开通，为全市首个启用县，为农民开展农业信息技术服务。2003 年 10 月，浙江缙云招商投资网开通，为全市首个招商引资专业网站。2004 年，缙云县政府门户网站建立。2005 年，县政府文件开始采用纸质和网络同步发送，公文处理纳入政府“办公助手”公文系统；

8月，中国缙云新闻网开通；9月，全县实现宽带网络“乡乡通”；11月，缙云县“农民信箱”工程启动。2008年，按照统一规划、分步实施原则，建设网络工程，全县125家单位全部接入电子政务网络；组织编制和公布缙云县《政务信息公开指南》《政务信息公开目录》，41个县属部门、16个乡镇政府的政务信息纳入县政府政务信息公开平台。2009年4月，浙江缙云工业园区被列为全省信息化试点，融入“数字浙江”建设。2009年年末，全县所有行政村通电话，电视覆盖率100%，广播覆盖率100%。2010年11月，全县有线电视实现数字化。

第四章　外事　侨务　港澳台事务

县政府外事办公室（简称“县外事办”）与县政府办公室合署办公，为县政府负责外事工作的职能部门，管理协调全县外事活动和涉外活动，承办全县因公出国（境）报批等事宜。

1984年，缙云县人民政府侨务科（简称“侨务科”）成立，为县委统战部内设股室。1993年，县政府设正科级侨务工作机构，侨务科更名为缙云县人民政府侨务办公室（简称“县侨办”），与县委统战部合署办公。2002年，县侨办、台办合并为县侨台事务办公室，与县委统战部合署办公。其职责是团结、引导归侨和侨眷参加祖国建设，加强与海外华侨、华侨社团的联系，促进对外经济交流。

1996年，缙云县台湾事务办公室成立。1998年，县政府台湾事务办公室和县委台湾工作办公室实行“一个机构，两块牌子”管理体制，不再作为县委统战部内设机构。2002年，县侨台事务办公室、县委台湾工作办公室、县民族宗教事务局合署办公，归属县委统战部管辖。2004年12月，缙云县台属联谊会改名为缙云县台胞台属联谊会。

第一节　外事工作

外宾到缙

文化交流　2001年，意大利亚得里亚华商会到缙考察。2002年5月，日本三岛市市长小池政臣和议会议长木内光夫等考察仙都。2004年9月，德国国际培训和发展协会官员侯比博士、吕克女士一行考察仙都。2005年9月，日本《产经新闻》等18名媒体记者到仙都采风。2006年10月，荷兰、比利时、芬兰等8个国家的11名摄影家来仙都采风。

经济交流　2004年5月，以色列设施农业专家吉尔到七里乡河宅村蔬菜基地进行技术指导。2005—2010年，韩国、德国、法国技术专家到缙云硅元件厂、浙江金马逊有限公司帮助解决技术难题；浙江天喜集团、浙江芳华缝制设备公司等企业邀请尼日利亚、伊朗、孟加拉国、巴基斯坦四国企业人员到缙云进行贸易洽谈和技术培训等。2006年11月，亚非地区17个国家42名代表参观缙云森帅竹业公司。2007年7月，非洲、东南亚、南美32个国家的政府和企业50多名代表考察缙云竹制品加工企业。2010年，波兰芦笋专家米科拉基纳弗雷德到缙帮助缙云采山涧蔬菜专业合作社引进美国新品种和新技术。

教育活动　1993年7月，美国爱德基金会杰夫、乔尔两位英语老师到缙云培训英语教师；10月，德国巴伐利亚州督学库尔特・布赫、狄林根教育学院院长路德维希・海林在县教师进修学校举办“小学教学法”“德国经济教育的影响”讲座。1997 年 3 月，德国汉斯赛德尔基金会施密特在县教师进修学校作劳动技术培训。2001 年，缙云中学被教育部批准聘请外籍教师资格，当年聘请英国籍教师克雷格·布兰德任教。2003 年 10 月 19 日，英国“盖普”组织考察访问缙云中学。2004 年，教育部批准县实验中学聘请外籍教师资格。至 2010 年，缙云中学、实验中学先后聘请外籍教师 10 多人。

因公出国

1993 年以后，缙云县因公出国主要是参与上级组织的团队，也有少数由本县组织的团队，进行经贸考察、商务活动、文化交流、培训学习及其他活动。1997 年 9 月，县政府主要领导带队到乌克兰进行商贸考察与洽谈；1998 年 6 月，县政府主要领导带队到日本进行贸易洽谈与市场调研；1999 年 5 月，县委主要领导随团到德国参加小城镇发展管理培训；2002 年 2 月，县委主要领导随团到荷兰参加小城镇财政税收管理与社区服务培训；2003 年 9 月，县政府主要领导带队到澳大利亚考察国际工业市场；2004 年 9 月，县委主要领导到澳大利亚、新西兰考察电光源产业和招商引资；2007 年，县委主要领导到澳大利亚、新西兰进行经贸考察；2010 年 8 月，县委主要领导随团到美国参加领导干部研修班培训，县人大常委会主要领导随团到澳大利亚、新西兰进行立法监督考察。

第二节　侨务工作

1993—2010 年，接待回缙探亲、观光、考察的海外侨胞 758 人次。

侨资在缙投资的企业（项目）

1993 年，缙籍侨胞投资 4.5 万美元和 2 万法郎，回乡兴办企业。2000 年，港商陈玲、肖立湖投资 1400 万美元合资组建缙云华孚纺织有限公司。2001 年、2002 年，先后引进侨资 3795 万元、9190 万元用于县城新区开发。2003 年，引进青田籍意大利华侨项雄军、项建军创办丽水天源旅游开发有限公司，投资 1500 万元开发黄帝祠宇二期工程；捷克华侨陈乃科出资 610 万元，入股创办浙江正达特钢有限公司。2004 年，意大利华侨周中天、荷兰华侨胡建树等人投资 3000 万元开发仙都轩辕黄帝文化街。

华侨捐建的公益项目

1993—1999 年，加拿大华侨麻汝银捐资 12 万元，用于前路乡黄坛村公益事业。1996 年、1997 年、2002 年，港商赵安中、包玉书，旅美华侨唐仲英分别捐资 20 万元、15 万元、4 万美元，用于双溪口、东渡等 6 地校舍建设。2006 年，意大利华侨周中天、朱仁恩分别捐资 2 万元、13 万元，用于笋川村办公楼、河阳村牌楼建设；侨资企业缙云华孚纺织有限公司向县慈善总会捐资 50 万元。2007 年，西班牙华侨徐松华、德国华侨周王汉各捐资 10 万元，用于外孙村、田洋村村庄整治工程。

2001—2010 年，旅美华侨赵瑞麟等人连续十年发放壶镇后塘赵氏联合奖学金，累计 40 余万元，受益学生 420 人次。2009 至 2010 年，美籍华人陈摩根在缙云开设浙江摩根清寒优秀奖学金，每年奖励学生 45 名，累计发放奖学金 6 万元。

侨政工作

1990 年 9 月，《中华人民共和国归侨侨眷权益保护法》（简称“《侨法》”）颁布后，缙云县采取多种方式学习贯彻，依法维护归侨侨眷权益。1993—2010 年，开展《侨法》宣传活动 13 次，印发宣传材料 2900

多份，帮助解决侨胞子女入学、就业、求医、办理出国签证、房屋拆建、产权办理、纠纷案件等356件次，办理“三侨生”（归侨学生、归侨子女和华侨在国内的子女）中、高考加分95人次。2001年11月，组织5名缙籍海外高层次人才参加“百名博士浙江行”活动，成立缙云县留学人员家属联谊会。2005年，县侨办组织小学生参加第六届世界华人小学生作文比赛。

2006年3月，缙云县侨情调查工作领导小组成立，按照《关于在全县开展侨情调查工作的实施意见》，经过3个月的调查，全面掌握全县华侨华人、归侨侨眷的基本情况。2009年9—10月，县侨办举办庆祝中华人民共和国成立60周年华侨侨眷风采展。2010年6月，开展纪念《侨法》颁布实施20周年庆祝活动；11月，壶镇归侨侨眷联合会成立；12月，五云归侨侨眷联合会成立。1993—2010年，县侨办先后在美、英、德等14个国家设立缙籍侨胞海外联络员。

2006年，县侨办获浙江省“侨办系统”先进集体荣誉称号。

第三节　港澳台事务

1949年，缙云籍去台湾人员约1500余人。2010年，缙云旅台同乡会统计缙云在台人员有5300余人（含家属、子女）。两岸恢复交往后的前几年，每年有上百人次的缙籍人士返乡探亲、祭祖，有的捐资建设故乡公益事业。1993年以后，缙云与台湾、香港、澳门在经济、文化、旅游交流交往日益密切。

机构沿革

见第十七篇第五章第一节。

对台工作

缙云是浙江省对台工作重点县市之一。1993—2010年，县台办依托县台联会、旅台缙云同乡会等组织，开展落实政策、帮助联系、关爱台胞台属、扶持台资企业、两岸文化交流、兄弟县市间台联交流、参政议政、公益活动、赈灾救助等工作。1994年4月，召开台胞座谈会；9月，召开缙云县台联会第四次代表大会。1999年，全县有台资企业4家、台属企业46家，年产值6000万元。2001年，共接待台胞回乡探亲196人次，办理台胞回大陆定居1人。2010年7月，县台联组织缙云台联青年委员会到台湾考察交流；8月，缙云县经贸考察团到台参观考察经贸工作。

1998年，县台联会、旅台缙云同乡会及台胞台属捐资建造黄帝祠宇、黄帝像、仰止亭等。10月，台胞台属应邀参加首届仙都公祭黄帝典礼；此后，每年的清明节民祭和重阳节公祭黄帝，均邀请旅台同胞参加。1999年3月，在缙召开赴台探亲人员（代表）座谈会。2009年12月，中华艺术摄影家协会和台北摄影家协会16名艺术家到仙都采风。18年间，县台办、县台联会与旅台缙云同乡会联谊活动30多次，为促进两岸交流、增强同胞情谊、实现祖国和平统一做出了贡献。

港澳工作

1997年5月，县委领导带队到香港洽谈招商引资项目。1998年5月，接待港澳台摄影家到仙都采风摄影。1999年、2000年、2004年、2008年，县残联、县财政局、县科委等10个部门领导先后到香港、澳门考察学习。2008年，县政协委员丁德焕赴澳门参加民间艺术展演。

第二十篇 政治协商会议

1984年7月，中国人民政治协商会议浙江省缙云县委员会（简称“县政协”）第一届第一次全体会议的召开，标志着缙云县政协的成立。1993—2010年，县政协历经第四届至第七届，其中第四届、第五届任期5年，第六届任期4年，第七届任期自2007年3月—2012年2月。18年来，县政协牢牢把握团结和民主两大主题，认真履行政治协商、民主监督、参政议政职能，为促进缙云经济社会发展做出了积极贡献。

第一章　政协组织

县政协自成立以来，内设机构有办公室和专门委员会，委员较多的乡镇设立政协联络组。

第一节　委员产生和界别构成

委员产生

县政协委员人选的推荐和调整，按照《中国人民政治协商会议章程》和中共中央、省委有关文件规定程序办理。中共党员委员由县委组织部提名，非中共党员委员由县委统战部提名，全部委员人选方案由县委统战部汇总，征求县政协党组意见，报县委研究后，提交县政协常委会会议协商决定。

界别构成

县政协第四届（1993年4月—1998年3月）设19个界别，届初委员180名；第五届（1998年3月—2003年4月）设18个界别，届初委员181名；第六届（2003年4月—2007年3月）设19个界别，届初委员191名；第七届（2007年3月—2012年2月）设20个界别，届初委员201名。

政协第四届至第七届届初缙云县委员会委员界别人数构成一览表

表20-1-1　　单位：人

界别	第四届	第五届	第六届	第七届
中共党员	10	14	15	15
民进缙云总支	3	—	—	5
无党派人士	2	—	—	12
民主党派和无党派	—	10	9	—
共青团（青联会）	4	4	6	4
总工会	5	5	4	4
妇女联合会	6	8	7	6
文化艺术界	6	8	9	8
科学技术界	12	8	6	7
社会科学界	7	8	9	11
科学技术协会	—	6	6	6
教育体育界	—	13	12	—
教育界	13	—	—	11
体育界	—	—	—	—

续表 20-1-1

界别	第四届	第五届	第六届	第七届
农林水利界	8	—	—	—
农民	—	—	—	—
农业界	—	11	11	10
工商界（工商联）	6	9	10	13
经济界	54	29	37	37
医药卫生界	8	10	11	10
社会福利和社保界	3	5	6	6
新闻出版界	2	—	—	—
少数民族界	1	—	—	—
民族宗教界	3	5	5	6
台属侨属联谊会	—	13	—	—
台胞台属（联谊会）	—	—	8	9
归侨（侨眷联合会）	—	—	5	6
特邀人士	27	15	15	15
合计	180	181	191	201

第二节　内设机构

1984 年 7 月，县政协成立时，设秘书处。1985 年 4 月，秘书处改为办公室。2007 年 9 月，县政协增设专门委员会综合办公室和专门委员会。

专门委员会

专门委员会是在县政协常务委员会和主席会议领导下，组织县政协委员进行经常性活动的工作机构。专门委员会的设置和变动，由常务委员会决定。每届专门委员会的设置一般在当届第一次常务委员会上确定。各专门委员会设主任 1 人、副主任若干人。

政协第四届缙云县委员会，下设办公室和 9 个专门委员会。9 个专门委员会为：学习委员会、提案委员会、文史资料委员会、经济科技委员会、农村经济委员会、文化教育体育委员会、医药卫生委员会、社会工作委员会、祖国统一三胞联谊委员会。

政协第五届缙云县委员会，下设办公室和 8 个专门委员会。8 个专门委员会为：提案委员会、学习和文史委员会、经济科技委员会、农村经济委员会、文化教育体育委员会、医药卫生委员会、社会法制委员会、祖国统一三胞联谊委员会。

政协第六届缙云县委员会，下设办公室和 7 个专门委员会。7 个专门委员会为：提案委员会、经济科技委员会、农村经济委员会、文化教育体育委员会、医药卫生委员会、台侨委员会、社会法制委员会。

政协第七届缙云县委员会，下设办公室和 7 个专门委员会，增设专门委员会综合办公室。7 个专门委员会为：提案委员会、经济科技委员会、农业农村和人口资源环境委员会、文化教育体育委员会、医药卫生委员会、台侨委员会、社会法制委员会。

联络组（工作组）

根据《中国人民政治协商会议章程》，结合工作需要，政协第四届至第七届缙云县委员会均设联络组4个：五云联络组、壶镇联络组、新建联络组、新碧联络组。

政协第一届至第二届缙云县委员会设工作组，从第二届开始在委员较多的乡镇设联络组。每届联络组（工作组）设置一般在当届第一次常务委员会会议上确定。各联络组（工作组）设组长1人、副组长若干人。

第二章　政协会议

缙云县政协工作通过系列会议，作出相关决议，发挥政治协商、参政议政、民主监督作用，为全县经济社会发展服务。政协会议主要有全体会议、常委会会议和主席会议。

1996年以后，县政协出台《关于履行政治协商、民主监督、参政议政的规定》《关于充分发挥民主党派无党派人士作用的意见》《关于委员履行职责的决定》等文件，为民主党派及无党派人士发挥作用提供制度保障，支持他们参政议政。

第一节　全体会议

县政协全体会议选举产生县政协主席、副主席、秘书长和常务委员。全体会议由常务委员会（除每届第一次会议由主席团主持外）召集并主持。全体会议每年举行1次。常务委员会认为必要时可临时举行。1993—2010年，政协缙云县委员会第四届至第七届共召开全体会议18次。

第四届委员会

第一次全体会议　1993年4月23—28日召开。政协委员180人，实到180人，列席92人。省政协丽水地区工委副主任蓝光谅、县委书记卢淳良到会讲话。会议听取和审议第三届县政协《常委会工作报告》《提案工作报告》，听取和讨论代县长陶国忠所作的《政府工作报告》及其他部门所作的报告，选举产生政协缙云县第四届委员会主席、副主席、秘书长和常务委员。通过有关决议。

第二次全体会议　1994年4月7—9日召开。政协委员190人，实到180人，列席82人。县委副书记龚樟德到会讲话。会议听取和审议县政协《常委会工作报告》《提案工作报告》，听取和讨论县长陶国忠所作的《政府工作报告》及其他部门所作的报告。听取《邓小平文选》第三卷辅导报告，表彰1993年度优秀政协委员23名。通过有关决议。

第三次全体会议　1995年3月22—25日召开。政协委员190人，实到183人，列席109人。会议听取和审议县政协《常委会工作报告》《提案工作报告》，听取和讨论代县长吕军民所作的《政府工作报告》及其他部门所作的报告。学习江泽民重要讲话，听取地方政协工作经验座谈会精神传达和法制学习辅导。与会人员向中小学生捐书1865册、书款28760元。通过有关决议。

第四次全体会议　1996年4月13—17日召开。政协委员196人，实到193人，列席104人。会议听取和审议县政协《常委会工作报告》《提案工作报告》，听取和讨论县长吕军民所作的《政府工作报告》及其他部门所作的报告，补选陈子东为县政协副主席，学习全国政协主席李瑞环讲话。通过有关决议。

第五次全体会议 1997年3月24—27日召开。政协委员196人，实到173人，列席106人。会议听取和审议县政协《常委会工作报告》《提案工作报告》，听取和讨论县长吕军民所作的《政府工作报告》及其他部门所作的报告。通过有关决议。

以上五次会议均在县人民大会堂举行。

第五届委员会

第一次全体会议 1998年3月21—26日召开。政协委员181人，实到180人，列席119人。省政协丽水地区工委主任徐仁俊、县委副书记武昌到会讲话。会议听取和审议第四届县政协《常委会工作报告》《提案工作报告》，选举产生政协缙云县第五届委员会主席、副主席、秘书长和常务委员。听取和讨论县长吕军民所作的《政府工作报告》及其他部门所作的报告。通过有关决议。

第二次全体会议 1999年3月30日—4月2日召开。政协委员实到165人。会议听取和审议县政协《常委会工作报告》《提案工作报告》，听取和讨论县长吕军民所作的《政府工作报告》及其他部门所作的报告。表彰1998年度政协工作先进委（组）和优秀政协委员。通过有关决议。

第三次全体会议 2000年3月20—23日召开。政协委员193人，实到175人。会议听取和审议县政协《常委会工作报告》《提案工作报告》，听取和讨论代县长武昌所作的《政府工作报告》及其他部门所作的报告。表彰1999年度政协工作先进委（组）和优秀政协委员。通过有关决议。

第四次全体会议 2001年3月20—23日召开。政协委员195人，实到174人。会议听取和审议县政协《常委会工作报告》《提案工作报告》，听取和讨论县长武昌所作的《政府工作报告》《关于国民经济和社会发展第十个五年计划纲要的报告》及其他部门所作的报告。表彰2000年度政协工作先进委（组）和优秀政协委员。通过有关决议。

第五次全体会议 2002年3月18—21日召开。政协委员190人，实到181人。会议听取和审议县政协《常委会工作报告》《提案工作报告》，听取和讨论县长武昌所作的《政府工作报告》及其他部门所作的报告。通过有关决议。

以上五次会议均在县人民大会堂举行。

第六届委员会

第一次全体会议 2003年4月13—18日召开。政协委员191人，实到185人。丽水市政协主席张向北、县委书记蔡步雄到会讲话。会议听取和审议第五届县政协《常委会工作报告》《提案工作报告》，选举产生政协缙云县第六届委员会主席、副主席、秘书长和常务委员。听取和讨论县长武昌所作的《政府工作报告》及其他部门所作的报告。通过有关决议。

第二次全体会议 2004年3月23—26日召开。政协委员191人，实到181人。县委副书记方世伦到会讲话。会议听取和审议县政协《常委会工作报告》《提案工作报告》，听取和讨论县长武昌所作的《政府工作报告》及其他部门所作的报告。通过有关决议。

第三次全体会议 2005年3月27—31日召开。政协委员190人，实到181人。丽水市政协主席施基成、县委副书记连小敏到会讲话。会议听取和审议县政协《常委会工作报告》《提案工作报告》，听取和讨论县长武昌所作的《政府工作报告》及其他部门所作的报告。通过有关决议。

第四次全体会议 2006年4月11—14日召开。政协委员189人，实到167人。市政协副主席吴炳全、县委副书记叶慧萍到会讲话。会议听取和审议县政协《常委会工作报告》《提案工作报告》，听取和讨论县政府主要负责人所作的《政府工作报告》《缙云县国民经济和社会发展第十一个五年规划纲要的报告》

及其他部门所作的报告。通过有关决议。

以上四次会议均在县会议中心举行。

第七届委员会

第一次全体会议 2007年3月19—22日召开。政协委员201人，实到196人。市政协副主席陈翠仙、县委书记毛子荣到会讲话。会议听取和审议第六届县政协《常委会工作报告》《提案工作报告》，选举产生政协第七届缙云县委员会主席、副主席、秘书长和常务委员。与会人员列席十五届人大一次会议，听取和讨论县政府主要负责人所作的《政府工作报告》及其他部门所作的报告。通过有关决议。

第二次全体会议 2008年3月17—20日召开。政协委员203人，实到191人。市政协副主席叶赞平、县委副书记叶慧萍到会讲话。会议听取和审议县政协《常委会工作报告》《提案工作报告》，听取和讨论县政府主要负责人所作的《政府工作报告》及其他部门所作的报告。通过有关决议。

第三次全体会议 2009年3月9—12日召开。政协委员205人，实到199人。市政协副主席韦铁民、县委副书记叶慧萍到会讲话。会议听取和审议县政协《常委会工作报告》《提案工作报告》，听取和讨论县政府主要负责人所作的《政府工作报告》及其他部门所作的报告。通过有关决议。

第四次全体会议 2010年4月19—22日召开。政协委员202人，实到195人。市政协副主席齐育华、县委副书记王峻到会讲话。会议听取和审议县政协《常委会工作报告》《提案工作报告》，听取和讨论代县长吴筱琳所作的《政府工作报告》及其他部门所作的报告。补选周保龙为县政协主席，补选县政协常务委员1名。通过有关决议。

以上四次会议均在县会议中心举行。

第二节 常务委员会会议

1993—2010年年底，县政协召开常务委员会会议（简称“常委会会议”）共94次。其中，第四届26次，第五届28次，第六届21次，第七届19次。

常务委员会

常务委员会由主席、副主席、秘书长和常务委员组成。常务委员会设主席、秘书长各1人。第四届，设副主席5人，常务委员（简称“常委”）20人。第五届，设副主席5人，常委18人。第六届，设副主席6人，常委18人。第七届，设副主席6人，常委21人。

政协第四届至第七届缙云县委员会常委会组成人员一览表

表20-2-1

届次	职务	姓名
第四届（1993.4—1998.3）	主席	姚根官
	副主席	胡巧良 彭苏蕨 陈子升 厉立军 陈子东（1996.4—1998.3）
	秘书长	胡巧良（兼）
	常务委员	王文正 朱伟华 朱自力 吴进 沈春雷 张云秋 陈子阳 陈志远 郑子宽 胡福田 施建宁 施小梅（女） 徐琮 徐周良 徐晓林 麻吉祥 彭长根 谢德元 樊有富 释慧舟（女）

续表 20-2-1

届次	职务	姓名
第五届（1998.3—2003.4）	主席	杨大平
	副主席	张瑞虎　郑伟鹏（1998.3—1999.3）　陈子升　厉立军（1998.3—2001.1）　陈子东　胡五一（2000.3—2003.1）
	秘书长	陈志远
	常务委员	厉立滨　史志汉（1998.3—2001.12）吕天喜　吕晓雁（女）　陈子阳　陈汉恬　李咸德　邵东明　沈春雷　张云秋　林雄修　徐周良　麻镇南　谢德元　樊汝元　樊泽友　樊根菊（女）　释慧舟（女）
第六届（2003.4—2007.3）	主席	杨大平
	副主席	李初恒　张瑞虎　陈子升（2003.4—2006.10）樊汝元　李岳林　李潘良
	秘书长	陈志远（2003.4—2006.8）
	常务委员	王　革　王孟雄　厉立滨　吕天喜　朱仕华　朱素贞（女）　朱益民　刘洁阳　刘爱瑛（女）　李咸德　张子尧　陈子阳　周文斌　胡成堆　洪志和（女）　姚月林　释慧舟（女）　樊泽友　施加余（2004.3—2007.3）
第七届（2007.3—2012.2）	主席	杨大平（2007.3—2010.4）周保龙（2010.4—）
	副主席	王大明　吕楚金　樊汝元　李岳林　叶理强　陈亚平（2007.3—2009.9）　胡锦伟（2011.4—）
	秘书长	王孟雄（2007.3—）
	常务委员	丁益东（2007.3—2007.9）　厉立滨　卢永钢　吕天喜　朱仕华　朱益民　刘文彪　刘洁阳　李咸德　汪官成　周文斌　胡　芳（女）　胡佩佳　胡葛法　施加余　施敏忠　洪志和（女）　姚月林　麻爱华（女）　释慧舟（女）　樊庆良（2007.3—2009.10）张卫梅（2010.4—）

常委会会议

第四届常委会　共召开 26 次。重要的有：1993 年 8 月 10—11 日，第三次会议，听取并审议县农村经济委员会《关于农村“三种两养”的调查报告》和县经济科技委员会《关于转换企业经营机制的调查报告》，讨论、通过并向县委县政府提出《关于促进我县农村“三种两养”健康发展的建议案》《关于加快转换国有企业经营机制的建议案》，讨论并通过《政协缙云县常务委员会工作规则》等。1994 年 6 月 17 日，第七次会议，讨论并决定县农村经济委员会向县政府提出的《关于进一步搞好我县扶贫工作的建议》。1995 年 5 月 30—31 日，第十二次会议，听取全县生猪产销情况调查报告；8 月 22—24 日，第十三次会议，听取全县香菇产销情况和大洋镇高山蔬菜基地建设调查汇报，提出深化全县农业综合开发的建议。1996 年 6 月 20—21 日，第十七次会议，听取并讨论《缙云县农村中小学布局情况调查报告》《好溪流域综合治理规划考察情况汇报》，提出中小学布局调整和好溪流域综合治理意见；8 月 8—9 日，第十八次会议，听取全县开展“严打”工作情况通报，审议修改《缙云县档案工作条例》。1997 年 6 月 12 日，第二十二次会议，听取全县高中阶段教育情况、蚕桑高产示范竞赛丰收活动情况调查汇报，提出全县高中段教育发展和蚕桑生产建议。

第五届常委会　共召开 28 次。重要的有：1998 年 4 月 30 日，第二次会议，听取和审议《缙云县省立项的山区农业开发项目实施情况的视察报告》《缙云县流动人口计划生育管理情况的视察报告》《缙云县垃圾处理场情况的视察报告》，提出全县农业开发、流动人口计划生育管理、垃圾处理场工作意见；听取县委常委、组织部部长廖思红《关于缙云县反腐败斗争情况的通报》。8 月 14 日，第三次会议，学习《中共中央关于在全党深入学习邓小平理论的通知》，讨论并通过《缙云县政协关于加强常委会自身建设的决定》。1999年6月15日，第七次会议，听取县农办《关于搞好第二轮土地承包工作，稳定完善家庭承包经营责任制的若干意见》的通报；讨论并通过《关于广电和电信互利合作早日实现电视村村通的建议案》。12月22日，第九次会议，传达学习省委《关于进一步加强新时期政协工作的若干意见》的精神。2000年6月23日，第十三次会议，学习中共中央总书记江泽民在上海党建座谈会上的讲话精神，讨论修改并通过缙云县《政协常委会工作规则》和《政协专门委员会通则》；8月2日，第十四次会议，学习中共中央总书记江泽民在中央思想政治工作会议上的重要讲话。8月18日，第十五次会议，学习中共中央总书记江泽民在全国党校工作会议上的重要讲话。2001年8月9日，第二十次会议，协商讨论全县下半年主要工作，就工业园区建设，效益农业，接受义乌、永康等地市场辐射，加快缙云经济发展等10个方面提出意见建议。12月19日，第二十一次会议，协商讨论县委、县政府2002年工作要点（草案），就效益农业发展、工业园区建设、产业结构调整优化、社保体系建设、扶贫力度、社区建设、教育发展、城市化进程8个方面提出意见建议。2002年6月30日，第二十四次会议，传达学习市政协《关于进一步加强社情民意工作的若干意见》，实地视察县办事服务中心工作情况；12月24日，第二十六次会议，协商讨论县委、县政府2003年工作要点，就县工业园区建设、基础设施建设、“三农”问题等方面提出25条意见建议，大多被2003年的县人民代表大会《政府工作报告》所采用。

第六届常委会 共召开21次。重要的有：2003年4月17日，第一次会议，审议通过《关于加强政协常委会自身建设的决定》；6月27日，第二次会议，审议通过《关于委员履行职责的决定》；听取新碧工业园区管委会《关于新碧工业园区建设情况的汇报》，视察工业园区一期区块延伸、二期区块施工现场，提出加快园区建设意见。12月12日，第四次会议，协商讨论县委县政府2004年工作要点，就经济指标及增长点、新区开发与旧城改造、农业产业结构调整等方面提出31条意见建议。2004年8月26日，第八次会议，学习《中共缙云县委关于建设“平安缙云”的决定》，号召广大政协委员积极参加“平安缙云”的建设实践，为建设“平安缙云”、维护社会稳定贡献力量。2005年3月15日，第十次会议，审议并通过《政协第六届缙云县委员会常务委员会工作报告》《政协第六届缙云县委员会常务委员会关于六届二次会议以来提案工作情况的报告》。2006年8月18日，第十八次会议，听取县监察局《关于“环境优化年”活动工作情况的通报》。11月15日，第十九次会议，听取县政府《关于低丘缓坡综合开发利用工作情况的通报》，提出低丘缓坡综合开发利用工作意见。

第七届常委会 共召开25次（其中，至2010年年底19次）。重要的有：2007年7月18日，第二次会议，听取县政府《关于2007年上半年全县国民经济运行和社会发展情况及下半年工作打算的通报》和县交通局《关于全县康庄工程实施情况的通报》；9月28日，第三次会议，听取县纪委、县监察局《关于党风廉政建设情况的通报》；11月22日，第四次会议，听取县政府《关于部分乡镇行政区划调整方案情况的通报》。2008年7月29日，第七次会议，听取县政府《关于2008年上半年全县国民经济运行和社会发展情况及下半年工作打算的通报》；9月18日，第八次会议，听取县政府《关于全县低收入农户增收工程开展情况的通报》。2009年8月4日，第十二次会议，听取县政府《关于2009年上半年全县国民经济运行和社会发展情况及下半年工作打算的通报》，传达全省政协工作会议精神；10月21日，第十三次会议，听取县行政审批中心《关于“两集中、两到位”行政审批职能归并后运行情况的通报》。2010年8月16日，第十八次会议，听取县国土资源局《关于全县危旧房改造情况的汇报》；12月28日，第十九次会议，听取《关于全县经济形势的通报》。2011年3月22日，第二十次会议，听取县政府《关于全县行政村规模调整情况的通报》，协商讨论《缙云县经济和社会发展第十二个五年规划纲要》（审议稿）；4月12日，第二十一次会议，听取县文广局《关于全县公共文化基础设施建设工作的情况通报》。

第三节　主席会议

县政协主席会议由主席、副主席、秘书长组成，处理县政协日常重要工作。1993年至2010年12月，县政协共召开主席会议192次。其中，第四届60次，第五届57次，第六届41次，第七届（至2010年年底）34次。

第四届委员会主席会议

本届委员会主席会议重要的有：

1993年4月28日，第一次主席会议，讨论工作机构设置与人员配备。8月3日，第三次主席会议，听取并讨论《关于国有工业转换经营机制的调查情况汇报》《关于"三种两养"调查情况》汇报。11月25日，第六次主席会议，听取社会工作委员会对本县社会治安工作视察的情况汇报和文教体委员会对仙都风景区视察情况的汇报。

1994年4月28日，第十一次主席会议，决定事项：开展关于山区扶贫致富的调查，举行仙都风光山水画写生活动，调查总结盘溪中学高三分流教学情况，调研县供销社系统发展农业龙头企业、促进开发性农业问题。7月25—27日，第十三次主席会议，决定视察金温铁路建设工程和卫生改革情况。

1995年5月4日，第二十三次主席会议，审议《关于缙云县灯管行业发展情况的调查报告》，并形成建议案。8月11日，第二十六次主席会议，听取《全县香菇生产销售情况调查汇报》，通过《县政府办公大楼新址选址建议》。10月4日，第二十八次主席会议，听取《缙云县政协志》编纂情况汇报。

1996年1月11日，第三十二次主席会议，传达地区政协工作会议、全地区县（市）政协主席和秘书长会议、省政协文史资料工作会议精神，听取缙云县政协文史工作情况汇报。5月24日，第三十六次主席会议，传达全地区政协信息工作会议精神，讨论关于调整缙云县中小学布局建议。7月30日，第三十八次主席会议，听取赴江苏省张家港市考察情况、义乌市与台州地区政协工作考察情况汇报。

1997年6月6日，第五十次主席会议，传达全地区政协主席会议精神，形成《关于扩大县城行政区划建议案》，讨论《蚕桑生产情况的调查报告》。11月21日，第五十五次主席会议，修改《政协缙云县委员会关于履行政治协商、民主监督、参政议政的规定》中"政治协商的主要内容和基本形式"条文，传达县委对县政协换届工作意见。

第五届委员会主席会议

本届委员会主席会议重要的有：

1998年3月26日，第一次主席会议，讨论并通过第五届政协各专门委员会、联络组设置和组成人员的意见，通过委、组负责人建议名单和有关人事任免的意见。4月21日，第三次主席会议，听取并讨论《全县省立项开发性农业实施情况》《流动人口计划生育管理情况》的调查汇报。4月28日，第四次主席会议，讨论并审定社会法制委员会《关于县城垃圾处理场情况的视察报告》。6月18日，第五次主席会议，听取《关于切实搞好我县第二轮土地承包工作的建议》的情况介绍，讨论通过《缙云县政协志》修改意见。

1999年6月3日，第十四次主席会议，听取《关于消灭电视空白村》《关于灯管行业管理》的调查汇报，讨论庆祝人民政协成立五十周年活动方案。12月8日，第二十次主席会议，讨论产业结构调整的几点建议（初稿）。

2000年3月2日，第二十三次主席会议，安排"三讲"教育学习工作，讨论《关于柑橘冻害情况调查的报告》。3 月 8 日，第二十四次主席会议，学习中共中央总书记江泽民在广东考察讲话精神，传达县委常委会关于缙云棉纺厂总体出让事宜。6 月 26 日，第二十九次主席会议，讨论《县政协关于改进工作作风的意见》。10 月 23 日，第三十三次主席会议，听取实验中学搬迁规划介绍。

2001 年 4 月 12 日，第四十次主席会议，讨论《关于减轻农民负担工作情况的调查报告》。9 月 25 日，第四十三次主席会议，传达市政协文史工作会议精神，研究《丽水民营企业先行者》内容征集材料。12月4日，第四十六次主席会议，讨论通过《关于大力提升农业“五化”，积极应对“入世”挑战的建议》。12 月 20 日，第四十七次主席会议，讨论通过《关于实施工业强县战略的两点建议》。

2002 年 7 月 22 日，第五十二次主席会议，学习中共中央总书记江泽民“5•31”重要讲话（摘要）。11 月 26 日，第五十四次主席会议，传达市委换届工作会议精神，通报县委常委会换届工作意见，建议本届政协委员留任的人员名单。

第六届委员会主席会议

本届委员会主席会议重要的有：

2003 年 4 月 29 日，第二次主席会议，传达中组部、中宣部《关于开展学习郑培民先进事迹活动的通知》。5 月 9 日，第三次主席（扩大）会议，专题研究“非典”防治工作。6 月 12 日，第五次主席会议，讨论并通过《关于号召全县政协委员参与招商引资和园区建设工作的通知》。10 月 14 日，第八次主席会议，传达全市政协工作会议精神，讨论《关于进一步加强新时期人民政协工作的意见》（讨论稿）。

2004 年 3 月 18 日，第十二次主席会议，决定成立县政协办公室机关效能建设领导小组。6 月 4 日，第十五次主席会议，讨论并通过《关于科技兴工的建议案》（讨论稿）。8 月 12 日，第十六次主席会议，讨论《关于合理配置土地资源的建议》。

2005 年 3 月 15 日，第二十二次主席会议，通报 2005 年度政府性投资计划。5 月 10 日，第二十三次主席会议，听取县残联《关于缙云县残疾人工作情况》的汇报，建议县残联要积极探索残疾人就业的新途径和帮扶工作的新机制，促进社会和谐发展。

2006 年 5 月 11 日，第三十一次主席会议，听取县发改局《关于 2006 年度全县重点工程和政府性投资项目安排的情况通报》，并进行协商讨论。5 月 30 日，第三十二次主席会议，听取县建设局《关于县城总体规划情况》的介绍，并提出意见建议。

第七届委员会主席会议

本届委员会主席会议重要的有：

2007 年 6 月 7 日，第四次主席会议，协商 2007 年度全县政府性投资项目计划安排情况。6 月 26 日，第五次主席会议，协商创建全国科普示范县工作。8 月 15 日，第六次主席会议，部署视察创建教育强县工作。11 月 21 日，第八次主席会议，决定就全县部分乡镇区划调整工作进行专题协商。

2008 年 3 月 31 日，第十二次主席会议，传达全国政协十一届一次会议精神，商讨民祭黄帝活动相关事宜。5 月 21 日，第十三次主席会议，研究《关于进一步加强调查研究工作的意见》。7 月 15 日，第十五次主席会议，专题协商省级旅游强县创建工作。

2009 年 3 月 20 日，第二十次主席会议，专题协商 2009 年度全县政府性投资项目建设。5 月 26 日，第二十三次主席会议，协商创建省级文化先进县工作。

2010 年 4 月 13 日，第三十次主席会议，推荐优秀县级领导干部。9 月 1 日，第三十二次主席会议，听取县编办关于《缙云县政府机构改革方案》的通报。

2011 年 3 月 14 日，第三十六次主席会议，研究《黄帝祠宇祭典》一书出版事宜。9 月 29 日，第四十次主席会议，协商县城仙都路南段延伸等项目房屋征收补偿与安置方案。11 月 2 日，第四十一次主席会议，协商部分行政区划调整工作。

第三章　政协履职

1993—2010 年，县政协围绕县委、县政府的中心工作，服务全县改革发展稳定大局，立足缙云县情，开展多层次的政治协商、参政议政和民主监督，就公共卫生体系建设、环境保护、农村中小学布局调整、工业园区建设、社会保障、第二轮土地承包、“十五”规划、“十一五”规划、新型农村合作医疗、低丘缓坡综合开发、优化发展环境、五保户集中供养、禽流感防治等课题进行调查研究，开展考察活动，并形成专题报告，向政府提交建议案，为缙云经济社会快速发展发挥了积极的推动作用。

县政协先后修订出台《常委会会议工作规则》《提案工作条例》《加强常委会自身建设的决定》《关于加强调查研究工作的意见》等制度，协助县委、县政府出台《关于加强政协工作的若干意见》《关于进一步加强政协工作的若干意见》《关于加强和改进新形势下人民政协工作的意见》《关于支持政协履行职能的决定》等文件。1998 年，对委员进行“四个一”考核（每年至少要提出一个提案、一条建议，上报一条信息，办好一件实事）。2005 年 3 月，县政协侨台委员会集中学习《反分裂国家法》。

第一节　政治协商

1993 年以后，县政协围绕事关全县经济社会发展全局性、综合性、前瞻性的重大问题，开展协商讨论。每年全体委员会议都协商讨论县人民政府、县人民法院、县人民检察院的工作报告以及县发改局经济社会发展计划报告、县财政局预决算报告，对做好“一府两院”工作、加快经济发展和社会进步、推进民主法治建设提出意见和建议。

常委会围绕县委、县政府的中心工作，对事关经济社会发展大局的热点、难点问题开展调查研究，组织协商讨论，并形成建议案，为县委、县政府提供决策参考。2006 年，就新农村建设、转变经济增长方式、保护生态环境等方面提出 26 条意见、建议，被县“十一五”规划纲要采纳。2007 年，县政协常委会围绕乡镇行政区划调整方案召开协商会进行面对面协商讨论，为行政区划调整顺利实施献计献策。

主席会议围绕全县经济社会发展中的重点、难点问题进行协商。2004 年，就“工业用地难”问题，向县委、县政府报送《关于合理利用土地资源的建议》，为县政府出台相关政策提供依据。2007 年，就政府性投资项目建设，在资金、供地、廉洁等 7 个方面提出建议，得到县委、县政府的重视和采纳。

县政协各专委会和联络组根据各自职责，在组织委员进行调研的基础上，先后就农村劳动力转移、职工权益保护、乡镇卫生院建设等方面与相关部门开展协商。2007 年，县政协经济科技委员会通过调研后，提出缝纫行业创新维权、走出低价竞争等建议，促成县缝纫行业会议召开，举行维权公约签字仪式，县技监局等 11 个部门联合发表《大力支持缝制机械行业维权联合声明》。

第二节　调研考察

县政协每年组织委员进行调研考察，调研考察内容涉及经济和社会发展各个方面。通过调研考察，总结经验，分析存在的问题，提出意见或建议，形成书面考察报告报送县委或县政府，抄送有关部门。1993—2010年，县政协向县委、县政府报送建议案、调查报告232篇。1993年，考察药品市场。1995年7月，考察县城新区建设，协商县政府机关搬迁问题。1998年9月，考察大洋厚朴基地。1999年7月，协助在丽全国、省政协委员视察缙云个体私营经济。2001年4月，调研公费医疗改革。2003年10月，调研政府性投资重点工程建设。2005年4月，调研康庄工程建设。2006年4月，协助全国政协专题调研组调研缙云新农村建设。2008年，调研农村文化建设，促成县政府成立全市首个全国文化信息资源共享工程基层服务点。2009年，调研村级经济组织，形成《关于我县村级经济组织有关情况的调查报告》，为县委、县政府制定《关于培育和发展农村专业合作经济组织的若干意见》提供有效参考。

第三节　民主监督

1993年以后，县政协委派委员分别担任党政部门、司法机关和窗口行业的民主监督员。制订《行风监督员工作规则》，通过各类明察暗访、民主测评、行风评议，对有关部门和行业执行法律法规、依法行政、加强党风廉政建设和机关效能建设等方面情况开展经常性民主监督。2004年，对机关效能建设开展问卷调查，将调查结果及时报送县机关效能建设领导小组参阅。2008年，对括苍古道保护与开发提出建议。2010年，就土地有序流转、地下管线建设等提出建议。

第四节　提案工作

县政协自第四届第一次会议至第七届第四次会议，共收到提案2630件，其中立案2469件。政协提案委员会根据提案内容和有关单位职责确定承办单位，会同县人大常委会、县政府联合召开人大代表建议、政协委员提案交办会议，部署建议、提案办理工作。每年评选提案办理先进单位，由县政府发文表彰。

1999年，县政府《缙云县办理人大代表、政协委员提案工作规则》出台。2003年开始，重点提案实行县委、县政府领导领办，县政协主席、副主席督办制度。承办单位接到提案后，一般在3个月内办复，提案人在收到答复后15日内对办理情况进行反馈。县府办在每年第四季度向县政协常委会会议通报提案办理情况。其中《关于深化和完善被征地农民基本生活保障制度》《关于建立中小企业贷款风险补偿办法》《提高被征地农民基本生活保障金的方案》《中小企业贷款风险补偿办法》等提案，成为县政府制定政策的依据，为推动政府科学决策发挥积极作用。

政协第四届至第七届缙云县委员会提案情况一览表

表 20-3-1　　单位：件

届次	提案数量	立案数量			
		合计	其中		
			基本解决	逐步解决	难以解决
第四届	781	644	524	73	47
第五届	704	699	403	235	61
第六届	594	587	323	237	27
第七届	551	539	179	300	60

第五节　反映社情民意

1996 年以前，县政协反映的社情民意有的刊载在《缙云政协》上，有的报送省政协丽水地区工委、省政协。1997 年起，县政协办公室确定专人负责编写社情民意，报省政协丽水地区工委、丽水市政协。至 2010 年，缙云政协报送的社情民意有 300 多篇被上级党委、政府、政协采用，其中《欠发达地区农民增收难度仍然较大》被政协全国委员会办公厅采用，得到国务院总理批示；《浙西南山区发展经济林应适度》《政策性农业保险试点中存在的问题及建议》得到中共浙江省委书记、副书记，省政府副省长等领导批示，所反映问题得到县党政领导重视，采取措施有效解决。

第四届至第七届政协全体会议，委员就推进政府投资管理，发展民营经济、加强公共卫生体系建设、环境保护、农村中小学布局调整、工业园区建设、招商引资、社会保障及城乡协调发展等方面发言 319 人次。发言委员深入调查，坦诚建言，其中《关于加快壶镇副中心城市的几点思考》列为县领导重点调研课题，《关于加快缙云工业园区配套功能建设的若干建议》《关于用好用活“村民一事一议筹资筹劳”制度的调查思考》被县委办《调查研究》转发。

第六节　文史与宣传

诗书画社

1989 年 4 月，县政协诗书画社成立。2003 年 6 月，县政协诗书画社更名为书画社。

1993 年以来，县政协诗书画社组织社员采风、笔会、座谈、交流、参展；向北京亚运会、第四届世界妇女大会、省残疾福利基金会等组织捐赠书画作品，向旅台缙云同乡会及海内外人士赠送书画作品及书画册。2009 年，参加省政协庆祝人民政协成立 60 周年摄影展，缙云诗书画社选送的作品获奖 11 幅。至 2010 年，缙云诗书画社多位社员加入全国（省）书协和美协，成为浙江省逸仙书画院画师、中华和省诗词学会会员；编印《仙都诗》3 期、《诗书画通讯》15 期、《缙云吟刊》9 辑及《缙云书画》《吟春诗草》。

文史资料研究整理

县政协成立时设文史资料研究委员会。1990年，文史资料研究委员会更名为文史工作委员会。1993年，文史工作委员会更名为文史资料委员会。1998年，文史资料委员会更名为学习和文史委员会。

1996年、1997年，《缙云当代人物》《资政说论》先后编成。文史史料征集，1997年前以19世纪末至中华人民共和国成立前为主，1998年后以征集中华人民共和国成立后为主。1999年9月，《缙云县政协志》出版。2003—2010年，文史资料征集、编辑和出版工作由政协办公室承担。其中，《楼辛壶》（第四辑）被省政协评为优秀文史资料图书，第一辑中的《缙云同善社的兴起和覆灭》、第四辑中的《南社金石书画家楼辛壶》、第五辑中的《戎马生涯四十年》选入省政协编纂的《浙江文史集萃》。2010年，编印《辛亥督军吕逢樵》《黄帝祠宇祭典》。

学习宣传

1993年以后，县政协采用培训会、专题讲座，赠阅《学习资料》《联谊报》等形式，组织委员和机关人员学习政协理论和统战知识。利用新闻媒体，开展政协宣传。1997年4月，举办“香港形势报告会”。2008年，创办缙云政协网站。2008—2010年，《缙云政协》共编发480期。1993—2010年，县政协及委员在省级以上媒体发表各类文章260多篇。

第七节　联谊与公益事业

县政协建立联谊例会制度，利用元旦、春节、中秋等节日开展联谊活动，扩大同委员、各界人士的联系交往。1999年开始，在每年清明民祭黄帝活动期间，均邀请侨台胞返乡参加海峡两岸共祭轩辕黄帝典礼，增进台胞对“海峡两岸一家亲”的共识。

1993年以来，县政协充分发挥自身优势，开展为民办实事、做好事服务活动，组织委员送文化、送医疗、送教育“三下乡”、公益捐助等。每年春节前夕，县书画社均开展送春联下乡活动。1986—2010年，医药卫生委员会一直坚持送医下乡，义务或优惠为群众体检、治疗，受益2万多人次。民进缙云总支的政协委员，多年为偏远山区中小学开展送教下乡活动。

1995年，文教体委员会发起向中小学赠书、捐款倡议。1996年，壶镇联络组16位委员资助14名特困生。1998年，壶镇联络组24名委员建立结对助学基金。1999年，新建联络组1名委员资助19名特困生。2003年，壶镇、新建联络组和台侨委员会委员筹集扶贫帮困助学基金7万多元。2004年，田纪青委员捐赠10万元，用于胪膛小学建设。2005年，缙云县教育奖励基金建立，奖励东方镇址墩村优秀中小学生和升入大中专的学生。2006年，五东、新建、新碧联络组先后2次向县职业中专、水南小学、新碧下小溪初中捐资共54万元。2007年，政协委员向县慈善总会捐款1167万元，其中2位委员分别捐款600万元、500万元成立医疗救助基金。是年，开展“百名侨胞助百村”活动，侨胞捐赠村庄整治等6个项目资金30多万元。2008年、2010年，县政协委员向四川省汶川、青海省玉树地震灾区分别捐款925万元、36.5万元。

第二十一篇 中国共产党地方纪律检查组织

缙云县纪律检查委员会（简称“县纪委”）在县委和上级纪律检查委员会双重领导下，履行维护党章党纪、加强党风廉政建设、组织协调行政监察和反腐败工作职责。1993—2010 年，县纪委开展党风廉政教育，检查监督各项纪检制度、规定的落实情况，规范领导干部的廉洁自律行为，查处违法违纪案件，惩治腐败，为全县改革开放不断深入和经济社会健康发展提供保障。

第一章　组织机构

第一节　县纪律检查委员会

1993—2010年，县纪委届期与县党代会同步。在各乡镇、部门和县属企业设置纪检委，或纪检组、纪检员。

1993年6月起，县纪委与县监察局合署办公，履行纪检和监察两种职能。合署后设办公室、信访室（举报中心）、案件审理室、纪检监察室、执法监察室和调研教育室。1999年6月，县优化经济环境举报中心成立，办公室设在县纪委。2002年，县纪委党风廉政建设室成立，与纠正部门行业不正之风办公室合署办公，并挂“县政府纠正部门和行业不正之风办公室”“优化经济环境举报中心办公室”牌子。

2004年3月，县纪委（县监察局）撤销行政效能监察中心，成立县机关效能监察投诉中心。2005年6月，县机关效能建设工作办公室成立，与县机关效能监察投诉中心合署办公。2006年4月，设行政效能监察室。2009年12月，县纪委增设案件管理室、纠风室和干部管理室，其中案件管理室与信访室合署办公。

1993—2010年缙云县纪律检查委员会书记一览表

表21-1-1

姓名	籍贯	任职时间
王群芬（女）	浙江缙云	1992.12—1996.7
郭卫平	山东安丘	1996.7—2001.3
方世伦	安徽巢湖	2001.3—2005.7
王小荣	浙江青田	2005.7—2008.6
洪起平	浙江龙泉	2008.12—

第二节　基层纪检组织

1993年，全县有乡镇纪委24个，县机关直属单位纪委9个，县机关直属单位纪检组4个，国有企业纪委2个。2002年，部门纪检组织派驻制度建立。2008年，全县16个乡镇和2个农管处共配备专职纪检干部24人，并明确其职级和待遇；是年，村级党支部设立纪检委员。2010年12月，县审批中心、人劳社保局、教育局、卫生局、人口和计生局、文化广电新闻出版局、广播电视台、经济贸易局、安全生产监督管理局、交通局、司法局、民政局、残联、财政局、供销社、农业局、林业局、水利局、发展和改革局、建设局、环境保护局21个单位的纪检监察机构由县纪委统一派驻。各纪检监察派驻机构设纪检组组长1人，为副科级领导职务，另根据需要设纪检组副组长1人，为正股级干部，配备纪检组成员1～3

人。在县教育局、财政局、供销社、林业局、水利局、建设局、人劳社保局、卫生局、经贸局、交通局、农业局11个部门，设立监察室，监察室设主任1人，由纪检组副组长兼任，另外根据需要配备监察室副主任1人。

第二章 惩防体系建设和案件查处

1993年以来，县纪委坚持“标本兼治、综合治理、惩防并举、注重预防”的方针，完善惩治和预防腐败体系，把制度建设和廉政教育放在突出位置，及时查处党员干部违法违纪案件。

第一节 惩防体系建设

制度建设

20世纪90年代以后，县纪委注重党风廉政制度建设，逐步健全党风廉政建设责任制、党内民主生活、工作规则、汇报议事等各项制度。1993年，制定完善县纪委、县监察局《工作规则》《岗位职责》《县纪委常委会议事规则》等12项规章制度，规范纪检、监察行为。1995年，《缙云县基层纪检监察工作岗位目标管理责任制（试行）》出台，对乡镇、部门纪检监察工作实行目标责任制管理。1997年，县管领导干部诫勉制度出台，对纪检监察机关制度体系的20个专项进行修订完善。1998年，政府采购制度和建设工程招投标制度出台，9月起农民负担监督卡制度实施。

2000年，从体制机制着手，建立防腐体系，实施“源头治理腐败工程”。县纪委先后出台《领导干部廉政谈话制度》《关于禁止公费旅游通知》，实行党风廉政建设责任制考核和行政事业性收费项目公示制度，采用建设工程“无底标”招投标方式，设立党员干部廉洁自律专用账户。2002年，缙云县纪委《关于干部提拔任用实行党风廉政“一票否决制”规定》出台。2003年6月，《缙云县农村党员干部信访谈话暂行规定》实施，进一步加强农村党员干部的廉政管理；组织县管领导干部476人签订廉政承诺书和新任命的县管领导干部49人廉政谈话。2004年，县纪委出台《关于进一步加强党政机关公务车辆管理 坚决纠正违反规定驾驶公车问题的通知》《缙云县乡村康庄工程施工招投标若干具体问题的规定》《缙云县重点工程派驻纪检监察员暂行规定》。在县卫生局、民政局、科技局开展权力制衡试点。2005年8月，《缙云县构建惩治和预防腐败体系实施方案》颁布。2006年，在26个县属单位推行“一把手”不直接分管人事和财务的权力制衡机制。2008年，《缙云县建立健全惩治和预防腐败体系2008—2012年工作要求及责任分工》出台，将惩防责任落实到单位；4月，全市首个村务监督委员会在仙都农管处仙岩村成立。2009年，在县建设局、国土局、电力公司开展廉政风险防控机制建设试点。2010年，在全县48个重点乡镇和部门推行廉政风险防控机制建设，构建“一个实施意见、三个配套制度”的廉政风险防控体系。

2010年，全面落实“干部身份证”制度。《缙云县创新开展廉政风险防控机制建设》获“浙江省2010年政风行风建设争优奖”。

廉政教育

1993—2010年，县纪委采取多种形式，结合各种学习实践活动，深入开展党性党风党纪廉政教育。通过上党课、报告会、演讲赛、文艺会演等形式，先后组织党员干部听取省党风廉政建设先进事迹巡回报告团报告、党风廉政法律法规讲座、庆祝“七·一”暨领导干部党风廉政建设教育大会报告；参加反腐败典型案例通报会，“三讲”教育廉政警示教育大会；观看《步步深渊》《幕后行动》《党内监督条例》等数十部电教片、全省反腐倡廉成果巡回展、全省第一部新编反腐倡廉历史故事剧《却金馆》；组织参加市首届“金融杯”反腐倡廉辩论赛、省廉政摄影大奖赛、市纪委“以党的十七大精神指导反腐倡廉建设”征文活动。组织全县举行“清风颂”反腐倡廉文艺演出、廉政漫画比赛、党风廉政教育文艺会演、反腐倡廉知识测试、《中华人民共和国监察法》知识竞赛、“燕京仙啤杯”《中国共产党党员领导干部廉洁从政若干准则》廉政知识竞赛等。

开展县管党政干部“廉内助”评选，“一把手”配偶廉政教育和“一把手”廉政集体谈话，“从政十德”“学一本书、看一部片、上一堂课”，廉政文化“六进”活动等宣传教育。学习宣传主要内容有《中国共产党党员领导干部廉洁从政若干准则》《江泽民论党风廉政建设和反腐败斗争》《反腐倡廉学习读本》《缙云古代清官故事》《监察法问题》《前车之鉴》等。

2006年，长坑小学、燕京啤酒（浙江仙都）股份有限公司被评为丽水市廉政文化“六进”活动示范单位。2007年，获省廉政摄影大奖赛作品一等奖1件、三等奖1件、优秀奖6件，约占全市获奖作品四分之一。2008年，获丽水市纪委“以党的十七大精神指导反腐倡廉建设”征文比赛二等奖1篇、三等奖2篇；燕京啤酒（浙江仙都）股份有限公司被评为省廉政文化“六进”活动示范单位。

“三务”（村务、厂务、财务）公开

1998年，县属机关（部门）推行政务、办事制度和承诺自律制度“三公开”；各乡镇政府推行“两公开”（政务、财务）“一监督”（接受群众监督）和无双休日办公制度。1999年，实行“阳光工程”，全县642个行政村实行“村务公开，财务公开”的有619个，建立村民代表会议制度的有113个。全部国有（含控股）、集体企业实行厂务公开。2001年，乡镇会计代理服务中心成立，将村级财务委托其代理服务和实行电算化管理。2006年，村级财务电算化管理实行县、乡两级联网。2009年，340个村建立村民监督委员会。

廉政信息宣传

1994年4月，县纪委在县广播站开设“党风廉政”专题节目，2000年，《缙云报》开设“好溪廉风”专栏，进行廉政宣传。2001年，缙云县的纪检监察新闻稿件被上级报刊、电视台、电台录用近70篇，其中被中纪委录用信息3条。2003年2月，“缙云廉政网”开通。2004年，开展廉政文化“四进”宣传。2006年，县纪委有多篇文章被上级纪委主办的纪检监察网录用，在“人民网”上发表1篇。2010年，廉政教育宣传工作列入乡镇和部门党风廉政建设责任制考核内容。

第二节　违纪案件查处

1993—2010年，县纪委共受理信访举报14629件，其中立案查处党员干部违纪违法案件1468件（包括经济类案件513件）。18年中，县纪委共处分违纪党员1309人，开除党籍557人，涉及科局级领导干部91人，移送司法机关并追究刑事责任192人。

1993—2010 年缙云县违纪党员处分处罚情况一览表

表 21-2-1

年份	立案数量（件）		党纪处分人数（人）			涉及科级领导人数（人）	刑事处罚人数（人）
	总计	其中经济类	违纪党员	党纪处分	开除党籍		
1993	20	9	20	19	9	—	3
1994	17	10	17	17	9	—	5
1995	25	20	28	28	15	2	—
1996	50	28	56	56	22	9	11
1997	75	37	76	70	42	—	11
1998	76	29	56	56	34	9	13
1999	83	45	68	70	29	6	6
2000	112	45	80	81	36	5	20
2001	98	50	72	84	21	9	6
2002	102	46	80	83	34	5	17
2003	98	34	76	80	19	9	10
2004	98	35	94	95	28	10	9
2005	98	24	65	65	21	3	11
2006	100	11	59	60	33	2	20
2007	104	20	88	89	39	10	13
2008	100	26	104	65	34	6	14
2009	102	23	157	152	101	2	12
2010	110	21	113	51	31	4	11

第三章　纠风治乱和效能监察

1993 年以来，县纪委紧紧围绕全县改革发展稳定这个中心，把整治群众身边腐败和作风问题作为重中之重，扎实推进纠风治乱和效能监察。

第一节　纠风治乱

1993—2010 年，县纪委重点开展治理公路“三乱”（在公路上乱设站卡、乱罚款、乱收费的行为）、整顿教育乱收费、清理单位“小金库”（违反国家财政法令，本单位私设的储存）工作；规范工程建设招投标，减轻企业、农民和基层负担；纠正医药购销中不正之风，民主评议行风；清理党政机关使用军警汽车牌照现象，严禁单位发放使用代币购物券（卡）等违法行为。

1993年，取消涉农行政事业性收费项目16项。1994年，公开纪检监察举报电话，开展党政机关创办经济实体清理整顿工作，全面推行行政事业性收费“三公开”，清理党政机关机动车辆及其工作人员无偿占有企业钱物问题。1995年，清理重点专控商品；6月，对行政事业单位的“大哥大”进行第一次清理，罚款处理109只，计金额8万元。1996年4月，对行政事业单位的119只“大哥大”再次进行清理，其中罚款处理违规“大哥大”，计金额9.7万元，没收处理“大哥大”14只；9月，开展党政干部违反房改政策专项清理，在《缙云报》上刊登“副局（乡）以上干部住房及房改中购、建、租房自查公告”。1997—1998年，清理出党政干部中违反规定住房292套、店面18间，涉及县管干部39人。1999年6月，优化经济环境举报中心举报电话公布。

2000年1月，县纪委成立县价格举报中心；5月，县纠风办查处新碧木材检查站乱罚款事件。是年，组织“三乱”现场投诉处理活动。2001年，清理农村建房乱收费，纠正婚姻登记管理违规操作行为，缙云县公路无“三乱”通过省、市纠风办考核验收。2002年4月，清理领导干部违规收受现金、礼卡、礼券问题；9月，清查领导干部学历学位职称问题。2004年，开展治理乱收费行为。查出学校乱收费286万元，清退102万元；减轻农民负担553万元；取消涉企收费项目107项，降低标准13项，减轻企业负担680多万元。2006年，对县市政单位开展民主评议行风活动；执行涉农涉企收费公示和农民企业负担监督卡制度；开展扶贫资金、企业排污、《中华人民共和国统计法》执行情况等15项专项执法监察，挽回经济损失50.65万元；开展医药购销领域商业贿赂专项治理。2008年，对居民基本生活必需品及服务价格、社保基金、住房公积金等专项资金实行监管；《缙云县工程建设项目农民工工资保障金制度》出台；“12388”纪检监察系统举报电话开通。2009年3月，“缙云反腐QQ”网上举报平台开通；8月，在舒洪镇开展村级制度执行力专项检查试点。2010年，开展对有关部门（单位）向村级组织收费专项清理整顿活动。

第二节　效能监察

2004年，县机关效能监察投诉中心成立，设在县纪委监察局。着重对重点项目的政策处理、审批、建设进度与质量、廉洁安全等实行效能监察，督促主管部门建立项目效能台账，实行每月一通报，每季一督查制度。对22个涉企部门的93个涉企科（股）室实行专项效能监察。针对中层干部的服务作风，分类挂牌督办，实行评判制、销号制。对重点乡镇、基层站所、窗口单位的机关效能建设情况进行明察暗访。是年，共受理效能投诉165件，办结率98%。发出整改通知书39份，责令有关单位对行政过错人员作出处理35人。其中，党纪政纪处理5人，留用察看、辞退处理各1人，诫勉14人。2006年，缙云电视台开办“效能与行风热线”栏目，实施效能舆论监督。2008年，对涉及效能问题的23名公职人员作出书面效能告诫、批评教育等处理。是年起，全县每年开展涉企科（股）岗位效能测评。2010年，落实“干部身份证”制度，对重大建设项目进行专项效能监察，挂牌督办。

第二十二篇　民主党派　群众团体

至2010年，缙云县民主党派有中国民主促进会缙云县总支部委员会。1993年以来，民进缙云县总支坚持“长期共存、互相监督，肝胆相照、荣辱与共”方针，自觉接受中共缙云县委领导，注重自身建设，发挥专业知识优势，开展专题调研，参与民主监督，为缙云经济社会发展建言献策。

1993—2010年，缙云县总工会、共青团缙云县委员会、县妇女联合会、县科学技术协会、县归侨侨眷联合会、县台胞台属联谊会、县工商业联合会、县文学艺术界联合会、县残疾人联合会、县红十字会、县慈善总会及其他群众性协（学）会组织，接受党的领导，发挥党和政府联系群众的桥梁作用，按照自身特点开展各项活动，为缙云经济发展、社会和谐、城乡建设、文明共创等发挥群众团体组织的特殊作用。各社团由县民政局按《浙江省社会团体管理办法》进行年检审核。各协（学）会遵循法律法规和协会章程，实施民主选举，一般均在五年内换届一次。2010年，全县注册备案协会126个。

第一章　中国民主促进会缙云县总支部委员会

至2010年为止，中国民主促进会缙云县总支部委员会（简称“民进缙云县总支”）是缙云县唯一的民主党派。1993年以来，作为参政党之一，民进缙云总支团结广大知识分子，围绕县委、县政府的中心工作，履行参政议政、民主监督的职责。

第一节　组织机构

1988年4月，中国民主促进会缙云县支部成立，归属中国民主促进会浙江省委。1997年10月，中国民主促进会缙云县支部更名为中国民主促进会缙云县总支部委员会。2001年，民进缙云县总支归属中国民主促进会丽水市委员会。2010年，民进缙云县总支设教育、医卫、综合三个支部，有会员78人。其中副高级职称占95%以上，教育、医卫、其他界别人士分别占46%、30%、24%。

1993—2010年，民进缙云县总支先后召开第三次、第四次、第五次、第六次会员大会，选举产生各届领导班子。县人大常委会副主任或政协副主席兼任民进缙云县总支主委。

第三次至第六次民进缙云县会员大会情况一览表

表22-1-1　　单位：人

届次	会议时间	代表人数	选举结果（人数）		
			主委	副主委	委员
第三次	1992年12月	34	1	1	3
第四次	1997年10月	41	1	2	3
第五次	2002年12月	49	1	2	4
第六次	2005年12月	57	1	2	4

第二节　参政议政和民主监督

民进缙云县总支履行参政党参政议政、民主监督的职责。

集体提案

民进缙云县总支每年就缙云经济、社会各方面工作开展调研，征集意见和建议，形成提案。2008年，县民进会员向政协缙云县第七届二次会议提交提案11件。1993—2010年，县民进会员有多篇提案列为重点提案或被评为优秀提案。

社情民意信息专报

民进缙云县总支常年组织课题研究，对一些社会热点、难点立项研究，形成课题报告，为相关部门决策提供参考；撰写调研报告，向县政协和上级民进组织反映社情民意。2004—2008年，樊泽友会员的五篇社情民意信息获省政府领导批示，其中，2005年的《浙西南山区发展经济林应适度》信息，得到时任浙江省委书记批示，促使省有关部门调整政策，提高生态公益林补助标准；2008年的《冰灾过后，植树造林十万火急，切望政府飞播造林》信息被全国政协采用。

考察调研

1993—2010年，民进缙云县总支每年组织会员开展专题考察。主要考察县域交通、水利等重大建设项目和工厂、学校等单位。

社会服务

民进缙云县总支每年组织“送教送医送温暖”活动。2004年，组织7名骨干教师到山区学校送教、举办讲座；2005年、2006年，医卫支部10位会员下乡为老年人免费体检、看病；2008年，发动会员为贫困学生、汶川地震灾区捐款捐物。

第二章 群众团体

1993—2010年，纳入县编制委员会机构的群众团体有：缙云县总工会、共青团缙云县委员会、县妇女联合会、县科学技术协会、县归侨侨眷联合会、县台胞台属联谊会、县工商业联合会、县文学艺术界联合会、县残疾人联合会、县红十字会、县慈善总会。1994年3月，对1992年12月31日前登记的67个社团进行年检，年检结果为合格的48个；年末，全县注册登记社团83个。至2010年年末，全县注册登记社团126个。

1993—2010年，县总工会围绕县委工作大局加强基层工会建设，注重职工思想政治工作，为职工维权帮困送温暖。共青团缙云县委把青少年思想政治教育放在工作首位，以特有的政治氛围、政治导向、政治要求构筑青少年精神支柱，开展多形式的主题教育活动。县妇女联合会积极引领妇女在社会主义事业中建功立业，深化“双学双比”等活动，维护妇女儿童合法权益，发挥妇女在社会各个领域中的作用。县科学技术协会动员科技工作者为缙云经济贡献才智。县归侨侨眷联合会、台胞台属联谊会积极为华侨、侨眷、台胞、台属做好服务，引领华侨、台胞投身祖国社会主义建设。县工商业联合会引导会员积极参加经济建设，推动社会主义市场经济体制逐步完善，为缙云经济社会的进步做出贡献。县残联履行“代表、服务、管理”三大职能，致力于残疾人事业。县红十字会以“人道、博爱、奉献”为宗旨开展工作。县慈善总会以募集善款与救助帮扶为重点，实施助学、助困、助老、助残等慈善救助项目，推动缙云慈善事业发展。

第一节　总工会

1993年，缙云县总工会（简称“县总工会”）辖有基层工会223个，会员16720人。2010年，县总工会辖基层工会675个，涵盖法人单位1733家，会员56852人。其中，国有企业、机关和事业工会670家，外资企业工会5家。1996年9月，县总工会机关从五云镇胜利街25号迁到溪滨北路102号。

代表大会

1993—2010年，县总工会先后召开第十一次、第十二次、第十三次代表大会，选举产生各届领导班子。

1993—2010年缙云县总工会代表大会情况一览表

表22-2-1　　单位：人

届次	时间	主题	代表人数	选举结果（人数）			
				委员	常委	主席	副主席
第十一次	1999年4月	高举邓小平理论伟大旗帜，发挥工人阶级主人翁精神，团结动员全县职工为实现跨世纪宏伟目标建功立业	195	27	7	1	2
第十二次	2004年4月	围绕中心、突出维护，团结和动员全县广大职工为缙云加快全面建设小康社会努力奋斗	190	27	7	1	3
第十三次	2009年4月	求真务实、创业创新，团结动员全县职工为建设“四型缙云”建功立业	199	25	7	1	3

职能工作

民主建设　1993—2010年，县总工会在全县国有、集体企业全面实行民主管理和厂务公开，同时在民营企业推进民主管理制度建设。1995年6月，县金属制品厂推行平等协商集体签订劳动合同。2003年，壶镇镇成为丽水市首个实行职工代表大会制度的乡镇；仙都仪表有限公司、四方电子有限公司工会在全市率先开展工会主席直选。2010年，全县实行职工（代表）大会制度的企业451家，建立厂务公开制度的企业521家。行政和工会双方签订集体劳动合同（工资集体协议）的企业379家，覆盖职工人数2.6万人。

权益保障　2000年开始，县总工会设法律工作室，常年聘请法律顾问。1998年，县总工会建立再就业服务指导中心，为下岗职工提供就业服务。2002年，县总工会与县人劳局、县经贸局建立劳动关系三方协商议事制度，预防和处理劳动争议。2005年，缙云县基层工会维权保障金成立，用于补助生活困难的工会干部；县总工会每年在招工现场提供政策咨询、办理职工加入工会组织等服务；在重大建筑施工项目推行农民工维权告知牌制度；建立工伤、亡故职工关怀制度。2010年，评定全县劳动关系和谐企业374家。

劳动竞赛　1993年以来，县总工会组织职工开展岗位练兵、技术比武和劳动竞赛，鼓励职工技能晋级、技术革新、技术协作和发明创造。2006年，开展“十佳职工”评选；与县技工学校联合建立技能培训基地。2008年，县电力公司职工邓飞获省首届“创新十佳职工”称号。2009年，燕京啤酒（浙江仙都）有限公司职工童子清获省“勇克时艰”优秀职工称号，广鹰机械公司职工陈爱明、陈维杰获市技术能手称号。2010年，固驰电子公司职工张雪贞因拥有20多个工艺创新项目获全省杰出职工“金锤奖”。

先进评选　1993—2010年，全县获全国五一劳动奖章1人，省部级劳动模范、先进个人共18人（详见第三十五篇第三章）。

职工关爱　1994年，缙云县“献爱心送温暖”基金会成立，基金会资金来源于政府财政预算安排和各级工会捐助。县基金会每年为特困职工发放救济金。2002年1月，全国总工会副主席苏立清到缙云慰问困难职工。2003年，缙云县困难职工帮扶中心成立，结对帮扶城镇特困职工；开展金秋助学和盛夏送清凉活动；在新碧、壶镇镇举行外来农民工新春座谈会、共吃年夜饭、赠送年货等活动。

第二节　共产主义青年团

1993年年末，中国共产主义青年团缙云县委员会（简称“团县委”）下辖基层团支部1093个、团总支60个、团委43个，团员21087人，专职团员干部45人。2010年年末，团县委下辖基层团支部1131个、团总支34个、团委43个，团员25472人，专职团员干部85人。

代表大会

1993—2010年，共青团缙云县委员会先后召开第十五次、第十六次、第十七次代表大会，选举产生各届领导班子。

1993—2010年共青团缙云县代表大会情况一览表

表22-2-2　　单位：人

届次	时间	主要内容	代表人数	选举结果（人数）		
				委员	书记	副书记
第十五次	1997年12月17—19日	审议和通过第十四届委员会的工作报告，选举第十五届团县委委员	200	25	1	2
第十六次	2000年12月20—22日	审议和通过第十五届委员会的工作报告，选举第十六届团县委委员	195	26	1	2
第十七次	2005年12月5—6日	审议和通过第十六届委员会的工作报告，选举第十七届团县委委员	160	26	1	2

职能工作

1993年以来，团县委主要开展青少年思想引领、青年就业创业扶持、爱心助学、青年志愿者活动和少先队工作等。

图22-2-1　2002年5月，团县委庆祝中国共青团成立80周年文艺晚会

青少年思想引领　贯彻落实党中央国务院《关于进一步加强和改进未成年人思想道德建设若干意见》精神，每年举办团干部读书会，邀请省、市、县有关领导和专家为全县团干部授课，通过青年旅游文化节、青年篮球赛、十八岁成人宣誓仪式、中学生大联欢、中学生暑期夏令营、大学生暑期社会实践活动、五四运动80周年纪念会、抗洪先进事迹报告会等活动，丰

富青少年的精神文化生活，陶冶广大青少年的思想道德情操，引导青年树立正确的世界观、人生观、价值观。

爱心助学 1993年，县第三批“希望工程”资助贫困学生100人，上报省、地申请救助贫困学生200人。1996年，全县结对资助贫困学生248人，争取社会捐款1.518万元。至2010年，筹集捐助资金360.9万元（含上级划拨121.1万元），其中资助贫困中小学生2639人次，捐建希望小学3所，受益小学生6500多人。2002—2010年，资助贫困大学生993人次。

帮扶创业 2001年开始，开展农村青年创业信贷扶持工作。至2007年，共为60名农村创业青年获得信贷扶持资金1027万元。团县委与县就业处、缙云电大合作，为溶江、壶镇、大洋3个乡镇培训锅炉工800人次，与壶镇中学职高培训点合作，培训电子商务人员100多人次。2010年，确定农村青年信贷扶持对象115名，为农村青年创业授信贷款额度2725万元。

阵地建设 1996年，团县委捐集图书8000册、资金1000多元，在南溪乡建起“希望书库”。至1998年，全县建有“希望书库”4个。2005年，壶镇镇新民村农村青年活动中心成立。2007年11月，缙云县青少年活动中心在县城寺后路38号原实验中学挂牌开放。

志愿者行动 1999年4月，团县委协助团中央在仙都景区开展中外青年志愿服务环保文化劳动营活动。该活动由英国、澳大利亚、日本等7国9名和国内30多名青年参加，时间10天。2003年3月，缙云县保护好溪志愿者服务总队成立，开展保护“母亲河”系列活动。2005年，缙云县志愿者协会成立，有会员800人，开展送春联、义诊、敬老、禁毒宣传、家电维修、交通安全宣传等志愿服务。

少先队、青联建设 中国少年先锋队（简称“少先队”）缙云县工作委员会，是全县少先队的领导机构，由少先队代表大会选举产生。1993年以来，先后召开两次代表大会，大会选举产生领导机构。1999年6月，召开第三次县少先队代表大会；2008年10月，召开第四次县少先队代表大会。缙云县青年联合会，2000年1月成立并召开第一届代表大会，有委员82人；2007年11月，召开第二届代表大会。

第三节 妇女联合会

1993年9月，根据中国妇女第七次全国代表大会通过的《中华全国妇女联合会章程》规定，缙云县妇女联合会（简称“县妇联”）正副主任改称正副主席。

县妇联在各乡镇设立妇联，设主席1人。机关事业单位设立妇女工作委员会，设主任1人，副主任1～2人，委员3～5人。村设立妇代会，设主任1人，委员3～5人，妇代会主任进村“两委”班子。

2010年，全县副科以上女领导干部69人（乡镇党政班子均配备女干部），占副科以上领导干部总数的14%；女党员5238人，占党员总数的20%；县人民代表大会女代表24人，占代表总数的11%；县政协女委员35人，占委员总数的17%。

代表大会

1993—2010年，县妇联先后召开第十次、第十一次代表大会，大会选举产生各届领导班子。

1993—2010年缙云县妇女代表大会情况一览表

表22-2-3　　单位：人

届次	时间	主题	代表人数	选举结果（人数）			
				执委	常委	主席	副主席
第十次	1999年11月8—10日	高举邓小平理论伟大旗帜，团结动员缙云妇女为实现跨世纪发展的宏伟目标而努力奋斗	196	29	9	1	1
第十一次	2005年12月8—9日	求真务实创新发展，团结动员缙云妇女为全面建设小康社会而努力奋斗	159	29	9	1	2

职能工作

1993年以来，县妇联教育引导妇女增强自尊、自信、自立、自强精神，为妇女就业、权益保障、培养和选拔妇女干部、儿童事业发展、筹集资金等方面，做了大量有效的工作。

图22-2-2　2010年缙云县移民来料加工技能比武现场

妇女就业帮扶　1993年开始，县妇联组织农村妇女参加实用技术培训，为妇女就业提供条件。出台政策，鼓励来料加工女经纪人参加交易会及接单，为农村妇女提供加工原料。2008年，县政府对年发放加工费10万元以上的来料加工女经纪人实行重点扶持；县妇联组织17个“巾帼文明岗位”与17个村妇代会结对互助，8位女企业家出资帮扶16户贫困家庭，为壶镇怡木家用饰品公司招收女工100多人。至2010年，来料加工点分布全县483个行政村，以妇女为主的来料加工经纪人共360人，参与来料加工人员4.4万人，年加工费收入2.1亿元。全县以竹制品、服装、鞋类、布艺、饰品为主的手工加工业逐渐形成。加工手段由珠绣、钩针、编织等纯手工转向部分机械加工，加工形式由分散转向集中，业务方式从来料加工转向订单加工。

权益保障　1993年开始，县妇联开展《中华人民共和国妇女权益保障法》《中华人民共和国婚姻法》普法宣传。开通“12338”妇女维权热线，开展维权宣传周活动和妇女病普查工作。2000年以后，县110家庭暴力报警中心、妇女儿童法律援助站、妇女儿童司法援助中心相继成立。县妇联在县法院设家庭暴力检验中心及维权合议庭，各派出所设家庭暴力救助站。每年“三八”维权周，县妇联组织开展“法律服务进社区”活动。2006年，县女法律工作者联谊会成立，会员110名；妇联干部被聘任为人民陪审员3人。

儿童关爱　1993年开始，县妇联借助社会力量实施“春蕾”计划，每年资助失学或即将失学女童近百名，2007—2010年共筹集助学资金3.25万元。指导中小学建立“家长学校”，2001年县实验小学被全国妇联等单位命名为“示范家长学校”，2006年全县90所家长学校上课187次，进社区举办家庭知识讲座20多次，为25所学校的5000余名留守儿童开通亲情电话热线。2010年，浙江缙云工业园区“新居民家长学校”成立，为外来民工子女家长开展教育服务，邀请全国、省家教专家在五云镇、壶镇镇等地举办现代家教知识讲座4次。

节庆活动 每年“三八”国际劳动妇女节、“母亲节”“六一”国际儿童节期间，县妇联组织开展庆祝、表彰、慰问、文体活动等。

第四节 科学技术协会

1996年4月，缙云县科学技术协会（简称“县科协”）内设办公室、学会部、科普部，原科技咨询服务部合并到办公室。2002年6月，县科协内设综合办公室。

代表大会

1992—2010年，县科协先后召开第四次、第五次代表大会，选举产生各届领导班子。

1992—2010年缙云县科协代表大会情况一览表

表22-2-4　　单位：人

届次	时间	代表人数	选举结果（人数）			
			委员	常委	主席	副主席
第四次	1992年11月20—22日	190	56	9	1	1
第五次	2008年5月28—29日	131	25	9	1	2

组织建设

县科协下辖基层科协组织和专业学会、协会。

基层科协组织 1993年，全县各乡镇均建立科协组织。2008年行政区划调整后，14个乡镇、2个农管处科协组织随之建立。2006年，有县级农技协会6个，乡镇、村级农技协会82个，会员以科技示范户、农村专业技术人员为主；5月，田氏伤科医院、众发实业有限公司、东泰纸业有限公司建立非公有制企业科协组织。2007年年末，全县各行政村、社区科普领导小组成立，村党支部书记或村民主任任组长。

专业学会、协会 2010年，全县在册县级学（协）会21个，会员2675人。其中，林学会会员133人，会计学会会员103人，珠算协会会员60人，电子学会会员87人，科普美术摄影创作协会会员889人，青少年科技辅导员协会会员80人，麻鸭养殖技术协会会员50人，蚕桑技术协会会员78人，食用菌产销技术协会会员160人，财税学会会员115人，县农村卫生协会会员267人，药学会会员46人，蜂业技术协会会员63人，企业家协会会员49人，交通工程学会会员68人，农村科普宣传协会会员55人，来料加工技术协会会员56人，反邪教协会会员58人，土地学会会员158人，香菇专业技术协会会员50人，中草药技术研究协会会员50人。

2004年，缙云县蚕桑技术协会被中国农村专业技术协会评为“全国百强农村专业技术协会”。2007年，缙云县科普美术摄影创作协会被中国科协评为“全国科普示范协会”。2009年，缙云县科普美术摄影创作协会被民政部评为“全国优秀社团”。

科普活动

县科协开展科学普及和技术推广，履行科普宣传、科技人员服务基层、农函大培训等职能。

科普设施　2002年以后，各社区、乡镇（农管处）均设置10米以上的科普画廊橱窗，建有科普宣传栏的行政村424个。2006年，缙云县科普网站开通。2007年，24个乡镇（农管处）建立科普活动室。年底，设在原实验中学的县科普活动中心投入使用。县科普活动中心配备多媒体教室、电子阅览室、图书室、农函大教室、青少年科技教育室，面积600多平方米。

公职人员科普　2000—2010年，向公职人员发放科普读本5000册。先后组织县机关、事业单位、乡镇干部、重点企业负责人，听取中科院院士何祚庥所作的“科技进步与先进生产力”、中科院微生物所研究员孙万儒所作的“生物工程在改变文明的生活”、省农办主任王良仟所作的“新农村建设”和杭州丰禾专利事务所所长王鹏所作的“知识产权”报告。

青少年科普　1993—2010年，县科协会同县青少年科技辅导员协会，组织中小学师生参加科技创新活动和科技作品竞赛。其间，全县大多数中小学每年开展科技节活动。至2010年，全县中小学生参与全国、省级电子百拼锦标赛、航海模型大赛、电子制作锦标赛、奥林匹克信息学竞赛共获奖500多项。其中获“弈阳杯”个人全能第一的学生5人，被评为省、市优秀科技辅导员10多人次。

科普活动周　在每年科普活动周（5月的第三周）、全国科普日（9月中旬）期间，开展科普宣传、技术培训、现场咨询等活动。科普活动周展示青少年教育、老年健康、生殖健康、环境保护和破除迷信崇尚科学等知识，发放农业实用技术、生活常识等科普资料。2008年以后，以“科普一条街”为活动载体，在壶镇、东方、新建等地开展科技文化下乡系列科普宣传活动。

科普“三下乡”　2006年5月，省、市、县联合组织科技、文化、卫生“三下乡”活动。“三下乡”由省委副秘书长带领32人，市委副书记带领12人，县委领导带领40人，在新建镇举行邀请省农科院专家作家禽养殖技术讲座。

科技培训　2003—2010年，各乡镇农函大辅导站、科技培训中心，在册讲师30人，累计举办培训班188期，培训人数5万余人次。其中60周岁以下党员干部培训班92期，参加培训人数10760人次。1993—2010年，全县取得农函大结业证书13860人，绿色证书12917人。

科普资料编发

1993—2010年，县科协先后编写《辣椒种植技术》《缙云天麻栽培技术》《竹笋两用林高产技术》《怎样养好缙云麻鸭》《食用菌生产技术》《蚕桑实用技术及问答》《蚕桑技术规程》《食品药品安全知识》等科普读物，发送全县35000册。

第五节　归侨侨眷联合会

缙云县归侨侨眷联合会（简称“县侨联”）是由全县归侨侨眷组成的人民团体。2010年，全县登记在册华侨3736人、海外华人5999人、港澳同胞390人、出国留学521人、归侨侨眷3830人。

代表大会

1993—2010年，县侨联先后召开第四次、第五次、第六次代表大会，选举产生各届领导班子。

1993—2010年缙云县侨联代表大会情况一览表

表 22-2-5　　单位：人

届次	时间	代表人数	选举结果（人数）			
			委员	主席	副主席	秘书长
第四次	1999年11月	65	17	1	4	1
第五次	2005年10月	78	17	1	4	1
第六次	2010年12月	79	29	1	8	2

职能工作

1997年，县侨联开展侨情调查，掌握全县华侨、缙籍海外华人、缙籍港澳同胞情况。2000年，设县侨联办公室，聘请驻会副主席兼秘书长1人，负责日常事务。2001年11月，全市首个留学人员家属联谊会成立。2009年9—10月，县侨联举办庆祝中华人民共和国成立60周年华侨侨眷风采展，展出图片60余幅。2010年6月，开展以“宣传侨法、维护侨益、凝聚侨心”为主题的庆祝《中华人民共和国归侨侨眷权益保护法》颁布实施20周年活动；11月，壶镇镇归侨侨眷联合会成立；12月，五云镇归侨侨眷联合会成立。

1993—2010年，县侨联累计处理华侨华人、归侨侨眷来信来访356件次，接待华侨华人、港澳同胞758人次，向海外侨胞赠送贺年卡1100多张，发放各种宣传资料2900多份。

2010年，县内侨资、侨属企业有涛涛集团有限公司、华孚纺织有限公司、晨龙锯床股份有限公司等。在美国、加拿大、新加坡、澳大利亚建有缙云同乡会，以及海外便侨利民服务站22个。

第六节　台胞台属联谊会

1993—2010年，缙云县台胞台属联谊会（简称“县台联”）开展两岸联谊，引进台资，共襄桑梓工作。20世纪90年代以来，台胞投资和捐赠的有：舒寿福投资28.8万美元在缙创办寿尔福化学公司，李延品、舒寿福先后捐建中小学教学楼多处，郑步雄捐赠50万元修筑七里乡竹余通村公路。1996年12月，缙云建县1300周年庆典期间，旅台同乡会捐赠黄帝祠宇黄帝塑像。1998年11月，首届仙都旅游文化节期间，旅台同乡会理事长胡治清应邀率团出席黄帝祭典。此后，港澳台同胞每年都有代表参加仙都民祭、公祭黄帝典礼。2006年，县台联观光团访问台湾，向旅台缙云同乡会赠送《缙云台联二十年》一书、《仙都风光》影碟，并互赠会刊。2007年，经台胞陈梦臣牵线，台湾佛教界向缙云县佛教协会赠送《乾隆大藏经》数百册。

2010年，全县有台属近3万人，台属企业52家，产值6.3亿元。台属企业主要有寿尔福化学有限公司、田氏伤科医院、博尔机电有限公司等。

第七节　工商业联合会

缙云县工商业联合会（简称“工商联”）是县委、县政府联系非公有制经济人士的桥梁和纽带，具有多种服务职能的人民团体。1993 年 3 月开始，缙云县工商联与缙云县总商会合署办公。县工商联在县内建立基层商会、行业商会的同时，指导缙籍在外人士成立缙云县异地商会 8 个。1998 年，《缙云工商》会刊创办，至 2010 年累计编发 187 期。2000 年，县工商联工作重心转向行业协会建设，县工商联网站开通。

商会

2010 年，县工商联有个人会员、企业会员、团体会员共 618 个。

基层商会　至 2010 年，共 5 个。1995 年 8 月，壶镇商会成立。1998 年 2 月，新建镇商会成立。2010 年 9 月，东方镇商会成立；12 月，浙江缙云工业园区商会成立。2007 年 6 月，缙云县永康商会成立。

行业商（协）会　至 2010 年，共 7 个。1995 年 12 月，缙云县印刷包装商会成立。1998 年 1 月，缙云县照明行业协会成立；8 月，缙云县养殖行业商会成立。1999 年 9 月，缙云县建筑装饰行业协会成立。2003 年 1 月，缙云县工艺雕塑协会成立。2009 年 8 月，缙云县商业联盟商会成立。2010 年 6 月，缙云县门窗加工行业协会成立。

异地商会　至 2010 年，共 8 个。1998 年 9 月，缙云养殖行业商会上海市分会成立。1999 年，缙云养殖行业商会广西壮族自治区分会成立。2000 年 6 月，石家庄市缙云商会成立。2001 年 11 月，义乌市缙云商会成立。2005 年 4 月，上海市缙云商会成立。2007 年 5 月，温州市鹿城区缙云商会成立。2008 年 4 月，广西壮族自治区缙云商会成立；6 月，广东省缙云商会成立。

2002—2010 年，义乌市缙云商会为会员申请到稠州商业银行 5 亿元贷款授信，上海市缙云商会调处会员经济纠纷和维权事项 70 余起，缙云养殖行业商会广西壮族自治区分会到哈尔滨、北京、上海等 20 多个城市促销，与当地水产批发商签订供货订单，为虾农增加利润一成以上。

图 22-2-3　2010 年缙云县工商联成立六十周年纪念大会会场

代表大会

1993—2010 年，县工商联先后召开第六次、第七次、第八次、第九次代表大会，选举产生各届领导班子。

1993—2010 年缙云县工商联（总商会）代表大会情况一览表

表 22-2-6　　单位：人

届次	时间	代表人数	选举结果（人数）			
			执委	常委	主任（主席、会长）	副主任（副主席、副会长）
第六次	1993 年 3 月	151	34	15	1	5
第七次	1998 年 3 月	128	37	21	1	13
第八次	2004 年 3 月	143	50	25	1	14
第九次	2007 年 12 月	168	83	48	1	28

主要工作

1993—2010 年，县工商联组织会员积极参政议政、开展服务、推进“光彩事业”等工作。

参政议政 1993—2010 年，非公有制经济人士和工商联会员任各级党代会代表 10 人次、人大代表 28 人次、政协委员 85 人次；担任各类行风监督员、效能监督员、民主评议团成员 56 人次。非公有制经济人士担任省、市、县工商联执委以上职务 75 人次。县工商联会员就民营企业经营管理、仙都旅游开发、企业发展、劳动关系、工业转型升级等方面撰写调研文章 13 篇，向人大、政协“两会”提交提案、议案 1300 多件。

公益慈善 1993—2010 年，县工商联广大会员致富思源，热心公益事业，积极捐资回馈家乡，支援家乡建设和贫困帮扶。缙云扬帆控股集团、晨龙集团等 17 家企业主被聘任为村集体事业发展顾问，为扶贫、助学、村基础设施建设等公益事业捐款 3000 多万元。

2006 年 11 月，县工商联会员为慈善总会捐款 1000 万元。至 2010 年，县工商联会员中，设有专项基金 12 个：扬帆寿尔慈善基金、新海集团慈善基金、东方工具助学基金、三鼎残疾人小康·阳光庇护中心助学基金、华孚集团助学基金、田氏伤科医疗救助基金、钭氏伤科医疗救助基金、众发实业生育关怀基金、天喜集团生育关怀基金，寿尔福化学有限公司助学、助残、助老党员基金各 1 个。

2008 年，缙云工商界人士向汶川地震灾区捐款（物）2100 万元。其中，广东省缙云商会会长王耀海捐款 1000 万元和价值 70 万元的节能灯、3000 顶帐篷，金威实业有限公司捐赠物资价值 600 万元，田氏伤科医院捐资 50 万元，天喜控股集团有限公司、晨龙集团有限公司等 23 家会员企业均捐资 10 万元以上，缙云县永康市商会捐资 105 万元，缙云异地商会共捐资 50 余万元。

第八节　文学艺术界联合会

1985 年 11 月 20—22 日，缙云县第一次文学艺术工作者代表大会召开，缙云县文学艺术界联合委员会（简称“县文联”）成立。1993—2010 年，未召开缙云县文联代表大会，1995 年 2 月和 2003 年 6 月，两次任命县文联主席。

县文联业务上接受省、市文联及其文艺家协会指导，组织文艺爱好者开展文学艺术创作交流、培训采风、比赛参展和指导社会文艺活动，挖掘整理地方文化和民间艺术。

下属协会

县文联下设文学、美术、书法、摄影、戏曲、音乐、舞蹈、民间文学 8 个协会。另有油画、根雕、剪纸及仙都摄影俱乐部、独峰诗词学会等二级协会 10 余个。2010 年，有会员 400 多人。其中含国家级会员 16 人、省级会员 80 人、市级会员 150 多人。民间艺术社团和培训机构主要有涂图堂、水墨五云丹青女社、李阳冰书画院、三松艺术培训中心、壶镇括苍书画社、壶溪书画社、东方书画社等。各协会在联谊交友、切磋交流的同时，大多开课授徒，以艺养艺。

文学艺术活动

1986—2010 年，县文联先后办有文艺刊物《仙都》《新农村文艺》《缙云文学》。

1996 年 10 月，缙云县首届老年人声乐大赛举行，评出“十佳”老年歌手。1997 年 6 月，举行迎香港回归电视文艺晚会；8 月，省文联党组书记张浩携浙江画院画师十多人到仙都采风。1998 年，县文联参与主持仙都黄帝祠宇礼器设计、采办和公祭黄帝典礼仪程安排工作。1999 年，缙云县音乐协会、舞蹈协会创作并排演祭祀黄帝乐舞。

2001 年，举办缙云、永康书画联展。2002 年 3 月，参与“名家画丽水·仙都”活动，省文联主席张浩率浙江画院曾宓、孙勇等 20 多位画家到场创作。2003 年 1 月，县美协、书协 14 位会员向县档案馆捐赠书画作品。2004 年 11 月，县文联向舒洪、胡源文化示范户、老年活动室捐赠书画作品及文艺书刊 300 多册（幅）。2005 年 9 月，举办缙云县纪念抗日战争胜利 60 周年歌咏比赛；10 月，方成、徐鹏飞、于保勋等漫画家参加缙云“夏苑漫画收藏展”活动；中国文联党组书记李树文考察仙都。2006 年，组织缙云县悬雕、根雕、剪纸、婺剧等非物质文化遗产项目研究和送审工作；县戏剧家联谊会成立，挖掘整理“缙云杂剧”；10 月，在县博物馆举办根雕、奇石精品展。2007 年 3 月，选送根雕作品 60 余件，参与在杭州举办的丽水市特色文化精品展；11 月，组团参加丽水国际摄影文化节。2008 年 6 月，缙云 15 幅剪纸作品入选省剪纸艺术巡回展；9 月，举办施子江、褚震岗、王凯朝“三人行”诗书画展；承办在缙云召开的丽水民间文艺理论研讨会，为《绿谷文艺论坛》《丽水民间艺术》组稿。2009 年 1 月，中国人民大学教授郑晓华回乡与书法爱好者座谈交流；5 月，23 幅作品参加全市书画作品展。2010 年 1 月，举办生态缙云摄影大奖赛；6 月，浙江省民间文艺家协会命名缙云县为“杜光庭文化之乡”。

获奖作品

2002 年 7 月，卢峰书法作品入选“全国第二届正书展”“全国第四届楹联书法展”。2005 年 5 月，李咸德的《喜在今日》获法国“欧洲杯”数码摄影比赛银奖；8 月，胡庆平创作并演唱的《是你的爱让我这样快乐》获第十二届“北极星杯”全国歌曲创作比赛金奖。2006 年 6 月，陈成科的《紫檀百福香筒》木雕获杭州第六届“国际民间手工艺展览”银奖。2008 年 3 月，朱牧的《飞雪迎春》获上海“春到江南”全国摄影大赛金奖。2009 年，赵德灿的《街头奥运》入选中国（丽水）第十三届国际艺术摄影展。缙云 200 余幅作品参加丽水剪纸艺术大赛，获 1 金 2 银 5 铜。

第九节　残疾人联合会

1991 年，缙云县残疾人联合会（简称“县残联”）成立，内设残疾人劳动就业服务所、康复服务指导站（中心），各乡镇均开始建立残联组织。2010 年，按国家测算标准统计，缙云县残疾人 28060 人，约占全县总人口的 6.19%，涉及近五分之一家庭。其中，肢体残疾 6356 人、言语残疾 297 人、听力残疾 9529 人、视力残疾 3808 人、智力残疾 1790 人、精神残疾 2357 人。

代表大会

1993—2010 年，县残联先后召开第二次、第三次、第四次、第五次代表大会，选举产生各届领导班子。

1993—2010 年缙云县残联代表大会情况一览表

表 22-2-7　　单位：人

届次	时间	代表人数	主席团人数				执行理事会人数	
			主席	名誉主席	副主席	委员	理事长	副理事长
第二次	1993	108	1	3	9	23	1	—

续表 22-2-7

届次	时间	代表人数	主席团人数				执行理事会人数	
			主席	名誉主席	副主席	委员	理事长	副理事长
第三次	1998	104	1	2	10	20	1	1
第四次	2003	123	1	1	9	21	1	2
第五次	2007	123	1	1	9	21	1	2

1993 年以来，县残联开展全县残疾人调查、发证、康复、扶贫、维权等工作，致力改善残疾人平等参与社会生活的环境和条件。

康复服务

2007 年，缙云县康复中心成立，为患者提供康复医疗、训练服务。2007—2010 年，免费为 350 多名白内障患者实施复明手术，为低视力残疾人适配助视器 25 台，为听力残疾人适配助听器 424 台，为 37 名下肢残疾人装配假肢及矫形器，发放轮椅 480 多辆，配发辅助器具 1000 多件；组织 50 多名聋儿接受省市语训部、县特殊教育学校的听力语言训练，培训聋儿家长 20 人；组织肢体残疾人 37 名、盲人 9 名、智残儿童 40 名、智力残疾儿童家长 20 名进行康复知识培训及康复训练；对 389 名精神残疾人，每人每年补助服药医疗费用 300 元。2010 年，缙云获全国“残疾人社区康复示范县”。

社会保障

2008—2010 年，全县换发第二代残疾人证 6612 本。其中，肢体残疾证 3381 本、视力残疾证 683 本、精神残疾证 442 本、智力残疾证 719 本、听力残疾证 930 本、言语残疾证 114 本、多重残疾证 343 本。持证残疾人资料全部录入信息服务系统。贫困残疾人单独立户实行“低保”，人数占全县“低保”总人数的 33%；为残疾人落实居家安养 329 人、集中托养 87 人、助学 1200 多人、危房改造 400 多户；为贫困残疾人定期补助近 800 人、养老保险补助 100 余人；开展“结对助学”，资助残疾少年儿童上学 1000 多人。2010 年 10 月，全市首家培智学校创办，地点在原城北乡政府办公楼，招收智障学生 15 人。2010 年，县政府给予非低保持证残疾人新型农村合作医疗保险补贴，补贴人数为 4341 人。

帮扶就业

1993 年以来，执行《缙云县扶助残疾人规定》，“按不低于本单位在职职工总数 1.5% 安排残疾人就业”的标准，对未按比例安置残疾人就业的单位，征收残疾人就业保障金。至 2010 年，全县累计征收残疾人就业保障金 2500 多万元，安排残疾人就业 600 多人。其中，分散安置 300 多人，集中安置 100 多人，异地劳务输出 200 多人。

第十节　红十字会

2008 年 7 月，缙云县红十字会（简称“县红十字会”）成立，会长由县政府一名副县长兼任。至 2010 年，县红十字会累计得到上级红十字会善款 23.2 万元，救助物资价值 107.4 万元，本级自筹善款 18.3 万元。2008 年，县红十字会为四川汶川地震灾区募捐 556 万元赈灾款和价值 5.2 万元的物品。2010 年，为青海玉树地震灾区募捐 4.7 万元。

赈灾救济

2009 年，为赈济缙云遭受“莫拉克”台风灾害，中国红十字总会发放救助大米 3.8 万千克，省红十字会发放救助金 10 万元，市红十字会发放救助棉被、运动鞋等；县红十字会为大源镇遭受泥石流灾害的灾民捐赠棉被 149 条及方便面、矿泉水；联系杭州市瑞德设计有限公司向石笕小学捐赠图书资料、文体用品和学生校服；帮助 4 名先天性心脏病患儿到浙江大学附属儿童医院进行手术；组织无偿献血 4431 人次，献血量占缙云临床用血量的 95.8%。

2008—2010 年的元旦、春节期间，县红十字会均到乡村给困难群众送棉被、大米、食用油和慰问金，其中发放救助物资价值 41.7 万元，救助金 3.5 万元；组织志愿者为敬老院老年人体检、理发，发放鞋、袜、方便面等慰问品；到新碧工业园区为外来务工者送矿泉水、方便面、太阳帽、拖鞋。2010 年 2 月，为舒洪镇姓王村火灾灾民捐助大米、油、毛毯、衣服；5 月，县农村信用联社捐赠爱心伞 1000 把，投放到 22 辆公交车上供乘客使用；县红十字会分别为 2 位白血病患儿申请获得“小天使基金”医疗救助 5 万元、3 万元。

图 22-2-4　2009 年 5 月 7 日，缙云县红十字会挂牌仪式现场

宣传培训

2009 年，组织红十字志愿者开展无偿献血、器官捐献、造血干细胞捐献等宣传服务活动。2010 年，组织医护人员对消防、武警中队和汽车驾校、老年大学进行止血、包扎、固定、搬运急救技术和心肺复苏培训，对学生进行应急避险知识培训。

第十一节　慈善总会

2006 年 11 月，缙云县慈善总会成立，有创始会员 95 个（含单位会员 15 个）；12 月 4 日，县慈善总会成立暨第一次会员代表大会召开，选举产生第一届理事会理事 60 人，聘任县委书记、县长为理事会名誉会长。2007 年，全县 25 个乡镇（农管处）均成立慈善工作站。

慈善募捐

2006 年 12 月，在缙云县慈善募捐启动仪式上，县慈善总会共募集善款 2709.78 万元。其中，县财政拨付善款 800 万元，30 多位县级领导、县行政事业单位干部职工、社会各界人士募捐善款 345.58 万元，获省外赈灾款 54.41 万元，民营机构捐助 1509.79 万元。筹集县慈善总会善款本金 918.48 万元、留本冠名基金 448 万元、定向资金 1343.3 万元。寿尔福化学有限公司、新海薄板集团有限公司 2 家民营企业和田氏伤科、钭氏伤科 2 家民营医院均设有留本冠名基金。

至 2010 年年末，县慈善总会累计募集资金 3909.77 万元。其中，慈善本金 2095.3 万元、留本冠名基金 448 万元、定向项目资金 1366.47 万元。

慈善救助

县慈善总会成立后，开展助医、助困、助学、助老、助孤、助残、扶贫和赈灾等项目的救助活动。至 2010 年年末，共发放救助资金 2006.29 万元（包括定向资金和留本冠名基金）。其中，助医 486.77 万元，助困 145.59 万元，助学 232.78 万元，助老 5.96 万元，助孤、助残 13.39 万元，扶贫 359.21 万元，赈灾 762.59 万元，包括汶川赈灾 715 万元和玉树赈灾 15 万元。救助困难群众 1.84 万人次（不含汶川和玉树地震）。

大病救助 2007 年 1 月开始，县慈善总会对全县患白血病、尿毒症、恶性肿瘤、脏器功能衰竭等困难患者进行救助。2008 年，钭氏伤科医院助医基金建立，主要救助在该医院治疗的困难患者，救助金额 500 ～ 3000 元 / 人次，至 2010 年，共救助病人 3021 人次。

贫困家庭生活救助 县慈善总会每年每季开展一次贫困家庭生活救助活动，救助金一般为 500 元 / 人次，特殊困难家庭酌情增加。至 2010 年，全县共救助 2772 人次。

金秋助学活动 每年 8 月份，县慈善总会举行金秋助学金发放仪式。至 2010 年，全县共资助大学生 344 人、中小学生 582 人。

助老助孤助残 除安排县慈善总会救助资金外，县慈善总会还争取外援资金用于助老助孤助残。2006—2010 年，全县共助老助孤助残 214 人次。2009 年开始，每年春节期间，县慈善总会为敬老院老年人送年夜饭、送助老助孤助残资金。

灾害救助 每逢有灾情损失，县慈善总会及时启动调查核实程序，根据受灾损失程度，给每户受灾户送去救助款 300 ～ 500 元。其中，2009 年 8 月，县慈善总会发放救助款 6 万元，赈济“莫拉克”台风灾民 229 户。至 2010 年，全县共救助灾民 719 户。

2008 年 5 月 12 日汶川地震，2010 年 4 月 14 日玉树地震发生后，县慈善总会募捐赈灾款 730 万元捐赠灾区。

第二十三篇 公安 检察 法院 司法行政

1993年以来，根据经济社会发展出现的新情况、新问题和新要求，县公安局、县人民检察院、县人民法院、县司法行政等部门认真贯彻执行党的路线、方针、政策，依法依规，各司其职，通力合作，全面推进严格执法、公正司法、全民守法，积极组织、协调、投身社会稳定工作，打击和预防犯罪，优化治安环境，解决社会矛盾，维护地方经济秩序，为缙云经济社会发展和文明进步保驾护航。

县人民政府设法制办公室与县政府办公室实行“两块牌子，一套班子”管理体制，负责组织起草或审核修改规范性文件及备案、清理工作，协调行政执法中有关部门由于对法律、法规的不同理解而产生的矛盾，负责县政府的行政复议工作，参与行政应诉工作，组织或参与行政执法监督检查。

第一章　公安

缙云县公安指挥技术综合楼建设项目，2000年立项，2001年7月开工建设，占地面积1.15公顷，建筑面积1.17万平方米，投资4176万元。2007年6月，县公安机关从五云镇寺后路14号迁至蓬莱路1号县公安指挥技术综合楼；8月22日，县公安局举行迁址挂牌仪式。

1992年、2000年、2010年，县公安局分别配有警车14辆、83辆、129辆。县公安局民警服装采用1992年“八九”式橄榄色，2000年换发为“九九”式藏青色。

1986年，县公安局在五云镇鸪鸪山设立150兆公安无线通信网络差转台，无线对讲基本覆盖全县。1988年开始，民警执行公务时使用公安系统对讲机通信。1992年，局机关电话总机内部专线16条、中继线2条，全局有手持对讲机80台、车载台对讲机6台、基地台对讲机1台。1993年，缙云县公安寻呼台开通，每个民警配备BP机传呼通信。1997年，局机关电话总机中继线增至10条，实现内部电话自动接转，并开通“110”报警指挥系统。2001年，民警配备手机并加入县政务虚拟网。

第一节　机构与队伍

机构变更

公安局机关　1992年年末，县公安局机关内设机构有：纪律检查组（监察室）、政工科、秘书科、政保科（出入境管理科）、法制科、森林保卫科、保卫科、治安科、刑侦队、户政科、预审科、信访科；隶属单位有看守所、治安拘留所、交通警察大队。1993年1月，刑侦队更名为刑事侦查大队；12月，巡特警大队成立，下设办公室、警务中队3个、机动中队1个；局秘书科更名为局办公室。1994年1月，消防科更名为县消防大队，为营级单位；5月，森林保卫科撤销。1996年6月，治安科更名为治安大队；10月，局机关内设机构有：政治处、办公室、政治保卫大队（出入境管理科）、治安警察大队、巡特警大队、刑事侦查大队、经济侦查大队、计算机管理监察科、指挥中心、预审科、户政科、法制科、纪检监察科、后勤科、控告申诉科（信访）、看守所、拘留所。1997年3月，保卫科更名为经济文化保卫科；5月，警务督察委员会建立；6月，警务督察大队建立；8月，组建刑侦中队7个；11月，县保安服务公司成立，公司地址设在五云镇胜利街77号。1998年7月，“110”快速反应机动队建立，编制15人；1999年5月，县公安局办证中心建立；9月，“110”快速反应机动队变更为防暴机动大队。

2000年7月，撤销局预审科，预审和侦查职能合并；8月，县交警大队仙都中队成立。2001年11月，经济文化保卫科撤销，所属工作归属治安大队管理。2002年6月，局机关内设机构18个：政治处、办公室、纪检监察室、警务督察队、国保大队、出入境管理科、刑侦大队、治安大队、缉毒大队、指挥中心、信息通讯科、网络监察大队、法制科、后勤装备科、控告申诉科、看守所、拘留所、交通警察大队。2003年4月，情报信息中队建立；8月，按公安部《关于保安服务公司规范管理的若干规定》，县保安公司设科室11个。招聘保安人员365人，派驻212个单位，其中机关、学校150个单位200名保安员，金融33个单位37名保安员，企事业29个单位119名保安员；185名协警归属保安服务公司管理；9月，防暴机动大队更名为防暴防恐机动大队，属全市第一支防暴防恐机动大队。2006 年 12 月，防暴防恐机动大队更名为巡特警大队。2007 年 9 月，后勤服务中心设立。2008 年 9 月，行政审批服务科设立，办证中心撤销；11 月，刑事科学技术室、物证鉴定室设立。2009 年 8 月，刑事科学技术室、物证鉴定室增挂县公安司法鉴定中心牌子。2010 年年末，流动人口服务管理中心成立；保安公司与县公安局脱钩；新招协警 22 人，巡特警大队共有警力 70 人，其中协警 65 人。

公安分局　壶镇公安分局，1992 年设立，1994 年 5 月撤销。2006 年 6 月，浙江缙云工业园区公安分局设立。

派出所　1993 年年末，全县设派出所 17 个。1994 年 5 月，保留五云、壶镇、仙都、新区、东方、新碧、雁岭、双溪口、溶江、七里、方溪、大源、胡源 13 个派出所；新建区、盘溪区、大洋区、城郊区 4 个派出所分别更名为新建、舒洪、大洋、东渡派出所。1996 年 10 月，设五云、新区、仙都、壶镇、东方、雁岭、新建、新碧、东渡、七里、方溪、舒洪、胡源、双溪口、溶江、大源、大洋、南溪 18 个派出所。

2003 年，雁岭派出所并入壶镇派出所，双溪、溶江、胡源派出所并入舒洪派出所，南溪派出所并入大洋派出所，方溪派出所并入东渡派出所，新区和七里派出所并入五云派出所。2010 年年末，全县设派出所 10 个。

警务室　1992 年，章源、溶溪、白六、三联、新碧、东川乡设民警执勤室，每室配编制外工作人员 3 人。

2002 年 8 月，全县第一个社区警务室——朝晖警务室设立；至年底，五云镇的镇中、水南、北门、新城、风景山 5 个社区均建立警务室；在县汽车站、火车站、县人民医院等重点公共场所建立单位警务室。2003 年 8 月，东方派出所在靖岳村建立全市第一个村警务室。至 2009 年，全县建有村警务室 15 个。

道路交通安全管理机构

1991 年 7 月，县公安局交通警察队更名为县公安局交通警察大队（简称“县交警大队”），下设办公室、车辆管理所及交通管理、事故处理、新碧、壶镇、城镇 5 个中队，撤销安全管理分队。1992 年 7 月，县交警大队机关迁至五云镇水南塔下畈新大楼办公。1993 年 3 月，缙云县交通服务施救中心成立。1994 年 11 月，缙云县机动车驾驶员协会成立。1995 年 5 月，县交警大队增设道路交通巡逻队。1997 年 4 月，缙云县公路巡逻民警大队成立，下设三个中队，实行公路统一执法。1997 年 5 月，县交警大队舒洪中队、机动车驾驶员培训中心成立；12 月，县交警大队增设宣教科，与交通管理中队合并办公。1998 年 2 月，丽水地区交通安全教育学校缙云分校成立；5 月，巡逻民警大队成立，与县交警大队合并办公，原巡逻中队改为机动中队。1999 年 9 月，县交警大队交通事故处理审判庭成立。

2000 年 8 月，县交警大队仙都中队成立；县交警大队与县巡特警大队合并，更名为交通巡逻警察大队。交通巡逻警察大队内设机构有：办公室、车辆管理所、事故处理中队、交通管理中队、宣教科，下设新碧中队、壶镇中队、舒洪中队、东渡中队、仙都中队、城镇中队、特勤中队、巡逻中队、培训中心。2002 年 7 月，撤销机动车驾驶员培训中心。2004 年 2 月，县交通巡逻警察大队增设新建、大源、大洋中队。

2004 年 6 月，缙云县交通巡逻警察大队更名为缙云县交通警察大队；7 月，县交警大队交通违章处理中心成立。2006 年 11 月，县交警大队法制科成立。2010 年年末，县交警大队有股级单位 13 个：办公室、法制科、车管所及事故处理、交通管理、城镇、东渡、新碧、壶镇、舒洪、新建、大洋、大源中队。民警 73 人，职工 16 人，交通协管员 99 人。

队伍

县公安局编制人数，1993 年年末，274 人，实际人数 236 人。1995 年，招收录用民警 43 人，年末实际人数 289 人。1996 年 3 月，巡特警大队聘请廉政执法监督员 13 人。1999 年，推行侦察员星级制，全局有星级警察 47 人。2000 年年末，编制人数 313 人，实际人数 392 人，其中民警 347 人，工勤人员 45 人，另有治安联防队员 185 人。2005 年年末，编制人数 444 人，实际人数 393 人，其中民警 349 人、工勤人员 44 人；另有协警（原治安联防队员）185 人。2010 年年末，编制人数 500 人，实际人数 434 人，其中民警 385 人、工勤人员 49 人；另有协警 185 人。

立功创优

1993—2010 年，丽水地区（市）公安局授予缙云县公安局集体二等功 11 次、三等功 67 次。

1993—2010 年缙云县公安局集体二等功、三等功立功单位一览表

表 23-1-1

年份	二等功立功单位	三等功立功单位
1993	五云派出所	县公安局　治安科　秘书科　新建派出所　盘溪派出所
1994	新建派出所	县公安局　预审科　刑侦大队　新建派出所　壶镇派出所　巡特警大队
1995	麻车岭系列抢劫案侦破组	仙都派出所　壶镇交警中队　新碧交警中队　政工科　预审科　交警车管所　“3・11”抢劫杀人专案组
1996	“11・16”特大杀人案专案组 “3・11”堵截围捕组 “12・13”特大抢劫案专案组	仙都派出所　巡警大队　综合档案室　预审科
1997	—	治安大队　“3・19”无名尸凶杀案侦破组　新碧派出所　新碧交警中队（2 次）
1998	—	看守所　户政科　五云派出所　交警大队（2 次）
1999	侦破公路系列特大抢劫杀人案专案组	政保大队　“12・21”坟园白骨专案组　交警事故中队　五云派出所　县公安局仙都旅游节保卫组
2000	—	交警车管所　政保大队　局办公室　东方派出所　巡特警大队
2001	—	“三项教育”办公室　五云派出所　东方派出所
2002	—	大源派出所
2003	“3・22”围捕专案组	指挥中心 2 次　东渡派出所　双溪口派出所　壶镇派出所　东方派出所
2004	—	新碧交警中队 2 次
2005	—	后勤装备科　“2・08”专案组　派驻市法制学校保卫组
2006	交警大队新碧中队	“8・13”专案组
2007	—	东方派出所　“2006・8・8”特大故意杀人案专案组
2008	“2005・12・30”特大制售假烟案专案组	治安大队
2009	—	刑事科学技术室　交警大队
2010	上海世博会“环沪护城河”安保维稳工作小组	工业园区（新碧）公安分局　“2009・7・24”贩毒案专案组　“部银河诈骗案”专案组

第二节　刑事侦查

1992 年，县公安局有刑事侦查三级技术点 1 个，设有法医、痕迹、文件检验及刑事照相等专业。

1993年以后，缙云县公安局刑事侦查科技化、信息化装备不断完善。对杀人、放火、强奸、绑架、抢劫、投毒、爆炸等重大恶性暴力犯罪案件，集中警力，适时成立专案组侦破，抓捕嫌疑犯。1999年，网络缉捕开始运用。2000年，驯养警犬2条，缙云县公安局警犬工作站建成。2010年，配置一体式采集系统、足迹采集系统等16件器材设备。

1993—2010年，全县刑事案件立案24163件、破案12025件，破案率49.77%。

1993—2011年，全县共抓获逃犯2044人。1996年，全县有逃犯674人，逃犯总数列丽水地区首位。其中，批捕在逃241人、负案在逃433人、省公安厅督捕19人、地区公安局督捕18人，县公安局采取多种方式、手段开展追捕逃犯行动。在抓捕逃犯过程中，召开在逃家属座谈会92次，参加人员961人，召开乡（镇）村干部会211次，参加人员6890人；张贴标语8120张、悬挂横幅44幅，广播、电视宣传365次，学生上街宣传7批500人；张贴逃犯名单计76人，印发敦促逃犯投案自首《通告》及致逃犯亲属公开信2000份。追捕归案逃犯511人。其中，投案自首341人，抓获归案170人（省厅督捕、通缉在逃犯19人，地局督捕在逃犯8人）。追回逃犯数占丽水全地区67%。

2001年9月17日—11月30日，县公安局组织4次“天网”追逃行动，出警4816人次，清查公共场所3847家次、出租房1126家次、暂住人口2141人次，搜查全部逃犯家庭，上网比对503人，追捕归案逃犯52人。2009年，县公安局抓获网上通缉逃犯51人。

第三节 经济案件侦破

1997年，缙云县公安局经济案件侦查大队成立，通过侦破经济案件，严厉打击经济诈骗犯罪活动，同时把假冒商品、涉税、非法集资、职务侵占等大要案列为打击重点。1998—2010年，县公安局经济案件立案215起（含积案9起），破获213起，挽回经济损失2732万元。

2008年开始，县公安局先后开展打击“非法融资”“网络传销”“商业贿赂”“制售假发票”“信用卡犯罪”“非法生产经营兴奋剂”等专项行动，配合税务部门，对涉嫌使用虚假海关完税凭证偷逃税款共计400多万元的10家企业逐家进行审查核证。

2006年3月，县公安局经济案件侦查大队被省公安厅授予“全省公安机关窗口建设先进单位”荣誉称号。

侦破重大经济诈骗案件

1993年以后，针对缙籍犯罪嫌疑人利用假合同、假汇票、皮包公司等手段进行经济诈骗犯罪活动，外地受害人多，造成缙云在外地恶劣影响的严重情况，县公安局把打击经济诈骗犯罪列为工作重点。1994年3—5月，全县侦破诈骗案件42起，抓获诈骗案犯20人，追缴赃款395.82万元。全年查处经济诈骗案件119起，涉及犯罪团伙23个人员80人，抓获犯罪嫌疑人48人，追缴赃款赃物927.4万元。1995年，查处经济案件108起，抓获犯罪嫌疑人111人，追缴赃款、赃物（折价）共1469万元。1998年2月，侦破特大合同诈骗案，抓获犯罪嫌疑人谢某等8人；10月，在福建省抓获犯罪嫌疑人叶某某，侦破贩卖香烟诈骗案1起，涉案金额200余万元。

2001年4月，抓获利用《鸭苗供货合同》（俗称“合同鸭”）诈骗犯罪嫌疑人樊某某，涉案金额44万元。2009年，抓获合同诈骗犯罪嫌疑人徐某某、李某某，涉案金额100万元。2010年，开展打击“发票违法犯罪”“银行卡犯罪”专项行动；查处村干部涉嫌职务犯罪案件9起11人；侦破郜某某特大诈骗案。

侦破售卖假烟案

1993年以后，全县售卖假烟犯罪日益猖獗，县公安、烟草、工商等部门多次联手予以重点打击。1994年5月，侦破假冒“云烟”牌香烟案，涉案数量100箱。1998年3月，缙云查处的“1997•1•28售假烟”案被评为丽水地区十大打假大案。1999年3月，查获运销假烟大案，涉案金额80余万元。2005年12月，县公安、烟草部门联合行动，抓获以李某某等3人为首的特大售卖假烟犯罪团伙。该案共涉及卷烟24000件，价值2亿多元。案件移交后，法院判处李某某无期徒刑，其他18名案犯分别被判处1～13年有期徒刑。

打击非法集资诈骗犯罪

进入21世纪以后，县境相继出现集资诈骗事件，受害人数多，社会影响大。2006—2010年，县公安局先后侦破浙江祥和实业有限公司胡某某、浙江远达锯业有限公司孙某某和社会人员杜某某（女，绰号“小姑娘”）3起特大非法集资诈骗案。其中“祥和实业非法集资案”系全市首例。

打击其他经济犯罪

1999年8月，侦破损害浙江仙都啤酒发展公司商品信誉案。2003年9月，开展打击制售假发票和建筑企业偷税等违法犯罪专项行动，侦破缙云县恩宝工具有限公司特大虚开增值税专用发票等案件。2004年，侦破某信用社会计周某某职务侵占集体资金案，涉案金额150多万元。2006年，查处网络经济违法案件7起。

第四节　社会治安管理

1993年12月，县公安局治安巡逻队开始在五云镇街道执勤。1996年4月，各城镇主要街道和公共复杂场所开始24小时巡逻。2006年6月19日，查处缙云县首例非法集会示威案。

公共场所、特种行业管理

娱乐场所管理　1993年以后，缙云县重点整治公共娱乐场所，对申请开办娱乐场所的实行从严控制审批，对已经审批经营的实行严格治安管理，拆除娱乐场所封闭式包厢，打击色情活动。1995年8月，清查娱乐场所166家，查处违法人员38人。1998年9月，开展公共场所治安大检查。检查歌舞厅55家、美容美发店120家、电子游戏厅16家、旅馆110家，抓获犯罪嫌疑人31人。2006年3月，采集娱乐场所120名从业人员个人信息。2010年，对娱乐场所248名从业人员重新核查登记，采集其个人信息4000余条，实行信息化管理。

旅馆业管理　1992年开始，县域旅馆数量增加。针对330国道缙云段开办的60多家“路边店”时有发生强制拦车、卖淫嫖娼、打架斗殴、敲诈勒索等事件，县公安局组织民警巡逻检查、多次集中整治。1996年，根据《浙江省旅馆业旅客住宿登记管理规定》《浙江省旅馆业治安管理工作规定》，全面检查、整改旅馆业。

2000年5月，县公安局旅馆业网上追逃自动比对报警系统启用。150个床位以上的旅馆全部安装前台登记系统，占全县旅馆总床位数的46%。2004年9月24日21时，通过报警系统提供信息，抓获批捕在逃人员1人。2006年6月开始，旅馆入住旅客实行“四实”（实名、实时、实情、实数）登记。2008年8月，五云派出所制定《旅馆业等级化管理办法》，在管辖范围先行推开旅馆业等级化管理。2009年4月，县公安局《旅馆业等级考核办法》制定，全县177家旅馆全部纳入等级考核管理。

印章刻制管理　1992年2月开始，按地区公安处《关于推广使用原子印章和加强管理的通知》，全县党政机关、社会团体、企事业单位和私营个体工商户的印章及财务专用章，在3年内全部由手工刻制更换成原子印章。1997年，按地区公安局、工商局《关于推广使用防伪印章实施意见》，全县党政机关、社会团体、企事业单位、私营个体工商户的印章、法人章及财务专用章等更换为防伪印章，纳入计算机管理系统。2010年年末，全县登记印章刻制店11家，其中允许刻制公章的4家。

民用枪支弹药和特种工具管理　1992年9月，贯彻执行丽水地区公安处《关于开展民爆物品枪支弹药清理整顿专项治理的实施方案》，全面收缴流散在社会上的枪支、弹药及其他凶器，重点收缴非法制造、买卖和来源不明或未经许可持有的枪支、弹药。1994年，根据省公安厅《整治枪支弹药爆炸物品工作方案》，组织民警76人、治安员65人，各乡镇政府配合，开展排摸整治枪支弹药、爆炸物品工作，全县排摸出民用枪支1251支，其中查验登记1086支，签订安全责任书1116份。收缴非法枪支211支、炸药17931千克、雷管21107枚、导火索2070米。查处违反枪支、爆炸物品管理案件21起，处理案犯23人。1996年11月，对收缴的1223支民用枪支、390件管制刀具进行集中销毁。1999年7月，开展夏季严打整治行动，缴获各类枪支24支、子弹15发。

2001—2002年，根据公安部、国家体育总局《关于加强体育运动射击枪支管理的规定》，开展“治爆缉枪”专项行动。清查收缴流散社会的运动枪支、弹药，共侦破涉枪案件40起，刑事拘留6人，缴获仿真等各类枪支360支、子弹2435发。2008年8月，奥运会期间，开展治爆缉枪行动，全县收缴各类枪支29支、炮弹1枚、军用子弹711发、管制刀具339把；10月，在浙江缙云工业园区某公司查获非法持有猎枪1支、子弹65发、子弹底火2盒、军用子弹464发、火雷管50枚、硝铵炸药6支。2010年3月，世博会期间，收缴民用枪支6支、仿真枪32支、子弹55发、管制刀具217把；8月，侦破公安部督办的“6·8”枪案，查明犯罪嫌疑人汪某多次非法买卖枪支、弹药犯罪事实。

民用爆炸物品管理　1993年，根据《浙江省民用爆炸物品管理实施细则》，县民用爆破器材专营公司纳入县公安局监管范围。2000年8月，按照《缙云县公安局关于全县危险物品专项整治实施方案》，开展危险物品集中整治，共收缴炸药433千克、火雷管3583枚、烟花原材料1365千克、礼花弹257个。2002年7月，缙云县安达民用爆破器材配送服务公司成立，对爆炸物品实行现场配送，在全省率先实行爆破器材封闭管理。2008年，收缴火雷管3953枚，推广使用非电雷管（导爆雷管）。2010年3月，开展世博会安保行动，收缴销毁雷管5193枚、礼花弹6433发。

1995年3月，缙云县爆破服务队组建，执行重点爆破工程由县爆破服务队操作的规定。2002年，组织爆破员业务培训，颁发爆破员资格证书300本。2005年10月，全县集中在壶镇镇的13家火炮、烟花厂全部关闭。

打击黑恶势力

1993年，开展打击团伙犯罪、车匪路霸、拐卖妇女儿童和查禁卖淫嫖娼的“三打一禁”专项斗争，摧毁一个破坏金温铁路建设20人组成的地痞流氓团伙。1995年8—10月，重点整治壶镇镇流氓势力横行、团伙持械斗殴案件，摧毁流氓团伙8个，查获案犯333人，其中流氓案犯195人，归案176人。1996年，在全国开展的“严打”斗争中，组织集中搜捕行动16次，摧毁流氓恶势力犯罪团伙47个，抓获涉案疑犯412人。省公安厅“严打”专刊和全省“严打”情况通报4次刊登缙云经验，《人民政权报》《浙江日报》《浙江法制报》均在头版报道缙云“严打”斗争情况。

2001年3月，县公安局颁布实施“打黑除恶”6条警令状，共侦破案件102起，摧毁犯罪团伙8个，抓获涉案疑犯137人，其中市公安局挂牌督办的“2000·10·10”案件，经过半年侦查告破，摧毁以刘某某等为首的28人流氓恶势力团伙。至2008年，经过一年半的侦查，破获省公安厅挂牌督办的涉嫌黑社会性质组织犯罪案件，首犯樊某因涉嫌黑社会性质组织罪、组织卖淫罪、故意伤害罪、寻衅滋事罪、赌博罪、抢劫罪等，移送检察机关起诉后，数罪并罚，被判处有期徒刑12年6个月。

流动人口管理

1995年3月，根据《浙江省暂住人口管理条例》，缙云县开展暂住人口集中整治，各乡镇建立暂住人口管理领导小组，派出所建立暂住人口管理办公室。暂住人口管理办公室共聘请专管员27人、协管员136人，设登记站89个，登记暂住人口8802人。2000年，为配合第五次全国人口普查，登记暂住人口19620人。

2006年，县公安局招录协管员78人，按照“进屋、见人、看物、查疑”要求和“三清、五查”目标，采录暂住人口信息，共登记流动人口70713人。2008年，流动人口信息采集员增加到140人。至2010年年底，登记在册暂住人口为88054人。

查禁“黄赌毒”

1997年4月，缙云县“三禁”领导小组成立，组织领导禁黄、禁赌、禁毒工作；6月，“三禁”特别行动队成立。

扫黄 1993年5月，全县开展“三打一禁”和“扫黄、打非”专项斗争，查处卖淫嫖娼人员5人。1996年11月，根据上级统一部署，县公安局组织民警251人，在全县开展“扫六害”整治行动。清查娱乐场所、美容厅、旅馆共207家，抓获卖淫、嫖娼违法人员31人、介绍卖淫1人，收缴淫秽录像带、影碟带131盒。1998年9月，开展公共场所治安大检查，抓获卖淫违法人员51人，传播淫秽物品违法人员49人，缴获淫秽录像带等53件。1999年7月，组织民警312人，开展“打丑除恶”治安大清查，抓获卖淫嫖娼违法人员98人，缴获淫秽光盘10张。

2000年9月，组织民警316人，检查歌舞厅、美容美发厅、娱乐场所150家，发整改通知书52份，查处淫秽表演及卖淫嫖娼案件6起22人。其中刑事拘留6人、治安拘留6人、罚款10人。2002年7月，开展“零点行动”，抓处涉黄人员33人。2003年3月，查处缙云县首例利用国际互联网传播淫秽电影案件；4月，全县开展治安大清查，清查旅馆243家、美容美发室321家、歌舞厅28家，查处卖淫嫖娼和传播淫秽物品违法人员24人。2007年4月，开展查禁非法出版物行动，清查音像制品店、书店18家，收缴可疑碟带356张。2009年8月，组织民警310人，清查旅馆和娱乐场所350家，查处卖淫嫖娼案件8起22人，组织、强迫、容留妇女卖淫违法犯罪案件5起，其中刑事拘留9人，关闭美容美发店60家。

2010年，开展“冬季扫黄”行动，全县清查公共场所264家，查处卖淫嫖娼违法人员31人。12月，组织民警350人，开展打击“黄、赌、毒”行动，检查旅馆170家，浴场、舞厅40家，出租房36家，查处卖淫嫖娼等违法人员38人，其中2人涉嫌容留妇女卖淫被刑事拘留。是年，起诉涉黄人员67人。

禁赌 1994年，全面开展禁赌行动。1996年11月，组织民警251人，开展“扫六害”整治行动，查处赌博团伙4个31人。1997年7月，开展“追逃、打丑、除恶”夏季严打整治，查处赌博场所16个102人；8月，开展“双禁”行动，在新碧摧毁赌博窝点1个，抓获永康籍赌博人员13人，缴获赌资9万余元，手机8只，小车1辆。1994年—1997年7月15日，全县共查处赌博人员715人，其中治安拘留和治安罚款497人。

2003年3月，开展“禁赌2号”清查行动，出动警力200人，清查各类场所184家，抓获赌博人员48人，其中刑事拘留1人，治安处罚47人，缴获赌资1.2万余元；4月，开展治安大清查，出动警力112人，抓获赌博人员12人。2006年12月，组织民警40人，没收、销毁新建镇街头赌博机50台。是年，查处缙云县首例“六合彩”外围赌博案件。

2008年9月，开展打击赌博犯罪专项行动。对“六合彩”网络赌博盛行的大源镇大源村，县公安局调集民警90人，查处投注点5个，抓获涉赌嫌疑人22人，其中刑事拘留6人，取保候审4人，行政拘留9人，查清涉案金额500余万元；同时，查处其他涉赌人员65人，缴获赌资10万余元。2009年8月，组织民警 60 人，查处赌博窝点 1 个涉赌人员 22 人，缴获赌资人民币 1.2 万余元、港币 6.7 万元、美金 3700 元。

2010 年 12 月，组织民警 350 人，开展打击“黄、赌、毒”专项行动，检查旅馆 170 家、网吧、游戏室、出租房等场所 126 家。查处赌博案件 4 起 32 人，缴获赌博机 101 台。

禁毒　1993 年以后，贩毒、吸毒在缙云再次出现。1996 年 3 月，刑侦大队在缙云宾馆破获一起重大贩毒案，抓获贩毒犯罪嫌疑人 4 人，缴获鸦片 3500 克、管制刀具 1 把；4—7 月，开展“三禁”（黄、赌、毒）行动，共铲除罂粟 5933 株，查获鸦片 600 克。1997 年 7 月，地区中院、县法院、县公安局在五云镇水南运动场召开万人大会，宣判、处理涉黄赌毒违法犯罪人员，其中种植罂粟的犯罪嫌疑人 2 人分别被判处 1 年和 10 个月有期徒刑。2001 年 6 月，侦破县域首起贩毒案。

2003 年 5 月，县公安局禁毒大队成立，查明全县吸毒人员 12 人；11 月 29 日，破获贩毒案件一起，毒贩王某被判处无期徒刑。2004 年 7 月，全县首例吸毒案侦破。2005 年 6 月，开展创建“无毒社区”和宣传“6·26”国际禁毒日活动，印发资料 2000 份。是年，抓获吸毒人员 24 人，其中有人吸食 K 粉和摇头丸，侦破涉毒案件 7 起，铲除罂粟 940 株，缴获罂粟果 83 颗。

2007 年，缙云有人开始吸食冰毒。10 月，在香溢大酒店抓获贩毒犯罪嫌疑人 3 人，缴获 K 粉 36 包计 23 克、冰毒 0.27 克。2009 年 6—8 月，抓获贩毒舒某某等犯罪嫌疑人 6 人，缴获冰毒、麻古、氯胺酮、摇头丸等毒品 800 多克，德国产 PPK 手枪 1 支，子弹 4 发。立案后，首犯舒某某被判处无期徒刑，另 5 名犯罪嫌疑人被判处 2 ～ 12 年有期徒刑。该案被市公安局评为“缉毒精品案件”。

2010 年，全县登记吸毒人员 183 人。县公安局先后两次组织查处吸毒、贩毒、制毒等犯罪活动。1 月，组织民警 300 多人，开展“冬季扫毒”行动，检查各类场所 312 家，抓获涉毒犯罪嫌疑人 2 人；6 月，铲除罂粟 4675 株。是年，遣送吸毒人员 5 人到戒毒所强制戒毒。

社会治安动态视频监控

1998—2010 年，全县城乡、重点单位监控、报警系统陆续建成并逐步升级。1998 年，全县金融系统和重点保卫单位安装“110”微电脑报警器 58 台，在 330 国道复线建立报警点 10 个，交通事故报警电话“122”终端并入“110”报警平台。

2004 年 10 月—2011 年 9 月，全县分五期建成社会治安动态视频监控系统。一期为县城城区，建设时间 2004 年 10 月和 2007 年 1 月；二期为壶镇镇、新碧农管处，建设时间 2008 年 11 月；三期为新建、东渡、舒洪镇，建设时间 2009 年 12 月；四期为县城城区，建设时间 2010 年 9 月；五期为新碧、壶镇、新建、东渡、舒洪、东方镇，建设时间 2011 年 9 月。至 2011 年年末，全县安装社会治安动态视频监控摄像机，道路智能卡口系统 22 套 44 车道，共投入资金 3204.9 万元。

2004—2011 年，利用动态视频监控系统，县公安局侦破刑事案件 150 起，抓获违法和犯罪嫌疑人 40 多人，查处治安案件 60 多起，包括五云镇“2009·12·13”入室抢劫案、新建镇“2009—2010”系列抢劫抢夺案和新碧农管处“2011·12·13”抢劫杀人案等重大恶性案件。

“110”信息指挥中心

1997 年 3 月，县公安局指挥中心成立，配备值班人员 5 名，运用公安专线，收集和传递社会治安信息，对突发性事件设卡堵截下达指令，公安机关快速反应能力提高，应对各种重大暴力犯罪案件和突发事件及时性、有效性增强；4 月，“110”报警台开通，开始采用国内较先进的计算机报警系统，具有接警、报警和处警三方通话功能，指挥实战实现规范化、网络化、系统化管理。

信息化应用

1992年开始，计算机应用于公安业务。1993年，缙云县公安局治安要情计算机系统和计算机出入境管理系统建成，并与地区公安处指挥中心联网。1994年开始，计算机应用于全县车辆、驾驶员、交通事故管理。1998年10月，县公安局机关计算机局域网并机连接运行，属丽水地区首家、全省第三家。2000年开始，全县人口信息纳入计算机管理；2月，“缙云公安信息网”通过丽水地区公安信息网接入全国信息网联网运行；在逃罪犯信息系统、被盗车辆信息管理系统及综合查询系统等信息库建立。2002年12月，缙云县公安系统四级信息网络开通。2005年开始，缙云县防控信息录入公安系统主干应用网络。

1997年，县公安局计算机安全监察科建立。1999年开始，对网吧进行安全审核及日常管理。

信访接访

1995年5月，按照公安部《公安机关受理控告申诉暂行规定》，县公安局修改完善信访制度。

大接访活动 2005年5—9月，以“人人受到局长接待、件件得到依法处理”为目标，开展“清理旧账，不欠新账”行动，实行开门接访和上门接访相结合，落实局长、分管领导、主办科室负责人、承办人四级责任制，包案领导和承办单位责任领导、承办责任民警签订责任状。2005年，全局安排接访22次。其中，省公安厅领导到缙参与接访10人次，市公安局领导到缙参与接访6人次，县乡镇领导参与接访10人次，县公安局领导参与接访80人次，局责任科室负责人和经办民警参与接访251人次。共接访案件118件，受理信访案件114件，办结112件，停访息诉108件。通过信访侦破案件12起，抓获违法人员11人，其中逮捕3人，拘留6人；为当事人挽回经济损失5万元，当事人获经济赔偿50.1万元。经省公安厅考核，县公安局大接访工作绩效列全市第一。其后，每月设定一个接访日，由县公安局领导班子成员轮流接访；每年开展一次开门大接访，由局长接待来访群众。

常态管理 2006年，按照《中华人民共和国信访条例》、公安部《公安机关信访工作规定》，实行“分级负责、属地管理”和“谁主管、谁负责”原则，统一受理，分源办理，对信访案件逐件由局长、分管局领导批示交办，控申科督办，处理初信初访案件168件。2009年，开展“信访积案化解年”活动。每月10日为领导集中接待群众信访日，全年共受理初信初访199件，办结率97.5%，来信报结率100%。2010年，共受理初信初访192件，办结率96.3%，信访总量比上年下降8.5%。

第五节 保卫 保安

警卫工作

1992年开始，根据省公安厅《浙江省警卫工作实施办法》《警卫工作分工若干规定》和县公安局《缙云县警卫工作方案》，按照警卫对象级别，履行路线警卫、现场警卫和驻地警卫职责。1996年，开展警卫工作基础调查，掌握重点单位、重要路段的治安动态，针对薄弱环节落实整改措施。

1993—2010年，除了负责省委、省政府主要领导到缙云调研期间的警卫工作外，县公安局参与全县其他重大活动保卫、领导警卫工作的有：1992年12月的金温铁路缙云段开工典礼，1995年3月的金温铁路金缙段客运临运开通典礼，1996年4月的金温铁路金缙段火车试运行典礼，1997年2月的丽水地区人大代表、政协委员到杭州开会的火车运营，1996年12月的缙云建县1300周年庆祝活动，1998年11月的首届仙都旅游文化节，1999年4月的国际青年志愿环保营在仙都开营联欢会，2000年10月的首届黄帝文化研讨会，2006年6月的“连线浙江”——48名国际中国问题专家及外国驻华记者到仙都考察活动，

2010 年的上海世博会“环沪城河”活动。

重大活动安全保卫

每年元宵节迎龙灯、仙都黄帝祭祀、张山寨“七七庙会”等重大节庆、民俗活动的群众性大型集会，以及重大体育和文艺演出、大中专考试试卷保管与考场管理等，县公安局均组织民警或民兵参与安全保卫工作。1997 年 7 月开始，县公安局保安服务公司为党政机关、重要的企事业单位等提供人防、技防、物防及押运等安全保卫服务。

治安保卫

1993 年开始，按照《浙江省机关、团体、企业、事业单位治安保卫工作条例》，将全县党政机关、学校、重点企业的 86 个单位列为安全保卫工作直管单位。对直管单位，特别是重点、要害部门安装“三铁一器”（铁门、铁窗、保险箱、防火防盗监控器）。

2007 年 1 月，调整安全保卫列管单位，其中，列入县公安局重点管理对象为“首脑”单位、供电、供水、金融、通信等机构 17 家，列入派出所管理单位 66 家。对 75 家金融网点、5 家金库进行安全评估。2010 年，开展校园安全保卫工作整治，对全县中小学进行拉网式排查，查出学校共性安全隐患 8 类。

第六节　道路交通安全管理

1993 年以来，县交警大队每年开展事故多发、易发路段排查。2006 年 4—5 月，排查、挂牌全县 323.62 千米的临水临崖高落差危险路段共 7 处，其中列入省级危险路段 3 处、市级危险路段 2 处、县级危险路段 2 处。2008 年，排查、挂牌省级整改事故多发路段 1 处、临水临崖路段 4 处。2009 年，排查、挂牌省级整改事故多发点段 2 处。

安全宣传

1994 年 6 月开始，县交警大队在《处州经济生活报》开设专栏，宣传道路交通安全。1997 年 6 月开始，确定民警 1 人，负责向《缙云政务》上报交通安全政务信息；10 月，《丽水日报》缙云县交警大队交通与警察联络站成立，有通讯员 7 人，在《丽水日报》刊登缙云交通安全新闻。12 月，县交警大队宣教科成立，负责交通法规宣传和对机动车驾驶员定期集中安全教育。

1998 年 7 月，县交警大队与缙云中学联合举办“交警夏令营”。2004 年 5 月，组织宣传实施《中华人民共和国道路交通安全法》；10 月，开展交通安全宣传进农村、进社区、进企业、进学校、进家庭“五进”活动。2005 年 9 月，开展中小学生交通安全教育宣传月活动，组织“小交警”“小黄帽护路队”上街宣传交通安全。

图 23-1-1　2010 年公安民警清理道路积雪

2006 年，向社会送发《道路交通安全

法实施办法读本》3万余册，组织交通安全咨询活动5次。2007年，缙云电视台、《今日缙云》设立交通违法曝光台，在社区和农村设立交通安全宣传栏。2008年，打造“平安奥运”，组织各种交通安全宣传活动19次，设置宣传点36处，摆放宣传展板539块，播放专题片87场次。2009年8月，利用广播、电视、报纸、网络等新闻媒体，开展“开车不喝酒，喝酒不开车”警示宣传。2010年1月，开展文明交通“微笑斑马线”安全宣传活动。

交通秩序管理

1993年，对330国道实行定人员、定路段、定时间、定责任、保安全畅通的“四定一保”勤务制度。1995年5月，县道路交通巡逻队成立，队员21人负责330国道路面巡逻、执勤。1994年，县交警大队开展“三超”和“病车行驶”专项整治。1998年，全县设置交警联络点90个，应对交通肇事逃逸案件；8月，开通救治交通事故伤员“绿色生命通道”。1999年，在县境国、省道沿线开展创建“交通安全示范村”“平安路段”活动。

2001年年初，县交警大队新碧中队在330国道缙云段设立市际春运服务站。2002年7月，开展摩托车违章驾驶专项整治。2003年，330国道东渡至新碧路段开展创建平安大道路段活动。2004年5月开始，县交警大队开展无牌无证假牌假证机动车排查百日整治行动。2005年，开展打击盗抢机动车活动。2006年，开展平安畅通县“蓝盾行动”创建活动，重点整治严重危及交通安全行为；2月，开展“酒后驾驶”交通专项整治行动。2007年，重点整治农村道路交通违法行为，遏制农村道路交通事故多发势头。2008年，集中整治迎奥运交通秩序。2009年8月起，加大酒后驾驶机动车行为查处力度，对酒后驾驶违法行为实行“零容忍”，执行“四个一律”处罚。全年查获酒后驾驶行为253起，其中行政拘留醉酒后驾驶机动车54人；向县纪检部门报送公职人员酒后驾驶机动车事件6起。2010年，查处酒后驾驶机动车1767起，其中醉酒驾驶223起，行政拘留223人。

2004年开始，安装道路电子监控、卡口。在县城问渔路与紫薇路、黄龙路与紫薇路、黄龙路与仙都路、问渔路与仙都路4个交叉口设置交通信号灯（红绿灯）监控。2010年4月15日，机动车违章信息开始采用手机短信方式告知，至年底，全县有固定电子监控卡口9个和移动测速仪2台。

机动车管理

1993—2010年，全县各类汽车数量由710辆增加到83659辆。

1993年以来，缙云汽车由丽水机动车辆检测站检测，摩托车、机动三轮车由县车辆管理所检测检验，拖拉机由县农机站检测检验。1994年7月开始，换发、核发“九二”式机动车号牌。1998年，进入高速公路车辆必须安装后防雾灯的规定开始执行。1999年10月，县车管所摩托车检测站成立，摩托车检测由人工检测改为检测线检测。

2001年10月，《中华人民共和国机动车登记办法》开始执行。2004年5月开始，执行公安部《机动车登记规定》，使用计算机办理机动车登记，普通摩托车、轻便摩托车四年内每两年检验一次，农用车每年检验一次，全县机动车数据库建立；7月1日开始，县域机动车纳入全国联网管理。2009年5月开始，县车管所增加免检小型载客汽车办理登记、补领机动车行驶证和车号牌业务。2010年10月开始，除进口机动车、危险化学品运输车、校车、中型以上载客汽车外，小型载客汽车的注册登记由县车辆管理所办理；12月，小型汽车转由县车管所办理变更、备案、转移、抵押或注销抵押登记手续。

驾驶员管理

1993—2010年，全县拥有机动车驾驶证人数由4588人增加到93999人。

1994年7月1日，缙云开始换发、核发“九二”式机动车驾驶证。1996年9月1日起，执行公安部

《机动车驾驶员管理办法》《机动车驾驶员考试办法》。2004 年 5 月 1 日起，按照公安部《机动车驾驶证申领和使用规定》《中华人民共和国道路交通安全法》，全县驾驶员纳入全国联网管理。机动车驾驶证一年一次的年度审验取消，C1 以下的有效期满后在县车管所换证，B1 以上每两年提交身体条件合格证明，则可在丽水车管所换证。2006 年 7 月 2 日起，机动车驾驶证办理转到县车管所。2010 年 4 月 1 日起，申领汽车驾驶证的报名、理科考试转到县车管所办理。

1994 年 11 月，缙云县机动车驾驶员协会成立，此后每年组织驾驶员交通安全知识培训 6 次以上。1997 年 5 月，缙云县机动车驾驶员培训中心成立。1998 年 2 月，丽水地区交通安全教育学校缙云县分校成立，具有驾驶员考试资质。2005 年 11 月，县机动车驾驶员培训中心改称缙云县汇丰摩托车驾驶培训学校，属民营培训机构。1993—2010 年，县机动车驾驶员培训中心共培训驾驶员 71572 人。

1993—2010 年缙云县各类机动车驾驶员人数一览表

表 23-1-2　　单位：人

年份	汽车驾驶员数量				其他机动车驾驶员数量			合计
	大客	大货	小车	小计	普通摩托车	农用三轮、四轮汽车	轻便摩托车	
1993	—	—	—	1879	1697	993	19	4588
1994	140	1396	452	1988	5056	1585	20	8649
1995	136	1676	514	2326	6329	1465	20	10140
1996	140	1905	705	2750	9498	1693	20	13961
1997	153	1926	732	2811	13073	2008	20	17912
1998	—	—	—	3168	14658	2019	20	19865
1999	—	—	—	4985	23984	2179	—	31148
2000	—	—	—	7328	28520	2238	—	38086
2001	—	—	—	7718	27420	2278	—	37416
2002	—	—	—	8575	38825	2276	—	49976
2003	—	—	—	9686	43056	1699	—	54441
2004	—	—	—	11083	46274	1636	1	58994
2005	—	—	—	12978	51938	1578	16	66510
2006	—	—	—	16084	53912	1521	20	71537
2007	—	—	—	24180	54117	1431	21	79749
2008	—	—	—	28315	54610	1358	23	84306
2009	—	—	—	32888	55450	1273	25	89636
2010	—	—	—	36871	55879	1222	27	93999

交通事故处理

1992 年以后，县交警大队根据公安部《国家交通事故处理办法》《道路交通事故处理程序规定》，履行现场处理、责任认定和调解处罚等职责。1995 年，县交警大队开通“122”事故报警电话。1999 年 4 月，县人民法院在县交警大队设交通事故处理审判庭。

1993—2010 年，全县发生道路交通事故共 6790 起，其中死亡 1023 人，受伤 7138 人，直接经济损失 4470.71 万元。道路交通事故中致人死亡的肇事驾驶员逃逸案件 55 起，侦破 44 起。

1993—2010 年缙云县道路交通事故情况一览表

表 23-1-3

年份	事故数量（起）	死亡数量（人）	受伤数量（人）	直接财产损失（万元）	逃逸事故数量（起）	
					发生	侦破
1993	160	30	81	77.46	—	—
1994	178	37	123	131.26	—	—
1995	333	42	235	231.32	—	—
1996	348	63	271	304.84	—	—
1997	462	68	475	504.66	5	3
1998	346	43	380	356.28	2	2
1999	446	62	424	432.39	4	3
2000	560	60	713	445.79	2	2
2001	590	64	841	468.19	3	3
2002	583	73	538	511.19	6	5
2003	587	66	409	450.08	4	4
2004	618	80	609	267.2	5	3
2005	415	62	542	109.41	5	3
2006	354	57	476	73.77	9	7
2007	346	59	465	48.73	2	2
2008	196	51	236	19.44	1	1
2009	141	53	168	19.43	4	3
2010	127	53	152	19.27	3	3

重（特）大交通事故

1993—2010 年，全县发生重（特）大交通事故 21 起，死亡 73 人。

1993 年 12 月 3 日，一辆拖拉机在岩石线 9km750m 处侧翻，死亡 3 人、受伤 5 人。1994 年 2 月 22 日，一辆客车在 330 国道 147km900m 处坠入落差 21.5 米的好溪，死亡 15 人、重伤 2 人、轻伤 32 人；7 月 14 日，一辆三轮摩托车在距雁岭乡岩下村 300 米处侧翻，死亡 5 人、重伤 6 人；9 月 4 日，一辆三轮摩托车坠入 9 米落差的新建镇白马水库，死亡 7 人、受伤 5 人。1995 年 4 月 1 日，一辆农用小四轮在方石线石松村一处弯道撞向山体，死亡 2 人、重伤 4 人、轻伤 11 人。1996 年 1 月 21 日，一辆加长货车在三溪岭路段碰撞两侧货车后翻入 5 米落差的山坡，死亡 3 人、重伤 4 人；2 月 16 日，一辆工具车在 330 国道线外堰路段碰撞东风货车，死亡 5 人、重伤 1 人；7 月 7 日，一辆手扶拖拉机在舒洪镇插花墩岭路段坠到 8 米落差的路磡磡脚，死亡 7 人、重伤 7 人。1997 年 1 月 7 日，一辆四轮农用车在金安线大源镇稠门村枫树弯路段坠到落差 33 米的山崖，死亡 3 人、受伤 10 人；11 月 19 日，一辆货车在 330 国道五云镇谢山头村路段碰撞另一辆货车后坠入 5 米深沟，死亡 3 人、重伤 1 人、轻伤 5 人。

2000 年 11 月 26 日，一辆货车在 330 国道新碧上湾路段与两轮摩托车、货车碰撞，死亡 3 人。2001 年 1 月 7 日，一辆两轮摩托车在 330 国道黄车岭路段与客车碰撞，死亡 3 人；2 月 19 日，一辆半挂车在 330 国道东渡镇株树村路段侧翻，死亡 3 人、受伤 1 人。2002 年 1 月 30 日，一辆客车在平黄线双溪口乡双溪口村路段翻入落差 2.65 米农田，死亡 3 人、受伤 14 人；11 月 19 日，一辆货车在 330 国道东渡镇长坑村路段与横穿公路的村民碰撞后，又撞上路边肉摊，死亡3人、受伤2人。2003年6月24日，一辆中巴车在东渡镇兆岸村路段被洪水冲翻，死亡4人、受伤多人。2006年9月26日，一辆货车在35省道三溪岭路段坠翻，死亡3人。2007年11月11日，一辆两轮摩托车在县城大桥北路与中型拖拉机碰撞，死亡3人。2009年3月28日，一辆中型拖拉机在外靖线新建镇张公桥村路段碰撞路边大树后，撞向两轮摩托车，死亡3人。2010年9月28日，一辆厢式货车在330国道五云镇上交岭路段接连与两轮摩托车、客车碰撞，死亡3人。12月13日，一辆大型货车在330国道线新建镇泗山村路段与重型半挂牵引车、电动车碰撞，死亡3人、受伤2人。

第七节　看守监管

县看守所在押人数，1993—1995年，每年70～120人；1996—2004年，每年120～200人；2005—2008年，每年116～212人；2009年、2010年，分别为198人和176人。

1993年，县治安拘留所有监室18个。1996年10月，县治安拘留所更名为县公安局拘留所（简称“县拘留所”）。1999年12月，县拘留所迁址。2002年4月，县拘留所被公安部授予全市首个达标拘留所。2004年，县拘留所迁址，与县看守所合并，由看守所执行治安拘留和管理。2007年，按照规定，县拘留所与看守所分开管理。2011年7月，县拘留所迁址。

1993年以来，县看守所先后制定犯罪嫌疑人收押、警戒、提审、会见、押解、生活、卫生、教育等管教制度。1994年，县看守所监室安装摄像头，实行全方位、立体化视频监控；4月，开展打击“牢头狱霸”专项行动，“牢头狱霸”麻某某、王某某移交检察机关处理。1997年，实行《文明监室评比制度》，开展文明监室评比活动。2008年下半年开始，对关押人员按遵守监规、劳动生产、生活卫生、政治文化、学习五个方面进行量化管理。看守管理中注重人性化教育，依法保障关押人员享有健康权、学习权、休息权。向监室发送《浙江新生报》，组织在押人员收看电视，运用“亲情感化”系列教育，开通“亲情电话”，推出“亲情餐厅”“亲情团聚”等感化方式。其中，在押人员胡某某参加2002年自学考试，成为全省看守监管的先例。2003年，县看守所设立改造积极分子困难补助资金。2006年3月起，允许在押人员办理结婚登记手续。2008年，通过网上逃犯名单、照片，鼓励在押人员提供逃犯线索，共获取狱侦逃犯线索118条，破获案件173起，抓获犯罪嫌疑人20人，收缴赃物赃款11.1万元。

县看守所、拘留所迁建工程，2007年7月立项，占地面积46644平方米，建筑面积13614平方米，投资5454.07万元。2008年12月动工，2011年7月迁入使用。

第八节　户政管理

户籍管理

户籍登记　1993—1999年，五云、壶镇、新建、舒洪、大洋5个镇的户籍登记由当地派出所负责管理，其余13个乡镇的户籍登记由当地政府管理，行政村会计和居委会主任兼户口管理员。1995年2月开始，城镇派出所开始使用计算机人口信息系统登记户籍。1999年年底，户籍登记由乡镇政府负责的13个乡镇，全部由派出所接管。是年，15个乡镇开展户口核对，按门牌号换发户口簿；人口信息资料实行计算机联网管理的43万多人。2000年，完善居民常住、暂住、出生、死亡、迁入、迁出、变更登记和户籍调查、统计、通报、档案管理制度。2005年，五云派出所的户籍办理场所迁移到县广电大楼办证中心。2008年，执行省公安厅《常住户口登记管理规定（试行）》，县级户籍纳入全省统一管理；3月和10月，两次办理滩坑水库景宁畲族自治县移民入缙迁移手续，涉及居民294户722人。

小城镇户籍制度改革 1996年8月，农村户口城市化管理在新建镇试点。1997年2月，确定壶镇镇为小集镇户籍改革试点单位，通过户口核对，解决其人户分离和常住人口人员户籍登记未落实问题。1999年，在壶镇镇开展小城镇户籍制度改革，为壶镇镇居民办理户改手续215户393人，部分居民原户籍政策无法执行的问题得到解决，其中落实无户口居民35人，职工家属子女户口迁移219人。

大中专毕业生“非转农” 1999年4月，全县取消“农转非”计划指标控制，实行按常住地落入户口。2001年开始，针对经济社会的变化，县境部分地方农业和非农业户口待遇没有明显差异，且有的地方出现农业户口待遇优于非农业户口的情况，执行市政府文件规定，全县居民户口不准“非转农”。2010年，县政府出台大中专院校非农业户口的毕业生迁回原籍落实农业户口的政策，具体条件为：1995—2003年入学或者毕业（肄业）的大中专院校毕业生，未曾被行政机关、事业单位、国有企业（含国有控股企业）、县属以上集体企业录用；被大中专院校招生录取迁出时属本县农业户口，现生活基础在原籍农村；原籍地（迁入地）村民小组、村委会同意接收。执行时间为2011年1月1日—2011年12月31日。其间，全县共办理大中专毕业生“非转农”人口2756人。

自理口粮办理 1984年开始，缙云县为部分符合条件的进城农民办理自理口粮居住手续，纳入非农业人口管理范围。2001年5月1日起，不再办理自理口粮居住手续。2007年，县公安局《关于清理自理口粮有关问题的处理意见》出台，执行“原自理口粮生活基础在城镇的，本人自愿可登记为城镇非农业人口，生活基础在农村的，动员回农村，居住地乡镇不得拒绝”。2011年年末，原自理口粮262户350人，迁回农村137户181人。

蓝印户口办理 1992年7月开始，缙云实行农转非“蓝印户口”（在户口簿上加盖蓝印），农业户口居民交纳一定的城镇建设费，经县农转非联合办公室批准，转为“蓝印户口”，纳入非农业户口管理范围，享受非农业户口同等待遇。1992—1994年，全县共计办理蓝印户口151人，其中1992年78人、1993年60人、1994年13人。

户口调查与整顿

2000年7月、2010年8月，缙云县分别开展第五次、第六次居民户口调查、整顿，调查重点是户口待定人员、人户分离人员和流动人口。2000年7月调查结果，全县有居民144389户435802人。全县总人口中人户分离人口131333人，其中可动迁2347人，常住户口待定人员1135人，重复登记户口38人。实行户口变更881项，户口更正551项，暂住人口登记数为19620人。

2010年8月，居民户口调查结果，全县共核对居民174462户519265人，其中流动人口57839人，人户分离人口189616人，出生未落实户口3012人（含因违反生育政策未落实户口1326人），应销未销户口1228人（含死亡人口未销1193人）。共纠正人员信息147条，补漏户口9人，注销户口889人，重复人口纠正9人，重复户口纠正10人。

身份证管理

2001年1月1日开始，缙云全面实行居民身份证新号码，对新领证的公民及补证公民一律颁发具有18位号码的居民身份证。对已领证公民，根据自愿换发18位号码居民身份证。

根据2004年11月丽水市二代身份证工作小组《关于加快换发第二代居民身份证工作的通知》，2005年6月，二代居民身份证开始换发，换发对象为年满16周岁首次领取居民身份证或原证有效期满、遗失补证、外地迁入的居民。至2010年年末，全县共受理身份证申办430095本，办证率96%以上。未换领二代居民身份证的有：常住户口主要户口登记事项有变更的，现役军人、武装警察，正在服刑、劳动教养的。

2006年3月—2008年1月，推出快证业务，全县共制快证2960本。2006年4月起，临时身份证业务推出，办理期限为3个工作日。至2010年年末，全县共办理临时身份证15517本。

第九节　出入境管理

1993年以后，改革开放力度加大，缙云县出国和出境、入境人数逐年增多，港澳台同胞、外国人到缙云探亲、旅行、考察、经济文化交流合作等活动愈加频繁。2003年8月，县公安局出入境管理科从政保科分立，当年办理出入境证件758人次。2004年，遣送非法入境的越南籍妇女1名，办理违反出入境管理法规行政案件2起。2010年，在清理“三非”（非法入境、非法居留、非法就业）治理活动中，解救老挝和缅甸籍妇女共4人。2004—2010年，全县共录入法定不准出境人员信息3109人。2010年，新增及变更国家机关工作人员出入境报备人数173人。

2007年，县公安局出入境管理科被省文明办评为省级文明窗口。

公民出国管理

1986年2月1日，《中华人民共和国出境入境管理法》施行。2001年以后，取消出入境登记卡和公民申请出国境外邀请函。2004年，全县办理出入境证件1312人次，比2003年增长73%。

2007年1月1日，《中华人民共和国护照法》颁布，开始执行不同的护照有效期，十六周岁以下的公民持用五年期护照，十六周岁以上的公民持用十年期护照，并取消护照延期规定。2008年12月开始，实行公民按需申领因私护照，除特定岗位人员外，凭户口簿和身份证即可办理护照。2004—2010年，全县共办理护照8368本，其中2010年办理护照2263本。

公民往来港澳管理

1986年12月，《中国公民因私事往来香港地区或澳门地区的暂行管理办法》实施，执行因私事赴港澳的由公安机关定额审批制度，对定居和探亲的居民分别发给单程的“前往港澳通行证”和双程的“往来港澳通行证”，名额由公安部确定，数量根据香港、澳门的承受能力调整。

1997年以后，根据公安部出入境管理局《内地居民赴港澳地区定居审批管理工作规范》，对赴港、澳地区定居审批实行电脑计分，排队放行。1998年开始，放开内地居民因商务、培训、就学、就业等非公务活动往来香港、澳门的审批。

2002年以后，《中华人民共和国港澳通行证签注审批、签发管理工作规范》实施，赴港澳通行证审批手续简化，条件放宽。2004—2010年，全县共办理港、澳通行证及签注8410人次，其中2010年办理港、澳通行证及签注3144人次。

公民往来中国台湾地区管理

1988年11月开始，根据公安部规定，省公安厅可受理公民去台探亲、奔丧或处理其他事务的申请，对理由正当、获准去台的，需经香港入台。

2008年9月，受理缙云县第一个赴台旅游申请。2009年开始，缙云赴台人数增加，2004—2010年，全县共办理大陆居民往来台湾通行证1239人次，其中2010年643人次。

附录：重大案件侦破选录

麻车岭系列拦车抢劫案

1994年，临石线缙云麻车岭路段系列拦车抢劫案被省公安厅列为限期侦破挂牌督办案件。县公安局组织专案组，抽调精干警力，采取蹲点守候，主动出击，警民联合，围歼车匪等措施，1个月内破获系列拦车抢劫恶性案件64起。其中大案52起，案值8万多元，挖出团伙3个40人，抓获犯罪嫌疑人24人，缴获凶器15件、赃物赃款11900元。是年，省、地、县16家新闻单位予以宣传报道，省公安厅予以通报表扬，颁发奖金1万元。

"3·4"爆炸杀人案

1995年3月4日，东渡镇西源村发生爆炸杀人案。麻家父子不和，其父以炸药炸死儿子、炸伤媳妇，炸毁房屋后潜逃。1996年2月12日，县公安局在江西省遂川县抓获犯罪嫌疑人麻某。

"11·16"抢劫杀人案

1995年11月16日夜7时至9时，五云镇周村村黄碧弄发生抢劫杀人案。作案人进入李某家中盗窃，将李某及其媳陈某、孙陈某3人杀死。案发后，县公安局组织干警80多人开展内查外调，锁定犯罪嫌疑人李某。12月30日，犯罪嫌疑人李某在福建省泰宁县被抓获。

"4·11"盗窃案

2000年4月11日晚，壶镇派出所在县第二人民医院抓获盗窃犯罪嫌疑人应某，缴获赃物高档摩托车3辆。经查，应某为惯犯，1999年9月以来，与蒋某、王某、麻某3人在丽水、永康、缙云等地作案21起，盗窃高档摩托车21辆，价值30万元。其中壶镇派出所追回赃车11辆。

"5·6"抢劫杀人案

2000年5月6日夜，县车站附近某旅馆发生抢劫杀人案。受害人被榔头击中头部致死，尸体被藏匿于客房床下，手机、金器、现金等物被抢。县公安局把侦查对象锁定为当晚离店的2名外地籍男子，及时组织警力，进行全城大搜捕。但因案发地点人员流动复杂，2名作案人入住时使用伪造身份证，经4个多月连续侦查仍未能破获。后来，县公安局向外地发出协查通报，同时派员到江西、安徽、湖北等地侦查。2008年3月，通过运用高科技手段，获取痕迹物证，组织数个追捕小组到江西、湖北等地抓捕作案人。9月23日凌晨，在南昌抓获该案犯罪嫌疑人之一吴某。另一犯罪嫌疑人在其他地方因再次犯罪被判处死刑。

"9·10"抢劫案

2002年9月10日晚，壶镇镇某居民在自家商店被两歹徒持刀袭击致伤，现金、手机等物被抢走，价值10多万元。县公安局接到报警后，组织警力100多人，设卡堵截无果。9月13日，该2名犯罪嫌疑人在温州被抓获。

第二章 检察

1997年，《中华人民共和国刑事诉讼法》《中华人民共和国刑法》（简称“两法”）修订实施，免予起诉处理程序取消，检察机关开始行使立案监督职能。1999年11月，县人民检察院实行办案保密工作一票否决制。2004年，县人民检察院实施人民监督员制度。

第一节 机构与队伍

2006年1月20日，缙云县人民检察院（简称“县检察院”）机关从五云镇寺后路10号迁至黄龙路578号缙云县检察侦查办公大楼，大楼建筑面积6089平方米。2009年12月底，县检察院为民服务中心投入使用，建筑面积3605平方米。

1993—2010年，县检察院获市级以上各类个人荣誉（含立功）27人次。查办的楼某某受贿、滥用职权案被省检察院反渎局评为全省检察机关十大反渎精品案件。《河道采砂管理中渎职犯罪案件的特点及侦查对策》在最高人民检察院期刊《反渎职侵权工作指导与参考》（2010年第5期）上发表。

机构

1993年12月，县检察院驻农业银行检察室成立。1995年3月，县检察院驻工商局检察室成立。2007年7月，县检察院反渎职侵权局成立。2009年，县检察院为民服务中心成立。2010年12月，县检察院内设政治处、侦查监督科、公诉科、反贪污贿赂局、反渎职侵权局、监所检察科、民事行政检察科、控告申诉检察科（兼举报中心和刑事赔偿工作办公室）、职务犯罪预防科、行政装备技术科、警务科（法警大队）、法律政策研究室。

队伍

2010年，县检察院在编人员60人。其中，检察长1人、副检察长3人、检察员29人、助理检察员4人、书记员7人、法警3人、其他干部6人、职工7人。2000年、2003年，分别聘任廉政执法监督员8人、9人。2004年9月，聘任人民监督员5人。

1993—2010年，县检察院历任检察长：陈景才（1987.7—1997.11）、李明祥（1998.4—2002.12）、王小刚（2003.7—2009.12）、吴林雄（2010.5—）。

第二节 刑事检察

1997年6月，县检察院刑事检察一科和二科分别更名为审查批捕科和审查起诉科。2002年9月，审查批捕科和审查起诉科分别更名为侦查监督科和公诉科。

审查批捕与提起公诉

1993—2010 年，县检察院批准（或决定）逮捕各类犯罪嫌疑人 4397 人，提起公诉 5330 人；依法追捕犯罪嫌疑人 112 人，追诉 45 人。

1996 年，在全国“严打”集中统一行动中，全县共批准逮捕犯罪嫌疑人 302 人，办结案件 214 件 325 人，移送丽水分院起诉 27 人。1998—2002 年，共批准（决定）逮捕各类犯罪嫌疑人 1126 人，提起公诉 1262 人，移送市人民检察起诉 54 人。2001 年，开展“严打”整治活动，全县共批准逮捕犯罪嫌疑人 524 人，提起公诉 489 人，批捕和起诉正确率为 100%。2003—2010 年，共批准（决定）逮捕各类犯罪嫌疑人 1852 人，提起公诉 2771 人。

刑事立案监督

1996 年以前，《中华人民共和国刑事诉讼法》对刑事立案监督未作明确规定，在实践中县检察院通过检察建议、跟踪监督行使检察职能。1997 年 1 月开始，《中华人民共和国刑事诉讼法》修改实施，赋予检察机关对以公安机关为主的刑事立案活动，对应立案而不予立案和对不应立案而予以立案的监督权。

1998—2002 年，县检察院对公安机关应立案而未立案的监督立案案件 45 件，提起公诉后人民法院作出有罪判决的 46 人，其中判处三年以上有期徒刑的 24 人，无期徒刑的 2 人。2000 年，县检察院立案监督的麻某某等人抢劫一案，被最高人民检察院评为全国检察机关刑事立案监督“十佳案件”之一。2003—2010 年，对公安机关应立案而未立案的监察立案案件 80 件 118 人，提起公诉后被法院判决 3 年以上有期徒刑的 8 人。

刑事审判监督

1993—2010 年，对人民法院刑事判决提出抗诉 17 件，人民法院改判 6 件。

第三节　惩治贪污贿赂犯罪

1996 年 6 月，县检察院贪污贿赂侦查局更名为县检察院反贪污贿赂局。

1993—1997 年，县检察院立案侦查贪污贿赂案件 94 件 107 人。其中万元以上大案及科局级以上国家工作人员要案 47 件 50 人，为国家和集体挽回经济损失 450 万元。1998—2002 年，立案侦查贪污贿赂案件 77 件。其中，贪污贿赂在 5 万元以上、挪用公款在 10 万元以上的大案 29 件，科局级以上国家工作人员 13 人。2003—2010 年，立案侦查贪污贿赂案件 140 件。其中，贪污贿赂 5 万元以上、挪用公款 10 万元以上大案 75 件，科局级以上国家工作人员 41 人，为国家和集体挽回经济损失 2890 万元。

第四节　查处渎职侵权犯罪

2002 年 9 月，县检察院法纪检察科更名为渎职侵权检察科。2007 年 7 月，渎职侵权检察科更名为反渎职侵权局。

1993—1997 年，立案查处国家工作人员玩忽职守、重大责任事故、非法拘禁等渎职和侵犯公民人身权利、民主权利案件 34 件 42 人。其中，非法拘禁案 18 件、重大责任事故案 2 件、玩忽职守案 4 件。

1994 年，壶镇小学“4 • 5”沉船事故发生后，县检察院及时介入案件，对时任校长吕某、教师江某等 5 人以玩忽职守罪、船主柳某以重大责任事故罪立案查办，依法追究刑事责任。

1997 年以后，反渎职侵权犯罪案件管辖范围缩小和刑事立案标准提高，渎职侵权案件数下降。1998—2002 年，立案查办国家工作人员渎职犯罪案件 16 件，其中徇私舞弊案 8 件。

2003—2010 年，相继开展打击侵犯公民人身权利、民主权利犯罪、破坏社会主义市场经济秩序渎职犯罪，查办危害能源资源和生态环境渎职犯罪、危害民生民利渎职侵权犯罪等专项活动，立案查办国家工作人员渎职犯罪案件 16 件。2006 年 3 月，追逃行动中抓获潜逃 11 年的刑讯逼供犯罪嫌疑人胡某某。

第五节　预防职务犯罪

2007 年 9 月，县检察院设立职务犯罪预防科。2008 年，开通缙云县行贿犯罪档案查询系统，为县招投标管理中心等单位提供行贿犯罪查询档案 481 件。2009 年，中共缙云县委预防职务犯罪工作领导小组成立。2010 年，县检察院先后与县工商、税务等 6 个部门建立信息共享交换平台，以预防职务犯罪。

2007—2010 年，在县建设、电力、教育、林业等部门分别召开案件剖析会，与有关部门召开预防职务犯罪工作联席会议 8 次，与 43 家行政执法单位建立预防职务犯罪信息共享机制。开展预防职务犯罪调查 60 次，提出检察建议 60 件，剖析职务犯罪案例 95 件，提供预防咨询 184 件。为社会各界上警示教育课 142 次，听课人员 8000 余人次。被国家、省级刊物录用调研文章 4 篇。

第六节　监所检察

1983 年 3 月，县检察院设立监所检察科。同时，成立驻县看守所检察室，实行驻所检察。1993 年以来，县监所监察科担负看守所检察和监外执行检察两大任务。

收押、出所检察

驻所检察室通过查阅收押、出所凭证、出所登记或现场监督等方式进行检察，对看守所的收押与出所管理活动是否符合有关法律规定，发现问题及时提出意见或建议。

羁押期限检察

建立看守所在押人员台账，了解和掌握在押人员在各个诉讼阶段的羁押期限。查阅与核对看守所登记和换押手续，记录诉讼环节及其羁押期限变更换押情况。及时提醒看守所履行羁押期限预警职责，防止超期羁押现象发生。

教育管理活动检察

查阅在押人员名册、伙食账簿、会见登记及其会见手续。对监区、监室、提讯室、会见室进行实地检察和巡视检察。在法定节日、重大活动之前或期间，督促看守所进行安全防范和生活卫生检查。向在押人员及亲属和监管民警了解情况、听取意见。

留所服刑检察

按照《人民检察院看守所检察办法》的规定，县监所监察科对看守所办理罪犯留所服刑是否符合法律规定进行检察，及时纠正违法留所服刑。2010 年，县看守所日均留所服刑罪犯 44 人，罪犯与其他在押人员分别关押。

减刑、假释、暂予监外执行检察

对看守所提请或呈报减刑、假释、暂予监外执行的罪犯是否符合法律规定条件进行检察。2010 年，县监所监察科审查（符合条件同意）提请暂予监外执行和减刑案件 11 件，其中暂予监外执行 4 件，提请减刑 7 件；审查暂予监外执行决定 4 件，审查减刑裁定 10 件。

监外执行检察

县检察院采取定期与不定期、全面检察与重点检察、会同有关部门联合检察等方式对被判处管制、缓刑、假释、保外就医、剥夺政治权利等 5 种人进行监外检察。检察内容包括交付执行、监管活动、变更执行（收监执行、减刑）、终止执行等。2009 年 11 月—2010 年 12 月，全县监外刑罚执行总人数 767 人，期满或其他原因解除矫正 297 人。2010 年，走访乡镇司法所，查阅监外执行罪犯档案材料 1000 余份；向有关部门提出检察建议书 12 份、发送检察意见书 4 份、纠正违法通知书 1 份，协助和督促落实帮教措施，确保社区矫正工作的规范进行。

第七节　民事行政检察

1994 年，民事行政检察工作起步。1998 年 7 月，县检察院民事行政检察科成立。

生效裁判监督

1998 年 7 月—2010 年年末，县检察院共受理各类民事、行政申诉、行政执法监督等案件 290 件。其中，对认为确有错误的判决、裁定，提请市人民检察院抗诉的 91 件，被市人民检察院采纳的 87 件；建议市人民检察院提请省人民检察院抗诉的 43 件；立案后发出检察建议和意见的 36 件；作出调解、息诉的 121 件。市人民检察院采纳抗诉 87 件案件中，市中级人民法院和县法院作出改判的 32 件，调解处理的 24 件，维持原判的 31 件。

支持起诉

2004 年，县检察院支持县财政局起诉县外贸肉联厂欠款 100 万元的案件，成为丽水市中级人民法院受理的全市检察机关第一起民事行政监察支持起诉案件，取得较好的社会效果。2005 年，县检察院受理并支持县水电实业有限公司诉杜某某等 23 人追回集体代缴税款纠纷案，23 件案件全部胜诉，共挽回国有资产 39 万元。

督促起诉

2007 年，县检察院探索履行民事督促起诉以保护国有资产和公共利益的民事行政检察新职能。对前几年缙云县土地出让金拖欠单位及拖欠金额进行调查摸底，并向县人大常委会作专题汇报。分三次向县国土资源局和五东工业区发出督促起诉建议书34份。是年底，促使25家拖欠企业和单位交纳土地出让金，挽回国有资产720万元。2008年，对一起交通肇事死亡人身份不明、无人行使赔偿案件的请求权，督促和支持县民政局以原告身份向县人民法院提起附带民事诉讼。县人民法院判决赔偿被害人亲属死亡赔偿金等16万元，暂由民政局代管。该案成为丽水市首例由民政局代为行使赔偿请求权的案件。

民事和解与息诉工作

2006年，县检察院受理东方镇胪膛三村村委会与村民田某某的租赁村祠堂合同纠纷一案，在民行科协调下双方达成和解。2007年，新建镇梅溪村村民陈某某息诉案。陈某某11岁时被村变压器高压电击伤后上肢被截，经市中级人民法院和省高级人民法院审理，判决由村集体赔偿37万元。因村集体无钱兑现，陈某某申请执行诉状。县法院最终促成赔偿款落实，陈某某息诉。次年8月，此案由最高人民检察院影视中心《法治中国》栏目摄制组制作成专题片，并在全国200多家电视台播出。

执行监督

2009年，县检察院以民事执行监督为切入点，重点对法院执行过程中的违法行为进行监督；2010年，对县城建局、环保局、民政局等部门开展行政执法监督。

第八节 控告申诉检察

1995年，县检察院刑事赔偿工作办公室成立，与控告申诉检察科合署办公。

举报宣传周

1999年开始，县检察院在每年六月的最后一周开展“举报宣传周”活动。每个举报宣传周确定一个主题，2006—2010年的宣传主题分别是：“惩治职务犯罪，维护公平正义”“群众参与，反腐倡廉，服务和谐”“依靠群众，惩防并举”“反腐倡廉保民生，公平正义促和谐”“依靠群众，反腐倡廉，服务大局”。

文明接待室创建

2003年开始，县检察院设规范接待室和候访室4间。在最高人民检察院每三年组织评选一次全国文明接待室活动中，县检察院控申举报接待室从2000—2009年连续三届被评为“全国文明接待室”，是全市检察机关中唯一获此荣誉称号的单位。2001年，县检察院控申举报接待室被省人民检察院评为文明接待室。2006年，控申接待室被省人民检察院评为文明接待示范窗口。

检察长接待日制度

1997年，县检察院设立检察长接待日，每月两天由正、副检察长接待来访群众。检察长根据情况实行定期接待或预约接待，开展带案下访、联合接访活动。同时实行检察长亲自批阅群众来信制度，建立接待群众来访、阅批群众来信的工作台账，做好记录、登记、交办和催办工作。

首办责任制

2003年起，按照最高人民检察院《人民检察院控告申诉首办责任制实施办法（试行）》要求，县检察院结合工作实际推行首办责任制。2006年，《缙云县检察院控告申诉首办责任制实施细则》制定，明确各部门的职责分工，抓好检察长接待案件的处理工作和涉检案件的查处工作。

2003—2006年，县检察院共受理各类信访件450件。2007年，县检察院首办责任制经验先后在省检察机关的控申会议和控申业务培训班上交流，作为典型经验在全省推广。2007—2010年，县检察院受理各类信访案件360件。

刑事申诉办理

2000—2010年，县检察院受理刑事申诉案件14件。其中对县人民法院判决提出申诉的13件，经审查决定不予抗诉的12件，提出抗诉的1件；对县检察院审查决定不予抗诉的12件中，不服提出申诉的1件，经立案复查后维持原决定的1件，息诉申诉案件的10件。

刑事赔偿工作

1995年1月1日起，按照《中华人民共和国国家赔偿法》规定，县检察院刑事赔偿工作办公室设立。至2010年年末，受理并作出刑事赔偿案件10件10人，共支付国家赔偿金104358.59元。2000年2月，支付东渡镇某村洪某被错误逮捕国家赔偿金5851.5元。这是《中华人民共和国国家赔偿法》实施以来缙云县办理的首例刑事赔偿案件。

第三章　法院

1997年4月起，缙云县人民法院（简称“县法院”）实行统一立案、统一收费，开始立案与审理分离。1998年起，庭审方式由纠问式转向抗辩式。2000年6月起，由审判监督庭独立办理申诉再审案件。2002年4月起，实行发送《举证通知书》制度。2004年起，实行“阳光诉讼”立案制度。2005年4月起，建立双休日法庭和司法救助制度。

1993—2010年，县法院共受理诉讼案件37997件，接转旧存2063件，办结38173件；特别程序案件、破产案件和公示催告等受理38件，接转旧存18件，办结37件；监督案件受理89件、旧存27件，办结92件；旧存执行案件3603件，执行案件16558件，执结16741件。

2002年7月2日起，县法院在庭审中开始使用法槌。

1993—2010年缙云县旧存受理办结案件数量一览表

表23-3-1　　单位：件

年份	旧存	受理诉讼案	办结诉讼案	年份	旧存	受理诉讼案	办结诉讼案
1993	121	1082	1120	1998	109	2226	2217
1994	89	1239	1256	1999	99	2898	2850
1995	66	1441	1444	2000	151	3307	3299
1996	66	1824	1817	2001	166	3389	3374
1997	77	1824	1819	2002	162	2715	2895

续表 23-3-1

年份	旧存	受理诉讼案	办结诉讼案	年份	旧存	受理诉讼案	办结诉讼案
2003	81	1545	1570	2007	63	2187	2086
2004	102	1559	1560	2008	167	2359	2284
2005	61	1519	1528	2009	242	2441	2530
2006	52	1928	1917	2010	189	2514	2607

第一节 机构与队伍

2002年2月，县法院机关由五云镇寺后路10号迁至黄龙路52号办公楼。该办公楼于2000年9月开工建设，2001年12月竣工，建筑面积9079平方米，设大、中、小审判庭13个。

1997年6月，县法院司法警察大队和法医技术室成立。1998年8月，县法院内设办公室、政治处、刑事审判庭（加挂少年犯罪审判庭牌子）、民事审判庭、经济审判庭、行政审判庭、告诉申诉庭、执行庭、法医技术室、法警大队。下设五云、城郊、壶镇、新建、盘溪、大洋6个法庭。编制96人。1999年5月，增设司法行政科。

2000年5月，县法院司法警察大队成立；6月，撤销五云法庭、大洋法庭、民事审判庭，建立民事审判一庭、民事审判二庭；撤销告诉申诉庭，建立立案庭、审判监督庭；维护国防利益巡回法庭成立。2001年8月，县法院执行庭增挂执行局牌子；10月，缙云县维护妇女儿童合法权益合议庭成立。

2002年8月，县法院内设办公室、政治处、立案庭、刑事审判庭，民事审判庭一庭、民事审判庭二庭、行政审判庭、审判监督庭、执行局（执行庭）、司法警察大队、司法行政科、监察室。下辖壶镇、新建、盘溪3个派出法庭。人员编制90人。2003年7月，缙云县家庭暴力损伤检验中心成立。

2004年3月，县编委批准，新建法庭、盘溪法庭撤销，县法院简易审判庭和巡回审判庭建立。

1993—2010年，缙云县人民法院历任院长：徐永杰（1993.4—1997.10）、张华军（1997.10—2002.12，其中1997.10—1998.3为副院长、代院长）、叶伟华（2002.12—2009.12，其中2002.12—2003.3为副院长、代院长）、李美顺（2009.12—，其中2009.12—2010.4为副院长、代院长）。

1995—2009年，县法院及下属单位被省高级人民法院评为先进集体8次、记集体二等功6次，被最高人民法院记集体一等功1次。

第二节 刑事审判

1993年以来，县法院立足维护国家安全和社会稳定，发挥刑事审判职能，从严惩治放火、爆炸、投毒、交通肇事、重大责任事故等危害国家安全和公共安全的犯罪行为；依法审理故意伤害、抢劫、抢夺、盗窃、聚众斗殴、贩毒、赌博等严重危害社会治安和侵害公民生命财产安全的多发性案件，合同诈骗、虚开增值税发票等破坏经济秩序类案件，及贪污、受贿、滥用职权等职务犯罪案件。结合“三打一禁”“反盗抢、抓流窜”“打击车匪路霸”“打黄扫非”“打击赌博犯罪”等专项行动，严惩杀人、抢劫等严重暴力犯罪，打击盗窃、抢夺等严重影响群众安全的多发性犯罪。

1993—2010年，县法院共审结刑事案件4417件，判处犯罪嫌疑人6258人。1994年10月，审结壶镇

“四·五”沉船案，以重大责任事故罪和玩忽职守罪对6人作刑事判决。1997年7月，审结全县首例涉毒案件。2004年8月，审结全县首例侵犯商业秘密案。2006—2010年，贯彻“宽严相济”政策，重点打击严重危害社会治安、严重影响人民群众生命财产安全的犯罪，并注重量刑平衡，依法从宽惩处情节轻微、主观恶性不大的犯罪。对符合法律援助条件的被告人指定辩护人，对罪行较轻、确实不致危害社会的，依法判处缓刑；对刑事自诉和刑事附带民事诉讼案件，推行刑事和解。2007年8月，判决全县首例非法吸收公众存款案。2008年12月，审理全县首例涉黑犯罪案，对25名罪犯分别判处6个月以上至12年零6个月不等的有期徒刑。审结社会影响较大的被告人杜某某等12人特大抢劫、盗窃团伙案。2010年，审结“中国十大经济新闻人物”郜某某诈骗案；审结涉案金额10034万元、受害人150户的孙某某非法吸收公众存款案。

坚持惩罚与教育相结合原则，至2010年，对195名罪行较轻的罪犯判处缓刑、管制或者单处罚金。未成年人罪犯适用缓刑免刑率14.3%。

1993—2010年缙云县旧存受理审结刑事案件数量一览表

表23-3-2

年份	旧存		受理		审结		年份	旧存		受理		审结	
	件	人	件	人	件	人		件	人	件	人	件	人
1993	25	33	139	208	142	206	2002	12	19	284	367	291	381
1994	22	35	186	281	193	293	2003	5	5	232	297	228	286
1995	15	23	193	266	189	264	2004	9	16	221	270	221	273
1996	19	25	286	380	297	396	2005	9	13	258	323	259	326
1997	8	9	176	257	164	242	2006	8	10	258	361	256	358
1998	20	24	144	172	159	190	2007	10	13	383	582	381	568
1999	5	6	187	230	189	233	2008	22	42	355	635	374	673
2000	3	3	211	260	207	255	2009	3	4	333	546	321	518
2001	7	8	259	324	254	313	2010	12	28	290	465	292	483

第三节 民事商事审判

1993—2000年，县法院围绕“公正与效率”主题，民事审判坚持“调解优先、调判结合”的原则，以“案结事了、胜败皆明、定纷止争”为目标，结合民事审判工作的实际，学习推广“枫桥经验”，注重以调解手段化解矛盾纠纷，完善诉讼调解机制，努力将调解工作贯穿于案件审理全过程。对涉及婚姻家庭、相邻纠纷、人身损害和矛盾易激化案件，加强教育疏导，妥善化解矛盾，促进社会秩序的和谐稳定。同时减少诉讼环节，降低诉讼成本，提高诉讼效率。对基层调解组织，采用送法下乡，开展理论式辅导；巡回审判，开展实践式辅导；专业帮助，开展方法上辅导。2009年，受金融危机影响，全县涉企案件大幅增加，县法院慎重采取查封、冻结等保全措施，尽力帮助企业走出困境。

1997年11月，壶镇法庭成功调处缙云县首例学费诉讼案。1999年1月，全地区首例用户状告浙江电信寻呼有限公司缙云分公司案件，经调解成功结案。2002年9月，全县首例追索保险费案在县法院调解成功。2003年11月，审结全县首例婚前财产约定案。2005年7月，审结缙云经济犯罪第一案周某某侵占挪用信用社资金案。2010年9月，审结全县首例社区矫正审前调查评估案。

1993—2007年，县法院共审结民事案件15713件、经济案件11045件。2008—2010年，县法院共审结民商事案件6360件。

1993—2010年缙云县民事经济（民商事）案件数量一览表

表23-3-3 单位：件

年份	民事			经济		
	旧存	受理	审结	旧存	受理	审结
1993	62	740	771	29	166	168
1994	31	801	802	27	225	235
1995	30	947	946	17	281	286
1996	31	1013	1009	12	500	483
1997	35	916	908	29	708	714
1998	43	1253	1249	23	821	798
1999	47	1741	1702	46	947	943
2000	86	2569	2554	50	505	525
2001	101	2181	2183	30	893	873
2002	59	585	617	90	1813	1864
2003	29	565	576	46	693	711
2004	18	601	591	28	681	688
2005	26	491	494	21	741	743
2006	23	623	621	19	1028	1017
2007	25	727	690	30	1097	997

民商事案件			
年份	旧存	受理	审结
2008	192	1996	1904
2009	284	2094	2199
2010	179	2172	2257

第四节 行政审判

1990年10月，《中华人民共和国行政诉讼法》施行。1993年，县法院在县水电局设立水行政巡回法庭和县土管局行政审判站，并在溶江、方溪乡设立审判联系点。随着1996年《中华人民共和国行政处罚法》、2001年《最高人民法院关于执行〈中华人民共和国行政诉讼法〉若干问题的解释》的实施，县法院受理行政案件的范围扩大，新类型案件增多。2007年，县法院开展行政争议协调工作，推行行政机关首长出庭应诉制度。

1993—2010年，县法院共审结涉及土地、治安、环境、城建、工商、卫生等各类行政诉讼案件379件。1996年6月，县法院对壶镇镇团结村等18个村民委员会诉壶镇镇人民政府侵犯经营自主权进行公开审理，并作出判决，这是1990年《中华人民共和国行政诉讼法》实施以来缙云县法院受理人数较多、案情较为复杂的大案。

1993—2010 年缙云县旧存受理审结行政案件数量一览表

表 23-3-4 单位：件

年份	旧存	受理	审结	年份	旧存	受理	审结
1993	3	32	27	2002	1	24	24
1994	8	16	20	2003	1	45	43
1995	4	15	15	2004	3	53	52
1996	4	15	14	2005	4	23	25
1997	5	12	15	2006	2	16	17
1998	2	7	8	2007	1	16	15
1999	1	12	9	2008	2	5	6
2000	4	15	17	2009	1	7	7
2001	2	54	55	2010	1	11	10

第五节 案件执行

20 世纪 90 年代后期，各类执行案件逐步增多，执行难问题逐渐明显。县法院从实际出发，攻坚克难，努力提高案件执行率。1996 年 2 月 13 日，首次采用爆破方式，执行五云镇水南村一宗违法建筑物拆除案件。1998 年，《缙云县人民法院开展集中清理未执行案件活动的实施方案》出台，4 月 30 日，县法院首次在《缙云报》上刊登督促执行公告，实行申请执行人举证和被执行人财产申报制度。是年，首次采取以劳务清偿欠款方式执行经济案件。1999 年，开展“执行年”活动，县委领导发表电视讲话，县人大常委会作出《关于加强执行工作的决议》。2002 年，强化“三养”（赡养、抚养、扶养）案件执行，全年共执行“三养”案件 19 起。2003 年 6 月，《关于党员、干部拒不履行生效法律文书行为的处理意见》出台。2005 年，县法院建立执行裁决权与实施权分权制衡工作机制，并在全省率先推出交通事故肇事车辆处置联动机制。2006 年，开展为期 4 个月的集中清理历年执行积案行动，执行积案办结 244 件，金额 501 万元。2007 年 1 月，县司法救助基金建立，对案件不能有效执行造成生活困难的当事人，可以向县法院申请司法救助基金。

2007—2010 年，司法拘留被执行人 152 人，其中追究刑事责任 4 人；向县人民银行征信系统报送个人不良信息 1705 条、企业不良信息 55 条，通过网络曝光信息 369 条。2008 年，县法院对案件实行悬赏执行。2009 年，重在构建党委领导、人大监督、政府支持、法院主办、各方配合的案件执行格局，形成破解执行难的整体合力。2010 年，开展为期 5 个月的涉公职人员执行行动，清理被执行人涉行政事业单位、国有企业的案件 108 件 87 人，执行金额 1128 万元。其中，60 件案件涉及公务员 52 人，执行金额 665 万元。

1993—2010 年，县法院执行、办结各类积案 16741 件。

1993—2010 年缙云县旧存受理办结执行案件数量一览表

表 23-3-5 单位：件

年份	旧存	受理	办结	年份	旧存	受理	办结
1993	287	163	133	1995	343	257	308
1994	317	220	194	1996	292	155	189

续表 23-3-5

年份	旧存	受理	办结	年份	旧存	受理	办结
1997	258	650	692	2004	126	690	739
1998	216	843	836	2005	77	839	841
1999	223	1602	1613	2006	75	773	754
2000	212	1514	1475	2007	94	938	888
2001	251	1504	1538	2008	144	1052	1109
2002	217	1439	1408	2009	87	1210	1161
2003	248	913	1035	2010	136	1796	1828

第六节　审判改革

审判运行制度改革

1997 年 4 月，县法院改变建院以来立案工作由各业务法庭自行负责的审判方式，实行立案与审案分离、审判与执行分离、审判与监审分离，由告诉申诉庭对民事、经济、刑事自诉案件统一审查立案，统一审查诉前财产保全，统一收取诉讼费用。所有执行案件经告诉申诉庭审查立案后移交执行庭执行，业务庭不再负责执行。2000 年 6 月，县法院撤销告诉申诉庭，建立立案庭和审判监督庭，由审判监督庭独立办理申诉再审案件。

庭审方式改革

1998 年，县法院落实公开审判制度，对应公开审理的案件一律公开开庭审理，强化举证、质证、认证、辩论公开化。庭审方式由纠问式向抗辩式转变。刑事审判保障被告人辩护权，被告人确有经济困难或者其他原因没有委托辩护人的，法院指定辩护人，同等重视控辩双方意见；民事审判进一步完善举证制度，规定举证时限，重大、复杂、疑难案件庭前交换证据，任何证据未经法庭质证，不得作为定案依据；行政审判围绕被诉具体行政行为合法性进行审查，改变既审查具体行政行为又审查原告行为，甚至只审原告行为的做法。完善行政诉讼的举证、质证、认证规则，建立符合行政诉讼特点的证据制度。2010 年，数字法庭建成，所有案件审判过程实行同步录音录像。

人民陪审员制度改革

依法提请、任免陪审员。2005 年 4 月，第十四届县人大常委会通过县法院提请任命 17 名陪审员；2010 年 6 月，第十五届县人大常委会通过县法院提请任命 24 名陪审员。

裁判文书改革

1998 年以后，法院裁判文书注重对质证中有争议证据的分析、认证，判决说理性增强。2011 年开始，实行裁判文书网上公开制度，公示裁判过程、公开裁判理由。

第四章　司法行政

缙云县司法局（简称“县司法局”）是全县主管司法行政工作的政府组成部门。20世纪90年代起，县司法局履行法律保障、法制宣传、法律服务三大职能，在司法所建设、人民调解、社区矫正和安置帮教、普法和依法治理、法律援助、法律服务等方面开展工作。

第一节　机构与队伍

局机关

1989年11月，县司法局机关内设机构由股改称为科（室），内设办公室、宣教科、基层工作管理科。1995年12月，县司法局县法制宣传教育培训中心成立。1997年4月，县司法局内设办公室、基层工作管理科、法制宣传教育科（法制培训中心）、公证处、法律服务管理科；8月，县司法局“两劳”（劳动改造和劳动教养）回籍人员管理科成立。1998年7月，缙云县法律援助中心成立。2000年2月，县司法鉴定中心成立。

2002年6月，县司法局内设办公室（政治处）、法制宣传教育科（法制培训中心）、基层工作管理科（行政法制科）、“两劳”回籍人员管理科、公证管理科（公证处）、法律援助中心（律师管理科）。2007年9月，县“两劳”回籍人员管理科更名为社区矫正工作管理科。2008年9月，县司法局行政审批服务科设立，撤销公证管理科（公证处）。

司法所

1991年7月，壶镇、城郊、新建、盘溪、大洋五个区及五云镇司法所成立。1994年3月，县司法局新建司法所新碧办事处成立。

1997年4月，县司法局派出机构有：五云司法所（辖五云镇、七里乡），新建司法所（辖新建镇、新川乡、双川乡），新碧司法所（辖新碧镇、城北乡），壶镇司法所（辖壶镇镇、前路乡），东方司法所（辖东方镇、三溪乡），舒洪司法所（辖舒洪镇、胡源乡），大洋司法所（辖大洋镇、木栗乡、南溪乡），东渡司法所（辖东渡镇、方溪乡、石笕乡），雁岭司法所（辖雁岭乡、白竹乡），大源司法所（辖大源镇），溶江司法所（辖溶江乡、双溪口乡）。1999年4—5月，派出机构有大源、溶江、雁岭、双溪口、七里、胡源、白竹、三溪、前路、城北、方溪、石笕、新川、双川、南溪、木栗16个司法所；11月，县司法鉴定中心壶镇伤检室成立。2000年8月，全县24个乡镇全部建立司法调解中心。2002年6月，设立五云、壶镇、东渡、新建、舒洪、新碧6个司法所。2010年9月，在东方镇、大洋镇、大源镇、双溪口乡增设司法所。

2003年，五云司法所被司法部命名为“残疾人维权示范岗”。2005年，舒洪司法所被司法部评为“全国先进司法所”。2010年，县司法局被市司法局记集体三等功一次。2010年，县司法局被评为“全省反邪教先进集体”。

律师事务所

1994 年 1 月，缙云县经济律师事务所成立；5 月，缙云县律师事务所壶镇办事处成立。1995 年 11 月，缙云县律师事务所更名为缙云县卫民律师事务所，经济律师事务所更名为万民律师事务所（浙江缙云）。1999 年 5 月，万民律师事务所（浙江缙云）更名为浙江星晖律师事务所。2000 年 10 月，浙江星晖律师事务所与县司法局脱钩。

法律服务所

1993 年，全县设五云、城郊、壶镇、新建、盘溪、大洋 6 个法律服务所。1994 年 2 月，缙云县法律服务中心成立。1996 年 4 月，县法律服务中心壶镇办事处成立，各乡镇配备司法助理员。2001 年 7 月，县法律服务中心更名为缙云县石城法律服务所；8 月，县个私经济维权服务中心成立；雁岭、新碧、东方 3 个法律服务所业务接待站成立。2008 年 8 月，丽水天平司法鉴定所缙云分所在县司法局成立，为县首家司法鉴定机构。

公证处

2004 年 3 月—2006 年 6 月，县公证处在县行政中心设置公证窗口，主要办理房产类公证。2008 年 10 月，县公证处确定为中介类事业单位。

第二节　法制宣传教育

1991—2010 年，实施“二五”“三五”“四五”“五五”4 个五年普及法律常识教育规划（分别简称“二五”普法、“三五”普法、“四五”普法、“五五”普法）。

“二五”普法（1991—1995 年）

1991 年，开始“二五”普法。主要学习《中华人民共和国宪法》《中华人民共和国企业法》《中华人民共和国合同法》等 14 部法律。1992 年，主要学习《中华人民共和国宪法讲话》和《社会主义法制建设若干问题讲话》等。1993 年，全县党政机关工作人员通过普法考试 5890 人。

“三五”普法（1996—2000 年）

1996 年，开始“三五”普法。主要学习《中华人民共和国刑事诉讼法》《中华人民共和国行政处罚法》《中华人民共和国劳动法》等法律法规。1997 年起，五云镇水南居委会每周出刊法制宣传专栏《照镜子》。1998 年 10 月，举办县个体劳动者协会、县私营企业协会理事普法培训班。1999 年，全面推行行政执法责任制和司法错案追究制；组织副县级以上领导干部 26 人参加普法考试，副科以上领导干部 461 人参加《中华人民共和国行政复议法》培训；是年始，推行村务公开。2000 年，全县 3.2 万人通过普法考试，组织县级部门领导参加世贸组织基本制度培训。

“四五”普法（2001—2005 年）

2001 年，开始“四五”普法。主要学习《中华人民共和国道路交通安全法》《法律援助条例》《中华人民共和国农村土地承包法》等法律法规。2001 年 12 月 4 日，开展第一个全国法制宣传日活动。2003 年，启动法律服务进社区活动。2004 年，印发《农村实用法律手册》，学法用法考试对象扩大到村干部和村老人班班长。2005 年，重点宣传《中华人民共和国信访条例》，组织 2 万多人参加普法考试。2006 年，缙云县被省委、省政府授予“2001—2005 年法制宣传教育先进集体”称号，五云镇官店村被省司法厅命名为“省级五星级民主法治村”。

“五五”普法（2006—2010 年）

2006 年，开始“五五”普法。主要学习宪法、社会主义法治、法律援助等。共向全县发放普法书籍 3 万册，宣传资料 5 万余份。2007 年，在“12·4”法制宣传日发放普法资料 3 万余份，接待咨询群众 300 多人次。2009 年，全县领导干部、公务员参加普法考试率、合格率均达 100%，《缙云县公职人员学法用法制度》制定实施。2011 年，县司法局被省委、省政府评为“五五”普法先进单位。

第三节 人民调解

1996 年，缙云县各级人民调解委员会 526 个。2010 年，缙云县调解委员会（简称“县调委会”）及其下属组织 736 个，其中乡镇调委会 18 个、专业调委会 1 个、村民社区调委会 648 个、企业调委会 69 个。

调处疑难案件数量，1996 年 471 件、1999 年 572 件、2002 年 253 件、2004 年 56 件、2005 年 242 件。调解成功率，1996 年 94%、1999 年 95.8%、2005 年 97%、2006 年 95.8%、2007 年 95.22%、2008 年 99.07%、2010 年 97.95%。防止非正常死亡案件，1996 年 20 件、1997 年 6 件。1999 年，新建镇五村调解委员会被司法部授予“全国模范人民调解委员会”称号。

1996—2010 年缙云县人民调解情况一览表

表 23-4-1　　单位：件

年份	调解各类民间纠纷	防止民间纠纷转化刑事案件	防止民间纠纷引起自杀	制止群体械斗	年份	调解各类民间纠纷	防止民间纠纷转化刑事案件	防止民间纠纷引起自杀	制止群体械斗
1996	2035	32	20	—	2004	1020	23	5	—
1997	1965	13	—	—	2005	1158	26	8	20
1998	1953	21	3	13	2006	1329	15	8	19
1999	1416	22	5	51	2007	2863	13	12	21
2000	1489	19	3	22	2008	2607	—	—	—
2001	1452	20	5	24	2009	2546	11	2	—
2002	1955	19	14	57	2010	2680	—	—	—
2003	1429	15	11	21	—	—	—	—	—

第四节 社区矫正

2007 年，缙云县被列为全省社区矫正 19 个试点县之一。2008 年，县司法局接收社区矫正对象 662 人，期满解除矫正对象184人，矫正对象死亡3人。2009年，社区矫正对象外出担保制度施行，外出人员须办理请假书、担保书、保证书手续。按《浙江省社区服刑人员奖惩考核暂行办法》《缙云县社区服刑人员分色监管规定》，对社区服刑人员实行“日记载、月评议”的考核制度和兑现分级处理、分色监管机制；与县移动通信公司合作，对“两劳”回归人员进行LBS手机定位系统试运行。

2010年，社区矫正人员210人向所属社区、村委会提交《接受社区动态信息管理保证书》，实现社区矫正对象电子数据档案全覆盖。县司法局被省司法厅评为2010年度社区矫正工作先进集体。

第五节　法律援助

1997年，县司法局推出法律服务7项承诺。1999年，为冬季应征入伍的新兵家属送发“法律服务拥军卡”；10月，缙云县法律服务专线电话“1600148”开通。是年，缙云卫民律师事务所完成法律援助13件。

2000年6月，缙云县维护国防利益法律援助站成立。2001—2002年，县司法局办理法院指定的法律援助48件，社会法律援助7件。2003年，为残疾人维权，办理法律援助案件103件。2004年，缙云县法律援助工作领导小组成立。县司法局与县人事劳动局、县总工会等单位联合建立维权工作站5个，办理法律援助案件61件。2005年，壶镇法律援助工作站成立，向弱势群体发放法律援助卡；并继续向新兵家属发放法律援助拥军卡；县法律援助机构共办理法律援助案件111件，其中刑事案件26件、民事案件85件。2006年，缙云县“12348”法律援助专线电话开通，办理法律援助案件215件，其中刑事30件、民事185件。2007年，办理法律援助案件262件，其中民事诉讼援助173件、刑事辩护援助40件、非诉援助47件、公证2件；县司法局实行的“法律援助质量监督卡”制度在全省推广。2008年，办理法律援助案件409件。2009年，办理法律援助案件487件，其中刑事30件、民事457件；年底，启用全省统一的法律援助标识。2010年，办理法律援助案件380件，受法律援助人数400人，接待法律咨询1987人次。

2002年，五云司法所被司法部、中国残联命名为“全国第二批残疾人维权示范岗”。2005年，“军人亲属出横祸，法律援助来解难”案例被司法部评为“百件优秀法律援助案件”。2005年、2006年，县法律援助中心被省司法厅评为法律援助先进单位。

第六节　律师事务

1993—2009年，全县律师事务所办理刑事、民事代理、经济代理、行政诉讼代理和非诉讼代理案件共6094件，行政诉讼代理28件，代书诉讼文书2941份，为行政事业单位担任常年法律顾问696家次。1999年4月，县法律服务机构先后与东渡镇农民杜汝德、陈守形签订法律顾问合同，担任个人法律顾问，开全县先河。2004年，各基层法律事务所共办理诉讼案件286件，非诉讼代理案件32件，代书诉讼文书2401份。2010年，全县律师、法律工作者共办理案件622件，调处纠纷349起，避免或挽回经济损失8000万元，并与全县所有行政村签订乡村法律顾问合同。

第七节　公证服务

1993—2010 年，缙云县公证服务机构 1 家，共办理各类公证案件 10198 件。其中，民事公证 5365 件、经济公证 1338 件、涉港澳台公证 1584 件、涉外公证 1911 件。

1991 年，县公证处试点开办企业债务对账单公证和遗赠抚养协议公证。1992 年，县公证处开始受理涉外公证。1995—2006 年，县公证处重大公证项目有：1995 年为某乡镇推出旧城改造搬迁安置协议公证，1998 年为体育彩票发行办理公证，2000 年起为城镇退伍军人与安置部门签订的安置协议办理公证，2002 年在开展赠予、遗嘱和继承公证等传统公证业务的同时，拓展现场监督、保全证据等公证业务，2004 年对征地中的补偿安置款进行提存公证，2005 年全程参与招标现场公证，2006 年对五云镇镇东村安置房分配进行全程监督公证。

1993—2010 年缙云县办理公证数量一览表

表 23-4-2　　　　单位：件

年份	公证数	其中			
		民事	经济	涉港澳台	涉外
1993	620	167	330	106	17
1994	618	163	362	75	18
1995	805	503	35	206	61
1996	381	136	31	182	32
1997	466	187	33	220	26
1998	658	429	43	111	75
1999	573	229	212	101	31
2000	452	183	77	80	112
2001	345	96	75	69	105
2002	361	119	57	73	112
2003	520	323	13	51	133
2004	442	350	0	52	40
2005	670	670	0	0	0
2006	398	394	4	0	0
2007	976	750	0	28	198
2008	526	123	8	60	335
2009	804	251	58	109	386
2010	583	292	0	61	230

第二十四篇 军 事

1993—2010年，县委坚持党管武装原则，每年召开征兵工作会议和国防动员工作会议，强化各级领导干部对军事工作的责任意识，提高各级专职人民武装部干部及民兵预备役官兵的思想政治觉悟。落实民兵整组工作，完成各年度民兵和预备役官兵军事训练任务与兵员征集工作，开展国防教育宣传活动，组织民兵、武警官兵、消防战士参与抗灾抢险、突发事件处置、火灾扑救等工作，密切军政、军民关系。

县人民防空工作遵循“长期坚持、平战结合、全面规划、重点建设”方针，开展人防工程、人防通信警报系统建设，发挥人防工程的“战备、社会、经济”效益。开展多层次的人防宣传教育，组织防空演习，提高全民防空意识和能力。

缙云县人民武装部属正团级军队建制。除县人武部外，缙云县的军事力量另有武警缙云县中队和缙云县消防大队。

第一章　地方人民武装

县人民武装部为县域行政区的军事指挥机关，既是县委的军事机关，又是县政府的兵役工作机关。1993—2010 年，缙云县人民武装部遵照上级指示要求，开展国防动员演练；依照兵员征集各项条件，严格把关，为部队输送优质兵员；积极参与地方抗灾抢险，支援地方经济建设和社会发展事业。

第一节　机构

县国防动员委员会

缙云县国防动员委员会（简称“县国动委”）是县委、县政府领导下的议事协调机构。

1996 年 1 月，缙云县国动委成立，县委书记为第一主任，县人民政府县长为主任，县人武部部长为常务副主任，县政府常务副县长、县人武部政治委员为副主任，县人武部副部长任秘书长，县委办、县府办、县人武部等 18 个单位负责人为委员。县国动委下设秘书组、人民武装动员、国民经济动员、交通战备、人民防空办公室。1998 年 6 月，县国动委下设综合办公室、人民武装动员、政治动员、交通战备、经济动员、人民防空、科技动员、信息动员办公室，各乡镇设国防动员领导小组。1998 年 12 月，缙云县武装委员会与县国动委合并，称缙云县国防动员委员会。2004 年，缙云县维护国防利益领导小组成立，组长由县委分管领导兼任。2006 年 10 月，县国动委与地方相关单位签订通用装备物资征（租）用协议。

1999 年，缙云县国动委被南京军区授予“国防动员工作先进单位”。

县人民武装部

1996 年 4 月，根据中共中央、国务院、中央军委文件，县级人民武装部收归军队建制，称“中国人民解放军缙云县人民武装部”（简称“县人武部”），编制等级为正团级；5 月 3 日，缙云县人武部收归军队建制交接仪式举行。县人武部接受上级军事机关和同级地方党委、人民政府的双重领导，县委书记兼任县人武部党委第一书记，县人武部的主官 1 人参加中共缙云县委常委会，主官 1 人参加县政府常务办公会议。县人武部内设军事科、政工科、后勤科。2010 年，县人武部机关迁至县城新区。

2001 年，县人武部被总参谋部授予“民兵武器装备管理先进单位”。

乡镇人民武装部

1993 年，设乡镇人武部 24 个；2006 年 6 月，增设县直属人武部；2008 年，设乡镇人武部 19 个。

第二节　兵役

义务兵员征集

1993—2010年，义务兵员征集一般每年冬季征集一次，少数年份春、冬季各征集一次。1998年征兵时间，改为次年春季。征集兵员名额由市（地区）人民政府和军区联合下达到县，少数年份有征集女兵名额。

县政府成立县征兵领导小组。县征兵领导小组内设办公室、秘书组、政审组、宣传组、体检组、后勤组。每年征兵期间，由县人武部统一部署，全县上下广泛开展依法服兵役宣传教育，掀起参军热潮，为人民军队的发展壮大补充新鲜血液。

1993年，缙云县首次集中全县应征青年在县城体检。1995年，实施“六不准，六公开”征兵制度。1997年，提出“两个提高一个杜绝”的征兵目标。1998年开始，重点征召大专以上文化程度的青年入伍，年龄放宽到22周岁。1999年，缙云县首次征集进藏新兵。县政府、县人武部联合制定进藏兵优待政策：优待金按内地兵标准的4倍发放；农业户口给予“农转非”；服役期满退伍后，发给一次性补助金3万元；入伍前为非农户口的进藏兵服役期满退伍后，安排到城镇企事业单位工作；服役期满退伍后，一次性发给安家费1万元。11月，面向社会公开征集女兵。

20世纪90年代后期，缙云县每年征集的新兵中高中以上文化程度均占总数的50%左右。其中2001年占53%，2005年占66%。

2001年，实行廉洁征兵，全县设举报箱27个、举报电话29台。2002年起，实行封闭式征兵体检。2004年，进一步注重征集高素质高学历青年入伍，并对预征青年进行HIV（艾滋病）抗体筛查。

1993—2010年，实行地方送兵与部队接兵相结合方式。按照县征兵办公室《新兵花名册》和新兵档案资料，由交接双方当面点检清楚，并签名盖章。2005年，在全县直接招收士官1名。2008年8月，从普通高等学校毕业生中招收士官。

预备役

1993年以来，按照《中华人民共和国兵役法》《退伍军人预备役登记统计暂行规定》，全县退伍军人预备役士兵分一类预备役和二类预备役建卡登记。开展预备役军官和地方专业对口技术干部登记，全县登记服预备役的军官有部队转业复员干部和专职武装干部，地方乡镇以上党政干部和地方专业对口技术干部。2001年，按中国人民解放军总参谋部《退伍军人专业名称和编码（试行）》和省军区“退伍军人预备役登记卡”，对照预备役人员换卡登记，缙云县退伍军人服预备役管理数据库系统建立。

第三节　民兵

1995年，缙云县民兵应急小分队成立。1997年8月，新建丝厂女子民兵连因工厂倒闭撤销。1998年，根据省军区部署，调整民兵组织，全县组建6种类型民兵科技分队；5月，缙云县道路桥梁抢修应急分队组建。1999年10月，缙云县专业技术分队组建。

2001年2月，在非公有制企业开展建立民兵组织试点；3月，缙云县城市民兵组建。2003年4月，进行城市民兵调整，以民兵应急分队为城市民兵重点。民兵步兵分队占基干民兵比例由43.1%调整到

15.1%，专业技术分队民兵人数从35.2%调整到68.5%，对口专业分队占专业技术分队比例由21.5%调整到33.7%。2004年，开展民兵组织整顿。2005年，缙云县应急作战力量和非应急作战力量分队建立。2009年，按照规模适度、布局合理、结构优化、能战管用原则，再次调整民兵组织。

第二章　驻缙云部队

1993年以后，驻缙云的部队有中国人民武装警察部队缙云县中队和缙云县公安局消防大队。驻缙云部队担负军事业务训练、维护社会治安、参加地方抢险救灾等任务，为缙云县经济社会发展保一方平安。

第一节　武警中队

1983年1月，缙云县公安局人民武装警察中队改组为中国人民武装警察部队丽水地区支队缙云县中队（简称“武警缙云中队”），实行地方党委和上级军事机关双重领导，为部队连级建制。2010年，武警缙云中队营区移址。

1993年以来，武警缙云中队围绕党的中心工作和军队建设，紧跟国际国内形势变化，开展思想政治教育和军事训练，完成值勤任务。

1993—2010年，贯彻党中央“军事过硬”的总要求，围绕执勤和处置突发事件两项中心任务，组织军事训练，先后开展科技练兵、监管场所“三共”（共建、共管、共保安全）活动、反恐怖、高科技、处置重大自然灾害等系列业务训练，多次完成各类应急突发事件的处置任务。1995年，实施武警缙云中队、县公安局、县人民检察院三方对哨兵多向监督的管理方法，执勤人员统一挂牌上岗；每月与县公安局、县人民检察院召开一次联席会议。1998年，依托公安“110”指挥系统，安装互动报警和通信装置。1999年6月1日，武警缙云中队从内看守撤出，转为外看守，负责固定执勤。

18年间，武警缙云中队被武警总队先后评为社会主义精神文明先进集体、管理教育先进单位、执勤工作先进单位、训练工作先进单位及落实《军队基层建设纲要》先进中队等。

第二节　消防大队

消防部队系中国人民武装警察部队体系的警种，也是国家机关的重要组成部分，担负着消防保卫任务和其他以抢救人员生命为主的应急救援工作。缙云县消防中队受丽水市武警消防支队和中共缙云县委、县政府的双重领导。

1985年10月，缙云县消防中队从武警缙云中队划出。2012年前，缙云县消防大队营区在五云镇老城。

机构队伍

1994年8月，中国人民武装警察部队缙云县消防中队（缙云县公安局消防科）升格为缙云县消防大队（简称“县消防大队”），为正营级建制，大队下设消防中队。2006年1月，武警缙云消防中队森林消防队成立。2008年12月，壶镇镇专职消防队（站）成立，有队员5名。2010年12月，缙云县应急救援大队在县消防大队成立。

消防设施

2010年，县消防大队执勤车辆有：水罐消防车、MAN泡沫水罐消防车、抢险救灾消防车（配有雷达生命探测仪）、大力雷龙A类泡沫消防车、25米举高喷射消防车，还配有3台机动泵、液压机动破拆工具、无齿锯、防化服、重型防化服等特种器（具）材及常规器（具）材。

营区建设

2008年12月末，县消防大队迁建工程（项目名称为“丽水市消防支队综合训练基地”）开工。位于县城新区，占地面积4.47公顷，建筑面积14120平方米，投资概算6285万元，2012年10月竣工。

消防教育与管理

1993年以来，县消防大队先后开展消防安全“大培训、大宣传”活动、“千校万生消防安全大行动”，实施“全民消防宣传教育计划”，创建“消防安全教育示范学校”，举办社会单位消防安全责任人、管理人培训，开设消防讲座，组织群众参观消防站，在县城主要交通干道设立“范大姐形象宣传牌”等。按公安部《关于大型集贸市场、商业城、商业街等公共场所消防安全监督管理工作的通知》要求，县消防大队会同相关部门，对县城人员密集场所、易燃易爆场所加大执法监督检查力度，清除车间、仓库、员工宿舍“三合一”企业火灾隐患，对消防不合格单位实行下发《责令整改通知书》、行政处罚、查封等措施。

图24-2-1　2006年缙云县消防大队战士扑救山林火灾

2009年，县消防大队指导重点单位制定消防预案101个，维护保养市政消火栓226个。2010年，县政府挂牌督办的重大火灾隐患3家单位，经帮扶整改后摘牌。

重大火灾事故处置

1993—2010年，县消防大队每次接到火警报告后，做到快速出动，及时处置火灾事故，履行火灾扑救、抢救被困人员的职能，保护好人民生命财产安全，尽量把损失降到最小限度。

2001—2010年缙云县火灾事故情况一览表

表24-2-1

年份	数量（起）	抢救被困人员数量（人）	疏散被困人员数量（人）	经济损失（万元）	年份	数量（起）	抢救被困人员数量（人）	疏散被困人员数量（人）	经济损失（万元）
2001	129	9	60	126	2006	186	8	117	197
2002	136	4	76	132	2007	228	15	131	259
2003	171	10	59	117	2008	266	18	159	195.4
2004	176	9	49	168	2009	270	24	141	137
2005	146	5	90	185	2010	253	33	291	230

第三章　人民防空

县人民防空工作的主要任务是掌握空情，进行防空袭、反空降斗争，做好重点城镇首脑机关以及水、电、通信、交通枢纽等设施和大型工厂的对空安全防护，发动群众构筑简易防空掩体，保障人民群众的生命财产安全，维护国家利益。

第一节　组织机构

1996年1月，县国动委下设人民防空动员组；1998年6月，县国动委下设人民防空办公室（简称“县人防办”）。2005年12月，县人防办独立设置，挂靠县府办。各乡镇相应成立人防工作领导小组。全县建有人防合成专业队伍7支。2011年机构改革后，县人防办与县府办合署。

第二节　职能任务

县人防办着眼于信息化条件下的城市防空袭，推进人防应急能力建设，制订防空应急方案，明确各级职责和应急指挥程序，落实战备值勤制度。

防控规划　方案

2006年，县政府《关于人民防空工作有关规定的通知》《缙云县城市人民防空规划》颁布。2010年12月，县政府《缙云县信息化条件下人民防空行动方案》颁布。

设施与设备

2010年，缙云县人防指挥平台建成，集语音、视频、数据交换及办公于一体，并建有防空警报台、防空警报器等。

防空演练

2006—2010年，县人防办按防空演练计划，组织综合演练6次。2006年9月16日，县城首次试鸣预先警报、空袭警报、解除警报3段防空警报。2008年5月19日，鸣发悼念四川汶川大地震遇难者警报。是年始，警报信号分为5种：预警报、防空警报、解除警报、灾情警报、灾情解除警报。

第四章　国防动员

1993—2010年，县国动委贯彻执行党中央、中央军委确立的新时期军事战略方针、政策、指示，组织实施国防动员工作；制定缙云县国防动员工作规划和措施；协调全县国防动员中经济与军事、军队与政府、人力与物力的关系，提高平战转换能力；加强人民武装工作建设，落实军事斗争准备，组织领导民兵预备役和加强国防动员的政治宣传工作。

第一节　军事演练

20世纪90年代以后，缙云县国防动员民兵分队军事训练主要是训练民兵熟练使用武器、战术和专业技术，做到平时能做好执勤和处置突发事件、战时能完成战斗任务。1994年，县民兵分队军事演练的重点是改善干部知识结构和能力，提高在高科技条件下作战的判断决策、随机应变能力，加强“六会”（会读、会画、会写、会记、会算、会传）训练。1995年，突出高科技条件下军事指挥、作战形势变化、战争动员及后勤保障等训练；4月，开展专职人武干部军政训练；8月，参加省军区三级首长演习。1996年以后，民兵军事训练重点是预防台战发生，组织海岸岛屿防御战斗室内演习，围绕登陆战役中快速动员和支前保障，集中辅导学习。1997年，执行南京军区《民兵组织整顿暂行规定》，缙云县民兵专业分队成立，并建立民兵学习、训练、例会、外出联系制度，加强流动民兵管理；9月，组织民兵参加丽水军分区应急动员演习。1998年以后，按照南京军区司令部《民兵应急分队升级训练纲目》，开展民兵军事训练。组织民兵参加军分区在

图24-4-1　2009年民兵训练

登岛战役中的战场保障演习行动。1999 年，围绕登岛作战部队机动集结课题，开展科技练兵，突出高科技条件下军事理论学习。

2000 年 5 月，全县国防通信网工程建成。2001 年 11 月，组织民兵进行计算机软件应用培训，提高民兵查图绘图能力，缙云民兵应急分队在省军区计算机应用考核中获优秀成绩。2002 年 5—6 月，民兵分队参加省军分区通信技术、队列、射击及有线无线专业集训考核中获全优成绩。2003 年，按《国防动员潜力调查统计实施方案》，开展县域国防动员潜力调查统计；制定缙云县国防动员、政治动员、兵员动员、经济动员、交通运输动员预案制度；开展大型化工厂遭袭后次生化学灾害防护与救援及车辆维修训练。2004 年，组织以“保畅通”为重点的军事训练；4 月，组织 170 名民兵参加丽水军分区实兵演练。2005 年，组织民兵进行防化训练试点。2006 年、2007 年，两次组织经济动员物资保障分队开展反“台独”应急作战演练。2008 年 4 月，交通管制分队和防化排接受省军区首长在丽水火车站广场拉动点验，到点率 97%；4—5 月，在装备仓库安全保卫及反恐怖袭击军警民联合演练中，缙云县民兵分队获丽水军分区考核总评第三名。

第二节　国防教育

1990 年 10 月，缙云县国防教育委员会成立。1991 年，各区、乡、镇国防教育领导小组相继成立。县和各基层国防教育组织着重围绕国内外形势开展国防教育活动。

1993 年以来，全县国防教育采取以会代训、党校轮训等形式，在党政干部、高中入学新生中开展。1994 年，县国动委组织党政干部国防教育培训 2 次。1995 年，贯彻中共中央《爱国主义教育实施纲要》和《浙江省国防教育条例》，以《中国民兵》《东海民兵》杂志作为国防教育教材。组织党政领导干部过“军事生活日”“国防活动日”等活动开展国防教育。1997 年 6 月，在县火车站广场组织县党政领导实弹训练；7 月，组织 17722 人参加全国国防知识竞赛。1998 年，举办国防教育电影周。1999 年以后，县党校党政干部培训班均开设国防教育课。

2000 年，开展《中华人民共和国国防法》颁布 3 周年和《中华人民共和国兵役法》宣传活动；2001 年，组织 728 名党政干部进行国防教育课堂培训，县教委举办“保卫中国”国防教育活动，两年共组织 3231 名高中新生军训，每年授课 46 课时。2002 年，缙云县国防教育读书活动领导小组成立，组织 2000 多名干部群众和中小学生参加国防教育读书活动；县委党校举办国防教育培训班 3 期，参加培训的党政干部 528 人；组织轻武器射击比赛 1 次；协调处理各类信访、纠纷 43 起，维护军人、军属合法权益；壶镇、舒洪、大源等乡镇组织民兵为军属割稻助耕。2003 年，县委中心理论学习组、党校青年干部培训班安排国防教育课。2005 年，组织国防教育图片展览，举办演唱革命歌曲大奖赛、国防知识电影周活动；开展国防知识竞赛，发放竞答卡片 15 万张。2006 年，举行纪念《中华人民共和国国防教育法》颁布五周年活动，组织防空警报试鸣演练；7 月，组织县级领导和国动委成员参加轻武器实弹射击。2007 年，开展国防教育进学校、机关、社区、工厂、乡村和“重走红军路”、军民联欢会、国防知识图片展等活动。2008 年，组织党政干部 768 人参加国防教育培训，县级领导到民兵训练基地过“军事日”，座谈国防后备力量建设。2009 年，开展以“赞颂辉煌成就，建设强大国防”国防教育活动和中华人民共和国成立 60 周年国防知识竞赛。2010 年，以“牢记历史、富国强军、共筑长城”为主题，开展第十个全民国防教育日和纪念抗日战争胜利 65 周年活动；8 月，《缙云武装》简报创办。

第五章　拥政爱民

1993—2010年，县人武部突出民兵预备役“平时服务、急时应急、战时应战”的职能使命，开展形式多样的拥政爱民活动，营造“军爱民、民拥军”的社会氛围。武警缙云中队坚持部队精神文明建设要走在全社会前列的要求，做好拥政爱民工作。其间，县政府投资1000万元建成武警中队新营房，每年八一建军节、春节等重要节日，县委县政府主要领导均到县武警中队、消防大队慰问，先后送去慰问金100多万元，为驻缙部队创造良好的学习、工作和生活环境。

第一节　服务地方

1995年，县人武部组织民兵开展经济建设建功立业活动。1997年，组织民兵扶贫帮困、双拥共建活动。1998年，《缙云县拥军优属若干规定》《缙云县兵役义务费和重点优抚对象参加优待金社会统筹实施细则》出台，开展民兵精神文明建设“五个三”（爱祖国、爱家乡、爱本职；讲公德、讲道德、讲美德；学理论、学科学、学技术；抓教育、抓队伍、抓窗口；树新风、树形象、树典型）活动。2月，新碧镇人武部组织200名民兵在金温铁路两旁植树1200多株。

2001年，先后出动民兵200余人次，协助公安局抓获犯罪嫌疑人13人。2003年5月“非典”期间，县人武部下达《关于组织民兵参加防治“非典”工作的通知》，组织民兵投入抗击“非典”工作，维护社会稳定；7月，组织县城民兵分队120多人参加保护好溪活动，清理河道200多米；五云镇基干民兵100多人参加“爱国卫生月”活动，清扫街道、汽车站、菜市场等公共场所。2004—2006年，民兵预备役人员开展“创建工程、平安工程、治水工程、扶贫工程、绿色工程”活动。2006年3月，应急分队民兵100人，赴新建镇协助维护移民安置秩序；10月，组织民兵300人在县行政中心广场协助仙都旅游节文艺晚会外围警戒；是年，3支民兵巡逻队协助公安参与维护社会治安。2007—2008年，民兵预备役人员开展“双争”（争当创业致富带头人、争当美好家园建设者）活动；组织500名民兵参加新建溪治污行动。2008年5月，组织五云镇民兵看守“手足口病”疫情隔离患者；8月，组织应急分队民兵60人参加张山寨庙会保安。

2000年1月，缙云被省委、省政府和省军区命名为省“双拥模范县”。

第二节　抢险救灾

1998年3月，城北乡白岩村2名民兵在金温铁路排除3块重数百千克的岩石，避免了列车倾覆事故；9月，组织民兵30人为金温铁路缙云东溪村段清除塌方，使铁路四小时后恢复运行。1999年4月夜，组织民兵20人参与金温铁路东渡镇长坑村黄塄背路段因山体滑坡3节车厢脱轨的抢险营救，使铁路在次日早晨恢复运行。

2003 年 6 月，民兵应急分队 170 人营救出被洪水围困客车内的 26 名旅客。2004 年 8 月，民兵应急分队 10 人帮助东渡村民在好溪中捞回民船一艘。2005 年，先后出动民兵 3000 多人次，参与火灾、台风等抢险救灾。2008 年 2 月上旬，先后出动民兵 4532 人次，参与遭受特大强降暴雪冰冻灾害的道路清扫、危房抢修、人员转移等救援工作。2009 年 6 月，50 名民兵投身新建溪抗洪抢险；8 月，组织民兵 2100 多人次，参与大源镇抗台抢险和灾后恢复工作。2010 年 3 月，民兵 20 多人救出石笕乡因道路塌方被洪水围困的 17 人；12 月，组织民兵和预备役人员 5100 多人次扫除公路积雪 85 千米，协助修建蔬菜和养殖场大棚共 123 个。

第三节　军民联谊

1993—2010 年，缙云县武警中队始终坚持“军爱民，民拥军，军民鱼水情”的优良传统，在社会稳定、环境改善、抢险救灾、文明单位共建等方面为缙云的经济社会发展做出贡献。县消防大队与有关学校、企业、社区、县文明办等经常性开展军民联谊活动。

1997 年，县武警中队官兵为“春蕾计划”基金捐款。1998 年，《缙云报》开辟“国防天地”专栏，报道军民联谊新闻。1999 年，开展“爱心献功臣行动”。2000 年 4 月，县武警中队被命名为缙云县第二批爱国主义教育基地；6 月，县法院成立维护国防利益巡回法庭。2001 年 6 月 15 日，中国人民解放军 117 医院医疗小分队到东渡镇兆岸村开展义诊活动，向兆岸小学捐赠现金 3000 元和一批图书。2003 年 9 月 10 日，县武警中队与北门社区举办中秋联欢会。2005 年 6 月，驻缙云武警官兵为实验小学清理泥沙。2006 年 8 月 1 日，壶镇镇 50 多个村的村民为消防战士送上锦旗 50 面，表彰消防战士为救灾抢险做出的重大贡献。2010 年，开展“关爱功臣，永葆光荣”系列主题活动，邀请省复退军人精神病疗养院专家为缙云精神病残疾军人进行体检治疗。

第二十五篇 教育

1993年以来，缙云教育的质量和影响与国家级风景区仙都相媲美，在全市乃至浙中南一带一度享有“学在缙云，游在仙都”之盛誉，“中下经济，中上教育”的缙云教育特色继续彰显。中小学教育在发展中嬗变，设点学校规模扩大且向城镇集聚，小学集中到乡镇所在地，初中集中到建制镇，高中集中到县城及壶镇镇，学校办学条件的改善提升进入史无前例的时期。

1995年，缙云在全地区首先通过省政府“基本普及九年义务教育和基本扫除青壮年文盲县”评估验收。2004年，在全市率先通过省“两高普九”（高标准、高质量普及九年义务教育）验收。2010年，全县在园幼儿15521人，学前三年儿童入园率96.79%，初中阶段入学率99.92%。2008—2010年，初中毕业生升高中比例达95%以上。1993—2010年，缙云县普通高中和职业高中毕业生升入高校的共计29954人，升入高校总人数与总人口万人比，18年年平均为38。

1999—2007年，全县21个乡镇（农村管理处）被省教育厅评为“省教育强乡（镇）”。2008年，省委、省人民政府授予缙云“浙江省教育强县”称号。

第一章　基础教育

1993—2010 年，是缙云县基础教育开拓发展、巩固提升的时期。学前教育开拓新领域、步入快车道，形成政府、集体和民办的多元办园格局，学前儿童入学率大幅度提升；中小学布局经多轮调整，学校规模扩大，义务教育阶段少年儿童的入学率、巩固率和合格率，学生小升初和初升高的比例，在巩固中逐渐提升，普通高中与职业高中招生比例达到 1∶1。素质教育全面开展，教育质量稳步提升，在全市乃至全省欠发达县中继续保持领先地位。

第一节　学前教育

1993 年，全县 194 所幼儿园，其中公办 2 所、集体办 192 所，在园幼儿 7532 人。1994 年，全县集体办的幼儿园减少 84 所，社会力量办园开始兴起，新办 128 所。1999 年，全县幼儿园 293 所，其中公办 4 所、集体办 88 所，民办 201 所。此后，全县幼儿园数量减少，规模扩大，至 2010 年，全县幼儿园 106 所，其中公办 4 所、集体办 1 所，民办 101 所，3～5 周岁幼儿在园人数 15521 人，入园率 96.79%。园均幼儿人数由 1993 年的 38.8 人增至 2010 年的 146.4 人。

全县幼儿园公办教职工，1993 年 58 人，2010 年 128 人；民办教职工、保育员，1993 年 284 人，2010 年 949 人。2010 年，幼儿园专任教师 675 人，其中有本科学历 88 人、专科学历 289 人、中等学历 283 人、中等以下学历 15 人。

2000 年 6 月，县教委出台《缙云县社会力量办幼儿园等级考评暂行办法》，对社会力量办园实行等级考评制度。爱儿乐等 10 所民办幼儿园被评为省三级幼儿园。2009 年，按照市政府《关于切实加强学前教育，全面提升保教质量的若干意见》，乡镇中心幼儿园办园职责从乡（镇）政府转移到县政府，落实财政性学前教育经费占财政性基础教育事业经费的比例不低于 5% 的政策，困难群众子女入园资助体系建立。

1993—2010 年，全县学前教育实行 3 年学制，招收对象为 3～6 周岁幼儿。2010 年，实验、机关、五云、东渡等幼儿园增设小小班（托班），招收 2 周岁幼儿，以扩大办园规模和创收。

1993 年以后，城乡幼儿园逐步开始在园用午餐，午餐费由政府补助和家长出资相结合。

1993—2010 年缙云县幼儿园情况一览表

表 25-1-1

年份	幼儿园数（所）				班级数（个）				在园幼儿数（人）			
	总计	公办	集体办	个人办	总计	公办	集体办	个人办	总计	公办	集体办	个人办
1993	194	2	192	—	277	33	244	—	7532	1236	6296	—
1994	251	5	118	128	350	24	166	160	10001	878	5232	3891
1995	245	3	122	120	336	26	157	153	8507	971	4409	3127

续表 25-1-1

年份	幼儿园数（所）				班级数（个）				在园幼儿数（人）			
	总计	公办	集体办	个人办	总计	公办	集体办	个人办	总计	公办	集体办	个人办
1996	243	3	119	121	329	26	153	150	7123	811	3649	2663
1997	238	3	110	125	324	26	143	155	7026	998	3334	2694
1998	279	3	133	143	377	30	159	188	8385	1189	3796	3400
1999	293	4	88	201	446	35	121	290	10473	1488	3561	5424
2000	286	4	30	252	445	34	48	363	8362	1287	1258	5817
2001	261	19	1	241	464	64	3	397	8679	2081	28	6570
2002	230	15	1	214	450	59	2	389	8939	2014	15	6910
2003	213	14	1	198	463	54	4	405	9769	1968	58	7743
2004	203	15	1	187	453	69	4	380	10368	2543	82	7743
2005	182	4	13	165	463	45	30	388	10643	1875	885	7883
2006	162	4	13	145	439	48	31	360	11375	2036	955	8384
2007	153	4	1	148	462	58	10	394	12931	2452	443	10036
2008	140	4	1	135	473	61	12	400	13459	2786	488	10185
2009	133	4	1	128	500	65	12	423	14142	2985	555	10602
2010	106	4	1	101	515	59	16	440	15521	2696	592	12233

第二节　义务教育

1993 年，经省政府验收通过，缙云县宣布实施九年制（全省分八年制和九年制县两批，缙云为八年制县）义务教育。1995 年 12 月，经省政府评估验收，缙云被确认为“基本普及九年义务教育和基本扫除青壮年文盲县”（简称“两基”），成为全地区首个通过省政府“两基”评估验收县。1996 年，缙云被省教委确认为首批“素质教育实验县”。1999 年，县教委颁布《关于加强义务教育阶段基础薄弱学校建设的若干意见》，提出实施“均衡教育”理念。

2003 年大源、葛湖、三溪，2004 年大洋，2005 年新碧、胡村，6 所学校开始实行九年一贯制教育。

2005 年，按省政府全省农村中小学“四项工程”（爱心营养餐工程、食宿改造工程、教师素质提升工程、家庭经济困难学生资助工程）实施办法的要求，对农村中小学寄宿生供应爱心营养餐。开始时，每天免费供应一份牛奶或水果，后每周 2 ～ 3 天供应中餐菜肴，至 2010 年发展到供应中晚餐菜肴。营养餐菜肴费用由政府补助和个人出资相结合。

小学教育

1993—2010 年，全县小学学校数由 357 所减少到 46 所，在校学生数由 32896 人减少到 27299 人。教职工由 1804 人减少到 1534 人，其中专任教师由 1597 人减少到 1400 人，专任教师大学专科以上学历由 38 人增加到 1132 人。1995—2006 年，全县扩建或新建的小学有，新建、七里、仙都、紫薇、东渡、舒洪、白竹、碧川、笕川、团结 10 所小学，投资合计 1.03 亿元。2002 年 9 月，县教育局出台《缙云县城乡教育发展联盟的实施意见》，全县组建城乡小学联盟总校 8 个，一级分校 24 所，二级分校 18 所。

1993 年以后，小学撤并工作不断推进，学校寄宿生增多。有寄宿生的小学占小学总数由 1998 年的 25% 增至 2007 年的 90%、2010 年的 70%。

2000年，为小学八年制向九年制的过渡年，全县6周岁儿童实施九年制义务教育，7周岁儿童实施八年制义务教育。2001年开始，小学新生全部开始实施九年制义务教育。2003年秋季学期开始，全县小学3～6年级开设英语课程。

1993—2010年缙云县小学教育主要情况一览表

表25-1-2　　单位：人

年份	学校数（所）	在校学生数	毕业生数	招生数	适龄儿童入学率（%）	教职工数	其中：专任教师数
1993	357	32896	7332	6102	—	1804	1597
1994	353	32435	7795	7235	—	1792	1569
1995	346	32383	7165	6652	—	1759	1572
1996	331	32893	5954	6332	—	1790	1561
1997	211	32252	5472	4894	—	1813	1578
1998	158	30075	6190	3964	—	1843	1600
1999	136	27001	7369	4277	99.92	1765	1529
2000	128	28595	6937	8543	99.96	1817	1615
2001	101	27448	6434	5236	99.99	1797	1584
2002	92	27086	5165	4798	99.91	1803	1587
2003	80	27786	4138	4632	99.83	1736	1537
2004	71	27831	4427	4338	99.87	1728	1469
2005	66	27929	4379	4289	99.90	1708	1452
2006	65	28702	4207	4780	99.93	1684	1477
2007	49	27662	5373	4191	99.99	1663	1458
2008	46	27356	5109	4469	99.99	1617	1453
2009	46	26790	4794	4305	99.97	1586	1442
2010	46	27299	4591	5054	99.98	1534	1400

说明：1993—1995年专任教师中，分别有民办、代课教师202人、70人，171人、82人，14人、86人；1996年、1997年专任教师中，分别有代课教师98人、46人

2007年缙云县寄宿制小学寄宿学生人数一览表

表25-1-3　　单位：人

校名	寄宿生数	校名	寄宿生数	校名	寄宿生数	校名	寄宿生数
实验小学	210	碧川小学	253	夏家畈小学	60	溶溪小学	61
水南小学	13	大洋学校	144	长川小学	59	雅江小学	41
紫薇小学	37	东渡小学	298	丹址小学	126	双溪小学	13
团结小学	65	长坑小学	622	城北小学	466	上周小学	28
坑沿小学	43	兆岸小学	287	七里小学	247	章村小学	95
新建小学	31	方川小学	198	黄店小学	61	胡村小学	229
笕川小学	111	胪膛小学	99	大园小学	26	方溪小学	174
河阳小学	148	靖岳小学	41	白竹小学	91	石笕小学	186
凝碧小学	45	岱石小学	101	左库小学	146	木栗小学	7
葛湖学校	158	大源学校	120	唐市小学	65	—	—

续表 25-1-3

校名	寄宿生数	校名	寄宿生数	校名	寄宿生数	校名	寄宿生数
舒洪小学	237	稠门小学	40	前路小学	179	—	—
仙都小学	445	寮车头小学	58	三溪小学	61	—	—

初中教育

1993—2010 年，全县初中学校数由 44 所减少到 13 所，在校学生由 19667 人减少到 14702 人，初中阶段入学率由 86.43% 增加到 99.92%；教职工由 1183 人减少到 1147 人，其中专任教师由 1067 人减少到 1020 人，大学本科学历由 106 人增加到 808 人，专科学历由 742 人减少到 185 人。

1993—2010 年缙云县初中教育主要情况一览表

表 25-1-4　　单位：人

年份	学校数（所）	附设初中班学校数	在校生数	招生数	毕业生数	初中阶段入学率（%）	教职工数	其中：专任教师数
1993	44	3	19667	6942	6511	86.43	1183	1067
1994	43	2	19992	7504	6015	85.3	1200	1085
1995	43	2	21101	7093	6611	90.73	1240	1120
1996	43	2	19970	5845	6192	93	1284	1162
1997	39	2	17987	5390	6839	94.34	1248	1130
1998	38	1	17452	6139	6482	95.65	1247	1115
1999	39	—	18855	7424	5803	96.51	1265	1122
2000	36	—	20618	7069	5222	97.07	1383	1179
2001	34	—	21135	6699	5943	97.93	1155	995
2002	27	—	19318	5494	7217	97.81	1125	957
2003	25	—	17076	4559	6920	98.37	1063	1057
2004	19	—	15126	4730	6705	99.79	1121	990
2005	19	—	12336	4083	4999	99.8	1064	832
2006	17	—	14244	4695	4585	99.86	1101	938
2007	14	—	15059	5546	4791	99.9	1078	938
2008	13	—	15704	5303	4681	99.9	1127	1034
2009	13	—	15702	4821	4778	99.93	1169	1022
2010	13	—	14702	4591	5519	99.92	1147	1020

说明：1993—1995 年专任教师中，分别有民办教师 17 人、15 人、12 人

第三节　高中教育

1993—2010 年，缙云县的高中教育在县内外普通高中、职业高中、中专招生的激烈竞争与升学压力下强劲发展，知名度不断提升。全县高中毕业生 56630 人，其中升入高一级学校的有 29954 人。

普通高中

1999 年 8 月，缙云中学高中部与初中部分离，高中部搬迁到五云镇百花山缙中路 18 号。2002 年秋，缙云朝晖外国语学校创办，招收高中新生 2 个班。2004 年秋，壶镇中学高中部与初中部分离。2007 年 9 月，缙云朝晖外国语学校列为民办普通高中。2009 年 12 月，仙都中学建设项目举行开工典礼。2011 年 7 月，仙都中学更名为缙云中学仙都分校；9 月，缙云二中、新建中学、盘溪中学高中部并入缙云中学仙都分校。年末，全县有普通高中学校 4 所（缙云中学、壶镇中学、缙云中学仙都分校、缙云朝晖外国语学校），高中布局按规划实施到位。

1993 年以来，普通高中课程设置继续实行高二年级文理分科和 1990 年开始的普通高中证书会考制度。2001 年，执行教育部《全日制普通高级中学课程计划（试验修订稿）》，课程设置分必修和选修课程；7 月，按省教育厅《关于全日制普通高中实施新课程计划后的高中会考方案》，施行高中会考成绩评定制度。2006 年秋开始，按省教育厅《浙江省普通高中新课程实验第一阶段课程设置意见》，执行普通高中新课程实验。

1993—2010 年缙云县普通高中教育主要数据一览表

表 25-1-5　　单位：人

年份	学校（所）	其中：完中（所）	在校生数	招生数	毕业生数	教职工数	其中：专任教师数
1993	5	5	2835	930	949	395	226
1994	5	5	2912	1070	935	378	218
1995	5	5	3138	1203	899	391	212
1996	5	5	3399	1212	878	389	224
1997	5	5	3803	1420	975	401	244
1998	5	4	4152	1471	1063	436	269
1999	5	4	4822	1936	1219	468	324
2000	5	4	5564	2164	1401	480	386
2001	5	4	9606	3445	2303	602	420
2002	5	4	7035	3402	1833	593	442
2003	5	4	7353	2442	2069	787	469
2004	6	4	7760	2721	2305	662	497
2005	6	4	8016	2836	2580	681	515
2006	6	4	8131	2452	2550	702	545
2007	6	3	8050	2707	2738	708	550
2008	6	3	8278	3018	2816	693	540
2009	6	3	8553	2844	2528	650	546
2010	6	3	8819	2656	2687	694	567

职业高中

1993 年，全县职业技术学校 7 所：县技工学校、县中等职业技术学校、县工艺美术学校（简称“县工艺美校”）、壶镇镇职业技术学校、东渡镇职业技术学校、舒洪镇职业技术学校、雁岭职业技术学校；其他学校开设职业班的 25 所：县教师进修学校、壶镇中学和乡镇成人文化技术学校 23 所。

1994 年 8 月，雁岭职业技术学校撤销。1998 年 8 月，民办缙云树人职业高中创办，地点在五云镇三里街村。1999 年 4 月，东渡镇成人文化技术学校与五云镇成人文化技术学校合并，更名为仙都成人文化技术学校（挂“仙都职业高级中学”牌子，实行“两块牌子，一套班子”办学体制），地点在五云镇杜桥小学原址；7 月，壶镇职业高中创办。2000 年，壶镇镇职业技术学校并入壶镇职业高中。2003 年，新建职业技术学校创办，舒洪镇职业技术学校并入，地点在原览川初中。2006 年 8 月，县技工学校和仙都职业高中并入浙江广播电视大学缙云分校（筹），实行“三块牌子，一套班子”办学体制。2007 年 9 月，缙云树人职业高中、新建职业技术学校停办，壶镇职业高中并入壶镇中学，壶镇中学设职业班。2008 年 10 月，浙江广播电视大学缙云工作站更名为浙江省广播电视大学缙云分校，并与县成人教育中心、县社区学院、县技工学校和县仙都职业高中，实行“五块牌子，一套班子”办学体制。2009 年，壶镇中学职业班撤销。

2010 年，全县职业技术学校 2 所：缙云县职业中等专业学校（简称“县职业中专”）、县工艺美校；其他开设职业班的学校 17 所：浙江广播电视大学缙云分校、县教师进修学校和乡镇成人文化技术学校 15 所。

1993—2010 年，缙云县职业高中在校学生数由 1222 人增加到 7155 人，初中毕业生升入普通高中和职业中专的比例由 1 ∶ 0.74 提高到 1 ∶ 1.08；职业高中教职工由 197 人增加到 512 人，其中专任教师由 135 人增加到 388 人。

1998 年、1999 年，壶镇镇成人文化技术学校分别被省教委认定为省一级成人文化技术学校和省示范性乡镇成人文化技术学校。2000 年 1 月，仙都成人文化技术学校被省教委认定为示范性乡镇成人文化技术学校。2005 年，仙都成人文化技术学校被科技部确认为国家星火计划农民科技培训基地，被省科技厅确认为浙江省农民科技培训基地，新建镇成人文化技术学校被省教委确认为省级示范性成人文化技术学校。县职业技术中等专业学校先后被省和国家教委认定为省一级中等职业学校、全省中等职业学校 30 强、第二批国家级重点职业学校。

1993—2010 年缙云县职业教育主要数据一览表

表 25-1-6　　单位：人

年份	学校（所）	在校生数	毕业生数	招生数	教职工数	其中：专任教师数
1993	7	1222	432	616	197	135
1994	5	1401	326	625	201	152
1995	5	1487	428	625	203	139
1996	5	1566	483	646	218	152
1997	5	1685	542	766	224	156
1998	5	2380	488	1097	301	198
1999	7	3059	501	1331	316	206
2000	7	3674	828	1587	342	267
2001	7	4262	943	1901	367	289
2002	7	5925	1143	3028	471	336
2003	6	7789	1240	3563	538	387
2004	5	8637	1596	3059	548	412
2005	5	8576	2460	2762	565	433
2006	4	7527	3040	2210	602	424
2007	2	7072	2759	2462	548	384
2008	2	6756	2560	2506	505	356
2009	2	6884	1968	2430	503	369
2010	2	7155	2165	2776	512	388

说明：上表职业学校数不含县教师进修学校、浙江电大缙云分校、综合高中、成技校和民办职业学校，在校生、毕业生数、招生数、教职工数含职业学校外的职业班学生和从事职业班教学的教职工

1993年以来，职业高中教育学制为3年。开设专业有：县职业中专14个，县工艺美校6个，县教师进修学校1个，电大分校4个。其中，被认定为国家示范性专业的有职业中专的电子技术应用，省级示范性专业共10个。县教师进修学校学前专业幼师班曾数年列入省中师招生计划，面向全市招生，录取学生实行农转非，毕业后由户籍所在县（市区）"包分配"就业。

1998年，国家开始在职业学校中单招单考预科班和普通教育班，为职业学校和普通高中学校的职业预科班学生提供继续教育机会。2009年，全县单考单招高职报名108人，上线83人，上线率77%。2010年，单考单招高职报名81人，上线81人，上线率100%。

综合高中

1993年开始，缙云部分普通高中探索"二一分段，高三分流"、升学型、综合型、分流型相结合的综合高中模式：在高二学年文理分班教学中，增设1～2门职业技术专业基础课，参加省统一组织的语文、数学、外语和专业基础理论四门课程会考。高三学年开始按学生意愿再次分流，分别编成高职预备班、普通高校预备班和就业预备班，开设与升学或就业相关的课程。

盘溪中学为综合高中代表，1995年11月，该校的"二一分段，高三分流"办学模式被省教委称之为"农村普通完中办学之典范"；12月，被省教委确认为首批省级示范性综合高中。1997年，被省教委授予省级重点综合高中。2003年，被省教育厅核准为省二级重点综合高中。

2002年，缙云二中、壶镇职业高中被省教育厅授予省综合高中。2005年，缙云二中被省教育厅核准为省三级重点综合高中。

第四节　特殊教育　少数民族教育

特殊教育

1993年以前，全县对三类残疾儿童少年入学，学校不动员，也不拒绝。1994年秋，五云镇水南小学设"启智班"，面向全县招收残疾儿童；同时，全县还有95所小学招收残疾儿童随班就读。

2001—2009年，按照"视障少儿送省学习没遗漏，听障少儿送市学习有提高，智障少儿随班就读有保障"要求，全县实行"三残"儿童少年入学动员责任制和扶贫机制，开通"三残"儿童少年入学途径。2005年，发放"助学券"，解决"三残"儿童少年入学困难问题。

2010年8月，缙云县第一所残疾学校——缙云县培智学校创办，校址在原城北乡政府办公楼，招收智障儿童少年学生29人。是年，全县"三残"儿童少年人口数153人，在校就读107人，入学率69.93%。

少数民族教育

1993年以来，缙云按照有关规定，落实少数民族教育政策。2010年9月起，县政府推行"民族教育券"制度，对少数民族学生实行补助，补助标准为：高中生800元／人·学年、初中生200元／人·学年、小学生100元／人·学年。

新碧学校地处浙江缙云工业园区，2006年，外来务工人员子女学生有壮族、土家族、畲族等11个民族。2009年，该校校本教材《民族团结一家亲》被评为浙江省精品课程。

第五节　招生考试

1993年以来，全县小学在乡镇内划片就近入学，初中继续按学区划片就近免试入学，高校、中专（含高中）招生在县高校中专招生委员会的领导下，由其办公室具体负责。

高中招生

1993年以后，县高校中专招生办公室（简称“县招办”）在每年下发高中（中专）招生录取办法，总原则是统一组织考试，按照招生计划，择优录取。至2010年，统一考试时间均为每年的6月11、12日两天，试卷采用丽水市初中毕业会考试卷。2006年开始，初中毕业会考改称为初中毕业学业考试。

1999年秋季开始，经丽水地区行政公署批准，允许缙云中学向全地区各县（市）招收规定名额的高中新生；是年始，温州城区、永嘉、仙居、永康、武义等地均有学生到缙云中学就读。县教师进修学校学前教育专业，壶镇中学、新建中学、盘溪中学高中部曾多年向县外招收学生。

2002—2009年，缙云县各高中学校为争取生源，采取县外设点、到校宣传、上门劝读、奖励挂钩、教师招生责任制等方式招收学生，各高中学校因招生摩擦时有发生，与县外学校发生招生摩擦尤为突出。

1993—2010年缙云县初中毕业生升入高中人数一览表

表25-1-7　　　　单位：人

年份	初中毕业生数	高中招生数	其中			初升高
			普通高中招生数	职业高中招生数	普职高招生比例	（%）
1993	6511	1616	930	686	1 ∶ 0.74	24.82
1994	6015	1898	1070	828	1 ∶ 0.77	31.55
1995	6611	2021	1203	818	1 ∶ 0.68	30.57
1996	6192	2296	1221	1075	1 ∶ 0.88	37.08
1997	6839	2904	1420	1484	1 ∶ 1.05	42.46
1998	6482	3283	1471	1812	1 ∶ 1.23	50.65
1999	5803	3448	1936	1512	1 ∶ 0.78	59.42
2000	5222	3970	2164	1806	1 ∶ 0.83	76.02
2001	5943	5606	2578	3028	1 ∶ 1.17	94.33
2002	7217	5557	2148	3409	1 ∶ 1.58	77
2003	6920	6005	2442	3563	1 ∶ 1.46	86.78
2004	6705	5780	2721	3059	1 ∶ 1.12	86.2
2005	5726	5598	2836	2762	1 ∶ 0.97	97.76
2006	4562	4760	2550	2210	1 ∶ 0.87	104.34
2007	4791	5169	2707	2462	1 ∶ 0.9	107.89
2008	4681	5524	3018	2506	1 ∶ 0.83	118
2009	4778	5274	2844	2430	1 ∶ 0.85	110.38
2010	5519	5341	2565	2776	1 ∶ 1.08	96.77

说明：1999年以后的高中招生数包括从县外招录的学生；从2002年开始，盘溪中学、缙云二中作为综合高中，高一招生的一半人数计入职业高中

高校招生

1999年，1979年正式列入的高中中专停止招生。2000年，初中中专、技校停止招生。2003年以前，全国统一高考时间安排在7月7、8、9日三天；2003年开始，全国统一高考时间安排在6月7、8、9日三天。

1977—2010年，大学、中专、技校录取人数，全县合计42131人。其中，1993—2010年累计34019人，占34年录取总数的80.75%。1993—1999年，缙云中学复习班（1998年更名为育才学校）、职工业余学校两所社会力量办学机构举办的高考复习班，普通高校上线累计人数1038人、高中中专上线累计人数138人。

1993—1999年缙云县初高中毕业生、教师被中专、技校录取人数一览表

表25-1-8　　单位：人

年份	中专					技校		
	小计	高中中专	初中中专	中师		小计	高中技校	初中技校
				民师班	公师班			
1993	282	100	91	91	—	121	10	111
1994	305	76	121	108	—	206	14	192
1995	478	124	245	96	13	209	—	209
1996	350	84	140	116	10	257	—	257
1997	435	81	257	96	1	216	—	216
1998	411	34	345	32	—	120	—	120
1999	522	—	522	—	—	153	—	153
合计	2783	499	1721	539	24	1282	24	1258

1993—2010年缙云县高中毕业生被高校录取人数一览表

表25-1-9　　单位：人

年份	录取	年份	录取	年份	录取
1993	454	1999	745	2005	2880
1994	518	2000	1077	2006	2908
1995	504	2001	1102	2007	3094
1996	441	2002	1867	2008	3089
1997	442	2003	2525	2009	2587
1998	454	2004	2363	2010	2904
合计					29954

第六节　学校选介

幼儿园

县实验幼儿园　位于五云镇寺后中巷68号，占地面积0.66公顷，建筑面积6787平方米。1952年创办，时属五云小学附设幼儿班。1964年，从仙李巷迁入五云小学内。1983年分立，更名县实验幼儿园。1994年，被省教委评为省级示范性幼儿园。2008年，被省教委评为省一级幼儿园。2010年，有班级25个、在园幼儿672人、教职工76人。

县机关幼儿园　1956年创办，前身为县政府机关托儿所，1995年划归县教育局管理。2004年，从五云镇鹿园巷21号移址新区芙蓉路9号，占地面积0.933公顷，建筑面积7253平方米。2008年，被省教委评为省一级幼儿园。2010年，有班级30个、在园幼儿800多人、教职工81人。

图25-1-1　实验幼儿园（2008年摄）

五云镇中心幼儿园　1983年创办。2010年，为全县唯一的一所集体幼儿园。2012年，被省教委评为省二级幼儿园。2010年，租用原缙云宾馆用房，占地面积0.63公顷，建筑面积23000平方米。2010年，有班级22个、在园幼儿771人、教职工61人。

小学

县实验小学　位于五云镇槐花街57号。前身为1906年官立五云小学堂。1993年，更名为缙云县实验小学。占地面积2.95公顷，建筑面积1.2万平方米。为全国现代教育技术实验学校、全国艺术教育教学活动培训基地、国家级外语实验学校、省教育科研百强学校。2010年，有班级48个、在校学生2685人、教职工142人。

县第二实验小学　位于壶镇镇九进路74号。前身为清光绪三十二年（1906）壶镇崇正书院更名的崇正小学堂。1999年，由壶镇小学更名为缙云县第二实验小学。占地面积3.41公顷，建筑面积8310平方米，活动场地13200平方米。2010年，有班级41个、在校学生2105人、教职工117人。

紫薇小学　位于县城新区翠竹路43号。占地面积3.82公顷，建筑面积1.64万平方米。2004年开始招生，五云镇城东片的周村、官店、名山、双龙、镇东小学并入。为浙江省一类标准化学校、浙江省青少年体育活动俱乐部。2010年，有班级38个、在校学生2057人、教职工107人。

图25-1-2　缙云县紫薇小学（2004年摄）

长坑小学　位于东渡镇长坑村。占地面积0.7公顷，建筑面积4810平方米。20世纪90年代中期以来，成为全市规模较大的寄宿制小学，其中招收县外学生近三分之一。为全国教育系统先进集体、全国德育工作先进集体、全国和谐校园、省艺术教育特色学校。2010年，有班级13个、在校学生642人、教职工28人。

初中

县实验中学　1999年8月，从缙云中学分立。2004年9月，迁至寺后东路98号。占地面积6.38公顷，建筑面积2.98万平方米。属省Ⅰ类学校、省教研示范学校、省现代教育技术实验学校、国家外语教育研究中心外语实验学校、省中学生素质拓展计划试点学校。2010年8月，与新碧初中组建成实验中学教育集团。

是年，实验中学校区有班级46个、在校学生2510人、教职工172人；新碧校区有班级25个、在校学生1371人、教职工98人。

壶滨初中 位于壶镇镇溪东北路106号，1980年创办。占地面积3.52公顷，建筑面积1.45万平方米。为省示范初中、文明学校、电化教学先进集体。2010年，与湖川初中组建成壶滨初中教育集团。是年，壶滨校区有班级38个、在校学生1859人、教职工148人；湖川校区有班级23个、在校学生1028人、教职工88人。

普通高中

缙云中学 1998年，被省教委授予省一级重点普通高中。1999年，高、初中分离，高中部迁至缙中路18号，校名为“浙江省缙云中学”。为全国现代教育实验学校、国家级体育传统项目学校。2010年，有班级48个、在校学生2535人、教职工298人；毕业生859人，一本上线人数423人，占全市上一本线总人数的48.9%；在丽水市理科考分前10名考生中占5人，文科考分前10名考生中占8人，进入全省考生考分前100名的4人。

壶镇中学 位于壶镇镇括苍北路2号。前身为1947年改名的私立崇正中学。占地面积5.99公顷，建筑面积2.18万平方米。2002年，停招初中新生，成为独立高中。2004年，被省教委评定为浙江省三级重点中学。2007年，壶镇职业高中并入。为全国素质教育试点学校、中国素质教育会员单位、省现代化教育实验学校、省劳动力培训实验基地。2010年，有班级37个、在校学生2042人、教职工178人。

新建中学 位于新建镇环城路41号。前身为1944年创办的缙云县立初级中学。1958年，更名为新建中学。2007年，被省教委评定为省二级重点普通高中。占地面积7.3公顷，建筑面积2.6万平方米。曾被评为浙江省卫生先进单位。2010年，有班级39个、在校学生1754人、教职工163人。

缙云县第二中学 位于五云镇大桥南路6号。校园占地面积2.87公顷，建筑面积14127平方米。1985年3月，由水南学校分立；9月，招收高中新生2个班。2005年1月，被省教育厅认定为省三级重点综合高中。2010年，有班级31个、在校学生1535人、教职工122人。

职业技术学校

县职业中等专业学校 位于五云镇校场路3号。前身为1983年6月创办的缙云县农业技术学校；1986年5月，更名为缙云县高级职业中学；1988年5月，更名为缙云县中等职业技术学校；1997年5月，更名为缙云县职业中等专业学校。校园面积15公顷，建筑面积72268平方米。至2010年，有国家示范专业1个、省示范专业4个，有国家数控示范实训基地和省机电类综合性公共实训基地各1个；为全国职业教育先进单位、省一级中等职业学校；有班级62个、在校学生3598人、教职工196人。

县工艺美术学校 前身为壶镇雁门职业技术学校工艺美术班。1987年8月，从雁门搬迁到城东乡上名山村239号县教学设备厂。2005年3月，迁至东渡桥头校场路2号，占地面积2.3公顷，建筑面积1.46万平方米。有省示范性专业2个。为省二级重点中等职业学校。2010年，有班级27个、在校学生1357人、教职工103人。

图25-1-3 缙云县工艺美术学校（2005年摄）

综合高中

盘溪中学　1993年开始，以“高三分流教育”为突破口，探索“综合高中”模式。先后开设建筑工程、文秘等十多个专业，毕业生就业有门。1995年，被省教委评为浙江省示范性综合高中。1999年5月，被省教委确认为“盘溪模式”向全省推广。2005年9月，中国科学院心理研究所授予盘溪中学为该所2005—2007年心理教育实验学校。2010年，有班级30个、在校学生1418人、教职工120人。

第二章　继续教育

1993年以来，缙云以函授教育、自学考试、网络教育的教育形式，面向全县干部职工及社会各界开展继续教育，提升成年人学历层次。各类实用技术培训、职前培训成为继续教育的新课题。1999年之前，缙云非学历教育还开展识字扫盲的继续教育扫尾工作。

第一节　学历继续教育

函授教育

1993年以来，县教师进修学校继续与丽水师专（学院）、杭州幼儿师范学院、浙江教育学院等高校合作设立缙云教学点，主要招收幼儿园和中小学教师，开展专科、本科函授教育。2000年之后，函授教育逐步被网络教育所代替。至2010年，累计有中专、专科、本科函授毕业生1259人。

1979—2006年，电大缙云工作站共有大学专科、本科毕业生1987人。2006年8月，电大缙云工作站与县技工学校、仙都职高三校合并后，实行学历教育、社区教育、农民职业技能培训并轨，先后与浙江大学等多所高校合作开展学历教育。2008年10月，电大缙云工作站更名为浙江广播电视大学缙云分校，是年，实施“一村一名大学生计划”，以函授形式，培养农民大学生106人。2010年，在册大专、本科学员1862人。

自学考试

1984年，缙云县自学考试办公室（简称“县自考办”）成立，设在县教育局。按照自学考试计划安排，大学本科3～5年、专科和中专2～4年为一个周期。1995年，各乡镇成人文化技术学校设自学考试联络站，承担考生报名、教材供应等工作。

2000年以后，自考报名人数趋减，考试科目设置从单纯学历考试向服务社会转变。2008年，县自考办与县招办合并，成立缙云县教育招生考试中心。2010年，县教育招生考试中心组织非学历教育证书考试，涉及全国计算机等级考试、全国英语等级证书考试等10多个考类。

1993—2010年，全县通过自学考试毕业的专科、本科毕业生累计1294人。

网络教育

又称远程教育，包括应用电视或互联网进行教学。1995 年开始，电大缙云工作站招收高等专科“注册视听生”，采用电视广播、辅导专线、面授等形式授课。1996 年以后，仙都成人文化技术学校先后与湖南大学、省委党校、中国地质大学等建立远程教育协作关系，浙江电大缙云分校与浙江大学等高校合作开设会计、行政管理等专业开展网络教育。2005 年，缙云县开始以互联网教学应用于学历教育，电视教学逐渐萎缩。网络教育由高校网络学院组织，实行全国统一招生，学习时间两年半，按专业设置课程完成 80 学分，并通过考试及论文答辩合格后，发给毕业证书。学费按学分缴纳，全国各地不等，缙云县专科学员每学分 80 ～ 85 元，本科学员 85 ～ 90 元。2010 年，华东师范大学在县教师进修学校设立教学点，开展专、本科远程教育，招收 6 个专业的本专科专业学员 63 人。

第二节　非学历继续教育

扫盲教育

1993 年年初，各乡镇教委配备成人教育专职干部，建立成人文化技术学校，村建立成人文化技术学校教学点，按照省“两基”评估验收标准，开展扫盲教育。至 1995 年，全县扫除剩余文盲 1200 人；10 月，省政府“两基”评估验收组认定缙云县青壮年非盲率 96.77%。1996—1999 年，全县共扫除文盲半文盲 3477 人。1999 年，全县非盲率为 98.51%，达到高标准扫盲目标，缙云县群体性扫盲教育宣告结束。

实用技术教育

1993 年，县中等职业学校招生 520 人，开设为农业、农村服务的相应专业，配合各乡镇实施“燎原计划”，建立“教学—科研—生产—经营—服务”相结合的办学模式。

2005 年，以县成人教育中心为依托，实施“百万农村劳动力素质培训工程”。培训对象为被征地农民、下山移民、农村富余劳动力、返乡农民工等，内容为农村实用技术（人才）、定向企业招工、成人“双证制”教育。2009 年，全县有浙江五莲农牧有限公司等农村实用人才示范和实训基地 14 家。至 2010 年，县成人教育中心共举办电工、司炉工、电子商务等各类培训班 228 期 14189 人次。《丽水日报》曾以《缙云 1300 余农民获取“司炉工证”——九成以上外出开浴室，年掘金 5000 万以上》为题，专题报道缙云县劳动力就业培训工作，中国教育新闻网、中央电大网、中国民工网等媒体都曾跟进报道。

2010 年，县成人教育中心被教育部授予“全国农村成人教育先进单位”称号。

职前教育

1993—2010 年，全县各初中开展毕业生职前培训，培训时间一般为两周，培训内容为食用菌、果树、应用文写作等 13 门课程。其中 2004 年、2006 年，初中毕业生接受职前培训人数分别有 880 人和 700 人。

第三章 教师队伍

1993—2010 年，缙云县中小学教师和幼儿园教师数量增加，师资结构更趋合理，教师的社会地位和经济待遇提高。教师公开招聘和资格制度开始实行，教师准入门槛提高。通过教师培训、挂职锻炼、职称评定等多种形式提升师资质量。

1995 年 12 月，教师资格制度开始实施。全县教师分幼儿园、小学、初中、高中、中等职业学校、中等职业学校实习指导、高等学校 7 级。1996 年 4 月，缙云中小学在职在编教师 3400 多人，全部过渡为相应的教师资格。

2001 年 12 月开始，对非师范教育类专业毕业生申请认定教师资格，实行教育学、心理学通过考试合格后可取得教师资格证书制度。2002 年 4 月，缙云首次组织非师范教育类专业毕业生教师资格考试。2003 年 10 月，首次开展社会人员教师资格认定工作。

1994—2010 年，缙云县被评为浙江省中小学特级教师的有 5 人，至 2010 年，省中小学特级教师在缙云退休的 2 人，到外地任教的 2 人，留任的 1 人（全市 16 人）。

第一节 师资结构

全县中小学和幼儿园教职工总数，1993 年 3692 人，2010 年 4417 人。1993 年，专任教师 3083 人。其中，幼儿园专任教师 58 人，占专任教师总数 1.88%；小学教师 1597 人，占专任教师总数 51.8%；普通中学教师 1293 人，占专任教师总数 41.94%；职业学校教师 135 人，占专任教师总数 4.38%。另有社会力量办的幼儿园临时教师 342 人。2010 年，专任教师 3503 人。其中，幼儿园专任教师 128 人，占专任教师总数 3.65%；小学教师 1400 人，占专任教师总数 39.97%；普通中学教师 1587 人，占专任教师总数 45.3%；职业学校教师 388 人，占专任教师总数 11.08%。另有社会力量办的幼儿园临时教师 547 人。

1993 年，全县民办教职工 229 人，占全县教职工总数的 5.68%。1995 年，全县民办教职工 136 人，占全县教职工总数的 3.37%；顶编代课教师 47 人，占全县教职工总数的 1.16%。1996 年，全县民办教师全部转为公办教师，至此民办教师在缙云成为历史。

学历结构

1993—2010 年，幼儿园专任教师，大学本科学历占专任教师总数的比例从 0 升至 13%，专科学历占专任教师总数的比例由 0.5% 升至 42.8%；高中阶段学历占专任教师总数的比例由 45.25% 降至 41.9%。

小学专任教师中，大学本科及以上学历占专任教师总数的比例从 0 升至 41.9%；专科学历占专任教师总数的比例由 2.38% 升至 38.9%，高中阶段学历占专任教师总数的比例由 77.65% 降至 18.9%；高中阶段学历以下占专任教师总数的比例由 2.44% 降至 0.21%。

初中专任教师，大学本科及以上学历占专任教师总数的比例由 9.93% 升至 79.32%，专科学历占专任教师总数的比例由 69.54% 降至 18.14%，高中阶段学历占专任教师总数的比例由 19.4% 降至 2.55%。

普通高中专任教师，研究生学历占专任教师总数的比例从0升至1.76%，大学本科学历占专任教师总数的比例由51.33%升至93.12%，专科学历占专任教师总数的比例由44.69%降至5.11%，高中段及以下学历占专任教师总数的比例由3.98%降至0。

职业学校专任教师，研究生学历占专任教师总数的比例从0升至0.78%，大学本科学历占专任教师总数的比例由25.92%升至95.1%，专科学历占专任教师总数的比例由52.59%降至4.12%，高中段及以下学历占专任教师总数的比例由21.48%降至0。

1993年与2010年缙云县中小学专任教师学历结构一览表

表25-3-1　　　　单位：人

学校	小学		初中		普通高中		职业学校		幼儿园	
年份	1993	2010	1993	2010	1993	2010	1993	2010	1993	2010
研究生毕业	—	—	—	1	—	10	—	3	—	—
大学本科毕业	—	587	106	808	116	528	19	369	—	88
大学专科毕业	38	545	742	185	101	29	62	16	2	289
中师高中段毕业	1240	265	207	26	6	—	24	—	175	283
中师高中段毕业以下	319	3	12	—	3	—	1	—	126	15
合计	1597	1400	1067	1020	226	567	106	388	303	675

职称结构

1993年，全县副高级职务教师30人、中级职务教师338人、初级职务教师2336人，分别占专任教师总数的0.99%、11.17%、77.22%。2010年，全县高级职务教师2人、副高级职务教师438人、中级职务教师1897人、初级职务教师817人，分别占专任教师总数的0.05%、10.82%、46.84%、20.17%。

1993年与2010年缙云县中小学专任教师专业技术职务人数一览表

表25-3-2　　　　单位：人

年份	专业技术职务	人数					
		合计	高中	初中	职业学校	小学	幼儿园
1993	副高级职务	30	23	5	2	—	—
	中级职务	338	49	125	20	144	—
	初级职务	2336	134	812	61	1329	—
	未评	321	20	125	52	124	—
2010	高级职务	2	2	—	—	—	—
	副高级职务	438	227	106	87	16	2
	中级职务	1897	222	590	172	870	43
	初级职务	817	90	238	105	360	24
	未评	896	26	86	24	154	606

说明：1. 上表高中教师不含县教师进修学校（成人中专）、浙江电大缙云分校29人；2. 2000年前，幼儿园教师未列入教师专业技术职务评审；3. 2010年，幼儿园专业技术职务未评审的606人，包括社会力量办园中的临时教师

性别比例

1993—2010 年，全县教职工总数中女教职工人数由 1892 人增至 3193 人，女教职工占全县教职工总数的比例由 46.9% 增至 64.3%。

1993 年，普通中学女教职工人数 489 人，占普通中学教职工总数的 30.99%；职业学校女教职工人数 20 人，占职业学校教职工总数的 12.99%；小学女教职工人数 1042 人，占小学教职工总数的 57.76%；公办幼儿园女教职工人数 58 人，全部为女性。2010 年，普通中学女教职工人数 888 人，占普通中学教职工总数的 48.2%；职业学校女教职工人数 243 人，占职业学校教职工总数的 47.5%；小学女教职工人数 985 人，占小学教职工总数的 64.2%；幼儿园教师人数 675 人，全部为女性。

城乡分布

1993—2010 年，随着职业教育、幼儿教育的快速发展，教师数量逐渐增加；1996 年起，小学生人数减少及小学撤并，小学教师占比减少；城镇化效应及农村劳动力转移，县城和建制镇所在地教职工占比增加。

1993—2010 年，全县教职工人数由 3692 人增至 4417 人。其中，县城教职工人数由 542 人增至 1567 人，占全县教职工人数的比例由 14.68% 增至 35.48%；农村教职工人数由 3150 人减至 2850 人，占全县教职工总数的比例由 85.32% 减至 64.52%。

第二节　教师培训

全县教师培训主要由县教师进修学校承担。1991—1995 年“八五”期间，主要是组织已具备合格学历教师的培训，包含中师毕业生一年见习期培训、骨干教师培训、干部培训、弱门学科教师培训。对男 50 周岁、女 45 周岁以下未达合格学历的教师进行文化专业知识补偿培训，对男 50 周岁、女 45 周岁以上又未达合格学历的教师进行文化专业知识和教材教法学习、专业合格证书辅导培训和学历培训等。

1988 年开始，根据教育部安排，县教师进修学校与德国汉斯•赛德尔基金会合作，开展教师培训工作。1993—1999 年，德国方先后派出 5 位专家到缙云举办小学教学法、劳动技术教育等培训班。2003 年 12 月，第五期合作时德国方以派出专家、提供教学设备形式开展培训。2004 年开始，以课题研究的形式，与德国方开展《学习型中小学校建设与发展》《城乡教育均衡发展途径研究》等科研合作。

1994 年，组织小学数学教师 349 人参加应用题解题培训。1995 年 10 月，组织中学教师职业基本技能培训。1996 年，小学教师继续教育学分登记制度实行，并作为教师专业技术职务评聘的必备条件之一；1—5 月，组织小学教师 1461 人参加“多媒体与教学设计”培训。1997 年，组织至 1996 年 5 月男 55 周岁、女 50 周岁及以下的小学教师 1552 人，进行口语表达、三笔字、简笔画、使用和制作简易教具、组织教育活动“五项基本功培训”。1998 年 8 月，采用县、乡（镇）两级培训的方法，组织全县 1529 名小学教师进行（语、数）学科教学技能培训；开始组织初中语文、数学、英语、自然学科教师培训。1999 年，重点开展中学教师继续教育培训，参加培训教师 715 人。

2000 年 8 月—2004 年 4 月，组织小学教师学科技能、普通话等级水平测试培训，教科研、课程改革与学习主题构建专题培训，初中教师专业必修主题培训。全县共计参加培训教师 13611 人次。

素质提升培训

2005 年 7 月开始，组织教师参与实施浙江省“农村中小学教师素质提升工程”。至 2007 年，全县共有中小学教师2670人分三批参加浙江省农村中小学教师素质提升工程培训，参训教师三年四门课程考试平均合格率为98.7%。

领雁工程培训

2008—2010年，全县实施农村中小学教师“领雁工程”，重在培养中小学教师“领头雁”。领雁工程依托“缙云县—海宁市教育对口支援”平台，与海宁市教师进修学校合作。三年间，参加“领雁工程”培训教师共498人，其中参加省级培训200人、市级培训118人、县级培训180人。

专业发展培训

2010年12月开始，全县中小学教师实施专业发展培训规划，培训周期为5年。周期内，每个教师参加培训时间累计不少于360学时，每年参加集中培训时间一般不低于24学时，校本培训不低于30学时，5年内至少参加一次不少于90学时的集中培训。

第三节　教师待遇

社会地位

1993—2010年，全县教师取得国家级荣誉11人次、省级荣誉62人次。1994—2010年，有特级教师5人，其中中学教师2人、小学教师3人。

全县教师中当选浙江省第九届、第十届人民代表大会代表各1人；当选中国人民政治协商会议浙江省第九届委员会委员1人；当选丽水市第一届、第二届人民代表大会代表分别为6人和5人；当选中国人民政治协商会议丽水市第一届、第二届委员会委员分别为2人和1人。

全县教师中当选中国共产党缙云县第十次至第十三次代表大会代表分别为16人、23人、25人、27人，当选中国共产党缙云县第十三届县委委员1人；当选缙云县第十二届至第十五届人大代表分别为19人、12人、11人、5人，其中，当选第十二届至第十四届常委会副主任各1人，当选人大常委会委员第十二届至第十四届分别为1人、2人、1人；当选中国人民政治协商会议缙云县第四届至第七届委员会委员分别为24人、14人、16人、21人，其中，当选县政协第六届副主席1人、第七届副主席2人，当选县政协第四届、第六届、第七届常委分别为2人、2人、3人。

经济待遇

教师工资改革和调整　1987年10月起，全县中小学和幼儿园教师工资在各级工资标准（基础工资、职务工资之和）基础上提高10%。1993—2010年，根据国家规定，对教师工资进行了两次改革，五次调整。

1993年起，教育系统实行专业技术职务等级工资制，由专业技术职务工资和津贴两部分构成。专业技术职务工资是工资构成中的固定部分，津贴是工资构成中活的部分。1994年开始，实行教师正常晋升职务工资制度，对连续两年年度考核合格以上的教职工可在本职务（岗位）工资标准内晋升一个工资档次。2006年工改后调整为一年一次。

1996年5月，对1978年年底前在编的民办教师增加工资。增资幅度：以公办教师工改的同等幅度(41%)增加工资；在此基础上每人每月再增加20元；民办教师享受教龄津贴和知识分子津贴，享受医疗补助每人每年40元。离岗民办教师以在职民办教师的平均增资额增加工资，执行时间为1993年10月1日起。

1997年7月、1999年7月、2001年1月和10月、2003年7月，缙云县连续五次调整教师工资标准。

1999年4月，县教育人事制度改革，中小学实行校长负责制、职工聘任制和结构工资制。结构工资由固定工资、职务工资、奖励工资和课时工资组成。奖励工资和课时工资由学校制订方案实施；7月1日起，调整专业技术职务等级工资，教师工资标准在新调整的基础上仍提高10%。2000年10月起，教师工资由县财政统一发放到教职工个人银行账户。2001年1月、10月，两次调整中小学教师工资。教职工工资构成为：固定部分70%（基础工资＋级别工资＋工龄工资）＋活的部分30%（职务工资＋10%工资＋津贴）。是年起，年度考核合格的教职工可享受政府年终一次性奖金待遇，奖金标准为当年12月份本人的基本工资。2003年，中小学教师按职务在生活补贴、岗位补贴、目标考核奖三个方面调整工资。2006年，全县中小学教师实行岗位绩效工资制度，岗位绩效工资由岗位工资、薪级工资、绩效工资和特殊岗位津贴组成。7月起，县城外任教的教师上浮一级薪级工资。2009年1月始，义务教育阶段教师实行绩效工资。2010年1月，普通高中的教师及教育行政所属的事业单位职工开始实行。教师绩效工资分两部分，其中70%由县财政按月发放，包括生活补贴、岗位津贴和工龄补贴；30%由学校制定分配方案每学期发放一次。

津贴与补贴　1993—2010年，缙云县教师津补贴有困难补助费、冷饮费（2006年取消）、班主任津贴、农村教师任教津贴等。2008年始，对五云镇外任教的教师按所聘岗位和任教年限给予相应的任教津贴，标准为每月60～400元，管理人员任教津贴标准为每月90～400元。

1999年开始，县政府对学科带头人实行补贴，其中16名市级学科带头人50元/人•月。2004年开始，对获全国劳动模范的教师每月津贴150元，其中1989年年底前获得的每月再增加50元。获省部级劳动模范教师每月津贴120元，其中1989年年底前获得的每月再增加30元。2008年，对获市级劳动模范的教师每月津贴100元，对功勋教师每月津贴80元，对获“全国五讲四美为人师表”称号者每月荣誉津贴150元，对特级教师每人每月津贴300元。2010年以后，对县、市学科带头人、省名师培养对象、市名师、教授级高级教师、省特级教师、省功勋教师每年奖励2000～6000元。

公房改革与联建　1993年，按照县住房改革方案，县政府安排给教育系统的公房80套，按规定出售给教师个人。2009年开始，对没有享受实物分房的退休教师实行货币分房。

1993—1997年，建成园丁楼住房216套，其中五云镇120套、新建镇64套、壶镇镇32套，按照有关优惠政策出售给当地任教的教师。1998年以后，在农村任教符合条件的教师允许享受优惠政策，购买缙中路的解困房、紫薇路的经济适用房。

五险一金　1996年，缙云县核定公费医疗经费在职教职工每人每年252元，退休人员每人每年304元标准包干使用。2006年，全县教师实行用人单位和职工共同负担的基本医疗保险制度。

2004年，县政府对教育系统按一类行业标准，由学校按教职工工资总额的0.2%缴纳工伤保险金。2005年11月，按《浙江省生育保险暂行规定》，全县教职工开始执行生育保险政策。

2006年，根据1998年国务院住房制度改革领导小组《关于加强住房公积金管理的意见》，全县教师开始全面执行住房公积金制度。住房公积金按个人工资总额的12%缴存，个人与单位各负50%。

2007年4月，全县教师开始缴纳养老保险，缴纳标准参照事业单位执行。

2008年开始，教职工缴纳失业保险，标准为教职工工资基数的3%，其中个人缴纳1%，单位缴纳2%。

第四节　教育工会

1993年6月，缙云县教育工会（简称“县教育工会”）机关从县总工会（五云镇胜利街25号）迁至县教委（五云镇槐花街52号）。2000年11月，缙云县教育工会民办学校联合委员会成立。

1990—2010年，县教育工会代表大会共召开2次。1990年11月，县教育工会第八次代表大会在县总工会工人俱乐部举行，选举产生中国教育工会缙云县第八届委员会。2000 年 1 月，县教育工会第九次代表大会在县教委召开，历时 2 天，选举产生中国教育工会缙云县第九届委员会和经济审查委员会。

1993 年以来，县教育工会先后开展“树师表形象，创文明校风，为实现跨世纪宏伟目标做贡献”、学陶师陶(陶行知)、评选县十佳青年教师、评选好军嫂、“重建家园，再献爱心”大行动——为汶川地震捐款、“争做幸福教师”、以“心系教工，情暖万家”为主题的送温暖等活动。组织女职工妇科免费检查、高龄教职工重大节日慰问。2000 年 6 月，县教育工会女教职工委员会成立，先后开展“诵母亲”“建设社会主义新农村与性别平等”“事业家庭双创优”“时代新女性”征文比赛和多项文体活动。2006 年 4 月，开展会员民主评议主席、教职工民主评议工会工作。2008 年，组织“知识女性风采”摄影比赛，组织女职工向灾区捐献衣服棉被 10000 余件（条）。

1993 年，丽水地区师生互济会缙云分会成立，全县参与师生互济会的 57751 人，当年资助困难师生 345 人，其中得到资助后复学的学生 50 人。2002 年 10 月，县教育工会“1 + 1”互助“爱心工程”成立，会员个人每月捐资 1 元，学校（单位）按教职工总数每人每月捐资不少于 1 元，至 2010 年，补助和慰问困难教职工 1549 人次，金额 94.92 万元。

第四章　教育经费

1993—2010 年，缙云县教育经费大幅增长。教育经费的管理、使用更趋合理规范，校舍建设标准普遍提高，教学器材设施、教育教学设备更加完备，藏书总量不断增加。

第一节　经费来源

1993—2010 年，缙云教育经费来源于县财政预算安排、省财政转移支付、学校学杂费收入和社会捐资。1997 年起，县职业中专、缙云中学等学校曾向银行借贷资金，用于学校建设。

财政投入和学校学杂费收入

1993 年，缙云县教育经费实行财政包干制。除人头经费外，县财政安排教育包干经费为 185.1 万元。

1999 年，县财政安排教育经费 5123 万元，占当年县财政收入的 40.3%。2002 年起，省财政实行学校基本建设补助办法，学校建设经费主要来自省政府财政转移支付和县财政配套经费。2006 年起，省财政补助教育经费力度加大，县财政投入增加，缙云县乡镇或学校自筹资金办学、拖欠教师工资等现象有效消除。

2000—2010 年，县财政教育预算经费增长幅度较大。2000 年，教育经费总投入 12869 万元，其中财政性资金投入 6639 万元，学校收费投入 4963 万元。2010 年，教育经费总投入 57259 万元，其中财政性资金投入 44059 万元，学校收费投入 9149 万元。

2000—2010年缙云县教育经费投入情况一览表

表 25-4-1 单位：万元

年份	2000	2001	2002	2003	2004	2005	2006	2007	2008	2009	2010
总投入	12869	15149	17030	21523	22843	25730	28823	42009	41877	45902	57259
其中：财政性资金	6639	8705	9510	12977	13773	15139	20266	33382	31523	35415	44059
学校收费	4963	5028	5167	4498	5539	5421	6451	6151	6529	6678	9149
社会团体和公民个人办学经费	862	926	990	1428	1373	1861	—	—	—	—	—
其他（包括教育基金会）	369	431	449	2560	2156	3309	2106	2476	3825	3809	4051
捐助	36	59	914	60	2	—	—	—	—	—	—

2002—2010年省财政转移支付项目安排缙云县教育经费及用途一览表

表 25-4-2 单位：万元

年份	2002	2003	2004	2005	2006	2007	2008	2009	2010
金额	325	376	468	166	1687.5	5612.6	7000.2	7719.7	8094
用途	基建	公用	公用	公用	公用	公用	公用	公用	公用

集资 捐资

1993—2010年，除县财政安排外，还有教育费附加征收、干部群众集资，社会捐资等经费用于教育事业。

1993年，全县征收农村教育费附加248.63万元，征收城镇教育费附加75万元，干部职工筹资49.74万元，社会、集体和个人捐资231.81万元。

1995年9月，县政府批准五云小学教学楼、水南小学办公楼建设专项集资。集资对象为在城各机关企事业和社会各界，其中在城机关企事业单位干部职工居民每人集资26元，在城5个行政村村民每人集资30元。11月11日，壶镇小学理事会为学校新建教学楼捐资61.5万元。

社会力量资助教育经费，2000年369万元，2010年4051万元。

1996—2006年缙云县捐资办学情况一览表

表 25-4-3 单位：万元

年份	捐助单位（个人）	学校用房冠名	捐助金额	受益学校
1996	日本"利民工程"	—	3.62万美元	七里小学
	港商赵安中	林杏琴教学楼	20	双溪初中
	台胞李延品	李延品教学楼	7万美元	夏家畈小学
1997	台胞李延品	李延品科学馆电教楼	10万美元	新建中学
1998	省希望小学办公室	手拉手希望小学	20	石笕小学
	省希望小学办公室	祝强希望小学	20	胡村小学
	香港鲍玉书	玉书教学楼	20	东渡初中
1999	美国唐氏公司	—	8	城北小学
	邵逸夫教育基金会	邵逸夫图书馆	80	缙云中学

续表 25-4-3

年份	捐助单位（个人）	学校用房冠名	捐助金额	受益学校
2000	美国唐氏公司	—	8	木栗小学
	美国唐氏公司	—	8	丹址小学
2001	美国唐氏公司	—	8	靖岳小学
	台胞舒寿福	舒寿福教学楼	90	舒洪小学
	省基督教协会	方溪弘道爱心小学	20	方溪小学
2002	香港沈炳麟	东渡小学"庆恩楼"	27.96	东渡小学
	邵逸夫教育基金会	—	15	葛湖小学
2003	湖州市林圣雄	圣雄希望小学教学楼	18	仙都小学
	台胞舒寿福	舒寿福爱心教学楼	10 万美元	胡村小学
2006	邵逸夫教育基金会	邵逸夫教学楼	25	长坑小学

2002 年 10 月，由省政府安排，按 2002—2005 年、2006—2008 年、2009—2011 年三期，缙云县与海宁市签订《教育对口支援协议》，海宁市每年资助缙云县教育事业发展资金 40 万元。

2003 年 6 月，缙云县人民教育基金会注册成立。至 2010 年，县人民教育基金会接受社会各界捐赠 19704.35 万元。

2003—2012 年，全县共有 44 家企业和单位资助教育事业，资助经费合计 668.02 万元。

2003—2012 年为缙云教育捐助 10 万元以上单位一览表

表 25-4-4　　单位：万元

企业名称	数额	企业名称	数额
中山市欧普照明股份有限公司	100	宁波兆生文具有限公司	18
浙江山蒲照明电器有限公司	84.38	浙江冠富实业有限公司	15
县爱心助学行动办公室	84.19	缙云县烟草公司	13.5
缙云博尔置业有限公司	50	温州人本人力资源管理有限公司	13
浙江缙云华孚纺织有限公司	40	浙江前进有色金属铸造有限公司	11.7
杭州百合化工有限责任公司	20	丽水市光彩事业促进会	10
理想四维地产集团有限公司	20	缙云县田氏伤科医院	10
浙江众发实业有限公司	20	缙云香溢大酒店	10
浙江缙云杭银村镇银行	20	—	—

学杂费

1995—2006 年上半年，缙云县义务教育学校学生免收学费，只收杂费，其他收费项目与非义务教育学校学生相同；非义务教育学校学生收费项目包括学费（含水电费）、住宿费（含水电费）、借读费、代管费（多退少补）、课外兴趣小组活动费五项。县物价局、财政局、教育局对学杂费收费项目和标准，根据实际适时作出调整并联合发文执行。

2006 年学年开始，浙江省成为全国第一个全免费义务教育省份，全县义务教育学校学生免交学杂费，由省财政全额转移支付。

第二节　经费管理和使用

经费管理

1993 年以后，全县教育经费继续实行“分级办学、分级管理”的体制模式。

2002 年 4 月，《国务院办公厅关于完善农村义务教育管理体制的通知》发布，农村义务教育实行“在国务院领导下，由地方政府负责，分级管理，以县为主”的管理体制。县教育经费管理从分级管理，收回由县财政管理。2005 年 2 月，《省教育厅省财政厅关于全省农村中小学“四项工程”实施办法》出台，对全省教育经费实行按地区有区别补助；12 月，按照国务院“明确各级责任、中央地方共担、加大财政投入、提高保障水平、分步组织实施”的基本原则，将农村义务教育全面纳入公共财政保障范围，建立中央和地方分项目、按比例分担的农村义务教育经费保障机制。“以县为主”管理体制落实到位。

2007 年 7 月，县教育会计核算中心成立。学校设报账员，采用月报、月支、月结制度。各校账簿，经费收支，均由县教育会计核算中心保管和记账。2010 年 1 月，学校重设主办会计，实行远程结算；县会计核算中心职能由具体核算转化为指标控制、票据审核及业务辅导等工作。2009 年以后，县会计核算中心配合县教育局对学校正职离任进行审计，后发展为对现职校长进行定期和不定期审计。

经费使用

教育经费主要用于人头经费、学校基本建设、仪器设备添置和助学金等。

2000—2010 年缙云县教育经费支出情况一览表

表 25-4-5　　单位：万元

年份	2000	2001	2002	2003	2004	2005	2006	2007	2008	2009	2010
总支出	14498	15265	16219	21145	22272	22996	30569	38749	39316	43580	53314
其中：个人支出（含退离休）	9153	9764	10222	13936	15016	16848	18545	—	—	—	—
工资福利支出（在职）	—	—	—	—	—	—	—	20831	24150	28691	29463
对个人和家庭补助	—	—	—	—	—	—	—	4015	4408	5272	8419
商品与服务支出（公用）	4386	4413	5465	4207	4781	4434	6065	5195	4914	5828	5596
资本性支出	959	1088	532	3002	2475	1714	5959	8708	5844	3789	9836

第五章　教育环境

1993 年以来，随着经济社会的发展和教师社会地位与经济待遇的提高，缙云教育的社会环境更加优化，外部环境有效提升，直接环境更为有利。至 2010 年，全县中小学布局历经多次调整，撤销、合并学校数量之多，创下历史新高，设点小学、初中、幼儿园办学规模扩大，学校趋向集镇办学。

第一节　学校布局

延续20世纪80年代后期开始的中小学规模布局调整，90年代起，缙云县每年均有不同规模的中小学撤销、合并。1991年5月，撤销小学142所。

1993年，全县共有各类学校694所。其中，普通高中5所、初中48所、职业中学7所、小学366所、幼儿园266所、县教师进修学校和县广播电视大学各1所。

2003—2007年，全县先后有6所小学与6所初中合并为九年一贯制学校。2003年，大源小学与普化初中合并为大源学校，三溪小学与三溪初中合并为三溪学校。2004年，三溪学校初中部撤销，三溪小学恢复；大洋小学与大洋初中合并为大洋学校，葛湖小学与葛湖初中合并为葛湖学校。2005年，下小溪小学与新碧初中合并为新碧学校，胡村小学与胡村初中合并为胡村学校。2007年，胡村学校初中部撤销，胡村小学恢复。2010年，新碧学校撤销，下小溪小学和新碧初中恢复。

2010年，全县共有各类学校176所。其中，普通高中6所、初中11所、职业高中2所、小学46所、九年一贯制学校3所、幼儿园106所、县教师进修学校和县广播电视大学各1所。

1993—2010年缙云县撤销小学一览表

表25-5-1

年份	名称
1993	项宅小学　碧街小学　柿坑小学　黄岭小学　西山头小学　大坑小学　大岩坑小学　碻旧小学　柘标火小学　东俞小学　里公坑小学　白矛小学　梅树岙小学　新路小学　梅寮小学　天堂小学　田爬坑小学
1994	板堰小学　宅塘小学　陈庄小学　碻上小学　生姜田小学
1995	泮村小学　金湖小学　隘头小学　梅店小学　庄坑小学　下叶小学　东畈小学　碻圩坑小学
1996	浣溪小学　小洋弄小学　山头小学　建山小学　麻坪小学　金谷小学　郑弄小学　东山小学　红门小学　麻面岭小学　莲塘小学　上黄坛小学　苦竹坑小学　姓田小学　石鹿小学　三六岩小学　吴山小学
1997	前湖小学　田村小学　东山小学　南田小学　里隆小学　刘山小学　玉溪小学　前朱小学　西岩小学　茭下小学　马圳小学　陶墅小学　庙后小学　溪岩下小学　上小溪小学　樊庄小学　雅村小学　株树小学　廷坑小学　麻垢小学　竹园脚小学　阳弄小学　交路小学　凤山下小学　长丰小学　郑坑口小学　株佑小学　麻店小学　西坑小学　下园小学　仁岸小学　车坑小学　大蓬小学　季坑小学　螺丝岩小学　榧树后小学　铁箱小学　大堰头小学　后坑彭小学　蒙岗小学　杨梅山小学　黄金小学　岩腰小学　岱石口小学　周升塘小学　东湖小学　下东方小学　清塘小学　皋头小学　上山头小学　高畈小学　岭头小学　郑念山小学　上加堂小学　郑坑小学　双坑小学　黄泥坑小学　杨村小学　马加坑小学　里西坑小学　庙下小学　麻田小学　怀义堂小学　黄岭小学　土鱼坑小学　黄连坑小学　突头小学　西岴小学　茶园头小学　当坑小学　杨山小学　周扎小学　南源小学　东里小学　松树岗小学　塘孔小学　越王山小学　平坑口小学　金弄小学　万松小学　陈弄口小学　周弄小学　下麻车小学　型坑小学　小古小学　五培坑小学　后一小学　后二小学　松岩小学　北洪小学　大塘小学　桂村小学　新宅小学　旸村小学　潜陈小学　盛园小学　井南小学　牛大坑小学　上胡小学　后青小学　西散小学　今古塘小学　北坑小学　松树湖小学　下寮小学　西坑小学　流坑小学　朱庄小学　下院小学　桃坑小学　力坑小学　葛竹小学　太阳坞小学　马岭小学　胡坑小学　石臼坑小学　鸟下小学　坟山小学　木西花小学　小南小学　金竹岭小学　东山小学　上朱小学

续表 25-5-1

年份	名称
1998	西寮小学 赤溪小学 冷水小学 桂山小学 川石小学 三马东小学 皂川小学 杨桥小学 东岸小学 西岸小学 南湖村小学 东溪小学 古路小学 昆坑小学 蟠龙小学 杨坑小学 清井弯小学 半衣坤小学 黄坑小学 深度小学 马鞍山小学 麻寮小学 雅亭小学 陈村小学 官坑小学 岩坑小学 岭脚吴小学 大黄小学 池岭小学 上前小学 腰畈小学 竹余小学 榧树根小学 潜源小学 茶川小学 招序小学 田山小学 蛟坑小学 沿路头小学 小黄坛小学 东雅宅小学 深坑小学 胡章小学 上陆小学 后巷小学 东头小学 里村小学 谷川小学 外前小学 八尺小学 湖西小学 木瓜坑小学
1999	杜桥小学 塘后小学 沈宅小学 附马小学 山岭下小学 韩畈小学 板举小学 堰头小学 寮坑小学 夏弄小学 岭后小学 邢弄小学 岩背小学 狮子圩小学 岩下小学 厚仁小学 杨岙口小学 水口小学 雪峰小学 松树湖小学 黄寮小学 西峰小学 梧源小学
2000	应庄小学 和睦小学 北山小学 泗山小学 坑上小学 下周小学 山坑小学 竹园蓬小学
2001	联盟小学 槐花树小学 梅溪小学 茭岭小学 胡宅口小学 姓王小学 新屋小学 山前小学 后村小学 漕头小学 石亭小学 上东方小学 余溪小学 郑坑小学 双坑小学 黄泥垅小学 蒙坑小学 田村小学 鱼川小学 周岭小学
2002	谢山小学 洋岙小学 五里牌小学 缙棉小学 西施小学 姓叶小学 大集小学 花楼山小学
2003	洋山小学 洋潭头小学 兰口小学 雅宅小学 金坑小学 吴岭小学 前金小学 横塘岸小学 姓徐小学 上湖小学 黄龙小学 杜村小学
2004	官店小学 三里小学 周村小学 名山小学 船埠头小学 双龙小学 镇东小学 苍岭脚小学 大洋小学 白岩小学 金古塘小学 古塘下小学 黄明小学 杜唐小学 黄塘头小学 西应小学 仙岩小学
2005	宏坦小学 田洋小学 上坪小学
2006	梨仓小学 石松小学
2007	姓汪小学 大筠小学 古溪小学 钦村小学 双港桥小学 岭口小学 碧虞小学 张公桥小学 姓尚小学 小章小学 越陈小学 大雅畈小学 金竹小学 下洋小学 新沐小学
2008	上周小学
2010	南溪小学 外孙小学 新碧小学

1993—2008 年缙云县撤销初中一览表

表 25-5-2

年份	名称
1993	上周初中 方溪初中
1994	大集初中 碧川初中
1997	长坑初中 大园初中 夏加畈初中 长川初中
1998	寮车头初中
1999	宫前初中 坑沿初中 缙云中学初中部
2000	兆岸初中 稠门初中 周弄初中
2001	金竹初中 白竹初中 岭口初中
2002	笕川初中 溶溪初中 章村初中 前路初中 丹址初中 南溪初中 木栗初中
2003	岱石初中 靖岳初中 胪膛初中
2004	西桥初中 雅江初中 七里初中 三溪学校初中部 城北初中 壶镇中学初中部
2006	河阳初中 方川初中
2007	胡村学校初中部 唐市初中 石笕初中
2008	杨梅园初中
2010	大源学校初中部

第二节　学校规模

1993—2010年，全县初中校均班级数从7.5个班增加到17.9个班，校均在校学生人数从336人增加到818人，校均教职工人数从21人增加到71人；小学校均班级数从3.3个班增加到13.7个班，校均在校学生人数从92人增加到596人，校均教职工人数从5人增加到34人。

缙云县设点中小学规模的扩大，来自1993年以后中小学新建、迁址规划和在原有学校扩建改造工程项目的实施。至2010年，全县新建、迁址的学校共22所。其中县属学校迁建的有：缙云中学、电大缙云分校、缙中仙都分校、工艺美术学校、实验中学、机关幼儿园6所。乡镇初中迁（新）建的有：新碧初中、东方初中、湖川初中3所。乡镇小学、幼儿园迁（新）建的有：大洋学校、紫薇小学、东渡小学、新建小学、仙都小学、舒洪小学、七里小学、碧川小学、团结小学、白竹小学、笕川小学、壶镇幼儿园、东方镇中心幼儿园（民办）、舒洪镇中心幼儿园（民办）14所。同时，缙云二中、新建中学、盘溪中学、职业中专、壶滨初中、东渡初中、实验小学、水南小学、实验二小、南顿小学等中小学实施扩建改造工程。

第三节　教学设备

县教育局内设电教仪器管理站，统筹管理各级各类学校的信息技术教育、教育装备等工作；组织电教设备、教学仪器、音像教材（教育教学资源库资料）、学具、图书、音体美劳文卫器材等教学设备的供应和配备。

1993—2010年，为缙云教学仪器、电教器材、图书资料配备最快的阶段；2000年以后，学校信息化建设进入全新发展时期。

教学仪器

1994年，缙云县小学实验仪器按照Ⅰ、Ⅱ、Ⅲ类标准配置。其中，城镇小学、中心小学为Ⅰ类；辅导完小和规模较大的村小为Ⅱ类；其他村小为Ⅲ类。1997年，缙云县首批通过省教委中小学实验教学普及县合格验收。2007年，按创建教育强县标准，共投入教学仪器经费386万元，全县规划定点的中小学教学仪器均按省三类标准配备，音乐、美术、体育器材配备也达到省标准。

1993—2004年，全县共投入资金150万元，中小学电教器材配备从“两机一幕”（投影机、收录机和银幕），到“三机一幕”（加电视机）。1996年2月，确定缙云中学、缙云二中、县实验小学、水南小学、新建小学、新建中学、壶滨初中、壶镇小学、盘溪中学9所学校为首批电化教学试点学校。

图书资料

1999—2006年，共投入学校图书经费76万元，购置图书9.5万册。2006年年末，全县中小学图书65万册，生均图书11.2册。2007年11月，按照省教育强县创建标准，启动“农村中小学书香校园工程”，至2008年，投入经费291余万元，学校新购图书25万册，全县中小学共有图书89.4万册，生均图书15.4册。

2010年，全县普通中学藏书48.88万册，电子图书1152.3GB；职业中学（含县进修学校、浙江电大缙云分校）藏书7.61万册，电子图书460.7GB；小学藏书36.53万册，幼儿园藏书8万册。

教育信息化

2000 年 12 月，县教委计算机局域网（浙大网络办公平台）开通，接入中小学计算机用户 120 户；缙云县教育网站开通。次年 2 月 1 日起，县教委文件进入网络发送。

2010 年，全县教育系统可用计算机总计 7676 套，其中普通中学 3631 套、职业中学 1404 套、小学 2641 套。可用计算机“生机”比 7.6 ∶ 1，一线教师“师机”比基本达到 1 ∶ 1。全县共有多媒体设备 1020 套，“班套”比 1.25 ∶ 1。有多媒体教室 689 个。缙云县教育城域网内部物理线路完成升级改造，100 人以上学校全部接入光纤；各幼儿园共有教学用录像录音带 1.33 万盘。

2002—2010 年缙云县教育信息化建设情况一览表

表 25-5-3

年份	资金投入（万元）	计算机（台）	计算机教室（个）	多媒体教室（套）
2002	227	398	9	9
2003	376	518	12	7
2004	498	840	19	12
2005	420.6	760	11	33
2005	1015	1370	11	131
2007	571.8	1553	91	118
2008	590	954	6	232
2009	640	1100	—	109
2010	652	480	—	332

第六章 教育科研

1993 年以来，全县教育科研逐步规范化、目标化、系统化，教研与科研紧密结合，相互渗透，相互促进。随着互联网的普及，教科研更加透明，研究范畴更加宽广，并取得一定的教科研成果。

第一节 机构与活动

教科研机构

1983 年 8 月，县教育局教研室（简称“县教研室”）从县教师进修学校分离，属县教育局下辖事业单位。1984 年机构改革，五云镇、城郊区、壶镇区、新建区、盘溪区、大洋区教育办公室主任兼区教研室主任。1992 年，撤销区教育办公室，成立乡镇教委，教研科研工作由乡镇教委负责。初中分城郊学区、壶镇学区、盘溪（大洋）学区、新建学区建立教研处；乡、镇中心小学设专职教研员。

1997年3月，缙云县教育科学研究所成立，与县教研室实行合署办公。2002年，乡镇教委撤销，小学教科研由中心校负责，保留初中学区教研处。至2010年，各中小学相继成立教科处。

教研活动

1993—2010年，县教研室先后以“规范加特色，合格加特长”“学科教学实施分类指导，分组竞赛”“规范教学管理，深化教学改革，提高缙云县初中教学质量和效益”“以落实课堂教学素质教育目标为突破口的课堂教学方法”“区域性推广成功教育”课题、中小学“校本”研究与实践、“同课异构、实效活力”“远学栟茶，近学长坑”“减轻义务教育阶段学生过重课业负担”“打造实效课堂，滚动推进课改”为专题，开展教研活动。1997年以后，开展素质教育教学实验，实施目标教学研究活动。2010年，县教研室推出“打造实效课堂　滚动推进课改”教研课题，试行“活力　实效　艺术”的生态课堂目标教学。举办浙江省小学劳技研讨会、中小学音乐教师说课比赛、思想品德“携手行动”、初中科学优质课评比、综合实践活动与校本课程开发建设成果推广会等省级教研活动，邀请省内外教学专家、特级教师19人到缙讲学，全县获省级教学奖96人次。

第二节　课题　刊物

科研课题

1993年以来，在浙江省新一轮课改中，全县高中学校开发校本选修课程300多门，其中被评为浙江省精品选修课程6门，被评为丽水市精品选修课程23门。义务教育阶段开发校本课程500多门，其中被评为浙江省精品课程5门。

1993年12月，县教委与杭州大学合作开展《掌握学习，发展能力》的教改实验研究。1999年以后，全县主要研究课题有：实验小学的《小学生生活指导活动课实验教材研究与实践》、盘溪中学的《农村“综合高中”教学模式的研究与实践》、碧虞小学的《珠手结合加减法研究与实践》、水南小学的《农村中小学探究性学习实践研究》《信息技术与学科教学整合的研究与实践》、新建小学的《区域性推广成功教育开发性研究》、东渡小学的《农村小学校开展“社区教育”活动的探索与实践》、缙云中学的《TBL备课的基本操作要素》、县工艺美校的《“教产结合”模式实践与研究》、舒洪小学的《小学生发展性教学评价研究》、长坑小学的《构建农村小学生活德育模式的探索与实践》等。

中德合作的《学习型中小学校建设与发展》课题，2006年立项，并在7所学校进行子课题研究；2007年获省中德合作项目课题研究优秀奖。2009年，浙江省“十一五”第二轮中小学教师及校长培训研究《新课程背景下“体验式”校长培训模式研究》《新课程背景下开发青年教师潜能的途径与方法研究》获省课题研究一等奖；《幼儿合作性竞争能力培养的实践研究》获省课题研究三等奖。

18年间，全县教科研立项课题县级2569项、市级1360项、省级115项、国家级23项。1993—2007年，获省教育科研先进集体9个；1999年、2000年，获省人民政府基础教育优秀成果奖7项。1999—2010年，获省教育教学研究课题奖15项。2002年8月，缙云县被列入省级基础教育课程改革实验区。

主要教育报刊

《缙云教育》 1991年4月，县教委、教育学会创办的内部刊物，2003年停办。

《教研动态》 1998年10月，县教研室创办，至1999年共出刊16期。

《鼎湖语苑》 2004年首发，县小学语文青年教师联谊会专刊，至2010年刊出60多期。

第七章　教育管理

从20世纪80年代末到2010年，教育管理体制历经“分级办学，分级管理”到以县为主、县政府负总责的过程。同时，按照县党政机关机构改革的要求，教育行政管理体制随之变化。1991年6月，缙云县教育体育局更名为缙云县教育委员会；2002年7月，缙云县教育委员会更名为缙云县教育局。1992—2002年，各乡镇设教育委员会，乡镇长兼任教委主任。

2009年9月，按《缙云城乡教育发展联盟实施意见》，全县50所小学组建8个联盟总校，一级分校联盟24个、二级分校18个；2009年，组建县实验中学和壶滨初中教育集团。各联盟（集团）学校人、财、物独立运行，总校主要负责派遣教师到一级、二级学校支教。

第一节　行政管理

管理机构

1992年6月，区教育办公室撤销，乡镇人民教育委员会建立，主任由乡镇长兼任，副主任由县教委委派。1993年，县教育委员会内设办公室、人事科、计财科、监察审计科、普通教育科、成人教育科、教研室、督导室、勤工俭学办公室、电教仪器管理站。

2002年6月，乡镇教委撤销，实行县教育局和县属学校、乡镇中心学校两级管理体制。

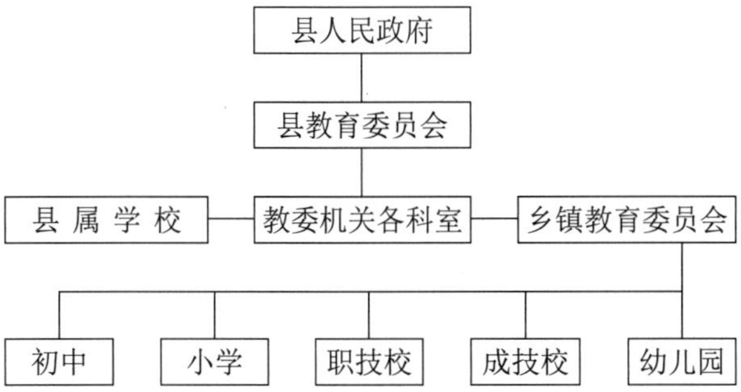

1992—2002年缙云县教育行政管理体系示意图

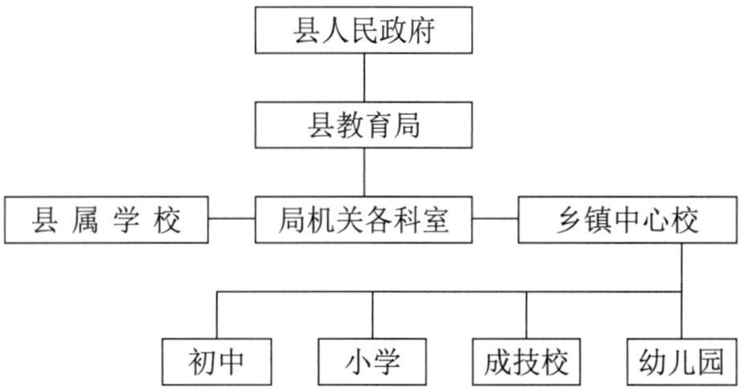

2002—2010年缙云县教育行政管理体系示意图

干部管理

1992—2002年，缙云中学、县教师进修学校、县电大工作站正副校（站）长、县属学校正校长由县人民政府任免。乡镇教委正副主任、县属学校副校长及其中层干部、乡镇初中正副校长、县属小学（幼儿园）校（园）长、乡镇中心小学校长由县教委任免。乡镇中心小学副校长、初中学校中层干部由乡镇教委任免，报县教委备案。2002年6月，乡镇教委撤销后，原由乡镇教委任免的学校领导改由县教育局任免。

教育督导

1989 年 8 月，缙云县教育局督导室成立。2003 年 9 月，缙云县人民政府教育督导室（简称“县政府督导室”）成立，与县教育局督导室合署办公，主任由副县长担任，副主任由县教育局局长和县府办副主任担任，履行督政与督学职能。

1993—2010 年，缙云教育开展“两基”“两高”“普九”、省教育强县创建、学前教育办学规范化办园、重点学校、示范学校等专项督导评估。1995 年 12 月，缙云通过省“两基”评估验收；1997 年，通过“两基”复查验收。2000 年开始，县教育督导室对乡镇“两基”工作实行年审制度。2006 年年底，缙云县创建省级教育强县领导小组成立，部署实施教育强县创建工作。

1994—2010 年，全县有 20 多所学校被评为各级各类重点学校、示范性学校和文明学校。

第二节　学校管理

1994 年开始，县教育局对学校实施目标管理考核，后来改为学校发展性评估。1999 年，县教委《关于全县中小学实行校长负责制教职工聘任制和结构工资制的试行意见》出台，全县中小学试行校长负责制、教职工聘任制、结构工资制。

管理机构

至 2010 年，全县各级各类学校一般设有党支部、校长室、办公室、教务处、政教处、教科处、总务处、信息处或信息技术组，规模较大的学校设有医务室，职业学校设有招生就业处。

学校群团组织有：工会、团支部（总支、团委）、学生会、少先队大队部等。

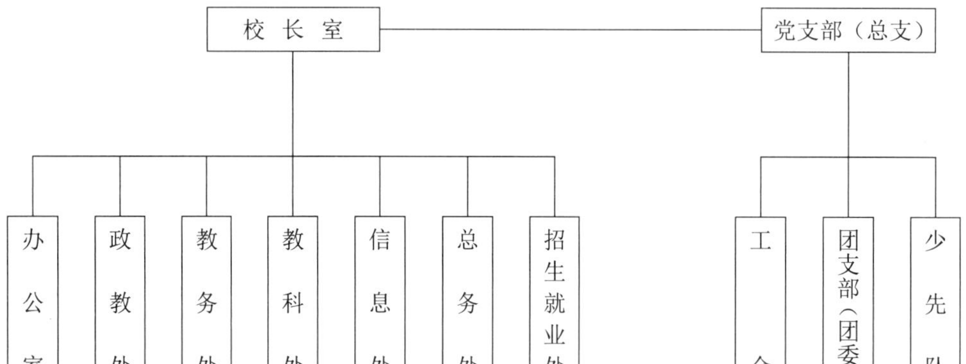

2010 年缙云县学校基本组织架构示意图

教学管理

县教育局普教科负责中小学教学行政管理，局督导室负责教育教学督导，教研室负责中小学教学业务管理。

1993 年以后，缙云县教学管理工作主要是组织检查学校贯彻国家教育方针、按教学大纲要求开设课程的情况，纠正片面追求升学率的倾向，全面实施素质教育。对违反办学规定的学校，采取各项行政措施。1993 年开始，取消小学升初中考试和各学科奥林匹克比赛。1997 年，缙云县艺术教育指导委员会成立，音体美教育列入学校目标管理考核内容。2004 年，电子学籍系统开始使用，对全县中小学学生的转学、休学、复学、升留级等实行电子化管理。2006 年，对中小学“体育、艺术 2 ＋ 1 项目”实施情况进行检查。

德育管理

1993 年以来，重点开展中小学生行为规范达标活动。2002 年，《缙云县中小学德育工作评估方案》《缙云县中小学德育工作纲要》实施，对中小学德育工作进行评估考核。2004 年和 2008 年，聘任派出所所长为学校法制副校长。2008 年，学校“德育导师制”建立，实行德育导师考核和奖励机制。至 2010 年，全县评定行为规范示范学校 23 所、合格学校 42 所；获德育先进集体学校的有，国家级 8 所（次）、省级 32 所（次），教师个人获省级以上德育工作先进荣誉称号的有 14 人。

安全管理

1994 年壶镇小学“4•5”沉船事件发生后，学校安全愈加凸显。1996 年起，3 月份第一周为学校“安全活动周”。2006 年，“安全活动周”改为“安全活动月”。2007 年年底，县教育局教育安全科成立，负责中小学安全教育和管理工作。各学校分管领导及相关处室实行“一岗双责”，全员管理安全工作。县教育局先后制订学校安全规章、预案等 16 个。通过“家校通”平台，签订安全承诺书，发布《致全县学生家长一封信》，印发《防溺水安全教育手册》，制定《缙云县中小学平安校园评估标准》等，开展学校安全管理。2010 年，全县有平安校园 64 所。

后勤　卫生管理

1993—2010 年，后勤管理列入学校目标管理考核内容，每年开展学校后勤工作检查。暑期前组织全县校舍安全检查，进行校舍维修。学校配备医务室或保健教师，每年组织学生体检，在园幼儿实现麻疹、脊髓灰质炎疫苗接种率 95% 以上，百日咳、白喉、破伤风混合疫苗、卡介苗接种率 90% 以上。1996 年以后，寄宿制学校配备专职管理员，对学生寝室定期进行消毒、灭鼠、灭虱、灭蟑。对学校食堂，实行持证上岗、等级考核、饮用水定期检测等制度。2003—2004 年，用于学校改水、改厕经费 98.5 万元。至 2012 年，共排除中小学危房面积 1.7 万平方米，维修改造中小学破旧房面积 2.9 万平方米。

附录：参加省教育工作座谈会

2000 年 6 月 18 日，中共中央政治局常委、国务院副总理李岚清在杭州召开教育工作座谈会。座谈会由省委主要负责人主持，缙云县作为全省唯一的县级政府代表受邀参加，并被指定作缙云县高中段教育发展的专题汇报。

中共缙云县委副书记、县人民政府县长武昌在座谈会上专题汇报的主题是，在浙西南山区经济欠发达，教育条件相对落后，发展教育困难重重的情况下，缙云教育特别是高中段教育如何成为一枝独秀，充满盎然生机。概括起来，其经验和特点在于：以多元化办学，调动全社会的办学积极性；以质量支撑教育品牌，引入竞争机制，构建起自我生存、自我发展的学校发展机制；以普教与职教相融合，办好综合高中，使毕业生从高考竞争的“独木桥”走上升学、就学的“立交桥”；以县职业教育服务交流中心为平台，统筹职业学校的招生、就业。

李岚清在听取武昌汇报后，对浙南山区县在加快教育体制、办学机制改革，实现教育资源的合理配置和充分利用，锐意改革、不断创新高中段教育，特别是缙云县取得的卓越成绩表示充分肯定。赞扬缙云县“在中下经济条件下办出中上教育，走出了一条颇具山区特色的教育发展新路子”，勉励缙云县要进一步发挥教育传统优势、更好地为经济建设和社会发展服务。

武昌表示，能够参加李岚清副总理召开的座谈会，是缙云人民的荣誉，更是对缙云县教育事业的巨大鼓舞和鞭策。缙云县将珍惜荣誉，深入思考，进一步总结发展高中段教育的经验，不断拓展办学门路，全面推进素质教育，走出一条缙云特色的教育发展新路子。

第二十六篇　科学技术

1997年以来，县委、县政府先后出台《关于实施科教兴县战略，加速科技进步若干意见》《关于开展争创全国科技工作先进县活动的若干意见》《关于加强技术创新，大力推进科技进步的决定》《关于进一步增强创新能力加快科技进步的决定》。2008年，县委书记专题调研科技工作，县人大常委会组织委员、代表视察科技创新工作。2003—2010年，省科技特派员5批37人次、市科技特派员3批20人次先后到缙云开展科技工作，为“三农”服务。全县科普阵地建设加强，科技活动频繁，国家、省、市、县级科技示范基地建成。全县专业技术人才由1992年的2091人增至2010年的7183人。

1998—2010年，其中10个年度缙云被评为省党政领导科技进步目标责任制考核优秀县。1999年，缙云被科技部授予“全国科技工作先进县”称号。2001年，缙云被省委、省政府授予“省科技进步先进县”称号。2004—2009年，县科技局连续6年被省科技厅评为全省科技工作先进集体，多次被省科技厅等部门评为省科技星火、专利工作先进集体。

第一章　科技创新

1993—2010年，缙云县科技成果数量增多、质量提升，专利申请量从21件增至263件，授权量从9件增至239件。1998年，获省科技成果奖1项、市科技成果奖4项。1999年，获市级科技成果奖4项。2002年，开始创建“省级星火科技示范县”，实施国家创新基金、富民强县和省重大科技专项等项目，共获得省级以上科技项目补助资金368万元。2004年，仙都成人文化技术学校被认定为第一批国家星火计划农民科技培训星火学校。2009年，缙云带锯床产业集群列为全省21个省级块状经济向现代化产业集群转型升级示范区。2010年，缙云县国家科技“富民强县”项目通过验收，共获国家、省科技项目补助1456万元。1997—2010年，全县引进和合作开发科技项目261个。至2010年，全县有省高新技术企业11家、国家高新技术企业12家。2001—2010年，获省、市科技进步奖共24项，其中省二等奖2项。

第一节　科技项目

科技项目分为上级和县本级两类。2001—2010年，全县获上级重点科技项目立项113个，其中国家创新基金项目19个、国家重点新产品项目6个、国家火炬项目12个、国家星火项目5个、国家富民强县项目1个、国家农转化项目1个、省重大科技专项项目9个、省科研项目12个、省农转化项目8个、省高新技术财政补助项目9个、省星火示范县创建子项目18个、省网上技术市场签约补助项目9个、省火炬和星火项目4个。

上级项目

国家创新基金项目　2002年开始，县科技局把实施国家创新基金项目作为重点工作来抓，浙江寿尔福化学有限公司“间甲氧基苯硫酚产业化”项目获国家创新基金和省配套补助共106.25万元。至2010年，全县有19个项目获得省级以上创新基金项目补助共1753.5万元。

2002—2010年缙云县国家创新基金项目情况一览表

表26-1-1　　单位：万元

立项年度	项目名称	承担单位	补助额
2002	间甲氧基苯硫酚	浙江寿尔福化学有限公司	106.25
2003	LOCK多功能包缝机产业化	浙江省恒强针车实业有限公司	87.5
2004	多功能车载警示屏	浙江晨龙橡胶集团有限公司	87.5
	GZK42100×150数控岩石卧式带锯床	浙江锯力煌集团有限公司	50
2005	KK3500A/2600V特大功率快速晶闸管产业化	浙江硅都电力电子有限公司	106.25

续表 26-1-1

立项年度	项目名称	承担单位	补助额
2005	高速薄管数控立式带锯床产业化	浙江得力机床制造有限公司	62.5
2006	G5325-65-750 铝钢复合板锯切立式带锯床产业化	浙江晨龙锯床集团有限公司	82.5
2007	KM-CNC25TORT 数控弯管机	浙江金马逊机械有限公司	95
2008	大功率超快恢复二极管	浙江正邦电力电子有限公司	92
	LG57RS 系列工件移动立式内拉床产业化	缙云高新机械制造有限公司	85
	超长 T6 高效荧光灯的开发	浙江缙云天煌实业有限公司	65
2009	高强韧性稀土电渣热作模具钢	浙江正达模具有限公司	85
	高精度液压泵母子叶片	浙江西南工具有限公司	65
	数码变频发电机	浙江博尔机电有限公司	40
2010	聚硅氧烷镀膜管制注射瓶	浙江新康药用玻璃有限公司	108
	新型镁合金表面处理技术在汽摩配件中的应用	浙江省缙云县三鼎实业有限公司	88
	全自动数控切管机	浙江安泰机械有限公司	108
	船舶重型弯管装备	浙江金马逊机械有限公司	170
	高电流密度大功率整流二极管制造	浙江硅都电力电子有限公司	170

国家科技富民强县项目　2006 年，“缙云县家禽产业提升与发展”项目获科技部、财政部科技富民强县计划立项，实施期为 2006 年 4 月 1 日—2008 年 3 月 31 日，2010 年 1 月通过验收。项目总投入 2491.85 万元。其中国家、省、县三级财政补助 433.47 万元，企业与养殖示范户自筹 2058.38 万元。经绩效评价，该项目技术、经济指标均达到或超过合同计划指标，获省科技厅奖励 50 万元。2010 年，“缙云县特色蔬菜产业提升与发展”项目列入省第二轮科技“富民强县”项目培育计划。

省级星火科技示范县创建　2002 年年初，《缙云县星火科技示范县创建工作总体实施方案》经县第十三届人大常委会二十八次会议审议通过；5 月，省科技厅复函同意丽水市人民政府申报的《缙云县星火科技示范县创建工作总体实施方案》。2002—2005 年为项目创建期，2006 年 12 月项目通过验收。创建期间，实施子项目 18 个，重点开展“两个创新”（科技创新、科技体制机制创新）、“两大产业”（缙云麻鸭、小型机械）的科技示范创建。2005 年，全县小型机械产业产值 22.6 亿元，税利 4.09 亿元，分别比创建前（下同）增长 272.3% 和 297.1%；麻鸭业实现产值 40.66 亿元，税利 9.2 亿元，分别增长 86.7% 和 47.4%。2005 年 6 月和 2007 年 1 月，省科技厅《科技简报》先后以《缙云县省级星火科技示范县创建工作卓有成效》和《缙云县省级星火示范县创建工作卓有成效》为题专刊登载。

省重大科技专项项目　2007 年，缙云县高新机械制造有限公司“大型高性能立式数控拉床研发及产业化”成为全县首个省重大科技专项项目，获补助资金 90 万元。至 2009 年，全县有省重大科技专项立项项目 9 个，获补助资金 760 万元。

2007—2009 年缙云县省重大科技专项项目一览表

表 26-1-2　　单位：万元

立项年度	项目名称	承担单位	省补助
2007	大型高性能立式数控拉床研发及产业化	缙云县高新机械制造有限公司	90
2008	船舶重型弯管装备的研制	浙江金马逊机械有限公司	73

续表 26-1-2

立项年度	项目名称	承担单位	省补助
2008	3D 高效节能荧光灯产业化	浙江缙云天煌实业有限公司	75
	离散制造业信息集成系统研究及其应用	浙江晨龙锯床股份有限公司	60
	高山茭白高效安全生产共性关键技术研究与示范	缙云县乐键蔬菜专业合作社	50
	大型带锯床关键技术研究及产业化应用	晨龙锯床公司、伟业带锯床公司、杭州电子科技大学	140
	新型镁合金汽摩配件表面处理技术应用产业化	浙江缙云三鼎实业有限公司	105
2009	新型高效太阳能除湿降温关键技术与装备研制及产业化示范	浙江天喜实业集团有限公司	44
	特色机电装备产业提升关键技术研发与应用（数控龙门加工中心、气动带锯床、家用电脑缝纫机技术）	锯力煌、得力、恒强集团有限公司	123

县科技计划项目

2001 年开始，县科技计划项目向工业支柱产业倾斜，为带锯床、缝纫机、灯管 3 个行业立项项目 3 个，补助资金 40 万元。2003 年开始，项目立项采用专家评审制度，申报立项机制进一步完善，其中“提高环型灯管质量生产技术研究及应用”项目采用公开招标方式，确定项目实施单位。2004 年 9 月，县政府出台《缙云县科技项目及经费管理办法》，每年召集科技、财政等部门对科技计划项目立项及其经费进行专题研究。2006 年起，科技项目实行事后补助办法，依据验收结果确定经费补助额度，项目立项、补助、验收更加科学规范。2008 年，设立重点科技项目，注重补助支柱产业的关键、共性技术开发。

2001—2010 年缙云县科技计划项目数量和补助经费一览表

表 26-1-3

年度	项目数量（个）					补助经费（万元）				
	工业	农业	社会发展	其他	合计	工业	农业	社会发展	其他	合计
2001	3	0	0	2	5	40	0	0	30	70
2002	9	10	0	9	28	64	20	0	51	135
2003	10	7	0	10	27	106	18.5	0	41.5	166
2004	13	8	3	17	41	139	31	16	64	250
2005	17	10	5	11	43	137	42	40	31	250
2006	18	7	0	12	37	213	33	0	104	350
2007	18	9	0	13	40	200	35	0	115	350
2008	19	6	1	16	42	203	27	2	168	400
2009	24	14	3	14	55	252	66	6	176	500
2010	20	17	9	4	50	242	109	69	80	500
合计	151	88	21	108	368	1596	381.5	133	860.5	2971

第二节　高新企业

1996 年 12 月，浙江省缙云县四方电子有限公司被省科委、省计经委认定为省区外高新技术企业。1998 年 9 月，浙江寿尔福化学有限公司被省科委认定为省区外高新技术企业。2003 年以后，全县高新技术产品和高新技术企业的培育发展加快，2007 年，有国家火炬计划重点高新技术企业 3 家、省级高新技术产品 38 个；2008 年，被认定国家级高新技术企业 4 家；2010 年，有国家高新技术企业 12 家、省高新技术企业 11 家、省级研发中心 8 家。

第三节　知识产权

2001 年以后，在每年“4·26”知识产权日和 5 月“科技活动周”集中开展知识产权宣传活动，宣讲《中华人民共和国专利法》。2002 年，“天喜牌”压盖式不爆压力锅和“锯力煌”金属带锯床系列产品获第十一届中国专利新技术新产品博览会金奖。2006 年开始，按照发明、实用新型、外观设计三类标准，县政府每年对授权专利和专利产业化项目给予奖励。2008 年，省知识产权局局长为县委理论学习中心组作“自主创新与知识产权”专题讲座。1993—2010 年，全县专利申请 1473 件，授权 1008 件，居全市之首。

至 2010 年，全县有省专利示范企业浙江金威实业有限公司、浙江晨龙锯床股份有限公司、锯力煌锯床股份有限公司、山蒲照明电器有限公司 4 家。

1993—2010 年缙云县专利申请和授权情况一览表

表 26-1-4　　单位：件

年度	申请量				授权量			
	发明	实用	外观	合计	发明	实用	外观	合计
1993	10	9	2	21	0	7	2	9
1994	0	8	3	11	0	6	2	8
1995	1	6	3	10	0	8	3	11
1996	6	11	2	19	0	7	2	9
1997	6	22	3	31	1	6	3	10
1998	1	13	5	19	1	10	5	16
1999	2	12	6	20	1	9	7	17
2000	2	16	15	33	2	16	9	27
2001	2	18	16	36	3	15	19	37
2002	4	14	15	33	0	15	19	34
2003	10	39	20	69	1	16	18	35
2004	3	40	24	67	0	17	6	23
2005	8	60	44	112	2	35	26	63

续表 26-1-4

年度	申请量				授权量			
	发明	实用	外观	合计	发明	实用	外观	合计
2006	21	58	85	164	5	42	38	85
2007	12	68	76	156	1	60	63	124
2008	11	80	110	201	1	67	39	107
2009	32	99	77	208	4	74	76	154
2010	24	177	62	263	8	152	79	239
合计	155	750	568	1473	30	562	416	1008

第四节　科技合作

1993 年以来，县政府搭建科技合作平台，“请进来，走出去”，引导企业与大专院校、科研院所开展科技合作，加速产品更新换代，促进企业转型升级。

2000 年以后，每年组织有关企业参加省、市科技部门举行的科技合作洽谈会、科技成果交易会。2004 年 7 月，邀请浙江工业大学教授博士团一行 10 人到缙云作机械业发展科技报告。2005 年 12 月，组织 5 家企业参加科技部在印度举办的“中国适用技术产品展览会”。2006 年，县政府与浙江工业大学签订科技经济合作协议，组织 8 家企业到浙江工业大学开展科技洽谈活动，对接科技研发成果；邀请电子科技大学微电子技术专家为缙云电力电子企业解难释疑；县政府领导带队参加丽水市政府在西安举办的科技合作活动，签约项目 2 个，其中金马逊公司投入 130 万元委托西北工业大学开发“成型模具设计系统及计算控制系统”。2007 年，组织 5 家企业与武汉高校开展科技合作，其中浙江正邦电力电子公司、浙江晨龙锯床集团有限公司与华中科技大学签订技术开发协议。2008 年，组织 10 家企业到中科院宁波材料技术与工程研究所、中国兵器科学院宁波分院进行技术对接，其中 2 家企业签订技术合作协议；县政府与中国科学院宁波材料技术与工程研究所、中国兵器科学院宁波分院分别签订长期科技合作框架协议，与中国农科院茶叶研究所签订科技合作协议。2009 年，组织 7 家企业参加浙江省—中国科学院科技合作现场交流会；年底，省产业集群转型升级专家服务组到缙云开展工作。2010 年，县政府与杭州电子科技大学签订科技合作协议，与中国林科院亚热带林业研究所签订促进缙云林业发展的科技合作协议。

2002 年，中国浙江网上技术市场·缙云分市场开通，为企业解决技术难题搭建合作平台。至 2010 年，共发布技术难题 248 个，签订合作协议 113 个，县政府为 60 个签约项目补助经费 228.5 万元。2003 年 11 月，在浙江省共建科技创新载体、网上技术市场难题招标会上，浙江晨龙橡胶实业有限公司、缙云动力气缸有限公司受邀参加省政府在省人民大会堂举行的现场签约仪式。

第五节　科技投入

县财政预算安排科技三项经费从 1995 年的 15.5 万元增至 2010 年的 500 万元。2002—2010 年，全县研究与试验发展（R&D）经费由 2129 万元增至 7900 万元，占国内生产总值的比例由 0.76% 减至 0.7%，列全省位次由第 65 位降至第 70 位。

2001—2010年，县财政预算支出科技经费4469万元，其中用于县级科技计划项目经费2971万元，用于上级科技项目配套及县科技政策补助经费1498万元。全县获上级科技项目补助经费5118.3万元。

2002—2010年缙云县科技经费投入情况一览表

表26-1-5　　　　单位：万元

年度	总投入	研究与试验发展（R&D）经费	总投入中	
			上级补助	县财政安排
2002	2309	2129	368	135
2003	3930	3701	330	166
2004	4876	4163	439	250
2005	4881	4249	335	250
2006	5099	—	652	406
2007	6100	—	428	714
2008	6600	—	604	654
2009	8400	—	468	879
2010	10900	7900	1456	945

第二章　科普活动

1993年，确定县级科技示范户6批次905户、市级科技示范户2批次24户、省级科技示范户4批次24户。2006年1月，《缙云县创建全国科普示范县实施方案》出台。2007年11月，缙云被中国科协命名为“全国第三批科普示范县”。至2010年，缙云县有科普示范基地国家级、省级各1个，市级4个，县级15个；省级科普示范乡镇5个、示范社区3个、示范村3个；市级示范乡镇6个、示范社区3个、示范村11个、示范学校2所；县级示范乡镇13个、示范社区6个、示范村91个、科普特色学校15所。其间，县科协印发《辣椒种植技术》《天麻栽培技术》《竹笋两用林高产技术》《科学保健》《预防疾病》《弘扬科学　破除迷信》等科普书籍。

第一节　科学知识宣传

社区科普

2006年开始，五云镇社区建立科普组织，设置科普画廊、科普图书室，先后开展创建科普社区、科普楼道活动，举行老年健康、计划生育、环境保护、崇尚科学、反对邪教等科学普及教育活动，邀请科普报告团举办科技报告会。2007年，县科普活动中心建立，配置科普图书室、科普阅览室、科普展览厅、科普放映厅和多媒体教室。2007年2月，省、市、县联合举办的科技文化卫生下乡活动在新建镇举行。

青少年科普

1993—2010年，县科协与县青少年科技辅导员协会在全县中小学每年开展青少年科技创新、科技小论文、科技小作品、电子制作、信息科学评选活动，中小学生获国家、省、市科协组织的知识竞赛、小发明、小创作奖2896人次。

2006年开始，全县多数中小学设立科技节。2007年，组织“科普大篷车”进校园活动；至2010年，有60所中小学开展“科普大篷车”活动。

公务员科普

2002—2007年，县科协先后邀请中国科学院院士何祚庥等4位专家对机关事业单位干部、职工进行“科技进步与先进生产力”“生物工程在改变文明的生活”“新农村建设”“努力提高自主创新能力，增强知识产权保护意识”等科普讲座。2000—2010年，向行政事业单位在职人员发放科普读物3500册。2006年、2007年，每年举办县部门分管领导科技培训班。

第二节　实用技术推广

示范推广

1993年以后，实用技术推广以科技示范单位或基地为平台，由科技示范户、科技致富能手、重点专业户参与，主要是通过粮食、蔬菜、林果、养殖等技术的示范，推广先进实用技术。县科协和农业部门牵线搭桥，引进优质新品种，或与研究所、大专院校合作，聘请专家进行业务培训，提升示范户技术推广能力。同时，以管理示范、品种示范、技术示范的形式，普及农业新品种、新技术、新成果，传播农业生产信息和先进管理方法，推动全县农业增效、农民增收和产业结构调整。2005年，县科协向科技示范户赠送农业科技书籍3000多册。

2006—2009年缙云县科普示范单位情况一览表

表26-2-1

单位	等级	命名机关	命名时间
新建镇、新建镇河阳村	市级	市科协	2006.10
东方镇、五云镇官店村、五云镇新城社区	省级	省科协	2006.12
五云镇、壶镇镇、新建镇、舒洪镇、前路乡、壶镇镇高潮村、五云镇双龙村、新建镇笕川村、舒洪镇岭口村、前路乡南弄村、五云镇朝晖社区、五云镇水南社区	市级	市科协	2007.6
五云镇、壶镇镇、新建镇、五云镇双龙村、五云镇朝晖社区	省级	省科协	2007.12
缙云县	国家级	中国科协	2007.12
新碧农管处上小溪村、三溪乡后吴村	市级	市科协	2008.11
三溪乡后吴村、五云镇水南社区	省级	省科协	2008.12
大洋镇	省级	省科协	2009.11
大洋镇	市级	市科协	2009.12

农业技术推广

1991年，中国农业函授大学缙云县分校成立，招收学员50人，之后逐年增加。1993年，分校有兼职教师26人，实习基地11个。开设果蔬、茶叶、食用菌等专业，学制为1年。

2006年以后，邀请中国茶叶研究所、中国林科院、省农科院专家，通过农村远程教育网和乡镇科技培训中心对农民进行蚕桑、茶叶、果树等种养技术培训共计36场3000余人次。邀请浙江大学、省农科院有关专家、科技特派员开展家禽养殖、疾病防治、禽产品加工等技术培训；组织编写《家禽规范化养殖技术手册》《家禽规模养殖场建设规范》等资料。

科技特派员项目推广

2003年开始，省、市、县三级科技特派员进驻缙云有关乡镇，示范推广科技项目129个，引进种养新品种332个、新技术152项，培育茶叶、蔬菜、养殖示范户956户，建示范基地571.1公顷。

2005年7月起，中国农科院茶叶研究所研究员白堃元派驻缙云县，指导制订《缙云县茶叶产业规划》，推广中国农科院茶叶研究所培育的中茶108、中茶102等茶树新品种，同时缙云黄茶得到培育，累计推广面积670多公顷，新增产值约0.7亿元；指导制订仙都笋峰茶的“加工技术”“产地环境”“苗木及栽培技术”3个地方标准，获自主知识产权；主持省级农业成果转化项目“仙都笋峰茶新型加工工艺集成与应用”节能节工50%；举办茶园覆盖、微生物农药等新技术培训班20多期。

第三章 科技组织与队伍

缙云县科学技术委员会（简称“县科委”）是县政府主管科学技术的综合职能部门。2001年1月，县科委更名为缙云县科学技术局（简称“县科技局”）。2010年，县科技局内设机构有办公室、综合科、计划科、专利管理科，行政编制10人。2006年6月，农村能源工作职能划归县农业局。2008年9月，县科技局在综合科增挂的知识产权办公室更名并分设为专利管理科。缙云县科学技术协会（简称“县科协”）是全县科技工作者的群众团体，是党和政府联系科技工作者的桥梁和纽带。随着“科教兴县”战略的实施，传统产业改造提升，经济转型升级，全县科技队伍不断壮大，2010年年末，全县有各类专业技术人员2.27万人。

第一节 科技组织

县科协

由县级学会、协会、研究会、乡镇科协、企业科协组成。2010年，县级学会（协会）24个，会员2900多人；全县各级科协组织有会员13500余人。

乡镇科协

1993年，有会员1000多人；2010年，有会员7000多人。另有农村专业协会200多个。

农技推广组织

2010 年，在县农业、林业、畜牧等部门内设县农作物、植保土肥、水产、林业果木、植物森林检疫、蚕桑、畜牧兽医 7 个县级农业技术推广服务组织。

农村专业技术协会

2010 年，全县农村专业技术协会中，缙云县蜂业技术协会会员 110 人、缙云县食用菌产销技术学会会员 148 人、缙云县大洋果蔬协会会员 189 人、缙云县蚕桑技术协会会员 54 人、缙云县农村科普宣传协会会员 55 人、缙云县来料加工技术协会会员 55 人、缙云县香菇专业技术协会会员 28 人、缙云县麻鸭养殖技术协会会员 62 人。

第二节　科技队伍

管理队伍

1993 年以来，县委、县政府设有县科技工作领导小组，办公室设在县科技局。乡镇政府设有科技工作领导小组，设有分管科技工作副乡（镇）长。

科技人才

1992 年，全县有科技人员 2400 余人，其中获专业技术任职资格 2091 人。至 2010 年，有各类科技人员 2.27 万人，其中专业技术人才 7183 人、经营管理人才 2978 人、技能人才 4142 人、农村实用人才 8364 人。中级职称以上专业技术人员从 1998 年的 1666 人增至 2010 年的 5783 人。

科技特派员

2003 年开始，省、市、县三级科技特派员先后进驻各乡镇。至 2010 年，省级科技特派员在缙云有五批 37 人次，每批 3 ～ 11 人，市级科技特派员在缙云有 3 批 20 人次，每批 5 ～ 8 人次，帮助乡镇开展农村科技工作。

农民专业技术人员

全县具有技术职称的农民专业技术人员，1998 年 2389 人、1999 年 2431 人、2010 年 4481 人。2010 年，高级农民技师 18 人、农民技师 608 人、助理农民技师 710 人、农民技术员 2958 人、助理农民技术员 187 人，其中女农民技术员 123 人。

第二十七篇　文　化

1993—2010年，缙云县文化事业在计划与市场的双重推动下加快发展。文化设施不断完善，县文化馆、博物馆、体育培训中心相继建成并投入使用；乡镇文化站、社区文化室、农村文体场所、中小学校图书馆等覆盖城乡的公共文化服务设施逐渐建成。文化活动载体增多，形式愈显多样化，电视逐步普及，录像放映、电子游戏、网吧、卡拉OK，广场舞、乡村春晚等新型文化活动形式兴起。

2001年9月，县文化局、体育事业发展局、广播电视局组建为缙云县文化体育广播电视局（简称“县文体广电局”）。2004年3月，缙云县新闻发展中心成立。2005年4月，分设县文化广电新闻出版局（简称“县文广新局”）和县体育事业发展局，两个局实行合署办公，履行文化、广播、电视、新闻、出版、体育等管理职能。

2010年，县文广新局（体育局）内设办公室、人事教育科、社会文化科（文物科）、广播电视科、文化市场管理科、新闻出版科、体育科，在职人员98人。下属机构有县文化馆、图书馆、博物馆、文化市场行政执法大队、体育培训中心、非物质文化遗产保护中心、电影公司。乡镇（农管处）设文化站。

1996年9月，缙云县档案局与县档案馆合并，县志办公室更名为县地方志办公室，三家合署办公，为县政府直属正科级事业单位。2008年10月，缙云县档案局、档案馆、地方志办公室列入参照公务员管理范围，为县委、县政府直属正科级参照公务员管理单位。

第一章 群众文化

1993—2010年，缙云县群众文化依托公益性场所和民间文化组织，发挥广大群众投身文化活动的积极性，卡拉OK、广场舞、乡村春晚、婺剧演唱等多种文化娱乐活动活跃，艺术展演频繁。

乡镇文化站立足农村，服务群众，集图书阅览、文艺培训、科技推广、体育健身于一体，组织和辅导节庆文艺演出，培育乡村特色文化，搜集和整理民间文化艺术遗产，指导村文化室和农民文化示范户开展文化及体育健身活动。2010年，有10人以上村级文艺表演队和兴趣小组685个。1993—2010年，全县共修编宗谱193部。

第一节 场馆和设施

1993年以来，群众文化活动场所扩大，配套设施逐步完善。至2010年，全县18个乡镇文化站完成站舍建设。其中新建综合文化站、壶镇综合文化站建筑面积均在1500平方米以上，其余乡镇文化站建筑面积为500平方米以上。全县建有村级文化活动室384个、文化示范户172家。民间有河阳剪纸陈列室、石文化陈列室、根雕悬雕陈列室等。2006年，县电影公司引进数字电影放映机，推出社区、乡村、校园专场流动影院。2010年，全县有数字放映机14台、农村放映队8个，“文化下乡”放映电影5800场次，为71所中小学校放映263场。

缙云县文化馆

为公益性事业单位。主要从事组织和辅导群众文化艺术活动，培训文艺骨干，指导乡镇、社区文化站（室）工作。2001年，馆址从县城城隍山迁至黄龙路48号。馆舍面积6642平方米，内设戏剧曲艺室、声乐室、器乐室、美术书法室、图书阅览室、摄影摄像室、艺术长廊、多功能厅等。

图27-1-1 缙云县文化馆（2008年摄）

图27-1-2 缙云县博物馆（2002年摄）

缙云县博物馆

为公益性事业单位。2002 年，馆址从城隍山迁至黄龙路 140 号。占地面积 5375 平方米，建筑面积 3780 平方米，其中展厅 6 个，面积 1570 平方米。馆内设有综合陈列展、历史文物展、专题陈列展三个展厅。2004 年 10 月 22 日，专题陈列展“李震坚艺术馆”开馆。2008 年 1 月，举办首届仙都奇石展。

缙云县图书馆

为公益性事业单位。1997 年年底，从城隍山迁至溪滨南路 45 号，馆舍面积 1540 平方米。内设图书外借、报刊阅览、少儿借阅、电子阅览等场所，书库分为资料书库、古籍书库、地方文献室。1999 年起，馆内图书文献采用计算机管理。2004 年，被评为国家二级公共图书馆。2007 年以后，纳入全国文化信息资源共享网络；图书流通配送中心建立，下设 18 个乡镇图书流通分中心；每年“文化下乡”赠送基层书籍近万册。2010 年，收藏书刊 16 万册，其中古籍 7000 册、地方文献 1500 册。缙云县图书馆网站开通，可上网搜索馆藏书刊、查看信息及预约借书。

电影院

1993 年以后，电影市场逐步衰落，全县 3 家国有电影院先后转业或歇业。

缙云电影院　位于县城溪滨南路 1 号。1986 年 12 月建成，为当时缙云县首个超 100 万元工程。由同济大学设计，曾获全国影剧院设计竞赛三等奖，建设部推荐参加国际建筑博览会展。占地面积 3000 平方米，建筑面积 2329 平方米。钢筋混凝土条石结构，墙体和内壁用缙云本地的青、红、紫三色凝灰岩砌成。观众厅作不对称设计，设单角楼座。设甲座 748 个、乙座 250 个。1994 年，影院围墙拆除，增建录像厅、歌舞厅、电子游艺厅、商店、餐厅，实行多种经营。

壶镇电影院　位于壶镇镇溪东北路 30 号，占地面积 2000 平方米。1984 年 9 月开业。1995 年，经工商部门注册登记转为市场化经营。

新建电影院　位于新建镇新溪路 258 号，占地面积 1100 平方米，建筑面积 983 平方米。1985 年开业，配备松花江 5502 型 35 毫米座机，采用 3000 瓦氙灯光源。2000 年歇业。

第二节　文化活动

群众文化活动形式多样，多以群众自发参与，自行组织，政府参与引导与管理，围绕重大节日、任务主题，组织县内各类文艺演出，参与上级组织的文艺会演。

文艺活动

1993 年以来，每逢中国共产党、中华人民共和国成立等重大节日，全县城乡大多举行文艺庆祝活动；同时，围绕县委、县政府中心工作组织专题文艺宣传会演。至 2010 年，县级组织节庆文艺晚会、主题文艺晚会等共 41 场。其中，文艺晚会 16 场，主要有：1994 年的庆祝中华人民共和国成立 45 周年文艺晚会，1996 年的庆祝中国共产党成立 75 周年暨红军长征 60 周年文艺晚会，2007 年的庆祝中国共产党成立 86 周年暨香港回归 10 周年文艺晚会，2009 年的“辉煌的成就——庆祝中华人民共和国成立 60 周年”文艺会演暨迎国庆文艺晚会、己丑（2009）公祭轩辕黄帝大典暨旅游文化节迎宾晚会。各种文艺会演、巡演和演出 9 场，主要有：2005 年的“清风颂”党风廉政建设文艺演出，2007 年的重阳节公祭黄帝大典民间文艺演出。各种大赛 6 场，主要有：2001 年的“仙都杯”农民卡拉 OK 大奖赛，2008 年的首届业余婺剧传统唱腔及器乐婺剧比赛，2010 年的“劳动者”之歌歌咏比赛。其间，举办音乐会、艺术节、送戏下乡、民间表演等活动共 10 场。

参演与获奖

1994—2010 年，全县参加市级以上文艺演出、民间文化活动获奖节目共 48 个次。主要有：《幡旗猎猎》《钢叉飞舞》《台狮迎祥》《老鼠娶亲》《杨门女将》《仙都竹马》《姑娘，你迟到了》《狄龙案》等；还有剪纸《太白回书》《感恩亭》获文化部“中国民间艺术一绝大展”证书。

1996—2010 年缙云县在省级以上文艺演出获奖情况一览表

表 27-1-1

年份	举办单位	参演节目（作品）	奖项	演出名称
1996	省教育厅	音乐《民乐合奏》	三等奖	省教育系统首届艺术节
2002	省文化厅	舞蹈《钢叉飞舞》	第三名	第三届吴山广场文化展演
2002	中国文联音舞协会	舞蹈《跳动的蓝白》	一等奖	首届全国小童星艺术人才评选
2003	省文化厅	舞蹈《钢叉舞》	参赛奖	全国第十三届“群星奖”浙江广场民间舞蹈选拔赛
2006		舞蹈《钢叉舞》	优秀表演奖	首届民间艺术节暨第七届广场文化艺术节
2007		音乐《婺剧音乐》	金奖	省婺剧展演
		剧目《相国恨》	银奖	
		折子戏《牡丹对课》	金奖	
		折子戏《雪里梅》	银奖	
2007		陶鹤《姐妹易嫁》 刘慧芳《樊梨花》唱段	金奖	省婺剧展演票友决赛
		马小敏《洪苏绣》 孙碧芬《双阳公主》 陈淑英《程婴救孤》 林维标《辕门斩子》唱段	银奖	
		婺剧音乐《女宫二簧》	铜奖	浙江省第四届民乐大赛
2008		剧目《程婴救孤》	金奖	浙江省婺剧精品比赛
		舞蹈《邢坑是个好地方》	三等奖	省文化展演
2009		现代小戏《深山铺路人》	三等奖	省现代小戏创作比赛
		器乐《白鹤迎宾》	特别奖	浙江省首届艺术团文艺汇演暨浙江省民族民间乐团（队）比赛
		器乐《二泉映月》	金奖	
		舞蹈《竹林书风》	二等奖	第二届浙江省“千镇万村种文化”展演活动
2010		舞蹈《钢叉舞》	优秀表演奖	第五届浙江省非物质文化遗产节“浙江传统表演艺术绝技绝艺展演”
		小品《雨过天晴》	二等奖	浙江省戏剧小品邀请赛
		音舞快板《说安全》	三等奖	浙江省职工安全文艺会演

节会文化

缙云民间传统节庆案会以祭祀、迎神为主。主要案会有农历正月初八壶镇镇宫前村的迎包公庙会、农历二月初七壶镇镇唐市村的赵金龙庙会等 20 多个。1993 年以后，各村较流行的正月十五迎龙灯，有的提前在正月初开始，活动时间也在延长；其间，有关部门采取申办审批及禁止进县城的规定后，迎龙灯活动逐步减少乃至自行停止。1998 年开始，每年清明日和重阳日，在仙都黄帝祠宇举行的民祭和公祭黄帝活动，属全县性节会，为宣传仙都黄帝文化和促进仙都旅游产生重大影响。2008 年，新建镇宅基村恢复举行 60 年一次的戊子烟火节。2010 年，新举办的节会有：首届仙都（溶江）腊月风情节、官店村首届文化艺术节。另外，校园艺术节在此期间兴起，1993—2010 年，缙云中学举行第 6—24 届“好溪之春”艺术节，县教师进修学校连续举行 14 届“师校之春”艺术节。

第二章　文学艺术

1993—2010 年，全县摄影创作及获奖数量较多，民间音乐、民间舞蹈、民间戏剧研究与挖掘成果明显，并赋予新的时代内涵。

第一节　文学

1993—2010 年，缙云文学刊物和在缙作家作品主要有：1994 年，《仙都古今诗词选》出版。1996 年 2 月，《仙都》文学理事会成立；3 月，《仙都》文学刊物发行。1997 年 7 月，周锦飞创作的报告文学《好溪儿女》，由中国广播电视出版社出版，列入丽水地区“五个一”工程。2001 年 3 月，周锦飞创作的报告文学集《走近新世纪·人生与弄潮》，由中国文艺出版社出版。2004 年 1 月，陈福亮编撰的《风雨茅庐——郁达夫大传》，由中国广播电视出版社出版。2006 年 5 月，潘卫华散文集《华丽的孤独》，由浙江文艺出版社出版。2010 年，县文联创办的《缙云文学》出刊。

2002 年 6 月，周子琴诗作《寻诗》获北京《联合文艺报》全国乡土文学大赛诗歌类二等奖。2003 年 3 月，项一中的电视散文《绿谷之魂》获第五届全国优秀电视文艺“中国广播电视系统最高级专家奖”银奖、最佳撰稿奖。

第二节　音乐

境域音乐多为道曲、民乐和戏曲。其中，道曲常见于道场法事和祭典场合，民乐主要是流传缙云民间的丝竹锣鼓，戏曲为婺剧曲调。清时，缙云民间乐队有靖岳友义会、胪膛和东方永义会、新建拾庆会等。

道教音乐

道教音乐用以沟通天地神人，烘托、渲染道教仪式的庄严肃穆氛围。缙云道教科仪全程贯穿演唱吟诵和器乐演奏，演奏器乐为丝竹锣鼓。宫观道士功课吟唱伴奏乐队 5 ～ 7 人，由司职道士持敲击乐器引领节奏和仪程。所用乐器有：先锋、唢呐、笛子、胡琴、堂鼓、大小锣、大小钹、木鱼（或梆子）、小镲、铜铃等。

道教音乐主要用于丧事祭祀和做道场，以表示驱神赶鬼，消灾祈福，超度亡灵等。曲目有：《启师鼓》《洞中赞》《请经谒》《举天尊》《三奉请》《功德赞》《招魂谒》《祝香赞》《三皈依》《祝灯赞》《三奏请》《忏灵谒》等 80 余首。

火居道士主持的拔亡超度道场，器乐贯穿开坛、洒净、申发、破地狱（女性则破血湖）、献天、发榜、请圣、放赦、午供、拜忏、供王、奏章、放水灯、祭榜、焰口、谢佛等全过程。在音乐处理上，除“颂”“赞”“经”“谒”保留正一教的传统曲目外，也加入婺剧曲牌卜子、二凡等缙云地方戏曲和民间音乐。开场、换场和间奏，则常用花头台、大过场、小过场和双开门曲调。念唱近似戏腔，夹杂本土口音，形式有独唱、对唱、齐唱、一领众和。在发奏、开五方、进表、午朝、午供场中，运用二汉、乱弹、滩簧以及“梨膏糖”“四季歌”等民间小调。1986 年，缙云道曲《开启申法》《散花》《太上弥罗》入编《中国民族民间器乐集成·浙江·丽水分卷》。

民间音乐

缙云丝竹锣鼓　丝竹锣鼓原为乐器的统称，用于吹拉弹唱，后发展为缙云民乐的代名词。缙云丝竹锣鼓演奏有分有合，主要可分为打击乐、吹打乐、丝弦乐和丝竹锣鼓乐四种类型，其中以吹打乐和丝竹锣鼓乐最为普遍。主要应用于戏剧正本演出前花头台（俗称“闹台场”）、传统节日或迎灯、迎案及婚丧喜庆场面。丝竹锣鼓一般分为行奏和坐奏两种形式。行奏用于迎神、迎案、迎灯、迎龙、台阁踩街、游艺和送殡途中，民乐以行路调见长，打击乐、吹打乐在案会、迎灯游艺中广泛运用。21 世纪前后，丝竹锣鼓在丧事演奏中开始采用《世上只有妈妈好》《好人一生平安》等流行曲调。坐奏主要用于舞台演出，也用于佳节喜庆。

丝竹锣鼓由唢呐、堂鼓、单皮、檀板、竹梆、小鼓、三弦、竹笛、板胡、二胡、蒲胡、大胡、锣鼓钹、月琴等乐器组成，乐队人数至少 10 人。曲调融合道教音乐、缙云山歌、小调以及高腔、昆腔、徽调、乱弹、滩簧等曲牌，曲调悠扬，节奏明快，金声玉振，高亢激越，具有独特的缙云地方特色。其中，缙云蒲胡用干老蒲瓜（瓠瓜）壳做琴筒，音色沉郁，作为低音乐器，在江浙一带乡村音乐中所罕见；代表作《托牒》《长蛇脱壳》保存较完整，多流行在五云、东方一带，1994 年入编《中国民族民间器乐曲集成·浙江卷》。

图 27-2-1　1999 年缙云民间乐队表演

独角台场　旧时盲艺人以一人演奏多种乐器卖艺乞讨的表演形式。至当代视力正常人也有演奏。艺人多精通徽戏曲调、乱弹音乐，一人吹拉弹唱“闹台场”，奏出整支乐队的效果。演奏台架上下左右悬挂、摆放整堂十几种乐器。演奏时，艺人端坐台架后，左脚操控竹梆、大钹、堂鼓，右脚操控大锣、小锣、小钹，手拉科胡、京胡，口吹竹笛、先锋、大小唢呐。演奏的乐曲多为婺剧音乐“花头台”“大鼓台场”和《百寿图》《宝莲灯》等选段，还有《十杯香茶》《十二交节》《十二送郎》《八仙求》之类山歌小调及流行歌曲。表演者须为全能乐手，传承者较少。民国14年（1925）前后，新建长川村盲人周孙昌谙熟各种乐器，演奏台架装有拉线、连杆、踏板等，常年游走各村表演，名噪一时。至2010年，县域有丁钟相（盲人）、周庭均、钭春华等艺人演奏独角台场。

戏曲音乐

乐队配置 旧时乐队人数约5人，后一般15人左右。舞台演出由后台乐队伴奏，锣鼓班以纯音乐演奏。总体风格粗犷热烈，大开大合，适合群众欣赏口味。在细工曲牌中也有细腻抒情的曲式。除了打击乐器，管弦乐器主要有梨花（大唢呐）、吉子（小唢呐）、横风（竹笛）、先锋（多节长号）；丝弦乐器主要有徽胡（科胡）、板胡、二胡、月琴、三弦、中胡、大提琴，以及滩簧或高腔戏中所用的高胡。乐器分为文堂和武堂。文堂分为正吹和副吹。正吹乐器：先锋、梨花、吉子、科胡、横风（武打戏中兼战鼓或闹钹）；副吹乐器：先锋、大号筒、梨花、吉子、板胡、横风、二胡。武堂分为司鼓、三件和小锣。司鼓乐器：鼓板、檀板、小鼓、大堂鼓（兼中胡）；三件乐器：苏锣、大钹、小钹（兼弹拨、板胡）；小锣乐器：汤锣、狗叫锣（兼梆、铃、小次钹）。

锣鼓经 分表演锣鼓和唱腔锣鼓两类。剧场氛围以及人物出入、剧情起伏、场景转换、曲调衔接、节奏变化等，均以锣、鼓、钹和板式来节制、调度。

曲牌 多为戏曲和唱腔连缀而成，常用唢呐、弦乐曲牌上百个，且有“粗工”“细工”“台场曲”之分。

粗工曲牌，一般指场景音乐中的梨花曲调，用唢呐演奏，其音色热烈粗犷而显大气，故适用于出征、升帐、摆阵以及帝王将相过场等大场面。

细工曲牌，泛指乱弹、徽戏中用丝弦（丝竹）乐器演奏的曲目，许多来自苏昆和道乐，旋律或舒缓斯文，或清新明快，伴奏时可以按剧情或表演需要自由地煞板。

闹台场曲，《花台场》又称花头台，为处州乱弹、缙云徽班（婺剧）的头牌曲，最被乐人和戏迷看重。此曲充满喜感，以先锋号开导，继由横风、徽胡、吉子、梨花联奏主旋律，滚锣滚鼓高潮过后，归于祥和平静。另外还有“闹二场”音乐，即在一场戏演完第二场戏开锣前所穿插的间奏。闹二场曲牌通常有《倒春雷》《将军令》《水龙吟》《倒水龙》《花水龙》等，由梨花主奏。

现代音乐

2001年以来，缙云县音乐工作者在现代音乐创作、歌唱比赛中取得较好成绩。

县文化馆胡庆平，2001年创作的《我爱楠溪江》，获“华中杯”全国歌曲通俗赛浙江省优秀奖；2004年创作的《畲山沟》，获“北极星群英杯”全国词曲创作大赛金奖；2005年创作的歌曲《是你的爱让我这样欢乐》，获第十二届“北极星杯”金奖。

县文化馆选送的获奖音乐作品有：2003年《兵哥哥》获全国“新人才艺大赛”浙江赛区声乐类银奖；2006年《乡情甜又美》获全国词曲创作比赛银奖、《铺路石之歌》获全国词曲比赛铜奖、《等你回来》获全国《生命之歌》歌曲征集三等奖、《畲山沟》入选“金色彼岸之声”全国新人新作歌手选拔大赛规定曲目，《问渔亭》在《歌海》杂志上发表；2008年组歌《党旗颂》获“相约北京”音乐活动铜奖；2009年乐器演奏《白鹤迎宾》《二泉映月》分别获省民族民间乐团（队）大赛特别奖和金奖。

第三节　舞蹈

缙云传统舞蹈多用于案会或道教仪式活动中。

类型

境域传统舞蹈源出娱神表演，讲究仪式感，民俗风情浓郁，大多边走边舞，起始于迎神案会、道教仪式，后延伸到喜庆节日活动。相比于现代舞台艺术，特色在于它的集体性、仪式感、生活化和喜感。

迎灯舞　有龙灯舞、台阁灯舞、花灯舞、纸马灯舞。

动物道具舞　有落地狮舞、台阁狮舞、蝴蝶舞、竹马舞。

边歌边舞　有莲花、旱船、推车、腰鼓、秧歌、铜钿鞭、幡旗舞、三十六行。

罗汉舞　有罗汉阵、叠罗汉、罗汉踩街舞、罗汉耍杂舞（钢叉、刀枪、棍棒、斧钺、盾牌、拳术表演）。

面具舞　有十八狐狸、大头娃娃、猴戏通天河。

传奇故事舞　有杨门女将、哑背疯、老鼠娶亲、渔翁得利、龟鹤同春。

道教舞　有踏罡步斗、炼火（踩火）、滚灯、三元灯。

特技　有高跷、响铃车、四股叉。

重点节目

1993 年以来，随着非遗文化的重视，缙云传统舞蹈在民俗活动中仍有较多应用，并在传承中创新。东方镇文化站改编的铜钿鞭舞蹈《桑姑乐》，表演了农家女采桑的情境；七里乡文化站根据道戏“滚灯”改编的灯舞《灯庆龙年》，30 位姑娘身着上红下黄服装，每人手托两盏红灯笼穿梭起舞，喜迎龙年；东渡镇文化站根据“十八狐狸”改编为《娃娃乐》的面具舞颇具喜感。壶镇镇新范村演出的传奇故事舞蹈《老鼠娶亲》，角色较多，抬花轿、扛嫁妆，插科打诨诙谐有趣。湖川村演出的传奇故事舞蹈《杨门女将》，以婺剧角色扮相，百余男女人物穿戴铠甲头盔，手执刀枪剑戟，配以丝竹锣鼓音乐，进行踩街表演。流行于壶镇、东方、新建等地的传奇故事舞蹈《哑背风》，表演动作经过改编，采花、扑蝶、过河、望月等动作愈加诙谐逗趣，途中还有渔父、樵夫、农人、儒生轮番戏谑，全程丝竹伴奏《孟姜女》《四姐妹采花》《十月怀胎》等小调。

图 27-2-2　2007 年缙云庙会歌舞表演

第四节　曲艺

缙云曲艺因用于道场法事、庙会仪式等得以传承并发育成熟，从而成为群众喜闻乐见的文艺表演形式。

其主要遗存有鼓词、莲花落和道情等。

鼓词

鼓词表演，俗称“唱故事”，即以缙云方言说唱历史、传奇之类的故事，是盲人娱神乐人或沿街行乞时所演唱的一种表演形式。业界供奉商周武成王黄飞虎为祖师爷。作为缙云成熟最早的曲艺，明嘉靖（1522—1566）时县治北侧就设有养济院，寄居孤贫盲艺人并成立鼓词行会。民国年间，拜师学艺者须交银圆 4 ～ 8 块，从师期满后 3 年内收入孝敬师傅。

鼓词书面文本稀少，全凭艺人口传心授。主题多为宣扬因果循环，劝导世人扬善惩恶。以单人演唱为多，音乐取自民间曲调，板腔体结构。演唱时艺人自击鼓板，表、白、唱、念交替，散韵结合；以唱为主，或只唱不说；以反复、拖腔、衬词等变化手法吊人胃口。伴奏乐器是一把檀板、一面扁鼓，或一面三弦。以鼓、板击节助拍，以唱腔体现旋律。语言通俗易懂，故事生动有趣。

鼓词的主要板式为“平板”和“中板”。根据内容需要，在“平板”的基础上，通过展开、压缩、变奏等手法，派生出“清板”“骂板”“哭板”“滚板”“游板”等板式。唱调常见五声音阶“慢垛子”，多“二二三”七字句，间有“三三四”十字句，念书信、状纸则用四字句。檀板俗称“夹板”，扁鼓行话谓“月”。如演唱大本，则另加木鱼、响盏、磬及堂鼓。

中华人民共和国成立后，缙云县盲艺人鼓词队由县文化馆组织，配合时政宣传，共搜集整理传统曲目 90 多个，新编《买油为啥用粮票》《马加坑的女队长》《人老心红》《红灯记》等鼓词；恢复鼓词行会，选出东、南、西三乡共 12 个“乡头”，统管全县 70 余名从业艺人。20 世纪 50—60 年代，壶镇沈秋松、卢元基及东方镇岭头方村李买倪名声响亮，并称缙云“两面半鼓板”。1980 年以后，县文化馆曾邀请艺人施成坤、周有福、朱洪周等录制整理《朱砂记》《玉连环》《绣花球》《大香山》《双龙镯》《七封书》等曲目 80 多个，对 7 种常用板式及经典唱段进行记谱录音。进入 21 世纪，鼓词“门头唱”已罕见，“坐堂唱”屡现于民间做佛事等场所。

门头唱 乞讨艺人在东家门口卖唱，以求施舍。曲目有《十不穷》《打赌叹》《懒妇歌》《大姑娘》等。内容为送福纳吉、劝诫扬善，以逢迎主人，常掺入即兴发挥内容。广闻博记者，能绘声绘色演绎《三国演义》《水浒传》《封神演义》《隋唐演义》等话本。

坐堂唱 艺人在东家中堂坐唱，旨在酬神还愿，抚慰亡灵，故庄重肃穆，具仪式感。演唱时，东家将中堂布置成佛堂，挂对联、置香案、放供品。案桌（素台）右侧设唱座，艺人正襟危坐，左手打板，右手击鼓。曲目篇幅冗长，情节跌宕。唱本有：七日七夜本《陈十四娘娘》，六日六夜本《六美图》《天宝图》，三日三夜本《大香山》《分水珠》《双凤奇缘》，二日三夜本《九龙镯》《真容扇》《四幅罗裙》，一日一夜本《双孝女》《月幻图》《双玉鱼》，单日本《玉索带》《金钗带》《满门贤》等。

莲花落

莲花落最初由盲艺人结伴在东家门头的卖唱曲调逐渐演化而成。清后期，境域迎神案会日盛，莲花落演变成群体性活动。以化妆彩扮、方言走唱为特色，俗称“大莲花”。民国年间，东方、溶江、双溪、胡源、壶镇等地几乎村村有莲花班，参与者均为男性。中华人民共和国成立后移风易俗，开始有女性扮男装参与，后来参与者几乎为女性，并不再改装。

莲花落内容属单纯叙事说理的曲目有：《十二月花名》《十二交节》《十二采花》《十劝友》《十劝后生》《劝赌歌》《十唱古人》《当差歌》《寡妇歌》等。少数属人物情节描述的曲目有：《小方卿访姑娘》《牡丹对课》《孟姜女送寒衣》等。表演时，两队并行，两拍一步，载歌载舞。

表演形式 表演时一般为一唱一和，即一人击板演唱，一人手执长青树枝（上缀红纸莲花和铜钿串），助打节拍“窸窣”有声。标志性扮相为穿丝光蓝长布衫（或白衫黑裤配白鞋），戴红花草帽，架墨镜。常见道具有宝剑、茶壶、毛巾、粮袋、铁链、手铐。莲花落响器丰富，如大板（莲花板）、小板（七星）、鸳鸯夹、蜈蚣签、响盏、托碟、竹梆、木鱼以及铜钿鞭。其中，大板发音洪亮，击强拍，二拍一击；小板声柔清婉，击弱拍，每拍一击；其余响器在弱拍处轻击应和。

演唱特色 莲花班每班少则二十来人，多则上百人。持大板者领唱，由小板接唱，众人齐声帮腔，均用方言。曲词以二、二、三7字句为主，以两句式居多，也有4字句为一韵。每句末尾都设置衬词拉腔，如“哩啦哩”“沙腊梅”“莲花落”“落莲花”“梅花开”“海棠花”“桐子花”“牡丹花”等。踩街时分两队并行，人手一件响器。每两拍迈一步，或一领众合，或齐声吟唱高韵、低韵、平韵、沙蜡梅、海棠花等曲调。其中，平韵莲花为一实一虚，字字加衬，如“正月交节是立春，刘备结拜三弟兄”，加衬后唱成“正啦月啦交啦节啦是啦立春啦儿哎，刘啦备啦结啦拜啦三啦弟兄呐，妙来桐子花”。衬词的运用，有助于协调节奏，烘托气氛，并使旋律显得舒展。

第五节　书法　绘画

20世纪80年代，县域掀起硬笔书法热，各机关、企事业单位、中小学校硬笔书法比赛频繁。90年代初，电脑、中性圆珠笔（俗称“水笔”）的逐步普及，并先后取代蘸水钢笔、圆珠笔、自来水笔，硬笔书法的“热度”下降，除个别爱好者外，已极少书写。毛笔书法、绘画，在县域城乡各群体中爱好者有增不减，各级书（画）协组织相继成立，城镇及学校所在地均有书画培训机构。

书画展览

1996—2010年，全县举办的主要书画展有：1996年7月，缙云县庆祝中国共产党成立75周年《缙云•可爱的家乡》美术书法作品展；12月，庆祝建县1300周年美术书法展。1998年，“九八之夏”艺术下乡活动，在10余个乡镇进行书法绘画作品巡回展览。2004年3月，“缙云县乡土书画名家作品邀请展”；6月，缙籍书画家楼浩之书画展。2005年2月，“反腐倡廉”的漫画作品展。2006年2月，全县廉政书法大赛。2008年2月，“兴城杯”书法展；10月，在杭州世贸展览中心的缙云县“回望家园”油画展。2010年10月，在杭州市萧山区举行“缙云十人书画展”；至年底，加入中国书法家协会的有：马丁云、卢汝福、卢峰、李益军、胡云松、章健壮。

参展　获奖

1998—2006年，缙云参展和获奖的书画作品主要有：1998年8月，章健壮行书作品入展“第二届全浙书法大展”。2001年2月，首届“中国老年书画展”中，杨文源的《溪山行旅图》获国画类优秀奖，朱国猫的隶书作品获书法类二等奖；是年，卢峰书法获“新世纪全球华人书法大赛”铜奖。2002年8月，胡周成的国画《竹海人家》获“庆祝建军75周年”全国书画展二等奖，作品被中华慈善总会收藏。2003年，《陈瑶春书法专集》由国际统一出版社出版。2004年11月，朱国猫的六幅扇面书画作品参加“2004韩国光州国际美术博览会”中韩书画交流展；施子洲、胡周成的国画作品获浙江省老年书画研究会第四届书画大赛二等奖。2006年6月，《缙云书画》出刊。

第六节 摄影

1993—2010年，书法和摄影是缙云县较为活跃的两大艺术门类。20世纪90年代后期，数码摄影在缙云逐步兴起，摄影参与人数增多，摄影获奖作品也最多。1994年9月，浙江省摄影协会二届四次常务理事会创作会议在缙云召开。1996年12月，举办“庆祝缙云建县1300周年摄影展”。2001年6月，举办“庆祝建党80周年摄影大赛”。2002年3月，中国民俗摄影协会摄影家30余名会员到仙都景区、河阳古民居及“壬午民祭黄帝典礼”现场采风创作；9月，缙云摄影协会《中国·仙都》影集出版，入选摄影作品120多幅；11月，举办“庆祝中国共产党第十六次代表大会胜利召开摄影巡回展”。2004年8月，举办“纪念邓小平诞辰100周年书画摄影展”。2005年11月，举办“西部风情艺术摄影展”。2006年5月，《仙都摄影》创刊。2007年4月，在丽水市举办“仙都杯‘仙都风情’摄影比赛”。2010年1月，举办“‘生态缙云、和谐家园’摄影大奖赛”。

2001—2008年缙云县获全国及国际摄影比赛二等奖以上作品情况一览表

表27-2-1

年份	名称	作者	奖项
2001	渴望	朱　牧	全国首届“儿童摄影诗”大赛金奖
	中国当代农民企业家——润土	吕益华	“爱我中华”全国摄影大奖赛金奖
	今天是个好日子	李兰飞	“今日永康”全国摄影大赛银奖
	莲花宝地	李咸德	“厚吴杯”古建筑风情全国摄影大赛二等奖
2002	罪责难逃	吕益华	金盾杯“警坛风云”全国影赛银奖
	舒心的日子	李咸德	“全国爱好者”影赛“最佳作品”奖
	快乐童年		菲律宾2002年马尼拉国际影赛金奖
	危情时刻		全国乐凯“职工杯”摄影大赛银奖
	女电工		全国第五届“电业杯”摄影大赛银奖
	我给爸爸当评委	蒋　平	“学习型家庭”全国摄影比赛二等奖
2003	爷爷上网	李咸德	全国“家庭生活”摄影比赛二等奖
	双龙迎春		“春闹江南”全国摄影比赛银牌奖
	田头伴读	蒋　平	全国“家庭教育”摄影比赛二等奖
2004	荷花	李咸德	“相机大全杯”全国花卉摄影比赛二等奖
	快乐农家		“泰康杯”全国摄影比赛二等奖
	巾帼不让须眉	蒋　平	“丽人卡杯”全国影赛金奖
2005	喜在今日	李咸德	法国“欧洲杯”数码摄影比赛银奖
	说古道今		“北苑家园杯”全国摄影比赛二等奖
	国泰民安		第十届全国优秀体育摄影大赛一等奖
	欢乐之夜	樊建新	丽水国际摄影文化节摄影比赛银奖
2007	老革命父亲	朱　牧	“必胜客”全国摄影大赛组委收藏奖
	明天会更好	李咸德	香港回归十周年国际大赛银奖
	明天会更好	蒋　平	“今日中国”第二届全国摄影艺术家精品大赛二等奖

续表 27-2-1

年份	名称	作者	奖项
2008	春到江南	蒋　平	上海“春到江南”全国摄影大赛金奖
	腾龙昂首祭始祖	朱　牧	全国第四届“群艺杯”摄影展银奖
	飞雪迎春		全国群文网络摄影大赛金奖

第三章　文化市场

1993 年以后，县域文化产业门类增多，形式更趋多样化，文艺演出、图书发行、电影放映、装潢印刷等传统文化产业稳步发展；同时，录像放映、卡拉 OK、电子游戏、音像制品、网吧、电子出版物、体育彩票等现代新兴文化产品先后进入文化市场，综合性、兼容性、现代化的文化市场逐步形成。文化市场依法管理的范围涉及面更广。2010 年，全县从事文化产业经营单位有：歌舞娱乐场所 32 家、音像制品店 41 家、书报刊摊点 33 家、网吧 39 家、装潢印刷企业 97 家、游泳场馆 10 家、体育彩票代销点 31 家、影剧院 2 家、摄影图片社及艺术培训机构 20 多家，从业人员 3000 多人。1996 年，县文化市场管理办公室改为县文化市场稽查队，编制 10 人。2002 年 7 月，县文化市场稽查队更名为县文化市场稽查大队。2005 年，县文广新局内设文化市场管理科。2006 年 10 月，县文化市场稽查大队更名为县文化市场行政执法大队，同时挂县文物监察大队牌子。

第一节　文化产业

2004 年，全县文化产业经营从业人员 3300 多人，税费收入 1800 万元；电影放映 516 场次，其中电影下乡放映 400 余场。2005 年，文化产业经营从业人员 3000 余人，税费收入 800 多万元；缙云电视台数字电视开通，收视费收入 890 万元；县电影院改建成豪华型数码电影厅，放映收入 56 万元；体育彩票销售 1280 万元。2009 年，全县有文化经营单位 289 家，从业人员 2600 人，营业总收入约 3.1 亿元，利润总额 2940.7 万元。其中，总产值 500 万元以上的印刷企业 9 家，年利润总额 1446.6 万元。2010 年，全县文化产业从业人员 3500 多人，营业总收入 7.5 亿多元，税费收入 1500 多万元。

2006 年止缙云县文化产业各行业投资额企业数量营业收入从业人员一览表

表 27-3-1

行业	投资额（万元）	企业数量（家）		营业收入（万元）	从业人数（人）
		投资 200 万元以下	投资 200 万元以上		
影视业	260	52	—	156	104
印刷业	9630	100	7	16172	1472
发行业	365	35	—	300	105

续表 27-3-1

行业	投资额（万元）	企业数量（家）		营业收入（万元）	从业人数（人）
		投资200万元以下	投资200万元以上		
娱乐业	6000	113	6	4000	2610
艺术品经营	80	3	—	50	15
图书馆业	18	2	—	3	6
文物业	30	1	—	20	3
演出业	1500	30	—	3000	2400
体育业	300	24	1	750	130
合计	18183	360	14	24451	6845

全县各类文化经营单位，由1995年的164家增至2010年的285家。进入21世纪后，舞厅及卡拉OK场所、装潢印刷、职业剧团、音像制品、网吧等成为文化经营的主体。

2001—2010年缙云县部分年份文化经营单位一览表

表 27-3-2　　单位：家

年份	总计	歌舞娱乐	电子游戏	音像制品	出版物	装潢印刷复印	网吧	其他
2001	343	61	4	67	46	114	28	23
2004	326	48	4	52	32	118	35	37
2005	329	48	4	52	35	118	35	37
2009	277	16	0	34	37	101	39	50
2010	285	32	0	41	33	97	39	43

1993—2010年，全县民营职业剧团均保持22家。

第二节　文化监管

20世纪90年代，缙云县文化市场监管重点对象为演艺市场、歌舞及卡拉OK场所、游戏机、台球、音像放映、书报刊。2001年起，网吧正式纳入文化市场管理范围。

1993年以来，县文化市场行政审批制度逐步健全。县文化、公安、工商等部门对新办文化经营场所实行事前项目会审和实地审核；制定外来文化演出团体的报批条件和程序；举办经营单位法人负责人法规培训班。按照《缙云县深化完善和全面推行行政执法责任制的方案》《缙云县文化市场管理工作规程》，建立文化市场执法人员工作责任制和责任追究制，实行执法人员现场监督制度，规范文化市场行政执法工作规则。县文广新局实行《行政执法案卷评查制度》，完善内部监督制约机制。

据1995年、2001年、2002年、2005年、2008年、2010年6年统计，县文化等部门共组织检查文化经营单位、游泳场馆、漂流场所5903家次，收缴非法录像带（电子出版物）30394盒（张）、非法书刊9923册；2005年、2010年，取缔无证经营音像、出版物摊点（店）和娱乐场所108家；2003年、2005年、2008年、2010年，查处违规经营网吧（电子游戏室）171家，收缴非法电子游戏电路板420块、计算机210台。

2007年，县文化市场行政执法大队被省文化厅评为省文化市场行政执法先进集体。2008年，省文化市场执法队评定缙云县文化市场综合管理良好率98%以上。

第四章　地方戏剧

自唐中叶以来，缙云有杂耍、歌舞、巫傩、鼓词、社火等戏剧形式，有乡曲、道曲、南曲、宫曲、大曲、套曲等乐曲，并逐步形成以社火戏、香灯戏（采茶戏）为代表的比较成熟的地方戏剧。

自清中叶开始至民国时期，高腔、昆曲、乱弹、徽戏、滩簧、时调等声腔班社陆续流入县境，各种声腔和表演形式在缙云地方戏剧相互融合发展，逐步形成以徽戏为主调的地方戏剧——缙云婺剧，舞台戏艺趋向成熟。

20世纪80年代开始，缙云民间婺剧团走向县外，由季节性演出转向常年演出。1997年，县文化局牵头成立缙云县戏曲演出工作者协会，对剧团选人、分配、后备力量培养和演出市场等进行指导和规范。2006年8月，缙云县婺剧促进会成立，县政府每年下拨专项工作经费，开展缙云婺剧研究；同时出台《缙云县促进婺剧文化产业发展的若干意见》和《缙云县婺剧人才三年培育计划》。

2005年，全县开展民族民间艺术资源普查，整理出民间表演艺术6大类98个项目，民间造型艺术11大类86个项目，形成文字资料15卷、制作影像光盘116张、照片1000多张。编辑出版《缙云婺剧老艺人传统唱腔选》《缙云婺剧传统曲牌选萃》等，举办地方戏剧人才培训。2010年，“文化下乡”演出戏曲145场。

2007年，举办丽水市“绿谷之声”缙云婺剧音乐专场；纪录片《婺剧魅影》在仙都开机。2010年开始，婺剧经典唱段列入中小学音乐课程，在长坑、水南、舒洪、缙云二中等学校重点开展戏剧进校园活动；民间婺剧爱好者组建婺剧社团；是年8月13日，《丽水日报》以《山里娃京城夺冠》长篇通讯，专题报道五云镇官店村少儿民乐队的事迹。

至2010年，全县戏剧社团有：县戏剧总会、婺剧促进会、京剧票友会、越剧联谊会、松柏戏剧联谊会、仙都民乐团、处剧研究社7个。另有锣鼓班（民乐队）85个，铜管乐队68个。

第一节　戏种

灯戏

又名“香丁戏”“采茶戏”，约成形于宋代。从道教斋醮科仪中“滚灯”舞蹈脱胎而来。因“灯”“丁”谐音，成为缙云民众祈求旺族发丁的酬神歌舞。逢节庆和元宵灯会，在庙堂戏台及民宅道坛、中堂献演，或跟随打叉队、花灯队巡游于街巷门头。宋元间，受杂剧影响，灯戏开始衍生出一生一旦或一丑一旦的对手戏，后来发展成为缙云杂剧的一大分支。

清代，从赣南、闽北传入采茶调，县境灯戏班社逐渐通称“采茶班”。代表剧目有《采茶》《盘茶》《贩茶》《卖小布》《走广东》《四姐妹采花》《永乐观灯》等。演出时，多对唱或帮腔，反复若干段次，台上台下常互动。清末民初，形成半采茶半文（武）戏，常演徽戏、乱弹小戏，如《小尼姑下山》《王婆卖鸡》《投店换妻》

《武松打黑店》等。角色除原有的小生、小旦、小丑外，增加老生、老旦、花旦、彩旦、大花，称之为“八角头”。20 世纪 40 年代，缙云流行武打戏，《六国和》《马超追曹》《火烧子都》《杀僧打店》《三打祝家庄》等剧目活跃于舞台。小溪、黄碧村等村采茶班代有传人。2010 年，全县尚存传统剧目 50 多个。

旧时，西乡小溪村采茶班四年一届举行选拔演员。每届伊始，于农历十一月在全村 11 ～ 14 岁男孩中挑选演员。年底排练结束，在村中祠堂“出红台”试演。正月十五族人举行灯会，采茶班盛装参加“龙头开眼”仪式，然后登台开演。年岁稍长即退役，或留任教戏，或做乐手，身架矮小的也有蝉联多届。新川栗坑村采茶班演员选定后即行“贴灯”（以红纸签标明行当角色，贴于入选者家门）。溪南的山岭下村则让新演员到本保殿先拜神祇，后吃“木面饼”。“木面”意指厚脸皮，吃过木面饼，上台不怯场。

杂剧

缙云杂剧形成于宋元，盛于明清。早期杂剧质朴夸张，多笑戏、闹戏和美戏，少悲情苦戏。戏班行头为“一只蒲笼两只箱，两把锡刀一杆枪”，以“一桌两凳，自报家门”为固定套路。常用道具为手帕、伞、扇、大烟筒、大汤布和箩筐扁担；角色以小生、小旦、小丑为主，表演突出“丑”“跩”“笑”；器乐多吹打弹拨，少弦乐；山歌小调和道曲四平八稳，高腔、乱弹腔激昂热烈。

图 27-4-1　2010 年县火车站广场戏剧表演

缙云杂剧剧目用于祈福庆寿的有《蟠桃会》《八仙会》；描述爱情、趣事和典故传说的有《四姐妹采花》《五更里》《放牛歌》《上台歌》《送情郎》《白牡丹》《大摇船》《卖丝线》《大补缸》《大花鼓》《小花鼓》《王婆骂鸡》《拾玉镯》等。剧情大多短小精悍，寓教化于笑谑嬉戏之中。表演形式汇集大量杂耍特技，除了被徽戏、乱弹传承引用，也在大戏演出间隙作为“散出”插空闹台演出。1993—2010 年，双龙、竹余、户九、邢弄、姓汪、麻园、金竹、丹址、韩畈、栗坑、小溪、黄龙、深坑、岭头、板堰、田村、石笕、前金、湖川、西岩、石臼坑等村陆续重组杂剧班，在节庆、案会时演出。

处州乱弹

俗称“处州戏”，因丽水旧称处州而得名。清中叶，处州乱弹兴于丽水、缙云、青田一带，后渐与徽戏及松阳高腔互补相融。民国时，缙云子仙班与青田章旦班、黄庄班，碧湖林月台班、遂昌蔡和班齐名。

处州乱弹表演时，前台 15 人，称“八个白花七个旦”，即小生、正生、老生、老外、大花、二花、三花、四花（丑）；花旦、正旦、闺旦、武旦、拜堂旦、老旦、丑旦。乐队（后台）人数通常 5 ～ 7 人。早期腔调有平板（三五七）、乱弹尖、西皮、二凡、二汉、慢板心、萝卜子、芦花等。代表剧目有《一把抓》《三支箭》《七封书》《五熊镇》《九莲灯》《紫霞杯》《游龙记》《前后药茶》《前后绿镜》《前后球花》《前后日旺》等。传统特技引人入胜，轻功、矫功、武打赏心悦目。

婺剧（徽戏）

早期声腔以徽调为主，乱弹、滩簧为辅。民国年间，县境曾有吕凤台班、缙东舞台、宏广舞台、高升舞台、庆乐舞台、汉炎班等几十家职业班社。县人视处州子仙班“大联升”为缙云徽班的代表。壶镇的缙东舞台能演 72 本大戏和百余本折子戏。

清末，应凤祥、王新喜、新紫云、老玉麟等职业班社行当齐全，多属高、昆、徽并唱的三合班或兼唱乱弹的徽班。

缙云徽班尊唐明皇、叶法善为戏神。相对于金华戏，因兼蓄处州乱弹、松阳高腔而自成一派。剧目丰富，有大戏108本（徽戏72本、乱弹36本），其中传统当家戏有“四关”（《楚昭关》《虎牢关》《南唐关》《余塘关》）、“六山”（《大香山》《四平山》《罗家山》《凤凰山》《铁笼山》《两狼山》），还曾排演过外地徽班罕见的《紫霞杯》《一把抓》《黄鹤楼》等戏本。1956年，县婺剧团老艺人黄德银就曾“吐”出104本大小戏本。后因行政区划变更，丽水境内的徽戏及乱弹戏统称“婺剧”。

缙云婺剧中的三五七（平板）、二凡（二板）等乱弹腔朴野而高古，唢呐吹奏字花韵滑，唱词、念白则采用浙南官话音韵并融入方言语汇。改革开放后，缙云戏剧先后出现过百余家职业、半职业剧团。1993—2010年，全县注册登记的22个民间剧团常年巡演于周边市县及邻省乡间，在浙西南影响颇大。除了职业剧团，以徽腔徽调为主的业余剧团及锣鼓班、小唱班仍经常出现于乡村社区，成为婺剧爱好者的业余文化内容之一。

21世纪前后，缙云专业民营剧团的灯光音响、布景及乐队配置逐步融入电子元素，唱词念白由计算机视频投影替换幻灯片投影。演出场所由祠堂等处转到村会（礼）堂、露天广场。剧团配备露天广场的舞台搭建、雨棚、板凳等设施。为适应戏迷的需求，多引用普通话文字以缙云方言读音唱词、对白。

“八仙戏”为缙云婺剧每台戏第一场正本前的必演节目。俗称“叠八仙”“打八仙”“踏八仙”，属庆寿、祈福彩头戏。

缙云婺剧演出习俗，“八仙戏”前先奏“花头台”，再叠八仙以闹台“暖”场，然后上演正本剧目。旧时戏台狭小，须一字摆放三张方桌，桌前置条凳，桌上摆太师椅，“叠”成“莲台”供众神仙就位。八仙戏有文武八仙、天官八仙、九头八仙、蟠桃八仙、和合八仙、对花八仙等。按角色人物及演出规模，有大、小八仙之分。

大八仙，场面盛大而热烈，演出时间大约半小时。演员拜演众神，依次亮相，口诵吉语“国泰民安”“风调雨顺”“安康吉祥”“长命富贵”“五谷丰登”“六畜兴旺”之类，同时展示演技和行头。伴奏用昆腔曲牌，如《点绛唇》《新水令》《天下乐》《混江龙》《步步娇》《折桂令》《油葫芦》等。通常安排有蟠桃会、跳魁星、跳加官、跳财神、拜堂等章节。其中，“蟠桃会”由4位功曹先行亮相，天官奉玉帝旨催促各路神仙赴会；继由天聋地哑携文昌、周仓、关平引关公上场，福禄寿禧四星及八洞神仙随至。仙姬歌舞毕，唱赞声响彻华堂。最后是戴面具三跳送祝福：黑面“魁星”手持红朱笔，矮步紧踩；白面“加官”手持书卷，不时变换“风调雨顺”“国泰民安”等吉语；金面“财神”赵公元帅手捧金元宝，武冠垂花，大步流星。最后是“拜堂”，由生旦两人身着凤冠霞帔、官帽官衣，面向观众，欢天喜地相携行拜堂礼。

小八仙，适用于红白喜事、还愿及殿宇开光等场面，相对简陋，但生旦净末丑齐集。旧时，女寿星做寿多选“花八仙”（由七仙女给王母娘娘贺寿）。进入21世纪，壶镇一带还流行一种微型版“馄饨八仙”，差不多煮熟馄饨的时间即告谢幕。

木偶戏

亦名“傀儡戏”，俗称“木头戏”。业界供奉汉代谋士陈平为祖师爷。清末民初，每班人数4～8人，道具行头集为两箱一担。

木偶由提线、木雕偶头、笼腹、四肢和勾牌组成，高约两尺，关节灵活。一堂（副）木偶通常有24个，也有28个，以表演二十四天尊或二十八星宿。表演时，舞枪弄棒、把盏挥扇等动作变化全凭傀儡先生（提线人）手上功夫，生、旦、净、末、丑全堂词曲对白亦由其一人唱念。提线行话称“线索”，一只木偶全身约14根线。提线人在布幕后上方，右手握线板，控制木偶身段的坐、卧、仰、扑、跳、转、腾等姿态；左手提线索，操纵手足的挥、舞、握、举、跪、踢、翻等动作。乐师可演奏徽、乱、高、昆诸曲调。

木偶戏正目开演前设置的“打台”场面常见有“打五色”“抛葫芦”。打五色，即由木偶黄客佬依序舞弄大刀、铜锤、钢叉、铁棒、斧头等，手中武器变换迅速；抛葫芦，即杂耍，将一只空心木葫芦串在线上翻滚游动。民国时，境域曾有城东周村、南乡胡村和西乡河阳、洋山等多家木偶班，在祭神敬菩萨或老者祝寿、节庆场合演出，代表剧目有《夫人戏》《天宝图》《九龙鞭》《三支箭》《耕历山》《三娘教子》《正德戏凤》等。

20 世纪 80 年代，县境有长坑乡上廷坑张洪光木偶班，在城南乡隘头村桃花洞表演。2008 年前后，因班主去世而歇业；后曾由县戏剧总会出资扶持，召集艺人重组提线木偶剧团。

越剧

抗日战争时，越剧（绍兴戏）多个剧团到缙云，并滞留。大源镇小章，三溪乡后吴，胡源乡章村、胡村等村的戏剧爱好者请越剧艺人到村传授技艺，开始出现越剧演唱者，越剧在缙云逐步流行。1962 年 7 月，哈尔滨市越剧团（原建德越剧二团）返浙，省文化厅安排落户缙云，县政府接收为县属越剧团。“文化大革命”期间，越剧团与婺剧团合并，先后更名为缙云县文工团、缙云县文宣队。1979—1993 年，新建区、盘溪区、三溪乡曾兴办越剧团，招收学员排练，到外地演出。2010 年，缙云越剧联谊会成立。

附录：处州乱弹龙头班社——子仙班

梅子仙系仙都梅宅村人，工乱弹，擅徽昆。从民国 14 年（1925）开始领班“大品玉”，辗转处州各县山区演出，乡人戏称“钻山班”。后滞留松阳县，更名“大联升”，得松阳县叶村何姓富户资助一千银圆，配置文袍武靠、金线精绣、盔靴旗枪等服装、道具，成为处州乱弹龙头班社。班社重金延聘名师名角，后台有鼓板王梅桂声、正吹詹益龙；前台有大花吕凤林，小生杨坤茂、刘学成，正生杨德善，花旦章富、潘兰花，被誉为“松阳一杆枪”的名旦汤吉昌也多次搭班。演出剧目 130 多本，遂昌县城的五月会、石练的七月会以及缙云县张山寨案会都屡屡相邀。

第二节 特技

缙云杂剧粗犷热烈，常以猎奇和高难度的特技动作吸引观众，在乱弹、婺剧（徽戏）中也多有呈现。

甩佛珠

见于《僧尼会》。表演时，小和尚旋动上半身，将颈上佛珠甩转数圈后，反复向上甩离头顶，又回落肩颈。此特技称为“甩佛珠”。艺人杨德善、潘忠熊、叶仲琪、施德水的甩佛珠演技精妙。

摸烛花

《前后玉蜻蜓》中，公子申桂升病入膏肓，弥留之际神情恍惚，伸双手摸蜡烛，忽而灯熄，忽而又亮，隔时又熄，瞬间又亮。此特技称为“摸烛花”。艺人王兰旺、细宝善演此技。

纸人功

折子戏《活捉三郎》中，阎婆惜与张三郎私通，被宋江所杀。入夜，张三郎独坐书房，忽见阎婆惜幽灵潜入书房，惊惧逃避，被阎婆惜一把抓住衣领悬离地面。张三郎失魂落魄，垂头悬臂打转晃动，飘飘然若纸人。此特技称为“纸人功”。丑角王兰旺、杨德善善演此技。

双龙出海

《活捉三郎》中，张三郎被阎婆惜幽灵吓得魂不附体，鼻孔“流涕”尺余。演员登台前，将蛋清含于口中，表演时从鼻孔出入，伸缩自如。此特技称为“双龙出海”。

懒汉滚灯

剧情中，王小二好吃懒做，又染赌博恶习，妻李氏苦言相劝未果，改用“滚灯”惩戒。表演时，台上摆放方桌，上叠一长凳。王小二头顶瓷碗，瓷碗盛米，又置鸡蛋两枚，燃烛插米中，作战战兢兢状，在长凳下折腾翻滚，钻进钻出，生怕出差错挨打。此剧称为“懒汉滚灯”，作为散出（剧），剧场效果奇好，多为每个台基必演。艺人王兰旺善演此技。

尸跌

《擒史文恭》中，卢俊义将史文恭擒上梁山，绑于高台（桌上叠两张方凳）。行刑时，射来的箭都被史文恭用胡须荡开。后由花荣张弓射中要害，只见史文恭突然两眼一闭，如木段斜翻。将近落地，四名梁山好汉迅即接住。此特技称为“前僵尸跌”，因危险性过大而难得一见。艺人颜畲客、杨坤茂善演此技。

洪拳

《下河东》中宋太祖赵匡胤表演的拳路。艺人李逢林、周金宝、王兰余、吴德宝、丁鹏飞表演的洪拳功架稳健，虎虎生威，善演此技。

翻台

桌上叠凳两张，艺人站于凳上，背朝观众，做原地后空翻，此特技称为“翻台”。

挟卵

桌上叠凳两张，艺人身挟鸡蛋（卵）10枚，其中两掌各拿2枚，双肘和两腋各夹1枚，下巴和颈处夹1枚，口衔1枚，踏凳倒翻而下，轻捷落地，卵无损。此特技称为“挟卵”。艺人王兰旺善演此技。

射叉

演员站桌上，背朝观众，向台角柱投射钢叉。柱旁站两人，飞叉精准中柱。此特技称为“射叉”。

老背少

又称“哑背风（瘫）”。演员男扮女装，胸前安老翁面具，后腰装假足，表演老夫背少妻。上山行蹲式步，下山走八字步，涉水过河稳而不僵。妻子时而用手绢为丈夫揩汗，时而为丈夫打扇。随手采来的野果自己尝尝，又放到丈夫嘴里。艺人颈系连线于腹部，呼吸间，牵动老者下巴一开一合吃果子。此特技称为“老背少”。艺人汤吉昌善演此技。

两头人

与“老背少”特技相同，为1个演员扮演2个角色。假面具装在两腿之间，以足代手，表演两人洗脸、双簧、摔跤等，活灵活现。名伶吕逢林善演此技。

耍牙

演员表演时，口含数颗连线猪獠牙，由舌头和两腮肌肉控制，让三寸獠牙在嘴里嘴外上下左右翻动，人物凶猛彪悍。难度在于，演员表演时还须配合道白和演唱。此特技称为“耍牙”。艺人吕逢林善演此技。

假足翻跌

用木头削成“三寸金莲”，缚在花旦足下，再套上绣鞋，以表示古代妇女缠足。演员行走台步尚可，表演阵前交战翻跌动作，则难度甚大。此特技称为“假足翻跌”。名旦汤吉昌在《穆桂英挂帅》中扮演穆桂英善演此技。

翻九楼

又称“吊九楼”或“翻九台”。在空旷地上，9张八仙桌竖叠，四角（桌脚）绑竹竿为柱，顶置小方桌。演员逐层翻腾而上，至顶层悬挂写着吉语的长条红绸布；继而做转圈磨豆腐、金鸡独立、鲲鹏展翅、童子拜观音等造型，完后逐层下翻返回。此特技称为“翻九楼”。多见于庙会斗台场面或道教开天门仪式。

第三节　戏俗班规

缙云地方戏剧在发展过程中，根据自身的特点，形成一系列比较固定的表演习俗。戏剧表演团体也有一套约定俗成的规则。

缙云习俗遇大事、喜事、吉事，均以剧团演戏助兴。每台戏第一场正本开演前，必先奏乐闹台场，然后叠八仙。全体演员亮相时，“戏头”（雇请戏班演戏的组织人）或主家奉上利市、糖果、香烟，演职员因受礼遇而愈加卖力。戏班食宿，一般安排在祠堂、社屋，也有分散到各家各户。若户主接待生旦名角或琴师，则全家老小引以为豪，献足殷勤。

戏俗

祭台　新戏台落成须有“开台除煞”的习俗。祭台时，先由“红面关公”手提大刀绕台挥舞，然后在台中央宰杀雄鸡，抹鸡血染台柱。年关上演平安戏，尾场谢幕后，由关公或包拯、赵玄坛等花脸人物登场，刀挑鞭炮，挥舞驱赶鬼魅，谓“扫台驱邪”。

敬神　县俗演戏讲究人神共娱。每逢酬神还愿或神主诞日，信众除了上殿进香，以三牲五谷摆供外，还会请“神”看戏。一般正对村庙搭建戏台，敞开庙门。或由艺人彩扮上妆迎神，将神龛供于戏台前观众席。

写戏　戏头与戏班签订的合约，称“写戏”。旧时，一村或相邻几个村有“戏头”数人，负责筹资，每年轮流承办。年关平安戏多采用写戏方式。21世纪前后，“写戏”经纪人开始出现，专门从事剧团与演出市场的对接签约，从中抽取中介服务费。

接班　戏班演出结束转台时，下一个演出村派人员帮助戏班搬运行头，称“接班”。村人多以戏箱轻重判断戏班实力，有的草台班投其所好，暗将砖块压箱底。

禁忌　戏班每到一地，在同个台基不演过月戏；演出日数只单不双，双日数谓做“夹板戏”，不吉利。凡剧中有开弓射箭场景，犯有“将军箭”关煞的小孩，父母急捂其双眼不让看。剧中有含冤行乞者，观众不得嬉笑闲话，可向台上掷钱物以示怜悯行善。正月多演吉祥戏，演员动作失误会遭罚戏（加演）；剧中反派人物如与主人家同姓或有碍祖宗体面者忌演，如曹姓忌《捉放曹》，严姓忌《打严嵩》，马姓忌《夜战马超》，蔡姓忌《关公扫台》等。演戏期间遇村人办丧事，戏班须等待出殡后才可离村。

品会场 遇大型迎神案会或喜庆场面，多半会聚集多个戏班“斗台品（拼）戏”或轮番演出，俗称“品会场”。20世纪30年代，逢农历十月半县城隍庙会，通常有数家戏班会串，每三夜换一班，持续个把月。1998年《五云云塘赵氏志》修竣，湖川村赵氏宗族邀请8个婺剧团“品会场”，新民村赵氏宗族也接有5个戏班斗台。入夜，两地同时施放烟花、流星，然后以礼炮为号开演。观众除县内三乡外，还有来自仙居、永康、磐安、诸暨等地。连演两日三夜，盛况空前。1998年，首届仙都文化旅游节始，火车站广场在文化旅游节期间也有多个戏班同时演出。

班规

起班 能演“三亭”“四阁”剧目的，才有资格称班。三亭即《感恩亭》《永乐亭》《万寿亭》，四阁即《九龙阁》《回龙阁》《沉香阁》《龙凤阁》。戏班在正月上旬“岁破（红砂）”树帜起班，抄录演职员名单，焚香祷告，念咒烧纸，杀鸡滴血。将名单压箱底，以“聚人心，保平安”。首场当演《桃园三结义》，以示上下齐心，情同手足，亲如兄弟。旧时，多数戏班每年正月开锣，春耕农忙散班停演。秋后聚班，十二月初停演。20世纪80年代以后，全县22个专业民间剧团年演出时间一般有10个月左右。

卜戏路 年初戏路未定，戏班以“神”指路，在戏神牌位前设案焚香祷告，然后宰杀雄鸡，丢弃案桌前任其扑腾挣扎。鸡头朝向，即为该年戏路方位。

待遇 旧时，凡起班开演的夜餐，班主分给每位角色红烧猪肉一块（约三四两）。平时演出，日食中、晚、夜三餐。若逢中秋节演出，戏班成员可分得纸壳灯笼1盏、月饼5个、豆腐1块。所发灯笼不宜借给他人。

戏班入驻新台基，班主向主家戏头领取蜡烛。通常蜡烛数量为前台5支、后台8支、盔箱5支、头箱3支、散箱3支、伙房2支、账房2支，合计28支。不管盈亏，班主须按月付给演员工资。冬至日，班主请酒。

学戏 投师学戏，学员须与班主签订契约。学戏一般40天开始“出红台”，所得戏金，抽三成交与师傅。3年期内，“生不交人，死不交尸”。之后，师傅会视家境或弟子演技，酌情收取学金。

艺人若“跳槽”，只需将雨伞抛掷到新班戏台上，即可受到护佑，原班不得干预。

男女有别 旦角不能骑坐盔箱背，男人不得翻掀旦角被铺床帐。妇人不得擅进戏台间，若进入，须点燃稻秆熏除秽气。戏班到新地演出，女旦不得捷足先行。不准抢先用膳，不准先上戏台（男旦亦同）。工资报酬旦角比其他角色稍高。

第四节　古戏台　获奖项目

缙云乡村宗祠大多建有戏台。民国时，全县曾有戏台417座。1985年普查时，存戏台251座。其中，建于明清的92座。20世纪90年代以后，电子音像、灯光技术运用到戏剧演出，古老戏台基本弃用。2010年，全县可用于戏剧演出的村会堂及影剧院舞台200多座。

1993年以来，缙云演出团体和戏曲工作者多次参与各级各类戏曲比赛演出，获多个奖项。

古戏台

缙云古戏台通常建于祠堂门厅，讲究的戏台楼伸出天井，三面凌空，上覆双飞檐歇山顶。天井、中厅及厢廊为观众席。台侧厢房用作化妆间、休息室，或存放服装道具。舞台多为四柱一间，离地约1.5米，两侧设木楼梯。台面约宽5米、深6米，三面围栏饰“卍”字纹或花果、兰卉、蝙蝠等图案，栏柱头雕刻莲花瓣或狮子。台前两侧檐柱饰雕花雀替琴枋，柱间横卧鱼鳃纹雕花月梁，台后上下门额分别镌刻或写有“出将”“入相”等字。舞台中央顶棚施藻井，除了具有拢声回音功能，亦彰显戏台建筑规格品质。藻井多八边形覆盘式（正八棱台形），双层或三层，彩绘《西厢记》《三国演义》等戏剧人物画。四周棚板饰暗八仙（神仙法器）、祥云伴凤、福禄寿喜、折枝花卉、山水等图案。其中建于明朝嘉靖年间的官店村杨氏宗祠戏台、河阳村虚竹公祠八角形戏台保存完好，具有代表性。

戏剧获奖项目

1998 年 2 月，县戏曲协会获中国剧协“98 少儿戏曲‘小梅花’荟萃浙江”选拔赛组织奖；2003 年，缙云选送的戏剧小品《铜锣声声》获首届 CCTV 全国喜剧小品电视大赛暨中国曹禺戏剧小品小戏浙江选拔赛导演一等奖、表演一等奖、创作二等奖。2004 年，县婺剧二团获省文化厅婺剧基本功大奖赛金奖，《绿谷天堂》获演唱类银奖。2006 年，小品《消费》获省第十八届戏剧小品邀请赛创作类一等奖、表演类一等奖；2007 年，省新农村业余婺剧比赛中，《花头台》《取证》获金奖，《文广比武》获特别奖，折子戏《牡丹对课》获金奖。2008 年 7 月，县婺剧促进会选送的婺剧节目获省第三届十大城市戏曲演唱联赛金奖。2009 年，县婺剧促进会选送的《取证》获省婺剧题材小戏大赛特别奖；婺剧小戏《深山铺路人》剧本获省创作类比赛三等奖。2010 年 8 月，官店村少儿婺剧滩簧器乐《古村戏韵》获第 4 届全国少儿曲艺大赛一等奖、园丁奖和组织奖。

第五节 职业剧团

1993 年前后，缙云婺剧团和盘溪群艺婺剧团、新建婺剧团、三溪越剧团、盘溪越剧团等公办、集体剧团相继歇业，其中部分艺人转入民间职业剧团，缙云县民营剧团兴起，演出市场活跃。至 2010 年，县内注册登记民营婺剧团体 22 个，从业人员近 1000 人。思火、志达、七弟、缙云婺剧二团等剧团演出足迹遍及浙、闽、苏 50 多个县市。各团每年演出 500 场次以上。根据 2002 年缙云县非遗办“我爱婺剧”观众跟踪调查，缙云婺剧 40 岁以上观众占观众总数的 70% ～ 75%，其中 55 岁以上观众占 40 岁以上观众的 80%，40 岁以下观众中女性观众占 70%。

剧团经营

民营剧团实行自筹资金、自愿组合、自负盈亏、自我发展机制，有个人独资、合资联办两种形式。有的剧团业主身兼团长、导演、演员、经纪人数职，每个剧团人数一般 30 人左右。分配制度按角色计酬，计酬方式既有年薪制、月薪制，也有按场计酬、按月付费等。剧团一般采用委托经纪人订戏签约的方式，各团都保有 20 本以上传统大戏和众多折子戏，一个台基演出十天半月不重复。县婺剧团、婺剧二团、小百花婺剧团、艺术中心婺剧团、县婺剧演出队多次聘请省著名导演指导排演，在乐清、温州、宁海、金华等地享有盛誉。2008 年，缙云民间婺剧团得到著名婺剧表演艺术家、国家一级演员郑兰香的肯定。

剧团选介

缙云县婺剧团 1951 年，经县文化馆审批、公安局备案；11 月 23 日，“云和剧团”成立，团长梅子仙。1952 年，云和剧团参加丽水刘祠堂背物资交流大会演出。1954 年，剧团改班主制为集体制，云和剧团改名为“拥和剧团”。1956 年，县政府接管拥和剧团，并改名为“缙云婺剧团”。时有《前后金冠》《鱼藏剑》《马武逼宫》《百寿图》《大破洪州》《奇双会》等剧目 150 多本。乐师梅桂声、麻显扬挖掘整理高、昆、乱、徽数以千计曲牌。1962 年，时任浙江省副省长冯白驹评价其为“上山下乡，艰苦朴素，为百姓服务”，把缙云婺剧团立为全省戏剧标兵。1963 年前后，改编剧目《双玉镯》《呼必显打鸾驾》《玉麒麟》《刘高抢亲》，连同《杨门女将》《碧血扬州》《潘杨讼》《三请梨花》《佘赛花》等成为剧团主打剧目。《宋江杀惜》《父子会》《马武夺魁》《断桥》《对课》《僧尼会》等折子戏列入青年演员学习传统戏的必排节目。“文化大革命”期间，与县越剧团合并，先后称县文工团、文宣队，改演样板戏、时政宣传等节目。1979年，恢复演出婺剧《三打白骨精》《小刀会》。数度参加全省调演，多名艺人获省“小百花”奖。在全省剧团考评定级中，列为省二等甲级专业剧团。1993年前后歇业。

盘溪群艺婺剧团 盘溪区公所办集体剧团。1979年12月创办，后分为一、二两个团。演出以徽戏为主兼乱弹。1986年，群艺二团携《马武夺魁》《长坂坡》到浦江参加全省农村剧团会演，以功架稳健、武功精湛和后台过硬见长，活跃于丽水、金华、台州地区各县村镇。常演剧目有《新虹霓关》《当阳救主》《明宫秋》《南界关》《回龙阁》《铡国舅》《夕阳亭》《铁丘坟》等；折子戏有《马武夺魁》《白门楼》《黄鹤楼》等。团务管理规范，订有组织、剧务、分配和奖惩规章34条，后被多个民营职业剧团借鉴。1993年前后歇业。

新建婺剧团 新建区公所办集体剧团。1979年冬，首期招收学员20名，基础训练20多天，即开始排练《春草闯堂》《乔老爷上轿》《三女抢牌》剧目。次年大年初二，首演于双川乡陈宕村，一鸣惊人；后到丽水城郊、雅溪一带演出；三月回缙，在县城献演6场，均爆满，从此戏路畅通。1984年，《智亭山》获丽水地区戏剧会演金奖，《黄飞虎反三关》获省文艺会演金奖。常演剧目有《佘赛花》《黄金印》《奇双会》《狄杨合兵》等18本，创编剧目有《智亭山》《董宣》。1993年前后歇业。

三溪越剧团 三溪公社办集体剧团。创建于1981年2月，时聘新昌县等外地演员3人，招收本地男女青年16人。初期设备简陋，服装只有一担纸板箱，人称“纸板箱剧团”。边演出边招生，服装道具器材不断充实。《盘夫索夫》《泪洒相思地》《三篙恨》等剧目龙套匀称，主角突出。采用专业剧团演出本和音乐曲谱，唱腔流派中规中矩。除在壶镇、新建、盘溪各区巡演外，还到过丽水、云和、仙居、永嘉等地演出。《双凤冤》《真假太子》《玉蜻蜓》《孟姜女》等剧红极一时。1993年前后歇业。

盘溪越剧团 盘溪区公所办集体剧团。1979年冬，首期招收56名学员，邀请名师，40天内排出古装戏《沉香扇》。1980年春节以后，即自担戏箱行李巡演40多个山村。因经济困难，购买零头布自制衫袄，利用区委积存锦旗改做小衣彩裤。下乡时，每人挎一竹篮存放头饰、脂粉。起初，演员工资低微，收入主要用于添置行头道具。两年后初具规模，置有整套灯光扩音设备，宫廷戏《打金枝》《三看御妹》，武打戏《十一郎》所需的蟒、靠、衫、裙和凤冠霞帔具备。先后上演《空印盒》《云中落绣鞋》《血溅乌纱》等10多本古装大戏。根据蒲松龄《聊斋志异》题材创编的《恒娘》，在临海、乐清、黄岩一带引起轰动，成为“开炮戏”“吃饭戏”。1993年前后歇业。

思火婺剧团 属个体民营剧团。法人李思火，出生于新建镇丹址村戏剧世家。2000年组建村文化礼堂，首演《孟姜女》。几年后，剧团的舞台设备渐趋高档，演职员阵容日益齐整。曾获浙江省地方戏会演金奖、浙江省民营文艺表演团体金奖。金华市新昌桥村每年都会邀其连演12场。至2010年，足迹遍及县境各乡镇和省内多数县市，远至江西省。年均演戏660场，观众150多万人，毛收入500多万元，主角最高年薪超过20万元。

附录：缙云戏剧沿革

缙云民间戏剧的最初样式推测为宋代的灯戏。时由童子列队，手执灯笼，载歌载舞，娱人悦神，旨在发丁旺族。南宋年间，融乐舞、歌唱、调笑、杂耍、武术于一体的北方杂剧流入浙江。灯戏受其影响，表演形式随之“杂”化，娱乐、喜剧元素增加。

元明时期，“杂剧”一词逐渐成为乡土彩戏的时髦称谓。由于开始有扮演人物，演绎故事情节，穿插丑角杂耍和插科打诨等，戏剧雏形初具。明末清初，随着城隍、陈十四和胡公、关公等迎神案会兴起，城乡各地衍生出锣鼓会、小唱班、道士班、莲花班等。同期，境域戏班除了杂剧班、小唱班，还出现一种半职业性质的“路头戏”。由父子、叔伯老少五至七人搭班，以说唱、杂耍、武术等曲艺形式在村头、市坛设场卖艺。

清中叶，高腔、昆曲、徽戏、乱弹、滩簧各路声腔交流频繁，并逐渐融入杂剧，职业班社应运而生。同治（1862—1874）年间，南乡前村村、陈家下村杂剧班即远到闽北“讨生活”。胡村班在处州府丽阳殿演出时，遭太平军烧毁全堂道具行头。光绪（1875—1908）末年，蟠龙村戏班曾养马以运送戏箱道具。稍后，缙云又有应凤祥、王新喜、新紫云、老玉麟等知名班社，在剧种上，多属高、昆、徽并唱的三合班或兼唱乱弹的徽班。胪膛、靖岳一带盛行南戏昆山腔，最多时拥有17个小唱班或半职业“草昆”班。1985年前后，壶镇金竹村朱姓祠堂厢房板壁还留有“宣统辛亥年五月十三至十五演出《佳期》《拷红》《训子》《单刀》《桂花亭》《方天云》”的做戏告示。

清后期至民国年间，城镇戏曲社团主要有五云的仿韵社、农乐社，新建的聚庆会、拾庆会，靖岳的友义会、乐义会以及东方、胪膛的永义会等。东方村金旭坤（1872—1954）、胪膛村蒋子文（1894—1954）、官店村应汉波（1901—1976）演奏技艺名噪一时。民国2年（1913），壶镇吕希照父子创办“吕凤台班”；民国12年（1923），壶镇吕学联创办“缙东舞台”，能演72本大戏和100多出折子戏。之后又有安岭（仙居县）的“汉焱班”、南乡虞梅汉和王保堂的“胡村班”、壶镇应庄吕土樵的“宏广舞台”等，前后共出现过33个职业班社。从民国14年（1925）至1950年年初，梅宅梅子仙领班“大品玉”“大联升”辗转处、婺、温一带，兼擅乱弹、徽戏，为处州戏之翘楚。同期，境域百户以上的村庄几乎都有戏台和锣鼓会，农闲时，演唱高腔、昆曲和徽戏、乱弹以愉悦邻里。

抗日战争爆发，社戏及演艺风尚因时而变。民国27年（1938），五云青年抗敌剧团在城隍庙、槐花庙演出话剧《保卫卢沟桥》和京剧《武家坡》等，后又排演《失大同》《复仇》《杭江饭店》《大浙江》《赵老二全家抗战》《太阳旗下》等剧。1939年5月，为抗日将士捐募寒衣举行义演。私立仙都中学、五云小学、官店村、维新小学组织演出队，排练抗日剧目《大义灭亲》《放下你的鞭子》《顺民》等。三溪乡师生利用假期，排演过《阿富诱敌》《木兰从军》。民国33年（1944），县城师生组建青年剧社，排演《雷雨》《午夜》等剧。在此前后，绍兴戏（越剧）班社“群芳舞台”“鲁家班”“天然舞台”等陆续从沦陷区迁徙至浙南山区，滞留缙云并演出过《倪凤扇茶》《龙凤锁》《孟丽君》《盘夫索夫》《秦香莲》《碧玉簪》《沉香扇》《狸猫换太子》等50余本剧目。抗日战争胜利之初，有小章、三溪、章胡村等三四十个村锣鼓会一度延师学演男子越剧。1948年前后，“大联升”“缙东”“宏广”等职业班社偃旗息鼓，全县尚存农村业余剧团91个。

1951年11月，班主梅子仙承头成立“云和剧团”，融徽、乱、高、昆于一体，恢复排演古装戏。后由政府接管，易名“缙云婺剧团”。有《前后金冠》《鱼藏剑》《马武逼宫》《百寿图》《大破洪州》《奇双会》等150多本剧目，乐师梅桂声、麻显扬挖掘整理高、昆、乱、徽数以千计曲牌。1962年7月，哈尔滨市越剧团（原建德越剧二团）返浙，省文化厅安排落户缙云，成为县属越剧团，曾排演《追鱼》《孔雀东南飞》等剧。

“文化大革命”期间禁演传统戏，专业剧团改称“文工团”，与业余剧团均演出现代戏。改革开放后，缙云婺剧团恢复演出。公办民营如盘溪群艺婺剧团、新建婺剧团、三溪越剧团、盘溪越剧团相继成立，带动农村职业剧团发展。1985年前后，全县有民营职业剧团43家，农村业余剧团147家。1999年，县文化部门举办首届婺剧周调演活动，挑选整体实力较强的12家剧团，分别在五云、壶镇、新建、舒洪等9个点同时演出。2006年以后，缙云县婺剧促进会、县戏剧总会相继成立。2008年7月，中央电视台专题纪录片《中国婺剧四百年》在缙云仙都开机拍摄；同年，县戏剧总会提出挖掘杂剧、振兴“处剧”，并展开课题调研。

第五章　文化遗产

至2010年为止，全县有各级文物保护单位37处、文物保护点137处、不可移动文物点1281处。

县文化体育广播电视局，2002年12月内设文物科，下辖县博物馆；2010年内设社会文化科（文物科），下辖县博物馆、非物质文化遗产保护中心，承担境域文物的调查保护、考古发掘、研究利用、陈列展示等。

第一节　物质文化遗产

物质文化遗产，包括历史文物、历史建筑、人类文化遗址等。

文物普查

2001年8月，开展全县历史文化遗产普查。普查内容包括古文化遗址、古墓、古建筑、石刻；近现代重要史迹；旧店铺、工厂、学校、教堂等。文物征集包括手稿、古旧图书、票证、契约、文献、题词、牌匾等。2007—2009年，开展第三次全国文物普查，对全县642个行政村、1287个自然村进行田野普查。普查登录点1281处，其中，古遗址27处，古墓葬15处，古建筑760处，石窟及石刻34处，近现代重要史迹及代表性建筑442处，古村落、特色村落及工业遗址3处。收集整理古建筑（含特色村落）、古桥梁、古窑址、古矿冶、摩崖石刻、畲族文化等专题6个。

考古

1993年4月，新建镇洋山红砖厂工场发现西晋砖室墓，出土铜镜、手镯、玛瑙缀、铁剑、铁矛等文物18件。其中一号墓出土铭文砖，记有“永宁元年（301）八月十五日更立作□”“君子”字样。1995年9月，仙都玉虚宫遗址出土一批新石器时代黑陶残片和宋元时期瓦当、筒瓦、兽吻建筑构件和碗、盘、瓶瓷器等；12月，五云镇东门村南塘庵李氏家族墓葬群出土墓志18方、铜镜13枚、龙眼瓶4件、青花盖罐2个和少量银质饰件。1996年5月，在壶镇镇西山沿村采集恐龙颈椎骨化石7块，传闻已久的“西山沿一带有丰富的恐龙化石”首次得到证实。1997年，新建砖厂出土东晋虎子（残）；5月，大源镇稠门村出土唐代云龙双鹊衔绶月宫镜一枚；8月，五云镇笋川村北海洞出土宋代“金龙玉简”等文物7件。2008年6月，组织挖掘黄龙景区西晋砖室墓3座、壶镇镇李庄树叶山恐龙化石、李庄南朝墓，共采集文物20多件，其中有西晋虎子、耳杯、碗、金手镯、南朝盘口壶等，挖掘出土一具不完整的恐龙骨骼化石；10月，县博物馆从东方镇靖岳村丁永松处购入清代活字印版一组，约40盘2万余字模及部分印刷工器具。

馆藏

2003年、2004年，李震坚遗孀张雪芝向县博物馆捐赠书画（包括素描）作品104幅、李震坚生前创作用具（书、笔、砚台等）300多件（本）。

2010年，县博物馆有馆藏文物1517件。其中二级文物9件、三级文物157件。按类别分为：石器10件、陶瓷器529件、青铜器171件、玉器30件、书法108件、绘画202件、碑帖255件、刀枪13件、古籍27件、史料47件、碑刻墓志38件、工艺64件、杂项10件、革命文物13件。

唐云龙双鹊衔绶月宫镜　二级文物。直径15.1厘米，表面黝黑发亮，铜镜背边缘光素突起呈八角宝相花形，主体纹饰为古代传统图案：上部为月宫玉兔捣药；左右为双喜鹊衔绶带展翅飞往月宫；下部为一龙在波涛中腾跃，两侧饰灵芝云纹。圆形镜纽，有孔可系带。

宋鎏金铜龙　二级文物。雌雄两条均长17.25厘米。据元《仙都志》载，北宋天禧四年（1020），朝廷遣使臣至仙都黄帝祠宇祈福禳灾，投金龙玉简于金龙洞。

元青瓷水丞　二级文物。1992年在五云镇三里街村出土。大小为8.5厘米×5.5厘米，小圆口，溜肩、斜腹、锥形底，中腹到底饰有六棱形足。器身一侧为直立蛙形人，双手平放在器物肩部如扶持鱼篓。青釉匀净，釉层滋润。

清孟习欧山水图轴　二级文物。1953年五云樊氏家族（樊震初）交给政府。绢本，长167厘米，宽25厘米。作者孟习欧，字庐陵，号上河子，清雍乾年间洛阳人。工诗，善书画，时称洛阳才子。画幅古雅恬淡，远山隐约可见，中景山石凸显，溪泉潺潺，近处石板路上一老者持拐前行。着色以赭石为主加少许花青，技法主要用钩、皴、点、染等。画芯右上方行书题诗："远山明霞卧翠峰，秋云踏破一枝节。西风引入深林去，满连苔华带露浓。浓露山头秋欲嫣，岩花细草日风坠。步来只觉似飞仙，处处云边拾晚翠。晚翠疑入三岛来，晴岚层叠向人开。无心相逐白云友，移得灵芝对月栽。对月栽成丹桂树，翠崖行处是仙圃。秋风秋月同来游，不许凡人持玉斧。"落款雍正丁未（1727）四月。

李震坚国画《静·写印度人生活意趣》　纸本镜心，作于1991年。画中一印度少女低首含情，面部肤色淡雅，长发连勾带染，衣纹以勾勒为主。用书法意味写出，墨色枯湿互见。上部题款横写"静写印度人生活意趣辛未时客新加坡震坚并识"，钤有"震坚"白文印一方。

文物保护单位

缙云县物质文化遗产时间跨度为晋代到民国时期。至2010年年末，全县有全国重点文物保护单位1处、省级文物保护单位6处、省级历史文化保护区1处、市级文物保护单位1处、县级文物保护单位28处，共37处。

1989—2010年缙云县不可移动文物情况一览表

表27-5-1

<table>
<tr><th>名称</th><th>时代</th><th>类别</th><th>所在地</th><th>批次</th><th>公布时间</th><th>文物保护单位等级</th></tr>
<tr><td>仙都摩崖题记</td><td>唐至近代</td><td>摩崖石刻</td><td>五云镇仙都风景区</td><td>第五批</td><td>2001.6.25</td><td>全国重点文物保护单位</td></tr>
<tr><td>大溪滩窑址群</td><td>宋、元</td><td>古窑址</td><td>壶镇镇大溪滩村</td><td>第三批</td><td>1989.12.12</td><td rowspan="6">省级文物保护单位</td></tr>
<tr><td>九进厅</td><td>清代</td><td rowspan="2">古建筑</td><td>壶镇镇工联村</td><td rowspan="3">第四批</td><td rowspan="3">1997.8.29</td></tr>
<tr><td>白茅云衢坊</td><td>明代</td><td>前路乡白茅村</td></tr>
<tr><td>双港桥贞节坊石刻</td><td rowspan="2">清代</td><td>石刻</td><td>新建镇双港桥村</td></tr>
<tr><td>慕义桥</td><td rowspan="2">古建筑</td><td>前路乡前路村</td><td rowspan="2">第五批</td><td rowspan="2">2005.3.16</td></tr>
<tr><td>仙都石梁桥</td><td rowspan="2">明、清</td><td>五云镇仙都风景区</td></tr>
<tr><td>缙云县河阳（古建筑）</td><td>保护村</td><td>新建镇河阳村</td><td>第二批</td><td>2000.2.18</td><td>省级历史文化保护区</td></tr>
<tr><td>括苍古道</td><td>隋唐—清</td><td>古遗址</td><td>东渡镇桃花岭村</td><td>第四批</td><td>2009.9.18</td><td>市级文物保护单位</td></tr>
</table>

附录（一）：摩崖石刻选录

鼎湖峰

鼎湖峰4处。

叶清臣题刻 位于鼎湖峰脚北侧，题刻于北宋宝元二年（1039），楷书。内容为："处州独峰山铭。黄帝车辙马迹，周遍万国。丹成云起，因瑞名山。则独峰之登，固宜有是。会将漕二浙，行部栝苍。道仙都，亲访灵迹，慨然感秦汉之不自度也。驻马溪上，勒铭山阴：于黄显恩，道崇帝先。隆三迈五，功丰德全。脱履厌世，乘云上仙。丏彼飞龙，格于皇天。虐秦侈汉，鏖兵事边。流痡刻下，溺祚穷年。昭是古训，跋于岩巅。宜尔灵山，孤风岿然。宝元己卯，转运副使叶清臣。"幅大165厘米×190厘米，字径10厘米，直刻14行。第1行6字，第7行7字，第13行9字外，其余均11字。至2010年，多数字模糊勉为可读。

——叶清臣，字道卿，长洲（今江苏苏州）人，另一作乌程（今浙江吴兴）人。北宋天圣二年（1024）榜眼。

毛维瞻题刻 位于鼎湖峰南麓路后侧，题刻于北宋庆历六年（1046），楷书。内容为："转运使尚书司□（封），□（员）外郎田瑜资忠，□□括苍郡，因游□（仙）□（都）□（山），□□□溪滨，周□□既。庆历丙戌二月十三日。本□（邑）尉□（毛）维瞻谨题。"直刻7行，行7字，字径16厘米。幅大140厘米×150厘米。至2010年，字迹已模糊。

——田瑜，字资忠，河南寿安人。北宋庆历（1041—1048）年间进士。毛维瞻，衢州西安（今浙江江山）人，时任缙云县尉兼主簿，官至参知政事。

常居敬题刻 位于鼎湖峰西南壁，题刻于明万历十九年（1591），楷书。内容为："鼎湖胜迹。万历辛卯孟夏，楚人常居敬题。藩臬曾士彦、廖恒吉同游。""鼎湖胜迹"4字横写1行，字径300厘米，幅大1300厘米×350厘米，落款在下方，直刻5行，行2～6字，字径55厘米～68厘米。至2010年，字迹尚清晰。

——常居敬，字惟一，湖北省武昌人，明万历二年（1574）进士，时以太仆寺卿、右副都御史巡抚浙江。

陈从周题刻 位于鼎湖峰南麓，题刻于1981年。内容为："溪桥如带，危峰若壁"。幅大110厘米×260厘米。

——陈从周（1918—2000），原名郁文，自号梓翁，杭州人，同济大学教授。

仙水洞

重叠覆盖较多，尚有36处可辨。

孙沔题刻 位于仙水洞左上方，题刻于北宋景祐、宝元年间（1038—1039），楷书。内容为："孙沔同高遵颜、张子充至此。"直刻4行，行2～3字，字径9厘米，幅大54厘米×50厘米。至2010年，字迹尚清晰。

——孙沔，会稽（今浙江绍兴）人，北宋天禧三年（1019）进士，时以太常博士知处州。

苏舜元题刻 位于仙水洞左壁下方，题刻于北宋皇祐二年（1050），楷书。内容为："苏舜元才翁看月于是。皇祐庚寅仲夏望。"直刻4行，行4字，字径9～15厘米。幅大46厘米×56厘米。至2010年，字迹尚清晰。

——苏舜元，四川中江人，仁宗朝赐进士出身，迁殿中丞、太常博士。

沈括题刻 位于仙水洞游步道下方右侧山崖，题刻于北宋熙宁六年（1073），楷书。内容为："沈括奉使过此。黄颜、李之仪□□□"直写三行，字径15～25厘米。第一行4字，第二行2字，第三行5字，第四行2字，与"子好游"题刻重叠。至2010年，字迹模糊不清。

——沈括，浙江钱塘县（今杭州）人，字存中，北宋嘉祐年间（1056—1063）进士，科学家。

赵抃题刻 位于仙水洞偏左，下方小水池左边。题刻于北宋元丰三年（1080），楷书。内容为："大资政少保致仕，三衢赵抃阅道游。男屼侍，毛维章预。元丰庚申仲冬十三日。”直刻4行，第一至第三行各7字，第四行9字，字径4～8厘米。幅大30厘米×52厘米。至2010年，字迹模糊。

——赵抃，字阅通，北宋西安（今浙江衢州市）人，景祐元年（1034）进士，官殿中侍御史。

赵性夫题刻 位于仙水洞右壁洞口，题刻于南宋淳祐六年（1246），楷书。内容为：“玉柱峰，旧传上有鼎湖，黄帝飞升所也。淳祐丙午清明前三日，乌石赵性夫因行部经从，偕霅川顾岩、天台罗昞、四明汪元春同登斯洞。泓泉如玉，瀹茗酌之，香味俱永，神骨顿清。形虽留而足将举，凭虚西望，云师雨伯，苟如约焉。我辈当乘之而去，必不作堕髯人也，姑发一哂云。”直刻8行，行8～14字不等，字径10厘米。幅大100厘米×160厘米。至2010年，字迹尚清晰。

——赵性夫，乌石（今福建闽侯县）人，时以朝奉大夫、直秘阁任提点两浙狱，兼权绍兴。

安刘题刻 位于仙水洞右壁正中，题刻于南宋景定元年（1260），楷书。内容为：“安刘景定庚申孟夏十六日解郡组。后六日行散，而乐而思，乐无惭，思有继也。”赵性夫题刻左。直刻6行，行5字，字径10厘米。幅大60厘米×82厘米。至2010年，字迹尚清晰。

——安刘，亦作刘安，淳祐年间（1241—1252）进士。南宋开庆元年（1259）任括苍郡守，任内取朝旨，命道士陈观定建玉虚宫，不期年而成，次年四月十六日辞官，过仙都留此记为念。

倪翁洞

共67处。

李阳冰题刻 位于初阳山南侧洞口凭虚阁下斜石，题刻于唐乾元间（758—760），篆书。内容为：“倪翁洞”三字。直写1行，字径45厘米。幅大50厘米×170厘米。至2010年，字迹清晰。

在旧拓中，“洞”字左右有“沈绅公仪。嘉祐岁二月（1056）”“王瑜中玉”题名。1960年，刻石被好事者削改成浮雕竖匾状，左侧“唐李阳冰题”为后人补款。

——李阳冰，字少温，赵郡（今河北赵县）人，官至将作少监。唐代书法家。时任缙云县令。沈绅，字公仪，会稽（今浙江绍兴）人，北宋景祐五年（1038）进士。时任温州太守。王瑜，字中玉，河北真定（今河北正定）人。

初阳谷题刻无落款 位于初阳谷洞壁正中，楷书。内容为：“初阳谷”三字。直写1行，字径50厘米。幅大34厘米×130厘米，无落款。旧县志载“初阳谷，朱子题名。”元至正《仙都志》有“初阳谷，三大字，楷字。摩崖于洞中”的记载，但未提及作者。

樊献科题刻 位于旸谷洞内东壁，题刻于明嘉靖四十二年（1563），行书。内容为：“明樊献科卜筑仙都，日憩此洞，我将老焉。嘉靖四十二年正月记。”直刻5行，行5字，字径10～12厘米。幅大80厘米×55厘米。至2010年，字迹清晰。

——樊献科，号斗山，缙云人，嘉靖二十六年（1547）进士，官至广西参政。时，归隐仙都，居旸谷洞。

旭山题刻 位于旸谷洞外高崖上，题刻于明万历三十二年（1604），楷书。内容为：“旭山”两字。直刻1行，字径2米。幅大260厘米×500厘米。至2010年，字迹尚清晰。

——李鋕，字廷新，号旭山，缙云人。明万历二年（1574）进士，官至刑部尚书兼署都察院事。

诸葛羲题刻 位于初阳山下半壁池右侧，题刻于明崇祯八年（1635），行书。内容为：“崇祯乙亥岁中秋之望，予以参□将莅，便道访此山。邑令陈君讳受甲者，亦同时受事。具壶榼，偕予登焉。惟时风日清美，景物流丽，喜山灵之不妒我也。温陵诸葛羲书。”直刻6行，行10～12字，字径13～15厘米。幅大140厘米×180厘米。至2010年，字迹模糊可认。

——诸葛羲，字基画，号沪水，福建晋江人。崇祯元年（1628）进士。

谷应泰题诗 位于初阳谷洞外左上方石壁，题刻于清顺治十四年（1657），行书。内容为：“缥缈高峰接上台，五云深处隐蓬莱。山楼银榜争先度，仙掌金茎倦未开。洞外芙蓉迎日丽，洲前翡翠掠波回。何日石笋尖头立，笑饮玄天露一杯。溇阳谷应泰题。”直刻6行，行11字，字径10厘米。幅大60厘米×120厘米。至2010年，字迹尚清晰。

——谷应泰，字赓虞，河北唐山丰润人。顺治四年（1647）进士，历任户部主事、员外郎、提督浙江学政佥事。

何遂题刻 位于“旭山”题刻下方，题刻于民国17年（1928），隶书。内容为：“共和第一戊辰二月九日，侯官何叙甫遂来游仙都，口占一律，以纪胜游。同游者梁溪徐燕谋祖善，缙云吕复之焕光、吕月屏树藩，温岭郑海秋盐。五色潭云里，苍松簇翠鬟。水碓声得得，溪路响潺潺。丹鼎依稀在，龙髯不可攀。言寻倪翁洞，我欲住名山。”直刻12行，行8字，字径10厘米。幅大150厘米×95厘米。至2010年，字迹清晰。

——何遂，字叙甫，福建侯官（今福州）人。曾任黄埔军校代校长、国民政府立法院军事委员会委员长。同游者徐燕谋、吕焕光曾为其部下；吕月屏早年参加同盟会，壶镇乡绅。

楼村题刻 位于初阳山下问渔亭旁的君子石，题刻于民国22年（1933），隶书。内容为：“问渔亭。昔有问渔亭，荒废已久。文长小学于兹。每访遗迹，徘徊欷嘘，因募工重建，以勒名斯石，俾好古者有所问津焉。中华民国二十二年仲春月，陈文并识，玄根居士书。”“问渔亭”直刻，字径65厘米。附记与落款直刻3行，行19～24字，字径9厘米。幅大130厘米×240厘米。至2010年，字迹清晰。

——楼村（1881—1950），字辛壶，号玄根居士，缙云新建人。为南社、西泠印社早期社员。陈文，又名官庆，字星垣，缙云兆岸人。时任县第三小学校长、县参议员。

沙孟海题刻 位于五老峰南面东蒙岩，题刻于1981年，行书。内容为：“仙都”两字。横刻1行。

——沙孟海（1900—1992），原名文若，字孟海，号石荒、沙村、决明。浙江省鄞县沙村人。二十世纪书坛泰斗。

小赤壁

共14处。

王埴题刻 位于小赤壁崖壁，题刻于南宋咸淳元年（1265），楷书。内容为：“小蓬莱歌。仙都洞天，秀出东浙。有黄帝祠宇，近年始祠孔子。岁仲春，邑令合僚佐，帅诸生行舍彩礼。先过初旸谷，已乃瞻独峰，挹仙水，泛蓬莱而归。予莅邑三载，心甚乐之。去之日，为歌以诒邑人，使刊之石上：仙之巅兮嵬峨，仙之水兮委佗。驾轻车兮消忧，方扁舟兮咏歌。轶层巅兮翔舞，□寒流兮白石楚楚。上彻汉兮干云，□巨鳌兮在下。崖花兮春芳，涧藻兮□凉。月露澄兮缣素，冰霜结兮璆琅。松槮兮竹稚，鱼鸟跃飞兮谁使？五百年兮一尘，三万里兮弱水。吁嗟蓬莱兮仙人之室庐，世之人兮莫知其敖嬉。履蒙茸兮披荆棘，驱虎兕兮远蛟螭。天风高兮海涛白，倒光景兮挥八极。岁既晏兮孰华予，眇流盼兮怀所思。仙之人兮寿无期，碧荔为衣兮餐有紫芝。彼埃閤兮不可以控搏，予将溯洄从之兮憺忘归。大宋咸淳元年，岁在乙丑八月朔日，永嘉王埴。”标题“小蓬莱歌”直刻四字1行，篆书。小序7行，正文14行，落款2行。共24行，字径18厘米，幅大290厘米×300厘米。至2010年，字迹尚清晰。

——王埴，字德器，浙江永嘉人。南宋景定四年（1263）任缙云县令。

欧阳忠诰刻袁枚《游仙都峰记》题刻 位于小赤壁《小蓬莱歌》摩崖石刻右侧，题刻于民国6年（1917），楷书。题为《游仙都峰记》，正文为“游仙都峰记（袁枚文）。或告余曰：子从雁宕归，则永嘉之仙岩、缙云之仙都峰，均可游焉。余谨识之。误记仙岩为归途之便，舟行十里，方询土人，曰南北殊路矣！心为缺然。及至缙云，以仙都谋之邑宰，有难色，以溪涨辞。余遂绝意于游。行三十里，至黄碧塘，日已昳。望前村瓦屋鳞列，从隶曰：此虞氏园也，盍往小憩。如其言。园主迎入茗饮，未暇深语，仍还旅店。将弛衣眠，闻户外人声嘈嘈。则虞氏昆季，曰：别后见名纸，先生即袁太史乎？曰：然。乃手烛上下照，啧且骇曰：我辈幼读先生文，以为国初人，年当百数十岁。今神采若斯，是古人复生矣！愿须臾留，明日陪游仙都。余未及答，而少者卷帐，长者抱席，家童肩行李。已至其家，折墼张饮。次日，厨具馔，里具车，导入响岩。石洞隆然，叩之应声。有小赤壁，有鼎湖，草树卉歙，高不可上。仙榜岩雉堞横排，可书数百姓名。阳谷为溪水所啮，非梯莫登，仅遥瞩于大方石上。有宋嘉定摩崖及王十朋诗，约略可识。未一日，而仙都之游毕，仍宿虞氏家。嘻！是游也，非虞氏主之则仙都不可游；非从隶有请则不诣虞氏；非日尚晏温，或有雨，则从隶虽请亦不往；非具生纸以通名，则虞氏亦不知我为何人。我之当游仙都，仙都之当我为游，天也，非人也！然仙岩咫尺可游，而于意外失之仙都。心已决舍，万不能游，而于意外得之。一游也，无大关系，而世事之舛忤如是，其它何如类推哉？亟记之，以志遭逢之奇，以表虞氏好贤之德。主人名沅，字启蜀，为唐永兴公之后人。”跋文为“是篇为前清钱塘袁枚简斋先生所作。篇中叙仙都之游，归之于天数。以见一游一豫一饮一啄，罔不有天数存乎其间？其言深为近理。因忠诰未奉檄来缙以前，巡抚屈公面谓予委署龙泉，已内定矣。既而，因首道丁公一言，改委缙云。向非丁公一言，则不来缙云。不来缙云，又何能游仙都？诰因读袁公此文，深契于心，而又以仙都名胜之地不可不更藉名人之名以为重也。爰为刊诸石而存之。楚北汉川欧阳忠诰谨跋并刊，时官缙云。中华民国六年，岁在丁巳夏正九月全浣吉旦。”直刻1行。袁枚文正文18行，行30字。欧阳忠诰跋文6行，行29字，字径6厘米。幅大260厘米×300厘米。至2010年，字迹尚清晰。

——袁枚（1716—1797），字子才，号简斋，又号随园老人，浙江钱塘（今杭州）人，清乾隆四年（1739）进士，授翰林院庶吉士。虞沅，字启蜀，缙云黄碧虞人。欧阳忠诰，楚北汉川（今湖北）人，时任缙云知事。

忘归洞　芙蓉峡

共4处。

伯駇、子明题刻　位于忘归洞东壁，题刻于北宋熙宁八年（1075），楷书。内容为：“伯駇、子明来。”直刻2行，第一行3字，第二行2字，字径12厘米。幅大20厘米×25厘米。

——王廷老，字伯駇，河南商丘县人，官两浙刑狱转运使。张靓，字子明，福建沙县人，熙宁三年（1070）进士。

仲修题刻　位于忘归洞西壁，题刻于北宋庆历六年（1046），楷书。内容为：“仲修敏甫、归圣显道。丁亥季春同游此。”离地1.5米，直刻3行，字径8厘米。幅大30厘米×30厘米。至2010年，字迹较模糊。

——王仲修，字敏甫，四川双流县人，历官同知太常礼院、著作佐郎。谢良佐，字显道，河南上蔡人，北宋元丰八年（1085）进士，理学家。

郝敬铁城题刻　位于仙都芙蓉峡东峭壁，题刻于明万历十八年（1590），楷书。内容为：“铁城。万历庚寅岁八月廿二日，仙都吏郝敬为李小仙山人书。丞桂栻、簿朱廷庞、尉吴守仁刻谨识。”“铁城”两字直刻1行，字径320厘米。署款3行，字径25～35厘米。幅大450厘米×700厘米。至2010年，字迹清晰。

——郝敬（1558—1639），字仲舆，号楚望，湖北京山人。明万历十七年（1589）进士，历知缙云、永嘉、江阴。

樊问德题刻　位于“铁城”摩崖下方，题刻于明万历二十二年（1594），楷书。内容为：“小仙山人，姓李氏名键，□参蜀政，中途疏养，归栖炼小仙山中，倏然有翔五岳志。戊子春，约谷潭逸客、宾阳道人、禹门子，结庐玄都之紫芝坞，逃名远矣。未几，诸子应□□□簋仕，相继出山，山人屡荐辟不起。一时有汉庭招四皓之圃，独留君之咏。吾缙郝令，长迹所居地，奇蓉迭嶂，□峡□关。山人别号铁城，盖天作之合，就大书于悬崖。觞余曰：惟君能纪之，勿辞！逸客姓郑氏名汝璧、禹门名逢雷、山人从侄宾旸，名问辨，余仲兄。岁万历甲午春，玉林樊问德书。”直刻16行，行10～11字，字径10厘米。幅大145厘米×210厘米。至2010年，字迹清晰。

——樊问德，字玉林，号群玉主人，樊献科四子，例贡，官广西贵县县丞。郑汝璧（1546—1607），字邦章，号昆岩、谷潭逸客，浙江缙云人，时任山东右布政使。樊问辨，自号宾旸道人，樊献科族侄，例贡，官福建布政司都事。李逢雷，字子敬，号禹门子，缙云人，例贡，官至福建盐运司副。

黄龙山

共8处。

尹伯高题刻 位于黄龙山蝙蝠洞下方左石壁，题刻于北宋皇祐三年（1051），楷书。内容为："皇祐辛卯中和节日，令尹伯高、监征延之、邑人明远乘兴同游。"直刻6行，行4字，字径10厘米。幅大48厘米×66厘米。至2010年，字迹不甚清晰。

——尹伯高，北宋皇祐年间（1049—1054）缙云县令。詹迥，字明远，缙云詹山人。北宋庆历六年（1046）进士。官至礼部尚书、观文殿学士。

胡份题刻 位于蝙蝠洞内石壁上，题刻于北宋绍圣五年（1098），楷书。内容为："吴郡程宏闵中，吴兴沈畸德倅，缙云胡份子文，绍圣戊寅季夏初二日，同登黄龙山绝顶。"直刻6行，行4～6字，字径15厘米。幅大120厘米×130厘米。至2010年，字迹尚清晰。

——胡份，字子文，缙云遇明里（今新碧）人。北宋元丰八年（1085）进士，授国子司业、文华殿大学士，出知鄱阳。任满辞归上堂（今缙云县胡源乡上宕），开设"万友堂万松书舍"。

南宫山

共3处。

李蓥题刻 位于壶镇南宫山口阮客洞左边山崖，题刻于唐建中年间（780—783），篆书。内容为："题阮客旧居，缙云令李蓥。阮客家何在，仙云洞口横。人间不到处，今日此中行。"直刻6行，行5字。幅大90厘米×70厘米，字径9～11厘米。至2010年，字迹尚清晰。

——李蓥，唐建中年间（780—783），缙云县令。

其他

在五云、壶镇、大洋、双溪口、胡源等地，主要有13处。

吏隐山题刻 位于五云镇东门村吏隐山石壁，楷书。内容为："吏隐山"三字。直书一行，行3字。字径52厘米，幅大75厘米×140厘米，无落款。

迎晖门题刻 位于五云镇东门客岩临溪石壁，题刻于民国35年（1946），楷书。内容为："迎晖门"三字。字径35～40厘米。落款"中华民国三十五年十一月改建。县长章昌琛"。字径0.5厘米×0.5厘米。

——章昌琛，浙江象山人。

白云洞题刻 位于东渡镇金湖村北翠屏山石壁，楷书。内容为："白云洞"三字。字径80～90厘米，横写一行。无落款。

雁门山何澹题刻 位于壶镇左库村雁门山崖壁，题刻约于南宋开禧元年（1205）。内容为："小赤壁"三字。幅大60厘米×200厘米，字径50～90厘米，直书。无落款。据清道光《缙云县志》之碑碣载，为南宋何澹所书。

——何澹（1146—1219），南宋龙泉人，官至兵部侍郎、右谏议大夫。

雁门山赵舒题刻 位于壶镇左库雁门山"小赤壁"题刻上方，题刻于民国25年（1936），行楷。内容为："雁门。民国丙子赵舒题。""雁门"字径245厘米×180厘米，横写。左下角落款直写4行，字径38厘米。幅大377厘米×310厘米。

——赵舒（1884—1948），缙云壶镇人，曾任民国众议院议员、北伐军第二十六军党代表兼政治部主任。

金丝堰记题刻 位于壶镇镇田畈村塔山头好溪侧岩壁，题刻于明正德九年（1514），楷书。题目为："金丝堰记”。直写，一行4字。正文8行，行3～8字。署名及落款5行，行4～11字。全文字径10厘米，幅大100厘米×130厘米。

清宁堰记题刻 位于壶镇石龙村石龙头山，题刻于清光绪三十三年（1907），楷书。题目为：“光绪堰记”。横写，字径30厘米×30厘米，幅大35厘米×150厘米；正文直写35行，每行6～17字不等，字径3厘米×5厘米，幅大150厘米×68厘米。共400多字。

和尚岙题刻 位于壶镇下宅村和尚岙北侧山崖，题刻于南宋绍兴六年（1136），楷书。内容为：“绍兴六年练□。南无阿弥陀佛。山人普劝受持。”幅大60厘米×33厘米，直写3行。

黄氏修路题刻 位于壶镇黄秧树村牛背陇岭下石壁，题刻于清咸丰元年（1851），楷书。内容为：“咸丰元年春。壶溪吕珠球妻黄氏修。”正文“壶溪”横写，字径11×11厘米；其余7字直写，字径15厘米×15厘米。右侧落款直写，字径10厘米，幅大100厘米×45厘米。

万古堂开基入宅题刻 位于大洋镇木栗村中路旁岩石，题刻于清康熙五十五年（1716），楷书。内容为：“万古堂□，康熙五十五年丙申岁二月廿二日开基，九月廿六日止。壬午日立。五十九年十二月廿八日入宅，吉。”“万古堂□”横写1行，字径10～12厘米。直书8行，字径5～11厘米。幅大60厘米×90厘米。

姓潘村题刻 位于双溪口乡姓潘村佛堂山麓，题刻者及年代均不详，楷书。内容为：“云多处”“茂松清泉”。并列刻在两块岩石上。右侧“云多处”直写1行，字径26厘米，幅大120厘米×35厘米；左侧“茂松清泉”直写2行，行2字，字径30厘米，幅大150厘米×40厘米。

成化题刻 位于胡源乡上坪村抱骨岭脚自然村后山三角形花岗岩上，无落款，楷书。内容为：“成化二十三年丁未”。直写2行，行4字，字径13～16厘米。幅大50厘米×95厘米。

禁路下柴题刻 位于胡源乡蛟坑村与上坪村抱骨岭自然村接壤处的马鞍岭头岩壁，题刻于清咸丰元年（1851）楷书。内容分左、右两部分：左边的“禁路下柴”，自右至左横写，字径15厘米×12厘米；右边的正文共24行，直书，行22～25字，字径3厘米×3厘米，共600多字。记载清咸丰元年（1851），重修抱骨岭蛟芽段古道时，周边村庄如大洋镇、胡源乡村民51人的善缘乐助人员名单及其数额。左下角落款“皇清咸丰元年岁次辛亥秋月敬立”。幅大150厘米×115厘米，字径3厘米×5厘米。

附录（二）：文物保护单位介绍

石刻类

仙都摩崖题记 位于仙都风景名胜区内石刻群，分布在初阳山、鼎湖峰、仙水洞、铁城、小赤壁、忘归洞等景点，2010年存125处。其中，唐代2处、宋代55处、明代28处、清代8处、民国16处、现代10处、待考6处；体裁有诗赋、散文等，内容或抒胸臆、或纪游踪、或志景仰。书体以行书为主，还有隶体、篆体等。较著名的作者有：唐代李阳冰，两宋叶清臣、沈括、赵抃、留元刚，明代郑汝壁、樊献科、郝敬，清代袁枚、谷应泰；民国欧阳忠诰、楼村和现代沙孟海等。2001年6月，被国务院公布为第五批全国重点文物保护单位。

双港桥石刻贞节坊 位于新建镇双港桥村西狮子岩南麓崖壁。石刻三间四柱五楼牌坊，通面阔3.6米，高4.14米。坊顶元宝形，各楼层起翘翼角。正中竖刻“圣旨”，额枋横刻“贞节”。额枋下刻“旌表陶尔泰妻马氏坊”，柱刻“缙云县知县汤成烈、儒学尹希伊”，时间为“咸丰十一年孟冬三月□日立。”因崖糙刻浅，字迹难辨。摩崖“圣旨恩准贞节坊”在全省现存仅此一处。1997年，被省政府公布为省级文物保护单位。

城隍庙碑 存县博物馆内，原碑刻于唐乾元二年（759），由李阳冰为城隍“祈雨有应”撰并书，已佚。现存碑为宋宣和五年（1123）据民间纸本重刻，高167厘米，宽79厘米，厚16厘米。碑文篆书，直写8行，每行11字，末行9字。字径7厘米×11厘米，字幅65厘米×135厘米，全文86字，除6字模糊外皆清晰。县令吴延年跋文于其左，分2行，共75字，字径1.5厘米×2厘米不等。碑文："城隍神，祀典无之，吴越有尔，风俗水旱疾疫必祷焉。有唐乾元二年秋，七月不雨，八月既望，缙云县令李阳冰躬祷于神，与神约曰：五日不雨，将焚其庙。及期大雨，合境告足。具官与耄耋、群吏，乃自西谷迁庙于山巅，以答神庥。"1985年，被县政府公布为县级文物保护单位。

南宫山摩崖题记 位于壶镇镇宫前村南宫山麓。存唐、明、民国题记4处，皆与"阮客"有关。阮客洞旁建南宫寺，近处旧有阮郎亭，旧志记载唐代著名道士羊愔得道于此。1994年，被县政府公布为县级文物保护单位。

黄龙山摩崖题记 位于县城北黄龙寺景区内。距黄龙寺百余米的蝙蝠洞有"胡份题记""伯常题记""朱履常（朱素）题记""尹伯高等题记""传孟题刻"等6处摩崖石刻。其中北宋4处、待考2处。1994年，被县政府公布为县级文物保护单位。

建筑类

河阳乡土建筑 位于新建镇河阳村。南北长500米，东西长730米，面积0.4平方千米。朱姓族人于五代后唐长兴三年（932）始迁地，环村水系及道路定型于元代。明清民居建筑、街巷、水系、桥梁、庙宇保存完整，有前厅后堂"十八间"四合院建筑19幢，九间、十三间四合院10余幢，总计民居1500多间。其中尤以十八间"廉让之间"与"耕读家风"、圆大门"循规映月"、答樵路马头墙和八角亭虚竹公祠的建筑最能体现明清民居文化的特点。还有宗祠15座，寺庙4处，古井24口，商业街1条，八字门、古桥各1座。2000年2月，被省政府公布为省级历史文化保护区。

白茅云衢坊 又名"登荣坊"，位于前路乡白茅村西200米处，明代建筑。二柱一间木坊结构，两侧设山墙，门坊以大额枋及二道穿枋组成。柱前后以方石柱加固，柱上穿梁承檐枋，另穿出竹节形上昂支撑檐枋。斗拱制作规整，额枋及穿枋底皮雕饰图案具明式简约风格。枋匾刻"云衢"，笔力雄健酣畅。明永乐十九年（1421）由举人赵宗荣所建（前志载称赵孟荣），属省内存世较早的木结构门坊。1997年，被省政府公布为省级文物保护单位。

九进厅 位于壶镇镇工联村，清嘉庆二十四年（1819）建。坐西朝东，由南、中、北三幢三进两套院式庭院并列构成，共有九进厅堂而得名。初时围有二米多高的鹅卵石墙，内置花圃、池塘、石桥、水井等，占地近万平方米。主建筑通面阔77米，进深46米，平面房屋81间，占地3300平方米。每幢建筑沿中轴线布局，依次为门厅、天井、二进、天井、后堂，南、北两边设厢房。三条中轴线间，既互相贯通又相对独立。两层砖墙木架结构，内部栋梁、斗拱、牛腿、窗棂雕饰繁复精美，正面外观由砖雕门楼、青砖、灰瓦、马头墙构成基调。1997年，被省政府公布为省级文物保护单位。

独峰书院 2011年，被省政府公布为省级文物保护单位（详见第十三篇第一章第二节）。

仙都石梁桥 俗称碇步桥，位于仙都风景区练溪河段，明清建筑。共3座，分别坐落于板堰村、鼎湖峰前和上前湖村，均以双条石并排为梁，并立为礅。板堰碇步桥75孔，长115米，宽0.6米，高0.8米；鼎湖峰碇步桥44孔，长77米，宽0.77米，高0.8米；上前湖村北碇步桥81孔，长145米（朝上游拱曲），宽0.78米，高1.4米。仙都碇步桥群属缙云特色建筑，古建筑园林艺术家、同济大学教授陈从周称其为"简朴实用，是古代石板桥的代表"。2005年，被省政府公布为省级文物保护单位。

松洲、济川碇步桥 均建于明代，昔属县城至壶镇道路桥。松洲桥位于周村松柳洲，分东、西两段跨好溪。西段长64米35孔，东段长95米47孔，桥面石板先由2块后增为3块；济川桥位于下洋村南，桥长173米，高1米，72孔。因溪面开阔，分段砌筑龟背"碇步宕"加固。1994年，被县政府公布为县级文物保护单位。

慕义桥 位于前路乡前路村，清道光间前路村人应仲义捐建。石拱廊屋桥，跨章溪，为古代通往仙居、温州方向行道桥梁。横联石砌筑，长 53 米、宽 3.5 米、高 8.1 米，孔净跨 8.6 米。桥上两侧施望柱高 1.4 米，栏板高 0.78 米。正中栏板为桥额，上刻楷书“慕义桥”，落款“道光十二年（1832）”“缙云县令张惟孝书”。东端引桥长 9 米，置 2 台 12 阶。西端引桥长 13.7 米，置 3 台 33 阶。桥西置廊亭，过道居中，北厢为庙，南厢为亭，各三开间。廊桥顶部钉方椽，椽上铺篾垫，上铺小青瓦。2005 年，被省政府公布为省级文物保护单位。

贤母桥　位于壶镇溪头。清嘉庆二十二年（1817）七月开工，二十四年三月竣工。由壶镇吕载扬家族捐建，耗白银三万多两。初名“永济”，后由浙江督学朱士彦易名“贤母”。跨好溪，石拱 13 孔，“长 67 丈，宽 1 丈。”时属处州十邑规模最大的桥梁，也是壶镇地标性建筑。1958 年以后，两度加固拓宽，成为省道公路桥。2011 年，被省政府公布为省级文物保护单位。

竞爽桥　位于县城南 2 公里处，清道光八年（1828），吕建始捐白银二万余两所建。跨好溪，石拱 9 孔，长 142 米，宽 4.5 米，高 9 米，1986 年加宽为 330 国道二级公路桥梁。2011 年，被省政府公布为省级文物保护单位。

括苍古道缙云段　位于东渡镇境内，俗称“桃花岭”。岭顶立县界碑，两面分别刻“东南至丽水县界”“西北至缙云县界”。古属驿道，自丽水大岭背、三望岭入境，经桃花洞、底隘头、外隘头、半岭庆善寺、樊庄、金坑、东渡至县城，长 10.4 千米。桃花洞段、隘头段、公凸头段保存较为完整，宽约 2 米，多以块石或卵石铺筑，与绍兴兰亭附近的南宋山阴道残迹近似。2009 年，被丽水地区行署公布为市级文物保护单位。

图 27-5-1　括苍古道桃花洞（2009 年摄）

道门进士第　又称“游击将军府”，位于壶镇镇道门村，清光绪年间建。坐北朝南，砖木结构，宽 52 米，进深 53 米，占地 2836 平方米。主体建筑南面为天井、正厅及两侧厢楼，北面与内房相连。骑街青云楼为藏书楼兼瞭望楼，单体 3 层，墙体条石、厚砖叠砌，坚固无比。建筑用材考究，前厅木结构雕刻精细。2011 年，被省政府公布为省级文物保护单位。

前岙村卢氏民居　位于壶镇镇前岙村东路 135 号至 147 号，清道光年间建。坐西朝东，占地 880 平方米。三进两天井式，有门厅、前厅、后堂及厢房。砖木结构，硬山顶。门厅二层三开间，明间四柱八檩带前双后单步，次间五柱八檩。前厅明间四柱七檩带前后下檐，设廊轩。后堂前设穿廊带两侧夹屋，明间七柱七檩带前下檐，北次间六柱七檩。南、北两侧厢房有廊道通东、西边门。2011 年，被省政府公布为省级文物保护单位。

岩下石头特色村　壶镇镇岩下村，因处苍岭百丈岩下而得名。现存 200 多幢屋舍错落分布，墙体多为山石垒砌，村道石块铺筑。朱氏宗祠建于清嘉庆十年（1805），三进两院式，外墙亦块石砌筑。普通岭古道穿越村落，公常踏碓房保存完整，村口石拱封溪桥下涧流清澈。每年举行朱相公案会、祭天灯活动。2011 年，被县政府公布为县级文物保护单位。

旸村尚书房、尚书坊　位于壶镇镇旸村村，明嘉靖间刑部尚书卢勋故宅。占地 773 平方米，原面阔七间，三进，庄严宏大。现存门厅、中厅和门前牌坊（残）。其用材比宗祠用材硕大，装饰考究，雕刻精细。石质门坊饰高浮雕，图案有麒麟吐火、狮子捧球等。门前牌坊原为三门四柱五楼式，现残留次间二柱一间一楼。阑额枋正面高浮雕麒麟吐火，背面鲤鱼潜水。构图简洁，生动大气。1994 年，被县政府公布为县级文物保护单位。

吕逢樵故居 位于壶镇新兴巷12号，民国元年（1912）由吕逢樵亲家王金发捐建。砖木结构，三进院落式楼房，后侧设花园。面宽18.2米，进深37.3米，占地680.15平方米，民国早期建筑风格显著。1995年，被县政府公布为县级文物保护单位。

松岩百廿间 位于壶镇镇松岩村，建于清乾隆六十年（1795），胡景敦故宅。为全市最大单体古民居，建筑面积3712平方米，由四进南北跨院组成，依次为门厅、天井、前厅、天井、中厅、天井、后堂及厢房。屋内通廊横、纵各4条。实际房屋90间（不含通廊），屋前广场900平方米。明、次间均为抬梁式，画栋雕梁，柱头额枋置斗拱砖雕。1995年，被县政府公布为县级文物保护单位。

兆岸进士厅 位于东渡镇兆岸村。明嘉靖十九年（1540）庚子科举人、衮州通判陈堪所建。砖木结构，占地229平方米。原建筑正厅4间，有门楼、天井、东西厢房和围墙。现存正厅3间，明间为抬梁式，次间为穿斗式。门楼残存砖质斗拱及方柱，梁架结构明代风格显著。1994年，被县政府公布为县级文物保护单位。

广济堰和清宁堰 广济堰位于壶镇镇石龙头村西北。堰坝长149米，分拦水堰和引水堰两部分。堰渠4千米，灌田3786亩。始建年代不详，明成化十八年（1482）《处州府志》载称："栋梁堰、广济堰并二十五都。"原为溪岩垒筑，后改作局部水泥浇筑和浆砌。清宁堰，又名"范成堰"，位于下潜、石龙，始建年代不详，明崇祯八年（1635）《处州府志》有载。堰坝原长210米，沿45度方向用溪岩垒筑。2005年春，堰坝上移百米，长115米。堰渠8千米，至胡宅口赤岩山脚出好溪，灌田133.33公顷。石龙头山崖有清光绪《堰记》。1994年，被县政府公布为县级文物保护单位。

西岸吕氏宗祠 位于新建镇西岸村东南侧，始建于明代，清乾隆三十五年（1770）重建于下书院之旁（现址）。据河东《西岸吕氏宗谱》载：南宋间，吕似之（1203—1278）从武义迁缙云登俊坊，幼子克类移居新建庄。元代，克类长子升移居西皋（今西岸）。光绪三十一年（1905）大修，更换梁架，中厅木柱改成石柱。占地780平方米。三进院落布局，由门厅（设戏台）、中厅、上厅及东、西侧厢房组成。梁架为抬梁穿斗混合式，三合土地面，小青瓦阴阳合铺，硬山顶。2010年，被县政府公布为县级文物保护单位。

胪膛田氏总祠 位于东方镇胪膛村，建于清代。1999年5月，整体搬迁到仙都上章村西，扩为影视博物馆。占地1880平方米，有门楼、前厅、后堂、厢房。门楼面阔3间，进深二柱五檩，东、西为五花山墙。门楼两侧各有3间偏房，与厢房屋脊等高相连。前厅面阔5间，进深四柱九檩（前后双步），三步梁与五步梁两头均雕龙头，俗称"龙头梁"。前、后院卵石铺设，东、西两侧有洞门通厢房。后堂面阔5间，进深四柱八檩（前双后单），五步梁亦为龙头梁。2011年，被县政府公布为县级文物保护单位。

马渡胡氏宗祠 位于新建镇马渡中学内，民国11年（1922）建。硬山顶，二进一天井，砖混四合院式结构，面积725平方米。前面三门，两侧为无腰檐单马头墙。门厅面阔三开间，明次间均为抬梁式。明间檐柱连接天井戏台，歇山顶，双飞檐，顶部设双层彩绘八角藻井。台前柱雕有手执法器跨麒麟的封神故事人物，琴枋雕众多戏剧人物。上厅三开间带两廊，4柱8檩，次间为5柱8檩。南、北两侧设厢房。2011年，被县政府公布为县级文物保护单位。

遗址类

大溪滩窑址群 位于壶镇镇大溪滩村西南约400米处山坡。面积近1平方千米，存有宋、元窑床17处（大坟山4处、窑山头6处、四叉门前3处、馒头山2处、花角山2处）。最长窑床88米，最短残长35米，窑前大多有水塘。属龙泉窑系，装烧方式为匣钵、垫饼、筒柱、叠烧等。釉色以青绿、青灰为主，少数黑釉和青白瓷。瓷片堆积物中器物种类有大小碗、盘、碟、瓶、壶、罐、碾钵、香炉、油灯盏。器物装饰图案主要有莲花、卷草、云纹、莲瓣和菊花瓣等，碗底戳印有阴文楷书"清凉河滨""河滨遗范""金玉满堂""儿男遗范"等款识。1989年，被省政府公布为省级文物保护单位。

姓汪碗窑山窑址 位于壶镇镇姓汪村南约200米处山上。存2条窑床，一号窑保存完好，堆积丰富，与大溪滩窑场时代、类型相近。1994 年，被县政府公布为县级文物保护单位。

中共缙云县“一大”会址 位于壶镇镇高潮村后塘路 9 号。原为赵氏宗祠，三进二厢，砖木结构。门厅建于晚清，中厅、上厅建于民国初年。据《赵氏宗谱》载，清光绪三十四年（1908）赵氏祠堂开办燕翼小学。民国 16 年（1927）11 月，中共缙云县党组织在此成立特别支部。次年 9 月，30 多名党员代表全县 24 个党支部，在此召开中共缙云县第一次党代会。民国 27 年（1938），杭州安定中学高中部迁赵氏宗祠，燕翼小学暂迁附近连壁公祠。民国 36 年（1947），安定中学迁回杭州，燕翼小学搬回赵氏宗祠。1994 年，被县政府公布为文物保护单位。

浙西工农红军一大队活动旧址 位于壶镇镇黄弄坑村。民国 23 年（1934），以红十三军三团余部为主组成的浙西工农红军一大队以黄龙坑村为根据地，在永康、缙云、东阳、仙居县边区隐蔽开展活动。次年冬，红军挺进师刘达云、张文碧率领第一纵队余部前来于此，与一大队会师。民国 25 年 7 月，挺进师师长粟裕率部曾来此会合，在弄坑村一带开展游击战争。2004 年，原 4 间排屋圮毁，作遗址保护。1994 年，被县政府公布为县级文物保护单位。

中共缙云县委、处属特委机关旧址 位于大源镇稠门村江西山后自然村。民国 29 年（1940）夏，中共缙云县工委在此李银通住宅设秘密活动据点。民国 33 年春，处属特委机关迁此领导浙西南革命斗争，直至中华人民共和国成立前夕。现存房屋三间，占地 185 平方米。1994 年，被县政府公布为县级文物保护单位。

汤畈红军标语 位于东方镇汤畈村 91 号李家民居照壁墙。民国 24 年（1935）6 月 29 日，红军挺进师第一纵队经过汤畈村时，刷写“要有饭吃，要有衣穿”“红军是工农自己的军队”“红军为工农谋利益”“执行共产党的主张”“拥护共产党”“苏维埃是工农自己的政府”“要打倒帝国主义”等标语口号。照壁标语曾长期用石灰浆覆盖，后因风雨侵蚀而显露。共 24 条，直写行书，分 3 组并列，字径约 0.12 米，每行 7 ~ 13 字不等，字迹清晰可辨。1994 年，被县政府公布为县级文物保护单位。

墓葬类

黄龙古墓群 位于黄龙景区内。2008 年春，黄龙景区开发建设工地有墓砖露出地表；6 月，经省考古专家挖掘清理，确认为 4 座晋代古墓，系家族墓葬。墓穴坐东朝西，长 3 ~ 5 米，宽 1 ~ 2 米，甬道长 1.2 ~ 1.9 米，券顶高 1.2 米。靠东第二座古墓较宽，底部砖砌，为双层错缝铺设。墓砖长 36 厘米，宽 17 厘米，厚 4.5 厘米，纹饰有钱币纹、席纹、龙纹、羽人纹及西晋太康七年（286）款识。墓穴不远处有古砖窑遗址。出土文物有钱币、耳杯、网格纹瓷碗、陶盂、陶灶、陶香薰、银钗、铜盏、虎子等 23 件。2010 年，被县政府公布为县级文物保护单位。

樊敬墓 位于五云镇白丰湖村南白象山上。坐南朝北，坟坛 4 级，尚存石马、石豹、石翁仲各 2 件，部分残缺。花岗岩坟面长 11 米，高 1.3 米，栏杆刻松梅灵禽。墓碑高 2.5 米，宽 1.6 米，落款“大明宣德癸丑年（1433）十二月庚申立”。墓主樊敬为县城丛桂坊人，曾应召修编《永乐大典》，官至江西右参政。1994 年，被县政府公布为县级文物保护单位。

郑汝璧父子合葬墓 位于东渡镇兰口村飞凤山腰。坟坛 3 级，占地约 100 平方米，明万历年间（1573—1620）修筑。墓道及墓前天官大夫牌坊毁于“文化大革命”时期，主墓室于 1991 年 4 月 1 日凌晨被盗。残存石翁仲及石马、石羊、石虎各 2 件。墓后有左、中、右石碑 3 通，饰斗拱，刻“钦赐全葬”。中碑题：“皇明通议大夫总督兵部侍郎昆岩郑公墓”。右碑署：“皇明世袭锦衣卫所伯侯冲函郑公墓”（郑汝璧子士毅，官锦衣卫千户）。左碑无题款。封土上覆卵石的墓堆，高约 1 米，直径 7.4 米，条石环砌。1994 年，被县政府公布为县级文物保护单位。

第二节　非物质文化遗产

进入21世纪，非物质文化遗产（简称“非遗”）保护和传承愈加得到各级政府的重视。2009年8月，缙云县非遗保护中心成立，开展非物质文化遗产发掘、整理和研究，组织县级非遗名录项目和传承人申报评审、市级及以上项目传承人的推荐申报；指导非遗传承人、传承基地的培训和传习工作；举办非物质文化遗产展示、交流和推广活动以及非遗数据库建设。

非遗普查

2007年11月，全县开展非物质文化遗产普查。共收到非遗线索5094条，涉及18个门类。其中，民间文学687条、手工技艺937条、礼仪505条、民间信仰617条、岁时节令389条。普查到有价值成果1850条，其中，民间文学301条、手工技艺444条、礼仪165条、民间信仰188条、岁时节令148条、地方语言11条、民间音乐41条、民间舞蹈61条、戏曲25条、曲艺20条、民间杂技18条、民间美术40条、生产商贸习俗43条、消费习俗76条、民间知识72条、游艺传统体育与竞技85条、传统医药77条、其他35条。拍摄照片2000幅，制成光盘124张；拍摄视频54个，制成光盘67张；整理文本165万字，汇编装订26卷。

非遗项目

至2010年，经田野调查、立项、整理建档和申报，全县有非遗项目103项，其中省级13项、市级22项。内容涵盖民间文学、传统音乐、传统舞蹈、传统戏剧、曲艺、传统体育、游艺与杂技、传统美术、传统技艺、传统医药、民俗等种类。2010年年末，全县建有“缙云婺剧”“缙云剪纸”“缙云根雕”“钢叉舞”“缙云石雕”等非遗传承基地9个，认定省级非遗传承人14人、市级非遗传承人12人。

2006—2010年，分三批认定县级非遗共68项。其中，手工技艺类26项：官店古戏台建筑艺术、缙云建筑石雕、孔明灯制作技艺、农家酿酒、缙云敲肉羹制作、缙云陶艺、草席制作技艺、箍桶技艺、南乡馒头制作、缙云清明馃制作、箬帽制作技艺、壶镇米泡糖制作、缙云柴灰粽制作、粉干制作工艺、香袋制作技艺、官店石雕、榨茶油技艺、传统纺织技艺、弹棉絮、手工书画托裱技艺、木杆秤制作技艺、土漆制作技艺、手工布鞋制作技艺、盐卤豆腐制作技艺、龙须席编织技艺、油封肉制作技艺；民间舞蹈类12项：台阁狮、十八狐狸、铜钱鞭舞、滚灯、中心村布龙、缙云钿铃、哑背疯、杨门女将、缙云板龙舞、鞠龙、大头娃娃、渔翁得利；民俗类12项：水口庙会、清明祭祖、朱氏祭祖大典、元宵灯会、缙云道场、上梁习俗、婚嫁习俗、缙云丧葬习俗、胡公案、靠山节、赤岩山案、炼火；传统体育、游艺与杂技类5项：踩高跷、板凳花、美里高跷、民间小魔术、土家拳；民间美术类3项：硬笔微书、留青竹雕、敲盔头；民间音乐类2项：婺剧音乐、工尺记谱法；民间文学类2项：黄帝升天的传说、缙云谜语；生产商贸习俗类2项：壶镇农历五月廿八集市、小牛学耕田；民间知识类1项：物候天象；传统医药类1项：中草药医术；传统戏剧类1项：缙云灯戏；曲艺类1项：独角戏。

2010年止缙云县省级非物质文化遗产情况一览表

表 27-5-2

名称	类别	批准批次	入选时间
黄帝祭典	民俗	第二批	2007年6月
缙云剪纸	传统美术	第二批	2007年6月
缙云根雕	传统美术	第二批	2007年6月
缙云丝竹锣鼓	传统音乐	第二批	2007年6月
钢叉舞	传统舞蹈	第二批	2007年6月
河阳古民居建筑艺术	传统技艺	第二批增补	2007年11月
张山寨七七会	民俗	第三批	2009年6月
缙云婺剧	传统戏剧	第三批	2009年6月
上宕功夫	传统体育、游艺与杂技	第三批	2009年6月
迎罗汉	传统体育、游艺与杂技	第三批	2009年6月
缙云歌谣	民间文学	第三批	2009年6月
缙云石雕	传统技艺	第三批	2009年6月
独角台场	传统音乐	第三批	2009年6月

2010年止缙云县市级非物质文化遗产情况一览表

表 27-5-3

名称	类别	项目编号·批准批次	入选时间
提线木偶戏	传统戏剧	Ⅳ—4	2007年1月
马灯舞（稠峰神马）	民间舞蹈	Ⅲ—1	2007年1月
板龙舞（小溪大龙舞）	民间舞蹈	Ⅲ—2	2007年1月
陇坑莲花	曲艺	Ⅴ—2	2007年1月
缙云烧饼制作工艺	传统技艺	第二批	2008年9月
缙云索面制作工艺	传统技艺	第二批	2008年9月
缙云活字印刷术	传统技艺	第二批	2008年9月
宅基戊子焰火节	民俗	第二批	2008年9月
缙云悬雕	民间美术	第二批	2008年9月
道教音乐	民间音乐	第三批	2009年7月
叠八仙	传统戏剧	第三批	2009年7月
老鼠娶亲	民间舞蹈	第三批	2009年7月
缙云台阁	民间舞蹈	第三批	2009年7月
缙云鼓词	曲艺	第三批	2009年7月
缙云织带	传统技艺	第三批	2009年7月
仙都传说	民间文学	第四批	2010年5月
缙山腔	传统戏剧	第四批	2010年5月
车水捕鱼	传统体育、游艺与杂技	第四批	2010年5月
针戳花灯	传统美术	第四批	2010年5月
土布纺织技艺	传统技艺	第四批	2010年5月
田氏传统接骨术	传统医药	第四批	2010年5月
迎关公案	民俗	第四批	2010年5月

2010 年，县文广新局批准非物质文化传承基地 9 个：缙云县悬雕艺术创作室，五云镇官店村的缙云根雕和缙云石雕，壶镇镇金竹村的钢叉舞，缙云县婺剧促进会的缙云婺剧，县老年大学、新建镇河阳村（河阳小学）、七里小学、仙都小学的缙云剪纸。

保护措施

全县非遗保护工作由县政府主导、社会参与，贯彻落实“保护为主、抢救第一、合理利用、传承发展”方针，保护侧重于具有地方特色、价值较高的非遗项目，主要采取建立档案资料库和电子数据库，设立非遗保护专项资金等措施。

附录：非物质文化遗产选介

至 2010 年，缙云县非物质文化遗产涉及 11 个门类：民俗类、传统体育·游艺与杂技类、传统音乐类、传统舞蹈类、传统戏剧类、传统美术类、传统技艺类、民间文学类、曲艺类、传统医药类、民间知识类。

民俗类

黄帝祭典 1998 年，开始春（清明）秋（重阳）两祭，2007 年入选省级非遗（详见第十三篇第二章第二节）。

张山寨七七会 张山寨位于胡源乡招序村东北。“七七会”始于明万历（1573—1620）年间，主题为祭拜陈十四娘娘。每年农历七月初七，除本地外，还有周边县（市、区）及金华市、江西省、福建省等地善男信女上寨朝拜。庙会举办者以缙云南乡为主，会案以胡源、溶江两地为中心，活动沿用例规制度，有参与村 12 个，负责值事的称“首事”。农历七月初三前，择黄道吉日，首事村携参与村到献山庙恭迎陈十四娘娘神像至本村娘娘宫；初三，案坛属村出红台，把案迎到村本保殿；初五，案坛属村案队到首事村娘娘宫会案，陪护娘娘到案坛村巡游祈福；初六夜，善男信女上寨露宿“寄梦”，抢烧次日头炷香；初七凌晨，各村罗汉、三十六行、十八狐狸等 10 多个案队上寨会案；届时，土铳轰鸣，鼓号震天，各案队依序在庙前坪地竞技献艺。旧时坪地周边建有戏台 4 座，案队表演结束，戏班开锣斗台献戏。

宅基戊子焰火节 新建镇宅基村的传统民俗活动。据族谱记载，第一届焰火节在清康熙四十七年（1708）农历二月十一日举行。燃放焰火初始是集聚全村同仇敌忾，避免一场战乱，保境安民。后来每到戊子年第一个戊子日，全村人聚在一起大放焰火娱神，演变为祈求神灵保佑风调雨顺、天下太平、和亲睦族、子孙旺盛的美好愿望。2008 年，宅基戊子焰火节除了燃放焰火外，还有祭祖及婺剧、舞龙、军鼓（腰）队表演，活动时间共三天，缙云永康等地数万人先后到村观看。

关公案 又称“关老爷磨刀日”。每年农历五月十三日举行，相传为关公生日。壶镇镇金竹村关公案会始于明隆庆年间（1567—1572）。设有案坛 4 个，轮流主持案事。活动前一个月开始策划筹办和排练节目，家家户户扎糊纸马。农历五月十一日上午举行鹅血祭旗、读祭文、献供品、许愿领灯、接关老爷进村看戏等仪式；十三日，祈福会案。清晨请神起案，案坛首事领头抬出关公、文昌、观音、本保神龛香亭，众案队整装待发。一声令下，炮仗、铜锣、鼓乐齐鸣，秧歌、腰鼓、高跷、莲花、铜钱鞭且歌且舞，村民挑抬三牲、五谷、果品、纸马紧随其后。来到关帝庙前空地，绕场一周，依次表演罗汉阵、关公刀、钢叉、拳术、棍术和叠罗汉等，然后进庙祭拜关老爷。拜毕，案队踩街巡游各坛点。午后申时设道场，举行焚马谢案。三五百匹五颜六色的纸马齐集关帝庙前，由师公登坛祷祝，完后即行点火焚化。

炼火 起源于先民对火的崇拜，后与胡公信仰相结合，成为祈福纳祥、驱瘟除秽的斋醮仪式。东乡白竹（含西丘、旸村、小溪）、潜明原属廿七都，明初与廿八都、廿九都（1939 年划到磐安县）共案坛，合办农历八月上旬胡公案会，称“三都案”。其间，由师公择日、勘址并主持，举行夜间“炼火”仪式。白竹炼火在农历九月初四前后举行，址设胡公庙前。先期昭告族众，各家备酒席迎宾朋。火坛直径约 7 米，叠烧青柴，化后再烧稻草灰覆盖，火灰深陷至膝。炼火兵通常设 24 人，预先吃斋三日，沐浴净身，不近女色，不挑粪担栏肥。入夜，恭拜胡公神位后，炼火兵腰扎肚围或大汤布，光脚赤膊，手执长柄火铲。在鼓乐、呐喊声中列队绕坛一周后，依次自北门（水门）进入。闪展腾挪间，用火铲将炭火掀向两边，杀出南门。一时间，炼火场上火花飞溅，人影憧憧。经 7 个轮回，水门被打通。继又绕坛一周，自西门（火门）冲入，从东门杀出。经 7 个轮回，火门打通，仪式结束。然后送神，戏班开演。

传统体育·游艺与杂技类

迎罗汉　缙云迎案仪程的重头戏。罗汉班以村为单位，每队少则三五十人，多则逾百。道具除十八般兵器外，附加幡旗、先锋号和锣鼓钹。成员以精壮汉子为主，亦有儿童罗汉孙和女子罗汉。扮相效仿古装戏兵勇，穿戴英雄帽、平底靴、红腰带、黄马褂、黄白紧袖中衫、红黄灯笼裤。迎案前，先行焚香祷告，以雄鸡歃血祭旗。游案途中，每到晒场、市坛必驻留表演。表演时，众罗汉徐疾穿插，先摆出布阵、破阵、团阵，然后依序展示罗汉拳、舞刀花、四门叉、滚钢叉、双刀对杀、刀盾攻防以及拳脚、棍棒对打武技。压轴戏为叠罗汉，由身强力壮者充当桩或柱，叠架出牌坊、水井、金桥车、七丁珠、大小荷花、观音扫殿等多种造型。其间，罗汉孙身轻如燕，或在两侧悬空“插翼”，或高踞顶端，表演“金鸡独立”“童子拜观音”“倒挂紫金钟”以及荡秋千、翻筋斗等。

上宕功夫　胡源乡上宕村，世居胡姓。谱载胡姓祖上即以武功闻名，后人谨记祖先遗训，习武传统代代相沿。2010 年，村中尚存 260 斤重的练功石礅。村人练武不分男女老幼，多借助石锁、石礅强筋骨，用沙袋训练指功和拳劲，最后练习齐眉棍等器械。棍术博采众长，招式多变，攻守自如，套路有“一枝香”“手连步”“头路”“二路”“七连步”“白蛇出洞”等十来种。其中“一支香”共计 18 式，凌厉异常，实战时专击对方膝盖，使其失去战力。当演练到第 18 式时，快速捅灭香火，香杆却完好无损。

传统音乐类

缙云丝竹锣鼓　2007 年入选省级非遗；独角台场，2009 年入选省级非遗；道教音乐，2009 年入选市级非遗（详见本篇第二章第二节）。

传统舞蹈类

钢叉舞　钢叉俗称“响铃叉”。钢叉舞源出县域乡民狩猎技艺、民团武功，成形于庙会罗汉班娱神表演。全县各乡镇均有传承，其中尤以壶镇镇金竹钢叉舞最具代表性。罗汉班钢叉队为清一色精壮汉子，每队一般 50 人，设舞叉 20 人，幡旗 20 人，鼓乐队 10 人。表演时，幡旗队先声夺人，疾驰清场后，列摆八字阵型。鼓乐声中，舞叉者以滚、转、抛等手法，使钢叉在臂膀、胸背左右缠绕，上下翻飞。动作花式有双手花、单手花、怀中抱月、四开门、走马叉、转腰、滚叉、滚背、过腿、调车（抛调叉），阵法有龙门、长蛇、编笆、三角、双龙出水、双龙进水等。演员舞步大而狂野，伴以“嗬—嗬—嗨嗬—”吼声和叉头铁圈“嚓、嘁嘁”声，刚猛彪悍之势尽显无遗。

板龙舞　俗称“迎板龙”，明清期间由祈雨仪式演变为元宵祈福祛邪的习俗。在处州各县中，缙云板龙素以形体魁伟颀长、娴于舞阵而闻名。民国初，壶镇板龙曾有过 400 多洞（节）的最长纪录。民国 31 年（1942），南乡章村 360 洞板龙步行 40 里山路迎往前村西殿，以报答“三太祖公”解除大旱之德。1984 年元宵节，胡源乡胡村村 272 洞板龙往返百里夜游县城。板龙由头、身、尾三部分组成。龙板长约 2 米，宽 7 寸，两头凿孔，用榫木串接。每节龙身拱似桥洞，骨架用竹篾扎缚。内置蜡烛扦，外糊棉纸，彩绘龙鳞、脊鳍，上插三角旗，饰以祥云、神仙人物、灵禽瑞兽及吉祥祝语。龙头龙尾形体硕大（下小溪大龙头高

图 27-5-2　2009 年新碧农管处下小溪村迎龙

达 5 米）而工艺复杂，多由“灯头”聘请技艺高超的篾匠、画工来完成。每年正月十三傍晚起灯，先行接龙、祭龙、开龙眼。然后牌灯、龙珠、彩旗、锣鼓班前导，板龙居中，大锣殿后，迤逦然出迎。板龙舞法有文、武之分，文如戏珠、游龙、摆尾、盘龙、折龙，武则拔河角力，或迅疾进退。舞龙最后一夜的正月十七，任由背龙人拉扯挤压，相互较劲“掰龙肉”。活动结束，各自将龙板拆卸回家，龙头、龙尾存放于祠堂。

缙云台阁　即台（抬）阁灯。属元宵迎灯项目，主要流行于五云、壶镇两地。五云镇三里街台阁形制古朴，每次出迎，通常由 12 座组成。壶镇台阁华丽，除了传统的亭阁样式，还有纸马台阁、龙船台阁、转车台阁等多种。传统台阁以八仙桌作台面，抬杠前行。20 世纪 70 年代开始改为桌底安装手拉车轮。台上围栏杆幔帐，缀云彩花灯，覆平顶或宝塔顶。台面安装铁木支架，用于固定人物角色。演员 3 ~ 8 岁，人物扮有观音、嫦娥、哪吒、孟丽君、孙悟空、关云长、穆桂英、许仙与白娘子、白牡丹与吕洞宾等。两三人一组，戏装打扮，以服饰遮隐固定支架。迎台阁向为庙会、节庆游艺重头戏，前有牌灯导引，双狮、布龙开路，后有花灯、旗幡、鼓乐队助阵。行进中，孩童演员持道具，时有变换上身姿势。每座台阁由壮汉推行，演员家长随护左右。

老鼠娶亲　老鼠繁殖能力惊人，对古人类的食物构成威胁。“老鼠娶亲”传说来自崇鼠习俗和原始生殖崇拜的遗存。相传，缙云老鼠在大年初一夜间娶媳妇。是夜，每家每户撒谷米于宅院角落，吩咐小孩早睡，不得惊扰鼠辈办“喜事”。清光绪年间（1875—1908），壶镇地界案会、灯会即有“老鼠娶亲”节目。表演者个个描须悬尾，鼠模鼠样，或搔首弄姿，或腾挪蹿跳，动作诙谐夸张。迎亲队伍中，新郎、新娘、傧相、媒婆、轿夫、三亲九眷及嫁妆一应俱全，敲锣打鼓，场面喜庆。表演时，演员戴鼠形面具，伴奏“行路调”和婺剧曲牌“花花世界”“天下同”等。舞步有一字步、十字步、前错后滑、左摇右颤，情节含讲亲、接亲、送亲、阻亲、抢亲、戏亲。最后拜天地，入洞房。

传统戏剧类

缙云婺剧　缙云婺剧是缙云流行最广的剧种。2009 年入选省级非遗。

叠八仙　“八仙戏”是在正戏开演之前演出的折子小戏。

提线木偶戏　提线木偶，俗称“木头戏”。

（以上内容详见本篇第四章第一节）

传统美术类

缙云剪纸　以河阳剪纸为代表，主要流行在新建及五云、壶镇等地。旧时，县域乡村大户人家逢年节、嫁娶及祝寿、婴儿满月之期，流行剪贴图案装扮窗棂、门面、壁柱、梳妆镜和灯笼，称“挂喜”。较复杂的纹样一般备有熏谱模版，年年复制，代代相传。用时先以松烟熏染法复制图形，剪去熏黑部分即成样张，然后叠加红纸依样剪刻。剪纸图案通常寓意喜庆吉祥，如“石榴莲子”“蝙蝠蝴蝶”“麒麟送子”“琴棋书画”“福禄寿喜”之类。河阳村的戏曲窗花剪纸地域特色突出，经典之作有“太白和番”“麒麟送子”“九世同居”“双玉球”“感恩亭”“摇钱树”等，当世传承人有李宝凤、麻义花。表现手法上，主体形象概括而简约，如人物略去五官，细线阴刻衣褶，只取剪影动态神韵；背景则具体而细腻，网格纹饰和祥云、花瓣、藤蔓、栏栅、亭台楼阁无不空灵精致。

缙云根雕 县境明清根雕承袭木雕技艺，流行具象雕刻，承载民俗文化观念，多为灵禽瑞兽和神佛造像。20世纪80年代开始，受西方美学影响，缙云根雕主流转向唯美。艺人尊崇“天人合一”，寻求盘根错节、疤瘤肌理的自然美和形式感，在省内自成一派。境内山区多灌木，凡质地坚韧、形态奇异的硬杂木根块，甚至是阴沉朽木，均可作根雕之材料。缙云现代根雕技艺概称“自然雕法”，视宛若天成、奇巧生动为高境界。关键点在于顺其自然和仿雕自然，在取舍、斧凿、雕饰过程中，尽可能地保留或“还原”根材的天生意趣。工艺流程包括审根取形、剔腐去皮、雕凿定型、配座、打磨和打蜡上漆。作品多为似是而非的百态物象和奇形异构，也有花架、笔筒、笔架、茶台、座椅等实用工艺品。

缙云悬雕 含有凌空剔透之意，概指雕件实体无基座，背衬若悬空，可供全方位立体观赏。技法上，运用圆雕、浮雕、镂雕、透雕、线雕以及满地雕、多层叠雕和透空双面雕等多种手法，主要应用于宗祠、庙宇、亭阁和大户宅第的牛腿（雀替）、琴枋、垂柱、枋头、栏板、窗棂等建筑构件，同时也体现在仙佛造像和圆雕摆件中。县境北部得东阳木雕熏染，故雕匠多出自壶镇、新建一带。悬雕技艺依托传统建筑而发育，在具象写实的基础上，兼具夸张变形和装饰风味，表达民俗文化观念直截了当。构图简明和谐，注重局部的精致刻画服从整体形象的大关系。受资源限制，缙云悬雕用材向以樟木为主，20世纪70年代以后，东北椴木用悬雕材料数量渐增。

传统技艺类

缙云石雕 缙云多凝灰岩，以凝灰岩打石制器、刻字雕花历史悠久。唐乾元二年（759）刻制的城隍庙碑，为县内已知最早的石雕物件。石雕艺人出自普通石匠，两者并无明显界限，均精通开宕打岩和器物雕饰。石雕造型风格粗犷简明，广泛应用于碑刻、墓葬、建筑构件以及生产生活器具。雕饰以线雕、浮雕为主，圆雕、镂雕为辅，山水花鸟、神仙瑞兽和传统纹饰居多。1993年以来，缙云石雕工艺引进数控机械设备，由纯手工打制转向工业化生产，石料除缙云花岗岩外，更多地从外地引进花岗岩、青石等。以官店村为代表的石雕产业群声名鹊起，石制栏杆、牌坊、亭塔、碑刻、雕像产品推向省内外市政园林和风景名胜区。石雕企业配置机械化设备，吊装有龙门行车，切割有圆盘电锯，雕刻打磨有电动工具辅助。工序包括设计放样、选材取料、打坯雕刻、修饰抛光、现场组装等。

河阳古民居建筑艺术 河阳古民居的水系、道路，基本保持元代村庄特色。留有宗族庄园式古民居建筑群、古祠堂，为明清两代所建，数量之多，规模之大，被称为“江南一绝”。古民居大多为砖木结构，四合院式布局，最大特点是清一色的灰色建筑群落。建筑特色上，有的古宅第大门前筑有“圆洞门”，如同现代园林建筑，其中门上有砖雕“循规”“映月”等字。外墙上古画、古诗保存完整，最有特点的是答樵路，有马头状的墙头32个，远视如同一匹匹昂首的马头在仰头长啸。墙头也因之称为“马头墙”。马头墙黑瓦白墙，飞檐翘角。主要院落、宗祠为前厅后堂。房内木梁、木柱雕梁画栋，龙飞凤舞、栩栩如生，细看可见菜叶上趴有小虫的雕花。木雕窗户方格子小如筛子孔。

土布纺织技艺 民国前，缙云“衣多土制，简朴厚实。”民国5年（1916），五云厚生股份有限公司有手拉木机80台，员工150人。县境大多农户备有纺车和织纻工具，农妇多有纺纱、织纻技能。稍大的村有3～5个不等的农家木制织布机，将棉线、纻（麻）线编织成布。

县境传统织布机有尖机和平机两种。尖机比平机出现时间略早，操作时一踏一放，一手推扣一手射梭。平机则两足交替踩踏，左右手交换投梭拉扣。织布工序烦琐，棉线经浆煮风干，缠于线轴，然后排布经线，制纬梭，上机编织成布。织好的布匹需浸水除去面糊，晒干。

缙云活字印刷术 县境木活字印刷业兴于明代，民国时有七八家作坊。1995年前后，民间兴起重修族谱，仍有十余个姓氏沿袭古法制版成书。

木活字印刷工序。制坯：选取细腻坚韧、吸墨度低的上等梨木或枣木，根据字模规格锯成长条，再切割坯样。写模：字模表面磨平，用小楷羊毫书写老宋体反字。刻模：阳刻为主，阴刻一般用于标题或醒目词句，另外还备有若干空白模及竹片行格线条。排版：分条线版和平面版两种，多竖排。拣字：熟记祖传排字歌诀，从樟木字盘上分拣拼版，印版空隙以木楔撑紧。拓印：印版涂上油墨，拓出清样。经校对勘误后，铺上纸张，用棕刷拓印。装订：印稿折叠压实，切齐三边。装订线距书脊1厘米，以蜡线穿装成册。

缙云烧饼制作工艺 因炉芯置于木桶内，故又称“桶饼”。面粉发酵后，以霉干菜拌鲜猪肉为饼馅，将饼胚贴于炉内壁，炉底烧木炭火以烤熟饼。主要有“发酵”“打酸”“入馅”“上糖油”“烘烤”等工艺程序。

缙云索面制作工艺 索面，为缙云民间手工制作的面条。制作索面，也称“抽索面”。抽索面工具有：面缚、面床、面柜、面箸、面鸡头、面席、面凭、笼格、分箸等。工艺程序包括：和面、搓条、盘条、上箸、拉撺、出面、收面等。

民间文学类

缙云歌谣 民谣，俗称“山歌”。缙云民谣为民间口头文学创作，来自生活，贴近生活，反映生活，主要表达男女愉悦、生活理想和感情愿望。2009年入选浙江省非物质文化遗产名录（详见第三十三篇“方言”第五章）。

仙都传说 仙都胜境自古便是修道、传道之地。有关鼎湖峰与黄帝升天事迹，始载于南朝宋初谢灵运的《游名山志》，为仙都最早的传说。缙云先人以其丰富的想象力和美好愿望，为县境尤其是仙都创作出许多具有神话色彩的民间故事，具有鲜明的地方特色。神话传说代表作有《黄帝炼丹升天》《仙榜岩》等；地名传说有《大肚岩》《缙云山》《鼎湖峰》《饭甑岩》《芙蓉峡》《天柱峰》《截脉岭》《石佛岙》《老鼠偷油》等；人物传说有《李阳冰的传说》《樊御史戏皇帝》《郑国师和刘国师》《戚继光点将台》等；建筑物传说有《问渔亭》《独峰书院的传说》《两座关帝庙的传说》等；爱情伦理传说有《仙都情殇》《婆媳岩》《高机与吴三春》等；其他传说有《倪翁抗驾》《仙都百姓戏皇帝》《仙都斫竹倒绍兴》等。

曲艺类

缙云鼓词 俗称“唱故事”，是缙云盲人娱神乐人或沿街行乞时所演唱的一种民间曲艺（详见本篇第二章第四节）。

传统医药类

田氏传统接骨术 壶镇镇青川人赵胡莲（1842—1939）好武，兼习正骨、接骨及跌打损伤疗法。胡莲女嫁胪膛田家，医术传授给外甥田大中，创“田氏伤科”，接骨术影响逐步扩大。2000年以后，田氏伤科逐步发展成为中西医相结合的现代医疗机构。

田氏传统接骨术讲究心手合一，手随心动，对断骨进行归位还原，再辅以秘传方剂膏丸促其康复。诊疗步骤有整体辨症（目测、摸诊），手法接骨（采用拔、推、旋、提、挤、折等手法，刚柔并济，一气呵成）、柳板固定（夹板采自溪柳，质轻而韧），药物调理（内服汤药，外敷膏药、粉剂）、综合调理（后续辅以食疗和功能锻炼）。

民间知识类

物候天象 古时，人类抵御自然灾害的能力有限，靠天吃饭的现实和趋利避害的本能，促使人们总结、积累了大量物候天象知识，并广泛运用于农耕生产和日常生活。缙云物候天象谚语多以方言韵脚口耳相传，具有顺口好记、通俗生动的特色，流传甚广。

第六章　传媒

1993年以后，缙云传媒从广播、电视、报纸，新增加了利用因特网网络的传媒载体。

2004年3月，缙云县广播站、电视台从县广电局分出，与缙云报社合并，组建缙云县新闻发展中心，属正科级事业单位，同时挂缙云县广播电视台牌子。2006年6月，缙云县广播电视网络传输公司从县文广新局分出，并入县新闻发展中心，同时成立县广播电视台。县新闻发展中心与县广播电视台合署办公，属自收自支性质的正科级事业单位，辖缙云电视台、缙云人民广播电台、《缙云报》和缙云新闻网站4个媒体。内设办公室、总编室、总工室、新闻信息中心、广播中心、电视中心、新闻网站、技术播出部等，下辖乡镇广电站。总工室附设工程管理部、用户管理部，负责网络建设维护和信号传输。

第一节　广播和电视

广播

1998年，缙云县调频广播开通，每天播放16.5小时，其中自办节目8小时。2000年10月31日，缙云县无线调频广播开播。2004年，缙云县电台直播室实现自动播出。栏目设置有“百姓热线”“效能与行风热线”“金色田园”。其中“金色田园”栏目获2007年全省对农栏目提名奖。2009年6月，新增UPS、调制器、电视监测系统设备，供电部分重新改造，供电容量增大，广播播出可靠性提高。全县农村有线广播“村村响”工程竣工，行政村人口有线广播可听覆盖率80%以上。

电视

1979年，县电视差转台先后安装两次，第一次为功率10瓦，台址在五云镇北侧堡殿山上；第二次为功率50瓦，台址在县城南侧鸪鸪山顶。1988年，县广播电视局配置电视摄、录像设备，开始摄制采编缙云电视新闻。1989年，鸪鸪山电视发射塔进行升级改造。1998年2月，缙云县广播电视台（简称“县电视台”）成立。1999年，县电视台添置数字编辑线等设备，实现新闻设备从模拟到数字的转换，电视制作、播出质量明显提高。

2005—2007年，全县实施广播电视“村村通”工程，解决偏远山区1.22万户农民看电视难问题。2008年，实施“广电低保”工程，惠及农村困难群众近4000户。2010年，全县有卫星地面接收站54个，有线电视用户95924户。全县实施有线电视数字化整体转换，主城区已完成“光（光纤）进铜（铜缆）退”网络改造。

2010年，县电视台设置栏目有“缙云新闻”“平安缙云”“记者连线”“石城农事”“百姓空间”“党建”等。其中“记者连线”关注行风建设、优化发展环境和民生热点，“石城农事”面向农村，为农民群众送政策、送农技、送服务、送温暖。

2001年5月，县电视台摄制选送的《迷窟探秘》，获中国第二届“中华荟萃”电视纪录片三等奖。2003年2月，县电视台摄制选送的《浙江绿谷》，获全国第五届“百家电视台电视文艺节目展评”银奖和最佳撰稿奖。

第二节　报纸和网站

报纸

1993年7月28日，中共县委宣传部、团县委合办的《缙云时报》创刊号发行。1994年4月5日，经省新闻出版局批准，自8月6日起，《缙云报》（1956年5月1日创刊，1961年2月9日停刊）复刊，取代《缙云时报》。1999年，《缙云报》由周一报改作周五报。2002年年底，《缙云报》推出四开八版的周末版《仙都特刊》。2004年1月1日，《缙云报》停刊；3月9日，《今日缙云》创办，并开始无偿发行。2006年以后，《今日缙云》由每周3期增至5期。

网站

缙云新闻网，2005年8月30日开通，次年5月，经省政府新闻办公室批准为“浙江在线”网站缙云支站，设有本地新闻、视听缙云和“生活资讯”“人文缙云”“网民热线”“好溪论坛”等30多个版块和栏目。其中，互动栏目“网民热线”属政府与网民之间的交流平台，至2010年，累计受理网民咨询、提问2800条，其中政府部门答复1600条。2010年，发布缙云新闻信息3747条，转载发布国内外新闻22149条。浏览量678.37万次，日最高页面浏览量10.9万次。

第七章　档案　地方志

1981年6月，缙云县档案馆建立；11月，缙云县档案科建立，县档案科与县档案馆合署办公，实行“两块牌子，一套班子”管理体制，直属县委办公室领导。1986年12月，缙云县档案科改建为缙云县档案局。1993年7月，缙云县志编纂委员会成立，下设办公室。1996年9月，县志办公室更名为县地方志办公室，县档案局（馆）和地方志办公室合署办公，为县政府直属正科级事业单位。2008年10月，缙云县档案局、档案馆、地方志办公室，列入参照公务员管理范围，为县委、县政府直属正科级参照公务员管理单位。

第一节　档案

1996年12月，缙云县档案馆通过省综合档案馆目标管理三级认定。1997年，县委办、县府办《关于加强档案管理工作的通知》发布，就档案管理和保密工作提出要求；5月，县政府《关于加强新时期档案工作的实施意见》颁布，对档案工作的组织领导、服务、基础设施、数字化、法制化、经费等方面提出具体实施意见。2006年，五云镇官店村、新建镇新六村档案室被省档案局授予首批“省行政村示范档案室”。2008年，县委、县政府《关于加强新时期档案工作的实施意见》出台，全县档案工作会议召开，表彰2007年档案工作先进集体15个和先进个人15名。按照国家档案局8号令《文书档案归档范围和保管期限表》

的规定，2008—2010年，全县共有53个县级单位、16个乡镇政府、5家企业的《文书档案归档范围和保管期限表》通过审核，批准执行。

2001年，县档案局被省档案局授予“全省农业和农村档案工作先进单位”。

档案行政监管

档案工作目标管理　1995年，全县开始实施档案目标管理，规定每年4月为“归档月”，要求各机关、团体、企事业单位对上年度的文件资料在4月底收集齐全，按分类合理、编目科学、装订美观等要求做好组卷工作。1997年，县府办发布《关于开展档案工作县级达标活动的实施意见》，在全县开展档案工作县级达标活动，提出在县一级达标基础上实现省级达标。1998年，档案工作达标的单位有省级2家、县级4家。1999年，县档案局出台《缙云县乡镇机关档案工作目标管理办法》，在全县范围内开展乡镇机关档案工作目标管理活动，2个乡镇达到省级标准；档案工作列入第二轮土地承包验收考核内容。2000年，9个镇达到省级标准，16个乡、9个试点村达到县级标准。2004年，16个乡达到省级标准。2007年起，开展档案年检工作，并形成常态化机制。2008年4月，县委、县政府将档案工作列入乡镇、部门目标管理综合考核。

2010年，全县机关事业单位档案工作达到省级标准的33家，达到县级标准的63家。

重点建设项目档案管理　1998年，县政府发布《关于加强全县重点建设项目档案工作的意见》，对各重点建设项目的档案工作提出具体要求。当年，接收330国道兰黄“四自”工程档案入馆。2000年，县计委、县建设局、县档案局联合印发《关于加强县级重点建设项目档案工作的通知》，规定重点建设项目竣工验收前应先进行档案验收；同年，县计委、县档案局、县法制局对6个地级以上重点建设项目进行档案专项执法检查。2008年5月，县委办、县府办出台《重点建设项目档案管理办法》《重点档案管理办法》。

企业档案管理　1993年，召开全县企业档案工作研讨会，部署企业转制中的档案管理。1998年，浙江雅仕寝品有限公司档案工作通过省级达标验收，成为全县首家通过省级档案工作达标的民营企业。2009年，举办企业档案业务培训班，县工业园区50多家民营企业参加。2010年，全县通过省级档案工作达标验收企业10家。

档案信息化建设

2002年，缙云县档案信息网开通。2003年，缙云县馆藏民国档案数据库建成；县数字档案馆系统开始建设，至2010年共录入档案条目63898条。2010年，县电子文件和数字登记备份中心成立，数字档案登记备份工作列入乡镇政府和部门工作目标责任制考核，全年完成数字档案登记备份单位10家。

档案管理利用

县档案馆地址在复兴街154号原县政府大院内，建筑面积890平方米，其中库房614平方米。设备有密集架49立方米、铁质档案箱260个、木质档案箱739个、档案架44个。库区设置消防和红外线防盗报警系统。

征集　2001年，台胞朱则奎先生捐赠《朱氏汉字源典》；2003年1月，县档案馆向县内知名艺术家14人征集书画作品。2004年，征集到缙籍书画名家楼浩之的书画作品。2007年10月，缙籍中国作家协会会员吴越将《括苍山恩仇记》部分原稿捐赠给县档案馆。2010年，县档案馆有县境80多个姓氏的宗谱800余册。

接收　1993年，县档案馆接收县统计局档案951卷。1998年，接收县科委、县计经委等11个单位档案1260卷。1998年，接收县化工一厂、县茶厂2个破产企业档案。2000年，接收县委统战部、县供销社、县卫生局等单位档案。2006年，接收县七二六厂、县建材厂、县物资总公司等19家破产企业和5家已撤销机构的档案。2008年，接收撤销建制的8个乡镇的档案。2001年，县行政中心搬迁，县档案馆接收其案卷、图书资料和涉密废纸，甄别、整理县人民政府成立以来的底稿、合同、协议、图纸等共计5万份。

馆藏 2010年，县档案馆馆藏档案全宗189个，档案70170卷（件）。包括：文书档案37362卷（件）（含会计档案18516卷），科技档案1938卷，人事档案4008卷，计划生育档案223卷，名人档案187卷；人口普查资料420卷，土壤普查资料171卷，工业普查资料37卷，山林定权资料750卷，第二轮土地承包资料1353卷，第二轮山林延期承包资料960卷，20世纪50年代初土地清册和房地产证件存根2221卷；有照片7911张，实物26件，录像带25盒，幻灯片52张，图书、资料13039册；清代档案3卷，民国档案3111卷，民国资料3815册；民国前修撰的旧本宗谱668卷，在省内县级馆中名列前茅；藏有清代再版的《咸淳临安志》（原100卷失3卷），民国重刊的《缙云文征》（原20卷，合编作4卷）。

“病档”修复 1998年，县档案馆开展“病档”抢救，共裱糊档案111卷290张，其中民国25卷67张，中华人民共和国成立后86卷223张。1999年，翻拍馆内无底片照片961张。2009年，对馆藏的土地清册及房地产证存根进行修裱。2010年年末，共抢救破损档案839卷3190张，补写民国档案卷内目录2273条。

开放利用 1994年，根据《各级国家档案馆开放档案办法》，县档案馆向社会开放76个全宗的2866卷档案，资料53册。到2000年，县档案局又向社会开放78个全宗1985卷档案，11849册资料。2001年，对馆藏1978—1985年党政机关、部门和企事业单位保管期满15年的短期档案922卷进行筛查鉴定，将有继续保存价值的升为永久或长期保管，对失去保存价值的878卷造册后销毁。2004年，县档案馆向社会开放现行文件查阅。

1993—2010年，县档案馆接待查档人员11810人次，利用档案38447卷（册、件），复印档案26228页。利用馆藏档案，编研成果有《缙云在前进》（第2辑）、《老年之友》《1979—1992年缙云县部分企业名优产品汇编》《缙云县1992年十大青年能人基本情况》《中共缙云县组织史》《缙云县机关机构沿革》《缙云县农业开发项目（三种两养）》等。

第二节　地方志

1993年7月，缙云县志编纂委员会成立，下设办公室。1996年9月，县志办公室更名为缙云县地方志办公室（简称“县方志办”），与县档案局（馆）合署办公。

1996年第一轮志书出版后，县方志办主要从事二轮县志资料收集整理、地方综合年鉴编纂、地情书编纂和指导，对乡镇志、部门志和专业志编纂出版进行业务指导和审定等工作。

地方志书

1981年，县委、县政府开始组织中华人民共和国成立后缙云县第一轮修志工作，编纂《缙云县志》。1995年5月，《缙云县志》志稿通过浙江省地方志办公室审定批复，同意出版。1996年4月，《缙云县志》由浙江人民出版社出版。全书25篇，101.5万字。该志获浙江省地方志优秀成果评比一等奖。2011年5月，《缙云县志（1993—2010）》编纂工作启动。

地方综合年鉴

缙云县地方综合年鉴，2002年开始编纂，书名《缙云年鉴》，每年编纂1卷，分门别类记载上年度全县各方面情况。2002年12月，《缙云年鉴》首卷由国际炎黄文化出版社出版，该卷内容与1996年出版的《缙云县志》内容相衔接，略述1993年以来的变革或事件。至2010年，《缙云年鉴》共编印9卷。

乡镇志、部门志、专业志

1993年以来，县方志办组织编纂了《缙云姓氏志》，指导编纂专业志、部门志10部：《缙云县人大志》《缙云县邮电志》《缙云县地名志》《缙云县政协志》《缙云县卫生志》《缙云县供销社志》《缙云县方言志》《缙云县军事志》《缙云县水利志》《缙云县交通志》。至2010年，除《缙云县水利志》《缙云县交通志》外，均已成书。

地情

首轮修志工作结束后至2010年，县方志办编纂的缙云地情文献有：《走进河阳》《缙云文献》《缙云古今》等。

第八章　体育

1984年—1991年6月，县体育局与县教育局合并。1991年7月—1996年7月，设缙云县体育运动委员会。1996年8月—2001年3月，设缙云县体育事业发展局（简称“县体育局”）。2001年4月，县体育局与县文化局、广电新闻出版局合并，下设缙云县体育培训中心。2005年4月，缙云县体育局成立，与县文化广电新闻出版局合署办公。

1994年，缙云县体育总会成立。2008年7月，缙云县体育培训中心场馆投入使用，建筑面积5894平方米，有篮球馆、网球场、乒乓球训练馆、健身房。

至2008年，全县建成小康体育村141个。2009年，缙云县体育培训中心被人力资源和社会保障部、国家体育总局授予全国群众体育先进集体。2010年，缙云县被省体育局认定为省体育大会最佳赛区之一，县体育局被国家体育总局授予全国全民健身组织奖，“木兰扇”项目获省体育大会选拔赛金奖。

第一节　群众体育

体育活动

县境传统体育项目主要有武术、举重、拔河、田径、球类、棋类等，还有庙会罗汉班、元宵迎龙灯兼具游艺和体育功能。1985年前后，健身气功传入，台球活动开始在城乡活跃，台球、乒乓球业主常以摆摊攻擂形式招徕顾客。1993年以后，县城水南有保龄球馆，保龄球活动曾在部分人群流行一时。2000年以后，330国道东侧杜桥村北附近的网球场开始使用。

进入21世纪，县城为主的有些休闲族逐渐讲究健身休闲，除登山、徒步、骑游、垂钓、广场舞等外，中老年女性有的热衷健美操，中老年男性有的偏好门球、气排球、自行车骑游。一批游泳爱好者常年坚持游泳。2008年，县青青户外俱乐部成立，在县境开发“驴（旅）行”线路10多条，先后多次邀约金华、丽水、杭州等地“驴友”到缙云开展户外运动。

体育赛事

2001 年 10 月 24—25 日，由省旅游局、中国登山协会联合举办中国·仙都首届国际攀岩节，中、韩、俄 11 名运动员采用先锋结组（无顶绳保险）攀登鼎湖峰。2004 年、2008 年，缙云县第一届、第二届全民运动会举行，每届均有运动员 1200 多人，设比赛项目 24 个。

1998—2006 年，缙云先后承办省级以上的赛事有：浙江万马男篮队与美国青年队篮球友谊赛、省青少年田径锦标赛、全国国际象棋锦标赛（个人）、中国乒乓球俱乐部超级联赛浙江对上海赛事、乒乓球超级联赛黑龙江三精药业队（孔令辉领衔）与广东全球通队（马琳领衔）赛事，浙江省锯力煌杯第七届太极拳剑比赛，省武术（太极拳剑）比赛。

图 27-8-1　2009 年县城“回春医疗保健操”展示活动

2010 年，缙云先后举行的赛事有：5 月，省电力杯职工乒乓球邀请赛；10 月，省军队离退休干部门球赛，省首届体育大会啦啦操、蹼泳和门球比赛。

1993 年，大源镇寮车头村王岳武获“天赐杯”全国残疾人三项赛 400 米银牌；2005 年 5 月，丁杰君获全国残疾人游泳锦标赛男子甲组 400 米自由泳 S9、100 米仰泳 S9 第四名；10 月，卢俊尚等获全国残疾人青少年羽毛球锦标赛听力男子组双打第四名。

第二节　学校体育

1993 年以来，继续按照《国家体育锻炼标准》开展中小学生体育锻炼达标活动，全面提高学生素质，并将体育考试列入中考科目。

体育教学

1993 年开始，执行省《义务教育全日制小学体育与保健教学指导纲要》，小学课程设置“体育与保健”课。必学内容，理论部分有体育与保健常识，实践部分有走和跑、跳跃、投掷、攀爬、悬垂支撑、滚翻、平衡、小球类、队列队形、徒手操、舞蹈等。选修内容有保健体育、田径、球类韵律操、武术、八段锦、五禽戏和体育欣赏等。

2000 年，初中一、二年级的体育与保健课由每周 3 课时改为 2 课时。2001 年 9 月 1 日起，教育部新制定的全日制小学、初级中学和普通高级中学《体育与健康教学大纲》实施。采用必修与选修（含限选和任选）相结合的课程结构。1997 年，全县中小学推广第二套中小学生广播体操；9 月，中小学实施新的国家体育与健康课程标准取代体育教学大纲。2004 年，全面实施体育课程改革。

1993 年开始，初中升高中须加试体育。设必考项目 2 项，任选项目 1 项，每项 10 分，满分 30 分，计入升学考试总分。必考项目为 800 米跑（女）和 1500 米跑（男）、铅球，任选项目为立定跳远和 50 米跑。之后，游泳、仰卧起坐、立定跳远等项目也列入必考或任选项目。

体育达标

1994—1997 年，缙云县连续四年获浙江省教委、体委推行《国家体育锻炼标准》先进单位称号。从 1986 年国家推行《国家体育锻炼标准》至 2010 年，五云（县实验）小学、缙云中学均连续十年以上获国家或省体育达标先进单位。

体育比赛

1993 年以来，全县每年秋季举办中小学生田径运动会。县中小学生田径运动会举行之前，各中小学均举办校级运动会。2002 年，中、小学校大规模撤并前，各乡镇在校运动会的基础上举办中小学田径运动会，以乡镇为单位选拔、组队参加县中小学生田径运动会，县属学校以校为单位组队参加。全县中小学生田径运动会比赛地点，1999 年以前在壶镇壶滨运动场，2000 年开始在缙云中学运动场。

1996—2010 年缙云县中小学生（团体）在省级以上比赛获前三名者情况一览表

表 27-8-1

<table>
<tr><th rowspan="2">年份</th><th rowspan="2">姓名
或单位</th><th rowspan="2">级别</th><th rowspan="2">类别</th><th rowspan="2">项目</th><th colspan="2">奖项</th></tr>
<tr><th>团 体</th><th>个 人</th></tr>
<tr><td>1996</td><td rowspan="3">实验小学</td><td rowspan="3">国家</td><td rowspan="2">国际象棋</td><td>—</td><td>第十名</td><td>—</td></tr>
<tr><td>1999</td><td>—</td><td>第五名</td><td>—</td></tr>
<tr><td rowspan="3">2002</td><td>棋类</td><td>—</td><td>C 组第一名</td><td>—</td></tr>
<tr><td>陈 妮</td><td>省</td><td>运动会</td><td>50 米自由泳</td><td>—</td><td rowspan="2">第一名</td></tr>
<tr><td>李舒畅</td><td rowspan="7">国家</td><td>少儿棋类邀请赛</td><td>中国象棋项目 C 组</td><td>—</td></tr>
<tr><td rowspan="6">2003</td><td>实验小学</td><td rowspan="6">第十一届全国小学生国际象棋</td><td>—</td><td>道德风尚</td><td>—</td></tr>
<tr><td>赵阳羊</td><td rowspan="2">男交流甲组</td><td>—</td><td>第二名</td></tr>
<tr><td>虞震楠</td><td>—</td><td rowspan="3">第三名</td></tr>
<tr><td>吴 哲</td><td>女交流甲组</td><td>—</td></tr>
<tr><td>谢璐遥</td><td>女交流乙组</td><td>—</td></tr>
<tr><td>陈南宁</td><td>女交流丙组</td><td>—</td><td>第二名</td></tr>
<tr><td>2005</td><td>胡雅娉</td><td rowspan="2">省</td><td>中小学生乒乓球排名总决赛</td><td>单打</td><td>—</td><td rowspan="4">第一名</td></tr>
<tr><td>2006</td><td>白 洁</td><td>重点中学田径运动会</td><td>男子 1500 米</td><td>—</td></tr>
<tr><td rowspan="2">2007</td><td>夏远雄</td><td>国际</td><td>厦门国际马拉松邀请赛</td><td>男子马拉松</td><td>—</td></tr>
<tr><td>邢 舟</td><td rowspan="2">省</td><td>第五届中学生羽毛球赛</td><td>男子单打</td><td>—</td></tr>
<tr><td rowspan="2">2008</td><td>朱凌鹭</td><td>第九届重点中学田径运动会</td><td>女子 1500 米</td><td>—</td><td>破纪录</td></tr>
<tr><td>卢芊芊</td><td>国家</td><td>全国轮滑花样过桩锦标赛</td><td>轮滑</td><td>—</td><td>第一名</td></tr>
<tr><td rowspan="6">2010</td><td>周玮彬</td><td rowspan="4">省</td><td>体育特色学校田比赛</td><td>男子跳高</td><td>—</td><td rowspan="2">破纪录</td></tr>
<tr><td>田笠君</td><td>第十四届田径运动会</td><td>女子 1500 米</td><td>—</td></tr>
<tr><td>周 勤</td><td>中小学羽毛球锦标赛</td><td>女子双打</td><td>—</td><td rowspan="4">第一名</td></tr>
<tr><td>朱俊武</td><td>青少年武术散打锦标赛</td><td>男子组 75 公斤散打</td><td>—</td></tr>
<tr><td rowspan="2">卢芊芊</td><td rowspan="2">国际</td><td rowspan="2">世界自由式轮滑公开赛</td><td>青年女子组速度过桩</td><td>—</td></tr>
<tr><td>青年女子组花式绕桩</td><td>—</td></tr>
</table>

学校体育场地和体育器材

1993年以后，全县中小学体育场地尤其是一批新建学校的体育场地规划到位、建设到位、标准到位，体育器材逐步完备。2008—2010年，全县中小学体育场地达标学校数，46所小学由13所增到30所，14所初中由5所增到全部，9所高中由6所增到全部；体育器材达标学校数，46所小学由29所增到全部，14所初中由9所增到13所，高中全部达标。

第三节　社团、人才和产业

体育社团及机构

至2010年，县域体育社团有：县体育总会、县老年人体育协会、县钓鱼协会、县气排球协会、县体育舞蹈协会、县游泳协会、县乒乓球协会、壶镇武术协会、县跆拳道协会、县登山协会、县门球协会、县中国象棋协会、县运动休闲协会、县钓鱼协会、县航空运动协会。县体育机构有：朝晖青少年体育俱乐部、蓝天国标舞馆、白云山武校、壶镇龙青武馆等。全县聘请社会体育指导员380余人。

竞技人才

2004—2010年，缙云县涌现出一批跻身全国、国际的体育人才。

2004—2010年缙云籍个人入选国家省体育团队及其获奖情况一览表

表27-8-2

<table>
<tr><th rowspan="2">姓名</th><th colspan="3">入选团队</th><th colspan="3">获奖情况</th></tr>
<tr><th>时间</th><th>项目</th><th>级别</th><th>年份</th><th>项目</th><th>名次</th></tr>
<tr><td rowspan="3">胡雅娉</td><td>2004</td><td>乒乓球</td><td>省级</td><td>2006</td><td>第十三届省运会乒乓球女子单打</td><td>亚军</td></tr>
<tr><td colspan="3" rowspan="2">—</td><td>2004—2006</td><td>省乒乓球积分赛总决赛单打</td><td>冠军</td></tr>
<tr><td>2008</td><td>全国乒乓球公开赛单打</td><td>第三名</td></tr>
<tr><td>丁锦辉</td><td>2007</td><td>篮球</td><td>国家队</td><td>2008—2010</td><td>省级十佳运动员</td><td>—</td></tr>
<tr><td rowspan="2">柯　洁</td><td colspan="3" rowspan="2">—</td><td>2007</td><td>全国少儿围棋锦标赛</td><td rowspan="5">冠军</td></tr>
<tr><td rowspan="2">2008</td><td>世界围棋少年组冠军和第28届应氏杯世青赛</td></tr>
<tr><td rowspan="3">卢芊芊</td><td colspan="3" rowspan="3">—</td><td>全国轮滑花样过桩锦标赛</td></tr>
<tr><td>2009</td><td>世界轮滑花样过桩锦标赛</td></tr>
<tr><td>2011</td><td>世界轮滑锦标赛速度过桩比赛</td></tr>
<tr><td>赵晏瑶</td><td rowspan="3">2008</td><td rowspan="2">滑翔</td><td rowspan="2">国家队</td><td>2010</td><td>第十四届省运会团体和双打竞赛</td><td>第二、三名</td></tr>
<tr><td>何靖伟</td><td>2008</td><td>首届亚洲沙滩运动会</td><td>铜牌2枚</td></tr>
<tr><td>蒋尚津</td><td>象棋</td><td rowspan="2">省队</td><td>—</td><td>—</td><td>—</td></tr>
<tr><td>周亚平</td><td>2009</td><td>篮球</td><td>—</td><td>—</td><td>—</td></tr>
<tr><td rowspan="2">田笠君</td><td colspan="3" rowspan="2">—</td><td rowspan="4">2010</td><td>第十四届省运会田径3000米</td><td>冠军</td></tr>
<tr><td>第十四届省运会田径1500米</td><td>亚军</td></tr>
<tr><td>麻育民</td><td colspan="3">—</td><td>省体育会男子定向短距离</td><td rowspan="2">冠军</td></tr>
<tr><td>徐锦妃</td><td colspan="3">—</td><td>省体育会女子定向短距离</td></tr>
</table>

体育产业

2010年，全县有游泳场馆10家，其中经营性8家。2005年以后，黄龙景区实行体旅融合，建成户外拓展基地。华洋动力、金棒体育、涛涛休闲、北山狼户外用品等企业生产、经营特色体育产品，成为县体育产业龙头企业。华洋动力机械有限公司生产的山地车，被国家体育总局汽摩运动管理中心指定为全国摩托车越野锦标赛用车。2010年，中国体育彩票竞彩缙云形象店下设代销点31家，年内电脑体育彩票销售880.2万元，即开型体育彩票销售174.5万元。

第九章　出版物

1993—2010年，公开出版或个人自行印发书籍、刊物的标准放宽，缙云县个人正式出版和非正式出版的书籍均随之增多。出版书籍内容涉及自然、经济、社会、人物、文化各个方面，体裁形式有史志、传记、回忆录、文学、画册等。本章收集部分缙籍作者的书籍和县外作者撰写缙云的书籍。

第一节　正式出版物

《缙云县志》 缙云县志编纂委员会编，金兆法主编，浙江人民出版社，1996年4月出版。

《缙云姓氏志》 缙云县地方志办公室编，金兆法主编，方志出版社，1999年1月出版。

《仙都历代名人题咏诗》 卢汝福编，中国文联出版社，1999年9月出版。

《褚震冈画册》 浙江美术家协会编，上海三联书店出版社，1999年9月出版。

《历代名人与处州》 赵治中著，作家出版社，2001年5月出版。

《轩辕黄帝与缙云仙都》 毛子荣主编，浙江人民出版社，2001年10月出版。

《浙南民间民俗音乐选编》 项铨、薛成火编，中国文艺出版社，2001年10月出版。

《解放一江山岛》 吴沛富主编，长征出版社，2003年3月出版。

《风雨茅庐——郁达夫传》 陈福亮著，中国广播电视出版社，2004年1月出版。

《食用菌生产技术》 沈美菊编，中国农业出版社，2005年5月出版。

《黄帝文化研究》 李凭、赵导亮主编，山西古籍出版社，2005年8月出版。

《走进河阳》 金兆法著，中国青年出版社，2005年10月出版。

《稀罕河阳》 洪铁城著，中国城市出版社，2005年10月出版。

《缙云古今》 钭设坡主编，人民日报出版社，2005年12月出版。

《仙都导游词》 俞云初主编，山西古籍出版社，2005年11月出版。

《华丽的孤独》 谷潘著，浙江文艺出版社，2006年5月出版。

《缙云县地图册》 县民政局编，哈尔滨地图出版社，2006年9月出版。

《缙云黄帝祠》 虞红鸣、吕驾宇编著，西泠印社出版社，2006年12月出版。

《黄帝祠宇楹联大观》 县旅游局编，浙江人民出版社，2007年10月出版。

《婺剧老艺人传统唱腔选》 叶金亮编，中国戏剧出版社，2007年12月出版。

《苍岭记忆》 朱文风著，中华诗词出版社，2008年3月出版。

《大美无痕——根雕审美与感悟》 章建明著，西泠印社出版社，2008年4月出版。

《诗苑探胜》 邹贵亮著，安徽人民出版社，2008年6月出版。

《缙云文化研究》 王达钦著，浙江大学出版社，2008年9月出版。

《括苍古道》 赵治中主编，中国文史出版社，2008年出版。

《缙云县地图》 县地名办、省测绘大队编制，哈尔滨地图出版社，2008年出版。

《心灵集》 郑禹仁诗词作品集，中国文化出版社，2009年1月出版。

《千古缙云》 项一中主编，西泠印社出版社，2009年10月出版。

《仙都》 摄影画册，俞云初执编，浙江人民出版社，2009年10月出版。

《缙云县供销社志》 王国代主编，方志出版社，2009年11月出版。

《蝴蝶飞歌》 胡庆平创作歌曲集，名人出版社，2010年8月出版。

《东海传奇》 杜群森著，团结出版社，2010年9月出版。

《仙境寻奇》 项一中著，西泠印社出版社，2010年11月出版。

《褚震冈——中国优秀美术家典藏丛书》《中国优秀美术家典藏丛书》编委会编，中国国际艺术出版社，2010年出版。

《完全范本——名师教你画素描静物》 谢银松编，吉林美术出版社，2010年出版。

第二节　非正式出版物

本节系内部刊印书目，收有1993—2010年期间的60多种。作者或主编有署名单位的，也有个人的；形式有书籍，也有报刊；内容有史志、音乐、诗歌对联、书画摄影作品，也有人物传记、神话传说、山水风光、方言俚语等。

《樊崧甫》 县政协文史资料工作委员会编，1993年1月刊印。

《草间集》 丁立宪诗文楹联集，1994年首刊（2004年5月重刊）。

《仙都古今诗词选》 缙云独峰诗词学会编，1994年8月刊印。

《漫话皇帝》 黄文主编，1995年刊印。

《缙云县人大志》 陈明枝主编，1996年刊印。

《缙云当代人物》 姚根官主编，1998年1月刊印。

《缙云县邮电志》 张献新主编，1998年刊印。

《缙云书画》 缙云县政协诗书画社编，1998年10月刊印。

《缙云地名志》 赵子初主编，1999年刊印。

《缙云政协志》 樊有富主编，1999年刊印。

《三溪革命斗争史》 应成连主编，2000年7月刊印。

《仙都风光》 王达钦著，2000年9月初版（2004年10月重刊）。

《栖真古刹风云录》 赵文华著，2001年9月刊印。

《献山庙传说》 章子纯著，2001年9月刊印。

《中国·仙都》 摄影画册，章建明、李咸德编。2002年9月刊印。

《缙云年鉴》 属综合性年鉴，县地方志办公室编，始于2002年，每年一辑。

《缙云文献——历代名人诗文》 钭设坡主编，2003 年 3 月刊印。
《翰墨抒怀》 缙云老年书画研究会作品集，尹继善、李泽豪编，2003 年 9 月刊印。
《步韵绝句一百首》 施子江著，2003 年 8 月刊印。
《龙溪夕照》 应成连主编，2004 年 8 月刊印。
《婺剧音乐——器乐曲选》 叶金亮编，2004 年 12 月刊印。
《亲农短语集锦》 县农村工作指导员领导小组办公室编，2005 年 1 月刊印。
《一方水土》 中学乡土教材读本，朱文风主编，2005 年刊印。
《卢汝福国画作品集》 作者卢汝福，2006 年 1 月刊印。
《独峰诗声》 王凯朝主编，2006 年刊印。
《清诗遗集》 麻松亘据家藏本考注编辑，2006 年刊印。
《兆岸风情》 兆岸陈氏先祖纪念馆管委会编，2007 年 2 月刊印。
《费马大定理证明之研究》 胡振武著，2007 年 9 月刊印。
《匠心——黄帝祠宇楹联匾额设计制作》 陈慧珠编，2007 年 10 月刊印。
《缙云县书法大展作品集》 县书法家协会编，2007 年 12 月刊印。
《缙云县卫生志》 王子全主编，2007 年刊印。
《画家李震坚散记》 李泽豪著，2008 年 7 月刊物。
《杜光庭诗之分析》 胡振武著，2008 年 1 月刊印。
《杜光庭学术研究论文集》 樊有富主编，2008 年 4 月刊印。
《三人行——诗书画联展作品集》 县文联编，2008 年 9 月刊印。
《陈子信人物肖像速写》 郑朝晖编，2008 年 10 月刊印。
《篱外黄花》 潘玉环诗词楹联集，2008 年 12 月刊印。
《缙云古城》 王达钦编，2008 年 12 月刊印。
《脚迹》 潜友良回忆录，2008 年刊印。
《世纪吉祥》 麻吉祥百年诞辰纪念册，麻叔维编，2008 年刊印。
《处州史略》 钭革非著，2009 年 8 月刊印。
《竹本斋诗词稿》 施子江著，2009 年 4 月刊印。
《故事·往事》 丁金焕编著，2009 年 7 月刊印。
《大洋山石谷》 摄影画册，樊有富主编，2009 年 9 月刊印。
《峥嵘岁月》 吴沛富主编，2009 年刊印。
《诗画仙都》 缙云老年书画研究会编，2009 年刊印。
《缙云县方言志》 吴越编著，县文化广电新闻出版局 2010 年 1 月刊印。
《缙云县军事志》 俞伟军、王达钦主编，2010 年 1 月刊印。
《盘电颂》 樊有富主编，2010 年 6 月刊印。
《鸿爪集》 尹继善诗文集，2010 年 7 月刊印。
《周村风光》 郑岩星主编，2010 年刊印。
《缙云统计年鉴》 县统计局编，汇总缙云县年度国民经济和社会发展数据。
《今日缙云》 前身为《缙云报》，县新闻发展中心主办，赠阅。
《缙云教育》 双月刊，县教育局、教育学会、教研室主办。
《缙云吟刊》 县政协诗书画社编。1995 年刊名《吟春诗草》，1999 年改今称。
《老圃黄花》 诗词年刊，县老年大学主办。
《独峰诗声》 缙云独峰诗词学会会刊，不定期刊印。

《缙云文学》 县文联会刊，不定期刊印。

《仙都摄影报》 仙都摄影俱乐部主办，2006 年 5 月创刊，不定期刊印。

《百年田氏》 田氏伤科医院主办，2007 年 2 月创刊。

《壶滨校报》 壶滨中学主办。

《缙中人》 缙云中学主办，2002 年 4 月创刊，双月刊。

《大小孩》 实验中学主办，2004 年 1 月创刊，半月刊。

《足迹》 盘溪中学主办，每学期约三期，4 开 4 版。

《缙医报》 县人民医院主办，2005 年 6 月创刊。

《东工报》 东方工具制造有限公司主办，2002 年 9 月创刊，月刊。

《晨龙报》 晨龙锯床集团有限公司主办，2006 年创刊，月刊。

《扬帆报》 扬帆控股集团主办，2007 年 1 月创刊，月刊。

《缙云工商》 县总商会主办，1998 年创刊。至 2010 年，编发 187 期。

《仙都旋律》 浙江仙都啤酒发展有限公司主办，1997 年创刊，2009 年后改版《仙都人》。

第二十八篇　卫　生

1993—2010 年，卫生医疗体制改革的不断推进，民营医疗机构的快速崛起，成为缙云县本时期医疗事业的显著特色。县政府调整医疗卫生机构，增加卫生经费投入，医疗卫生事业全面发展。贯彻“预防为主”方针，全面推进卫生保健，逐步实现公共卫生服务均等化，开展爱国卫生运动，公共卫生监督向职业卫生、医疗卫生、医疗服务市场等领域扩展，食品卫生监管向食品卫生保障延伸。突发公共卫生应急机制和体系不断完善，各类传染病得到有效控制。2003 年，科学、有效控制“传染性非典型肺炎”（简称“非典”）疫情。2005 年，缙云启动省级卫生县城创建。2010 年，缙云通过省级卫生县城创建复评验收。

第一章 医疗卫生机构

1993 年，缙云县专业卫生单位有县疾病预防控制中心、县卫生监督所、县妇幼保健院、县爱国卫生运动委员会办公室、县药品监督所 5 个，主要负责全民卫生保健和疾病监测防控等公共卫生工作。医疗机构以县级医院、乡镇卫生院、街道社区卫生服务中心（服务站）为主体，私立医院、个体诊所和村卫生室为补充，形成县域医疗卫生网络。2010 年，全县有医疗卫生机构 330 家，床位 1140 张，每千人口 3.09 张；共有卫生技术人员 1597 人，其中医生 755 人，护士 672 人，每千人口有医生 1.67 人。

第一节 行政主管机构

1993 年 8 月，县卫生局内设医政药政股、人事秘书股、计划财务股。1997 年 8 月，县卫生局内设办公室、人事股、计划财务股、医政药政股（红十字会办公室）。下属事业单位有县卫生防疫站、县公费医疗办公室、县爱国卫生运动委员会办公室（简称“县爱卫办”）、县卫生进修学校、县妇幼保健院、县公共卫生监督所、县药品监督检验所、县人民医院、县第二人民医院、县中医院、乡镇卫生院。

2002 年 5 月，县卫生局负责的药政管理、药品监督检验职能划归县药品监督管理局，公费医疗管理职能划归县人劳社保局（其中复退、残疾军人医药费管理职能划归县民政局），增加组织副科以上领导干部医疗保健和健康检查、负责《中华人民共和国食品卫生法》《中华人民共和国职业病防治法》行政执法两项职能，内设办公室、计划财务科、人事教育科、医政科、预防保健科。

2005 年 4 月，县卫生局负责的保健品许可职能划归县食品药品监督管理局，食品生产加工环节的卫生监督职责划归县质量技术监督局，内设办公室、计划财务科、人事教育科、医政科（中医科）、预防保健科。2006 年 8 月，县卫生局机关由五云镇溪滨南路 35 号迁至溪滨北路 36 号。

第二节 专业卫生单位

县疾病预防控制中心

前身为缙云县卫生防疫站，位于五云镇大桥南路二中巷 10 号，占地 1700 平方米，建筑面积 1647 平方米，其中实验室用房 365 平方米。1993 年，县卫生防疫站内设防疫科、地方防治科、食品卫生管理科、劳动卫生管理科、检验科、财务科、检验室、办公室、预防医学门诊部、爱卫办。专业人员 33 人、后勤 6 人。1994 年 1 月，县卫生防疫站劳卫科、食卫科合并为卫生科，地防科并入防疫科，财务室并入办公室；3 月，门诊部重新承包经营；4 月，调整为监督科、卫生科、防疫科、地方病慢性病科、综合科、检验科。1999 年 6 月，县卫生防疫站被评定为丽水地区首家县级二等卫生防疫站。

2001 年 8 月，县卫生防疫站撤销，建立缙云县疾病预防控制中心（简称“县疾控中心”）。县疾控中心内设综合科、疾控科、检验科、门诊部（结防所）。2003 年 3 月，县疾控中心设综合办公室、疾控科、免防科、检验科、预防医学门诊（结防所）。

县疾控中心综合楼建设工程，2005 年年底开工，坐落五云镇翠竹路 89 号，占地面积 3600 平方米，建筑面积 4141 平方米；2007 年 11 月，迁居使用；2008 年 1 月，通过验收。2006 年 6 月，县疾控中心和卫生监督所分立，县疾控中心设办公室（健教科）、疾控科、免防科、卫生监测科、预防医学（结防科）门诊、检验科（质量管理办公室）。2007 年 3 月，县疾控中心卫生监测科更名为卫生科（健教科），免防科更名为传防科（农村公共卫生指导科），增设地方病慢性病科。2009 年 8 月，县疾控中心设办公室（创安办）、传染病防治科（应急办）、卫生科（健教科、农村公共卫生指导科）、地方病慢性病防治科、预防医学（结核）门诊、检验科（质量管理办公室）。2010 年，县疾控中心有职工 28 人，其中卫技人员 25 人。

1996 年，县疾控中心被省卫生厅评为浙江省消灭血吸虫病先进集体。2006 年，县疾控中心被卫生部评为全国结核病防治先进集体。2010 年，县疾控中心被省卫生厅评为省粉尘与高毒物品危害专项治理、饮用水监测先进集体。

县卫生监督所

前身为县卫生防疫站卫生监督科，位于五云镇大桥南路二中巷 10 号。1996 年 6 月，县卫生防疫站增挂县公共卫生监督所牌子。2001 年 8 月，撤销县公共卫生监督所，组建县卫生监督所，与县疾病预防控制中心合署办公。2003 年 3 月，设综合办证科、监督一科、监督二科；次年，增设监督三科。2006 年 6 月，县卫生监督所与县疾控中心分立，设办公室、食品卫生监督科、职业卫生监督科、医疗卫生监督科、法制稽查科、办事窗口等 6 个科室。2007 年 12 月，县卫生监督所壶镇分所成立。

2010 年年底，县卫生监督所设办公室、食品卫生监督科、职业卫生监督科、医疗卫生监督科、许可审核和法制稽查科、应急投诉科 6 个科室。

县妇幼保健院

位于五云镇风景山路 16 号。2003 年 11 月，更名为缙云县妇幼保健站。承担全县妇幼保健医疗服务和业务指导、新生儿疾病筛查、孕妇产前筛查、出生医学证明管理工作。设有重症高危孕产妇抢救专家库。业务用房 2797 平方米。2010 年，全县有基层妇幼保健网点 29 个。

县爱国卫生运动委员会办公室

1993 年 10 月，从县卫生防疫站分离，迁至五云镇溪滨南路 35 号。负责协调和指导卫生县城（镇）创建、农民健康教育、农村改水工程和除“四害”工作。

县卫生进修学校

1983 年 5 月创办，隶属于县卫生局，承担中专学历卫技人员、乡村医生的培训职能。属财政补助事业单位，编制 8 人。2010 年，有工作人员 1 名。

县药品检验所

2002 年，按照国家药品监督管理机构改革实施方案，缙云县药品监督管理局（简称“县药监局”）成立，县药品检验所的工作职能和人员划到县药监局。

第三节　医疗机构

2010年，全县医疗机构有公办医院49家、以村集体名义办的卫生室198家、民营医疗机构83家（医院4家、诊所79家）。公办医院中有县级医院3家、乡镇卫生院16家、社区卫生服务站30家。

县级医院

缙云县人民医院（简称“县人民医院”） 位于县城溪滨南路33号。1991年，为国标二级乙等综合性医院。2005年，晋升为国标二级甲等综合性医院。

核定床位，1993年300张，2010年400张。1995年，开设医院感染管理科。2000年，新门诊大楼投入使用，建筑面积12000平方米，计算机管理网络系统开通。2001年，增设新农合医疗保险管理办公室、信息设备科、门诊小手术室、ICU（重症监护室），急诊室更名为急诊科。2002年，在县行政中心开设新区医务室。2003年，增设血透室、内分泌专科门诊。2005年，增设神经外科病区、心内科病区（内二科），妇产科病区分设为妇科病区、产科病区，县储血点启用。是年，《缙医报》创刊。2009年，ICU更名为重症医学科，增设疼痛科、输血科，增设康复病区。

县医院能广泛施行一类至四类手术，含甲状腺癌根治术、颈淋巴结清扫术、乳腺癌根治术等高难手术，其中腔镜下胃癌根治术为丽水市县级医院中最早施行。

2010年，有职工550人。其中高级职务医务人员60多人、中级职务医务人员160多人。设13个病区、37个临床医技科室、29个专家门诊。检验科、病理科的室间质控管理连续二十余年获省卫生厅考核优秀。

1993—2010年缙云县人民医院门诊住院数量一览表

表28-1-1　　单位：人次

年份	门诊	住院	年份	门诊	住院
1993	158030	6068	2002	159884	6766
1994	124205	5592	2003	165921	6323
1995	134613	6045	2004	158471	7447
1996	166842	5910	2005	170355	7675
1997	145538	5496	2006	162461	8463
1998	142005	4983	2007	233275	9128
1999	135188	5495	2008	211348	9751
2000	152415	5686	2009	244541	11422
2001	154176	5848	2010	276306	11979

缙云县中医医院（简称“县中医院”） 位于县城迎晖路18号，属国标二级乙等中西医结合综合性医院。

1990年4月开诊，占地面积9000平方米，建筑面积2287平方米。1998年，被省中医管理局列为扶持建设单位。1999年5月，建立医院感染管理科；6月，建立药剂科。2000年，住院楼竣工，建筑面积2900平方米；6月，建立中医基层指导科。2005年1月，开设县老年病防治中心、老年人病房；增设人事科、科教科、急诊科和心血管科、神经科、肾病科等5个二级临床专科。2008年10月，加挂缙云县惠民医院牌子。

县中医院能开展肺叶切除、胆道切除、胃癌大肠根除以及食管癌症切除术、甲状腺切除术、子宫全切术、盆腔清扫术、全髂置换术、人工晶体植入术、白内障摘除术、青光眼手术、泪道手术等。

2010 年，有职工 126 人。其中副高级以上职务医务人员 8 人、中级职务医务人员 45 人。设大内、大外病区 2 个，临床医技科室 20 多个，以及老年病、糖尿病、痔瘘、不孕不育、高危孕产妇门诊等专科，核定床位 100 张。

1999—2010 年缙云县中医院门诊住院数量一览表

表 28-1-2　　单位：人次

年份	门诊	住院	年份	门诊	住院
1999	45728	—	2005	45092	1193
2000	49571	—	2006	54247	1200
2001	51361	—	2007	54507	1242
2002	49995	—	2008	53912	1467
2003	50670	—	2009	60903	1684
2004	49769	1209	2010	58507	1759

缙云县第二人民医院（又称“壶镇医院”） 位于壶镇镇溪东南路 46 号，属国标二级乙等综合医院。占地面积近 1 万平方米，建筑面积 9800 平方米，其中门诊楼建筑面积 4500 平方米，放射楼建筑面积 1300 平方米。1988 年 4 月，更名为缙云县壶镇医院。1992 年 12 月，恢复为缙云县第二人民医院。1999 年 5 月，新增骨科门诊。2008 年 3 月，开设儿科门诊。2010 年 4 月，开设儿科病区。

2010 年，有职工 230 人。其中高级职务医务人员 9 人、中级职务医务人员 61 人。设病区 6 个、临床医技科室 20 多个，核定床位 150 张。

1993—2010 年缙云县第二人民医院门诊住院数量一览表

表 28-1-3　　单位：人次

年份	门诊	住院	年份	门诊	住院
1993	69597	3032	2002	42581	2458
1994	64253	3135	2003	36885	2747
1995	60547	3222	2004	40355	2531
1996	52493	2963	2005	45060	3856
1997	55353	3304	2006	48584	3426
1998	52135	3418	2007	48886	4103
1999	58033	3724	2008	62832	4606
2000	60281	3849	2009	73670	5213
2001	50295	2910	2010	83333	6066

民营医院

缙云县田氏伤科医院　位于东方镇胪膛村东方街 185 号。以胪膛田氏传统正骨术见长，全国骨伤科学术研究理事单位。2003 年，有医疗用房 2 万平方米、职工 240 人，核定床位 280 张。擅长颈椎前后路，胸腰椎前后路手术，髋、膝、肩关节置换，各类长骨髓内钉内固定，带血管指趾再造，断指趾、断肢再植术，腰椎间盘突出髓核摘除等手术。2006 年，在东阳市花园村、江西省德兴市设立田氏伤科分院。

2010 年，门诊 7 万多人次，住院 7056 人次。

缙云县钭氏伤科医院 2005 年创办，位于新碧镇镇北路 150 号。占地面积 3 万平方米，建筑面积 2.5 万平方米，核定床位 280 张，职工近 300 人。金华市婺城区钭氏伤科分院，占地 4000 平方米，建筑面积 3600 平方米，床位 100 多张。擅长新碧钭氏与胪膛田氏相结合的骨科医术。以中医骨科、理疗科为重点学科。设临床医技科室 12 个。

2010 年，门诊人数 5 万多人次，手术人数 6000 例。

缙云王金虎外科医院 1994 年创办，位于新建镇环城路 19 号。占地面积 8000 平方米，建筑面积 1 万平方米，其中医疗用房 7000 平方米。设临床医技科室 10 个，核定床位 100 张，职工 83 人。

缙云康宁妇儿医院 2004 年创办，位于壶镇镇胜利街 18 号，核定床位 60 张。妇产科擅长腹腔镜下宫外孕、子宫肌瘤、卵巢肿瘤、输卵管再通等手术，泌尿外科能熟练开展前列腺增生、膀胱肿瘤切除以及尿失禁微创等手术。

基层医疗卫生机构

乡镇卫生院 1993 年，全县有乡镇卫生院 44 家。1996 年，按 24 个乡镇设置卫生院，乡镇政府所在地以外的医疗点改称分院、分点，归乡镇卫生院管理。

2008 年，16 家乡镇卫生院加挂“社区卫生服务中心”牌子，其余转型为社区卫生服务站。

社区卫生服务中心（站） 2006 年年初，实行农村医疗卫生资源整合，全县设社区卫生服务中心 9 个，社区卫生服务站 38 个。社区服务中心（站）为社区提供健康教育、预防、保健、康复、计划生育技术服务等。2008 年 11 月，缙云县城镇社区卫生服务中心成立，挂靠县妇幼保健院。2010 年，全县建有社区卫生服务中心 16 家、社区卫生服务站 30 家，共有卫技人员 327 人。

村卫生室　诊所 2006 年，全县有村卫生室 180 家、个体诊所 78 家。2010 年，有村卫生室 198 家、个体诊所 79 家。2009 年，有省级卫生村 1 个、市级卫生村 5 个、县级卫生村 26 个。

中医医疗机构 1993 年，全县设有中医药服务的医疗机构 38 家，其中县级中医医院 1 家、乡镇卫生院 8 家（五云镇、新建镇、舒洪镇、新碧镇、大洋镇、大源镇、溶江乡、石笕乡）、个体中医诊所 11 家、村卫生室 18 家。

1993—2010 年缙云县医疗单位及其床位卫技人员情况一览表

表 28-1-4

年份	医疗单位（家）			床位（张）				卫技人员（人）		
	合计	其中		合计	其中		每千人口医院床位	合计	其中	每千人口医生
		县级医院	乡镇卫生院		县级医院	等级医院			医师	
1993	93	3	44	796	480	—	—	964	324	0.76
1994	54	3	44	796	480	—	—	764	418	0.98
1995	54	3	44	814	498	—	—	1090	451	1.06
1996	58	3	48	744	480	—	1.11	784	568	1.32
1997	58	3	43	726	480	—	1.12	805	589	1.36
1998	51	3	44	602	480	—	1.39	843	587	1.35
1999	51	3	44	655	517	—	1.51	859	563	1.3

续表 28-1-4

年份	医疗单位（家）			床位（张）				卫技人员（人）		
	合计	其中		合计	其中		每千人口医院床位	合计	其中	每千人口医生
		县级医院	乡镇卫生院		县级医院	等级医院			医师	
2000	51	3	44	690	552	—	1.46	889	598	1.37
2001	51	3	44	593	593	—	1.36	781	465	1.07
2002	51	3	44	848	593	—	1.95	886	585	1.34
2003	51	3	44	848	593	—	1.95	938	664	1.53
2004	51	3	44	758	758	—	1.73	959	480	1.1
2005	51	5	42	928	908	—	2.12	1001	509	1.16
2006	53	5	44	1134	1031	915	2.5	1066	520	1.18
2007	53	5	44	1087	—	971	2.45	1099	607	1.37
2008	53	5	44	1082	—	971	2.43	1138	617	1.38
2009	53	5	44	1186	—	1073	2.63	1393	686	1.52
2010	53	5	44	1400	—	1073	3.09	1597	755	1.67

说明：2005 年以后，县级医院中含 2 家民办医院

第二章 卫生保健

1993 年以来，缙云县运用多种形式，继续开展全民健康教育和疾病预防控制；实施国务院《九十年代中国儿童发展规划纲要》，儿童计划免疫接种率、覆盖率和免疫水平不断提高；疾病监测防控体系逐步完善，甲、乙类传染病年总发病率控制在较低水平，地方病和寄生虫病得到有效控制；2001—2006 年，实施“母婴健康工程”，缙云县被省妇儿工委确定为 36 个“母婴健康工程”项目县之一；妇幼保健各项指标逐步提高；2006 年和 2010 年，省级卫生县城分别通过创建验收和复评验收。

第一节 健康教育与服务

健康教育

1993 年以来，县卫生局在每年的“世界卫生日”“全国强化免疫日”“食品卫生宣传周”、春季口蹄疫防控等活动中采用多种形式，开展全民健康教育，并结合新农村建设及“农民健康工程”，普及农村改水、改厕、病媒生物防治等健康知识。1997 年 8 月，11 号台风过后，组织 4 支卫生防疫救灾小分队到各乡镇开展灾后防疫教育，宣传指导饮水、饮食卫生和“四害”防治工作。

2006 年、2009 年，分别在石笕乡、胡源乡开展“全国亿万农民健康促进行动暨浙江省农村公共卫生项目健康教育示范乡（镇）”创建活动。2009 年，甲型 H1N1 流感疫情防控期间，缙云电视台、《今日缙云》和县疾控中心网站等媒体，及时报道疫情信息，开展防控知识宣传；县卫生局发放甲型 H1N1 流感疫情防

控资料21万份。2010年，县电视台开设“健康生活导航”栏目。

公共卫生服务

1996年5月，缙云县乡镇卫生农村初级保健通过省政府验收。2002年，按照国家初级卫生保健工作要求，重点开展农村公共卫生服务，3家乡镇卫生院为1.2万户农村家庭建立健康档案，进行慢性病健康管理。2004年，省政府领导到新建中心卫生院调研缙云县初级卫生保健工作。2006年，实施农村公共卫生项目方案，在全县推行基本公共卫生服务项目3大类12项任务；社区（村）责任医生制度建立，有责任医生303人，每1000人口拥有责任医生0.67人；为农村居民免费体检8万人次，建立个人健康档案28万份；开展健康教育、慢性病管理、预防接种、妇女儿童保健、传染病防控、饮用水监测等工作；对结核病、艾滋病、精神病、高血压、糖尿病、脑卒中、冠心病等重点疾病进行跟踪随访和指导用药。2008年开始，城镇居民基本公共卫生服务项目实施，建立个人健康档案4.3万份。至2009年，为城乡居民建立个人健康档案31万份，慢性病发病率下降1.3%。

2004年，结合“千万农民饮用水工程”建设，县疾控中心开展农村改水和水质监测工作，全县使用卫生安全饮用水人口80%以上。农村卫生厕所普及率，从2001年的44.63%增至2010年的92.33%，其中无害化卫生厕所占63.51%。

县爱卫办每年对城乡接合部、330国道两侧、好溪两岸实行环境卫生集中整治，每年在城区投放或发放灭蟑药饵、杀虫剂、烟熏剂、灭鼠药，其中2005年投放或发放灭蟑药饵3次6.4万多包、药笔3.5万多支、杀虫水乳剂500千克、烟熏剂500包。

送医服务

1993年，县政府组织医护人员在金温铁路缙云火车站站场开办临时医院4个月，为铁路建设职工送医服务；2008年2月，组织3支医疗小分队，为在方溪、石笕、壶镇镇南田等冰冻灾区抢修线路的400多名电力职工出动救护车18车次，出诊89人次，治疗伤病47人次。

县卫生局多次组织医疗机构开展结对互助活动。1997年，邵逸夫医院医疗队进驻县医院，一周内接诊329人次，施行三类以上手术8人次，专家查房9次，为医务人员授课20课时；省中医院组织肿瘤科、外科、内科、皮肤科医师“卫生下乡”，在县中医院传授“胃癌的综合治疗”“甲亢的诊治”医术，接诊200多人次。1998年1月，省专家组6名医生到缙云5所医院义诊500多人次；2001年1月，省专家组在县医院、县二院接诊156人次，会诊住院病人23人，施行外科手术5例。2003年，县医院与大源镇和方溪乡卫生院、县中医院与七里乡卫生院、县第二人民医院与三溪乡卫生院进行对口扶助。2004年1月，市中心医院医疗队14人到双溪口乡义诊。2007年9月，省医疗专家组10人赴新建镇钦村、古溪村和双溪口乡，免费诊疗300多人次，送出药品价值近1.5万元。

第二节　免疫接种

1993—2000年，全县实施儿童“四苗”（卡介苗、脊髓灰质炎糖丸疫苗、麻疹疫苗、乙肝疫苗）基础免疫；2001—2005年，实施儿童“四苗”“五苗”（增百白破疫苗）基础免疫；2006年以后，实施儿童五苗基础免疫。

1993年以来，每年对三家县级综合医院进行AFP病例主动监测，未发现AFP漏报病例；1993—2001年，连续开展预防脊髓灰质炎疫苗强化和查漏补种，全县免疫补种4612人；2001—2006年春季，开展消灭脊髓灰质炎强化免疫，设预防接种点200多个，适龄儿童服用“脊灰”糖丸，并进行后续查漏补种和常规监测。

至 2006 年，基本消除脊髓灰质炎疫苗（OPV）免疫空白。

1996 年，缙云县修改计划免疫保障制度，入保儿童实行“一人一针一管”。1998 年，县防疫站制定计划免疫异常反应处理制度，建立预防接种异常反应诊断处理小组。2000 年 3 月 10 日—4 月 28 日，全县开展“扫荡”免疫活动，接种儿童 24742 人。在入户接种 AFP 病例主动搜索中未发现新病例。2001 年，各乡镇卫生院建立规范化接种门诊。2004 年，5 家乡镇卫生院通过市规范化接种门诊验收。至 2010 年，全县设预防接种门诊 30 家，其中规范化接种门诊 16 家，犬伤门诊 9 家。2002 年 10 月，卫生部乙肝疫苗免疫接种项目启动，乙肝疫苗纳入儿童计划免疫。2006 年，根据国务院《疫苗流通和预防接种管理条例》，全县实行儿童入托、入学查验预防接种证制度，7 月 1 日起，全县儿童一类疫苗接种全部免费。2007 年起，开展不同剂量乙肝疫苗母婴阻断效果观察、乙肝血清流行病调查，至 2010 年，对全县 15 岁以下儿童乙肝疫苗查漏补种 7680 人次。2008 年 4 月—2009 年 11 月，再次开展乙肝疫苗查漏补种。此后，根据全国卫生防疫规范要求，每年组织免疫接种率调查一次，每年开展两次流动人口计划免疫接种率调查，常年登记接种对象。

1998 年，县麻疹监测系统启动。2006 年，按中国政府向 WHO 2012 年消除麻疹的承诺目标，全县开展麻疹疫苗查漏补种。2007 年，麻风疫苗纳入缙云县免疫规划。2008 年，开展麻疹疫苗初始强化免疫；2010 年，开展麻疹疫苗后续强化免疫，凡 8 月龄至 4 岁儿童均接种 1 剂麻疹疫苗，应种对象麻疹疫苗接种率 95% 以上。

2008 年 6 月，全县在接种的乙肝疫苗、卡介苗、脊灰疫苗、全细胞百白破疫苗、麻疹疫苗、白破疫苗、A 群流脑疫苗、乙脑疫苗、麻腮风疫苗 9 种国家免疫规划疫苗基础上，以无细胞百白破疫苗替代全细胞百白破疫苗第四剂、A ＋ C 群流脑疫苗替代第三剂、第四剂 A 群流脑疫苗，对适龄儿童进行常规接种；10 月，缙云县免疫接种信息纳入省儿童免疫规划“一地建卡，随处接种”信息化管理系统。2009 年 10 月，县预防接种异常反应调查诊断专家小组成立，负责预防接种异常反应调查诊断；到 11 月，两次开展甲型 H1N1 流感疫苗接种。至 2010 年年末，全县接种甲型 H1N1 流感疫苗 34600 人次。

2008—2011 年，在重点区域对 16 ～ 60 岁人群进行出血热疫苗接种 52300 人次。

1995 年、2000 年、2006 年、2008 年、2009 年，均发现乙脑病例各 1 人。1993—2010 年，对脊髓灰质炎进行强化免疫。

1993—2010 年缙云县儿童“四苗”“五苗”免疫接种情况一览表

表 28-2-1

年份	四苗接种率（%）	五苗接种率（%）	接种点（个）	其中规范化接种点（个）
1993	83.2	—	46	—
1994	95.57	—	46	—
1995	90.7	—	46	—
1996	91.06	—	46	—
1997	90.62	—	46	—
1998	91.43	—	46	—
1999	91.43	—	46	—
2000	99.28	—	46	-
2001	94.09	83.73	46	—
2002	99.24	99.24	46	—
2003	98.1	96.67	46	—

续表 28-2-1

年份	四苗接种率（%）	五苗接种率（%）	接种点（个）	其中规范化接种点（个）
2004	99.44	99.44	46	5
2005	99.78	99.78	37	10
2006	—	100	37	10
2007	—	99.05	34	10
2008	—	98.1	34	10
2009	—	99.52	32	16
2010	—	99.52	31	16

1993—2001 年缙云县八种疫苗接种数量一览表

表 28-2-2　　单位：人次

年份	卡介苗数量	糖丸数量	百白破三联数量	麻疹疫苗数量	百白破二联数量	流脑菌苗数量	乙脑疫苗数量	乙肝疫苗数量
1993	7502	89767	13583	7424	3480	3753	12179	7236
1994	8725	65713	14939	9199	5579	3137	14993	4689
1995	14538	52341	9300	8633	5616	4263	244487	6450
1996	8916	52571	16749	9154	5679	4153	9733	6817
1997	6784	53160	16234	8509	4638	4873	13218	8810
1998	3420	65907	15931	7472	3791	4944	13710	8688
1999	3524	15599	14132	7276	3855	4521	12374	8847
2000	3818	61891	14712	8808	5120	4056	8547	10132
2001	3703	44206	14469	7426	3618	4016	6349	9656

第三节　妇幼保健

缙云县妇幼保健院是县妇幼保健专业卫生单位，负责指导乡镇卫生院妇幼工作。至 2010 年，省、县投入“母婴健康工程”项目经费 200 多万元，用于妇幼健康网络建设、妇幼保健人才培养、健康教育和贫困孕产妇抢救等，添置乡镇卫生院产科、孕产妇和新生儿抢救中心及分中心设备。

妇女病普查

2007 年开始，“妇女健康促进工程”实施，为全县 119496 名妇女免费进行妇女病普查，查出患病人数 58712 例，患病检出率 49.13%。其中，阴道炎 17581 例、宫颈炎 27080 例、宫颈癌 30 例、其他 14021 例。

婚前医学检查

2000 年开始，婚前医学检查纳入全县统一管理。2006 年开始，实行免费婚检、免费孕前检测。至 2010 年，全县共接受婚检人数 78116 人，年均婚检人数占应检人数的 73.32%，检出疾病患者 10793 例，出具影响婚育疾病医学指导意见书 4998 份；孕前优生检测 1100 人，测出弓形虫抗体阳性 1 例。

围产保健

1993—2010 年，全县孕产妇合计 78723 人。其中建卡立档 71871 人，纳入系统管理 62802 人；孕产妇住院分娩 77245 人，住院分娩率从 1993 年的 90.1% 增至 2010 年的 98.12%；县妇幼保健院组织产后访视 70028 人次。

2006 年以后，缙云开始实施孕妇产前艾滋病、梅毒、HIV 检测。至 2010 年，共计检测患者 15843 例，筛出阳性病例 7 例。2010 年 4 月，实施农村孕妇免费增补叶酸预防神经管缺陷和孕产妇住院分娩补助。全县免费领取叶酸的孕产妇 2754 人，住院分娩补助 2571 人，每人 500 元。

儿童保健

1993—2010 年，全县共计活产婴儿 78992 人，其中 1993 年活产婴儿 4160 人，2010 年活产婴儿 4173 人；5 岁以下儿童死亡 1255 人，婴儿死亡 955 人。5 岁以下儿童死亡率，由 1993 年的（104 人）25‰下降至 2010 年的（36 人）6.7‰；婴儿死亡率，由 1993 年的（84 人）20.19‰下降至 2010 年的（28 人）5.99‰。0 ～ 3 岁系统保健管理率，由 1993 年的（7844 人）67.57% 提高到 2010 年的（12764 人）93.07%；0 ～ 7 岁儿童保健率，由 1993 年的（16572 人）51.58% 提高到 2010 年的（28150 人）91.58%。

托幼机构保健

全县托幼从业人员体检率从 1993 年的 15.6% 提高到 2010 年的 95.73%。

1993—2010 年，儿童健康体检累计 281158 人次。检出龋齿 88174 例、贫血 33133 例、肥胖症 3758 例、低体重儿 7989 例，异常检出率分别为 31.36%、11.78%、1.33%、2.84%。1998 年以后，实施儿童视力筛查，共筛查 55886 人，查出异常儿童 1443 例，异常率 2.04%。2000 年开始，筛查新生儿甲低、苯丙酮尿症。至 2010 年，共筛查新生儿 37973 例，其中患有甲低 32 例。2002 年，发放入学、入托预防接种证 3895 本。2003 年始，实施新生儿听力筛查，开展微量元素检测。至 2010 年，共筛查新生儿 14809 例，其中患有听力异常新生儿 3 例，血铅超标 2720 例。儿童乙肝抗体阳性率，2004 年 33.56%，2010 年下降至 6.1%。2007 年，开展儿童智力筛查，共筛查 7438 人，查出异常儿童 263 例。

第四节　疾病监测防控

2007 年 7 月，县疾控中心建立 P2 实验室和洁净实验室。2010 年，县疾控中心实验楼设置实时荧光 PCR 检测实验室、HIV 初筛实验室、P2 实验室、洁净实验室，配备有酶标仪、洗板机、荧光 PCR 检测仪、气相色谱检测仪、液相色谱检测仪、原子吸收分光光度计、原子荧光检测仪等。检测项目 103 项，包括食品、饮用水、公共场所、作业场所的有毒有害因素检测；细菌性、食源性、水源性疾病检测；职业病、地方病及寄生虫病检测；医疗用品、消毒产品检测；其他疾病监测和健康体检。

疾病监测

鼠疫监测　1990 年，在东渡镇兆岸村、凤山下村设置固定鼠疫监测点。1990—2010 年，捕鼠 14 个鼠种共 11668 只。其中，褐家鼠 6875 只，黄胸鼠 1733 只，小家鼠 1264 只，黑线姬鼠 1393 只，黄毛鼠 324 只，臭鼩鼱 26 只，巢鼠 21 只，针毛鼠 20 只，松鼠 6 只，黑腹绒鼠 2 只，大足鼠、白腹巨鼠、田螺鼠、黄鼠狼各 1 只。检验鼠数 1862 只，有蚤鼠 652 只，占 35.02%。

鼠疫病原学检测结果：血清放免法6340份，血清血凝法255份，检测结果均为阴性；肝、脾培养1481份，结果均为阴性。2002—2010年，鼠疫监测显示：鼠种构成变化不大，主要以家栖和野栖鼠为优势种，分别为褐家鼠、黄胸鼠、小家鼠和野外黑线姬鼠。鼠体蚤指数和地面游离蚤指数维持在较低水平。血清学和病原学监测未发现阳性标本，均未发现动物间和人间鼠疫疫情。

死因监测 2007—2010年，进行全人群死因监测。通过对全县每年6‰以上死亡者的死因研究，前五种死因依次为恶性肿瘤、脑血管病、呼吸系统疾病、损伤和中毒、心脏病。2010年5月23日、12月7日，县境发生2例出血热死亡病例。

2008—2010年缙云县居民期望寿命一览表

表28-2-3

单位：岁

年份	总期望寿命	男性期望寿命	女性期望寿命
2008	77.88	76.04	80.05
2009	78.03	76.16	80.23
2010	77.53	75.38	80.07

慢性病监测 2008年开始，全县开展常住人口慢性非传染性疾病（糖尿病、恶性肿瘤、脑血管病、心血管病）监测。

学生健康监测

2010年，缙云县被确定为省级学生健康体检监测点；9月，对实验小学、实验中学、缙云中学的学生进行健康状况综合监测。全县共组织体检学生7645人，其中：身高上等1657人、下等186人，体重上等2110人、下等289人，营养不良1769人、肥胖882人，视力不良4003人、近视3519人、沙眼53人，龋齿1587人、活动龋齿1205人、龋补牙713人，贫血1986人、阳性294人，蛔虫1986人，阳性14人。

疾病防控

“02”（霍乱） 1993年以来，每年开展“02”等重点肠道传染病监测，主要工作内容为腹泻病例大便培养、食品和外环境检测、重点人群检索等。

1994年7月24日，丽水地区首例输入性病例在缙云发现，血清学诊断为“小川”型霍乱弧菌感染，县卫生防疫人员及时对其采取隔离、采样、消杀等措施。是年，共收到“02”患者报告12例，采样检测阳性1例。1997年9月，省武警指挥学校“02”暴发后，有病人和密切接触者返回缙云，县卫生防疫站在24小时内找到19名“02”疑似病人和密接人员，落实管控、粪便检测、预防性服药等措施。

5号病（猪口蹄疫） 1996年2月，“5号病”在七里乡发现，有病猪15头，随后城北乡打铁岙、东方镇陆续发生。1997年1月，5号病流行，县屠宰场、县武警中队、镇东村、舒洪等地发现病猪共计88头。全县扑杀同栏疑似病猪343头，以控制猪口蹄疫对人的传染。

甲型病毒性肝炎 简称“甲肝”。1999年8月30日，缙云出现首例甲肝患者；10月，大源镇中小学甲肝流行，共有患者76例，其中小学生53例，罹患率15.09%，中学生23例，罹患率2.4%。20日开始，对该校师生进行采血普查、患者隔离治疗、重点人群注射人血丙种球蛋白、一般周围人群接种甲肝疫苗，并对校园进行消毒；至30日，疫情得到控制。

艾滋病 2003年9月，县境首次发现艾滋病患者。2005年，艾滋病防治从侧重大众宣传转到自愿咨询检测。2006年以后，开始重点人群干预以及病例管理和随访，实行抗病毒治疗和重点人群检测。2010年，开展男性性行为人群干预。2003—2010年，全县累计发现艾滋病病毒感染者和病人42例，其中，死亡9例（女性2例）、转外地13例、感染者7例、病患者13例，其中接受抗病毒治疗12例。

结核病 1993—2010年，全县登记肺结核病患者年均约300人。1999年7月开始，对肺结核病患者实行定点诊治和跟踪随访制度，抗结核药品确定3家县级医院管理。2000年10月，县防疫站开设结核病防治专科门诊，就诊病人实行医药费减免。2002年9月开始，实施CIDA-WHO结核病控制项目，痰涂片阳性肺结核患者可免费获取抗结核药物，痰涂片阴性患者购买抗结核药品减免40%。2009年10月—2010年9月，县疾控中心上送阳性菌株32例，药敏试验培养耐药菌株8例，接受国际耐药结核项目治疗5例。2006年，县疾控中心被评为“全国结核病防治先进集体”。

脊灰病 2001—2006年，开展消灭脊髓灰质炎强化免疫工作，全县设预防接种点200多个，适龄儿童服用脊灰糖丸约1.7万人。

手足口病 多发生于5岁以下儿童，潜伏期2～10天，可引起手、足、口腔疱疹。2008年，卫生部将手足口病纳入法定传染病报告。至2010年，全县报告手足口病1212例，其中重症1例，无死亡病例报告。发病前五位的有：五云镇289例、新建镇209例、壶镇镇141例、新碧农管处105例、东渡镇95例。其中0～4岁散居儿童发病率占88.53%，发病时间主要集中在每年5～8月。

狂犬病 1993—2005年，年均注射狂犬病疫苗约1000人。2006年以后，年均注射狂犬病疫苗上升至2000人以上，另有部分犬伤人群因经济或认识原因而放弃疫苗注射。至2010年，全县发生输入性狂犬病死亡病例2例（2005年8月胡源乡榧树根村虞某、2009年6月五云镇岩沿村施某）。

乙型脑炎 除了给适龄儿童接种乙脑疫苗外，全县每年开展灭蚊和蚊密度监测工作。1993—2010年，缙云发生5例乙型脑炎。2009年，缙云华孚纺织有限公司一位新疆籍女工，被诊断为流行性乙型脑炎，经县疾控中心实地检测，华孚公司未出现续发病例。

血吸虫病 缙云县是丽水地区唯一的血吸虫病历史疫区，螺区面积21公顷，分布在新碧镇、壶镇镇的9个行政村。1993年4月19—25日和6月9—13日，省地方病领导小组委托金华市地方病防治办公室对缙云进行消灭血吸虫病考察。考查结果：人群皮试、间凝试验和粪检没有查到血吸虫病患者；查螺范围38.48公顷，区域内没有发现钉螺；疫区30头牛经粪检，没有查到病牛。省地方病防治办公室宣布缙云县已消灭血吸虫病，血防工作进入巩固、监测阶段。至2010年，每年对历史螺区投工100多个，采用系统抽样与环境抽查相结合的方法，分段分区域查螺面积1公顷以上，累计检测湖南、江西等省外到缙务工人员996例。

疟疾 缙云史上疟疾多发，病原为传染性寄生虫病，病状以间日疟流行为主。根据卫生部《国家消除疟疾行动计划（2010—2010年）》中分类标准，缙云属三类县，工作目标为加强监测与输入病例处置管理。1994—2000年，全县发生疟疾51例。其中间日疟32例、恶性疟1例、未分型疟疾18例。2001—2008年，全县无疟疾病例发生。2009—2010年，全县发生疟疾病2例，均为输入性病例。

地氟病 1982年前后，前路乡水口、后青村和新建镇茭岭、坑塘庵村发现饮水型氟中毒病例。以氟斑牙患者为主，个别为氟骨症，覆盖人口2557人。2008年，农村改水中发现石笕乡栋头村水氟超标。至2011年，上述5个地氟村先后通过改水并验收。因水源条件限制，全县仍有2个村氟超标。

碘缺乏病 1993年，对雁岭、三溪中小学学生1042人进行甲状腺肿大检测，查出生理性肿大160人，弥漫性肿大1度5人，肿大率15.8%。2000年4月，抽查方溪、靖岳、凝碧小学8～10岁学生338人，查出甲状腺肿大27人，肿大率7.99%。2009年4月，抽查5所小学8～10岁学生424人，查出生理性肿大22人，肿大率5.19%。次年5月，抽查5所小学8～10岁学生240人，生理性肿大14人，肿大率5.83%。2000年，食盐检查结构为，全县碘盐加工点合格率95.33%，销售点合格率100%。

麻风病 1994年，壶镇镇石龙村发现麻风病患者1例。至2007年共发现4例，经送药化疗、带菌监测，得到控制。对2008—2009年发现的2例麻风病患者，进行24个月服药疗程和联合化疗，并开展为期10

年的多菌型方案治疗者监测。

职业病 1993年，组织缙云棉纺织厂576名工人体检。查出高频听力损伤的159人、语言听力损伤的71人、心电图改变的77人、血压改变的6人、神经衰弱的32人。1993—2010年，全县诊断尘肺病例131人。其中，采石工、艺雕工126人，含Ⅰ期45人、Ⅰ期伴结核11人、Ⅱ期40人、Ⅱ期伴结核3人、Ⅱ期+4人、Ⅲ期23人。

2001年，组织有毒有害作业工人231人进行体检，查出肝功能异常64人、白细胞下降25人。次年，受理职业病危害项目申报企业118家，组织从事粉尘作业工人体检475人。2004年，受理职业病危害申报企业137家，组织职业健康体检955人。其中从事有毒有害工人372人、粉尘作业工人583人。2005年，对存在粉尘危害的26家企业，苯、铅及其他危害的15家企业进行专项整治，查处违法企业12家，给予警告企业12家。2010年，建立有毒有害因素企业档案264家，对11家工业企业开展职业卫生工作督导和工作场所空气中“三苯”、粉尘、噪声等职业危害因素的检测与评价。

1993—2010年缙云县甲乙类传染病发病人数发病率及其前五位位次一览表

表28-2-4

<table>
<tr><th rowspan="2">年份</th><th rowspan="2">发病数（人）</th><th rowspan="2">发病率（每10万人）</th><th colspan="5">位次</th></tr>
<tr><th>第一位</th><th>第二位</th><th>第三位</th><th>第四位</th><th>第五位</th></tr>
<tr><td>1993</td><td>788</td><td>186.9</td><td>乙肝</td><td>麻疹</td><td>其他及未分型肝炎</td><td>痢疾</td><td>出血热</td></tr>
<tr><td>1994</td><td>981</td><td>230.4</td><td rowspan="2">痢疾</td><td rowspan="2">乙肝</td><td rowspan="2">出血热</td><td rowspan="2">其他及未分型肝炎</td><td>疟疾</td></tr>
<tr><td>1995</td><td>1342</td><td>311.1</td><td rowspan="2">淋病</td></tr>
<tr><td>1996</td><td>1174</td><td>271.4</td><td rowspan="11">乙肝</td><td>痢疾</td><td>其他及未分型肝炎</td><td>出血热</td></tr>
<tr><td>1997</td><td>1467</td><td>339.1</td><td rowspan="9">肺结核</td><td rowspan="3">痢疾</td><td rowspan="3">淋病</td><td>麻疹</td></tr>
<tr><td>1998</td><td>1263</td><td>291.83</td><td>出血热</td></tr>
<tr><td>1999</td><td>1325</td><td>305.6</td><td rowspan="2">梅毒</td></tr>
<tr><td>2000</td><td>1333</td><td>306.24</td><td>淋病</td><td>痢疾</td></tr>
<tr><td>2001</td><td>1277</td><td>292.95</td><td rowspan="4">痢疾</td><td>淋病</td><td>出血热</td></tr>
<tr><td>2002</td><td>1157</td><td>265.46</td><td>出血热</td><td rowspan="2">淋病</td></tr>
<tr><td>2003</td><td>985</td><td>226.17</td><td>梅毒</td></tr>
<tr><td>2004</td><td>1289</td><td>295.04</td><td rowspan="2">淋病</td><td>梅毒</td></tr>
<tr><td>2005</td><td>1335</td><td>—</td><td>梅毒</td><td rowspan="2">痢疾</td></tr>
<tr><td>2006</td><td>1252</td><td>284.59</td><td>梅毒</td><td>淋病</td><td rowspan="2">肺结核</td></tr>
<tr><td>2007</td><td>1211</td><td>274.45</td><td>梅毒</td><td>乙肝</td><td>痢疾</td><td>淋病</td></tr>
<tr><td>2008</td><td>989</td><td>222.78</td><td rowspan="3">乙肝</td><td>梅毒</td><td>肺结核</td><td rowspan="2">淋病</td><td>痢疾</td></tr>
<tr><td>2009</td><td>1060</td><td>236.78</td><td>肺结核</td><td>梅毒</td><td>甲型H1N1流感</td></tr>
<tr><td>2010</td><td>926</td><td>205.67</td><td>梅毒</td><td>肺结核</td><td>痢疾</td><td>淋病</td></tr>
</table>

1993—2010年缙云县传染病发病率前五个乡镇一览表

表28-2-5

<table>
<tr><th>年份</th><th>一</th><th>二</th><th>三</th><th>四</th><th>五</th></tr>
<tr><td>1993</td><td>东渡镇</td><td>五云镇</td><td rowspan="2">新建镇</td><td>舒洪镇</td><td>壶镇镇</td></tr>
<tr><td>1994</td><td>壶镇镇</td><td>东渡镇</td><td>五云镇</td><td>舒洪镇</td></tr>
</table>

续表 28-2-5

<table>
<tr><th>年份</th><th>一</th><th>二</th><th>三</th><th>四</th><th>五</th></tr>
<tr><td>1995</td><td rowspan="2">壶镇镇</td><td rowspan="2">东渡镇</td><td rowspan="5">五云镇</td><td>舒洪镇</td><td>新建镇</td></tr>
<tr><td>1996</td><td>新建镇</td><td>舒洪镇</td></tr>
<tr><td>1997</td><td>东渡镇</td><td>壶镇镇</td><td rowspan="2">舒洪镇</td><td rowspan="2">新建镇</td></tr>
<tr><td>1998</td><td rowspan="2">壶镇镇</td><td rowspan="2">东渡镇</td></tr>
<tr><td>1999</td><td>新建镇</td><td>舒洪镇</td></tr>
<tr><td>2000</td><td>东渡镇</td><td>壶镇镇</td><td>舒洪镇</td><td>五云镇</td><td rowspan="2">新建镇</td></tr>
<tr><td>2001</td><td>壶镇镇</td><td>东渡镇</td><td>五云镇</td><td rowspan="2">舒洪镇</td></tr>
<tr><td>2002</td><td rowspan="9">五云镇</td><td rowspan="6">壶镇镇</td><td rowspan="2">新建镇</td><td>东渡镇</td></tr>
<tr><td>2003</td><td>东渡镇</td><td>大洋镇</td></tr>
<tr><td>2004</td><td>大洋镇</td><td>新建镇</td><td>东渡镇</td></tr>
<tr><td>2005</td><td rowspan="3">新建镇</td><td rowspan="3">东渡镇</td><td>新碧镇</td></tr>
<tr><td>2006</td><td>木栗乡</td></tr>
<tr><td>2007</td><td>东方镇</td></tr>
<tr><td>2008</td><td>新碧农管处</td><td rowspan="3">壶镇镇</td><td>新建镇</td><td>东渡镇</td></tr>
<tr><td>2009</td><td rowspan="2">新建镇</td><td rowspan="2">东渡镇</td><td rowspan="2">新碧农管处</td></tr>
<tr><td>2010</td></tr>
</table>

第五节 抗击“非典”

“传染性非典型肺炎”是指严重急性呼吸综合征，英文为“SARS”，简称“非典”。2002 年 12 月，首例非典型传染性肺炎患者在广东深圳出现，并扩散至东南亚乃至全球，直至 2003 年 7 月，疫情才逐步消灭。截至 2003 年 8 月 16 日，中国内地累计报告“非典”临床诊断病例 5327 例，治愈 4959 例，死亡 349 例。缙云抗击“非典”从 2003 年 4 月下旬开始到 6 月下旬全国疫情解除的 2 个多月中，县委、县政府按照中央和省委、省政府的部署，迅速行动，组建机构，出台政策，人员准备、物资储备到位，群防群控，联防联控，SARS 病毒得到有效控制。

防控机构

2003 年 4 月中旬，县“非典”防治领导小组、专家防治小组成立，县委书记任领导小组组长，县长任常务副组长；29 日，抽调工作人员 30 名，组成县“非典”防治领导小组办公室。办公室下设综合协调、技术指导、宣传报道、药品供应、重点区域防治等 5 个组，全体人员实行集中办公制度。

宣传发动

5 月 1—24 日，县“非典”防治领导小组先后发布《致全县人民的一封信》，印发“非典”预防指南、“非典”知识、县政府通告等资料 30 多万份，发放“非典”防治宣传海报 1510 张，巡回展出展板 25 块；《缙云报》、县电视台开辟专栏宣传“非典”防治知识、发布疫情信息；组织宣传车到全县巡回宣传“非典”防治知识。5 月 20 日开始，五云镇组织“非典”防控监督员，分片包干，上门宣传“非典”防治知识，登记外地返缙人员信息。

物资储备

县“非典”防治物资供应组采购体温表500支；县第二人民医院采购连体服100套，一次性乳胶手套4000副，救护车1辆，体温表300支；浙江同心房地产公司捐赠抗“非典”资金100万元和红外线测温仪25台；县委组织部采购过氧乙酸412组，口罩4120只，总价值近2万元，捐赠给胡源、木栗、大源等9个困难乡镇206个行政村。

医务准备

确定县医院、县第二医院、县中医院为全县“非典”定点救治医院。各医院成立救治领导小组，组织专家组，落实医务、设备、病房等，开辟绿色通道，医务人员随时待命。各乡镇卫生院设立发热门诊，确定“非典”防治医务人员。

督查指导

4月30日，县委、县政府召开会议，部署“非典”防治工作。5月1日起，县6个督查组到各乡镇（农管处）督查“非典”防控工作。5月2—19日，县委、县政府先后下发《关于加强农村非典型肺炎防治工作的紧急通知》《缙云县控制传染性非典型肺炎应急处置方案》《缙云县“非典”防治物资后勤保障应急预案》，落实“非典”防控工作。5月2—26日，组织人员到县客运中心、火车站、壶镇汽车站、新建汽车站四个留验站和各乡镇检查、落实防控措施。

群防群控

在各行政村路口、公路入境路口建立健康检测站，对入境入村人员实行体温检测。组织人员排查掌握外出人员和入缙人员，严防输入病例，检查监督《“非典”预防要点》的执行情况，落实宾馆饭店消毒、通风、聚餐及旅客登记申报等工作，对药店发热、咳嗽药品实行停止销售措施。

县交通管理部门组织人员进行道路车辆巡查，严禁长途客车旅客在境内上下车。对入境的杭州和跨省班车建立台账。县客运中心设置“非典”检测、消防用棚和留置室，消毒小组每日分三个班次，对候车大厅、营运班车、专线车及出租车进行消毒。5月28日，县教育局和县卫生局联合下发《缙云县2003年普通高校招生期间“非典”防治工作实施办法及紧急情况处理预案》，对与疫区返缙人员有接触的师生，执行在家观察14天制度；学校建立健康监测点、实行每日一报制度。

县卫生局组织防保医师、交通业、旅游业、社区、重点饮食、重点公共场所负责人防控知识培训班共29期，计4500人次。县疾控中心和卫生监督所建立“非典”防控应急小分队，设流调、检验、发布信息、消杀后勤、流动检测5个小组。4月14日起，开通24小时热线电话；同时，到各重点场所监督检查防控落实情况。对99名有流行病学史或有疑似症状人员进行流行病学调查。专项检查食品、消毒产品生产经营单位和公共场所598家（个），对人群聚集和人员流动性大的30余家公共场所实行空气质量监测，责令3家通风不良及监测不合格的公共场所停业整顿，另外还抽检了8种市售消毒产品。

4月29日—6月25日，县人民医院、县第二医院、县中医院共接诊病人3207人次，查出发热病人158人次；县火车站、客运中心、新建汽车站、壶镇汽车站、金丽温高速公路缙云收费站出入口共检查进出站旅客38772人次，其中查出发热患者33人次。

5月29日，组织医务及管理人员1253人参加“浙江省传染性非典型肺炎防治基本知识”考试。

至6月25日，缙云县外地返乡人员合计40294人，健康体检209人，异常情况0人。

6月下旬，全国疫情解除，缙云境域未发现“非典”确诊病例和疑似病例。

抗击“非典”期间，县公安局依法立案查处干扰“非典”防控案件5起，处理违法人员6人。

2003 年 11 月，中共缙云县委、县人民政府下发《关于表彰抗击“非典”先进集体和先进个人的决定》，授予缙云县人民医院、缙云县疾病预防控制中心（卫生监督）等 32 个单位为“缙云县抗击‘非典’先进集体”荣誉称号，授予县卫生局樊振华等 56 名同志为“缙云县抗击‘非典’先进个人”。

第三章　医疗卫生管理

1993 年以后，缙云县医疗机构、医疗执业人员、医疗设备和医疗行为逐步纳入依法管理轨道，公共卫生监督向职业卫生、医疗卫生、医疗服务市场等领域扩展，食品卫生监管向食品卫生保障延伸。2002 年，乡镇卫生院管理体制改革启动。2004 年，开展卫生监督和预防保健体制改革，促进城乡社区卫生服务体系建设，推动公共卫生服务均等化。

第一节　医政管理

1993—2010 年，民营医疗机构快速增加，县医政管理部门每年开展医疗机构综合整治，打击非法行医，规范医疗服务市场；同时对全县医疗、餐饮、宾馆等服务单位进行检查监督，开展许可证年审，依法查处不合格行为；及时介入调查和依法协调解决医疗争议，指导和支持等级医院评审。

医疗执业监管

2007 年，全县依法取缔非法行医点 14 家，查处超范围诊疗的医疗机构 1 家，任用非卫技人员行医的医疗机构 3 家，罚款 2.53 万元，没收违规药品 100 多千克。检查城区医疗机构、药品零售店共 57 家，对 3 家未按规定变更、校验“医疗机构执业许可证”，5 家未及时变更注册卫技人员及未设置单独治疗室、广告标示超出核准诊疗科目范围的医疗机构，9 家“坐堂医”和夸大宣传疗效产品的药品零售店，分别予以立案查处或责令限期整改等处理。

2008 年，《缙云县基层医疗机构综合整治方案》实施，检查基层医疗机构 116 家，取缔非法行医点 13 处。

2009 年，施行中小医疗机构分级监管办法，对全县 6 家门诊部、27 家乡镇卫生院、183 家个体诊所和村卫生室进行检查评估，评出示范级医疗机构 26 家、合格级 157 家、不合格 35 家。查处非法接生 119 例、罚款 12.845 万元；取缔无证牙科诊所 14 家、罚款 1.76 万元。

2010 年，责令限期整改医疗机构 86 家，对未通过年检的医疗机构采取停止供应药品等整改措施。

医疗卫生监管

主要监管医疗市场的从业和执业资格、院感控制、放射、传染病管理、医疗操作规范管理等。2000 年，在全县医疗机构实行首诊测血压制度。2010 年，重点监管高血压病人 18698 人、糖尿病病人 1553 人、重性精神病病人 128 人、肺结核病人 215 人、艾滋病治疗及随访病人 12 人、艾滋病感染者随访 18 人；城乡居民健康档案建档率分别为 61.9% 和 67.8%。

医疗废物处置监管

2009年，开展医疗废物监督检查。2010年6—9月，检查51家医疗卫生机构医疗废物处置情况，其中6家按与丽水市医疗废物处置中心签订的《医疗废物集中处置协议》执行，45家按与县医药公司签订的《医疗废物回收协议》执行。

放射医疗监管

2007年，全县有放射医疗机构15家，其中配有设备的10家（台），放射工作人员44人。其中，设置辐射警示标志及配备工作人员防护用品的医疗机构10家，制定事故应急预案的医疗机构6家，配置受检者防护用品医疗机构的5家。

2009年开始，实行“放射工作人员证”制度，对放射诊疗医疗机构放射防护进行检测和现场审核。2010年，对开展影像诊断医疗机构的50名放射从业人员、1个放射医疗基建项目进行卫生监督检查和指导，“放射诊疗许可证”“放射工作人员证”发放率及放射诊疗建设项目卫生审查率均为100%。

第二节　血液管理

无偿献血

1999年6月30日，缙云县首次组织无偿献血。无偿献血地点设在县城溪滨北路县工商银行门口，850名志愿者共献血170升。此后，无偿献血成为常规工作。2002年5月22日，省卫生厅和团省委联合组织的“全省无偿献血千里宣传和青年志愿者在行动”巡回到缙云，参与无偿献血者130多人。2004年，先后4次组织上街宣传、接受咨询，无偿献血2565人次，献血量613升，临床用血量829升。2008年无偿献血2165人次，献血量721.5升，临床用血量711.7升，首次实现临床用血100%来自县内的无偿献血。2010年，组织无偿献血4205人次，献血量1530.9升，基本满足县内临床用血需求。

用血监管

2007年，检查县人民医院、县第二人民医院、县中医院三家医疗机构的临床用血情况，以确保用血安全。2008年，检查8家使用临床用血的医疗机构，未发现采供血和临床用血违法行为。

第三节　医疗管理和医药体制改革

1993年以来，按照国家医疗制度改革部署，缙云县重点在农村医疗制度、乡镇卫生院体制、农村预防保健和国家基本药物等方面加强管理、深化改革。

农村医疗制度改革

2004年11月，缙云县开始推行新型农村合作医疗制度（简称“新农合”）。新农合实行个人缴费、政府资助相结合的筹资机制。2005年，全县农村居民参保人数28.86万人，每人年参保费40元，其中个人出资20元、政府补助20元，此后筹资标准逐年提高。2006年，全县参加新农合的农村居民报销医疗费

1100多万元，报销人数20多万人次，其中住院报销9000多人次。2007年1月，缙云县新型农村合作医疗管理委员会办公室成立，为股级全额拨款事业单位，人员2人。是年，全县参加新农合的农村居民报销医疗费1415万元，报销人数29675万人次，其中住院报销12675人次。2009年，全县参加新农合的农村居民报销医疗费4996.6万元，其中住院报销21086人次。2010年，农村居民参加新农合人数37.8万人，参保率93.4%，全年报销医疗费6000多万元。

新农合实行以来，集体经济较富裕的少数村，由村集体全部或部分补助村民新农合的个人参保费。

2005—2010年缙云县新农合参保人数和参保率一览表

表28-3-1　　单位：万人

年份	2005	2006	2007	2008	2009	2010
参保数量	28.86	32.54	33.79	35.53	36.59	37.82
参保率（%）	72.66	82.1	85.4	90	91.6	93.4

2005—2010年缙云县新农合筹资标准一览表

表28-3-2　　单位：元

年份	筹资标准（元/人·年）	其中			
		个人	县财政补助	省财政补助	中央财政补助
2005	40	20	10	10	—
2006	40	20	10	10	—
2007	70	20	28	20	2
2008	100	30	26	40	4
2009	142	40	40	58	4
2010	289	100	100	89	—

乡镇卫生院管理体制改革

2002年9月开始，全县乡镇卫生院开展以“动产转让，不动产租赁”为核心的运行机制改革，先在东方镇、雁岭乡卫生院开展租赁承包试点后，年末在9个乡镇卫生院推开。此后，46家乡镇卫生院中租赁承包经营的有20家，租期最短的10年，最长的49年。

农村预防保健管理

2004年8月，各乡镇政府成立公共卫生工作领导小组，乡镇卫生院设置防保站，考核选聘防保人员70多人，行政村设防保工作联络员。防保站开展传染病、地方病、慢性病的预防控制监督检查和儿童预防接种、妇女儿童保健和大众健康教育，协助卫生监督所对食品、公共场所、厂矿企业职工卫生的检查指导。

国家基本药物管理

2010年，全面施行《国家基本药物制度》。全县允许医疗机构采购使用307种国家基本药物、150种省增补的常用药品目录（非目录基本）药物和50种县遴选补充的常用药品（非目录基本），药品全部实行零差率销售。实施基本药物制度后，门诊、急诊费用下降46.3%，住院均次费用（日均）下降27.8%。

第四节　公共卫生监督

公共场所卫生监督

2001年，抽检公共场所卫生样品457份，检测合格的422份，合格率92.34%。2002年，抽检公共场所卫生样品229份，检测合格的221份，合格率96.5%。2008年，采集美容美发业和住宿业的理发工具、床上用品等用具样本865件，检测合格率为86.8%；采集游泳池水9份，检测合格率为80%。县疾控中心就此对经营单位采取停业整顿或限期整改措施。2009年开始，对74家住宿店和6家游泳馆实行卫生监督量化分级管理；次年，在419家经营场所（住宿103家、美容美发288家、游泳馆7家、浴室21家）铺开。2010年，全县办结公共场所卫生行政许可174家，发放食品、公共场所从业人员卫生知识培训合格证5500本。

饮用水卫生监督

1993年开始，县政府对城乡饮用水实行定点监测，全县共设监测点21个，其中集中式供水监测点10个、分散式供水监测点11个。

2007年开始，每季一次抽测县水厂、壶镇水厂、新建水厂水质；先后责令沿溪7家重点排污企业限期实现达标排放，开展"金箭五号行动——保障学校食品及生活饮用水卫生安全"检查，抽样检测94所学校自备水水样108份，对因氟化物超标、不符合饮用水标准的41所学校，责令停止使用2所，限期整改39所。2008年，采集6个农村集中式供水监测点出厂水水样12份，检测项目20个，理化指标全部合格，菌落总数和大肠菌群合格率为41.7%；抽检77所学校的自备水样84份，对不合格的74所学校出具卫生监督意见书，落实整改措施；组织15家职业危害企业和3家集中式供水单位的管理人员，参加省市"保障劳动者健康权益"和饮用水量化分级管理培训班。2009年，全县在农村设饮用水监测点26个，采样监测104份。抽检农村自备水25份，合格率为16%。2010年，监测水样2160份，检测结果微生物指标超标为主，化学指标和毒理学指标均正常。集中式供水的3家单位属A级资质的1家、C级资质的2家，丰水期水源水、出厂水、管网水水质，均符合国家卫生标准。多年农村生活用水监测结果显示，缙云农村饮用水不合格项目主要是细菌总数和大肠杆菌，其他化学指标和毒理学指标未超标。

食品卫生监督

2001—2010年，全县举办多期食品卫生和公共场所卫生管理人员培训班，培训人员8900多人次。动态监测公共场所的熟食制品、食用油、桶装水、餐具等，发现不合格的及时处理；开展"校园健康行动"和学校食堂卫生专项整治，学校食堂卫生许可持证率80%，食堂从业人员健康体检率、培训合格率均为100%。2002年，全县办理卫生许可证的食品加工经营单位2300家，5152人的从业人员体检合格率为95.78%，对患有"五病"的218人从业人员全部落实调离措施。2010年，全县办理餐饮服务卫生行政许可304家。办结卫生行政处罚案件24件，其中没收违法所得0.35万元，罚款8.73万元；50家小餐饮示范店、1条饮食示范街，通过丽水市小餐饮考核验收。

职业卫生监督

1993—2001年，对全县60多家工矿企业的粉尘（苯、甲苯、二甲苯、H_2S、铅、醋酸丁酯等）、噪声、高温、热辐射等职业病危害设测定点430个，其中检测合格的218个，合格率为50.7%。2002年6月，组织16

个乡镇申报“职业危害因素项目”；工矿企业生产环境有害因素粉尘测定 20 点次，合格率 50%，毒物（H_2S）监测 2 点次，合格率 100%。2009 年，职业卫生管理建立台账单位的有 25 家；组织职业性健康检查 167 人，查出职业禁忌 15 人、观察复查 22 人。2010 年 5 月，《缙云县粉尘与高毒物品危害治理专项工作实施方案》出台，开展粉尘与高毒物品危害治理专项行动，县卫生监督所与 40 家企业签订《职业病危害防治责任书》；全年检查职业卫生用人单位 37 家，受理职业危害网上申报单位 13 家，为接触职业危害因素的 967 人建立职业健康监护档案，组织职业健康体检 951 人。检测 11 家企业的“三苯”、粉尘和噪声等职业危害因素，结果为，甲苯、苯、汞合格率为 100%，粉尘监测合格率为 40.63%，二甲苯合格率为 75%，噪声合格率为 72.13%。

化妆品卫生监督

1993—2000 年，全县化妆品生产企业 3 家，经检测全部符合卫生标准。1996—2001 年，对市售化妆品商店卫生检查 109 户次，处理结果为：没收、销毁化妆品 1365 件、罚款 3500 元。2002 年，组织化妆品经营人员培训 102 人次，对 19 户市售化妆品商店检查 66 户次，处理结果为：没收、销毁化妆品 374 件，罚款 900 元。2009 年，抽检染发类化妆品经营单位 10 家，其中对不合格的 38.1% 产品处理结果为，没收不合格产品 8 件。抽检爽身粉经营单位 5 家 9 个品种，没有使用黄丹和非化妆品级滑石粉作原料的产品。

1993—2001 年缙云县工矿企业生产环境测定结果情况一览表

表 28-3-3

年份	测定点（个）	合格点（个）	合格率（%）	年份	测定点（个）	合格点（个）	合格率（%）
1993	53	21	39.62	1998	39	23	58.97
1994	57	23	40.35	1999	44	25	56.81
1995	23	3	13.04	2000	36	20	31.47
1996	70	33	47.14	2001	42	25	59.52
1997	66	45	68.18	—	—	—	—

传染病监管

1993 年以来，采取日常观测与重点监管相结合，对传染病进行全面监管。2009 年，《缙云县传染病防控应急预案》制定。

2008 年、2009 年，组织 250 多人次对全县医疗机构及中小学（托幼机构）的麻疹等呼吸道传染病、手足口病、甲型 H1N1 流感、公共场所艾滋病防治进行专项监督检查。

1993—2001 年，在法定报告的 35 种甲、乙、丙三类传染病中，缙云有 16 种 12147 人次。

1993—2001 年缙云县发生的各种传染病数量一览表（一）

表 28-3-4　　单位：人次

年份	霍乱	肝炎	痢疾	伤寒	淋病	梅毒	麻疹	百日咳
1993	—	537	72	1	8	—	111	6
1994	1	293	498	4	22	1	251	1
1995	—	387	687	5	58	17	25	1

续表 28-3-4

年份	霍乱	肝炎	痢疾	伤寒	淋病	梅毒	麻疹	百日咳
1996	—	585	275	7	37	36	20	3
1997	—	901	115	1	102	27	69	4
1998	—	501	245	1	96	23	1	4
1999	—	758	204	2	155	36	1	—
2000	—	602	135	2	183	51	2	2
2001	—	589	210	1	81	37	20	2

1993—2001 年缙云县发生的各种传染病数量一览表（二）

表 28-3-5　　单位：人次

年份	流脑	猩红热	流行性出血热	斑疹伤寒	流行性乙型脑炎	疟疾	新生儿破伤风	肺结核
1993	2	—	37	—	1	13	—	170
1994	1	—	96	11	—	28	—	160
1995	7	—	128	11	1	14	—	266
1996	4	1	68	13	—	5	1	266
1997	—	—	31	8	—	2	1	206
1998	2	1	65	21	—	1	—	302
1999	—	—	38	16	1	—	—	343
2000	1	1	47	5	1	1	—	300
2001	—	—	75	5	1	—	—	256

第二十九篇　民　政

1993—2010年，缙云县制订优抚安置、社会救助、社会福利、社会事务等一系列政策制度，社会保障体系不断完善。调整城镇和农村基层组织，全县村民委员会从642个减少到253个，社区居委会从19个减少到6个；支援驻地部队建设资金7500多万元，共发放义务兵家庭优待金2921.84万元，优抚对象抚恤补助金6510万元；接收退役士兵3582人，发放安置金825.08万元；发放最低生活保障金4038.5万元，支出医疗救助资金1251.09万元，发放救灾款1666.21万元；县社会福利中心、慈善总会相继建立，募集福利资金121.7万元，累计募集善款3909.77万元，共发放善款2006.29万元；社会管理服务水平稳步提升，社会团体从48个增加到126个，在册民办非企业单位57家；滩坑水电站建设移民安置工作顺利完成，接收景宁畲族自治县原迁移民314户962人。

第一章 基层自治组织

1993年以来，按照《中华人民共和国村民委员会组织法》《中华人民共和国城市居民委员会组织法》，全县农村、城镇分别建立村民委员会和居民委员会，其中村民委员会642个、街道居民委员会19个。2010年，村民委员会减少到253个、社区居民委员会6个。

全县通过民主选举、村务公开、示范社区创建等形式，基层自治管理制度不断健全，村（居）民“自我管理、自我教育、自我服务”能力明显增强。

第一节 村民委员会

1984年6月开始，缙云各行政村建立村民委员会（简称“村委会”）。村委会经村民选举产生，一般为3～7人，由主任、副主任和委员组成，下设人民调解、妇女、治安保卫等委员会，成员由村民委员会成员兼任。

换届选举

按《中华人民共和国村民委员会组织法》，村民委员会每届任期3年。1988年6月，在新建镇试点后，全县开展村民委员会换届选举，通过直接选举产生642个村民委员会。此后，村民委员会换届选举分别于1991年、1994年、1997年、1999年、2002年、2005年、2008年、2011年进行。2002年，全县有637个村采用“海推”方式产生村委会正式候选人。2005年，全县登记选民300989人，参加选举的选民265909人，选民参选率88.3%；完成换届选举的有634个村，完成率98.8%，其中462个村实行有候选人选举，172个村实行无候选人选举，分别占72.9%和27.1%；选出村委会成员1844人，其中女性委员41人、党员委员511人，分别占村委会成员总数的2.2%和27.7%；村委会成员平均年龄44.6岁，小学、初中、高中文化程度分别占16.2%、65.9%和16.8%。2008年，有430个村实行“自荐海选”，637个村实行妇女委员专职专选，共选出村民委员会成员2155人。其中女性589人，35岁以下当选村民委员会主任119人。

图29-1-1　2008年五云镇仙都农管处仙岩村村委会换届选举现场

自治管理

第一届村民委员会建立后，各村普遍制定“村规民约”。1998 年 7 月起，全县 642 个村全部建立村务公开制度，其中 195 个村建立村民代表会议制度。2000 年，开展村民自治建设，全县统一制订村民自治规章制度，县民政局出台《村民委员会成员罢免程序》。2001 年，全县开展村民自治达标活动，建成达标村 559 个。2006 年，开展村务公开民主管理规范化建设。至 2007 年，达到省村务公开和民主管理规范化标准村 454 个。2009 年，《缙云县村务公开目录》制定，村务公开进一步规范。2010 年，县委组织部《缙云县村党组织书记和村委主任考核管理办法》出台，村党组织书记、主任年报酬标准确定为上年度农村劳动力平均收入，是年为 9626 元；对村集体经济收入不到 3 万元的行政村，县财政给予补助，确保村级组织运转经费最低保障标准 3 万元。

1995 年，壶镇镇湖川村村民委员会被民政部授予“全国模范村民委员会”称号。2001 年，缙云被省民政厅评为“村民自治模范县”。2003 年，缙云被民政部授予“全国村民自治模范县”。2010 年，东渡镇金坑村被省民政厅命名为“省级民主法治村”。

第二节　居民委员会

城市社区居民委员会

2002 年 10 月，根据“界线分明、大小适中、有利组织、方便群众”的原则，五云镇 14 个居民委员会调整为朝晖、风景山、水南、北门、镇中和新城 6 个社区，共有居民 9680 户 22499 人。公开招聘社区工作者 22 人。各社区建立党支部、居民委员会和社区议事协商委员会（文明共建理事会），各支部委员会由 3 ～ 7 人组成，居委会委员由 5 ～ 9 人组成。各社区还建立人民调解、治安保卫、卫生、计划生育、服务保障、文体教育、文明创建等工作委员会，制定《居民自治章程》《居民公约》《居民代表制度》《共建制度》等。2005 年，第二届社区居民委员会换届选举。2008 年，有社区志愿者服务组织 46 个，志愿服务者 3785 人。社区服务组织主要开展帮困结对、矫正帮教、文体活动、卫生保健、民事调解等社会服务活动，社区自我服务体系形成。2009 年，镇中、水南、朝晖社区 3 个居家养老服务中心建成。2010 年，开展创建和谐社区活动，居家养老服务全覆盖社区增至 6 个，为社区居民提供家政、理发、物业保洁、家电维修等服务。

2003 年，朝晖社区被命名为“省示范社区”“绿色社区”。2004 年，朝晖社区被省民政厅命名为“浙江省百佳社区”。

农村社区服务中心

2008 年开始，在五云镇官店村和新建镇笕川村开展农村社区建设试点。2009 年，县政府出台《关于推进农村社区建设的意见》，在壶镇镇新范村召开社区服务中心建设现场会，部署农村社区服务中心建设工作，年底，全县有乡镇服务中心 2 个、村级服务中心 80 个通过评审验收。2010 年，新增壶镇、舒洪、大洋、大源、七里乡镇服务中心 5 个，农村社区服务中心 160 个。

2010 年，新建镇宅基村、东渡镇东渡村、新碧农村管理处碧街村、东方镇靖岳村 4 个农村社区服务中心被评定为“省级示范点”。

第二章　优抚安置

1993—2010年，县政府加大资金投入，支援驻缙部队建设，驻缙部队硬件设施、设备明显改善。义务兵家庭优待金按标准足额发放，优抚对象抚恤补助标准逐年提高，重点优抚对象医疗补助得到保障。退役士兵安置工作落实到位。

2000年、2003年、2006年、2010年，缙云被浙江省委、省政府、省军区授予“双拥模范县”称号。1997—2010年的14年间，县民政局有11次被省政府、省军区评为“退役士兵安置先进单位”。

第一节　拥军

拥军活动

每逢“八一”建军节、元旦、春节等重大节日，县领导均率有关部门负责人走访慰问驻缙部队官兵和军队离退休干部、残疾军人、三属、老红军、老复员军人等重点优抚对象，帮助部队解决训练、战备、营建、生活等方面的具体问题，为重点优抚对象解决生产、生活中的实际困难。县双拥办每年向优抚对象发放慰问年画，为新增优抚对象挂光荣牌。各部门、乡镇和村“双委”开展形式多样的拥军优属活动。1993—2010年，全县累计发放慰问品价值102万元、慰问年画39.5万张。

拥军保障

1993—2010年，县政府用于驻缙部队建设资金共计7500多万元，驻缙部队的基础设施建设实现规定标准。先后划拨土地0.77公顷，投资1200多万元建设县人武部机关大楼和民兵训练楼；投资339万元购置县人武部车辆和建设民兵装备仓库等。划拨土地0.8公顷，投资1000多万元建设县武警中队营房；投资180多万元用于县武警中队旧营房电路改造、电脑购置、图书添置和互联网安装。划拨土地4.4公顷，投资3800万元建设县消防大队营房（丽水市消防综合训练基地），投资680多万元购置县消防大队高喷车、水罐车、雷达生命探测仪、A类泡沫车等装备。2007年8月开始，县政府为全体驻缙部队官兵缴纳城镇职工医疗保险。

第二节　优待抚恤

义务兵家庭优待和立功奖励

1993—2010年，全县共发放义务兵家庭优待金2901.84万元，发放缙云籍战士在部队立功受奖的义务兵奖励32.77万元。

家庭优待　1993—2001年，实行国家、社会、群众三结合的义务兵优待保障办法，优待金实行全社会统筹。1993—1996年，农村义务兵家庭优待金由所在乡镇统筹解决；城镇义务兵家庭优待金由全县统筹，各单位负担。优待金标准不低于上年人均收入的70%。1997年开始，义务兵家庭优待金实行全县统筹，企业按实交税额的1%缴纳，单位干部职工按年工资总额的1%缴纳，农民按人口缴纳（1997年为每人3元）。2002年，税改费后，取消“三结合”优待保障办法，优待金改由县财政预算安排。

1993—2010年缙云县义务兵家庭优待金发放标准一览表

表29-2-1　　单位：元/户·年、万元

年份	城镇	农村	年份	城镇	农村
1993	350	350	2002	1600	1600
1994	400	400	2003	1800	1800
1995	400	400	2004	6000	2000
1996	400	400	2005	6000	3000
1997	1000	1000	2006	6000	3000
1998	1000	1000	2007	6000	3000
1999	1100	1100	2008	6000	5000
2000	1200	1200	2009	6000	5500
2001	1400	1400	2010	6000	5800

立功奖励　1993年，缙云籍在部队立功受奖的义务兵奖励优待政策出台，此后奖励标准逐步提高。2003—2010年，全县义务兵立三等功及其授奖29人次，优秀士兵及其授奖1003人次。按奖励政策，三等功500元/人·次（2010年提高到800元）、优秀士兵300元/人·次，共计发放奖励经费31.57万元。

“三属”抚恤

2005年以前，“三属”（烈士遗属、因公牺牲军人遗属、病故军人遗属）享受定期抚恤金，其中烈士遗属月均56.7元，因公牺牲军人遗属月均54.8元，病故军人遗属月均51.87元。2005年，重点优抚对象优抚金标准自然增长机制建立，三属优抚金以缙云县上年度农民人均纯收入为参照基数，分别按不低于参照基数的110%、105%、100%计发。月抚恤金标准为：烈士遗属、牺牲军人遗属340～380元，病故军人遗属335～340元。2009年，执行《缙云县军人抚恤优待实施细则》，三属定期抚恤金标准以县统计部门公布的上年度城镇居民人均可支配收入和上年度农村居民人均纯收入统计指标为基础，结合全县城乡人口比例测算确定参照基数，户籍在城镇的三属分别按不低于参照基数的120%、110%、100%计发，户籍在农村的三属分别按不低于参照基数的100%、95%、90%计发。月抚恤金标准为：城镇的烈士遗属825元、牺牲军人遗属805元、病故军人遗属745元；农村的烈士遗属760元、牺牲军人遗属750元、病故军人遗属685元。

伤残抚恤

1993—2010年，县政府共14次增加残疾军人抚恤金标准，有工作单位的残疾军人抚恤金标准从82～240元/年增到2730～28690元/年，无工作单位的残疾军人抚恤金标准从342～1560元/年增到9332～46661元/年。分散供养的1～4级残疾军人的护理人员，还享受抚恤金标准30%～50%的护理费。

红军失散人员补助

1987年，全县认定红军失散人员21人。红军失散人员定期补助标准按在红军部队年限确定：一年以下25元／月，一年至三年28元／月，三年以上30元／月。至1992年，全县红军失散人员19人，月人均补助45.6元。1993年，红军失散人员月人均补助47.5元。2009年9月20日，缙云县最后一名红军失散人员杨老吾病故，当时月补助标准为706元。

复员军人生活补助

1993—2010年，共13次增加复员军人定期生活补助标准。其中，1993年为36元／月，1994年为85元／月。抗日战争、解放战争和中华人民共和国成立后入伍的复员军人的优抚金标准，2005年，分别按本县上年度农民人均纯收入的95%、90%、85%计发；2010年，抗日战争、解放战争和中华人民共和国成立后的复退军人享受定期生活补助的685人，补助标准分别为每月625元、600元、595元。

带病回乡退伍军人优抚

1993年，全县带病回乡退伍军人优抚金20元／月。2005年以后，带病回乡退伍军人的优抚金标准按本县上年度农民人均纯收入的85%计发。2009年11月，按民政部《关于带病回乡退伍军人及待遇问题的通知》，重新复核全县带病回乡退伍军人。2010年7月，按省民政厅《浙江省带病回乡退伍军人认定及管理工作实施细则》，对带病回乡退伍军人再次审核。2010年年末，带病回乡退伍军人月人均优抚金577元。

两参退役人员优抚

2007年7月，根据《浙江省民政厅转发民政部关于落实优抚对象和部分军队退役人员有关政策的实施意见的通知》，全县开展“参战退役人员”和“参加核试验军队退役人员”（简称“两参退役人员”）认定工作。第一批认定的人员优抚金，从2007年8月起，城镇人员300元／月、农村人员200元／月。2010年年末，两参退役人员优抚金，城镇人员420元／月、农村人员320元／月。

医疗补助

1993—2010年，随着城镇职工公费医疗到基本医疗保险改革的变化，残疾军人医疗补助政策、管理方式、标准也发生相应变化。

2002年以前，二等乙级以上残疾军人享受公费医疗待遇，三等残疾军人因旧伤复发所需的医疗费用由县民政部门办理报销手续。2002年7月，《缙云县在乡重点优抚对象医疗费补助暂行办法》出台，一级至六级残疾军人按照城镇职工基本医疗保险规定享受医疗待遇，七级至十级残疾军人因旧伤复发所需的医疗费用由民政部门办理报销手续，其他疾病的住院医疗费以2000元为补助起点线，超出部分按30%的比例补助，每人全年累计补助金额不超过3000元。其他优抚对象以1000～2000元为起点线，开始享受一定比例的补助。2005年9月之后，重点优抚对象全部纳入新型农村合作医疗范畴，其个人交纳部分（每人每年20元）由县财政承担。2007年1月，《浙江省军人抚恤优待办法》实施后，七级至十级残疾军人旧伤复发以外的住院医疗费用和三属、复员军人、带病回乡退伍军人的住院医疗费用，按以下标准给予医疗补助：因战残疾军人不低于70%，因公残疾军人不低于60%，烈士遗属不低于80%，因公牺牲军人遗属不低于70%，现役病故军人遗属不低于60%，解放战争复员军人不低于60%，中华人民共和国成立后复员军人、带病回乡退伍军人不低于50%。门诊医疗费用按不低于其抚恤补助标准的10%补助，包干使用，超支不补。

2006—2010年，全县重点优抚对象医疗补助资金共596.17万元，其中住院1227人次285.14万元，门诊 311.03 万元。

2006—2010 年缙云县重点优抚对象医疗补助情况一览表

表 29-2-2　　单位：万元

年份	补助总额	住院		门诊
		人次	金额	金额
2006	45.19	60	10.18	35.01
2007	86.14	160	35.6	50.54
2008	106.9	185	55	51.9
2009	164.32	319	75.03	89.29
2010	193.62	503	109.33	84.29
合　计	596.17	1227	285.14	311.03

第三节　退役军人安置

图 29-2-1　缙云县 2010 年转业士官安置考试

1992 年，县政府出台《缙云县退伍义务兵安置实施办法》。1993 年 11 月，县复员退伍军人安置办公室成立。1993—2000 年，农村籍退伍义务兵按照“从哪里来，回哪里去”的原则就业，城镇义务兵、志愿兵、转业士官由政府安排工作。2001 年 4 月，县政府《缙云县退役士兵安置暂行办法》出台，从当年开始，所有城镇退役士兵一律实行货币安置、自谋职业，政府保障服役满 10 年以上转业士官等重点安置对象工作岗位。是年，城镇退役士兵全部自谋职业，发放安置金 92.44 万元。2008 年 3 月，县政府出台《关于认真做好转业士官安置工作的意见》，进行转业士官安置改革，探索安排就业和自谋职业相结合、鼓励自主创业的转业士官安置办法，按公开、公平、公正原则，采取考试考核相结合的办法，根据就业安置岗位由转业士官自行选择安排就业。2009 年 5 月，县政府出台《关于进一步做好专业士官安置工作的意见》，转业士官安置工作进一步完善。

第四节　烈士褒扬

至 2010 年年末，缙云县有烈士 319 人。其中，土地革命时期牺牲的 18 人、抗日战争时期牺牲的 12 人、解放战争时期牺牲的94人、中华人民共和国成立后牺牲的195人；牺牲时年龄最大的59岁、年龄最小的13岁。

1981年，缙云县金山烈士陵园建成，位于大桥南路28号。陵园的烈士纪念碑高12米，宽2.4米，刻有烈士名录314人。1997年，蔡鸿猷、李雄华、陈党3位烈士遗骸从县医院后山迁至金山烈士陵园。2000年，金山烈士陵园花岗岩牌坊式门厅建成。2002年3月22日，位于烈士陵园内的缙云县革命烈士纪念馆开馆；12月，缙云县革命烈士纪念馆被省人民政府批准为省重点烈士纪念建筑物保护单位。2006年12月，缙云县金山烈士陵园更名为缙云县革命烈士陵园。

2010年，全县有散葬烈士墓125处、红军战斗纪念碑3处。

第三章　社会救助

1993—2010年，缙云县社会救助机制不断完善，最低生活保障标准逐年提高，医疗救助力度加大，临时救助更加及时有效，五保供养能力稳步增强。城乡居民最低生活保障标准分别从每人每年800元、500元提高到4320元、2592元。其间，县政府发放最低生活保障金4038.5万元，支出医疗救助资金1251.09万元。五保供养年标准从372元/人提高到4006元/人。自然灾害救助机制进一步健全，避灾工程建设全面完成，防灾减灾能力明显提升，发放救灾款共1666.21万元。

第一节　最低生活保障

1997年，缙云县启动城乡居民最低生活保障（简称“低保”）工作。1998年，缙云县确定城乡居（村）民低保标准为：城镇居民年人均收入800元，农村居民年人均收入500元。1998年1月起，实施《缙云县最低生活保障暂行办法》，低保对象人均年补助标准为123.4元，全县低保对象3761人（含城镇居民51人），共发放低保金46.4万元。11月，《缙云县城乡最低生活保障暂行办法》修改出台，此后最低生活保障标准逐年提高。

2001年，《缙云县最低生活保障实施办法》出台。从当年第二季度起，城镇低保居民的年平均补助标准从420元提高到840元；农村低保居民的年平均补助标准从220元提高到360元。对低保对象实行程序公开、运作规范、定期核查的动态管理机制，张榜公布低保对象，接受群众监督；落实相关优惠政策，电力部门为低保对象减免电费共计20多万元。

2003年开始，对低保对象实行“动态管理、定期审核、定额补助”机制和“村（居）上报、乡（镇）审核、县审定”的审批程序；县民政部门建立低保家庭档案，将低保数据纳入计算机系统管理。2004年，采取家庭收入测算法，重新核查全县的低保对象，从当年第四季度起实行“红绿卡”管理制度，对长期享受低保救助的对象发放“绿卡”，对部分阶段性低保对象发放“红卡”。2005年，缙云县低保金全部实行按季度发放。

2006年6月，根据省政府“城镇居民最低生活保障标准一般按当地最低工资标准的40%确定，农村居民最低生活保障标准原则上按城镇居民最低生活保障标准的60%确定”的要求，缙云提高城乡居民低保标准，城镇居民低保标准由原来的年人均收入 1800 元提高到 2700 元，农村居民低保标准由原来的年人均收入 1200 元提高到 1620 元。标准提高后，全县低保对象按户分档实行差额补差，补差标准每月不少于 30 元。2007 年，建立物价上涨应急救助机制，分三次对低保对象共发放物价上涨补贴 78.2 万元，标准为，城镇的每人 300 元，农村的每人 180 元。对低保对象发放春节慰问金 40 万元。此后，每年对城乡各类困难群众发放春节慰问金。2008 年，开展重度残疾人生活保障工作，将家庭人均收入低于低保标准 150% 以下的重度残疾人一律纳入基本生活保障。其中，原低保对象中的重度残疾人给予全额享受低保金的有 344 人，家庭人均收入在低保标准 100% ～ 150% 之间的重度残疾人，参照低保标准给予全额发放重度残疾人基本生活补助金的有 346 人。

2010 年 7 月开始，最低生活保障标准城镇居民从每年 3744 元提高到 4320 元，农村居民从每年 2256 元提高到 2592 元。年末，全县低保对象有城镇居民 92 户 108 人、农村居民 4836 户 6557 人。县政府支出低保金总额 829.74 万元，另向低保对象发放物价补贴 134.89 万元。

1998—2010 年，低保标准，城镇居民从每人每年 800 元提高到 4300 元，农村居民从每人每年 500 元提高到 2592 元；全县最低生活补助，人员共计 58794 人次，发放低保金 4038.52 万元。

1998—2010 年缙云县城乡居民最低生活保障情况一览表

表 29-3-1

年份	合计			城镇居民			农村居民		
	数量（户）	数量（人）	发放金额（万元）	保障线标准（元 / 年）	数量（户）	数量（人）	保障线标准（元 / 年）	数量（户）	数量（人）
1998	2251	3761	46.4	800	40	51	500	2211	3710
1999	1847	2168	75	1000	12	17	700	1835	2151
2000	1753	2116	82	1200	12	17	800	1741	2099
2001	2207	2332	93	1500	52	56	1000	2155	2276
2002	2783	4819	112	1500	66	141	1000	2717	4678
2003	3131	5266	183.2	1500	71	109	1000	3060	5157
2004	3118	5177	247.2	1800	71	103	1200	3047	5074
2005	3205	5123	287.34	1800	63	79	1200	3142	5044
2006	3166	4319	271.86	2700	60	72	1620	3106	4247
2007	3161	4209	409.43	2976	106	119	1800	3055	4090
2008	4916	6511	603.48	3360	66	81	2016	4850	6430
2009	4992	6436	797.87	3744	69	85	2256	4923	6351
2010	4836	6557	829.74	4320	92	108	2592	4744	6449

第二节　五保供养　临时救助　医疗救助

五保“三无”供养

1994 年年末，全县“五保”（保吃、穿、医、住、葬）老人 211 人，实行分散供养，粮食由村负担，县政府给予零用钱补助 372 元 / 人 · 年。1995 年开始，按照自愿原则，对“五保”老人实行集中供养。1997 年，全县集中供养“五保”老人 195 人，县政府给予零用钱补助 720 元 / 人 · 年；分散供养“五保”

对象 153 人，生活费补助 360 元 / 人 • 年。

2000 年起，"五保" 供养费实行全县统筹。2002 年，全县 "五保" 对象 313 人，供养费 1450 元 / 人•年，达到上年度全县农民人均收入 60% 以上标准。

2003 年，开展农村 "五保"、城镇 "三无"（无劳动能力，无生活来源，无法定赡养、抚养、扶养义务人）对象调查摸底，核实 "五保" 对象，完善个人档案。2005 年，全县农村居民 "五保" 对象 479 户 479 人（入住乡镇敬老院 426 人），城镇 "三无" 对象 16 人（含弃婴 14 人）。2007 年，农村 "五保" 对象 443 户 452 人（入住乡镇敬老院 404 人），城镇 "三无" 对象 13 人（含弃婴 11 人）；"五保" 供养标准达到上年度全县农民人均收入的 89.8%。2010 年，农村 "五保" 对象 355 人，其中集中供养人数 305 人；城镇 "三无" 对象 11 人。农村五保供养标准达到上年度全县农民人均收入的 68.73%。

2005 年 12 月，缙云县被省政府授予 "五保集中供养工作先进单位" 称号。

1994—2010 年部分年份缙云县 "五保" "三无" 供养人数补助标准一览表

表 29-3-2

年份	农村五保户			城镇三无数量（人）
	数量（人）	其中集中供养数量（人）	集中供养补助标准（元 / 人·年）	
1994	211	0	372	—
1997	348	195	720	—
2001	353	179	720	—
2002	313	171	1450	—
2003	248	163	1450	—
2004	507	159	1450	—
2005	479	426	2080	16
2006	458	408	2080	16
2007	452	404	3670	12
2008	402	351	3670	10
2009	357	307	3410	14
2010	355	305	4006	11

临时救助

1993 年以后，每年春节期间，县级党政领导、有关部门和乡村干部均走访慰问困难群众，向五保户、低保户、困难户发放慰问金、慰问品。2009 年 1 月，《缙云县临时生活困难救助实施办法》出台。2003—2010 年，春节慰问救助困难群众 123583 人次，发放慰问金 1478.8 万元；日常救助临时生活困难群众 5971 人次，发放救助金 148.57 万元；援孤（贫）助学 24 人次，共发助学金 4.89 万元；资助城乡低保、五保对象白内障复明手术 14 人。

2003—2010年缙云县困难群众慰问救助情况一览表

表 29-3-3 单位：万元

年份	春节慰问困难群众		日常救助困难群众	
	数量（人次）	发放慰问金	数量（人次）	发放救助金
2003	3633	72.8	284	5.9
2004	311	15	1618	11.8
2005	25692	180	1058	10.93
2006	15903	196	657	7.93
2007	18800	250	107	3.03
2008	28702	348	51	3.33
2009	17428	217	358	16.29
2010	13114	200	1838	89.36

医疗救助

2005年开始，城乡困难人员医疗救助实行。1月，《缙云县城乡困难人员医疗救助暂行办法》《关于做好实施缙云县城乡困难人员医疗救助暂行办法》出台，对城乡困难人员医疗救助作出明确规定。县财政按照省政府人均不低于3元的标准，安排医疗救助资金130万元。是年，县政府为困难人员3153户5071人解决农村合作医疗个人出资部分的参保费；全县支付医疗救助资金10.1万元。

2006年，《缙云县城乡困难人员医疗救助暂行办法》修改出台，增加救助病种，扩大救助范围，降低救助门槛，提高救助标准，对五保户、低保户实行医中救助，并不设门槛。从制度上初步解决困难群众治病无钱、生活无着的问题，努力达到救助水平与经济发展水平相适应。

2010年11月，《缙云县困难群众医疗救助实施办法》修订完善，医疗救助范围扩大，救助比例提高，医疗救助资金的管理和发放加强，并将农村“三老”人员和家庭人均收入在低保标准100%～150%之间的低收入农户纳入救助范围。对农村五保、城镇“三无”和低保对象实行门诊定额救助，每人年救助额度最高提到3万元。对申报医疗救助的对象实行“一站式”服务。

2005—2010年，全县医疗救助资金财政预算安排1450万元、支出1251.09万元。其中资助参加新型农村合作医疗困难群众37096人127.52万元，救助住院困难群众2950人1123.57万元。

2005—2010年缙云县城乡困难群众医疗救助情况一览表

表 29-3-4

年份	县财政预算		救助总额（万元）	救助住院		资助参保	
	资金（万元）	人均标准（元）		数量（人）	金额（万元）	数量（人）	金额（万元）
2005	130	3	10.1	—	—	5071	10.1
2006	192	4	82.63	217	69.67	6478	12.96
2007	200	5	148.89	417	135.43	6732	13.46
2008	266	6	220.6	472	198.8	5458	21.8
2009	310	7	408.36	938	378.2	6850	30.16
2010	352	8	380.51	906	341.47	6507	39.04

第三节　灾害救助

1993—2010年，全县遭受台风、洪灾、干旱、冰冻、冰雹、雪灾等自然灾害30多次，发放灾害救助款1666.21万元，发放衣物58247件、粮食125万千克。其中，1994年，平湖市捐赠缙云县救灾衣被53281件，宁波市外贸局捐赠缙云县救灾衣被2600件；1998年，全县救济灾民医疗费15万元、衣物价值12万元。

1997年，县委、县政府出台《关于开展赈灾捐款活动的实施意见》，发动全社会捐款11万元，救助灾民。1998年，自然灾害救济制度进行改革试点，由国家包揽转变为中央、省、县、乡（镇）分级负担机制。县政府出台《缙云县自然灾害救济暂行办法》，明确救灾救济工作实行“依靠群众、依靠集体、生产自救、互助互济，辅之以国家必要救济和扶持”的方针。是年7—8月，长江、嫩江流域发生特大洪灾，县委、县政府下发《立即开展支援长江沿线抗洪救灾募捐活动的通知》，开展为长江沿线灾区人民赈灾募捐活动，全县共接收捐赠现金71.87万元，衣物2.5万件。1999年，根据“政府主导、社会参与、各方有责”的救灾工作新体系，运用“计灾到户、电算管理”方法开展救灾工作，改变以往单一的常规救济做法，在新建镇开展支援春耕生产，直接将化肥农药送到受灾户家中，改“治标”救济为“治本”救济。

2001年，开展火灾救济改革试验，县政府支付保费8万元，用于全县火灾家财保险。全年发生火灾34起，受灾282户887人，烧毁房屋501间，直接经济损失712万元，获保险公司理赔5万多元。2004年，《缙云县重特大自然灾害救助应急预案》颁布，建立健全救灾应急机制，规范救灾款物分配工作程序。2005年，执行救灾款使用报告制度。2008年，全县为四川省汶川发生“5·12”地震捐赠款物价值1753.87万元，其中接收捐款1148.67万元、物资价值605.2万元。

1993—2010年缙云县自然灾害及救助情况一览表

表29-3-5

年份	受灾人口（万人次）	成灾人口（万人）	受灾面积（公顷）	成灾面积（公顷）	倒塌房屋（间）	损坏房屋（间）	直接经济损失（万元）	发放救灾款（万元）
1993	33.6	29.7	7800	4600	675	3525	3800	54.6
1994	26.3	18.5	6233	—	148	2261	2300	89
1995	52.02	21.2	13100	9000	34	1086	4414	65
1996	28.1	2.3	22313	12100	755	10002	14434	92.5
1997	71.7	34.7	7120	4393	1231	5735	12371	191
1998	53	16.4	5240	3326	961	3438	5411	116
1999	10.6	7.35	1046	920	53	356	1122	—
2000	40	28	2060	893	120	1056	1356	60
2003	—	—	—	8273	3169	—	11000	125
2004	24.3	—	—	4233	397	—	10290	323
2005	29	—	—	6746	340	—	14286	108
2006	21	—	—	5473	34	—	7993	240
2007	—	—	—	8273	220	—	23075	20
2008	—	—	—	—	52	1454	28225	96.61

续表 29-3-5

年份	受灾人口（万人次）	成灾人口（万人）	受灾面积（公顷）	成灾面积（公顷）	倒塌房屋（间）	损坏房屋（间）	直接经济损失（万元）	发放救灾款（万元）
2009	—	—	—	—	273	—	12180	60.5
2010	—	—	—	—	99	1175	31504	25

2008年9月，全县避灾工程建设工作会议召开，部署避灾安置场所建设。是年，建成避灾安置场所53个，其中县级1个、乡镇18个及其分中心6个、村级28个，补助建设资金29.6万元，配备棉被700床，简易床、草席各590张。编印《避灾知识手册》16.6万本，分发到全县每个家庭。2009年，完善制定县、乡（镇）、村三级自然灾害救助应急预案。2010年，全县避灾安置场所从上年度的58个增至65个。

第四章　社会福利

1993—2010年，缙云县福利慈善事业发展迅速，福利慈善机构从无到有，缙云县社会福利中心和缙云县慈善总会相继成立，乡镇敬老院和慈善工作站实现全覆盖。募集福利资金121.7万元、善款3909.77万元，共发放善款2006.29万元。

第一节　福利事业

福利机构

2010年，缙云有公办福利机构10家（县福利院1家、乡镇敬老院9家），民办福利机构2家，共有床位865张。

县社会福利中心　1998年12月动工。占地面积5521平方米，建筑面积4292平方米，投资440万元，达到省二级养老院标准。1999年12月30日，首批入住老年人19人。2006年开始，要求入住老人增加，接收能力未能满足社会需求。

乡镇敬老院　1996年，全县19家，总面积6700多平方米，床位200张，入院老年人171人。1997年25家，入院老年人195人。2004年，调整乡镇敬老院布局，利用已撤销乡政府办公用房改建成黄店、新建、胡源、东渡、溶江、东方6所乡镇敬老院，共投入资金1366万元，合计占地面积13950平方米、建筑面积8074平方米、床位470张。2005年，投入资金420多万元，改扩建敬老院10所，合计占地面积23750平方米、建筑面积12700平方米、床位610张。2008年，投入资金56.5万元，维修方川、溶江、黄店3所敬老院，舒洪镇敬老院迁至新址，新碧敬老院并入新建中心敬老院。

民办养老机构　2005年9月，缙云县中心托老所开业，为县首家民营养老机构。2008年，缙云县大众托安养中心开业，为民营养老机构，有床位50张。

有奖募捐

1998 年、1999 年、2002 年，缙云县共 3 次组织有奖募捐活动，筹集福利资金 121.7 万元。

1998 年 2 月 28 日，在火车站广场，第一次组织福利彩票 800 万元大奖组发行活动，10 天销售 480 万元，筹集福利资金 90 多万元。1999 年 5 月 22 日，在县客运中心，第二次组织福利彩票 1000 万元大奖组发行活动，销售 180 万元，筹集福利资金 20 多万元。2002 年 9 月 28 日，在县城新区永宁路，第三次组织福利彩票 500 万元大奖组发行活动，销售 98 万元，筹集福利资金 11.7 万元。

第二节　福利企业

1993 年，全县有福利企业 21 家、职工 362 人。其中残疾人职工 125 人，占职工总数 35%，产值 1032 万元，创税利 105 万元。1997 年，减免前路福利厂和天马药业有限公司 2 家福利企业优惠税费共 11.89 万元。2002 年，缙云县福利企业协会成立，召开第一届全体会员大会。2006 年，对残疾福利企业资格和残疾人员安置比例开展审核。是年，全县残疾职工“四险”（基本养老保险、基本医疗保险、失业保险、工伤保险）投保率 100%。2010 年，全县残疾职工占福利企业职工总人数比例 35% 以上，残疾职工“五险”（加生育保险）投保率 100%，人均投保额 3000 多元。

1993—2010 年缙云县福利企业基本情况一览表

表 29-4-1

年份	数量（家）	残疾职工数量（人）	销售额（万元）	税利（万元）	年份	数量（家）	残疾职工数量（人）	销售额（万元）	税利（万元）
1993	21	125	1032	105	2002	17	—	9150	502
1994	17	143	1676	131	2003	20	241	10136	1200
1995	14	129	1757	156	2004	23	245	13000	1200
1996	—	—	—	—	2005	23	—	17500	1700
1997	12	—	2000	200	2006	21	285	24217	1977
1998	13	117	3500	350	2007	19	252	18721	660
1999	11	—	2300	230	2008	16	294	19645	480
2000	11	—	5048	504	2009	17	303	20303	617
2001	13	141	7500	800	2010	18	338	27936	1094

第五章　社会事务

1993—2010 年，全县各项社会事务管理进一步规范，社会管理服务水平稳步提升，婚姻登记实现全县集中办理，殡葬改革全面实施，革命老区建设不断推进，老龄事业成效显著。

第一节 社会组织登记与管理

社会团体

1994年年末，注册登记县级社会团体83个。其中，学术性28个、行业性21个、专业性13个、联合性21个。有38个社会团体创办经济实体53个。

1997年9月，缙云县社会团体管理工作领导小组成立。1998年，按整顿要求，社会团体注销21个、保留65个。1999年，全县气功类社会团体4个、练功人员1300多人。2000年，注销“缙云县科学生命研究会”“缙云县智能气功科学研究会”等4个气功类社会团体。

2003年，举办社会团体秘书长培训班，规范社会团体管理。颁发社会团体组织会员证6000多本，全县91个社会团体全部录入计算机系统管理。是年，取缔大源镇稠门村“公共秩序管理委员会”等3个非法维权组织。2004年，加强农村专业协会规范化管理，调查核实18个农村专业经济协会、21个农村专业合作社的种类、分布及运行情况。2007年，对灯管、缝纫机、水电等14个社会团体进行变更登记，实现社会团体与行政机关脱钩，机构分设、人员分离、职能分开、财产分开。

2010年，开展社会团体行业协会收费检查和小金库治理。年末，全县在册登记社会团体126个。

民办非企业单位

2000年，全县开展民办非企业单位摸底调查、登记和监督管理工作。2001年，在全市率先完成民办非企业单位复查登记，全县核准登记民办非企业单位117家。其中法人单位4家、个体113家。

2005年，各民办非企业单位开展多种形式的主题公益活动，为社会弱势群体及广大群众免费、低偿或只计成本提供服务。2005—2010年，通过开展“诚信服务，真情回报社会”活动，民办非企业单位共取得经济效益600多万元。

2010年年末，全县注销民办非企业登记单位114家，保留合格的民办非企业单位57家。

第二节 地名管理

1994—1996年，缙云县开展地名普查及其资料更新工作。1995年5月，《缙云县地名管理实施细则》颁布。1997年，规范地名用字，全县统一规范村名用字79个。

1996年，在新建镇开展“农村户口城市化管理”门牌设置、整顿试点。1997年，在五云镇老城区、舒洪镇、壶镇镇设置新门牌4.6万块、街道牌29块、巷弄牌400多块、幢牌及单元牌100多块。2002年，开展门楼牌的“国标化”试点。2003年，门楼牌国标化全面施行。2005年，对全县642个行政村门牌设置进行全面整顿。2006年，新的门牌管理系统运行，实现门牌资料计算机系统管理。2010年，为七里乡新都村、新建镇红锦村两个移民村设置新门牌。2001—2010年，设置村牌、路牌483块，门牌92937块，颁发门牌证60262本。

1996年，命名县城新区黄龙路、问渔路、旭山路等主街道名称20条。1997年，命名电力路、缙中路等主街道名称16条。1997—2003年，在330国道、黄平公路、五壶公路等公路沿线设置村碑、镇碑186块。1998—2009年，在五云、壶镇、新建主街道设置路牌433块。2004年，地名资料档案全部录入计算机系统管理。2006 年，开展地名数据库维护和补录工作，共补录地名资料 5000 多条。2008 年 8 月，《缙云县地名管理办法》颁布，全县地名管理进一步规范。2009 年，走“以牌养牌”之路，与县邮政局合作，投资 20 多万元，在浙江缙云工业园区、壶镇镇主要道路，县城至新碧、至壶镇道路两边设置新的村、路牌 100 多块。

1999 年，《浙江省缙云县地名志》出版；2000 年，《缙云县政区图》出版；2008 年，《缙云县行政区划图》出版；2009 年，缙云县地名网（http：//www.jyxdmw.org）开通。

第三节　婚姻　收养登记

婚姻登记

1992—2010 年，全县办理结婚登记 68340 对（含复婚），离婚登记 4908 对，补发结婚登记证 2363 对，补发离婚登记证 111 对，出具无婚姻登记证明 10672 份。其中 1991—1996 年，办理涉外婚姻登记 42 件。

2000 年以前，婚姻登记由乡镇政府办理。2000 年 1 月开始，缙云在全市率先试行全县婚姻登记集中办理，办理地点设在县妇保院；2 月，设立缙云县婚姻登记管理处，县政府出台《缙云县婚姻登记实施办法（试行）》。2004 年 6 月，缙云县婚姻登记处成立，为县民政局下属股级机构，缙云县婚姻登记管理处撤销。2006 年 8 月，缙云县婚姻登记处迁至县城溪滨北路 36 号县民政局办公楼一楼。2008 年 2 月，缙云县婚姻登记信息纳入浙江省民政厅官方网。

图 29-5-1　县婚姻登记处（2004 年摄）

2003 年，缙云县婚姻登记处被民政部授予年度“全国先进婚姻登记机关”。2004 年，县婚姻登记处被省民政厅授予民政“基层窗口行风建设先进单位”。2006 年，县婚姻登记处分别被民政部和省民政厅授予“婚姻登记规范化建设窗口单位”。

收养登记

1993—2010 年，全县共办理收养登记人员 432 人。

2000—2010 年缙云县婚姻、收养登记情况一览表

表 29-5-1

年份	结婚登记		离婚登记	结（离）婚补发登记		收养登记
	数量（对）	其中复婚数量（对）	数量（对）	补发结婚登记证数量（对）	补发离婚登记证数量（对）	数量（人）
2000	3044	5	142	94	3	25
2001	3213	6	160	56	1	8
2002	3293	5	175	62	2	10

续表 29-5-1

年份	结婚登记		离婚登记	结（离）婚补发登记		收养登记
	数量（对）	其中复婚数量（对）	数量（对）	补发结婚登记证数量（对）	补发离婚登记证数量（对）	数量（人）
2003	3636	9	252	66	—	14
2004	3785	13	337	84	3	47
2005	3530	32	412	150	8	25
2006	3864	38	454	261	14	39
2007	3679	—	506	318	14	39
2008	3716	51	574	296	16	53
2009	3782	72	679	487	26	59
2010	3588	92	669	489	24	57

第四节　殡葬管理

殡仪场所建设

1996 年，缙云县殡仪馆项目开始筹划，拟选址在金山公墓东面山坡。1997 年，拟选址在五云镇双龙村附近。2000 年 4 月 24 日，县四大班子领导研究决定选址在东渡镇小洋弄村株树岙，占地面积 1.47 公顷，建筑面积 3722.3 平方米，工程总投资 817 万元；9 月，基础工程破土动工。2001 年 12 月，县殡仪馆建设工程竣工，配备殡仪车 4 辆、火化炉 2 台、水晶棺 4 具、骨灰寄存柜 300 组格位 2100 个、祭悼室 2 间、遗体冷藏柜 4 组 24 具，28 日，缙云县殡仪馆点火开馆，第一批火化遗体 2 具。

殡葬改革

遗体火化　1997 年 10 月，缙云县殡葬改革工作领导小组成立。2002 年，《缙云县殡葬改革工作实施方案》出台，3 月 8 日，全县殡葬改革动员大会召开，部署从 4 月 1 日零时起，在全县 642 个行政村中的 586 个行政村实行遗体火化。2007 年，全县实行遗体火化的行政村增加 12 个、自然村增加 3 个。2008 年，执行《浙江省殡葬用品企业资格认定》的规定，开展丧葬用品生产及销售市场整治。2009 年，全县生态墓区覆盖行政村 572 个，骨灰集中存放的行政村 6 个，火化区域生态葬法行政村覆盖率达到 96.3%。是年，乡镇政府根据县殡仪馆反馈的遗体火化信息对骨灰安置进行跟踪管理。

2002—2010 年，县殡仪馆共火化遗体 22988 具。

生态公墓建设　县城金山公墓，位于五云镇白云山。2002 年 11 月开工，占地面积 6.3 公顷。2004 年 4 月，首期区块开始入葬。此后，公墓规模逐步扩大。2005 年，县公墓管理处综合楼（谢山路 99 号）建成。2008 年，编制金山公墓五云镇生态墓区建设规划。2010 年，金山公墓骨灰墙项目开工建设。

农村生态公墓，2003 年 4 月，在新碧镇开展农村生态墓区建设试点；年底，全县建成村级生态墓区 24 个。2004 年，开展生态墓区建设和“青山白化”治理工作，全县建成村级生态墓区 501 个，县财政补助农村生态墓区建设资金 84.65 万元。

2003 年 11 月 10 日起，全县统一启用生态墓区，骨灰一律入葬生态公墓，实行绿色殡葬。至 2005 年年末，全县村级生态墓区 532 个，以骨灰堂存放骨灰的村 5 个。“三沿五区”坟墓治理共计 3203 穴。其中拆迁 1012 穴、绿化 2191 穴。2007 年，“三沿五区”坟墓治理按照“可拆除的拆除，可绿化的绿化”的原则，进行第二次整治。2010 年，“三沿五区”坟墓治理率 98%，行政村生态墓葬覆盖率 96%。

第五节　救助管理

收容遣送

1992 年，国务院《关于收容遣送工作改革问题的意见》出台，收容对象扩大到“三无”人员（无身份证、暂住证和务工证的流动人员）。对居住 3 天以上的非本地户口公民实行办理暂住证管理，否则视为非法居留，实行收容遣送。

1993—2003 年，缙云县共收容遣送“三无”人员 464 人次。

流浪救助

2003 年 6 月起，执行国务院《城市生活无着的流浪乞讨人员救助管理办法》规定，救助管理工作取代收容遣送工作。2008 年，缙云县救助管理站设立，为股级纯公益类事业单位，编制 3 人。2010 年，县救助管理站正式挂牌，地点在县社会福利中心。

2003—2010 年，缙云县救助流浪乞讨人员 1325 人，支出救助资金 9.57 万元。

第六节　革命老区建设

革命老区分布

1992 年 5 月，撤区、扩镇、并乡后，全县有革命老区乡镇 16 个，占全县乡镇总数的 66.7%；革命老区村 237 个，占全县村总数的 36.9%；革命老区人口 12.5 万人，占全县总人口的 29%。

革命老区乡镇 16 个为：壶镇镇、新碧镇、大洋镇、大源镇、新川乡、双川乡、白竹乡、前路乡、三溪乡、方溪乡、南溪乡、木栗乡、雁岭乡、双溪口乡、溶江乡、胡源乡。

革命老区村 237 个中，壶镇镇 31 个、白竹乡 10 个、雁岭乡 16 个、新碧镇 7 个、大洋镇 8 个、南溪乡 5 个、木栗乡 8 个、大源镇 38 个、前路乡 10 个、三溪乡 11 个、方溪乡 7 个、双溪口乡 15 个、胡源乡 18 个、溶江乡 18 个、五云镇 2 个、石笕乡 2 个、东方镇 7 个、新建镇 13 个、新川乡 4 个、双川乡 6 个、舒洪镇 1 个。

革命老区扶持

1992—2011 年，全县用于扶持革命老区建设专项资金共 255 万元，建设项目 227 个，主要用于革命老区村自来水、机耕路、输供电线路等基础设施建设，扶持发展蚕桑、香菇、高山蔬菜等产业。

1993 年 12 月，缙云县革命老区工作领导小组成立，下设办公室（简称“县老区办”）。2006 年，缙云县革命老区开发建设促进会（简称“县老促会”）成立。

1999 年，县老区办和三溪乡后吴村被浙江省老促会评为“全省老区建设工作先进集体”。

第七节　老龄事业

工作机构

2002年，缙云县老龄委员会更名为缙云县老龄工作委员会（简称“县老龄委”），副县长兼任主任，下设办公室，办公室设在县民政局，为参照公务员管理事业单位，编制3人。县老龄委下辖的县老年活动中心，为全额拨款事业单位，编制2人。乡镇老龄工作委员会成立，由1名党政副职领导分管，人大副主席或退居二线领导具体负责，成人教育干部参与，开展老龄工作。

1993年以来，县老龄工作办公室先后被评为“全国老龄工作先进单位”“全国老年维权示范岗”，2004年，缙云被省老龄委命名为“老龄工作先进县”。

老年协会　1985年，缙云县第一个村级老年协会——仙都乡下洋村老年协会成立。此后，各村老年协会组织相继成立，基本达到机构、牌子、阵地、制度、活动内容“五有”要求。至2010年，全县有村老年协会607个，会员6万多人，占老年总数的93.7%。

2004年，缙云县《关于进一步加强农村老年协会工作的意见》出台，就村级老年协会宗旨、组织建设、制度建设和规范工作提出具体意见，明确老年协会须接受村双委的直接领导和村老龄工作小组的指导，村老年协会换届与村委会换届选举同步进行。2008年开始，开展“星光老年之家”创建活动，至2010年，全县通过“星光老年之家”验收的村老年协会171家。

老年电视大学　1999年3月，老年电视大学缙云分校成立，县老龄委主任任校长，共招收学员1360人。2003年以后，老年电视大学缙云分校乡镇教学点和村教学班相继建立。2004年，县、乡镇、教学班三级电视教学辅导网络建成。2005年，实行乡镇教学点全覆盖。2006年，官店、高潮、下洋等10个村开设教学班。2010年，在县社会福利中心和6个敬老院开设教学班。

2006—2010年，省福利彩票公益金补助缙云县老年电视大学建设资金共计74万元。2001年、2003年、2005年、2007年、2010年，老年电视大学缙云分校被省老龄委评为老年电大先进办学单位。

老年人优待

1998年4月起，颁发缙云县老年人优待证，对70周岁以上高龄老年人实行就医、参观游览、保健培训、法律援助等优待服务。

2002年开始，“老人节”或春节期间，县五大班子领导到各乡镇慰问百岁老年人；各部门、各乡镇组织慰问90岁以上的老年人；村双委组织慰问60岁以上的老年人。100周岁以上老年人健康补助金由2003年的200元/月增至2009年的300元/月。2004年开始，各单位服务窗口及公共设施均设置老年优待标志。2005年，发放浙江省老年优待证。

图29-5-2　2008年新建镇梅溪村托老中心老人的读报活动

2009年，《缙云县老年人优待办法》出台，对老年人实行乘车、旅游、参观、就医等优惠政策，其中70周岁以上老年人免费乘坐城内公交车，广受老年人欢迎。

2010年，全县颁发浙江省老年人优待证68357本。年末，60岁以上老年人71239人，占全县总人口15.8%，其中70岁以上老年人35694人，80岁以上老年人10745人，100岁（含100虚岁）以上老年人23人。

老年人文化活动

2003年以后，缙云老年人的广场文化、社区文化活动日益活跃。城镇老年人有戏曲、器乐、棋牌、广场舞、太极拳、木兰扇、门球、气排球、健身球、医疗保健操等文体活动，乡村老年人有广场舞、扭秧歌、打腰鼓、戏曲演奏、木兰扇等文体活动。

1993年以来，缙云老年书画研究会委员作品多次参加全国、省地书画展。1997年，缙云晚霞合唱团获省“中华杯”合唱大赛老年组第二名。

《中华人民共和国老年人权益保障法》宣传贯彻

2002年，组织开展老年人权益保障情况专项检查。2003年7月，各乡镇老年人问题调解小组成立，履行老年人民事纠纷、赡养、医疗等调解职责。2004年，《中华人民共和国老年人权益保障法》纳入“四五”普法计划，县司法局成立县老年人法律援助中心。2006年，县老龄委开展《中华人民共和国老年人权益保障法》颁布实施10周年纪念活动和执法情况检查。2007年，《今日缙云》开辟老年人维权专栏。

2004—2010年，县法律援助中心为老年人提供法律援助共356件。

2002—2010年缙云县老年人分年龄段人口数量一览表

表29-5-2

年份	60岁以上		70岁以上		80岁以上		100岁以上	
	数量（人）	占总人口比（%）	数量（人）	占总人口比（%）	数量（人）	占总人口比（%）	数量（人）	占总人口比（‰）
2002	56525	13	—	—	—	—	9	0.21
2003	57508	13.21	20040	4.6	7494	1.72	8	0.18
2004	58866	13.47	20967	4.8	7888	1.81	5	0.11
2005	59638	13.6	29960	6.83	8196	1.87	8	0.18
2006	61355	13.91	31233	7.01	8479	1.92	9	0.2
2007	63507	14.31	32518	7.32	8873	2	15	0.34
2008	66020	14.75	33975	7.59	9796	2.18	19	0.42
2009	68780	15.3	34864	7.74	10384	2.31	18	0.4
2010	71239	15.8	35694	7.87	10745	2.37	23	0.51

第六章　移民安置

1997 年 2 月，缙云县水库移民安置办公室（简称"县移民办"）成立，属县民政局内设科室。2007 年 7 月，缙云县移民办公室成立，事业编制 6 人，办公地点设在槐花街 34 号原县财政局办公楼。2009 年，县移民办机关迁至寺后路 38 号原实验中学。

1997—2010 年，全县共安置县内外 21 个水利水电工程的移民 2632 人，其中直接补助人口 2254 人，不搬迁只进行生产安置的移民 378 人，因移民死亡等原因累计核减扶持人口 27 人。至 2010 年年末，共计后期扶持人口 2605 人；移民安置涉及全县乡镇 18 个、行政村 165 个。

第一节　滩坑移民安置

2002—2008 年，缙云县接收安置滩坑水电站景宁畲族自治县移民 314 户 962 人。2008 年，该移民安置工作通过丽水市滩坑移民安置验收组验收，省政府和丽水市委、市政府先后表彰缙云县滩坑水电站移民工作先进单位和先进个人。

安置任务

2002 年 10 月，省政府（浙政发〔2002〕23 号文件）向缙云县下达滩坑水电站建设景宁畲族自治县移民安置任务计划 1000 名。2003 年 6 月，与市政府签订《滩坑水电站库区移民安置工作目标管理责任书》。2004 年 4 月，县政府下达滩坑水电站建设移民安置任务新建镇 760 人、七里乡 240 人。整个安置任务分 2005、2006 两个水平年完成。2005 年 5 月，市政府下达缙云县滩坑水电站第二水平年移民动迁安置计划 200 人。

安置进度

2005 年 4 月，与景宁畲族自治县政府签订第二水平年移民 218 人《滩坑水电站移民安置政府对接协议》《农村移民出县安置协议》。2006 年，与景宁畲族自治县政府签订第二批《滩坑水电站移民安置政府对接协议》《农村移民出县安置协议》，第二水平年移民安置点的基础设施建设告竣，移民档案资料移交完结。

2008 年，两个水平年 314 户 962 人移民的安置用房竣工，建筑总面积为 112458 平方米，人均 116.9 平方米。移民住房面积标准为：大户 125 平方米、中户 110 平方米、小户 80 平方米、层次（三层半）及层高（前口 9 米）。第二水平年安置移民 63 户 218 人，分散安置到新建镇东岸村 4 户 20 人、西岸村 11 户 39 人、笕川村 22 户 73 人、应刘村 6 户 20 人、河阳村 20 户 66 人；第三水平年移民计划任务安置 782 人，因景宁外迁资源不足，实际安置移民 251 户 744 人，其中七里乡梅店安置点 70 户 222 人、新建镇凝碧点 181 户 522 人，在梅店村和凝碧安置点分别独立设置新都村、洪锦村。年底，314 户移民全部搬入安置房屋。至 2009 年，整理移交滩坑移民档案 855 件（卷）。

生产土地及基础设施项目投入

滩坑水库移民全部采用有土地安置。分散安置的5个村按当地村民的人均用地调剂生产用地，集中安置的红锦村和新都村按净面积0.3亩/人的标准分别从新建镇凝碧村和七里乡梅店村、黄明村调剂，共调剂移民安置用地32.54公顷，其中建房用地7.87公顷、生产用地24.67公顷。移民用地按照全县土地区片综合价（62.1万～65.25万元/公顷）的补贴标准补助调出村。对7个移民安置点批准立项基础设施建设项目40多个，总投资3800多万元。移民迁入后，落户、就学、计划生育、合作医疗保险等享受当地村民同等待遇。

第二节　移民帮扶解困

大中型水库移民后期扶持

2006年，组织调查县域6月30日前大中型水库建设的移民现状，核定全县登记上报扶持人口1694人。其中，核定登记到户人口1316人（大洋水库1216人、自主迁入100人），不核定登记到户人口（不搬迁只进行生产安置移民）378人。对2006年7月1日后搬迁的大中型水库农村移民，以原迁人口进行登记，纳入后期扶持范围。2007年3月，后期扶持人口核定为1694人，其中比省核定数超出421人的扶持资金由省和县财政各承担50%，包括2006年补发部分（每人300元）。此后，又增加登记2006年6月30日前搬迁的大中型水库农村移民18人，其后期扶持资金由县财政承担。缙云县滩坑水电站移民后期扶持人口，2007年11月核定为219人，2008年11月核定为728人，扶持时间均为20年，分别从核定起始日算起。

2006年，《缙云县大中型水库移民后期扶持实施方案》出台，扶持方式确定为"已经核实到人的，将每人每年600元后期扶持资金直接发放到移民个人（直补），不能核定到移民个人的跨库（不搬迁只进行生产安置）移民和死亡核减的，将每人每年600元后期扶持资金统筹用于项目扶持"。2007年开始，以上一年12月31日为截止时间，每年对直补人口开展复核，包括对死亡、服刑人员、财政供养人员进行核减，对漏登人员进行补登，对新迁入移民进行核定登记，以此为依据核定直补资金和项目补助资金。2010年，直补人口2254人，项目补助405人。2007—2010年，共发放直补资金537.66万元（含2006年补发每人300元）；后期扶持资金109.86万元，用于大洋镇环湖村公路修复工程等基础设施及13个培训项目。2008年起，在原有大中型水库移民后期扶持资金基础上，省财政厅、省移民办安排"大中型水库移民结余资金"用于扶持大中型水库移民创业致富和一些应急项目建设，至2010年，共利用移民后期扶持结余资金167.93万元，用于环湖村、前村村等8个移民村（点）基础设施建设、技能培训等项目44个。

2009年、2010年，举办缙云县大中型水库移民创业竞赛，鼓励移民创业积极性。

2010年，缙云县移民办获丽水市移民办颁发的2009年度"移民创业竞赛活动优胜奖"，大洋水库移民胡成奎、张永兴分别获丽水市移民办颁发的"十佳移民创业贴心人""十佳创业能人"称号。

小型水库移民解困

至2010年，全县进行过移民动迁、安置的库容在10万～1000万立方米的小型水库共有东方镇岭头方水库、先锋水库，新建镇白马水库，大洋镇下坑水库，前路乡洪坑岭水库，五云镇新碧农管处碧川水库、天井水库、何山头水库8座，共有原迁移民748人，安置地点涉及壶镇、五云镇新碧农管处、东方、新建、大洋、前路、三溪7个乡镇26个行政村，安置耕地总计25.54公顷，移民人均耕地0.22公顷。小型水库移民后期扶持不采取人口核定登记和资金直补的办法，统一实行项目解困方式，扶持期限从2009年1月1日起至2028年12月31日止，扶持范围为库容10万～1000万立方米（不含）小型水库库区和移民安置区的村。

第三十篇　人事　劳动　社会保障

1993—2010 年，县党政机关和事业单位人事制度改革不断深化。1994 年后，《中华人民共和国劳动法》《中华人民共和国劳动合同法》《中华人民共和国劳动争议调解仲裁法》实施，劳动管理走上法治化轨道。劳动力流动性加大，农村劳动力向城镇转移，外来劳动力大量增加，人力资源市场发展迅速。全县社会保障水平稳步提高，覆盖范围不断扩大，城镇职工基本养老保险、基本医疗保险、失业保险、工伤保险、生育保险和事业单位养老保险、城乡居民基本养老保险、城乡居民合作医疗保险等社会保障体系逐步建立。1997 年开始，缙云县行政单位全面推行公务员制度，事业单位实行分类管理，国有、集体企业体制改革全面推进，劳动就业模式、分配制度发生重大变革，劳动用工逐步市场化。

缙云县人事劳动社会保障局是全县人事、劳动、社会保障的主管职能部门。1996 年 9 月，缙云县人事局与缙云县劳动局合并为缙云县人事劳动局。2001 年 9 月，缙云县人事劳动社会保障局（简称“县人劳社保局”）成立。2010 年，县人劳社保局内设办公室、公务员管理科（军队转业干部安置工作领导小组办公室、人事仲裁委员会办公室）、专业技术管理科（职称改革领导小组办公室）、工资福利科（机关事业单位退休人员管理科、改革工资制度领导小组办公室）、教育培训科、社会保险科（劳动力管理监察科、县劳动鉴定委员会办公室）、劳动仲裁科（劳动仲裁委员会办公室）、机构编制管理科。核定行政编制 22 人。

第一章　人事管理

20世纪90年代，人事管理基本沿袭原有制度。进入21世纪后，人事制度改革深化，政府序列行政机关公务员和事业单位人员的招考、培训、调动、工资福利、考核、岗位设置以及军转干部的安置等工作有序推进。

第一节　公务员、事业单位工作人员管理

缙云县机构编制委员会办公室（简称“县编办”）是县机构编制委员会的常设办事机构，主要负责贯彻执行党委、政府有关行政体制改革、机构改革、事业单位改革和机构编制管理的方针、政策和法规，负责全县行政、事业单位机构编制管理和全县事业单位登记管理、统一代码标识赋码工作等。1996年9月—2011年9月，县编办挂靠县人劳社保局。2011年9月后，县编办独立设置，列党委机构序列，属正科级单位。

招考录用

1995年，缙云开始取消大中专毕业生分配制度，按照“公开、公平、竞争、择优”原则，面向社会录用国家机关工作人员。2003年以后，机关事业单位工作人员必须经过考试录用。

公务员　1993年，按照《国家公务员暂行条例》规定，列入公务员编制单位的有县党政机关、乡镇、政法系统、垂直管理单位（质监、药监、工商、地税等）等。1995年以后，全县公务员的主要来源有：在执行公务员制度前行政编制人员转换而来；通过面向社会公开招考录用；从军转干部安置中录用；经上级调配到缙云县的领导干部。工会、共青团等人民团体和具有公共事务管理职能的事业单位，则参照《公务员法》进行管理。1997年，在机构改革基础上，缙云县全面推行公务员制度。采取试点先行再整体推进的办法，招考录用团县委、县审计局、县经委及乡镇机关的公务员，组织机关以工代干人员录用资格考试，录用审核部分乡镇选聘干部。

2003年，县公务员由省、市统一考试录用，报考对象为应届、往届具有大专以上学历的人员。2006年，通过招考录用公务员57人；11月末，按公务员登记标准核定全县行政机关公务员730人。

事业单位工作人员　1993年，事业单位人事制度综合配套改革试点实施。年末，全县事业单位办理法人登记手续近400个，事业单位工作人员7122人。2008年，按照事业单位工作人员公开招聘制度，新进人员除政策性规定使用其他方式选拔任用人员外，均实行公开招聘。是年，除教育、卫生系统外，其他5家事业单位共招考录用工作人员18人。

专业技术人员职称制度改革

缙云县专业技术人员职称制度改革，1986年在县人民医院试点，次年，全面铺开，县职称改革领导小组成立，领导小组办公室设在县人事局，下设县初级专业技术职务评委会9个，组织初级职称评定，中、高级职称评定由市专业技术职务评委会组织，县级负责资料上报。1987年，全县参加评审专业技术人员

共5000余人，涉及专业技术职务系列18个。1991—2010年，改革职称评定制度，实行专业技术职务聘任制，并相应实行以职务工资为主要内容的结构工资制度。

管理调配

机关行政公务员和事业单位工作人员由县人劳社保局负责管理调配，乡镇党委、政府公务员和事业单位工作人员由县委组织部负责管理调配。

2010年年初，全县有公务员1945人、事业单位工作人员6756人、离休人员202人、退休人员689人。

考核制度

1993年，按照《国家公务员暂行条例》规定，公务员考核分为优秀、合格、不合格3档，连续3年考核优秀的，调整级别工资一级，考核不合格的待岗学习合格后再上岗。2006年开始，年度考核结果作为调整公务员职务、级别工资以及公务员奖励、培训、辞退的依据。

1993—2010年缙云县机关企事业单位在职及离退休人员数量一览表

表30-1-1　　单位：人

年份	在职			离退休、退职
	机关	事业	企业	
1993	2347	5073	7103	2519
1994	2350	5198	6919	2597
1995	2385	5229	6629	2603
1996	2382	5410	6625	2807
1997	2500	6361	9135	3140
1998	2619	5708	7834	3457
1999	2771	5925	7502	5077
2000	2717	6303	6351	5159
2001	2793	6530	6803	5523
2002	2384	6776	9126	5541
2003	2341	6776	9596	5694
2004	2351	6745	8087	6194
2005	2745	6412	7493	6393
2006	2750	6790	6947	—
2007	2769	7023	6899	—
2008	3141	6518	6857	—
2009	3183	6657	7112	—
2010	3240	6717	7226	—

附录：离休干部待遇

缙云县离休干部，1993年340人，2010年197人。

1993年7月开始，执行上级有关离休干部护理费政策，离休干部享受护理费年龄起点为：厅局级抗战时期参加革命的，由75周岁调整为70周岁，其他由80周岁调整为75周岁；护理费标准由每人每月51元调整为100元。1997年，享受护理费范围扩大到全体抗战时期参加革命的离休干部。解放战争时期参加革命的离休干部，享受护理费年龄起点降到70周岁。2007年，提高红军时期参加革命工作的离休干部护理费标准，由每人每月300元提高到800元。2008年，抗日战争前期、抗日战争后期和解放战争时期参加革命工作的，护理补贴费由每人每月260元、230元、200元，分别调整为650元、580元、500元。

1998年10月开始，全县100名企业离休干部的离休费、医药费全部纳入统筹。2000年8月，确定未达到副县（处）级待遇的55名抗日战争时期参加革命工作的离休干部享受副县（处）级待遇，179名未达到副科级待遇的解放战争时期参加革命工作的离休干部享受副科级待遇。2007年，为落户农村的107户离休干部实行住房及其他财产保险。

第二节　工资　福利

工资制度改革

1993年工资制度改革　1993年10月，实行中华人民共和国成立后第三次（1956年职务等级工资制、1985年实行以职务工资为主的结构工资制）工资制度改革（简称“93工改”）。“93工改”，按照国务院《机关工作人员工资制度改革实施办法》《事业单位工作人员工资制度改革实施办法》进行。全县列入工资制度改革单位221个、涉及人数9388人，月增资总金额1037281元。1995年，对全县所有机关、事业单位实行统一工资总额使用手册管理制度。

公务员实行职级工资制。职级工资由职务工资、级别工资、基础工资和工龄工资4部分组成。机关技术工人实行岗位技术等级工资制，普通工人实行岗位工资制。

事业单位工作人员实行专业技术等级工资制。1994年以后，实行正常晋升职务工资制度，对连续两个年度考核合格以上的在本职务岗位工资标准内晋升1个工资档次；事业单位行政管理人员实行职员职务等级工资制。

2006年工资制度改革　简称“06工改”。按照《公务员工资制度改革实施办法》《事业单位工作人员收入分配制度改革实施办法》，公务员实行职级工资制度，基本工资由职务工资和级别工资两项构成。职务工资从正处级到办事员共分10类。其中，正处级领导职务12级工资标准830元/月，办事员27级工资标准340元/月；级别工资从正处级的12级到办事员的27级，每级设14～6档不等，12级13档级别工资标准2065元/月，27级一档290元/月。年度考核称职及以上的，每五年可在所任职务对应的级别内晋升一个级别，每两年可在所任级别对应的工资标准内晋升一个工资档次。机关工人实行岗位技术等级工资制，基本工资由岗位工资和技术等级（职务）工资两项构成。年度考核合格及以上的，每两年晋升一个工资档次。

事业单位工作人员实行岗位绩效工资制度，岗位绩效工资由岗位工资、薪级工资、绩效工资和特殊岗位津贴组成，其中岗位工资和薪级工资为基本工资。对年度考核合格及以上等次的工作人员每年正常增加一级薪级工资。岗位工资设专业技术人员和管理人员两类，其中专业技术人员工资标准正高1420元/月，员级550元/月，管理人员正处级1045元/月，办事员级550元/月；薪级工资标准分65档，第1档80元/月，第65档2600元/月。

2007年，机关单位65个1952人次、事业单位189个6659人次晋升工资。职工最低工资标准为700元/月·人。2008年，团县委、残联、科协等参照公务员管理单位进行工资改革。按全省、全县职工2007年平均工资（省24603元、县18480元），职工最低工资标准调整为780元/人·月。2009年，义务教育阶段教师绩效工资政策出台，义务教育阶段 2977 名在职教师和 1718 名退休教师实行绩效工资；确定公务员 1945 名、机关工人 194 人的规范津补贴和离休人员 202 人、退休人员 689 人的生活补贴。

福利待遇

1993 年以后，全县公务员和事业单位工作人员先后按规定享受住房、住房公积金补贴，公费医疗补助和职工医疗保险统筹补助；实行国家规定的工时制度，按照国家规定享受休假；建立执行公务员和事业单位工作人员保险制度，保障其在退休、患病、工伤、生育、失业等情况下获得帮助和补偿。对因公致残、牺牲、死亡或者病故的，按照相关规定落实抚恤、优待、遗属补助等政策。

1995 年 5 月 1 日开始，公务员和事业单位工作人员实行双休日制度，工作日之外加班的，有的给予相应补休。2008 年 1 月 1 日开始，公务员和事业单位工作人员实施国务院《职工带薪年休假条例》。

1993—2010 年缙云县机关企事业单位职工年平均工资一览表

表 30-1-2　　单位：元

年份	机关	事业	企业	年份	机关	事业	企业
1993	3372	3497	2904	2002	17051	15699	12233
1994	4993	5021	3939	2003	19294	18553	13943
1995	5875	5917	4593	2004	25795	22830	17457
1996	6236	6517	5149	2005	30442	26892	18952
1997	7114	7067	6219	2006	30536	27132	23907
1998	8841	8436	6808	2007	39995	33753	26131
1999	9508	9438	8115	2008	47518	42237	33805
2000	10710	9744	11403	2009	54011	53708	36537
2001	13017	12359	11014	2010	59457	53642	41286

第二章　劳动

20 世纪 90 年代，随着《中华人民共和国劳动法》《中华人民共和国劳动合同法》（分别简称“《劳动法》”“《劳动合同法》”）的施行，全县劳动管理逐步法制化。企事业单位自主用人，劳动者自主择业，劳动力市场成为劳动力资源配置的主要平台。全面推行劳动合同制，引入竞争机制，打破“铁饭碗”“大锅饭”。农村劳动力大量转移到二产、城镇，农民工成为劳动力市场的主体，劳动力流动性加大，城乡之间、区域之间双向流动。工资制度配套改革，企业自主分配，工资集体协商，职工工资待遇有较大提高。劳动者权益进一步得到保障，职业技术培训、劳动仲裁、劳动保护、安全生产监察等全方位得到加强。

第一节　劳动力就业

1993年11月，缙云县复员退伍军人安置办公室成立，挂靠县民政局。根据国务院《退伍义务兵安置条例》《中国人民解放军士官退出现役安置暂行办法》《缙云县退伍义务兵安置实施办法》等法规政策，按规定完成安置工作（详见第二十九篇第二章第三节）。

1994年，国有集体企业转制后，城镇出现失业待岗人员约1400余人。县政府通过深化就业制度改革、建立劳务市场、强化职业介绍，安置城镇待业人员就业130人；向杭州、宁波12家企业输送缙云籍农民工595人。2000年以后，运用市场机制解决就业问题，统筹安排综合开发利用城乡劳动力资源。2005—2010年，全县新增城镇就业岗位8743个，开发公益性岗位100余个，安置就业困难人员110余人。2008年，县人力资源市场建成使用，每月举办招聘会，为企业招工和劳动者求职搭建平台。2010年，在县火车站广场、浙江缙云工业园区和壶镇镇华强路停车场安装电子显示屏，滚动播放企业用工需求情况，搭建招工平台；对接江西、安徽、四川、重庆等省（市）劳动力市场，与九省市建立32个劳务关系，全年为企业共招聘员工约13000人。

2010年，全县农村劳动力转移就业37720人。城镇新增就业1962人，城镇下岗失业人员再就业669人，就业困难人员再就业130人，城镇登记失业率3.82%。“零就业家庭”发现一户消除一户，确保城镇有就业需求家庭至少有1人就业；登记高校毕业生就业997人，提供就业岗位934人。

第二节　职业技能培训

2005—2010年，按照“农村劳动力素质培训从适应型、数量型向实用型、质量型转变”思路，缙云开展技能、定向、创业等内容的就业转移培训。依托县职业中专、县电大、壶镇职高及县城镇职业介绍中心等培训基地，开设计算机、CAD制图、电工、锅炉工、来料加工等项目培训。其中再就业培训人数共计999人；2010年，全县农村劳动力转移培训3658人。按照“将就业服务工作的触角向农村基层延伸”的思路，开发基层劳动保障平台，开展农村劳动力资源调查、公益性岗位开发、法规政策宣传等服务。至2010年年末，全县建成乡镇16个、行政村120个的基层劳动保障平台，实现乡镇、村劳动保障全覆盖。

1995年开始，全县推行专业技术人员继续教育制度，对专业技术人员实行专业技术知识和相关技能培训，采用集中授课与自学相结合的方式，先后开展《社会主义市场经济理论》《WTO运行规则》等科目培训。至2010年年末，共培训人员2万多人次。

第三节　劳动仲裁和监察

1991年1月，县劳动局设立劳动争议仲裁股。1999年5月，县人劳局人事劳动仲裁股撤销，分设人事争议仲裁股和劳动争议仲裁股，分别挂牌到考核录用调配股和劳动力管理股。2002年9月，设立劳动仲裁科。2003年8月，缙云县人事争议仲裁委员会成立，办公室设在县人劳社保局。2009年5月，缙云县劳动争议仲裁院设立，编制3人。

1993年以来，《中华人民共和国劳动合同法》《中华人民共和国劳动争议调解仲裁法》实施后，企业在用人和工资分配上自主权扩大，职工自主择业权加大，劳动关系发生变化，全县劳动争议案件数量明显增加。县人劳社保局依照有关法律法规，及时妥善处理投诉举报案件，平息举报人情绪，全县劳动关系总体和谐稳定。

1995年，开展维护劳动者合法权益宣传活动，举办《中华人民共和国劳动法》培训班5期，参训人员258人次。1997年开始，推行全民所有制企业全员合同制。2007年7月，《缙云县建设领域农民工工资保障金管理暂行办法》（简称"《暂行办法》"）出台，规定房屋建筑、市政、交通道路、水利、钢结构、园林绿化、装修装饰、安装等工程，必须缴纳农民工工资保障金。2008年5月开始，在建设领域全面实施《暂行办法》《农民工记工考勤卡制度》，建设领域劳动合同签订率得到提高。

1993—2010年，全县共受理劳动争议案件1125件，年均受理案件数量由10余件增加到近200件。其中，2006—2010年，受理劳动争议案件957件，涉及7866人。通过劳动仲裁及调解，解决农民工工资1938.39万元、行政处罚50起、罚款32.45万元；监察企业1393家次77306人次，通过劳动监察，责令用人单位签订劳动合同14467份，下达限期整改指令书82份，清退童工9人，处理因未签劳动合同而支付双倍工资6起32400多元。

第三章 社会保障

1995年，缙云县农村社会养老保险管理处成立，开始实施农村社会养老保险（简称"老农保"），全县参加农村社会养老保险居民42450人。1996年，缙云县社会统筹基金办公室更名为缙云县社会保险事业管理处，承担管理国有、集体企业职工退休人员养老保险业务。2000年，开展公费医疗改革，缙云县城镇职工基本医疗保险管理中心（简称"县医保中心"）成立，原县卫生局下属的县公费医疗管理办公室划入县医保中心，城镇职工基本医疗保险制度建立。2004年，缙云县新型农村合作医疗管理委员会和新型农村合作医疗报结中心成立。

2006年12月，县政府出台《关于推进社会保险费五费合征工作的实施意见》，统一征收基本养老、基本医疗、失业、工伤和生育保险费（简称"社会保险五费合征"）。

2007年4月，全县事业单位职工养老金开始缴纳，缴纳标准为上年度职工个人工资的33%，其中单位25%、个人8%。个人账户总额50周岁、55周岁、60周岁退休的，分别按195个月、170个月、139个月平均返还。

第一节 基本养老保险

企业职工基本养老保险

1997年，按省政府《关于建立统一的企业职工基本养老保险制度的通知》规定，企业职工的养老保险费由企业和职工个人按规定比例缴纳，县地税部门负责结算和征收。1998年，按照《浙江省职工养老保险条例》《缙云县私营企业、个体工商户、临时工社会养老保险实施办法》规定，把灵活就业人员、个体工商户等全部纳入参保范围，在制度层面实现养老保险全覆盖；10月开始，征缴范围为国有、城镇集体、合资、私营、外商投资企业及实行企业化管理的事业单位，以及与上述业主形成劳动关系的职工、参加基本养老保险的城镇个体工商户和城镇自由职业者。2009年6月5日开始，企业职工基本养老保险实行省级调剂，统一实行缴费基数、比例和统筹项目、计发办法、管理使用、编制收支预决算、管理制度和业务规程。2010年，全县企业职工参加基本养老保险人数40971人，其中领取企业职工基本养老保险金4924人；年末，基金结余22374.91万元，支付能力27个月。

城乡居民养老保险

县民政部门为农村社会养老保险的主管部门，县社保处负责办理城乡居民社会养老保险业务。1992年民政部《县级农村社会养老保险基本方案（试行）》，1993年省政府《关于建立农村社会养老保险制度的通知》《浙江省农村社会养老保险暂行办法》出台后，缙云县农村社会养老保险逐步铺开。2009年，缙云县被列为全国和全省城乡居民社会养老保险试点县。2010年1月，《缙云县城乡居民社会养老保险实施暂行办法》出台，6月，《缙云县城乡居民社会养老保险实施细则（试行）》颁布，规定参保人员按年缴纳保险费，年满60周岁后按月领取养老金。养老保险待遇由基础养老金、个人账户养老金和缴费年限养老金组成，其中基础养老金标准60元／人·月。2010年1月1日年满60周岁、符合条件的城乡居民不需缴费，直接按月领取基础养老金。

2010年1月1日起，60～70周岁符合条件的城乡居民60448人，领取社会养老保险基础养老金60元／人·月。2009年12月31日，丽水市暨缙云县城乡居民社会养老保险基础养老金首发仪式在缙云县行政中心举行，五云镇20位老年人代表到场领取第一笔基础养老金。2010年年末，全县城乡居民养老保险参保人数12.57万人，缴纳保费2200多万元。

被征地农民基本生活保障

2003年，《缙云县被征地农民基本生活保障试行办法》出台，将辖区内被征地时年满16周岁，且未按月领取企业职工基本养老保险金的被征地农民，纳入被征地农民基本生活保障范围。2004年，《缙云县关于提高被征地农民基本生活保障金待遇和调整被征地农民基本生活保障缴费标准的通知》颁布，开始实施被征地农民基本生活保障制度。2010年年末，全县被征地农民基本生活保障参与人数6902人、领取保障金人数4647人、月均支付保障金62.58万元，基金结余663.61万元。

第二节　基本医疗保险

城镇职工基本医疗保险

2001年10月，《缙云县城镇职工基本医疗保险暂行规定》发布。规定城镇职工基本医疗保险费实行用人单位和职工个人按比例共同缴纳，缴纳对象为各类企业职工、国家机关工作人员、事业单位职工、民办非企业单位职工、社会团体专职人员；12月开始，职工基本医疗保险费由县地方税务局征收。2004年12月，《缙云县灵活就业人员参加城镇职工基本医疗保险试行办法》发布，新增18周岁至退休年龄内的灵活就业人员（含城镇个体工商户、破产改制企业分流的自谋职业人员）可以个人身份参加城镇职工基本医疗保险。

2010年12月，《缙云县城镇职工基本医疗保险统筹实施办法》颁布，职工基本医疗保险基金实行全县统一征缴、管理和支付，按以收定支、收支平衡原则，统筹基金和个人账户分开核算、各自平衡。年末，城镇职工基本医疗保险参保单位624个33677人，医保基金年收入6229万元。其中统筹基金3265万元、个人账户基金2964万元；年支出5622万元，累计结余9264万元。

城乡居民医疗保险

2004年11月，《缙云县新型农村合作医疗暂行办法》《缙云县新型农村合作医疗实施细则》出台，新型农村合作医疗采取个人缴费、集体扶持和政府资助相结合筹资机制，实行收支两条线管理，以家庭为单位，筹资标准为40元／人·年，个人交纳和政府补助各20元。全县3153户5071人困难群众的个人出资部分由县财政全额补助，对“五保户”“低保户”实行医中救助，救助标准逐年调整。2008年9月，《缙云县新型农村合作医疗暂行办法》修改出台，筹资标准为124元／人·年，其中个人交纳40元、政府补助84元。2009年11月，《缙云县新型农村合作医疗暂行办法》再次修订出台，筹资标准为189元／人·年。其中个人交纳60元、政府补助129元。2010年，参加城乡居民医疗保险人数参保37.84万人（其中城镇居民11963人），参保率93.5%。对低保、五保、残疾等困难群众的个人出资，均采用相应的减免、补助等优惠政策。

第三节　其他社会保险

工伤保险

1995年，《缙云县企业职工工伤保险试行办法》实施后，全民所有制企业职工首先纳入工伤保险，后工伤保险参保范围逐步扩大到私营企业、个体经营户。2004年1月，《浙江省工伤保险条例》发布。2006年，职工工伤保险费由县地税部门开始征收，征缴范围为各类企业和有雇工的个体工商户，费用由用人单位缴纳。2008年10月开始，工伤保险费征缴范围扩大。2010年，全县工伤保险参加人数48776人，其中理赔人数2405人。

生育保险

1996年，《缙云县女职工生育保险暂行办法》出台，将全民所有制、城镇集体所有制、“三资”、私营企业的职工纳入生育保险参保范围。2005年，纳入生育保险参保对象为国家机关、事业单位、社会团体、各类企业、民办非企业单位职工，不包括城镇个体工商户雇工。生育保险费由县地税部门按单位职工工资总额0.8%向用人单位征缴。2010年，全县参与生育保险人数21879人，享受生育保险待遇人数331人。

失业保险

2004年1月起，根据省政府《浙江省失业保险条例》规定，失业保险费由县税务部门按月征缴，企业、事业单位、社会团体、民办非企业单位、城镇个体工商户按照本单位职工工资总额的2%缴纳失业保险费，职工个人按照本人工资的1%缴纳。2009年8月开始，农民工和城镇职工同标准比例缴纳失业保险费，享受城镇失业人员同等待遇。每月领取失业保险金标准，按县政府核定公布的企业最低工资70%执行。2010年5月，失业保险金发放标准为630元／人·月。年末，全县参加失业保险职工人数共16466人，其中领取失业保险金180人。

1998—2010年缙云县社会保险费（五费）征收金额一览表

表30-3-1　　　　单位：万元

年份	养老保险	医疗保险	失业保险	工伤保险	生育保险	合计
1998	371.5	—	—	—	—	371.5
1999	1523.6	—	—	—	—	1523.6
2000	1710	—	—	—	—	1710
2001	2010.7	90	—	—	—	2100.7
2002	2751.7	1321.9	—	—	—	4073.6
2003	3237	1491	—	—	—	4728
2004	3971	1720	252	—	—	5943
2005	4843	1870	263	—	—	6976
2006	6129	2118	248	180	52	8727
2007	11015.6	3005.6	408.5	227.9	137.9	14795.5
2008	13469.3	4247.8	416.5	400.8	210	18744.4
2009	15093.1	5448.9	521.8	730	293.2	22087
2010	16926.2	6970.5	561.2	955.3	373.6	25786.8

第三十一篇 宗教

缙云道教、佛教的历史悠久，底蕴深厚，对农耕社会的文化观念和民俗风情产生深远而广泛的影响。县域民众大多信佛，但往往神佛不分，传统节日祭祀、案会等以拜神、迎神为主，祈福、超度法事中佛道相杂。

1996年12月，县政府民族宗教事务科改设为缙云县民族宗教事务局（简称“县民宗局”），局长由县委统战部副部长兼任，履行民族和宗教事务管理职能。

第一章　佛教

缙云佛教始于东汉晚期，先后传入天台宗、净土宗、禅宗、临济宗，史上曾出过缙云籍天台宗六祖智威、净土宗五祖少康两位大师。近代僧尼以修持禅宗、净土宗为主，普通信众为求方便法门，均唱颂“南无阿弥陀佛”。

1993—2010年，释慧舟当选为县政协第四届至第八届常委，释镇念当选为县政协第六届、第七届委员。

1993年，县民宗局对宗教活动场所进行登记发证。20世纪90年代中期，外省籍僧人在缙各寺庵人数增多，其中大多来自四川省。1996年4月，四川籍释镇念任南宫寺住持。

2006年3月，县人大常委会组织部分县人大代表视察宗教工作。2009年5月，政协丽水市部分委员视察九松寺、南宫寺。2010年4月，省人大常委会民宗侨台工作委员会主任委员调研指导缙云宗教工作。

2010年10月，九松寺被浙江省民族宗教事务委员会评为“和谐寺观教堂”，南宫寺、广慈寺被市民宗局评为市“和谐寺观教堂”。

第一节　组织与活动

佛教协会

1999年12月，县佛教协会（简称“县佛协”）第五届会员代表大会在南宫寺召开，出席代表83人；选举理事24人，推选释慧舟（女）为会长；县佛协会址由南宫寺设至九松寺。

2005年4月，县佛协第六届会员代表大会在九松寺召开，出席代表92人；选举理事29人，推选释慧舟为会长。7月，释慧舟当选为丽水市佛教协会会长。

2009年5月，县佛协第七届会员代表大会在九松寺召开，出席代表76人；选举理事37人，推选释慧舟为会长。

对外交流

2004年11月，成员49人，清福寺尼清贤带队，缙云县少康祖庭朝觐访问团到建德市玉泉寺访问，接受玉泉寺赠送的少康画像一幅；12月，周村村信徒举行“少康大师回归故里暨往生净土1119周年”庆典，并请浦江东方红婺剧团为庆典演出。2005年11月，县民宗局、县佛协领导以少康大师故乡代表身份到建德市玉泉寺参加“纪念净土五祖少康大师圆寂1200周年暨祖师殿奠基法会”。2008年4月，县佛协邀请广东六祖寺登觉法师在九松寺举办佛经培训班，接受培训39人；12月，释慧舟作为中国佛协朝圣团成员，到尼泊尔兰毗尼园佛陀诞生地朝圣。2010年9月，县佛协邀请五台山见宏法师在九松寺讲《大乘百法明门论》。

佛教法会

县境各寺庵的佛教活动除了早、晚课外，主要还有法会活动。法会活动较流行的有：祈福、水陆道场、焰口、开光等四种。

第二节 活动场所

1996年，全县经审批的佛教场所21处：栖真寺、黄龙寺、九松寺、梵严寺、福昌寺、南宫寺、清福寺、正觉寺、地藏庵、观音殿、慈云庵、灵峰寺、广慈寺（含“定心庵”）、正觉庵、庆善寺、宝华寺、福云庵、莲花庵（2009年改为“莲花寺”）、普觉庵、普渡庵、济雨庵。2008—2010年，经审批增加佛教场所4处：惠明寺、云岩寺、真修寺、大灵寺。

登记寺庵

惠明寺 原名“法华寺”，坐落于壶镇镇塘川村北。唐上元元年（674），天台宗六祖释智威始建法华寺，北宋大中祥符元年（1008）重修时改名“慧明寺”。宣和三年（1121）二月，寺毁。后云滩陶氏曾率众复建，再圮，清乾隆十年（1745）重修。咸丰八年（1858），太平军入境，寺僧出走。民国24年（1935）重建大殿、山门、厢房，寺田拨陶姓办学，留香火田2亩。20世纪50年代，厢房改作村民居所。1989年，募修大雄宝殿和天王殿，请进佛像。2005年后重开山门，占地面积6800平方米，增建圆通宝殿、西厢房，铸2吨重铜钟，迎请智威大师像。2006年8月，丽水市民宗局批准在唐代法华寺旧址建造智威祖师殿。2010年，住僧5人。

栖真寺 坐落于溶江乡岩门村笠峰山巅。唐咸通二年（861）始建，清乾隆三十七年（1772）重修大殿等，寺前有印月池。嘉庆十一年（1806）建方丈楼等。道光二十四年（1844）增建罗汉楼，雕镂金身罗汉五百尊。寺院最为兴盛期有殿宇、僧舍120间，寺田400亩，僧众逾百。民国后期，寺僧李珠生卷入地方派系争斗，佛事冷落。1950年，尚存大殿、山门、二门、罗汉楼、祖师堂、方丈室、禅房等79间，有寺田157亩3分，住僧14人。1990年以后陆续重建大雄宝殿、天王殿、厢房、禅堂、五观堂，占地面积5500平方米。2010年，尚存清嘉庆间“禅宗临济法门历代祖师表”、清道光八年（1828）知县续立人所赠“五云第一”匾及宣统三年（1911）“锡莲监院之寿塔”和尚碑。方丈楼内小天井有方池，左右镌“鱼读月”“鸟谈天”。

黄龙寺 坐落于五云镇今古塘村西黄龙山麓，唐乾宁三年（896）始建。原属唐末处州刺史施坚实家庙护法院，塑有伽蓝佛像。宋景定三年（1262）增建重阁、讲堂，镌雕檀木罗汉像。以山名寺，俗称“清风寺”。元至元年间（1285前后）有山门、钟台、方丈楼等，清末尚有大雄宝殿、观音殿、僧房。民国13年（1924），利用祠堂屋重建，故与寺院正统格局相去甚远。1950年，外殿住僧，后殿居尼，修持禅宗临济法门。1964年，寺院所属土地改作县林场苗圃。1982年以后，恢复寺院，并为县佛教协会驻地。占地面积5000平方米，2010年住僧9人。

梵严寺 坐落于七里乡下陈村东。五代吴越宝正四年（929）始建，宋宣和间（1119—1125）筠川陶居臻重建并助田产。1950年存大雄宝殿、厢房、山门，有寺田52亩，住僧修持禅宗临济法门。1985年后，恢复寺院香火并陆续扩建，有大雄宝殿、观音殿、天王殿等，占地面积7000平方米。2010年，住僧8人。

九松寺 原名“资圣寺”，坐落于壶镇镇石龙村北九松山山麓。五代后晋开运元年（944）始建，清嘉庆廿二年（1817）重建，有大雄宝殿、观音殿、练武厅等。清光绪初年内置书院，供僧、俗共读。民国18年（1929），第四区四姓小学驻寺，以寺田租谷作办学经费，留香火田13亩。1950年，存殿宇和方丈室、禅房、客堂29间，住尼5人，修净土法门。1985年后重修，占地面积15500平方米。1986年，县政府批准为开放寺院。1997—2008年，共投资624万元，建成药师殿、弥陀殿、藏经楼、圆通宝殿等建筑。寺院内有500年树龄罗汉松1株。2010年，住尼17人，居士2人。

灵峰寺　坐落于东渡镇金湖村东侧灵峰山下，宋建隆元年（960）始建。历宋、元、明、清诸朝代，几经兴衰，清乾隆年间重建，有大殿、东西厢房。20世纪50年代后，由金湖村接管使用。1982年，居士李保娇入住管理。2002年以后，重建大雄宝殿等，占地面积13734平方米。2010年，住僧6人。

福昌寺　俗称“仙宫”，位于新建镇河阳村西北。原址在近处山岙，宋咸平二年（999）始建，屡废屡修。清道光元年（1821）迁中峰山脚，与玉清宫（嘉庆二年建）并处。前后三殿，有观音阁、保善书院、福善堂及魁星、登瀛两阁，为释、道、儒三教合一寺院。民国21年（1932）重修大雄宝殿，占地面积7000平方米。有庄莲堂、藏经楼等，住僧修持禅宗临济法门。1960年前后，寺院改作村办养猪场。1985年前后重塑佛像，继又拓宽大雄宝殿拜坛，修建观音殿、放生池、五百罗汉堂、千佛殿及山门围墙。2010年，住僧3人。

南宫寺　坐落于壶镇镇宫前村南宫山麓。清康熙三十三年（1694），僧月山携沈宅沈氏族人在景宵观旧址建寺院，知县彭延祎命名“阮峰山景云寺”，俗称“南宫寺”。同治年间（1862—1874）住僧70余人。民国时寺田大多拨付宫前、沈宅办学，寺院衰颓。20世纪50年代，相继改作火电厂、浣溪公社、乡政府用房，住尼寄居宫前民宅。1985年，寺院恢复香火，占地面积15000平方米，建筑有大雄宝殿、药师殿、五观堂等22处。大雄宝殿为清嘉庆元年（1796）建筑，观音殿和千佛殿中佛像以缅甸玉雕成。2010年，住僧23人。

清福寺　坐落于仙都农管处下洋村西狮豹山，占地面积12000平方米。约建于清康熙年间，民国时先住僧，后住尼，修持净土法门。1984年，下洋、周村村信众筹资，陆续增建藏经楼、观音殿、圆通宝殿、大雄宝殿、少康纪念室，铺筑进寺道路。2010年，住尼3人、居士2人。

正觉寺　位于舒洪镇舒洪村西大岩洞。寺院利用大岩洞天然洞穴，有三厅四级九间，主洞室东北朝向，口宽55米，深30米。清光绪十五年（1889），洪姓族人依洞修建玉皇庙。民国21年（1932），僧了埃以125块银圆购得庙基，创建正觉寺，修持净土宗云栖法门。1966年，大岩洞用作电台基地，驻寺僧安置昌国寺及黄龙寺。1970—1992年，大岩洞先后作为盘溪邮电所、职技校场所。1992年，恢复为寺院，陆续修建大雄宝殿、三圣殿、天王殿等，占地面积7300平方米。2010年，住僧5人。

地藏庵　坐落于县城西南盘山巷，占地面积513平方米。民国26年（1937），尼守静在县西后坑潭谷口建地藏庵，有大殿3间，厢房6间，住尼4人，修持净土宗。“文化大革命”期间庵堂改作他用。1988年前后收回部分庵房，翻修殿宇，重塑地藏王像。2010年，住尼1人。

观音殿　坐落于县城西城隍山，占地面积900平方米。民国26年（1937）始建观音堂，有僧房、经房。20世纪50年代，曾改为县劳教队场所。1992年，五云信众筹资重建观音殿，陆续增建祖师（智顗、智威、少康）殿、地藏殿等。2010年，住僧6人。

慈云庵　坐落于五云镇今古塘村。民国35年（1946），尼志烈出资建造大雄宝殿和厢房5间，住尼4人，修持净土宗。20世纪50—80年代，改作公社卫生所。1985年以来，陆续修缮庵堂，重塑佛像，升建厢房三层，铺筑入庵水泥道路，占地面积680平方米。2010年，住尼2人。

云岩寺　坐落于壶镇镇沈宅村西，背靠狮山，前环漳溪。1997年，建观音殿。2000年以后，续建大雄宝殿、药师殿、藏经楼等，占地面积9600平方米。寺内释迦牟尼铜像重5吨，高3.5米，大雄宝殿佛像及供桌以红木雕制。2010年，住尼3人。

固定处所

广慈寺　坐落于新建镇东岸村西北灵鹫山，俗称“广仁寺”。唐会昌二年（842）始建广慈禅院，宋时供奉释迦牟尼、阿弥陀佛、弥勒佛及阿难、迦叶、文殊、普贤四大天王，住僧6人。先由河阳东溪山迁入，与凝碧金山寺合并。元延祐二年（1315），由西岸吕氏偕东岸杨氏及凝碧张、朱氏族人合力重修，四姓祖宗神主位牌安顿大殿东、西两侧，并于清明、冬至礼佛祭祖。清时寺院三进两厢共30余间，存有南宋吕祖谦、陈亮和明代刘基遗墨。20世纪40年代后，寺院相继进驻广慈小学、乡公所，设农田水泵站，后渐废。2002年重修大雄宝殿和厢房，开凿放生池，筑拱桥。2004年，定心庵并入广慈寺，陆续建成念佛堂、养心堂、往生堂等。寺内古井凿于宋嘉祐六年（1061）。寺庵合并后，占地面积6000平方米。2010年，住尼5人。

真修寺 坐落于东方镇岱石村东面，五代后晋天福七年（942）始建，俗称“四菇寺”，后毁于火。1993年，重建天王殿、大雄宝殿、斋堂等建筑，占地面积5000多平方米。2010年，住尼1人。

大灵寺 坐落于大洋山南麓石鼓尖，青田、温州古道于寺西边经过。清康熙二年(1663)始建，名惠灵寺。曾建有天王殿、大殿、禅房、藏经楼、唐僧殿、关公殿等建筑，一度香火旺盛，住僧众六十多人。1942年，被日军炸毁，只剩一间佛殿。20世纪90年代，岩砌墙体缝隙出现两条蛇，人称其为“夫妻蛇”，改名大灵寺。2009年，登记为宗教活动场所。

庆善寺 坐落于桃花岭古道东渡镇樊庄村冯公岭路段，清嘉庆二十四年（1819）始建，建有关公殿、大殿、禅房。330国道通车后，行人渐少，寺渐衰落。“文化大革命”中佛像被毁，僧人离寺，20世纪80年代初，重建三圣殿、地藏殿等，占地面积2700多平方米。2010年，住僧6人。

福云庵 坐落于壶镇镇赤岩山，清同治十年（1871）始建，有大殿、东首厢房，“文化大革命”中大殿为好溪村集体使用。1990年3月，大殿恢复香火，重建天王殿、大雄宝殿、弥陀殿、地藏殿、药师殿、斋堂、厢房等建筑，占地面积2600平方米。2010年，住尼3人。

正觉庵 坐落于壶镇镇赤岩山，南宋嘉熙元年(1237)，建有“美化书院”，清同治十二年(1873)，改称“美化堂”。民国25年（1936），改名“正觉庵”。1983年，修建大殿、厢房、厨房，占地面积1000多平方米。2010年，住尼2人。

宝华寺 坐落于东方镇岱石村南面山顶，俗称“老鸦山头”，清光绪十八年（1892）始建，称“宝华庵”，有大殿、厢房、厨房。20世纪80年代，重建金刚殿、观音殿、大雄宝殿等建筑。占地面积15696平方米。2007年更名为宝华寺。2010年，住僧3人。

莲花寺 坐落于壶镇镇赤岩山。原名“玉圣殿”“观音殿”。尼志通于民国20年（1931）到此，以34块银圆购得，更名为“莲花庵”。“文化大革命”中一度用作学校。1980年，重建大雄宝殿、天王殿等建筑，2009年更名为“莲花寺”。占地面积7000多平方米。2010年，住尼6人。

普觉庵 坐落于新碧农管处三都村，民国28年（1939）始建，尼志亮住持，有大雄宝殿，东西厢房。“文化大革命”中部分殿宇被村集体使用。1983年，重建韦驮殿、厢房，升建东厢房为三层，占地面积2000多平方米。2010年，住尼5人。

普渡庵 坐落于新建镇岩山下村，原为经堂。民国37年（1948）尼慧性住持，拆建大殿。1980年重建大殿。占地面积1500多平方米。2010年，住尼2人。

济雨庵 位于舒洪镇舒洪村西章溪北岸洞穴。昔为求雨圣地，俗称“济雨岩洞”。清时依洞傍山建庵堂三层，塑有释迦牟尼、弥陀、观音、地藏王等佛像，住僧修持净土宗云栖法门。民国后期失修颓败。1985年前后修缮庵堂，重塑佛像，占地面积700平方米。

第三节 佛教事务管理

缙云县官方管理佛教事务，宋设僧司，明设僧道会司，清袭明制。县僧会司驻五云镇吏隐山西麓仙岩寺，专管全县佛教事务。民国时期，取消僧官制度，宗教事务由县政府社会科管理。中华人民共和国成立后，宗教事务由县政府民政科管理。1954年，组建县宗教工作委员会。1982年，县政府民族宗教事务科成立；1999年12月，县政府民族宗教事务局成立，隶属于县委统战部。

民间对寺庵、僧尼的管理，主要是建立县佛教协会，按照历届佛教协会修改、制定的《缙云县佛教协会章程》执行。

佛教事务管理主要执行以下制度：1982年3月县第三届佛教协会制定，历届佛协代表大会通过修改的《缙云县佛教协会寺庵管理制度》；1989年5月，中国佛教协会制定的《汉传佛教寺庙共住规约通则》；2000年9月，国家宗教事务局批转中国佛协的《全国汉传佛教寺院传授三坛大戒管理办法》《全国汉传佛教寺院住持任职退职的规定》《全国汉传佛教实行度牒僧籍制度的办法》；2006年后颁布的《缙云县佛教寺庵人员管理制度》《缙云县佛教寺庵财会制度》《缙云县佛教寺庵消防制度》《缙云县佛教寺庵治安制度》《缙云县佛教寺庵卫生防疫制度》《缙云县佛教寺庵文物保护制度》《缙云县佛教寺庵档案制度》《缙云县佛教协会会计代理办法》《缙云县僧人管理暂行规定》。

第二章　道教

境域道教自古繁昌，唐、宋、元三朝尤为鼎盛，仙都山位列道家三十六洞天之二十九洞天，为中国道教圣地，先后建过缙云堂、黄帝祠宇、玉虚宫。明清后，境域各种宗教信仰混淆，神佛仙鬼界限模糊。道教斋醮既请天神，也请地方神。近现代民间火居道派道坛组织松散，乡村神殿遍布，迎神案会及斋醮活动仍有传承。2010年，壶镇镇麻园村叶蔡寿（77岁）子承父业，为广济坛第三十七代传人，家藏有晚清正一派科仪范本70多卷。

道教管理与佛教管理相同，见本篇第一章第三节。

第一节　组织与活动

1993年9月，仙都风景名胜区开发领导小组成员会议确定仙都近期开发的重点是恢复玉虚宫。1994年，根据国务院批准的《仙都风景区总体规划》，《缙云仙都玉虚宫设计方案》由清华大学编制。该方案确定玉虚宫恢复唐代风格，占地面积2公顷，建筑面积4490平方米，总投资2000多万元。主建筑三个大殿，即黄帝祠宇、金阙寥阳宝殿、飞天法轮藏殿。玉虚宫首期工程，1995年9月破土动工，1998年建成，在首届仙都黄帝文化节启用。玉虚宫二期工程合作开发成功后，因感“玉虚宫”道教色彩浓厚，“黄帝祠宇”的南方黄帝文化辐射中心定位更具影响力和凝聚力，最终确定命名为“黄帝祠宇”。原玉虚宫除黄帝祠宇外的所有殿宇名称，全部尘封。

2007年8月，传真天师杜光庭神身由信徒从四川省青城山建福宫恭迎回缙，供于新建镇西青头村历山骑龙宫道观。骑龙宫在每年农历七月初一至初七、十月十四至廿一，分别做杜光庭平安道场。2009年8月，丽水市民间文艺家协会授予骑龙宫为“丽水市杜光庭文化研究基地”，至2010年，召开杜光庭文化研讨会6次。2010年，新建历山被省市民间文艺家协会核批为杜光庭文化研究基地，授牌“浙江省杜光庭文化之乡”。

1993年以后，壶镇镇下潜村小龙潭建有龙王庙，住一外县籍全真派道士，又有新建人前往江西省鹰潭市龙虎山皈依道教。

第二节　宫观

2010年，全县有道教徒入住或道教仪式经常性举行的场所主要有骑龙宫、玉皇殿等，均未经宗教管理部门登记审批。

骑龙宫　坐落于新建镇历山骑龙峰，距西青头村西南一千米。历山传为舜帝耕田处，昔有舜田、舜井、舜庙及道馆。俗称“骑龙庙”，20世纪60年代残存旧屋3间，由看山人栖居。20世纪90年代初，茭岭村民重修后，到福建省古田县大桥镇临水宫迎请陈靖姑香火。2005年前后扩建为正一道观，题额“骑龙宫”，有三清殿、顺天圣母殿、玉皇殿等殿宇7座，共计建筑面积1850平方米。2007年8月，得四川省都江堰市委统战部及住持张明心相助，民间组团到四川省都江堰市青城山建福宫迎归杜光庭神身。宫务由天师府授箓弟子住持，门下习道者多经江西省龙虎山道场培训并获传度资格证书，常操持乡间道场法事，逢斋日（农历七月初一日至初七日和十月十四日至二十一日），聚集宫内举行斋醮科仪。

玉皇殿　坐落于壶镇镇下潜村北龙爪坑（小龙潭）。1995年前后修建龙潭道观阁，主楼悬匾“凌霄阁”，由全真华山派玄易道长住持。

附录：历史上曾有过的宫观

天妃宫　坐落于县城西隅九盘山麓，奉祀妈祖。清乾隆三十三年（1768），徙缙闽人捐建天妃娘娘庙，俗称“天妃宫”。宫南临溪，三进三开间二厢房，有戏台、围墙，占地面积约3亩。道光三十年（1850）后，东乡壶镇横街亦兴建天妃宫。县城天妃宫备有旅舍，兼作福建同乡会所。每逢农历三月廿三日妈祖诞辰和九月初九日妈祖升天日，闽人聚集举行祭神庙会。20世纪60年代初废，拆建为县粮食局办公楼及碾米厂、粮仓。

城隍庙　唐乾元二年（759），县令李阳冰祈雨有应，将庙由县城西谷迁至县城西客星山巅，名其地为“城隍山”，一直延续至今。南宋景定五年（1264），缙云城隍被度宗皇帝封为“广惠侯”（《宋显应庙神封尚书敕符碑》）；咸淳九年（1273），又加封为“广惠昭应侯”。原有占地面积2600多平方米，内供佛像220多尊。

玉虚宫　坐落于仙都鼎湖峰东南侧苍龙峡口。前身为“缙云堂”，唐天宝七年（748）敕改“黄帝祠宇”，后由缙云县令李阳冰题额并刻石立碑。宋治平二年（1065）殿宇扩修，敕改“玉虚宫”。宣和三年（1121）毁于方腊兵燹，后由道士游大成重建。南宋景定年间（1260—1264）达到鼎盛，占地面积2公顷，有殿、宫、堂、祠、馆、轩、亭、廊共24座99间，清初坍废。

景霄观　坐落于壶镇镇宫前村南宫山麓。初为青莲馆，始建于南朝梁普通二年（521）。唐贞观十年（636）重修，香火隆盛，曾有道众七百。唐末五代时废，宋初天台道士杨延庆重建，先后题额“括苍观”“崇真观”“九霄观”。北宋崇宁二年（1103）赐名“景宵观”，宣和三年（1121）毁于方腊兵燹。绍兴二十六年（1156）由道士朱存一及弟子章仲景重建，时藏经书4565卷。清顺治十二年（1655），两度遭兵劫；康熙三十三年（1694），仙居僧人月山携沈宅沈氏族人依原状重修，改为景云寺。近处有沈氏宗祠、文昌帝宫、阮郎亭等。

第三章　基督教

基督教入缙始于晚清，与本土文化融合相对缓慢。缙云基督教有新教内地会、安息日会两个教派。信教或皈依者以中老年妇女居多。

第一节　组织与活动

新教内地会

缙云县新教内地会于清光绪二十一年（1895）由英国雷牧师传入，传道场所为县城北门街孙氏宗祠、樊景崇房屋。光绪三十三年（1907），德国冉明诚牧师将在北门街所购的民房，拆建为五间二层西式教士楼。宣统元年（1909），教徒由9人发展到50多人。

民国3年（1914），壶镇支会成立，教徒60余人。民国5年，瑞士牧师马德克增建礼拜堂及厢房客舍数间。民国15年（1926），中国耶稣教自立会缙云分会成立，五云李德璋任首任会长。教务及教会财产实行外国牧师和本地教徒共同管理，部分教会经费由教徒以圣餐、感恩、特别等名目捐献。民国17年（1928），白竹大皿（1939年划属磐安县）布道所成立。民国19年（1930），岭口江沿支会成立，教徒20多人。前村、南溪时有教徒50多人，隶属青田基督教自立会第八牧区。至民国29年（1940），石笕蒙坑、新建、稠门、胪膛相继成立布道所。民国30年（1941），县境基督教徒约400多人，缙云县第二届基督教徒会议召开，选举金玉钟为会长。民国36年（1947）前后，青田基督教会到前村、南溪等村传教，发展教徒50多人。

1950年，全县在册基督教徒161人。教徒由集中转到各自在家读经、祷告、礼拜。1980年年初，五云镇水南村教徒60多人率先恢复聚会。1983年，全县各聚会点恢复活动，教徒由360人增至1351人。1985年，内地会组织重建，有教徒2100人，其中男720人、女1380人。

1999年，壶镇教堂开始建设，占地面积951平方米，建筑面积1890平方米。

安息日会

全称“基督复临安息日会”，即遵守周六为安息日的教派。民国23年（1934），稠门李作生（红十字会人员）在昌化县入会，返乡向亲邻传教。民国25年（1936），稠门教区成立，隶属浙南教会（驻温州）。民国29年（1940），浙南教会派传教士易平主持稠门教区教务。时有稠门村一教徒嫁至胡源乡章村村，引领传教士至章村村传教，发展教徒40多人，长老由传教士兼任。民国36年（1947），稠门教区设安息日会部及少年布道团，有长老1人、执事3人、书记1人、司库1人，教徒38人。1951年停止聚会活动。

2010年，缙云县安息日会有大源、稠门、双溪口和章村4个聚会点。

第二节　活动场所

全县经审批的基督教活动场所，1996年39处，2010年44处。其间减少6处：马渡、白水坑、寮车头、旸村、雪峰、鱼川，增加11处：舒洪、外沿、陈宕、胡村、章村、岭后、余溪、越陈、方溪、笋川、岩背。2010年，全县共有教区6个：五云、壶镇、新建、盘溪、大洋、石笕；教堂14所，聚会点30处，信徒6200余人。

教堂

五云教堂，属五云教区，位于五云镇南塘路75号，1985年落成。为县基督教"两会"住所。

兆岸教堂，属五云教区，位于东渡镇兆岸村，1998年修建。

长坑教堂，属五云教区，位于东渡镇长坑村，1997年修建。

胪膛教堂，属壶镇教区，位于东方镇胪膛三村，1987年修建。

壶镇教堂，属壶镇教区，位于壶镇镇农兴村羊墈头，1999年利用瓦厂基址建成。

新建教堂，属新建教区，位于新建六村。

下小溪教堂，属新建教区，位于新碧镇下小溪村溪东，1992年建。

舒洪教堂，属盘溪教区，位于舒洪镇江沿村，1936年修建。

田洋教堂，属盘溪教区，位于溶江乡田洋村里双亭，1997年修建。

大源教堂，属盘溪教区，位于大源镇大源村，2001年修建。

前村教堂，属大洋教区，位于大洋镇前村村，2003年修建，2006年增建综合楼。

南溪教堂，属大洋教区，位于大洋镇南溪村，2005年利用卫生院旧址修建。

木栗教堂，属大洋教区，位于大洋镇木栗村，2011年修建。

石笕教堂，属石笕教区，位于石笕乡石笕村，1985年修建。

聚会点

五云教区：笋川、吴岭、黄店、黄塘头。

壶镇教区：厚仁、岩背。

新建教区：外沿、谷川、夏加畈、张公桥、丹址、陈宕。

盘溪教区：双溪、胡村、章村、稠门、岭后、黄连坑、余溪、越陈。

大洋教区：鸟下、黄寮、石亭、九支炉、杨梅山、漕头。

石笕教区：后巷、方溪、蒙坑、田村。

第三节　基督教事务管理

基督教事务的官方管理，清代及以前未见记载。民国开始，基督教事务管理与佛教事务管理相同，见本篇第一章第三节。

缙云县基督教"三自"（自治、自养、自传）爱国运动委员会是基督徒的爱国爱教组织，基督教协会是基督教的教务组织。“基督教‘三自’爱国运动委员会”与“基督教协会”合称基督教“两会”。1983年10月，县基督教“三自”爱国运动委员会筹备组成立，着手制定章程和公约，根据行政区划和教徒数量分设若干教区。1987年2月，缙云县基督教“三自”爱国运动委员会第一次代表大会在新建教区召开，出席代表63名，省基督教“三自”爱国运动委员会委派陈述一牧师参加。经选举，委员会成员17人，主席1人，下设宣传组、教务组、财务组。1999年12月，第二次代表大会在五云教堂召开，县基督教协会成立，设会长、总干事各1人。此后每5年换届，“两会”同时召开。至2009年，基督教“三自”爱国运动委员会已历经4届，基督教协会已历经3届，“两会”的主席、会长交叉任职。

第三十二篇　习俗及其沿革

生活、生产劳作的习俗，缙云全县总体相同或相近，但有的习俗，不仅东、南、西三乡不同，而且在三乡内部也是同中有异、大同小异，形成“五里不同风，十里不同俗”现象，其中县境周边乡村还与邻县生产生活习惯相融合。改革开放后，尤其是1993—2010年，经济社会的快速发展，生产、生活方式的巨大变化，县域习俗既沿袭传统，又适应经济基础变化的需要，主动吸收外来文化，发生快速变化，或异化，或简化，或新生，或消失。

第一章　生活

缙云属典型的山区农业县，生态环境和长期形成的生活方式在衣食住行、婚丧嫁娶、岁时节庆等方面，具有明显的区域性风俗习惯。

第一节　饮食

改革开放前，县域东乡、西乡、外南乡以米饭为主食，里南乡以粗粮为主食。正餐称“厨顿头”。早、中、晚三餐俗称“五更”“午饭”“乌日”，加餐分别称半午前厨、点心、半夜厨，统称“三厨六顿”。粗粮主要有玉米、番薯、洋芋、南瓜、萝卜等。常见干食品有：番薯丝、番薯荚、番薯片、洋芋片、菜干、缨菜、笋干、菜头钿、菜头丁、蒲丁、芋头丝、豆荚干、茄子干、金针干、南瓜干、冬瓜干、苦瓜干、柿饼柿花，统称缙云“十八干”。境域小吃，山区、平原各具特色。农家菜饭、缙云烧饼、馄饨（面饺）、南乡馒头、索面、敲肉羹等为缙云名点美食。农家泡茶常用茶叶，也用野菊花、夏枯草、金银花等，以祛暑解渴。农民一般饮白开水，户外劳作时常喝山泉水。2000年以后，五云镇及壶镇镇等经营性茶馆（室）渐兴。也有的家庭设茶座，泡制“功夫茶”品茶会友。正月待客，一般用白糖开水（有的加茶叶），茶配主要有番薯松（片）、洋芋松（片）、花生、白白糖、米泡糖、南瓜（金瓜）籽、葵花籽等。

主食

缙云传统主食，各区域既有相似性，又在食材、工艺、名称等方面有不同性。至2010年，全县城乡主食变化不大，区域性总体趋同，但主食与菜肴结构发生较大变化。

粥捞饭　大米煮八九成熟，用笊篱捞入饭罇、铁锅等容器，微火吸干，做成的饭。实行联产承包责任制后，加上电饭煲烧饭的逐步增多，城乡粥捞饭制作减少。

焖饭　大米浸透或直接入锅，煮至水干退出柴火，利用余火焖熟的饭。20世纪80年代以后，家庭焖饭一般用电饭煲。其中，不加菜的，称白米饭；加菜的，称菜饭；只加猪肉的，称肉丁饭。

炊饭　大米浸透入锅煮半熟，或倒入开水中即捞入饭甑，炊熟的饭。也有大米浸透后，待饭甑热气冒出后，则分层加浸过的米，直至炊熟。饭甑炊饭须留一定空隙，以确保大米炊熟。农村红白喜事宴席多用炊饭。

草袋饭　装进蒲草袋压实的米饭。一般供远行或外出劳作正餐时食用。20世纪80年代开始，基本消失。

菜饭　大米混合猪肉菜肴焖的饭。猪肉、菜肴翻炒后，将浸透的大米铺其上，加适量水。中火煮至八成熟，拌匀，改小火吸干焖熟。21世纪以后，县域户外活动爱好者野炊、农家乐常烧制菜饭食用，并更讲究色、香、味。

玉米羹　西乡和县城一带称苞芦羹（糊），东乡称“观粟糊”。先将酸菜或青菜、薯类、瓜类等菜肴煮熟，再撒进玉米粉，扫成糊状，煮熟的，称燥粉苞芦羹；或者先将玉米粉加水拌糊后，再倒入伴有瓜菜底料的滚烫锅中，煮熟的，称水粉糊。另有先在容器中将玉米粉和热汤拌成块状，夹到伴有瓜菜底料的滚烫锅中煮熟，叫玉米丸。

玉米饼　玉米粉炒热，加沸汤搅拌后，制成饼坯贴于锅壁烤熟。有的加馅，馅以干菜、鲜菜均可。不加馅的，趁热揩涂猪油、食盐或霉豆腐汁即食，松脆喷香。主食，常作路资。另有麦饼、米粉饼，分别用面粉和米粉制作。

菜肴

集体化时期，生产队土地都用来种植粮食作物，社员个人仅有的自留地用来种植蔬菜，除冬春三四个月时间可多吃时令蔬菜外，其余时间的时令蔬菜极其有限，大多以蒸、晒存贮的干菜作为主要菜肴。洋芋、毛芋之类有时粮菜不分。实行农村联产承包责任制后，家庭种菜种类增加，可食用新鲜蔬菜时间拉长。尤其是反季节蔬菜的出现、储藏保鲜条件的改善、食物养生观念的变化，城乡居民一年四季大多可食用新鲜蔬菜，食物结构中饭食减少、蔬菜增多的趋势明显。

腌菜　缙云也称“生菜”，由方言“酸菜”变音而来。传统制作方法为：将整株青菜晾半干洗净，腌制时分批放入木桶或缸内，每放一批撒一次盐，赤脚踩踏至软后，上压块石，转酸后即可食用。50 公斤晾半干青菜一般加盐 2 公斤腌制。相近的还有萝卜腌制的“生菜头”。旧时，腌菜为农家冬季到次年初夏的主要菜肴。至 2010 年，家庭腌菜规模缩小，大多采用清水浸泡方法腌菜。

缨菜　又称“笃（意为筑）缨菜”。将菜头缨或九头芥阴黄、洗净、切碎，晾至手捏可成团，松手即散开的程度，再基本按菜盐 10 ∶ 1 的比例拌入盐，装坛捣实后密封，大约一个月“笃熟”后，可取出食用。如取出晒干，即为缨菜干。

菜干　制作工艺各地有所不同，较普遍的传统做法是，将菜头缨或九头芥、芥菜、白菜等青菜阴干，切碎（也有用整株）腌渍转酸后，捞出（整株的先切碎）进行蒸焖。蒸焖时，加入原来腌渍盐水（“还卤”）后，再晒燥，如此反复多次，颜色变黑，即成菜干。因蒸焖发酵致“霉”，故又名“霉干菜”，雅称“梅干菜”。有的将整株青菜腌制后，悬挂晒干存储，食用时再切碎，也统称菜干。南乡稠门岭以东村落，用此方法制作的菜干，称“菜咸”。20 世纪 80 年代以前，菜干为缙云人外出求学、烧炭、打工的必备菜肴，缙云中学凭此形成了不怕艰难、学有所成的“霉干菜精神”。至 2010 年，缙云农户一般都会制作菜干，作为备用干菜，但数量减少。此后，随着缙云烧饼产业扩大，出现菜干生产集中村、重点户，并在东方镇形成基地化规模生产。规模制作菜干方法为：青菜阴干后，切碎腌制，腌制时菜与盐的比例为 100 ∶ 4，腌制一周，青菜颜色转黄后，经蒸焖，颜色转乌，晒干。

笋干　鲜笋剥壳煮熟，切成条或块，直接烘晒干的，称笋干。笋干需先浸软后，再烧制成菜肴。其中，整支鲜笋煮熟后，夹在木板间，用石块等重物压扁榨干，烘晒至干燥的，称白笋。白笋需先浸软切薄后再烧制成菜肴。21 世纪开始，制作白笋多采用千斤顶或螺杆压榨。

腌肉　鲜猪肉切成条，搓上炒热粗盐，压存容器内腌渍 15 天左右，洗净，晾晒除水汽后，埋入菜干坛储存取食。实行农村联产承包责任制前，县域农家多腌制猪肉，以解决一年的食用猪肉及食用油。

黄花菜干　俗称金针干。把黄花菜将开未开的花蕾，放入笼格蒸熟后，晾晒干燥，即为黄花菜干。20 世纪 80 年代以后，大多将黄花菜蕾摊在地簟（水泥阳台等），上盖尼龙布，利用太阳光蒸熟后，再晾晒。

豆腐菜系　利用缙云盐卤豆腐，做成的菜肴。主要有青菜豆腐、菜干豆腐、葱炒豆腐、油煎豆腐、霉豆腐、豆腐皮、豆腐干以及油炸豆腐枣和豆腐肉丸等。其中菜干豆腐，由霉干菜加豆腐慢火炖制，昔属产妇主菜。家制霉豆腐，先将切块豆腐，以重盐腌渍。经反复浸卤、摊晒至“原重”（豆腐坯晨晒晚收，重量等同），再添加豆豉姜丝，装入陶罐，加盐水，扎紧封口，暴晒过月即成。

烙洋芋　洋芋刨皮切块、煮熟，摊贴于锅壁，以慢火烤微焦，再加油盐，拌姜丝、葱花，稍作翻炒即成。属南乡大洋一带特色菜肴。

小吃

缙云民间传统没有“小吃”名词，与“小吃”相对应的较接近概念称“点心”，点心包括正餐之外的餐饮及其食物。以下所记述的“小吃”为缙云传统饮食中除米饭之外较具地方风味特色，且为饭店经营的食物。这些“小吃”在家庭饮食中多为主食。

粉干 粉干烧制有煮和炒两种。炒制，将菜肴炒至七八成熟（或先从锅内盛出）后，再放入用冷水或温水浸软的粉干，放佐料（拌入盛出的菜肴），炒至松散微焦即可食用。炒粉干，宜油料足，干湿适宜。汤煮，可加青菜或干菜烧制。

索面卵 即鸡蛋面。鸡蛋或煮、或烤，或烤后切成丝带状。煮熟鸡蛋置于碗内索面下层，烤鸡蛋或鸡蛋丝铺于索面上层。一般用于待客和生日食物。实行农村联产承包责任制前，正月拜年待客也有在碗底垫肉丸和泡豆腐，如非主人执意，客人一般不吃碗底腌肉、鸡蛋、肉丸和泡豆腐。

敲肉羹 番薯粉和猪肉煮成的羹。瘦猪肉切片，加番薯粉沾捏后，用菜刀柄或擀面杖敲打，去其韧性，再手撕成小片，下锅汤煮，也加其他少量菜肴。煮熟后，将冷水扭成的番薯淀粉糊倾入锅中，搅拌成羹。敲肉羹为缙云民间酒宴必用食物。至21世纪，各酒店菜谱也配有敲肉羹。以不同菜肴为底料，县域还尚烧制各种番薯粉羹，如千张羹、猪血羹等，故有“羹宴”之称。

缙云烧饼 又称桶饼。烧饼桶木壳陶胆，高及腰，底盛炭火。用面娘发面，裹菜干肉馅，外撒芝麻，涂糖油。饼坯沾水，摊贴于桶内壁。20世纪80年代以前，一个烧饼为0.1元，20世纪90年代到2010年，一个烧饼由0.5元升至3元。

馄饨 俗称“面饺”。面皮切方形。包裹精肉末，形状有畚箕式、元宝式、官帽式多种。滚锅煮熟后捞出，也有的加紫菜、香菜、葱花等。20世纪80年代以前，一碗16个馄饨为0.1元，一碗15个馄饨由90年代后的0.2元升至2010年的2元。也有个体馄饨经营者集馄饨原料、烹制器具于一担，称面饺担。面饺担多设摊在集市、案会、演戏台前等热闹场所。至2010年，改用车载馄饨摊。

馄饨、烧饼在改革开放前，多由国营、集体饭店经营。同时在农村演戏台前，一般设摊做烧饼、馄饨出售。

粽 一般在端午节尚吃端午粽。粽以青箬、棕榈缨丝包裹糯米，东、西乡称“拗”，南乡称“扼”。用硬壳樵柴灰汁或山栀数枚浸米。分咸粽、甜粽两种。咸粽裹五花肉、缨菜笋干、豆类、板栗等馅，甜粽裹赤豆沙、绿豆沙等馅。一般在夜间烧煮三四小时，再“坐锅”到天亮，端午日早餐就用。20世纪90年代以后，家庭拗粽不限于端午节，并在县城等集镇有经营粽的专业作坊，馅料种类增多，品质提高。

南乡馒头 南乡一带制作的馒头，其中稠门岭以东大源一带制作的南乡馒头较有代表性。馒头制作程序有三：制发酵水、发酵、做馒头。腊月二十三日，取与做馒头面粉重量1/10的糯米，煮糯米粥，粥凉后，拌入适量米釉、酒糟、白药酝酿。白药由米、谷磨碎后制作而成，以辅助发酵。二十四日，将经酝酿的粥、釉、酒糟、白药混合物加水，用豆腐袋挤出酵水；夜晚，视气温状况以面粉与发酵水0.45/斤～0.5/斤的比例揉面粉；夜12时后，翻拌面团。二十五日，称“馒头日”，将面团揉制成馒头坯，摆放到笼格作笼（再发酵）后蒸熟。也有的不经发酵过程，面粉加发酵水揉成面团，直接做成馒头坯，通过作笼蒸熟。馒头分大、小两种。小馒头无馅，一般为过年或自家食用；大馒头内置肥肉、芝麻、红糖，一般为娶亲时男方给女方的聘礼之一，女方用于亲邻的回礼。馒头出笼时，上盖红梅、喜字等红印章，也有的将3根或5根筷子并拢，戳梅花红印。

早米糕 壶镇一带称“糖饧”，章胡村一带称“千层糕”。炊早米糕前，用硬壳樵柴叶或豆壳柴烧成灰，灰加水沥出的汁，用来浸泡籼米。在籼米中添加食盐、山栀，磨成浆后，舀入笼格屉炊蒸。米浆一层炊熟后，再浇上一层，直至满屉。有煮、炒、炸、烤多种烧制方法，也可揭层蘸酱油即食。21世纪以后，早米糕一般不能揭层，炊早米糕大多不用灰汁。

糍糕 糯米粉和籼米粉（或加豆粉）混合蒸成的米糕。糯米粉和籼米粉的比例，一般为7∶3。蒸制前，笼格底垫箬叶，倾入糯米粉和籼米粉混合物，有的在其面上涂匀食用红粉水（或红糖水）用手拍平，再撒上芝麻。加糖的，称“甜糕”；加肉的，称“肉糕”。

发糕 面粉拌和糯米粉，加糖水、酒酵蒸发的糕。面粉和糯米粉的比例，一般为7∶3，糕面染红、撒芝麻，作笼适时后，蒸熟。

象鮀 五云镇镇东村一带叫“象糖”，南乡叫“象鮀”。近似煎饼，比煎饼厚。面粉或加玉米粉、番薯粉调成糊状，也有的拌和鸡蛋等。浇涂于油锅，煎至两面焦黄，即可食用。

麦饼松角 东乡和里南乡称“麦馃松”。面粉拌和时加糖水，经发酵后，擀成厚度0.5厘米左右的面皮，有的上撒芝麻，切成菱形烤制。一般作零食或路资。

番薯粉皮 番薯粉加粥汤或豆浆、蛋清扫成糊状，舀入油锅，烤成的薄皮“象坨”。

番薯丝 番薯去皮刨丝晒干。实行农村联产承包责任制前，缙云山区尤其是底南乡大多单独煮汤，或掺米焖番薯丝饭作为主食。

番薯馃 俗称“番薯竹碗”。干番薯丝磨或舂成细粉，拌水揉搦，摘团搓捏成碗状，蒸熟。至21世纪，农家少有制作，多为商贩制作流动出售。

清明馃 一般在清明节期间制作。将青蓬加小苏打氽去苦味，捣烂，拌入籼、糯米粉蒸熟，放石臼舂透；21世纪以后，城镇居民一般将氽后的青蓬用高压锅煮成糊状，再拌入籼、糯米粉，使馃色保持鲜绿。将糊状青蓬与籼米粉、糯米粉（也有的加少许石灰水）揉成面团，擀成面皮，包裹馅料，放入底部铺垫馃箬叶或松毛、竹叶的笼格，蒸熟，即可食用。清明馃分咸、甜馅两种。

糖霜卵 水烧开，打入鸡蛋煮熟加白糖的食物。缙云待客点心之一。

豆腐丸 豆腐捏碎，加盐、姜丝，有的加适量番薯粉，搓成圆状，油炸或烤而成，一般作为菜肴食用；也有直接放入水中煮熟，用作点心。其中加猪肉的，称肉丸。

生姜卵 生姜捣碎或切片，经煎熬后加红糖，打入鸡蛋煮熟。缙云习俗产妇多食生姜卵，可驱寒暖肚。

汤圆 糯米粉炒熟，或用开水拌和，揉搓成球，在汤水中煮至上浮，捞出，加糖水直接食用的，称汤圆。捞出后，裹炒米、芝麻粉燥食的，称金团。金团多加红糖芝麻粉馅。至2010年，县城等集镇时有金团叫卖声，价格从20世纪90年代的“1块钞票廿个”到“1块钞票10个”。

麻糍 缙云舂麻糍一般在清明、重阳、冬节，但各地习俗有所不同。先浸透糯米，以饭甑或笼格蒸熟，置石臼舂透后，摘成小块，裹红糖芝麻粉，外敷米粉，存入麻糍桶，旧时以谷或米兑换，至2010年仍有商贩沿街叫卖。舂透摊成板块，切成方形小块存放食用的，称麻糍板。麻糍板冷却后再烤制吃。为节日女婿送岳父母礼品之一。

番薯酒 番薯煮熟，捏碎，置于缸坛，拌和米曲，加适量温水，酝酿十几天后即可作酒饮用。

十月酒 缙云农家酿制米酒，先踏米或麦曲（有的加辣蓼汁）。大多在农历十月择吉日，炊糯米饭，按米、水、曲重量1∶1.5～2∶0.1～0.2的比例配制，下缸酿制黄酒，十天半月即可饮用。

山豆腐 采集豆腐柴（腐婢）叶，经烫软，装袋搓揉，压沥出汁液。然后在汁液中添加豆壳灰汁，助其凝成果冻状。食用时可热炒，亦可凉拌。

榛子腐 榛子即橡子。先将去壳晒干的榛子浸泡过“心”，磨成浆，用豆腐袋扭搅沥出淀粉水，将沉淀的淀粉晒干，即为榛子粉。将榛子粉加水调成糊状，倾入沸水中，将煮熟的羹冷凝，即为榛子腐。榛子腐切成小块，凉拌糖醋，为消暑食品。如用苦槠淀粉如法炮制，即为苦槠腐。

木莲腐 木莲即薜荔，缙云称“攀槌”。木莲子装入纱布袋，用凉开水浸泡，搓揉滤汁，约半小时后即凝成木莲冻。食用时加糖、醋，属消暑食品。

山豆腐、榛子腐、苦槠腐、木莲腐，古来县域少有家庭制作。至2010年夏季，偶有商贩摆摊出售，其中木莲腐已基本绝迹。

零食

缙云传统将三餐之外可直接抓吃的零星食品，都称为“零食”。零食体现了山村农耕时期的生产和食物特点，具有可储藏性。有的食物，“小吃”与“零食”界限模糊，主要视食用时间与功能而定。20世90年代开始，特别是21世纪以后，有的小吃、零食逐步转入专业化生产经营，有的消失。“70后”“80后”人群的较多主妇不具备小吃、零食的制作技能。

柿饼 鲜大柿刨皮，保留萼盘。晒半干，经多次捏软捏扁，长“白霜”即可食用，一般连同柿皮存储。集体化时期，县境有的村柿树较多，农户把大柿做成柿饼，用作充饥食物或路资。20世纪90年代，柿曾作为“一村一品”发展项目，有的村大量引进和种植优质柿品种。至2010年，县境出现满树悬挂鲜红柿子，无人采摘，成为观赏果实的现象。

番薯片 番薯刨皮切片，汆至七八成熟，捞出晒干，称番薯片。番薯片砂炒或油炸后，称番薯松。也有的地方都称番薯片。20世纪90年代以前，一般为过年时茶配。21世纪前后，有“姥姥家”等企业专业生产油炸番薯松在市场出售，并多次参与省农博会展出。农家制作番薯片（松）逐步减少。

番薯荚 番薯刨皮切成条块状，汆半熟，晒半干，经多次晒蒸，称为番薯荚，也称番薯干。除作零食外，出门时也作为辅助路资。20世纪90年代以后，家庭制作番薯荚开始减少。21世纪开始，大源镇庙下村等有运用锅炉蒸制番薯荚的专业大户，其中七里乡户九村农家传统工艺番薯荚较著名，番薯荚走向市场。

𪎊 （方言读 òng）麦、豆、粟、玉米、薏仁等炒熟，加红糖，磨成粉，为𪎊，也有的称麦𪎊。可燥食，也可拌和开水食。缙云传统多由女儿、媳妇炒制，以孝敬长辈。至2010年，基本绝迹。

油馓 将面粉皮或早米糕片、籼粳米粉混合的薄片，裁成长方形，对折剪成栅状后翻出花样，油锅炸黄，缙云称油馓。旧时少数农家作为过年茶配。21世纪前后，冬季时节，东渡镇长坑村等地有专业户生产油馓坯供应市场。

白白糖 用糯米制作成的甜食。糯米蒸熟后，拌入麦芽粉，化出糖汁；再将糖汁煎熬至可拉成丝后，放到白糖桩上经多次拉打，呈白色后，拉成小拇指粗细的长条，剪成小段，按一层砻糠、一层白白糖存入木桶储藏。制作白白糖的村落和农户向来较少，至2010年，缙云城镇有白白糖出售。

米泡糖 即米花糖，有的称“白糖”。糯米或籼米蒸熟晒干，炒成“米泡”。米泡中拌和麦芽（也有糯米糖、红糖、白糖）糖油及炒熟的芝麻、花生米等辅助食品后，倾入木格糖匣，擂压紧实，分切成条块状，称米泡糖。东乡用材讲究，其米泡糖品质为全县上乘；南乡多以爆米花、炸番薯丝、番薯糖为原料。米泡糖为缙云传统的重要年货，20世纪90年代以前，每家都会制作。此后，家庭制作减少，五云镇新老城区及壶镇镇城区等地都有多家米泡糖加工、销售摊位。其用料更讲究，混合食品增多，色香味更佳。

爆米花 糯米或玉米加糖精，用爆米花机膨化而成。20世纪80年代以前，为县域一般农家常备的年货。90年代以后，逐渐减少。

第二节　衣着　发饰

衣着

衣裤 计划经济时期，县域城乡居民穿棉毛衫、毛线衣尚属稀有。常穿衣服的布料来源除自制土布外，还有凭定量供应的布票购买的卡机、纱卡、丝光蓝、白洋布等衣料，颜色以青、蓝、白为主。“文化大革命”开始，年轻人尚草绿（黄）色军装。破旧衣裤经多次缝补继续穿着，“新三年，旧三年，缝缝补补又三年”。至难以成件后，衣裤碎布用作叠鞋底。20世纪70年代初，条件较好的，开始尚的确良布料和尼龙袜。20世纪80年代以前，机关工作人员男性多着中山装、军便装，左胸口袋插钢笔，女性多着春秋两用衫，工人着帆布工作服；在农村还可看到个别老年人穿长衫、大襟衣服，大多农民着土布对襟。着青布裤、白衬衫，即为时髦青年。改革开放后，县域从城镇再到农村，西装逐渐取代中山装为正装，并引进夹克、风衣、滑雪衣、花衬衫、连衣裙、T恤衫、裙裤、喇叭裤、牛仔裤、西装短裤等流行服饰，衣着出现多元化。21世纪以后，县人服饰趋向随意和个性化，休闲运动、文艺范成为潮流。衣料观念由化纤回归棉麻，由艳丽趋向简素。

肚兜　俗称褡肚。正菱形，夹层，绣花，系带。孩童红艳，老人素色。有的肚兜中开口袋，孩童放玩物、零食，老太藏钱珍。20世纪80年代始，县域城乡均少有使用者。

汗巾　以长约六七尺，宽近二尺白洋布缝制成，县人称"汤布"。主要用来垫肩、擦汗，也有披扎作上衣。常用于砍柴割草、出门挑担，以及元宵节背板龙等。改革开放后，衣着条件改善，汤布退出农村生产生活领域。

腰裙　旧为工匠、主妇以及老辈农人干活时佩戴。裙布多蓝、青色，男用双幅，主护腰胯。女用单幅，挂脖围腰，护胸护膝。21世纪以后，主妇干活时仍多着腰裙、袖套。

袜类　旧时，县域有布袜、线袜。20世纪30年代，县城天妃宫布厂已有机械织袜机，一人日织袜60双。60年代开始，尼龙、腈纶、涤纶等化纤短丝袜逐渐成为主流，期间也有自行编制毛线、纱线袜。21世纪以后，县人主要穿着棉花化纤混纺袜，也有的回归纯棉袜。

鞋类　缙云传统鞋类以布鞋为主，做鞋为妇女基本功。布鞋鞋面多蓝色、黑色，形状分尖口、方口两种，功能分单鞋、棉鞋。布鞋不分左右的，称"正底鞋"；分左右的，称"认只鞋"或"歪底鞋"。鞋底厚约1厘米，用碎布叠纳、麻线编织而成。单鞋鞋面由鞋面布、褙粕、夹里布组成，棉鞋鞋面由鞋面布、棉花、夹里布组成。20世纪50年代之前，夏日，还有着木板拖鞋和蒲鞋。劳作、远行主穿稻秆编织的草鞋，雪天行路则穿稻秆袜或山袜加蒲鞋。中华人民共和国成立后，从城镇及农村，条件较好者开始着"解放鞋"；改革开放后，年轻人流行白球鞋（回力牌）、高跟鞋、长筒靴，并以穿皮鞋作为脱离农门的标志。2000年以后，县域城乡流行各色胶鞋、皮鞋、凉鞋，且式样多、更新快，布鞋作为生活的回归，成为个别人的喜好。

发饰

辛亥革命约十年以后，县域男子普遍开始剪掉长发，理平头、剃光头，从城镇再到乡下少数年轻人剪分头"西洋发"；年轻女子多扎发辫，以齐肩"青年发"为时髦；20世纪80年代的老年妇女还有梳头髻、罩头髻网。1980年以后，时尚男女青年烫港式卷发。21世纪90年代开始，青壮年男性留分头、梳"飞机头"多于剃平头、光头，部分老板和成功人士梳"大奔头"，中老年男性将白发染为黑发较多；女子养长发扎辫较少，烫发、染发和焗油较流行。

第三节　民居建筑

缙云民居建筑立足于地形地貌特点和地理条件，村落选址大多依山近水；房屋朝向多为正门朝南，布局结构用材随着经济基础和文化观念的变化而变化，改革开放后，尤其是21世纪后变化更加明显。

民宅

缙云县传统民宅建筑，普遍为"道坛屋"和"一字屋"。道坛屋天井俗称"道坛"或"明堂"，有的四面围屋，有的三面围屋，一面照墙。一座道坛屋，一般有五间房以上，含正屋、厢房、插下间（楼梯间）和阊门间。门额刻郡望或吉祥词句，中堂俗称“司（祀）间”，昔为家族议事和斋醮祭祀场所，司间后壁左右两侧置神龛，一为家神，一为家祖。因木结构忌火，为祈吉兆，东、西两厢路堂侧门称“水门”。道坛（天井）大多铺鹅卵石，有的置集雨缸，有排水沟及祭坛或花坛，四周廊道外沿铺装“间沿石”。三合院则相对简陋，阊门两侧不设路堂门，也无阊门间，仅以围墙连接厢房。一字屋，即两间以上一字形排列的房屋。

20世纪70年代以前，缙云农村民宅多建二层土木结构房屋。70年代后期开始，农村建房多用凝灰岩条石叠墙造屋，条石房屋一度形成地域特色。改革开放后尤其在20世纪90年代以后，农村建造房屋一般高至三五层，如道坛屋旧房拆建，往往改变原有建筑风格，新择基建房屋一般为一字屋，采用钢混结构。至2010年，村落房屋多为混凝土高楼和低矮黄泥屋参差共存，壶镇岩下、岩背村以及大洋一带尚存较多石垒屋；城镇高层建筑开始出现，并配有住宅小区。

缙云建房及房屋相关的事宜，一直沿用以风水确定朝向，择吉日良辰的习俗。从建房动土拜土地，到开门、竖屋榀、搁栋桁、乔迁新房，甚至建猪圈等都要择吉日良辰。房屋周边有“前不栽桃，后不栽柳”“前不栽棕，后不栽桐”等禁忌。

宗祠

缙云农村向来有建造宗祠，以供奉、祭祀家族祖先的习俗。2010年，全县尚有祠堂522座，保存较完整的384座，多属清代、民国建筑。明代少量存世，代表性的有小章村蔡氏宗祠、岭脚吴村吴氏宗祠、杜村村杜氏宗祠、梧源村吴氏宗祠和碧川村杰九公祠等。河阳村现存宗祠15座，其中有总祠（朱大宗祠）、房派支祠（圭二公、虚竹公祠）、乡贤祠（荷公特祠）。另有忠祥遗绩祠和信女祠等纪念性祠堂。

祠堂建设举全族之力，普遍为缙云农村的地标性建筑，无不恢宏而显焕。祠堂采用合院式结构，有两进一天井或三进两天井，沿中轴线布局，两侧设通廊厢房。多坐北朝南，开八字门。主要呈现祖先牌位、堂号、楹联、匾额、戏台、门饰及雕梁画栋。中华人民共和国成立后，祠堂建筑或失修坍废，或辟为校舍，或充作集体公房。1990年前后，民间盛行续修宗谱，按照文化记忆与传承的要求，多地祠堂由族人募资修葺重光。祠堂修竣后，均敬请祖宗画像或塑像，宗亲聚集，举行庆典仪式。至2010年，农村劳动力转移，大量人口外出，常住人口减少，宗族意识总体趋淡，祠堂功能退化，除了用于祭祖、少有聚会外，大多改作老人班活动场所，也有布置成民俗陈列馆等。

乡土建筑

代表性有河阳乡土建筑。河阳朱氏村落，始建于五代时期。东西相距730米，南北相距500米，面积约4万平方千米。村居布局为一溪两渠水系和一街五巷建筑。21世纪初，尚存明、清以来的院落式民居30多幢，古祠堂以及寺庙、庵堂、牌坊、墓葬、石拱桥15座。村中南北走向主街有店面32间，全长150米，东西走向巷道5条。合院民居均为前厅后堂，砖木结构，粉墙黛瓦，马头墙飞檐高耸，其中以“十八间”为代表性。建筑雕饰以木雕为主，石雕、砖雕为辅，圆雕、透雕、线刻及深浅浮雕俱全。门第题额尽显崇儒精神，典型如“八士门”“廉让之间”“儒林古第”“耕凿遗风”等。2006年，古建筑专家罗哲文评价其为“稀有的古村文化，罕见的建筑艺术”。

还有壶镇镇工联村的九进厅、吕逢樵故居，道门村的进士第，岩下村的石头屋，旸村村的尚书房，松岩村的百廿间，东渡镇兆岸村的进士厅等著名建筑（详见第二十七篇“文化”第五章第二节）。

第四节　卧具　灯具

卧具

大床　为县境旧时流行床榻。普通人家的大床以松木制成，不上油漆，床沿置“床杠”拦护，下悬床踢板；富户人家的大床以樟木、杉木制成，漆红，床头、床尾及后壁栏板施雕画，床脚刻龙须纹，床架帐额绣花，帐钩饰铜钿串。床头设暗柜，用于秘藏契约、账本、首饰之类物件。床上悬挂纻布蚊帐，床前放长凳，叫“踏床”，以方便上下床，也放置鞋袜、火笼、尿壶等。

花床　即雕花床，缙云又称“堂床”“半间床”“千工床”，见于旧时富裕人家。漆朱贴金，用料考究，幽暗私密，极尽奢华。上有顶盖。月门、楣板、栏板可拆装，雕画精细，寓意祥瑞，大多与传宗接代有关，常见有“喜鹊盘梅”“麒麟送子”“百鸟朝凤”“福满全家”“福禄寿喜”等。木栗、石笕尚温州式，床柜合置（床前两侧分设衣柜和便桶柜），床额三层。

假铁床　民国时，县境有人从外地购进洋铁床。洋铁床用铁管、铁条、铁皮焊接成床架和护栏。20世纪50年代开始，洋铁床的简约风格与破旧立新、崇尚节俭的时代风气相吻合，县人用木材仿照洋铁床样式，制成“假铁床”。假铁床漆红，局部施雕花、漆画。常见以车木葫芦杆做栏栅，床杠下方两侧设抽屉，四角方柱上头打凹孔或嵌金属内螺纹，以固定蚊帐架。假铁床成为结婚床榻首选。

屏风床　始于20世纪70年代，主构件为床头床尾一高一低两块实木挡板，形同落地屏风。相对于传统大床，省去后壁板、前踢板、床杠，适宜摆放房间中央。根据床铺高度需要，两块屏风板内侧安装铁件勾连长条方木，上置床板或棕绷板。改革开放后，屏风床逐渐普及。随着住房条件改善，宽度扩至1.5～1.8米，有的甚至达2米。床尾屏板不再高出床面，床单三面悬垂。

两头兜　属简易床。床两头形同靠背椅，兜置床板架两头，故名。有的不施油漆，大多靠墙安放，改革开放前常见于单位宿舍、城镇居民孩子房间和客卧房间及农村家庭。

榻柜床　由两格榻柜组成，以榻柜盖板作床板。床板下的榻柜，放置稻谷、杂物或棉被等，一物两用。20世纪90年代，缙云民间床类变化，总体趋向简约大方，大多从家具店购买成品床。家庭请木匠制作家具的减少，也有沿用旧的，或者作为古董收藏。

床上用品　旧时，缙云农家床板上一般垫稻草，稻草上铺蒲草席或篾席。用土布被面包裹棉絮制成棉被。家贫无厚被的，寒冬时多以火笼暖被窝。蚊帐为苎麻料，长年悬挂，私密、避蚊、保暖兼具。中华人民共和国成立后，纱布蚊帐和白洋布被单、绸缎花被面开始使用。将夹里、棉絮、被面缝合一起，称“定被”。自1990年前后起，席梦思床垫逐渐取代棕绷板，有的老人冬季以电热毯加温。棉被改用被套包裹，无须定被。随着居室密封性提高，且有纱窗、驱蚊香辅助，蚊帐基本革除。

灯具

改革开放后，缙云城乡家居生活方式的转型，照明手段变化较大。

火篾　篾黄浸在水中月余捞出，晒干后的称“火篾”。三四根火篾并作一把点燃后，用于照明。南乡山区，还有将剥皮后的麻秆，捆扎浸水，腐烂其髓芯，晒干用作夜行照明或点火。

松明　多油脂的松树劈成细条，点燃以照明，叫“松明”。缙云农家习惯将可用作松明的松树柴火放置烟囱背。松明燃烧时火苗亮堂，烟雾浓黑，常用于热闹场面，如祠堂演戏，台前两侧置铁丝火篮盛松明，以照明。也用于熏烹孔明灯。20世纪60年代，县域乡下夜行者还有使用松明照明。

蜡烛　缙云传统蜡烛为本地乌桕蜡质层制成，后大多使用矿烛。其祭祀和礼佛功能一直沿用。家用则套上灯笼壳，作节庆灯饰或夜行照明。

油灯 油灯照明，在电灯照明前，是县域城乡普遍使用的照明工具。缙云油灯多以青油（也有桐油、菜籽油）等植物油放在灯盏里，点燃灯芯，发出亮光。民国时期，县域引进煤油。煤油，缙云俗称“洋油”，盛煤油的灯盏称“洋油盏”。洋油盏有专业生产购置的洋铁皮盏，也有自行制成的玻璃瓶、小铁罐盏。玻璃瓶（小铁罐）用以盛燃油、瓶（罐）口上装灯管。灯芯用棉纱线或草纸制成。洋油盏多为单管，也有两管、三管。油灯中还有玻璃罩风灯。

汽灯 属油灯的升级照明灯具。悬挂于高处，照明亮度高、光亮辐射范围广。20 世纪 60 年代以前，县域戏场、会场和学校教室，仍有用汽灯照明。点汽灯前要给底座油壶打气，煤油以雾状喷到纱罩，再可点燃。

土制煤油灯

汽灯

图 32-1-1 电灯使用前的缙云灯具（1999 年摄）

电气化县实施后，家庭普及电灯照明，街道路灯等照明设施完备，火篾、松明、油灯照明完全退出县人生活。

电筒 民国时期，县域有极个别人家已用电筒照明。20 世纪五六十年代，县域少数家庭备有电筒。1970 年前后，缙云乡下夜行多用电筒照明，仍被视为时髦。

第五节 休闲 出行

休闲娱乐

县人休闲娱乐传统方式，主要有唱山歌、讲白话（故事）、听鼓词、看戏、迎案、迎灯、踢毽、放纸鹞、踩高跷、鞭陀螺、下象棋、走程（五子棋类）以及吹拉弹唱、清明踏青、重阳登高、垂钓等。

从民国开始到 20 世纪 80 年代以前，缙云农村视收音机为稀罕物。改革开放后，电视机、录像机和音响设备等现代化产品逐步进入大众生活；传统戏剧、迎案活动复兴，影剧院、歌舞厅、录像厅、游戏厅逐步成为大众娱乐场所；书画、摄影、音乐、养兰、根雕、赏石成为各个群体怡情养性的方式；邮票、钱币、票证、古玩、字画等成为民间收藏者的爱好；气功、太极拳、围棋、桥牌、康乐球、台球等成为休闲活动的新项目；五云镇、壶镇镇、新建镇出现台球、乒乓球、保龄球、棋牌室等经营性场馆。20 世纪 80 年代以后麻将再次流行，与扑克一同成为县人占较多人群的主要娱乐工具。

21 世纪开始，县城空闲居民休闲养生的方式，转到亲近自然、养生怡情为主题。户外徒步成为大多健身休闲者的主要方式，个别“驴友”甚至出县跨省；少数人到紧水滩、千岛湖水库垂钓，技法尚“台钓”；品茗清谈在休闲族中逐步流行，与以酒会友并行；豢养宠物，被视为有闲阶层的风雅；收藏旧石臼、猪槽、陶罐，养鱼、养花草的不乏其人；中老年摄影、书画、诗词、戏曲、门球、气排球、自行车骑游等文化健身活动时有举行。县域多数农村，晚饭后，妇女跳广场舞开始兴起。

出行

改革开放前，县人出行有“饱资饭，晴带伞”的俗语。通常选农历“三”“六”“九”为出行日，讲究的还请风水先生或请懂行人、或凭农历通书择吉日出行，也有的借用“择日不如撞日好”谚语，随机出行。远行时常备“路资”以果腹,“路资”种类各地有异，主要有麦饼（松）、玉米饼、柿饼、炒面（玉米、豆、麦加糖炒熟后碾磨成粉）、番薯干等干食品。出行中必备雨伞，春季遵“三月客难做，一头衣裳一头货”之说法，会多带衣物。途中一般借助凉亭休息、避雨、用餐；问路寻址，遇长者尊称“伯伯”“伯娘”，年龄相仿者称“表兄”“表嫂”“表弟倪”“表妹娓”。若不带称呼直问，则被视为不懂礼数。1984 年 6 月，五云镇直达杭州客运班车通行前，县境乡下居民到省城，一般须在金华转车，如买不到车票，还需中途住宿。

随着农村“康庄工程”的实现，各种交通工具的增加，县人徒步远程出行逐渐消失。进入 21 世纪，有的骑行者将自行车转为健身器材，县人出行除乘坐客运班车外，开始流行自驾小车、摩托车。除单位组织旅游、考察外，民间个人自费旅游兴起，居民出省、出境游玩渐增。

第六节　岁时节庆

缙云传统节日都与节气、农耕社会生产生活特点相结合，所有节日活动都离不开“食”，都有特定的食品，烧制丰盛的食物祭祀祖宗、礼佛拜神，祈禳保佑。这种人神共享食物的节日文化，体现了“民以食为天”的思想，是农耕时期县人对“食”的向往和需求。农村实行联产承包责任制后，随着粮食生产的发展，温饱的问题逐步解决，尤其是 20 世纪 90 年代以后，县域居民生活水平不断提高，幸福指数提升，传统节日礼仪逐步淡化，在“80 后”“90 后”人群中除春节外，如非长辈组织，“过节”意识开始淡薄、活动减少。

除传统节日和法定节日外，1998 年开始，农历九月初九，县政府每年举办公祭黄帝（仙都文化旅游节）。同时，有些外来节日在缙云民间部分人群中流行，主要有 2 月 14 日的情人节、5 月第二个星期日的母亲节、6 月第三个星期日的父亲节、12 月 25 日的圣诞节。

传统节日

元宵节　正月十五日前后的三五日，缙云习俗都为元宵节活动时间，传统活动形式主要有迎灯，也有少数舞狮子，请戏班做戏等，活动时间在晚饭后。在一个元宵节期间，一般举办一项。其中，迎板龙以其龙身长、龙头高大，舞动的气势与热闹，颇受县人喜爱，参与者与观赏者均为最多。正月十五日设的元宵晚饭，加汤圆，排场仅次于年夜饭。南乡大源一带，有以宗族大小房第确定，正月十四日或十五日晚餐烧“咸酸粥”的习俗。至 2010 年，农村常住人口中青壮年劳力减少，迎龙类集体活动实行审批管理，元宵节的传统活动减少。

立春　立春为农历新年之始，县域有“年大不如春大”一说。旧时，有的人家在立春日张贴楹联，以示新年。传说在清代至民国初，立春日，缙云有祭祀社稷坛、抬纸糊春牛到村庙祭拜土神、吃青菜，不担栏肥，忌说秽语及孩童带茶叶米豆撒春牛之俗。

清明节　为祭祖节日，祭祖核心内容为扫墓，俗称“祭坟”“祭清”“标清”。时间以清明日为界，有“只可前不可后”说法，最迟在清明日；集体化时期，农村生产队一般安排清明日停工扫墓；实行农村联产承包责任制后，结合上班族的参与可能性，扫墓时间多择定在清明节前三周的周末。扫墓内容各地大同小异，通常有：坟堆除草，添置新土，摆供祭品、祷告、烧冥纸银锭、标清明旒（白纸带）、放火炮等。21 世纪以后，倡导文明祭祀，严防森林火灾，限制烟火燃放，保留标清明旒外，有的人家熟食祭品改为糖果饼干之类，尚献花束、花篮。清明节尚吃清明馃、清明羹，寓意耳清目明。

立夏节　流行传统午餐吃“立夏饭”。立夏饭用大米、芥菜、腌肉、豌豆、竹笋等为主要食材。饭后，用大拎秤给孩童称体重。点心喝的立夏汤，一般以板栗、鸡蛋、豆类、花生米、红枣、桂圆等选三五样加红糖煮成，以预防疰夏。立夏日，有忌坐门槛的说法。

端午节　流行传统裹端午粽。门樘插艾蒿、菖蒲以驱邪，墙脚、窗台喷洒雄黄汁驱蛇、虫。有的男孩额头臂膊涂雄黄酒，姑娘佩香袋。香袋内置朱砂、雄黄、香药。改革开放后，城镇居民裹粽渐少，有的仿效丽水莲都乡风改食麦饼单卷肉菜。

六月六　农历六月初六，县域有的地方流行“晒整（潮或霉变）”，在太阳底下晒书、衣服等物件，以为是日太阳甚毒，物件经暴晒可防止虫蛀霉变。有的地方，如方川、大源一带有“六月六要食肉”的说法，中餐比常日排场，焖饭、煮腌肉，多烧几个菜肴。20 世纪 90 年代以后，此乡风基本消逝。

七月半　农历七月十五日，流行蒸早米糕、做糯米金团（不带汤拌芝麻粉的“汤圆”）。在村义祭坛祭孤魂。

八月半　中秋节，县人俗称“八月半”，流行吃金团、月饼。

重阳节　农历九月初九，蒸早米糕还是舂麻糍，县域各地不一。农村有“晒秋”习俗，房前屋后晾晒秋收作物。

冬节　主要有做冬节馃、做印饼、舂麻糍，县域各地不一。民间有“冻死冬节夜”，须饱食，有早睡防撞鬼之说法。

过年　农历十一月下旬后，即置办冻米、煎糖等年货筹备工作。腊月廿四日开始正式进入过年前的具体环节。廿四日为家庭大扫除，俗称“掸尘”；廿五日开始做馒头、做豆腐、炊糕、杀畜禽、切米泡糖等。除夕日贴春联、挂灯笼，家人团聚吃年夜饭，守岁接年。大年初一，穿新衣，给小孩发压岁钱；有的地方尚男子做早餐的乡风，食索面卵；忌动刀、扫地、用秤，不拿针线，不说秽语，不外倒洗脸水。男劳力休息，小孩可尽情玩耍，俗称为“皇帝大赦日”；传说此夜老鼠接亲，人要早睡，以免遇到而不吉利。正月初二日开始，一般安排三五天拜年。改革开放前，拜年礼物一般为 1 户 0.5 公斤包装的红糖、白糖、兰花干、饼干、干荔枝、干桂圆、鸡蛋糕、橘饼等。改革开放后，拜年礼品，逐步转为保健品，主要有双宝素、青春宝等；至 2010 年，拜年礼品种类有更多的保健品加入其中，并增加以食用油等作为拜年礼品。固定电话、移动电话普及率提高后，也有以电话、短信、寄赠贺年卡贺岁拜年。

元宵节、清明节、端午节、七月半、八月半、重阳节、冬节、过年八个传统节日，县域乡风一般在晚餐举行家祭祖宗仪式（俗称“做羹饭”）。端午节、七月半、八月半、重阳节、冬节、过年六个节日，女婿须向岳父母送礼，礼品为本节日制作的特色食物，岳父母一般会予还礼，其中过年，先要在年前送年礼，礼品有糕类、馒头、猪肉、粉干、米泡糖、豆黄糖等，视地域和家庭条件，种类、数量不一。节日做羹饭的家庭，20 世纪 90 年代后开始减少，至 21 世纪尤其明显。送礼趋向以钱币代替礼物。清明节、七月半、冬节，缙云民间以为“鬼节”，有夜早宿不外出之俗，以防鬼魅缠身。

法定节日

1999 年 9 月，国务院修订发布《全国年节及纪念日放假办法》，规定春节、劳动节、国庆节和元旦为“全体公民假日”；2000 年 6 月，国务院办公厅转发《关于进一步发展假日旅游的若干意见》，正式确立了“黄金周”假日制度。

元旦　1 月 1 日。行政、事业单位，国有企业放假 1 天。

国际妇女节　3 月 8 日。行政、事业单位、国有企业妇女放假半天。

植树节　3 月 12 日。县委县政府组织机关单位干部植树。

国际劳动节　5月1日。行政、事业单位，国有企业，1998年前，放假1天；1999—2007年放假3天；2008年开始放假1天。

青年节　5月4日。共青团组织青年团员开展纪念活动。

国际儿童节　6月1日。小学、幼儿园开展庆祝活动，县领导到校（园）看望儿童，并赠送礼物。

端午节　2008年开始放假1天。

中国共产党诞生纪念日　7月1日。各单位党组织举行庆祝活动及新党员宣誓仪式。

中国人民解放军建军节　8月1日。县四大领导班子慰问驻缙部队官兵。

教师节　9月10日。县委县政府召开教师节庆祝大会，县领导到有关学校慰问教师。

中秋节　2008年开始放假1天。

国庆节　10月1日。行政、事业单位，国有企业，1998年前，放假1天；1999年后放假3天。

第七节　喜事　丧葬

缙云习惯把结婚、生子、做寿、乔迁新居等喜事又称“红事”，把丧事及与丧事相关的事称“白事”，并到一起说成“红白喜事”。红白喜事办理，大多要邀请亲友、设宴摆酒席，并且有一套相对固定总体近似的模式和程序。

喜事

婚嫁　旧时，缙云男娶女嫁大多凭“父母之命，媒妁之言”，以男女生肖八字经算命先生“合婚”确定婚嫁，忌犯“六冲”“生肖相克”，如“鸡兔不共笼”“龙虎斗”“两犬（马）不同槽”等。中华人民共和国成立后，县境个别姓氏“同姓不通婚”的族规破除。

若确定适婚，一般分“定亲”和“接亲”两个步骤，“定亲”“接亲”的日子时辰，均需请算命先生或懂行人择定，父母与准媳妇或准女婿第一次见面，均须向其递红包（俗称“利市”）。定亲，俗称“拜许”，男方向女方送去钱物作定亲礼，女方邀请亲朋设宴以示“名花有主”。“接亲”即迎娶新娘，行结婚礼，亦请算命先生择吉日良辰。迎娶前一天男方先送猪肉、馒头、糖果等食物到女方家，称之为“担嫁”，供女方接待宾客设宴之用。女方出嫁，视家庭条件，一般要有嫁妆，嫁妆中棉被里都会放进花生、鸡蛋、糖果、钱币之类，以添吉祥和闹洞房时取乐，枕头通常以谷物填塞。迎娶日，中餐由新娘娘家设便宴，招待接亲及送亲客人。新娘在娘家吃了“上轿面”后，“哭上轿”告别父母，由兄弟（或同族兄弟，表兄弟）陪送至新郎家。新娘到新郎家门口，新郎家即放炮仗迎接，伴娘（卵生姊）抛撒瓜子、花生、糖果供孩童哄抢，称之为“鲤鱼散子”。新娘进门后，须先行“拜堂”仪式，拜见公婆及其他长辈，公婆向新郎新娘贺喜，并递给媳妇红包。晚餐由新郎家摆主宴。婚宴后尚猜果子谜、闹洞房。闹洞房，视参与人喜好，有的花样甚多，笑态百出，时间延到入洞房。三日后，新郎陪新娘回娘家，拜见岳父母。

20世纪80年代以前，缙云农村男女婚配大多凭红娘“做媒”促成。20世纪90年代以后，一般为自由恋爱，并经男女双方父母许可，说媒环节不过是一种礼仪形式。聘金、聘礼上涨，视地域和家庭条件，少则上万、多则十几万、几十万不等。结婚宴会有的选择“五一”“十一”等节日期间。中华人民共和国成立后，缙云抬轿方式娶亲减少，“文化大革命”开始后完全取消。20世纪90年代以后，从县城时兴的小轿车接亲，蔓延到农村，接亲车辆数少则3辆，多则7辆，甚至更多，单去双回。城镇婚宴设在宾馆酒店，农村大多聘请厨头、行堂、理客人在自家设宴，或雇请酒宴下乡经营者办理，客人一般不少于十桌，多则几十桌。

至2010年，婚嫁环节有的被省略，有的被简化，有的吸收了西式婚俗。

生育 旧时，县域民间将女人怀孕称“担双身”，妊娠反应称“病儿（倪）”。临产，家人请接生娘到家接生，婴儿（囡婗）落地，用温水清洗去污，烧索面卵招待在场亲友；第三日，先用生豆腐揩拭，再用菖蒲汤清洗婴儿，称“洗三朝”。方言“洗”“死”谐音，故一用“汏三朝”或“汏囡婗”代之。若是男孩，还得摆宴“做三朝”。有的还在婴儿两手腕系红绒线“包周”，以免日后双手乱动、损坏物品。孕妇在产后的一个月称“月里”，这一个月的生活称“做月里”。产妇在月里内忌风，额头包巾，不梳头发，不洗澡，洗脸用温开水，终日捂被窝静养；尚清淡食物，一日三餐主食以泡饭，菜肴以豆腐咸、菜干豆腐为主，除正餐外多喝红糖姜汤。家庭条件好的，产妇能喝酒的，流行喝“卵酒”。卵酒由家酿黄酒加生姜、红糖、鸡蛋煮成。满月请“满月酒”。婴儿大多流行取奶（乳）名，且取越“贱”越好养。有的孩子认神佛、古樟、巨石为亲娘、亲爷，父母许愿祈求护佑，十岁生日时前往还愿。稍长取大名，遵循族谱辈分排行，用字以偏旁补金木水火土“五行”之缺。

20世纪70年代中期以后，政府提倡少生、优生、优育，重男轻女陋俗及诸多禁忌渐除。生育妇女普遍重视产前检查，临产上医院，剖宫产比例高于顺产。90年代以后，“洗三朝”“做三朝”“包周”等习俗在农村也不多见。21世纪以后，家境好的会购买中国香港或国外新西兰产的婴儿奶粉喂食，纯靠母乳喂养已不多见。婴儿抚养、小孩看管和上学接送，城镇职工有的雇佣保姆，或交由双方长辈。

寿庆 旧时，缙云习惯逢十生日称“大生日”，其余为“小生日”。寿庆时尚食大碗索面卵，称“长寿面”。一般男孩十岁大生日普遍隆重，亲戚携红包，或送成衣、布料，或送鸡鹅、索面、糕点，至亲者甚至牵羊、提酒祝贺。因“四”“死”谐音，故县人做生日有“做三（十）不做四（十）”之说。50岁、60岁一般不做寿。自改革开放尤其是20世纪90年代开始，农村70岁后操办大生日，除摆寿宴外，有的还在村里放电影、做戏；遇90岁、100岁寿庆，为讨吉兆，也为“迷惑”阎罗王，寿筵通常提前一年举行。受邀来客多多益善，且一般不收礼。城镇孩童生日趋向简化，也有的仿照西式，点小蜡烛，唱生日歌后，切蛋糕，接受大人礼物。

乔迁新居 缙云民间自古以来视买田、竖屋为家业大事。新屋落成，须在旧居做羹饭告祭祖宗先人。择吉日良辰，张灯结彩贴对联举行乔迁仪式，宴请亲友，亲友送礼祝贺。乔迁日，按风水师择定的时辰，进门人均不得空手，一般携灯笼、杆秤、书包、算盘、饭甑等物件。厅堂摆放祖宗牌位，置供品，燃香烛。拜毕，门前鸣放鞭炮，悬挂驱邪纳吉之物。然后接受亲友邻舍道贺，设席宴客。

1993年以后，缙云城乡居民择日乔迁新房中，贴对联、挂灯笼、邀亲友聚餐仍较常见，也大多拿杆秤、抱算盘、书包、盛着暖饭的电饭煲等进新屋。农村入住新屋，仍较流行请客设宴，作为一大喜事办理。

丧葬

丧礼 20世纪90年代以后，县域各地丧礼环节出现不同程度的简化，但隆重程度有增无减。老人病逝忌讳“死”字，一般以“老了”“去了”“过辈”“转去”取代。老人临终，子女侍立床前“送终”。死亡后，放火炮一个，给死者穿寿衣，寿衣一般为男上七下五，女上五下三。旧时，寿衣一般由旧衣和新制衣服组成，20世纪90年代之后，县城出现专营包括寿衣在内的祭祀用品商店。寿衣穿毕，焚烧插袋。生前在县城工作的，“讣告”都张贴在寺后路和胜利街转角处的墙上，1993年以后有的刊登在《缙云时报》上。如死者为女性，子女须于死后旋即到其娘家“报丧”，且专有报丧之礼仪与规矩。安葬时间，须择吉日良辰；2002年实行遗体火化后，火化亦需择吉日良辰。20世纪90年代以后，城镇丧礼，生前有工作单位的一般设灵堂，举行遗体告别仪式，仪式行追悼会之实。出殡前向水仙娘娘“买水”，所买的水为死者象征性沐浴；近亲须绕棺“游材头”。出殡队伍一般顺序为：分路纸、打大锣、放火炮，香篮（碗）、遗像、棺木（骨灰盒）、子女、晚辈、花圈、挽联、锣鼓班。棺木（骨灰盒）入土，由风水师喝山祷告。如结椁，有小八字、大八字之分。出殡安葬称“送葬”“送上山”，安葬后送葬人员返程叫“下山”。安葬前后主家宴请亲友，叫“吃长命饭”。长命饭用饭甑炊成，旧时不喝酒吃肉，20世纪90年代以后，酒肉不忌，排场程度即追喜宴。安葬后，还有做“煞”、解劫、做“七”、除灵等礼俗。缙云民间迷信传说，人死后有“煞”回到阳间，为辟邪趋吉，家人须用一件死者生前穿过的干净服饰挂在门外竹竿上（高度由风水师确定），并在择定的时日时辰拿到近处野外将其烧毁。

改革开放后，缙云由城镇带动乡下，亲友参加丧礼，大多由送被面、香纸蜡烛，转到送花圈、红包，也有的新旧俗相杂；送葬人由头戴白纱，转到戴黑纱。有的村组织老人班参与送葬。

缙云习俗，自去世者死之日起到第四十九日，称为“七七”。“七七”期间，仍属丧事之期。每七日为“一七”，一般每个七，都需做羹饭祭祀，其中头七、三七、满七，仪式较隆重，死者女儿须参与，且备办糕点等祭礼。尸体安葬后，一般举办“烧陵”仪式。烧陵时间，或下葬当天，或三七，或满七之日。经济条件许可的信佛崇道人家会在丧事毕后，择寺庵做佛事，或请司公到家设道场“解结”超度亡灵，“解结”在东乡、西乡一带较流行。2000年以后，县域九松寺、南宫寺、广慈寺、福昌寺、普渡庵、正觉寺、黄龙寺等寺院陆续设灵位（骨灰）寄存、代祀项目，信众将亲人灵位置于寺庵后，传言家中可免做羹饭。至2010年，每家寺院寄存灵位已达上百到数百个不等。

县域各地丧事办理总体相近，但东、南、西三乡所采用的环节不完全相同，侧重点也不同。也有的环节或省略、或简化。

拾骨葬　县人将尸骨转移地点安葬，称其为“撮骨殖”或“转身”“撮坟”，属孝行。旧时，有的地方长辈亡故入葬三五年或更长时间后，子孙另选吉穴，对其施行二次葬。届时点灯笼，烧香纸，放火炮。挖坟开棺时，撮骨殖老司口喷白酒压腐臭后，接着按“从左到右，自下而上”顺序将捡拾的尸骨（若遇蛇、鼠、蛙蟆、蜈蚣之类“活货”，视为吉祥，伤害不得），用黄表纸或棕片揩拭干净，大红锦被裹成襁褓状，装进石函，抬往新墓穴安葬。墓门封毕，风水先生鸣锣喝山：“喝山山会转，喝水水会流……天德降贵子，金榜题名四方传。飞云云天来，贵子发钱财……”并问“要丁还是要财？”“要富还是要贵？”在场众子孙须齐声应答，边喝边撒五谷、茶叶、硬币、棉籽等，众子孙双手捧接。最后，参加者身披红色布带，人手一灯领回自家。

招魂葬　如死者不见尸身，缙云习俗即用其生前所着衣冠安葬，称其为“招魂葬”。20世纪90年代后期，壶镇上王村一旅台军人死后，其在上王村的前妻不久后亦亡故，前后任妻子的子女们约定：父亲骨灰留台湾与后妻合墓，魂归大陆与前妻合墓。双方择同一吉日良辰，台湾香案面对大陆，由道士作法恭送亡魂顺风顺水返回故土，缙云香案面对台湾，由道士竿挑死者旧衣，边挥舞，边念咒接引，恭请“魂兮归来”。仪式结束，上王后人用旧衣裳、棕片裹芝麻秆替代父身与母亲合葬。

祭祖　中华人民共和国成立前，县境祭祀时间，尚清明祭坟，冬至祭祠，有“寅不祭祖”之说。族田由各房轮流值年耕种并操办祭典。祭品有牛头、猪头、全羊、全鸡、全鸭，还有五谷、山珍果品等。祭后按男丁分猪肉、馒头，俗称“分份子”“分桶盘”，高寿及有功名、学历、官职者可得双份或更多份子。21世纪以后，清明祭祖之俗犹存，以祭祀自家祖坟为主，也有组织家族祭太公，个别姓氏也有在清明祭祠，旧的祭祀礼仪逐渐简化，古今中西结合。其中，五云赵氏族人拜太公仪式较为隆重，每年春分前的星期六（逢寅日延至星期天），永康、武义、丽水、缙云各地赵氏宗亲齐集五云三里村太公坟前举行祭拜仪式。河阳朱氏在清明前二十天祭祖，主祭、司仪着传统装，佩绶带，行上香、敬酒、献帛、恭读祭文等诸仪程，“四面大锣十八响，四支先锋朝天吹”，并穿插戏曲、道乐、奏铜管乐、游艺踩街等活动。

乡村酒席

缙云乡村传统遇喜事，其中一项就是摆宴设席，简称为“摆酒”“请酒”，其丰盛度称“排场”。主家需安排专人负责理客、行堂和厨事。其中，“行堂”负责借用桌凳、炊具、餐具等，借用物用后回馈糕点、肉食以示回报。场面大的，还借用邻居灶台同时开火。食材除猪肉、鱼外，常见的有时令蔬菜、豆腐、萝卜丝海带，白笋、肉丸、豆腐枣、烤豆腐、番莳粉丝、霉干菜豆腐、炒索面、炒粉干等，排场的还有羊肉、鸡鸭鹅肉等。主食为饭甑炊饭，视各地习惯，有的加馒头、发糕、糍糕。羹类食品最为多见，多以拌料称呼羹名，如敲肉羹、豆腐羹、猪血羹等，酒席最后一道菜肴为甜羹。2000 年前后，部分村开放村祠堂供村民办酒席，置办桌凳、餐厨具，由老人班提供经营服务；农村的酒席，自家办理的减少，多为雇请“酒席下乡”摆酒。由酒席下乡经营户自带炊事人员、灶台、桌凳、餐具，配备食材，上门经营，按每桌标准计算费用。

第八节　民间信仰

缙云民间信仰，有的已成为非物质文化遗产，有的与旅游文化活动相结合。至 2010 年，大多的迷信及其禁忌，在缙云已成为传说甚至戏谑的话题，笃信者极少，施行者更少。

传统庙会

县境迎神庙会俗称“迎案”“案会”，东、南两乡较盛，西乡及壶镇白竹一带则热衷方岩胡公庙会。21 世纪以后，各地迎案的主题、日期（农历）及组织形式因循古制，少有变化。

正月初八　壶镇镇宫前村迎包公，属村案。

正月初八　木栗乡外前村迎白衣丞相，邻近村参与。

正月十五日　五云镇镇东村、名山（上下名山、洋泉）村迎唐、葛、周三将军，属村案；胡源乡张山寨（献山庙）庙会迎龙灯（板龙），邻近村参与。

二月初二　前路乡水口村迎送子观音，属村案。

二月初三　壶镇镇圣岩寺文昌帝君生日迎案，属跨县（缙云、永康）案。

二月初七　壶镇镇唐市村迎赵金龙，放洋灯（即孔明灯），属村案。

二月十九日　舒洪镇昆坑村岩门迎观音，邻近村参与。

三月廿八日　壶镇镇圣岩寺、五云洞贺东岳大帝及城隍老爷诞辰迎案，属跨县（缙云、永康）案。

五月十三日　壶镇镇金竹村、东方镇靖岳村迎关公，属村案。

六月初六　壶镇镇岩背村、大塘村、桂村村迎朱相公，属村案。

六月十三日　双溪口乡越王山村迎吴越王钱镠，邻近村参与。

六月十八日　东方镇横塘岸村狮子岩靠山盛会，邻近村参与。

七月初七　张山寨（献山庙）迎陈十四娘娘，属联村案。

七月十五日　大洋镇前村村西殿迎三太祖公王达，邻近村参与。

七月廿三日　东渡镇仓山村迎杨三舍，邻近村参与。

八月初九　东方镇胪膛村迎胡相公，邻近村参与。

八月廿七日　壶镇镇左库村迎赵金龙，属村案。

九月初四　壶镇镇白竹村上方岩会案迎胡相公，其中举行“炼火”仪式，属村案。

九月初十　壶镇镇赤岩山迎唐、葛、周三将军，邻近村参与。

九月十四日　东方镇横塘岸村迎胡相公，邻近村参与。

九月十八日　三溪乡漈潭殿迎北海邓天君，邻近村参与。

十月十五日　县城迎城隍老爷；张山寨（献山庙）迎陈十四娘娘。

迷信

县域民间迷信佛、道相杂，以崇道为主。农耕社会中有的生产生活中渗入迷信色彩。

在村居环境方面，主要的迷信活动为：县城祭拜城隍，乡村祭拜本保神、路头神、树神、石神、水神、火神等，家有灶君、门神、仓神、栏神、床神、柱神，少数迷信者家庭设佛堂，置神龛，长期或逢农历初一、十五日摆供、祈祷、礼佛。村民称附近的大山为“山娘”，对以自命“活佛”附身为儿童招魂祛灾的女性，有的地方称“大亲娘”，有的地方称“仙女姑婆”。针对民房因正门道路、山体等造成风水上的不吉或缺失，为驱邪避煞，有的在门头挂“虎头牌”，有的在正门外墙挂特制镜（按功效分为八卦镜、十二生肖八卦镜、铜镜、凹凸镜等），有的在正门门口边墙上（或空地）钉（嵌）或立“泰山石敢当”石碑或木牌进行“化解”。

在生产生活方面，主要的迷信活动为：以驱“麻狸精”治痨病，以“送夜佛”“抢魂”治久病，给病危者“冲喜”，为受惊吓小孩“招魂”，并请巫婆施法；人死后尚做佛事超度亡灵，佛事内容主要有解结、忏孤魂、破血湖、开锁匙等；竖屋乔迁、婚丧喜庆择日拣时；预卜命运尚看相、算命、撮字、求签诗；丢失物件请人“掐指头”；逢干旱求龙取雨；火灾过后谢火神。民间多信预兆，预兆物事主要有：蛇入谷仓称“苍龙”到，主大发；炉窠“笑”（火苗窜动声），有客到；乌鸦叫，祸事到；雄鸡早啼，一更火（失火）二更贼（失窃）；母鸡打鸣，阴阳颠倒，家门不吉；眼睛跳，则左眼烧财，右眼来灾。

第二章　生产劳作

农耕时代，为适应生产生活的需要，缙云在建筑、生活用品、食品的生产劳作上具有约定俗成相对固定的习俗。至2010年，这些传统习俗有的已演变，有的已消失，有的被新的劳作习俗所取代。本章记述的生产劳作习俗，着重于缙云传统生产方式和较典型的部分，一般不涉及当代新式生产、制作的技艺和习俗。

第一节　食用品制作和建房

使用专业技术的劳作，缙云传统称“做手艺”，而习惯上把农妇和男性农民必备的劳动技能，如缝补衣服、做鞋、绣花、纺棉花、打纱线、织纻、做豆腐、炊糕、做馒头、洗番薯粉、抽索面、锄地、开穴、下种、除草、收割、耕田、耖田、耙田、插秧、采摘果实等实用技术不列入做手艺的范畴。本节着眼于记述通过拜师学艺，专业从事建筑类、主要生活用品和食品生产制作的习俗。

食品制作

酿酱油　缙云农家酱油以罗汉豆为主，也有的以黄豆、豌豆为原料酿制。罗汉豆需经浸泡去壳。豆类原料蒸熟，拌麦麸或面粉发酵生毛，晒干成豆豉坯。注水加盐，倒入酱缸。暴晒六七十天以上成酱醪，即可榨取酱油。20世纪70年代以前，缙云农村居民一般自酿酱油食用。

做豆腐　缙云传统制作豆腐，器具除锅灶外，还有手工磨盘（石磨）、豆腐桶、豆腐盘、豆腐篮、豆腐袋、豆腐搁等。做豆腐时，先将黄豆浸透，磨成浆，视温度状况加水或汤，用豆腐袋挤汁。将汁煮熟即为豆浆。豆浆倒入豆腐桶后，加入盐卤水（或盐卤块溶解）缓慢搅溶，凝成豆腐花。将豆腐花舀进豆腐袋，置于方形木匣或豆腐盘，压沥定形。一斤黄豆可产三斤左右豆腐。20 世纪 70 年代中期，可以用磨粉机磨豆浆。90 年代以前，农村做豆腐多为养猪户，以赚取豆腐水、豆腐渣作为猪饲料，以 0.5 公斤黄豆换 1.5 公斤豆腐；90 年代以后，磨制、烧煮豆浆分别用机器和锅炉，豆腐多以钱购买，如以黄豆换豆腐，以 0.5 公斤黄豆逐步降到 0.5 公斤豆腐。

做豆腐皮 豆浆以文火烧煮，表面凝结成膜后，捞取晾干，即成豆腐皮。县域有专人制作豆腐皮。

洗番薯粉 制作番薯淀粉。番薯洗净，旧时缙云一般用钉子打出的粗糙铁皮或粗糙石块将番薯磨成粉末，装入豆腐袋，搁木桶上，多次充水搅拌、挤滤出浆。沉淀过夜后，倒出桶水铲取粉块，搓碎晒燥。20 世纪 70 年代初，碾番薯粉机器开始出现，取代手工磨粉。21 世纪初，碾番薯粉机器更新换代，碾磨时即直接进行渣、粉分离，取代手工挤滤出浆。

抽粉干 即制作粉干。清末民初，县域各地一般有家庭作坊加工粉干。粉干以大米兑换或卖钱，还在永康、丽水集市出售。农闲时节由男劳力为主制作。大米浸泡后磨成浆，倒入纻布袋沥除水分成米粉团后，蒸半熟成米馃。再将米馃舂捣至黏韧，经绞车细眼铁盘挤压成丝条。丝条蒸熟洗散后，折叠摊晒干燥，即成粉干。集体化时期，有的村集体抽粉干，作为多种经营收入。至 2010 年，粉干生产由人工转到工厂机械化生产。2010 年以后，新建、壶镇、舒洪等地仍有粉干生产厂家。

抽索面 制作缙云索面方法：面粉拌盐增韧，和面揉成索条，缠绕于面箸（两根一组），藏入面柜发酵。面醒后，插挂到索面架，拉成细长面条，晾晒干燥后折短成束。也有晾半干即盘曲收存，称“盘面”，旧时作婚嫁礼品。至 2010 年，舒洪一带众多农户长年抽索面出售。

炒茶叶 县域农家自制茶叶，一般将鲜茶叶置于柴火锅，以抖、推、甩手法进行高温杀青后，用米筛等摊开，揉捻至卷曲，或按压成扁平，再阴干或烘焙干。20 世纪 90 年代以后，县域茶叶生产规模化发展，炒茶叶逐步以机器取代。

榨油 缙云家庭传统榨油，油茶（菜）籽经舂或碾成粉末后，入锅翻炒去水汽，再用饭甑蒸熟。将蒸熟的油茶（菜）籽粉末以稻草包裹成饼，存入榨槽。视榨槽空间大小插楔木，用木撞头强力撞击，压榨出油。榨槽用合抱粗树段剖两爿刳槽制成。榨油机器出现后，县域传统榨油法消逝。

榨糖 用两根一人多高圆木并立作绞车，以牛拉圆木按逆时针方向旋转压甘蔗，榨出糖汁。制糖作坊架七八口锅，糖汁由稀到稠，依序入锅，煎熬成糖油，铲进木槽冷却凝结成糖。改革开放前，东乡、西乡有榨糖作坊。

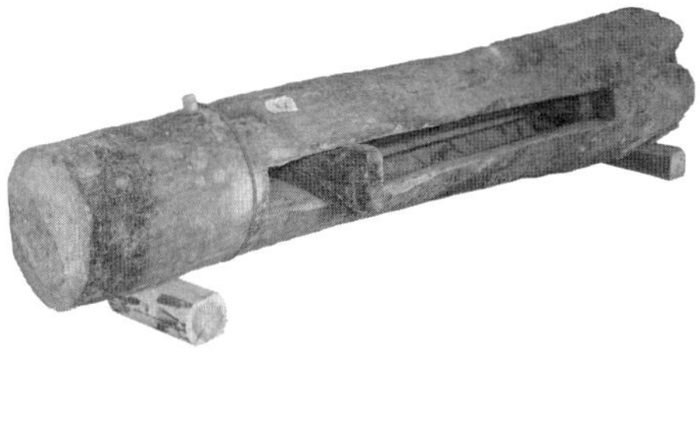

东渡镇株树村榨油车

三溪乡厚仁村榨油场景

图 32-2-1　缙云传统榨油（2005 年摄）

做旱烟　旱烟，缙云称“土烟”。土烟加工，有做烟匠人。鲜烟叶晾燥，抽出叶茎，喷菜籽油或乌桕油。再卷成筒形，数筒并拢，用烟夹夹紧、刨切成丝，即成旱烟。也有先捋平叠加切丝，再用油炒匀。烟民自制的，两块短板夹烟叶，用柴刀切丝。20 世纪 90 年代以前，县域农村烟民多抽旱烟。至 2010 年，县城铁桥头仍有旱烟出售。

用品制作

挖木勺　制作木勺缙云称刳木勺。木勺分水勺、扦勺、饭勺、粥勺等。松木锯成段，斧劈两半，用刀、刨、凿等刳剔成连柄勺具。至 2010 年，县域仍有制作出售，主要作为工艺品。

做篾　竹制品制作。缙云习俗主要竹制品有：箪栳、米筛、簸箕、筛箕、凉席、纻空篮、笊篱、酒抽、箟篓、箩筐、地簟、篾簏、畚箕、炭篓、菜篮、鸡笼、竹椅等。做篾工具主要有篾刀、刮刀、剑门、钻、锯、篾掭等。

绑笼格　笼格制作。柳杉（泡杉）剥片卷成卷备用，以竹片作笼格底，柳杉片做外圈，接头用藤条绑扎。小笼格一套为 3 ～ 5 格，不单独用脚圈；大笼格一套 10 格，有单独脚圈，均加笼格盖。匠人多出于大洋漕头、城北古塘下村。至 2010 年笼格大多从市场购买，笼格外圈改用为毛竹或铝皮，破损笼格仍有匠人维修。

箍桶　木桶制作。木桶一般为杉木板用竹梢钉拼、围箍（竹篾或铁丝圈）而成。缙云常见桶类器具有：水桶、粪桶、马桶、脚盆、面桶、饭甑、饭桶、火桶、稻桶、米桶、锁（米）桶、豆腐桶等。做桶工具除圆刨外基本与木工相同。

做漆　从事油漆的劳作。旧时，都用土漆刷涂新制家具。做漆时，一般程序有对刷涂物表面进行批补、磨砂、打底色、上生漆、燥后打磨，并反复数遍后刷熟漆（由生漆拌桐油熬制成）。另外，部分家庭对木结构房屋板壁和桶类漆上桐油，也叫做漆。20 世纪 90 年代后期，城乡房屋装修，做漆外延逐步扩及混凝土房屋墙壁；做漆工具也在更新改进。用土漆油漆的新器具已少见。

打铁　打铁设有固定作坊，工具有炭炉、风箱、铁砧，工序含熔炼、锻打、嵌钢、塑形、淬火及刨锉修整，通常为师徒配合锻打。打制犁、锄、耙、刀、斧、钉、钩、插梢、门环之类。至 2010 年，县域还有打制锄头类农具及刀具作坊。

匠人走街串巷铸勺、补锅、修壶、配钥匙、开镰刀等的称打小铁。改革开放后，打小铁逐渐消失。

钉秤　因秤杆需镶嵌秤花，而称之为“钉秤”。县域秤杆多以柞木、红木制作，首尾包铜皮或铁皮、铝皮，配秤纽、钩（盘）、砣。秤花以细铝丝镶嵌挫平。据传，缙云钉秤手艺，最早来自永康。缙云老式杆秤，有 16 两 1 斤、10 两 1 斤两种。改革开放前，杆秤为城乡居民家庭和商业场所必用的衡器，多有钉秤匠人常年在城乡各地钉秤、修秤。此后，杆秤使用减少。至 2010 年，壶镇有一钉秤匠人在松阳县西屏镇开店钉秤二十几年。

铸勺　浇铸铜、镴、锡炊具。用小炭炉、坩埚熔化铜、镴、锡碎块，浇铸各种勺具或其他餐具。20 世纪 90 年代开始，县域家用勺具大多购买成品。

磨戗　磨快刀具锋口。先戗平刀具锋刃豁口，再用粗、细磨石磨快刀刃。县域一直有磨刀师傅，一般在腊月，携工具走街串巷专门磨刀开快口。至 2010 年，县城设有磨刀店。

敲白铁皮　敲打白铁皮器具。白铁皮经剪裁、折叠、做缝、敲合、焊接，做成箱、壶、桶、畚箕等生活器具。2010 年，五云镇胜利街还有敲白铁皮店。

制陶　陶土踩踏熟透后，打捏成缸、瓮、罈、钵、壶、瓶、坛、罐等坯胎，有的饰指头花、麻绳花及云纹虫草，涂红釉岩粉浆。晾干后，装窑烧制。以壶镇镇东山村、新碧镇黄碧村为代表，陶产品销往县内外。20 世纪 90 年代前后，缙云制陶业渐逝。21 世纪，壶镇镇东山村主要烧制缙云烧饼桶炉芯。

补锅　修补破锅。用炭炉、坩埚熔化碎铜，其熔液凝于铁锅破损处，然后整平、磨光。20 世纪 90 年代始，县域居民破损铁锅一般不再使用，补锅手艺随之消失。

补缸 修补陶器。艺同钉碗，在缝隙和钳孔处抹缸泥或铁砂拌盐卤黏合剂。20世纪80年代始，经济条件改善，破缸不再修补使用，补缸行业在缙云已消失。

钉碗 修补瓷碗。用金刚钻在破裂瓷碗缝隙两侧打孔，钉“蚂蟥钳”，锔钉铆紧，敲打合缝后，在缝隙和钳孔处涂抹瓷泥。20世纪80年代开始，经济条件改善，破碗不再修补使用，钉碗行业在缙云已消失。

打草席 编制草席。以野生龙须草，或种植蒲草（俗称“蔺草”）为纬线，苎麻或络麻为经线，用席架编织机编织。胡源乡上坪村多产龙须席，壶镇雅化路村多产蒲草席。

串棕绷床 用棕绳编织床板。多用木荷树做棕绷床框架，框架钻孔眼。先将棕毛绞成棕线，再用钢针引双股棕线交叉穿进棕棚架孔眼串编而成。至2010年，上门串棕绷床板的基本消失，五云镇黄龙村一带有棕绷床板市场。

串蓑衣 以棕线、棕片编织蓑衣。用钢针引棕线把棕片缝制成衣，分领肩和衣裙两部分，肩厚裙薄，无袖，重约3公斤。1990年以后，县域上门串蓑衣的逐步消失。2010年以后，蓑衣主要出现在旅游景点，展示农耕文化。

做箬帽 用箬叶、篾条制作雨具。篾条按在帽模上编成帽坯。帽坯分上、下两层，中间夹箬叶或油纸、棕片、塑料薄膜，用煮熟的篾修扎圆边。大箬帽多单独用于遮雨，小箬帽遮阳与遮雨兼具，或与蓑衣搭配遮雨。主产地壶镇镇南顿村、东渡镇廷坑村。至2010年，壶镇镇南顿等村仍有制作。

绑扫帚 制作竹扫帚。竹梢丝经火爁、捽揉至脱叶。以一小把扎成1束，每把扫帚6束。用藤条绑扎到帚柄上成斜三角形，楔入竹针紧固。同类产品还有棕帚、芒花帚、观音帚。旧时，缙云农家也有自绑扫帚。至2010年，新川、双川、阳弄等地，均有绑扫帚专业户。集市日或杂货店均有买卖。

编蒲扇 编制蒲草扇。蒲草先压扁，浸水过夜后，编结成圆状，最后做扇面、扇柄，插上5根篾签作扇骨。壶镇后沈村编织的蒲草袋，常用来盛饭。2010年，壶镇一带仍有编蒲扇匠人。

扎竹排（簰） 将冬季砍伐的多年生毛竹，半边留竹青贴水，半边削竹青、涂桐油，竹小头烤弯上翘作排头，以藤条将多根毛竹并列绑扎而成。排长约三丈，宽数尺。20世纪50年代以前，缙云到丽水还有以竹排运输货物。1998—2014年，仙都风景区有竹排漂流和摆渡。

造纸 制造中方纸（俗称“方塘纸”）。主要有劈竹丝、腌制竹丝、批料、舂料、打槽、捞纸、晒纸、锯纸、锉纸等工序。

纺棉纱 俗称“纺屋棉”。先将皮棉弹松，搓揉成条。用纺车捻拉成棉纱，缠绕于线锭。棉纱多用于织棉布、织带。旧时，纺棉纱为农妇基本功之一。20世纪80年代以后，缙云家庭纺棉纱开始消逝。

织纻 将苎麻织成线。苎麻秆经剥麻、刮皮，晾干后搿成丝。指蘸瓦（岩）粉，抽取麻丝，首尾捻接。线团存放纻箜篮。将苎麻线织成布，叫织纻布。织纻布工序主要有牵婴条、上浆、机织等。纻布幅宽2.1市尺，主要用于缝制蚊帐、布袋、孝服，也有做成夏衣，一床蚊帐纻布7.5公斤左右。20世纪80年代开始，县域织纻布基本消逝。

打纱线 把双股纻架在线车上打捻成线。将其蒸煮后，浸水漂白，即成纱线，也有的染成青色使用。纱线主要用于缝补衣服。20世纪70年代后期，县域家庭打纱线开始消逝。多购买棉（洋）线缝补衣服。

织布 将棉纱以木布机织成棉布。传统木布机构件有机架、扣板、缯、梭、转轴、竹筘、踏板以及两根交棍和线轴布轴。棉纱经浆煮风干，绕成线筒。牵好经线（俗称“缨条”），编织时腰围润带，双足交替踩踏缯，通过梭来回拉引纬线，即成布。梭用绳索牵拉的，叫平机；用左右手穿梭的，叫尖机。20世纪90年代以前，缙云各村落一般有3～5个农妇织棉布和纻布。至2010年，县域有个别农妇购买棉纱织制各色棉布。

染布 给土布着色。白土棉布古用靛青，后用硫化蓝染色，有煮染和浸染两种。将镂空花版覆在白布上，把石灰豆腐（防染剂）用刮浆板刮入花纹空隙。燥后，浸入颜料锅烧煮，染成花布。改革开放后，取消布票，布料市场供应充足，土布、纻布制作消失，染布业随之消逝。

裁缝　缝制衣服。20世纪80年代以前，县域缝制衣服有裁缝师傅家设工场和上门设工场缝制两种形式。上门缝制的，东家在横放门板或八仙桌上铺草席，用作裁剪、缝制场所。缝纫机使用前，裁缝师傅一般携针线、剪刀、尺子、粉袋、熨斗等，对东家需缝制衣服的人员量体裁衣，以手工缝制。20世纪80年代开始的20多年间，县域农村较多女性初中毕业生拜师学艺后，出外到服装厂从事缝纫工作；20世纪末，居民衣服逐步转为购买成衣，制作整衣的裁缝匠减少，有的裁缝转为专门裁剪、修裤脚边，或为极个别人的业余爱好。

做布鞋　县域传统做布鞋程序有裱褙、纳鞋底、做鞋帮、绱鞋。裱褙，碎布或旧布用粥汤浆湿、捋平整，一层层叠加后，再层层剥出晒燥。纳鞋底用碎布裱褙，用糯米饭（俗称饭黏）粘叠成鞋底；再用锥、针、麻线缝制。做鞋帮用大块裱褙，外加鞋面。绱鞋，连接鞋帮与鞋底。绱鞋后，用鞋楦楦平，即成鞋。至2010年，县域做布鞋已少见。

做草鞋　县人做草鞋工具有四尺凳、草鞋耙、草鞋拔、草鞋轭、小楼梯、小木槌等。20世纪80年代前期，农民劳作和远行主要穿草鞋。至2010年，有的罗汉队加穿草鞋迎案；市场有出售，多作为农耕旅游展示。

补鞋　生活困难时期，胶鞋穿破后不会轻易丢掉，需要修补后继续穿。补鞋必备工具和材料有：铁锤、丁字形铁鞋拐子、鞋楦、锉、锥、针、钉、胶水、碎皮等。补鞋匠走街串巷，有时也在固定地点摆摊修补，还有送鞋到补鞋匠家修补。20世纪90年代开始，县域农村补鞋已基本消失。五云、壶镇、新建镇等地，还有长期固定的补鞋摊（店），修补橡胶套鞋、解放鞋外，还有皮鞋。

弹棉絮　用棉弓弹松皮棉，整理成形，再网纱、碾压，制成棉絮。如旧棉絮翻新，须对旧棉絮先进行去纱拉松。至2010年，县域农村仍有登门弹棉絮。后多改为设固定工场用机器弹棉絮。

做火炮　工序有切纸、炼硝、叠纸筒、打隔、上硝等。清嘉庆年间（1796—1820），壶镇湖川、新建韩畈村已生产火炮。20世纪90年代，壶镇镇湖川村以火炮为支柱产业，其产品多为双响炮和长串鞭炮，烟花爆竹产量居省内第二位，从业人员近千人。2006年，因产业政策调整及安全隐患原因而歇业。

糊灯笼　灯笼由灯笼壳、灯笼盘组成。灯笼壳由篾丝网架黏糊绵纸，晾干后题写吉语或姓氏堂号，刷桐油或清漆。灯笼盘由圆木片、蜡烛扦及提手组成。2010年，壶镇镇南顿村仍有制作。

做蜡烛　冬日煎熬石蜡（旧时为乌桕籽蜡质层），搅至厚糊状，台架上排列芒秆芯（绕棉纱），经反复蘸蜡凝成烛身。小蜡烛分天灯烛、两灯烛、四灯烛、六灯烛、八灯烛；大蜡烛有半斤烛、一斤烛、双斤烛。另有贺喜蜡烛，多两根一组，环饰蜡花或龙凤。缙云各地多有家庭作坊制作蜡烛，旧时除买蜡烛，也可以乌桕籽换蜡烛。至2010年，县域仍有家庭作坊生产。

做佛香　加工祭祀用香。松、柏木屑舂成粉末，拌和香胶粉（香柴叶、榔树皮熬制而成）以增香味和黏性。香篾浸湿后，旋转黏粉，晒燥，反复六七遍。清代，壶镇镇应庄村、五丰村和仙都沐白村、田村村已成产业。至2010年，应庄村、田村村仍有佛香制作。

活字印刷　缙云活字印刷多用于印制宗谱类书籍，有木刻字模、拣字排版、上墨、拓印、装订等工序，全部手工操作。2010年，靖岳、外麻车、新建、田村、川石等地仍有传承。

房屋建造

房屋建造，俗称"竖屋"。县域传统民房多为土木结构，墙体为泥墙，少有砖墙。屋榀架由梁、柱、枋拼接，采用柱中梢、羊角梢、雨伞梢固定，以"墙牵"将墙体与木柱连接。还有钉椽、放搁栅、铺瓦、封檐、做楼梯、铺楼板、上板壁。有的墙体用稻草泥或纸筋灰抹面，石灰水刷白。地面先铺块石，上覆黄泥，少数采用三合土（石灰、黏土、细砂）拍实。竖屋须由木匠、石匠、泥水匠等合作完成。

做木　加工木料制作木物件。木作有大、小木之分。做大木从事造房屋等的劳作；做小木从事家具、农具及其他木器的劳作。做木工具主要有：斧、锯、墨斗、角尺、凿、铁锤、推刨（长刨、短刨、牛轭刨等）、钻、钳头、油筒等。

采石 缙云俗称“打岩”。利用岩锤、钢钎、岩錾、岩楔（夯）、铁鳗剖岩取料，打制各种石器、石料的劳作。20 世纪 60 年代开始，县域壶镇、仙都、外沿出现少数匠人开采当地凝灰岩，打制条石；胡源南片各村打制花岗岩条石。条石主要用作房屋墙体材料。1985 年前后达到鼎盛，全县有岩宕 2000 余处，从业者近万人。凝灰岩除用于建房外，还用于铺路，建公园、坟墓，打制棺材、猪槽等。21 世纪以后，资源保护和环境整治力度加大，建房材料品质提高，条石逐渐退出建房市场。有些遗存的岩宕，开辟为休闲或游览场所。

烧砖瓦 烧制砖、瓦。旧时，县域各村一般就近建有砖瓦窑。砖瓦窑形状有鳖壳、鸡笼两种。以牛或人将生土炼成“熟泥”。将“熟泥”用瓦甑作模具制瓦坯，用木匣作模具制砖坯，晾干。装窑时，留出火路，砖坯置底层和外层，瓦坯置内。烧制开始，先微火赶潮气，再旺火焙烧。约三五天后封闭窑门，从窑顶渗水灭火降温，砖瓦由红转青黑。民国时，县人多以夫妻、父子、师徒搭档到金华、衢州、建德一带烧制砖瓦。20 世纪 60 年代后期开始，结伴至赣、闽等地从事砖瓦生产，有窑头、师傅、伙计之分。改革开放后，红砖取代青砖，琉璃瓦取代青瓦，缙云手工烧砖瓦逐渐退出传统行业。

做泥水 泥水工，缙云称之为“做泥水”。主要从事砌磡、筑泥墙、叠砖墙、粉墙、盖屋瓦、做地面、泥镬灶以及结窨洞、做坟等的劳作。常用工具有砖刀、泥刮、泥桶、岩錾、铁锤、铁鳗、水平尺、建筑线等。

捣黄泥墙 用泥土筑墙。在磡基两侧竖墙架，固定夹板作墙桶。取土装桶（掌握黏性和干湿度），层层捶捣坚实。泥墙厚约 40 厘米。依次拼垛，围筑成屋墙，上、下垛墙缝错开。泥匠负责技术把关。20 世纪 90 年代开始，县域新建民房以泥土筑墙的逐渐消失。

开砖砌墙 施工时，泥水匠用砖刀剖开双层薄砖，砌空心墙。每砌一层，即以碎砖、瓦砾拌泥浆填入空心部分。

造锅灶 缙云称“泥锅灶”。县域老式锅灶多为弯形，称“羊角灶”。用黄金泥、砖石砌成。一座锅灶通常架设大、中、小三口铁锅，还有汤罐，配有火炉塘（灰坑）、火甏。烟囱背呈阶梯状，烟道附墙而上，囱口或伸出瓦背，或横穿墙体。锅灶多为泥匠制作，也有专门泥锅灶匠人。

牮屋 纠正倾斜房屋。分两种类型：泥墙倾斜的牮泥墙，屋架倾斜的牮屋架。牮屋前先揭去瓦片，松开墙牵等部件，再通过牵引、斜柢予以牮正。大多为泥匠兼营。20 世纪 90 年代开始，县域土木结构房屋倾斜成危房，除特殊困难户继续居住外，都进行拆除新建，已不再使用牮屋方法进行房屋维修。

第二节　工艺品制作

县域工艺品制作人员除了拜师学艺，还有自学成才、无师自通的特点。1993—2010 年，缙云根雕、仙都丹玉玉雕曾一度繁荣，从业者甚多，形成风尚，且颇具艺术价值，从打制凝灰岩发展而来的石雕，石材种类增加，产品多样化，产业规模扩大。有的工艺品因生产方式的转变，制作习俗逐渐消失，至 2010 年，有的极为罕见。

观赏品

木雕 俗称“凿花”，有专业匠人。多取材樟木、柳树、梨树等，雕饰常见于古建筑梁枋、桁柱、雀替（牛腿）、栏杆、窗棂及家具、挂屏、摆件、牌匾和神佛造像等。缙云“清刀”雕法堪称绝艺。至 2010 年，还有匠人开工作室，建有基地，从事木雕。

竹雕 在笔筒、案台屏风等摆件上雕刻图案，多采用“留青”浅雕。也有选取异形竹根，经防蛀处理后，雕制瑞兽、人物、如意、香炉等。缙云竹雕为少数爱好者自娱活动，民间并不流行。

根雕　利用树根、朽木的天然形态，通过取舍、雕饰、打磨、配座，创制艺术摆件或实用器具。20世纪80—90年代，以五云镇为中心根雕创作较为繁荣，并出现一些较高艺术价值的根雕作品。

石雕　主要取材本地凝灰岩，常见于建筑构件雕饰如栏杆、亭塔、牌坊，或镌刻门额、碑文和摩崖题记。石雕造型多属平面浮雕，少数瑞兽和神佛造像为圆雕。20世纪90年代后期，缙云以打制条石建房的减少，石匠多转到石雕业。五云镇官店村成为石雕加工基地，原料大多从外地引进。

玉雕　2010年前后，舒洪镇舒洪村出现仙都丹玉采挖热。玉雕技艺随之出现，一般由石雕艺人转行而来，依据丹玉的天然质地和色泽纹绺完成构图和雕制。大料雕山水人物、花鸟瑞兽，小件多雕印章、挂件、手把件。

剪纸　缙云剪纸采用松烟“熏谱法”制样张，以红纸剪刻窗花等图案，寓意喜庆吉祥。以河阳剪纸为代表，戏曲题材的剪纸独树一帜，背景阳刻，精致细腻，人物主体阴刻，呈现剪影动态。

绣花　缙云绣花主要流行绷框平绣（俗称“伞花”）和针戳剪绒技法。花式多属吉祥图案，常见于褡肚、馋兜、童帽、香袋、女鞋、枕套、帐额等。20世纪80年代中期以后，县域手工绣花基本消逝，多用机器绣花。

糊板龙　制作龙首、龙尾竹骨架后，糊上绵纸，再由画工绘画龙首、龙尾图案。龙身（一般分户制作）由多节龙板连接而成，一节龙板俗称“一洞”。龙板上用篾条拱成固定骨架，外糊绵纸并彩绘鳞片、脊鳍，内置蜡烛扦。龙板一般为松木，长约2米。龙首、龙尾、龙身之间以圆形榫卯连接。20世纪90年代以后，迎龙活动逐渐减少。

字画装裱　裱式有画片、挂轴和册页。“良工用糊如水”，制糊时弃麸去筋，稀则有利画平。画芯经刷浆托裱、上墙晾干，然后裁边、镶绫绢、嵌线框，或成卷轴，或装木匾。画轴天杆、地杆选用杉木，挂绳和系带常用绛色绸条。20世纪90年代，五云镇水南开始有专业字画装裱店，2000年以后，县域字画装裱店增至3家。

生活用品

织带　用棉纱编织成长条物。织带架长1米余。排列上、下两层经纱。编织时纬纱从经纱中左右穿梭，反复挑、压经纱，织出花纹。带宽窄以经纱数量多少而定，颜色多为黑白或蓝白双色，常见图饰有“工字”、柳条、麻花、梅瓶、花鸟虫草或祝福语等。21世纪以后，县域手工织带基本消逝。

打银　打制银器。县域传统打银，一般为专业匠人上门服务。银器多为长命锁、手镯、项圈、戒指等，錾花纹饰有吉祥八宝、莲花、蝙蝠、祥云、瑞兽。21世纪以后，银器式样增多，多从商店购买成品，匠人减少。

打镴　打铸镴器。镴即铅锡合金。县域传统打镴，一般为专业匠人上门服务。镴经铸模、焊接、雕花、排锤、抛光，打制器具有酒壶、茶壶、储物罐等。镴器为缙云传统嫁妆，21世纪以后，多从商店购买成品，匠人减少。

其他

绷胡琴　早年，县人胡琴一般为自制。如逮到大小适可的蛇，剥其皮，皮内塞满砻糠，风干。制作前先将蛇皮浸湿，用糯米饭、麻绳绷于竹筒一端（板胡用泡桐木薄板）。然后配琴杆、琴轴、弦索及马尾竹弓。取松脂，以蒸馏法凝成胡琴松香。21世纪以后，胡琴等乐器，县人都转向购买，自制已不多见。

塑佛　塑造佛(神)像。先做木骨架，再缠绕稻秆绳成模。塑坯用黄金泥，掺杂棉絮或碎麻、稻草以增韧，各部位留出孔隙以便散发湿气。如较大佛像，还需外绷纻布防裂。以细泥团修整细节，晾干，补缝多遍后，用老粉刷底色，彩绘上漆，穿戴须发佩饰。最后蒙上红布，待开光时揭开。21世纪初期，县域还有专业塑佛匠人。

做香袋　制作香袋。棉布香袋多桃形、菱角形和布袋形，内置艾蒿末、樟脑丸、朱砂。外罩绸缎面子，刺绣花鸟图案，缀挂襻和五彩流苏。县域城乡传统做香袋极少。

第三节　养猪　烧炭

农业经济时代，家庭养猪是缙云每个农户传统的生产生活方式。生猪饲养都采用圈养，饲料多为五谷糠麸、薯类藤蔓和泔水等，从养母猪到猪崽买卖、饲养、宰杀都有一套习俗。实行农村联产承包责任制后，家庭一年期肉猪重量普遍从每头50多公斤，增加到100多公斤，各地时有刷新150多公斤的纪录。20世纪90年代开始，县域家庭养猪逐渐减少，至2010年，生猪多由专业户养殖。缙云农民出外烧制木炭，始于民国时期，以南乡为多，到2010年仍有个别人以烧炭为业。在养猪、烧炭中，形成了口授相传的劳作习俗甚至禁忌。尽管有些习俗与禁忌带有迷信色彩，但一般作为相互默契的行规使用。

养猪

买猪崽抽稻草　购买猪崽，缙云俗称“捏猪倪”。购买猪崽方式主要有集市日到市场购买和到母猪养殖户家里购买两种，也有少数的母猪养殖户挑猪崽送到村户销售。到母猪养殖户购买猪崽的，出售前，买家会先行观察猪崽的长相、食量情况，选定中意的。然后择吉日，挑猪笼到母猪养殖户。母猪养殖户先在猪笼底垫上一层稻草，猪崽入笼过秤成交后，又抽回一把稻草放回自家猪栏。买家须将稻草连同猪崽放入自家猪圈，并念叨“猪归栏，日大夜大……”等吉言。

闷头吞咽讨兆头　出售猪崽之日，母猪养殖户一般都会招待买家一餐“捏猪倪饭”。就餐时，买家须闷头猛吃，以为吃得越多，预示小猪会食会大容易养。

泥水（或木）匠翻修猪栏，主家会把点心端到猪栏给工匠吃，工匠大口吃完，主家会很高兴，乐于多给利市。若工匠客气或失误说出：“太满碗，食弗落。”则令主家不快，认为养猪不吉利。

生猪崽拒借火种　旧时，缙云农村除用火柴点火外，还有用火刀石和纸煝取火方式。遇天气潮湿或火刀失锋点不着时，或为节省火柴，就向邻居借火种。大洋、胡源一带，养猪户若遇母猪生产，有3日内出借火种的禁忌，甚至包括给外人点烟、生火笼。

祭栏神　散猪魂　过年时，猪栏尚贴对联或斗方。西乡、南乡一带，除夕年夜饭前（也有延至正月初二），用素食菜肴在猪栏前点烛焚烧香纸祭拜栏神，祈求来年六畜兴旺。

杀猪日，猪出栏前，先要点香焚纸谢栏神。杀猪时，主妇在旁焚烧香纸，祷告家猪魂灵飞升，来世做人。猪杀后，主家烧一锅肥肉、猪血杂碎汤，端送给邻居，意为发散猪魂。杀猪属喜事，有摆“杀猪宴”邀亲友吃肉的习俗。杀猪宴通常以猪肉两碗及猪血、猪肝、肠等为主菜，自酿米酒待客。因杀猪宴耗费甚大，有“养猪容易杀猪难”之叹。有民俗研究者认为，缙云方言“杀猪宴”与“散猪魂”谐音，均含散魂祛秽的用意。

烧炭

烧炭，烧制木炭。将水青冈、乌冈栎、麻栎、苦槠等硬阔叶段木直竖存放炭窑中，由窑头师傅从窑尾点火，燃烧约三昼夜，待炭柴煝过芯即可。白炭（多乌冈栎）须趁通红出窑，以泥沙封盖冷却；若封窑消火三日出窑，即为乌炭。炭窑形状多鲤鱼窑，也有鸡笼窑、榻柜窑等。

中华人民共和国成立前，烧制木炭是缙云南乡一带乡民外出谋生的主要行业，留有诸多行规及忌讳隐语。

炭行规矩　搭建炭棚前，先祭拜山神土地，祈求保佑。炭棚供奉神主“陈老相公”，逢农历每月初一、十五点香烛祭拜；逢清明日、七月半、冬节须“施粮”，先祭拜老相公，再泼薄粥、撒谷米，代表老相公布施、抚慰孤魂野鬼。口念：“上山落来，横山过来，盲眼牵来，蹩脚背来！”“拜得快，食得快，住投住到窑门外！”祈望没有孤魂野鬼、毒蛇猛兽作祟，平安赚钱。

经营模式及沿革　民国时，县人主要到建德、昌化、淳安、余姚等地烧炭，大多烧制白炭。生产经营方式，一般由“客人”（包工头）承包炭柴山林，雇佣伙计（炭工）打制炭窑、砍柴、担炭，窑头师傅“把火（掌管烧炭）”，负责白炭制作的特殊技术把关。伙计砍足一窑炭柴后，安排客人炭柴入窑。窑头师傅负责“把火”，工资从伙计处抽成。客人向伙计按窑收取费用或转包柴山。从山上担炭到收炭地的工钱（俗称发脚），由客人支付给担炭人。

大跃进时期，县内多有砍伐森林烧炭以“大办钢铁”；60—80 年代，以南乡一带为主，再度有人外出到江西及福建省部分山区烧炭，大多烧制乌炭。生产中，有合伙经营和个人独自经营几种方式，合伙人少则 3 人，多则 7 人或 8 人。乌炭炭窑根据柴山地理区域，至少人均 1 座，一起从事砍柴、烧制、担炭买卖，山林费、伙食费及其他支付和木炭收入统一核算、分配。

20 世纪 90 年代以后，南乡人外出烧炭人数减少。烧炭地域主要转到丽水市内的庆元、龙泉、遂昌等地，多烧制白炭。经营人负责打制白炭炭窑，炭窑地点设在交通便利的地方，向附近山村买进白炭青柴，烧制成白炭后，采取合同方式出售给客户。

炭行禁忌　炭窑地处深山老林，环境恶劣，为避凶趋吉，烧炭人忌讳隐语颇多。例如：称鬼为“夜佛”；称老虎（大猫）为“外公佬”；称老鼠为“夜哥”；称跳蚤为“跳”；称蛇为“溜”；砍柴称“斫青”，因缙云方言“柴”与“豺”同音，避之，以免招来豺狗；遇斜风雨称“横风雨”，因缙云方言“斜”与“蛇”同音，避之；提桶溢水称“满出”，不讲“浪（狼）出”；上山前忌讳“红”字，担心出血见红；平时不唱和尚歌，不谈论光头，以免炭棚失火烧精光。

第三章　渐逝事物

20 世纪 80 年代以来，诸多习俗逐渐淡出县人的生产和生活领域。本章辑录境域已经或者临近消失的行业、器具、建筑及生产生活方式等。

第一节　行业

经商类

鸡毛换白糖　20 世纪 80 年代以前，义乌、永康及缙云东乡的货郎挑着白糖担走街串巷，手摇拨浪鼓，以饴糖换取头发、羽毛、牙膏壳、棕片、鸡内金等。改革开放后消失。

卖捎货　捎货客挑货担，走街串巷，摇拨浪鼓，叫卖针线、纽扣、头髻网、宽紧带、鞋面布、雪花膏等日用小杂货。改革开放后消失。

卖棺材　实行尸体火葬前，县城、壶镇等地有专门出售棺材的店铺。2002 年开始，棺材店歇业。

服务类

游方郎中 旧时，缙云民间将“游方郎中”称“过路太医”。游方郎中以家传秘方、土药、针灸、推拿及其他中草药等治病，一般无行医资格证件许可。20世纪70年代后期开始，东渡兆岸、方川一带，有人先以“竹花”草药行医到北方，后发展到开处方药，药品类型扩展到数十种。至2010年，县境仍有持医师资格证，到外地行医；20世纪80年代开始，游方郎中除出现在集市、车站等人口集聚区外，其他地方已不多见。

接生 20世纪80年代中期前，全县农村一般有中老年妇女为孕妇助产，俗称其为“接生婆”。随着计划生育管理力度逐步加大，医疗条件改善，执行孕妇必须在医院生产的规定后，至90年代初期，接生婆全部歇业。

理发 理发匠将理发工具整合成的挑担，称“剃头担”。民国时期，县域剃头担为：一头面桶架（含挂镜、脸盆、毛巾、剃刀布），下置炭火盆；另一头抽屉凳，抽屉内置推剪、剃刀等工具，凳下置盛水小木桶。中华人民共和国成立后，剃头匠一般携工具箱上门理发，也有的人到剃头匠家或理发店理发。20世纪90年代以后，山村人口逐步减少，走村串巷的“剃头担”随之消失，理发店一般设在大村、中心村、集镇。

阉猪 俗称“劁猪”。兽医员（俗称“劁猪老师”、劁猪人）上门阉割雌猪卵巢，也兼阉雄猪睾丸。从猪仔场购买猪仔后，上门阉猪自行消失。

修车 20世纪80年代以前，县城及壶镇、新建、舒洪等集镇均设有自行车修理店，简称为“修车行”，或“踏脚车店”。改革开放开始至90年代前期，其他乡镇中心村也出现自行车修理店。至2010年，全县修车行在农村已大多消逝，县城留有1家，一般转为摩托车、电动摩托车修理店。

好溪渡口搬运 民国36年（1947），好溪渡口有埠夫（也称“挑挽工”，即码头搬运工）60人，建有职业工会。中华人民共和国成立后，改建为缙云县搬运公司。1993年以后，缙云县搬运公司解散。

刻印 刻写和油印的简称。先将蜡纸置于特定的钢板上用铁笔刻写文字，然后把刻字的蜡纸底版贴到油印机纱框上，用涂匀墨油的滚筒印刷。20世纪90年代中期以前，县属各机关单位一般用机械打字机；此后，电脑打字、激光印刷逐步取代钢板刻写和油印。

其他

乞讨 即行乞业，以讨饭果腹。乞讨者除饥民、残疾人外，也有懒汉。头领称“讨饭头”。乞讨者在餐点时上门乞讨熟食，兼乞生食。改革开放后，县人乞讨者减少明显，一般在县域城镇或县外以乞讨钱币为主。21世纪初开始，政府扶贫力度加大，乞讨业消逝。

第二节　器具

加工类

石磨 石制，上、下两爿，用于磨粉制浆。丁字推杆悬于梁，由两人操作，一人推旋，一人添料。

手磨 属小石磨，可单人操作。用时在磨盘侧柄孔内竖插短木，可一人操作，一手推旋，一手添料。

石碾 碾盘上置砣轮称“槽碾”，配石辊即“辊碾”，以人或牛力环绕碾磨谷物。

砻磨 用于稻谷脱壳。上、下砻盘嵌老竹（硬木）磨齿，辗碾类同石磨。

石臼 硬岩打制，配石杵，用于舂米、舂麻糍等。另有水碓臼和踏碓臼。

纺车 由木架、转轴、纺轮、纱锭组成，通过手旋抽丝卷纱。配纺车凳。

家具类

大橱　旧时属家具之首。漆大红，中部抽屉板及橱门精雕细刻。

碗格橱　上部有门、隔板，收纳杂物。中下部设格栅，存放碗碟、罇钵等厨具。

长道桌　长约 2 米，抽屉面板雕花，桌脚上方饰有滴水。配长道凳。

八仙桌　传统八仙桌正方形，边长 1 米，四边各置“四尺凳”1 张，座位标准每张 2 人。分简单型和豪华型两种：简单型又称硬板桌，不镶框，无抽屉，无直档，一般作为餐桌用；豪华型，有的牙板雕有纹饰，有抽屉 4 格，一般摆设厅堂。

六仙桌　比八仙桌略小。一面靠墙，可围坐 6 人，2 个面或 3 个面做抽屉。

火笼　篾壳陶胎或洋铁皮胎，有弧形柺，笼盖以铁皮铆成。盛炭火，上覆灰供取暖，冬闲时人手一笼。

火桶　杉木圆台长桶，中隔栅板，供孩童站立，下置火盆取暖。

焙笼　也叫火搭盖。笼状，无底，篾编，上有六边形孔，下置火罇，用于烘烤衣物、尿布等。

火筒　截取留有三个节的毛竹筒，上两节捅通，底节留小孔通风。用时伸进炉膛内吹风以旺柴火。

火甏　瓮形，有盖，以凝灰岩打制。放置灶前，用于封存烰炭。

水缸　用于储存饮用水的缸，置于厨房柴灶边，覆盖大板墩。

盐缸　大户人家有盐缸，高约 2 尺。缸底有孔通盘座，收纳盐卤。

座车　木制，俗称坐车。柜形无轮，胸前横板供放置食物、玩具。

纻篓篮　竹编，上红漆。农妇绩纻、麻线时器具。

沆兜　用于提水和提猪食的木桶，单提把。

井桶　用于水井打水的木桶。

农具类

担楤　杉木两头削尖，便于穿插用缏藤（棕绳、麻索等）捆绑的柴草等，挑担时搭配棒拄。

棒拄　齐肩长木，削有“鼻头”。挑担行走时一般斜置空肩撬扁担，均衡双肩压力，歇脚时支撑担或杠。

索轭　以弓形油茶木、檵木等做成的绳扣，系于棕绳麻索一端，用于捆绑柴草秸秆等。

岩络　也叫藤拑。旧时用千斤藤或竹篾（后用 8 号铁丝）拧成圈。两只并拢为一副，结绳纽或铅丝纽，用于拑块石抬运。

四尺牛　圆木长四尺，两端结杠纽，四人抬一物用具。如需增加人手，则用六尺牛、八尺牛配合着抬。

粪便量度计　俗称验粪器、量度计，玻璃量表。公社化时期，生产队用于测验农户上交粪便肥力，并结合粪便数量以计算工分值。

龛篓　竹编扁篓。有大有小，椭圆底，中间两个角，圆口。割草、采茶、抲鱼时挎于肩背。

田丘　有的称“圈耙”，铁圈配手持长竿，耘水稻田农具。

田耙　又称镫锄。铁制，形似马镫，水稻田翻泥除草农具。

櫺笛　长方形结构，四面边框，中有转轴，转轴外层有六边形或四边形的转曲叶片，整平水田农具。

櫺公耙　长方形结构，中楔十字形木齿的转轴，碎土水田农具。

耖耙　一般安装铁制或木耖齿 10 ～ 13 个，整平水田农具。

铁耙　长方形结构，两长边各安装铁刀 8 ～ 10 把，碎土农具。

米扇　木制。手摇扇轮产生风力清除五谷中空瘪、秕糠、外壳之类的农具。长 2 ～ 2.2 米、高 1.6 ～ 1.8 米。

丈杆　用于丈量土地的竹制量具。一般刻鲁班尺，一丈相当于 2.67 米。

稻桶　收割稻谷（麦）时供打禾用的木桶。分方形和圆形，方形上口稍宽。内置稻桶梯，竖稻桶簟。

地簟　晾晒粮食为主的竹编农具。

犁

耙

耖

檑公耙

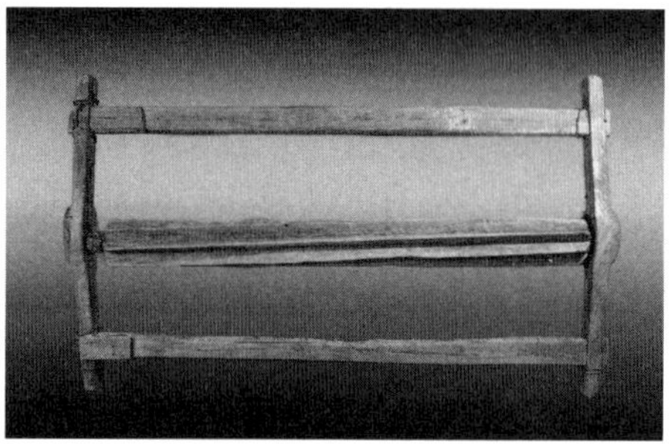
檑笛

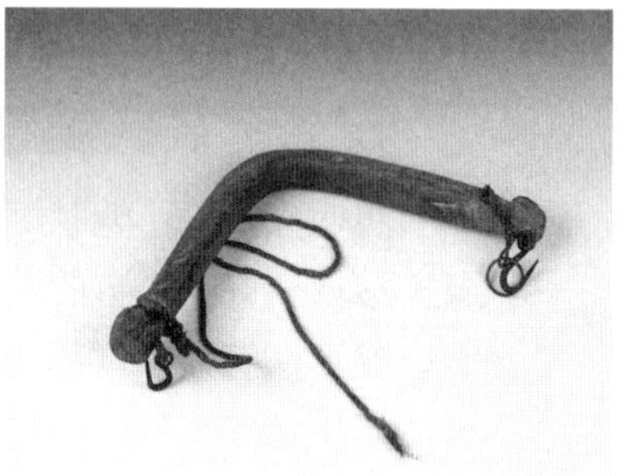
牛轭

图 32-3-1　缙云传统耕作类农具（2010 年摄）

竹箩　以竹篾编织用来盛物的农家用具，形状为底方口圆。用篾条编制的称“板箩”，用篾丝编制的称“篾丝箩”。

谷耙　晾晒时用于摊匀谷物或翻晒的农具。由耙梁、耙齿、耙柄三部分组成。

枞毛耙　用于收集落地松针、树叶和摊晒番薯粉渣及其他谷物的用具。由竹爪、柄组成。

洁具类

刷帚　以一节毛竹剖成的篾丝或捆扎一把竹枝制成，刷锅用具。

磨帚　以棕丝制成，主要用于磨盘扫拢粉末的用具。

脚盆　以杉木制成，用于洗脚、洗浴的木桶。

脸盆　以杉木或铜质制成，俗称“面桶”。

食具类

竹碗　以截取竹节制成的饭碗，一般供小孩用。

饭篮　以竹条制成的盛饭菜器具。

铜罐　以铜打制的烧饭、烧水或盛饭器具。

菜蔬格　以竹篾制成，用于盛菜、盛饭的器具。

菜蔬筒　以竹筒加盖盛放饭菜的器具。

茶筒　以毛竹筒制成的盛水器具。

烟斗　俗称“烟筒”，抽旱烟的烟具。山竹（或竹鞭）节捅通做烟杆，竹桩挖空做烟筒盏。也有铝制或铜制烟嘴、烟筒盏，配以竹烟杆的“烟筒”。

其他

风筒灯　以煤油为燃料可调节亮度带玻璃罩的灯具。

书箱　以木、竹、藤条制作而成，用于藏书及收储笔砚杂物的箱子。

纸伞　以竹竿、篾条、桐油纸制成的雨具。

插袋　即褡裢行囊。蓝布两头回折缝袋，绕颈挎肩，用于存储杂物，兼插手御寒。

火刀　击打火石（硅质燧石）的刀具。

稻秆袜　以稻草编成靴形，雪天走山路防冻止滑。

钢笔、圆珠笔　钢笔是金属制成的笔。一种是用笔尖蘸墨水写字，也称“蘸水钢笔”（简称“蘸笔”）；另一种是有贮存墨水装置，写字时墨水直接流到笔尖，也称“自来水笔”（简称“钢笔”）。圆珠笔，又称“原子笔”，通过笔芯前段的球珠滚动带出书写介质的笔。蘸笔从20世纪80年代后期开始，圆珠笔从20世纪90年代初开始，钢笔从21世纪初开始，逐步退出书写领域，基本被中性笔（圆珠笔的另类，俗称“水笔”）替代。

第三节　生产方式及其他

生产方式

生产队分红　分红是公社化时期生产队给予社员每10分工分的劳动报酬。计算方法为一年内生产队净总收入与社员累计工分总和之比。社员个人分红所得的金额减去生产队分到的农副产品折币金额，正余额的称“余粮”，负余额的称“缺粮”。工分是底分累计、肥料及其他投入之和。底分是劳动力的日分值。

分配站　公社化时期，生产队存放、分配农副产品的房舍。

加工站　20世纪60年代中后期开始，农村用机械碾米（粉）的场所。

水碓　利用水力舂米、碾磨粮食的设备。缙云水碓分藏轮、浇轮、木勺碓、雨伞轮四种。

灰庐屋　旧时农村用于烧、存储焦泥灰的简易泥墙屋。

氨水池　20世纪60—80年代，村集体储存氨水的密封池。

簟基　摊晒场所，一般先铺竹簟，再摊上被晒物。

榻柜　属缙云农家储藏粮食为主的木柜。

谷印　在谷（麦）堆表面挤压出文字或凹凸符号图案的印章，用作防盗标志。一般为30×20厘米。

番薯洞　缙云农村用于储藏番薯的人工洞穴。

地塘　缙云农村屋内储藏番薯、萝卜、生姜等物的地窖。

草子塘　又称“饲料池”。用于贮藏紫云英、番薯叶、洋芋叶等猪饲料的方形池。

仰天粪缸　没有棚盖的粪池。

其他

地积　公制计量单位使用前，缙云以“把”作为水田面积单位，一般80把约合1亩。

容积　10撮为1勺，10勺为1合，10合为1升，10升为1斗，10斗为1石。

求雨　南乡称“讨雨”，西乡叫“取雨”，东乡谓“取龙”。求雨讲究一定的仪式。

谢火　火灾后，祭拜火神爷的活动。

拜谷神　农历七月半祭拜五谷神的活动。

义祭坛 祭奠孤魂野鬼的场所。

宝童塔 用来安置夭折婴童的塔屋。

附录：擦皮鞋

2000年，贵州省和邻县武义的两对夫妇先后开始在五云镇擦拭皮鞋。第二年，缙云本地以中年妇女为主及几个体弱男性亦相仿效。擦皮鞋摊多在商店门口，也有沿街随机就地临时摆设。日均擦鞋收入可高于当时35元/日的泥水、木匠工资。2002年，政府安排固定地点，在溪滨北路一桥与铁桥之间商场门口人行道上和县客运中心一楼门口共设置擦鞋凳30张，分配给持有"擦鞋证"的30个擦鞋工。2003年，溪滨北路17张擦鞋凳移到溪滨南路溪边人行道。2004年3月8日，《浙江经济生活报》以《擦鞋谋生本不易　收费九百何以堪？》为题及其他报纸披露向擦鞋工收费事件后，县城管、工商、防疫三部门及时向擦鞋工退回收取的费用（占道费、管理费、卫生费各300元/人·年）。至2010年，擦皮鞋业衰退，溪滨南路擦鞋凳已全部拆除，县城擦鞋摊仅留客运中心门口3个，水南街1个；从事皮鞋擦拭与修补、运动鞋洗涤综合服务的有寺后街、黄龙路门店等3家。

第三十三篇 方言

县境古属东瓯部落，东越所据后成为百越杂居之地。自东汉以来，因改朝换代、战乱饥荒以及仕宦、游历等原因，陆续有北方汉人辗转南下入缙。浙西吴语、北方官话和闽、赣等外来移民的土腔俚语汇集缙云，融合瓯越土著语言基因，逐渐形成缙云方言母语。

缙云话的语音、词汇、语法三要素中，语法较为稳定，变化最慢，语音次之，词汇发展变化最快。20 世纪 80 年代以来，由于教育普及，学校普通话的推广蔓延到家庭、社会，流动人口的增加，广播电视语言的渗透，官方在对外交流、工作、会议中普通话的广泛应用，缙云方言尤其是语音发生前所未有的变化。1990 年以后出生的人所使用的缙云话，受普通话影响明显，其语音特点主要表现为声母、韵母和声调的简化；同时，更多地使用普通话书面语词汇交流，出现以缙云方言读音表达普通话词句的现象，缙云方言中的许多词语逐步消退。

在中小学教育中，经历了约在 20 世纪 80 年代以前占教师总数 95% 以上的缙籍教师使用缙云话教学，占教师总数极少的外籍教师采用普通话教学，到 90 年代后课堂教学中先是语文课（有的只是在教师范读中）使用普通话，到所有学科课堂教学、校园内都使用普通话的变化过程。由于长期受缙云话发音的影响，20 世纪 90 年代以前出外就读的缙籍大中专学生的普通话受到缙云话的影响尤为明显，往往带有浓重的缙云口音，学习普通话也尤其困难。

至 2010 年，缙籍旅台学者陈贵麟教授曾数次返乡调查，撰文《吴语区缙云西乡方言音系的特点》《吴语缙云方言东西二乡音韵系统之差异》《中古入声字在缙云西乡方言的演变规律》《处衢方言缙云话人称代词前缀语素》等。2012 年，缙籍吴越先生、楼兴娟女士编著的《缙云县方言志》，全书计 603 千字，由上海师大语言研究所所长潘悟云作序，中华书局出版发行。这些缙云方言专论、专著为全面系统地记述、研究缙云县方言的语音、语汇和语法，为缙云县方言的研究和传承提供了科学系统而弥足珍贵的文化财富。

第一章 语音

缙云方言有“见、溪、群；端、透、定；帮、滂、并”三组声母，“精、清、从、心、邪”和“照、穿、床、审、禅”两组齿音声母合并为一组，无合口韵 [-m] 韵尾，鼻韵尾 [-n，-ŋ] 无定，有入声韵而没有 [-p，-t，-k] 塞音韵尾等语音特点，属于吴语音系。

县境地处金华、台州、温州交会，周边与 7 县（市区）接壤，历史上曾交互隶属金华、丽水市；全县近 400 个姓氏，据各姓氏宗谱所载，大多自外地迁入，形成了比较复杂的语言体系，素有“缙云三乡，七八十腔”之说。大致上，五云镇、仙都农管处、东渡镇和七里乡部分区域属县城腔；壶镇镇、东方镇、前路乡、三溪乡属东乡腔；新建镇、新碧农管处、原城北乡、小筠一带属西乡腔；舒洪镇、大洋镇、大源镇、溶江乡、双溪口乡、胡源乡、石笕乡及方溪乡属南乡腔。三乡乡音虽有迥异之处，作为正宗的缙云人，双方以缙云方言对话，绝大多数语音、词汇和语法能通畅交流。从三五句话的口音中便可大致判断出对方的出生地或生活区域。“七八十腔”的差异性在县境边界区域的乡村尤为突出，如南溪、木栗居民带永嘉腔，部分含仙居、青田口音；石笕居民有丽水、青田口音；白竹以北居民都通晓永康或磐安话，大源镇东、南、北三边居民口音带着仙居腔。比如，西乡人将“批”[p^{h}i] 读作 [t^{h}i]，“水”[su]、“肺”[f i] 读作 [ɸ i]；里南乡（大源一带）人将“饱”[po] 读作 [pə]，“草”[ts^{h}iə] 读作 [ts^{h}ə]；东方人将“牛”[ȵiu] 读作 [ȵioŋ]；三溪人将“好”[xə] 读作 [ɕio]，东乡人将“老”[lə] 读作 [lio]，将“欧”[ə] 读作 [iu] 等，大多与邻县方言有关。之外，东渡镇廷坑、上廷坑、小桃 3 个自然村，人口 500 余，多张、赖姓，族人于清康熙间迁自福建上杭，昔因环境闭塞而形成“方言岛”，时至当下，村民间仍习惯夹杂福建母语交流。外人奇之，以为“鸟声腔”。缙云三乡小区方言，在 1996 版《缙云县志》已有较详细记述，本章不再重复。

2000 年，日本学者太田斋到缙云作方言调查，整理成文共 37 页，分六部分：（一）概况；（二）音、韵、调，声母 28 个；（三）音韵特点，包括声母特点、韵母特点；（四）文白异读；（五）变调，包括连续变调、小称变调（标调值）；（六）同音字汇。

缙云方言的文白异读，见 1996 年版《缙云县志》。

第一节 声母

缙云方言共有声母 30 个。其中唇音 6 个（或 7 个，[ɸ] 只见于少数地点的少数人群，如西乡有些人把“肺”读作 [ɸ i]，可以与 [f-] 合为一个音位）、舌尖中音 5 个、舌根音 6 个、舌面音 5 个（或 6 个，声母 [ʑ-] 只有一个象声词 [ʑiei]，可以和 [z-] 合为一个音位；此外少数地点中的少数人群，如东乡有些人把“我自”读作 [ŋo-ʑi]），舌尖前音 5 个，半元音 3 个。

缙云方言声母一览表

表 33-1-1

唇音	p 波剥	p^{h} 坡泊	b 爬薄	m 摸	f 夫弗	v 浮勿
舌尖中音	t 多笃	t^{h} 拖托	d 驼铎	n 挪诺	l 罗落	
舌根音	k 哥阁	k^{h} 科壳	g 茄搁	ŋ 鹅鹤	x 花霍	ɣ 和学
舌面音	tɕ 鸡急	tɕ^{h} 欺乞	dʑ 其及	ȵ 尼日	ɕ 希吸	ʑ 自⊙
舌尖前音	ts 资即	ts^{h} 雌戚	dz 持直	s 思锡	z 慈食	
半元音	j 移亦	w 壶或	ɥ 余役			

说明：l、m、ŋ3 个声母，可以韵母化单独自成音节

第二节 韵母

缙云方言共有韵母 46 个（东乡没有 ə、iə、uɛ 三韵，共有韵母 43 个；县城五云镇和西乡、南乡没有 io、eu、uei、uəɯ 四韵，共韵母 42 个）。其中单韵母 13 个、复韵母 22 个、半鼻音韵母 4 个、鼻音韵母 7 个。46 个韵母分为开、齐、合、撮四呼。

缙云方言韵母一览表

表 33-1-2

	开	齐：i 衣 ʅ（诗）	合：u 乌	撮：y 盂 ɥ（书）
单韵母	a 轭	ia 野	ua（虢）	
	ɑ 鸭	iɑ 央	uɑ 弯	yɑ 越
	ɛ 暗	iɛ 烟	uɛ 安$_{\text{城}}$	yɛ 怨
	e 哀		ue 威	
	ə 欧$_{\text{城}}$	iə 腰$_{\text{城}}$		
	ɯ（去）$_{\text{白}}$			
	o 窝	io 腰$_{\text{东}}$		
	ɔ 恶	iɔ 约		
复韵母	ei（踢）	iei 一	uei（国）$_{\text{东}}$	yei 鬱
	əu 欧$_{\text{东}}$	iu 优		
	əɯ（不）		uəɯ（骨）$_{\text{东}}$	
	ou 屋	iou 郁		
半鼻韵母	ã 樱（白）	iã（锵）	uã 横	
	ɔ̃ 汪	iɔ̃ 枉		
鼻韵母	en（丁）	ien 英		yen 云
	eŋ 摁		ueŋ 温	
	oŋ 翁	ioŋ 拥		

说明：

1. 例字下面注有“东”“城”字样的，为东乡话或城里话（包括同音系的南乡腔和西乡腔）所专有的韵母

2. 例字加有括号的，表示只取其韵母部分

3. 例字后面注有“白”字的，表示该字要按口语发音

4. [ɑ] 的实际音值是 ɑ˔，以前也曾经记作 ɒ

5. [e] 的实际音值是 e˔

6. [ə] 用在舌根音后面，舌位较靠后，严式音标应该记作 ɤ

7. [u] 用在唇音声母 f 和 v 的后面，实际音值是 ʋ

8. əu 前面加韵头 i 的时候，主要元音 ə 成为过渡音，韵尾 u 有上升为主要元音的趋势，因此本文记作 iu，不记作 iəu。同理，jəu 也写作 ju

9. 缙云方言的鼻韵母中，有 en、ien、yen 三个韵母的韵尾是 -n、-ŋ 无定的，但多数人在多数场合用 -n，因此本文记作 en、ien、yen；而 əŋ、uəŋ、oŋ、ioŋ 的韵尾则是固定的，一律用 -ŋ

10. 缙云方言的鼻韵母中，[iã] 这个韵母，只有一个象声词“锵”，而且有的人读作非鼻音的 [ia]，因此也有的人把这个韵母略去不记

随着时代的发展，缙云方言已经出现新的变化。如青少年一代将“前、蛇、社、象、上”等字的声母 [z-] 读为 [j-]。缙云方言中历来没有卷舌音 [er] 韵，所有“儿”字，不论文白，一律读 [n̥i]；所有“而”字，不论文白，一律读 [zɿ]；“耳朵”口语中读作 [n̥ien41-to41]；“木耳”在口语中读作 [mou35-5/mi32]。20 世纪 30 年代始，在“儿童”“儿歌”“幼儿园”“而且”“然而”“耳机”等语词中，逐渐用“舌边流音”l 取代，现在则已经变为接近 [er] 或介于 [l] 和 [er] 之间的音。这分明是受“外来语”的影响。有趣的是：在一部分老人中间，还有一个“过渡音”：把“耳机”读作 [ly32-tɕi44]。

第三节　声调

缙云方言四声俱备，而且各分阴阳，因此一共有 8 个基本声调。

缙云方言基本声调一览表

表 33-1-3

调类	阴平	阴上	阴去	阴入	阳平	阳上	阳去	阳入
例字	诗	史	试	室	时	是	事	实
调值	˦44	˦˩41	˥˧53	˦˧˥435	˨˦24	˧˨32	˨˩˦214	˧˥35

除上述 8 个基本声调之外，在连读状态下，还有变调和轻声。变调主要有中平 [˧33] 和中入 [˥5] 两个，还有一个半阳去 [˨˩˩211]，比较少用。轻声细分起来，应该有 [˥5]、[˧3]、[˩1] 三类，粗分不妨并为一类，都用 [˧3] 表示。浊音声母变调以后，有清音化的趋向。

调类的阴阳，和声母的清浊有关。凡是清音声母，都是阴调；凡是浊音声母，都是阳调（半元音 j、w、ɥ，可以看作是浊音声母）；凡是半浊音声母，则阴阳调俱备。因此，清音声母 p、pʰ、f、t、tʰ、k、kʰ、x、 tɕ、tɕʰ、ɕ、ts、tsʰ、s 和零声母都是阴调；浊音声母 b、v、d、g、ɣ、dʑ、dz、z 和半元音 j、w、ɥ 都是阳调；而 m、n、l、ŋ 则既有阴调，也有阳调。

附录：

一、缙云方言发音特点及构词规律

1. 文白异读复杂，即同一语素因书面、口语或语境不同而读音各异。
2. 实词中，保留大量古代单音节词语，但不见普通话中的“儿”“子”等后缀。
3. 大量存在入声字。县人研习古体诗，对入声字的把握可无师自通。
4. 单音节字在句式的不同位置中，往往读音不同，变调现象繁杂。
5. 许多词语难以音译，甚至不能用汉语拼音、国际音标准确注音。
6. 缙云方言口语多词缀，使得表情达意生动细腻，灵活多变。举例：

名词后加“头”，表肢体末端或残物。例如：手指头（手指）、畚箕头（破畚箕）。
名词后加“头”，表处所。例如：镬灶头（灶台上）、大桥头（大桥的一端）。
名词后加“倪”，表年幼或体形小。例如：细尕倪（小男孩）、凳倪（小凳）。
动词后加“没”，表疑问。例如：好没（好了没有？）、记着没（记住没有？）。
动词后加“哒”，表询问。例如：先迾哒（先走好吗？）、开始哒（开始好吗？）。
动词后加“罢”“伐”，表完成。例如：食过罢（吃了）、迾达伐（已经去了）。
动词后加“以”，表动作趋势。例如：抲以（拿起来）、树以（树起来）。
动词后加“添”，表延续。例如：食碗添（再吃一碗）、掇来添（再拿点过来）。
动词后加“嘆”，表威胁。例如：打记嘆（你打打看？）、试记嘆（试试看？）。
代词后加“厮”，表鄙视。例如：你厮、个厮、恁匹斯（这等小人）。
动词或名词后加“恁”，表比喻。例如：赶嫁恁（着急）、千蜂窠恁（破洞百出）。
形容词后加“唛”，表程度加强。例如：多唛（很多）、忙唛（很忙）、好食唛（很好吃）。
形容词后加“损”，表程度延伸。例如：高损（高得多）、好损（好很多）。

二、方言朗读语音档案

2012 年，县档案局招募、遴选缙云方言纯正人录制语音档案，其中有《天上星》《十二月歌》（未标注国际音标）两首缙云童谣。

（一）《天上星》（发音人胡祖森，男，汉族，1938 年 9 月生，祖居南乡胡源上东山村，退休教师）

天上星，白璘璘，挑花瓶。花瓶漏，好炒豆。炒豆香，好栽姜。姜吃芽，好栽茶。茶吃子，好栽柿。柿吃秃，牵胡琴。胡琴牵把弓，好栽葱。葱梗夜夜长，好杀羊。羊角弯弯旋，好杀犬。犬吃肉，结龙雹。龙雹满天飞，赶野鷄。野鷄跳落田，三十六个长年好种田，公婆两个好过年。

（二）《十二月歌》（发音人李贵升，男，汉族，1942 年 3 月生，祖居县城，裁缝匠）

正月灯，二月鷂，三月芥菜大，四月有麦磨，五月背田耙，六月落金华，七月金华上，八月稻桶啶嘭响，九月掏番莳，十月做生意，十一月买田地，十二月炒米泡、切白糖、炊糕炊馒头，杀鷄杀羊过年啰！

第二章 词汇

缙云方言中许多词汇与普通话差异明显，大多传承使用，也有的逐渐淡化，被普通话取代。同时，1993年以后，缙云县经济社会大发展、大变化，教育水平提高，城乡交流、对外交流更加密切，电视、网络等媒体广泛传播；普通话更加普及，尤其是学校师生和20世纪90年代出生的年轻人在日常生活中得到普遍使用，并颇具文读色彩，丰富了缙云话词汇。

第一节 新词汇

自20世纪70年代末至2010年，是缙云方言被普通话同化最快的时期。许多固有的方言词语逐渐消失，同时又大量吸收经济社会中出现的新词汇，新读音、新词语增加，与普通话的语音、语汇呈现越来越多的同化趋势。

以缙云方言表演的小品或说唱类节目，是缙云乡村文艺形式的重要特色。2005年，壶镇网络歌手卢晓武（艺名“基地小虎”）创作并录制方言歌曲《缙云烧饼》，广为流传。在新农村建设中，一些富含哲理和警示教育意义的方言俚语上墙进橱窗，被用作展示乡村文明的传统文化元素。

政治社会类

干部 年轻化、挂职、双开、停薪留职、村干部、跳槽、岗位津贴、海选。

社会 城镇化、留守儿童、老龄化、社区、社保、低保、医保、农医保、养老保险、失地保险、钟点房、双休日、黄金周。

职业 下岗、再就业、农民工、钟点工、保安、公务员、房地产、保洁员、物业、打工、护工。

人际关系 大款、开发商、粉丝、网友、草根、啃老族、博客、小三、60后、70后、80后。

经济类

农林 杂交稻、高山蔬菜、“三农”、新农村建设、下山脱贫、库区移民、土地流转。

金融 招标、股票、基金、信用卡、理财、按揭贷款、小额贷款、首付、车险、ATM机、POS机、林权抵押贷款、房奴、月光族。

工商贸易 炒房、工业园区、工业功能区、超市、专卖店、连锁店、快餐、网点、网购、房改房、回扣。

交通运输 高速路、立交桥、高架桥、私家车、电瓶车、打的。

邮政通信 大哥大、传呼机（PP机）、手机、移动电话、无绳电话、微博、电子邮件、快递、虚拟号、彩铃、短信、来电显示、宽带。

建筑设施 地砖、墙面砖、节能灯、吸顶灯、防盗门、吊顶、排屋、拆迁。

文教体卫类

文体 台球、门球、气排球、棋牌室、网络游戏、电子游戏、老虎机。

教育　义务教育、学前班、素质教育、胎教、一本（二本）、老年大学、自考。
医疗　CT、B超、输液、理疗、化疗、胃镜。

生活类

衣着　西装、领带、夹克、T恤、牛仔裤、牛仔衣、校服、迷彩服、长筒袜、超短裙。
食品饮料　雪碧、可乐、奶茶、王老吉、矿泉水、纯净水、方便面、烧烤、真空包装。
环保能源　原生态、有机（茶、鱼）、低碳、太阳能、液化气。
家具　电器　微波炉、电磁炉、卫星电视、笔记本电脑、机顶盒、光盘、遥控器。
美容保健　保健、按摩、足浴、美容、美发。
玩具　童车、变形金刚、游戏机。

第二节　方言词汇

本节主要收录缙云传统方言词汇。收录依据常用字库以音寻字，尽量采用音近字。所录方言词汇，大多需以缙云话传统读音，才能准确理解其意，按普通话词语往往难以解读或曲解其意。借用普通话中读音或词义较近的缙云方言词汇，在语音的声、韵、调和词义表达语境中与普通话有较大差距，有待标注读音，才能较准确地体现音、形、义的一致性，且有的缙云方言词汇在普通话中没有可借用的字，只能单以音近字代替。缙云方言词汇中的一词多义，本节只列举主要释义。“——”前为缙云方言词汇，“——”后为普通话词汇或释义。

人伦　称谓

巧人、巧人倪——子女、小孩
后生、后生人——年轻人
大人——成年人、长辈
细尕、细尕倪——男孩
媛娒、媛娒倪——女孩
大媛娒——大姑娘
囡娩——婴儿
独自人——单身汉
独子倪——独生子
女客人——已婚女人
男子人——已婚男人
老成（髯）人——老年人
老安人——老太婆
太公婆——曾祖以上先人
公公——祖父
娒娒——祖母
丈人——岳父
丈母——岳母
子公——丈夫的父亲
大家——丈夫的母亲
倪——儿子
娜（囡）——女儿
爷娘——父母
公婆——夫妻
新妇——媳妇
倪孥——子孙后代
哥弟——兄弟
伙代——伙伴
女夫——女婿
亲眷——亲戚
妗姆——舅妈
姨（姑）丈——姨（姑）父
娜孙——孙女
外甥娒——外甥女
外甥倪——外甥
叔伯母——妯娌

孃孃（孃倪）、姑母——姑妈
姑婆——祖父、外祖父的姐妹
老婆舅——妻兄弟
亲爷——奶爹
娘边倪——处男
娘边娜——处女
新妇娘——新娘
新妇娩——童养媳
卵生姊——伴娘
领倪娘——哺乳期的妇女
晚娘——继母
晚爷——继父
晚倪——继子
晚娜——继女
细孞伴——男朋友
媛婘伴——女朋友
外路人——外地人
自类人——宗亲、自己人
阿类人——那些人
伊类人——这些人
财主人——富人
颠股人——穷人
食素人——佛门子弟
工作人——公职人员
种田人——农民
做戏人——演戏人员
蹭人倪（娜）——私生子（女）
梅香——婢女
老奶——女佣
长年——长工
介脚——角色、伙计、家伙
司公、做司人——道士
巫三姊——巫婆
老师——手艺人
大老师——名艺人
四天王——抬棺人
主人（家）——东家
人客——客人
厨头——主厨
牙郎——经纪人
白撮、三只手——小偷
贼骨头——贼人
蛮人——粗人
师爷徒弟——师徒
爷倪伙代——父子一班
叔伯哥弟——堂兄弟
枇杷叶亲——远房亲戚
六亲九眷——远近亲戚
过路太医——游方郎中
拳马（把）师——武师

体征　疾病

骭——健康、硬朗
胚——英俊
胚架——身材
人貌、生相——相貌
口嘴夹——嘴唇
口嘴——嘴巴
墩牙——臼齿
面前牙——门牙
牙床肉——牙龈
老（脑）冠头——脑袋
额角头——前额
坑额——眉间凹陷
尖头丁脑——尖嘴猴腮
眼睛乌珠——眼球
鼻头——鼻子
项颈——脖子
背脊——后背
背脊栋——脊柱
肩胛头——肩膀
心口头——胸口
咙喉结——喉结
咙喉——喉咙
饭锹骨——肩胛骨
脚筒骨——小腿骨
肋胪骨——肋骨
大腿夹——腹股沟
朏臀孔——肛门
朏臀——屁股
头髻带——发辫
头髻——发髻

螺蛳发——卷发
西洋发——分头发型
两撇胡——八字胡
眉头夹——眉心
面格架——脸型
面颊瓜——脸庞
面皮——脸皮
假肉——老茧
光头钵——光头
秃头爿——谢顶
奶奶——乳房、乳汁
痰唾、馋唾水——唾沫
反手撇——左撇子
手臂膊——胳膊
手夹下——腋窝
手掴掌——手掌
正手——右手
反手——左手
拘（大）拳——拳头
手瘩头——肘
脚髋头——膝盖
脚胧肚——小腿肚
脚板背——脚背
脚下底——脚底
脚瘩——脚踝
脚趾桠弄——脚趾缝
脚趾头——脚趾
筋——血管、韧带
卵脬——阴囊
卵——阴茎
屄——阴门
上肚——怀孕
双生——双胞胎
担双身——孕妇
萎——乏力
着力、吃力、脱力——疲劳
眼子——眼力、眼光
水色——面色
夹眼——眨眼
力魄——体能
瘦筋——精瘦
滚壮——肥胖
难瞙——脸色差、难看
好瞙——脸色好、好看
难过——肚皮痛
难惶——身体或精神难受
隔食——积食
弗清爽——患病
落床——卧病在床
硬项颈——落枕
断口——不能饮食
脱气——没有呼吸
过辈——老人去世
过人——传染
昏人——眩晕
烧热——发烧
抽筋——抽搐
作痧、闷痧、发痧——中暑
哮牵——哮喘
痒晕——癫痫
风瘫——瘫痪
出麻——麻疹
飞蛇——疱疹
烂头——癞痢头
黄泡病——黄疸肝炎
放瘸——痢疾
肚放、肚胧泻、清水泻——腹泻
瘖疮——疥疮
冻饼——冻疮
病倪——妊娠反应
起块——肿
乌青——瘀青
结厣——伤口结痂
四只眼——戴眼镜
鸡盲——夜盲症
哑口——哑巴
聋髭——耳背
瞎声——嗓音嘶哑
搭舌、嗝舌——口吃
折手——手残疾
霉桠烂——足趾间糜烂
火辣眼、红眼睛——结膜炎

茅鸷斑——雀斑
蹁脚拐、跷脚——跛足
缺牙弄——豁牙
老鼠痳——瘰疬
打人瘟——瘟疫
癫街狗——狂犬
疯痴癫、癫人——神经病患者
大卵脬——睾丸疝气
打半日鬼——疟疾
三病四痛——大小疾病
三双弗全——残疾
伤饥失饱——饮食失调

建筑 器物

山厂——山头人家
处、间底、阁头底——家居
司（祀）间——中堂
正屋——中堂两侧房屋
堂前——正房空间、正厅
横厢——厢房
插下间——正房边角屋
下间、火舍、镬灶间——厨房
镬孔窟、炉窟——炉膛
搁栅——楼板梁
栋桁——栋梁
地坪板——木楼板
亮楷、楷窗——窗户
楷台——窗台
楷齿——窗栅
楷帘——窗帘
门樘——门框、门
阊门——双扇大门
腰（鸡）门——矮栅门
踏道——台阶
柱子——柱础
柱磉盘——柱子垫石
地栿——板壁垫木（石）
棚头——山墙
滴水（位）——外墙脚至檐口滴水的距离
披檐——正屋檐下附属建筑
瓦簚——屋瓦垫席
屋檐背——屋顶
屋磡——墙脚磡
骑马楼——跨路楼房
粪缸屋——厕所
朗台——屋顶晒台
间沿——檐下廊道
路堂——院内两边封闭通道
间沿——院内门前走廊
火弄、墙弄——巷道
窨筒——下水道
阳沟坑——排水沟
鸡埘——鸡窝
笆——篱笆
猪栏格——栏栅
簟基——晒场
作场——工作案台
塄——河堤
磴步——过溪踏石
磴（丁）步桥——石柱平桥
本保殿——村庙
叫——哨子
簰——竹筏
纸鹞——风筝
申报纸——报纸
清明旋——纸风车
砚瓦——砚台
梨花——大唢呐
吉子——小唢呐
横风、箫——笛子
先锋——多节长号
胡琴箫调——器乐的总称
锣鼓钹——打击乐器总称
长脚鹿——高跷
丝纶——渔网
钓车——渔线绕在滚轮上的钓具
皮枪 —弹弓
枴——器物的把柄
栊档——木板横档
白芯子——未油漆的木器
钮鼻——锁扣
桌柜——抽屉

篚——盒
六仙桌、八仙桌——方桌
长桥（道）桌——长桌
长桥（道）凳、大凳——长凳
纺车凳——短板凳
骨牌凳——矮方凳
交椅——靠背椅
大橱——衣橱
碗格橱——菜橱
汤碗——小碗
海碗——大碗
洋花碗——青花瓷碗
面桶——脸盆
沆兜——提水木桶
练槌——捣衣棒槌
榫槌、榔兴——木槌
大拎——大杆秤
秤锤——秤砣
丝帚——竹帚
畚箕——畚斗
龛篓、扁篰——单肩挎篓
笼格——蒸笼
地簟——竹制晒席
竹笐——晾晒竹竿
面笐——挂索面木架
坐箩、板箩——圆口方底箩筐
拜箕、箪栳、篾簾——用于簸扬或晾晒的竹编器具
筛箕——竹编筛具
篾爿、篾笑——篾条
明油——经煎制的桐油
青油——柏子油
洋油——煤油
洋油盏——煤油灯
烟筒盏——旱烟斗
铰剪——剪刀
角钻——鞋锥
抵指——顶针圈
砂剑、收刈锲——带齿镰刀
薄刀——菜刀
钩刀——柴刀、草刀
钩刀枷——缚腰刀插
索軛——曲木绳扣
担楤、棒拄——担柴工具
缏藤——绑柴绳索
麻索——麻绳
纱线——漂白麻线
铜镬——带柄平底锅
镬——锅
饭锹、镬戳——锅铲
火髭——炭容器
火锨——火铲
羹挑、羹瓢——汤匙
板橔——砧板
陶甑——安置在大锅沿灶面上用于蒸盒饭或烧开水的木桶
熯籭——蒸屉
老鼠头——石杵
老臼——石臼
麦磨——石磨
石函、石篮——盛遗骨石棺
竹担——竹扁担
岩錾——凿石钢钎
铁鳗——撬石头钢钎
蚂蟥钉——铁襻
耙耨——四齿锄
草削——铲草锄
坢滴、坢勺——施粪肥桶勺
坢桶——粪桶
坢缸——粪缸
火药、洋火——火柴
家伙行头——工匠器具
插袋——褡裢
抽筋袋——封口拉绳小布袋
撒桌布——抹布
榔蹬——腋杖
刺夹——镊子
洋车——缝纫机
茶鳖——军用水壶
时辰钟——时钟
马达克——摩托车
踏脚车——自行车

饮食　服饰

食——吃、喝
配菜——吃菜（下饭）
鸡（鸭）卵——鸡（鸭）蛋
茶——冷热开水
汤——热水
汁——菜汤
卤——腌制食品中产生的汁液
厨顿——饭点
点心——加餐
三厨六顿——日常饮食
半夜厨——夜宵
正厨——正餐
夜饭——晚饭
乌日——晚饭、吃晚饭的时点
炊——蒸煮
焐——焖煮
熯——蒸
炮——油炸
煨——以火灰埋烧
炆粥——煮粥
焖饭——煮干饭
烧食、粧食——做饭
请酒、做排场——摆酒
掭饭——盛饭
泻茶——倒茶
索（粉）干——粉干
山粉——野生根茎淀粉、番莳粉
苞芦（观粟）羹——玉米糊
麦面汤——手擀面
百沸（音贝）汤——开水
砻糠——粗糠
米皮糠——细糠
烧酒糠——做白酒用的糠
麦面——面粉
糖霜——白糖
砂糖——红糖
蜂糖——蜂蜜
饭脚——剩饭
菜脚——剩菜
现成饭——剩饭
豨脂饭——猪油炒饭
饭镬焦——锅巴
番莳竹碗——番莳馃
麦饼单——卷饼
象坨——煎饼
笃缨菜、菜咸——咸菜的一种
菜干（筋）——霉干菜
菜头荚——咸萝卜干
生（酸）菜头——腌萝卜
生（酸）菜——腌菜
笋咸——笋与菜干的混合菜
腌卵——咸鸡（鸭）蛋
嘎嘎卵——鸡蛋
皮肉——肥肉
腿朏——猪肘
豨草鞋——猪胰脏
豨脂壳——油渣
天萨絮——油条
豆腐枣——油炸豆腐
豆腐生——生豆腐
茶散——干茶叶
茶配——佐茶零食
闲食、路素口——零食
路资——干粮
羹饭——祭祀饭菜
长命饭——丧饭
打拼伙——合伙聚餐
发粉——小苏打
面娘——酵母本
酵娘——酵母
衣裳——上衣
对襟——上衣，纽扣居中
大襟——上衣，纽扣侧偏
褉裑——便衣
长布衫——长袍
布裤斗——裤裆
开衩裤——开裆裤
汗衫——短袖、背心
背褡——无袖夹袄、背心
夹袄——双层上衣

项颈领——领口
馋兜——婴儿围兜
褡肚——肚兜
缏——衣裤折边
衫裾头——袖口
短筒袜——短袜
腰裙——围裙
汤布——汗巾
面巾倪——手帕
面巾——毛巾
趿鞋——拖鞋
套鞋——橡胶鞋
纠襻、纠——布纠眼、布纠槌
帽冠——瓜皮帽
出客衣——做客时穿的衣服
钉香——耳环
头髻网——发髻网罩
宽紧带——松紧带
被夹里——包被下层被面
被铺——被褥
大被——盖尸红被
鬼面壳——面具
行头——戏服、工具

动物　植物

活货——活动物
山兽——野兽
家牲——牲畜
扁毛——禽类动物
黄牯——雄黄牛
水牯——雄水牛
水雌——母水牛
犝牸——雌性小黄牛
豬娘——母猪
鸡脚耙——鸡爪
鸡肫皮——鸡内金
草鸡、草鸭——雌性鸡鸭
草子鸭——麻鸭
大猫——虎、豹
街（间）狗——家犬
豺狗——豺
狗头熊——狼、狼狗
毛兔——家兔
狼鼠——松鼠
麻狸——狐狸
毛鼠狼——黄鼠狼
山毛兔——野兔
田鸡——青蛙
蛙蟆——蛤蟆
蛙蟆蚍——蝌蚪
坑鸡、蜷——石蛙
气蛤——蟾蜍（癞蛤蟆）
白眼瞪——青鳉
白鱼介——白条鱼
圆眼壳——大眼鳊
宽口鳜、红鳜——桃花鱼
黄股鳝——黄鳝
黄蜡丁——黄颡鱼
鲶鲐——鲇鱼
乌鳢——黑鱼
白鲒——鲢鱼
鳖（团鱼）——甲鱼
直斑、横斑——光唇鱼
明脯——墨鱼
鱼鳞屚——鱼鳞
蚬壳——蚌
老乌——乌鸦
猫鸷——麻雀
鸪鸪、鹁鸪——斑鸠
老雁、雁老鹰——鹰类
雉鸡——山鸡
水鸭——野鸭
翼膀——翅膀
毛蚣——蜈蚣
火萤姑——萤火虫
蜢蜢咦、田螺翼——蝉
地蚕——蛴螬
蚱蚶——蚯蚓
壁翼——蝙蝠
活蝙——壁虎
滑蝳——蜥蜴
气哱——眼镜蛇

油菜花——王锦蛇
八节蟹——银环蛇
蟢——蜘蛛
蟢网丝、蟢网绷——蜘蛛网
坢缸虫——粪蛆
蛟虱——臭虫
雉鸡虱、牛毛结——蜱虫
密虱——墨蚊、飞蠓
螟虫——蚊子
蚩虫——孑孓
蚱蜢——蚱蜢、蝗虫
蚩蜓——蜻蜓
蟑虫——蟑螂
量寸虫——尺蠖
毛辣虫——松毛虫
蚜蚴——蚜虫
白蚜——白蚁
黄蚜——蚂蚁
蛀蛘——蛀米甲虫
黄货——农作物
芦穄——高粱
花麦——荞麦
粟米——小米
苞芦、观粟——玉米
番莳——番薯
洋芋——马铃薯
菩荠——荸荠
菜荠——菜帮
金瓜——南瓜
梨瓜——甜瓜之一
天蓏——丝瓜
落茄——茄子
辣荚——辣椒
菠菱——菠菜
梗菜——莴苣
苦荬——莴苣菜之一
茭笋——茭白
包心菜、球菜——包心白菜、甘蓝菜
空心菜——蕹菜
佛豆——蚕豆
蚕豆——豌豆
豆荚、金豆——四季豆
金针——黄花菜
菜栽——菜苗
菜头——萝卜
菜头缨——萝卜叶
九头芥——雪里蕻
鸡毛菜——萝卜菜苗
糖蔗——青皮甘蔗
青、蓬——艾草之一
蓋菜、苦叶菜——败酱草
田荠、香荠——荠菜
地棉——曲鼠草
芋禾——芋株叶梗
红毛芋、山东洋芋——菊芋
臭盏——鱼腥草
洋棕——剑麻
草子——紫云英
络麻——黄麻
紫麻——苎麻
蒲草——蔺草
藻——浮萍
柴档——树桩
树椏——树枝
树废、树碎——刨花、木屑
枞毛——松针
枞树——松树
木樨花——桂花
枧柒——檵木
柞子——橡子
指甲花——凤仙花
长毛花、柘宝花——杜鹃花
鸪鸪梅——雀梅
龙翼壳——芒萁
千年不大——六月雪
竹翳——竹膜
竹丝椏、竹梢丝——竹枝
大栗——板栗
榛栗——锥栗
树头果子——树上可食用的果实总称
山栀——栀子
山茶——油茶

桐子——油桐
柊梓——乌桕
藤梨——猕猴桃
正月葵——葵花子
攀榅——薜荔
香栾——柚子
麦李——柰李
花红——林檎
杏梅——杏果
杏珠——樱桃
蚕乌、桑冻——桑葚
水邋遢——普通念珠藻
青荑——青苔
寒葚——松菇
圆眼——桂圆

时序　天象

时节——时候、时间段
节头——节日
工夫——时间、工作日
日间——白天
夜间——夜晚
好季——好长时间
一季——短时间
一季厮——瞬间
厨顿头——用餐时间
五更——早晨
午前——上午
午饭——中午
午傍——下午
乌日——晚上
乌日根——傍晚
晃——天色黄昏
墨盲——漆黑
该日——今天
明朝——明天
后日——后天
旧年——去年
该年——今年
耽年——往年
耽日、耽遍——以前、过往
歇日——以后、将来
伊恁——现在
古历——农历
热（日）头——太阳
晴燥——天气干燥
豁线——闪电
落雨——下雨
茫露——雾霾
龙雹——冰雹
杀霜——霜冻
雪蚴——小雪
雪柞子——冰霰
雨毛丝——毛毛雨
霜冰——冰
凌枝、赫赫钻——冰凌锥
滴水滴冻——极寒
滥冬——冬雨连绵
春光头——春天
大六月——盛夏
乌洞天——阴天
响雷公——打雷
打大水——发洪水
天亮根——黎明前
过年根——年底
三十日夜——除夕
落地时辰——出生时间
半夜三更——深夜
天早五更——清晨
日头火气——日晒余热
瞪眼时刻、寅卯两时——片刻工夫
三年零六月——时间长
千年古（百）代——时间久远

动作　情态

习——理睬、入门
忖——思考、向往
惑——悟、理解
断——掐算
轧——核算
迾、迢——走路
�——闲逛

跶——漫步
躔——猪牛类疾奔
转——回
迭——去
偡——躺倒
跕——蹲
虬——蹲、卷曲
鞠——折曲
仄——侧身
转仄——翻身
溜——滑
困——睡觉
嘤——啼哭
讴、喂——招呼、叫唤
嗽——吸吮
哓——亲嘴、爱抚
饲——喂食
嬉——闲游
蛮——玩
掩、幽——躲藏
供——供奉、赡养
叨——责骂
报——告诉
瞙（望）、相——观看
睖——瞪眼
瞌——合眼
睃——瞥
斫——砍
挜——推
挟——抱
搦——揉搓
掼——回折、重复
挓——触碰
撸（捋）——抚摸
攮——手提
擎——高举
撮——捡拾
扭——捏拧、折拗
抲——捏、握、捉
搿——结交
掸——拂除
摝——摇动
捻——旋拧
绡——缠绕
掠——棍扫
摁——掩埋
揙——掩盖
揞——叠压
捺——按压
遮——掩、盖
扼、拗——折
搡——舂捣
松（搡）——投掷
掼、搡、掼——扔、甩
引——戳洞、穿线
擤——捏鼻排涕
掋——给、舍弃
掇——拿
擞——擦拭
搕——敲击
磕——坍砸
勒——裁纸
筒——卷
牮——斜向抵撑
牵——拉着走、拉（琴）
解——拉锯
就——凑、迎合
扽——猛拉
扴——擦屎
补——嫁
粨——粘
澄——沉淀
汏——洗
浪——汤水晃荡
推——水流
闸——阻拦
摞——积攒
囥——收藏
朗——晾晒
驭——放牧
饲——喂食
哺——孵

扣——搅拌
沥、浣——过滤
舂——用棍捅、捣
日——塞、填充
闯——闹腾
焗——引燃、暗火
爓——熏烧
烊——融化
竖屋——建房
结椁——做石砌墓室
塝磡——砌磡
掏地——锄地
插田——插秧
眣田——耘田
顾山——看管山林
驭门——看门
管顾——保佑
画佛——作画
迎案——迎神案会
做亲——联姻
发丁——人丁兴旺
领人——带小孩
佯癫——撒娇
值钿——宠爱、疼惜
厌弃——麻烦
怨心——怨恨
搭便——顺便
带挈——顺带
傍福——沾光
相帮——帮忙
承头——牵头
参情——参谋
和算——筹划、盘算
分食——分家
汏浴——洗澡
凫水——游泳
戽水——汲水、泼水
打屯——扎堆
讨伴——邀人结伴
帮伴——结伴、交朋友
做堆、做块——在一起
脱绌——走散、掉队
转迭——回去
搿头——回头走
相争——争吵
进舍——男子落户寡妇家
归处——回家
讨讯——打听
寄讯——带话
写戏——邀约戏班
落墨——签字
赶行——赶集
倒担、统端——全部买走
断价——讲定价格
卜价——估价
过手——经手
撇掴——扇耳光
赖派、赖谋——耍赖
谋命——害命
活骗——骗人
让气——赔礼道歉
吃铜——敲诈、强占他人财物
摘奶——断奶
出脚——败露
乱盘——胡搞、乱来
乱察——没眼光
蛮格、横格——不讲道理
剿反——疯闹
浑场——搅扰
作成——成全
作兴——时兴
落面——争吵、绝交
弄穷——糟蹋
讨摊——主动招揽
蹭人——偷情
黏雌——交配
现应——即刻应验
鬼钻——鬼头鬼脑
顾理——留意
白捏——瞎编
拉天、天话——吹牛皮
煞把——抓紧、用力

煞钹、煞末——结尾
记过——挂念、担心
说卦——祈祷
歇夜——收工
醒夜——熬夜
走跳——跑腿
调排——安排
差摆——差遣
抲拑、勤力——勤快
得知、好得——知道
脚（着）歇——作罢
歇憩——休息
放屙——大便
放尿——小便
食柴——挨打
打滐头——潜泳
打相打——打架
赶相赶、赶赶嗖——跑步
哺（孵）日头——晒太阳
蹀狮子——舞狮
掩幽猫——捉迷藏
摸乌盲——摸黑
追亮盲——追逐嬉戏
变戏法、做把戏——魔术
请财神——绑票
食耶稣——信基督教
送上山——送葬
念天谈——聊天
嚼舌头——乱说乱传话
捣脚头——捣乱
捧卵脬、舔朏臀——拍马屁
招娜婿——招赘
嬉媛媠——泡妞
客痴癫——人来疯
落亲眷——走亲戚
洗牙齿——刷牙
荡口嘴——漱口
置家私——积累家财
供（添）老师——供饭请工匠
打散工——做零工
摆架子——挑剔
倒架子——失面子
讨倒霉——自找没趣
弗想给——不舍得
听说话——被人数落
插烂糊——占便宜
死绝算——算计到家
起谋心——心生邪念
搪弗牢——受不了
道弗该——不高兴
落私己——据为己有
假择意——假装、故意
做记认——做记号
做人家——节俭
脚头顺——习惯性去向
宽慢至——慢走
渐渐至——慢慢来
拔直迲——照直走
踢脚绊——绊脚
仰板肚——仰躺
仆落盖——俯卧
朏臀墩——跌坐
倒咿呀——东倒西歪
骑马郎——小孩骑坐大人肩背
讲灵姑（女）——跳神、降神
打鼻头铳——轻视、不服气
白捏白撮——胡说八道
自念自应——自言自语
自装自吪——独自行事
满口满呕——大口吞食
半痴假呆——装傻
假托茅术——假装不知（懂）
算筋算骨——机关算尽
佯痴牝癫——胡搅蛮缠
黏汁夹潞——纠缠不清、不干脆
跳脚蹀手——手舞足蹈
仰拜西天——倒地仰躺
气急嘭哼——气喘吁吁
便汤捞菜——顺便获取
鸡娘翻卵——翻找不停
修行布路——做善事
安安仄仄——平静安稳

直恁横恁——主意多变
倒数摆烂、烂肚肠形——不负责任
求情下脸——乞求
七跪八拜——反复乞求

形容 比喻 状物

勇——厉害
怂——懦弱无能
紧——快
晏——慢
丧——运气差
歹——差、不好
木——迟钝
憨——鲁莽
巧——年幼
巧细——瘦小
捅——竹木直长且大小均匀
峋——坡陡
笪、晃——歪斜
出山——长大成人
活脱——活泼
死形——吝啬
呆陀——愚笨
坐库——呆板
客光——待客气度
让份、量器——肚量、气度
背古（鼓）——死板、执拗
退板——差劲、稍逊
激脑——搞笑、烦恼
恹萎——厌倦
中意——喜欢
打生——陌生
熟套——驾轻就熟
呒趣——害羞
呒伴——寂寞
呒干——坏了、没用
将（刚）对——正好
正数——中等
明工——熟练
停当、的确——合适
享意——惬意
造化——幸好
罪过——可怜
成丛——茂盛
清口——味鲜美
咸甚——味咸
甜甚——味甜
鲜甜——很甜
酸津——很酸
红（黄）兓、生好——漂亮
墨乌——漆黑
厘清——明白、清楚
脱清——无纠葛
嚷人——噪声大
心焦、焦人、狂人——焦躁、烦乱
卵火——恼火
痃人——瘆人
戳人——不光滑
腻心——肮脏、恶心
杀心——狠心
兼心——专心、挂在心上
难惶——糟糕、倒霉
难吃——吃不消
馆馋——嘴馋
贪谋——贪心
显焕——显眼
触眼——扎眼
颠股——贫穷
镶锡——生活讲究
叠棚——很多
呒解——难处理
撑排——满地溢湿
撑船——跛脚
逐点——全部
粥浸——湿透
鞭软——柔软
貅韧——韧性足
屁轻——分量轻
碎末——粉碎
稀涣——泥泞、烂熟
燥索——干燥
剪齐——整齐

统新——崭新
剐拆——开裂
扁瘢——走样
毂轮——圆形
四方——方形
甩直——笔直
条直——痛快
硬撑——硬着坚持
光拓——光洁、精光
箍紧——紧实
宽空——宽松
阔垟——开阔
道地——厚道
仙洞样——居室漂亮
净洁——干净
施斋——物件杂乱
粨革——污垢结皮
糊潜——黏糊
烟焜——烟雾熏人
闹热——热闹
清阔——整洁
清脱——无纠葛、清闲
清空——空闲
便当——方便
排场——食物丰盛
贼胚——贼人模样
官胚——当官的料
闯兽——好动、不安分的人
短言——不善言辞
端正——老实、结束
活络——心思灵动
生心——心存芥蒂
热肉——亲热
瘢毛——差劲
碎毛——小气
厘斤——斤斤计较
卡鬼——小气鬼
杀猪——宰客
假搬——假装
活狸——脸皮厚
倒牌子——丢脸
倒灶——走背运
倒楣——难为情
攮蒲——受批评、讨倒霉
缩屁、缩卵——差劲、窝囊
匹怂——无能之辈
老察——老成
嫩孺——幼稚
值岁——小孩乖巧、身体好
本事——乖巧、规矩
手段——能干
乱形——难事、难处的人
插柴——事情糟糕
眼热——眼红
黏战、捻藤——拖泥带水
裂天——声音响亮
夹爿样、切菜样——嘴快话多
煞门（把）——厉害
着力——费劲、劳累
尽死——用尽全力
断种——绝后代
犇众——合群
合板——合拍
夹板——糟糕
落（搭）对——合仄押韵
入调——合规矩
一式——同样
白话——故事
光景——样子、程度
牌头——靠山
通牵——平均
散出——折子戏、非正题话语
散碎——零星
搭头——添头
褪价——掉价
死蟹——比喻倒运
癫婆——泼妇
雄戏——男人妖媚
花泡——浮夸
妖狸——扮相妖艳
策门、路数——办法、思路
灯盏——认死理

硬屙——傻、固执
柴坯——挨打的人
螺陀——不打不动的人
狗皮——衣服脏
阴骘——行事有伤阴德
乌龟愣——发懵
死羊眼——目光呆滞
软皮卵——没骨气
晏死形——动作迟慢
熬猢脂——做事磨蹭
活无常、阴司人——人模鬼样
阴司腔——语气阴森
外路腔——外地口音
门面光——外部形象
清阔气——清爽洁净
形景头——形象做派
腔板头——语气态度
白鼻头——奸诈小人
鸡肚肠——心胸狭窄
烂芋禾——穿着邋遢
桐油瓶——脖颈结垢
大哥气——高冷、傲慢
轻骨头——多事、缺乏自重自持
背死人——拼死为人代过
罪过霉——可怜
花天粉——浮夸、好吹牛、吵得厉害
百客熟——见人就熟
口食运——口福
皮老鼠——小孩顽皮
野狐头——不专心
呒落着——不着调
呒意思——难为情
花头经——表面文章
明堂经——套路
半夜魂、点灯仙——夜深不寐
八脚蟢——字迹潦草难看
冰铁冷——温度低的感受
温暾暖——微热、性情温和缓慢
书糊古——书呆子
巧滴滴——娇小
大麦娘——硕大
赤朏臀——精光
腻心相——貌丑
布袋和（尚）——胖子
冲冲动——踉跄
险险惊——惊险
寒噤噤——惶恐
脱脱落——丢三落四
活菩萨——面慈心善
扦头直——重负卸后的释然
鸡头神——失魂走神
天话屁——吹牛
雄鸭嘯——声音嘶哑
应天响——说话大声
凶嘎嘎——气势汹汹
指头枪——戳指骂人
驭牛坛——牧牛的地方
死活门、轻重头——利害分寸
街狗喊——空喊
洞底狗——窝里横
万人俏——漂亮、讨人爱
万人憎、得人憎、犯臭——讨人嫌
将将、恰恰好（好）——正合适
扣卡扣（数）——没多余
滴答滴滞——水淋淋
四方叠整——形状方正
灰尘墶埲——尘土飞扬
剐拆莲花——裂缝多
壁角肉弄——角落
归门出户——事理规矩
失貌丢魂——失魂落魄
死形败活——萎靡慵懒
心弗搭肺——心不在焉
正龙正脉——名正言顺
百热百烫——烫热
扬鼓扬威——耀武扬威
像貌正经——认真
血污狼藉——满身血污
乌丑花脸——肮脏的人或物
赖糊客人——邋遢、赖皮
无理凭空——平白无故
糊里夹焦——混沌、模糊

夹板生意——遇上难事
小轻薄力——体弱无力
盲眼蕲蛇——阴毒小人
闯塘乌鳢——惹是生非的人
棉絮底虱——性格温暾
呒头苍蝇——失去方向的人
呒头呒脑——没有头绪
呒腔呒缕——口无遮拦
鬼刁百怪——刁钻古怪
铁铊平安——稳妥平安
千众罕一——极少
脱头落脚——丢三落四
半痴假呆——装疯卖傻
半傻不及——蠢笨、智力低下

其他

恁——这样
咋恁——怎样
伊垲——这里
阿垲——那里
伊个——这个
阿个——那个
垟——开阔地
坪——平地
弄——川谷、狭道
硠——瀑布
嶰——高山坪地
垅背、垅岗——山脊
坛场——地方
市坛——集市场地
行日、市日——集市交易日
闲日——非交易日
界至——边界、边界标志
东央——中间
团圈、四圈——周围
葫芦圈、轱轮圈——圆圈
滨沿、边沿——旁边
横边——旁边
脚根——附近
面头先——前面
末脚——末尾
后昆——后面
一庹（tuò）——大拇指与食指或中指之间的长度
一擎——两臂平伸长度
垡——批、层
大模子——大概数
地垯——旱地
屙——粪便
垀——粪
栏垀——栏肥
寿元——天定寿数
常主——宗族公有
燥纸——纸张
字墨——文字契约
洋码字——阿拉伯数字
坼——缝隙
絼——绳结
泛——泡沫
家私——家财
钿——钱
私己钿——私房钱
哈角子——硬币
散钞——零钱
出数——收入、出产
水口——毛收入
镬焦墨——锅底灰
碎柴——毛柴
烰炭——柴炭
塕、埲尘——灰尘
垃撒——垃圾
碗爿锋——瓷碗碎片
料作——材料
洋灰——水泥
条石——长条石材
黄泥——泥土
篾爿、篾夹——篾条
油岩、溪滩岩——河道的石头
岩头——石头
岩塔——巨岩
麦麸岩——砂岩
岩冲——巨石斜凸
大山娘——大山

烂糊泥——稀泥
水孔塘——有水洼地
冷水——山泉
人家（音姑）头——民居
独份坛场——独户民居
县道头——县城
上下三处——邻村
散处——散村、散户
胭脂花粉——化妆品的总称
羹碗（饭）牌、位牌——灵牌
上横头——宴席主位
仵冢地——小孩埋尸地
清明旒——悬挂坟头的纸带

第三章 语法

缙云方言与普通话的主要差别在于语音、词汇，语法差异甚少。严格地说，仅是词法差异。20世纪90年代以来，词汇扩展变化更多的是来自普通话，故本章所述以缙云话传统语法中的词法为主，兼有少数句法。

第一节 实词

名词

缙云方言的名词，有如下几种构成方式。

多音节语素的名词 一般无法分拆的基本名词，这一类名词的成语素固定。如："苞萝""萝卜""葡萄""螺蛳""鸳鸯""凤凰"。

名词＋名词的组合名词 由两个以上名词组成，可以分拆，但是拆开以后含义改变。如："柿饼""菜心""床脚""箬帽""钩刀""田柿""菜头钱""衣裳板""街狗尾巴"。

名词＋形容词的组合名词 普通话中，只有少量组合名词把形容词放在名词后面，如"豆腐干"。在缙云方言中，这一类型的组合名词比普通话要多得多。如："铜绿""菜干""笋咸""被单""人精""布裤单""豆腐咸""番莳干"。

名词＋动词的组合名词 这一类组合名词比较少，而且动词部分有名词化的趋向（如"瓶塞"一词，其中的"塞"字就可以看作是名词"塞子"）。如："鞋拔""瓶塞""镬戳""草削""天萝刨""棒拄"（ty53）。

动词＋名词＝组合名词 与普通话中"唱歌""跳舞""打人""放牛"之类的动宾结构词语不同，缙云方言中的此类名词，意思偏于后一个语素，前一个语素只是说明使用方式。如："剃刀""刺刀""砻磨""杀坯""抵指""推刨""车钻"。

形容词＋名词的组合名词 这一类组合名词数量最多，且其中一部分最常用的形容词组成部分变成前缀性质，可随便更换引申。如：指"大"的，即有"大人""大树""大桌""大溪""大房间""大桥"等。指"小"的："巧人""巧桌""巧房间""巧姐""巧新妇"等进行组合。

数词＋数词的组合名词 缙云方言用纯数字组成的名词不多，且大都是转义词或派生词。如：“三七”指一种中药材，或指人死后的第二十一天；“七七”指人死后的第四十九天，或指七夕；“十三”是“十三点”的简称，指傻乎乎的人；“八十”指缙云人从前用来计算田亩大小的单位是“把”（八十把为一亩）。

数词＋名词的组合名词 这一类组合名词数量较多，有的不能分拆。如：“六月”（泛指整个夏天）、“千斤”（一种藤）、“三十日夜”（除夕）、“七姊妹”（月季花的一种）、“十八狐狸”（迎神赛会中的节目）、“十八间”（当地一种房屋的建筑格局）。

数词＋量词＋数词的组合名词 这种组合的名词比较少，大都是转义。如：“千句一”（指一千句话只能听一句话的人）、“三月三”（桃花节）、“九月九”（重阳节）。

数词＋量词＋名词的组合名词 如：“三层楼”“三里街”“八角刺”“三只手”“四只眼”。

前缀＋名词＝组合名词 缙云方言中“真正的”名词前缀，只有两类：一类是有含义的，一类是没有含义的，但都不能分拆，拆开以后，就成了另外的含义了。此外，还有一种名词前缀是“外来”的，缙云本地以前没有这种用法，但是在20世纪中期后的缙云话中，已经流行开来。有含义的，如：用“老”来表示年长或尊称、或排行，“老张”“老李”“老大”“老三”；用“小”表示年轻或亲热，“小张”“小李”。无含义的，如“苦嘴”“苦臀”“老鸦”“老师”“老板”；外来的，如“阿庆”“阿香”。

名词＋后缀的组合名词 特具缙云方言特色，后缀部分基本固定。主要有：后缀“儿”，读作阴去［ȵi53］（作“儿女”解的“儿”读作阳平［ȵi24］）。可以加在动物和物品的后面，表示年龄和形状的小，含义和普通话的名词儿化韵尾不同，如“凳儿”“猪儿”“黄瓜儿”“巧人儿”（指年龄小）“房间儿”“学生儿”（年龄小，不一定是小学的学生）。

后缀“娘”，加在已经具有生育能力的禽畜后面，表示“母性”身份，如“鸡娘”“猪娘”“老鼠娘”。

后缀“子”，缙云方言中除了“肾子（睾丸）”“狮子”“糖饼子”等极少几个词用“子”字作为构词材料之外，一般只加在植物名称后面表示种子，如“桐子”“柊子”“金瓜子”。后缀“头”，加在名词后面，有不同的含义。表示破烂的，如“衣裳头”指破衣服，“草席头”指破席子，“菜篮头”指破篮子。

后缀“头”，可读作本音［diu24］，也可以读作变音［diu24-tiu33］，并可以根据连读变调规律变调。例如“泮［衣］头”的“头”，就要读作［diu24-tiu41］。表示处所、地点，读本音［diu24］。如“苦嘴巴头”指嘴头上。“镬灶头”指锅台上。如缙云民谚：镬灶头［tsʰəɯ435-5］薄刀＝锅台上捡菜刀（比喻方便，容易做到）。表示头目。如“讨饭头”指叫花子头儿，“强盗头”指土匪头子，“流氓头”指流氓团伙头子。此类“头”字一般变读作［diu24-tiu33］，表示鄙夷；读作本调，则表示强调此人的身份。表示某种物体的剩余，一般变调读［diu24-tiu33］；也可以读本调。如“粉笔头”指一点点长的粉笔，“布碎头”指衣布边角料或旧衣服拆下来的旧布。其中“粉笔头”“布碎头”的“头”读阳平或中平均可，“布碎头”的“头”一般读变调阴去声。表示职业，如：“厨头”指厨师。没有意义的纯词尾，如：“骨头”“岩头”“菜头”“脚［kʰuã44］头”。

后缀“佬”，加在某种人的后面，表示鄙称。如“晚爷佬”，“晚爷”指“后爹”，“晚”读［mɑ32］，表示对后爹的鄙称，一般背后或吵架时的称呼。

后缀“克”，加在某种人的后面，表示半鄙夷，半可怜。“克”字疑是“客”字的音转，永远读中入［kʰɛ5］。如：“讨饭克”指叫花子，“晚儿克”，指非亲生子，读作［mɑ32/ȵi24］。

后缀“爿”，加在人或动物后面，表示鄙称。如“晚娘爿”，是“晚儿”对“晚娘”的鄙称；“猪娘爿”指已经十分衰老的老母猪。

传统缙云话中没有“匠”这个构词语素，但有“老师”这个尊称。以“人”构词的词条，一般只用于背称。面对各种匠人，即称“老师”，如“做木老师”“剃头老师”“做泥水老师”“做衣裳老师”等。对比较文雅的职业，如教师、艺人、卖卜者之类，即称“教书先生”“唱故事先生”“算命先生”等。

名词的指多和指差 在缙云方言中，有一个名词附加语“厮”，具有后置语助词的功效，用来表示该名词质量的差或数量的少。如：我处 [vε3]，怎有 [lε3]、食点苞萝羹厮。

动词

动词 + 名词的组合动词 可分为动宾结构、非动宾结构及例外三类。动宾结构，如："打人""斫柴""望戏"。非动宾结构，表示某种感受，有转变为形容词的趋向（后面可以加副词性后缀 [mã41]，表示"极"），如"吓人""羞人""笑人" [kuã44]（怕）人。例外结构，看似动宾结构，其实只是一种习惯用法，如"打柴""葬坟""孵热头""烘火笼"。其中"打柴"，不是指上山砍柴，而是被人所打（"柴"指的是打人用的木棍、木棒之类）；"葬坟"，不是把"坟墓"埋葬了，而是把"死人""棺材"埋葬；"孵热头"指晒太阳，其构词与"孵小鸡"完全一样，含义是"被太阳晒"；"烘火笼"不是把火笼拿去烘，而是把火笼拿来烘手脚取暖。

动词 + 后缀的组合动词 缙云方言中动词的后缀很多，比较常见的有，表示肯定的后缀，"得翻"指经济上能够承担。如：食～，即吃得起以上；"得动"指体力上能够承担。如：背～，即能够背起来。表示否定的后缀："勿翻"指经济上不能承担。如：食～，即吃不起。"勿动"，指体力上不能承担。如：背～，即不能背起来。表示少的后缀："厮添"，有"只剩下"的意思。如：镬［牢］余一碗粥～，表示锅里只剩下一碗粥了。也可单独说"厮"或"添"。例如：镬［牢］余一碗粥厮，表示锅里只剩下一碗粥。"娘"，带有"仅仅"的意思，相当于"他妈的"。如：食～一碗粥，表示仅仅吃了一碗粥；余～一块钞票，表示就剩一块钱了。还可把"娘""厮""添"三个后缀连起来用，意思相同。如：我袋［牢］余娘一块钞票厮添，表示我口袋里只剩一块钱了。表示延续的后缀，"添"表示再、继续、增加。如：食一碗～，即再吃一碗，望记～，即再看一会儿。"记添"表示"再……一下"。如：望～，即再看一下。表示语气的后缀，"咦"表示动作的结束，相当于"起来"。如：五更爬～，即早上起来。表示短暂的后缀："-记"是"一记"（一会儿）的简略，表示动作短暂的后缀，相当于"一下"或该词条的重复。例如：借我 [ȵiɑ44] ～＝借给我看一下。[iɔ435] 点我食～ = 给点儿我吃吃。表示疑问的后缀，"摸"表示不相信，要亲自试一试，是"望" [mɔ̃214] 字失去尾辅音的变音，相当于"看"，一般用在重叠式动词的后面。如：尝尝～，即尝尝看；听听～，即听听看。表示尝试的后缀，"记摸""记"和"摸"连起来用，相当于"× 一下看"，一般只能用在单音节动词后面。如：尝～，即尝一下看；听～，即听一下看。表示开始的后缀，"起"，意思为要求先做某一件事情。如：饭食落～再去，即先把饭吃了再去，衣裳着咦～再趟出，即衣服穿上了再走出去。表示开始的后缀，"记起"后缀"记"和"起"还可以连起来用，相当于"先 × 一下再"。如：等～再开门，即等一会儿再开门；尝～再买，即先尝一下再买。表示重复的后缀，"食"表示动作的短暂重复，相当于"一下"或动词中间夹"一"，一般都用在重叠式动词后面。如：洗洗～，即洗一洗或洗一下；晒晒～，即晒一晒，或晒一下。

动词重叠变形容词 大都由动词词素重叠后 +"人"构成，表示某种感觉。如：硌硌人 [go32/go32/nen24]，床（牢）都是豆，困上面～。戳戳人 [tsʰɔ435-5/tsʰɔ435-5/nen24]，毛线衣着贴肉，～。抽抽人 [tsʰiu44-33/tsʰiu44/nen24-53]，清凉油擦额角头，有点～。

副词性动词前缀 这种副词性前缀，单音节的，大都从形容词变来；双音节的，大都从象声词变来。单音节前缀，如：白捏，指说谎，本意是"平白无故地捏造"；活骗，指欺骗。双音节前缀，从象声词转变而来，如：别别跳 [bã32/bã32]；从非象声词转变而来，如尽死食。

副词性动词后缀 只适用于某一个或某一类动词。不能通用。实际上是这一动词含义的扩展。如：翘公公 [tɕʰiə53-33/koŋ33/koŋ33]，佢怀孕六七个月小产落，巧人儿老八鸡～，是个儿。

动词完成式 凡是普通话中用"了"表示完成的，缙云话一般都用"落"和"过"表示完成式。如：食落三碗饭，即吃了三碗饭；我乌日食落便去，即我晚饭吃了就去。

动词重叠中间插入 [bɑ32] 表示行为的重复"再来一次"，缙云方言动词中间插入 [bɑ32] 来表示。如：

我忒佢讲［bɑ32］讲，佢便是弗听；点菜头丝晒［bɑ32］晒便恁晒勿燥。

形容词

形容词加副词性程度前缀 用来加强语气。如："墨乌""墨大乌""墨咕大乌"，"墨"从名词变副词，相当于墨一样黑。

烂独［uɑ44］弯［uɑ44］，相对于肮脏。

雪白，雪大白，雪［虢］白，"雪"从名词变副词，相当于"雪一样白"。

薄［sia435-5］薄，即极薄。

率［syei435-5］平，即极平。

［sia435-5］淡，即极淡。

烂稀痛，即很痛。

［xou435-5］嫩，即非常嫩。

［ɕia435-5］亮，指光源的明亮。［xua435-5］亮，指反光的闪亮。［ia435-5］光，即极光滑。

镜光或镜［虢］光，镜卵光，指钱财用光或当光。

率光烫，即极光滑。

稀苦，稀大苦，即极苦。

锋快，即刀锋利。

经［虢］空，指容器内、房间里的东西全部出空，也指口袋里、钱包里的钱全部花出去。空［kʰoŋ53］，即率空，率大空，率卵空，指时间的空闲。

铁虢硬，"铁"从名词变副词，相当于"铁一样硬"。

稀欢［xuɑ44］，稀大欢，指肉类煮烂。

虢黄，指如成熟的橙子那样亮黄。津黄，指病人的脸色黄而憔悴。津虢黄，指病人脸色的焦黄。虢红，指大红色。

惴惴［tsyɑ41/tsyɑ41］惊（跳），指心头的惴惴不安。

屁轻，屁大轻，屁从名词变副词，相当于"屁一样轻"。

百热，百烫百热，指食物刚刚出锅、出炉，烫口、烫手的热。

稀韧［n̥ien214］，稀大韧，指根本咬不动的、没煮熟的肉等。

棉（鞭）［miɛ44］软，"棉（鞭）"从名词变副词，相当于"棉（鞭）一样软"。

喷香，喷喷香。

嗷嗷［ŋã24-33/ŋã24-33］响，专指小辈对长辈不尊敬地大声说话。

［den32］嘭响，指打麦、打稻子的声音或摔东西的声音。

率尖，率虢尖，指很尖。

率青，率大青，指水果等还很青，没成熟。

鹊［tsʰiɔ435］湿，烂独［tsʰiɔ45］，指很湿。

稀臭，烂稀臭，稀大臭，指很臭。

冷［kuã41］长，指人极瘦而个子极高；"［kuã41］"是从"拐"［kuã53］字变来，原意是拐杖，变调读阴上。

津酸，津大酸，很酸。

燥［siə53］——焦燥，指带汤的食物如汤面之类把汤滗干了，显得十分干；与"焦"无关。津瘦，津虢瘦，一般只用来指人。

壁实，壁铁实，指容器内物品装得满满的，也指人多拥挤。

形容词加副词性程度后缀 用来加强形容词语气的。如：矮鼻鼻，指房屋矮。

矮团团 [dəŋ33/dəŋ33]，指人矮而微胖。
[ɔ̃41] 牛牛，指软而带韧性。
[ɔ̃41] 脓脓，指柿子一类属于半固体的柔软。
痒风风，指微微有些痒。
乌墨墨，指纸张之类的黑色。
乌滴滴，指衣服之类的乌黑。
乌督督，指黑而不难看的物品。
乌秃秃，指黑而不好看的颜色。
乌彤彤，指天色的昏黑。
乌碌碌，乌溜溜，指眼珠大而有神，而且滴溜乱转。
乌切切，乌秋秋，指人的脸色黑不溜秋，没有光泽。
扁塔塔，指馒头之类没有发起来。
扁咕 [ʥia35]，指脸型扁得像柿饼。
白塔塔，指浅色布褪色以后接近白色。
白落落，指白费力气。
白松松，专指雪白的长头发或长胡子。
白 [sia5/sia53]，指淡白或惨白。
薄 [xɑ33/xɑ44]，指布料的薄。
薄 [sia5/sia53]，指纸张、烙饼之类的薄。
皮愣 [tʰəŋ3]，指孩子调皮不听话。
肥 [bi24]、肥愣 [tʰəŋ3]，指肥肉太肥。
蛮路路，指人粗鲁，不精细;“路”是“鲁”的音变。
慢 [tʰəŋ44-33/tʰəŋ44]，是“慢吞吞”的缙云读音。
毛哄哄、毛兴哄，指肉皮上毛多。
木术术，指人行动不利索。
懵 [moŋ32]、懵 [gɔ32/gɔ33]，指人糊里糊涂，上当受骗也不知道。
淡 [sia5/sia53]，指汤的咸度不够。
淡 [kua5/gua35]，指菜的咸度不够。
大 [do214]、大 [bã24-211/bã24]，指大而臃肿。
大 [dzyei5/dzyei35]，指小姑娘因肥胖而行动迟缓，显得不灵活。
甜 [ʥi32/ʥi214]，指不舒服的甜味。
蓝 [ien41/ien53]，指一种色彩柔和的蓝色，但不能用来指天空。
蓝虢虢，指一种美观的蓝色，如蓝布之类，也可以指天空。
老 [kɔ5/gɔ35]，指蔬菜、豆荚之类老得很了；少数场合也指人老态龙钟。
绿 [ã44-33/ã44]，指一种有美感的嫩绿色。
绿 [ien44-33/ien44]，指一种有美感的深绿色。
凉 [ien41/ien53]，吃冷饮后从口腔到身体内部感到凉爽。
凉 [syei435-5/syei5]，是气温低使身体、皮肤感到凉意，相当于“凉飕飕”。
亮 [xua5/xua53]，指房间里的光线明亮。
合 [kə435]，合吹吹，指小孩儿困了，眼睛微闭。
开 [xɑ435-5/xɑ5]，指人冬天敞着怀，不扣上衣扣。

巧的的，巧 [tɕʰiɛ435-5/tɕʰiɛ53]，指女人娇小玲珑。

空 [den32/dɔ̃32]，指空落落，指无法落实的空话。

苦 [tei435-5/tei5]，指食物略带苦味；苦 [ti33/ti41]，指食物的味道极苦。

宽愣腾，指脾气性格，办什么事都不着急。宽 [dzɿ32/dzyɑ32]，指衣服的宽大。

厚 [gə32]、厚 [bia35]，厚 [bia5/bia35]，指纸张极厚；指粥极稠。

硬 [kua435-5/kua5]，硬而松脆；硬 [gua35-kua5/gua35]，硬而不松脆；硬 [tɕiei435-5/gɔ35]，相当于"梆梆硬"；硬 [sei5/sɔ5]，厚纸、厚布等摸上去有一点儿硬的感觉。

憨愣 [tʰəŋ3]，不是指人憨厚，而是指人毛手毛脚不知轻重。

好的的，相当于"好端端"。

欢 [xuɑ44]、欢溜溜，指煮的食物已经煮烂，而且恰到好处；欢流，指煮的食物已经很烂了；欢 dzia35，指食物煮得过于烂了。

灰秃秃，浅灰色。

灰溜溜，指情绪上的无精打采，十分扫兴。

昏团团 [təŋ53/dəŋ24]，指人脑子不清，办事糊涂。

咸 [te41]，咸苦，指味道极咸。

黄 [虢虢]，指一种好看的鲜黄，如成熟的橙子等；黄 [nã33/nã33]，指一种好看的焦黄，例如烧饼之类；黄津津，指人的脸色泛黄。

红 [tʰəŋ33/tʰəŋ33]，好看的嫩红，白里透红，例如小姑娘的脸色；红 [kua5/kua53]，指一种好看的红；红 [tsʰɿ33/tsʰɿ3]，指一种难看的红。

腻咭咭，指一种疲软的口感，例如还潮了饼干之类；腻沱沱，指一种潮湿的手感，例如没干的衣服。

韧 [ȵien214]、韧 [kəɯ5/kəɯ53]，指肉皮、牛皮糖等食物有韧性。

壮鼻，很胖；壮鼻鼻 [biei5/biei5]，胖，但不是很胖；壮团团 [dəŋ33/dəŋ33]，指人个子矮小而身子微胖，是一种不难看的微胖，特指女人和小孩儿。

枕鼻，指极为拥挤。

紫 [督督]，浅紫色；紫嘟嘟，鲜艳的紫色。

糙 [li32/lɑ32]，指物品的表面不光滑。

赤术术，全裸，相当于"赤条条"（"术术"的本义是小孩子的小鸡鸡，原来指的是光屁股的小孩儿，后来发展为指所有人的裸体）。

臭鼻，指极臭；臭烘烘，指有一些臭味。

青 [dʑi32/dʑi214]，指水果还没成熟的青色。

酸津津，指醋或者未成熟的水果的酸味；酸珠珠，指酸菜或隔夜菜之类的微酸。

燥匪匪，指食物干硬，难于下咽。

瘦筋筋，指人不好看的瘦。

松 [gɑ32/gɑ32]，指绳子之类的松懈。

油 [uəɯ435]，油太多了，例如头发上的发油搽得过多。油 [uəɯ435-5/uəɯ5]，指一种好看的圆滑光亮，如小玉器饰物或小石头之类；油律，相当于"油极"；油律律，专指菜炒得油汪汪的。油 [dʑi32/dʑi214]，例吃过油条之后，手上油了呱叽的；油刷刷，指看上去油亮油亮的，如烙饼的表皮有亮光；又如狗、马等的毛有亮光。

活拔拔，活得挺精神的。

形容词的通用后置副词 有一些形容词，可以用一个通用的后置程度副词"[mã41]"（极）加在后面作为"增强"比较级。这个通用的后置副词，几乎适用于所有的形容词（包括单音节和复音节），甚至某些可以加前缀、后缀的形容词。为了加强语气，还可以把形容词重复一遍。如：长 [mã41]，长 [mã41] 长；短 [mã41]，短 [mã41] 短。

好 [mã41]，好 [mã41] 好；坏 [mã41]，坏 [mã41] 坏。

凶 [mã41]，凶 [mã41] 凶；辣 [mã41]，辣 [mã41] 辣。

冷 [mã41]，冷 [mã41] 冷；热 [mã41]，热 [mã41] 热。

大 [mã41]，大 [mã41] 大；红 [mã41]，红 [mã41] 红。

红武（漂亮，好看）—红武 [mã41]，红武 [mã41] 红武。

形容词的准通用前置副词　有一部分形容词，可以把程度副词“老”（很、极）、“烂”（非常）加在前面，以表示程度的增加。由于这个副词不能加在所有的形容词前面，所以不能称其为“通用前置副词”，而只能称其为“准通用前置副词”。此外，加上副词“烂”以后，形容词还可以重叠；在某些形容词（多数是贬义）前面，“烂”也可以扩展为“烂稀”“烂独”。如：老长长 [tsʰiɔ435]（湿）—老 [tsʰiɔ5/tsʰiɔ435]；烂热热，烂冷冷；烂弯弯，烂熟熟，烂贵贵；烂孬孬 [ɕiei435]。

烂稀臭，烂稀痛。

形容词重叠表示程度的增强　单音节、双音节形容词都可重叠，以表示程度的增强。双音节词的重叠，可以有 ABAB、AABB 两种方式。如：长长，短短；骨骨轮轮，四四方方；雪白雪白，鲜甜鲜甜；红红绿绿，大大巧巧，长长短短，好好孬孬。

加重并拉长读音表示程度的增强　缙云方言的形容词还可用加重并拉长读音的方法，来表示程度的加强。而加重并拉长读音的，往往是副词性的前缀、后缀或后置副词。此外，还可以用重复的方法再增加程度。如（破折号表示读音加重并延长）：鲜甜，鲜——甜，鲜——甜鲜甜；铁硬，铁——硬，铁——硬铁硬；酸津，酸津津，酸津——酸津；苦帝帝，苦帝——苦帝；大 [mã41]，大 [mã41]——大 [mã41]——大；凶 [mã41]，凶 [mã41]——凶 [mã41]——凶。

动词＋人的形容词

在缙云方言中，有一个比较特殊的现象，那就是动词（包括不及物动词）后面加“人”组成形容词，这个“人”字不是目的格，不是他人，一般是指说话人自己。如“戳人”，在缙云话中是形容词，意为说话的人感觉到有东西在扎自己。东乡腔还可以在前面加“[siɔ44/mɔ̃53]”（非常）戳人，也可重叠说“戳戳人”。

冰人，是自我感觉到冷或者凉，可以在前面加程度副词“烂”，表示“挺凉”“很凉”，也可加后置程度副词 [mã41]，表示非常凉（程度比“烂”高），也可以重叠为“冰冰人”，表示略微有点儿凉。

麻人，是吃到了花椒之类让舌头发麻的东西，可以在前面加程度副词“烂”，表示“挺麻”“很麻”，也可以加后置程度副词 [mã41]，表示感到非常的麻，还可以重叠为“麻麻人”，表示略微有些麻。

烫人，是指自我感觉到的热或者烫，不是用热东西去烫别人，可以在前面加程度副词“烂”，表示“挺烫”“很烫”，也可以加后置程度副词 [mã41]，表示非常烫，还可以重叠为“烫烫人”，表示略微有点儿烫。

硌人，是自我感觉到硌得很，可以在前面加程度副词“烂”，表示挺很硌，也可以加后置程度副词 [mã41]，表示硌得非常难受，还可以重叠为“硌硌人”，表示略微有点儿被硌的感觉。

焦人，是自我感觉到内心的焦躁。可以加后置程度副词 [mã41]，表示内心非常焦躁，还可以重叠为“焦焦人”，表示虽然已经有些焦躁，但还能够忍受。

抽人，不是抽别人耳刮子，而是抹了清凉油之类的薄荷制品，好像有一种很舒服的感觉一直凉到了肉里面去。可以加后置程度副词 [mã41]，表示过于凉爽，反而不太舒服了。还可以重叠为“抽抽人”，表示微微有些凉爽的感觉。因为“抽人”是一种舒服的感觉，所以没听见有人说“烂抽人”的。

寨人，是“扰人”的音变，不是去打扰别人，是指噪声太大，被别人吵扰了。可以在前面加程度副词“烂”，表示很吵闹，也可以加后置程度副词 [mã41]，表示吵闹得非常难受。

数词

序数词一般在数词前面加上“第”构成。“第一”有时候也可以用“头一”代替，如“头一个”“头一次”“头一日”等。但“考第一”不能说成“考头一”。最后一个序数，也可以说成“末脚”，如：“末脚个”“末脚日”“末脚回”等。

量词

缙云方言的量词很多，这里对量词后缀和附加词作介绍。如“把”作数量词后缀 [po3]，永远读轻声。用在数量词后面，表示略多而数字不定。例：个把人是弗够，指一两个人是不够的。有百～个学生，指一百左右学生。有粒把黄沙，指有一两粒沙子。有年把工夫，指一年左右时间。但不是任何数量词后面都可以加“把”。是不是能加，没有一定的规律，而只能从习惯。如可以说“年把”“日把”，却不能说“月把”，而要说“个把月”。同样，“年把”“日把”，也不能说成“个把年”“个把日”。比较特殊的是时间，可以说“九点把半钟”的句式，表示“九点到九点半之间”。量词中有“碗把饭”“块把钞票”“粒把黄沙”“件把衣裳”等。

缙云方言中有一个“通用附加语”：厮，可以加在名词、量词、代词、指代词后面，表示质量的不高和数量的稀少。加在量词后面，表示的是数量的稀少。如：食娘一碗厮，饭便没 [nei3] 哦，即只吃了一碗，饭就没有了。你处鸡便恁一只厮哒？即你家的鸡，就这一只呀？

吴越主编的《缙云县方言志》编有“缙云方言量词总表”，按国际音标声韵母系统，列出缙云方言的量词 91 个，作具体记述。

代词

代词的用法，主要是具体的词条，缙云方言和普通话之间有很大的区别。

第一人称单数 缙云话的第一人称单数代词，除了“我”之外，还有一个“同 [doŋ24/ŋo24] 我”，同只是附加词素，没有任何意义和功用。同我二字急读，可以合并为一个音 [toŋ41]，意义不变。

第二人称单数 缙云话的第二人称单数代词，除了“你”之外，还有一个“定你 [den32/n̥i32]”。“定”只是附加词素，没有任何意义和功用。“你”和“定你”两者通用，可以互相取代。“定你”二字急读，可以合并为一个音：[ten41]，意义不变。

第三人称单数 缙云话的第三人称单数代词不用“他”而用“佢”[gɯ24]。这是古音的保留，也就是古文中常见的“渠”。“佢”不分性别，而且只能用于人，一般不能用于物或动物。没有和“她”“它”相适应的代词。

第一人称复数 缙云方言没有“们”这个后缀，“我们”，用“我粒人”[ŋo32/lɛ3/nen3] 表示，也可以简略“我粒”。“咱们”用“自忒你”[zɿ214/tʰei5/n̥i3] 或 [zɿ214/tʰei5/nen3] 表示。

第二人称复数 普通话里的“你们”，缙云方言用“你粒人”[n̥i32/lɛ3/nen3] 表示。

第三人称复数 普通话的“他们”“她们”“它们”，缙云方言用“佢［粒］人”[gɯ24/lɛ3/nen3] 表示，不分性别。

反身代词 普通话里的“自己”，缙云方言第一人称代词用“我自”[ŋo32/zɿ214] 表示，也可以简略为“自”。第二人称用“你自”[n̥i32/zɿ214] 表示。如：饭搭镬底，你自去帝来食，即饭搭在锅里，你自己去盛来吃。第三人称用“佢自”[gɯ24-32/zɿ214] 表示，如：咿件毛线衣驮转去 [mə3] 佢自着，即这件毛衣拿回去给他自己穿。

泛指代词 普通话里的“人家”，缙云方言用“别个”“别人”表示。如：别个（别人）东西莫眼热；自东西 [ŋɔ̃214-53] 值钱粒，即人家的东西莫眼红，自己的东西要爱惜些。

疑问代词 普通话中的疑问代词，如“谁、什么、哪儿、多会儿、怎么、怎样、几、多少、多么”等，在缙云方言中相应的词语是：

“谁”，用“菜个”[tsʰe53/ko3]表示。“什么”，如果问的是“什么东西”，用“[da214]厮”（“厮”可以理解为“东西”的简略）或“[da214]门件”（“门件”即“东西”“物品”“物件”的意思）表示。如果问的是“什么事情”，缙云方言用“[da214/gɛ24]”或“[da214]事干”表示。例：你[ɔ44]我来[da214]事干？即你叫我来干什么？如果问的是“什么时间”，缙云方言用“[da214]时节”表示。例：你[da214]时节来？即你什么时候来？总之，用“[da214]”来表示“什么”，意思基本上都差不多。在比较随便的口语中，“[da214]”的后面，还可以附加“娘”字。这个附加的“娘”字没有意义，也不是粗口，只是一种“口头语”，但不能在比较庄重的场合使用。如：你哥[da214]娘门件驮来？即你哥哥什么东西拿来？

“哪儿”问的是什么地方。缙云方言一般可用“菜慨”[tsʰe53/kʰe3]表示。

“多会儿”，问的是“什么时候”。缙云方言可用“几时”[ke41/zɿ24-214]表示。如：你哥几时来？即你哥哥什么时候来？

“怎么”“怎样”问的是什么状态。缙云方言用“怎恁”[tsã5/nã3]表示。如怎恁好啊！即怎么办哪！你[ŋɔ̃214-41]怎恁？即你要怎么样？怎恁？一千钞票都弗肯卖啊？即怎么？一千块钱都不肯卖么？

“几”“多少”，问的是数量。缙云方言用“几”[ke53]、“几点”[ke53/tia53]、“几⊙”[ke53/xəŋ53]表示。如：村牢小学咿恁有[ke53/xəŋ53]学生？即村里的小学现在有多少学生？

“多么”，不是疑问，表示肯定。缙云方言中用“几⊙”[ke53/xəŋ53]表示。如：村牢有小学，几⊙好呐！即村子里有小学，多么好呢！

指示代词

普通话中的指示代词，如“这、这里、这么、这样、这么些、那、那里、那么、那样、那么些”，在缙云方言中与其相应的是：

“这”，指近。缙云方言用“咿”[ji32]表示。“咿个”即这个，“咿边”即这边，“咿次”即这次，“咿行”即这一集（行＝集市），“咿年”即这年，“咿月”即这月，“咿日”即这天，“咿巧人”即这孩子，咿[pʰien44]向即这个方向等。

“这里”，指地点。缙云方言用“咿[kʰe53]”表示。

“这么”，这样，指形态。缙云方言用“咿恁”[ji32/nã32]、“咿样”[ji32/jɑ214]表示。

“这么些”，指多。缙云方言用“恁多”[nã32/to44]表示。

“那”，指远。缙云方言用“限”[ɣɑ32]表示。限个即那个，限边即那边，限回即那次；限年即那年，限月即那月，限日即那天，限巧人即那孩子；限[pʰien44]向即那个方向。

“那里”，指地点。缙云方言用“限[kʰe53]”表示。

“那么”“那样”，指形态。缙云方言用“限恁”[ɣɑ32/nã32]、“限样”[ɣɑ32/jɑ214]表示。

“那么些”指多。从意义上说，“这么些”“那么些”，缙云方言都用“恁多”表示。

代词的后缀

缙云方言中，没有表示代词与名词之间的后缀（或助词）“的”，和普通话代词后缀“的”相当的缙云方言代词后缀是[ə3]，永远读轻声。如：咿个弗是我[ə3]囡，[限]个是我[ə3]囡，即这个不是我的女儿，那个是我的女儿。

说“偶然”使用，是因为即便在强调的场合下，也可以不用这个后缀，而只要重读“我”字，就可以了。

代词的附加语　缙云方言中，有一个通用附加语“厮”（有“东西”的含义），可以加在名词、量词、代词的后面，表示质量的低下或数量的稀少；加在代词、指代词后面，则表示鄙视。如：你厮真轻骨头，即你这个东西真不自重。你粒厮食饭[vɛ3]打冲锋，干事[kuɛ51vɛ3]磨洋工，即你们这些东西，吃饭嘛打冲锋，干活儿嘛磨洋工。加在指代词后面，也表示鄙视。如：恁厮，莫朝佢！即那东西，别理他。算我个厮甚[ɕi]，就数我的那个家伙最差劲儿。

第二节 虚词

副词

缙云方言的副词，虽然也是用来修饰、限制动词的，但是它的最大特点，就是口语中没有后缀“地”。因此，在普通话与方言之间，特别是书面语与口语之间，有时候是无法一对一地“直译”，而只能采取“意译”的。

表示程度 缙云方言口语中，修饰“好”或“快”的副词，加在前面的，只有“甚”（相当于“最”）“更”“特别”“格外”“有点点”这五个，此外东乡腔有一个“萧忙”（相当于“非常”）；加在后面的，只有“[mã41]”（相当于“极”）和“损”（相当于“得多”“得很”）。

表示范围 在缙云方言中，修饰“有”范围性副词，加在前面的，只有“也、都、咿（相当于‘又’）、一共、统统”这几个；加在后面的，只有一个“点点”或“一点点”。

表示时间 在缙云方言中，只有“快”“快 [ŋɔ̃214-41]（要）”“刚刚”[tɕiɑ44-33/tɕia44]、“刚”[tɕiɑ44] 好、[kʰɑ/kʰɑ] 好、“争点点”（差点儿）这几个，明显比普通话少。

表示肯定或否定 如在是不是“去”这件事情上的选择，在缙云方言中，则只有：“弗、莫、一定、准定、弗一定、弗（去）弗行”这样几种选择。

否定副词“弗”和“勿”

在缙云方言中，否定副词“不”的使用率极低，除了来自书面语的词语，口语中只有一个“不着”，是“不若”的音变，作为转折词，是“不如”的意思。例如：“你去～我去。”此外，还有“不论”和“不如”，可以和“弗论”“弗如”通用。除此之外，在口语中及其他场合，否定副词一般都用“弗”“勿”表示。这两个词有比较明确的分工，一般说来，在词句的前面用“弗”，读作 [fa435-5]，在西乡则读 [fɛ435-5]；在词句的中间用“勿”，读作 [va5]。如：我弗（[fa5]）晓得佢弗（[fa435]）去，即我不知道他不去；我弗（[fa5]）晓得佢去勿（[va5]）去，即我不知道他去不去。

后置副词“厮”和“恁” 在缙云方言中，有两个后置副词比较特殊。“厮”[sɿ3]，永远是轻声，表示“只有”“仅仅”“而已”。如：[iɔ435] 我两个厮，即只给我两个；食娘一碗厮即只吃一碗。“恁”，放在句首或词前，读作阳平 [nã32]，是指代副词，相当于“那”“那个”放在句尾或词后，读作轻声 [nã3]，是比喻，相当于“一样”“似的”。如：剿反恁，像造反一样（吵闹）；奔 [tsɑ41] 马恁，像奔马一样（狂跑）；要离恁，像要离一样（狐媚，缙云人误以为要离是个妲己式的狐媚子女人）；独自人进舍恁，即像单身汉入赘一样（着急）。

介词

缙云方言中，介词数量很少，与普通话相差很远。以下列举缙云独特的介词。

表示时间、处所、对象、目的 如：我牢处牢自修。前一个“牢”字表示地点。

表示被动 [mə3]（被）佢骗去。

连词

并列关系连词 缙云方言口语中没有连词“和”，与之相当的是“忒”，音读 [tʰei435]。

“咿……咿……”，相当于“又……又……”。如：佢咿唱歌咿跳舞。“一记……一记……”，相当于“一会儿……一会儿……”。如：佢一记笑一记要，即他一会儿笑，一会儿哭。“咦 [ŋɔ̃214]……咦……”，相当于“要么……要么……”。如：咦十把日弗来，咦日日来，即要么十几天不来，要么又天天来。

承接关系连词 “[gɑ214]”，相当于“才”。例：我 [ɔ44] 佢午前来，佢午饭根 [gɑ214] 来。

“替淡”（西乡话），相当于“好像、比如、好比”。如：替淡你恁，你会去［vɛ3］？

转折关系连词 “弗料”，如：我本想该日去寻佢，弗料佢先来寻我。“［kʰɑ435/tsɿ53］”，相当于“可是”。如：钞票［vɛ3］你先驮去起，话［kʰɑ435/tsɿ53/ŋɔ̃214-53］讲清楚啦，即钱，你可以先拿去，话可是要说清楚啦。

因果关系连词 “本来”表因果。如：本来我弗想去，弗去弗好意思。“着恁……我便”，相当于“如果那样……我就……”。如：你着恁讲，我明朝便寻佢讲讲清楚。

选择关系连词“弗是……便是”，如：弗是你去，便是我去，总［ŋɔ214-41］一个人去。

“［ŋɔ214/vɛ3……ŋɔ214/vɛ3］”，相当于“要么……要么……”。如：你［ŋɔ214/vɛ3］快点去，［ŋɔ214/vɛ3］弗去，紧粒决定。“［nɑ214］可……也弗……”，相当于“宁可……也不”。如：我［nɑ214］可死落，也弗嫁佢。

假设关系连词 “着是”，相当于“如果、要是”。如：着是你肯去，来回车钱我出。“譬如”，凭佢趔去，譬如个囡我弗生过。“清揩”，该日弗落雨，佢清揩会来。“只［ŋɔ̃214-41］”相当于只要。如：只［ŋɔ̃214-41］你敢去，钞票我有办法。

比较关系连词 “好比”，如：你讲话好比放屁。“相像”，如：着长衫，弗不袜，相像吹唢呐。“着恁……不如……”，如：着恁讲，不如弗去。

条件关系连词 “弗管”，如：弗管你怎恁干，做端正便得，即不管你怎么做，做出来就行。“只［ŋɔ̃214-41］”，如：只［ŋɔ̃214-41］你真肯读书，学费我听。不论好孬［ɕiei435］，如：不论好孬你先驮两千钞票来起。

“弗管……只［ŋɔ̃214-41］……”，如：我弗管你问［菜］个借，只［ŋɔ̃214-41］你借得来便得，即我不问你向谁借，只要你借得来就行。

取舍关系连词 “［nɑ214］可……也弗”，如：我［nɑ214］可搣落，也弗［iɔ435/mə3］佢，即我宁可扔掉，也不给他。

语气词

缙云话的语气词数量比普通话要多得多，而且表达的语气和感情相当复杂，可以说是缙云方言的一大特色。大体上可以分为句首、句中和句尾三大类。

用在句首的语气词 肯定语气词“［ŋɛ24］”，相当于“是的”。如：明朝你生日呐？［ŋɛ24］，即明天你生日吧？是的。

肯定语气词“［ŋə24］”，相当于“是的”。如：个是你囡呐？［ŋə24］即这是你女儿吧？是的。肯定语气词“［ŋã32］”，相当于“是的”。如：你也是缙云人［ta3］？［ŋã32］即你也是缙云人吧？是的。

肯定语气词“喔”［ɣou35］，表示同意，相当于“行”“好吧”，如：该夜乌日望电影，你忒我作块去［ta3］？［ɣou35］。

肯定语气词“嗯”［ɣəŋ32］，表示同意，相当于“行”“可以”。如：你忒我作块去得口伐？嗯。即你和我一起去行吗？行。

肯定语气词“呣”［m32］，是闭口的无韵母字。用于回答问句，相当于“是”“对”。如：你该日弗去上班呐？呣，即你今天不去上班吧？是啊。

否定语气词“嗯”［əŋ41］，表示不同意，相当于“不”“不行”。如：分半个饼［mə5］我，得口伐？嗯！＝分半个饼给我，行吗？不！

否定语气词“弗”音读［fa435］或［fɛ435］（西乡腔），表示否定，相当于“不”。如：该夜乌日望电影，你忒我作块去［ta3］？弗，我忒我娘作块去。即今天晚上看电影，你和我一起去，好吗？不，我和我娘一起去。

指示语气词“［ŋɑ44］”，相当于“喏”。如：［ŋɑ44］，恁啦！即喏，这样的呀！

指示语气词“［ne24］”，用来指点人或物的所在，相当于“喏”。如：［ne24］，你副眼镜牢慨啦！即喏，你的那副眼镜在这儿呢！

指示语气词“[ŋəɯ5]”，相当于“给”“拿着”。如：[ŋəɯ5]，两百块钞票忒你取转来［口乏］。给，二百块钱帮你取回来了。

疑问语气词“啊”[ɣa214]。用于答应别人的呼唤，或表示惊讶。

疑问语气词“[da214]”或“[dɑ214]”，表示疑问，相当于“怎么”。如：[da214] 或 [dɑ214]，稀奇啊！即怎么有这样的怪事儿！有这样的怪事儿么？

用在句中的语气词 疑问语气词“勿”[va5] 或 [vɛ5]，永远读中入。相当于“不”。如：来 [va5] 或 [vɛ5] 来你讲句话，即来不来你说句话。

感叹语气词“[vɛ3]”，永远读轻声，相当于“么”“嘛”。如：胜胜 [vɛ3] 恁会食，胜胜 [vɛ3] 咦一口食勿落肚，即有时候么那么能吃，有时候么又一口也吃不下。佢 [vɛ3]，凭 [da214] 厮都会食。即他嘛，随便什么都会吃。

用在句尾的语气词 疑问语气词“哦”[va33] 或 [va3]，相当于“吗”，一般读中平或轻声。如：明朝夜乌日望电影你去哦？

疑问语气词“[ta3]”，永远读轻声，相当于“吗”“么”。如：路恁远，趔得去 [ta3]？即路这样远，走得去吗？天恁乌，[ȵiɑ44] 得着 [ta3]？即天那么黑，看得见么？比便比呐，菜个 [kuã44] 你 [ta3]！即比就比吧，谁怕你呀！

疑问语气词“咪”[mi44]，是“未”的变音，在句子中往往变读为 [mi33]。如：乌日食过咪？[mɑ24-33/mi214]，即晚饭吃过没有？没呢。

疑问语气词“啊是啊”[a44/dʑɿ32/a3]，口语中快读合并为 [a44/dʑa3]，相当于“是不是”。如：个你囡 [a44/dʑa3]？即这个是你女儿，是不是？

疑问语气词“呐”[ne24]，相当于“是吧”；但不是疑问句，而是自己认为应该是这样。如：[ȵiɑ44] 样子佢该夜乌日弗会来乏，呐，即看样子他今天晚上不会来了。是吧。

疑问语气词“咪”[mi44]，是“未”的变音，在句子中往往变读中平声 [mi33]。如：乌日食过～？[mɑ24-33/mi214]。

疑问语气词“啦”[a44]，表示疑问和不定。如：个茶杯你打碎 [a44]？即这个茶杯是你打碎的吗？

半疑问半感叹语气词“[və3]”或“[vo3]”，用作疑信参半的感叹，相当于“是不是……呀”，永远读轻声。两者只是发音不同，用法相似，可以互换。例如：讲勿来佢去 [və3]！即说不定他已经去了呢！你 [ŋɔ̃214-41] 死 [və3]！即你要死了呀？你恁弗听话，[ŋɔ̃214-33] 讨打 [və3]！即你这样不听话，要讨打了吧？

疑问或感叹语气词“呐”[nɛ3]，永远读轻声，一般用在句尾，相当于“呢”（疑问或非疑问句式）“嘛”“呀”“哪”。如：该夜乌日我来菜慨困呐？即今天晚上我在哪里睡呢？

半感叹、半疑问语气词“哒”[dɑ32]，相当于“是么”“是不是”，有时候变读轻声，音值为 [tɑ3]。如：你该日弗去，[dɑ32]？ = 你今天不去，是吗？

半感叹、半疑问语气词“啰”[lo3]，永远读轻声。如：逐恁讲，你明朝弗去 [lo3]？即要那么说，你明天不去啰？

感叹语气词“哦”[o3]，相当于“啊、呀、哪、哇、哦”。如：来 [o3]，快来 [o3]！我先趔去起，你便来 [o3]！

感叹语气词“[vɛ3]”，用作不置可否的感叹，相当于“么”“嘛”“不是”，永远读轻声。如：佢 [vɛ3]，有个好爷娘，还 [kuã44] 没好工作 [ta3]？即他嘛，有个好爹妈，还怕没好工作么？

感叹语气词“咪”[le3]，相当于普通话的“啊、呀、哪、哇、呢”。如：快来 [ȵiɑ44][le3]，恁大媛嫥出苦臀趔出来 [le3]！即快来看哪，这么大姑娘光屁股走出来呢！

感叹语气词“[lɛ3]”，相当于“呢”“哪”。如：佢个囡还巧 [mã41/lɛ3]，即他的女儿还很小呢。我乌日食过哦［lɛ3］！即我晚饭吃过了呢！［ȵiɑ44］佢人［vɛ3］恁大，还嫩孺［mã41/lɛ3］，即看他人嘛那么大，还嫩得很呢！

感叹语气词“啦”［lɑ3］，相当于“的呀”。如：你去也得，［kʰɑ435/tsɿ3/ŋɔ̃214-41］出钞票［lɑ3］。即你去也行，可是要出钱的哟！

感叹语气词“欸”［ɛ3］，相当于“吧”。如：佢忒我恁熟，照想总弗会骗我［ɛ3］！

愿望语气词“啊”［a44］，相当于“呀”“哪”。如：都七点钟乏，快粒去［a44］！即都七点钟了，快点儿去呀！粥没几点斯添乏，莫忒我都食完［a44］！即粥没多少了，别给我都吃完哪！

加重语气词“吖”［nã41］，用于呼喊某一个人的时候，加重语气。如：妈［nã41］，相当于“妈呀”。

多用语气词“呃”［ə3］，永远读轻声，适用于感叹、肯定、疑问三种语言环境。感叹式，相当于“哪”“呀”。如：三月客真难做［ə3］！即三月客真难做呀！肯定式，相当于“的”。如：苟后生，只［ŋɔ̃214-3］有酒食，弗［ŋɔ̃214］你喂，佢自会来［ə3］，即苟年轻人，只要有酒喝，不用你叫，他自己会来的。佢爷是［iɔ435/mə3］别个谋死［ə3］。= 他父亲是让人害死的。疑问式：相当于“吧”。如：你没钞票驮去，佢弗会朝你［ə3］！即你没钱送去，他不会理睬你吧！此外，这个多用语气词还可以用来表示从属，相当于“的”。如：限件衣裳佢是送［mə3］我［ə3］，弗是送［mə3］你［ə3］，即那件衣服他是送给我的，不是送给你的。

反问语气词“吔”［jɛ3］，相当于“嘛”。如：你都弗来［jɛ3］！即你都不来嘛！

感叹语气词“啦”［lɑ44］，表示征询和希望，相当于“呀”“哦”等。如：饭忒你帝满，［kʰɑ435/tsɿ3/ŋɔ̃214-41］食完［lɑ44?］！即饭给你盛满，可是要吃完的哦！

准语气词“喀”［kʰɑ435-3］，永远读轻声。严格地说，它不是语气词，而是后置副词“去［kʰɯ53］”和语气词“啊［a］”读的合音现象，姑且称它为“准语气词”。如：一百钞票，驮［kʰɑ435-3］！即一百块钱，拿去吧！

象声词

缙云方言的象声词不但组词非常方便自由，数量特别丰富，而且大部分没有适当的汉字可以写出。有的还超出缙云方言的声韵系统之外。例如［ʐ］这个声母，缙云方言中除表示鼻涕吸进擤出的象声词［ʐiei35/lɑ3/ziei35/lɑ3］之外，一般不用来组词。再例如［iã］这个韵母，在缙云方言的一般语言中根本用不到，只有在象声词［biã24］（人跌倒声）和［tɕʰiã41］（铙钹击打声）才用到。

缙云话的“［zyɑ35］爬咦”“［dʑəɯ35］一把抓咦”“吓得［tsyɑ41/tsyɑ41］惊”，第一例是指有人正睡着，一喊他，他“刷”地就起来了。这个“刷”地起来，只是形容速度快，其实没声音，有声音，也不过是掀开被子的轻微的声音；第二例是指“猛一把”把人或什么东西抓到手里，是描写出于突然，并不是指有什么声音；第三例是听见或看见什么可怕的东西或信息，吓得心里惴惴不安或“扑通扑通”地跳，这种个人内心的不安或狂跳，别人都是“听不到”的，也没有什么声音可“象”。把这种并没有声音的“感受”也称为“象声词”，只是一种习惯的叫法，或称其为“广义的”象声词。

第四章 俗语民谚

本章所列的方言俚语，大致按嬉笑训诫、生活事理、人伦道德、借喻比兴和天文时令分类。前为缙云方言俚语，后为大致意思。需以缙云话读音和结合具体语境，才能较准确地理解其意。

第一节　嬉笑训诫

三不像　言行乖张、不正经。麋鹿因头似鹿、蹄似牛、尾似驴，俗称“三不像”。
扼脚骨　到处走动却没有意义。
轻骨头　好动轻浮，不自重。
呒朏臀　不负责任，不知珍惜。
呒名件　言行无聊、不正经，没有真本事。
死结系　即结死扣。“系”谐音“记”，引申死记。
没子午　为人处世没底线。
潘三嫂　壮胆口头禅。潘三嫂：胆大，敢于生食小鬼，传为唐末五代杜光庭徒弟。
老介脚　老资格，经验丰富。介脚：即介角，戏剧角色。
上路粮　死囚临刑前的饭食。指代只吃饭不干活的人。
老伯嚭　喜吹牛，空话连篇。伯嚭：春秋时期吴国人物。
食死粒　就像鸡吃食，不做事，只会吃现成。粒：粮食。
野活络　思维稀奇古怪，耍小聪明。
空卵兴　空忙，没收获。
偷冷计　突袭，施冷箭。
应张嘴　只会耍嘴皮子，只说不做。
起谋心　有了非分之想。
三日香　做事虎头蛇尾，缺乏恒心。又作“新时香”。
大木面　脸皮厚，不害羞。木面：即傩舞面具。
天呒眼搭（活）现折　老天对恶人既视而不见，但又给予惩罚。“天呒眼”与“活现折”一般分开使用。
豧娘食豆腐泛　豆浆泡沫体积大但食之无物，形容空快活。
读书读坢缸板　以粪缸盖板喻学业成绩之糟糕。
大媛婘学做媒　做不合身份的事。大媛婘：即大姑娘。
门扇后等天亮　傻等时机。
田鸡蛙蟆捺蟹　手忙脚乱。
做媒弗包生倪　指只管做媒而不包办生儿育女，引申为就事论事，而不是包办一切。
直拔弄捅　说话直爽，毫不掩饰。
打记捋记　恩威并用，刚柔相济。捋：抚摸。
袜脱靴里　遇事不上心，不负责任。
钻铜钱眼　吝啬钱财，一心向钱看。
轻讲重听　轻声话语，用心倾听。
吹两头叫　两边挑唆，搬弄是非。叫：哨子。
尿壶就卵　投其所好，善于逢迎。比喻盲从或无条件地服务。
宝童塔鬼　对顽皮捣蛋小孩的诅咒。宝童塔：遗弃婴童尸体的建筑。
眼睛孔浅　见利眼红，经不起诱惑。
穷人显宝　少有“宝物”，却喜显摆。

犯铁扫帚　命犯“扫帚星”，败家。叱责小孩手重，动辄损坏器具。

做戏癫人，望戏呆人　指演员如疯癫，观众如痴呆。

田要近种，娜要远送　比喻姑娘远嫁，才会死心塌地过日子。娜：女儿。

望甑捺饭，望盘夹菜　做客规矩，指要根据实际情况取用。

项颈奔奔，弗过三十八　勾头缩脖属短命相，恐怕很难活过三十七八。

田要亲耕，倪要亲生　比喻凡事亲手做，心中才踏实。

头大官胚，脚大农才　头大的人做官，脚大的人做苦力。

饶过恶人，加害好人　对坏人仁慈，无异于纵恶。

财神难请，阎王好见　求财不易，求死却非难事。

上床夫妻，落地君子　夫妻下床，就得行止端庄。

面上吪肉，不可同宿　尖嘴猴腮之人，不可深交。

自解自乐，赛过食药　自我宽慰，自得其乐，胜过看医吃药。

食常主饭，放私己屙　假公济私。常主：公家。屙：粪肥。

天菰蒲菜，各人所爱　人人各有所好，各得其所。天菰：丝瓜。蒲：瓠瓜。

讨饭人食勿得豬脂饭　乞丐无福消受佳肴。乞丐命贱，偶尔吃点好的，却容易拉稀生病。

永康萝卜，缙云番莳　永康菜头圆滑，缙云番莳朴实。两地人由戏谑转为代称。

害命蔡兴，救命蔡兴　好事坏事都由他做。蔡兴：婺剧《蔡文德下山》中人物。

和尚拜堂，到底外行　隔行如隔山，不擅长。

一个吹箫，一个捺孔　可以一人做的事，多人来做；或一唱一和，配合默契。

待你客样，防你贼样　貌似好客，实存戒心。

堂前教倪，床头教妻　因材施教，因地制宜。

先交皇粮，后养爹娘　先国后家，先公后私。

一莫比食，二莫比力　比吃和比力都会损伤身体。

一人享福，带挈一屋　如同“一人得道，鸡犬升天”。

学勤（好）三年，学懒（歹）眼前　学懒容易勤奋难。

蛮妻逆子，无法可治　妻子蛮横，孩子忤逆，这个家算难以治理。

后生风流，老来忧愁　年轻时沉迷享乐，不思进取，年老时生活困苦。

辣蓼还有辣蓼虫　一物降一物，如同“强中更有强中手”。

路边岩头有人端　野蛮霸道之人，总有一天被人收拾。

摸虱婆娘吪嬉工　貌似勤快，实则效率低下。

讨饭命，相公肚　命运不济，偏又好吃好喝。

锣鼓响，脚底痒　听到锣鼓声响，就急着去。比喻喜看热闹。

没法编，出神仙　社戏常用手法。与当今影视“戏不够，爱情凑”异曲同工。

千句一，打八折　说话可信度低。

路堂鬼，迷熟人　越是熟人，往往越容易迷惑上当。

三尿壶，两垟滴　酒量奇好。含贬义。垟滴：容器，施肥用。

常主间沿私己屋　公私分明。间沿：合院檐下廊道。

食白食，嫌咸淡　白吃还拣三挑四，比喻不知好歹、不知足。

讨饭人袋里扒米　找错对象。

卵字弗识挂钢笔　装模作样。

跛脚埋怨路弗平　遇事怨天尤人，不去查找自身原因。

光头钵钵拖媛媸 老牛吃嫩草，秃头老汉非礼小姑娘。媛媸：女孩。
烂稻秆塞牛栏弄 多余之举。
食菜脚，万人俏 哄劝用语。鼓励小孩子不剩饭菜。万人俏：漂亮。
蹭人婆娘假正经 婆娘偷汉出轨却假装贤淑。
街狗戒不了食屙 比喻本性难移，恶习难改。屙：大便。
肚痛埋怨西瓜 遇到不顺就抱怨他人。
火烧屋，害邻舍 殃及他人。
天聪明，地活络 聪明绝顶。
雨伞骨，里戳出 吃里爬外。
有娘生，吪娘教 缺失家教。
衣裳角，撞死人 盛气凌人。
馋唾水，淹死人 人言可畏。
卵弗懂，当总统 不懂装懂，自以为是。
读孟子，打半死 儒家经典《孟子》晦涩，必经严师体罚调教才能学懂。
老来学绕脚 上年纪学技艺，就好比骨头硬了才开始缠足。绕脚：缠足。
街狗上踏碓 原指犬类在木碓架上按节拍踩踏，暗示人不如狗聪明。
爷娘吪科教 小孩没教养。科教：道教科仪功课，引申为家教。
饿殍抢羹饭 本想孝敬祖先，却招来饿鬼。比喻吃相粗俗。
烂手弗包周 小孩好动闯祸。包周：给婴儿手臂系红绒线习俗。
上爿脱下爿 信口开河。上爿、下爿：上下唇。
论梦戴凤冠（生太子） 比喻痴心妄想，没有脚踏实地的行动。生太子：想得美。
放屁弗损腰 说大话无须本钱。损腰：闪腰。
死日到门头 临近死亡。
布裤带结絕 如同上古结绳记事，可长记性。
野貓精外婆 老丑难看。
水鬼哄上岸 把水鬼哄骗到岸上。指擅说假话。
良心生（挎）背脊 天良丧尽。
烂芋头占垦 庸才占位。
客气当福气 将人家的礼貌谦让视为理所当然。
槐花街敲锣 喜好传播消息、显摆张扬。槐花街：昔有戏台，为县城闹市区。
活无常庆寿 场面没有生气，草草了事。无常：黑白无常鬼。
煨粥赖镬焦 无理取闹。赖：小孩子央求耍赖。镬焦：锅巴。
两脚扛屁股 穷光蛋一个。
街狗咬骨头 无谓地争斗。
讨饭懒过弯（个碗） 懒惰到极点。
老乌笑焊炭 与“五十步笑百步”同义。
街狗娘避奶 逃避分内事。奶：喂奶。
和尚园头梳 毫无意义。园：收藏。
雄鸡领百（白）魂 出自“领魂鸡”丧俗。喻领头人思路混沌，众人盲目跟从，无实效，即“空忙”。
砂糖口，剃刀心，割你布袋坤 须提防口蜜腹剑者。坤即地，指布袋底。

算命弗讲三句好，命钿呒处讨　世人都愿听好话，即使算卦，也不例外。
有娜嫁溪头，三日没米也风流　姑娘嫁到壶镇，即使贫困也潇洒，比喻壶镇之富庶。
只可替人代死，不可帮人生子　为朋友两肋插刀可以，非分之想要不得。
撮块洋钿是铜，讨个老婆是雄　人走背运，诸事不顺。
莫做媒人莫做保，一生呒烦恼　少管闲事，明哲保身。
倪双顶，做官一品；娜双顶，牵娘落井　小孩头顶双发旋，男主富贵，女克爷娘。
扇风不如吹风凉，大姑甚好也当弗得娘　婆婆再好也不如生母亲近。大姑：婆婆。
前有前貌，后有后貌，走起路来有动荡　女生形貌姣好，风姿动人。
有娜嫁河阳，赛过做娘娘　西乡河阳富庶，女孩嫁到那里就享福了。
猫猫出永康，老鼠翻精光　管事的一离开，底下人就无法无天闹腾。
架子摆呵摆，布裤开亮楷　爱显摆，穷开心。亮楷：窗户，喻破洞。
过头饭好食，过头话难讲　饭点错过尚可补，话说过头便如覆水难收。
相争呒好言，相打呒好拳　人一冲动，就容易口无遮拦，手无轻重。
硬气硬到底，有麦弗食米　性格倔强，说一不二。
越老越新鲜，头发抽嫩尖　年纪虽长，童心依旧。
千田想万田，万田想神仙　人心没底，贪得无厌。
凑三弗足两，凑两弗成双　比喻事物不完整。
卖牛留根绳，做人留个名　为人一世，看重口碑，唯留名声。
鸡多弗生卵，人多屯打屯　窝成一团，责任不清。
人怕三对面，树怕弹墨线　流言经对质立现真伪，树木经弹线便知曲直。
食酒要酒配，讲话要搭对　话不投机则半句多。搭对：相配。
食主人家饭，由主人家掼　手艺人自嘲、调侃语。掼：差遣。
人情留一线，日后好相见　对人不能太绝情，宜留回旋余地。
听三弗听两，听两弗凑双　心不在焉。
干事磨洋工，食饭打冲锋　食堂化、集体化时讽刺那些干事偷懒、急着吃饭的人。
打赌输现钿，配菜蘸毛盐　戏谑赌徒生活。
上殿打香炉，落殿打香碗　毛手毛脚。落：下、离去。
眼睛乌溜溜，弗是好朋友　须提防双眼贼亮的陌生人。
盲眼医断缝，烂脚医个洞　庸医，成事不足败事有余。
打蛇莫打断，冤家莫做尽　凡事留有余地，不可做绝。
冤家不可结，结了呒休歇　与人结下怨仇，势必冤冤相报，不得安宁。
平时弗烧香，临时抱佛脚　平时不努力，事到临时才作准备，近于“临阵磨枪”。
做官爽眼前，种田万万年　当官只是一时风光，还不如农耕安稳踏实。
短裤掇来补，铜钿掇来赌　短裤破了补补再穿，有钱宁愿用来过赌瘾。
箸头出忤逆，拳头出孝子　宠子不孝，必须严教。箸头：引申为溺爱。
少时学做戏，老来学讨米　做戏人吃的是青春饭，年老色衰即遭淘汰。
生倪生名气，生娜生福气　生儿子旺族可得名气，生女可得其抚爱，是为福气。
生娜来讨债，生倪来还债　女孩迟早嫁人，只有付出。生儿子能发家旺族，有回报。
穷人莫显宝，无才莫吟诗　没底气莫浮夸，否则易出洋相。
要打当面鼓，莫敲背后锣　有话当面讲，不要在背后非议。
好愁弗愁，愁来六月呒日头　无谓地操心忧愁，属劳碌命。

千盏万盏到坟头，不若一盏到咙夻 一个孝子胜过忤逆的多子多女。

养好一个赛如花，三男四女结冤家 多子并非多福。

世间三个恶，独眼、麻面、癞头壳 这三种相貌多非善类。

老公做官官太太，老公做贼贼婆娘 嫁对人，可改变命运。

天不管，地不管，五更爬起端大碗 指一天到晚只吃饭不干活，不操心。

菱角塘沿莫洗手，大栗树下莫乘凉 “瓜田李下”须避嫌。

生人面前莫责子，倪娜面前莫责妻 应维护子女自尊和大人脸面。

插田莫插过夜秧，有钿莫讨路边娘 比喻过路女子不明底细，招亲需谨慎。

不替痴呆当军师，宁为活络挎插袋 不替傻瓜出主意，宁愿为聪明人当助手。与聪明人为伍，即使打杂也会有助益。

有好倪孙不必置，呒好倪孙置也空 置家私切莫强求，儿孙好才是真的好。

一记嘤，一记笑，街狗面皮爬镬灶 小孩天真，瞬间转啼为笑。嘤：啼哭。

一年土，两年洋，三年弗认爹和娘 指有的外出的读书人忘本。

一日练，一日功，一日弗练十日空 习艺练功靠积累，不进则退。

孝顺田地自得谷，孝顺大人自得福 勤于耕，守孝道，自有好报。

要和别个比种田，莫和别个比过年 与人比勤劳，不要攀比阔气。

五更懒床误一日，少时弗学误一生 少壮不努力，终将虚度此生。

好男弗食爷娘饭，好女弗穿娘家衣 好儿女就应该自食其力。

男上四十一枝花，女上四十豆腐渣 人到中年，女人比男人显老。

三分人才七分扮，麻面拓粉做小旦 善于打扮，颜值就会有提升。

落难公子中状元，私订终身后花园 历经磨难，终得圆满。属于古装戏的常见套路。

嫁个男人满面胡，讨个女人大脚婆 姻缘不利。昔以小脚为美，络腮胡则显得粗野。

进下间，弗开铜镬盖；进房间，弗掀布帐门 上别人家揭锅盖、床帐不礼貌，大忌。

初一十四二十三，皇帝外出失江山，秀才出门失蓝衫，姑娘外出失金钗 初一、十四、廿三不宜出门。

见卯鬼 即活见鬼，属口头禅。

第二节　借喻比兴

山前铳 原指西乡山前村迎神铳队。火铳发声山响，威势惊人，借喻性情暴烈。

铜镬把 性格偏执，不可理喻，专与人作对。铜镬：炒菜锅，把柄侧偏。

斤米荡 比喻穷摆阔。

坪缸搂 搅屎棍。喻喜欢搬弄是非者。坪：粪便。

老粉袋 裁缝匠粉线袋。借指幼童言谈老气横秋。

大水柴 如同树枝在洪水中漂流搁置，性散漫，出门好耽搁。

铁纸煝 用铁质纸煝打火，再用力也是无用，喻小孩冥顽，不可教。

背大刀 头脑简单，被当枪使。

鸭过滩 客人走后，一片狼藉。

批芥菜 走路踩到前人脚后跟。

爹对伯 半斤八两，差不多。

天出门　罕见。天：老天爷。

过平刨　经受良好教育或专业训练。平刨：木工整平工具。

红铜镬　铁锅缺油，喻生活贫苦。

咗咚呱　划拳象声词及状态。为缙云版“石头、剪刀、布”游戏。

垒钵钵　语出制陶业，烧窑时，罇鉢垒叠密布，喻某种东西多的是。

捻绠藤　拧绞野藤条，喻指纠缠费时。

热冷粥（捣冷羹、炒冷饭）　重复乏味，多指说话。

老鼠钻牛角尖　死脑筋，不知道变通。

卵壳里做道场　场地狭窄，束手束脚。

耕弗着会耙着　迟早会遭报应。

黄泥佛过大水　本意泥塑遇水易融化，比喻自身难保。

六月天食凉水　称心惬意。

落雨天担稻秆　不合时宜，负担越来越重。

坢缸虫往密钻　盲目跟风。坢缸虫：粪蛆。

胡相公显外垟　义同“墙里开花墙外香”。

本地胡椒弗辣　司空见惯了，就显得平常。

城隍山望大水　事不关己，如同隔岸观火。望：音暝。

四方孔凿率正　就像木匠凿榫洞，办事死板不知通融。

托鬼望病　所托非人。古人以为凡疾病皆因鬼魅作祟。

争月亮影　毫无意义地争辩。

鸭听天雷　懵懂而不知所云。

骑马过桥　不牢靠，存在安全隐患。

放鸟出笼　本指鸟儿离开樊笼，比喻获得自由。

问鳖讨毛　找错对象。鳖本无毛，只有得水霉病时才会貌似长毛。

开坢桶盖　“哪壶不开提哪壶”，说话令人尴尬。坢桶：即粪桶。

死蜂活屎　看似萎靡，实则活力十足。屎：蜂尾刺，方言音“凸”。

牛皮灯笼　徒有其表，中看不中用。也指爱吹牛。

麻狸借鸡　有去无回。麻狸：即猫狸，俗称野猫。

痰唾掂虱　唾沫淹虱，手到擒来。

山底乌铳　山里人直爽，脾性犟。

猴狲死倪　做事翻来覆去。相传，有母猴掩埋幼猴死尸，尾巴出露土堆。此时，风吹尾摇，母猴疑子复活，于是刨出察看，又埋，又刨，如此反复。

虱多弗痒，债多弗愁　虱多会痒到麻木，债欠多了，也会麻木不仁。

树大分桠，倪大分家　儿子长大后，都得分家自立。

天上龙肉，地上猫（兔）肉　人间猫（兔）肉美味堪比天上龙肉。

蛇有蛇道，鳖有鳖路　世间万物各有各的生存之道。

宠子不孝，宠狗上桌　宠子如宠狗，终究将自食其果。

火要空心，人要虚心　柴架空烧，火苗旺；人虚心，会长进。

好人一言，好马一鞭　聪明人只需稍加点拨，就应该领悟。

镬灶泥在脚肢肚　单身汉走哪吃哪，一人吃饱全家不饿。泥：作动词，砌筑。

野猫弗知自面花　无自知之明。

三十日夜养大猪　临时抱佛脚。
街狗伲望花被单　越看越糊涂。
斧头食凿凿食树　木工开榫眼。喻一级压（差遣）一级。
街狗肚肠寸寸肉　东西不算好，却是处处有用。
木樨花开远处香　名声在外，墙内开花墙外香。
索面头捞弗上箸　如锅底残物，不可捞取，同“扶不起的阿斗”。
甘蔗没有两头甜　世事没有十全十美。
大麦没割割小麦　弟（妹）先于哥（姊）成亲，乱了次序。
猴狲生伲自中意　只要是亲生，无论美丑皆宝贝。
三个乌龟毬只鳖　以多欺少。
刀切豆腐两面光　两头讨好。
牛相触，踏死羊　两牛争斗，踩死羊，比喻殃及无辜。相触：两牛抵角争斗。
牛食麦，羊迭赶　比喻解决问题方法或用人不当。迭：去。
大箬帽盖田鸡　十拿九稳。田鸡：青蛙。
烂糊泥田翻老臼　做事辛苦，劳而无功。老臼，用来舂谷物的石制器具。
烂带鱼，两个洞　有眼无珠。
输只猗，赢只鸡　赌命不好，输多赢少。
鸡一句，鸭一句　七嘴八舌，不着边际。
麦秆喉咙畚箕肚　饭量大而吃的速度慢。
打个苍蝇掰只腿　极度精明吝啬。
笼里鸡，碗底肉　尽在掌控之中。
三板斧，独记响　做事缺乏耐性。
敲木勺，骂鸡娘　婆婆斥责母鸡光吃不下蛋，实则抱怨儿媳不孕。
轭角吹弗响　虽经努力，仍奈何不得。轭角：水牛弯角。
生鸡弗热（日）笼　如同新鸡认生，乍到新环境，一时不合群。
苦麻上花缚　穷人发迹出运。亦喻过分抬举。
猴狲掰苞芦　见异思迁，得到后面的，丢了前面的。
牵牛上板壁　强人所难，如“赶鸭子上架”。
荒年出饿鬼　饥荒年月特别会吃。
朏臀弗搭凳　好动，忙碌多事，安静不下来。
背鼓弗转肩　乐队行奏中，背大鼓者不宜换肩，用来比喻固执己见的人。
放屁落灰炉　人微言轻。说话如同朝灰炉放屁，连草木灰不能吹动。
羊脚蹄试汤　宰羊煺毛时多用羊脚蹄试汤的温度。喻谨慎，一再试探。
野猫逻鸡埘　心有所图，事先摸清门道。野猫：即尖嘴狸。逻：踩点。
苦瓜君子菜　苦瓜有君子之风。自身苦，却不会让其他佐料染上苦味。
糠箩跳米箩　环境、待遇比原来好。
头髭摸弗着　情况不明，没头绪。
癞头虱生意　事情棘手，不好办。
神头气弗清　不自量力，不知趣。
眼泪跌桐子　泪珠如落桐，伤心。
千年打一更　千年打一次更，比喻罕见，间隔时间长。

共套火笼钵 各人性格、品行相当、行为方式相近，就像同款火笼陶钵。

骑马柯棒柱 过分小心。棒柱：用于挑担支撑，引申为拐杖。

羊尾巴勒血 尽最后努力，但收获甚微。

蜂蚶独自傢 如同蚯蚓独自生活。

馒头往软捏 欺软怕硬，义同“专拣软柿子捏”。

肚皮黏背脊 饥饿到肚皮黏到背脊，比喻极饥饿。

空口念白话 胡说八道。

口气哈板壁 白费口舌。

盲眼摸溪滩 盲人在溪滩上行走，指找不到路。

割猫头军师 出馊主意。传昔有花猫偷食陶瓶猪脂，卡颈。旁人献计：割猫头。

郎得嬉陪考 郎得嬉：处州乱弹戏丑角人物，专门出场反衬剧中应考书生。喻落榜者。

老鼠归牛角 没有退路。

黄鳗鳝假死 像鳝鱼一样装死，比喻装聋作哑。

白布落染缸 洗不白，说不清。

三根筋暴已 项颈上青筋突起，表示盛怒的样子。

空肚食棉棰 有名无实。棉棰：棉花糖。

烂熟西瓜皮 对人或事非常了解和熟悉。

好心作铁打 说好话办好事，却被误解。

卵火烪烪人 生气，恼火。烪人：烤炙。

杉树炭性情 杉炭红得快，灭得也快。喻做事心浮气躁，缺乏恒心。

树老七洞八洞，人老七痛八痛 树老多洞，人老多病。

仰天灯盏，认仰弗认仆 灯盏盛油，一定是朝上仰。喻性倔，固执己见。

观音佛要做，街狗肉要食 义同“既要做婊子，又要立牌坊”。

买牛买双角，讨亲讨双脚 买牛看牛角硬不硬、美不美，长了好角的牛更健壮；相亲看女人脚，以辨识其贤惠与否，旧时人们认为女人缠的脚越小越好。

真桐油弗荡，真财主弗浪 有本事的人，反倒低调持重。

雨打棺材背，人家节节退 出丧时遭雨淋，预兆走背运。

种田要好秧，生倪要好娘 成就一件事，基础条件很重要。

天青弗落雨，官清弗打人 为政清明，则体恤民情。

身上没分铜，讲话像螟虫 人穷没底气。螟虫：蚊子。

大虫食细虫，活蝙食毛蚣 弱肉强食。活蝙：蜥蜴。

驼背仰天困，两头弗落地 事情不好办，难以落实。

好狗不挡路，死狗挡路头 讽喻不识相，挡人去路的人。

炉灰弗筑墙，生娜弗供娘 女儿终究是别人的，靠不住。供：供养。

麻狸顾鸡，越顾越稀；老鼠守仓，守个精光 所托非人，找错对象。

大大灯笼吒斤两，小小秤锤压千斤 遇事看本质，不被表象迷惑。

龙生龙，凤生凤，老鼠生倪打地洞 父母决定子女成分，什么样的人干什么样的事。

猫猫生倪上屋栋，街狗生倪满墙弄 基因决定秉性。

天上吒云弗落雨，地下吒媒不成亲 成就一桩婚事，须有媒妁帮助牵线。

鸡一路，鸭一路，田鸡蛙蟆跳来两三步 每人各有生存之道。

第三节　生活事理

千日胡琴百日箫　学胡琴比学吹箫要难。箫：笛。方言箫、笛不分。

一千不如八百现　收取陈年旧账，与其坐等一千，还不如立取八百。

数门头，争间沿　一般指村妇爱数落，搬弄是非。

常主间沿私己房　门前走廊属公共场所，房间里才是私有。邻里相处应各自分明。

有钿布施弗落空　施舍于人，终有回报。

忍一忍，食不尽　学会忍耐，受用无穷。

过门槛，食三碗　指年轻人长身体，消化快，饭量大。

共天公，各乡风　同顶一片蓝天，乡风习俗各异。

三个五更抵一工　鼓励早起劳作。五更：即早晨。

初一十五弗拣日　每月的初一、十五都是好日子，不必再择日。

人比人，气死人　人的资质、际遇、运气天差地别，本就不可比。

活要骭，死要便　活要活得健康，死要死得干脆。骭：体格硬朗。

软麻绳，绑死人　磨软功，往往比一味强硬高压更奏效。

铜钿串，弗结縋　钱财用处多，不易积累。与“铜钿八只脚”意近。

没办法，请菩萨　遇难事束手无策，只得求神仙拜菩萨。

三六九，弗做亲　男女年龄相差三、六、九岁不宜婚配。

上塘鱼，落山笋　刚捕的鱼、刚挖的笋，味道特别鲜美。

出门路在口嘴里　到生疏地方只要多问讯，就不会迷路。

七坐八爬九出牙　婴儿在七、八、九个月时的发育状况。

君子出言如出尺　品行端庄之人说话有分寸，句句在理。

十个指头有长短　人的资质能力总是有差异，强求不得。

做瓦弗是手艺，讨饭弗是生意　砖瓦行又脏又辛苦，可与行乞相提并论。

拣日不如撞日，撞日不如该日　以此为借口，不想被拣日子耽搁办喜事。该日，即今天。

别个食，传四方，自食落坢缸　美食勿独自享用，用来待客会得到传扬。

亲帮亲，邻帮邻，街狗卫主人　亲邻之间要相互帮衬。

一厨省一口，寿元还你九十九　节俭品行益寿。厨：饭餐。

一年算了三回命，活活恼起病　讽刺算命为无事找事，自寻烦恼。

一日弗死要米，一夜弗死要被　人活着就得盘算居家用度。

七岁憎，八岁拗，九岁万人俏　顽童到九岁才开始懂事变可爱。

十七八，廿二三，枞树连根扳　形容青年力劲大，可以拔起连根松树。

一代亲，二代邻，三代吪地寻　随着代代相隔，亲情渐趋疏远。

勤人汗水多，懒人口水多　勤劳之人多出汗水，懒人说三道四搬弄是非。

撮漏赶天晴，读书趁年轻　读书就好比换瓦补漏，需趁早用功。

人情是把锯，有来还有迲　情谊是双向的，有来有往才能持久。

钱财仗人胆，谷米定人心　有钱底气足，有粮心不慌。

种田忙下季，做人忙下世　忙碌一生，全为下一代（世）。

鸡大飞过墙，娜大弗由娘 乖乖女长大后，总是想着嫁人，由不得爷娘。
邻舍碗对碗，亲眷篮对篮 亲邻之间礼尚往来，和睦共处。
绑柴要大藤，讲话要大人 遇纷争，地位高者说话有分量。
千年水底松，万年梁上枫 久浸水里的松木不易腐烂，多年的梁桁枫木不会蛀蚀。
讨了三年饭，做官弗肯换 人一学懒，就什么都不想做了。
只可男大十，不可女大一 旧时流传的婚配年龄观念。
爹亲娘亲，不若自己脚手亲 万事只有靠自己，不能依赖他人。
生来三个娜，年货弗要办 女儿多，连过年货都不需自办。
勤人望菜园，懒人走亲眷 勤劳者下地劳动，懒汉指望亲朋资助。
刻薄弗赚钿，忠厚弗折本 刻薄，损人不利己；忠厚，终究不吃亏。
苦年莫苦节，苦自莫苦客 日子艰难，但不能苦了节日；自己家难过，但不能怠慢客人。
六月弗褙粕，弗是好女客 夏日还不筹划做鞋，就是懒女人。褙粕：制鞋底工序。
教得师倪会，师爷挎插袋 艺徒出师，师傅或将失业成为跟班。插袋：褡裢行囊。
穷人吃指甲，富人吃头发 常年辛劳者没长甲，养尊处优者多谢顶。
熟人好搭言，生地好赚钿 生疏地方无碍面子，反倒有利于做生意。
个个都会算，天下吃穷汉 不是所有人都依靠精打细算，就可以脱贫。
人越嬉越懒，口越食越淡 享受过度，这人也就废了。
手稳口也稳，到处可藏身 处世稳重，方可安身立命。
上屋搬下屋，搬搬损担谷 无谓地折腾，费力不讨好。
人弗哄地皮，地弗哄肚皮 种田须用心，才会有回报。
着力弗赚钿，赚钿弗着力 赚钱也讲运气际遇，不一定跟付出成正比。
只可开荒山，不可种溪滩 溪滩上垦地，容易被水淹，还不如开垦荒山稳妥。
生呆倪不若生败子 痴呆，无指望；败家子，或许还有回头日。
大和尚差摆小和尚 有事自己不动手，习惯差遣属下或晚辈去做。
一张床弗困两样人 夫妻价值观往往趋同，与“有恁公便有恁婆”意近。
刷外甥不若刷脚瘩 外甥为外戚，不值得宠爱。
做官爷不如讨饭娘 对子女的疼爱，父亲远远不如母亲。
一根枞毛派十六英 精明、吝啬到了极点。枞毛：松针。
天仓食满 享福到了尽头。
明（厘）清厘白 不糊涂，分得很清楚。
弗知来达 莽撞，不懂人情世故。
糊之涂之 含糊处事，不去较真。
咸鱼淡鳖 烹饪鱼时相对要咸，烹饪鳖时相对要淡。
会干不若会算 善于动脑，胜过蛮干。
好前不如好后 自始至终，善待他人。
驼背人讲直话 自诩说话直爽，人驼理不驼。
只可交杯，不可交财 人与人之间只可共享乐，不可涉及利益。
只可欺老，不可欺少 老年人渐衰而弱，年轻人渐大而强。
分家三年，岩山开田 如自立门户，乱石山也能开出良田。
讨饭要讨，秀才要考 做任何事，要敢于尝试，才有可能得到好结果。
派柴望缕，讨亲望舅 劈柴须顺着纹理，相亲要看女方兄弟为人。

老人怕跌，巧人怕吓 老人骨脆忌摔跤；幼儿胆小，受惊吓刺激易得病。

修行修福，买田竖屋 行善乐助，自有福报。

后生手孽，老人口孽 年轻人好动，老年人多话。

新学剃头碰着满面胡 新手遇到棘手难题。

五更食饱整日饱，老公嫁着一世爽 凡事基础、前提很重要。五更：早饭。着：对。爽：幸福。

娘待倪，路恁长；倪待娘，箸恁长 子女对父母的回报比不上父母对子女的恩情。

廿年新妇廿年婆，再过廿年做太婆 度日艰辛，但总会有出头的时候。

女人三嫁硬如铁，男人三讨软如棉 婚变使女人丧柔情，男人失阳刚。

一家弗知一家事，尼姑弗知和尚寺 家家有本难念的经。

有本钿，做生意；没本钿，学手艺 从自身条件出发选择职业。

只有铁钉钉屋柱，没有蚂蟥叮财主 命运天定，看开些。

一样山歌百样唱，没个山歌共师娘 编创的山歌在传唱的过程中往往走了样。

三日推刨五日凿，一把斧头任你学 木工技艺中，数斧头功最难。

公婆相争平常事，邻舍解劝是多事 夫妻争吵，用不着外人掺和。

当家得知柴米贵，养倪才知爷娘恩 成家立业，才悟得生活艰难和父母养育恩情。

十个长年好种田，公婆两个好过年 干事人越多越好，过日子人越少越好。

财主人家没大囡，颠鼓人家吃大猪 富户女易嫁，家贫猪难肥。

女要食，做新母；男要食，归丈母 女人怀孕做产时、男人去丈母家时，多有口福。

要嬉外婆家，要食丈母家 外婆、岳母家可玩耍、享口福。

做木人，没门闩，做衣裳人没纽襻 手艺人往往顾不上自家。纽襻：纽扣。

十三娘，十四爹，三十六岁做爷爷 古人重视传宗接代，早婚早育较普遍。

屋檐头水上流落，上檐滴下檐，下檐流间沿 上行下效，上传下承。

吞多嚼弗细 不能太贪心，宜量力而行。

远路吃轻担 路途远，货担再轻也累人。

竖屋弗占基 地基看似不大，盖了房子就显宽敞。

忍气置家私 隐忍做人，家业才能兴旺发达。

心平好过海 心态平和，才能得到回报。

借死弗借生 可让外人死在家中，会留下寿元福气；外人生于家中，会带走风水。

第四节　时令气候

地下暖，天上哺雪卵 冬季遇暖，预示冷空气或雪天将来临。哺：孵蛋。

立夏晴，插秧插荒坪 立夏日天晴，主大旱，稻禾如同荒坪野草。

清明断雪，谷雨断霜 清明、谷雨过后，缙云不再下雪、降霜。

月亮生毛，大雨没逃 月晕，近日多半会出现大雨。

大旱时年弗过七月半 干旱再久长，也不会到农历七月十五。

冬冷有则，春寒见骨 春寒空气湿冷，感觉比冬日更加难受。

六月落雨隔田岸 夏日阵雨多呈区域性隔断。

夏吹东风腾荡空 夏日刮东风，应无雨。

雨杂雪，落弗歇 雨夹雪天气多久长。
雨打秋，件件收 立秋日下雨，收成好。
鲤鱼跳花要落雨 雨前闷热，塘鱼浮头。
菜头出，太医歇 萝卜成熟上市，吃后疾病可祛除。比喻萝卜的医疗保健功能。
七月葱，八月蒜 葱、蒜种植时令。
上半月望初三，下半月望十四 初三、十四晴或雨，预示上、下半月气候。
十月响雷公，十个牛栏九个空 十月打雷，预示冷冬，耕牛恐因冻饿致死。
三月客难做，一头衣裳一头货 三月天冷热无常，出门做事应当带上冬衣。
雨打早五更，雨伞弗要撑 相对于晚雨，晨雨多半会歇停。
食过端午粽，寒衣远远送 端午节过后，冬衣可收藏了。
霜冰白洋洋，菜头夜夜长 初霜降临，萝卜长势最为旺盛。
二月二，百样种子好落地 农历二月初二后，各种农作物都可以播种了。
二月晴，树头果子挂银铃 二月天气晴好，有利于果树开花授粉坐果。
八月初一晴，烧灰要搭亭 农历八月初一天晴，预示近期多雨，不宜露天烧草木灰。
夏至响雷公，塘底好栽葱 夏至日遇雷雨，伏旱致山塘干涸。
立秋响雷公，秋后呒台风 立秋日遇雷雨，本年不会有台风灾害。
未到惊蛰先响雷，四十二日雨水灾 惊蛰前打雷，将遇春涝。
雨打秋头廿日旱，过了廿日烂稻秆 立秋日下雨，前 20 天干旱，后 20 天多雨。
过秋落茄赛砒霜，过秋天蓏赛人参 过了立秋，茄子有毒，丝瓜大补。
正月初八夜有星，正月十五好迎灯 年初八夜星空，预示元宵节有好天气。
重阳有雨一冬阴，重阳无雨一冬晴 重阳前后晴或雨，预示冬季旱或涝。
一场秋雨一场寒，三场秋雨要着棉 秋天下雨，天气一次比一次变冷。
春雾雨，夏雾热，秋雾凉，冬雾雪 观晨雾，可知四季气候变化。
三日清明五日年，端午嬉个大午前 各行业清明歇三天，过年歇五天，端午歇半日。
三月十六晴，大麦像绠藤，小麦像榔兴 三月中旬若天气晴好，大、小麦丰收在望。
立夏晴，晒死种田人；立夏雨，打死山底鬼 立夏晴主旱，雨则主洪涝。打：打雨。
夏至晴，蓑衣箬帽弗留停；夏至雨，蓑衣箬帽上屋柱 夏至当日，可测知近期气象。
初二三四见星月，初五初六弗见雪，年内年外一个月 腊月雪天规律。

第五章 歌谣选

歌谣，缙云人叫“山歌”。缙云歌谣来自缙云民众的口头创作，贴近生活，直接表达民众的思想感情和意志愿望。歌谣以口头或“山歌簿”等方式代代传承，并不断创新和积累。在传唱或抄写的过程中，缙云各地形成不同的版本，故有“百样山歌百样唱，没有山歌共师娘”之说。

在县境民间口头文学中，山歌依小调俚曲吟唱。押有方言韵脚，质朴清新，易学易记。语言以方言为主，间杂官话。运用比兴、拟人、对偶、谐音、双关、叠音等修辞手法。2009 年 6 月，缙云歌谣被列入省级非物质文化遗产。

第一节 成人歌谣

缙云成人歌谣题材广泛，涵盖情歌、劳作、仪式、居家生活、时政等方面，如《山歌头》《哭七七》《十二送郎》《耕牛歌》《劝赌歌》《运轿歌》《新屋上梁歌》等。结构多二二三的七字句式，大多押缙云方言韵。通常配以“孟姜女”“洗菜芯”之类小调，为单段体，五声音阶，四句一韵，可循环反复。常见以月份顺序串连成篇，亦有“十唱”形式。个体吟唱少伴奏，常击节而歌。庙会案队莲花班演出有器乐伴奏，运用加衬词、托腔垫腔，以及独唱、对唱、一领众和交替进行，使小调旋律变得丰满细腻。

山歌头

山歌弗唱肚底陈，棍棒弗打上蓬尘；快刀弗磨变块铁，大路弗走草结屯。
快刀会磨白如雪，大路会走草两边；棍棒越打越软绵，山歌越唱越新鲜。

哭七七

头七到来哭哀哀，手拿红被把郎盖；风吹红被四角动，好像我夫活转来。
二七到来哭思量，老婆伲奴哭一场；大男小女哀哀哭，还想我夫转还阳。
三七到来做道场，亲戚朋友拜灵堂；和尚道士叮当响，奴奴穿白迭上香。
四七到来妹梳头，梳妆台上好风光；镜中风水镜中景，只照奴奴不见郎。
五七到来望乡台，望乡台上哭哀哀；月亮照灯灯照月，半夜忖夫活转来。
六七到来见阎王，一路孤单弗成双；牛头马面排两边，中央站着我夫郎。
七七到来迭上坟，白布衣裳白布裙；守孝三年是本分，叔伯劝我莫嫁人。

十二送郎

第一送郎落踏床，手抚床杠吩咐郎：山坑冷水切莫食，独墩树脚莫乘凉。
第二送郎落楼梯，手攀门闩门弗开；问你哥哥几时回，明年三月桃花开。
第三送郎出司间，砻糠搓绳起头难；叶巧油麻难开口，叶大油麻开口难。
第四送郎出间沿，椽头滴水相交连；叔婆问我啥事干？前生结来好姻缘。
第五送郎过阳沟，阳沟一对好泥鳅；午前泥鳅团团旋，午傍泥鳅共枕眠。
第六送郎落道坛，掇把阳伞遮太阳；前遮哥哥白如雪，后遮妹妹白如霜。
第七送郎路堂中，路堂碰着三叔公；凭你叔公弗叔公，手执凉扇遮面风。
第八送郎大门前，一片乌云盖半天；保佑天公落大雨，留你哥哥宿夜添。
第九送郎大岭头，大汗吹燥细汗流；白绫手巾擦郎汗，三口清水润郎喉。
第十送郎过金坑，十墩杨梅九墩生；红红摘来我郎食，青青摘来哄外甥。
十一送郎大溪边，溪边一只摆渡船；但愿渡船快撑走，一渡付你二渡钿。
十二送郎大桥头，手攀栏杆眼泪流；客官问我啥事干？送别郎君弗转头。

耕牛歌

牛呵牛，日日背犁头。
大六月，晒日头，苍蝇牛虻叮你心口头。
弗耕田，便杀头，剥皮削骨落镬焐菜头。

绠藤穿你牛鼻头，一生一世弗自由。牛轭上肩头，竹丝抽你背脊血流流。
牛呵牛，日日背犁头。
没有厨，没有顿，眼泪汪汪冲我心口头。
脚踏田泥圈圈旋，五更干到乌日旺日头。
干歇汰浴再食草，明朝事干莫迭愁。前世弗修现世苦，罚你该日做耕牛。

劝赌歌

赌博赌博，想想莫学。骰子当宝，看看好笑。赢着几宝，烧饼面饺。
铜钿输完，赤身朏臀。该日衰头，下场再翻。空双两手，归处无言。
老婆查问，间底无钿。公婆商量，田地出卖。有点本钿，再迭翻盘。
血本无归，旺法后悔。输了衣裳，勾头缩脚。输了棉被，稻秆着落。
输了布帐，蟆虫陪唱。输了屋宇，灰庐殿角。输了帽袜，蓬头赤脚。
输了老婆，人家落泊。没路可想，偷牛端镬。被人抲着，麻索捆绑。
私刑吊打，苦头难搪。吩咐儿孙，赌博莫学。

运轿歌

娜啊娩，你都好啊娩！
好命该日起啊娩，脚踏楼梯步步高啊娜啊娩。
金鸡配凤凰啊娜啊娩，我娜配个好郎君啊娩。
娜啊娩，你都好啊娩！
公婆夫妻合得来啊娩，一口井水喝到潭啊娩。
一口砂糖满口甜啊娩，一口芝麻满口香啊娩。
娜啊娩，你都好啊娩！
好比后园一株葱啊娩，早迭早成丛啊娜啊娩。
一对蜡烛点起满堂红啊娩，抽枝拔叶开花结子闹丛丛啊娩。
娜啊娩，你都好啊娩！
丁财两旺啊娜啊娩，富贵双全啊娜啊娩。
白发同老啊娜啊娩，见子见孙啊娜啊娩。
娜啊娩，你都好啊娩！
生倪大大个啊娜啊娩，哺倪大大窠啊娜啊娩。
生生一大串啊娜啊娩，坐坐一八仙啊娜啊娩。
娜啊娩，你都好啊娩！
九子十三孙啊娜啊娩，十子大团圆啊娜啊娩。
轿前点灯轿里红啊娩，金丝灯笼两头红啊娩。
娜啊娩，你都好啊娩！
上床夫妻啊娜啊娩，落地君子啊娜啊娩。
大人喂你声声应啊娩，细心耐心奉公婆啊娩。
娜啊娩，你都好啊娩！
孝顺大人自得福啊娩，勤俭田头自得谷啊娩。
勤俭栏头自得肉啊娩，买田竖屋真享福啊娩。

说明：《运轿歌》又称《哭嫁歌》。娜：女儿。娩：小辈昵称。哺：孵。八仙：八仙桌

第二节　儿童歌谣

儿童歌谣，即童谣。旧时，成年人或大孩子逗乐幼儿的时候，往往以童谣吟诵之；稍大的孩子，三五成群在一起游嬉玩耍，边玩边吟诵童谣。童谣朗朗上口，只诵不唱，大多押缙云方言韵。较流行的有，《生卵满溪滩》《长命花》《田鸡蛙蟆接老婆》《杨梅歌》《天上星》《十二月歌》。

生卵满溪滩

咯咯嘎，咯咯嘎，生卵满溪滩。娘来撮，爷来担，担担一司间。
敲敲一木勺，烧烧一铁锅，掿掿满碗头，食食平咙喉，吐吐一床头。

长命花

长命花，红滴滴，摘朵给大伯；大伯会撑船，撑个红铜钿；
红铜钿，买衣线；衣线两段断，买鸭卵；鸭卵两头尖，买火锨；
火锨扁，打媛娩；媛娩嘀嘀咕咕，送还娘家；娘家弗收，送转温州。

田鸡蛙蟆接老婆

山歌，山歌，雉鸡钻窠，
茅鹧打锣，八哥送茶，
田鸡蛙蟆接老婆。

杨梅歌

一一，仙居杨梅担来吃；两两，两个孩子帮抓痒；
三三，儿做皇帝爹做官；四四，公敲锣鼓孙做戏；
五五，买把大蒜过端午；六六，娘食骨头囡食肉；
七七，哥哥耕田弟促虱；八八，爹杀鸡，儿杀鸭；
九九，爹炊糯饭娘做酒；十十，爹担黄泥儿塑佛。

《天上星》《十二月歌》见第三十三篇第一章附录。

第三十四篇 乡镇

2008年2月，县委、县政府调整部分乡镇行政区划，全县从24个乡镇调整为16个乡镇。乡镇规模调整后，基于区域经济发展和行政管理的需要，各乡镇所辖范围和人口规模差距愈加增大。2010年年底，调整行政村规模，全县行政村由644个调整为253个。

2000年设立的仙都农村管理处，2008年设立的新碧农村管理处，行政区划隶属五云镇，行政工作独立开展，本篇以单独设章记述。

第一章　五云镇

五云镇，古称“缙云墟”，为历代缙云县治驻地，全县政治、经济、文化和交通的中心。位于缙云县中部偏西，东南邻舒洪镇，南毗东渡镇，西连七里乡，西北接新碧农管处，东北临仙都农管处、东方镇。辖区总面积59.6平方千米。2010年年末，行政村有水南村、状元村、洋潭头村、名山村、杜桥村、周村村、浣花溪村、雅施村、五都村、洋岙村、黄龙村、古塘下村、白岩村、双龙村、中心村、建设村、丹阳村、三里街村、官店村、镇东村、下双龙村、东门村、船埠头村、西寮村24个，自然村39个，社区6个，常住人口6万多人，流动人口2.21万人。镇政府驻复兴街154号。城区中心海拔146米。

第一节　概述

清末民初，设五云镇自治公所。1950年，五云镇分设水南乡。1952年，水南乡并入五云镇。1953年，改为县直属建制镇。1958年，改为红旗人民公社。1962年，改为五云人民公社。1978年，恢复为县直属镇。1980—2010年，改为五云镇人民政府。1992年，城东乡、仙都乡撤销，并入五云镇。2000年，仙都农管处成立，辖原仙都乡区域。2008年，城北乡、新碧镇撤销，并入五云镇；新碧农管处成立，辖原新碧镇区域。仙都和新碧两个农管处区划隶属于五云镇，行政工作独立开展。县委、县政府及县属单位、学校、医院等大多集中在五云镇区域，是“省级旅游强镇”“省级森林城镇”。

五云镇常年平均气温17.2℃，无霜期243天，年平均降水1437.3毫米。属低山丘陵，中亚热带季风气候区，光照充足，降水充沛，温暖湿润，四季分明。镇域地势自东南向西北倾斜，好溪自东北往西南迂曲而过。2010年，全镇耕地面积1142.27公顷，农作物播种面积957.8公顷，粮食作物总产量280.53万千克，封山育林面积2006.6公顷。矿产凝灰岩贮量丰富，20世纪70年代起，城区街路、房屋、台阶、栏杆多以凝灰岩条石砌筑，故有“石城”之称。另有矿产珍珠岩、膨润土。

2002年9月，朝晖社区成立，由南塘、龙津居委会合并而成。位于新老城区接合部，东起杜桥后山，南界溪滨北路，西至迎晖门、姓丁后山，北临黄龙路，面积0.688平方千米，居民2713户7110人，有南塘、龙津、朝晖等居民小区。10月，水南社区成立，由水南、桥南、上交岭三个居委会合并而成，东起白云山，经西南沿好溪至东渡桥头，北以好溪为界，面积1平方千米，居民1395户2703人。是月，风景山社区成立，东起洋潭头，南至白云山，西靠风景山，北临好溪，面积0.403平方千米，居民799户1612人。11月，镇中社区成立，由原东门、中心、寺后居委会合并而成。东起迎晖门，西至槐花街，北接南塘路，南临好溪，面积0.404平方千米，居民2822户6982人。是月，北门社区成立，由槐花、丹阳、建设、云堂4个居委会合并而成，东起槐花街至寺后山，南始溪滨北路至大桥西路，西南端接洋岙村，北连三里街村，面积0.86平方千米，居民1659户3666人。12月，新城社区成立，由金梅亭居委会改名，主要位于杜桥以东，五里牌以西区域，面积2.3平方千米，居民2459户5733人。

1993—2010年，五云镇在基础建设、工农业、交通、生态等各个方面都取得迅猛发展。1993年，全镇工业总产值1.39亿元，农业总产值1617万元，财政总收入317万元。2010年，工业总产值9.87亿元，农业总产值5363万元，财政总收入7914万元，农民人均纯收入7273元。

全镇粮食产量，1992年1100万千克，2009年745.6万千克。1997年，杜桥茶叶专业市场建立，全县约80%的茶叶在该市场交易，至2010年，茶叶交易量最大年份81.3万千克，成交额9239万元。2009年，全镇有茶园面积223.47公顷，茶叶产量15.55万千克。双龙村有黄花梨园面积166.67公顷。1993年以来，蔬菜基地由洋潭头村逐步扩及项山、詹山、桥头、湾潭等村。2010年，全镇种植蔬菜面积572.6公顷，有大棚388个，上市蔬菜1270万千克。

五云镇城区面积，1988年0.91平方千米，2008年13.94平方千米。2010年年末，城市化水平48.87%。1996年，五云镇新区建设开始。2010年，建成道路80余条，道路总长度120千米。1993—2010年，五云镇城区新建、改建公园14个，打通隧道3座。1996年4月，金温铁路通车至五云镇。

2010年，镇域有幼儿园32家，其中公办2家、集体1家、私立29家；有小学4所、初中3所、普通高中2所、职业高中4所。有县级医院2家、妇幼保健院1家、疾控中心1家、镇直属卫生院1家。2010年10月，县首家残疾儿童学校缙云县培智学校在今古塘村挂牌成立。

五云镇商业详见第十二篇“商业”第一章。

1993—2010年部分年份五云镇主要经济数据一览表

表34-1-1

年份	工业总产值（万元）	农业总产值（万元）	财政总收入（万元）	农民人均纯收入（元）
1993	13929	1617	317	1018
1997	21073	2935	1010	2209
2000	38066	1739	2205	2933
2005	99524	1902	5906	4390
2010	98651	5363	7914	7273

第二节　区域特色

风景名胜

黄龙景区，缙云仙都国家级风景区四大组成部分之一，位于五云镇镇北，距镇政府驻地约7千米处，是一个集探奇问胜、朝佛进香、休闲观光、运动娱乐于一体的风景旅游体验区。2009年被评为国家AAAA级旅游景区。景区有绿色水果基地33.33公顷。

五云镇为历代缙云县治，人文建筑遗迹较多。抗战时期，风景山、水南山、客星山、吏隐山、云塘山修建有碉堡工事。2010年，尚存风景山椭圆形碉堡残体，长轴约5.6米，土墙厚0.5米。

吏隐山　位于镇中翠微山东，俗称魁星阁山，最高峰海拔195.5米。明薛应旗《缙云诸山记》：“唐县令李阳冰秩满游息于此，筑忘归台，石壁间刻吏隐山三字，阳冰所书也。”东坡开凿一石洞，名洼尊，故又名“洼尊山”。清光绪《缙云县志》载“阳冰又刻《洼尊铭》《忘归台铭》，并撰《忘归台记》。”2010年，遗迹尚存。

客星山　位于镇西部，又名金山，海拔329米，为镇西部最高峰。西北高坡有古寨“黄巢基”。

古代建筑　李氏坟庵，位于城东南塘庵，明代建筑。庵北散布明代李颢家族墓葬，有其子李长、玄孙李键、李铦墓。李氏宗祠，位于东门，由元代美化书院山长李德大后裔所建。衡门，俗称“横门”，明

图 34-1-1　2010 年五云镇中心村元宵节布龙舞表演

代李键故居。谯楼，位于水门街临溪北侧，县衙中轴线穿过；下置拱门，上为双檐楼阁，有石阶可登；宋时称“鼓楼”，明代谓“南关楼”，俗名“水门洞”。双眼井，位于复兴街双井巷口，为宋代遗存。金井，位于胜利街金井巷 15 号，凿于元代。方井，位于黄龙村，凿于明代，内壁以条石砌筑，井底石板刻字“孤助方造”。

城隍庙，位于客星山东南侧山腰，始建于缙云建县之初。唐乾元二年（759），县令李阳冰将庙从县治西谷迁于此。孔庙，位于吏隐山西侧山麓，唐始建，称“文宣王庙”，大成殿祀孔子及弟子。仙岩寺，位于吏隐山西麓、文庙北，唐大历元年（766）始建。天妃宫，位于镇西九盘山下，清乾隆三十三年（1768）由闽地商人修建。文昌宫，又名“文昌阁”，位于孔庙西北角，清乾隆二十六年（1761）迁吏隐山。丹阳庙，古称“禹王庙”，位于复兴街双井巷附近，祀平水大王。槐花庙，位于槐花街，素称“县内第一本保殿”。灵应庙，位于金紫山麓，即“鲍郎祠”，又名“利济王庙”，始建于宋建炎二年（1128），为祭祀西晋邑人鲍盖（会稽郡鄮县县吏）所建。

文化遗存

古时，逢中元节、十月半、冬至或求雨时，在城隍庙举办迎祭城隍案会，其中以农历十月十五日最为隆重。建设村的台阁狮又称“轿狮”“牵线狮”，中心村和上名山村的布龙，三里村的缙云台阁，皆为县级非物质文化遗产。官店村婺剧盛行，吹拉弹唱人才辈出。2010 年 8 月，官店村少儿婺剧节目《古村戏韵》获全国第四届少儿曲艺大赛一等奖。周村村地处婆媳岩山麓，村民以婆媳岩传说为题材，营造慈孝文化浓厚氛围。古塘下村在民国后期全村约 80 户人家中有教师近 20 人，“古塘下先生”曾享誉乡里。

第二章　仙都农村管理处

仙都农村管理处（简称“仙都农管处”）位于缙云县城东部，省道缙磐、金台公路穿境而过，四周与五云镇、舒洪镇、新碧农村管理处、东方镇毗邻，辖区总面积 35.6 平方千米。2010 年年末，行政村有仙源村、铁城村、鼎湖村、前湖村、田村村、下洋村、塘后村 7 个，自然村 12 个，人口 9769 人。仙都农管处驻鼎湖村，距离县城 10 千米，中心海拔 165 米。境内的仙都风景区为国家重点风景名胜区、国家首批 AAAA 级旅游景区。

第一节　概述

1950年6月，称仙岩乡。1958年，仙都管理区成立。1961年，改为仙都公社。1984年6月，改为仙都乡。1992年5月，并入五云镇。2000年3月，县委、县政府作出仙都风景旅游管理体制改革的决定，原仙都乡12个行政村从五云镇划出，设立仙都农村管理处（简称“仙都农管处”）。仙都农管处区划属五云镇，由五云镇政府委托仙都风景旅游管理局管理，在行政上赋有“块块”管理职能，县委、县政府单列工作考核指标。

仙都农管处地形以丘陵、河谷盆地为主，地势东北高，西南低。好溪自东北向西南流过，水利条件好，地理优势明显。2010年，农作物播种面积458.2公顷，粮食作物总产量128.9万千克，封山育林面积1052.33公顷。矿产有凝灰岩、珍珠岩、膨润土、沸石等。

2010年，仙都农管处工业总产值2450万元，农业总产值1568万元，财政总收入83万元，农民人均纯收入6146元。居民主要经济来源是农业收入、饮食经营收入、外出经商与打工收入、商业贸易收入。农家乐于2003年冬开始创办，至2010年有48家。其中，四星级3家、三星级16家、二星级13家、一星级6家，有餐位3000多个、床位950张、从业人员500余人，年营业收入1700多万元。

农业以种植业为主，兼种经济、观光作物。2002年，发展改造专业生产基地73.46公顷。其中，下洋村油桃基地20公顷，梅宅、板堰、上章村杨梅基地共40.13公顷，仙岩、梧源村茶叶基地13.33公顷，观光农业雏形形成。2003年，“笋峰”牌茶叶获中国科学院茶叶研究所安全食品认证。2010年，经济作物种植面积有，杨梅80公顷、油桃40公顷、茶叶43.33公顷、蚕桑26.67公顷、油菜113.33公顷。观光农业基地有下洋村油桃优质高产示范基地、笋川村百香果基地、上前湖村油桃基地、梅宅村东魁杨梅基地、沐白村蚕桑基地5个。是年6月，梅宅村举办杨梅节。

工业以石器加工、矿业为主。1996年开始，按景区生态环境保护要求，停止凝灰岩开采。2002年冬，由个体企业承包仙都膨润土开采。2010年，仙都农管处有石料加工企业11家、矿石加工企业4家，年产值242万元。

1996年10月，沐白村集资50万元，建设川石大桥；1997年3月，川石大桥建成通车，长180米、宽6米。2000年，笋川村至上章村公路路面硬化工程竣工。2004年12月，塘后村环村公路竣工。2005年10月，梧源、上前湖、下前湖通村公路竣工，仙都农管处实现村村通公路。

2004年笋川、板堰、下前湖3个村，2006年沐白、梅宅、塘后、上前湖、仙岩5个村，2009年上章、梧源、下洋、田村4个村，饮用水工程相继竣工，村村实现自来水到户。2006年改造加固小(三)型水库9座，2008年改造加固下洋村横塘水库和仙岩村十二弄水库。

1996年8月，投资15万元，安装程控电话200门。同年10月笋川、仙岩、上前湖3个村，2003年4月沐白等5个村，2004年5月塘后、梧源2个村通有线电视。2010年年末，仙都农管处有线电视入户1979户。

图34-2-1　2007年仙都农管处“创建省旅游经济强县，走可持续发展之路”宣传活动

2000年，开展改厕工作。2003年以后，开展村庄整治。拆除露天粪缸1128口，新建公厕5座，并进行村庄道路硬化。2004年，上章村拆除露天粪缸、草籽塘、猪舍共94处，建公厕2座、垃圾池2个、停车场500平方米，98户农房统一实行外墙立面改造。2009年，黄金坳、皂梦2个自然村居民36户71人搬迁至塘后村，曲溪路板堰地段和42省道房屋拆迁政策处理完成。2010年，各村电网改造完成，村村架设路灯。

2004年4月，文化示范乡创建通过验收。2009年，仙岩村被评为文化示范村和省体育小康村。

1999年5月，笋川小学改名为仙都小学，新建教学楼900平方米。2000年8月，各村小学合并到仙都小学。2003年8月，湖州圣雄集团捐资建设仙都小学教学楼竣工，仙都小学又名仙都圣雄希望小学。2008年，仙都小学被评为省示范性希望小学。2010年，辖区内有中学、小学、幼儿园各1所。仙都小学有教学班15个，寄宿生303名。

2003年12月，仙都农管处被丽水市政府授予教育强乡称号。

第二节　区域特色

仙都农管处区域是缙云仙都风景区主景区，风景旅游的区域特色明显（详见第十三篇第一章第二节、第四节）。

仙都农管处各村都有民俗文化表演队，1998年以后，每年清明、重阳节期间，均参与轩辕黄帝民祭、公祭活动。

2000年开始，仙都农管处举办桃花节、杨梅采摘节、婚纱摄影节、乡野狂欢节等节庆活动。

第三章　新碧农村管理处

新碧农村管理处（简称“新碧农管处”）位于缙云县城北部，北邻永康市前仓镇，东界东方镇、仙都农管处，南连五云镇，西南毗新建镇，辖区总面积35平方千米。2010年年末，行政村有新康村、黄碧街村、三都村、新南村、福康村、新西村、黄碧村、姓尚村、上小溪村、下小溪村、黄碧虞村、宅基村、马渡村13个，自然村28个，居民8692户，人口25137人。新碧农管处驻黄碧街村新华东路9号，距离县城12千米。

第一节　概述

1949年年初，属西区普里乡、宅青乡；12月，碧川乡建立，归仙都区管辖。1950年10月，普理乡分设碧溪乡，属新建区。1951年1月，碧川乡分设碧虞乡。1956年3月，碧川乡、碧虞乡、碧溪乡三乡合并为新碧乡。1958年9月，以新碧乡为基础建立新碧管理区，属红旗人民公社。1961年6月，以新碧管理区为基础建立新碧人民公社；10月，新碧人民公社划入新建区。1968年10月，建立新碧、东川公社革命委员会。1984年6月，建立新碧、东川乡。1991年6月，新碧乡更名为新碧镇。2008年2月，县委、县政府作出决定，撤销镇建制，原新碧镇25个行政村，连同新建镇划入的岩沿、西岩、梅溪3个村一同并入五云镇，设立浙江缙云工业园区新碧农村管理处（简称“新碧农管处”）。新碧农管处区划属五云镇，由五云镇委托浙江缙云工业园区管理委员会管理，对28个行政村的经济、社会各项事业发展负全责，县委、县政府对工业园区管委会和新碧农管处的工作考核指标合并下达。

新碧农管处常年平均气温为17℃，无霜期221天，降水量1386毫米。地处仙霞岭向东延伸的余脉、钱塘江支流武义江南源新建溪下游两岸，东南部和西北部为丘陵山地，中部为溪谷冲积小平原，最高海拔566米。土壤类型主要为红壤和黄壤。2010年，新碧农管处农作物播种面积684.2公顷，封山育林面积1592.2公顷。

新碧农管处传统农业一直以粮食生产为主，20世纪80年代以前，种植业产值占总产值均在60%左右，20世纪90年代以后，劳动力外出养殖、打工、经商，或在缙云工业园区务工逐步增加，种植业产值占总产值的比重，由1992年的62.6%至1999年、2003年、2009年分别下降到43.6%、33.1%、17.9%。

1993年10月，新碧自来水厂开始供水。1995年，主街道新华东路建成。1998年，桂溪段官堰混凝土拦水坝建成，坝长126米，灌溉农田13.33公顷。1999年，330国道与省道平黄公路、镇内新华路环岛建成。环岛直径85米，中央不锈钢神女塑像为新碧镇标志性建筑。

1993—2010年，新碧农管处工业总产值从7734万元增至110亿元，农业总产值从752万元增至3825万元，财政总收入从176万元增至17257万元，农民人均纯收入从687元增至7416元，居全县各乡镇农民人均纯收入首位。

图34-3-1　1999年建成的330国道与省道平黄公路环岛

2005年，所辖13个行政村康庄公路投入使用。黄碧街农贸市场经数次改造扩建，至2010年，占地面积2万平方米，营业用房100多间，摊位450多个，逐步成为缙云西北农副产品集散地和商贸服务中心。2006年，黄碧街、后井、坑底、下庄、后坑5个村联合建成“新碧五联自来水厂”。2007年1月，黄碧街村自来水管网改造工程竣工。2008年，外孙、内孙、龙湖3个村利用天井水库水源，合资建成自来水厂。2008年9月，下山脱贫工程“新兴家园”动工兴建，次年，官山、岭后、天井自然村70户205人入住，实现下山脱贫。2009年，利用碧川水库水源建自来水厂。2010年，金刚寺水库加固扩容工程竣工，大坝增高1.6米，库容增加35.5万立方米。

新碧中心幼儿园于2000年2月创办，2008年被评为浙江省三级幼儿园。2006年，碧川小学教学楼一期工程竣工，投资243万元。2010年8月，新碧初中投入使用，投资1.11亿元，占地面积7.97万平方米，总建筑面积3.71万平方米，绿化面积2.67万平方米，规划办班42个。2010年，新碧农管处共有幼儿园7所、小学2所、初中1所。

至2010年，各村均建有文化活动室，共有文化示范户58户，业余文艺团队30支，农家书屋6家，藏书6000余册，新碧农管处文化站藏书5000余册。

2004年5月，钭氏伤科医院新院区投入使用，占地面积3万余平方米，建筑面积2.5万平方米，床位300张。2008年，在缙云县慈善总会设立缙云县钭氏伤科医院慈善基金，用于助学、助医等慈善事业。

1993—2010 年部分年份新碧农村管理处主要经济数据一览表

表 34-3-1

年份	工业总产值（万元）	农业总产值（万元）	财政总收入（万元）	农民人均纯收入（元）
1993	7734	752	176	687
1997	7038	1830	291	1545
2000	16545	2339	478	2051
2005	184770	2239	3955	4416
2010	1103311	3825	17257	7416

第二节　区域特色

工业园区

1993 年以来，工业经济逐步成为新碧农管处的经济支柱。浙江缙云新碧工业园区位于新碧农管处，主要是对接永康五金产业、接受永康工业产业辐射和转移的平台，区域特色突出（详见第十一篇“工业”第三章第一节）。

2000 年，新碧农管处在丽水市率先推行村集体出借征用土地款给企业、村集体建厂房出租给企业等方式，吸引外来企业投资。2001 年，在全县率先实行“一个窗口办事，一个口子收费”制度。至 2001 年年末，工业企业增至 86 家，其中年产值 500 万元规模以上企业 14 家，外来企业 16 家，县 20 强重点企业 5 家。

2002 年、2005 年、2010 年浙江缙云工业园区工业企业主要数据一览表

表 34-3-2

项目	2002	2005	2010
工业总产值（万元）	35009	204488	1103311
固定资产投资（万元）	8069	45008	90829
入园企业（家）	62	110	144
投产企业（家）	8	93	122
外来企业（家）	28	85	112
规模以上企业（家）	11	53	98
总投资（万元）	11766	171604	527690
出口（美元）	1633	6913	22076
上缴税金（万元）	759	4256	21941

古风民情

小溪大龙头　小溪板龙龙头高 5 米多，宽 2.5 米，由 36 人抬扛，俗称“大龙头”。小溪村迎龙活动迎四年停三年，世代相沿。正月十三日午时三刻神龙开眼仪式起灯后，点炮拼接，鸣锣开道，布龙、彩灯随行，舞龙与采茶灯戏曲舞同步。所到之处鞭炮相迎，茶饭招待，以烟、糖、粉干等相赠。2005 年 11 月，大龙头表演获丽水市国际摄影文化节民俗展演金奖。2007 年，小溪大龙头被认定为市级非物质文化遗产。

山前火铳　山前村古有迎神火铳（礼炮）队，铳手清一色男丁。铳管直径约一寸，长尺许，外箍三道铁圈，铳把为硬木。鸣放前，先用木条筑实铳管内的火药，点燃引火线后响声如雷。逢方岩胡公案会，案队以铳开道，每经村庄，火铳齐鸣。2001 年，新碧镇建镇十周年庆典，以山前火铳作礼炮，为庆典添彩。另有紫凤千山背村铳队，号称“千山大铳”。

古建筑　五云馆，位于后井村，四合院式。明正德年间（1506—1521）修缮。清光绪十四年（1888）改名“永兴庵”，仍沿用五云馆名。2009 年，列入丽水市文物保护单位。双桂坊，为褒奖元致和元年（1328）内孙村天赐、天佑兄弟同榜登进士而建，明万历二十九年（1601）、民国 18 年（1929）、1997 年曾三度修缮。

第四章　壶镇镇

壶镇镇位于缙云县东北部，东接仙居县，东北临磐安县，西北连永康市，南邻前路乡，西南界东方镇。辖区总面积 228 平方千米。2010 年年末，行政村有苍源村、括苍村、宫前村、吉安村、双丰村、和联村、北山村、上王村、山河村、联丰村、杭川村、陇东村、明新村、赤羊村、桃源村、龙川村、和睦村、胡宅口村、好溪村、八桥村、龙溪村、金竹村、唐市村、和美村、西施村、旸村村、高潮村、中兴村、新范村、新和村、工联村、农兴村、新民村、团结村、南顿村、姓汪村、坑沿村、左库村、下潜村、应庄村、湖川村、白竹村、杨桥头村、潜陈村、上东岸村、心畈村、双溪村、金村村、李坑口村、松岩村、潜明村、沈宅村、苍山村、岩背村、岩下村 55 个，自然村 130 个，居委会 5 个。居民 33465 户，人口 80892 人，流动人口逾 2 万人。镇政府驻溪东北路 108 号，距离县城 25 千米。

历史上，壶镇盆地开发领先于县境各乡镇，与丽水碧湖镇、金华孝顺镇同属浙中南三大古镇。南宋绍兴（1131—1162）年间，吕姓氏人迁入官昌塘东岸，在贤母桥上游百米处筑壶溪埠头。因壶溪埠头属好溪竹排始发点，壶镇遂有“溪头”之称。宋、元间，美化巡检司驻壶镇大路街（与湖川交界处）。2008 年，境域出土“齐永明八年（490）太岁庚午九月一日建功作”“晋太元十四年（389）兹井作毕”等多块铭文砖和史前石斧、石锛、石箭镞、商周陶器及恐龙骨骼化石。

第一节　概述

据北宋《元丰九域志》记载，“缙云县辖五乡一镇”，“一镇”即胡陈镇（壶镇镇）。至清末，镇域大部分区域属美化乡。清末民初，设壶镇镇自治公所。1939 年，隶属于壶镇区。1949 年 7 月，改为东区，10 月重设壶镇区；1958 年，改为幸福人民公社；1961 年，复设为壶镇区；1962 年，改为壶镇人民公社。1983 年，壶镇人民公社改为壶镇镇；1992 年，壶镇区撤销，原壶镇镇和三联、白六、括苍、浣溪乡四乡一镇划属新的壶镇镇管辖；2008 年，雁岭、白竹两个乡并入壶镇镇。2004 年，壶镇镇党委被中共浙江省委命名为农村基层组织建设先锋工程五好乡镇党委。2007 年，壶镇镇被浙江省教育厅命名为省教育强镇。2008 年，壶镇镇被文化部命名为“中国民间文化艺术之乡”。2009 年，壶镇镇被浙江省农业厅命名为省

图 34-4-1　壶镇盆地（2010 年摄）

平安农机示范镇。

壶镇镇地势东北高峻，中部平展，最高海拔 1196.5 米，最低海拔 190 米。盆地面积约 40 平方千米，为丽水市三大盆地之一，是县境主要产粮区。2010 年，有水田 2799.47 公顷，旱地 1008.8 公顷，粮食种植面积 2003.27 公顷，山林 15833.33 公顷，森林覆盖率 70.6%。好溪自东北向西南穿境而过，支流白竹溪源于永康境，经白竹村、杨桥头至双溪入好溪；棠溪源于雁岭观岛尖凉亭坑，经岩下、唐市，在金竹附近汇琴溪大岩坑水至洋渐滩；浣溪旧称“管溪”，源于前路海临尖，流经宫前，在双溪口与漳溪汇合；漳溪源于前路乡牛头圩、十八堆，在黄龙合流后经上胡、下胡、真君畈、前路村，至沈宅村外与浣溪合港，经姓汪、观坛庙村纳入应溪水，于大溪滩东社后潭注入好溪。

全镇农业总产值，由 1993 年的 2816 万元增至 2010 年的 1.4 亿元。2010 年，农民人均纯收入 7356 元，居全县第二位。1993 年以来，“一优两高”农业加快发展，以食用菌、茭白、果蔬、茶叶等为主导，形成多个“一村一品”专业村。2010 年，全镇桑园面积 590 公顷，主要分布于镇西、雁岭和白竹一带；茶园面积 163.4 公顷，年产量 6.4 万千克；果园面积 1009.6 公顷，年产量 1566.6 万千克，有金竹琴溪水蜜桃、桂村杨梅、左库桃园基地等；茭白规模种植在南田、冷水一带，亩产 2500 千克以上；还有绿源种养园、康丰果蔬基地、桃源（元古、陶滩）蔬菜基地等大棚种植。2010 年，白竹、雁岭一带药材种植面积 161.33 公顷，其中白术产量 7.2 万千克、元胡产量 13.7 万千克、浙贝产量 23.8 万千克、其他品种产量 2.9 万千克。2004 年，晨龙太空农业科技园成立，位于坑沿村西面，基地面积 45.33 公顷，与北京天星航天育种技术开发中心合作进行航天种子开发，种植出 2 米多太空丝瓜等特色蔬菜系列。

壶镇镇工业见第十一篇第三章第二节。

1993 年，溪西大街进行拓宽改造；2003 年，贤母桥东面地块改造成商业大街。2009 年，贤母西路进行拓宽改造。2008 年，全镇实现村村通公路。1995—2010 年，新增居民小区、学校及其他公共建筑面积 18.25 万平方米。1993 年、1995 年、2010 年，镇区分别建成安居桥、新兴桥、乐业桥三座桥梁。2010 年，镇区道路有街道 8 条、路 33 条、巷 29 条。全镇有乡村公路 140 千米。

2010 年，有民营医疗机构 58 家，执业医生 89 人；高中 1 所、初中 2 所、小学 10 所。

2010 年前，壶镇的旅游业处于起步阶段，主要景点集中在左库万亩水蜜桃基地、岩下石头村、大龙潭瀑布、赤岩山和狮子山佛光、苍岭古道等。

1993—2010 年部分年份壶镇镇主要经济数据一览表

表 34-4-1

年份	工业总产值（万元）	农业总产值（万元）	财政总收入（万元）	农民人均纯收入（元）
1993	32565	2816	1032	1026
1997	94141	4780	2717	2146
2000	126800	6696	3221	2662
2005	325516	6848	8647	4408
2010	910209	14029	26839	7356

第二节　区域特色

商业和手工业

壶镇镇的商业和手工业历史悠久。农历每月逢四、九日为集市日，集中贸易场地以镇市坛、双眼井为中心，小商品分布镇区各街道，还有树市、柴市、猪市、米市等专业市场。农历五月廿八日“大市”形成于清咸丰、同治年间（1851—1874），1983 年移址溪东北路，1985 年增设农历十月廿八日“大市”物资交流会，1996 年移址溪西大街。

壶镇镇的传统产业一村一品特色明显，主要有应庄村的祭祀香，湖川村的火炮，雅化路村的织席，南顿村的灯笼、箬帽，和睦村的蒲草扇、蒲草袋，东山村的陶瓷，迎祥村的布鞋、烧饼桶，大溪滩村的土爽面等。2008 年前后，北山村电子商务业兴起，主销“北山狼”系列户外运动品牌。

带锯床产业

2002 年 5 月，壶镇镇带锯床协会成立，有会员企业 20 家；带锯床年产值 1.2 亿元，占全国带锯床市场份额的 60% 以上。2009 年，“壶镇锯床”被国家工商总局核准为集体商标。2010 年 11 月，建成缙云县带锯床和特色机械装备技术创新服务平台，带锯床年产值 5 亿多元。

文化遗存

古建筑　文物　古建筑和文物主要有贤母桥、美化书院旧址、南宫寺、惠明寺、九松寺、岩下石头村、尚书房、松岩百廿间、道门游击将军府、九进厅、中心市坛、南顿文昌阁、大溪滩古窑址群、南田点将台、苍岭古道、陇东西晋古墓等。

1992 年以后，迎祥村、农兴村、田畈村等地先后发现石锛、石凿、石刀、石斧、石箭镞及商周陶器。2008 年，云岭、西山沿及苍山村一带出土恐龙骨骼化石。

革命遗迹　高潮村赵氏宗祠（燕翼小学）为中共缙云县委“一大”会址；农兴村有辛亥革命时期浙江会党（龙华会）首领、处州军政分府都督吕逢樵故居；金竹村有革命烈士纪念碑；黄弄坑村有红军挺进师及粟裕大将革命纪念馆。

古堰　有建于北宋的广济堰，建于元代的万工堰，建于明代的清宁堰（又名“范成堰”）、金丝堰、杜堰（又名“大堰”）、宫堰。

民俗活动　镇域传承大小庙会近十种。著名的有农历正月初八宫前村的纪念包公庙会、二月初七唐市村的纪念赵金龙庙会、五月十三日的金竹庙会、六月初六的岩背庙会、九月初十的赤岩山案会、十月的潜明练火等。传统游艺节目有《姓汪处剧》《老鼠迎亲》《一百零八将》《钢叉舞》等。

第五章　新建镇

新建镇位于缙云县西北部，东临新碧农管处、五云镇，南连七里乡、莲都区双溪镇，西界武义县，北接永康市，辖区总面积216平方千米。2010年年末，行政村有新建村、宏坦村、笕川村、和源村、溪南村、新湖村、杨公桥村、溪东村、新联村、新合村、河阳村、七甸村、八甸村、夏家畈村、联新村、八都村、新川村、新长川村、丹址村、鱼川村、洋山村、韩畈村、凝碧村、茭岭村、红锦村、周岭村、雪峰村27个，自然村85个、居委会1个。2006年，景宁滩坑水库移民181户522人，安置在凝碧村村域，设村名为“红锦村”。2010年年末，居民28557户，人口71785人，外出人口37573人，外来人口9800人。镇政府驻新建村，距离县城9.3千米。

第一节　概述

明代，属景福乡，晚清分属六都和九都。清末民国初，设新建镇自治公所。1936年，隶属于第一区。1943年，改新建区。1949年，设新建镇人民政府。1958年，改为卫星人民公社，设新建管理区。1961年，改为新建人民公社。1984年，改为新建乡。1985年，改为新建镇。1992年，新建区撤销，原新建镇和碧河、东川、溪南1镇3乡合并成立新建镇。2008年，新川、双川2乡并入新建镇。

新建镇地势西南高，东北低。镇西最高峰雪峰山山峰，海拔1114米；镇西南最高峰为大母山，海拔989.5米；镇北以低山地貌为主，最高峰历山山峰，海拔854.8米。新建溪河谷盆地平均海拔142米。2010年，镇域耕地面积1773.33公顷，其中水田面积1533.33公顷。山林面积14333.33公顷，其中毛竹林面积3500公顷，占全县毛竹林总面积的三分之一。新建溪属钱塘江水系婺江支流的源头之一，沿溪有100万立方米以上水库2座，10万～100万立方米水库15座，1万～10万立方米水库37座，水塘689口，总蓄水量1063.2万立方米，灌溉面积1560公顷。

新建镇是缙云县传统产粮区之一。2010年，镇域种植水稻农户有5850户，其中有98户为种粮大户，共种植水稻191.93公顷，户均1.96公顷以上。建有粮食功能区606.67公顷，水稻示范片平均亩产663千克。当年实现农业总产值1.56亿元，农民人均纯收入7210元。

近代工业有八都坑的手工造纸业。改革开放以来，以加工业为主的现代工业逐渐形成，主要产品有摩托车配件、电子组件、弹簧专用设备等。1998年，实现工业总产值1.53亿元；2010年，有企业356家，规模以上企业29家，实现工业总产值8.1亿元。

新建每逢农历四、十日为集市日。新建镇小商品市场，1987年建成，2002年移至西门市场。1994年花园综合市场建成。1996年笕川香菇市场建成，2008年交易额一亿元。2009年，洋山茭白市场开业。

1993—2010年，新建镇陆续拓宽新南街、溪滨路、新寺路、永济路、环城路、溪滨东路、新建路、中心街；新建、改建各类桥梁8座。2000年，镇区规划为东至笕川村，西至河阳村，南至寺根村。2002年，中心街改造，总面积2145平方米。2006年，新溪路雨污合流管道改建。2010年，自来水厂扩大规模，年供水量增至5亿千克。

2010年，全镇有公办幼儿园1所、民办幼儿园15所，在园幼儿1652名；有小学10所、初中4所、高中1所；有中心卫生院1家，分院5家，民营医院1家，村卫生室、私人诊所、中草药铺、药店50多家。医院床位共150多张。有敬老院1家。

1993—2010年部分年份新建镇主要经济数据一览表

表34-5-1

年份	工业总产值（万元）	农业总产值（万元）	财政总收入（万元）	农民人均纯收入（元）
1993	14058	3117	411	855
1997	14880	5742	516	1967
2000	20029	7100	694	2343
2005	38161	9011	2349	4106
2010	80753	15645	2023	7210

第二节　区域特色

食用菌产业

1992年以来，食用菌作为新建镇农业综合开发的主要项目，其中笕川村113.33公顷耕地中就有80公顷栽培香菇。全镇食用菌品种主要有平菇、草菇、凤尾菇、金针菇、鸡腿菇、竹荪。干菇产量，1993年39万千克，1998年32万千克，2010年87万千克。1996年，笕川香菇市场开业，成为全县干、鲜香菇交易中心。另有浩然香菇合作社等专门从事香菇生产经营。

1993—2010年，全镇先后有过农业专业合作社24个，其中山川绿野笋业合作社属省级示范合作社，“川野丽人”油焖笋为畅销产品。

水产养殖

改革开放后，麻鸭养殖首先成为新建镇外向型农业的支柱产业，新建鸭农成为“缙云县四万鸭农闯天下”的主力军。1993—2010年，新建镇鸭农前期以养殖麻鸭为主，其中笕川绿生源孵坊年可提供麻鸭种苗100多万羽，大多运往外地养殖；2003年开始，新建镇鸭农逐渐转向南美白对虾养殖。2010年，全镇有3万虾农在广东、广西等地养殖南美白对虾。

文化遗存

文物古迹　全镇共有宅基贞节坊、新建永济桥、凝碧虞帝宫、宏坦叶氏宗祠等25处文物保护点。广慈寺有宋代泉井，井栏题刻“嘉祐六年（1061）辛丑九月二十八日，僧从爽募施主造井一所，六僧为活。”有马岭、牛岱岭等古道10多条。有永济桥、公济桥、新长川桥等古桥16座，其中永济桥入编《中国桥梁史》。张公桥村的协济桥约建于清乾隆年间，民国26年（1937）重修，时由国民革命军高级将领陈诚、樊崧甫及士绅王惟英、舒望周等出资襄助。1991—1995年，洋山村东殿山背及红砖厂取土点出土新石器时期及商、周、汉、唐文物200多件。川石村有宋孝宗封赐的“理学名贤”匾额和“文官经此下轿武官经此下马”的圣旨牌。寺根村村后有唐代正等寺遗址。夏家畈始迁祖为宋代抗金名将李纲八世孙，建有李纲纪念馆。双港桥村村西有石刻贞节坊，额枋和柱上镌刻有“圣旨”“贞节”“旌表陶尔泰妻马氏坊”等文字，山崖上有石刻“贞节”两字，省内仅存此一处。

河阳古村　河阳村明清民居建筑群，尚存民居1500余间，宗祠15座。街巷、村内水系、桥梁、道路保存较完整，壁画、门额雕刻丰富。属浙江省历史文化保护区、全国文物保护单位。

图 34-5-1　河阳村戏曲演唱活动（2007 年摄）

戏剧产业　1950 年前后，新建区有剧团 18 个。改革开放后，碧河、溪南公社曾举办戏曲培训班，成立新建区婺剧团、越剧团及戏服厂。2010 年，镇域有民间剧团 11 个，其中胡锦其剧团、思火剧团、七弟剧团、施基民剧团较为著名。全年演出 4600 余场，观众 180 万人次。

红色遗迹　1930 年，雪峰村建有永康工农红军雪峰山游击队。中华人民共和国成立前夕，雪峰村成为中共丽（水）缙（云）永（康）武（义）边区据点和主要交通联络地。2010 年，雪峰村革命历史展示馆开馆。四青头村是 20 世纪 40 年代中后期中共处属特委活动据点，建有革命历史陈列室。白木坑有红军烈士墓。

义阳诗派　宋元时期，河阳朱氏先后有八人进士及第，族中吟咏之风兴盛。元皇庆二年（1313），16 世孙朱鹤斋（徙居青田海西）收集河阳朱氏 12 ～ 19 世 24 人的五言、七言和古风诗作，辑成《义阳诗派》诗作八卷，刊行于世。因河阳朱氏郡望为义阳，故取名“义阳诗派”。

道教文化　世传道教大师葛洪曾在葛竹山岩洞炼丹。葛竹、丹址、葛湖一带有关葛洪及道教传说较为流行。

宅基戊子焰火节　起源于清康熙四十七年(1708),在戊子年第一个戊子日举办,每 60 年一次。2008 年,宅基村举办第六届戊子焰火节。

第六章　东渡镇

东渡镇位于县城五云镇南部，东北邻舒洪镇，东接胡源乡，东南靠方溪乡，西南界莲都区，西北连七里乡，辖区总面积 127.8 平方千米。2010 年年末，行政村有东渡村、雅村村、雅宅村、桃花岭村、株树村、东溪村、黄山脚村、兆岸村、小仙都村、天马村、白龙岗村、方川村、古郑村、石松村、仓山村、长坑村、梨仓村、兰口村、吴岭村、南湖村 20 个，自然村 55 个。居民 14496 户，人口 34300 人。镇政府驻雅村村 208 号，距离县城 2 千米。

第一节　概述

民国时，属南马乡、桃岭乡、天美乡和正本乡境。1949 年，设崇文乡、正美乡。1956 年，崇文、东溪合并为城南乡，天美、正美合并为新美乡。1958 年，分为红旗人民公社城南、吴岭、新美管理区。1961 年，改为城南公社、新美公社。1980 年，城南公社分为城南公社、长坑公社。1982 年，新美公社分为兆岸公社、方川公社。1984 年，分别改为城南、方川、兆岸、长坑乡。1992 年 5 月，4 个乡合并为东渡镇。

东渡镇地形以丘陵、低山为主。章溪从古路村流经雅宅与好溪汇合，中部多丘间平畈，两岸田畈可自流灌溉，属传统产粮区。2010年，东渡镇有耕地1080公顷，地类面积比例为耕地7.8%、林地78.8%、水域2.6%。水田土壤以黄泥沙田、泥沙田、黄泥田、洪积泥沙田为主。丘间平畈生产粮食，低山出产毛竹、油茶和杉木。吴岭周边有花岗岩矿和铁砂矿，金谷村附近有萤石矿，境东北分布凝灰岩矿。

图34-6-1　小仙都笋峰

农历每月逢一、六为方川集市，五、十为石松集市，四、九为兆岸集市。

2010年，全镇实现农业总产值9343万元，稻谷、小麦、玉米播种面积537.4公顷，产量323.76万千克。经济作物主要有茶叶、油茶，面积分别为238.67公顷、1000公顷，还有以方川村为中心的千亩杨梅基地，吴岭的千亩水蜜桃基地，凤山下村和梨仓畈的葡萄（提子）基地。山林面积1万公顷。小仙都现代农业开发基地综合区规划面积2800公顷，跨舒洪、东渡两镇10个行政村。2000年开始，建立蔬菜、水果基地，至2010年，有葡萄种植面积113.73公顷、蔬菜种植面积210公顷，并有蓝莓、猕猴桃、火龙果等园地。农民人均纯收入6380元。每年外出劳动力6000多人，其中有一部分以卖“药”致富。

2010年，全镇有各类企业163家（其中规模以上企业38家），职工5500多人，实现工业总产值21.82亿元，固定资产投资1.02亿元，出口交货值2.67亿元，税收总收入6139万元。

东渡镇境内有括苍古道，为古代婺（州）处（州）官道。东渡竞爽桥（亦称“东渡大桥”）建于1828年，1996年拓宽至18米。境域有金温铁路，长度11.6千米。2002年4月开始，位于东渡、兰口村的五东工业功能区兴建，规划面积5平方千米。2005年，新增道路硬化面积9800平方米、绿化面积1800平方米。2010年，方川防洪堤工程二期、盖竹村防洪大堤建成，改造危旧房1.21万平方米；康庄工程完成，实现村村通公路，全镇公路总里程110.7千米。

2010年，全镇新农医参保率93.11%，大病救助56人，发放救助款28.27万元，农民健康档案动态管理率95%。有初中1所、小学4所、幼儿园4所，教职工232人，在校中小学学生3946人。其中，长坑小学为全省农村寄宿制示范学校，东渡初中中考升学率连续多年居全县前3位。有镇卫生院1所、卫生服务站3个、社区卫生服务中心1家。

1993—2010年部分年份东渡镇主要经济数据一览表

表34-6-1

年份	工业总产值（万元）	农业总产值（万元）	财政总收入（万元）	农民人均纯收入（元）
1993	4335	2903	141	661
1997	13883	5862	296	1394
2000	14703	5892	834	1625
2005	37163	7115	1443	3270
2010	218230	9343	6140	6380

第二节　区域特色

工业制造业

东渡镇工业集中在五东工业功能区，主要行业有阀门、照明、磨具、铸造、电子仪表、化工等，其中一胜特磨具、长虹灯管、寿尔福化工产品、四方电子产品为主导产品。

2010年，阀门生产企业20余家，产值占全镇工业总产值的三分之一。灯管、电子主要企业有长虹电光源有限公司、四方电子有限公司等。长虹无极灯获得各类专利共7项和国家首张无极灯3C证书，四方电子曾是华东地区最大的半导体器件生产基地。

文物　民俗

文物古迹　镇域古迹有连珠桥、利通桥、兆岸官厅、康乐庙遗址、东溪豪宅、仓山庙神祇、桃花岭古道、千人坟、白云洞、竞爽桥、雅宅三龙庙、金湖村灵峰寺、明代郑汝璧墓、梨仓古民居、阳弄古村、郑坑口村范庵山范仲淹祖父范隋坟墓等。东溪渡口下游有王羲之"突星濑"刻石。民国10年（1921）前后，瑞士籍牧师马德克在外隘头村后山脚建避暑山庄，俗称"红毛屋"。方川村金盘遗址，1976年有新石器时代石刀、石锛、石斧出土。盖竹村村东有"永禁、放生"清代摩崖。

特色戏剧　上廷坑村提线木偶班，将傀儡、乐器等集为一担，走街串巷演出，21世纪初被评定为丽水市"非遗"项目。吴岭村吹打班，艺人多，采用工尺谱奏乐。板举村流行采茶戏，一个剧目多为一生、一旦、一丑三个角色。

风景旅游

小仙都风光　位于堰头村章溪两岸，峰奇石异，清流似镜，田园风光秀美；村东山脚有两石笋并立如笔，称"双峰插云"；北岸山崖怪石林立，千姿百态，称"群仙岩"。因其颇具仙都神韵，故称"小仙都"。

古树名木　桃花岭村苦芝王自然村的苦槠树被称为全县苦槠树之王；隘头村口一株银杏树，树龄420年，树高12米，平均冠幅7米，胸围1.45米，有分支7杆，又称"七姊妹树"。

第七章　东方镇

东方镇位于缙云县北部，因境内有东方畈而得名。东北毗壶镇镇，南接前路乡，东南连三溪乡，南邻舒洪镇，西南临仙都农管处，西壤新碧镇，北界永康市，辖区总面积81平方千米。2010年年末，行政村有东方村、横塘岸村、前金村、辽山村、长兰村、新深渡村、四方村、胪膛村、靖岳村、岱石村、周升塘村、马石桥村12个，自然村34个，居民9942户，人口24012人。镇政府驻胪膛村，距离县城15.2千米。

第一节　概述

1949年，属胪膛乡、靖岳乡、东金乡。1956年，胪膛乡、靖岳乡合并为东方乡。1958年9月，东方乡与仙都乡合并成立东方人民公社，是全县第一个人民公社；下旬，东方人民公社并入红旗人民公社，改为东方管理区，东金人民公社改为东金管理区。1961年，东方管理区复称东方人民公社，东金管理区复称东金人民公社。1984年6月，东方人民公社撤销，分设胪膛乡、靖岳乡，东金人民公社改为东金乡。1992年5月，胪膛乡、靖岳乡、东金乡合并为东方镇。镇政府驻胪膛村。

东方镇常年平均气温17℃，无霜期245天，降雨量1437毫米。6—8月往往有台风过境，11月至次年4月多寒流，会出现冰雹。镇内主要山峰有三百廿尖、十五岭、双尖、高山、双尖头、大高宇、大岭等。三百廿尖海拔612.7米，为境内最高峰。辽山岭、磊山等处有火山遗存。旅游景点狮子岩，奇峰林立、古道盘桓，另还有八戒山、出气洞、大岩洞、蝙蝠洞、总兵洞、攀天梯等景点。好溪流经东方镇长约14千米。土壤以黄沙田、泥沙田为主。马石桥、清塘、西山村以红砂土为主；靖岳村以黄壤、山地石砂土为主。矿产以珍珠岩、沸石、稀土、凝灰岩为主。

东方镇粮食作物以水稻为主。1998年4月，东方大畈列入省农业示范园区建设。20世纪90年代开始，东方镇以种桑养蚕为农业综合开发主要项目，1996年，桑叶种植面积330多公顷，蚕茧总产量24.8万千克。2007年，桑叶种植面积314.07公顷，蚕茧总产量42.3万千克；2010年，农作物播种面积1329.67公顷，封山育林面积2918.73公顷。产茧17.48万千克，产值651.24万元。同时，随着市场变化和效益驱动，茶叶产业逐步发展。1992—1998年，茶叶产区集中在鸠坑茶园，以老式烘炒青茶机械加工为主；1999—2003年，无性系良种茶园大量发展，以手工炒制扁茶为主；2004—2010年，以新型茶机炒制扁形茶为主；2005—2008年，创办茶叶专业合作社，实施茶叶集中加工。2010年，黄茶作为主要品种推广种植，新增茶园面积80公顷，全镇共有茶园面积280公顷，比1992年增加5倍。

2000年，有工业企业67家，工业产值超亿元，财政收入330万元。2002年年初，村属集体土地以租赁形式招商引资，10月，东泰纸业有限公司等企业进入岩腰工业区。2004年，有工业企业241家。2005年，财政收入超千万元。2008年，工业产值超10亿元，财政收入2018万元。2010年年末，工业企业200多家，其中年产值500万元以上企业20家，有岩腰、靖岳天井山2个工业功能区。

2002年，镇域沿好溪建成桥梁3座。2003年，东方大畈土地整理及优质园地改造项目实施，面积14.83公顷，投资近500万元；西塘水库等水利设施改造，投资49万元。2004年，全镇投入改厕资金42.6万元，建造公厕21座。2006年，修复皋头、岱石口、岱石村病坏水库各一座，投资135万元；横塘岸村饮用水一期工程竣工，投资120万元；拆除露天粪缸150口，修建公厕5座、水泥路面3600平方米，新增绿化带十余处，共投入180多万元；建成垃圾中转站4个，投资16.8万元。

图34-7-1　汤畈红军标语墙（1995年摄）

2007年，投入100多万元拆除露天粪缸320口，修建公厕5座、水泥路面11183平方米，新增绿化带1500平方米，4个垃圾中转站投入运行，29 个村垃圾集中处理。同年，投资 817 万元对胪膛、靖岳等 12 个村进行新农村电气化改造，新装和改造路灯 550 盏。2008 年，防洪堤除险加固投资 259 万元；胪膛村至中山村、麻辽和姓徐村至东湖村两条康庄道路通过验收，投资 250 多万元。2010 年，马鞍山、址墩两个村实施旧村改造，拆除危旧房 81 户，占地面积 8880 平方米。

2003 年 9 月，东方初中首期工程竣工，占地面积 36000 平方米，建筑面积 5800 平方米。胪膛初中、靖岳初中、岱石初中三校合并搬入新校区。2004 年，三溪初中并入东方初中。2007 年 8 月，东方镇中心幼儿园竣工，占地面积 3700 多平方米，建筑面积 2400 多平方米。2008 年，东方镇中心幼儿园被评为省三级幼儿园。2010 年，全镇有幼儿园 1 所、小学 3 所、初中 1 所。

1993 年，东方镇有书画爱好者 30 多人，活动场所设在田氏伤科医院院部会堂，面积 300 多平方米。2002 年以后，《浙江日报》《钱江晚报》《丽水日报》先后报道东方镇书画活动情况。东方镇书法协会，2004 年 6 月 23 日，经县民政局批准成立，2010 年有会员 58 人。2010 年，东方镇文化活动中心落成，占地面积 1100 平方米，建筑面积 507 平方米。全镇有罗汉、高跷、莲花等文化团队 30 多支，2000 年以后，每年举办民俗展演活动。

田氏伤科医院，1988 年创办，核定床位 20 张，建筑面积 1200 平方米；1995 年，核准为县专科医院，核定床位 80 张，医疗用房 4000 平方米；2003 年，建生活用房 6500 平方米、医疗用房 20000 平方米，核定床位 280 张。2010 年，田氏传统接骨术被认定为市非物质文化遗产。2003—2008 年，田氏伤科医院为贫困病人减免医药费 241.3 万元，为东方镇教育事业捐款 47 万元，捐资 25 余万元兴建胪三村、胪二村水泥路；2008 年，向县慈善总会捐资 500 万元，成立“田氏助医基金”；2009 年 6 月，再次向县慈善总会捐款 500 万元。

1993—2010 年部分年份东方镇主要经济数据一览表

表 34-7-1

年份	工业总产值（万元）	农业总产值（万元）	财政总收入（万元）	农民人均纯收入（元）
1993	3054	1889	81	639
1997	4381	3729	235	1334
2000	8066	4749	308	1544
2005	45392	5289	1304	4103
2010	164303	6734	3023	6836

第二节　区域特色

禽养殖加工

浙江均得利禽业有限公司，1994 年创办，经营鸡苗孵化、种鸡养殖、饲料和鸡产品等。2002 年、2003 年，分别被缙云县人民政府、丽水市人民政府授予县、市农业龙头企业；2004 年，被省人民政府授予省骨干农业企业。2010 年，销售饲料 1745.7 万千克、鸡苗 830 万羽（含订单 121 万羽）、禽制品 42.70 万只。销售收入 8649 万元，创利润 227.19 万元。是年被评为省农业扶贫龙头企业。

竹制品加工

20 世纪 90 年代初，横塘岸村开始加工竹制品。1996 年，有加工户七八家，1997 年发展到 80 多家；2001 年，来料加工户发展到 172 家，加工费收入 2060 万元，被评为“浙江省优秀来料加工事业村”。下东方、横塘岸村为县级来料加工示范基地。2008 年，全镇来料加工从单一竹制品发展到饰品、服装、鞋包多品种加工。

民俗活动

迎案　每逢农历八月初九，纪念北宋初年流传民间的一代清官胡则（民间称“胡相公”），全镇近 2/3 的行政村举行“迎案”祭典活动，活动项目有罗汉、舞狮、莲花落等。案队刀枪、棍棒，义鞭、剑戟俱全，有旋碗、舞三节棍、翻刀、舞双星、盾牌、倒行、空翻、舞响车、舞凳花、叠罗汉等节目。

关帝庙社戏　靖岳关帝庙建于 1380 年。每逢农历五月十一至十四日，靖岳村均聘请剧团连续演出社戏三日四夜，以纪念三国时忠义化身的关羽。农历五月十一日，头夜戏为靖岳村叠“文武八仙”；农历五月十二日起，村民竞标叠第二、三、四个“八仙”。演出期间，关帝庙香客聚集，香火鼎盛。

第八章　舒洪镇

舒洪镇位于县境中部，东临溶江乡，东南靠胡源乡，西南临东渡镇，西连五云镇，西北接仙都农管处，北邻东方镇。辖区总面积 65.2 平方千米。2010 年年末，行政村有舒洪村、姓王村、岭口村、仁岸村、昆洪村、蟠龙村 6 个，自然村 20 个，居民 7663 户，人口 18281 人。镇政府驻舒洪村机关巷 23 号，距离县城 9.2 千米，海拔 162 米。

第一节　概述

晚清时，属官政乡。民国 22 年（1933）属四区。民国 32 年（1943）为瑞贞乡。1949 年 12 月，分设昆坑乡、舒洪乡。1956 年，昆坑乡、舒洪乡合并为昆洪乡。1958 年，昆洪乡改为昆洪管理区。1961 年，昆洪管理区改称昆洪人民公社。1966 年，改名为红旗人民公社。1981 年，改名为舒洪人民公社。1984 年，舒洪人民公社改为舒洪乡。1985 年，改名为舒洪镇。

舒洪镇常年平均气温 17℃，无霜期 245 天，年平均降水量 1505 毫米。地形以丘陵为主，间有河谷平畈，局部为低山。地势东北高，西南低。最高峰白水山尖，海拔 1083 米。1996 年，舒洪镇耕地面积 795.98 公顷。林地面积 3721.73 公顷，植被以松、杉、竹为主。贞溪和盘溪在舒洪村南并为章溪，过东渡镇境入好溪。全镇有大小水库 42 座，总蓄水量 321.3 万立方米。境内矿藏有膨润土、沸石、玉石、页岩、凝灰岩，主要分布在洪岭脚、蟠龙、舒洪等村。其中舒洪村面前山出产“仙都丹玉”，质地近似黄龙玉，为雕刻上好料石。

1993 年以来，舒洪镇实施农业综合开发，农业产业趋向集约化效益型发展。2010 年，粮食种植面积 418.07 公顷，产量 235 万千克，茶叶面积 124 公顷，油茶面积 164.4 公顷，其他农产品基地 5 个，面积

图 34-8-1　舒洪集市（2010 年摄）

300 公顷。专业合作社 8 家，社员 720 户，生产和销售地方特色农产品 230 万千克，产值 2582 万元。全镇形成了食用菌、茶叶、干鲜果、黄花菜、山茶油、缙云索面 6 个农业支柱产业。农业企业有天野生态农业开发公司、昭赐绿色食品保鲜厂、仙都山茶油有限公司等，培育“川野丽人”黄花菜、“玉屏山”土索面、“高山绿谷”山茶油、“仙仁”杨梅、“春光”水果等农产品品牌。实现农业总产值 4528 万元，农民人均纯收入 6848 元。

1993 年，螺丝岩工业功能区，有企业 78 家，产值 1586 万元。1998 年，工业产值突破 5000 万元，2001 年，工业产值超亿元。2010 年，全镇有工业企业 180 家，总产值 8.74 亿元，其中超亿元企业 3 家，为全县 7 个重点工业镇之一。产业结构以重工业为主，涉及金属材料制品、建筑材料制品、磨料磨具、化工、橡胶类制品等。

1993 年，全镇开通 500 门程控电话，至 2010 年程控电话装机 2400 户。1996 年，舒洪敬老院开始运行。1998 年，舒洪镇建成邮电大楼。2002 年，兰口至舒洪公路开工。2007 年，17 个村实现垃圾集中处理。2009 年，舒洪社区卫生服务中心投入使用；全镇所有行政村全部通达水泥路。至 2010 年，镇综合文化站投入使用，有村级文化礼堂 17 座，供水设施和污水管排工程开工。

1993 年，舒洪镇有民办幼儿园 14 所、小学 16 所、初中 1 所、职技校 1 所、完中 1 所。2010 年，有幼儿园 1 所、小学 1 所、完中 1 所；镇卫生院 1 家、社区卫生服务中心 1 个、乡村个体诊所 10 家。

1993—2010 年部分年份舒洪镇主要经济数据一览表

表 34-8-1

年份	工业总产值（万元）	农业总产值（万元）	财政收入（万元）	农民人均纯收入（元）
1993	1615	1564	54	510
1997	3894	3491	122	1373
2000	7815	3740	226	1865
2005	42930	3461	1226	4020
2010	87436	4528	2685	6848

第二节　区域特色

蟠龙种黄花菜

黄花菜，缙云民间俗称“金针”，是一种“观为花，食为菜，用为药”的植物。早熟“蟠龙种”黄花菜，在清光绪初，舒洪镇下周村周旺官从白水山移植野生萱草于园内，后家迁到蟠龙村。也有传说，宣统年间，瑞士牧师马德克于基督教岭口江沿支会传教期间将在昆洪村下园孵鸡岩处挖得的野生萱草培植后，分送给蟠龙村翁姓信徒栽种。经二三十年选种培育，形成早熟（5 月中旬开始收获）、多蕾、质厚，且耐贫瘠干旱、抗病虫害强的黄花菜种系，俗称“蟠龙种”。20世纪50年代至80年代末，蟠龙种黄花菜一直是缙云南乡及全县的主要经济作物，全县种植面积2666.67公顷。以舒洪镇、溶江乡为主产地，黄花菜干品年产200余万千克，位居全省第一位。1998年前后，舒洪镇部分农户以小袋包装鲜黄花菜销往温州、宁波、杭州等地蔬菜批发市场，带动黄花菜生产再度兴起。2005年11月，舒洪镇“川野丽人”牌黄花菜获省农博会金奖。

浙江正达磨具有限公司

1999年从外地引进，落户螺蛳岩工业功能区。2000年，捷克共和国籍外商投资1015万元，组建股份制公司。主要生产工模具钢。2006年，进入缙云县前50强企业，多次列全县前10名纳税大户。2010年产值2.02亿元，创利润1258万元，有子公司2家。镇域另有磨具磨料企业2家，合计年产值约1100万元。

盘溪中学

1993年下半年开始，实行“高三分流教育”的综合高中改革。1995年11月，被评定为“省级综合高中”试点学校。1998年11月，盘溪中学的“农村综合高中教学模式的研究与实践”通过省级鉴定，被省教委命名为“盘溪模式”。1999年8月，被省政府授予“省基础教育成果”二等奖。2002年，确定为全省首批综合高中。1994—2001年，录用飞行员共10余人。

文物古迹

1975年，岭口村村北白水山西麓天井（水库址）曾出土新石器时期双孔石刀一件。镇域主要古迹有昌国寺、大岩洞、章溪岩葬群、姓王村仙人义井、贞溪仁义桥、昆坑岩门、赵庵山南宋参知政事赵顺孙墓葬、仁岸村昌国寺后山脚南宋户部尚书潜说友墓葬、昆坑村南岩门殿等。

大岩洞　位于舒洪村西，章溪东岸，洞穴地面面积870多平方米。1932年建正觉寺。1966年，大岩洞由部队接管，改建为无线电台发射基地。1970—1992年，先后作为盘溪邮电所、舒洪职技校场所。1993年以后，寺庙经多次修缮，佛像重塑，为缙云南乡一带香客参拜主要场所。

昌国寺　位于清井湾村西边山谷，清光绪《缙云县志》载有昌国寺。建于唐咸通八年（867），晚清和民国期间修建。1941年，私立仙都中学为避战乱迁址于此。20世纪50年代，寺院曾为政府备战贮盐仓库。1966年，佛像、僧人迁至正觉寺，随后僧人还俗，厢房倒塌。2010年主殿尚存。

第九章　大洋镇

大洋镇位于缙云县东南部，以境内大洋山而得名。东与仙居县和永嘉县毗连，西南与青田县交界，西与石笕乡相邻，北与大源镇、胡源乡、方溪乡接壤。辖区总面积160.4平方千米，是一个以效益农业开发为主体，旅游避暑业为主导的山区集镇。2010年年末，行政村有南溪村、新西寮村、仙谷村、西峰村、木栗村、和合村、前村村、寮坑村、环湖村、外前村、石亭村、漕头村、后村村13个，自然村27个，居民5617户，人口16709人。镇政府驻前村村箬川西路58号，距离县城39.5千米，平均海拔860米，为全县海拔最高的乡镇。

第一节 概述

1949年，称前村乡。1958年，为上游人民公社前村管理区。1961年，改称前村人民公社。1983年10月，恢复为前村乡。1991年，称大洋镇。2008年3月，南溪乡、木栗乡并入大洋镇。2006年6月，大洋镇被评为省级生态镇。2010年，大洋镇评为全国生态镇、全国环境优美乡镇、省级旅游强镇。农民人均收入6037元。

大洋镇常年平均气温13.5℃，夏日平均气温24.5℃，昼夜温差10℃左右，无霜期202天左右；多年年平均降水量1789毫米，为全县降水量最丰富的乡镇。地形以中山为主，地势为全县最高，一般海拔800米以上，大洋山主峰1500.6米，为缙云县最高峰。大洋山为好溪支流盘溪和永安溪支流柿坑发源地，分属瓯江、灵江水系。境内大洋水库下游建有盘溪6级（个）发电站。矿产以花岗岩为主，贮量较大。

2010年，全镇农作物播种面积1430.33公顷，封山育林面积9483.4公顷。林地面积13934.87公顷，以松、杉为主，毛竹次之。有板栗基地面积100公顷、杉木基地面积253.33公顷、茶叶基地面积20公顷。木本药材基地面积533.33公顷，以厚朴、杜仲为主。

2001年、2002年，实施小流域综合治理第三期、第四期工程。2001年，实施大洋水库除险加固工程，大坝按百年一遇洪灾标准设计，调洪量增加到774万立方米。2003年，大洋高山蔬菜市场投入使用，城镇主街道植树绿化。2004年，前村至木栗公路由砂石路面改为柏油路面。2005年11月，大洋中心敬老院投入使用，建筑面积800余平方米，设有床位40张。

2006年，大洋水库大坝脚至环湖村水泥路工程完工，投资30余万元。2007年，全镇除黄金村外其余村全部通有线电视。至2010年冬，除蒙岗、新路自然村外，其他自然村全部通公路。

1992年，缙云县前村初级中学更名为缙云县大洋初级中学。2002年，南溪、木栗两所初中并入大洋初级中学。2004年，前村村民无偿提供耕地面积3.53公顷，迁坟28穴，用于新校舍建设。2005年，新校舍投入使用，建筑面积5218平方米，大洋小学与大洋初级中学合并组成大洋学校。

图34-9-1 大洋花卉基地（2010年摄）

1999年，组织花卉展、“大洋风情”摄影展、庆祝50周年国庆等活动。2004年，通过市文化局“山花乡镇”复查；制作《中国仙都•神奇的大洋》画册。2007年，大堰头、前村等村级文化活动室建成；编印《大洋革命斗争史》。2009年，镇综合文化站工程竣工。

1993—2010 年部分年份大洋镇主要经济数据一览表

表 34-9-1

年份	工业总产值（万元）	农业总产值（万元）	财政总收入（万元）	农民人均纯收入（元）
1993	120	598	16	412
1997	508	3517	35	1471
2000	517	3926	30	2330
2005	602	4257	9	3341
2010	1751	10147	159	6037

第二节 区域特色

高山蔬菜

1992 年以来，大洋镇农民利用高山地域和气候优势，发展茭白生产，所产茭白嫩白味美，少污染，且又恰逢 7—9 月份城市蔬菜淡季，销路好，价格高，经济效益显著。1999 年，大洋镇果蔬协会成立，为大洋农产品注册“山啦”牌商标。2002 年，“山啦”牌高山茭白获浙江省首批绿色农产品称号。2004 年 5 月，大山红花油茶专业合作社成立；6 月，“山啦”商标获国家绿色食品称号。2008 年，缙云县绿色环保茭白叶编织厂成立，生产茭白叶工艺品。

2010 年，大洋镇高山蔬菜栽培面积 800 公顷，其中茭白 467.67 公顷，年产值 5320 万元；夏季菇 300 万袋，产值 1000 多万元；高山花卉面积 26.67 公顷，产值 500 万元。

风景旅游

大洋镇森林覆盖率 88%。境域九曲绿水，涧谷幽深，十里青山，奇峰迭起，风景旅游资源丰富。主要景点有大洋山云海、风动岩、漕头寨背、灵宵岩、仙人头、乌龟赶海、铜罐岩和西殿。自然植被面积大，种类繁多，珍稀树种多，有百年树龄以上的红豆杉 10 棵，其中八尺村一株红豆杉，桩部需三人合抱，离地 5 米处分三枝，枝丫蔽日。

大洋镇农家乐，2007 年开始兴起，2010 年，共有 10 家，接待游客一万多人次。环湖村被省旅游局评为“浙江省旅游特色村”。

前村西殿

位于前村村南侧约三千米处的西殿自然村，为纪念北宋年间箬川（前村）王达而建。坐西北朝东南，砖木结构，屋顶为硬山顶。始建于北宋，清光绪年间重建。东南面有 4 米高台阶，台阶前石狮一对，殿堂敞开式，面阔三开间，明间抬梁式用四柱五檩，前设挑檐枋，檐柱上饰牛腿，雕狮子戏球。次间抬梁穿斗混合式，用五柱。两侧各设小厢房。

农历七月半为西殿庙会，前村台阁、旱船、腰鼓，后村罗汉、十八狐狸、秧歌，胡源旗幡队等民俗表演队及邻县近村群众云集西殿。庙会期间，前村大会堂演戏三天三夜，小百货、小商品、小五金商贩到前村摆摊设点，成为农村贸易的集聚期。

第十章　大源镇

大源镇位于缙云县东南部，东南界仙居县，西南临大洋镇，西接胡源乡、溶江乡，西北邻双溪口乡，辖区总面积93.2平方千米。2010年年末，行政村有稠门村、大源村、越陈村、高畈村、小章村、永安村、龙坑村、岭后村、吾丰村、联谊村、庙下村、岭头村、夏弄村、寮车头村14个，自然村38个，居民8865户，人口21644人。镇政府驻大源村，距离县城37千米，海拔271米。

第一节　概述

1950年10月，镇域分属大源、小章、越陈、稠门、岭后5个乡，属缙仙区。1956年，缙仙区下辖章源、新化、岭后、陈岭、安岭、溪港6个乡。1958年9月，以缙仙区为基础，建立红星人民公社，辖章源等6个管理区。1961年，恢复区乡建置。1962年缙仙区撤销，其中章源、新化、岭后人民公社划入盘溪区，陈岭、安岭、溪港人民公社划归仙居县。1984年，分为章源、新化、岭后3个乡。1992年5月，章源、新化、岭后3个乡合并，成立大源镇。

大源镇地形以丘陵、低山为主。2010年，全镇有耕地面积1726.67公顷，山林面积5960公顷，森林覆盖率70%。其中生态公益林面积5380公顷，商品林面积4826.67公顷。越王山海拔1171.9米，为镇域最高峰；中部最低海拔245米，为大源至高畈沿永安溪一带的小块河谷盆地。永安溪属灵江水系，自南向北经大源折东入仙居县境。镇域有各类水库13座、山塘179口，总蓄水量181万立方米，灌溉面积276公顷。水田土壤以黄泥沙田、黄泥田、紫泥沙田、棕泥沙田为主。矿产以萤石为主，贮量较大，另有叶蜡石、花岗岩和铀矿点分布。郑念山村属A类地质灾害点；郑坑村原名郑川，2008年前后，500多柯姓村民在仙居县横溪镇上沈村建房，形成新柯家村。

1993年以来，大源镇主要发展经济作物有茶叶、蚕桑、杨梅、茭白、油菜籽等。2010年，全镇有茶叶面积650公顷，桑树面积345.7公顷，越陈村有茭白种植面积60多公顷。农历每月逢5日、10日为大源村集市日，成为大源镇及仙居县安岭乡一带最大的贸易市场。引进纯手工制作的来料加工业，2010年发展到服装加工、彩灯、鞋包等来料加工，产值1462万元，有经纪人18个。全镇实现农业总产值8060万元，农民人均纯收入6139元。

1993年，大源地面卫星接收站建成。1997年，大源街建成，长200余米，宽24米。2000年，稠门村金西塘至上周公路建成，长8.5千米。2003年，大源村防洪堤改造拓宽。2005年，大源村防洪堤完成堤面硬化。2007年，寮车头村至岭后村公路通车。2010年，实现全部行政村通公路。

1993年，大源镇有初中3所、小学32所，幼儿园7所。2003年，普化初中和大源小学合并为大源学校。2010年，全镇有学校1所、幼儿园2所。2011年，大源学校初中部撤销，合并到盘溪中学。有镇卫生院1家，下设3个卫生服务站，新农医参保率96%。

1993—2010年部分年份大源镇主要经济数据一览表

表34-10-1

年份	工业总产值（万元）	农业总产值（万元）	财政总收入（万元）	农民人均纯收入（元）
1993	350	1603	44	396
1997	1541	5023	75	1222
2000	2500	5893	100	1495
2005	4358	6724	154	3220
2010	2710	8060	173	6139

第二节 区域特色

小水电

永安溪流域落差大，便于建造堰坝，小水电开发成为大源镇的特色产业。2010年，全镇建有普化、柿坑、吾山、沙坑、岭头、高畈、三周岭、毛公潭8座小水电站。其中普化七一电站发电机组是在国务院副总理李富春关心下，由重庆市水轮机设备厂特制。1964年，章源、新化人民公社联合建成普化水库，水库坝高24米，在226米落差地方建造发电站，时属丽水地区首座高水头电站。因当时浙江不能生产该电站的水轮发电机，1965年12月12日，蔡通、李玉环等12位党员联名写信给中央，1966年1月10日，中央办公厅秘书室函复。重庆水轮机设备厂将水轮机组运至电站后，温州专员公署专员李文辉派3名技术员帮助安装、调试，7月1日正式发电。

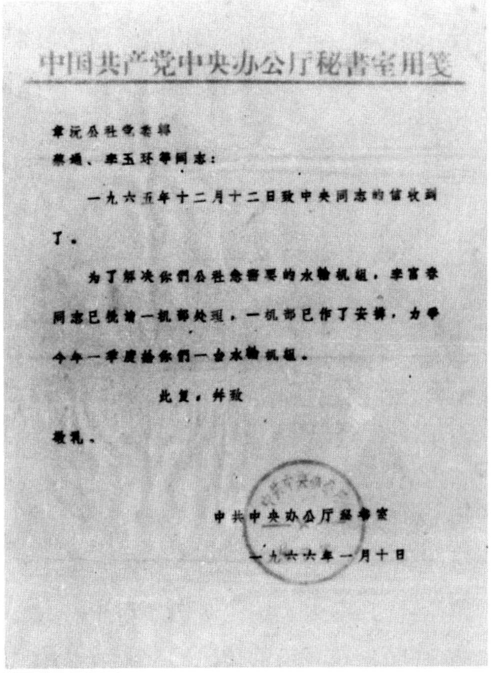
中国共产党中央办公厅秘书室用笺

章沅公社党委转

蔡通、李玉环等同志：

一九六五年十二月十二日致中央同志的信收到了。

为了解决你们公社急需要的水轮机组，李富春同志已批请一机部处理，一机部已作了安排，力争今年一季度给你们一台水轮机组。

此复，并致

敬礼。

中共中央办公厅秘书室

一九六六年一月十日

图34-10-1 中共中央办公厅秘书室复函

戏曲文化

2004年，大源镇戏曲协会成立，有会员60人，集资购置戏装道具等，闲时自娱自乐，节假日到各村巡回演出。先后编排婺剧小戏《瞧这夫妻俩》、三句半《文明祭祖莫用火》、小品《悔改》《扬鞭催马运粮忙》及器乐表演等节目。同年，稠门村戏曲协会成立，组织文艺队。每逢节日，举办乡村晚会，其中稠门村省农村文化示范户李茂光有多种乐器，常聚集戏曲艺人，开展自编自导自演节目，2010年，又个人出资租用祠堂，添置电子视听、棋牌桌等设备，供村民娱乐。

旅游景点

柿坑峡谷，发源于大洋山北麓，为永安溪支流。山涧幽深，碧水岩滩，两岸高山草木茂盛，有“缙云九寨”美誉。马加坑村，为20世纪50年代大办农业粮食高产的先进村，“大跃进”时期种植土运往北京展示，村里有一名妇女党员出席全国先进代表大会；20世纪70年代中期农业学大寨运动中劈山垦造的“大寨田”，参观学习者慕名而至，成为马加坑精神文化的象征。

古迹 主要有越陈村的越王神殿、普化寺及缙云县立简师遗址、越王练兵台、夏弄村富川桥、寮车头村大明堂、乌龟潭背灵溪庙等。

红色遗迹 稠门村中共处属特委机关遗址，1940年夏秋之交，稠门村江西山后李银通家成为缙云党组织的秘密据点和县委机关驻地，县委书记曾绍文、李文辉先后在此开展革命工作；1944年春，中共处属特委机关从丽水迁于此，特委书记傅振军以及游击支队、各县负责人常在这里组织开展革命活动。雅亭村有缙云县第一个村级党支部、陈觉烈士墓。小章村有革命烈士蔡鸿猷故居。

第十一章 前路乡

前路乡位于缙云县东北部，东界仙居县，南连三溪乡，西接东方镇，北毗壶镇镇，辖区总面积43.3平方千米。2010年年末，行政村有前路村、大集村、南弄村、姓叶村、水口村、白茅村6个，自然村15个，居民3573户，人口9142人。乡政府驻前路村，距离县城23千米，海拔234米。

第一节 概述

古属二十三都，民国前期称“前路乡”。1943年，改为“樟溪乡”。1956年，属壶镇区三合人民公社。1981年，从三合人民公社分出浣溪、前路人民公社。1984年，复设前路乡。

乡域常年平均气温17.2℃，无霜期260天左右，年均降水量1373毫米。地形以低山为主，地势东南高西北低。东部群山环抱，海拔800米以上山峰有海临尖、牛栏塘头尖、大岩岗、赤豆岗、乌岩尖，其中海临尖海拔1196米。全乡耕地面积300.67公顷，水田土壤以黄泥沙为主。山林面积2994公顷，林地原始植被以松树为主，森林覆盖率75%。漳溪古称“应溪”，在前路乡全长15千米。2010年，全乡有各类水库7座，山塘311口，总蓄水量136万立方米，灌溉面积245.27公顷。矿藏有萤石、陶土、耐火泥、火岩等。其中火岩山位于白茅村东，火石敲击迸发火星，可点燃纸煝引火。

前路乡属典型的山区农业乡，有茶叶、水果、茭白三大产业。2010年，全乡茭白种植面积160公顷，年供茭白460万千克。前路茭白采用一栽两收再生栽培模式，最高亩产值1.5万元，产值占全乡农业总产值的1/4。建有茭白批发市场，产品销往上海、宁波等地。另有村民在外乡、外县租种茭白面积千余亩。2000年，水口村21.33公顷茭白田实行养鱼、养鸭立体农业。2010年，全乡有茶园面积318.87公顷，集中在大集、姓叶、梅树岙村，名品有“大集眉茶”。经济林中，有油茶面积85.73公顷，板栗面积33.33公顷，笋竹两用林面积533.33公顷。陈坑村“红壳竹”面积17.33公顷，亩产山竹笋1050千克。2005年，农大绿色养殖场创办，母猪年存栏220头，出售生猪2000头。2010年，全乡有农业专业合作社13家，农业总产值2777万元，农民人均纯收入6248元。

前路烟花厂，创办于1982年，2003年产值210万元，是乡骨干企业。前路织带厂，创办于1984年，2010年产值150万元。1997年、2000年、2003年，前进覆膜砂厂、卫生巾厂、食品厂分别创办。2000年以后，乡内企业多搬迁至壶镇工业园区。2010年，全乡工业总产值782万元。

1993年，前路乡有线电视和程控电话开通。2001年，前路至大集公路沥青混凝土路面竣工。2003年，大集村茶贸市场创办。2004年，白茅至马飞岭公路竣工通车。2007年，新开垦农田面积88.7公顷。2009年，黄坛至前路公路通车。2010年，全部行政村通公路。

2001年，前路初中停办，合并到壶镇杨梅园初中。2010年，有乡中心小学1所、幼儿园1所。前路小学创办于民国初年，1942—1945年，省立蚕丝职业学校（浙江理工大学前身）曾在此办学。2010年，有乡卫生院1家、私人诊所5家，新农医参保8655人，生态公厕3所。

1993—2010年部分年份前路乡主要经济数据一览表

表34-11-1

年份	工业总产值（万元）	农业总产值（万元）	财政总收入（万元）	农民人均纯收入（元）
1993	822	808	47	696
1997	1636	1315	82	1154
2000	2128	1227	27	1755
2005	607	2000	6	3050
2010	782	2777	61	6248

第二节　区域特色

水蜜桃产业

前路是浙西南著名的水蜜桃之乡。2000年，南弄村水果基地被省农业厅确认为省级水果示范基地。2002年，“南隆”牌水蜜桃获省农业博览会金奖。2009年，举办首届南弄桃花节。2010年，全乡种植水蜜桃321公顷，年产水蜜桃450万千克，产值占全乡农业总产值的1/3。

图34-11-1　南弄水蜜桃市场（2010年摄）

文物古迹

云衢坊位于距白茅村200米山道，俗称“登荣坊”，建于明永乐十九年(1421)，上悬“云衢”匾。慕义桥位于前路村，是省级文物保护单位。应氏宗祠位于水口村，始建于明嘉靖年间，清同治五年（1866）重修。水口村存有节孝坊石2块，一块为“一门三节”，刻字“大清乾隆十九年岁次甲戌，奉旨为生员应建玉妻卢氏、媳丁氏、黄氏而立”；一块为“圣旨”，刻字“宣统辛亥年秋月表彰应灿之妻汪氏节孝”。另有清嘉庆二年（1797）钦赐进士门“联辉”题额，褒奖俞定珏三兄弟。民国31年（1942）3月中旬，省立蚕丝职业学校自嵊县迁至壶镇，前路村应姓总祠为校本部住址。另有娃叶村800年树龄银杏2株。

水口庙会

北宋仁宗年间（1023—1063），水口村朱公山下建观音堂，塑观音娘娘像。明嘉靖（1522—1566）中期迁村西，观音堂由3间扩为5间，易名“集庆庵”，逐步形成农历二月初二迎观音庙会。观音庙会案队先在观音灵位前举行起案仪式，后依序穿村走巷表演，沿途村民以粉干、面条、利市红包馈赠案队，所经之处，各家备香烛、纸钱礼拜观音娘娘，然后领香灯回家。夜晚迎板龙，请戏班演出。其间，去庵堂求签、圆梦、还愿者众多。

第十二章　三溪乡

三溪乡位于缙云县东部，因境内有金溪、仿溪、龙溪三条溪涧而得名。东邻仙居县，南连双溪口乡，西南毗溶江乡，西接东方镇，北界前路乡，辖区总面积 42.5 平方千米。2010 年年末，行政村有三溪村、三溪源村、三溪山村、厚仁村 4 个，自然村 12 个，居民 3301 户，人口 8031 人。乡政府驻后吴村，距离县城 21.6 千米，海拔 415 米。

第一节　概述

明清时，属仙都乡。晚清属二十二都。民国 25 年(1936)，称为三溪乡，次年改为金溪乡。1949 年 10 月，复设三溪乡。1958 年，为幸福人民公社三溪管理区。1961 年，称三溪人民公社。1984 年 6 月，更名为三溪乡。

三溪乡地形西高东低，中部属小盆地。全乡有耕地面积 299.73 公顷，人均耕地面积 0.45 亩。山地面积占 80% 以上，森林覆盖率 82.3%。乡域北面金溪（漳溪）流往前路；西侧仿溪经盛园、岭头方汇入汉溪；龙溪自西向东横亘乡境中部，蜿蜒出平坑口汇入仙居县永安溪。2010 年，有各类水库 7 座、山塘 101 口，灌溉面积 189.73 公顷。南坑水库又名澄心湖，以灌溉为主，兼顾防洪、发电和生活用水。另有萤石、矿泉水资源。

1993 年以来，三溪乡农业综合开发项目较多，各村特色明显。先后有东雅宅、后吴、井南 3 个村的绿化苗木基地，缙云县宝来丽食品有限公司的姜茶系列及红枣茶、菊花茶产品，后吴村的蜂业、美国七彩山鸡和天鹅，李公坑村的大鲵（娃娃鱼）养殖基地。2001 年，省农业综合区项目实施，涉及全乡 6 个行政村，建设项目为“三区两园”，包括油茶产业区面积 400 多公顷，茶叶产业区面积 400 多公顷，毛竹产业区面积 290 多公顷，香榧集约经营精品园面积 180 公顷，板栗丰产培育精品园面积 66.67 公顷。2010 年，全乡实现农业总产值 3615 万元，农民人均纯收入 6039 元。

1988 年，三溪乡木珠机生产兴起，并畅销一时。1991 年以后，多功能缝纫机和琉璃瓦厂家出现。2006 年，有工业企业 15 家，工业总产值 1106 万元。2010 年，实现工业总产值 1458 万元，创税收 43 万元。21 世纪以后，乡域大多企业搬迁至壶镇、新碧等地。三溪籍居民在外创办的著名企业有星宇公司、芳华公司等。

1995 年，三溪乡有线电视开通，厚仁大坑水库建成。1999 年，南坑水渠修复。2002 年，临石线西应至厚仁段水泥路面竣工。2004 年，后吴村龙溪公园建成。2005 年，东雅宅村茶叶市场开业。2006 年，建成平坑口茶月亭等休憩亭 4 个和月湾坑拦水坝。2010 年，硬化村级主干道 30 多千米，全部行政村通公路。

2010 年，全乡有小学 1 所、幼儿园 2 所；乡卫生院 1 所、村医疗站 12 个。2009 年启动农村新型合作医疗，2010 年农医参保率 91.8%。

1993—2010 年部分年份三溪乡主要经济数据一览表

表 34-12-1

年份	工业总产值（万元）	农业总产值（万元）	财政总收入（万元）	农民人均纯收入（元）
1993	880	701	31	658
1997	1304	1469	28	1397
2000	1808	2121	60	1958
2005	1078	2608	19	2680
2010	1458	3615	43	6039

第二节　区域特色

特色产业

油茶　清末，东雅宅村应友陶从外地引进红花油茶，后在东雅宅、厚仁、西应等村大面积种植。2003 年，全乡产油茶籽 10.5 万千克。2010 年，有油茶园面积 300 公顷，其中厚仁村种植面积及产量约占全乡三分之一。

茶叶　2010 年，全乡有各类茶园面积 227.2 公顷，品种有龙井、白茶、土茶、黄茶。“孟峰”“龙顶仙毫”牌茶叶获省知名商标。西潘村新辟黄茶生产和繁育基地良种茶园面积 33.33 公顷，浙江恒通建材有限公司在厚仁村建有黄茶基地。

图 34-12-1　三溪茶园（2007 年摄）

矿泉水　后吴村孟峰山泉水日涌量 15 万千克以上，经鉴定确认含锂、锌、溴、碘，属优质矿泉水。1993 年，缙云啤酒厂开发矿泉水产品，后成立缙云仙都矿泉饮料有限公司。2009 年，与德国麦德龙连锁公司和香溢集团合作产销“仙都牌”矿泉水，被上海国际航空公司选中，成为美国芝加哥航空头等舱特供饮用水。

文物古迹

龙溪禹王殿，坐落月湾山（亦称“金龟山”），清末失修坍毁，2008 年重建殿宇。漈潭殿，坐落东雅宅村，始建于元至正十四年（1354）。济南桥，坐落南坑村，建于民国 2 年（1913）。澄心寺，坐落寺前村北山脚，建于宋太平兴国元年（976），俗称“青龙寺”。百岁坊，坐落厚仁村中 127 号民居东侧，建于清代。

三溪早米糕

配料和加工程序与他乡无异，不同之处在于不用笼格，用杉木桶做炊具。如用于喜庆或送礼，就在糕面敷上红粉，切成 4 角（块）存放或分送，每份 1 角（块）。

第十三章　双溪口乡

双溪口乡位于缙云县东部，因石上坑、玉坑在双溪口汇合而得名。东毗仙居县，南连大源镇，西南接溶江乡，北邻三溪乡。东西两端最宽距离4千米，南北两端最长距离9千米，辖区总面积32.7平方千米。2010年年末，行政村有南源村、姓潘村、双溪口村、周扎村、东里村、上周村、塘孔村、越王山村8个，自然村21个，居民4842户，人口12205人。乡政府驻双溪口村，距离县城19千米，海拔270米。

第一节　概述

中华人民共和国成立初，分双溪口、上周两个乡。1956年，合并为双溪乡。1958年，属英雄人民公社双溪管理区。1961年，改称双溪人民公社。1981年，因与丽水县双溪人民公社同名，更名为双溪口人民公社。1984年，分双溪口、上周两个乡。1992年5月，双溪口、上周乡合并为双溪口乡。

双溪口乡地形以丘陵、低山为主，地势东北高西南低，双溪口一带为丘间小盆地。海拔一般在250～500米之间。水田土壤以黄泥沙、紫沙、峡谷泥沙为主。2010年，全乡农作物播种面积715.07公顷，林业用地面积2104.33公顷，植被以松树为主，其次杂木、杉木、毛竹，封山育林面积1420.2公顷。农田多以山塘水库灌溉。有水库14座、山塘224口，灌溉面积180.73公顷。主要地类占总面积比例：耕地9.8%，林地65.6%，水域2.5%。建有龙溪、金岭脚两座水电站，其中龙溪水电站于2003年完工，三台机组装机380千瓦。

全乡耕地面积373.53公顷，其中水田面积272公顷。经济作物有米仁、油菜籽、茶叶、蚕桑、桃、柑橘、杨梅、板栗等。2008年，有红花油茶基地面积18.67公顷，“中茶108”基地面积20.67公顷。2010年，产茶叶13万千克、蚕茧3.7万千克、柑橘等水果5万千克、黄花菜2万多千克、香菇200多万千克。以东里村为中心的大棚提子基地总面积23.33公顷。农业总产值3740万元，农民人均纯收入6291元。

1998年开始，双溪口乡接受台州地区来料加工，加工产品主要有围巾、彩灯、藤椅、流苏及其他小件串联等。至2010年，全乡从事来料加工约2800多人，经纪人近20人，年总加工费收入2000多万元。2001年4月，从台州路桥引进两家生产节日彩灯企业，年产值975万元，创税收30万元。2010年，全乡工业总产值4270万元，税收41万元。

2004年10月，全乡建成村公墓17处，金岭脚水库加固通过验收；11月，双溪供电所竣工。2005年6月，双溪供电大楼竣工；11月，双溪口村饮用水工程竣工。至2010年年末，除原蝉山自然村外，其他各村均完成自来水改造工程。

2005年12月，上周村至石上坑村康庄公路完工。2006年，松树岗村至越王山村康庄公路完工。至2010年，全乡原21个行政村全部通公路。

2009年，西洋、南源、双溪口、东里、塘孔等村的污水处理工程竣工；南源村旧村改造，新建房屋面积5218平方米，69户320人搬入新居。2010年，姓潘、双溪口、周扎村防洪堤项目完工；上周坑、西洋、东里水库完成维修加固；全乡危旧房改造332户，整体搬迁36户，分散搬迁21户；双溪口村实施河道治理和电网改造工程。2010 年，开展中心村、生态文明村建设和后进村集中整治；“杏花村”姓潘村增种杏树。

2002 年，溶溪初中并入双溪口初中。2006 年、2007 年，姓潘、上周小学分别并入双溪口小学。2006 年，全乡第一所民办幼儿园创办。2010 年，撤销 4 所民办幼儿园，双溪口乡公办幼儿园创办。

1998 年，双溪口女子腰鼓队组建，队员人数逾百人。2007 年开始，广场舞在双溪口乡渐兴。2010 年，乡文化站投入使用，全乡有篮球场 9 个、健身场 13 个、健身点 8 个、乒乓球桌 9 副，各村有老人活动场所和活动器材并有 50 平方米以上综合活动室 1 个。

1993—2010 年部分年份双溪口乡主要经济数据一览表

表 34-13-1

年份	工业总产值（万元）	农业总产值（万元）	财政总收入（万元）	农民人均纯收入（元）
1993	718	1392	46	465
1997	1926	2021	73	1391
2000	1332	2085	36	1565
2005	1819	2520	28	3091
2010	4270	3740	34.4	6291

第二节　区域特色

南源食用菌

2000 年，南源村建成菇棚面积 0.67 公顷，有高架菇房 15 幢，面积 2.5 万平方米，年产鲜菇 80 万千克。缙云县珍稀食用菌产销专业合作社，2003 年成立，2006 年，被省农业厅评定为浙江省示范性农民专业合作社。2010 年，种植秀珍菇、杏鲍菇面积 5 公顷，菌菇 200 多万袋，产值 1800 万元，设有冷库 7 座，库容 1800 立方米，另有珍稀食用菌研发中心、菌棒制作车间、2000 平方米堆料场。

姓潘“博士村”

至 2010 年，姓潘村共有博士 13 名，其数量之多为全县之最，被誉为“博士村”。姓潘村外枫湾下佛堂山麓有古代“云多处”“茂松清泉”摩崖石刻。

特色景观

越王庙　坐落越王山顶，传说与越王有关。

古树　双溪口村一株苦槠树，树龄 300 年，树高 20 多米，树阴面积 100 多平方米。树干中空，可纳 10 多人，1939 年 9 月，中共缙云县委特别支部在此召开会议。

南源村一株枫树，树龄 200 年，树丫分为两枝，称之为“鸳鸯树”“夫妻树”。

图 34-13-1　双溪口乡双溪口村苦槠树，1939 年 9 月，中共缙云县委特别支部在此召开“树洞会议”（2008 年摄）

古桥 龙骨桥，位于双溪口村，清嘉庆七年（1802）潘成淦牵头修建。锁星桥，位于姓潘村，光绪戊子年（1888）建，2003 年修建。义兴桥，位于姓潘村，光绪戊子年建，1944 年、2003 年两度重建。上周桥，位于上周村，光绪年间（1875—1908）建。马乌桥，位于金塘村，民国 11 年（1922）建。

岩洞 金岭脚水库南边有“凉风洞”，洞内夏吐凉风，洞口温度 15℃左右，冬有暖风。1999 年，一村民进洞 30 多米后，发现有开阔地约 60 平方米，洞内石壁光滑峭立。

第十四章　溶江乡

溶江乡位于缙云县东部，以原溶溪、雅江两乡各取一字得名。东临双溪口乡，东南界大源镇，西南接胡源乡，西北连舒洪镇，北毗三溪乡，辖区总面积 50 平方千米。2010 年年末，行政村有洪坑桥村、新西坑村、岩门村、雅江村、大黄村、田洋村、山坑村、花楼山村、陈村村、大雅畈村、石上村 11 个，自然村 29 个，居民 6170 户，人口 16279 人。乡政府驻洪坑桥村，距离县城 16.2 千米，海拔最低处为 241 米。

第一节　概述

中华人民共和国成立初，分溶溪、雅江两乡。1956 年，溶溪、雅江两乡合并称溶江乡。1958 年，为英雄人民公社溶江管理区。1961 年，溶江管理区改称溶江人民公社。1962 年，分为溶溪人民公社、雅江人民公社。1984 年，改公社为乡。1992 年 5 月，两乡合并后改称溶江乡。

溶江乡常年平均气温 17℃。无霜期 216 天以上，年平均降雨量 1505.1 毫米。地形以丘陵为主，间有低山，地势南、北两端高，中部为丘间平畈。海拔一般在 250 ～ 600 米之间，西部、北部与舒洪镇交界的白水山顶为最高峰，海拔 1083 米。耕地面积占 9.1%，山地面积占 68.7%，水域面积占 2.2%。1993 年，农作物播种面积 1130.4 公顷，林业用地面积 2818.93 公顷，植被以松树为主，其次为杂木、杉、毛竹等，封山育林面积 2051.07 公顷。水田土壤以黄泥沙、紫泥沙为主。贞溪东西流向，有支流 5 条。有小（二）型水库 3 座、小（三）型水库 29 座、山塘 223 口，灌溉面积 216.67 公顷。

乡域岩门景区是缙云县仙都风景区四个风景名胜区之一，主景点位于岩门村。景区以岩石奇绝，层峦叠嶂为特色。景观有栖真寺、锦池映月、石龟听经、磐石安禅、古洞栖云、笠风戴雨、花岩织锦、岩门锁翠、天柱卓锡等 10 多处。

水田种植以水稻为主，其次为小麦、玉米。改革开放后，黄花菜、蚕桑、水果、药材等多种经营得到发展，有大雅畈的黄花菜专业村、池岭的蚕桑示范村、山坑的蔬菜专业村，还有药材基地、红艳露早熟桃基地、石蛙养殖场各 1 个。2010 年，粮食种植面积 530.8 公顷；经济作物种植面积，茶叶 219.2 公顷、蚕桑 124.73 公顷、黄花菜 243.33 公顷、甜玉米 60 公顷、油菜籽 151.67 公顷、水果 57.13 公顷，产板栗 22.8 万千克、蜂蜜 12.4 万千克、蔬菜 1197.4 万千克。山坑村金竹高山果蔬专业合作社 2005 年成立。石上菊薯茶叶专业合作社 2006 年成立，有茶叶基地面积 68.33 公顷，2010 年栽培新品种黄茶面积 26.67 公顷。

缙云仪表件厂，位于溶江村，1991 年成立，2005 年，产值超千万元，其生产的摩托车仪表件产量约占全国份额的 40% 以上。20 世纪 90 年代中期后，引进利得工艺品厂和圣得利工艺品厂，村民参与来料加工业，至 2010 年，全乡有来料加工经纪人 12 人，从业 3420 余人，收入 1660 多万元。

2002 年，西岙水库引水渠竣工，长 5790 米；花楼山水渠改造工程完工，长 2000 多米。2004 年，溶溪至雅江、新屋畈至田洋、新屋畈至花楼山路面硬化工程竣工，全长 11.7 千米；池岭、茶园头等 8 个村饮用水改造工程完成；溶江敬老院改造提升，常年有溶江乡、双溪口乡、大源镇 50 多位五保老人在此生活。2009 年，山坑村康庄公路隧道贯通。2006 年以后，西岙、上官坑西前、大雅畈周山岙、郑岙塘、岭脚吴等 8 处水库除险加固。

2004—2010 年，对部分自然村进行村庄整治。拆除露天粪缸、饲料池 350 口，建公厕 11 座，垃圾池 150 个，安装路灯 230 盏，街道路面硬化 8500 米，绿化花木 3000 株，建文化体育娱乐场所 3500 平方米。2009 年，14 个村电气化改造通过验收。2010 年，全乡原 29 个行政村全部通公路，公路里程共 39 千米，24 个村通程控电话，移动电话信号、有线电视全覆盖，有村大会堂 16 个。

1992—1996 年，溶江乡有小学 18 所。1997—2007 年撤销小学 16 所，并到溶溪中心小学和雅江小学。2002 年，溶溪初中并入双溪口初中。2010 年，有小学 2 所、幼儿园 2 所。

2009 年，乡文化站投入使用。2010 年，举办仙都（溶江乡）首届腊月风情节和“山蒲杯”岩门风景区摄影创作赛，溶江戏剧协会成立。

1993—2010 年部分年份溶江乡主要经济数据一览表

表 34-14-1

年份	工业总产值（万元）	农业总产值（万元）	财政总收入（万元）	农民人均纯收入（元）
1993	537	2766	38	591
1997	2410	4440	72	1520
2000	3866	4961	84	1983
2005	4300	4860	70.2	3095
2010	2339	5076	559.8	6139

第二节　区域特色

栖真寺

坐落在郑周村天柱山，为佛教活动场所，是岩门景区的主要景点之一（详见第三十一篇第一章第二节）。

前溪花屋

位于洪坑桥前溪村。建于清嘉庆年间（1796—1820），砖木结构，占地面积 870 平方米，四合院正房、厢房共 22 间。天井占地面积 130 平方米。南面阊门背雕刻“南屏映秀”，东、西小阊门背雕刻“浦润”“山辉”。南面外墙有“天马行空”“金牛望月”“麒麟吐火”“鸳鸯踏荷”“凤凰舞丹”等立体图案，四边墙顶翘角飞檐。

图 34-14-1　岩坑胡公庙（2010 年摄）

胡公庙

位于岩坑村口佛陀岩西侧。据清康熙《缙云县志》载：庙边的大圣潭是胡则之父胡承师“修炼成仙”的地方，始建于北宋庆历二年（1042），后经元、清、民国及20世纪末多次重修。其中以民国32年（1943）的修建最为隆重，时樊仲明、杜芳、蓝台等地方知名人士均撰写楹联祝贺，赵钧撰写《重修佛陀岩赫灵庙记》，赵埙将其书于庙西墙。

第十五章　胡源乡

胡源乡位于缙云县东南部，由胡村、桃源两乡合并而来。东北接溶江乡，东连大源镇，南毗大洋镇，西南邻方溪乡，西北界东渡镇，北临舒洪镇，辖区总面积44.5平方千米。2010年年末，行政村有上坪村、茶源村、柘岙口村、胡村村、章村村、榧树根村、蛟坑村7个，自然村22个，居民5670户，人口15143人。乡政府驻章村村，距离县城21.4千米，海拔265米。

第一节　概述

明清时，属官政乡；民国25年（1936），属辅化区泰安乡、盘溪乡、桃源乡。1949年10月，属盘溪区桃源乡、胡村乡。1956年，桃源乡、胡村乡合并称胡源乡。1958年为英雄人民公社胡源管理区，1961年，胡源管理区改为胡源人民公社。1982年，分设胡村、桃源两个人民公社。1984年，恢复为胡村乡、桃源乡。1992年5月，两乡合并复称胡源乡。

胡源乡地形以丘陵为主，间有低山、中山分布。古方山海拔1216米，属乡境最高峰，同时也是瓯江水系和灵江水系分水岭。全乡有耕地面积302.13公顷，其中水田面积221.33公顷。林地面积3100公顷，县林场15个林区，其中有9个在胡源乡境。西侧山涧汇入盘溪，东侧山涧流经岭后汇入永安溪。盘溪峡谷河道幽深陡峭，布满花岗岩滚石，境内流域面积22.6平方千米。另有水库7座、山塘322口，灌溉面积180.73公顷。盘溪流域梯级电站7座，位于胡源乡境内4座。

1993年以后，胡源乡陆续建成笋竹两用林基地面积310公顷，主要分布在田山、庄坑村；茶叶基地面积132.33公顷，主要分布在胡村村、章村村，其中胡村村有黄茶基地。还有山羊养殖场、土鸡养殖场、鼎富果蔬合作社。2010年，全乡油茶面积136.93公顷、茶园面积203.33公顷、板栗面积133.33公顷；实现农业总产值3059万元，农民人均纯收入5163元。

1994年，各行政村基本解决饮用水问题。1996—1998年，分别建成光明水电站和天生桥水电站。2001年，设置通信基站4座。2007年，胡源乡茶叶交易市场开业。2009年，乡茶叶加工厂投产。2010年，古方山水库除险加固；全部行政村通公路。

2003年，章村初中并入胡村初中，有幼儿园5所、小学3所、初中1所。2010年，有幼儿园2所、小学2所，卫生院2所。全乡参加农村合作医疗1.35万人，参保率95%。

1993—2010 年部分年份胡源乡主要经济数据一览表

表 34-15-1

年份	工业总产值（万元）	农业总产值（万元）	财政总收入（万元）	农民人均纯收入（元）
1993	436	1032	24	360
1997	288	1997	27	1154
2000	345	1995	31	1872
2005	732	2408	4	2849
2010	1815	3059	91	5163

第二节　区域特色

特色产业

蚕桑　20 世纪 90 年代，胡源乡开始发展蚕桑，2010 年，全乡有桑园面积 326.67 公顷，其中属省级山区蚕桑示范基地面积 96.67 公顷。招序村 181 户人口中有 140 多户村民从事种桑养蚕，为蚕桑专业村。

杨梅　胡源乡有东魁杨梅基地面积 588 公顷，分布在榧树根、沿路头村一带。

文物古迹

古方塘位于古方山，海拔 1059 米。三国吴赤乌二年（239）修建，为已知丽水市境内历史最悠久的水利工程。1970 年修筑水库清理塘基时，发现“赤乌二年修”“永乐八年八月十五修”等石刻。古方胜利渡槽（天桥）位于布袋岙，为古方塘引流水渠，渡槽采用手工打制的花岗岩条石砌筑而成，长 120 米，宽 2.2 米，最高处 36 米。“尚友堂”万松书舍位于上宕村，北宋进士黄碧人胡份创办。明正德年间（1506—1521），武宗皇帝钦赐“道学正宗”匾额。哲山桥位于蛟坑村南，民国 23 年（1934），缙云籍国民革命军樊崧甫将军捐五百大洋而建。章村村有建于五代后周（951—960）的普信寺、宋代的上宅井、清末的云溪桥。上坪村有建于明成化八年（1472）的丁世洪桥，清光绪年间的实木砥柱廊桥，清光绪十四年（1888）的爰得桥和万松桥。抱骨岭脚村有明成化二十三年（1487）“犯人田”摩崖，与蛟坑交界处有清代“禁路下柴”及修路乐助名单摩崖。上宕村胡氏宗祠，始建于清乾隆二年（1737）。沿路头村石龟坑殿建于清康熙年间（1662—1722），奉祀唐宏、葛雍、周斌（俗称“唐葛周”）三将军。

红色遗迹

位于招序村。1941 年 3 月，招序村党支部建立，成为处属特委中共缙云县委驻地兼交通站。2010 年，建有革命历史陈列室。

古风民情

张山寨七七庙会　见第二十七篇第五章第四节。

胡源戏剧　20 世纪 30 年代，虞梅汉等人创办胡

图 34-15-1　2007 年，张山寨七七庙会

村班。常演剧目有《百寿图》《僧尼会》等。每逢农历正月必演戏三日三夜，七月初七到张山寨参与斗戏。抗战末，有多家绍兴戏班（嵊县越剧）因战乱滞留章村一带，章村村锣鼓会延师学艺。演员均由男性担任，所演剧目多为文戏，被称为“男子戏剧”。清唱俗称“闹房”，常见于娶亲、祝寿场面。不搭台，不化妆，乐队成员分角色唱念。

上宕功夫 上宕、上坪、蛟坑、柘岙口一带，村人好武，棍棒拳脚兼学，尤为擅长棍棒术，闻名乡里，常被外村聘为拳师（俗称“拳马师”）。

第十六章 石笕乡

石笕乡位于缙云县西南部，东靠大洋镇，南界青田县，北连方溪乡，西与莲都区接壤，辖区总面积53.4平方千米。2010年年末，行政村有石笕村、三坑村、莲花村、五莲村、蒙坑村5个，自然村19个，居民2742户，人口7801人。乡政府驻石笕村，距离县城43千米，海拔350米。

第一节 概述

1950年，设石笕乡，属大洋区；1958年，为上游人民公社石笕管理区；1961年，改称石笕人民公社；1984年，复称石笕乡，隶属城郊区；1992年，城郊区撤销，乡名不变。

石笕乡气候多变，温差较大，降水量充足。常年平均气温14℃，无霜期200天左右，平均降水量1600毫米。地势东南部较高，有海拔千米以上山峰10余座，为中山地形；西北部属低山地形。森林资源以松树为主。有林地面积4600公顷，耕地面积280.67公顷，其中水田面积213.33公顷。有笋竹两用林基地面积133.33公顷、厚朴基地面积133.33公顷、高山蔬菜基地面积53.33公顷、水果基地面积53.33公顷。有各类水库6座，山塘80口，灌溉面积77.07公顷。

1993年以后，全乡农业综合开发向多种经营发展。2010年，全乡有茶园面积68.53公顷，茶叶产量2.5万千克，甜玉米种植面积46.07公顷，板栗基地面积36.67公顷，生产中药材1.3万千克，香菇16万千克。官田坑自然村有山鸡养殖场。2010年，实现农业总产值2196万元，工业总产值504万元，财政总收入3万元；农民人均纯收入5860元。

1995年，石笕村众安桥建成。1998年，梅寮大桥建成。1999年，石笕村至青田、朱庄至栋头自然村公路建成通车。2000年以后，后巷、格竹院、蒙坑水库实施加固，建成水坝3条，防洪堤500米。2002年，乡政府综合大楼竣工。2005年，全乡列入黄村水库水源保护区，建污水管道8969米，修复路面2740平方米，11个村的通村公路建成沥青混凝土路面。2009年，全部行政村通公路，流坑等5个自然村搬迁。2010年，全乡危旧房拆除改造1.21万平方米。

2002年，石笕初中并入东渡初中。2010年，全乡有小学1所，幼儿园1所。1997年，乡卫生院综合楼修建，各村设医疗站。2010年，乡卫生院有病床10张，医护人员6人，全乡参加医疗保险7069人。

1993—2010 年部分年份石笕乡主要经济数据一览表

表 34-16-1

年份	工业总产值（万元）	农业总产值（万元）	财政总收入（万元）	农民人均纯收入（元）
1993	283	573	13	516
1997	335	1512	25	1207
2000	366	1628	17	1540
2005	130	1809	2	2586
2010	504	2196	3	5860

第二节　区域特色

知名农产品

茶油　石笕素有“油茶之乡”美誉。2010 年，全乡有油茶园面积 642.67 公顷，其中改造低产油茶园面积 66.67 公顷，优质油茶园面积 300 公顷，年产茶油 8 万千克。2007 年，缙云群山油茶专业合作社注册成立。

后巷黄酒　后巷村黄酒，享有“开坛十里香”之名。后巷村陈姓人酿造糯米黄酒已传承十余代。古时，农历九月初九为酿酒日。糯米与水比重，一般为 1∶1.2。所酿制黄酒呈黄褐色，香味醇厚，曲味浓重。县旅游部门将其列为仙都黄帝祠宇祭祀用酒。

风景古迹

天堂峡谷　蒙坑村经纱帽岩自然村至天堂自然村，约 4.3 千米山岙，沿途高山耸立，悬崖峭壁，谷底清流淙淙，称为“天堂峡谷”。

古迹　乡境多山涧，存有古桥多处。主要有兴福桥、乐善桥、万安桥、种德桥、接龙桥、荫邗桥、保安桥等，均属清代建筑。石笕古道从青田下庄村经界牌山、南山岭至石笕村，为古时缙云县往温州担盐的盐道之一。有盐道从青田入石笕乡，过石笕、义塘、栋头、蒙坑、梨树鸟、石笋坑、上寮坑等村出方溪、东渡，转销外地，路面由块石铺筑，宽约 1 米。石笕村临溪古有兴福庵，长大后自然村近处岩山有感应洞娘娘庙。

“界牌”传说

界牌，位于石笕村南界牌山山顶，界牌山以边界立“界牌”石碑得名，海拔 1000 多米。相传，古时石笕郑姓与青田县边界村长期存在山林纷争。清康熙年间，有青田师爷出主意，青田 4 个壮汉趁夜黑将五六百斤重的界碑石移址到缙云境内的山垅上。于是，讼争再起，两地县令相约现场断案，商定：以中途不停歇为

图 34-16-1　石笕乡三坑村界牌水库（2010 年摄）

条件，如石笕方有人能将界碑石背到的地方，即为双方山界界址。时有一中年汉子径直上前，弯腰“嗨”的一声将界碑石拔出背起，往青田方向而去。最终，界碑不仅越过原来的界址，还向青田境内移了三里地。事后得知，该中年汉子姓王名道亨，榧树后村人，时在石笕郑家打“长年”。背碑石后，即吐血病倒，50岁去世，葬石笕南山岭郑姓中穴，得村人永久祭祀。

第十七章　方溪乡

方溪乡位于缙云县南部，南邻石笕乡，北接东渡镇，东毗大洋镇、胡源乡，西界莲都区严鸟乡，辖区总面积33平方千米。2010年年末，行政村有上陆村、八迭岭村、方溪村、北坑村、深坑村5个，自然村20个，居民1806户，人口4646人。乡政府驻方溪村，距离县城30千米，海拔243米。

第一节　概述

清时，属十四都。民国初年，分属协和、任源乡。民国32年（1943），协和、任源合并改为协源乡。1949年，改为人和乡。1950年，分置严溪、方溪乡。1956年，严溪、方溪乡合并为方溪乡。1958年，改为上游人民公社方溪管理区。1962年，改为方溪人民公社。1984年，复称方溪乡，隶属于城郊区。1992年，城郊区撤销，乡名不变。

方溪乡年平均气温16.8℃，无霜期240天，降水量1500毫米。地势高低悬殊，村落分布点最高海拔725米，最低海拔183米。地形以低山为主，东南部较高，山峰海拔多在900米左右。耕地面积146.67公顷，其中水田面积83.6公顷。林地面积2733.33公顷，用材林多杉木、毛竹。建有笋竹两用林基地面积333.33公顷，厚朴基地面积100公顷。后坑、北坑、南坑、深坑汇成方溪，注入莲都区境。境内有水库5座、山塘25口。

34-17-1　八叠岭头雪景（1996年摄）

方溪乡水田以单季稻、小麦（或紫云英、油菜）两熟为主，旱地多为小麦或洋芋和番薯或玉米两熟为主。2000年以后，普遍实行春粮、单季杂交稻两熟制，杂粮经济逐渐向菜园经济转换。2010年，粮食播种面积286.67公顷，产量89.2万千克。八迭岭等村发展高山蔬菜面积近133公顷，以黄瓜、生姜、长豇豆为主，总产量526.8万千克。松树湖自然村有桑园面积84.67公顷。北坑村绿山果蔬专业合作社生产基地有油茶林面积33.33公顷、香榧面积26.67公顷、厚朴面积41.33公顷。2010年，全乡实现农业总产值1895万元，农民人均纯收入5894元。

1994年，乡政府办公楼竣工。1997年，程控电话开通。2001年，深坑口至方溪公路实施路面硬化。2002年，实施农村电网改造。2003年，全乡19个村通公路（高寮村除外），方溪经过方溪村防洪堤建成。2004年，上陆村至深坑口村公路实施路面硬化，深坑口村至东渡镇石松村公路铺设沥青路面。2010年，下辖行政村全部通公路。

1998年，上陆小学和深坑小学并入方溪小学。2001年，省基督教协会援建方溪小学，方溪小学又名为宏道爱心小学。2003年，建成方溪卫生院。2010年，有小学1所、乡卫生院1所，各村设医疗站。

1993—2010年部分年份方溪乡主要经济数据一览表

表34-17-1

年份	工业总产值（万元）	农业总产值（万元）	财政总收入（万元）	农民人均纯收入（元）
1993	1058	399	11	487
1997	312	1663	25	1123
2000	284	1140	14	1540
2005	538	1426	12	2544
2010	661	1895	44	5894

第二节　区域特色

特色产业

水电　1994年，乡域县龙宫洞电站发电，装机2万千瓦。2001年，下寮电站增容到325千瓦，方溪二级电站、凉亭坑电站建成。浙江缙云抽水蓄能电站下水库和地下厂房在方溪境内，2003年预可研编制完成；2004年列入《浙江省2010年抽水蓄能电站布局规划及2020年展望》。

旅馆业　20世纪90年代中期开始，方溪乡村民盛行到外地经营旅馆，开办在五云镇电力路的最多时达20多家，还有到县外从事宾馆及浴室服务业。

红色遗址

中共处属游击支队修械所遗址，位于外师姑自然村南侧峡谷“大猫窠”坑洞。1948年，中共处属特委游击支队于此搭棚屋作修械所。利用坑水落差冲击水轮机，带动土制机床修理枪械，改制短枪、子弹，或将俄式步枪改成冲锋枪。1998年，中共丽水地委、缙云县委于此立碑纪念，列为爱国主义教育基地。

古迹民俗

古迹　上陆村陆氏尚书祠堂，建于清末，2010年集资重修；天马神庙建于南宋。八迭岭建于元代，古为缙云通往青田、温州平阳的商道，与抱骨岭、稠门岭、三溪岭并称“缙云四大山岭”。

游案取雨　古遇大旱，由道袍师公引领，北坑村及附近村民成群结队，前往村东南崆洞山感应庙下方的蟠龙水洞取雨。取雨时，先焚香祷告，再敲锣打鼓、燃放爆竹，以惊醒神龙，出洞施放甘霖。

第十八章 七里乡

七里乡位于缙云县西部，东北邻五云镇，南毗东渡镇，西南接莲都区，西北连新建镇，辖区总面积61.4平方千米。2010年年末，行政村有黄店村、万松村、邢川村、杜村村、大岩脚村、大园村、型坑村、天寿村、黄塘头村、七里村、黄村畈村、金弄村、杜塘村、周弄村、竹余村、新都村16个，自然村38个，居民8032户，人口19900人。其中，畲族人口348人，主要聚居型坑村；2007年4月，景宁滩坑水库移民71户271人，安置在黄明和梅店村村域，设村名为“新都村”。乡政府驻金弄村，距离县城3.2千米。

第一节 概述

清时，属景福乡。1950年，为浣溪乡、黄店乡、小�乡。1956年，浣溪、黄店合并为城西乡，小筠乡并入溪南乡。1958年，为红旗人民公社城西管理区，原小筠乡域属卫星人民公社溪南管理区。1961年，为城西人民公社、溪南人民公社。1980年，小筠从溪南人民公社析出，建立小筠人民公社。1984年，城西人民公社分为城西、黄店2个乡，属城郊区；小筠人民公社更名为小筠乡。小筠乡属新建区。1992年5月，城西乡、黄店乡、小筠乡合并为七里乡。

七里乡地势自西向东倾斜，以低山、丘陵为主。“大母山”位于七里乡、新建镇和莲都区仙渡乡交界，属仙霞岭余脉，主峰海拔989.5米。乡境耕地面积620公顷，其中丘间平畈面积553.33公顷。水田以双（单）季稻、小麦（紫云英）三（两）熟为主，旱地多以麦、大豆、洋芋和番薯、玉米两熟为主。水田土壤多为黄泥沙、峡谷泥沙、黄泥和峡谷砾泥沙。浣花溪系山涧河流，源短，夏季常为细流，自南向北入新建镇境，乡内有各类水库3座、山塘21口。

全乡农业经济特产，自1993年后呈多品类化。2010年，有桑园面积227.87公顷，养蚕4565张，茶叶面积110.07公顷，水果面积130.27公顷，猪场10家，年出售肉猪4200头；另有鸡场3家，羊场3家。河宅为蔬菜生产专业村，杜塘为蚕桑产业专业村。以黄明村、黄店村为中心搭建草莓、蔬菜大棚338个。乡属大母山林场松杉、灌木丰茂，有生态公益林面积2593.13公顷。邢弄村有棵香榧与红豆杉合体，胸围5米，高约35米，每到深秋，一树结两果：一为红色浆果，味甜可即食，一为青色核果，炒食脆香。杜村村有上百年杨梅栽培史，年产杨梅5万千克。2010年，全乡粮食产量280万千克，实现农业总产值4391万元，农民人均纯收入6145元。

图34-18-1 户九村居（2009年摄）

20世纪80年代末，金弄村村民在三里、金弄村一带建花圃，带动附近村民从事花卉生产和经营。1995年开始，七里乡花农在上海市松江区泗泾镇种植圣诞树、仙客来、凤梨等花草，至2010年，在上海发展花卉基地面积30多公顷，年销售花卉600多万盆。

1993年，金弄汽配市场开业，八达五金有限公司等工业企业相继创办。2010年，全乡有工业企业16家，以汽配、五金、竹木加工、金属合页制造为主，还有灯管、仪表生产企业。是年，实现工业总产值6100万元，创税收245万元。

村民在广东、广西、上海等地养鸭、养虾人数较多。2008年前后，养殖南美白对虾成为七里乡村民外出养殖的主要产业。

1993年以来，全乡先后对16个村实施村庄整治，陆续建成公路45千米，机耕路16.2千米。通自来水村38个。2008年，缙云县中心粮库建于金弄村。2010年，金华至温州高速铁路开工建设，通过七里乡段里程3.2千米。

2010年，七里乡有幼儿园2所，小学1所，在黄店、大园设教学点。七里小学，1996年得到日本“利民工程”捐助，是缙云县剪纸非遗传承基地。有乡卫生院1所、村级卫生室9所，农医参保率91%。黄店村、邢弄村各有敬老院1家。

1993—2010年部分年份七里乡主要经济数据一览表

表34-18-1

年份	工业总产值（万元）	农业总产值（万元）	财政总收入（万元）	农民人均纯收入（元）
1993	985	998	31	460
1997	1817	2459	88	1176
2000	2240	2584	79	1445
2005	3852	3259	150	3385
2010	6100	4391	245	6145

第二节　区域特色

文物古迹

梵严寺，坐落大园村，建于吴越宝正三年（928），寺内存有元至元二十八年（1291）杨大亨舍田碑。圣寿寺（清塘寺），坐落陈弄口村西，建于宋代，尚存明永乐十九年（1421）所制经幢和清代门厅、大殿各三间。黄明村飞凤山有明代（1368—1644）李贲夫妻墓葬，墓葬出土的文物由省博物馆收藏。筠川书院遗址，坐落大园村，约建于北宋时期。三将军殿，坐落大岩村，约建于明代。广义桥，坐落隔水村浣花溪上，属于清代建筑。杜村村杜氏宗祠，建于明万历十二年（1584）。上王庙，坐落黄山脚村，清嘉庆二十三年（1818）建。禹王庙，坐落外杜塘村，建于明代。还有大母山道教大师叶法善修炼试剑的试剑岩，杜村村已逾300年的独木桥，大园村清代建筑陶氏宗祠，柳塘村雅号取自陶渊明“五柳堂”的陶姓宗祠，户九村居百年泥墙老屋，黄塘头村明代遗存的大闾门。

杜姓累世义举

明正统三年（1438）至七年，缙云连年饥荒，杜村族人杜川献粮2200余石，朝廷旌褒其为“义民”，且在村头村尾各立“戒马石”一方，告诫过往官员“文官下轿，武官下马”，对杜川义举以表敬意；明万历年间（1573—1620），杜川之孙杜伟、曾孙杜葛和七世孙杜文雷、杜文凤先后献粮赈灾；清道光年间（1821—1850），杜川十三世孙杜廷相慷慨献粮赈灾，县令赵钟淳书赠“尚义村”匾额。2010 年，杜氏宗祠还存有“敕义”门额砖雕。

型坑靛青

靛青，又名靛蓝。靛青，指以蓝草为原料加工的染色剂；靛蓝，因靛青呈深蓝色，故名。型坑“靛青”，包括蓝草和靛蓝。蓝草喜阴地，日照宜短。冬至前，寻合适土坎打“种洞”，将蓝草梗截成长二十几厘米，储藏保鲜。次年清明发芽后取出，按每亩约 3000 株密度，挖穴扦插。农历九月底第一次收割蓝草叶，以叶厚为佳，11 月收割完毕，梗留种。蓝草叶及嫩茎入塘浸沤。浸沤靛青土塘，直径约 2 ～ 3 米，深 1 米有余；塘壁砖砌，底捣实。蓝草叶入塘，撒石灰或砺灰，用竹木条覆面，上压块石，注水沤腐。过半月，捞去茎梗，以靛耙、榔榧搅打成靛浆，经反复沉淀、排水，淤积成靛泥，收入靛桶待售。型坑蓝氏于清康乾间迁自福建上杭，多以种植靛青为祖业。民国时，每担靛泥通常可卖 18 ～ 20 块银圆。最多时，全村产靛泥 350 担，获利颇丰。2008 年，村中有一寡居老人在黄泥洞内还储有靛青鲜秆。

蓝氏四代崇学

旧时，畲民多聚居深山冷谷，“缚茅以处，樵耕以活”，身份卑微。清光绪《处州府志》载：“畲民皆为舆台，为人役，身家未为清白，不准与考。”故蓝氏子孙“或佃种田亩，或杠抬山舆，识字者极少。”为改变族中白丁之现状，型坑蓝氏族人于清末倡捐学籍银，设立养贤田。民国后，科举废，新学兴，邑庠生蓝云亭遂创办型坑私塾，并先后任教于缙云右文馆、缙云县第二小学和丽水太平小学；子蓝台金陵大学专科毕业，先后任职省立蚕桑学校、私立缙云仙都中学、处州农业学校；孙蓝明扬为苏州医学院教授、研究生导师，从事寄生虫专业教学研究，在缙云中学设有蓝氏奖学金；曾孙蓝青，留学日本，博士后，任苏州医学院附属第二医院脑神经外科主任。

第三十五篇 人物

本篇分设人物传、人物简介、人物名录三部分。人物传收录缙云籍为主，兼涉外籍在缙人物；简介收录至2010年健在的有一定影响的缙云籍人物；名录收录1993—2010年在缙云的正高级职称人物，缙云籍寓外正处级以上、寓外正高级职称及博士学位人物，缙云县省级以上党代会、人民代表大会、政协代表和委员，革命烈士，省级以上劳动模范、二等功以上人物。电力、通信、金融等系统职称评定不在缙云，缺乏资料，暂未收录。限于资料，符合收录条件的人物难免还有遗漏，期待以后修志补充。

第一章　人物传

李唐寿（1927—1994）　壶镇镇前山村人。中国美院毕业，上海油画雕塑院一级美术师。曾参与大连苏军烈士纪念塔、北京天安门广场人民英雄纪念碑、毛主席纪念堂、井冈山纪念馆、湖南革命纪念馆、南京雨花台的雕塑创作。

陈保庆（1918—1994）　新碧镇黄碧村人。浙江大学毕业，天津塘沽永利碱厂总工程师，全国无机盐化工学会理事、天津海洋化工学会理事长，享受国务院政府特殊津贴。参与制定的《纯碱生产工艺控制指标及管理办法》在全国推广。曾获化工部科技进步二等奖，评为全国有特殊贡献的工程技术专家。主编《纯碱工业》杂志，著作《纯碱制造》《纯碱工学》列为化工类大专院校辅助教材，被国内制碱行业广泛采用。

徐　琮（1907—1994）　字子员，溶江乡池岭村人。高小毕业，随父习医务农，曾应聘政府文员。在黄岩县政府秘书室指导员任上，参与斡旋策反，促使县长朱焯（缙云新建人）于1949年5月29日率部举义，黄岩县城和平解放。历任缙云县军管会股长、县政府秘书、县法院副院长，后调华东水电工程局、上海勘测设计院工作。晚年钻研医理，所开处方、病历高数尺。

屈宗原（1911—1995）　浙江平湖人。厦门大学毕业。1935年参加教育工作，曾任缙云中学教导主任、副校长，壶镇中学副校长。1985年9月10日在庆祝第一个教师节大会上，县政府表彰其从教五十周年，颁发“桃李满天下”匾额。

尚　望（1904—1996）　原名陶舜，字渭父，新碧镇姓尚村人。黄埔军校第五期毕业，历任中华民国国防部别动军司令部少将总参谋长、中美合作所军事作战组组长、交通部交警总局（原军统局）副局长兼闽赣办事处主任。1949年到台湾任职。任缙云旅台同乡会首届理事长。

朱保群（1918—1998）　女，原名宝琼，七里乡七里村人。少时，随兄到县城耶稣堂做帮佣。18岁随瑞士传教士做助产士，为县内新法接生第一人。1949年到县人民医院妇产科工作，医德、医术口碑俱佳。1955年，因丈夫金玉钟蒙冤入狱遭辞退。后经批准，允其以个体身份继续从事助产工作。接生婴儿逾万人，其中不乏祖孙三代都由她一手接生。人敬称“送子观音”，尊称“金师母”。

陈彰德（1909—1999）　新碧镇坑底村人。19岁当小溪中药铺店员。21岁随岳父虞守一在黄碧街道济药店学中医。1939年受命对本乡50名小孩进行接种牛痘预防天花病试验，获成功并推广全县。曾任区、乡卫生院院长，后调县医院创建中医科。

陈爱忠（1904—2000）　女，原名山花，东渡镇仓基村人。8岁起，先后为童养媳、婢女、基督教堂厨工、梨仓小学校董。1950年以后，先后任金谷村村长、社长、五云公社副社长、双龙畜牧场场长、生产大队长、大队党支部书记。率村民开田筑路修水库，年过半百带头跳进齐胸冰水堵塞涵洞，确保了水库工程顺利施工。曾被评为省水利建设先进工作者和“全国三八红旗手”。

陈景良（1934—2001）　新建镇梅溪村人。北京大学毕业，清华大学教授，国防科工委专家，享受国务院政府特殊津贴。为中国科学院研究生院兼职教授、全国高等学校优秀教学成果评审委员会委员。从事计算数学教研和应用，主编《近代分析数学概要》，著有《并行算法引论》《数值计算方法》《数学的思维逻辑》。

钟　健（1911—2001）　原名佳教，字庆元，祖籍桐庐县中巡村。就读杭州高级中学、上海大学期间投身抗日救亡，参加革命。1939 年 10 月受党组织指派，从庆元文化馆转赴缙云，以缙云简师教师身份作掩护从事特别支部组织工作。“皖南事变”后，任浙南三五支队与浙东金萧支队之间的联络员。1949 年 7 月，缙云县人民政府成立后，历任土改工作队长、壶镇区长、缙云中学校长、副县长等职。

麻吉祥（1909—2001） 字敬止，东渡镇雅宅村人。毕业于上海法政大学、新民大学，经济学学士，擅文辞，长文史。曾在江苏淮阴专员公署、浙江印花烟酒税务局任职，缙云私立仙都中学、崇正中学任教员，缙云县立初级中学任校长。1949 年 7 月缙云县人民政府成立后，任职县工商联。县人大一至七届代表，县政协一至四届常委，晚年聘为县政协文史委副主任，为缙云文史资料的撰写、编辑作出了贡献，著有《止止斋诗文集》《世纪吉祥》。

金朱德（1935—2002） 东方镇上东方村人。哈尔滨军事工程学院潜水艇设计专业毕业，高级工程师、教授，从事国防科技转移民用理论、非物质经济理论研究。历任国务院国防工业办公室秘书、处长、技术基础局长，授大校衔。为中国和平利用军工技术协会理事长、中国国防科技情报学会理事长、中国国防经济研究会理事长。

孙明标（1928—2003） 桐庐县富春江镇上泗村人。省立处州师范毕业。1949 年任中共江南区区长。1958—1968 年，任中共缙云县委委员、缙云中学党支部书记兼校长。一手抓生产，一手抓教学质量，1960—1962 年，学校高考成绩居全省前三名，中考成绩居金华地区前十名。1960 年被授予“全国文教群英大会先进个人”。著有《小学数学智力竞赛趣题——数的整除性应用 154 例》《少年数学智力训练趣题 200 例》等。

赵向东（1938—2004） 溶江乡花楼山村人。中学高级教师。15 岁入学，8 年读完小学到高中课程，22 岁入党，23 岁保送北京广播学院。历任北广外语系党支部书记、县教师进修学校副校长、教研室主任、县教育学会副会长、丽水地区中学政治课教学研究会会长。1998 年获省人民教育基金会“春蚕奖”。2000 年作为百名专家代表，进京出席中华民族大团结各界代表新年座谈会。2005 年 5 月，中共丽水市委作出向赵向东同志学习的决定。

卢　峰（1970—2005） 壶镇镇白竹村人。县博物馆书法创作干部，县书法家协会副主席，中国书法家协会会员，省青年书法家协会理事，龙渊印社副秘书长。书风温雅，尤擅小楷。作品多次入选全国、省、市书展，曾获全国第十三届群星奖、浙江省推选作品展金奖。

赵子贤（1929—2005） 溶江乡溶溪村人，又名赵毅。中央美术学院华东分院毕业，四川人民出版社副编审。擅长创作连环画，屡获历届全国连环画大赛奖，作品译成多种少数民族文字和英文版本。晚年力作《百牛图》长卷，曾在加拿大温哥华展出。著有画论《连环画中的人物形象》《传人之笔》《从小说到脚本》。

潜斗亮（1919—2006） 乳名学琴，字子明，祖籍胡源乡潜源村人，出生壶镇。上海盐务税警官佐教练所毕业，历任私立仙都中学、缙云中学、新建中学音乐教师。通乐理，擅京戏，键盘、弦乐无师自通，属县内较早熟习西洋器乐（钢琴、提琴）者。

尹继善（1925—2007） 祖籍仙居县安岭村人。1945 年台州师范学校毕业，辗转三门、慈溪、仙居、缙云多所中小学教书。行止儒雅，一心向学。1963 年以后，历任县文教局教研员、图书馆副馆长、文管办副主任、县政协文史委副主任、县地方志副主编。为省考古学会会员，对地方古籍整理、考古发掘建树颇多。精通诗律，书法自成一格。编著有《缙云文物录》《鸿爪集》。

吕德申（1922—2008） 壶镇镇农兴村人。西南联大毕业，北京大学教授、文艺理论教研室主任、中国社会主义文艺学学会副会长。主编《马克思主义文艺理论发展史》，获马克思主义文艺理论研究终身成就奖。著有《钟嵘诗品校释》。

潘勇杰（1986—2008） 胡源乡小黄坛村人。县工艺美校毕业，杭州国信电子商务公司电脑编辑。参与筹建网络“缙云爱心扶助俱乐部”，关注爱心助学，帮扶贫困学生 60 多人。患 NKT 细胞型恶性淋巴瘤，病情恶化后作了捐献角膜志愿登记。离世后，其角膜成功移植给两位患者。

田大中（1944—2009） 东方镇胪膛村人。3岁时父去台，5岁丧母，由外婆、姨母抚养。习医，得祖传中医正、接骨秘术真传，成为骨科名医。曾任东方公社卫生院院长、壶镇区中医骨伤科医院院长。1988年开办田氏伤科诊所。1995年任田氏伤科专科医院院长、董事长，为丽水市首家私立医院。秉承“大医精诚，救人为先，无分贵贱；赴急不避寒暑，疗伤勿论亲疏”理念，口碑上佳。

张智深（1957—2010） 石笕乡石笕村人。林业工程师，县政府山林纠纷调处办公室主任。为人低调，忠于职守。走遍全县山岭，熟悉村、乡、县界址，人称“活地图”。参与调处山林纠纷案件300多起。肝癌化疗间隙仍坚守工作岗位，在生命最后10天，还参与解决一起跨乡镇山林纠纷案。被省政府追记个人二等功。时任省委副书记夏宝龙评价他：“干一行、爱一行、精一行，在平凡的岗位上做出一番不平凡事业。”

金兆法（1945—2010） 壶镇镇岩背村人。丽水师专毕业，副研究员。早年从事教育工作，历任中小学语文教师、县教育局教研员、县府办副主任、县方志办主任。为中国散文学会会员、省乡村社会史研究会会员、省方志学会理事兼专家委员会成员。性情敦厚，儒雅平和，治学严谨，方志论述颇丰。主编《缙云县教育志》《缙云县志》《缙云姓氏志》，参与编写《浙江省名村志》《浙江乡村旅游志》《浙江古今人物大辞典》，著有《走进河阳》。

陶　怡（1914—2010） 原名凤鹤，字逸之，号宗虞，新建镇洋山村人。师范、财税学校毕业，曾任台湾土地银行主任、台湾地区财政厅简任专员。主编《中华民国税务年（通）鉴》三集。著有《税务行政救济实务》《税务忆往》《八十忆述》。

楼浩之（1925—2010） 别号步辛，祖籍新建镇新建村人，居杭州。继承家学，博闻强记。师事刘海粟、黄君素等，擅山水，工诗文，书法、篆刻遒秀有致。为省文史馆馆员、中央文史馆书画院研究员、西泠书画院特聘画师，任浙江省逸仙书画院常务副院长兼秘书长。退休后聘为缙云县政协诗书画社名誉社长，多次返乡举办画展、讲座，提携后辈。参与编辑《余绍宋》《纪念孙中山先生篆刻集》，著有《中国历代绘画笺证》《楼浩之书画》。

附：前志人物补遗

鲍　盖（267—316） 缙云墟东郭人。晋惠帝永兴三年（306）任会稽郡鄮县（宁波市鄞州区）县吏。建兴四年（316）饥荒，面对饿殍盈途惨象，擅将所押官粮赈济灾民，继而投江自尽。去世后30年，鄞东鄞西一带纷纷立祠庙祀之为神。宋建炎二年（1128），缙云知县苏德秀在五云隔溪金紫山麓建鲍郎祠，俗称“灵应庙”“利济王庙”，2010年祠基尚存。

梅　棱（388—471） 宣州（安徽宣城）人。刘宋初年（420）任彭城太守，改蔡州（湖北枣阳）刺史。元嘉末年（453），知宋室将乱，携次子梅杲南奔会稽郡，退隐缙云墟丹阳。

钭　滔（生卒不详） 字顺甫，号碧川，祖籍河南开封府陈留县。据《资治通鉴》《吴越备史》记载，五代后汉乾祐二年（949）由吴越国内牙都指挥使调任括苍刺史。归宋后仍连任，直至太平兴国三年（978）。致仕择居官川（缙云官店村），卒葬村后山。

吴善经（732—814） 仙都山人。唐天宝七年（748），为黄帝祠宇首批七名道士之一。习《四子真经》《灵宝经》，博贯经术。后辗转匡庐、天台、三茅、句曲游学，进京入太清宫，传弟子五百人，著《道德经说》。唐德宗李适亲赐幡佩。晚唐杜光庭《神仙感遇传》中有其传记。

施坚实（？—907） 字仁甫，号敦夫，祖籍湖州德清。晚唐龙纪元年（889），被吴越王钱镠擢任处州刺史。时值遂昌卢约拥兵处州起事，施坚实父子招集义勇，在黄龙山筑寨御寇。事平卜居黄龙山青塘，建护法院（黄龙寺），为缙云施氏始祖。

詹象先（1005—1060） 字太冲，北宋云塘人。1992年，五云南塘庵出土《宋故缙云处士敕追赠承事郎詹君墓志铭》:“君讳象先，字太冲，其先出于余杭。曾祖讳生，祖讳瓒，父讳谅。祖既遭乱，避徙于缙云，遂为缙云人……”崇儒向善，生迥、适二子，均科举及第，启缙云詹氏登科先例。

另，“詹（骙）状元”传说由来已久，真伪莫辨。清康熙、乾隆《缙云县志》及族谱将詹骙与詹象先混同一人，称其于宋大中祥符元年（1008）登进士第一名，时年二十二岁，官至大中大夫、翰林学士。清雍正《浙江通志》则称詹骙进士出身，为翰林学士。道光、光绪《缙云县志》改称其为南宋淳熙二年（1175）状元［据1990年夏县城南塘路出土墓志，缙云詹族无此人。但北宋宣和三年（1121）进士詹宗益在《舍惠明寺记》一文中，确指曾祖为翰林学士骙公。存疑］。另外，北宋真宗（968—1022）曾御书“荣桂”二字（村中古有“荣桂堂”），并赠《赐詹骙》诗：

名阀夸詹氏，新居古五云。擢科魁众士，拔萃喜超群。

礼肃人畏敬，胪传世共闻。好将多锦绣，五色耀龙文。

周启明（生卒不详） 字昭回。清光绪《缙云县志》载为宋大中祥符五年（1012）进士，祖上由金陵（南京）迁居缙云。《宋史·列传第二百一十七隐逸（中）》载其“初以书谒翰林学士杨亿，亿以示同列，大见叹赏，自是知名。四举进士皆第一。真宗景德中，举贤良方正科。”因事罢归，教弟子百余人（办学兴教比胡份万松书舍早数十年）。仁宗即位，迁秘书省秘书郎，改太常丞。一生笃学，藏书数千卷，多手写，能口诵之。有诗文千六百余篇。

詹良臣（1049—1120） 字元公，睦州分水（杭州市桐庐县）人。自幼习武，善骑射，调任缙云县尉。宋宣和三年（1121）二月，方腊犯处州，盗贼霍成富聚众剽掠缙云。良臣率弓兵数十人抵御，寡不敌众被俘。霍成富诱降无果，命人脔其肉，使自啖之。良臣且吐且骂，至死不绝声，见者掩面流涕，时年七十一。徽宗闻而伤之，赠通直郎。《宋史》有载。

孙友益（生卒不详） 字择之，瀑川人（缙云新碧姓孙）。宋淳祐七年（1247）进士，曾任乐清教谕。咸淳七年（1271）纂《缙云县志》。

蒋世珍（生卒不详） 原名训，字君聘，岱石口人。宋开庆元年（1259）进士第二人，授从仕郎，历镇江、建德、温三州儒学教授。明成化《处州府志》有载，称其“尝从朱子高弟陈潜室先生游……学者宗之。”

赵嗣琪（1276—1340） 缙云人。早年入仙都山、武夷山习道，后游历四方，结交名士赵孟頫、虞集、柳贯、黄溍等。元延祐元年（1314），授五品印提点仙都观，历五年扩修玉虚宫。

陈性定（生卒不详） 缙云人，仙都山玉虚宫道士。元至正八年（1348）著《仙都志》，内分山川、祠宇、神仙、高士、草木、碑碣题咏六门。

梅　熙（1329—1381） 字景和，号铁石，县城人。明洪武三年（1370）举博学明经，擢御史中丞。闻师卒，赴三百里守孝三年，时人评“子贡之后，一人而已。”父母亡，疏食饮水，独寝六载。历丽水、青田、遂昌、缙云教谕。

田　堉（1374—1446） 字仕养，胪膛人。明永乐年间进士，入文渊阁参修《永乐大典》。历任长阳、永明、黔县知县，以“一民有饥则我饥，一民有寒则我寒”自励。为官四十年，生业萧然，尝作“退省轩”“安贫堂”以自儆。

朱　桷（1525—1581） 字希安，号环峰，金竹人。以“茂才”进南京国子监，授和州（安徽马鞍山市和县）同知，升河南行都司断事。明万历二年（1574），由刑部尚书卢勋举荐“代王和番”，以册封使出使琉球国。

田汝耘（1528—1607） 字希宠，明代胪膛人。幼习举子业，经商致富户。晚年遇旱情，卖田113600把（折合1420亩）修筑永济堰，仅留300把维持家计。自皋头凿渠十余里至马石桥，溉田1600余亩。县令申详其事，予以旌表。

霍维腾（生卒不详） 字云升，顺天人，监生。清康熙二十年（1681）任缙云知县。自闽变残破之后，贫顽难治。任期内，首捐俸二百余金，修学宫及朱子祠，学校焕然一新。后纂修县志，葺公署，建谯楼、仓廒，桥堰，凡百废无不修。

赵钟淳（生卒不详） 四川宜宾人。清乾隆间进士，嘉庆元年（1796）任缙云知县。遇庚申大水，走泥泞勘灾，开仓赈济，民赖全活无算。将调海盐，代民偿逋赋三千余金。濒行，夹道相送者数十里。十三年再任缙云，甫入境，老幼扶携欢呼："赵青天复来矣。"

施化麟（1862—1902） 乳名施文彬，字守仁，号蔫虞，西施人。16岁（清光绪三年，即1877年）中武秀才，21岁中武举人，28岁中三甲第十四名武进士。历任兵部军机房行走、泉州游击将军。在抗击海盗、反击洋人入闽中立战功，追谥"武丛公"。

柯祖荫（1847—1926） 字柏亭，县城人，晚清贡生。清光绪十年（1884）遵母嘱，承头捐资建造育婴堂。址在县城三龙之麓，营建上下堂厅各5楹，有回廊、厢房，4年完工。余款购田214亩，收租生息以为基金。议订建堂规制与收养章程，诸如经费之劝募、使用，田产之购置、管理，弃婴之收养、医疗，乳母之觅雇、给养等，均有详细规定。任总董事前后26年，共救助、收养弃婴近两千人，时人尊称"柏亭舍"。治事严明清廉，每年二月清算上年账目，同时另行具疏附册，率诸董事到城隍庙敬谨焚告，以明心迹。

廖铿坚（1862—1933） 东渡镇里山人。家穷，却轻财好义。因居山中，饱受交通不便之苦。民国初，长年四处募捐，积十年之功铺成东溪至大庭石路，长达十里。后又在叶村石章潭开设渡口，并盖房3间，助地一片，供摆渡者住宿和种植。为防日后其儿孙索回，特立助地文书，交由他人保管。1922年洪灾，受华洋赈济会举荐，全身心投入赈济工作。1932年又发洪水，五云桥毁，购置木船一艘，免费摆渡至桥梁修复。

吕松泉（1856—1939） 壶镇镇工联人，弃儒从贾。收养弃婴数十人，施棺木千计，建桥、铺路、造凉亭、施茶水不遗余力，人称"善士"。

吕望孚（1883—1942） 原名唐绪，字志钦，壶镇镇工联人。浙江陆军讲武堂毕业，历任浙军骑兵营连长、国民革命军参谋本部三厅参谋、委员长行营骑兵参谋、战区司令长官部作战科长、重庆军委会铨叙厅科长，授少将衔。

楼秀英（1868—1943） 女，壶镇镇松岩村胡德邻妻，娘家永康舟山。21岁时丈夫病故，几年内公公、小叔、婆婆又相继去世。楼秀英深明大义，秉承公婆遗愿，于清光绪二十一年（1895）和二十五年（1899），两次共捐田8928把（112.9亩）、房屋数间、广仓两座助县学。时，知县谢焯荧亲撰《五云松岩胡家姑媳楼氏义田记》。继后又有知县叶大章为撰《松岩胡楼氏义田序》，乡贤吕朝阳辑成《五云胡家义田录》二卷刊行全县。1912年，又捐膳田12亩资助本村办学，仅留少量薄田以自养及抚育继子。

姚思铨（1915—1943） 笔名万湜思，祖籍桐庐县板桥村，朱显邦女婿。杭一中、浙江师范学院毕业。"九一八"事变后投身抗日救亡运动，翻译苏联进步文学，曾主编金华《大风》周刊、《浙江日报》副刊《文艺新村》。1939年，与野夫、金逢孙等成立浙江省战时木刻研究社，创办并主编月刊《刀与笔》。积劳成疾，1942年在缙云河阳岳父家养病，期间曾任教仙都中学第三部、缙云简易师范学校。《浙江省人物志》（浙江人民出版社2005年出版）有传。

舒望周（1866—1945） 字端岐，号"爱莲居士"，新建镇西岸人。廪贡生。处州莲城书院肄业，先后任教蒙馆、右文学堂、丽水雅里小学、义阳学校、县第二小学、私立仙都中学。1928年，县长许剑华赠以"大雅宏达"匾。晚年在家设塾办班，学生中有来自丽水、永康、武义等地。著有《鸣凤山房文集》《爱莲居士集诗抄》。

陈梦熊（1864—1949） 新建人。太学生，幼习中医，擅伤科。参与创办县育婴堂。曾任五云铁桥建桥董事、碧川小学校长。承头修建洋山大桥，助田开办右文小学。

杜　芳（1896—1950） 字肖兰，号石坡，祖居七里乡杜村村，迁五云。浙江省立第十一师范学校毕业，曾任县立第一小学校长、缙云报社社长、私立励志初级中学校长、县参议员、国民党缙云县党部执委常委（书记长）。

虞　钦（1869—1952） 乳名汝金，字品重，号守一，新碧农管处黄碧街人。弱冠入泮，因父、叔早逝，自身亦几为庸医所误，故而矢志习医，悬壶济世。早年加入同盟会，借行医之便参与秘密活动。处州军政分府成立后坚辞景宁县知事，执意悬壶济世。内、外、儿、妇各科无所不精，救病扶危不避风霜雨雪酷暑，诊治尽其术，回春复健者不胜枚举。医名彰于处、婺，曾获浙江省统带刘文彬题赠“功年良相”匾额、陕西省关平县长陈鹤鸣“仁者上寿”匾额。撰有《医案集》及《调经安胎方》等手稿一箱，多毁于战乱。

樊元璋（1911—1960） 县城人。北京朝阳学院（法科）、瑞典斯德哥尔摩大学毕业。通晓俄、英、瑞典语言文字，曾任驻俄、芬兰、瑞典使馆秘书，财政部关务署编译室主任，南京大学讲师。著有《我说俄国话》《恋爱与婚姻》。

应　明（1898—1961） 字文思，新碧镇泗山人。浙江省立第十一师范学校毕业，先后在处州中学附属小学、仙都中学、河阳小学、洋山小学等校当教员。1942 年 8 月底，曾组织百余村民击毙日寇散兵 14 名。事后，缙云县县长何弘基登门慰问，赠“忠勇可风”牌匾。

吕荣周（1899—1962） 字嘉成，壶镇人。北大文科肄业，参加过五·四运动。与鲁迅有交往，与周恩来同批赴法国留学。归国后，历任国民政府外交部科员、军政部“克强”舰舰长、中央警官学校教官。抗日战争结束后返乡，曾任教新建中学。

张公量（1912—1962） 字汝勋，号宏叔，新建镇西岸人。北京大学、中央政治大学毕业。历任陈诚机要秘书、湖北省政府人事处处长、军政部常备兵役司少将副司长、国防部史政局副局长兼图书馆馆长。1949 年，留居大陆从事教育。

王整春（1893—1963） 大洋镇前村人。14 岁入王振玉科班学戏，初演正生，后改老外。先后在遂昌、梅子仙大品玉班 4 个戏班演出。戏路宽，兼文武，在浙西南一带久负盛名。擅长演出《前后金冠》《铁笼山》《天门跌雪》《牧羊图》等。1954 年，获省首届戏曲观摩演出大会二等奖。后任职县婺剧团团长，排演、整理传统剧目百余本，将多本传统剧目传授给年轻演员，曾获金华专区婺剧界培养下一代工作优秀奖。

赵汝池（1899—1968） 壶镇镇高潮人。1927 年 7 月加入中共组织，10 月在壶镇组建中共缙云特别支部。次年 8 月，全县 24 个党支部 30 余名代表在燕冀小学召开党代会，被选为首任县委书记。不久即遭通缉，避居外地，历任青岛卫生局文书、浙江保安司令部科员、淮阴保安司令部参谋、重庆中央军委办公厅总务处秘书。1942 年返乡，不再复出。

应雨人（1889—1970） 原名时，字雨人，又名国昭，新建镇应刘人。浙江高等学堂、北京满蒙文高等学堂毕业。参与编纂《蒙文大辞典》，创办蒙文学社，宣传五族共和，后任北洋政府蒙藏院主事兼边卫科长。1928 年回乡，开办国文、数学、英文补习学堂。

吴仕兆（1905—1970） 兰溪人。出生医药世家，兰溪中医专门学校毕业。19 岁到壶镇，随父经营药铺“问松堂”，后坐堂诊病。擅内科、麻疹，人称“仕兆仙”。

张鼎铭（1879—1972） 胡源乡章村人。幼读私塾，17 岁考中秀才。曾任育婴堂首事、县议员，一度赴南京外交部供职。因母病辞归，开药店行医，兼理救济院。1937 年，承头募修蛟坑石拱“哲山桥”。晚年以医名医德著称，乡人尊称“鼎铭先生”。

虞梅汉（1897—1976） 胡源乡榧树根人。18 岁入戏行，初学花旦，后改正生、正旦、鼓板，在徽班、三合班和乱弹班搭班 20 多年。40 岁双目失明，专门司职鼓板。凭听觉，能辨出前台演员动作架势，落签精准无误，时人称“盲眼鼓板”。

梅子仙（1906—1982） 原名钦达，仙都梅宅人，居新建镇山岭下。18 岁进永康“大品玉”徽班，生旦净丑皆通。班主卢丁招其为婿，接任领班、编导。看过新戏，便能默记复制，还可随机登台救场。1929 年至松阳，改班名“大联升”，能演徽戏、处州乱弹传统剧目 130 多个，成为处州梨园标志性人物。

缙云县人民政府成立后，组建徽班“拥和剧团”。晚年仍热衷传艺，直至去世。2005 年 11 月，缙云戏曲界为其举办百年祭，极享哀荣。

胡雄华（1931—1983） 县城人。省高级商业学校、西湖艺术研究所毕业，上海美术电影制片厂导演。作为中国剪纸动画的创新者，曾参与《济公斗蟋蟀》《龟猴分树》的动作设计;《山羊和狼》《差不多》获 1964 年法国国际短片电影节青年奖;《东海小哨兵》《狐狸打猎人》获南斯拉夫国际动画片电影节美术奖。

胡献庚（1910—1984） 新建镇马渡人。心灵手巧，早年随东阳朱唐仙学塑佛、绘画，塑造关羽、岳飞、观音、地藏、达摩神像闻名乡里，制作古装戏头盔，受处、婺戏剧班社青睐。兼擅农技全犁耕作，1958 年在金华参加全省插秧能手比武大会并夺魁。1964 年前后，曾为县农业成果展塑造先进人物形象，参与阶级斗争展览馆《收租院》群像、场景泥塑。

詹炳炉（1918—1985） 五云镇詹山人。1946 年，在五云汽车渡口当渡工，1949 年成为道班养路工人。实诚寡言。每日早起为工友做饭，出工在前，收工在后，工余整修工具。1955 年，任道班班长，苦活抢先，累活带头。1956 年冬，大雪，晨起独身一人清扫公路积雪 500 多米；工区领导来布置扫雪任务时，已带领工人清除大半积雪。胃病发作时疼痛难忍，仍坚守岗位。

施玉勋（1900—1987） 字成之，五云镇雅施人。幼读私塾，喜书画。及长，先后习木雕、塑佛、彩绘。人物山水、花鸟瑞兽造型设计驾轻就熟，祠庙建筑雕饰以大气著称，誉为“缙云一把槌”。1948 年前后，曾以游人观摩攀登仙都石笋采药为题材，在大床栏板上雕过溪山行旅图；1959 年前后，将现代工业的飞机、轮船等物象引入窗棂图案。晚年曾主修仙都问渔亭，参与创办县木雕厂。

诸葛儆（1913—1987） 字睿勤，号整俭，祖籍兰溪，居县城丹阳坊。幼读私塾，13 岁进衢州阜通药栈当学徒。子承父业，任五云“春雨堂”药店经理。擅加工炮制中药丸——散膏丹，能辨稀罕珍贵药材，以内科、妇儿科见长，人称“中医药全才”。待病人热情和气，拒收重礼，童叟无欺。1949 年 7 月，县人民政府成立后，浙江省卫生厅颁发给中医师执照，曾参与县中西药公司筹建工作。1985 年 12 月，获颁国家医药管理局“老药工”荣誉证书（彭真题词，许德珩题证书名）。

应子雄（1912—1989） 字官辉，新建镇应刘人。军校毕业，任忠义救国军三纵队团副、直属爆破队长。1945 年 2 月 4 日雪夜，在美军帕尔金上校等指导下，携带 1200 磅 TNT 炸药，率队炸毁钱塘江大桥 6 号桥墩，致使浙东至浙西交通线瘫痪以阻止日军(《中美合作所志》有载)。历任南昌、北京密云铁路段长及西北区陕、甘、宁、青、新五省警卫组长。1949 年参与策划新疆和平起义，加入解放军新疆 22 兵团。

陶悟明（1931—1991） 城北乡黄龙人。1950 年入伍，1958 年被错划为“右派”，1978 年平反，曾任五云小学教师、城北乡农村成人教育干部。发扬“走遍千山万水，说尽千言万语，历尽千辛万苦，想尽千方百计”的“四千”精神，创办城郊区职技校并任副校长。编写《木雕工艺初步》教材。曾获浙江省为人师表先进工作者、浙江省“春蚕奖”。

释妙一（1902—1991） 俗名李守钟，大源镇稠门人。小学毕业学塑佛，后在新建正等寺剃发出家，到天童寺受持具足戒。1932 年，应河阳士绅邀请任福昌寺住持。1958 年，寺院作养猪场，佛毁僧散，唯其独守。1980 年，出席中国佛教协会第四届全国代表会议。

释德贵（1908—1992） 俗名杨明喜，祖籍仙居县黄寮村。国清寺天台宗佛学研究社结业。1982 年住持黄龙寺。为省第一届、第二届佛教大会代表，县佛教协会理事长、名誉会长。

赵　蟾（1901—2003） 原名桂丹，字镜辉，赵舒长子，壶镇镇高潮人。浙江公立医药专门学校毕业，历任浙江病院医师、中央军校（武汉）医务科长、远征军长官司令部军医处长、陆军总部后勤司令部卫生处军医监处长、国防部联勤总部军医署办公厅主任，授少将衔。

第二章 人物简介

江设贵（1917—） 溶江乡雅江村人。1940年加入中国共产党，以“面饺客”身份为地下党、浙南游击队放哨送信，做交通联络工作。历任村党支部书记、乡指导员、公社副书记、乡长。离休后，牵头修桥7座，凉亭5座，公益助款10多万元。

施建生（1917—） 字德馨，新建镇宅基村人。美国哈佛大学毕业。曾任“台湾大学”教授、法学院院长、“台湾中华经济研究院”研究顾问、美国密歇根州立大学客座教授。著有《经济学原理》《经济政策》《现代经济思潮》。

李文辉（1918—） 大源镇稠门村人。缙云县师范讲习所毕业。1940年9月经陈党介绍入党，历任青田县万山区委书记、缙云县委书记、浙南解放军第三支队（处属游击支队）政治部主任。1949年5月兼任缙云县军管会主任。后调任庆元县委书记兼县长、温州地委委员兼丽水中心县委书记、温州地委副书记、公署专员。中共“八大”代表。在温州曾主持文成百丈漈水库、黄岩长潭水库等水利工程建设，住农舍睡渔家竹床，吃番薯丝，将米饭留给房东老人吃。平易近人，亲自写讲稿。公私分明，从不以权谋私，子女或支边、或下乡、或参军。

麻义花（1918—） 女，新建镇河阳村人。2008年被省文化厅评为第一批省级非遗代表性传承人。擅长窗花剪纸技艺，作品大多以戏曲为题材，构思巧妙，具有浓郁的江南风格。其技法特点是：阴阳结合，主体阴刻，背景阳刻，注重形似和神似。代表作品有《五子登科》《相法》《中华龙》。

陈仿尧（1919—） 大源镇雅亭村人。高小毕业。1940年入党，参与建立缙云农村第一个党支部。先后任雅亭村党支部组织委员、支部书记、缙仙边区区委书记。1945年奉调丽水，历任处北农民协会主任、丽水县委组织部部长、丽缙永武边区游击支队教导员兼政治部主任。中华人民共和国成立后，历任宣平县委副书记兼县长、省民政厅处长、鞍山钢铁公司党委组织部副部长、丽水地委统战部副部长等职。

李 勉（1919—） 原名君勉，字华表，新建镇夏家畈村人。浙江大学中文系、“国立中山大学”中国文学研究所毕业。抗日战争结束后旅居台湾，历任“台湾省图书馆”馆长、成功大学教授以及德国法兰克福大学、美国芝加哥大学及宾州大学特约教授。著有《管子今注今译》《史记列传评注》《庄子评注》《古书疑义辨证》，对宋词古唱法有深入研究。晚年寄居美国。

舒寿福（1920—） 字避龄，舒洪镇舒洪村人。国民党中央警官学校毕业，1946年任台湾警政。晚年返乡合资创办浙江寿尔福化学有限公司。先后捐资200万元修水库，助建舒洪、胡村、笕川小学，在舒洪中心小学设教育基金。被丽水市政府授予“荣誉市民”称号。

丁立宪（1921—） 字弥残，东方镇靖岳村人。早年教书，后辗转庆元、丽水、青田国民政府及缙云县人民政府工商科任文职，1954年被遣返原籍务农。工诗文，淡名利。逾六旬复出，应聘从事史志工作，先后参与编纂《缙云文史资料》《缙云文献》《缙云地名志》《缙云县志》《丽水风俗志》《丽水地区人物志》等。著有诗文《草间集》《岁月如缘》。

丁治民（1921—） 原名归周，字卓夫，号任法，新建镇笕川村人。南京陆军通讯兵学校、中央军校毕业，官至国民革命军干训团中校教官。1949年随军去台，从事陆军通信勤务、训练和指挥，授少将衔。退伍后，被推为旅台浙江同乡会总干事、缙云同乡会理事长。

樊康平（1921—） 东渡镇兰口村人。1939年在丽水参加中华民族抗日先锋队，加入共产党，任中共缙云县特别支部宣传委员。1941年受处属特委指派，在丽水碧湖开办油脂合作社和汤坟农场，建立党组织地下联络点。工作间隙，曾在《浙江日报》副刊《江风》发表版画作品。中华人民共和国成立后为缙云县首任县长，不久调上海工作。

叶　新（1922—）舒洪镇蟠龙村人。重庆无线电专科学校毕业，1946年赴延安参加革命。历任中共中央社会部测向台技术员、新华广播电台技术主任、副台长、辽宁广播器材厂厂长、辽宁省电子局总工程师。为辽宁省电子学会理事、广播电视专业委员会主任委员。

赵震炎（1922—）壶镇镇高潮村人。西南联大毕业，北京航空学院教授，享受国务院政府特殊津贴。创建国内首个航空军械专业和导弹飞行力学专业，历任中国航空学会副秘书长、《航空学报》副主编、北航图书馆馆长，被航空航天工业部授予"有突出贡献专家"称号。

丁子上（1923—）五云镇人。浙江大学化工系毕业，浙江大学教授，国内无机材料学科带头人，享受国务院政府特殊津贴，国家教委学科评议组成员、高校无机材料类专业教材编审委员会副主任、中国硅酸盐学会常务理事。参与创办多个专业，担任过化工类和材料类20多门本科生、研究生的课程教学工作。主编《硅酸盐物理化学》，获部级优秀教材一等奖。

丁文瑞（1924—）东方镇靖岳村人。1947年上海暨南大学化学系毕业。民进会员，省第一届至第三届各界人民代表会议代表。曾任县立中学主委，缙云中学副校长。从教40年，先后在私立仙都中学、杭州君毅中学、缙云中学、丽水师专等15所学校任教。创造"酸碱盐九九表""化学配平逢单先开刀"等教学法，任缙云科委沸石研究员期间，开发应用缙云沸石、珍珠岩、膨润土等矿石。著有《化学实用技术》等论文20多篇，参与《化肥应用技术》《中学化学教材教法》编写。

李蔚文（1924—）五云镇东门村人。1938年3月在私立仙都中学读书期间奔赴延安，投身革命。1941年八路军卫生学校毕业后，曾在八路军120师卫生部属下医院、中国人民解放军总医院担任主任医师（军医）等职务。获中华人民共和国"三级独立自由勋章""三级解放勋章"和中央军委"独立功勋"等荣誉。

项　铨（1924—）三溪乡厚仁村人。华东人民革命大学浙江分校结业，任教平阳中学。1956年主创的《春之舞》获全国青年集体舞创作一等奖，并由团中央向全国推广。退休返乡，创办三溪越剧团，记录、整理本土山歌小调和道教音乐，参与编纂中国戏曲音乐、民间舞蹈、《民族民间器乐曲集成（丽水卷）》。编著有《浙南民间民俗音乐选编》《仙都黄帝祭典音乐》《民间艺术散记》。

麻唐芩（1924—）仙都农管处梅宅村人。少时进戏班学戏，能拉会唱善演。务农之余，辗转各村辅导锣鼓班，曾随梅子仙到永康教戏并任正吹。60岁时自制乐器架，集锣、钹、鼓、梆、笛、唢呐、先锋、科胡于一身，口、手、脚并用，演奏独角台场以愉悦乡邻。

潘鼎坤（1925—）双溪口乡姓潘村人。复旦大学毕业，西安建筑科技大学教授，享受国务院政府特殊津贴。曾任全国计算物理学会理事、陕西省工科数学教学委员会副主任。主编《高等数学研究》杂志，编有《积分方程》等讲义，出版译著《线性代数引论》。

周友福（1926—）前路乡后青村人。出生不久父亡母病，卖给横塘岸村周家为子。4岁双目失明，11岁随磐安冷水陶小乙学鼓词。嗓音清亮，博闻强记，能唱72本传统曲目，尤擅《大香山》《九龙镯》《双珠联》《朱砂记》《碧云楼》等。1949年7月缙云县人民政府成立后，选为县盲艺人鼓词队长。曾获金华专区首届曲艺会演二等奖，为省曲艺协会会员、候补理事。

张淑儒（1927—）新建镇古溪村人。1949年随军去台，任司法官训练所训导、专员。喜诗书画艺，初随杭人傅狷夫教授学山水，继习花鸟。著有《张淑儒画集》。

吕德贤（1929—）壶镇镇工联村人。武汉大学、莫斯科动力学院毕业，核工业部第二研究设计院研究员、高级工程师，享受国务院政府特殊津贴。长期从事核电站项目管理工作，为中国电机工程学会常务理事、中国核学会理事、中国核动力学会常务理事。

麻献扬（1930—）　东渡镇雅宅村人。幼习胡琴箫调，拜徽班名师李景春门下，22 岁任剧团正吹。1954 年参加华东地区戏剧会演，誉为浙省“首席科胡”。调任金华“浙婺”培训班音乐老师，整理并传授《文泣颜回》《武泣颜回》《山间古庙》《沽美酒》《三皈依》等众多传统曲牌。曾参与《中国戏曲音乐集成·浙江卷》采编工作。

马成生（1931—）　新建镇张公桥村人。浙江大学毕业，杭州师范大学教授、中文系主任。为中国水浒学会常务理事、省水浒研究学会会长、杭州作家协会副主席。主编《水浒研究与欣赏》，著有《明清作家论小说艺术》《水浒试笔集》《画家李震坚》。

陈三五（1931—）　大源镇雅亭村人。1949 年 5 月参加工作，1958 年被错划为“右派”，1978 年平反。曾任县干部学校（党校）校长、盘溪中学总务主任、县职技校党支部书记、校长等职。创办缙云县职业技术学校。离休后独资创办缙云县树人职业技术学校。曾获全国德育先进工作者、全国优秀职工教育工作者、全国中小学德育先进工作者。

陈再新（1931—）　祖籍绍兴，七岁时被卖到缙云新碧镇下小溪村。丽水长运公司龙泉货运站驾驶员。尽职尽责，廉洁奉公、行车百万公里无事故。全国劳动模范。曾任浙江省总工会常委、中共浙江省委委员，出席第四届、第五届全国人民代表大会。事迹入编 1971—1983 年浙江省小学《语文》课本。

李延品（1931—）　新建镇夏家畈村人。缙云县立中学毕业后，就职宣平县警察局，1949 年去台湾。转业后创办高雄立志中学、凤山正义工商学校，任校长。先后捐资 220 万元助援新建中学、夏家畈小学及仙都风景区建设。

李周槐（1931—）　壶镇镇宫前村人。北方交通大学毕业，铁道科学研究院通信信号研究所研究员、编组站自动化研究室主任，享受国务院政府特殊津贴。为中国铁路编组站自动化技术的主要开拓者之一，研究成果获国家科技进步一等奖、茅以升铁道科技奖。

胡文相（1931—）　胡源乡胡村村人。10 岁起每年参与“张山寨七七会”等多种民间艺术表演活动。1978 年始，为“七七会”活动组织者之一，担任胡村点首事，主事指导胡村点四个村的庙会活动。2009 年 9 月，被省文化厅评为第三批省非遗代表性传承人。

施宝坤（1931—）　东渡镇黄山脚村人。南京农业大学教授，享受国务院政府特殊津贴。为农业部血吸虫病防治专家咨询委员会副主任、江苏省畜牧兽医学会常务理事兼学术组长。从事动物寄生虫学教研，成果获全国科学大会奖、国家科技进步二等奖、农业部技术改进二等奖。主编《耕牛血吸虫病的防治》《家畜寄生虫的鉴别与防治》。

施春娇（1931—）　女，新建镇新建村人。改革开放后以养猪做豆腐为业，年均投售肉猪七八头，每天做豆腐二三盘，逢年过节翻倍。卖豆腐很少过秤，数量只多不少。1985 年《浙江日报》刊文誉为“豆腐皇后”。曾资助 9 名学生读小学、初中。

陶崇德（1931—）　五云镇雅施村人。哈尔滨工业大学教授，享受国务院政府特殊津贴。长期研究磨削加工自动化技术，课题成果获航空航天部科技进步一等奖。编著或参编高校教材《机械自动夹具设计》《机械制造工艺学》《计算机辅助设计与制造》。

吕元光（1932—）　壶镇镇农兴村人。西安建筑工程学院毕业，甘肃省城乡规划设计研究院副院长兼总工程师、中国太阳能建筑学会和寒地学会常务理事，享受国务院政府特殊津贴。专注重工业厂房、太阳能建筑和高层建筑设计研究，曾赴美国、日本、墨西哥讲学。主持设计中国工农红军会师纪念塔、红西路军纪念塔，有 8 个项目获省优秀工程设计奖。

吴　越（1932—）　原名佩珏，壶镇镇宅塘村人。十七岁参军，自学成才。中国作家协会、中国民间文艺家协会会员，中国俗文学学会常务理事，中国大众文学学会理事，曾在中国文字改革委员会从事汉语拼音化研究。笔耕不辍，著有长篇小说《括苍山恩仇记》、文学评论《吴越评水浒》、语言学专著《缙云县方言志》等。

陈献南（1932—） 五云镇白岩村人。1954 年入伍，驻防洞头县。作为全军“思想优秀，作风过硬，技术精湛”拔尖人物，受到过毛泽东、周恩来、彭德怀、罗瑞卿等中央领导人接见。1960 年以后，历任排长、连指导员，获南京军区“守岛建岛标兵”、国防部“军民联防模范连”称号，记个人二等功 2 次、集体一等功 1 次。1966 年带领北沙公社女民兵连学习、训练事迹被创作为长篇小说《海岛女民兵》。1975 年改编成电影《海霞》，成为剧中“方指导员”人物原型。

洪仙友（1932—） 舒洪镇舒洪村人。1958 年在青海柴达木冷湖油田当工人，曾参加大庆油田会战，被授予“一级红旗手”。1962 年回乡，任大队、公社农业科技组长，为本地引进、筛选优良稻麦品种 30 余个。1975 年，进京出席全国第四届人民代表大会。

朱　政（1933—） 新建镇新建一村人。复旦大学毕业，中国核工业总公司建峰化工总厂总工程师，享受国务院政府特殊津贴。参与中国第一颗原子弹、氢弹核心部件研制，科研成果获国家科技进步奖。著有《原子核反应堆热油元件运输方案》。

杜志铭（1933—） 前路乡大集村人。西北畜牧兽医学院毕业，甘肃省畜牧兽医总站高级兽医师，中国畜牧兽医学会家畜寄生虫学研究会理事，享受国务院政府特殊津贴。主要从事羊胃肠线虫驱虫季节、羊肺线虫免疫的研究、牛羊原虫病的调查与防治工作。

陈福根（1933—） 东渡镇梨仓村人，研究员。1950 年 3 月参军，1952 年 5 月奉调入南京航空工业专科学校读书，攻读航空发动机专业。享受国务院政府特殊津贴。作为新中国第一代导弹人、航天人和创业者，为中国导弹事业和航天事业做出重大贡献。历任战略核导弹主任设计师、副总设计师，是我国中、远程地地和潜地战略核导弹的开拓者。成果获国家科技进步奖一等奖。

胡炎基（1933—） 东方镇靖岳村人。南京大学地质系毕业。教授级高级工程师，享受国务院政府特殊津贴。兼任四川省地质学会常务理事，地震学会理事，西南寒武系研究领导小组副组长。入编《当代中国科学家发明家大辞典》。

赵择卿（1933—） 壶镇镇黄迎祥村人。复旦大学毕业，上海华东纺织工学院（东华大学）教授，上海市化学化工学会物理化学专业委员会理事，享受国务院政府特殊津贴。创办精细化工专业并任教研室主任，主持研究项目获部级奖，出版多部专著。

丁国良（1934—） 五云镇人。哈尔滨工业大学毕业，哈尔滨龙江电工厂技术处长、五机部高级工程师，享受国务院政府特殊津贴。长期从事国防工业技术研究，参与编写《枪弹制造》。曾研制将军手枪和三无（无声、无烟、无光）冲锋枪，获首届科学大会奖。

吕基昌（1934—） 壶镇镇五里牌村人。中学特级教师。1957 年北京师范大学毕业。曾任甘肃榆中一中教导主任，缙云中学教务主任，浙江省物理教学研究会理事，丽水市物理学会副理事长。参加省高中中专入学考试、省高中证书会考命题。代表性论著《知识和方法》、实验研究《观察光的干涉和衍射》。

吴献昌（1934—） 溶江乡岭脚吴村人。浙江农业大学毕业，高级农艺师，享受国务院政府特殊津贴。为中国动物学会蛛形纲专业委员会、中国农学会植物保护学会会员。曾供职东阳县农业局、金华地区农训班、缙云县农业局，从事植物保护技术的试验、示范和推广。科研成果获农业部二等奖，被国务院授予“发展农业技术事业有突出贡献人员”称号。

赵瑞麟（1934—） 壶镇镇高潮村人。美国罗彻斯特大学光学博士，高能激光专家。著有《镭射与星战》《星战计划和高能镭射发展》《激光成像雷达发展情况》。为华中理工大学荣誉教授、国家高能实验室顾问。晚年返乡倡建“后塘赵氏奖学金”，2001—2010 年间，累计发放近 50 万元，受益学生 400 多人次。

丁金星（1935—） 新建镇梅溪村人。哈尔滨军事工程学院毕业，国防科技大学光电工程学院高级工程师，享受国务院政府特殊津贴。长期从事激光技术研究，成果获国防科工委科技进步一等奖、国家科技进步二等奖。

田荆祥（1935—） 东方镇胪膛村人。南京林学院毕业，浙江林学院教授、院长，享受国务院政府特殊津贴。为中国林学会理事、浙江省林学会副理事长、《全国经济林研究》编委。《农药合理使用标准研究》获国家科技进步二等奖，编写的《植物化学》《经济林产品利用及分析》获林业部优秀教材二等奖。

刘俊飞（1935—）　原名子佩，仙都农管处石笋前村人。浙江电视台文艺部编导。代表作有艺术片《天下第一笋》（仙都鼎湖峰）、音乐风光片《仙都》及文化专题片《丽水摄影印象》《丽水之最》等。其中有获全国艺术片展播赛二等奖。

朱鹏飞（1935—）　新建镇新建村人。浙江林校毕业，四川省第二森林勘察大队、四川省林业勘察设计院高级工程师，享受国务院政府特殊津贴。主要从事森林土壤调查研究和林业区划工作，获林业部林业调查设计优秀成果二等奖。

朱志达（1935—）　东渡镇坑上村人。清华大学毕业，北京工业大学教授、一级结构工程师，享受国务院政府特殊津贴。为中国抗震防灾研究会高层建筑抗震专业委员会委员，著有《建筑抗震理论与设计方法》。曾获部级科技进步奖，国务院、北京市政府授予“有突出贡献专家”称号。

李文杰（1935—）　大源镇稠门村人。北京大学历史系毕业，中国国家博物馆研究员，考古学家。对新石器时代的陶艺和房屋建筑研究颇有建树，撰写《宁夏菜园窑洞式建筑遗迹初探》，首次论述窑洞建筑的形制及功能性质；《中国古代制陶研究》为国内首部研究古代制陶工艺的专著。

胡永嘉（1935—）　新碧镇后井村人。高级工程师。享受国务院政府特殊津贴。曾任湖南省地质研究所副总工程师、副所长。从事地质勘查和地质科学研究工作，并从事土地资源调查和开发利用规划工作。完成多项国家级课题，发现重要矿床三处。获地矿部科技成果奖一等奖、科技部国家科学技术进步奖二等奖。

胡军康（1935—）　东方镇靖岳村人。海军舟山基地副政委。1949 年入伍，曾参加抗美援朝战争。服役期间共立三等功 5 次，二等功 2 次，一等功 1 次。授少将衔。

楼望俊（1935—）　新建镇新建村人。清华大学毕业，北京市水利局副总工程师、水利建设质量监督中心站站长，享受国务院政府特殊津贴。为全国工程爆破协会理事、北京水利学会理事兼施工专业委员会主任。主持北京市 10 多项市级水利工程，成果获全国科技大会奖、国家发明银奖。

丁遇朋（1936—）　五云镇人。西安交通大学地理系毕业。机械电子工业部西安电炉研究所高级工程师，享受国务院政府特殊津贴。发明并研制电磁振底炉、摆动步进炉系列产品，获机电部科技进步二等奖、国家发明三等奖。

李周直（1936—）　壶镇镇宫前村人。南京林学院毕业，南京林业大学教授，享受国务院政府特殊津贴。为中国昆虫学会理事、江苏省昆虫学会副理事长。从事森林防护教学和研究，主持多项国家、部委科研课题，获国家科技进步二等奖。

陈南奎（1936—）　新建镇梅溪村人。杭州大学地理系毕业，缙云县工业局工程师。1972 年，在缙云马鞍山发现国内首座大型天然沸石矿。

陈福明（1936—）　新建镇梅溪村人。北京地质学院毕业，中科院地球化学研究所副所长、副研究员，享受国务院政府特殊津贴。从事构造地质研究，获中科院科技成果二等奖、国家自然科学一等奖。著有《新疆托木尔地区的地质古生物》。

赵治中（1936—）　七里乡杜塘村人。杭州大学毕业，丽水师专教授、中文系主任、校学术委员会副主任。为中国唐代文学会、浙江文学会会员。主要从事文学概论、古代文学教研，著有《魏晋唐宋文学散论》《陶渊明论丛》，主编《括苍古道》，点校明成化《处州府志》。

项缙农（1936—）　三溪乡厚仁村人。丽水林校毕业，省林业科学研究所高级工程师，享受国务院政府特殊津贴。为中国林产化工学会、浙江林学会理事，《林产化工通讯》《浙江林业科技》杂志编辑。科研成果获国家星火计划三等奖，林业部科技进步二等奖。

洪永汉（1937—）　双溪口乡双溪口村人。清华大学毕业，中国核动力研究设计院高级工程师，为中国辐射防护学会理事，享受国务院政府特殊津贴。反应堆运行和核安全研究成果获国防科工委一等奖、国防应用科研项目二等奖。

蓝明扬（1937—） 七里乡型坑村人。苏州医学院毕业留校，教授，享受国务院政府特殊津贴。为中国动物学会江苏分会理事兼寄生虫专业委员会副主任、《中国血吸虫病防治》常务编委。长期从事寄生虫学教学研究，编著有《蚊细胞培养及应用技术》《虫媒传染病学》等。

樊厚通（1937—） 东渡镇樊庄村人。丽水师范学校毕业，从事小学教育40年。全国优秀教师，丽水地区优秀校长，缙云县第十届、第十一届人民代表大会代表。担任长坑小学校长15年，艰苦奋斗，自强不息，学校成为全省山村寄宿制学校的样本，吸引众多省内外教育界同仁到校参观学习。

陈则民（1938—） 溶江乡山坑村人。浙江大学光学仪器工程学系毕业，国家第一机械工业部大连机床厂高级工程师，享受国务院政府特殊津贴。曾参与或主持设计具有同期国际水平的多条汽车发动机气缸体加工自动线、发动机气缸盖生产自动线及组合机床自动线。

李　法（1938—） 舒洪镇新屋村人。湖北省交通规划设计院副院长、教授、总工程师。桥梁专家，享受国务院政府特殊津贴。

金振华（1938—） 五云镇丹阳村人。北京大学毕业，中国科学院遗传研究所研究员，中国农业科学院研究生院兼职教授，享受国务院政府特殊津贴。主要从事植物、昆虫基因的分离克隆、重组、转移和表达调控研究。编著《分子遗传学文集》《酶制剂工业》。

赵锡法（1938—） 义乌市江东镇人。中学高级教师，全国优秀教师。在缙云任教师27年，从事教育教学研究26年，担任校教务主任、公社教育专干、省市教育学会会员、县教科所所长兼县教育学会秘书长等职务。编写出版教育专著《教育的文化与传承》《教坛50年拾撷》；统筹出版《教育为本　振兴经济》《现代高中教学论》；在省级以上报刊发表论文及长篇通讯23篇；编著《汉字基础知识》《缙云常识》等教材。

章丁基（1938—） 双溪口乡双溪口村人。北京地质学院毕业，高级工程师。衢州771矿工作，享受国务院政府特殊津贴。1991年被评为部级优秀科技工作者。与他人合作，研制国内首台铀矿山无人操作物探放射性检查自动化装置。发表《根据r强度直接计算矿体的厚度和含量》等论文。

朱松喜（1939—） 新建镇河阳村人。2008年被浙江省文化厅评为第一批省级非遗代表性传承人。12岁随母亲麻义花学习剪纸技艺。主要作品有《都察院堂》《龙虎斗》《麒麟送子》《西厢记》等。

李远光（1939—） 五云镇东门村人。浙江大学毕业，四川天然气化工研究院副院长、高级工程师，享受国务院政府特殊津贴。长期从事化工仪表及自控工业微机应用工作，成果获化工总部、四川省环境科技成果奖。

周礼芦（1939—） 东方镇马石桥村人，曾任仙都公社党委书记、县司法局宣教科长、县普法办副主任等职。自幼酷爱美术，独钟李阳冰篆书。潜心研究李阳冰文化。著有《大唐笔虎李阳冰》一书被国家图书馆收藏。

施世葵（1939—） 壶镇镇西施村人。浙江大学毕业，中国第二重型机械集团公司高级工程师，全国铸造学会铸钢及熔炼专业委员会委员，享受国务院政府特殊津贴。从事大型铸造钢工艺设计研究和生产技术工作，成果获国家科学技术进步特等奖。

徐成淼（1939—） 壶镇镇高潮村人。复旦大学毕业，贵州民族学院教授，享受国务院政府特殊津贴。主编《中国散文诗大系·贵州卷》，著有《散文诗的精灵》、散文集《穿越时空》。为中国作家协会会员、贵州省作家协会理事、贵州高校学报研究会理事长。

吕包苓（1940—） 壶镇镇北山村人。教授级高级工程师，享受国务院政府特殊津贴。曾任冶金部钢铁研究部软磁室主任，中国磁性材料和标准化委员会会员等。从事磁性材料研究和生产技术工作。荣获全国科技大会奖一项，发表论文十多篇。

楼文超（1940—） 新建镇新建村人。北京电力学院毕业，山西省电力公司副总工程师，享受国务院政府特殊津贴。中国电机工程学会火力发电分会空冷技术专业委员会主任，主持山西大型火力发电机组多项重大技术改造及电网发供电。

李文采（1941—）　字闻粲，号稠峰，大源镇稠门村人。浙江美术学院书法篆刻科毕业，是我国现代书法教学首届 2 名本科毕业生之一。书法家、书法理论家、书画鉴赏家。浙江博物馆研究员，中国书法家协会会员、西泠印社社员。临帖《兰亭序》获启功点赞，誉称“中国临书第一人”。为他拍摄的《临书一绝》电视专题片，曾在杭州市、浙江省和中央电视台播放。

施子江（1941—）　五云镇雅施村人。浙江师范学院中文系毕业，历任中学语文教师、县教育局教研员。为中华诗词学会、中国楹联学会会员。著有《片羽集》《施子江对联选》《步韵绝句一百首》等，曾获 2007 年中国楹联学会“梁章钜奖提名奖”。

赵成昆（1941—）　五云镇水南村人。上海交通大学毕业，国家环境保护总局核安全与辐射环境管理司司长、高级工程师，享受国务院政府特殊津贴。曾参与国内第一代核潜艇研制和大亚湾、秦山核电厂设计，为中国动力工程学会、中国核学会理事。

王达钦（1943—）　五云镇黄龙村人。江西共产主义劳动大学井冈山分校毕业，曾任缙云县旅游局副局长、黄帝文化研究会秘书长，为中国先秦史学会会员。著有《仙都风光》《缙云古城》《缙云文化研究》等，主编《缙云县军事志》《缙云县国土资源志》。

应章顺（1943—）　五云镇中心村人。清华大学毕业，高级工程师，享受国务院政府特殊津贴。曾任汉阳特种汽车制造厂厂长、书记，武汉汽车工业公司总工程师等。主持设计多种军用重型特种车，获得国家科技进步一等奖、湖北省科技成果二等奖、中国汽车工业总公司（部级）科技进步三等奖。

陈旭南（1944—）　新建镇梅溪村人。浙江大学毕业，教授、博导，享受国务院政府特殊津贴。长期从事光电工程技术、微细加工光学设备技术以及波前工程技术领域研究。成果获得中国科学院科技进步一、二、三等奖各 2 项和国家科技进步三等奖 1 项。

陈　晓（1944—）　祖籍福建省厦门市。北京农业机械学院毕业，曾任缙云水电局设计室主任、工程师。参与、主持盘溪梯级电站总体布局设计和测量工作，承担古方山、高畈、柿坑、龙宫洞多个电站及下坑水库设计。享受国务院政府特殊津贴，浙江省劳动模范。

胡　文（1944—）　胡源乡上坪村人。擅油画、水彩、雕塑，中年转习根雕，作品《惊梦》《叶落归根》《力》等多次获全国根雕展金、银奖项。为中国工艺美术家协会、根艺美术学会会员。2006 年，获“浙江省民间艺术家”称号。为“缙云根雕”省级非遗项目代表性传承人。

祝财兴（1944—）　五云镇镇东村人。浙江农业大学毕业，高级农艺师，浙江省土肥学会会员。在县农业局工作期间，获部、省、地、县科技成果奖 20 多项。主持完成“水稻三省二高轻型栽培技术开发与推广”“垄畦免耕直播早稻技术推广”等项目，累计推广农田面积 58 万亩。

潘德洪（1944—）　壶镇镇东山村人，浙江大学毕业。中国人民解放军原第 3304 工厂副总工程师、南京尖兵航天遥感信息技术有限公司总工程师。从事国防科技研究，主持、参与“卫 6—40 倍连续变倍望远镜”“图像数字化仪”等 26 项产品的设计与制造，发明带分划连续变焦目镜、焦前视场分割器等。享受国务院政府特殊津贴，“全国五一劳动奖章”获得者。

张晓鸿（1945—）　祖籍金华市浦江县，居五云。早年师从无锡兰花名家丁永康，最多时，育有寒兰 10 万苗，“梅”“荷”“水仙”盆栽近 500 盆。筛选本地落山草新品“新春荷”“毓秀梅”，入编中国春兰图谱。发起组建县、市兰花协会，参加全国性兰展十多次。

周廷均（1945—）　东方镇横塘岸村人。13 岁师从新建长川盲艺人周孙昌学“独角台场”，自制乐器架，通过活动引线辅助，一人掌控多种吹奏、拉弦和敲击乐器。擅奏婺剧曲调《花头台》《大鼓台场》《百寿图》《宝莲灯》等，每逢胡公案会，必设摊表演。

李咸德（1946—）　壶镇镇宫前村人。中国摄影家协会会员、缙云县摄影家协会主席。在省级以上报刊发表摄影作品 300 多幅。2008 年 4 月《出耕图》入编中国风情摄影画册。2009 年 10 月《建筑姑娘》

入选罗马尼亚国际影展；2010年10月《明天更美好》入选全国第十七届摄影艺术展，获第二届“可爱的中华”全国摄影大赛最佳农业摄影奖。曾获“丽水市十大摄影家”称号。

胡定才（1946—） 胡源乡胡村村人。历任县文化馆戏剧干部、区文化站站长、缙云县戏剧家协会主席、戏剧总会会长。少时师从梅子仙学戏，擅编导。创作、改编《祈雨记》《轩辕大帝》《当阳救主》等30多部剧目，挖掘整理缙云杂剧，创办处剧培训基地，为“缙云婺剧”省级非遗代表性传承人。

王经州（1948—） 新建镇河阳村人。丽水师专毕业，中学高级教师。曾任新建中学教务处主任，河阳初中校长。到广东、广西、上海等地向缙云鸭农集资200多万元，争取河阳村无偿划拨土地30多亩，建成河阳初中。1995年4月，被授予浙江省劳动模范称号。

朱土兴（1949—） 壶镇镇岩下村人。杭州大学毕业，历任丽水地委宣传部副部长、《丽水日报》主编、丽水学院院长，教授，省第十二次党代会代表，享受国务院政府特殊津贴。著有《欠发达地区深化脱贫研究》《生态文明与丽水生态现代化建设》。

诸葛蓉（1950—） 祖籍金华市兰溪县，出生五云镇丹阳坊。广播电视大学汉语言专业毕业，曾任丽水市党史研究室和地方志办公室主任、研究员。从事党史研究三十多年，主编或主审史志书籍20余部，保护革命旧址多处。获“全国党史系统先进工作者”称号，被中国文物保护基金会授予“薪火相传中国文化遗产保护2010年度贡献奖”。

吕天喜（1952—） 壶镇镇中兴村人。浙江天喜实业集团有限公司董事长。丽水市优秀经理，缙云县劳动模范，缙云县政协委员。公司主要生产压盖式不爆压力锅。2007年工业产值4亿元，2009年位列缙云县纳税企业前6强、丽水市前20强。至2010年，公司为社会公益事业捐款1600多万元。

李君旭（1953—） 五云镇东门村人，居杭州。历任杭州汽车轮机厂工人、团委书记、浙江日报社文教部副主任、《东方青年》杂志副总编，中国作家协会会员。1976年1月8日撰写《总理遗言》，人见人抄，有130多个国家和地区电台进行播报。《啊！龙》获全国第二届报告文学奖，著有《总理遗言震动世界》。

项一中（1953—） 双溪口乡东里村人。杭州大学历史系毕业。曾任职县文化局、县广电局、县旅游局，为中国先秦史学会会员、浙江省历史学会理事。主编的《谜窟探秘》获中国第二届“中华荟萃”电视纪录片三等奖，《浙江绿谷》获第五届全国“百家电视台电视文艺节目展评”银奖和最佳撰稿奖。编有《千古缙云》《仙境寻奇》《缙云地名探秘》《缙云轩辕祭典》等地方历史文化著作。

樊培仁（1953—）五云镇建设村人，浙江扬帆控股集团董事长，浙江大学MBA研究生特聘导师、浙江省第十届、第十一届人大代表。获中国民营科技企业家、中国公益事业卓越贡献奖等市级以上荣誉10多项。市级以上社会兼职8个。集团生产经营的紫外光固化新材料和含硫精细化工新材料（产业），异丙基苯硫酚生产等4项技术被列入国家科技项目，列入省级科技项目30余项，获国家发明专利23项。1993—2010年，为社会公益捐款6000余万元。

陈成科（1954—） 新建镇大筠村人。浙江省工艺美术大师，中国工艺美术学会、中国民间文艺家协会会员。设计并雕制仙都黄帝祠宇黄帝像（高12.5米）。木雕、根雕、玉石雕作品多次获全国、省级奖项，曾到以色列国作民间艺术交流。办有悬雕工作室、“红百年”木雕艺术馆。

丁文强（1955—） 新建镇笕川村人。浙江大学毕业，中国航空动力机械研究所副总工程师，享受国务院政府特殊津贴。为南京航空航天大学兼职教授、中航工业直升机传动技术首席专家。科研成果获多项国防科技奖、部级科技奖，获国家专利10多项。

朱力平（1955—） 祖籍文成县，出生五云镇。浙江大学化工系高分子化工专业毕业，博士、高级工程师、武警少将警衔。先后任杭州市公安消防支队政治委员，浙江省公安消防总队副总队长，江苏省公安厅消防总队队长，公安部消防局总工程师、副局长。主编《消防万题解》。

吕立汉（1955—） 东渡镇方川村人。杭州大学毕业，丽水学院教授、副院长。研究方向为明清文学，任浙江省古代文学学会常务理事，参编《中外写作技法大全》《中国文学史讲座》。兼职丽水市刘基研究会会长、刘基研究所所长，曾举办全国刘基文化学术讨论会。主编《刘基文化论丛》，著有《刘基考论》。

陈松芳（1957—） 石笕乡后巷村人。1980年参加工作，2007年浙江大学毕业。中学高级教师，全国“五一劳动奖章”获得者，浙江省劳动模范。曾任方溪、周弄、东渡初中校长，东渡镇中心学校校长，推行“成功教育”和“赏识教育”。在东渡初中任职期间，教育教学质量居全县初中前列。

王智彪（1958—） 缙云人。重庆医科大学医学超声工程研究所副所长、博导，享受国务院政府特殊津贴，全国“五一劳动奖章”获得者。主持科技部、国家发改委、教育部、国家自然科学基金委等多项课题的研究，获超声无创治疗肿瘤设备等发明专利22件，多项成果获国家、省部级科技进步奖。

吕杰强（1959—） 东方镇姓徐村人。温州医学院、上海第二医科大学研究生院毕业。温州医学院教授、主任医师，享受国务院政府特殊津贴。主编《妇产科诊疗常规》《生殖生理学》。为中国性学会常务委员、省医学会妇产科分会副主任、《中国妇产科杂志》副主编。

李岳林（1959—） 七里乡下余村人。1980年8月丽水师范学校毕业，2005年7月中国地质大学教育管理本科毕业。中学物理高级教师、县政协副主席、省政协委员。任缙云中学校长期间，将“霉干菜精神”转化为“三苦”（校长苦抓、教师苦教、学生苦学）校风，教学质量名列全市前茅，为创造“学在缙云”的缙云教育品牌，呕心沥血，做出重大贡献。2005年获评浙江教育年度影响力人物。

李新富（1959—） 壶镇镇宫前村人。浙江锯力煌锯床股份有限公司董事长，县政协委员。中国机床工具工业协会锯床分会理事长，世界杰出华商协会锯床行业分会副会长，第二届丽水市创业企业家，丽水市优秀中国特色社会主义事业建设者，2002年度县劳动模范，县“十大优秀企业家”。1993—2010年，为社会公益捐款560万元。

曹跃进（1959—） 永康市前仓后吴村人。涛涛集团有限公司总裁，缙云县十大优秀企业家、诚实守信道德模范。集团公司生产经营钢质门、锯链、导板等。涛涛集团获浙江省知名商号、“浙江省文明单位”“浙江省诚信示范企业”“丽水市百强非公（民营）企业”“缙云县十强企业”称号，产品获中国防火门十大品牌、中国门业（钢质）十大金奖、中国门业（钢木门）十大金奖。至2010年为社会公益捐款共3500多万元。

吕普龙（1960—） 壶镇镇新民村人，大学毕业，高级经济师。浙江晨龙橡胶集团董事长兼总经理，省市县三级人大代表，县人大常委会委员。曾任缙云县乡镇企业局、县经贸局副局长，丽水市商会副会长等。主持多项重大科技攻关项目，四项入选国家、省重点新产品，获国家授权专利15项。1999—2010年为公益捐款800多万元。公司为“全国财会先进集体”“全国安全管理先进集体”“浙江省文明单位”“浙江省工业优秀企业”“浙江省高新技术企业”。

汪官成（1960—） 壶镇镇姓汪村人。浙江宇星实业公司董事长，丽水市政协委员，缙云县政协常委、缙云县总商会副会长。2005—2008年被评为丽水市优秀创新企业家、丽水市第三届优秀中国特色社会主义建设者、缙云县十大优秀企业家。公司生产建筑用金属制品、不锈钢、切削机床等，专业生产钢筋混凝土用热轧钢筋，是丽水市纳税20强工业企业。2007—2010年，为社会公益捐款80多万元，设立计划生育“三关怀”奖励基金100万元。

李保明（1960—） 双溪口乡姓潘村人。中国农业大学水利与土木工程学院副院长、博导，享受国务院政府特殊津贴。农业部设施农业工程重点实验室学科群主任、中国农业工程学会畜牧工程分会理事长。主要从事畜禽健康养殖环境、设施农业工程工艺与环境控制工程研究，曾获中国农业工程学会科技发展贡献奖，主编《家畜环境卫生与设施》。

王岳武（1961—） 大源镇寮车头村人。中学毕业参加高考，因双手先天残疾（左掌仅有二指，右手半截）被高校拒收。后随娘舅学医，开办诊所，自学考取大专文凭和执业医师证书。熟习中草药和针灸疗法，擅长中风偏瘫患者康复治疗。论文《上星穴灸治聚星障》入选《中国针灸》文集。曾数次参加全国残疾人体育大会。1997年被人事部、中国残联评为“全国自强模范”。

叶金亮（1961—）东渡镇吴岭村人。1980年考入缙云婺剧团，精通胡琴、月琴、三弦、唢呐、鼓板等多种民族乐器，担任主胡多年。2004年调入县文化馆，主要从事婺剧音乐挖掘整理和辅导培训。被评为浙江省音乐考级优秀辅导教师，编著出版有《婺剧器乐曲选》《婺剧老艺人传统唱腔选》《婺剧传统曲牌选萃》等。

沈云旺（1961—）东渡镇金坑村人。曾任村治保主任、村委会主任。1997年6月14日夜，面临身绑炸药雷管的亡命之徒，沉着冷静与之周旋。趁其不备，扑打烟蒂并制服罪犯，3名人质获救。同年，被中华见义勇为基金会授予“见义勇为”称号并进京出席表彰大会。

陶炳贤（1961—）新碧镇泗山村人。1994年到福建长汀县河田镇蔡坊村从事捞沙工作，1996年8月当地遭受特大洪灾，从上午10时至晚上10时救起40多人。事后，受到共青团中央、公安部、劳动部等联合嘉奖。

丁泽林（1962—）壶镇镇新民村人。浙江晨龙锯床集团有限公司董事长。先后担任中国机床工具工业协会锯床分会副理事长、丽水市“山海协作”企业促进联合会副会长、县工商联副主席。获丽水市关爱员工优秀企业家、丽水市劳动模范、丽水市第二届创业企业家、缙云县十大优秀企业家称号。1993—2010年，为社会公益捐款600多万元。

吴德兴（1962—）三溪乡后吴村人。浙江省交通规划设计研究院副院长，高级工程师，享受国务院政府特殊津贴、全国“五一劳动奖章”获得者，交通运输部专家委员会委员。主持包括苍岭隧道、括苍山隧道在内近百座公路隧道的项目设计与科研工作，参与修订《公路隧道设计规范》。在岩石隧道及公路隧道通风照明与防灾技术方面具有丰富经验，获得多项发明专利。

杨三华（1962—）五云镇官店村人。1980年入伍，1984年7月赴滇参加对越自卫反击战，任班长。次年3—4月，带班坚守老山战区前沿142高地40昼夜，利用步话机联络炮兵，配合连队共击退越军42次偷袭，歼敌145人，亲手毙敌6人。荣立个人一等功、集体（排）一等功，被浙江省人民政府授予“人民功臣”称号。

胡晓阳（1962—）舒洪镇岭口村人。浙江大学毕业，浙江传媒学院设计艺术学院院长、教授，中国高等教育学会摄影教育专业委员会副理事长、浙江省摄影家协会副主席。主持国家社科基金艺术学重点项目“中国大运河影像文献整理与研究”、省哲社科学规划课题“浙江老摄影家影像口述史研究”，获省部级优秀科技成果二等奖。

江　涛（1963—）溶江乡雅江村人。浙江山蒲照明电器有限公司董事长。浙江省职工经济技术创新能手，丽水市第三届优秀中国特色社会主义事业建设者。市、县优秀企业家。省照明电器协会常务理事，缙云县慈善总会副会长。企业获国家发明专利20余项。为社会慈善机构捐资百余万元。

李毕忠（1963—）新碧镇黄碧村人。北京大学毕业，中国科学院理化所研究员，博导，北京大学工学院新型材料研究所所长，享受国务院政府特殊津贴。为中国科技创新促进会理事、中国工程塑料专业委员会副主任。长期从事高分子材料研究、开发和应用工作，成果获中科院科技进步一等奖、国家科技进步二等奖。

陈贵麟（1963—）祖籍新碧镇黄碧村，出生台湾桃园县。台湾大学毕业，台湾“中国科技大学”教授。曾数度返乡调查方言，撰文《吴语缙云西乡方言语法现象探究》《中古入声字在缙云西乡方言的演变规律》《处衢方言缙云话人称代词前缀语素》等。著有《韵图与方言》。

郑晓华（1963—）五云镇周村村人。北京师范大学书法研究所毕业，中国首届书法专业博士学位获得者。中国人民大学艺术学院党委书记兼副院长、东方艺术研究所所长、博导，享受国务院政府特殊津贴。为中国书法家协会理事兼学术委员会秘书长，获评全国第二届“德艺双馨文艺工作者”。主编《中国行草书鉴定字典大系》，著有《翰逸神飞——书法艺术的历史与审美》等。

俞云祥（1963—）胡源乡章村村人。浙江鼎立实业有限公司董事长、高级工程师，享受国务院政府特殊津贴。主持摩托车套锁研发，自创铸铝门中国品牌“欧华尊邸”。多项技术获国家发明专利，在锁业安全防控技术方面领先业界。

郑利民（1964—）　舒洪镇舒洪村人。复旦大学、荷兰莱顿大学医学院毕业，广州中山大学生物与技术学院博导、院长，享受国务院政府特殊津贴。为国务院学位委员会学科评议组成员。从事调控免疫细胞的机制研究，获国家杰出青年科学基金、教育部高校科研优秀成果（自然科学类）一等奖、国家自然科学二等奖。

刘　晓（1965—）　女，石笕乡石笕村人。浙江大学毕业，中国科学院海洋研究所研究员、中国贝类学会理事，享受国务院政府特殊津贴。从事贝类皱纹盘鲍的遗传、育种及养殖研究，成果获国家科技进步二等奖、省科技进步一等奖，授权发明专利 15 项。

周中星（1965—）　东渡镇底处村人。温州农学院毕业。意大利华侨。1986 年到意大利发展。2000 年创办里米尼中文学校和华人法律咨询服务部；曾任意大利亚得里亚华商会会长、意大利华侨华人友好协会常务副会长、意大利宏业集团董事长。2002 年当选为亚洲唯一的里米尼省外籍常务议员，其事迹被写进意大利高中教科书，被意大利官方和华人华侨们称为中国版的“马可·波罗”。

赵月枝（1965—）　女，新建镇岩山下村人。北京广播学院毕业，为加拿大西蒙菲莎大学传播学院副院长、全球媒介检测与分析实验室主任和加拿大国家特聘研究教授。在国际传播领域提出“跨文化政治经济学”等理论，受聘中国传媒大学客座教授。

丁群妹（1968—）　女，舒洪镇昆坑村人。2001 年 5 月在广东养鸭，遇供水井故障，先是丈夫下井查看，接着 5 位亲人下井，都因甲醛超标中毒死亡。从此她带着 4 岁的儿子和 4 个月大的侄子，独力经营 7 座鸭棚、6 口鱼塘。为偿还 19 万元欠款，赚回 10 多万元本钱，她每天 4 时起床捡鸭蛋、送货、购饲料，还要背 30 多包每包 50 公斤的饲料。奋斗 8 年，还清欠款，返乡照顾公婆，被誉为“女强人”。

陈　忠（1968—）　祖籍福建仙游县，出生缙云。上海医科大学、日本冈山大学毕业，浙江大学医学院博导，中国神经精神药理专业委员会委员，享受国务院政府特殊津贴。研究专长为神经药理学，成果获国家自然科学二等奖和省科技进步一等奖。

夏陈安（1968—）　大源镇夏弄村人。北京广播学院毕业，高级编辑。浙江广电集团副总编辑、浙江卫视总监、浙江省电视艺术家协会副主席，享受国务院政府特殊津贴。创立“中国蓝”品牌，推出《中国梦想秀》《中国好声音》《奔跑吧兄弟》等综艺节目和《西湖》《人文深呼吸》等人文专题。曾获第十七届“中国十大杰出青年”提名、全国“五一劳动奖章”“中国传媒年度人物”。

林伟明（1970—）　大源镇岭头村人。浙江金马逊机械有限公司总经理、高级工程师，享受国务院政府特殊津贴。主持高端金属导管弯曲成形技术及智能化成套装备的研究与开发，先后承担国家科技项目 6 项、省重大科技项目 3 项，获授权专利 30 多项。

李翊云（1972—）　女，大源镇稠门村人。北京大学、美国爱荷华大学毕业，由生物学转攻文学创作。著有短篇小说集《千年敬祈》《金童玉女》，获弗兰克·奥康纳国际短篇小说奖、英国《卫报》小说新人奖，入榜美国《纽约客》杂志评选的最值得关注的年轻作家。

郑培钦（1974—）　女，五云镇周村村人。浙江歌舞剧院首席歌唱家，中国音乐家协会会员，国家一级演员。由婺剧（东阳婺剧团）转行声乐（杭州歌舞团），先后获省戏曲大赛金奖、省青年歌手电视大赛金奖、全国青年歌手电视大赛荧屏奖。曾举办“梦江南”（杭州大剧院）、“在那片云彩里”（浙江音乐厅）个人独唱音乐会，誉称“江南百灵鸟”。

潜伟锋（1975—）　舒洪镇江沿村人。1996 年入警，任缙云县公安局五云派出所副所长。2003 年 6 月 24 日，一辆运载 30 名乘客的中巴车在章溪兆岸水面桥被洪水冲翻，他毅然跃入激流波涛，奋不顾身连救 4 人。被省公安厅授予个人一等功。

丁锦辉（1989—）　新建镇笕川村人。2002 年身高即长至近 1.9 米，被选送浙江省少体校进行篮球专项训练。4年后，效力浙江万马篮球俱乐部。参加2006—2007年CBA联赛，获评“最佳新人”，创下历届全明星阵容最小年龄纪录。2007年入选国家男篮集训队，司职大前锋，因防守强悍被誉称为“斗牛犬”。曾获广州亚运会冠军、亚锦赛冠军及直通伦敦奥运会资格。

柯　洁（1997—）　壶镇镇苍岭脚村人。中国围棋职业九段棋手。曾获2007年全国少儿围棋锦标赛冠军，2008年世界青少年围棋少年组冠军，第28届应氏杯世青赛围棋青年组冠军。先后获得“阿含桐山杯”中国围棋快棋公开赛冠军、百灵杯世界围棋公开赛冠军、三星杯世界围棋公开赛冠军、梦百合杯世界围棋公开赛冠军、蝉联三星杯世界围棋公开赛冠军、首届新奥杯世界围棋公开赛冠军、百灵杯世界职业围棋锦标赛冠军、腾讯斗地主锦标赛全明星赛冠军等。

卢芊芊（2000—）　女，壶镇镇石明堂村人，中国自由式轮滑运动员。2009年入国家队。2008年、2009年、2010年，分别获全国轮滑花样过桩锦标赛、世界轮滑花样过桩锦标赛、世界轮滑锦标赛速度过桩比赛冠军。

第三章　人物名录

1993—2010年在缙正高职称人物名录

表35-3-1

姓名	性别	出生年月	籍贯	工作单位	专业职称	评定时间
彭苏蕆	男	1936.4	上海静安区	缙云县人民医院	主任医师	1994
李新钟	男	1943.8	浙江缙云	缙云县中医院	主任中医师	2000.12
朱庚甫	男	1950.6	浙江缙云	缙云县中医院	主任中医师	2001.12
祝财兴	男	1944.1	浙江缙云	缙云县农业局	研究员	2002.12
徐亚琼	女	1956.6	浙江舟山	缙云县人民医院	主任医师	2003.12
李　辉	男	1956.5	浙江缙云	缙云县人民医院	主任医师	2004.12
陈福亮	男	1952.7	浙江缙云	缙云县博物馆	文博研究员	2004.12
丁禹占	男	1946.12	浙江缙云	缙云县中医院	主任中医师	2005.11
麻土兴	男	1948.2	浙江缙云	缙云县人民医院	主任中医师	2005.11
陈芝兰	女	1962.11	浙江缙云	缙云县人民医院	主任医师	2005.12
蔡国华	男	1965.3	浙江缙云	缙云县人民医院	主任医师	2005.12
徐庭富	男	1946.9	浙江丽水	缙云县人民医院	主任医师	2005.12
张志伟	男	1959	浙江缙云	缙云县人民医院	主任医师	2006.12
周文斌	男	1962.6	浙江缙云	缙云县人民医院	主任医师	2006.12
刘文彪	男	1965.5	浙江缙云	缙云县人民医院	主任医师	2007.11
吕伟标	男	1955.7	浙江缙云	缙云县人民医院	主任医师	2007.11
周群扬	男	1963.11	浙江缙云	缙云县人民医院	主任医师	2007.11
朱德升	男	1962.11	浙江缙云	缙云县人民医院	主任医师	2007.11
丁以华	女	1965.1	浙江缙云	缙云县人民医院	主任药师	2007.11
陈金林	男	1949.6	浙江缙云	缙云县人民医院	主任医师	2008.11

续表 35-3-1

姓名	性别	出生年月	籍贯	工作单位	专业职称	评定时间
吕　敏	男	1965.2	浙江缙云	缙云县人民医院	主任医师	2008.11
张育书	男	1950.2	浙江缙云	缙云县人民医院	主任医师	2008.11
陈建峰	男	1967.9	浙江缙云	缙云县中医院	主任中医师	2008.11
苏　慧	女	1964.9	浙江缙云	缙云县人民医院	主任药师	2008.11
王民德	男	1954.3	浙江缙云	缙云县人民医院	主任医师	2010.1
王桂兰	女	1966.1	浙江缙云	缙云县人民医院	主任医师	2010.1

1993—2010年寓外缙云籍正处级以上人物名录

表 35-3-2

姓名	性别	出生地	工作单位	职务
丁子洋	男	溶江乡花楼山村	丽水日报社	总编辑
丁军利	男	溶江乡新西坑村	浙江舟山边防武警支队	政委
丁耀波	男	大源镇庙下村	原海军412医院	正师级
马胜雷	男	新建镇陈山头村	西藏自治区拉萨市汽车运输公司	党委书记、市交通局副局长
王　悦	女	舒洪镇姓王村	宁波市镇海区政协	主席
王汝均	男	东方镇长兰村	辽宁省鞍山市冶金局	科技处长
王松森	男	新建镇鱼川村	福建省厦门市人事局	局长
邓唐良	男	大洋镇前村村	浙江工人日报社	总编辑
叶　明	男	舒洪镇蟠龙村	中共杭州市委	副书记
叶　泽	男	舒洪镇蟠龙村	中共杭州市滨江区委	组织部部长
田得相	男	东方镇胪膛村	金华地区医药管理局	党组书记、副局长
吕子春	男	东渡镇方川村	丽水市人民政府	常务副市长
吕国昌	男	东渡镇方川村	浙江省科技信息研究院	副院长、纪委书记
朱　江	男	五云镇浣花溪村	浙江省住房和城乡建设厅	处长
朱　坚	男	新建镇新建村	上海市教育督导事务中心	主任
朱土申	男	新碧农管处黄碧村	福建省南平市人大常委会	副主任
朱东海	男	新建镇新建村	海口国家高新区管委会	主任
刘利民	男	新建镇新建村	浙江大学附属邵逸夫医院	党委书记、副院长
江华东	男	溶江乡大雅畈村	浙江省电力公司	纪检组长、工会主席
江春松	男	溶江乡大雅畈村	丽水市教育局	党委书记、局长
江浙尧	男	溶江乡岩门村	工商银行丽水市分行	行长
杨耀光	男	五云镇官店村	浙江省发改委社会发展处	处长
李　卫	男	东方镇辽山村	金华市卫生局	局长
李　宁	男	溶江乡岩门村	中共湖州市南浔区委	组织部部长
李　莹	女	五云镇	浙江理工大学纪委	副书记
李小玲	女	五云镇建设村	浙江省环保厅	处长
李巧白	男	壶镇镇宫前村	丽水市食品药品监督管理局	局长
李立云	男	东方镇址墩村	浙江省林业厅监察室	主任
李伟光	男	壶镇镇和联村	浙江省司法厅	副厅长
李兆进	男	大源镇稠门村	安徽省当涂县人武部	部长

续表35-3-2

姓名	性别	出生地	工作单位	职务
李秀庆	男	东渡镇长坑村	安徽省蚌埠市人民政府	副市长
李林访	男	七里乡下余村	浙江省粮食局	党组书记、局长
李官忠	男	五云镇东门村	汉口海军工程大学	正师级
李思德	男	新建镇丹址村	国家知识产权局	司长
李银根	男	大源镇稠门村	浙江省第一监狱	党委委员、正处级调研员
李敏强	男	大源镇稠门村	浙江省教育厅	师范处处长
李碧清	男	新建镇丹址村	商务部世贸组织司	处长
吴　伟	男	新碧农管处黄碧村	浙江省政府法制办公室复议处	处长
吴干冰	男	壶镇镇东山村	浙江省工商局	副局长
吴耀堂	男	壶镇镇大溪滩村	原华东区行政委员会物资供应部	政委
何品仁	男	舒洪镇仁岸村	丽水市委统战部	副部长
应　飚	男	前路乡水口村	浙江大学管理学院	党委书记
应四爱	女	新碧农管处黄碧街村	浙江工业大学建筑工程学院	党委书记
宋根堂	男	壶镇镇宫前村	中共丽水市委统战部	副部长
张　京	男	新碧农管处黄碧街村	公安部警务督察局	局长
张世华	男	五云镇	宁波市鄞州区人大常委会	副主任
张新明	男	新建镇石臼坑村	安徽省阜阳市中级人民法院	院长
陈大信	男	七里乡腰畈村	浙江省信息产业厅	厅长
陈子恭	男	东渡镇桃花岭村	空军后勤部	高级会计师、大校军衔
陈文明	男	溶江乡前溪村	江苏省武警总队	总队长、大校军衔
陈志法	男	溶江乡山坑村	中国银保监会浙江监管区	处长
陈志雄	男	双溪口乡上周村	丽水市人大常务委员会	副主任
陈建龙	男	新建镇川石村	北京大学	校委会副主任、图书馆长
陈高建	男	壶镇镇新范村	浙江省工商银行产品创新部	总经理
陈银龙	男	新碧农管处上小溪村	丽水市农业农村工作办公室	副主任（正团级）
陈敏武	男	东渡镇东溪村	海军某部队	副支队长、大校军衔
陈瑞商	男	双溪口乡双溪口村	丽水市政协	主席
陈锦标	男	壶镇镇吉安村	衢州市人民政府	副市长
陈福明	男	新碧农管处梅溪村	中科院地球化学研究所	党委副书记、副所长
陈群华	男	溶江乡山坑村	浙江省粮食局	副局长
林　云	男	五云镇黄龙村	浙江省统计局	处长
尚美武	男	新碧农管处姓尚村	江苏省南京市国家税务局	正处
金炳雄	男	溶江乡新西坑村	浙江旅游职业学院	院长
周设旺	男	溶江乡溶溪村	辽宁省大连市人民政府	副市长
郑伟雄	男	舒洪镇螺蛳岩村	浙江省烟草公司体改办	主任
郑晓英	女	五云镇	中共杭州市委宣传部理论处	处长
郑海峰	男	五云镇周村村	青海省建设银行	副行长
赵友华	男	舒洪镇岭口村	浙江农林大学国际交流处	处长
赵进平	男	五云镇东门村	中国人民解放军空军某部队	正师级
胡伟圣	男	五云镇	海军某部队	大校军衔
胡旺山	男	舒洪镇岭口村	浙江省电信局	局长

续表 35-3-2

姓名	性别	出生地	工作单位	职务
胡国通	男	壶镇镇松岩村	丽水市食品药品监督管理局	局长
胡金水	男	溶江乡石上村	上海警备区	团级
胡金法	男	溶江乡花楼山村	民航西藏自治区管理局	副局长
胡官忠	男	舒洪镇岭口村	浙江省档案局	办公室主任、副研究馆员
胡慧圣	男	新碧农管处马渡村	海军南海舰队	政委（副师级）
柯焕然	男	五云镇镇中社区	丽水市人大常委会	副主任
钭国臻	男	大源镇大源村	江苏省司法厅	处长
钭革非	男	大源镇杨麻坑村	丽水市残联	党组书记、理事长
施利民	男	新碧农管处岩沿村	浙江省人民政府	副秘书长
施睿昱	男	新碧农管处宅基村	云南省公安厅交警总队	处长
洪子喜	男	舒洪镇舒洪村	丽水市发展改革委员会	调研员
骆伟胜	男	双溪口乡平坑口村	杭州军分区	参谋长
夏舜尧	男	大源镇夏弄村	福建省建筑工程干部学校	校长
徐　及	男	新碧农管处黄碧村	农业部国际合作司亚洲处	处长
徐云庆	男	五云镇上湖村	丽水市残联	理事长
徐永杰	男	五云镇	中共丽水市政法委	副书记
徐有德	男	新碧农管处姓姚村	上海市闸北区政府农委	党组书记、主任
高锦火	男	东渡镇坑上村	丽水市气象局	局长
郭尧忠	男	壶镇镇赤溪村	杭州市林水局纪检组	副组长
陶　量	男	七里乡大园村	国家经贸委员会经济干部培训司	司长
陶中亮	男	新碧农管处黄碧街村	龙泉市人大常委会	主任
陶建仁	男	七里乡大岩脚村	东海舰队	副师级技术干部
陶国忠	男	五云镇雅施村	丽水市建设局、发改委	局长、主任
黄设等	男	石笕乡莲花村	杭州市统计局	副局长
黄蔚平	男	新建镇皂川村	丽水市外经贸局	局长
梅开通	男	东方镇深渡村	江西省电力中心	主任
梅星明	男	东方镇深渡村	宁波市海事局	处长
梅重民	男	东方镇深渡村	江西省电力局	副局长
梅锦飞	男	仙都农管处铁城村	丽水市消防支队培训基地	主任
麻寿和	女	东渡镇仓基村	浙江省妇联	正处级调研员
董淑萍	女	五云镇	丽水市统计局	局长
蒋庆明	男	东方镇胪膛村	浙江省公安厅刑侦总队	总队长
蒋建明	男	壶镇镇槐花树村	安徽省公务员局	副局长
鲍夏操	男	溶江乡田洋村	浙江省教育考试院	处长
褚志坚	男	大源镇越陈村	丽水市人民政府	驻杭办主任
褚晓波	男	大源镇越陈村	上海市文物局	副局长
褚继忠	男	大源镇越陈村	南京军区后勤部	主任
褚碧波	男	大源镇越陈村	南昌海关	副关长
潜伟建	男	舒洪镇姓王村	海军工程大学动力工程学院	院长
潘志强	男	溶江乡田洋村	丽水市外事与侨务办公室	主任
潘海平	男	大洋镇后村村	新华社上海分社新闻中心	主任

1993—2010年寓外缙云籍正高职称及部分博士学位人物名录

表35-3-3

姓名	性别	出生年月	出生地	工作单位	学历/职务/职称
丁　力	女	1980.1	五云镇	美国佛罗里达安柏瑞得航空航天大学	博士
丁　瑛	女	1957.2	舒洪镇蟠龙村	杭州市第七人民医院	主任医师
丁广雷	男	1979.11	东方镇靖岳村	福建海创光电有限公司	博士
丁永祥	男	1937	舒洪镇新屋村	浙大医学院附属第一医院	主任医师
丁向华	女	—	舒洪镇昆洪村	复旦大学	博士
丁汝坚	男	1964	新建镇笕川村	西安二炮工程学院	教授
丁进军	男	1945	五云镇	浙江省望江山疗养院	主任医师
丁丽娅	女	1982.11	东方镇横塘岸村	美国哈佛大学医学院与丹娜法伯癌症研究院	博士
丁佩民	男	1973.6	新建镇笕头村	杭州中瀚建筑设计有限公司	博士
丁炳扬	男	1953	舒洪镇岭口村	温州大学	教授
丁智勇	男	1967.3	新建镇笕川村	丽水市中心医院	主任医师
丁颖果	女	1977	缙云	浙大医学院附属第一医院	博士
马　飞	男	1977.2	东方镇郑弄村	西交利物浦大学	博导
马　亮	男	—	新建镇溪东村	浙江邵逸夫医院	主任医师
马凤钟	男	1957.3	五云镇三里街村	丽水市自然资源和规划局	教授级高级工程师
马凤森	男	1962.1	五云镇三里街村	浙江工业大学药学院	教授
马远军	男	1974.4	七里乡型坑村	浙江师范大学	博士
马官福	男	1953	新建镇马墅村	北京儿科研究所	主任医师
马凌洲	男	1976.9	新建镇山岭下村	浙江大学前沿技术联合研究中心	博士
马登洋	男	1977	新建镇溪东村	丽水市中心医院	主任医师
王　立	男	—	大洋镇石亭村	广州中山大学	博士
王　标	男	1979.1	大源镇余溪村	北京国际关系学院	博士
王　津	女	1967.3	五云镇	丽水市中医院	主任中医师
王　敏	女	—	新建镇河阳村	浙江大学	博士
王　静	女	1972.4	五云镇	深圳市中兴微电子技术有限公司	博士
王心良	男	1972	大洋镇前村村	浙江水电学院经济和管理学院	教授
王则温	男	1955	七里乡天寿村	浙江大学	教授
王伟忠	男	1975.11	五云镇	浙江万里学院	博士、教授
王陈敏	男	1971.5	五云镇三里街村	浙江省物产金属集团	博士
王国夫	男	1963	新建镇王路村	丽水市中心医院	主任中医师
王明贵	男	1964.11	东方镇四方村	上海华山医院	博士
王泽兵	男	1956.10	大源镇寮车头村	浙大城市学院计算机与计算科学学院	教授
王剑锋	男	1977.3	新建镇鱼川村	飞利浦全球研究院	博士
王济纬	男	1964	东方镇清塘村	丽水市人民医院	主任医师
王翎羽	男	1964.9	大源镇大源村	天津海王星海上工程技术有限公司	博士
王新平	男	1964.12	新建镇鱼川村	浙江理工大学理学院	博导
王激扬	男	1970	壶镇镇上王村	上海TCL通信有限公司	博士

续表 35-3-3

姓名	性别	出生年月	出生地	工作单位	学历 / 职务 / 职称
牛建伟	男	1954	五云镇	丽水学院	教授
尹耀波	男	1962.3	双溪口乡姓潘村	美国	博士
卢　炜	男	—	壶镇镇	浙江传媒学院影视学院	博士
卢飞成	男	1963.5	壶镇镇后叶村	青岛飞洋职业技术学院	教授
卢伟国	男	1977.1	壶镇镇	重庆大学	博导、博士
卢安卫	女	1965.12	壶镇镇石明堂村	树兰（杭州）医院	主任医师、博士
卢积良	男	1950	壶镇镇田畈村	丽水市中心医院	主任医师
卢唐来	男	1965.1	壶镇镇团结村	浙江省建设银行	博士
卢益洪	男	1962	溶江乡洪坑桥村	中国煤炭科工集团	教授
卢家骥	男	1934	壶镇镇田畈村	中国人民大学	教授
叶建华	男	1969	前路乡姓叶村	北京市营养学研究所	博士
叶俊杰	男	1963	新建镇宏坦村	浙江警察职业学院	教授
田汉勤	男	1962	双溪口乡姓潘村	美国	博士
田伟强	男	1963	东方镇胪膛村	丽水市中心医院	主任药师
田秀枝	女	1977.3	东方镇胪膛村	江南大学纺织服装学院	博士
宁秋娅	女	1961	双溪口乡姓潘村	北京农业大学	博士
吕　舟	男	—	壶镇镇	清华大学建筑学院	博导
吕　鸿	女	1961.2	壶镇镇新范村	丽水学院	教授
吕光成	男	1939	壶镇镇	苏州医学院	主任医师、硕士生导师
吕铁羽	男	1975.1	五云镇	厦门大学	博士
吕联亚	男	1963.8	缙云	中国电建集团华东勘测设计研究院	正高级工程师
吕葛云	男	1976	壶镇镇五里牌村	上海交通大学	博士
吕惠进	男	1958.3	壶镇镇中兴村	浙江师范大学	教授
吕福新	男	1950.3	三溪乡后吴村	浙江工商大学	博导
吕碧文	女	1969.12	东渡镇方坑口村	浙江山蒲照明电器有限公司	博士
朱　锋	男	1977.3	新建镇河阳村	美国 FE Thin Films 公司	博士
朱凤溪	男	1954	壶镇镇唐市村	宁夏煤炭总医院	主任医师
朱文伟	男	1982.12	壶镇镇	复旦大学附属华山医院	博士
朱奇峰	男	1970.9	新建镇河阳村	福建莆田市三棵树漆涂料公司	博士
朱国光	男	1955	新建镇新建村	浙江省立同德医院	主任医师
朱国兴	男	1935	七里乡七里村	上海海事大学	教授
朱泉涌	男	1981.7	新建镇交雅村	丽水学院	博士
朱炳林	男	1942	五云镇白峰湖村	北京理工大学	教授
朱晓鹏	男	1963	壶镇镇金竹村	杭州师范大学政治经济学院	教授
朱海仁	男	1972	新建镇新建村	广州市文物考古研究所	研究员
朱海燕	女	1963	新建镇河阳村	丽水学院	教授
朱跃进	女	—	五云镇	中华全国供销合作总社杭州茶叶研究院	研究员
朱喜红	男	1961.7	壶镇镇金竹村	江苏徐州空军勤务学院	教授
朱智勇	男	1971.9	新建镇河阳村	宁波水文地质勘察院	正高
朱锦茹	女	1965	新建镇新建村	浙江省林业科学研究院	研究员

续表 35-3-3

姓名	性别	出生年月	出生地	工作单位	学历 / 职务 / 职称
朱锦德	男	—	壶镇镇唐市村	丽水市中心医院	主任医师
刘伟光	男	1966.1	东渡镇东渡村	杭州市儿童医院	主任医师
刘岳燕	女	1980.4	东渡镇石松村	中国计量大学	博士
刘建宏	男	1968	五云镇水南村	北京广播学院	教授
刘桂华	男	1964	东渡镇方川村	宁波市科信会计师事务所	博士
刘慧姜	男	1970	新建镇联新村	清华大学	博士
江　赛	男	1978	溶江乡雅江村	全国工商联特色小镇发展委员会	博士、主任
江晓清	男	1959.4	溶江乡雅江村	浙江大学	教授
江献川	男	1939.1	溶江乡雅江村	浙大附属第二医院外科	主任医师
孙永忠	男	1970	五云镇	南京大学	教授
严寒冰	女	1963.4	溶江乡洪坑桥村	加拿大	博士
杜如浦	男	1965.7	七里乡杨岭村	华东勘测设计院	教授
杜志强	男	1964.1	前路乡大集村	广州医科大学第二附属医院	主任医师
杜涌波	男	1975.1	前路乡水口村	欧特克（中国）软件研发有限公司	博士
杜雄进	男	1963.8	前路乡大集村	浙江省地球物理地球化学勘查院	教授级高级工程师
李　政	男	—	五云镇东门村	浙江大学电气工程学院	教授
李　健	男	—	五云镇	温州医学院文理学院	教授
李　雅	女	1974.4	七里乡黄明村	丽水市中心医院	主任医师
李　慧	女	1974.4	五云镇	澳大利亚	博士
李　臻	男	1980	壶镇镇观坛庙村	美国埃克森美孚公司上游研究公司	博士
李文杰	男	1935	大源镇稠门村	中国国家博物馆考古所	博士
李文美	女	1938.2	五云镇东门村	浙江师范大学	教授
李龙飞	男	1959.2	壶镇镇好溪村	Dr.Li Anchor Profi	博士
李有星	男	1962	舒洪镇岭口村	浙江大学光华法学院	教授、博导
李伟文	男	1968.5	新建镇交雅村	厦门大学	博士
李伟平	男	1977	缙云	宁波大学	教授、博士
李茂长	男	1949	新碧农管处泗山村	南京解放军理工大学	教授
李松强	男	1958	大源镇稠门村	丽水市中心医院	主任医师
李玲英	女	1965.11	三溪乡三溪源村	美国哈佛大学	博士
李祖钦	男	1939	石笕乡李家村	杭州科瓦纳发电设备有限公司	教授
李晋奎	男	1933.4	壶镇镇观坛庙村	上海第一人民医院	主任医师
李晓峰	女	1957	壶镇镇前山村	英国皇家科学院	博士、教授
李涯松	女	1969	大源镇稠门村	浙江省人民医院	博士、主任医师
李献云	男	1935	东方镇四方村	北京仪器厂	教授级高级工程师
李新伟	男	1976.5	溶溪乡大雅畈村	浙江大学医学院附属邵逸夫医院	博士、主任医师
李增标	男	1964.12	大源镇稠门村	Drumetix Laboratories	博士
杨　杰	男	—	五云镇	丽水学院	博士、教授
杨广斌	男	1967.6	双溪口乡姓潘村	丽水市教育教学研究院	正高级教师
杨丽慧	女	1983.7	前路乡后青村	上海硅酸盐研究所	博士
杨俊才	男	1964.1	大源镇越陈村	丽水学院	教授
杨恬欣	男	1937.11	五云镇北门社区	核工业部华东地质局二七〇所	教授

续表 35-3-3

姓名	性别	出生年月	出生地	工作单位	学历 / 职务 / 职称
吴伟文	男	1960	大源镇岭后村	丽水市中心医院	主任医师
吴伟光	男	1972.9	大源镇岭后村	浙江农林大学经济和管理学院	博导
吴访升	男	1969.11	新碧农管处	常州工程职业技术学院	教授
吴晓涵	女	1982.9	五云镇东门村	杭州东方职技院	博士
吴晓露	女	1978.7	五云镇东门村	浙江省社科院	博士
邹新花	男	1965	石笕乡西坑村	丽水市中心医院	主任护师
应子勇	男	1940	三溪乡西应村	武义县人民医院	主任医师
应为民	男	1973.5	三溪乡西应村	华为技术有限公司	博士
应申舜	男	1978	壶镇镇	浙江工业大学	博士
应红艳	女	1973	新碧农管处应刘村	北京协和医院	博士
应坚志	男	1928	三溪乡西应村	浙江省教育科学研究院	教授、研究员
应坚忠	男	1933	前路乡水口村	浙江教育科学研究院	教授
应国清	男	1965	五云镇水南村	浙江工业大学	教授
应秋芳	女	1988	三溪乡三溪源村	腾讯公司	博士
应振华	男	1964.7	三溪乡东雅宅村	浙江省人民医院	主任医师
应晓阳	男	1973	前路乡南弄村	浙江大学研究生院	博士
应海雄	男	1964.1	前路乡水口村	美国 JDBIL 公司	博士
应焕红	男	1964.4	前路乡前路村	浙江省社会科学院	研究员
应锦河	男	1973.5	新碧农管处姓尚村	丽水市中心医院	主任医师
应福明	男	—	壶镇镇应庄村	宁波市第三人民医院	主任医师
汪浩平	男	1940.7	壶镇镇姓汪村	云和县人民医院	主任医师
沈　青	男	1962.4	前路乡沈宅村	美国华盛顿大学	博士、教授、博导
张剑锋	男	1972.12	新建镇凝碧村	丽水学院	博士、教授
张维良	男	1978.1	新建镇韩畈村	华为技术有限公司	博士
陆志成	男	1964	方溪乡八迭岭村	宁波腾能科技公司	博士
陈　良	男	1934	五云镇	浙江科技学院图书馆	研究员、高级工程师
陈　宜	女	—	五云镇	北京人民医院	博士
陈　建	男	1981.9	五云镇	爱立信集团总部	博士
陈　亮	男	1967.8	七里乡万松村	中国农科院茶叶研究所	研究员
陈　菲	女	1980.8	新建镇川石村	成都大学	博士
陈　智	女	1976.8	东方镇前金村	上海中山医院	博士
陈少非	男	1968.6	溶江乡	浙江艺阁文化集团	国家一级编剧
陈日秋	男	1965	胡源乡招序村	丽水市人民医院	主任医师
陈必升	男	1931	五云镇三里街村	重庆社科院	研究员
陈伟法	男	1965	方溪乡深坑村	浙江省水利水电勘测设计院	教授
陈志华	男	—	新碧农管处姓尚村	国防科技大学机电工程学院	研究员
陈利光	男	1979	新碧农管处	复旦大学科研所	博士
陈国进	男	1966.6	溶江乡石上村	厦门大学经济学院	教授
陈国雄	男	1963	新碧农管处梅溪村	中科院西北生态环境资源研究所	博导、研究员
陈国强	男	1965	新建镇钦村村	浙江省人民医院	主任医师
陈金标	男	1969	双溪口乡平坑村	澳大利亚悉尼大学	教授、博士

续表 35-3-3

姓名	性别	出生年月	出生地	工作单位	学历 / 职务 / 职称
陈建龙	男	1965.11	新建镇川石村	北京大学	博士、教授
陈春霞	女	1964	五云镇古塘下村	温州大学法政学院	教授
陈奕宏	男	1980.9	新碧农管处黄碧虞村	中国船舶集团公司第七〇二研究所	研究员、硕士生导师
陈勇光	男	1963	五云镇周村村	南京航空航天学院	教授
陈喜珍	女	1963	壶镇镇五丰村	丽水学院	教授
范伟民	男	1956	双溪口乡塘口村	浙江大学医学院	教授、博士
范伟强	男	1954	双溪口乡塘口村	美国 3M 公司	高级研究员、博士
林孟青	男	1963	五云镇古塘下村	温州大学	教授
林绿冬	男	1959	大源镇岭头村	丽水市中医院	主任中医师
林植华	男	1965.1	五云镇黄龙村	丽水学院生态学院	教授
尚岳全	男	1958.1	新碧农管处姓尚村	浙江大学建筑工程学院	教授、博导
尚秋瑾	男	1976	新碧农管处	北京市科学技术研究院	博士
周　婵	女	1982.1	溶江乡洪坑桥村	美国哈佛大学附属医院实验室	博士
周丽仙	女	1968	大洋镇外前村	嘉兴市妇幼保健院	主任医师
周建娅	女	1977.4	壶镇镇	浙江大学医学院附属第一医院	主任医师、博导
周建辉	女	1979	东方镇横塘岸村	上海复旦大学	教授
周群勇	男	1965.1	壶镇镇山河村	美国加州大学	终身教授、博士
周耀洪	男	1966.1	舒洪镇外麻车村	宁波医院	主任医师
郑　英	女	1978.8	新建镇山岭下村	杭州市天杭实验学校	正高级教师
郑云法	男	1954.4	五云镇镇东村	丽水学院	教授
郑伟明	男	1961.7	东渡镇	温州医科大学附属第一医院	主任医师
郑伟建	男	1958	五云镇下双龙村	北京典型区域发展态势研究院	博士
郑红亮	男	1958.9	五云镇洋潭头村	中国社科院经济研究所	教授、研究员
郑旺全	男	1966.5	东渡镇雅村村	人民教育出版社	编审
郑宝灿	男	1934	五云镇双龙村	山东大学	教授
郑春龙	男	1963.8	石笕乡石笕村	广东省韶关大学机电物理学院	教授
郑海雷	男	1966	五云镇周村村	厦门大学	教授
郑展望	男	1975	五云镇双龙村	浙江商达环保有限公司	博士
项　剑	男	1971	三溪乡厚仁村	中国证监会	博士
赵　敏	女	1975.6	五云镇东门村	美国波士顿学院（终身教授）	博士
赵　智	男	1934	壶镇镇高潮村	美国绿野科技公司	博士
赵　鹰	女	1972.11	五云镇东门村	香港科技大学	终身教授
赵永升	男	1967	五云镇状元村	北京声望翻译公司	博士
赵成勇	男	1964	壶镇镇黄迎祥村	华北电力大学电气与电子工程学院	教授、博导
赵明喜	男	1957	三溪乡三溪源村	—	博士
赵珊珊	女	1968	壶镇镇高潮村	美国投资银行高盛公司	博士
赵晓雷	男	1955	壶镇镇黄迎祥村	上海财经大学	教授、博导
赵瑞麟	男	1934.4	壶镇镇高潮村	美国罗切斯特大学光学实验室	博士
胡　虎	男	1974	新碧农管处	浙江大学医学院	博士
胡伟杰	男	1977	胡源乡胡村村	浙江师范大学	博士
胡旭东	男	1974.1	五云镇	上海中医药大学	博士

续表 35-3-3

姓名	性别	出生年月	出生地	工作单位	学历 / 职务 / 职称
胡坚强	男	1961	胡源乡胡村村	浙江树人大学	教授
胡国瑞	男	1945	胡源乡上坪村	南京艺术学院	教授
胡官春	男	1936	新碧农管处	丽水市中心医院	主任医师
胡德和	男	1957	溶江乡大黄村	丽水职业技术学院	教授
钟丽莉	女	1965	双溪口乡姓潘村	绍兴大学	博士
钭东升	男	1937	东方镇马鞍山村	浙江师范大学	教授
钭利珍	女	1977	东方镇马鞍山村	浙江科技学院	教授
钭晓东	男	1972.2	五云镇名山村	宁波大学法学院	博导
钭继来	男	1977.5	大源镇大源村	湖北省人民检察院	博士
钭理强	男	1968.6	大源镇大源村	北京海克维尔基因研究院	博士
施　勇	男	—	新建镇溪东村	丽水市中心医院	主任医师
施　鹏	男	—	新碧农管处岩沿村	总参谋部工程兵科研三所	博士
姚子亮	男	1964	新碧农管处姓姚村	丽水市水产技术推广站	研究员
贺文萍	女	1966.11	新碧农管处	中国社科院西亚非洲研究所	研究员
夏　灵	男	1965.1	大源镇夏弄村	浙江大学	教授、博导
夏天然	男	1966.2	大源镇夏弄村	中国科学院上海硅酸盐所	正高工程师
夏诏杰	男	1976	壶镇镇南顿村	中国科学院	博士
徐　欣	男	—	五云镇	长沙国防科技大学	教授
徐　建	男	1975.2	溶溪乡洪坑桥村	杭州电子科技大学	教授、博士
徐伟民	男	1959.11	五云镇丹阳村	中国浦发机械工业股份有限公司	教授级高级工程师
徐丽琴	女	1962	新碧农管处	兰州军区空军 11 军干休所	主任医师
徐岳英	男	1982	新碧农管处	浙江大学	博士
徐柱亮	男	1945	东方镇长兰村	上海化工设计院	教授
徐彩虹	男	1982	新碧黄碧街村	瑞典斯德哥尔摩大学商学院	博士
徐潘生	男	1968	东方镇长兰村	浙江省医学科学研究院	教授
高东红	女	1972	双溪口乡姓潘村	美国	博士
陶　谦	男	1963	五云镇坡岭头村	哈尔滨工业大学机器人研究所	博士
陶建定	男	1979	七里乡大园村	中国石化报社	高级编辑
陶崇德	男	1931	五云镇岭下村	哈尔滨工业大学	教授
陶雄军	男	1976	七里乡大园村	上海众律律师事务所	博士
黄云钟	男	1966	舒洪镇仁岸村	美国亚特兰大市医院	博士
黄步琪	男	1954	壶镇镇美里村	浙江大学	教授
黄金伟	男	1975.12	东渡镇板举村	温州医科大学附属第六医院	博士、主任医师
黄敏明	女	1975.3	新建镇韩畈村	美国新泽西 Orange Regional Medical Center	博士
黄韶炯	男	1966	新建镇韩畈村	中国农业大学	教授
梅乐和	男	1964	东方镇深渡村	宁波理工学院	教授
麻　森	男	—	仙都农管处沐白村	哈尔滨理工大学	教授
麻文华	女	1967	壶镇镇	解放军装备指挥技术学院	教授
麻寿光	男	1945	东渡镇仓基村	浙江理工大学	教授
麻国安	男	1968.11	前路乡黄坛村	上海财经大学法学院	教授

续表 35-3-3

姓名	性别	出生年月	出生地	工作单位	学历/职务/职称
麻育源	男	1981.2	五云镇	浙江省人民医院	博士
麻朝晖	男	1970.7	东渡镇石松村	杭州职业技术学院	教授
麻锦亮	男	—	大洋镇外前村	中国人民大学	博士
章　华	男	1955.9	胡源乡章村村	浙江传媒学院动画学院	教授
章　青	男	1963	双溪口乡双溪口村	天津大学机械工程学院	教授
董秀海	男	1980.2	新建镇山岭下村	深圳雅学数据有限公司	博士
蒋云爱	女	1972	东方镇岱石村	中科院上海生命科学研究院	博士
蒋永华	男	1974.1	东方镇岱石村	美国	博士
蒋旭光	男	1965	东方镇横塘岸村	浙江大学热能工程研究所	博导
蒋志超	男	1975	东方镇岱石村	上海中车瑞伯德智能系统公司	博士
蒋卓琴	男	1963	东方镇岱石村	解放军西安通信学院	教授
蒋金火	男	1973.1	溶江乡洪坑桥村	浙江大学	教授
蒋美芬	女	1944	东方镇靖岳村	广东省中医药大学附属一院	主任医师
蒋理兴	男	1963	东方镇岱石村	解放军郑州信息工程大学	教授
傅柳松	男	1957	五云镇	浙江大学	教授
舒建胜	男	1970.5	舒洪镇舒洪村	丽水市中心医院	主任医师
蓝　青	男	1964	七里乡型坑村	苏州医学院第二附属医院	教授、博导
蓝明阳	男	1937.1	七里乡型坑村	苏州医学院第二附属医院	教授
楼炉焕	男	1948	舒洪镇岭口村	浙江农林大学	教授
虞作春	男	1965.2	溶江乡石上村	丽水市中心医院	主任医师
蔡协艺	女	1972	大源镇小章村	上海第二医科大学	博士
蔡志强	男	1967.1	双溪口乡南源村	中冶宝钢技术服务有限公司	教授级高级工程师
蔡松良	男	1948	壶镇镇南顿村	浙江大学附属第一人民医院	主任医师
蔡春浩	男	1933	双溪口乡南源村	丽水市中心医院	主任医师
廖明娟	女	1974	东方镇岱石村	美国国家实验室	博士
樊茂明	男	1968	东方镇岱石村	中国矿业大学化工学院	博士
樊高骏	男	1970.5	新建镇雪峰村	南京市梯尔希药物研发有限公司	博士
樊黎霞	女	1965	东渡镇樊庄村	南京理工大学	教授
潜睿睿	男	1981	大洋镇后村村	浙江大学数学科学学院	博士
潘　气	男	1960	双溪口乡姓潘村	美国	博士
潘　琪	男	1963	双溪口乡姓潘村	上海国际研究院	博士
潘小梅	女	1970.4	双溪口乡姓潘村	浙江省宁波市鄞州区教育局教研室	正高级教师
潘龙峰	男	1957	大洋镇前村村	丽水市中心医院	主任医师
潘伟红	女	1962	双溪口乡姓潘村	美国	博士
潘伟槐	男	1963	双溪口乡姓潘村	绍兴文理学院	教授
潘旭伟	男	—	大洋镇后村村	浙江理工大学经济管理学院	教授
潘志坚	男	1967	双溪口乡姓潘村	美国	博士
潘振河	男	1967	双溪口乡姓潘村	北京晨逸环保公司	博士
潘淑芬	女	1962	双溪口乡姓潘村	美国	博士
潘鼎坤	男	1925	双溪口乡姓潘村	西安建筑科技大学	教授、博士

1988—2012 年缙云县出席中共浙江省代表大会名录

表 35-3-4

姓名	性别	出生年月	籍贯	届别	起讫时间	工作单位及职务
吕子春	男	1947.3	浙江缙云	第八次	1988.12—1993.12	中共缙云县委书记
季清芳	女	1953.10	浙江龙泉	第八次	1988.12—1993.12	中共缙云县委常委、组织部部长
吕爱兰	女	1940.2	浙江缙云	第八次	1988.12—1993.12	五云小学校长
杨大平	男	1950.11	浙江缙云	第八次	1988.12—1993.12	中共缙云县壶镇区区委书记
卢淳良	男	1949.4	浙江东阳	第九次	1993.12—1998.12	中共缙云县委书记
龚樟德	男	1935.10	浙江义乌	第九次	1993.12—1998.12	中共缙云县委副书记
汪　帆	男	1959.5	浙江淳安	第九次	1993.12—1998.12	中共缙云县委常委、组织部部长
黄蕾娜	女	1943.2	浙江杭州	第九次	1993.12—1998.12	缙云县人民医院口腔科主任
何闽旭	男	1955.10	山东沂水	第十次	1998.12—2002.6	中共丽水地委书记
蒋剑巍	男	1953.9	江苏宜兴	第十次	1998.12—2002.6	中共缙云县委书记
廖思红	女	1960.10	浙江松阳	第十次	1998.12—2002.6	中共缙云县委常委、组织部部长
卢锦松	男	1956.2	浙江缙云	第十次	1998.12—2002.6	中共缙云县新碧镇党委书记
田逸农	男	1950.11	浙江缙云	第十次	1998.12—2002.6	浙江众发实业有限公司经理、党支部书记
蔡步雄	男	1957.6	浙江苍南	第十一次	2002.6—2007.6	中共缙云县委书记
叶慧萍	女	1963.5	浙江松阳	第十一次	2002.6—2007.6	中共缙云县委常委、组织部部长
朱仕华	男	1966.6	浙江缙云	第十一次	2002.6—2007.6	燕京啤酒（浙江仙都）有限公司总经理、党支部书记
田逸农	男	1950.11	浙江缙云	第十一次	2002.6—2007.6	浙江众发实业有限公司经理、党支部书记
毛子荣	男	1964.10	浙江龙泉	第十二次	2007.6—2012.6	中共缙云县委书记
叶慧萍	女	1963.5	浙江松阳	第十二次	2007.6—2012.6	中共缙云县委副书记
朱仕华	男	1966.6	浙江缙云	第十二次	2007.6—2012.6	燕京啤酒（浙江仙都）有限公司总经理、党支部书记

1988—2013 年缙云县出席浙江省人民代表大会代表名录

表 35-3-5

姓名	性别	出生年月	籍贯	届别	起讫时间	工作单位及职务
王鸣钟	男	1935.7	浙江缙云	第七届	1988.1—1993.1	缙云县人大常委会主任
黄秀玲	女	1950.1	浙江缙云	第七届	1988.1—1993.1	缙云县仪表厂车间主任
章百承	男	1944.3	浙江海门	第七届	1988.1—1993.1	缙云县方溪流域开发指挥部副指挥
谢景升	男	1935.11	浙江缙云	第七届	1988.1—1993.1	中共缙云县委常委、县人民政府副县长
万学远	男	1941.1	湖北黄冈	第八届	1993.1—1998.1	中共浙江省委副书记、浙江省人民政府省长
王鸣钟	男	1935.7	浙江缙云	第八届	1993.1—1998.1	缙云县人大常委会主任、党组书记
吕普龙	男	1960.8	浙江缙云	第八届	1993.1—1998.1	缙云县橡胶厂厂长、党支部书记
陶国忠	男	1957.8	浙江缙云	第八届	1993.1—1998.1	中共缙云县委副书记、县人民政府县长
楼映容	男	1951.8	浙江缙云	第八届	1993.1—1998.1	缙云县新建镇六村党支部书记
雷文先	男	1945.4	浙江丽水	第九届	1998.1—2003.1	丽水市人大常委会副主任、省人大常委会委员
田理富	男	1943.1	浙江缙云	第九届	1998.1—2003.1	缙云县人大常委会主任

续表 35-3-5

姓名	性别	出生年月	籍贯	届别	起讫时间	工作单位及职务
吕普龙	男	1960.8	浙江缙云	第九届	1998.1—2003.1	浙江晨龙橡胶集团公司董事长、总经理
胡红月	女	1952.5	浙江缙云	第九届	1998.1—2003.1	缙云县水南小学副校长
武　昌	男	1957.8	山东沂源	第十届	2003.1—2008.1	缙云县人民政府县长
樊培仁	男	1953.1	浙江缙云	第十届	2003.1—2008.1	浙江寿尔福化学有限公司董事长
王彩芳	女	1964.2	浙江缙云	第十届	2003.1—2008.1	缙云中学教师
孔海龙	男	1964.6	浙江磐安	第十一届	2008.1—2013.1	中共缙云县委副书记、县人民政府县长
施颂勤	男	1957.9	浙江缙云	第十一届	2008.1—2013.1	缙云县新建镇笕川村党支部书记
樊培仁	男	1953.1	浙江缙云	第十一届	2008.1—2013.1	浙江扬帆集团有限公司总裁、董事长，浙江寿尔福化学有限公司董事长

1988—2013 年缙云县出席浙江省政协会议委员名录

表 35-3-6

姓名	性别	出生年月	籍贯	届别	起讫时间	工作单位及职务
骆光大	男	1932.4	浙江义乌	第六届	1988.1—1993.1	缙云中学校长
董淑萍	女	1955.11	浙江缙云	第七届	1993.1—1998.1	缙云县妇联主席
丁敏方	男	1956.10	浙江缙云	第八届	1998.1—2003.1	缙云中学副校长
李岳林	男	1958.10	浙江缙云	第九届	2003.1—2008.1	缙云中学校长
谢国光	男	1970.12	浙江缙云	第十届	2008.1—2013.1	壶镇中学校长

1994—2005 年批准的缙云县革命烈士名录

表 35-3-7

姓名	性别	出生年月	出生地	牺牲时间及地点	牺牲时所在单位及职务	批准时间
徐　杨	男	1907	溶江乡洪坑桥村	1938.4.6 江苏邳县	国民党陆军连长	1994.6.3
朱国亮	男	1972	壶镇镇金一村	1996.3.5 壶镇镇金一村	壶镇镇金一村村民	1996.8.14
朱　珏	女	1983	壶镇镇上朱村	1995.8.10 白竹村下塘水库	西施小学学生	1997.6.2
杨老轩	男	1904	壶镇镇羊上村	1930.9.29 壶镇镇所在地	中国工农红军第十三军第三团战士	2003.12.29
卢勇烈	男	1906	壶镇镇左库村	1930.9.29 壶镇镇所在地	中国工农红军第十三军第三团分团长	2003.12.29
麻青青	男	1912	东方镇周升塘村	1936.3.18 溶江乡洪坑桥	中国工农红军第十三军独立团第六组组长	2005.7.11

说明：6 位革命烈士批准机关均为浙江省人民政府

1993—2009 年缙云县省部级劳动模范及各种先进名录

表 35-3-8

姓名	性别	出生年月	工作单位	荣誉名称	颁授机关	颁授时间
徐月新	男	1960.6	缙云县朝晖外国语学校	全国模范教师	教育部、人事部	1993.9
王经洲	男	1948.12	河阳初中	劳动模范	浙江省人民政府	1995.3

续表 35-3-8

姓名	性别	出生年月	工作单位	荣誉名称	颁授机关	颁授时间
蔡文平	男	1956.8	缙云县城关供销社	全国供销合作社系统劳动模范	人事部，中华全国供销合作总社	1997.5
王岳武	男	1961.2	缙云县小草诊所	全国自强模范	人事部、中国残联	1997.5
李　辉	男	1956.5	缙云县人民医院	劳动模范	浙江省人民政府	1999.9
何壬寅	男	1962.8	缙云县森林消防大队舒洪中队	劳动模范	浙江省人民政府	1999.9
李金亮	男	1963.8	缙云县纪委	全国同邪教组织斗争先进个人	中组部、中央政法委等七部委	2001.2
夏美钟	男	1953.1	缙云县人民检察院	全国检察系统模范检察干部	最高人民检察院	2002.3
洪志和	女	1954.6	浙江志和工具有限公司	全国自强模范	人事部	2003.9
李桂田	男	1953.6	缙云县环卫处	全国建设系统先进工作者	人事部、建设部	2004.1
朱仕华	男	1966.6	缙云县经信局	劳动模范	浙江省人民政府	2004.9
孙长坚	男	1957.8	缙云县职业中专	浙江省功勋教师	浙江省人民政府	2004.9
柯国华	男	1965.8	仙都管委会	浙江省人民满意公务员	中共浙江省委组织部	2005.4
王仲相	男	1960.7	缙云县人大常委会	全国商务系统先进工作者	浙江省人事厅办公室	2007
丁泽强	男	1968.1	浙江龙聚祥文化传媒有限公司	全国机械工业劳动模范	人力资源和社会保障部、中国机械工业联合会	2009.2
陈松芳	男	1957.11	东渡中学	全国五一劳动奖章	中华全国总工会 浙江省人民政府	2009.4
陈松芳	男	1957.11	东渡中学	劳动模范	浙江省人民政府	2009.4
丁伟平	男	1963.7	丽水丁家厨食品有限公司	劳动模范	浙江省人民政府	2009.9
蔡国华	男	1965.3	缙云县人民医院	劳动模范	浙江省人民政府	2009.9

1993—2010 年缙云县立二等功及以上军人名录

表 35-3-9

姓名	性别	出生年月	出生地	立功奖项	工作单位或服役部队	批准部门	批准时间
蔡松海	男	1965.4	大源镇	二等功	某部队	中国人民解放军某部队政治部	1993.1
卢林火	男	1952.7	壶镇镇		缙云县人民检察院	浙江省人民检察院	1994
卢林火	男	1952.7	壶镇镇	一等功	缙云县人民检察院	最高人民检察院	1995
朱志洪	男	1976.3	—		空军高炮某团	中国人民解放军空某军政治部	1998.9
丁立忠	男	1946.10	溶江乡	二等功	缙云县公安局	浙江省公安厅	1999
赵伟均	男	1967.5	东渡镇		缙云县公安局	浙江省公安厅	1999
杨奎平	男	1957.10	东渡镇		缙云县交通局	浙江省人民政府	2002.12
陈岳枝	男	1962.6	七里乡		缙云县人民法院	浙江省高级人民法院	2002
韩大可	男	1969.2	新建镇		浙江省高级人民法院	浙江省高级人民法院	2002

续表 35-3-9

姓名	性别	出生年月	出生地	立功奖项	工作单位或服役部队	批准部门	批准时间
潜伟峰	男	1975.2	胡源乡	一等功	缙云县公安局	浙江省公安厅	2003
江林通	男	1972.1	溶江乡	二等功	缙云县人民法院	浙江省高级人民法院	2006
李江峰	男	1985.5	大源镇		某部队班长	中国人民解放军某部队政治部	2007.7
朱海平	男	1979.3	东渡镇		杭州市公安消防特勤大队代理排长	浙江省武警总队	2008.7
徐军鑫	男	1972.6	东渡镇		缙云县公安局	浙江省公安厅	2008.7
钦建丽	女	1976.8	新建镇		缙云县人民法院	浙江省高级人民法院	2008
王小刚	男	1959.8	青田县		缙云县人民检察院	浙江省人民检察院	2009
张智深	男	1957.11	石笕乡		缙云县山林办	浙江省山林纠纷调处领导小组、浙江省林业厅	2010.8
周望阳	男	1980.10	溶江乡		武警某部队班长	武警总队政治部	2010.10
虞　波	男	1975.1	新碧农管处		缙云县人民法院	浙江省高级人民法院	2010
应世水	男	1932.3	三溪乡		中国人民解放军某军某师	中国人民解放军某军某师某团某营某连	—

附录1：县外人物与缙云

古往今来，县外人物“搜缙云之遗迹”“见千仞之孤石”，造访者不绝于途。本处载录古代33人，近现代57人。

赵　炳　东汉末年兵荒马乱，疫病流行。东阳方士赵炳善以方药、巫术替人祛病消灾，造福永康、缙云一带百姓。后人感其德，多地建庙祭祀。据载称赵侯庙“在仙都乡，一方咸敬奉之，侯乃后汉赵炳也”。“石有如舟者，俗呼为赵侯船。或如杖、如屐、如瓮，皆以侯名。宋后改称白鹤大帝，其庙为白鹤殿。”2010年，胪膛、姓姚、兆岸、旸村等地仍有白鹤大帝殿。

王羲之（303—361）　字逸少，族居会稽山阴。官至永嘉刺史、右将军，世称王右军、书圣。北宋《太平御览》引郑缉之《永嘉记》称：“王右军游此（缙云）恶道，叹其奇绝，遂书‘突星濑’于石。”址在东渡镇东溪村下游，已佚。

葛　洪（284—364）　东晋道士，字稚川，号抱朴子，葛玄从孙，丹阳郡句容（江苏句容县）人。少学神仙导养之法，曾从郑隐于括苍一带隐修炼丹，丽水南明山留有隶书“灵崇”摩崖。西乡丹址、葛竹、葛湖等地名据传与葛洪相关。葛竹山头有葛仙翁庙。

谢灵运（385—433）　原名公义，字灵运，族居会稽始宁（嵊州市三界镇）。为东晋名将谢玄之孙，袭封康乐公。南朝宋永初三年（422）官永嘉太守，游缙云山，作《归途赋》：“停余舟而淹留，搜缙云之遗迹；漾百里之澄潭，见千仞之孤石。”

鲍　照（414—466）　字明远，东海（江苏涟山）人。南朝宋元嘉间官永嘉令、中书舍人，后为临海王前军参军。著《鲍参军集》，有仙都《望孤石诗》。

陆修静（406—477）　字元德，吴兴东迁人，笃好文籍，旁究象纬。早年弃家修道，好方外游。为南北朝时期道教南天师道创建者，曾传教于仙都缙云堂。

孙游岳（399—489）　字玄达，永康人，孙权裔孙。据道书《茅山志·道藏》称：“孙游岳二十一岁拜简寂于缙云山。却粒，饵屑松与术，服谷仙丸，居缙云山四十七年不与世接。”

陶弘景（452—536） 字通明，丹阳秣陵（南京）人。师从孙游岳，开创茅山宗。陶弘景自号“华阳隐居”。华阳即仙都下洋古称，昔有陶庵。其《水仙赋》称“若夫层城瑶馆，缙云琼阁，黄帝所以觞百神也”。又有《答谢中书书》赞美仙都山水：“山川之美，古来共谈。高峰入云，清流见底；两岸石壁，五色交辉；青林翠竹，四时俱备。晓雾将歇，猿鸟乱鸣；夕照欲颓，沉鳞竞跃，实是欲界之仙都。自康乐以来，未复有能与其奇者。”

洪　偃（503—564） 俗姓谢氏，会稽山阴人。少小出尘，称貌义诗书四绝。梁简文帝劝其返俗入仕，执志未从。梁大宝元年（550），避地缙云山弘扬佛法，乃创永安寺。

徐　则（506—588） 东海郯人，策杖入缙云山，随学数百人，后入天台山。《隋书》有传。徐则后人始迁衢州、仙居上畈，元末明初返迁缙云，聚居黄碧村、后湖等地。

李　邕（678—747） 字泰和，鄂州江夏（湖北武汉市江夏区）人，一说广陵江都（江苏扬州）人。唐开元间曾任栝州刺史，转任北海太守。精于翰墨，有行书尺牍《缙云三帖》传世。

李　白（701—762） 字太白，号青莲居士，尊为诗仙，陇西成红（甘肃秦安县）人。《旧唐书·李白传》载：“天宝初（742），客游会稽，与道士吴筠隐于剡中。”吴筠存诗《题缙云岭永望馆》，李白亦有“缙云川谷难，石门最可观”的描述。

吴　筠（？—778） 又名宗元，字贞节，陕西华阴人。少为儒生，入嵩山从潘师正习道，唐玄宗召为翰林。唐天宝元年（742）春到缙云游览，遗有《题缙云岭永望馆》一诗。

周景复 生卒年不详。仙都道士，寿百有余年。《仙都志·神仙》称其于唐大历年间（766—779）居仙水洞辟谷晏坐。唐人陆龟蒙赋诗：“见说身轻鹤不如，石房无侣共云居。”

曹　唐（797—866） 字尧宾，桂州（广西桂林）人。曾习道，历使府从事，以游仙诗闻名。后人为辑《曹从事诗集》，有《仙都即景》2首。

徐　凝 生卒年不详。睦州人，唐元和间进士。曾于杭州开元寺题牡丹诗，为白居易所赏，元稹亦为奖掖。《全唐诗》录存其诗一卷，其中《题缙云山鼎池二首》（一）：“黄帝旌旗去不回，空余片石碧崔嵬。有时风卷鼎湖浪，散作晴天雨点来。”被奉为绝唱，称“自后竟无敢题者。”然而，南宋楼钥《北行日录》及元代《仙都志》均指明此诗作者为杭州刺史白居易。

刘　介（801—873） 字处静，号天台山耕人，祖籍彭城。其先避地遂昌。始入天台山玉霄峰华林拜陈寡言为师，后又从吴守素，亦为天台上清派道士冯惟良门人，奉几杖香火凡二十年。相传遇异人授以吐纳之术，唐宣宗召见赐绯衣。咸通初（860）退居仙都山隐真岩，结庐金龙洞侧。修炼授徒，并建道观于山巅。预筑元墟于庐后，自撰其志。死后弟子启墓视之，唯有剑履而已。

闾丘方远（830—902） 字大方，舒州宿松人。唐咸通初，诣仙都山隐真岩金龙洞事刘处静，学修道出世之术。三十四岁受业于天台玉霄宫叶藏质。景福二年（893），钱镠在余杭大涤山筑室宇以安之，后唐昭宗赐号“妙有大师”“玄同先生”。

叶清臣（1003—1049） 字道卿，苏州人，天圣二年（1024）进士，官翰林学士，权三司使。宝元二年（1039）游仙都，作《处州独峰山铭》。

沈　括（1031—1095） 字存中，钱塘人，北宋嘉祐进士，著有《梦溪笔谈》。北宋熙宁六年（1073）视察两浙水利农田，经缙云游仙都，有仙水洞摩崖及七绝诗《鼎湖烟浪》存世。

游大成 乐成（河北邓县或河北献县）人，仙都山玉虚宫道士。宋宣和二年（1120）玉虚宫毁于战火，乃于旧基相阴阳，改朝向，独立重造。自卜寿藏于仙都之支山，誓曰：“吾家犹子枝孙，世纪绍袭，当为天人师。”后来，果符是言。传八世至宋末，坟为土寓所侵，而游氏殆绝焉。

王十朋（1112—1171） 字龟龄，号梅溪，温州乐清人。南宋绍兴二十七年（1157）状元，爱国名臣。绍兴三十一年（1161）五月途经仙都，遗有“皇都归客过仙都，厌看西湖看鼎湖”诗句。

范成大（1126—1193） 字致能，号石湖居士，吴郡人。宋绍兴二十四年（1154）进士，曾在处州知府任上赏仙都。擅田园诗，自成一家。在《桂海虞衡志·志岩洞》载述："峰云者，盖强名之。其最号奇秀，莫如池之九华、歙之黄山、括之仙都、温之雁荡、夔之巫峡。"

朱　熹（1130—1200） 字元晦，号晦翁，婺源人，居福建建阳。宋绍兴进士，南宋理学大家。淳熙间（1174—1189）曾两过缙云境，在仙都、美化（壶镇金竹雁门山脚）设堂讲学，有存诗。仙都独峰书院及朱潭、朱山、晦翁岩、晦翁阁，均与其游踪有关。

赵孟頫（1254—1322） 字子昂，号松雪道人，吴兴（湖州）人，书画大家。元大德间官江浙儒学提举，游仙都。延祐五年（1318）玉虚宫重光，赵孟頫题匾"仙都山门""风雨堂"，其门生虞集书额"金莲馆"并作《重修玉虚宫记》。

胡大海（？—1362） 字通甫，泗州虹县（安徽泗县）人，明初将领。元至正十九年（1359）秋，胡大海、耿再成出兵抵樊岭，拔桃花、葛渡两寨，攻克丽水。

耿再成（1323—1362） 字德甫，安徽凤阳五河人，明初将领。《明史·耿再成传》载："从（太祖）取金华，为前锋，屯缙云之黄龙山以遏敌冲。与胡大海破石抹宜孙于处州，克其城守之。黄龙耿王坟，为耿再成初葬之坟。"

刘　基（1311—1375） 青田人，字伯温。元至顺间进士，时与浦江人宋濂并称。元至正间（1341—1368）曾与名士丽水人叶琛、龙泉人章溢、缙云人郑葆等撑簰游仙都，晚至松溪桑潭畅饮，纵论天下大势，商议投奔朱元璋。明王朝建立前后，多参与其事，官至御史中丞，太史令，封诚意伯。后著《仁佑郑先生招引文》，对船埠头郑葆之才学赞誉有加。

汤显祖（1550—1616） 字义仍，号海若，江西临川人。明万历进士，戏剧家。任遂昌知县期间，两过缙云访仙都，所著《玉茗堂集》存有仙都诗二首。

徐霞客（1586—1641） 名弘祖，字振之，江苏江阴人。明代地理学家、探险家。22岁弃科举，从事旅行考察。万历四十一年 （1613）四月中旬，由雁荡入瓯，溯江而上经青田石门抵缙云。后在《徐霞客游记》中，多处提及仙都地貌及鼎湖峰景观。

陈子龙（1608—1647） 字卧子，号大樽，华亭（上海松江）人。明崇祯十年（1637）进士，授绍兴府推官，升兵科给事中。崇祯十五年（1642）六月率部过缙云，作《游仙都记》一篇、诗三首。

朱彝尊（1629—1709） 字锡鬯，号竹垞，晚号小长芦钓鱼师，浙江秀水（嘉兴）人。举博学鸿词同科，以布衣授翰林院检讨。参与修撰《明史》，诗与王士祯齐名。顺治十八年（1661）反清事败，避祸温州，途经缙云遇故人蒋薰（教谕）。留宿数日，同游黄龙、仙都，作《缙云杂诗十首》。

袁　枚（1716—1798） 字子才，号随园老人，钱塘人。清乾隆四年（1739）进士，诗文大家。所著《随园诗话》载："余壬寅（1782）春游雁荡山，过缙云县，见县官讼堂养猪，为之一笑。"其时滞留黄碧塘，由虞沅兄弟伴游，作《游黄龙山记》《游仙都峰记》，赋诗《游仙都诸色》。

余绍宋（1883—1949） 号越园、寒柯，龙游人。近代史学家、鉴赏家、书画家和法学家。抗战时期出任浙江通志馆（驻云和大坪）馆长，游仙都，作诗《鼎湖峰》《倪翁洞》。

张静江（1877—1950） 字人杰，湖州南浔人，国民党元老，浙江省政府主席。民国22年（1933）8月游仙都，有照片存国家第二档案馆（南京），上题"浙江缙云仙都石峰。据云高二百丈。廿二年八月，人杰。"

何　遂（1888—1968） 字叙甫，福州人。同盟会会员、收藏家，曾任黄埔军校教育长、代校长。民国17年（1928）2月9日游仙都，初阳山有诗刻。

曾养甫（1898—1969） 原名宪浩，广东平远人，浙江省建设厅厅长。民国23年（1934），考察永缙公路期间游仙都，初阳山麓有摩崖。

潘天寿（1898—1971） 浙江宁海人，画家。1941—1942年，为避战火随岳父，携家眷客居舒洪镇仁岸村，曾前往仙都采风写生，作《过仙都》诗2首。

郭沫若（1892—1978） 全国人大常委会原副委员长、中国文联原主席。1965年5月下旬，自温州、青田去金华，途经缙云游览仙都。其在袁枚《随园诗话》札记中有评语："'讼堂养猪'是一大好诗料，此缙云县官是一大好清官。"

赵　丹 电影演员。1962年1月20日携夫人黄宗英游仙都，称赞仙都为"天然摄影棚"。

陈从周 古建筑园林艺术家，同济大学教授。1981年夏考察仙都，鼎湖峰有题刻。

沙孟海 中国书法家协会原副主席、西泠印社原社长。1981年游仙都，题有"仙都""晦翁遗迹"。

陆俨少 中国美术学院教授。1982年9月10日游览仙都，题额"擎天一柱""凌虚亭""见三亭"。

孙火光 地质部原部长。1982年9月10日考察仙都旅游资源。

王家扬 浙江省政协原主席。1984年3月28日考察仙都旅游资源。

谷　牧 原国务委员。1984年5月3日考察仙都旅游资源。

钱正英 水利电力部原部长。1984年8月6日考察大洋水库期间游览仙都。

黄　璜 中共安徽省委原书记。1985年1月13日考察仙都景区。

楚　青 粟裕夫人。1985年4月10日偕外交部驻澳大利亚大使林平游览仙都。

吕　枫 中共中央组织部原副部长。1985年4月30日考察仙都景区。

段君毅 北京市委原书记。1985年5月21日游览仙都。

赵建明 航空工业部原部长。1985年5月21日游览仙都。

华　楠 解放军总政治部原副主任。1986年6月18日游仙都，题词"仙境仙都人胜仙"。

王朝闻 《美术》杂志原主编、中国美协原副主席。1986年12月17日游览仙都。

李铁映 中共中央政治局原委员、国家经济体制改革委员会原主任、全国人大常委会原副委员长。1987年4月、2004年1月视察仙都景区。

宋宝罗 京剧表演艺术家、画家。1987年7月6日游览仙都。

梁树德 浙江大学原党委书记。1987年8月28日游览仙都。

周　杰 中共中央办公厅原副主任。1987年11月28日考察仙都旅游资源。

童中焘 山水画家、中国美术学院教授。1988年12月18日游览仙都。

李泽民 中共浙江省委原书记。1989年10月10日考察仙都旅游资源。

文怀沙 北京大学教授、楚辞学家。1995年10月28日游览仙都。

吴学谦 国务院原副总理、外交部原部长，全国政协原副主席。1996年9月19日视察仙都景区。

方祖岐 南京军区原政委。1997年4月7日游览仙都，题词"独峰揽秀""人文始祖"。

王文元 全国政协副主席。1998年11月24日视察仙都景区开发。

铁　瑛 中共浙江省委原书记。1999年4月14日、2002年12月6日考察仙都。

邵　华 少将、军事科学院百科研究部原副部长。1999年12月8日出席黄帝祭典并进行摄影创作。

董良翚 中国文联书记处原书记。1999年12月8日出席黄帝祭典并进行摄影创作。

谢　军 国际象棋特级大师、世界冠军。2000年12月25日游览仙都。

穆　青 中国记者协会名誉主席、新华社原社长。2001年4月14日游览仙都。

李梦华 中华全国体育总会名誉主席。2001年10月24日出席仙都国际攀岩节开幕式。

刘　枫 浙江省政协原主席。2002年1月3日视察仙都景区建设。

王　芳 原国务委员、公安部原部长。2002年4月16日游览仙都。

张铚秀 原中央顾问委员会委员、昆明军区原司令员。2002年5月8日游览仙都。

孙　钢 原国家旅游局副局长。2002年8月6日考察仙都景区建设。

薛　驹 全国人大常委会原法工委主任、浙江省委原书记。2002年12月6日考察仙都景区建设。

陈洲其 国土资源部原副部长、全国政协原常委。2004年6月21日考察仙都景区建设。

龙永图 国家外经贸部原副部长。2004年7月29日游览仙都。

方 成、徐鹏飞 著名漫画家。2005年4月15日到缙云参加“第十五届中国新闻奖漫画作品复评会”，其间游览仙都。

杨汝岱 全国政协原副主席。2005年10月21日视察仙都景区建设。

李树文 中国文联原党组书记。2005年10月考察仙都景区及黄帝文化。

周 强 共青团中央原第一书记。2006年3月29日考察仙都景区建设。

郑欣淼 文化部原副部长、故宫博物院原院长。2006年11月6日考察仙都摩崖题记。

迟浩田 中央军委原副主席、国防部原部长。2006年12月12日游览仙都。

赵忠贤 中国科协原副主席、中科院院士。2007年10月12日考察仙都景区建设。

赵沁平 教育部原副部长。2008年6月12日偕北京师范大学校长钟秉林考察仙都黄帝文化。

王志珍 全国政协副主席、九三学社中央副主席。2008年10月29日考察仙都及河阳景区。

蒋正华 全国人大常委会原副委员长。2009年10月26日参加仙都公祭黄帝典礼。

成思危 全国人大常委会原副委员长。2010年5月15日游览仙都。

附录2：1985—1992年缙云县革命烈士名录

表35-3-10

姓名	性别	出生年月	出生地	牺牲时间及地点	牺牲时的单位及职务	批准日期
应 括	男	1907	新建镇新五村	1941.4.25 上海市青浦县练塘镇	国民党忠义救国军苏嘉沪挺进总队上校副总队长	1985年11月21日
尚 才	男	1909	新碧镇姓尚村	1937.11 江苏省宜兴县蜀山	国民党陆军第75军6师31团7连连长	1985年11月21日
郑道成	男	1916	五云镇周村村	1937.10 上海市	国民党陆军第11师65团7连士兵	1985年11月21日
李杏法	男	1918	五云镇周村村	1944.7.18 湖南省桃源县	国民党陆军第19师55团5连班长	1985年11月21日
李胡匡	男	1913	东渡镇堰头村	1938.10 湖北省阳新县	国民党陆军第14师83团8连士兵	1986年7月14日
宋设新	男	1921	五云镇官店村	1940.4.26 皖南九华山二天门	国民党陆军第145师435团4连士兵	1986年7月14日
郑济清	男	1921	五云镇周村村	1940.2.15 萧山县义桥	国民党浙西四区抗日自卫总队第3大队7中队分队长	—
陈大法	男	—	缙云县	1949.10.15 福建省厦门市	解放军某军某师某团1机连战士	—
辛衍军	男	1961	五云镇	1991.1.23 新碧	缙云县工商局职工	1992年6月20日
杨荣根	男	1961	壶镇镇硝背村	1974.6.1 硝背村	唐市小学学生	1992年6月20日
朱庚坚	男	1962	壶镇镇硝背村	1974.6.1 硝背村	雁岭小学学生	1992年6月20日

说明：11位革命烈士批准机关，均为浙江省人民政府

附录3：1949—1992年缙云县荣立二等功及以上军人名录

表35-3-11

姓名	性别	出生年月	出生地	立功奖项	服役部队或工作单位	批准时间	批准部门
杨三华	男	1962.7	五云镇	一等功	某部队	1985.7	中国人民解放军某部队政治部
胡菊生	男	1933.5	东渡镇	二等功	某部队	1949.8	—
詹全方	男	1930.1	五云镇		华东公安纵队	1953.5	中国人民解放军上海市上海县人民武装部
刘一峰	男	1927.10	仙都乡		公安军内卫三八团政治处助理员	1953.6	中共浙江省公安大队常委会
马维明	男	1935.11	新建镇		一七八团二营六连	1954.1	中国人民解放军步兵某团政治处
陈文亮	男	1930.5	七里乡		六十师独立防化学连	1955.1	步兵第某师政治处
陈周松	男	1933.2	东方镇		某部队	1955.1	—
应贵宝	男	1935.10	五云镇		陆军某部队	1955.1	中国人民解放军步兵某团政治处
麻枝升	男	1935.10	东渡镇		温州军分区	1957.1	—
施汝根	男	1935.10	新碧镇		温州军分区司令部	1959.12	中国人民解放军某部队
洪官群	男	1935.2	双溪口乡		温州军分区	1960.1	中国人民解放军南京军区某分队
蔡章雄	男	1937.1	壶镇镇		二十五团汽车连	1960.1	中国人民解放军第某团政治处
卢寿章	男	1927.8	五云镇		某部队	1979.3	广西军区步兵某师某团委员会
卢春明	男	1957.3	五云镇		某部队	1979.3	广西军区步兵独立师某团委员会
谢正秋	男	1952.8	五云镇		某炮兵学院	1983.1	中国人民解放军空某炮兵学院
叶喜亮	男	1960.2	壶镇镇		某部队	1985.8	某部队政治处
陈钟溪	男	1957.5	五云镇		某部队	1990.1	空军航空兵某师政治处
陈尚尧	男	1953.11	五云镇		—	1992	浙江省司法厅
施岳甫	男	1930.8	新建镇		缙云县公安局	1992	浙江省公安厅

附录4：1950—1988年缙云县出席全国、省人民代表大会代表名录

表35-3-12

姓名	性别	出生年月	籍贯	届别	起讫时间	工作单位及职务
洪先友	男	1932.8	浙江缙云	第四届全国人民代表大会	1975.1—1978.3	红旗公社农科站站长
丁文瑞	男	1924.2	浙江缙云	第一届至第三届省各界人民代表会议	1950.8—1954.8	缙云中学代主委
潜　彪	男	1923.10	浙江缙云	第一届省人民代表大会	1954.8—1958.10	县人民委员会副县长
朱唐富	男	1927.12	浙江缙云			镇东乡西桥村村民
林　鸿	男	—	浙江缙云			缙云县五云小学校长
潜有新	男	—	浙江缙云			缙云县手工业工人
崔于贤	男	—	山东利津	第二届省人民代表大会	1958.10—1964.9	县人民委员会县长
吴锦荣	男	—	浙江义乌			浙江省林业厅工程师

续表 35-3-12

姓名	性别	出生年月	籍贯	届别	起讫时间	工作单位及职务
苏菊梅	女	—	浙江缙云	第二届省人民代表大会	1958.10—1964.9	新碧乡碧川村农民
胡永武	男	—	浙江缙云			胡源乡胡村村农民
董仕祥	男	1923.10	山东垦利	第三届省人民代表大会	1964.9—1966.5	县委副书记、县长
丁巧兰	女	—	浙江缙云			昆洪公社新屋大队妇女主任
吴锦荣	男	—	浙江义乌			浙江省林科所工程师
钭新洪	男	—	浙江缙云			章源公社马家坑大队社员
王明东	男	1920.1	山东沾化	第五届省人民代表大会	1977.12—1983.4	县委副书记、县革委会副主任
丁鹏飞	男	—	浙江缙云			县文宣队队员
卢子法	男	—	浙江缙云			县农机厂党委副书记
陈仙群	女	—	浙江缙云			五云镇三里大队党支部副书记
麻良娃	女	—	浙江缙云			缙云县棉纺厂党委副书记
黄步姜	男	—	浙江缙云			三联公社知识青年
刘俊芝	男	1918.10	山东沂水	第六届省人民代表大会	1983.4—1988.1	中共浙江省委统战部副部长
徐文升	男	1925.7	山东莒县			县长、县人大常委会主任
陈仙群	女	1933	浙江缙云			五云镇三里村农民
郑晓龙	男	1959.7	浙江缙云			缙云县化肥厂工人
夏仕弘	男	1928.7	浙江缙云			县教师进修学校副校长
章百承	男	1944.3	浙江海门			县水电局副局长、工程师

附录5：1956—1991年缙云县省部级劳动模范及各种先进名录

表 35-3-13

姓名	性别	出生年月	工作单位	荣誉名称	颁授时间	颁授机关
郦丽芬	女	1932.8	县统计局	省先进统计工作者	1956	浙江省人民委员会
徐周余	男	1936.7	—	省文化战线先进分子	1960.1	—
卢子丹	男	1929.11	盘溪供销社	全国供销社劳动模范	1980.4	中华全国供销合作总社
蔡日进	男	1931.9	大源镇小章村	劳动模范	1982.9	浙江省人民政府
徐慧贞	女	1948.11	溶江乡政府	省计划生育先进工作者	1982.9	浙江省人民政府
谢祖安	男	1959.11	县公安局	全国公安战线功臣模范	1985.3	公安部
杨铭焜	男	1944.5	缙云中学	全国教育系统劳动模范	1989.9	国家教委、人事部
虞李新	男	1937.9	—	全国自强模范	1991.5	人事部、民政部、中国残联

附录

一、文件选录

二、专记

三、消逝的村落

四、轶事

一、文件选录

中共缙云县委、缙云县人民政府
关于大力促进个体、私营经济发展的决定

（1993年5月25日公布）

近年来，我县个体、私营经济有了较快的发展，已成为全县经济发展的一个重要增长点。为了更好地适应建立社会主义市场经济体制的需要，更有效地推进个体、私营经济健康扎实地发展，特作如下决定：

一、放宽从业人员限制

鼓励农民、城镇待业人员、机关企事业单位离退休人员。停薪留职人员、辞退人员、停工待业人员、企业富余人员、编余人员等从事个体、私营生产经营；经本单位同意，允许在职干部、职工利用业余时间从事第二职业；支持外地人员到本县从事个体私营生产经营。

二、放开经营范围

凡国家未明令禁止或规定不明确的商品和行业，都允许个体工户、私营企业生产、经营。允许开办个体、私营“代理行”“交易行”，进行中介代理服务，从事经纪人活动。

三、放开经营方式

1. 允许个体工商户。私营企业一业为主综合经营和开发设支机构；支持他们完全自主地选择生产、销售、批发、零售、长途贩运、代购代销等各种经营方式。

2. 个体工商户、私营企业可以承包、兼并、租赁和购买国有、集体企业；可以参股、入股和投资联营兴办股份制企业，可以参加企业集团。

3. 鼓励个体工商户、私营企业开展“三来一补”业务，兴办“三资”企业，支持个体私营企业出国经营。

四、放宽登记限制

1. 放宽经营场所限制。凡从事技术开发、修理、服务、家庭工业等项目，其家庭住所可以作为经营场地登记。

2. 放宽注册资金限制。个体工商户、私营企业除开办公司以外，其注册资金不作具体限制。

3. 放宽名称登记限制。个体经营企业在不重复的前提下允许冠县名；申请冠省、地名的，只要条件基本具备，县工商局要积极上报审批；个体工商户、私营企业根据生产经营需要，可以起字号，其名称可不冠“个体”“私管”字样，可以刻制圆形印章。

五、简化审批登记手续

申请个体经营和开办私营企业，可凭居民身份证或单位证明，直接向工商行政管理部门办理登记。除法律法规和明文规定需专项审批或实行许可证的一些特殊行业外，其他任何部门的许可证和专项审批，一律不作为登记发照的前置条件；符合或基本符合审批条件的，有关部门要及时给予办理。

六、放宽信贷政策

各专业银行和城乡信用社对个体工商户和私营企业的贷款发放要与国有、集体企业同等对待；对有一定业务经营规模，经济效益好、信用程度高，有发展前途的个体工商户、私营企业，要大力予以资金扶持。

个体工商户、私营企业生产经营所需的贷款，主要应采用抵押、担保等形式，手续力求简便。

经人民银行批准，允许个体私营企业协会、工商联等组织建立资金互助基金会和开办资金服务社等，为个体工商户、私营企业开展资金融通服务。

七、实行税费优惠

1. 凡经税务登记的个体工商户、私营企业，可向税务机关购用统一税务发票。经营规模较大的个体工商户、私营企业，可申请印制具名统一发票。

2. 新办个体工商户、私营企业（包括新办专业市场内的新经营户），自投产经营之日起，经批准可以酌情减免产品税、增值税、营业税和工商管理费一年，免征所得税一年。对经济相对落后地区新办的个体工商户、私营企业，经批准可免征工商三税二年和所得税三年，并免收工商管理费二年。

3. 个体工商户、私营企业主和其他职工的工资收入可按实列入生产经营成本。

4. 个体工商户、私营企业向民间借贷用于扩大再生产资金的利息，可按高于同期银行贷款利率的二倍列入成本。

八、个体工商户、私营企业的生产经营用地，乡村基层组织要积极予以安排，城建规划和土地管理部门应按集体企业一样对待，及时办理审批手续；鼓励个体工商户、私营企业进入工业小区开发建设；允许机关企事业单位按照有关规定向个体工商户、私营企业转让闲置的场地房屋。

九、加强科技服务。鼓励个体工商户、私营企业从事科技开发与经营；科研管理部门在科技资料、信息、项目申报审批、技术咨询、培训、产品鉴定、成果评奖等方面要与国有、集体企业一视同仁，给予扶持和帮助；在个体工商户、私营企业工作的科技、财会、统计等专业人员，可以参照集体企业同类人员的办法，申请评定相应的专业技术职称。

十、劳动、保险等部门要积极深化改革，逐步健全和完善各种社会保障制度，要把个体户、私营企业主及其职工的社会保险作为一项重要的工作来抓，为他们在人身、财产、医疗、养老保险等方面提供良好服务，消除他们的后顾之忧。

十一、切实维护个体工商户、私营企业的合法权益。个体工商户、私营企业除国家规定的纳税、缴费和县以上人民政府确定的合理社会负担以外，其他任何部门单位和个人都不得擅自向个体工商户、私营企业乱收费、乱摊派、乱集资、乱借支。对侵犯个体工商户、私营企业合法权益的违法乱纪行为，有关部门要及时查处。

十二、个体工商户、私营企业在政治上与国有、集体企业享受同等待遇。在评比先进等方面都与国有、集体企业同样对待。各乡镇党委、政府和有关部门要通过进一步的宣传教育，采取扎实有效的措施，促使个体工商户、私营企业消除思想顾虑，放手生产经营，推动我县个体、私营经济上规模、上水平、登上新的台阶。

缙云县城镇住房制度改革实施方案

（中共缙云县委、缙云县人民政府 1992 年 12 月 28 日公布）

根据《国务院关于继续积极稳妥地进行城镇住房制度改革的通知》《浙江省城镇住房制度改革实施方案》等文件规定，结合本县实际情况，制定本实施方案。

一、改革的目标和原则

住房制度改革是经济体制改革的重要组成部分，其根本目的是：缓解居民住房困难，不断改善住房条件，正确引导消费，逐步实现住房商业化，发展房地产业。总的目标是：从改革我县公房低租金制度着手，将现行公房的实物福利分配制度逐步转变为货币工资分配制度，由住户通过商品交换取得住房的所有权或使用权，使住房进入消费品市场，实现住房资金投入产出的良性循环，加快住房建设，不断改善住房条件，完善住房融资体系，完成住房商品机制的转换，实现住房商品化、社会化。

近期目标是：“八五”期间，以改变低租金、无偿分配为基本点，通过分步提组的办法，公房租金计租标准力争达到实现简单再生产的三项因素（维修费、管理费、折旧费）的租金水平；逐步增加家庭收入中住房消费支出的比重；解决住房困难户及无房户的住房问题；建立政府、单位、个人三级住房基金，并使之合理化、固定化、规范化，保证住房建设有稳定的资金来源。

中期目标是：到本世纪末，公房租金计租标准努力达到五项因素（维修费、管理费、折旧费、投资利息、房产税）的成本租金水平；群众居住条件和居住环境得到明显改善；发展房地产市场，建立和健全住房资金的融资体系，初步实现住房建设资金投入产出的良性循环。

长期目标是：住房租金计租标准要达到包括八项因素（成本租金、土地使用费、保险费、利润）的商品租金水平；住房成套率大大提高，每户有一套舒适的住宅；健全房地产市场，完善住房融资体系，完成住房机制的转换，实现住房商品化、社会化。

住房制度改革的基本原则：

第一，坚持国家、集体和个人共同负担的原则，发挥三者积极性，扩大资金来源，增加住房供给；

第二，坚持租、售、建并举的原则，逐步提高公房租金，实行新房新制度，鼓励购房，促进建房；

第三，在坚持统一政策的前提下，结合缙云县的实际情况，充分考虑国家、集体和个人的承受能力，积极稳妥地推进改革；

第四，坚持机制转换的原则，转换传统体制下的运行机制，逐步建立体现社会主义市场经济要求的新的住房制度和运行机制，实现住房商品化。

二、改革的内容和政策

缙云县住房制度改革的主要内容是：逐步提高公房租金，积极出售公有住房，扶持集资合作建房，实行新房新制度，推行公积金制度，统一建立住房基金。具体政策如下：

1. 逐步提高公有住房租金

合理调整公有住房租金是住房制度改革的核心环节。我县城镇规划区（含独立工矿区）范围内公有住房租金都要调整，采取小步提租，暂不补贴的办法，逐步向商品租金推进。

（1）公房提租幅度：一九九二年，职工、居民租住的公有住房，在规定面积标准内，每平方米使用面积平均月租金提高到0.25元。今后将逐步提高，实现各阶段目标。

（2）对住房面积超过规定标准的要加收租金。住房超标加租检查面积标准按省委、省人民政府印发《关于清理国家机关干部在建房分房中问题的若干规定的通知》执行。超过10平方米以上的，超过标准部分按照调整后的租金全额累进加租。

新房住房面积标准按《国务院关于严格控制城镇住宅标准的规定》执行。超过5平方米以上的，超过标准部分按照调整后的租金全额累进加租。

对多占公房空关的、擅自转租公房牟利的、占用公房而出租私房的，必须限期退出公房，不退的要从重加租。

（3）调整公房租金后，对离休干部、已故离休干部的配偶、民政和劳动部门确认的社会救济户、特等和一等残废军人、非在职优抚户，享受抚恤待遇生活困难的烈属、生活困难的退休职工住房在规定面积标准之内，提租后增支部分，分别不同情况给予适当减免补照顾。各单位要严格控制减免补的范围，减免补的时间一般不超过3年，在此期间，要把减免补对象逐步纳入正常优抚、救济和单位困难补助的渠道。

（4）公房租金收入，作为产权单位的住房基金，专项用于住房的维修、管理、改造和建设，不得挪作他用。

2. **积极出售公有住房**

（1）城镇规划区范围内的公有住房，包括国家直管公房和单位自管公房，除列入近期旧城改造规划、临街宜改造为营业用房、产权未定、具有历史保护价值、平房和危房以及县政府认为不宜出售的住房外，均可向职工、居民个人出售。房改起步时，主要是出售成套公有住房。

（2）凡在本县城镇房改范围内有常住户口的职工、居民家庭，符合购房条件的，经所在单位或产权单位同意，均可以户为单位购买公有住房。旧公有住房，房改起步阶段优先出售给符合购房条件的现住户。新建公有住房和腾空旧住房，应优先出售给符合分房条件的无房户和住房困难户。

（3）出售公有住房的价格分标准价、综合价和综合加价价，每户限购一套。

①新建公有住房的标准价，包括住房本身建筑造价和征地拆迁补偿费。房改起步阶段，为鼓励群众买房，按标准价计价时，征地拆迁补偿费暂由单位适当负担，一九九二年投入使用的砖混（石混，下同）结构单元套房每平方米建筑面积基价定为 180 元。

②新建公有住房的综合价，由住房的成本组成，一九九二年投入使用的砖混结构的单元套房每平方米建筑面积基价为 275 元。

③市场价由住房的成本、利润、税金和地段差价四部分组成，一九九二年投入使用的砖混结构单元套房每平方米建筑面积基价为 320 元。

④一九九一年底前投入使用的住房为旧房，按同类新房基价的九五折作为重置价，再打成新折扣后计价。

⑤新旧住房都按所在地段、朝向、楼层、设施等因素将基价增减后计价。

各单位出售公有住房的价格须报县住房制度改革领导小组办公室会同有关部门批准后执行。

公有住房出售的标准价、综合价和综合加价价，今后将逐步调整，每年公布一次。

（4）职工购买标准价或综合价公有住房的面积，按照《国务院关于严格控制城镇住宅标准的规定》的标准执行，即每户住房建筑面积标准为：地级干部不超过 90 平方米；县级干部不超过 70 平方米；局级干部不超过 60 平方米；一般职工居民不超过 50 平方米，或按人均建筑面积 12 平方米控制。

职工按标准价或综合价购买公有住房，新房建筑面积超过上述规定标准 5 平方米以上部分按综合价加价价计价；旧房建筑面积超过上述规定标准 15 平方米以上部分，按综合加价价打成新折扣后计价，必须一次付清房款，不给优惠。

（5）职工购买公有住房，可以一次付款，也可分期付款。一次付清房款的（不包括住房政策性抵押贷款部分），给予房价 20% 的优惠；申请政策性抵押贷款一次性付清房款的，给予贷款部分 10% 的优惠；分期付款的，首次付款不得低于房款的 30%，对首次付款超过 30% 的部分，给予 25% 优惠；其余房款，可以按月缴付，但缴付数额不得少于分期付款期限内的月平均数，且按规定交付利息。还款年限，旧房不超过 7 年，新房不超过 10 年。

（6）产权确认。按标准价购买的公有住房，购房者拥有部分产权（按实际售房基价与综合价的比例确定），可以使用、继承，不能赠与；付清购房款并从办理购房手续之日起住满五年后，可以按规定进入市场出售或出租，原产权单位有优先购买权或租用权。售房或租房收入，在扣除有关税费后所得收益，按政府、单位、个人的产权比例进行分配；属政府、单位分得的部分，纳入政府和单位的住房基金。

按综合价购买的公有住房，购房者拥有全部产权，付清购房款并从办理购房手续之日起住满三年后，可以按规定进入市场出售或出租，原产权单位有优先购买权或租用权。售房或租房收入，在扣除有关税费后所得收益，全部归个人所有。

按市场价购买的公有住房，购房者拥有全部产权。

（7）职工购买标准价房后，室内维修由购房者负责，费用自理；共用设备和共用部位的维修所需费用，由产权单位和个人按产权比例共同负担。

（8）产权单位以标准价和综合价出售公有住房，免缴固定资产投资方向调节税（指新建公有住房）、营业税；购房者免缴房产税、土地使用税和一次性契税。

向职工、居民出售公有住房回收的住房资金，凡纳入住房基金的，可暂缓征预算调节基金和能源交通重点建设基金。

（9）出售公有住房回收的资金，必须全部纳入住房基金，一律存入县房地产信贷部。产权单位可以用于购建住房和归还购建住房贷款以及提取房价的 10% 作为住房共用部位、共用设备的维修基金。

（10）企业出售公有住房部分产权后，对尚存部分产权的固定资产，可以继续提取折旧费和大修理基金。并纳入住房基金。

3. **扶持集资合作建房**

（1）集资合作建房的对象是：经县住房制度改革领导小组办公室审查批准的无购买商品房能力的单位；职工中中低收入的无房户、住房困难户和危房户。

（2）集资合作建房，可以个人投资为主，个人负担土建造价，单位负担征地拆迁和配套设施费用；可以由政府组织有偿“解困”，国家、单位、个人（个人筹资不少于 60%）共同筹资建房和改造旧危房；也可以个人全额投资。集资合作建房，国家减免有关税费。

（3）集资合作建房，要在县城镇统一规划下进行，可由县房地产管理部门组织建设。

（4）集资合作建房的建筑面积，政府、单位、个人共同筹资建设的，按国务院国发文件规定的面积标准控制；以个人投资为主的，可按人均建筑面积不超过 20 平方米控制。

（5）各部门要从多方面支持集资合作建房。计划部门要优先安排集资合作建房计划，对个人集资与合作建房部分，可不受基建规模控制，实行指导性计划；规划部门要优先给予选址定点；土地管理部门要优先审批建房用地；金融部门要在住房信贷范围内优先给予贷款扶持；建材部门在建材供应上给予支持。对个人集资和合作建房，国家减免固定资产投资方向调节税、房产税、契税和土地使用税，政府有关部门给予减免城镇建设配套费等有关费用，降低建房造价。

（6）集资合作建造的住房，个人全额投资的，产权归建房者个人所有；以个人投资为主，国家、单位给予优惠的，个人拥有部分产权，可以使用、继承，自住房交付使用并住满五年后可以出售或出租，售房或租房收入扣除有关税费后的所得收益，按政府、单位、个人的产权比例分配。

4. **实行新房新制度**

（1）从一九九二年一月一日起，全县城镇全民和集体所有制单位投入使用的新房，一律实行新制度。凡迁出腾空的旧公有住房、旧城改造拆迁安置公房超过原面积部分，应视同新房，实行新制度。

（2）新房要先卖后租。要把新房优先出售给具备分房条件的无房户，住房困难户和拆迁安置户，要尽可能把环境好、层次好的住房拿出来出售，以吸引职工买房。

（3）新租赁公有住房，须按规定先缴足住房租赁保证金后，才能取得使用权，并按规定缴纳租金。

离休干部和已故离休干部的配偶，提倡自愿缴纳住房租赁保证金。

民政部门确认的社会救济户、特等和一等残废军人，经批准，可免缴住房租赁保证金。非在职优抚户，享受抚恤待遇生活困难的烈属、生活困难的退休职工，经批准，可适当减免和分期缴纳住房租赁保证金。

（4）住房租赁保证金缴纳基数，一九九二年砖混结构成套新房每平方米使用面积 25 元，腾空旧房每平方米使用面积 15 元，必一次性缴清。

（5）为筹集资金，支持住房建设，已出租的成套旧住房，每平方米使用面积缴纳 4 元（1980 年底以前建造的住房）或 5 元（1981 年及以后建造的住房）租赁保证金；不成套的旧住房，每平方米使用面积缴纳 3 元住房租赁保证金，须一次性缴清。退房或达到成本租金后，归还租赁保证金。

（6）新房从缴款之日起，满五年后由产权单位将本金退还给承租户，同时按旧房额度缴纳租赁保证金。未满五年解除租赁合同的，可以退还租赁保证金。

（7）住房租赁保证金由产权单位统一储存到县房地产信贷部，纳入住房基金。

5. **推行公积金制度**

公积金是一种义务性的长期储金。推行公积金制度，有利于提高职工家庭解决自住住房的能力，有利于城镇建设资金的融通。

（1）公积金的缴纳办法是：职工个人按月缴占工资一定比例的公积金，单位也按月提供占职工工资一定比例的公积金，两者均归职工个人所有。

（2）凡在本县工作的党政机关、群众团体、事业单位、全民和集体所有企业的固定职工、合同制职工和“三资”企业中的中方职工均实行公积金办法。少数经济困难的单位，经县政府批准，可暂缓实行。离休干部，退休职工、计划外临时工、“三资”企业中的外籍职工，不实行公积金办法。

（3）一九九二年，职工和单位的公积金缴交比例分别按月基本工资（企业按标准工资）提取，职工缴交3%，单位提供4%。今后随着经济的发展和个人收入的变化，将分别进行调整，每年公布一次。

（4）存储的公积金比照银行活期存款利率结算利息。

（5）公积金来源：个人承担部分，由个人支付，企业提供部分，由企业从公有住房提取的折旧费和其他划转的资金中解决，不足部分经县财政部门核定，可在成本中列支。行政事业单位缴纳的公积金，原则上在其自有资金和其他划转的资金中解决，不足部分经县财政部门核定后，列入预算。

（6）公积金定向用于职工家庭购买和建造自住住房、翻建改造私房、房屋大修。职工购房、建房可以使用本户成员及其直系亲属积余的公积金。职工出售用公积金购买的住房，原购房时动用的公积金应如数存入原公积金户名内。各单位原则上可以有偿使用本单位职工积余的公积金，用于购、建住房。

（7）职工离退休、出国定居，其结余的公积金本息归还给职工本人。职工调动工作离开本地，其结余的公积金本息可转入新工作所在地的房地产信贷部该职工名下，职工在职期间去世，其结余的公积金本息由其继承人或受赠人继承。

（8）公积金由县住房基金管理中心负责筹集、管理、归还，委托房地产信贷部代理。

6. **统一建立住房基金**

按照国务院文件的规定，为切实做好住房基金的筹集和转换工作，把围绕住房生产、经营和消费所发生的资金集中起来，在县财税局的参与下分别进行核定，建立城市、单位、个人多层次的住房基金。

政府、单位和个人住房基金的主要来源包括：县财政用于住房建设及维修的资金；单位和个人缴交的公积金；房改资金使用中增值资金；出售住房回收资金；住房租金和租赁保证金；住房折旧费、大修理基金，企业留利中按一定比例提取的资金；政府与单位筹集的其他住房基金。

建立“缙云县住房基金管理中心”，具体负责全县住房基金筹集、使用的审批等管理工作。住房基金管理，接受县财政和审计部门的监督。

建立“县房地产信贷部”，负责办理全县有关住房生产、消费资金的筹集、融通和信贷结算业务。信贷部接受县人民银行和其主管银行的领导和管理，接受县住房基金管理中心的业务指导和监督；财务上实行独立核算、自主经营、自负盈亏、自求平衡、就地完税，其盈利纳入城市住房基金。

各银行（信用社）和保险公司要积极开展个人购房储蓄、贷款和购房保险业务，实行抵押信贷购房和购房保险制度，应从贷款利率、还款期限和保险费率等方面鼓励职工个人购买公有住房和参加有组织的集资合作建房。

各单位的住房基金必须单独列账，一律存入县房地产信贷部。住房基金只能用于住房的建设、维修和改革，不得挪作他用。住房基金使用遵循定向、有偿、所有权不变，使用权相对稳定的原则。

三、改革的范围

本方案在县城镇规划区范围和独立工矿区内实施。住房制度改革按地域管辖的原则进行。除国家另有规定者外，所有在上述规定范围内的机关、团体、企事业单位，不论隶属关系如何，都应按本方案的规定实施住房制度改革。

四、改革的步骤和措施

一九九二年十二月起在五云镇规划区范围内首先推行提高公房租金，出售公有住房，扶持集资合作建房，实行新房新制度，推行公积金制度和统一建立住房基金的改革，并根据具体进展情况陆续在一九九三年内在全县各建制镇和独立工矿区内全面展开。

各部门、各单位都要制订出符合本单位实际的具体房改实施办法，并报县房改领导小组办公室批准后执行。

各建制镇参照本方案，制定具体房改实施办法，报县房改领导小组批准后实施。

住房制度改革涉及面广，政策性强。各部门、各单位必须加强领导，要把住房制度改革提到重要议事日程，主要领导同志要亲自抓，及时协调解决住房制度改革中的问题。领导干部要以身作则，以自己的模范行动推动这项改革。

所有单位不论隶属关系如何，都应服从县政府对住房制度改革的统一部署。对于职工家庭成员在不同市、县工作的，如在提租出售等方面出现的交叉和辐射问题，一律按照住房所在市、县的房改政策办理。

严格组织纪律，对拒绝改革、违反政策、弄虚作假、损公肥私等违纪行为，按有关规定严肃查处，构成犯罪的，移交司法机关惩处。

切实加强对房地产市场的统一管理，健全住房买卖和租赁制度，认真查处倒卖房地产牟取暴利和非法转租公房的各种非法活动。各城镇进入市场买卖的公房和私有住房，都要通过房地产交易机构进行交易，并根据国家的有关规定进行价格评估，严禁私下买卖。

五、附则

1．本方案各项配套实施方案由县住房制度改革领导小组会同有关部门制定，由县人民政府公布后作为本方案的附件一并组织实施。

2．各单位以前制订的有关住房规定与本方案有精神不一致的，以本方案为准。

3．本方案由县住房制度改革领导小组办公室负责解释。

4．本方案自公布之日起实施。

加大改革力度　加快发展步伐
大力促进农村经济与社会主义市场经济接轨

——1994年1月27日卢淳良同志在全县农村工作会议上的讲话（节选）

第一部分，1993年工作回顾

一、经济发展又上新台阶

1993年，全县实现工农业总产值13.98亿元，比1992年增长49.6%。其中，工业总产值10.86亿元，增长62.8%；农业总产值3.12亿元，增长15.1%。全县实现税收4880万元，增长66.6%。完成和超额完成了年度奋斗目标。特别是农村经济，继续保持良好的发展势头，突出表现在以下四个方面：

一是乡镇企业大发展，个体私营企业成为全县工业发展的重要增长点。去年，全县实现乡镇工业总产值 8.66 亿元，比 1992 年增长 85.5%。尤其是个体私营经济发展迅速，去年全县个体工商户达 11847 家，私营企业 193 家，合作经营企业 194 家，全县个体私营工业产值达 6.62 亿元，占全县工业总产值的 61%，个体私营经济已经成为全县经济的最活跃部分。

二是农业生产形势较好，“三种两养”继续成为农业发展的主要增长点。李鹏同志指出，判断农业和农村形势要以农业生产是否发展、农产品市场是否繁荣、农民收入是否增加为标准。对照这个标准，我县的农业发展是比较快的，形势是好的。特别是以“三种两养”为重点的开发农业，又有新的发展，全年蚕茧产量达 1793 吨，比上年增长 35.8%，产值 2152.9 万元，比上年增长 76.5%；发展香菇 4500 万袋，比上年增加 1000 万袋，增长 28.6%，产值达 5832 万元，比上年增长 110.58%；鹅的饲养量达 84.45 万羽，产值达 2463.8 万元。“三种两养”的产值超过亿元，占全县农业总产值 35% 以上。“三种两养”在农业经济中有着十分重要的地位，是我县农村经济的一个重要支柱，农业发展的主要增长点。去年，全县还新发展蚕桑 7000 多亩，高山蔬菜 6000 多亩，干鲜果 1 万多亩。各地还对粗放种植的耕地面积进行了大胆调整，共发展经济作物 3 万多亩。

三是城乡集市贸易活跃，八大市场为农民进入市场经济提供了大显身手的舞台。去年，县、乡、村、户直接、间接投资办市场资金超过 5000 万元，重点新建和扩建了浙南生产资料市场、浙南汽配市场、浙南林产品市场、三里灯具市场、浙南金属市场、缙云棕竹木制品市场、浙南鹅鸭市场、新建西门市场等八大市场，并相继开业，进一步繁荣了我县的城乡贸易。去年，全县集市贸易成交额达 2.16 亿元，增长 113%。

四是农民生活水平显著提高，消费结构明显改善。据“百户家记”调查，去年农民人均收入 1061 元，比上年增加 297 元。农民对鱼、禽、蛋、奶、果、菜、瓜等消费逐渐增加，生活水平进一步提高。

二、重点工程建设成绩显著

去年，我县十大重点工程建设面广、线长、量大、时间紧、资金严重短缺，全部工程牵涉到 12 个乡镇，每个工程牵涉到 10 多个部门，仅铁路、公路建设就有 90 多公里，全部工程约需征用土地 3600 多亩，拆迁房屋约 12 万平方米，需完成施工土石方 500 多万立方米。在分管领导、各工程指挥部和全县广大干部群众的共同努力下，克服重重困难，经过一年的苦干实干，房屋拆迁和征用土地工作除个别工程的个别地段外已经完成，目前已完成施工土石方约 320 万立方米，占全部施工土石方总量的 64%。金温铁路缙云段建设速度较快，质量较好，多次受到省地的表彰。缙云火车站以北的站场、路基施工土石方工程已经基本完成，能确保今年年底通车。330 国道线兰黄公路“四自”工程，在指挥部和有关部门、有关单位作了艰巨细致的工作以后，第一期工程已经全面破土动工，目前工程进展顺利，各项工作在全省“四自”工程工作会议上作了介绍，得到上级的好评。平黄公路第一期路基工程已经基本完成，第二期工程准备工作已经完毕，开始施工。1 万门程控电话已经开通，部分地区通信实现了程控化。11 万伏输变电工程的基础工程、主控制楼建设已经基本完成。“商品走廊”6 大主要专业市场已经在去年 9 月 28 日开业试营。菜场综合大楼建设已经进入最后装修阶段。给排水管网改造、五玉公路、城东新区开发、新碧新区开发等重点工程正在抓紧建设。

三、改革开放迈出新步伐

一是乡镇经济目标管理取得成效。去年，县委、县政府对 24 个乡镇全面实行经济目标管理责任制，并签订了《三年经济目标管理责任合同书》。实施一年来，经过几次检查和年终考核验收，大家一致反映，乡镇职能开始转变，部分乡镇“大、难、松”状况大有改观；乡镇干部各员的工作积极性得到了应有的调动，中心意识进一步确立，经济建设的合力开始形成；乡镇干部各员的紧迫感、危机感和责任感进一步增强；办事效率明显提高，服务意识不断增强；新的乡镇行政管理体制和干部管理体制开始形成，乡镇主要领导有更多的精力抓全局、议大事。实行乡镇经济目标管理，不仅给了压力，更给了动力。经考核检查，五云镇、壶镇镇、舒洪镇、东方镇、大源镇、前路乡、三溪乡、雁岭乡、白竹乡、双溪口乡、溶江乡、胡源乡、方溪乡、石笕乡、新川乡等15个乡镇完成和超额完成了县委、县政府核定的1993年度经济目标管理任务。

二是企业改革向纵深推进。去年，在壶镇镇公开拍卖两家集体企业敲响全区企业产权制度改革的第一槌后，全县形成了浓厚的改革气氛，改革力度逐渐加大。各乡镇、各单位、各部门、各企业认真借鉴和总结各地的经验教训，积极按照县委、县政府的17条意见和工作部署，进行了以理顺产权关系为主的企业改革。根据统计，全县有93家工业企业进行了各种形式的改革，占全县需改制工业企业总数的56%。

三是机关改革不断深化。去年，县委、县政府提出了“转变职能，强化服务，创办实体，鼓励创收”的改革思路，在全县全面试行行政事业经费包干制度，各单位、各部门生财、聚财、理财的积极性得到调动。一方面建立岗位目标责任制，推行聘任制；另一方面，积极鼓励干部创办经济实体，使人才、技术、设备的潜在优势得到发挥，艰苦创业、勤俭办事业的思想进一步树立，服务意识不断增强，工作效率不断提高，行政事业开支过快增长局面得到有效控制，为今后机构改革打下了良好的基础。

四是对外开放又有新进展。去年，创办中外合资企业6家，引进利用外资72万美元。外贸出口比上年有较大幅度增长。利用外力发展本地经济渠道进一步拓宽，对外交往进一步扩大，缙云的知名度进一步提高。

四、精神文明建设取得新成就

一是干部群众的思想进一步解放。二是教育、文化、卫生等各项社会事业有了新发展。三是反腐败斗争取得了一定的成绩。四是社会治安综合治理工作不断加强。五是计划生育工作进步明显。

五、党的建设进一步加强

一是通过开展党的十四大精神再教育和利用电化教育、举办培训班等形式，对全县广大党员和干部普遍进行了发展才是硬道理的再教育社会主义市场经济理论、知识的再教育，“两手抓”“两手都要硬”的再教育，领导班子思想作风的再教育。二是县乡镇全面进行了换届选举，选拔了一大批优秀中青年干部，调整充实了部委办局和乡镇的领导班子，并对各级领导班子进行了理论和业务上岗培训。三是狠抓了党风廉政建设。既抓违纪违法的反面典型，又树廉洁自律的榜样，广大党员干部廉洁奉公、为政清廉、勤政为民、无私奉献的共产主义思想进一步树立。

缙云是一个经济欠发达的地区，对照上级的要求，我们在思想认识、工作作风方面还有较大差距。一是改革开放的气魄和胆略不够大，闯劲不够足。二是有些事已经形成决策，抓落实不够紧、不够实。三是对经济发展和新旧体制转换过程中出现的新情况、新问题还探讨研究不够。四是把农业、农民引向市场的措施和办法研究不多。五是坚持“两手抓”思想不够牢固，一手硬、一手软问题没有解决好。六是党的建设、精神文明建设和民主法治建设在许多方面与新形势不相适应，特别是党风廉政建设、社会风气、社会治安等还存在不少问题。七是机关工作作风还比较松散，办事效率不高，服务意识不牢固，有的干部在等待机构改革，影响当前工作。我们必须高度重视这些问题，努力加以解决，保证我县改革开放和现代化建设的顺利进行。

第二部分，1994年工作的主要任务

1994年全县工作总的指导思想是：以《邓小平文选》第三卷为思想武器，以党的十四届三中全会《决定》为指导，以“发展、改革、稳定”为主旋律，加大改革力度，加快经济发展，加强党的建设，保持社会稳定，全面推进各项工作。

1994年全县工作总思路是：继续坚定不移地发动千村万户、发展“一村一品”，办好龙头企业，加快集镇建设，推动千村万户发展“一村一品”，认真贯彻执行地委、行署“两沿一镇”发展战略，强化基础，优化环境，培育市场，三区联动，骨干引导，多轮驱动，外引内联，全面发展。

根据上述指导思想和工作思路，1994 年全县工作主要指标：确保实现工农业总产值 18.5 亿元，比 1993 年增长 32.3%。其中工业产值 15.3 亿元，比 1993 年增长 40.9%；农业总产值 3.3 亿元，比 1993 年增长 5.8%。实现税收 5100 万元，比 1993 年增长 4.5%。计划生育率达到 96% 以上，人口自然增长率控制在 8‰以下。

1994 年奋斗目标：力争工农业总产值突破 20 亿元大关，比 1993 年增长 43.1%。其中，工业总产值 16.6 亿元，比 1993 年增长 51.9%；农业总产值 3.4 亿元，比 1993 年增长 9.0%。力争实现税收 5280 万元，比 1993 年增长 8.2%。

为了实现以上工作目标，必须着重抓好以下几个方面的工作。

一、认真学习《邓小平文选》第三卷和十四届三中全会《决定》，进一步解放思想，转变观念

（一）结合实际学，抓住重点学。通过学习，要进一步解放思想，转变观念，坚定贯彻执行党的基本路线的自觉性。邓小平同志指出："解放思想，就是使思想和实际相符合，使主观和客观相符合"。思想和实际、主观和客观，是一个不断运动变化的过程，只要实践在运动，在发展，就存在主观与客观、思想与实际是否相符合的问题，就存在着不断解放思想的问题。实践证明，解放思想、统一认识，是经济建设和发展的关键。只要解放思想换脑筋，实事求是动脑筋，我们的路子就会越走越宽，办法就会越用越多，经济就会发展得越快。各地要坚持一切从实际出发，不做"本本"的奴隶，冲破"左"的束缚，彻底改变旧的思维方式和工作方法，摒弃一切陈旧观念，增强市场经济观念、发展是硬道理的观念、唯实创新的观念、"效率优先、兼顾公平"的观念和宗旨观念，按照"三个有利于"的标准，继续大胆探索，走自己的路，充分发挥主观能动性，把上级的方针政策与本地实际有机地结合起来，创造性地开展工作。既不要把现阶段必然出现的、应该允许存在的东西加以排斥，也不要超越现阶段把将来才有可能办的事情拿到现在来做和现在来要求。要继展放宽控管力度，制订具体政策措施，促进经济发展。要继续保持政策的连续性，只要不违背中央的方针政策，凡是有利于搞活经济的政策措施，都要毫不动摇地坚持下去，并不断加以完善。只有这样，才能全面推进我县的改革开放和经济发展。

（二）认真制订计划，精心组织实施。县委决定，春节以后举办一期乡镇副职以上领导干部学习会，以进一步推动《邓小平文选》的深入学习。各乡镇、各部门、各单位都要按照县委通知精神，认真制订学习计划，精心组织实施。学习要针对不同层次提出不同要求，一般党员干部以在职学习为主，有条件的地方，可以利用基层党校等教育阵地进行短训或采取其他形式集中学习。县委组织部、县委宣传部，各部门、各乡镇分管组织宣传的领导干部，要加强对学习的领导、指导、督促和检查，及时总结交流学习经验，推动学习的不断深入。要继续运用广播、电视等多种形式，开辟学习专题，广泛深入地进行宣传教育，使广大干部群众真正把握邓小平同志关于建设有中国特色的社会主义理论，为实现 1994 年工作目标奠定坚实的思想基础。

二、加大改革力度，增强发展动力

（一）认真落实国家出台的五大改革，研究适应性的办法和措施

（二）进一步完善乡镇经济目标管理责任制

前几天，县委、县政府组织了 200 多人的工作组，对 24 个乡镇同时进行了乡镇经济目标管理考核检查，从检查情况看，绝大多数乡镇对目标管理责任制工作是重视的，贯彻县委、县政府的《决定》是坚决的，目标明确，责任到人，分片包干，有力促进了我县农村经济的发展。实践证明，乡镇经济目标管理是一种较理想的行政管理体制，今年要继续实施。但是，从检查中也发现一些问题，一是个别乡镇对实施乡镇目标管理责任制，认识不足，措施不力，责任没到人，指标分解不明确；二是个别乡镇有瞒报虚报、弄

虚作假现象；三是有的干部脱离群众，唯利是图，工作只顾眼前利益，不顾长远利益，只顾个人利益，不顾集体利益。这些问题，我们都要认真总结经验，进一步做好完善工作。各乡镇要针对各地的不同情况，积极探索新办法，切实制订改进措施，使我县的乡镇经济目标管理责任制更加完善，效果更加显著。关于乡镇财政体制问题，要按照“巩固成果，确保基数，适当调整”的思路，做好工作，具体由县政府召开财政工作会议研究制定。

（三）积极推进企业产权制度改革

产权改革是深化改革的核心，是经济发展的动力，也是社会进步的表现，这是不以人们的意志为转移的。从前段时间工作来看，总体是好的，但有的地方进度必须加快。县委、县政府要求：力争在上半年完成企业经营机制转换工作。这是贯彻落实《决定》的实际行动，也是企业面对市场竞争生与死的选择，是一项硬任务，必须拿下来。在转制工作中，要继续认真贯彻好县政府《关于国有集体企业推行股份合作制的17条处理意见》，并在实践中不断创新。

（四）进一步深化农村改革

1．在稳定和完善家庭联产承包责任制的同时，加快农业股份合作制的步伐，促进“一优两高”农业发展，达到规模经营、连片开发，尽快形成拳头产品。农业股份合作制要实行土地入股、劳力入股、资金入股、科技入股相结合，达到明确所有权、承认承包权、搞活经营权之目的。县农经委等有关部门在今年要按照“三权分离”的原则，搞好农业股份合作制的试点工作，切实解决农村“想种地的没地种，不想种的要他种”的问题。要认真总结以前的经验，积极推进农业综合开发、林业、水电等经营性项目实行股份合作制，充分开发我县的山地、水利资源。

2．要积极做好土地的调整完善工作。关于重点工程建设、集镇建设征用土地及农村土地调整等有关问题，县政府将根据《中华人民共和国宪法》《中华人民共和国土地管理法》等法律法规，制订具体规定，各乡镇要按照规定认真执行，做好调整完善工作。

3．积极稳妥地建立农村合作基金，搞活农村资金市场。农村合作基金会是社区性的资金互助组织，我县已有8个乡镇建立了农村合作基金会。农村合作基金会的建立，对于支持小企业特别是个体私营企业，支持农业生产特别是专业大户，起了很大的作用，要充分肯定其地位和作用，支持它进一步发展壮大，增强服务功能，拓宽服务领域。合作基金会要加强内部管理，健全管理制度。

三、加快经济发展步伐，千方百计扩大经济总量

（一）坚持以“三种两养”为重点，大力发展“一优两高”农业

发展“一优两高”农业，是近期我县农民脱贫致富的现实途径，发展以蚕桑为重点的“三种两养”，是“一优两高”农业在我县的具体体现，是我县农业产业结构调整的工作思路，完全符合缙云的实际。只有坚定不移地按照这条路子走下去，才能充分发挥我县的资源优势和经济优势。发展“一优两高”农业，重点要抓好以下几项工作：

一是进行农业基础思想教育。增强“三农”意识，树立大农业、大粮食观念，党政领导要认真解决“三农”在发展中的问题，落实各行各业支援农业的措施。

二是高度重视粮食生产。要在提高单产、改良品种上下功夫，坚决制止抛荒。当前，“三农”问题的核心是增加农民收入，保护农业首先要把立足点放在保护粮农的利益上，绝不是简单地保面积、保产量；粮食自给不能机械地划到乡、算到村、下到户，要用大流通、大粮食的观点来看待粮食生产；要多渠道筹措资金，增加农业基础设施的投入，搞好农田水利基本建设，千方百计提高种粮效益。

三是放手调整农业产业结构。当前我县农业产业结构调整的主要矛盾是调整不快，要尊重价值规律，充分发挥土地的最佳效益，尊重农民的首创精神，尊重农民的生产经营自主权，大胆地进行产业结构调整。

四是大力发展以“三种两养”为重点的开发农业。一方面要发动千村万户实行连片开发，实现规模经营，

提高总量；另一方面要坚持“抓管理、出效益、促发展”的方针，狠抓现有基地的管理和改造，做到开发一片，管好一片，收益一片。

五是办好贸工农、种加销龙头企业，拉动和推动农业综合开发，把综合开发向加工、外贸出口增值延伸，形成产业优势，实现种养加一条龙，产供销一体化。使龙头企业真正成为联结千家万户小生产和千变万化的大市场的纽带。

六是切实搞好科技兴农。完善农技推广网络，加强对农民的技术培训，把农民急需的科学技术送到农民手中，进一步提高劳动者的素质，提高经济效益。

（二）坚持大发展与大提高并重，继续大力发展乡镇企业

一是大力发展个体私营企业。个体私营企业是我县工业经济的主要增长点，有巨大的发展潜力。党的十四届三中全会《决定》肯定了个体私营企业的地位和作用，不仅消除了一些人的疑虑，而且创造了发展机遇。各乡镇要切实加强对发展个体私营企业工作的领导，分工负责，明确目标，责任到人；要抓住机遇，放开手脚，采取一切手段多办企业、办好企业，能多快就多快，加快资金原始积累，提高劳动者素质；要继续解放思想，放宽政策，在资金上给予扶持，在用地上给予优惠；各部门、各单位要全力支持个体私营企业的发展，为个体私营企业开绿灯；要积极开展“千万元村”“亿元镇”竞赛活动，促进个体私营企业再上一个新台阶。

二是抓好骨干企业。抓好了骨干企业，就抓住了重点，抓住了导向。目前，我县骨干企业的数量还不多，各乡镇、各部门要集中力量大力培育和扶持，利用产权制度改革激发的活力，改革内部管理，狠抓技术改造，增加高技术含量，促使骨干企业向“高档次、上规模、外向型”发展，使之成为我县工业的支柱。

三是办好工业龙头企业。拉动和推动千村万户发展个体私营企业，带动一批相关小企业的发展和提高，促进我县工业增容量上台阶。

（三）狠抓基础设施建设

要切实抓好交通、能源、水利等基础设施建设，千方百计筹措资金，保证工程建设进度，保证工程建设质量。今年，重中之重是集中精力抓好现有工程建设的进度和质量，确保金温铁路年底通缙云，要抓住金温铁路建设的机遇，加快仙都新区和新碧新区的开发步伐；兰黄“四自”公路要完成新碧至金弄段的拓宽改造，第二期工程要在今年开工；平黄公路完成路基工程；11 万伏输变电工程力争在枯水期前投入使用。在此基础上，增建五云镇至 726 厂的 11 万伏输变电线路；积极号召广大干部群众搞好乡村公路和机耕路建设，打通断头路，尽快形成交通网络；加快仙都风景区开发，争取今年有新的起步。要进一步加强农田水利基本建设，提高防汛抗旱能力。

（四）加快集镇建设

集镇是工业发展、商品流通、科技推广、信息传播的重要载体，是农村二、三产业的聚集地。加快集镇建设是经济建设的重要增长点，是缩小工农差别和城乡差别的必由之路，也是贯彻省委下乡扶贫、异地扶贫的重要措施，是贯彻地委、行署“两沿一镇”发展战略的具体行动，是实现小康目标的重要内容。近几年来，我县的集镇建设取得了较大的成绩，但仍然滞后于农村经济发展进程，各级党委、政府、各部门、各单位都要十分重视集镇建设，把它放在非常重要的位置来抓。加快集镇建设，重点抓好以下三点：一是抓规划、作决定、建班子。五云镇、壶镇镇、新建镇、新碧镇、东渡镇、舒洪镇等 6 个建制镇的规划工作已经完成，要组织专门领导班子，制订出加快集镇建设的具体政策和措施，抓紧实施、能快则快。工作班子力量要强，政策措施要有吸引力，能够吸引本地和外地的资金、人才。东方镇、大源镇、大洋镇等乡镇要抓紧做好规划工作，规划要有近期、中期和远期目标，使集镇的发展能适应社会的发展。二是以重点工程建设为突破口带动集镇建设。要以铁路、公路等基础设施建设为契机，充分利用重点工程建设的机会加快集镇建设步伐。三是以“六个一”为近期工作目标，抓好配套建设，即：一个自来水厂、一条水泥路、一条商业街、一个邮电所、一个市场、一个工业小区。

（五）大力发展第三产业，进一步搞活疏通

要认真落实中央、国务院关于加快发展第三产业的决定，大力鼓励个体私营企业和个体工商户多办一些投资少、见效快、直接为生产建设和生活服务的第三产业项目。要鼓励农民进入流通领域，本着“先发展，后规范”的原则，努力在政策上、环境上、服务上为经商者创造条件。要在抓好现有市场建设的基础上，加快生产资料、金融、产权、信息和劳动力等要素市场的建设。要十分重视培育现有的商品市场，形成特色和规模，增强辐射功能。要建立发展一批与市场经济相配套的中介组织，培养一支素质较好的经纪人队伍。

（六）扩大对外开放，开拓外向型经济

发展外向型经济是社会主义市场经济的必然要求，要把发展外向型经济提高到促进缙云经济超常规、跳跃式发展的战略高度来认识。千方百计想办法引进外资、引进企业、引进人才，利用外力发展经济；千方百计想办法，发展创汇农业和工业，提高农村经济的外向度；采取各种措施，搞好外经、外贸工作，拓宽商路，形成外贸出口新格局，力争外向型经济有新的突破。

（七）抓住契机，开发资源

我县自然资源丰富，开发前景广阔。矿产资源有著名的“五岩一土”（凝灰岩、花岗岩、珍珠岩、沸石、萤石、膨润土），凝灰岩贮藏量就达 15 亿立方米以上，花岗岩表露面积 179 平方公里，天然沸石是全国第一大矿，贮存量在 1 亿吨以上。可开发的水利电力资源还有 6 万千瓦。旅游资源开发有著名的仙都风景区。我们要紧紧抓住金温铁路开通的机遇，认真研究制订开发政策和措施，积极组织本地开发，大力吸引外商来缙云开发，实行股份开发，加快自然资源开发步伐。

四、坚持“两手抓，两手都要硬”

（一）加强社会主义道德教育

大力宣传和发扬乐于奉献、艰苦奋斗精神，增强民族自尊、自信、自强精神，坚持正确的人生观、价值观。今年，要结合“二·五”普法教育，重点加强职业道德教育，努力提高职业道德水准，创造公平竞争的环境和良好的市场秩序，树立高尚的职业道德，塑造缙云新形象。

（二）搞好社会治安综合治理

坚持严打方针，加大打击力度，深入开展“三打一禁”斗争，严厉打击刑事犯罪、经济犯罪、车匪路霸和破坏生产的犯罪分子，全力维护社会政治稳定。各级党委、政府要切实加强对本地区、本部门社会治安综合治理工作的领导。要进一步坚持“谁主管，谁负责”的综合治理目标管理原则，管好自己的人，看好自己的门，办好自己的事。坚持专门工作与群众路线相结合的方针，打防并举，标本兼治，加强综合治理组织建设，充分发挥各级治保、调解、联防、信访组织的作用，及时调解各种社会矛盾和民间纠纷，把问题解决在萌芽状态，解决在基层，消除不安定因素。坚持从严治警的方针，继续搞好民主评议工作，加强司法队伍的自身建设，纯洁政法队伍，提高干警素质和执法水平，增强政法队伍的战斗力。

下大力气抓好计划生育工作。这是当前农村工作的难点，必须知难而进。要继续按照“抓重点、攻难点，抓四率、挤水分，打基础、上水平”的要求，采取经常抓与突击抓、在家抓与外出抓相结合的办法，充分发挥计划生育职能部门和各级计划生育协会的作用，狠抓计划生育合格村和流动人口的管理等基础工作，埋下头来，苦干一年，摘掉落后帽子，真正把我县的计划生育工作推上一个新水平。

进一步发展科教文卫事业。要十分重视科技推广和普及工作，积极发展民间科研机构；完善人才流动机制，尊重知识，爱惜人才，继续鼓励科技人员停薪留职，到生产第一线去，鼓励技术承包、领办企业；积极实施九年制义务教育，大力发展职业教育和成人教育，多方筹措资金，切实做好教育事业费附加征收工作，鼓励社会办学，千方百计增加投入；坚持农科教结合，经科教结合，把星火计划、燎原计划，丰收计划、金桥工程有机地结合起来，使经济发展真正转移到依靠科技进步和提高劳动者素质轨道上来；大力发展群众性文化、体育活动，丰富群众文化生活；办好电视、广播，扩大电视覆盖面，提高广播入户率。

加强民主法治建设。坚持和完善人民代表大会制度，依法行使监督职能，搞好执法检查，开好县、乡、镇人民代表大会和县政治协商会议。认真搞好村民委员会换届选举工作，各乡镇党委、政府要特别重视今年的村民委员会换届选举工作，必须加强领导；有计划、有部署。县委要求，县人大、县人民政府及有关部门要搞好试点，总结经验，以指导面上工作。各乡镇要认真参照县试点经验，结合本乡镇实际进行试点，在此基础上全面铺开。坚持和完善中国共产党领导的多党合作和政治协商制度，加强同民主党派、无党派人士的政治协商和民主监督。认真组织县人大代表、政协委员视察经济工作和重点工程，通过视察工作，体察民情，了解情况。加强法律和民主监督。支持人民法院和检察院依法独立进行审判和检察。工、青、妇及其他群众团体要依照各自的章程积极地开展工作，为经济建设服务。

五、加强党的建设，改善党的领导，确保1994年目标的顺利实现

（一）加强领导班子建设

今年，县委要对乡镇领导班子举办一次以上的学习培训，对各乡镇党委、政府班子进行一次考核；对部委办局领导要进行一次年度考察。对工作有创新，有艰苦奋斗、创业实干精神、政绩突出的领导干部进行表扬；对工作不称职、经常闹不团结、党性不纯、制造矛盾的，要采取强有力的思想教育手段和组织措施，进行教育和处理。要认真做好后备干部的培养，尤其要重视对青年干部、知识分子干部、妇女干部、非党员干部的培养，积极探索新时期组织工作的新路子、新办法。认真研究新形势下思想政治工作的新手段。各级党政主要领导都要非常重视班子的自身建设，努力把各级领导班子建设成为团结奋斗、务实创新、廉洁高效的领导集体。

（二）加强制度建设

要坚持民主集中制原则，进一步建立和健全集体领导制度、民主生活会制度、办事规则和议事规则，明确职责，把集体领导同个人分工负责结合起来，坚决反对个人主义、无组织无纪律。要进一步完善基层党组织的“三会一课”制度，积极探索新时期党员教育管理的新途径、新经验。

（三）抓好党风廉政建设

继续抓好三件大事：加强各级领导干部的廉洁自律，建立和健全党风廉政建设制度，用制度来规范领导干部的言行，增强保持廉政勤政的自觉性；集中力量查处大要案，对破坏改革开放、破坏经济建设的犯罪分子，决不手软，坚决打击，狠刹几股群众反映强烈的不正之风，取信于民，改善党群、干群关系。要认真贯彻实施省政府《关于农民承担费用和劳务管理实施办法》。要重视群众来信来访，建立领导信访接待制度。

（四）加强党对农村工作的领导

中央多次强调，各级党委要集中更多的精力抓好农村工作，县一级要把工作重心和主要精力放在农村工作上。我县农村人口占90%以上，农村经济占主导地位，各级党委、政府一定要把工作重心和主要精力放在农业和农村工作上。这是我县工作的主旋律，也是经济工作的主旋律。县委要求，县各套班子，各级党委、政府的“党政一把手”，要加大对农村工作领导的力度，大兴调查研究之风，帮助解决生产经营中的实际问题，促进主旋律加快运转。各乡镇书记、乡镇长要亲自抓农业和农村工作，对改革和发展中的重大问题都要亲自调查研究，作出决策、部署、督促、检查，各乡镇党委、政府的其他成员，不论分管什么工作，都要围绕党委的统一部署，积极主动地抓好农业和农村工作。

关于加强仙都风景名胜区保护和开发工作的决议

（1994年5月31日缙云县第十二届人大常委会第六次会议通过）

仙都风景区有独特的自然景观和历史文物，具有很高的开发价值。改革开放以来，在风景区的资源保护、利用、建设上做了不少工作，旅游事业也有了发展。但当前还存在着一些值得重视的问题。现在仙都已被国务院批准确定为国家级风景名胜区，它将有力地推进我县改革开放和旅游事业的发展。我们要抓住机遇，切实加强对仙都风景区的保护和开发工作。

一要加强仙都景区风景资源的保护。对仙都风景名胜区内的一切文物古迹和景物、景观都要切实加强保护。要采取有力措施，坚决制止在各个风景点内乱采石、挖沙，乱砍伐林木，乱搞建设，乱建坟墓等损害风景名胜的行为。凡违反有关法律、法规，违反规划，损害、破坏仙都风景名胜区景点景观的行为，都要依法严肃处理。

二要加快仙都风景区的建设。在保护好仙都风景资源的同时，要加快风景区旅游资源的开发和利用。要统一规划，分级负责，充分发动和依靠社会各方面力量，调动各方面积极因素，依照《仙都风景名胜区总体规划》，有计划、有重点地搞好开发、利用和建设，尽快提高风景旅游区的社会效益和经济效益。

三要加强对仙都风景区的领导。各级政府要把保护、利用、开发仙都风景区列入重要的议事日程。各有关部门要通力合作，真抓实干，发扬创业精神，切实做好各方面工作。经过几年努力，力争把仙都风景名胜区建设成为我县对外开放的重要窗口，使之在我县两个文明建设中发挥更大的作用。

关于县政府办公大楼移址的决定

（1995年8月5日中共缙云县委九届五次全会通过）

为了尽快适应我县社会经济发展的客观要求，加快实现撤县建市的目标，在深入调查研究和广泛征求各界人士意见的基础上，县委九届五次全会决定，力争用三年多时间，于1998年底前将县政府办公大楼迁移到仙都新区。

全会认为，县政府办公大楼移址是加快缙云两个文明建设的一大举措。对于加速我县经济发展，加快五云镇老城改造和仙都新区开发，加强社会主义精神文明建设，实现撤县建市的目标，树立缙云新形象都将产生极大的促进作用。

全会要求，全县各级党委、政府，各部门、各行各业都应深刻认识此举的重大意义，进一步统一思想，达成共识，形成合力。要增强规划意识，高标准搞好新区的规划设计工作，严格按规划办事。要坚持老城改造和新区建设相结合的原则，加快新老城区连接。要坚持以地建城的开发思路，勤俭节约，集中人力、财力、物力，加快新区开发步伐和迁移速度。要切实加强对迁移工作的领导，建立强有力的工作班子，确保办公大楼迁移工作如期完成。

全会号召，全县各级党政组织、广大干部群众要发扬自力更生、艰苦创业的优良传统，团结一致，群策群力，为如期完成迁移任务，加快实现撤县建市目标而努力奋斗。

关于县政府办公大楼移址的决议

（1995 年 8 月 8 日缙云县第十二届人大常委会第 14 次会议通过）

缙云县十二届人大常委会第 14 次会议听取并审议了县政府《关于县政府办公大楼移址的报告》。会议认为：县政府办公大楼移址是适应我县改革开放和国民经济社会发展的需要，是历史发展的必然选择，也是全县人民的共同愿望和迫切要求，为此，会议同意县政府办公大楼移址到仙都新区，依照规定上报省政府批准后，认真组织实施，争取如期完成。

会议要求，县政府要切实加强对仙都新区建设的领导，加快建设步伐。在建设中一定要严格依法办事，增强规划意识。总体规划制定后，要严格执行，不得擅自改变。对违反规划和违法建筑的行为，要坚决制止和严肃处理，以确保新区建设的顺利进行。

浙江省缙云县壶镇镇综合改革试点方案

（1997 年 12 月 8 日第 44 次县长办公会议通过）

根据国家体改委等十一个部委制定的《小城镇综合改革试点指导意见》和中共浙江省委办公厅、省政府办公厅《关于推进小城镇综合改革试点通知》精神，学习借鉴我省龙港镇等 6 个国家小城镇综合改革试点镇的经验，结合壶镇镇实际，特制订本方案。

一、试点的背景

壶镇镇位于缙云县东北部，地处金华、台州、丽水“三府”和缙云、永康、磐安、仙居四县（市）腹地，自古有“浙南北窗”之称。据北宋《元丰九城志》记载，唐朝晚期壶镇设镇，距今 1000 多年，是浙南三大古镇之一。1992 年“撤扩并”由四乡一镇合并而成，全镇总面积为 107 平方公里，辖 83 个行政村、3 个居委会，1996 年底，全镇人口为 5.5 万人，耕地面积 25199 亩，林地面积 83948 亩，集镇规划区面积 600 公顷。

改革开放以来，壶镇镇国民经济持续快速发展。1996 年全镇实现工农业总产值 7.9 亿元，其中工业总产值 7.56 亿元，占全县乡镇工业总产值的 53%；财政税收 2266 万元，占全县财政税收 27.3%；粮食总产量 15203 吨，农民人均收入 2081 元。

壶镇镇是丽水地区经济重镇，是缙云县经济、文化发达之地。近年来壶镇镇各项工作发展很快，先后获得“丽水地区乡镇工业明星镇”“浙江省百强镇”“全国发展乡镇企业先进镇”“全国亿万农民健身活动先进镇”等等，1994 年被列为“省村镇建设试点镇”“全国小城镇建设试点镇”“省级星火示范镇”。但是，当前壶镇镇的经济和社会发展中还存在许多问题，主要表现在：现行镇级行政体制以及财政、金融、投资等体制不适应壶镇镇经济发展的要求，基础设施不完善，管理职能跟不上。壶镇镇被列为浙江省小城镇综合改革试点镇，必将有助于解决壶镇镇目前存在的矛盾和问题，促进经济和社会持续快速健康发展。

二、试点的指导思想、基本原则和总体目标

（一）壶镇镇小城镇综合改革试点的指导思想

以邓小平同志建设有中国特色社会主义理论为指导，以“三个有利于”为标准，正确处理好改革、发展、

稳定三者关系，积极推进经济体制和经济增长方式的转变，赋予壶镇镇部分县级管理权限，加快政府职能转变，建立符合社会主义市场经济体制要求的新型经济管理体制和运行机制，加强农业基础地位，发展规模经济，促进产业结构调整，构筑新型的城乡关系，加强两个文明建设，提前实现小康目标，带动周边地区发展。

（二）壶镇镇综合改革试点的基本原则

正确处理改革与发展的关系。坚持以经济建设为中心，以改革为动力，着重解决壶镇镇经济发展和城市化进程中的深层次矛盾和问题，加强物质文明和精神文明建设，推进壶镇镇经济社会全面协调发展，加快城镇新体制的建立，把农业基础地位是否得到加强、农村经济是否增长、农民收入是否增加、经济和社会以及生态环境是否全面协调发展，作为壶镇镇小城镇综合改革是否成功的重要标志。

正确处理改革政策的衔接和突破的关系。坚持一切从实际出发，既要与现行的有关政策法规相衔接，又要敢于突破不利于壶镇镇发展的现行体制和政策，积极进行超前的探索创新。

正确处理单项改革和综合改革的关系，正确处理好重点突破和整体推进的关系。调动一切积极因素，统筹安排，相互照应，相互促进，确保综合改革试点工作顺利进行。

（三）试点的总体目标和阶段性要求

壶镇镇综合改革的总体目标是：建立起政府精干高效，企业制度规范，市场竞争有序，城镇规划科学，保障体制完善，符合社会主义市场经济要求，适应农村经济发展特点的新体制，把壶镇镇培育成为丽水地区东北部的经济文化中心之一，形成对本地区其他城镇的建设和发展，具有较强辐射力，较好示范作用，并能带动周边地区经济、社会和生态协调快速发展的现代化新型城市。

壶镇镇综合改革试点从1997年1月开始，至2000年12月结束，计划用四年时间完成，具体分三个阶段实施。

第一阶段，从1997年1月至1997年6月为启动阶段。建立健全组织机构，组织试点干部培训，组织有关部门及专家进行前期调研和综合考察参观，宣传发动，制订综合改革试点实施方案和配套政策。

第二阶段，从1997年7月至1999年12月为实施阶段。各项试验项目进入全面运行，新体制逐步建立和完善，试点政策有效实施并取得明显成效。

第三阶段，从2000年1月至2000年12月为巩固发展总结提高阶段。总结前期工作经验，巩固已取得的成果，针对难点，重点突破，初步建立起适应社会主义市场经济发展的全新的城镇体制，加速农村小城镇向区域性现代化城市迈进。同时接受上级对整个试点工作的评估和验收。

壶镇镇综合改革试点开始至2000年底的具体指标如下：

全镇工农业总产值达到26亿元，其中工业总产值达25.5亿元，农业总产值达到0.5亿元；财政收入达到5000万元；农民人均收入达到4800元；全镇总人口为6万人，其中城区人口为3.5万人，人口自然增长率控制在8‰以下。

三、改革试点的主要内容

（一）改革行政管理体制，完善镇级政府的管理职能和服务功能

小城镇综合改革是中国农村改革的一个新课题，要使改革顺利、有序、健康地发展，必须进行小城镇行政管理体制和机构的改革，赋予镇政府某些县级行政管理、经济管理、人事管理的权限。

1．按照“小政府，大服务”的原则，把壶镇镇政府机构调整为五个办公室，即：

（1）政府办公室：由行政、人事劳动及人才管理、文秘、财务、统计、综合改革等组成；

（2）经济发展办公室：由企办、计划、招商、重点项目、财政、工商等组成，其中镇财政所与上级税务部门的分支或派出机构实行分立；

（3）国土规划建设办公室：由规划、土地管理、建设、环保、市政、城镇监察等组成；

（4）社会发展办公室：由村政、计生、民政、司法、教科文卫体、专利、广播电视、精神文明建设、公安、社保等组成；

（5）农业发展办公室：由农业、农经、农技、农机、开发农业等组成。

以上机构设置中属于原镇政府内部机构调整部分，在本方案批准实施之日调整完毕；属于县直部门分支、派出机构部分，在本方案批准实施之后逐步到位。

2．赋予壶镇镇某些县级行政管理权限：

（1）镇政府受上级主管部门授权，在壶镇镇内行使县级城乡建设管理职能。

（2）推进市场管理体制改革。凡属壶镇镇区域内的各项城市管理，如市内交通、卫生、防疫、环保、社会文化、流动人口等均由上级职能部门授权，由壶镇镇政府相关职能部门归口管理，拥有相应的发证权、收费权和处罚权，同时承担各项管理责任。

（3）县公安、税务、工商在壶镇镇设立的分支或派出机构，受县局委托，在壶镇镇行使县级行政管理职权，并实行部门与镇双重管理，以部门管理为主。

（4）按照“一级政府、一级财政”的要求和“精简、高效”的国家机构改革原则，在壶镇镇按照行政区划建立镇级财政机构，即壶镇镇财政所，并按照国家公务员的标准配备工作人员，它是壶镇镇政府的行政职能机关。上级财政部门对壶镇镇财政所实行业务指导和监督。

3．赋予壶镇镇某些县级经济管理权限：

（1）在壶镇镇，镇政府有权审批县级权限范围内的各类投资建设和技改项目，所审批项目报上级职能部门备案，纳入国家投资规模。

（2）在建设资金、用地、电力等方面，对壶镇镇按比重切块安排。

4．赋予壶镇镇某些县级人事管理权限：

（1）在县规定的限额内，壶镇镇有权自行合理确定机构设置和人员编制；按国家有关规定有权调配科技人员，上级人事劳动部门给予承认；设立人才交流市场，做好人才引进服务工作。

（2）县公安、税务、工商在壶镇镇的分支或派出机构的设置和负责人任免须书面征得镇党委的意见，其他部门的派出机构（不含跨镇机构）的负责人由镇党委书面征得主管部门意见后任免。

壶镇镇政府对镇财政所人员拥有任免权，但任免所长和预算总会计，须与县财政局协商取得一致意见。

（3）中小学校长由镇党委考察任免，报县教委备案（壶镇中学除外）。

（4）按照党章规定，坚持党组织属地管理的原则，镇辖区内部门单位的党组织原则上由镇党委统一领导。

（二）改革镇级财政管理体制，建立完整统一的预决算制度

通过改革，把镇级财政建设成为机构健全、制度配套、管理科学、体制规范、职能强化的真正的一级实体财政，为培植财源和发展经济，发挥城镇的综合功能，促进城乡一体化，提供财政体制环境和政策环境。

1．建立镇级财政，设立镇级国库，实行财政预决算制度。

2．将镇级预算内、预算外收入及各部门的各项收费统一纳入镇财政管理，规范收入行为。镇区内各项地方行政性规费的收费标准按上级有关规定执收，一律使用财政部门监制的收费收据，镇各部门统一到镇财政所领取。有关部门分成部分应用于本镇建设。镇属部门支出，由镇财政根据实际需要统一按预算拨款。适时推出“费改税”或“费改模拟税”制度。

3．为增强自我积累、自我发展能力。镇财政收入以上年为基数，从 1997 年开始，财政新增收留县部分，按县、镇 3∶7 比例分成，一定 4 年不变，以利于镇财政有足够的财力搞好城镇建设。

4．改革试点期间，土地有偿出让金（除应上交省、地规定的税费外）、城市维护税、基础设施配套费，全部留给镇财政，专项用于城镇建设。

（三）实行户籍管理制度改革，推动城乡一体化

按照省委、省政府及公安部门有关户籍制度改革精神，结合壶镇镇实际情况，制定实施办法。户籍制度改革在1997年启动，并取得阶段性成果。

1．按照户籍管理制度改革的要求，实施按居民居住地和就业原则确定身份的户籍登记制度，凡在镇建城区内有合法固定的住所、稳定的职业或生活来源者，均可申请落户。凡申请到壶镇镇落户的，由壶镇镇派出所受理，报县公安局审批，凭县公安局签发的户口准迁证办理落户手续。

2．对申请落户的外来人员按规定收取的城镇建设增容费，用于镇市政基础设施建设、粮食风险基金和教育卫生基金。

3．镇区范围内全部土地被征用的农户，收取有关规费后，可转为小城镇居民户口。

4．与户籍管理制度改革相关的诸如城镇建成区的划定、农民进城的社会保险及农村原承包地的转包等问题，提请有关部门一并调查论证，通盘研究。

（四）深化小城镇的建设方式和投资体制的改革

遵照“谁投资，谁受益”的原则，把市场机制引入城镇建设，加快城镇建设步伐，促进投资主体多元化，多渠道筹集建设资金。

1．强化规划的指导职能。新开发的所有小区都需在总体规划指导下编制小区建设规划，用于指导各项建设。

2．变分散建设为集中统一建设，由镇政府在规划、征地、政策、管理、出让实行五统一，充分发挥规划的指导作用，促使工业小区上规模和居民住宅城市化。

3．建立多元化投资体制。组建镇投资开发有限公司，统一负责全镇建设资金的筹集，实行综合开发，有偿服务，滚动发展。

4．发展房地产企业，积极引导其开发商品住宅、工业厂房、市场公用设施等综合配套建设。

5．对市政公用设施实行有偿服务和企业化管理。

6．进一步规范和培育镇辖区内房地产二、三级市场。

7．综合管理。集有关部门城镇管理职能为一体，建立高效能的城镇综合管理队伍。

（五）积极稳妥地建立土地流转制度

土地流转制度的改革，是户籍管理制度改革的前提条件，要以户籍制度改革为契机，配套推进土地流转改革，明确土地流转的途径和管理办法。

1．进一步协调和规范土地市场，政府垄断一级土地市场，一级土地市场价格报地区有关部门审批，搞活土地二级市场。

2．在坚持稳定家庭联产承包责任制的前提下，按照“三权分离，稳制活田”的思路，加快粮田适度规模经营发展，动员和鼓励已从事二、三产业的农民将原承包土地的使用权，转让给其他农户，鼓励土地向种粮大户集中。

3．划定基本农田保护区，按照农田标准化、操作机械化、农艺规范化、经营集约化、社会服务产业化的要求，分期分批建立农业现代化园区。

（六）深化金融体制改革

1．国有商业银行在壶镇镇设立分支机构，由地区直接下达年度信贷规模指标。

2．现有城市信用社、农村信用中心社在加快改革的基础上，充分运用利率杠杆作用，建立灵活运用基准利率调节资金供求机制。规范融资渠道，筹集民间资金，发展城镇建设，增加对农业开发的投入。

3．建立镇企业科技发展基金，缓解乡镇企业技改资金不足的矛盾，提高企业科技水平和产品科技含量，重点扶持纳税大户和骨干企业。

（七）加快壶镇镇新型社会保障体制建设

充分发挥国家、企业和个人的积极性，依靠社会各方面的力量，探索在壶镇镇建立符合社会主义市场经济体制要求的新型的社会保障机制和统一的社会保障机构。

1．成立镇社会保障管理机构，推行社会统筹与个人账户相结合的保障制度，制定相应的社会保障实施办法。

2．逐步建立社会保障、社会救济、社会福利、优抚安置和社会互助、个人储蓄保障等在内的多层次的社会保障体系，成立保险管理中心。受县社保职能部门的委托，统一征集、运筹各类保障基金，扩大社会保障能力，并与县保险部门取得一致意见，在继续扩大保险面和增加保障力度的前提下，在适当时机向高层统筹过渡。

3．在镇管农村，继续搞好社会养老保险，逐步建立和完善以家庭保障为主、社区扶持相结合的农村社会保险制度。

（八）深化乡镇企业改革，加快企业改造步伐

1．坚持以公有制为主体，多种经济成分共同发展的方针，鼓励发展个体、私营经济，大力发展股份合作制企业，并切实加强管理引导，促使其不断提高素质，壮大规模，健康发展。

2．完善企业产权制度改革。按照现代企业制度，根据《公司法》，规范组建股份合作制企业、有限责任公司、股份有限公司，力求做到产权明晰、权责分明、政企分开、管理科学。

3．制定企业技术改造和扶持重点企业发展等优惠政策，培养“巨人”企业，创立名牌，鼓励企业集团化、管理科学化、经营规模化、大力推进技术改造，提高工业企业的整体素质。

4．根据城镇总体规划要求，鼓励企业向镇工业小区集中，连片发展，形成规模，加强环境保护。

5．发展壮大农村集体经济，进一步完善镇、村两级集体资产管理机构和经营组织，以土地股份制为基础，改造集体经济，进行镇、村二级股份合作公司的探索。

6．加大对外招商力度，引入项目，吸纳外资，进一步发展外向型经济；争取龙头企业自营出口权，与国际市场接轨，加强国际市场交流，提高产品知名度。

（九）深化科技、教育改革，加强精神文明建设

1．实施“科技兴镇”战略。大力推广科技兴工、科技兴农，依靠科技进步、促进产业结构、产品结构向高层次发展，努力培育技术市场，鼓励创办科技经济实体，发展科技第三产业，建立科技培训基地和星火计划小区，引进科技人才和科技成果，提高工农业经济的科技含量。

2．深化教育体制改革。

（1）形成国家、社会、个人等多形式办学体制。在确保完成“双基”教育前提下，鼓励个人办学和创办特色学校，允许自招学生、自聘教师，收费标准以省定标准为基础，允许适当上浮。

（2）镇政府根据教育发展规划，有权审批初级中学、中心小学、幼儿园、私立学校的设置创办，调整网点布局。

（3）非义务教育阶段，由镇政府制定规划，招生计划向县教委申报。

（4）授予镇政府对辖区内各级各类学校行使教育行政、教育规划、教学、经费、招生、人事等项县级教育管理权限。

（5）教育基本建设专项经费按一定比例单独切块，直接下达给镇政府，由镇政府统一安排使用。在镇辖区内收取的各类教育费附加，返回给镇政府统一安排使用。

（6）多渠道筹措教育经费。镇政府可制订收取教育基金标准，收取的基金由镇财政专款专用，发展镇教育事业。镇内各类学校的收费标准，镇政府可根据实际情况审核拟定。

3．创办壶镇镇文化娱乐中心。

4．壶镇镇广播电视站划归壶镇镇政府管理。

四、加强领导，确保试点顺利组织实施

壶镇镇的综合改革试点，是我县农村改革继家庭联产承包责任制和乡镇企业异军突起之后的第三次浪潮，是缩小城乡差别和工农差别的综合性社会主义伟大实践，我们将大胆探索，精心组织，努力工作，保证改革试点达到预期的目的，取得应有的成效。

1．成立由县委、县政府领导挂帅，由壶镇镇、组织部、宣传部、体改委、农办、计委、经委、科委、建设局、人事劳动局、工商局、公安局、粮食局、财税局、民政局、土管局、统计局、人行等部门负责人参加的县农村小城镇综合改革领导小组，下设办公室，全面负责协调和指导工作，着手制定各项配套方案及其实施细则，确保所争取到的政策用足用活，使改革的各项内容逐条实施，同时配备好壶镇镇领导班子。

2．加强培训。为了掌握政策，规范操作进程，我们将采取集中学习，邀请上级有关部门领导及有关专家来上课培训，提高政策水平和业务水平，增强改革意识；组织人员到外地参观考察已取得成功经验的试点镇，以解放思想、拓宽思路并提高操作能力。

3．总结经验。在方案的实施过程中一定会碰到许多新情况、新问题，我们将采取大胆改革、逐项落实、分步实施、阶段总结、全面铺开的办法，使改革试点既有大的动作，又有细致的方案，既有综合的目标，又有阶段实施办法，使整体改革有序、健康地发展。

4．要求地、县及各部门出台的单项改革举措率先在壶镇镇推行，使试点镇真正成为各项改革的试验田。

缙云县人民政府关于鼓励工业经济发展的若干意见

（1999年5月9日公布）

为了加快工业结构调整步伐，引导企业向高新技术产业发展，提高工业经济运行质量，鼓励企业走规模效益之路，建立缙云工业经济框架，争取外地资金来我县投入，增加工业经济总量，以保证我县工业经济健康、快速发展，经县政府研究，特制订全县工业经济发展若干意见。

一、关于加快重点工业企业发展的奖励办法

（一）新增税收（指所得税、增值税，下同）奖励办法

凡符合下列条件之一的县内工业企业，自1999年起企业当年的纳税额（指增值税、所得税实际入库数，下同）超过该企业1998年前（包括1998年）三年中纳税额最高年度部分视为新增税收部分，县财政根据收支两条线的管理办法，按当年新增税收部分的一定比例，对纳税企业进行奖励，用于企业的发展。

1．对年纳税额超过300万元（含本数，下同）的工业企业实行“一厂一策”，具体政策另行制订。

2．对年纳税额超过200万元的工业企业和县“3452工程”企业，按当年度新增税收中所得税（留县部分，下同）80%、增值税12%的比例予以奖励。

3．对属县重点工业企业，按当年度新增税收中所得税60%、增值税10%的比例予以奖励。

4．对其他年纳税额在30万元以上的工业企业，按当年度新增税收中所得税50%、增值税8%的比例予以奖励。

5．对1999年（含1999年）后新创办的工业企业，投产后年纳税额达到10万元（含10万元）以上时，按所得税50%，增值税8%的比例予以奖励。

6．按行政区域划分对乡镇、私营企业当年所获奖金总额的15%奖励给乡镇政府，按全县企业当年所

获奖金总额的 5% 奖励给县工业经济主管部门。

（二）鼓励企业盘活资产和企业兼并

1．凡实行“退二进三”的企业（即从商业地段搬迁到暂无商业价值的地段），对原厂址的房地产的出让所得除上交省、地税费外，其余全部返还给企业用于新厂的建设。土管、城建、工商等部门对企业原厂址房地产的处置只收取服务工本费。

2．凡优势企业兼并劣势企业，自兼并之日起新增部分税收可全额返还给企业用于偿付被兼并企业的债务。

（三）建立县政府工业发展基金，用于扶持我县重点工业企业的发展。县财政每年按上一年度的工业企业实际纳税总额的 1% 安排，作为工业发展基金，实行专项管理，有偿使用，滚动发展。

二、关于进一步推进企业技术进步有关奖励办法

（一）增强企业技术创新能力和鼓励技改投入的奖励措施

1．建立技术创新和重点技改项目贴息制度。县财政每年至少安排 50 万元专项资金，集中用于技术创新和重点技术项目贴息。其中技术含量高、市场前景好、列入地区以上技术开发计划并已鉴定投产的技术开发项目，贴息标准为银行技改贷款额的 3% ～ 5%，贴息期 1 ～ 3 年。对列入县及县以上计划的技改项目，每年选出 10 项（或以内）为县重点技改贷款贴息项目，具体贴息政策按照缙政〔1998〕41 号文件执行。每年年底由县经委会同县财政局列出县重点技改项目方案，报县政府批准。

2．对技改项目的税收优惠。列入县以上计划的技术改造项目的固定资产投资方向调节税给予优惠。

3．鼓励企业拓宽融资渠道。对从县境外引进资金用于固定资产投资数额较大的企业或个人，县政府给予一次性奖励，引进资金 100 万～ 300 万元（含本数）奖励 2 万元，300 万元以上奖励 5 万元。

（二）着力提高企业自身素质

1．引导企业争创名牌，做好商标注册工作。对在地级以上政府部门组织的评比中获奖的商标和名牌产品，县政府给予一次性奖励：“丽水地区知名商标”（或“丽水地区名牌产品”）奖励 2 万元，“浙江省著名商标”（或“浙江省名牌产品”）奖励 10 万元，“中国驰名商标”（或“中国名牌产品”）奖励 50 万元。

2．推动企业质量体系标准的宣传贯彻和论证工作。企业通过认真宣传贯彻 ISO 9000 质量体系标准，并经省级认证资格部门认证的，县政府给予一次性奖励 1 万元。

三、关于鼓励外地法人、自然人来本县投资独立创办企业的优惠政策

（一）税收

1．年销售 1000 万元以下的企业自正式投产之日起其所得税留县部分在两年内全部返还，第三年返还 50%。

2．年销售额在 1000 万元以上的企业，自正式投产之日起按销售额 4% 的比例确定税收基数，超基数留县部分全部返还企业。

3．年销售额在 5000 万元以上的，采取一厂一策措施，具体协商制订优惠政策。

（二）土地使用

1．企业可按照国有土地使用权出让或出租的有关规定取得土地使用权。

2．凡兼并国有集体企业的，按县政府缙政〔1998〕58 号文件精神给予最高优惠，但不允许转让，也不得改变土地用途；以租用的形式取得土地使用权的，5 年内免缴土地使用金，此后按最低标准收取。

3．须新征工业用地的，每亩补助 2 万元（其中县财政与乡镇政府各承担 50%），但不允许改变土地用途，若改变土地用途，则不再享受相关优惠政策。

四、其他

（一）本意见仅适用于全县境内的工业制造、加工企业。对一、三部分中同时符合两项或两项以上奖励优惠政策的企业，采取就高不就低享受其中一项规定的办法执行。未尽事宜由县政府办公室负责解释。

（二）本意见自发文之日起执行，暂定执行二年［其中三、（一）、1、2 条款执行期限未满的可顺延］。县政府缙政〔1997〕1 号《关于加快重点工业企业发展的奖励规定》同时废止。

中共缙云县委、缙云县人民政府
关于进一步加强扶贫开发工作的实施意见

（2000 年 9 月 26 日公布）

根据省委、省政府《关于进一步加强扶贫开发工作，加快欠发达地区经济社会发展的意见》和市委、市政府《关于进一步加强扶贫开发工作帮扶贫困村发展的实施意见》精神，为进一步加强我县扶贫开发工作，巩固脱贫成果，加快贫困乡村的经济社会发展，现提出如下实施意见：

一、充分认识做好扶贫开发工作的重要意义

近几年来，我县认真贯彻落实上级有关扶贫开发工作的方针、政策和措施，加大扶贫力度，扶贫开发工作取得了显著成效，农村面貌发生了很大变化。但我们也必须清醒地认识到，巩固脱贫成果、防止返贫的任务仍然十分艰巨，扶贫工作的形势十分严峻。一是贫困村和贫困人口所占的比例还很大，扶贫工作难度大。目前，我县共有 49 个贫困村，7190 户贫困户，22054 个贫困人口，分布在 11 个乡镇，他们大多数居住在偏远山区，交通不便，信息不灵，自然条件恶劣，文化素质低。这些不利因素，极大地增加了我们的扶贫难度。二是巩固脱贫成果任务艰巨。据统计，目前，我县农民人均收入在 1200 ～ 1300 元之间的行政村有 119 个，这些村虽然已经脱贫，但他们基础十分脆弱，经济发展稳定性差。同时，这些村的基础设施落后，农民自我积累、自我发展能力有限，抵御自然灾害和市场风险能力很弱，一旦遇到天灾人祸或市场波动，随时都可能返贫。因此，各乡镇和各部门要充分认识我县扶贫工作的长期性和艰巨性，继续把扶贫攻坚和巩固脱贫成果工作摆上重要的议事日程，作为一项重要的政治任务，进一步统一思想，落实责任，加大扶贫开发力度，切实完成扶贫开发任务。

二、指导思想和工作目标

当前和今后一个时期，我县扶贫开发工作的指导思想是：坚持以邓小平理论为指导，全面贯彻落实中央和省、市扶贫开发工作会议精神，坚持扶贫到村到户的有效做法，以改善基本生活条件和发展种养业为重点，进一步增加扶贫投入，把扶贫开发同农业结构调整和增加农民收入结合起来，立足于发挥当地资源优势，突出抓好农业综合开发，大力发展效益农业，积极帮助和引导农民从事二、三产业，多渠道、多形式地增加收入，为脱贫致富奔小康而努力奋斗。今后一个时期，我县扶贫开发的目标是：到 2002 年，现有贫困村群众的生产生活条件得到明显改善；年人均集体可支配资金达到 30 元以上；农民人均纯收入达到 1600 元，年增长率达到 8% 左右。

三、具体措施

（一）抓好农业综合开发，大力发展效益农业。各乡镇要立足于发挥资源优势，以市场为导向，帮助

和指导贫困村、贫困户搞好农业结构调整，抓好农业综合开发，大力发展效益农业，发展养殖业，积极发展农产品加工业，通过加工增值提高农民种养效益，加强农产品及其加工品的营销，积极鼓励和组织广大农民从事农产品贩销。通过农业综合开发，发展效益农业等多种途径，巩固发展壮大村级集体经济，增加人均集体可支配资金，增强自我发展能力。

（二）多渠道、多形式，积极开辟农民脱贫致富的门路。要积极帮助贫困群众进一步解放思想，打开山门，下山进城，从事二、三产业。采取政府统一组织和群众自发外出相结合的形式，大力开发劳动力资源，多渠道、多形式地组织劳务输出，外出务工经商。有条件的乡镇，要积极引导农民下山脱贫。

（三）加强水、电、路等基础设施建设，努力改善生产生活条件。加强贫困乡（镇）、村的基础设施建设和生态环境建设。各乡镇和有关部门要在资金、项目的安排上给予重点倾斜。突出抓好交通、水利、通信、农村电网改造等建设，努力改善贫困落后乡村的生产生活条件。同时要努力发展科技、文化、卫生、教育等事业，积极推进教育扶贫，加强科技扶贫和科技普及工作，抓好实用技术培训，不断改善卫生医疗条件，推动经济社会事业全面发展。

（四）因地制宜，切实搞好现有贫困人口的帮扶工作。根据省委、省政府确定的扶贫开发第二阶段目标任务，到 2000 年末基本解决农村贫困人口的脱贫问题。各有关乡镇和部门要高度重视，切实负起责任，对现有的贫困人口要联系实际，区别不同情况，实行分类指导，有针对性地采取帮扶措施。对近期有可能脱贫的贫困户，要积极帮助，选准扶贫开发项目，为他们提供资金、信息、科技和市场流通方面的服务，逐家逐户地落实具体的帮扶措施；对缺乏基本生产生活条件的贫困群众，要加大资金扶持和政策引导力度，通过下山脱贫、异地开发、劳务输出等多种途径，逐步解决他们的贫困问题；对观念落后、信息不灵的贫困村群众，要帮助进一步解放思想，更新观念，扩大开放，引进人才、技术和资金，积极引导帮助脱贫。

（五）落实扶贫开发责任制。各乡镇和有关部门要集中力量扶持贫困村、户，从 2000 年开始到 2002 年 3 年内，县里重点扶持 24 个贫困村，对 20 个乡镇 24 个贫困村采取部门（单位）挂钩扶贫的办法，加大部门（单位）挂钩扶持贫困村的力度。一是建立县级领导联系贫困村制度。二是县级部门（单位）联系 24 个贫困村，即每二至三个单位联系扶持一个贫困村，资助单位年扶持资金不少于 2 万元。列入结对帮扶的单位，扶持资金允许在专项资金中列支。县财政每年安排一定的专项扶贫资金，以支持县级单位完成挂钩扶贫任务。同时，有关乡镇、各业务主管部门和财政、审计、监察等部门要加强对扶贫资金使用管理的监督检查。严禁截留、挪用扶贫资金。

四、加强对扶贫开发工作的领导

各乡镇和各部门要从讲政治、讲全局的战略高度充分认识做好扶贫开发工作的重要意义，认真落实“党政一把手”扶贫开发工作责任制。各乡镇党委、政府要明确分管领导，明确工作人员，定期研究扶贫工作，在研究扶贫工作时，要积极与联系部门（单位）取得联系，听取意见和建议，及时与联系领导汇报，做到情况清、措施实，年初有计划、年中有检查、年终有总结。各部门（单位）要尽一切努力在信息、技术、资金和管理上为扶贫开发工作提供全方位服务，疏通渠道，加强与乡镇的联系，积极争取上级部门的扶持。要动员和组织社会各界，协调各方面力量，调动一切可以调动的积极因素，参与和支持扶贫开发。要加强干部队伍建设，培养和选拔得力干部到贫困乡（镇）工作。加强以党支部为核心的基层组织建设，抓好贫困乡（镇）、村的一把手队伍建设，选拔培养好群众信任、责任心强，真正能带领群众致富的带头人。

同时，要加强对扶贫开发工作的督促检查，定期对有关部门、乡镇的扶贫工作进行考核，确保扶贫政策措施落到实处。各乡镇党委，政府要积极组织和带领广大干部群众，坚定信心、开拓进取、同心同德、苦干实干，为我县扶贫攻坚做出更大贡献。

中共缙云县委、缙云县人民政府关于鼓励开放型经济发展的若干规定

（2001年1月1日起执行）

为了适应21世纪国际、国内经济竞争的环境，特别是面对我国加入WTO所带来的机遇和挑战的新形势，进一步实施我县“开放兴县”战略，实行大开放，促进大发展，推动我县全方位、多层次、宽领域的对外开放，加快开放型经济的发展，促进我县经济实现两个根本性转变，根据国家有关政策法规和中共丽水市委、市政府文件精神、结合我县实际，特制定以下规定：

一、积极发挥经济杠杆作用，加大政府财政对外经贸企业的扶持力度

（一）企业进出口方面

1．设立县级外经贸发展资金，统筹用于支持外经贸企业提高出口创汇能力，巩固和开拓国际市场。资金来源：一是财政每年预算内安排一定数量列入外经贸发展资金；二是根据外经贸专业公司、自营出口生产企业当年上交的所得税的实际情况，通过财政支出渠道安排相应资金纳入外经贸发展资金；三是外经贸股份企业，从1999年1月1日起国家股红利全部纳入外经贸发展资金。资金使用：一是现有自营进出口企业和外商投资企业，年出口创汇100万美元（含100万美元）以内的，每1美元奖励人民币4分；超过100万美元的，以上年出口额创汇为基数（上年未满100万美元的以100万美元为基数），超基数部分，每1美元奖励人民币6分。二是新批准获得自营出口经营权的流通性企业，年出口创汇100万美元以内的，每1美元奖励人民币1分；超基数部分，每1美元奖励人民币2分。明年起，以超过100万美元的上年实绩作为基数。三是新批准自营进出口生产企业当年出口在50万美元（含50万美元）以内的，每1美元奖励人民币4分，超过部分每1美元奖励人民币6分。自营出口额以海关统计数为准。资金拨付：外经贸发展资金在财政设立专户，由企业申报，县外经贸局、财政局联合审核，县政府审批后，拨付给企业。

2．外经贸企业（包括外经贸专业公司、其他外贸流通公司、自营进出口生产企业、外商投资企业、外经企业）的自营出口业务和外经业务，可报批减免水利建设基金。

3．外经贸企业为发展生产所筹措资金的合理费用，经税务机关审核同意后，准予税前列支。外经企业在对外承包工程活动中的业务费开支，凭合法凭证允许企业按实列支。在境外经营和承包工程业务中获得的利润，5年内所缴纳的所得税属县所得部分，经批准由财政全额奖励给企业。在境外开展的加工贸易项目贷款，由财政贴息2个百分点。

（二）外商投资企业方面

4．对我县鼓励和允许的外商投资生产型项目，经营期在10年以上的，从获利年度起，头两年免征企业所得税；第3～5年减半征收，纳税后属县所得部分由财政部门给予全额补助；第6～10年缴纳的所得税，纳税后属县所得部分由财政部门给予补助50%。

经税务机关批准，允许外商投资企业固定资产加速折旧。

5．鼓励外商投资能源、交通等基础设施项目和旅游开发项目。经税务机关批准，企业所得税减按15%的税率征收。

6．鼓励外商投资农业项目（农、林、牧、渔及其加工业）。经营期在15年以上的，其缴纳的农业税和农业特产税从有收入年度起，经企业申请，县人民政府批准，实行头5年先征收后由财政给予全额补助，第6～10年由财政部门给予减半补助。对其中经省级以上有关部门确认为高新技术企业的现代农业项目，

在享受生产型企业所得税政策后，经县人民政府批准，在第 11 ～ 15 年内，上交的企业所得税县所得部分由财政部门给予补助 50%。

7. 鼓励外商投资企业增加投资。外商投资企业中的外国投资者从企业取得的利润直接再投资于该企业，增加注册资本，或者作为资本开办其他外商投资企业，经营期不少于 5 年的，其再投资的利润已缴纳的企业所得税，除按国家规定，报经税务机关批准退还 40% 以外，县所得部分由财政部门再给予补助 30%。对直接再投资举办、扩建产品出口和技术先进的“两类企业”，全部退还其再投资利润已缴纳的企业所得税。

8. 鼓励外商投资高新技术产业。被省级以上认定为高新技术企业的外商投资企业，经营期在 10 年以上的，除享受第 4、5 条政策的同时，自认定之日所属的纳税年度起，经批准，企业所得税超过 15% 税率县所得部分先征收后，由财政部门给予全额补助。利用外资开发高新技术产品，自认定之日起 2 年内所征收的增值税留县部分，经县人民政府批准，财政部门补助企业 50%。

9. 对于投资本地区特别鼓励的重大项目，经营期在 10 年以上的，外商实际投资在 100 万美元以上的（含 100 万美元），经县人民政府批准，对其头两年缴纳的增值税属于留县部分的，纳税后由财政部门给予补助 50%。

10. 外商在我县投资建设水电站，由投资者向县水利主管部门申请，按规定的审批权限予以确认，水资源费的征收在水电站投产后 5 年内给予 50% 的优惠。

11. 鼓励外商投资符合国家产业导向的科研、教育、中介服务等第三产业项目。对此类项目建成后，从获利年度起，三年内所征收的所得税县所得部分由财政部门给予全额补助。

12. 中方以自有房地产作价与外商合资、合作的工业项目，如符合城市规划，在办理房地产过户时，经企业申请，县财政部门批准，房产契税先征收后由财政部门给予全额补助，同时免缴手续费。

13. 原有的外商投资（合资）企业，以前已享受过国家有关优惠政策的不再重复享受。

二、金融机构要加大对外经贸企业的支持

14. 有关商业银行要根据信贷原则，优先安排、重点支持外经贸企业开展进出口业务所需流动资金贷款，对信誉结汇企业的人民币贷款，可在人民银行的贷款基准利率基础上适当下浮，下浮幅度最高为 10%。

15. 外汇指定银行对出口信用结算，在严格审查确保无风险的前提下，给予押汇等融资方便。出口收汇信誉单位、信用等级 AAA 企业办理进口开证业务，外汇指定银行给予降低开证保证金比例的优惠。

16. 在不违反外汇管理政策法规、外汇业务合规真实的前提下，外汇银行应简化办理外汇业务程序，扩大所属机构的外汇业务的授权授信范围，放宽出口创汇企业对外经济发展非贸易用汇的限制和审批。

三、土管部门要加大对外商投资企业的服务力度

17. 实行土地优先提供，保障外商投资企业的用地。外商在我县投资鼓励类或允许类项目，建设用地自企业取得使用权之日起，5 年内免缴土地使用费，后 5 年减半征收。总投资为 300 万～ 500 万美元的，自取得使用权之日起免交 10 年；投资在 500 万美元以上的，自取得使用权之日起免交 15 年。当年实绩经考核被确认为产品出口生产企业和先进技术生产企业的土地使用费，在确认年度内免交。

18. 中方企业以土地作价入股的合资改造项目办理出让手续的，经确认批准后，出让价格给予优惠：一是合资企业以新增土地或部分新增土地取得土地使用权的，新增土地部分应缴纳土地出让金，土地使用权归属合资企业。二是中方企业以原使用权划拨土地作价入股或出租给合资企业而补办出让手续，净出让金返回给合资中方。三是合资中方原属校办、民政福利、劳武以及亏损企业的，办理出让手续，出让价格给予优惠。

19. 外商投资企业以出让方式取得土地使用权，出让价格给予优惠，外商投资生产企业在本县受让国有土地使用权的，同等条件下，凡外商投资在20万美元以上（含20万美元），出让金减免10%；50万美元以上（含50万美元），减免20%；100万美元以上（含100万美元），减免30%；凡属国家重点支持、高新技术及本县鼓励发展的产业，出让金减免30%。以出让方式取得土地使用权的转让，投资于我县鼓励类项目，土地增值税和契税先征收后由财政全额补助。

20. 对外商投资的农业开发性项目，土地使用年限和企业经营权可延长至30年；利用荒山、荒坡、荒滩等荒地资源从事农业投资开发的各类外商投资项目，土地使用年限和企业经营权可延长至50年。

21. 对外商投资建设和经营的交通基础设施项目，其享有的土地使用权在同等条件下可优先出让给有关外商投资者。允许将建成收费的交通基础设施及其相关项目的土地使用权和经营权或股权，依法有偿转让给外商。

四、其他方面

22. 鼓励在职富余人员赴境外从事劳动合作，允许劳务人员出境前将人事关系保留在原单位，社会保险和其他各种费用由企业代缴，所需费用由劳务人员自理。

23. 积极推行委托代理和网上招商，对受委托招商的中介单位可按实际到位外资的0.5%～3%提取中介服务费，费用由委托单位支付。对引进外资的推荐个人，按实际到位资金的0.2%～0.6%予以一次性奖励，其中外商实际投资额在200万美元（不含200万美元）以下的提取0.2%；200万至500万美元的，提取0.4%；500万美元（不含500万美元）以上的提取0.6%；外商投资企业凭会计师事务所出具的验资报告或出资证明，由县外经贸局会同有关主管部门签署意见，报财政部门审核。各类外国贷款、合资、合作项目由项目单位奖励；独资企业由县政府奖励。

24. 外商投资企业享受公民落户政策，按照原地区行署丽署〔2000〕4号文件执行。

五、本规定自2001年1月1日起实行。县政府过去颁发的有关规定与本规定相抵触的，以本规定为准。

中共缙云县委、缙云县人民政府
关于进一步加快效益农业发展　推进农业产业化经营的若干意见

（2001年8月开始实施）

为建立高效益的农产品基地，发展农业龙头企业，提高农民进入市场的组织化程度，加快农业从传统型向效益型转变、实现我县农业农村现代化目标，根据省委文件精神，结合本县实际，现就进一步加快效益农业发展、推进农业产业化经营的若干问题制定如下意见：

一、建设高标准农产品基地

1. 基地建设规模

农产品生产基地建设，必须遵循“因地制宜”和“规模经营”的原则。多年生经济作物基地（以乡镇为单位）面积在1000亩以上，连片面在100亩以上，养殖业基地（以村为单位的专业养殖大户）：禽类单批饲养量3万羽以上；畜类单批饲养量1000头（只）以上；水产养殖100亩以上（不包括水库、山塘养殖）。

2. 基地建设标准

由县农业产业化办公室负责实施“缙云县名优农产品基地建设标准”。

3. 基地建设项目立项

（1）基地建设项目的业主填报“缙云县名优农产品基地建设项目申报书”。

（2）各乡镇农业产业化办公室负责对上报项目进行初审。符合立项条件的，签署意见后上报县农业产业化办公室。

（3）县农业产业化办公室组织相关部门对上报项目进行实地踏勘和评审。评审通过后，报请县政府统一下达年度基地建设项目计划。

4. 基地建设项目验收

项目实施后，由县农业产业化办公室组织相关部门按有关程序予以验收。

5. 基地建设优惠政策

（1）县财政每年安排50万元资金用于基地建设补助和贴息：凡符合缙云县主导产业发展方向的名优农产品基地，经验收合格每亩补助50～80元（含低产园改造）；养殖业基地经验收合格后，按资产投资总额，以年息5%的标准贴息2年（以金融机构贷款为依据，没有贷款的不予贴息）。

（2）在原粮地上常年调整发展经济作物和水产养殖业的应税产品的税收问题，按“两税”不重复交叉征收的原则执行。

（3）设立基地建设优质奖。被评为“缙云县名优农产品（优质）基地”的给予一定的奖励。

二、培育农业龙头企业

（一）农业龙头企业的认定标准

1. 农业龙头企业应围绕水果、干果、蚕桑、食用菌、中药材、蔬菜、茶叶、畜牧产品、水产品、竹木等农产品进行深度加工，符合产品档次较高，技术含量较大，企业信誉好，品牌优势明显，带动力强，辐射面广等要求。

2. 在本县建立紧密型农产品基地500亩以上（养殖业有相当规模）；流通企业，年营销本地农产品在500万元以上。

3. 加工型企业固定资产投资在100万元以上，年销售额在200万元以上，年消耗原始农产品价值100万元以上，其中本地农产品占加工销售总量的80%以上；经营性企业自有资产在50万元以上，年销售额在200万元以上；茶叶、竹木工艺品企业的年销售额在500万元以上。

4. 企业应提取一定的风险金，专项用于对农户生产风险、价格风险的补助。

5. 对基地农产品实行最低保护价，利润返还或股金分红等方法，保护农民利益，与农民结成比较紧密的利益共同体。

对同时符合上述5个条件的，经县农业产业化办公室审定，报县政府予以命名。

（二）农业龙头企业可享受的优惠政策

1. 县政府每年安排贴息基金50万元，专门用于农业龙头企业在技术改造、新产品开发和收购农副产品贷款贴息。

2. 金融部门要加大农业龙头企业的信贷支持，对发展前景、社会效益良好的龙头企业要优先安排贷款。

3. 农业龙头企业开发荒地、荒山、荒滩、荒水从事农产品生产的，自投产之日起，五年内免征农业税和农业特产税。五年后，农业税和农业特产税减半征收。

4. 出口创汇型农业龙头企业出口退税由税务部门在退税计划内优先安排。

5. 对遭受严重自然灾害的农业龙头企业，按税收管理权限报经批准后，可减征或免征企业所得税。

6. 农业龙头企业固定资产折旧率按规定权限经批准后可在财务制度规定的基础上加速30%～40%。

7. 农业龙头企业可享受收费减免优惠：

（1）农业龙头企业建立基地所需的用地，可直接向村集体经济组织租赁或承包，只办备案不办审批手续；

（2）对农业龙头企业从事农产品加工生产或销售所需的用地，予以优先安排，优先审批；

（3）对农业龙头企业用电优先安排，电价按浙价商〔2001〕131号通知执行；

（4）优先保证供应农业龙头企业的用水，农业龙头企业新增用水增容，免收增容费；

（5）农业龙头企业向有关部门上交的城市基础设施配套费（含集镇基础设施配套费）、排污设施费、土地管理费等各项规费一律减半收取。其中技术改造项目免缴城市基础设施配套费（含集镇基础设施配套费）。同时，严禁各种加重企业负担的行为。

8．县农业产业化办公室等有关部门要为农业龙头企业提供信息与科技服务，积极协助企业创名牌，开拓销售市场。公安、交通等部门要开放“绿色通道”，为农业龙头企业的运输车辆提供方便。

9．省级、市级农业龙头企业除享受省、市级优惠政策外，还可享受上述的优惠政策。

10．外资独资或合资兴办的农业龙头企业，除享受外资企业优惠政策外，还可享受上述的优惠政策。

11．农业龙头企业在享受上述优惠政策和《中共缙云县委、缙云县人民政府关于加快发展工业经济的若干意见》（县委〔2000〕47号）文件中的优惠政策时，按就高不就低的原则确定。

三、建立上规模的农产品市场，壮大一支农产品营销队伍

1．根据效益农业发展的需要，要新建一批上规模的农产品市场，项目由业主提出申请后，报县办事中心，办事中心协调有关部门进行审查，同意新办的，报县政府批准，并依法向工商行政管理部门登记注册。

2．经县政府批准新办的农产品市场，可与县农业龙头企业享有相同的优惠政策。

3．加强营销队伍建设。积极组建农产品产销协会，加强对农产品营销员的业务管理和业务培训。

4．具有法人资格的市场经营服务实体或市场营销员投资建设与市场配套服务的冷库、仓库等基础设施，银行优先安排贷款；建成投入使用后产生效益的，按固定资产投资额的30%，以年息5%的标准，贴息2年（以金融机构贷款为依据，没有贷款不予贴息）。

5．营销员收购本地农产品，金融部门优先安排贷款，税收可享受农业龙头企业的优惠政策。

6．县农业产业化办公室每年组织评选“十佳农产品营销员”，由县政府给予奖励。

四、组织机构

1．进一步完善县农业产业化领导小组及办公室。县农业产业化办公室具体负责农业龙头企业的认定及效益农业实施过程中的各项工作。

2．各乡镇要建立农业产业化领导小组及办公室，负责本乡镇效益农业实施工作。

缙云县殡葬改革工作实施方案

（中共缙云县委办公室、缙云县人民政府办公室2000年2月28日公布）

根据省政府《关于“九五”期间进一步加强殡葬改革的通知》《浙江省殡葬管理条例》《浙江省公墓管理条例》和《缙云县殡葬管理实施办法》等法律法规精神，结合我县实际，特制定殡葬改革工作实施方案。

一、指导思想

以邓小平理论、江泽民“三个代表”重要思想和党的十五大精神为指针，依据上级殡葬管理有关规定，结合生态环境、资源保护和精神文明建设要求，运用法律、经济、行政手段，革除丧葬陋习，改革土葬，有计划、分步骤推行遗体火化，逐步建立与基本国策、精神文明建设和社会主义市场经济体制相适应的殡葬制度，形成科学文明、节俭治丧的社会风尚。

二、推行遗体火化的范围、时间、对象、要求

1. 范围：县内已通公路（包括简易公路）的行政村为第一批推行火化区范围，未通公路的行政村为暂缓推行火化区范围，暂缓推行火化区范围的划定由乡镇人民政府提出方案，县民政部门审核，报县人民政府批准。

在已通公路的行政村中，如确有个别自然村因居住散、路程远、交通不便等客观原因需要暂缓推行火化的，由乡镇人民政府提出意见，县人民政府授权民政局具体把关掌握，严格审核。

2. 时间：2001 年 12 月 28 日起实行自愿遗体火化；2002 年 4 月 1 日零时起全面实行强制性遗体火化。

3. 对象：（1）火化区内常住人员死亡的；（2）火化区内常住人员在外地死亡的；（3）外来人员在本县死亡的；（4）国家机关工作人员、企事业单位职工死亡的；（5）因交通事故等原因死亡的；（6）暂缓火化区人员在火化区内死亡的；（7）在 2002 年 4 月 1 日零时前死亡但尚未安葬的遗体。

4. 要求：自全面实行强制性遗体火化之日起，火化区内遗体火化率要达到 100%。

三、殡葬改革工作实施计划

（一）准备阶段（2001 年 9 月 1 日至 2002 年 3 月 31 日）

1. 建立健全组织机构。建立由县长任组长，县委、人大、政府、政协等相关领导任副组长，各有关部门负责人为成员的殡葬管理工作领导小组。建立殡葬管理工作领导小组办公室，负责殡葬管理日常工作。配好配足县殡葬管理所、殡仪馆班子及工作人员。各机关企事业单位、各乡镇人民政府、村（居）民委员会也要建立相应的殡葬管理工作小组，确定专人负责或联络。

2. 建章立制。根据《缙云县殡葬管理实施办法》，制定殡葬改革实施方案，发布推进殡葬改革实行遗体火化通告，各乡镇政府、各部门要根据各自职责，制订和完善相关配套措施，确保殡改工作顺利实施；各村（居）委会要把殡葬管理列入“村民自治章程”或“村规民约”，提高村（居）民遵守殡葬管理办法的自觉性。

3. 开展调查摸底。在推行遗体火化试运行开始以前（即 2001 年 12 月 28 日前），对全县已建的寿坟进行一次全面调查摸底，做好登记造册工作，防止全面实行遗体火化后遗体或骨灰装棺入葬。

4. 搞好墓点规划。各乡镇要根据本地实际，坚持通盘考虑、合理布局、方便群众、节省资金的原则，于 2002 年 3 月底前，搞好公益性墓点的规划工作，严禁在“三沿五区”上布设墓点。有条件的乡镇可以建造安息堂。

5. 清理丧葬用品。2002 年 3 月底前，县工商行政管理局和民政部门要对全县范围内的丧葬用品市场开展一次清理整顿，严格控制丧葬用品非法经营，净化环境。

6. 加大舆论宣传力度。做好宣传教育，是殡葬改革顺利推进的重要保证。各乡镇、各部门、村（居）委会要采取张贴标语、悬挂横幅、办墙报、组织文艺演出等形式开展殡葬改革宣传；《缙云报》、电视台、广播等新闻媒体要突出宣传殡葬改革的重要意义、党和国家关于殡葬改革的方针政策、法律法规，宣传表扬殡葬改革中的先进典型，批评丧葬问题上的不良风气，对违法违纪事件予以新闻曝光。为加大宣传力度，拟定 2002 年 3 月份为殡葬改革宣传月，并在 3 月初召开一次由各乡镇、各部门主要负责人参加的全县殡葬改革动员大会，进一步统一思想，提高认识，引导和教育广大干部群众认清移风易俗的好处，丧葬陋俗的危害，进而理解、支持、参与殡葬改革工作。

7. 全面督促落实。为把殡葬管理的各项工作落到实处，县殡葬改革领导小组将于 2002 年 3 月下旬抽调有关人员对各乡镇、各部门进行一次全面检查。检查内容为：人员落实情况、舆论宣传情况、上下级责任书签订情况、建立健全各项规章制度情况、殡仪服务组织及服务设施落实情况、其他准备情况及干部群众思想动态等。

（二）实施阶段（2002 年 4 月 1 日零时起）

1．统一指挥，集中办公。实行遗体火化工作开始后，县殡葬管理工作领导小组办公室在一定的时期内，由县委办、县府办及组织、纪委（监察）、宣传、民政、公安、工商、国土资源、建设、文体广电等有关部门抽调人员集中办公，随时了解掌握各地动态，及时处理有关日常事务。遇有重大、紧急情况及时向领导汇报，研究应急措施，果断处理各类突发事件。

2．充分发挥管理网络作用。各乡镇、村（居）委会必须切实做到人员落实，信息畅通，发现问题及时解决，做到工作在基层，把问题解决在基层。同时，要积极开展调查研究，掌握危重病人的情况，及时做好慰问及去世后的火化落实工作。

3．切实做好服务工作。从全面实施强制性遗体火化的第一天起，各乡镇、村（居）委会一定要密切注意动向，做到上门提供服务，使丧主及其亲属自觉地遵循殡葬管理的有关规定办理丧事。

4．部门挂钩联系。在实行遗体火化后，县机关各部门要派出得力干部到联系乡镇帮助开展工作，县政府将把该乡镇的殡葬改革实绩作为联系单位年度考核的一项重要内容。县殡葬改革监察人员要强化训练，随叫随到，严格执法，及时处理殡葬改革工作中出现的问题。

5．坚决杜绝土葬。对于违反、拒绝执行政策规定的，各乡镇、各部门单位要耐心细致地做好思想工作，把问题解决在基层。对经教育仍拒不执行规定，将遗体土葬或私下土葬的，必须采取果断措施起棺火化。对于严重违反政策规定的丧葬行为，有关单位要根据有关规定给予当事人必要的党纪政纪处分和经济处罚。遇不可抗拒的自然灾害，遗体不能运送殡仪馆实行火化的，由村（居）委会提出申请，经乡镇人民政府审核，报民政部门批准，可采取其他方式进行遗体处理。

四、工作措施

改革丧葬陋习，是意识领域里的一场革命，涉及全县每家每户、每个单位与部门，工作难度大，县民政、公安、司法、宣传、发展计划、财政、林业、工商、国土资源、建设、交通、卫生等有关部门必须密切配合，通力协作，充分发挥各自的职能作用，确保殡葬改革顺利进行。

1．加强领导，突出重点，狠抓落实。实施殡葬改革，落脚点在村和居委会，重点和难点在农村，能不能搞好，关键在领导。各乡镇、各部门都要从讲政治高度，克服“缙云山区搞不搞火葬无关紧要”的思想，消除畏难情绪，树立对党和人民负责，对历史和子孙负责的态度，把殡葬改革列入党委、政府工作的重要议事日程，纳入经济建设和社会发展规划，要像抓计划生育工作那样认识到位、精力到位、工作到位。要层层建立殡葬改革目标管理责任制，凡火化率达不到 100%，配套设施不齐全，出现骨灰装棺土葬，乱埋乱葬等问题的单位和个人，不得评为精神文明建设先进单位、先进个人和五好家庭户，同时还要扣除该乡镇年度考核本项基础分。县、乡镇都要组织人员，随时准备处置各种突发事件。

2．加强协作，齐抓共管，综合治理。殡葬改革是我县政治、经济、文化领域改革的重要组成部分，是县委、县政府的大事，是全县人民的大事，各部门都要把殡葬改革工作作为本部门的分内事来抓，充分发挥各自的职能作用，通力协作，齐抓共管，综合治理。民政部门要当好政府参谋，指导各地的殡葬管理；公、检、法等部门要积极支持殡葬改革工作，为殡葬改革的顺利进行保驾护航；国土资源、建设、林业等部门要加强乡镇、村公益性墓点的规划和丧葬用地的审批管理，对未批先建或乱葬乱埋者要坚决查处；工商行政管理部门要对全县丧葬用品的制造和销售开展清理整顿，严格控制丧葬用品经营。

3．充分发挥各级基层组织作用。党支部、村（居）委会、工会、共青团、妇联、民兵等基层组织是我们党和政府各项方针政策贯彻落实的骨干力量，各乡镇、各部门都要重视发挥基层组织的作用，要把殡葬改革工作好坏作为衡量一个组织战斗力的重要标准，教育党员干部自觉地参加殡葬改革，积极做到“三包”，即包家属、包亲戚、包朋友的思想工作，以自己的模范行为宣传群众，带动群众。村（居）委会都要建立红白理事会，制定村规民约，发挥自我管理、自我教育的职能，全面落实本村（居）委会殡葬管理目标任务，保证全县殡葬改革工作顺利推行。

关于通过修编后的《缙云县城城市总体规划》的决议

（2002年12月3日缙云县第十三届人大常委会第33次会议通过）

缙云县第十三届人大常委会第33次会议听取了县人民政府《关于缙云县城城市总体规划修编情况的报告》，审查了修编后的《缙云县城城市总体规划（2001—2020年）》。会议原则通过修编后的《缙云县城城市总体规划（2001—2020年）》，并同意报经上级政府批准后付诸实施。

会议要求，县人民政府要严格执行《中华人民共和国城市规划法》，切实加强对缙云县城城市规划实施工作的领导，坚决维护城市规划的严肃性和权威性，努力把缙云县城建设成为现代化的风景旅游城市。

关于建设生态县的决定

（2004年8月10日缙云县第十四届人大常委会第11次会议通过）

建设生态县，是认真贯彻“三个代表”重要思想和党的十六大、十六届三中全会精神，牢固树立和认真落实科学发展观，深入实施“开放兴县、工业强县、生态立县”三大发展战略，全面建设“平安缙云”的重要举措，对推进我县实现全面、协调、可持续发展具有重大而深远的意义。会议指出，各级政府和全县人民要在县委的领导下，举全县之力，紧紧抓住21世纪头二十年的重要战略机遇，坚持可持续发展，走生产发展、生活富裕、生态良好的文明发展道路，努力实现“建设生态县，发展生态经济，接轨大上海，培育新的经济增长点”的奋斗目标。为此，会议作如下决定：

一、统一思想认识，增加全社会可持续发展和生态环境保护意识

深刻认识建设生态县的科学内涵和生态县建设的重要性、紧迫性、艰巨性，统一思想，把生态县建设贯穿于全面建设小康社会的全过程，树立科学的发展观，坚持以人为本，正确处理加快发展经济和保护生态环境、眼前利益和长远利益、局部利益和全局利益的关系，统筹城乡、区域经济社会发展，努力实现经济社会发展和生态环境保护的“多赢”。加大宣传教育力度，不断增加全社会的生态环境保护意识和公德意识，广泛开展各类创建活动，建立有效的公众参与机制，大力营造推进生态文明建设的良好社会环境。

二、围绕重点领域，扎实做好生态县建设各项工作

要根据《缙云生态县建设规划》，围绕重点领域，调整产业结构，优化产业布局，探索发展循环经济的有效途径。大力发展生态工业，积极推行清洁生产，以工业园区为集聚点，培育一批科技含量高、经济效益好、资源消耗低、环境污染少的优势产业、优势企业和优势产品。大力发展生态农业，推广生态农业模式，扩大无公害农产品、绿色食品、森林食品和有机食品生产基地规模和产品总量。围绕“生态、休闲、养生”主题，加快发展生态旅游业，努力提高第三产业比重，加快城乡生态环境保护基础设施建设，加大治污力度，提高全县污染物处理能力，建立污染源的长效管理机制，进一步控制污染物排放总量；有效控制农业农村面源污染，努力改善农村生产生活环境。加强水、土地、森林、矿产等自然资源的合理开发和保护，加快生态公益林和防护林工程建设，加大森林资源保护力度，进一步提高森林覆盖率，发挥森林生态效益，增强防灾减灾能力。各级政府要从生态功能区划的实际出发，每年集中解决一些仍然存在的生态环境问题，做到年年有新进展，年年有新成效。

三、坚持改革创新，为生态县建设提供有效的保障

进一步解放思想，深化改革，推进体制创新、科技创新和管理创新。建立生态县建设领导负责制、任期目标责任制和责任追究制，实行一把手亲自抓，负总责，层层落实领导责任。各有关行政主管部门要按照法律法规规定的职责，落实责任，相互配合，齐抓共管，形成合力。改进和完善对领导干部政绩考核办法，把生态环境保护和建设的成效作为考核各地各部门的工作成绩和干部政绩的重要内容，切实增加生态环境保护和建设的投入，充分发挥公共财政在生态环境保护和建设方面的导向作用。以改革的思路拓宽投资渠道，鼓励和支持社会资金投向生态经济、环境保护和建设。突出科技创新，积极推广应用环保科技成果，普及生态科学知识，加强生态建设的人才培养，吸收和借鉴生态文明建设的优秀成果，加快生态县建设步伐。

四、加强执法、监督，为生态县建设创造良好的法制环境

加强环境执法力度，严格依法行政，强化生态环境的保护和管理，坚决制止和查处各类破坏生态环境的违法行为，依法惩处严重破坏资源、污染环境的单位和个人，县政府要每年向县人大及其常委会报告生态县建设进展情况，接受监督检查。县人大及其常委会要采取执法检查、视察、评议等多种形式，加强对生态环境保护和建设相关的法律法规执行情况的检查监督，保证各项法律法规在本行政区内的有效实施，依靠法治扎实推进和保障生态县建设。

关于加快文化建设的决定

（2005年8月12日中共缙云县委第十一届六次全会通过）

根据党的十六大和十六届三中、四中全会、省委十一届八次全会及市委一届十三次全会精神，按照胡锦涛总书记对浙江工作提出的“走在前列”和省委深入实施“八八战略”、加快建设文化大省以及市委加快“绿谷文化建设”的要求，结合缙云实际，围绕县委深入实施“三大战略”的总体部署，切实增强文化软实力，全面推进经济、政治、文化、社会建设，现就加快我县文化建设作出如下决定：

一、深刻认识加快文化建设的重要意义

1．加快文化建设，是实践“三个代表”重要思想、满足人民群众日益增长的精神文化需求的必然要求。“三个代表”重要思想第一次把发展先进文化和发展先进生产力、实现最广大人民的根本利益联系起来，上升到党的指导思想的高度，这是对马克思主义文化理论的创造性发展。文化属于人民，人民群众既是文化的创造者和生产者，又是文化的消费者。随着改革开放的深入推进和各项事业的快速发展，广大人民群众物质生活水平不断提高，对精神文化生活多层次、多样化的需求与日俱增。只有加快文化建设，努力提供更多更好的精神文化产品，不断提高人民群众的思想道德素质、科学文化素质和健康素质，才能真正实现好、维护好、发展好缙云人民的文化利益。

2. 加快文化建设，是落实科学发展观与构建社会主义和谐社会的应有之义。坚持以经济建设为中心，推动经济、政治和文化的协调发展，这是科学发展观的内在要求。和谐社会建设作为中国特色社会主义事业总体布局的重要组成部分，从社会关系、社会状态方面反映和检验落实科学发展观的成效，需要充分发挥先进文化增强精神力量、丰富精神世界的精神引领作用。缙云不仅需要加快经济发展，缩小与全省的差距，解决好构建和谐社会的物质基础，而且需要通过加快文化建设，不断巩固和谐社会建设的精神支撑；不仅需要把“平安缙云”建设推向深入，进一步加强社会建设和管理，维护社会稳定，而且需要通过加快文化建设，营造和谐与活力、效率与公平、法治与文明相统一的人文环境。

3. 加快文化建设，是增强文化软实力、按照“走在前列”的要求推进跨越式发展的有力推动。文化具有强大的渗透力和影响力，贯穿于经济社会生活的各个方面，对经济社会发展具有巨大的推动作用，尤其是以经济发展水平为主要标志的硬实力发展到一定阶段时，文化软实力赋予经济发展以更强的竞争力，提高物质产品的文化含量成为转变经济增长方式的重要渠道、拥有竞争力的重要标志。只有加快文化建设，顺应文化经济化、经济文化化的发展趋势，才能促使缙云跨越式发展的路径更加便捷、步子更加稳健、成效更加显著。

二、加快文化建设的指导思想和主要目标

4. 加快文化建设的指导思想。坚持以邓小平理论和“三个代表”重要思想为指导，贯彻科学发展观和构建社会主义和谐社会的要求，把握先进文化的前进方向，落实省、市委有关文化建设的要求，围绕“三大战略”的实施，以提高人的素质为核心，以满足人民群众的精神文化需求为出发点，以发展科技教育为基础，以培育文化产业为突破口，立足特色、突破重点、统筹发展，逐步形成独具魅力的区域文化风格，不断增强文化软实力，努力推进缙云跨越式发展。

5. 加快文化建设的主要目标。加快文化建设，就是要大力发展具有缙云特色的先进文化，不断增强文化软实力。到2010年，初步形成与我县经济社会发展相适应的文化发展格局，构筑与人民群众日益增长的文化需求相适应的文化服务体系，营造有利于出精品、出人才、出效益的文化发展环境，努力把缙云建设成为文化事业不断发展、文化产业初具规模、科教卫体全面进步，生态旅游文化、教育文化、特色群众文化等生机盎然的新格局，力争缙云文化建设走在全市前列。

三、增强文化软实力的主要内容

6. 增强先进文化的凝聚力。要充分发挥先进文化在统一思想、凝聚人心、鼓舞斗志方面的重要作用，促进人的全面发展和社会的全面进步，引导人们树立正确的世界观、人生观和价值观。提高把握导向、构建和谐的能力，巩固和发展团结奋进、开拓创新、积极向上的主流舆论，努力在全社会形成团结互助、平等友爱、和谐有序、共同前进的良好氛围。提高教育人民、激励人民的能力，与时俱进地弘扬新时期缙云精神，凝聚和激励全县人民开创美好未来。

7. 解放和发展文化生产力。围绕弘扬先进文化，提高文化生产力，进一步深化文化体制改革，积极推进文化理念创新、内容创新、制度创新和科技创新，坚决冲破一切妨碍发展的思想观念，坚决改变一切束缚发展的做法和规定，坚决革除一切影响发展的体制弊端，充分调动文化工作者的积极性，营造文化发展的良好环境。加快文化事业和文化产业发展，培育一批具有活力和竞争力的文化发展主体，提高文化产品的生产和服务能力。

8. 提高文化公共服务能力。统筹公共事业的服务机制、设施、机构和队伍建设，逐步构建结构合理、发展平衡、网络健全、运营高效、服务优质的覆盖全社会的公共服务体系，为广大群众提供良好的文化、教育、科技、卫生、体育等方面的公共服务。充分发挥公共财政的支撑作用，探索形成政府主导、社会参与、市场运作的公共事业发展新格局。兼顾不同社会群体多层次、多样化的文化需求，让全社会分享文明成果。

四、实施文化建设“五大举措”

9．培育特色文化品牌。积极挖掘和发展黄帝文化和生态文化，加强黄帝文化研究开发，搭建旅游文化宣传平台，确立黄帝文化在南方的传播辐射中心地位；把黄帝文化同“山水神秀”“田园风光”等生态文化内容相互融合，增强旅游的文化内涵，进一步打响旅游文化品牌。充分利用现有的教育优势，积极探索研究教育发展的新路子，争取通过一定时期的努力，建成体制富有活力、水平适度超前、结构基本合理、内涵和谐发展，与我县经济社会发展水平相协调，总体上在全市乃至全省县、市、区中居较领先地位的现代教育体系，进一步打响教育文化品牌。积极推动特色文化创作，挖掘缙云丰富的民俗、民风和民间文化艺术资源，对婺剧表演、民间曲艺等进行引导和扶持，努力提高缙云民间艺术表演在全省乃至全国的知名度，进一步打响以婺剧演出为主的民间艺术文化品牌。通过“三大品牌”的打造和利用，促进经济发展，提高县域知名度和城市品位。

10．加强文化阵地建设。要进一步重视文化基础设施建设。今年，要开工兴建青少年活动中心。“十一五”期间，所有乡镇建成有固定场地和活动场所的文化站，把博物馆建设作为展示、传播先进文化的重要阵地，力争图书馆、文化馆建设达到国家规定标准，完成图书城建设，争取全县所有行政村和社区建成能满足群众需要的文化设施。要进一步开展文化创建活动。开展“百村千户文化示范工程”结对共建活动，实施“欢乐家园社区文化建设工程”，培育一批文化特色村、文化示范社区和文化示范户，在全县642个行政村，村村至少建有一户文化示范户。继续实施浙江“东海明珠工程”和丽水“山花工程”，争取新创建一批东海明珠乡镇和山花乡镇。要进一步丰富群众文化活动形式。大力推进企业文化、校园文化、社区文化、村落文化、广场文化的发展，重点抓好群众歌咏大会、社区文艺大会演、中学生大联欢、乡村文艺大调演等活动。推进文化下乡，进一步组织送戏、送书、送电影、送文化科技知识到基层，并逐步做到经常化、制度化。

11．促进文化产业发展。加大对生态文化旅游业、仙都影视星空摄影基地、工艺美术业、婺剧演出业等重点产业的扶持力度，培育壮大生态文化旅游业、婺剧演出业等3～4个文化产业，构筑以重点产业为主导，相关产业联动的具有区域特色的文化产业发展格局。积极探索文化、生态、旅游相互结合、相互促进的文化产业发展路子，加快生态文化旅游项目建设。推进投资主体多元化，大力发展民营文化企业。进一步放开个体、私营企业、民营企业、外资等非公有资本进入文化产业的领域，鼓励和支持非公有资本以独资、合资、股份合作、联营等形式参与文化产业的发展。到2010年，力争文化产业增加值占全县生产总值的比例明显提升，文化产业成为我县新的经济增长点。

12．重视文化传媒建设。加强文化传媒建设，重点是加强广播、电视、电影、图书、音像制品、电子出版物、互联网等文化传播媒体的建设和发展，打造对外宣传平台、文化精品展示平台和文化普及平台，增强文化传播的针对性和实效性，扩大文化传播的覆盖面和影响力。加强文化传媒主体建设，实施名牌化战略，集中力量办好缙云人民广播电台、缙云电视台和中国缙云新闻网，培育名栏目、名主持人。加强文化传播渠道建设，实施农村广播电视“村村通”工程，全县乡镇有线电视联网率达到100%，行政村联网率力争达到95%。加快数字电视整体转换，实施文化“走出去、请进来”工程，开展“感受缙云”等主题外宣活动，注重培育有特色的对外宣传基地，努力提高缙云的知名度和美誉度。加强文化传播手段建设，推进数字化传播，发展在线传播，构建互联网新闻宣传和网络信息服务体系。

13．提升公民文明素质。以全体公民为对象，突出未成年人、外来务工人员等重点，创新载体，拓展领域，提升目标，着力增强公民的思想道德素质、科学文化素质和健康素质，不断提高全社会的文明程度。以文明城市建设为龙头，进一步深化文明县城、文明村镇、文明行业以及“双建设、双整治”、创建学习型社会等活动，充分发挥群众性精神文明创建活动的重要作用，提高人的文明素质。开展形式多样的形势政策教育，鼓舞人心，解疑释惑，化解矛盾，理顺情绪，维护改革发展稳定大局。开展廉政文化建设，积极营造以廉为荣、以贪为耻的良好风尚。开展文明礼仪宣传教育活动，培育和形成良好的社会礼仪、生活礼仪、职业礼仪，切实推进公民道德建设。加强爱国主义教育基地建设，发挥革命纪念地和历史文化遗址、博物馆等的作用。扎实开展“共铸诚信、满意在缙云”活动，着力打造“信用缙云”。

五、加快教育、科技、卫生、体育“四项建设”

14. 加快教育事业建设。大力开展素质教育，积极推进教育创新。努力发展优质教育，重视培养一批名师、名校长和学科带头人，逐步满足人民群众接受优质教育的需求。统筹城乡教育，完成教育布局调整，加强教育扶贫救助，努力改善农村中小学办学条件，促进区域之间、城乡之间、学校之间教育的均衡发展，确保“两个不让”，促进教育公平。加快普及高中段教育、学前三年教育。到2010年全县义务教育阶段小学入学率、巩固率保持100%，初中入学率和巩固率保持在99.90%和99.99%以上，“初升高”比例达到95%以上，巩固提高中小学“两高”普九成果，努力实现“教育强县”目标。加快职业教育，积极发展与制造业、服务业密切相关的职业教育，加快技能型实用人才的培养。发展成人教育、休闲教育、老年教育和远程教育，形成终身教育体系，构筑学习型社会。

15. 加快科技事业建设。大力推进科技进步，加快科技创新步伐，增强科技对经济发展的推动力。进一步密切产学研的结合，加大科技攻关力度，发展高新技术产业。加强与省内外大专院校、科研院所合作，着力解决事关经济结构调整、产业优化升级和生态县建设的关键技术、共性技术。适应块状经济发展的要求，建立健全区域科技创新服务体系。加强知识产权保护，鼓励企业开展自主创新，培育一批拥有自主知识产权、具有核心竞争力的企业。完善科普网络，推进科普工作的群众化、经常化、社会化，努力在全社会形成学科学、讲科学、用科学的良好风尚。力争在“十一五”期末，实现“科技强县”目标。

16. 加快卫生事业建设。坚持以农村为重点的卫生工作方针，加强公共卫生体系建设，优化卫生资源配置，推进城乡卫生医疗事业协调发展。以基层卫生设施建设为基础，以农村卫生服务体系为依托，以新型农村合作医疗为保障，以农村健康教育学校为阵地，全面实施“农民健康工程”，建成覆盖乡（镇）、村的农村公共卫生服务体系。加强爱国卫生工作，把“十村示范、百村整治”和改厕改水结合起来，改变农村卫生落后面貌；创建省级卫生县城，提高城市公共卫生服务能力。健全社会公共卫生服务网络，完成疾控中心搬迁工作。鼓励民营医院发展，大力推进公立医院改革，引进和推广医疗卫生新技术和新项目，提高医疗救治综合实力，最大程度地满足人民群众的卫生医疗服务需求。建立全民健康教育与健康促进工作运行机制和服务网络，大力普及健康知识，引导全社会形成健康文明的卫生习惯和生活方式。

17. 加快体育事业建设。认真组织实施《全民健身计划纲要》，加快群众体育组织网络和健身设施建设，完善群众体育激励机制，构建全民健身服务体系，积极开展丰富多彩的群众性体育活动，提高全县人民的健康素质。推进教体结合，加快体育后备人才的培养，建立业余训练网络，调整项目布局，重点发展田径、篮球、乒乓球、游泳等体育项目，以竞赛为杠杆，提高青少年业余训练水平。扶持体育产业的发展，初步形成以体育彩票、竞赛表演、体育培训、健身娱乐为主要内容的体育产业。

六、努力创造良好发展环境

18. 加强组织领导。各级党委、政府和领导干部要进一步统一思想，提高认识，自觉把加快文化建设的工作摆上重要位置，把科学发展观和正确政绩观体现到加快文化建设的工作之中，努力提高领导和驾驭文化工作的能力和水平。以求真务实的精神推进我县的文化建设，把加快文化建设的目标任务分解落实到位，列入任期目标考核。人大要加强有关推进文化建设的法律监督工作。政府及有关部门要加强实施文化建设各项工作的具体指导和管理。政协要积极发挥联系广泛、智力密集的优势和参政议政、建言献策的职能作用。党委宣传部门要在加快文化建设中充分发挥指导协调作用。工青妇等群团组织和各种群众文化团体要积极组织开展各具特色、丰富多彩的群众文化建设。

19．加大扶持力度。认真梳理国家和省、市的文化政策，结合缙云实际，研究制定文化建设“五大举措”和教育、科技、卫生、体育“四项建设”的配套政策，为加快我县文化建设提供政策保障。完善文化体制改革以及各项社会事业改革的配套政策，认真落实财政投入、税收优惠、融资投资、社会保障、人事制度等各项政策措施。加大公共财政对文化事业的投入，县财政每年文化事业经常性投入增长幅度应不低于经常性财政支出的增长幅度。积极向上争取文化设施建设项目，制定政策，加大资金配套力度。县财政设立文化事业建设专项经费，加大对群众文化活动、文化人才培养、“山花工程”和广播电视“村村通”工程等文化事业发展的扶持力度，加强对重点文物和民间艺术的保护。鼓励社会对文化事业的捐赠。加大对文化产业发展的引导和扶持力度，完善和落实民营文化产业发展的扶持政策，民营文化企业与国办文化企业在产业政策上一视同仁。

20．深化体制改革。深化体制改革，探索建立调控适度、运行有序、促进发展的文化宏观管理体制，初步形成党委领导、政府管理、行业自律、企事业单位依法运营的格局；推进政府转变文化管理职能，把工作重心转移到宏观调控、政策引导、依法行政、市场监管、社会管理和公共服务上，逐步实现政企分开、政事分开、管办分离；深化文化市场综合执法改革，进一步理顺管理体制，依法加强文化市场的建设和管理；积极发展文化行业组织，发挥其提供服务、反映诉求、规范行为、维护权益等积极作用；深化微观运行机制改革，创新公益性文化事业单位内部管理和运行机制，推进经营性国有文化单位转企改制，加快培育市场主体，建立保证正确导向、适应市场经济、富有活力的微观运行机制。深化教育体制改革，优化教育结构，改革培养模式，形成与经济社会发展要求相适应的教育体制；深化科技体制改革，形成有利于技术进步、技术创新、技术推广的动力机制；深化卫生体制改革，提高卫生医疗服务水平和突发性公共卫生事件应急能力；深化体育体制改革，激活体育发展活力。

21．强化宏观管理。切实把握文化的意识形态属性，加强和改善党对文化工作的领导，保证文化建设的正确方向，始终掌握对文化重大事项决策权，对宣传业务的审核权，对国有文化资产配置的控制权。积极应对网络和数字化发展带来的新挑战，加强对互联网等新兴文化阵地的管理，坚持用先进文化占领思想阵地。综合运用法律、经济、行政等手段，切实加强对文化、教育、科技、卫生、体育等社会事业的宏观调控和行业监管，确保社会事业快速健康有序发展。加强文化市场管理，深入开展“扫黄打非”斗争，有效保护知识产权，净化文化市场环境。强化规划的导向作用，以规划引导文化建设有序进行。结合研究制定“十一五”规划，制定文化、教育、科技、卫生和体育发展专项规划和文化建设“五大举措”实施方案，突出重点，强化措施，抓好落实。

22．重视人才培养。坚持干部队伍“四化”方针和德才兼备原则，加强领导班子建设，建设一支政治强、业务精、作风正、纪律严的文化工作者队伍。重视宣传文化专业技术人才，特别是高级技术人才的培养工作。加强基层文化工作者和业余文艺骨干的业务培训，重视解决乡镇文化广播站的实际困难，稳定基层文化队伍。坚持正确的用人导向，建立和完善人才选拔机制、人才使用机制和人才管理机制。进一步加大宣传力度，发挥新闻媒体优势，为文化、教育、科技、卫生、体育优秀人才脱颖而出创造良好的环境。

23．营造良好氛围。加强对文化建设重大问题的调查研究，及时总结经验，推广典型。进一步加大宣传力度，发挥新闻媒体优势，加强整体策划，组织系列报道，营造舆论强势。突出工作重点，确保工作实效，以实际行动引导全社会形成广泛共识，关注、支持、参与文化建设，兴起文化建设热潮。

缙云县人民政府　令
缙云县新型农村合作医疗暂行办法

（2006年1月1日起施行）

第一章　总　则

第一条　为建立健全我县新型农村合作医疗制度，提高农村居民的健康水平，促进农村经济社会协调发展，根据《浙江省人民政府关于建立新型农村合作医疗制度的实施意见（试行）》《丽水市人民政府关于建立新型农村合作医疗制度的指导意见》的文件精神，制订本暂行办法。

第二条　新型农村合作医疗制度遵循的原则：政府组织、引导、支持，农民自愿参加、互助共济；个人、集体、政府多方筹资，县级统筹，以收定支；保障适度，实行大病统筹。

第三条　新型农村合作医疗参加对象：凡属本县户籍的所有农业人口，以户为单位参加。

第二章　组织机构

第四条　实行“政府领导、卫生牵头、部门协作、乡镇筹资、社保理财、财政监管、医疗服务”的管理机制。

第五条　由县委办、县府办、人事劳动社会保障局、财政局、卫生局等单位和农民代表组成缙云县新型农村合作医疗工作管理委员会（以下简称“管委会”），管委会下设办公室和报结中心。

办公室地点：县卫生局，报结中心地点：县人事劳动社会保障局。

第六条　乡镇新型农村合作医疗管理组织确定专人负责日常工作。

第三章　资金筹集和管理

第七条　新型农村合作医疗制度实行个人缴费、集体扶持和政府资助相结合的筹资机制，实行收支两条线管理，资金纳入县财政专户。

积极鼓励企事业单位、社会团体和个人捐赠资金支持新型农村合作医疗。

第八条　新型农村合作医疗资金筹集标准及办法

一、筹资标准：所有对象以户为单位参加，按每人每年20元标准交纳，政府给予每人每年20元补助。

二、筹资办法：个人交纳部分由乡镇人民政府负责收缴。“三老”人员、重点优抚对象、五保、低保人员个人交纳部分由县民政部门承担；残疾人个人交纳部分由县残联承担。

三、村集体经济组织可对参加新型农村合作医疗的农民给予适当扶持；村集体经济扶持部分，抵减农民个人缴费额度。

第九条　新型农村合作医疗经费的缴纳以年度为单位，全年费用一次缴清，下年度内享受新型农村合作医疗待遇，中途不办理补交或退出手续。

第十条　新型农村合作医疗管理机构的运行费用列入县财政预算；资金专款专用，接受人大、政协及社会的监督；严禁任何单位和个人截留、挪用和不合理支付。

第十一条　完善考核机制，确保新型农村合作医疗工作的顺利进行。

第四章 医疗保障待遇

第十二条 资金给付范围：在县内外定点医疗机构诊治的住院医疗费用、特殊病种门诊医疗费用；县内定点医疗机构诊治的门诊医疗费用。

第十三条 资金不予给付范围：工伤、交通事故等责任事故有明确第三者赔偿对象的、生育、自购药品、斗殴致伤、自杀、自残、酗酒、整形美容、出国及在港、澳、台地区期间发生的医疗费用。

第十四条 住院、门诊费用报销标准：

一、报销标准：

1．凡在定点医疗机构住院，特殊病种门诊治疗的，剔除自费部分后的医疗费用（乡镇中心卫生院起报线 300 元，县级以上医疗机构起报线 800 元），按下列标准分段按比例报销：

300 元（县级 800 元）～ 5000 元（含 5000 元），报销 15%；

5000 元～ 10000 元（含 10000 元），报销 25%；

10000 元以上，报销 30%。

2．连续参加新型农村合作医疗的，以户为单位，未发生住院费用报销的，从次年开始按报销总额的 5% 逐年递增，最高增至 25%（门诊费用报销除外），如一户中有一人发生住院费用报销的，则其他成员不再享受，同递增比例从次年重新开始累计。

3．在县内门诊的，按下列标准报销：

乡镇定点医疗机构报销 10%；县级定点医疗机构报销 5%。

4．住院和门诊全年累计报销额最高不超过 20000 元。

二、外出务工人员在县外城镇职工基本医疗保险定点医疗机构住院的，入院后须及时报告户籍所在地乡镇政府，出院后凭住院证明及有效票据，按有效票据金额省内自负 10%、省外自负 20% 后，参照本条第一款县级医疗机构标准予以报销。

三、参加新型农村合作医疗人员，在享受本办法的保障待遇后，符合缙政发〔2005〕51 号文件规定的，可申请救助。

四、药品使用目录、诊疗项目、医疗服务设施标准的报销范围，参照城镇职工基本医疗保险有关规定执行。

第十五条 转院规定：参加新型农村合作医疗人员可到任一家县内定点医疗机构诊治；确需转县外的，须持县级医院转院证明并报县报结中心备案；按照有效票据，转县外省内的自负 5%、转省外的自负 10% 以后，参照第十四条第一款规定予以报销。

第五章 奖惩及其他

第十六条 对在全县新型农村合作医疗工作中作出显著成绩的单位和个人，由县人民政府给予表彰和奖励。

第十七条 卫生部门要加强对定点医疗机构的管理，维护新型农村合作医疗的整体利益，对违反管理制度的有关人员要给予必要的行政处分。

第十八条 对弄虚作假骗取新型农村合作医疗资金的，要依法追回，并追究相应责任；构成犯罪的，移送司法机关处理。

第十九条 本暂行办法由县卫生局负责解释。具体实施细则由县人事劳动社会保障局另行制订。

第二十条 本暂行办法自二〇〇六年一月一日起施行。有关规定与本办法相抵触的，以本办法为准。

缙云县低收入农户奔小康工程实施意见

（中共缙云县委、缙云县人民政府2008年12月28日公布）

为认真贯彻落实省委、省政府实施“低收入群众增收行动计划”，切实做好低收入农户奔小康工程，拓展低收入农户增收渠道，实现低收入农户增收脱贫，现就深入实施低收入农户奔小康工程提出如下意见：

一、低收入农户奔小康工程的总体要求

（一）指导思想

以党的十七大和十七届三中全会精神为指导，深入贯彻落实科学发展观，按照“创业富民、创新强省”总战略的要求，围绕全面建设惠及全县人民小康社会的目标，以提高低收入农户致富能力和收入水平为中心，把统筹城乡发展与统筹区域发展有机结合起来，进一步健全以工促农、以城带乡和区域联动的长效机制，不断加大结对帮扶和社会援助的力度，着力改善低收入农户的生产生活条件，全面建立低收入农户“一村一计一部门”“一户一策一干部”帮扶机制，合理开发特色产业，着力促进劳动就业，积极推进下山搬迁，切实加强社会救助，加快低收入农户脱贫致富奔小康步伐。

（二）目标任务

1．到2012年，低收入农户（“低保”农户除外）70%以上家庭人均纯收入超过4000元；

2．符合最低生活保障条件的低收入农户全面纳入最低生活保障，到2012年，农村最低生活保障标准提高到2500元，绝对贫困现象基本消除；

3．到2012年，医疗、教育救助全面覆盖低收入农户，住房救助全面覆盖低收入农户中的困难群众，低收入农户子女普遍接受免缴学费的职业高中段教育，低收入农户的人均教育、医疗消费支出占生活消费支出的比重基本达到当地农村居民平均水平；

4．有劳动力的低收入农户至少有1人实现非农就业或从事产业化经营的特色农业；

5．下山搬迁2万人，到2012年，地质灾害危险区的农户基本实现搬迁；

6．低收入农户的生产生活条件进一步改善，到2012年，不搬迁的行政村通村公路全面硬化，特色农业基地的基础设施明显改善，安全卫生饮用水人口覆盖率达到95%；

7．集体经济收入万元以下行政村的运行经费和干部报酬普遍得到保障。

（三）基本原则

一是坚持自主发展、户户行动原则。动员低收入群众发扬自力更生、艰苦奋斗精神，充分发挥主体作用和主观能动性，大力发展生产，积极就业创业，依靠自身努力提高收入和生活水平。

二是坚持分类指导、分户决策原则。根据低收入群众实际，分户确定产业发展、就业促进、下山搬迁和“五保”救助、“低保”救助、专项救助（教育、医疗、住房、灾害等救助）措施，提高帮扶的针对性、有效性。

三是坚持城乡互促、区域联动原则。继续推进工业化、城市化进程，加快公共基础设施和公共服务向农村有序延伸。扩大区域协作，促进欠发达地区与发达地区之间劳动力和资本的对流，形成区域间优势互补、共同发展的格局。

四是坚持政府主导、社会帮扶原则。充分发挥政府的主导作用，广泛动员党政机关、事业单位、各类企业、慈善组织、社会团体、爱心人士以多种形式帮扶低收入群众，全面形成先富带后富、共同奔小康的良好氛围。

二、实施“低收入农户奔小康工程”主要举措和政策

（一）实施“产业开发帮扶行动”，拓宽低收入农户增收渠道

以“低收入农户集中村”为重点，充分发挥山区生态环境优势，通过扶持发展特色农业产业，带动和促进低收入农户增收。鼓励低收入农户以土地、山林入股的方式参与基地开发。大力发展来料加工业和家庭工业，支持来料加工业和家庭工业向农民异地转移安置点、低收入人口相对集中的村延伸。扶持有旅游资源的乡村，依托景区、景点和特色农业资源发展农家乐休闲旅游业。

1．特色农业产业

按照建设特色农业强县强镇强村的要求，发展具有当地资源优势和市场竞争力的特色种养业，改造和提升一批能够有效带动低收入农户增收的农产品基地，扶持和培育一批带动力强的扶贫龙头企业和扶贫专业合作社，培植和发展一批种养专业大户，努力形成特色农业“一乡一业”“一村一品”的发展格局，使特色农业成为低收入农户就地增收的主导产业。

特色农业发展项目的扶持对象为：一是发展特色种养业及加工流通业的“低收入农户集中村”农户和非“低收入农户集中村”的低收入农户；二是发展特色种养业及加工流通业并能带动低收入农户发展生产实现增收的农业龙头企业、农民专业合作社、扶贫合作社（互助组）、小型企业、村集体经济组织等。特色农业发展项目的扶持内容为：一是现有竹、茶、果、油（油茶）等特色农林业低产基地的改造项目；二是能发展成为“一村一品”的特色种养业及加工流通业基地的建设项目；三是与特色种养业基地配套的机耕路、作业道、农田水利等基础设施的建设项目；四是能促进村级集体经济发展的特色种养业项目。

2．来料加工业

大力扶持农村来料加工业，着力培育农村来料加工特色区块，推进来料加工业向“低收入农户集中村”和农民异地转移安置点扩散，促进难以外出就业的农村妇女、中老年农民就地就业增收。

(1)培养和扶持来料加工经纪人、专业村和重点企业。引导村干部、村妇女主任、农村青年充当经纪人；加强对经纪人的业务培训；打造一批来料加工专业村、专业乡；鼓励经纪人创办来料加工企业。经纪人和来料加工业的贷款、培训、奖励等有关扶持政策按照《缙云县人民政府关于扶持来料加工业发展的若干意见》执行。

(2）鼓励和支持企业、经纪人把来料加工业务扩散到“低收入农户集中村”和农民异地转移安置点。对经纪人将来料加工业务扩散到路途较远的“低收入农户集中村”，根据其吸纳就业人数和年度发放工资额，给予补助。

(3）对新创办的来料加工企业（点），给予购置加工设备、培训加工户的补贴，减免规费和各种管理费。

3．农家乐

充分利用我县的生态优势，科学规划，合理布局，稳步发展以休闲度假为特色的农家乐休闲旅游业。

(1）对低收入农户发展农家乐休闲旅游可享受的有关优惠政策，按照我县《缙云县扶持农家乐休闲旅游业发展实施办法》执行。

(2）对“低收入农户集中村”发展农家乐休闲旅游业，优先安排村庄整治项目。

(3）为农家乐休闲旅游业从业人员提供免费业务培训。

(4)搭建农家乐休闲旅游村(点)推介平台。借助旅游推介渠道和农民信箱等公共信息平台，及时收集、发布信息，加大宣传力度，促进供需对接，提升品牌形象。

4．村级集体经济

鼓励“低收入农户集中村”通过山林、茶园、果园等集体农业资源发包，水、矿产等资源入股，发展集体资源经济；鼓励“低收入农户集中村”通过原有仓库、会堂、学校等集体物业资产租赁增加收入，发展集体物业经济；借助“低收入农户集中村”来料加工业、农家乐休闲旅游业等产业的发展，组建中介

服务机构，开展中介服务，发展集体服务经济，增加村级集体经济收入。

（二）实施“培训就业帮扶行动”，促进低收入农户转移就业

以实现稳定就业和发展现代农业为导向，加强对低收入农户的技能培训、就业服务和就业援助，促进低收入农户外出经商和外出农民返乡创业。

1．技能培训。加强对低收入农户劳动力技能培训和后备劳动力的职业培训，努力提高低收入农户劳动力的就业能力。免费为低收入农户劳动者提供有针对性的转移就业技能培训和创业培训。对低收入农户劳动力的初级职业技能鉴定和等级资格考证，免收工本费以外的其他费用。全面开展对低收入农户未继续升学的应届初高中毕业生 6 个月至 1 年的职业技能培训。

2．就业服务。加强对低收入农户的就业服务和就业援助。用以工代赈形式安置农村“低保”家庭人员和低收入农户，鼓励企业招收低收入农户用工，对招用低收入劳动力数量较多的企业予以一定奖励。

3．农民创业。支持低收入农户就地创业，对低收入农户从事个体经营，凭营业执照给予一次性 1000 ～ 5000 元的创业补贴。对外出务工经商的低收入农户返乡创业，视同招商引资，享受同等政策。开展信息服务、典型介绍，鼓励有意愿、有能力的低收入农户外出经商创业。

（三）实施“下山搬迁帮扶行动”，改善低收入农户生存发展环境

加大力度推进山区人口梯级转移，积极开展小规模自然村的撤并工作。以深山高山远山不通机耕路自然村和零星分散居住农户为主要对象，坚持内聚与外迁、集中与分散相结合，多途径、多形式推进异地脱贫。2008—2012 年异地转移计划搬迁 2 万人以上。有关政策按照《缙云县农民异地转移工程实施意见》执行。

（四）实施“基础设施建设行动”，改善低收入农户生产生活条件

加快推进农村道路建设、千万农民饮用水工程建设、村庄整治建设和农村信息化，促进公共资源在全社会的均等配置，改善低收入农户的生产生活条件。

（五）实施“社会救助覆盖行动”，提高低收入农户保障水平

按照基本公共服务均等化的要求，完善社会救助制度，提高社会救助水平，扩大最低生活保障、教育救助、医疗救助覆盖面，加大农村“五保”对象集中供养、住房救助、灾害救助力度，提高农村医疗服务水平，探索建立农村养老保险制度，降低低收入农户因学因病因灾返贫的几率。

符合最低生活保障条件的低收入农户全面纳入最低生活保障，并逐步提高最低生活保障标准，绝对贫困现象基本消除。积极开展农村低收入农户住房救助工作，对低收入农户参加政策性农村住房保险的保险金，由县财政给予补助，保障低收入农户生产生活条件。

逐步加大对低收入农户子女教育的资助力度，对在本县十五年教育就学的低收入农户家庭子女，通过“四项工程”“六项行动”“爱心助学行动”“帮困助学”等形式实行专项补助活动，开展教育扶持。到 2012 年，低收入农户子女普遍接受免缴学费的职业高中段教育。

（六）实施“区域协作促进行动”，拓宽低收入农户发展空间

按照“互补互利”的原则，深入实施“山海协作工程”，进一步扩大发达地区和欠发达地区的经济联姻和技术、教育、卫生、人才、就业等多方面协作，促进资本与劳动力的双向对流和产业转移、劳务对接、异地开发。继续保持省、市级单位与欠发达乡镇的结对帮扶关系，构建省、市级结对帮扶单位结对到村，联系到户，实施到项目的帮扶机制。

（七）实施“金融服务支持行动”，促进低收入农户创业发展

建立健全公共财政支持下的金融服务供给机制和扶贫小额信贷制度，积极开展建立村级资金互助组织的试点，大力推进农村信用担保体系建设。“三位一体”合作组织抵押贷款、“林权”抵押贷款、“农村住房”抵押贷款要向低收入农户扶贫小额信贷倾斜。低收入农户发展特色农业等项目可提供 2 万元（含 2 万元）以下小额贴息贷款，县农村信用社执行贷款基准利率，县财政给予县农村信用社基准利率 50% 的贴息。支持有条件的村建立村级资金互助组织，低收入农户发展生产和开展创业的资金需求基本得到满足。加快扩

大政策性农业保险和农房保险的覆盖，扩大农产品保险品种，为低收入农户发展生产生活解除后顾之忧。

（八）实施“社会援助关爱行动”，构建扶贫帮困新机制

积极构建省、市、县单位、企业结对帮扶低收入农户集中村、干部结对帮扶低收入农户的结对帮扶机制，深化“一户一策一干部”制度（保证每一个低收入农户有干部帮扶结对），开展“一村一计一部门”活动。按照形成结对帮扶体系的要求，大力倡导和广泛动员企业与低收入农户集中村和低收入农户建立结对帮扶关系，特别要动员共产党员、人大代表、政协委员等创办的企业带头与低收入农户集中村建立“村企结对”关系，开展多种形式的结对帮扶活动，进一步营造“先富带后富”的良好氛围。充分发挥社会慈善的扶贫济困作用，全面实施“低收入农户青少年关爱行动”，实现从政府单一扶贫向政府主导、全社会共同参与扶贫转变。

三、低收入农户奔小康工程工作要求

（一）强化部门职能扶贫。实施“低收入农户奔小康工程”要形成县为责任主体、上下联动、部门协作、社会参与、合力帮扶的“大扶贫”格局。政府的主导作用除了制定规划、组织协调和增加投入外，职能扶贫是政府扶贫的具体实现形式，各有关部门要把职能扶贫作为分内之事来抓，进一步增加职能扶贫意识，在做好本职工作的同时，要把“做事”与“扶贫”有机结合起来。根据扶贫任务和自身职能，分项目、分区域做好职能扶贫的年度计划，明确项目内容、目标任务、工作举措、扶持政策、责任主体和完成时间，各部门在部署每年工作时，要专门对职能扶贫工作作出部署，及时落实职能扶贫工作及配套政策，加强对本部门本系统承担的职能扶贫工作的督查和考核，确保每项职能扶贫工作落到实处。

（二）完善结对帮扶机制。全面建立“一户一策一干部”的帮扶机制，做到分类指导、分户决策、帮扶到户、责任到人。在省、市机关单位结对部分低收入农户集中村的基础上，全县领导干部和各机关、企事业单位要积极开展结对帮扶工作，确保每一个低收入农户集中村都有领导或单位结对帮扶。结对帮扶单位的领导每年到结对村开展帮扶工作不少于2次，具体承担帮扶工作的部门和人员每年到结对村蹲点工作不少于7天。结对干部要深入低收入农户家庭，开展调查研究，实行“一户一策”的帮扶措施，建立干部走访低收入农户制度。各乡镇、各有关部门要主动做好与省、市级结对帮扶单位的沟通和对接，积极支持和配合省、市级结对帮扶单位开展帮扶工作，大力争取省、市级结对帮扶单位的支持和帮助。结对帮扶领导和单位要广泛动员基层组织和广大农民群众，自力更生，艰苦奋斗，创业致富。一要帮助结对村理清发展思路，制定发展规划；二要帮助结对村发展特色产业，重点发展能够带动低收入农户增收的项目；三要帮助结对村开展技能培训，促进低收入农户提高生产水平和就业创业能力；四要与结对村的低收入农户建立工作联系制度，帮助低收入农户解决生产生活中的实际困难；五要帮助结对村改善生产生活基础设施，重点解决制约生产发展的基础设施；六要帮助结对村发展村级集体经济，落实村级集体经济发展项目和举措；七要指导结对村提高村级民主管理和法治建设水平。要避免结对帮扶工作流于形式，保证结对帮扶各项工作落到实处。

（三）加强扶贫工作管理。新一轮扶贫工作范围扩大、对象增多，要确保扶贫信息管理系统的正常运行，有效地发挥对扶贫工作的管理作用。一是县乡二级都要配有专人从事这项工作；二是要完善低收入农户和低收入农户集中村的数据库；三是要及时录入和更新各类数据；四是要及时全面反映扶贫办系统扶贫、职能扶贫、结对扶贫等各方面的工作进展和成效；五是要逐步运用信息管理系统申报项目。各乡镇、部门要加强对扶贫项目的实际执行、政策落实、资金使用和工作进展等情况的监督检查，提高扶贫资金的使用效率。加强扶贫动态监测体系建设，做好扶贫统计监测工作，为扶贫工作提供更加准确、可靠的决策依据。

（四）加大扶贫资金投入。按照县财政安排一点，结对单位出一点，干部捐一点，社会筹一点等途径筹措帮扶资金。县财政每年安排专项资金200万元，主要用于低收入农户的产业发展、基地配套道路、小额贷款贴息、住房保险、农民创业补助等方面。结对单位根据本单位的实际情况，每年应安排一定资

金用于本单位干部帮扶结对所在村的低收入农户增收项目建设和低收入农户的增收帮扶，干部捐助和社会筹集资金重点用于低收入农户的救济类帮扶等。

四、组织领导

为切实加强对实施低收入农户奔小康工程工作的领导，县里建立县低收入农户奔小康工程领导小组，县委、县政府领导分别担任正副组长，成员单位由相关部门组成。领导小组下设办公室，办公室设在县农业局（农办）。全县低收入农户帮扶活动由县低收入农户奔小康工程领导小组领导，县农业局（农办）统一协调，各职能部门具体落实。各乡镇也要建立相应的领导小组，明确专职扶贫干部，确保各项扶贫工作落到实处。县委、县政府把低收入农户奔小康工程工作列为各乡镇、结对单位、结对帮扶干部年度工作目标考核的一项重要内容，并依据考核情况年终进行评比。

中共缙云县委、缙云县人民政府
关于开展行政村规模调整工作的实施意见

（2010 年 11 月 12 日公布）

为贯彻落实党的十七大和十七届五中全会精神，进一步加强农村基层组织建设，优化农村资源配置，统筹加快新农村建设，促进我县经济和社会协调发展，根据有关法律法规和上级精神，结合我县实际，决定在全县开展行政村规模调整工作。现就行政村规模调整工作提出以下实施意见：

一、指导思想、基本原则和调整目标

（一）指导思想

以邓小平理论和“三个代表”重要思想为指导，牢固树立和全面落实科学发展观，按照统筹城乡发展、加快新农村建设的思路，围绕“规模调大、布局调优、班子调强、发展调快”的总体目标，坚持有利发展、尊重民意、依法规范的要求，积极、稳妥、有序地推进行政村规模调整工作，为促进缙云集约发展、创新发展、协调发展、特色发展、惠民发展奠定坚实的基础。

（二）基本原则

1．坚持发展经济增强实力的原则。行政村规模调整工作必须立足于生产要素的集聚和资源的合理配置，着眼于促进农村政治、经济和社会发展，鼓励富村带穷村、强村带弱村、大村带小村，着力形成一批规模较大、布局较优、实力较强的行政村，促进农村经济发展。

2．坚持因地制宜、就近就便、规模适度的原则。尊重村庄历史变迁，兼顾自然地理条件、经济流向、群众的共同利益和生活习惯，就近就便。

3．坚持依法办事和尊重民意的原则。按照《中华人民共和国村民委员会组织法》和《浙江省村经济合作社组织条例》等规定，尊重民意、依法实施、规范操作。

4．坚持乡镇为实施主体的原则。行政村规模调整工作以乡镇政府为实施主体，全面组织实施行政村规模调整工作。

5．坚持与中心村建设、下山脱贫和村庄布局规划相结合的原则。行政村规模调整方案的制定要结合中心村建设、下山脱贫和村庄布局规划，做到科学合理。

（三）调整目标

通过调整，全县行政村总数减少 40% 以上，新村人口规模一般在 1000 人至 5000 人左右。具体要求：

（1）600 人以下的村，如无特殊情况必须调整；

（2）600 人以上至 1000 人以下的村，因经济社会发展和城镇中心村建设需要调整的村，应当调整；

（3）1000 人以上的村，根据实际情况，认为有必要的，也可以调整；

（4）同一地域多个行政村（如 A 一村、A 二村、A 三村、A 四村），应当调整；

（5）地质灾害隐患严重村、下山移民村、人口外迁形成的“空心村”、集体经济薄弱村、村级领导班子长期软弱涣散又无理想人选的行政村，应当调整；

（6）五云镇、壶镇镇城镇建成区内下步涉及“村改居”的村，好溪水利枢纽工程规划的库区移民村和拟安置范围村及其他特殊情况的村，经县政府同意后，本次可以不进行调整。

（四）配套政策

1．原村干部的待遇政策

按照《行政村规模调整后组织设置班子配备及人员安排的意见》执行（见附件 1）。

2．原村各类资产的处置政策

按照《行政村规模调整中集体资产处置工作的指导意见》执行（见附件 2）。

3．原村的扶持政策

行政村规模调整后，在实施“低收入农户奔小康工程（2008—2012 年）”期间的原低收入农户集中村享受“低收入农户奔小康工程”政策保持不变，原各村与省、市、县有关单位帮扶结对关系保持不变。

4．行政村规模调整的奖励政策

（1）对每个行政村规模调整的涉及村，给予 1 万元工作经费补助；

（2）每减少 1 个行政村，给予所在乡镇 2 万元工作经费补助；

（3）设立专项资金：按每减少 1 个行政村 10 万元的标准划拨给所在乡镇，由乡镇统筹安排，用于行政村规模调整涉及村的债务化解、村干部误工补贴等。今后三年，县财政将继续每年安排专项资金，用于补助行政村规模调整涉及村化解历史债务。

（五）新村村址和命名

行政村规模调整后，新村村址选择要尊重大多数村民意愿，结合人口集聚较多、经济发展较好、交通相对便利、公共设施相对完善、地理位置适当等因素综合考虑确定新村村址。

对于新村的命名，可以按以下方法确定：

（1）选择调整前人口较多、经济实力较强、文化内涵丰富的村名为新村名；

（2）各取原村相关村名组成新村村名；

（3）根据历史沿革确定新村村名；

（4）选择 10 人以上村民提名，经村民代表会议讨论确定新村村名。

二、工作步骤

行政村规模调整工作从 2010 年 7 月份开始，到 2011 年 1 月 20 日前基本结束，分四个阶段进行：

（一）前期准备阶段（2010 年 7 月至 2010 年 11 月 15 日）

1．开展考察调研；

2．开展农村集体“三资”清产核资等工作；

3．建立县行政村规模调整工作领导小组及相关工作机构；

4．制订出台行政村规模调整实施意见和配套政策及规定；

5．冻结各村账户和资产；

6．做好其他有关工作。

（二）宣传发动阶段（2010 年 11 月 15 日开始）

1．召开全县行政村规模调整工作动员大会；

2．开展业务培训；

3．收缴各村印章；

4．督导组到乡镇指导开展工作；

5．乡镇研究制订工作计划，召开动员大会；

6．多层次全方位开展多种形式的宣传活动；

7．继续做好“三资”清产核资工作；

8．乡镇对行政村进行宣传发动；

9．初步酝酿行政村规模调整方案和资产融合方案；

10．乡镇拟定行政村规模调整初步方案（包括新村村名、村址等）和资产融合初步方案，并上报县领导小组审核审定。

（三）组织实施阶段（2010 年 11 月 27 日至 2010 年 12 月 30 日）

1．召开行政村规模调整涉及村村民（社员）会议或村民（社员）代表会议，讨论通过调整方案和资产融合方案，分别形成决议。其中：行政村规模调整方案以村民委员会名义书面（请示）报所在乡镇政府；资产融合方案以村经济合作社名义书面报所在乡镇政府核准，并由乡镇报县行政村规模调整工作领导小组办公室。

2．乡镇形成《关于要求调整行政村规模的请示》及相关手续，并上报县政府；

3．县政府批复调整方案；

4．县政府批复调整方案后，组建新村过渡时期党支部、村务工作领导小组和社务工作领导小组及其他配套组织；

5．制发调整后新村印章，开设新村账户。

（四）完善阶段（2011 年 1 月 1 日至 2011 年 1 月 20 日）

1．完成行政村规模调整涉及村档案整理、移交；

2．继续做好完善村集体资产整合工作；

3．建立健全有关制度，制订发展规划，兑现相关政策，确保新村日常工作顺利开展；

4．做好行政村规模调整后的相关后续工作。

三、工作要求

（一）加强领导。行政村规模调整工作，政策性强、涉及面广、要求高，为切实加强对全县行政村规模调整工作的领导，县委、县政府建立行政村规模调整工作领导小组，下设办公室、集体资产处置指导组、基层组织建设指导组、宣传组、纪律保障组、信访维稳组；同时，为加强与各乡镇的联系和协调，建立行政村规模调整督导组，具体指导和督促乡镇开展工作。

（二）落实责任。有关部门和乡镇要高度重视行政村规模调整工作，把这项工作列入当前重要工作。县级有关部门要从自身职责出发，加强行政村规模调整工作研究和协调，及时出台有关政策。各乡镇党政主要领导要牢固树立实施主体意识，切实负起责任，做到亲自抓。要克服畏难情绪，创新工作方法，深入细致地做好群众思想工作，以积极的姿态、稳妥的工作推进行政村规模调整。

（三）配好班子。要合理设置新村党组织，坚持德才兼备原则，重点选配好村党支部书记。在新村换届选举前，成立过渡期间的新村村务工作领导小组和社务工作领导小组。同时，为保证村民代表的稳定性和连续性，行政村规模调整涉及村的村民代表继任为新村的村民代表，并张榜公布，待新一届村委会依法选举时，再另行推选。

（四）严肃纪律。要严肃政治纪律、财经纪律、组织纪律和工作纪律，加强沟通汇报，强化管理和监督。全县各级各单位和广大党员、机关事业单位工作人员要把思想统一到县委、县政府的决策部署上来，讲政治、顾大局，做到不利于行政村规模调整的话不说、不利于行政村规模调整的事不做。对违反上述要求的一经发现，立即停职检查，并严肃查处。

（五）严格考核。县委、县政府对行政村规模调整工作进行专项考核，并将考核结果作为衡量、检验和选拔任用干部的重要依据，具体考核办法另行制订。

二、专记

四万鸭农闯天下

——关于缙云农民异地养鸭脱贫致富的报告

这是一个既令人难以置信、又令人激奋不已的奇迹。

难以置信的是，缙云县目前有 4 万人（占全县人口的 1/10 左右）在全国各地养鸭，南到海南，北到黑龙江，西至新疆，东到上海，足迹遍布全国 26 个省、自治区、直辖市，年饲养量超过 1500 万羽。

令人激奋的是，他们靠养鸭创造了超过 20 亿元的年产值，比本县境内农业总产值还高出 2 倍，相当于全县一年的工业总产值。他们的辛劳和业绩受到了党和人民的赞扬：江泽民总书记曾经视察过缙云鸭农的养殖场。他们中的代表人物有的被选为养殖地的省政协委员，更多人被所在地新闻媒介广为宣传。他们对家乡的贡献，自然也一年比一年丰厚，光今年春节期间，缙云新建镇的邮局里就涌入了 2000 多万元的汇款。

他们是怎样用自己的技术和坚忍不拔的创业精神，利用外地的资源，开拓外地的市场，脱贫致富奔小康的呢？盛夏时节，我们走缙云，下广东，到上海，细听鸭农们的叙述。

探索全国市场，开展“销地养”

这是一条缙云人引以为豪的路。

这条不到一公里的路，横贯广州军区潼湖农场三分场三号鱼塘。路的两边住着 20 来户缙云鸭农。他们养殖着 15 万羽鸭子，每天向香港、深圳、珠海、广州等大城市供应鲜蛋 8000 多公斤。

10 年前，他们刚到这里时，此地还是一片荒芜，水草茫茫。然而，他们一眼就看中了，扎下根来，一住就是 10 多年。

他们看中了什么？市场。

这条路处在广州与深圳的中段，深圳、汕头、珠海、香港等城市星罗棋布于其四周。果然，10 年过去了，这条路连上了鸭农梦寐以求的大市场。每天早晨，车头上标着各地食品公司字样的运蛋车，络绎不绝地开进这条路，收购养殖户的鸭蛋，然后风尘仆仆地运销到各地市场或加工厂。

“哪里有市场，哪里就有我们。”缙云鸭农这样自豪地说。而熟悉鸭农创业史的人们则说：“这份宏业是逼出来的。”

缙云有着 300 多年的养鸭历史。缙云麻鸭是我国著名的蛋鸭良种，当地许多农民都是养鸭能手。然而，缙云是山区县，可供养鸭的水面和市场都少得可怜，全县总人口只有 40 来万人，即使每人每天吃鸭子和鸭蛋，也吃不掉当时产量的 1/10。

怎么办？只有走出去。

改革开放给缙云鸭农迈出山门提供了有利的天时。而全国市场之大，更出乎鸭农想象。1000 多万人口的上海和近千万人口的广州，再加上它们周边地区的大中城市，每天消费的鸭蛋不计其数。即使到现在，由缙云人养的鸭子每天产蛋数百万公斤，仍少有卖不出去的时候。

市场牵着缙云鸭农走出了山门，随着鸭农对市场的认识不断加深，他们找到了牵动市场的“牛鼻子”，实行各种适应当地市场的经营模式：

聚集在上海郊区的鸭农以蛋品加工为特色。三四年前，在上海养鸭的叶法珍一批批地买进大缸。当时，其他的鸭农投来惊奇的眼光。等他再次从江苏宜兴购进第二批大缸的时候，鸭农们才恍然大悟，为什么叶法珍的鸭子越养越多，却不怕积压。原来，他把卖剩的鲜蛋放进大缸，加工成了皮蛋和咸蛋，而这正好适合了上海市民的消费习惯。如今，上海郊区鸭农把60%以上的鲜蛋加工成皮蛋、咸蛋，市场销路极为稳定。

聚集在广东地区的鸭农则以鱼鸭混养为特色。广东鸭农租用的水塘普遍比其他地方的要深，鸭农对鱼品种、养鱼技术和鱼市的了解，毫不逊色于他们对鸭品种、养鸭技术和鸭市的了解。因为广东市场上蛋的需求量和蛋价变化波动大，而鱼价则相对平稳，鸭农采用鸭鱼混养，用鸭粪作鱼饲料，既可以降低成本，又能规避市场风险。

养鸭业日益兴旺，内部分工也不断细化。一些缙云鸭农进一步抓住市场机遇，向相关产业延伸，以产业的拓展，进一步加大市场的开发范围。

加工业蓬勃兴起。4年前，尚岳林到广东惠州沥林镇养鸭时，当地可以养鸭的水面几乎全被缙云鸭农承包了。尚岳林想，大家都养鸭，卖鸭蛋，我何不另辟门路，做蛋品加工？结果一炮打响，香港几家做咸蛋黄月饼的公司纷纷送来订单。如今，他每天加工蛋品2500公斤。缙云县也办起了以“缙云县外贸肉联厂”为代表的龙头企业，目前，企业正在计划建设酱鸭、烤鸭等深加工生产线。

运输业闻声而起。随着大批鸭农外出养鸭，缙云县孵化和养育的成百万只苗鸭和青年鸭需要调往全国各地，而在外地饲养淘汰的老鸭又需要运到温州、福建、广东等地销售。于是，在上海、广东、广西等地，一批鸭农用养鸭积累的资本买了运输车辆，把一车车的鸭蛋、老鸭、鱼等运往香港、上海、汕头、深圳等地，有的还进入了与俄罗斯、越南的边贸。据统计，这支奔波于全国各地、庞大的运输车队，投入营运车辆超过200辆。

饲料业开始兴起。按每只鸭一天的饲料量为150克计算，缙云外出养鸭户所需要的饲料最高达每天600多万公斤，日支付饲料费800万元，一些鸭农从中看到了充满诱惑的市场。原为县属企业职工的陶新军看到了商机，主动辞职，到广东鸭农集聚地创办饲料厂，生产量不断提升，供不应求。

练就过硬技术，足迹遍天下

缙云县的养鸭能手樊国亮在湖南一下子成了名人。那是1995年一个春天的早晨，湖南临澧县合口镇养殖场的水面上，薄雾轻萦，一群群鸭子清脆的“嘎嘎”声在水面上漂浮。

樊国亮刚刚给鸭子喂完饲料，打算到自己一手创办的鸭业研究所查一些数据。远处一位伟岸的人影映入他的眼帘。这不是江泽民总书记吗？没错，是江泽民总书记来到了养殖场。当他得知养鸭的技术顾问来自浙江缙云时，对随行人员说：“我知道江浙一带有许多养鸭人，但这么大规模还见得不多。”

樊国亮心潮澎湃。当天夜里，久久不能入睡，往事一幕幕掠过脑海。他来湖南，是湖南人看中他的技术，特意到缙云请他出山。他没有辜负人家的信任，把一个濒临倒闭的养殖场扶持到赢利。这以后，临澧周围的县市争相延请他去讲课，高薪邀他担任技术顾问；他还与湖南省农业大学的教授一起为养殖户上课。

像樊国亮这样的养鸭能手，在缙云鸭农中为数不少。为他们撑腰壮胆的，是两件大法宝。

第一件法宝就是缙云的特产——优良的蛋鸭品种“缙云麻鸭”。它不但抗病性强，耗费饲料少，而且成熟早，产蛋多，养殖百天就开始产蛋，比一般品种提早20天，一只鸭子的总产蛋量比一般品种高出10%左右。

第二件法宝就是县农办、农业局、科委、科协等有关部门组织专业技术人员编写的《缙云麻鸭饲养技术》，鸭农几乎是人手一册。多年的实践经验加上专业的培训，使他们由传统养鸭变为科学养鸭。目前，外出养鸭户中已经有500多人拥有县科协颁发的技术员或技师证书。畜禽研究所、养鸭协会、养殖推广中心、养殖商会、饲料技术协会等各种官办或民办的技术组织得到快速发展。

技术的发展在鸭农南下北上的进程中发挥着无可替代的作用。过去，缙云鸭农的足迹没有跨过长江。

1987 年，鸭农杨献高首次跨过淮河，在天津汉沽盐场养鸭。他所凭借的就是多位养鸭专家培育出的适宜于北方养殖的麻鸭品系。

1990 年，鸭农马国明第一次跨过长城，来到了大庆油田。10 多个油区的职工对他的到来极为欢迎，油田还为他提供了养鸭场。但关心他的人不时地问他：“行不行？”因为北方可不比南方，且雪花飞舞、冰封千里的季节长达四五个月。马国明回答干脆：“行！”原来，他对北方冬季养鸭已经有了技术上的准备。不到 7 月份，他就把毛片较厚的鸭子从南方运到北方，在冬季来临之前，使鸭子的产蛋率达到最高峰。等冬季来临，他就对鸭子进行“强制换羽”。鸭子每年都有一次换羽期，其间不产蛋。马国明让鸭子 3 天不吃饲料，只喝水，使鸭子的羽毛毛孔开始萎缩，然后手工拔下羽毛。等到春暖花开，鸭子新羽长成，产蛋量马上再次达到高峰。

正是技术的不断发展，使缙云人越走越远，养鸭的效益越来越好。

铸成坚忍精神，九死不回头

缙云县新建镇是外出鸭农最多的一个镇，如今，那里幢幢楼房显示出家家户户的富足。镇党委负责同志指着这些新房，风趣地对我们说：“这些都是用鸭子和鸭蛋建成的！是用鸭农的坚忍不拔、吃苦耐劳的精神铸成的。”

每个闯天下的鸭农背后，都有着一串串故事。他们与自然风险斗，与市场风险斗，与当地的“烂仔”斗，最后才赢得了一份份成功的喜悦。

新建镇宏坦村叶法珍，每月能销售 8 万羽苗鸭，年产肉鸭 12 万羽，与上海稳得福食品有限公司签订了长期购销合同，日子过得红红火火。但当他回想起两次惨败的往事，坚毅的脸上露出了不堪回首的神情.

那是 1997 年下半年亚洲金融危机爆发，全国肉鸭出口全面受阻。养殖户辛苦一年养成的鸭子，眼睁睁地看它老去，却再无销路。专门孵养苗鸭的叶法珍也犯了难：安徽、江苏等老客户纷纷中止协议，宁愿违约，也不愿接收苗鸭。叶法珍降价降到原价的 1/10，也只卖掉一半。而孵坊内还有 10 万多只苗鸭积压。一气之下，叶法珍把这些苗鸭统统煮成一锅，喂了猪。

但叶法珍没有被击垮。如果被击垮，他 10 年前就被击垮了。那时，饲料极度紧缺，蛋价却不断下滑，人们都不愿意养鸭。他挑着 4000 多只苗鸭一路卖到吴淞口长兴岛，结果一只也卖不出去。绝望之余，他把苗鸭，连同鸭笼、棉絮、扁担一起扔进了大海。边扔，边泪如雨下。回到上海郊区，他三天三夜茶饭不思，苦思冥想。

退还是进？只有前进。为了养鸭事业，已经付出了太多的心血。他还清楚地记得，初到上海时，养鸭场离市中心有几十公里，夫妻俩每天凌晨起床，第一件事就是将装满鸭子的箩筐驮在自行车上，趁着市区交警还未上班的间隙，赶到市中心的菜场，卖了鸭子后又到各个菜场和饭馆，把小鱼小虾等下脚泔水，拉回养鸭场。他更清楚地记得，有一年、饲料紧缺，每天天蒙蒙亮，他就赶到供应站，排了几个小时，又挤又搡，换回的却只有 80 公斤饲料。人散尽后，供应站的门口散落了大把大把的、被挤拉下来的中山装纽扣。

“不吃苦中苦，何来甜上甜。”黄江丰这位外出养鸭的先锋，一句朴素的话道出了鸭农的心声。回想改革开放初期、政治气候乍暖还寒之时，黄江丰作为第一批南下广东养鸭的鸭农，连人带鸭子上了铁路货车，赶往广东花县，结果在一个大车站被拦住，人被抓到“打办”关了 20 天，鸭子、粮票、手表等全被没收，老本全都贴进去了。但他不死心，打电报回缙云老家借了几百元钱，又买了 260 只鸭子，赶到花县放养，当年把全部损失挣了回来。

其他鸭农又何尝不是这样。他们住在荔枝棚下、大桥涵洞，寄身于土工布和塑料布搭成的帐篷内。清晨 3 点，鸭子争着下蛋，鸭农都起来了，一只只捡。女人们常常背着孩子，生火做饭；男人们顶着烈日，割青草，喂鸭子。即便现在有许多鸭农已经腰缠万贯，照样晒得黑黝黝，亲自下水劳作。

老一辈鸭农的精神在新一代鸭农中得到了充分的继承和发扬。施德成是一位年方 34 岁的年轻鸭农。走进他崭新的楼房，彩电、音箱一应俱全。但他在去年青年鸭滞销之际，却一个人骑着摩托车，冒着盛夏酷暑，跑遍了义乌、兰溪、金华、龙游、宁波等地，前后十余天，见着鸭棚，就上前推销。兰溪禽蛋协会城南经营部倪森海见着这么一个不怕苦的缙云人，不禁心中一惊，同时也产生了疑惑：真有人这么能吃苦！？该不会是个骗子吧。个子不高的施德成却使了一招，令倪森海钦佩不已。他骑了摩托车赶回缙云，随即押了一车鸭子到兰溪，由倪森海任意拣选，凡品质不好的，全数带回。辛苦换回了收获。今年，倪森海不但主动订货，而且介绍其他客户给施德成。到目前为止，施德成已经销售了18万只鸭子，成为缙云县养鸭业中3个县级营销员之一。

丁夏进是新一代鸭农中学历最高的几位年轻人之一。他从杭州某校中专毕业后，离开了大公司良好的工作条件，跟着父亲来到了广州一个小镇养鸭。赤着脚，打着赤膊，黝黑黝黑的脸庞，与一般的鸭农无异，但他的经营思路明显地超过了父辈。当大家都觉得经营饲料利润太薄时，他却一头扎入了饲料营销中，发展和巩固与供应商的关系，建立与鸭农的风险共担机制，如今，已经有80多户鸭农成为他稳定的销售对象。

营建服务体系，如今无后忧

去年深秋的一天，夜已深沉。在上海松江区一家旅馆里，缙云县计划生育协会的技术人员还在忙碌着。她们正在为来沪养鸭的育龄妇女作健康检查。这一天，技术人员从缙云乘车到上海已是下午4点多了。但这个消息已经在鸭农中传开了，有的育龄妇女赶了几十里路，从中午开始翘首盼望。技术员们再也顾不上歇息，顾不上往家里打个电话报平安。她们马上把一间旅馆房间改装成简易医院，开始仔细地为一个接一个的育龄妇女检查。时钟嘀嗒嘀嗒地走过，当她们检查完当天最后一个妇女，时钟已经指向子夜时分。

这是缙云采取各种组织形式，为鸭农提供服务的一个缩影。

4万鸭农身在异乡，需要服务的内容实在太多。年轻的准妈妈得腆着大肚子从遥远的广东等地，乘三天两夜的车，到缙云接受检查；大量的摩托车、汽车得每年一次到缙云接受年检年审；养鸭户大都住在城市郊区，点散面广，班车难以到达，有的养鸭户从城市周边车站下车后，要走几小时的路才到鸭棚；广州的一些乡村“烂仔”经常到鸭棚敲诈勒索……这些都严重影响着鸭农的生产、生活。

从鸭农迈出缙云第一步开始，缙云县委、县政府就做了大量的工作，制定了相应政策，鼓励农民外出养鸭，并对他们提供相应的服务。早在1983年，县里专门成立了多种经营办公室，为外出鸭农发放“放养证”，作为他们身份和技术方面的证明。随着外出鸭农的增多，县里又在鸭农集中的地方建立了党支部。近几年，县委、县政府每年都要组织人员，到上海、广东等地调查研究，了解鸭农的生产、生活情况，帮助解决碰到的一些困难。

为方便外出鸭农生活和生产，县有关部门还提供多方面的服务。县计划生育协会在鸭户集中的广东、上海等地建立了分会，每年两次派出技术人员，带上医疗仪器，上门为育龄妇女提供环检和计划生育服务；交通部门开通了6条通往鸭农所在地的超长途客运班车；交警部门派人上门为鸭农的车辆和驾照进行年检年审；县教委对在鸭农所在地的小学、初中就读的学生发放学历证书。一些鸭农与当地政府部门联合成立了组织。如广东潼湖农场的鸭农与部队、当地派出所联合成立了军警民联防大队，保护家园，维护治安。

与此同时，养鸭商会、养鸭协会、联防大队等一个个由鸭农自愿建立、自我服务、自我管理的服务组织也应运而生。每月8日，是缙云县养鸭商会上海分会会长开会的日子。上海10个县区都有一个分会副会长，每个乡镇有一个分会的理事，理事会每年召开两次，而会长则每月开一次会，以解决各县区鸭农之间的矛盾、鸭农与当地的关系、鸭农互助等问题。

当我们离开这次采访的最后一站——广东潼湖农场，太阳正冉冉升起，照耀在这片充满着生机和希望的热土上。

（原文载1999年8月20日《浙江日报》第2版）

脱贫致富必须走开放的路子

《浙江日报》评论员

改革开放20多年来，4000多万浙江人民不仅在家乡的热土上创出了无数经济奇迹，而且在全国经济大舞台上演出了许多威武雄壮的活剧。但是，这些奇迹和活剧大多是经商办企业，而利用外省市的资源和市场搞大规模农业产业化经营的事例并不多见。

因此之故，本报今日发表的《缙云四万鸭农异地养鸭脱贫致富》的报道和《四万鸭农闯天下》的长篇通讯，读来格外振奋，令人大开眼界。他们养鸭子居然养到了全国26个省、自治区、直辖市，而且在上海、广东建立了稳固的“根据地”，形成了一个从苗鸭孵化、蛋鸭饲养到蛋品加工以及饲料供应、交通运输等配套成龙的庞大产业，总产值达20多亿元，比缙云本县境内农林牧副渔总产值还高出2倍，相当于全县一年工业总产值，实属浙江发展效益农业的一大奇迹！

奇迹出在缙云，意义更不寻常。那里遍地都是石头山，用老眼光看，可谓脱贫无路，致富无门。然而，当地农民硬是从没有路的地方，踏出了一条与众不同的脱贫致富奔小康的路子：凭借缙云麻鸭的良种优势和自己的饲养技术，大胆走出山门，利用外地的资源，开拓外地的市场，使养鸭形成规模，成为一个产业。他们的成功实践，不仅拓宽了我省发展效益农业的眼光和思路，而且为经济不发达和次发达地区农民脱贫致富提供了一条可资借鉴的好路子。

缙云的实践告诉我们：脱贫致富必须树立正确的资源观。搞社会主义市场经济，就是要发挥市场对资源优化配置的基础性作用。对贫困地区来说，山林是主要资源，因地制宜发展种养业，投资少、见效快、风险小，家家户户都有条件，是脱贫致富奔小康最现实、最可靠的途径。如果连发展种养业的资源也没有，那就应当走出山门，到外面去寻找资源，或者干脆搬出深山寻求异地脱贫。把自己封闭起来，一味地感叹当地没有资源，只能说明我们还不善于用市场的手段来集聚、运用、配置资源。拿缙云来说，养鸭所需的水面少得可怜，市场的容量也不大，但一旦走出缙云这片小天地，却是海阔天空。

缙云的实践还告诉我们：利用外地的资源也好，开发本地的资源也罢，关键是要抓住市场。缙云鸭农所以要到广东和上海等地去养鸭，看重的是那里的市场，像工业企业实行“销地产”那样实行“销地养”。正是由于那里的市场大，才为养鸭最终成为产业奠定了基础。市场经济也最讲究成本核算，谁的成本低，谁的竞争力就大。实行“销地养”，光运输成本的节省就相当可观，而且还可以直接感知当地市场的波动，随时调整经营策略。

总而言之一句话：不发达地区要加快脱贫步伐，必须走开放的路子。

我们殷切希望不发达和次发达地区的干部群众，特别是各级党政领导干部，从缙云的实践中受到启示，增强开放意识，坚持从本地的实际出发，探索出具有自己特色的脱贫致富路子。

（原文载1999年8月20日《浙江日报》一版头条）

缙云烧饼

缙云烧饼，又称桶饼，属烤烙面食。主要材料为面粉、五花肉、霉干菜；调料为食盐、麦芽糖油、芝麻、葱花等；工序主要为发酵、制饼坯、上糖油、贴烤、起饼等。

缙云烧饼经营场所主要有三种：在固定场所开店营业；在人口密集的街头巷尾摆摊营业；在乡村演戏、节庆、庙会时设摊营业，民间称之为“赶台前”。

计划经济时代，缙云烧饼价格一般为1角1个，也有定制的2角1个。改革开放后，涨到0.5～1元1个；20世纪90年代涨到1～2元1个；21世纪初，涨到2～3元1个。

凡从事烧饼经营者，一般兼营馄饨、油条。缙云乡人就餐时习惯以烧饼加馄饨汤，以为“绝配”。

改革开放后，缙云烧饼开始走出县境，成为农村劳动力转移、农民致富的门路之一。技艺传承主要通过拜师学艺。至20世纪90年代初，全县外出饼匠有1000多人，并逐年递增，足迹遍布全国各地。县政府把烤烧饼作为脱贫致富产业加以引导，缙云烧饼由摆摊经营更多地转向开店经营，经营品种从烧饼、馄饨向缙云传统小吃相结合的多元化扩散。据初步统计，2010年，全县有饼桶1100多个，从业人员2300多人，营业额1.5亿元以上。缙云烧饼的发展，带动了缙云霉干菜、烧饼桶、炉芯、养猪及其他原辅料供应等产业，全县从事烧饼产业链人员近6000人。

21世纪后，随着网上购物的兴起，缙云烧饼开始在网上销售。

1989年，“缙云烧饼”被省商业厅评为浙江省优质点心。2008年9月，“缙云烧饼制作技艺”被列入丽水市第二批非物质文化遗产名录。2010年10月17日，在仙都风景区举行首届“缙云烧饼节”。

缙云诗人丁晓东，曾作《西江月·缙云烧饼》。

不见千年炭火，但留几代陶炉。传承技艺有师徒，烧饼也能致富。

独有老家美味，谁怜游子江湖。饼香异地伴征途，乱我乡愁无数。

那些年，缙云的种桑养蚕

“轩辕土德统中华，嫘祖蚕桑泽黎民”。缙云县种桑养蚕起步较晚，改革开放前，发展缓慢，20世纪90年代初开始，才得以迅速发展。

在抗日战争期间的1937年，杭州蚕丝职业学校迁到壶镇，带动了壶镇附近农户种桑养蚕。中华人民共和国成立后的人民公社化时期，缙云通过建立专业队发展蚕桑生产，1960年已初具规模，全县桑园总面积达14144亩，年发蚕种7223张，产茧1142担。因处于发展阶段，加上旱情等自然灾害，粮食紧缺，养蚕收益低，逐渐毁桑种粮，1963年产茧已不到10担；1965年绝迹。20世纪70年代初又开始发展，1978年产茧为79.5担。

20世纪90年代初，随着改革开放的不断深化，农业生产向市场经济转变，由单一粮食生产转向效益农业。1991年，缙云县委、县政府确定了以“三种两养”为重点，“发动千家万户，发展一村一品”农村经济发展战略。种桑养蚕与种黑麦草养鹅、种香菇并列为三大农业综合项目。是年冬天，由县政府分管农业副县长带队，组织乡镇领导到桐乡市采购调运桑苗。“不管东南西北风，种桑养蚕不放松”，表明了当年全县上下种桑养蚕的坚定决心。1992年以后，全县“三种两养”工作，由县政府分管科技的副县长和县长助理两人专职负责实施。县委、县政府把发展蚕桑作为贯彻落实十四大精神的重点内容来抓，把蚕业作为起动产业，把县蚕业公司作为龙头企业扶持。到1993年，缙云种桑养蚕进入快速发展时期。全县桑园面积2797公顷，鲜茧产量190.9万千克，总收入2000万元，农民人均纯收入697元。

为推进种桑养蚕，全县各部门通力协作，上下联动。县政协将“三种两养”列入重点调研课题，组织政协委员献计献策。针对当时全县种桑养蚕缺乏经验，技术落后、病害严重、收益低微等现状，县政协组织科技人员抓点带面，编写《蚕桑技术规程》等教材。1992—1993年，县科协在各蚕桑重点产区举办农函大，利用成技校课堂场所，由农技干部到乡镇进行6期“三种二养”绿证绿卡培训。通过各种渠道，多管齐下，使广大乡镇干部和蚕农转变观念，尽快掌握种桑养蚕的基本技能；教育部门在全县初中毕业班增设“栽桑”“养蚕”课程，即“三加一”教育，使未能升高中的初中毕业生有一技之长，回到农村后从事种桑养蚕。

1992年，缙云县政协的《农村二亿产值工程的构思》的调研报告，为出台种桑养蚕扶持政策、措施，发挥了引领作用。县政协领导会同农村经济委员会的委员们，翻山越岭到全县多个蚕桑重点产区进行实地考察调研。广泛听取各乡镇政府干部群众的意见和建议，写出了题为《农村二亿产值工程的构思》的调研报告。报告认为，首先是饲养场所问题，许多蚕农把多张蚕种挤养在一间破旧的民房里，蚕体堆叠、食桑不足，再加通气不良，导致蚕体虚弱或病害发生。因而必须建造大量的蚕房，建造蚕房的建设用地必须尽快解决。其二是市场茧价波动大、价格忽高忽低不稳定的问题。广大蚕农提出要稳定蚕茧销售价格，建立蚕桑发展稳定基金，才大胆放心地发展蚕桑。其三是红砖厂氧化物的排放、田地农药污染和可能的人为投毒等问题。蚕农辛辛苦苦种桑养蚕，即使养得最好到最后几天如果中毒，所有的付出都落空了。县委、县政府予以高度重视，重点出台了以下几项扶持政策：一是土地部门根据蚕农饲养规模需求，制定蚕房土地快速审批政策；二是建立风险基金，由蚕业公司在市场销售形势好的时候，提取部分资金弥补形势不好时的差价，确保蚕农蚕茧销售收益能达到每公斤16元以上；三是从1995年起，在每年4月15日—5月14日全县实行“停窑保蚕”。蚕桑重点产区，由县公安机关治安大队组建联防队，强制要求砖瓦厂停窑，以确保养蚕安全；四是配备蚕桑技术干部，建造起县蚕种催青室、蚕业大楼。

由于桑园大面积发展，有机农家肥供不应求，传统化肥中桑树所需的各元素配比也跟不上。结合缙云土质等实际状况，根据桑树生长的需求，施用“十元素硼肥”，能起到增产提质的作用。县委、县政府采纳了县政协委员提出的研制生产推广“桑树复合增效肥”的议案，与缙云化工厂联系，全程跟踪督察。从落实厂房设施、严格控制生产工艺流程，直到产品的试用，最终取得成功。1992年“桑树复合增效肥”试产110多吨，应用效果相当明显，对推广新技术新成果、对蚕农增收和发展蚕桑业都起到了重要的作用。由于蚕桑发展很快，需求量日益加大，除缙云化工厂生产外，还委托丽水化肥厂、金华化肥厂生产此类化肥，以满足蚕农的需求。浙江农业大学组织有关人员，对“桑树复合增效肥”和相关研究成果进行鉴定和评审，得出“均达到国内先进水平”的结论，并得到来自中国农科院、浙江省农科院、省农业厅、丽水市农业局等领导和专家的高度肯定。研究成果先后在《今日科技》《蚕桑通报》《蚕业科学》等刊物上转载，其内容被国家蚕桑研究所《桑树的营养与施肥》一版录用，部分内容被美国《化学文摘》摘录。

全县通过抓点带面技术的推广和辅导网络建设，极大地推动了全县蚕桑业发展，使养蚕业保持增产增收，“三种二养”综合开发取得可喜成效，养蚕业已成为开发性农业中的支柱产业，综合效益得到全面提升。先后取得了山地亩产茧100公斤、溪地亩产茧150公斤的速生高产配套技术。以种桑养蚕示范基地——胡源乡招序村为例，1994年起，只有100多户、500余人口的招序村，在全村稀少的田地上，绝大部分种了桑树，90%以上的农户加入了种桑养蚕的行列，成了远近闻名的种桑养蚕专业村。最多的年份，全村共养蚕种1200张，年产蚕茧50吨，产值240万元，人均年收入单蚕桑一项就达到4800余元。其中，养蚕大户陈如初，在1990年就抓住这一历史机遇，率先发展种桑养蚕，闯出了一条致富路。1993年冬，他在责任地上栽上了4000株桑苗，在1994年就获得了5000余元的收入。尝到甜头后，陆续扩大生产规模，自己的土地不够，就租种本村甚至邻村村民的土地，桑园面积最多时达7亩余，每期都养20多张蚕种，自1994年以来，蚕桑生产每年都有2万～3万元的稳定收入，2009年单蚕桑生产一项收入就达到3.1万元。陈如初种桑养蚕的典型示范，激发了全村群众种桑养蚕的积极性。由于他成绩突出，成了蚕桑种植户的先进，被聘为缙云县蚕业丝绸有限公司舒洪茧站的烘工技术人员。

在此期间，“三种两养”的综合开发在缙云取得突破。桑树是卫生部门确认的“药食同源”植物之一，除养蚕外，还有其他的作用和收益。桑叶具有人参的补益，人参是热补，桑叶却是清补，被国际食品卫生组织列入人类“21世纪十大保健食品”之一；桑椹具有人体所需全方位营养成分，被医药界誉为“21

世纪最佳保健果品”；缙云民间还流传着“桑椹治好刘邦老毛病”的故事。缙云县工委科技咨询组，编写了《桑树与养生》一书，并印发了2000册，后县科协又加印了4000册，予以宣传。“桑芽茶”“桑叶茶”“桑叶面条”“桑叶糕点”“桑果参”“桑椹膏”“桑椹酒”等产品，逐步走向市场，取得了显著的经济效益。另外，桑园里还可套种黑麦草、紫云英等植物，既可当肥料，又可当禽畜饲料；还可放养鹅、鸭、鸡、兔等禽畜；修剪下来的桑树还可用作生产香菇的袋料等，进一步提升了种桑养蚕的综合经济效益。

1991年，“缙云县推广综合配套技术实现年产万担茧”项目获省农业丰收二等奖；1994年，在“突破年产四万担茧（四万六千多担）丰收活动”中，缙云县荣获丽水地区行署农业丰收一等奖；1995年，缙云县“三种两养”综合开发项目获浙江省人民政府星火三等奖；2004年，被省农业厅授予2003—2004年度蚕桑西进工作实施先进县；《桑树粗皮病的病因和防治》获得省科技进步一等奖；缙云县成了浙西南优质高产的最大蚕桑基地县，并作为浙江省“北桑南移、蚕桑西进”的重点县。

香菇风波始末

随着香菇生产给农民带来的巨大实惠，缙云上下到处洋溢着一片致富后的喜悦。采菇时节，一筐筐还带着晨露的鲜菇排成了一条条长龙，一台台烘干机发出阵阵舒心的乐曲。菇农们互相传递着笑容，互相询问着香菇的各市行情，美滋滋地盘算着种菇的利润。据统计香菇生产已成为缙云县“三种两养”的支柱产业，1992年全县栽培香菇3500万袋，总产值达5000万元，香菇生产已成为缙云农民致富的捷径。

然而，当我们面对着一张张因香菇丰收而脱贫致富的笑脸时，又有谁能想到，就是这让人兴奋、令人激动的小小香菇，却在缙云县掀起过一场较大的风波。

黑色旋风

有人说，我们中国人有一个弱点：传播“小道消息”比传播官方消息快，信“小道消息”的比信官方文件的多。

〔风源〕1992年多雨的8月下旬，正值缙云菇农进入最繁忙紧张的香菇拌料、装袋、接种、买菌阶段，近邻的磐安县突然传来香菇辅料用的石膏“有问题”，且已停止使用的消息。

〔风点〕8月28日，紧靠磐安的唐市乡唐市村细心的菇农首先发现菌丝似呈枯死状，发菌推迟，并怀疑石膏有问题。接着白竹乡少数村也发现同样的情况。同日，缙云县食用菌办公室闻讯后立即派人去唐市实地了解，并通过简单的技术鉴定，发现石膏确实是假的！

但“假石膏”到底是什么性质的东西，“假石膏”是否引起发菌推迟、菌丝枯死的根源，这种菌丝呈枯死现象又是什么原因所致等一系列问题，一时都无人敢下结论，但菇农却传出了“假石膏致死香菇”的流言。

〔旋风区〕盘溪的石膏也来自壶镇的庆元县食用菌研究所开发部，通过舒洪，假石膏流散到溶江、大源、胡源等地。9月4日，唐市、壶镇、白竹、东方、舒洪、溶江、胡源各村菇农纷纷发现“假石膏”，有些地方甚至出现“假酒精”“假胶水”和“假菌种”。一时间，一股“假货”的黑色旋风在全县迅速掀起。

疑问

全县有假石膏总数超过150吨，累及面达60%以上，情况十分严重。县委常委专门研究对策，并组成专门领导小组和工作组。

〔疑点〕菇农反映的情况疑问重重，有的认为假石膏是菌丝枯死的直接因素。后来，有的又把致“病”

的原因怀疑到假酒精、假菌种上。但是，从下派的工作组挨家挨户察看后反馈上来的情况看，各地受害程度不一，枯死的现象也不尽相同，杂菌、霉变现象超过枯死现象。根据有限的资料进行技术分析，引起发菌推迟、菌丝枯死的根本原因不可能单是假石膏问题。

〔分歧〕县里掌握的情况与菇农反映的情况不一致，孰是孰非？8月30日，县委责成县菌办派人去磐安向种菇“老大哥”请教。磐安县食用菌办公室和微生物厂则一口认定，这种枯死是假石膏所致，从磐安带回来的结论与我县的判断出现技术上的分歧。磐安县发展香菇起步早，经验丰富，有雄厚的技术力量，但磐安的结论毕竟来自有限的现象，没有经过全面实地的了解。难道是我们判断有误？我们的领导和技术人员也对自己的判断产生怀疑，幸好的是，这个“疑点”一直不敢放下。另外，在外界的冲击下，部分乡镇干部对县里的“疑点”也产生了疑问。

疑问成不成立？下一步怎么办？说服引导菇农的依据又在哪里呢？

风波

在县领导和技术人员为全县的3500万袋香菇操心熬夜的同时，受黑色旋风冲击的菇农也开始出现了恐慌、激动，有的甚至失去了理智。

〔镜头之一〕8月31日，唐市乡、壶镇镇部分菇农发现已接种的菌棒发菌缓慢，有的菌圈出现“黄变”，有的白色变淡，就围聚在销售假石膏的庆元食用菌研究所驻壶镇开发部，要求赔偿损失。

〔镜头之二〕当县里派专人连夜赶到常山、江西查清假石膏是纯石灰石，对这次香菇“病变”影响不大时，许多菇农就大闹当地的乡政府并扣押香菇辅导员。

〔镜头之三〕9月4日，上百名菇农涌进县府大院，要求县里作出保证或者给予赔偿。同一天，盘溪片个别乡部分菇农乘坐“天目山牌”三轮车，押着盘溪供销社负责人之一胡某，给胡某挂着“重合同守信用”牌子进城向县供销社索赔。9月5日、6日两天，没有派工作组的乡村大批菇农陆续进城请愿。上访的菇农挤满了县政府办公室，也挤满了县委办公室，办公楼楼梯、走廊上还坐满了人，机关大院里处处涌动着上访的人群。大院内扔着满地的菌棒、编织袋、尼龙袋……

〔镜头之四〕9月7日，县菌办召开各乡镇辅导员紧急会议时，大批菇农强行冲击会场，并拉走县菌办的负责同志，会议被迫中断。同时，因怀疑菌种有问题，三百多名菇农闯入县微生物厂，团团围住丁厂长。

〔镜头之五〕在香菇风波的过程中，部分菇农扔掉了许多自己认为有“病”的菌棒；少数菇农放下手中正在装料或消毒的香菇袋料，也跑到县城；还有个别菇农干脆坐等索赔，到处传出“谁要我种，我要谁赔”的声音。据不完全统计，全县因中断生产而造成的香菇废料损失十几万元。

风波还远不止这些，然而结果却是——

一场虚惊

随着香菇风波的扩大，县领导与菇农、乡镇干部三者之间出现了认识上的距离。

县委和政府的做法是：一方面继续加强香菇生产领导，抽调各部门领导和技术人员组成11个工作组奔赴乡村第一线，与乡镇干部一起上门上棚指导。另一方面请来省、地食用菌专家来缙进行现场解难。

菇农们的心事是：县里领导在部门利益和农民利益之间一定偏向前者；认为县菌办、微生物厂、工作组人员的技术辅导是带有开脱责任性的服务。最终亏损者是我们农民，县里有关部门是不会自觉赔偿损失的。

乡镇干部左右为难：上面的指示要听，但菇农的激动情绪也不敢得罪。

9月8日、9日两天，省地食用菌专家在县领导的陪同下，走访了10多个乡镇30多个村的100多户农户，对群众反映的生产问题和管理技术进行了逐一讲解、分析、查找原因，并提出了具体可行的解决办法。9月9日晚，全县召开了各乡镇领导和技术人员会议，由省地食用菌专家宣布调查结论，致使菌棒病变的直接原因是空气湿度大、通风设施差、环境普遍较差、灭菌不彻底等，专家们还进行技术培训和讲解。

进一步统一干部的思想。

专家们得出有理有据的结论后，领导和工作人员、技术干部的态度明朗了；乡镇干部的疑点也消除了；菇农开始重新认识自己的言行作为，仅一个多星期的时间，香菇风波就在科学面前平息了。

风波后的反思

这场风波虽已过去，但虚惊留给人们的精神压力是巨大的。从客观的角度看，这是改革开放和经济高速发展的必然现象，要发展商品经济，要从计划经济向市场经济转轨，就必须规模化、基地化、集约化，然而就在这正常的转变过程中，暴露出小农意识的劣根性；从历史的角度看，这场风波是一次生产力迅速发展要求科技进步的局部革命，同时也说明了生产关系必须适应生产力发展的需求，要大规模地发展商品经济，必须跟上配套服务，让科技开路。

痛定思痛，我们是否应该换一个角度，看一看，想一想，这场震撼人心的香菇风波到底有哪些值得反思之处？

假如香菇生产像种粮食，种番薯一样是“我要种”而不是“要我种”。

假如菇农们都能及时掌握香菇种植技术，有“自筹资金、自找出路、自担风险、自负盈亏”发展经济的承受能力。

假如菇农都能冷静地对待突发事件，先从自身找原因。

假如有关部门在大规模发展香菇的同时，也十分注重对科技的灌输和配套服务。

假如社会环境好，没有这样那样的“假”货，或者“小道消息”此路不通。

假如外部环境是 1991 年而不是 1992 年，没有 15 号、16 号台风的影响。

“香菇风波”带给人们的思考还远远不止这些。

（原载《缙云时报》1993 年 6 月 11 日第 4 版）

壶镇经济发展的启发

近年来，缙云壶镇，这个古老的浙南集镇，再次以勃勃生机展示了她新的魅力。她躁动不安、跳跃腾飞，以超常规的发展速度，被省政府评为本地区唯一的浙江 1992 年经济综合实力百强乡镇。扫描壶镇经济的繁荣景象，使我们自然想去寻找其经济发展的动因究竟在哪里。

一

壶镇地处浙中南山区，辖地面积 107 平方公里。由山地、丘陵、平原构成的综合地形，古来即有“缙云粮仓”之称，但作为现代经济主体的工业来说，这一地形只为壶镇工业区开发提供土地资源。

壶镇属亚热带气候，低山缓坡，溪流沿岸，理应可为发展亚热带水果提供充裕的土地资源。但壶镇盆地是个“缺口”盆地，其缺口在盆地的西北面，每年北方冷空气南下就从这里侵入盆地，并在此盘旋滞留，所以耐寒性较弱的水果在壶镇就难以越冬。80 年代初，原壶镇区三联乡曾种植上千亩柑橘，到第二年春天，这些柑橘即因寒冻枯死。因此，壶镇农业开发就重点放在蚕桑生产上，建万亩蚕桑基地可谓是壶镇地理气候条件对商品经济的必然选择。

壶镇的国有林场括苍山林场，为缙云第二大林场，但森林蓄积量不多。壶镇木材市场上的木材、生活用柴，均来自壶镇东南方向的白竹、雁岭乡一带。壶镇的森林资源也是贫乏的。

尽管好溪从壶镇穿越而过，但以平原、盆地、丘陵为主构成的地貌特征，决定了壶镇水利资源的相对贫乏。以山区梯级小水电闻名的缙云县，壶镇的小水电资源同样相对不足，其工业、生活用电都依靠外地输入。

凝灰岩是壶镇主要的矿产资源，曾作为重要的建筑材料。由于需求量的增多，开采难度的增大，其价格也逐步提高，并自改革开放后开始被砖块所替代。壶镇的花岗岩矿，贮量也不丰富，当地的两家花岗岩板材厂还要到外地运进原料。

壶镇处金、台、丽三府交界，西距缙云县城30公里，北达永康市近40公里，东离磐安县30公里，南到仙居县50多公里，在交通条件落后的古代是连接金、丽、温、台的要道，但至今只有公路交通，更与铁路、航空、航海无缘。

如此透视壶镇，我们发现，这里没有得天独厚的地形、地质、气候、植被的先天条件，没有丰富的矿藏、水利、森林资源，没有发达的交通体系，以及以当地产品为主要原料的工业品。这使我们看到了自然环境条件在壶镇经济中的非决定性作用，甚至可以得出“先天不足”的结论。

二

翻开壶镇的历史，从中可以得出启悟：丰富深厚的历史积淀，为当代壶镇经济发展奠定了坚实的基础。

据清《元丰九域志》：“缙云县胡陈一镇，府志亦作壶沉，在县东六十里”，缙云置县在唐初，壶镇在缙云置县前属永康县，而永康属经济较为发达的婺州辖区。因此自然受到了较先进的经济文化的影响。

近年来，文物部门在缙云发现的古文物，70%以上出自壶镇一带，如上王村的恐龙化石、黄迎祥村的石锛，水碓坑的鱼化石、冷水的新石器，以及宋代的陶片等，从目前发掘看，缙云三处窑址，均在壶镇，其中大溪滩瓷窑址群距壶镇3公里，器物种类有碗、碟、盏、盘、洗、瓶、罐、碾、钵、香炉等，据省文物部门考证，此窑址群属驰名中外的龙泉窑系，其生产的陶瓷器皿主要是投入壶镇的集市贸易。

壶镇尽管四面环山，但因地处三府四县（处州、婺州、台州、永康、磐安、仙居、缙云）腹中，是台州至杭州的必经之路。清嘉庆年间壶镇人吕载扬等所建的贤母桥，成为台婺交通要道。壶镇东向延伸到仙居的苍岭古道全程长达15公里，晋代《吴录》《隋公地理志》均作记载。五代刘禹昭、宋杨亿、李辅基、翁卷、明刘基、清端木国瑚等过苍岭入台州，都留下诗文。官吏商人、文人墨客的过往迎送，为壶镇扩大了知名度，并促进了壶镇文化、信息、技术的交流和集市贸易的发展。

真正使壶镇闹极一时的，要数每年农历五月二十八、十月二十八大集市。据传其起始年代为北宋。逢集市之期，客商近者来自周围各县，远者来自江苏、福建、安徽、江西，其时大街小巷商品无数，商客云集，使得壶镇传统产品与外地产品相交汇，壶镇商品文化与外地商品文化相融合。现在，我们在壶镇所看到的卫生香、火炮、布鞋、草席等，都是有数百年历史的传统产品，并在壶镇形成了“一村一品”经济传统。

50年前壶镇又受到了一次较为集中的现代经济文化熏陶。抗战时期，中国银行浙江地方分行，首先迁到壶镇，接着在壶镇又开办了裕昌、康泰、同字、分仁、浙东等银行。1938年，杭州私立安定中学迁入壶镇吕氏宗祠，其后，省立蚕丝学校迁入壶镇姓汪村；次年，安定中学添办高中部，壶镇后唐赵氏族人购地为高中部新建校舍30间，称为安定后院；远在北京的清华大学，北京大学专门在雅湖设点招生；1941年，省医药专科学校迁入壶镇应庄，并在雅湖设附属医事职业学校；杭州清波学校迁入姓应村；省立锦堂师范迁入雅湖；1942年，上海君毅中学迁入姓应村，冬金华中学迁入壶镇。这些学校中，单就金华中学、安定中学、锦堂师范学校、蚕丝职业学校统计达66个班级，2287名学生。为此，抗战时期壶镇真正成了浙东南经济文化的中心。它不仅带来了壶镇市场的繁荣，经济的活跃，更重要的是带来了新的经济观念、新的文化思想！

从壶镇教育的历史来看，宋淳熙年间大理学家朱熹曾在壶镇的美化书院讲学。自宋嘉熙年间，县令陈大猷、县尉陈实相继建成美化书院，直至清光绪年间，壶镇先后创办了六家书院。清戴表元在《美化书院志》书："美化虽在缙云穷山中，一日而闻天下，脍炙于缙绅布衣之口。"县令梁元在《崇正书院题名序碑》（崇正书院即今壶镇小学）称崇正书院为"名臣硕彦，后先辉映，指不胜屈。其学问，经济，皆赫者矣！"清光绪二十三年（1897）壶镇人吕月屏在壶镇招收吕和音、吕飞熊等27名青年进绍兴大通学堂学习，这是壶镇第一批出府学生。教育的繁荣发达，为壶镇培养了一大批人才。从民国初年至1984年，缙云县出国留学生共36人，其中壶镇籍就达17人；研究生57人，壶镇籍占24人。1984年，经验收合格，壶镇镇成为全县第一个无文盲乡镇。分级办学后，壶镇是地方投资办教育的典型，全镇90%以上的校舍都是建在1986年以后。1993年，壶镇镇政府拨出10万元用于奖励教师。可见壶镇人历史以来对"百年大计"的重视程度。

壶镇也是近代革命的先行地区。辛亥革命时，壶镇中兴村人吕逢樵率队攻克处州府，成为处州地方最高行政长官。期间，他选用了一批壶镇籍人士到处州各地任职。在民国时期任将军以上的壶镇籍人士达20余人，与国民党要人樊嵩甫、顾祝同结成派系。当时壶镇的一批女子又成了国民党将领的太太。

实行农村联产承包责任制前的集体化年代，壶镇的乡镇集体企业就走在缙云前列，有工厂17家，工人上千名。即使在割资本主义尾巴的年代，壶镇的传统产品卫生香、火炮、布鞋、草席、笠帽等，也从未间断过生产、销售。改革开放后，为壶镇人提供了更广阔自由的施展空间。首先是始于70年代末，向全国各地大中型企业回收钢锯条，参与者最多人数达5000多人；接着在80年代中后期，壶镇又成为闻名华东的中药材销售中心。而每年在外地跑各种生意业务的多达几千人。这批营销人员长年在外，见多识广，不断读懂"生意经"，而且积淀起壶镇的商人文化。

壶镇人善于学习，并善于运用最具效率的模仿学习开始。从钢锯条、中药材及其他买卖，壶镇逐渐增加了资本积累，并从经商转至生产上来。这批外跑的供销员很快就模仿着自己办厂，比如壶镇的小五金业主要就是从永康模仿过来，中药材经营是从磐安学过来。1990—1992年三年中，壶镇新办工业企业408家，其中个体私营企业有373家，新增企业产值9200万元，基本完成了信息、技术、资本的积累。

悠久的历史，古来的交通要道，长期的集市贸易，和流传至今的传统产品及工艺技术，20世纪40年代前后繁荣的浙东南经济文化中心，不断涌现的人杰，素有的经济头脑以及开放后资本的积累，构成了壶镇灵活多变、广交朋友、见多识广、冒险胆大、重商谋钱的人文特征。这是千百年来的思想、文化及区域民族性格，在壶镇丰富深厚的历史积淀，这种积淀是"千锤百炼始到今"，并随着历史的推进，越来越深厚，越来越坚实。这种积淀可以发挥出无限的物质和精神财富。

三

人文素质的历史积淀，为壶镇商品经济的发展，提供了必要和可能，是一种潜在的力量。当商品经济参与者的客体——党委、政府，一旦积极作用于这种潜能，就会产生一种爆发力。壶镇上届党委、政府提出实事求是，解放思想，抓住机遇，强化服务，深化改革，因地制宜发展工农业，促进社会全面进步的工作思路。在具体工作上，他们敢于冒险，做到不唯书、不唯上、只唯实，一切以三个有利于为标准，敢为天下先。他们超常规的发展速度，正是依赖于超常规的思维。翻开近三年来，壶镇镇党委、政府所作出的重大政策和举措，我们就可以看出这种思维是如何促进壶镇经济的全面发展。

——1991年1月10日，壶镇镇党委、政府向县政府提出《关于加速发展壶镇镇经济的若干规定的报告》，这个超前性的《规定》是壶镇解放思想，放活政策的里程碑，体现了壶镇人的当代开放思想和敢为天下先的精神。

——提出优惠政策，鼓励新办企业。镇政府在土地征用，厂房出租、资金借贷，外来企业主子女入学等方面，在四年前就提出特殊优惠，当时被人们称之为"壶镇特区政策"。这里没有集体、个体、私营的区别，各种所有制企业都给予一视同仁的支持，壶镇因此引回本地人在外地的10家企业，引进外地6家企业。

——公开嘉奖新办企业，纳税大户。按税收管理权限，镇政府无权返税，壶镇巧借财政包干体制，给新办企业“镇财政补贴扶持”，实则实行税收返回。1992 年 1 月召开万人大会，将 22 万元超收分成款当场奖给 1991 年 39 家纳税大户；而《报刊文摘》载海南省奖有突出贡献者是在 1993 年 2 月份。

——在全地区首次拍卖集体企业。去年 5 月份，壶镇首次拍卖了壶镇农机厂、三联涂料厂两家企业。当九月份《浙江日报》刊登富阳县公开拍卖集体企业称为浙江省首次之时，壶镇已是四个月前的事了。

——精神文明建设重在投入。壶镇在 1991 年就设立了“镇精神文明建设办公室”，政府拨出 10 万元，向社会集资 10 万元，设立精神文明奖。

——镇机关、学校实行聘任制。1993 年 4 月，缙云县实施了乡镇经济目标管理责任制和乡镇干部各员聘任制，壶镇镇在年初就率先行动，其中有 25 名镇干部、各员落聘，其干部聘任制的力度居全县之首；在中小学，壶镇是当全县唯一实行教师聘任制的镇，为加强教师管理，提高教育质量，壶镇又率先走出一步。

这些体现当代开放思维的政策与举措，使壶镇这片充满神奇的土地发挥出更加诱人的魅力，使壶镇浓厚坚实的历史积淀发挥出强大的能量。历史造就了壶镇，壶镇创造了历史！

四

壶镇深厚的历史积淀和当代的开放思想，是构成经济发展的关键所在，从这一透视中我们可以得到这样一种结论：

（一）商品经济的发展如果具备了历史的积淀，政府行为要重在搞活开放政策，为经济发展创造良好的环境；如果这种历史积淀基础是较薄弱的，政府行为首先要重在树立商品经济意识，提高人的科技教育文化素质。

（二）实事求是，因地制宜，是商品经济沿着正确道路健康发展的关键。壶镇经济发展的历史和现实表明，壶镇工业生产资源贫乏，交通结构单一，商品经济的发展就必须放在轻工业、第三产业，走宜工则工、宜农则农、宜林则林、宜商则商的路子，才能带动整个社会经济的发展。

（三）科学技术是第一生产力，关键是要培养造就一批掌握科学技术的人才。因此要把教育放在优先发展的战略地位，才能在高科技、快信息、高效率的现代经济中求得生存和发展。

（原载《缙云报》1994 年 10 月 29 日第 4 版）

2006年缙云农村劳动力转移就业特点

农村劳动力的大规模转移，堪称改革开放以来农村最具深刻意义的社会变革之一。2006 年，缙云县农村劳动力非盲率 98.51%，转移就业人数 5.57 万人，比 1997 年增加约 1.4 万人，呈现了三个特征：

异地化　异地转移地域广。大部分人通过“亲带亲、友帮友、邻帮邻”走出去，遍布全国二十多个省市。近至邻县，远到青海、吉林等地，相对集中在广西、广东、福建、上海、江苏等沿海发达地区。缙云人在广东东莞、惠州等地的超过 2 万人，上海、江苏一带的近 2 万人，广西东兴市、钦州市等地的约 5000 人。省内缙云人主要分布在杭州、宁波、温州、义乌等地。三溪人善“抱团取暖”，在 1995 年前后即形成两大群体：数百人在杭州、上海、宁波等地从事陶瓷、建材行业，数百人前往温州龙港从事餐饮业。

规模化　可归纳为“两多两少”，即从事农业及相关产业多，工业、商贸、建筑等行业少；凭技术专长创业多，靠体力务工人员少。从事农业及相关产业的主要有麻鸭、鱼、虾养殖，蜜蜂放养、香菇培育、花卉种植、蔬菜种植及农产品加工等。2006 年，缙云有 4 万余人在外地养鸭养虾，群鸭饲养量 1500 万羽，总产值超过 20 亿元，是全县农业总产值的 3 倍；200 多缙云人在上海种植草花 1000 多亩，年产值达 8000 万元，占上海盆栽草花市场总量的 60%。

专业化 2006年，全县有300多人分布14个省市从事香菇异地栽培；500多名蜂农常年辗转10多个省市放养蜜蜂1.5万群；5000多名农民到全国各地推销缙云生产的缝纫机、灯管、工刃具等工业品；1000多人在温州、杭州等地长期从事个体运输及餐饮业；1000多人分布浙、沪、苏、赣、皖等地城市工业园区或城乡接合部开浴室。另外，大源镇郑坑村半数以上劳动力在外经销油漆，溶江乡有数百人从事隧道挖掘施工，城北乡古塘下、黄龙村上百村民长期在金华、义乌专业制作蒸笼，方溪乡村民在县城电力路经营旅社、餐饮店25家，木栗乡150多人在北京经商开超市。

壶镇“跑锯条”的前世今生

“跑”锯条，是指壶镇人回收旧锯条或推销翻新锯条业务的称谓，是从“跑业务”演变而来的特指。最初所“跑”锯条，是切割普通钢材弓形锯床上的机用锯条，也即高速钢锯条，又称“锋钢锯条”。规格分长度450厘米、400厘米、350厘米、300厘米不等，重量每张约250千克。

1975年，三合公社五金厂杨叶龙在业务往来中获悉，国内仅有哈尔滨、本溪、上海3个厂家生产金属切割锯条，当时计划经济下仅凭物资部门的指标供应生产物资，高速钢类特种钢材产品供不应求。而废旧机用钢锯条，各厂家堆积甚多。若能回收、翻新旧钢锯条，市场前景想必可观。他就与朋友合作，砌筑砖炉，进行旧锯条翻新，经过反复试验，攻克退火、淬火两大难题。总结出880℃为最佳退火温度，让锯条在热灰中慢慢冷却后，锉掉旧齿，重开新齿、齿路。热处理时，淬火温度掌握在1250～1320℃间。乘冷却前，挂墙校正平直；冷却后，再行去污、打包、贴牌。经翻新处理的钢锯条硬度达到洛氏60～64度，符合金属切削所需强度。

旧锯条翻新加工费每张虽仅五元至八元，但经营者利润明显。到了1978年，如壶镇区白六公社综合厂卢某等七人就私下在南乡舒洪的偏僻山村租用农房，开设“地下工厂”，从事旧锯条批量翻新。

1982年前后，白六公社团结村卢思忠冒风险首次到贵州铜仁、湖南吉首跑钢锯条业务，仅用25天时间便赚得业务费1500元。第二次到四川达州赚回3000元，第三次到广西钦州、南宁赚回4000元。不到一年时间，就摆脱贫困，成了村里首个“万元户”。此后，周边村民纷纷效仿，亲带亲，邻帮邻，出门收购旧钢锯条。最多时，团结村每年有400人跑锯条，壶镇区2000余人参与。近到金华、温州、台州，远至东三省、新疆、西藏拉萨。遍及大型国企、军工、保密代号厂、西南“小三线”企业厂矿等。在同一厂家，有时一天能碰到好几拨壶镇跑锯条人。他们看到有冒烟的厂家，就进去找仓管员、找负责人。

为回收、翻新和销出锯条，从事跑锯条的队伍由亲友乡邻相互带动，似滚雪球般地壮大，每逢农历每月初四、初九集市，壶镇天妃宫汽车站买卖旧锯条人数多达数百人，临石公路为之拥堵。

因需求日趋旺盛，旧锯条翻新加工工艺亦随着市场需求改进，用手工锉刀锉锯齿，因工效慢（日夜只能锉十来张，工钱每张0.5元），后来就经历了脚踏旋转砂轮、手摇单刃砂轮进行锯齿，最后改为电机带动砂轮磨齿砂齿，每人每天可加工百来张锯条。淬火工艺也在不断改善，原手工涂漆改为香蕉水配漆喷漆，后改为电力烤漆。翻新后的锯条与国营工具大厂如“哈二工”“上工”“北工”牌传统锯条性能没有明显差距，但显现了价廉实惠的优势。

跑锯条之初，翻新锯条只卖给外地社队企业。领取社队企业加工费只需在领款凭证上签字并附加工合同，即可支付现金或支票。到了20世纪80年代初，农村实行联产承包责任制后，农民有了更多经商从业的自由，参与跑锯条的人逐步增多，回收和推销锯条的企业也随之拓展到不同所有制的大企业。针对采用领款凭证上签字并附加工合同方式，不符合大企业的财务管理要求；遇数量少，还口头协议，批量大则需要以单位出面签订书面合同的问题，三联公社农机厂就率先采用为跑锯条者提供介绍信、合同纸、账户账号、税务发票（时税率由该厂包干）、交纳税款、收取定额管理费模式，以解决锯条销售手续办理难问题。这种模式，后来壶镇区其他公社社办企业也相继仿效。

1982 年，正当跑锯条从业人员急剧猛增，市场形势稳定发展之时，工商部门开展了打击投机倒把运动，查封各个社队企业开具的加工锯条发票，并根据发票存根联查核各跑锯条人员营业额。按图索骥，一查甚准。按每人经营额大小，多至两三千，少则数百元，进行罚款，限时缴纳工商所。壶镇镇前岙村有一推销锯条大户，因此被判刑入狱（次年出狱）。一时从业者人人自危，前已签订交货合同，苦于无法按期交货，且又传言四起，人心惶惶。锯条交易市场封闭，又传闻壶镇至永康市公路的打虎岭设卡没收锯条，外地汇进货款被冻结。

如此情况持续数月，跑锯条人不敢坐班车，进出锯条只得私下委托金华至壶镇货车代带，或雇拖拉机避开打虎岭路段。为了求得“合法”，壶镇跑锯条人员就私下到永康、东阳、金华、仙居、磐安等地社队企业，办理发票、介绍信、汇款账号等手续，由外地社队企业抽取管理费；或者由外地企业经办人带着已收汇款，代领现金及税票、合同纸、介绍信等，逢壶镇集市日，在壶镇设点服务。如此操作，到了数月后壶镇工商所解冻解封，这种委托外地企业代办手续的方式，仍延续多年。

打击“投机倒把”风波后，为避免销售锯条开税务发票被“秋后算账”的风险，凭借跑锯条的路径、经验和人际关系，跑锯条人员就选择专门回收旧锯条。将回收到的锯条，在金华下车后，租用汽车或拖拉机从金华趁着夜深人静偷运回壶镇，在家中进行现金交易。

后来旧锯条越收越少，同时发现厂家仓库内废旧工具堆积如山。有人打听到废锋钢（高速钢）最高时价每公斤 38 元，而旧工具存量甚大，可赚差价，利润大。现在已难以考证，那个跑锯条人是第一个“吃螃蟹”的，初时抱着赌一把的心态，岂料一发不可收，紧跟者众，壶镇“跑锯条”一变为“跑锋钢”。

从 20 世纪 90 年代开始，三十个人翻新复制旧工具的温岭人穿梭于壶镇与温岭之间，也在收购旧锯条。后来这批温岭人，就在壶镇长期蹲点，以约为每公斤 20 元的价格，收购锋钢钻头、铣刀、拉刀、梯齿刀、滚刀、丝攻、圆锯片、圆盘锯片、钨钢刀头、白钢刀等废旧工具。至 2010 年仍有温岭籍多人长蹲壶镇收购。

邓小平南方谈话后，改革不断深化，开放力度加大，政府更注重扶持个私企业的发展。缙云县乡镇区“撤扩并”后，壶镇镇政府在新汽车站西，贤母西路北征田约十来亩，建起钢材市场，由国家级著名书法家李文采题写“壶镇废旧金属市场”，俗称“钢材市场”。壶镇跑锯条行业由废旧锯条回收、销售翻新锯条，逐步扩展到其他废旧钢材，壶镇的废旧金属市场由此衍生而来。市场交易的主要产品，就来自跑锯条人的锯条、锋钢及其他废旧金属。后来市场迁入人民路湖川工业园区内继续经营。

2000 年前后，随着锯床产业崛起和网上购物兴起，废旧钢锯条市场及其锯条翻新工艺逐渐退出市场。取而代之的是壶镇成为全国锯条的集散地，全国各地厂家生产的锯条都投放到壶镇，通过壶镇这个平台再发送到外地，应验了“出处不如旺处”的老话。经营者不再是当年参与跑锯条的人们，而许多当年跑锯条的第二代参与其中。他们足不出户，通过网络营销、快递发送锯条到客户手中。

壶镇人先从跑锯条到跑锋钢，积聚一定的资本后，若干有胆识远见者就着手开办工厂。从 20 世纪 90 年代中期开始，个体私营企业如雨后春笋在壶镇涌出。从锯条到锋钢到其他废旧工具中，衍生了许多关联产品，如机械加工业、工刃具、缝纫机、带锯床、特钢淬火、钢材冶炼、翻砂业，乃至生产工作母机机床，等等。这些产品都与当年“跑锯条”有着密不可分，千丝万缕的联系。并且敢闯敢冒的跑锯条经历，造就出一批销售能手，他们成为改革开放后第一批走出缙云闯天下的人，为壶镇经济的腾飞创下资金、人才的基础。

尤其是引发了与锯条最为直接关联的带锯床制造业的兴起。1996 年，锯力煌股份有限公司研发带锯床并投入批量生产，1998 年由生产解放胶鞋为主的镇办企业缙云橡胶厂改制重组开始生产金属锯床，从月生产仿制半自动金属锯床数十台起步。一批带锯床企业在 20 世纪末面世。壶镇人敢为人先的创新精神、灵活销售的市场机制给予国企一统天下的行业体制和计划经济市场产生了巨大的冲击，以缙云浙江锯力煌、浙江晨龙、浙江得力等为代表的新兴民营企业，与浙江雁荡山机床厂、上海沪南锯床厂、上海斯汇明锯床厂、河北博野锯床厂四个厂家在改革开放的大潮中并驾齐驱，并迅速在行业中强势崛起。2002年，锯力煌公司研发成功首台数控带锯床。2008年，壶镇镇被授予“浙江机床工具商标品牌基地”。2009年6月，缙云带锯床产业集群被列入浙江省块状经济向现代产业集群转型升级示范区试点名单。

2010年，全县生产带锯床整机企业28家，配套企业30多家，员工2420人。各厂家普遍配置大型龙门铣镗床、数控车床、数控磨床、万能锯床、摇臂钻床、平面磨床，以生产大型带锯床为优势（最大锯切直径达3米），处于国内先进水平。该年国家工商总局核准“壶镇锯床”集体商标，“晨龙”“锯力煌”系列带锯床被认定为国家重点新产品、中国驰名商标。

各厂家常年在国内外设销售网点、办事处1200余个，从业人员3000多人，销售代理20余家，与宝钢、首钢等大型钢铁企业和兵器工业集团、西飞公司、航天科工集团等建立合作关系。产品出口日本、美国、德国、加拿大、西班牙、意大利、印度、泰国、俄罗斯等20多个国家和地区。行业产值15.71亿元，销量约占国内市场70%。

宗谱

缙云民间宗谱有“三十年一小修，六十年一大修”的传统，1950年后还有个别姓氏纂修，“文化大革命”期间完全中断。20世纪90年代以后，各姓氏普遍开始延续修谱。修谱活动多由族中长者牵头发起，并成立理事会。费用由理事会发动族人集资，被修录人一般每人出资10～20元，有的自愿多出资。部分宗族修谱兼修葺祠堂，谱竣之日宗亲会聚，聘请戏班演戏庆祝。宗谱除了分发族人外，还赠送给县图书馆、档案馆收藏。缙云各姓氏编纂的谱牒通常以序文、大事、传赞、世系、行第等为基本构架。新修宗谱将女性编入行第，采用公元纪年，也有增设村史和艺文类专题。

1985—1992年，修编宗谱20部。1985年，1部，《上前胡胡氏宗谱》5册。1988年，1部，《玉岩陈氏宗谱》。1990年，14部，《东乡项氏宗谱》《前湖鲍氏宗谱》《水南黄氏宗谱》《黄碧金氏宗谱》《柿坪周氏宗谱》《东和坊杨氏宗谱》《赤溪郭氏宗谱》《黄龙林氏宗谱》《千家岭姚氏宗谱》《胪膛蒋氏宗谱》，《赤溪谢氏宗谱》4册，《银塘李氏宗谱》2册，《南顿上蔡蔡氏宗谱》2册，《础背周氏宗谱》2册。1991年，1部，《塘头李氏宗谱》。1992年，3部，《下园应氏宗谱》《塘头王氏宗谱》5册，《赤溪谢氏宗谱》4册。

1993—2010年，缙云档案馆共收藏宗谱193部。

1993年，4部，《黄碧街应氏宗谱》《胡村胡氏宗谱》，《青塘施氏宗谱》6册，《虞山陈氏宗谱》5册。

1994年，14部，《缙云项氏宗谱》《浚仪赵氏宗谱》，《缙云洪氏宗谱》9册，《治前丁氏宗谱》2册，《南乡郑氏宗谱》9册，《庙后陶氏宗谱》4册，《胡村胡氏宗谱》26册，《冷水周氏宗谱》10册，《韩畈黄氏宗谱》10册，《西岸吕氏宗谱》10册，《东山张氏宗谱》14册，《仙都刘金氏宗谱》6册（1996年续修，3册），《东和坑刘氏宗谱》3册，《黄碧虞虞氏宗谱》29册。

1995年，18部，《筠川陶氏宗谱》《洋山陶氏宗谱》《前村邓氏宗谱》《桃坑邱氏宗谱》《碧川朱氏宗谱》《碧川徐氏宗谱》，《雅施甘罗施氏宗谱》2册，《仁和坊陈氏宗谱》3册，《蟠龙陈氏宗谱》2册，《外麻车舒氏宗谱》9册，《陈岸陈氏宗谱》4册，《仁和坊应氏宗谱》2册，《关川杨氏宗谱》12册，《兆岸陈氏宗谱》14册，《东郭郑氏宗谱》45册，《池岭徐氏宗谱》，《田洋麻氏宗谱》2册，《台峰潘氏宗谱》4册。

1996年，27部，《龙津坊柯氏宗谱》《蒙城赵氏宗谱》《上湾派李氏宗谱》《箬川潘氏宗谱》《汉溪周氏宗谱》《龙津坊周氏宗谱》《麻店邱氏宗谱》《丛桂坊孙氏宗谱》，《南弄上处蔡氏宗谱》8册，《胪川田氏宗谱》14册，《云溪章氏宗谱》2册，《东郭李氏宗谱》6册，《上东方金氏宗谱》6册，《左库宋氏宗谱》2册，《河阳朱氏宗谱》2册,《谢山谢氏宗谱》5册,《金竹朱氏宗谱》2册,《上坪胡氏宗谱》8册,《双龙吕氏宗谱》4册,《泉塘陶氏宗谱》6册,《上宕胡氏宗谱》9册,《东山胡氏宗谱》2册,《贞溪丁氏宗谱》8册,《石上胡氏宗谱》14册,《山前朱氏宗谱》3册,《缙云梅氏宗谱》2册,《西源苍基麻氏宗谱》12册。

1997年,18部,《闽畲张氏宗谱》《瀑川孙氏宗谱》《东山胡氏宗谱》《应山下应氏宗谱》《越陈钭氏宗谱》《沈宅沈氏宗谱》,《五云赵氏宗谱》4册,《新建朱氏宗谱》3册,《箬川王氏宗谱》3册,《北门樊氏宗谱》2册,《石松刘氏宗谱》2册,《东门王氏宗谱》2册,《青塘施氏宗谱》2册,《应刘刘氏宗谱》5册,《双溪陈氏宗谱》5册,《胪膛杨氏宗谱》3册,《云苍山李氏宗谱》7册,《南顿下蔡蔡氏宗谱》2册。

1998年,21部,《五云宫泽陈氏宗谱》《武陵周氏宗谱》《学口徐氏宗谱》《缙云潜氏志》《筠川陈氏宗谱》《缙云毛氏宗谱》《板堰沈田氏宗谱》《三溪吴氏宗谱》《缙云詹氏宗谱》《古楼周氏宗谱》《高畈麻氏宗谱》《陶滩陶氏宗谱》《丛桂坊陈氏宗谱》《应刘应氏宗谱》《麻山岭脚汪氏志》,《银坑邓氏宗谱》6册,《冠阳龙溪应氏志》2册,《郑弄马氏宗谱》4册,《缙云尚氏宗谱》8册,《苍岭坑戴氏宗谱》4册,《后塘赵氏宗谱》2册。

1999年,19部,《白茅赵氏宗谱》《前路苍丘应氏宗谱》《缙云饶氏宗谱》《吕氏务本公房谱》《上周陈氏宗谱》《前路长照应氏宗谱》《赵氏志新建卷》《谷前周氏宗谱》《岭后吴氏宗谱》《双港桥陶氏宗谱》,《白竹卢氏宗谱》3册,《岱石口蒋氏宗谱》2册,《白陇卢氏族志》3册,《壶溪吕族志》4册,《仙都麻氏志》2册,《宫泽汪氏宗谱》2册,《新建楼氏宗谱》19册,《黄山柯氏宗谱》6册,《古楚叶氏宗谱》6册。

2000年,20部,《龙津坊周氏宗谱》《辽西郡钭氏宗谱》《岭脚吴吴氏宗谱》《七里朱氏宗谱》《缙云嵇氏宗谱》《梧源吴氏宗谱》《客星山下朱氏宗谱》《大筠陈氏宗谱》《古路麻氏宗谱》《缙云苏氏宗谱》《五云麻园许氏宗谱》《黄龙王氏宗谱》《凤山下朱氏宗谱》《闽畲范氏宗谱》《交路夏氏宗谱》,《缙云上官氏宗谱》5册,《长坑周氏宗谱》7册,《黄坛麻氏宗谱》2册,《栗坑马氏宗谱》6册,《南坑邹氏宗谱》3册。

2001年,11部,《上俞俞氏宗谱》《胪膛应氏宗谱》《富塘叶氏宗谱》《乌弄杜枢公谱》《下潜厉氏宗谱》《稠门李氏六三房宗谱》《越陈褚氏宗谱》《大集杜氏宗谱》,《宏坦叶氏宗谱》8册,《名山朱氏宗谱》7册,《石龙应氏宗谱》6册。

2002年,7部,《东渡王氏宗谱》《贵川黄氏宗谱》《仙岩铺徐氏宗谱》《小章蔡氏宗谱》《缙云祝氏宗谱》,《岩坑胡氏宗谱》2册,《缙云何氏宗谱》2册。

2003年,7部,《王弄王氏宗谱》《方川吕族志》《底岙应氏宗谱》《台门陈氏宗谱》,《葛湖陶氏宗谱》2册,《碧川徐氏宗谱》2册,《黄淡坑马氏宗谱》2册。

2004年,3部,《南田朱氏宗谱》《胪膛陈氏宗谱》,《英山叶氏宗谱》2册。

2005年,10部,《水南姚氏宗谱》《招序陈氏宗谱》《南顿周氏宗谱》《澜川徐氏宗谱》《蟠龙翁氏宗谱》《岩下朱氏宗谱》《棠溪朱氏仁永公房谱》,《姓姚姚氏宗谱》2册,《下园应氏宗谱》4册,《东郭郑氏宗谱》4册。

2006年,5部,《桐树岗黄氏宗谱》《潜川应氏宗谱》《北洪宋氏宗谱》,《南顿蔡氏宗谱》7册,《附马周氏宗谱》2册。

2007年,1部,《大塘宋氏宗谱》2册。

2008年,1部,《潜明胡氏宗谱》2册。

2009年,4部,《美里黄氏宗谱》《松岩胡氏宗谱》,《东光弄周氏宗谱》8册,《青塘施氏宗谱》5册。

2010年,3部,《金村金氏宗谱》《西隅陈氏宗谱》,《杨桥头杨氏宗谱》3册。

三、消逝的村落

旧时，以垦荒谋生为多，也有的因看山守坟、逃难避役等，县域有的居民离开村庄，“上山”选择近水向阳、可垦荒造地，适宜种植养殖的“半山腰”地方，或搭棚，或筑泥墙建房，作为居所。开始一般以单家独户为主，后来有的衍生出 3 ～ 5 户，个别也有 10 多户居民。这些散落的山寨，缙云俗称“山铺（厂）”或“厂”。

中华人民共和国成立后，经土地改革、合作化运动，尤其是人民公社集体化后，大多“山寨”自然村居民陆续迁居到就近的行政村。据统计，1952—1992 年，山寨中迁出的 190 处。21 世纪后，政府实施“下山脱贫”和集镇开发战略，集镇在经济发展、生产生活、就学就业等方面具有优越性，山寨居民自发或通过行政指令“下山”，大多迁移到所在的行政村，有的通过县政府“下山脱贫”整体迁移到规划地点，也有的迁移到外地。1993—2010 年，山寨中迁出的 193 处。山寨居民迁出后，原房舍复垦为耕地，或成废墟。

（一）1952—1992年居民迁离的村落

五云镇

上　麻　1952 年迁居镇东村金梅亭。

明山岙　1957 年迁居田村村。

大坟山　1965 年迁居官店村。

清福寺　1966 年迁居周村村。

竹山头　1967 年迁居仙岩铺村。

长蛇岙口　1967 年迁居船埠头村。

美赤岙　1967 年迁居下双龙村。

麻车岙　1967 年迁居塘后村。

底绍弄　1968 年迁居船埠头村。

郑清岭（北）脚　1973 年迁居上名山村。

借岭（西）脚　1973 年迁居下名山村。

白洋木　1987 年迁居下双龙村。

仙景弄　1987 年迁居仙岩铺村刘庵。

半　岙　1987 年迁居梧源村。

下赤岙　1987 年迁居下双龙村。

山窠岭头　迁居塘后村。

乌　弄　迁居官店村。

李柴坑　居民 1 户，姓李。1988 年迁居官店村。

壶镇镇

清　塘　1967 年迁居里隆村。

高和坑　1983 年迁居下宅村。

岩路塘　1983 年迁居下宅村。

惠明寺　1983 年迁居塘川村。

法洪头　1983 年迁居麻里洞村。

洋溪岭背　1986 年迁居上倪村。

赤溪岙　1988 年迁居后宅村。

老鹰岩　1992 年迁居槐花树村。

大路街　房屋与新民村连接。

新建镇

胡坑庵　1966 年迁居西源村。

金堂岙　1966 年迁居刘山村。

花　门　1972 年迁居新建村。

乌龟垄脚　1972 年迁居钦村村。

玉全山　1973 年迁居茭岭村。

杨宅塘　1973 年迁居下杨村。

父旧坪　1973 年迁居木家源村。

陈　坑　1975年迁居皂川村。
山　后　1976年迁居岙湖村。
牛家弄　1976年迁居东山杨村。
圣母庙　1986年迁居马墅村。
西展平　1992年迁居王弄村。
牛岙岭　1992年迁居双港桥村。
陈山头　1992年迁居胡坑村。
北园后　1992年迁居胡坑村。
黄木山头　1992年迁居胡坑村。
兰胡平　1992年迁居胡坑村。
杨　坑　1992年迁居胡坑村。
江西铺　房屋与陶墅村连接。

舒洪镇

岩　里　1964年迁居蟠龙村。
麻　岙　1971年迁居车坑村上清塘。
乌龟坟　1972年迁居车坑村上清塘。
分水汪头　1972年迁居仁岸村。
管　村　1974年迁居姓王村。
借岭（东）脚　1974年迁居车坑村上清塘。
大　湾　1974年迁居岭口村。
岩　背　1979年迁居清井湾村。
下清塘　1982年迁居车坑村上清塘。
南坑尖　1984年迁居舒洪村。
荒　田　1985年迁居昆坑村。
泰山岙　1985年迁居车坑村上清塘。
黄沙垄脚　1988年迁离。
大玉岭头　1990年迁居舒洪村。
猪头岙　1991年迁居车坑村上清塘。

新碧农管处

下吴弄　1956年迁居早宅村、大陆村、山早村。
大田塘　1959年迁居龙湖村。
水管底　1959年迁居龙湖村。
金光寺　1964年迁居西方地塔村。
苦马弄　1971年迁居西方地塔村。
西　弄　1971年迁居大陆村。
南　龙　1974年迁居岩背村。
栗树园　1980年迁居大陆村。
西柳厂　1989年迁居黄碧街村。
金良厂　1989年迁居黄碧街村。
乌西弄　1989年迁居碧川村。
丁公山　1989年迁居碧川村。
皂梦岭头　1992年迁居后井村。

大洋镇

陈家下　1971年迁居梅溪村、下潜村、环湖村、舒洪村、仁岸村等。
洋　坑　1972年迁居前村村。
上白岩山　1982年迁居方溪乡梅窑村。
煤窑角　1988年迁居后坑彭村。
大石板　1991年迁居寮坑村。
田　弄　1992年迁居满堂山村。

东渡镇

麻　岙　1956年迁居交路村。
大山后　1958年迁居石松村。
三百丘　1972年迁居西弄村。
半　岭　1973年迁居桃花岭脚村。
牛横弄　1976年迁居金坑村。
下珠山　1976年迁居石松村。
徐山头　1981年迁居金坑村。
大　岙　迁居贾坑村。

东方镇

乌　岩　1958年迁居大陇脚村。
岭脚岙厂　1968年迁居胪膛村。
鲤鱼塘后　1968年迁居胪膛村。
大茶岙口　1970年迁居姓徐村。
宅塘岙　1970年迁居下东方村。
李　庵　1973年迁居前金村。
丁　庵　1973年迁居前金村。
牛窝弄　1974年迁居横塘岸村。
枧柒岭脚　1975年迁居畚箕辽村。
横　岙　1975年迁居双尖脚村。
十五坑　1975年迁居岱石村。
磊　山　1975年迁居下东方村。
赤　岩　1979年迁居靖岳村。
野　截　1980年迁居岭头方村。
荒　田　1983年迁居里厂村、横塘岸村。
大　坟　1985年迁居里厂村。
南　弄　1985年迁离。

双乌前　1986 年迁居横塘岸村。
大枫湾　1988 年迁居胪膛村。
双　白　1989 年迁居胪膛村。
朱塘背　1990 年迁居胪膛村。

大源镇

桶　背　1958 年迁居岭后村。
野　闪　1970 年迁居大源村。
大山后　1971 年迁居稠门村。
乌岩下　1972 年迁居大源村。
三洲岭脚　1972 年迁居大源村。
灿西岙　1972 年迁居岭头村。
蛙麻坪　1972 年迁居大源村。
西　坪　1973 年迁居大源村。
白岩下　1973 年迁居稠门村。
大殿坪　1973 年迁居稠门村。
上　岙　1974 年迁居大源村。
上坑岭　1976 年迁居夏弄村。
李　前　1976 年迁居夏弄村。
灿　山　1976 年迁居郑坑村。
玉坑岭头　1979 年迁居杨梅岭村。
垢　圩　1981 年迁居周奥村。
全　坑　1991 年迁居郑坑村。
破　田　1992 年迁居土鱼坑村。

新川乡

上周后山　1978 年迁居上周村。
苦竹坑　1981 年迁居坑岙脚村。
水珠岩　1983 年迁居下麻坪村。
林坑半岭　1985 年迁居潘余村。
猫头坑　1985 年迁居新建镇河阳村。
上石鹿　1992 年迁居栗坑村。

双川乡

和尚寮纸厂　1970 年迁居周岭村。
金柒岙　1990 年迁居鱼川村。

城北乡

青云山　1972 年迁居西坑塘村。
郑山头　1975 年迁居莲塘村。
四公平　1977 年迁居生水塘村。

黄尖山　1988 年迁居今古塘村。
姜山背　1990 年迁居莲塘村。

七里乡

阳山岙　1960 年迁居上前村。
珠　岙　1960 年迁居上前村。
新田岙　1960 年迁居上前村。
朱　青　1972 年迁居上陈村。

白竹乡

东高岭头　1971 年迁离。

雁岭乡

卢　坑　1960 年迁居左库村。
适丈坑　1970 年迁居龙爪坑村。
塘下坑　1970 年迁居龙爪坑村。
牛和岭　1971 年迁居壶镇石明堂村。
车盆坑　1972 年迁居外坑村。
朱岭背　1973 年迁居金竹村。
枫树坪　1975 年迁居金竹村。
东　弄　1975 年迁居壶镇坑沿村。
万　岙　1977 年迁居下潜村。
银　岭　1979 年迁离。
板　桥　1988 年迁居三里村。
王　坑　1991 年迁离。

三溪乡

双　井　1982 年迁离。
岭岗山　1987 年迁居东雅宅村。

前路乡

毛　寮　1967 年迁居大集村。
凉　圩　1975 年迁居马飞岭村。
黄坛岙　1977 年迁居梅树岙村。
潘　山　1984 年迁居梅树岙村。

溶江乡

寺　基　1966 年迁居花楼山村。
上大湖　1966 年迁居花楼山村。
荒田坪　1966 年迁居花楼山村。
里　家　1970 年迁居洪坑桥村。

横　岙　1975年迁居当坑村。
官坑弄　1987年迁居岭脚吴村。
定　岙　1989年迁居西岙村。
杨梅岭后　1989年迁居山坑村。
上　湖　1992年迁居雅江村。

双溪口乡

柴头　1972年迁居平坑口村。
乌烟坑　1973年迁居金钩村。

胡源乡

赤豆岙　1986年迁居县林场。

方溪乡

岩空前　1974年迁居方溪村。
洞　背　1985年迁居下坑村。
北坑口　1988年迁居方溪村。
外蓬坑　1988年迁居方溪村。

石笕乡

界牌岭脚　1966年迁居西坑村。
田　上　1970年迁居蒙坑村。

南溪乡

大坑头　1972年迁居黄寮村。
平　头　1975年迁居南溪村。
石上坑　1975年迁居南溪村。
乌岩头　1989年迁居木西花村。

木栗乡

底　墙　1980年迁居大坟山村。
牛栏鸟　1985年迁离。
大庚岭　1990年迁居外前村。
皮坑双坑　1990年迁居外前村。
五　鸟　迁居八尺村。

(二)1993—2011年居民迁离的村落

五云镇

阳山头　位于官店村西北0.5千米处。居民1户7人。姓周。1993年迁居官店村。

李家庵　位于官店村东南处。居民3户，姓陶、杨、宋。1993年迁居官店村。

周　岙　位于官店村西北1千米处。居民1户5人，姓周。1993年迁居官店村。

黄碧弄　位于周村村西北1.5千米处。1户3人，姓李。1995年废弃。

石　下　位于周村北1千米处。居民1户，姓郑。2001年迁居周村村。

周　庵　位于杜桥村北。原为周姓坟庵。2002年，因城区建设迁离。

陈　庵　位于杜桥村北。原为陈姓坟庵。2002年，因城区建设迁离。

尚书庵　位于杜桥村北。因处明代尚书李诜墓及坟庵旁，故名。2002年，因城区建设迁离。

后　庵　位于下双龙村东南。明朝郑姓人在此建坟庵，故名。居民2户5人，姓郑。2005年，迁居五云镇鼎龙小区。

绍弄岙　位于双龙村东南，居民5户6人。2010年，因建垃圾填埋场，迁居双龙村。

上朱坪　位于莲塘村东北。居民3户9人，姓李。迁居莲塘村。

乌　尖　位于生水塘西北乌尖山，故名。原有李姓住户，迁居生水塘村。

桑潭庵　位于好溪桑潭北岸。故名。居民22户84人，多姓李。2004年，因建自来水厂，迁居周村村及其排前自然村。

石　佛　位于周村村北1千米处。西侧巨石形似佛像，故名。居民姓徐。迁居周村村。

古塘坑　位于周村村东2.6千米处。原名“古松坑”。居民2户5人，姓刘。迁居周村村。

底　垄　位于五云镇老城西北 1.2 千米处。居民 1 户 2 人，姓李。迁居建设村。

黄沙衣　位于五云镇老城西北 0.6 千米处。古名“黄巢基”。居民 3 户 7 人。迁居建设村。

占山头　位于五云镇老城西 1.3 千米处。古名“周山头”。居民 14 户 60 人，多姓陈、樊。迁居建设村。

水阁庵　位于下双龙村东南山上。明中期郑姓水阁公葬此，故名。居民 6 户 24 人，姓姚、郑。2005 年，迁居五云镇鼎龙小区。

仙都农管处

壶镇庵　1996 年迁居下洋村。

红界山头　位于铁城村东马鞍山西。2010 年，迁居梅宅村。

上宫寺　位于仙都山东。近处有古刹上宫寺，故名。2010 年迁居田村村。

皂　梦　位于塘后村北 1.2 千米处。村以山名。2010 年迁居塘后新村。

黄金岙　位于塘后村北。2010 年迁居塘后新村。

新碧农管处

官　山　1994 年迁居后井村。

绕西岭　位于应刘村西北 3.5 千米处。山道迂回曲折，故名。居民 5 户 38 人，姓刘、楼。2008 年迁居应刘村。

西方地塔　位于后井村东 2.6 千米处。村有旱地名“四房地埮”，故名。2008 年迁居下庄村。

太旱岙　位于后井村东 3.2 千米处。2008 年迁居下庄村。

溪前岸　位于岩沿村西南，村北傍新建溪。居民 5 户 20 人，姓吴。2008 年迁居西岩村、岩沿村。

岭　头　位于坑底村东 1.3 千米处，北界永康市。2010 年迁居福康村新兴家园。

岭　后　位于岭头村北，距坑底村东 1.8 千米处。2010 年迁居福康新兴家园。

横　田　位于岭头村 0.2 千米处。2010 年迁居福康新兴家园。

福建寮　位于外孙村西北 2 千米处。由福建人搭寮始居。2010 年迁居福康新兴家园。

木勺曹　位于外孙村西、天井水库尾端，村居山坳形似木勺。2010 年迁居福康新兴家园。

新　田　位于外孙村西 2.5 千米处。2010 年迁居福康新兴家园。

壶镇镇

法洪头口　位于麻里洞村西南。2009 年迁居麻里洞村。

宝　坑　位于浣溪村西南 1 千米处。居民 74 户 127 人。2010 年迁居元古村。

后　寮　位于桂山村东 0.8 千米处。始为宫前村人居此。居民 52 户 122 人，多姓应。2010 年迁居元古村。

流　陶　位于壶镇东南 4.7 千米处。居民 111 户 223 人，多姓应、姓李、姓卢。2010 年迁居元古村。

水碓坑　位于槐花树村东 1 千米处。居民 40 户 87 人。2010 年迁居元古村。

明坑头　位于水碓坑西南 0.2 千米处。居民 65 户 139 人，多姓陈。2010 年迁居元古村。

子草坑　位于元古村北 6 千米处。旧名“紫草坑”。居民 38 户 78 人。2010 年迁居元古村。

黄　岙　位于旸村村北 2 千米处。居民 4 户，姓卢。2010 年迁居旸村村。

后塘山　位于旸村村北 2 千米处。居民 40 户 85 人，姓卢。2010 年迁居旸村村。

坞苏塞　位于旸村村西北 2.5 千米处。居民 13 人，姓卢。2010 年迁居旸村村。

石里坑　位于杨桥头村东北 1 千米处。居民 2 人，姓蒋。迁居杨桥头村。

山虎岩尖　位于白竹村北 2.6 千米处。居民 22 人，姓曹。2010 年已迁离。

自元坑　位于括苍山林场北端与磐安县交接处。2010 年已迁离。

新建镇

猪娘山庵 位于河阳村北0.5千米处。1996年迁居河阳村。

染青岙 1997年迁居川石村。

黄　淡 1999年，迁居双港桥村

牛角岙 位于葛湖村西北2千米处。村形如牛角，故名。居民1户2人，姓胡。2000年迁居葛湖村。

朱山殿 位于河阳村西南2.8千米山上。1922年河阳朱大常建朱山殿，故名。居民1户5人，姓朱。2002年迁居河阳村。

山脚庵 位于宏坦村东北0.5千米处。居民1户3人，姓叶。2003年迁居宏坦村。

太公山庵 距宏坦村0.3千米处，有朱姓太公坟庵，故名。居民1户1人，姓楼。2005年迁居宏坦村。

上　周 位于底长坑西北1.4千米处。有周姓山庵。2006年迁居底长坑村。

峨嵩头 位于新建东1千米峨崇（嵩）头。居民1户4人，姓朱。2006年迁出。

送子庙 位于玉溪村北0.2千米处。有送子娘娘庙，故名。居民1户5人，姓叶。2006年迁出。

西　源 位于钦村村东0.5千米处。2009年迁出。

绕西岭 位于宅基村西北3.3千米处，居民14户38人。2009年迁出。

年台坟 位于宅基村西北3千米处。居民3户8人，姓丁。2011年迁居宅基村。

上门岩 居民2户4人，姓俞。2011年迁居宅基村。

双眼塘 位于宅基村西北2.6千米处。居民15户26人，姓麻。2011年迁居宅基村。

乌山头 位于宅基村北2.5千米处，居民15户40人，姓丁、姓楼、姓麻。2011年迁居宅基村。

牛　弄 位于河阳村西南。有牛弄庵，故名。居民1户4人，姓朱。迁居河阳村。

高　头 位于西青头村南0.8千米处，与永康接壤。居民6户19人，姓章、楼。迁居西青头村。

岭外山铺 位于皂川村东0.5千米处，原为护林山铺。居民3户9人，姓徐。迁居西岸村。

坟岙脚 位于丰山村东北。姓李、卢。迁居路下铺村。

底　岙 位于丰山村属地。姓舒。迁居丰山村。

舒洪镇

上西塔坑 位于西塔坑西南0.1千米处。1994年迁居西塔坑村。

西　亦 1995年迁居大蓬村。

悬藤山 位于下园村东南1千米处，俗称“捻藤山”。居民16户50人，多姓周。2003年迁居下园村马腾新村。

大　佑 位于半衣坤村西南1.6千米处。2008年迁离。

阳　山 位于溪下村北1.5千米处。居民19户45人，多姓胡。2010年迁居溪下村、舒洪村。

大洋镇

横　坑 位于铁箱村北10千米处。居民2户7人，姓胡。迁居铁箱村。

坪　头 位于鸟下村西北0.5千米处，古名和尚寮。居民1户4人，姓金。迁居南溪村。

铁丝坑 位于南溪村东南2.8千米处，原名千丝坑。居民1户，姓金。迁居南溪村。

乌岩头 位于木西花村东南1.5千米处。居民1户4人，姓施。迁离。

东渡镇

野　正 1993年迁居珠佑村。

寨　下　1993 年迁居珠佑村。

郑清岭脚　位于郑坑口村北 0.6 千米处。居民 1 户 1 人，姓朱。1998 年迁居郑坑口。

大　排　1999 年迁居南胡村。

金山寺　位于外处村北 0.2 千米处。有金山寺，故名。居民 7 户 24 人，姓陈。2000 年，迁居外处村。

白云洞　位于金湖村北 0.1 千米处。居民 1 户，姓胡。2000 年迁居金湖村。

沙田头　位于兰口村南 1 千米处。居民 2 户 12 人，姓陈。2001 年迁居兰口村。

坟　岙　位于南湖村北 1.2 千米处。居民 4 户 15 人。2002 年迁居南湖村。

小　井　位于兰口村南 0.7 千米处。居民 2 户 10 人，姓杨、吴。2006 年迁居兰口村。

长　岙　位于南湖村北 0.8 千米处。居民 3 户 7 人。2006 年迁居南湖村。

公凸头　位于隘头村北 0.6 千米处。居民 9 户 26 人，姓马。2009 年迁居外隘头村。

胡　庄　位于珠佑村东南 1 千米处。居民 4 户 10 人，姓赵、李。2009 年迁居珠佑村。

垒特坑　位于西坑口村南 0.8 千米处。居民 3 户 12 人，姓麻。2009 年迁居西坑口村。

宿食岙　位于珠佑村西 0.6 千米处。居民 4 户 16 人，姓卢、郑。2009 年迁居珠佑村。

谢山后　位于珠佑村西南 0.8 千米处。居民 2 户 9 人，姓郑。2009 年迁居珠佑村。

盘龙寺　位于东渡村西南 3 千米处。2010 年，迁居东渡村梅凤岭。

大平后　原属山头村。2010 年，迁居东渡村梅凤岭。

大地坻　原属山头村。2010 年，迁居东渡村梅凤岭。

义乌坑　位于东渡村西南 4.5 千米处。2010 年，迁居东渡村梅凤岭。

庆　庵　位于东渡村西南 3.6 千米处。2010 年，迁居东渡村梅凤岭。

三　百　原属山头村。2010 年，迁居东渡村梅凤岭。

乌　头　位于方川村东南 2 千米处。居民 14 户 51 人，姓李、邹。2010 年迁居方川村。

鱼　坑　位于东溪村南 1.8 千米处。2011 年迁居东溪村。

郑清岭头　位于郑坑口村北 1 千米处。居民 4 户 14 人，姓李。迁居堰头村。

塘　坑　位于兆岸村南 3 千米处。居民 5 户 20 人，姓黄。迁居兆岸村。

麻　斗　位于兆岸村东南 2.5 千米处。居民 27 户 76 人，多姓陈。迁居兆岸村。

上　黄　位于麻坪村东北 0.3 千米处。居民 30 户 105 人，多李姓。迁居麻坪村。

大　岙　位于珠佑村东南 0.7 千米处。居民 3 户 5 人，姓郑。迁居珠佑村。

下　种　位于长坑村北 1.3 千米处。居民 1 户 2 人。迁居长坑村。

大　庵　位于南湖村西北 1 千米处。以庵堂始居，故名。居民 1 户 1 人。迁离。

占山头　位于南湖村西北约 1 千米处。居民 3 户 8 人。迁居南湖村。

木合坑　位于株树村东南 1 千米处。居民 15 户 49 人，姓郑、詹。迁居株树村。

对门坑　位于廷坑村西 1.2 千米处，西接丽水。居民 2 户 9 人，姓张。迁廷坑村。

小潭坑　位于兆岸村西南 1.5 千米处。居民 2 户 7 人，姓郭。迁居兆岸村。

排　头　位于阳弄村东北 1.5 千米处，原称“牌头”。居民 4 户 11 人，姓章、黄。迁居兆岸村。

东方镇

切　底　1994 年迁居横塘岸村。

炉　岙　1994 年迁居横塘岸村。

吉　元　1995 年迁离。

黄坑口　位于胪膛村东北 3.5 千米处。居民 1 户 4 人，姓蒋。2000 年迁离。

西　坑　位于靖岳村东南 4 千米处。居民 4 户 6 人，姓吕。2005 年迁离。

玉　弄　位于胪膛村西北 2.3 千米处。居民 6 户 27 人，姓李。2005 年迁离。

西弄坑　位于周升塘村东南 0.5 千米处。居民 6 户 18 人，姓朱。2006 年迁离。

大　坑　位于横塘岸村南 3 千米处。居民 4 户 17 人，姓周、丁。2006 年迁离。

麻狸岭　位于横塘村南 3 千米处。居民 3 户 10 人，姓蒋。2006 年迁离。

鼠狼坪　位于横塘岸村东南 2 千米处。居民 7 户 16 人，姓蒋。2006 年迁离。

柿　坪　位于横塘岸村东南 2.3 千米处。居民 1 户 4 人，姓樊。2006 年迁离。

白　水　位于横塘岸村南 3.1 千米处。居民 17 户 52 人，多姓周。2006 年迁离。

大岩背　位于横塘岸村西南 0.7 千米处。居民 1 户 2 人，姓周。2006 年迁离。

老老白　位于胪膛东南 8.3 千米处，居民 3 户 15 人，姓蒋。2006 年迁离。

早王坟　位于横塘岸村南 5 千米处。居民 2 户 5 人，姓蒋。2007 年迁离。

淀塘后坎　位于横塘岸村南 4.5 千米处。居民 1 户 4 人，姓李。2007 年迁离。

阴　山　位于横塘岸村南 3.5 千米处。居民 1 户 3 人，姓麻。2007 年迁离。

田　坪　位于横塘岸村南 3.1 千米处。居民 1 户 2 人，姓周。2007 年迁离。

上经堂　位于胪膛村西 3.6 千米处。居民 2 户 6 人，姓丁。2007 年迁离。

大岭脚　位于胪膛村西 3.5 千米处。居民 1 户 2 人，姓麻。2007 年迁离。

枫树岙　位于岱石村东北 3 千米处。居民 1 户 6 人，姓蒋。2008 年迁离。

毛桃弄　位于岱石村东 2 千米处。居民 1 户 4 人，姓蒋。2008 年迁离。

塘　弄　位于胪膛村南 2.7 千米处。居民 1 户 5 人，姓周。2008 年迁离。

乌石头　位于胪膛村南 3.1 千米处。居民 1 户 3 人，姓田。2008 年迁离。

山　坑　位于胪膛村东南 2.7 千米处。居民 10 户 26 人，姓周、田。2009 年迁离。

隔　山　位于胪膛村东南 3.8 千米处。居民 11 户 28 人，姓蒋。2009 年迁离。

周　辽　位于胪膛村西 3.2 千米处。居民 6 户 20 人，姓周。2009 年迁离。

大源镇

岩　背　位于郑坑村西 1 千米处。居民 1 户 1 人，姓柯。2009 年后移居仙居县横溪镇柯家村。

加山头　位于郑坑村西北 0.5 千米处。居民 1 户 6 人，姓柯。2009 年后移居仙居县横溪镇柯家村。

下杨坑　位于郑坑村西 0.5 千米处。居民 1 户 1 人，姓柯。2009 年后移居仙居县横溪镇柯家村。

胡　孔　位于稠门村北 7 千米处。居民 3 户 4 人，姓胡。迁居双溪口乡双溪口村。

古　井　位于稠门村东北 4 千米处。居民 3 户 13 人，姓李。迁居稠门村。

横　坪　位于稠门村东 1 千米处。居民 1 户 2 人，姓李。迁居稠门村。

衣弄山　位于稠门村东北 3 千米处。居民 9 户 40 人，姓李。迁居双溪口乡双溪口村。

稠门岭脚　位于稠门村西北 1.6 千米处。居民 7 户 27 人，姓李。迁居双溪口乡双溪口村。

前　山　位于稠门村南 1.6 千米处。居民 2 户 7 人，姓李。迁居稠门村。

江西山后　位于稠门村西南 1.5 千米处。迁居稠门村。

高枝塘　位于稠门村南 1.3 千米处。居民 12 户 32 人，姓李。迁居稠门村。

半　坑　位于大源村西 1.5 千米处。居民 2 户 6 人，姓陈。迁居大源村。

插　弯　位于岭后村西南 5 千米处。居民 3 户 3 人，姓胡。迁居大丰村天桥。

普化寺岭　位于庙下村东南 0.6 千米处。居民 3 户 9 人，姓李。迁居庙下村。

新川乡

六百田　位于夏家畈村东北 1.2 千米处。1994 年迁居潘余村、夏家畈村。

双川乡

外岭头茶铺 1993年迁居丹址村。

雁岭乡

曹　坑 1993年迁居金竹村。

前路乡

西　散 位于前路村东南2.5千米处。居民散居孟峰尖西侧，故名。居民180户427人，多姓陆。2006—2010年，陆续迁居赤沙岭脚村。

三溪乡

五山塘头 位于后吴村南1.4千米处。居民1户3人。迁居后吴村。

大竹园 位于后吴村西北1.7千米处。居民2户6人。姓应。迁居西应村。

半　岭 位于西应村西南5千米处。居民1户2人，姓应。迁居三溪源村底厂自然村。

溶江乡

俞公山 位于大雅畈村东南1千米处。居民39户99人，姓潘。2005年迁居大雅畈俞公坑口村。

大　岙 位于茶园头村西0.25千米处。2009年，迁居茶园头村。

洪坑岭头 位于西岙村北2.5千米处。居民6户13人，姓林、胡。2009年迁居西岙村。

田山头 位于大黄村北0.3千米处。居民7户15人，姓胡。2009年迁居大黄村。

半　岭 位于西岙村西北0.5千米处。居民1户2人。2010年，迁居西岙村。

半　坑 位于西岙村北1.5千米处。居民1户2人，姓胡。2010年迁居西岙村。

双溪口乡

芝麻岙 位于南源村东北0.7千米处。2010年迁离。

下山头 位于塘孔村北0.2千米处。居民20户69人，姓上官。2010年迁离。

洋　坑 位于越王山村东南2千米处。居民2户6人，姓金。迁居越王山村。

十　大 位于越王山村东1千米处。居民1户3人，姓金。迁居越王山村。

田　坑 位于越王山村东南1.2千米处。居民6户17人，多姓李、褚。迁居鲤鱼孔村。

杨梅坪 位于姓潘村东南1.6千米处。居民1户3人，姓胡。迁居姓潘村。

胡源乡

下大学 位于章村村西1.3千米处。居民2户9人，姓陈。2006年迁居章村村。

麻地头 位于胡村村西南3.5千米处。居民4户15人，姓胡。迁居胡村村。

石上坑 位于胡村村东1千米处。居民2户4人，姓胡、章。迁居胡村村。

石桥坑 位于章村村西北2.3千米处。2户12人，姓陈。迁居小黄坛村。

仰天湖 位于章村村北1.7千米处。居民1户2人，姓张。迁居上东山村。

银坑岭 位于章村村东1.2千米处。居民1户1人，姓张。年老亡故废弃。

古园塘 位于章村村东南1.7千米处。居民1户3人，姓张。迁居上东山村。

上大学 位于田山村东北1千米处。居民1户3人，姓章。迁居田山村。

外西坑　位于田山村东北 1.5 千米处。居民 5 户 15 人，姓丁。迁居田山村。

方溪乡

水笕坑　位于深坑村南 1.5 千米处。居民 1 户 7 人，姓陈。迁居深坑村。

石笕乡

外　坑　位于西坑村北 0.2 千米处。居民 1 户 1 人，姓邹。2008 年迁居三坑村西坑自然村。

南溪乡

新　庄　1994 年迁居南溪村。
乌　岩　1994 年迁居南溪村。
铁　西　1995 年迁居南溪村。

七里乡

黄山头　位于大园村西北 1.2 千米处。居民 4 户 17 人，姓樊、陈。迁居大园村。
膳　山　位于大园村附近。迁居大园村。
上　弄　位于大园村西北 2 千米处。居民 80 人。迁离。
朱　散　位于户九村西南 1 千米处。居民 8 户 18 人，姓陶。迁居户九村。
后岭头　位于下陈村北 0.3 千米处。居民 1 户 3 人，姓何。迁居下陈村。
水牛塘　位于朱村村北 1 千米处。居民 2 户 9 人，姓陈。迁居朱村村。

四、轶事

施化麟练武 壶镇镇道门村有练武石礅（称“技勇石”）160 斤、225 斤、525 斤三块。清光绪武进士施化麟自幼每日晨练，主要有以下几式：端起石礅，置于胸腹，身体后仰，因亮出底部，谓之“献印”；端石礅至平胸，单手托擎，称“霸王举鼎”；单手提石礅，绕庭院 10 圈，3 块石礅轮换，共 30 圈。最后，双手捧石礅，作单脚起立，两脚轮换各 50 次。

周村姓王井 五云镇周村古街骑马楼北侧“外店”近处有姓王井。相传，清末南乡姓王村有一财主嫁女到周村刘家，当日两家炫富。女方自诩嫁妆十里红，东西应有尽有。男方辩称：物件只兴一时，烧我周村柴、食我周村水才是永久。女方随即在周村买山斫柴、买地挖井，以充嫁妆添头。打制岩井栏时，本欲刻“拨奁井”三字，被刘家婉拒，只得作罢。

五云春雨堂 “春雨堂”位处县城龙津坊，约于清雍正、乾隆年间始创。民国 13 年（1924），兰溪人诸葛寅从永康义丰药号到缙云，任春雨堂经理。药店时有店面 3 间，在东门建有梅花鹿园。制药栈房设于店堂后（今金井巷 15 号、17 号），能加工炮制鹿角胶、全鹿丸、龟板胶、鳖甲胶、六味丸、八味丸、十全大补丸、归脾丸、龟鹿二仙膏、八宝眼药、西庐丸等。春雨堂在省内兰溪药帮中享有盛誉，时评“金春雨（缙云）、银问松（常山）、铜德和（永康）、锡义丰（永康）”。

土医徐福生（1898—？） 东渡镇古路村人，不修边幅，家徒四壁，却懂医道。闻婴儿啼哭可辨其病症，每施草药、针灸、火罐、按摩诸土法，无不应验。且不收分文，只求饱饭，南港溪一带村人敬之若神，领幼童上门认“亲爷”者数以百计。

日军三过桃花岭 抗日战争期间，日军曾五犯缙云县境，其中过桃花岭 3 次。民国 31 年（1942），日军发动“浙赣战役”，6 月 24 日偷袭丽水，攻击机场。7 月 28 日，日军 3000 人从永康过缙云，驻扎黄碧街至三里街一带 10 多个村庄，次日分散经牛岱岭、黄店、桃花岭进入丽水。第二次是民国 33 年（1944）9 月上旬，数股日军自丽水经桃花岭回窜永康，政府驻军在桃花岭、吴岭一带有过交火。城西黄店、河宅约三分之一房屋被烧毁，公路沿线村庄均遭侵扰。第三次是同月 16—17 日，盘踞丽水日军经牛岱岭、桃花岭北撤。过桃花岭后，其中一股经吴岭前往黄店方向，一股夜宿杜村；另一股经金坑、东渡进县城，于次日凌晨出东门过官店、白岩撤往永康。

楼、施两家结缘问渔亭 民国 22 年（1933）仲春，缙籍书画家楼辛壶赴仙都写生，题写问渔亭名并勒刻于君子石。1952 年，问渔亭水毁。1960 年重建时，由雅施木雕艺人施玉勋一手完成设计、雕凿和彩绘。2004 年，仙都风景区管理处修葺问渔亭，楼辛壶后人浩之、施玉勋后人子江珠联璧合，各为新亭撰柱联。楼浩之联：“过客赋诗憩古亭，问渔仙都；玄根问道留遗迹，漱石枕流。”施子江联：“月看鱼游鱼看月，仙如我乐我如仙。”

白水山泥石流惨祸 民国 31 年(1942)7 月间，山洪暴发，南乡白水山泥石流百余处。民国 33 年(1944)7 月 5 日午后突降暴雨，白水山又发生多处山体崩塌。舒洪镇外门坑与皂坑一带毁田 300 余亩，垦荒村民 28 人悉数遇难。其中，悬藤山 1 户 7 人无一生还。

医界一门四校官 抗日战争胜利后，浦江县浦阳镇龙溪望族张氏叔伯四校官相继到缙云。民国 34 年（1945），张梦祥（字若吉，中校军医）任缙云县卫生院院长，两年后辞归，任浦江县卫生院院长；张航云（字若孚，中校军医）接替族兄梦祥任院长，直至退休，享年 90 岁；张康乐（字若恒，中校军需）随兄长航云到缙云，任卫生院会计，后在中西药公司退休；张子俊（字若梧，少校军医）应族兄航云之邀，于民国 37 年（1948）徙居缙云，任卫生院外科医师，后参与创立区级卫生机构，享年 98 岁。

全民围歼麻雀　1958 年 4 月 25 日上午，县城大举围歼麻雀。时以城隍庙大钟为号，县中队安排战士鸣枪，街坊里巷鞭炮齐鸣，民众一边呐喊，一边敲击锣鼓、洋铁箱、破面盆轰赶麻雀。只因县城群山围绕，雀群有惊无险，未见有力竭坠地。6 月 15 日，金华专区 13 个县统一剿雀。此番采取全县城乡互动，除了鞭炮、呐喊、打铳和敲击各种响器外，各村还出动锣鼓班助威。次日，碧川高级社民兵伏击队在休息时，一毛脚后生捡起地上鸟铳，模仿抓俘虏："不许动，举起手来！"不料误扣扳机，"轰"的一声将亲叔叔射翻在地。县指挥部包车火速送往金华第二医院急救。因散弹入肺，两天后不治身亡。

郑舟峰义还名砚　仙都农管处下前湖村郑舟峰，号樵夫，嗜书法，喜饮酒，不修边幅，绰号"郑邋遢"。1990 年某日，去东阳乡下帮人写墓碑。事毕饭后，主家捧出一方砚台抵润笔费，称其上辈是地主，因成分问题不予入学，放着也没用，不如赠予先生。郑舟峰回家后，在塘里洗去污垢，发现是歙砚。除了细腻润滑，竟还排列有十八颗貌似羊脂玉的硬石钉，疑为传说中的"十八奶"名砚。于是想都不想，赶回东阳物归原主。据说，多年后，此砚被一识货的台湾同胞以 30 万元高价买走。

最长婚龄夫妇　新碧农管处虞彪、施桂春夫妇于 1921 年冬结婚，2007 年虞彪去世，婚龄 86 年。虞彪为碧街人，生于 1902 年 3 月 6 日；施桂春娘家笕川，生于 1907 年 2 月 19 日（逝于 2012 年）。虞彪早年在孙传芳部当过运输兵，后携妻小辗转南昌、重庆等地谋生，主要从事汽车驾驶职业。1975 年回迁家乡定居。夫妻俩同甘共苦，恩爱有加，从无"隔夜仇"。两人共生育子女 10 个。

长寿明堂　壶镇镇赤溪村，2010 年年末人口 637 人。其中 100 岁以上 1 人、90 岁以上 6 人、85 ～ 89 岁 8 人。村中一名堂住有 4 位长寿老年人，年龄相加 381 岁。朱金娟为 106 岁，郭子庆夫妇分别为 90 岁、94 岁，徐仙蕊为 91 岁。

后 记

《缙云县志（1993—2010）》编纂工作于2011年5月启动，至次年共收集材料约一千万字。执行主编徐学献携编辑部人员对收集的稿件爬梳剔抉，在身患重病的情况下焚膏继晷，呕心沥血，至2014年年初，在生命的最后时光辑成初稿。2016年下半年，《缙云县志（1993—2010）》编辑工作重新启动，章建明接任执行主编，对初稿精心修改，提炼出初审稿。志稿先后通过缙云县地方志研究室组织的初审、丽水市地方志研究室组织的复审、缙云县人民政府组织的终审。缙云县志编辑部根据“三审”专家和撰稿单位对初审稿、复审稿、终审稿提出的评审意见、建议，结合编纂委员会各成员单位和军事、保密等部门征求到的意见与要求，拟定修改方案，经多次修改、补充和调整后，报经县政府批准出版。全志共设35篇157章，字数1827千字。

《缙云县志（1993—2010）》为1996年版《缙云县志》的续志，起始于1993年，终止于2010年。其断代年限决定了志书鲜明的时代特征和时代要求。众所周知，1993—2010年处于1978年改革开放以来的四十多年中，这是中国历史上经济社会变革最迅速、发展最快、变化最大的时期，也是缙云历史上生产力、生产关系发生巨变的时期。从发展模式、经济结构到人们的文化观念、生存状态都在加速更新或转型。本志书承前启后，紧扣时代脉搏，着重于全面客观地记述缙云18年来经济社会的变革；同时，对缙云的地情特色以及乡土文化的传承与记忆方面作了较多的关注和记述。

《缙云县志（1993—2010）》的编纂出版得益于历届县委、县政府对方志工作一如既往的重视和支持，得益于上级业务部门、方志专家的精心指导，得益于县级各部门、乡镇（街道）、有关单位和社会各界的密切配合与热切关心。值此出版之际，谨向所有关心和支持本志编纂、为修志作出贡献的单位和个人致以衷心的感谢！

本志方言篇第一章语音部分，引用了中国作协会员、缙籍吴越先生编著的《缙云县方言志》研究成果，在此深表谢意。

因志书内容包罗万象，修志工程浩大，难免存在疏漏和不足之处，敬请读者批评、指正，以期下轮志书予以补充、完善。

《缙云县志（1993—2010）》编辑部